新编中国哲学史

THE NEW HISTORY OF CHINESE PHILOSOPHY

劳思光 著

（增订本）卷 一
VOL.1

生活·讀書·新知 三联书店

Copyright © 2019 by SDX Joint Publishing Company.
All Rights Reserved.
本作品版权由生活·读书·新知三联书店所有。
未经许可,不得翻印。

图书在版编目(CIP)数据

新编中国哲学史/劳思光著.—增订本.—北京:生活·读书·新知三联书店,2019.11(2025.4重印)
(劳思光作品系列)
ISBN 978-7-108-06705-0

Ⅰ.①新… Ⅱ.①劳… Ⅲ.①哲学史-中国 Ⅳ.①B2

中国版本图书馆CIP数据核字(2019)第213132号

著作财产权人:©三民书局股份有限公司
本书中文简体字版由三民书局股份有限公司授权生活·读书·新知三联书店有限公司在中国境内(台湾、香港、澳门地区除外)独家出版。
本书中文简体字版禁止以商业用途于台湾、香港、澳门地区散布、销售。
版权所有,未经著作财产权人书面授权,禁止对本书中文简体字版之任何部分以电子、机械、影印、录音或其他方式复制或转载。

责任编辑	杨柳青
封面设计	储 平
责任印制	洪江龙
出版发行	生活·讀書·新知 三联书店
	(北京市东城区美术馆东街22号)
邮 编	100010
印 刷	江苏苏中印刷有限公司
版 次	2019年11月第1版
	2025年4月第5次印刷
开 本	880毫米×1240毫米 1/32 印张 54.625
字 数	1318千字
定 价	228.00元(全四册)

出版说明

《新编中国哲学史》是当今哲学泰斗劳思光先生在中国哲学方面最重要的著作,被誉为继冯友兰《中国哲学史》后的一部里程碑式的作品。不仅体现了其对中国哲学史之新见,而且在中国哲学史研究的方法论上亦有所开创。其独创的"基源问题研究法",认为哲学史不应该只是"历史",还要有思想,即哲学问题意识;并从中国哲学史自身的内在问题和矛盾来梳理、理解中国哲学的发展,为中国哲学史方法论上的发展注入了新的活力。该书另一个亮点——"一系说"的提出,同时也是他对宋明儒学的独特的诠释方法。与牟宗三把宋明儒学分为三系不同,他将之看作一个整体,以能有效说明价值根源的"心性论"(即"主体性模式")统之,并分为三个发展阶段,为宋明儒学各家各派思想定位提供了不同以往的新的参考,也体现了其哲学史研究方法的系统性。此外,为了对哲学思想的进程作一评估,他又定了一套"设准",以避免独断。如以孔孟思想"以心性论为中心"的设准、老庄思想"自我境界"的设准,来评判整个儒家学说和道家学说的发展,体现了其对中国哲学史中各家各派学说的独到的思考。

该书自 1981 年由台湾三民书局首次出版以来,三十多年版行不断,至 2013 年已经四版多印,成为学者及大学生、研究生的必备书。不仅对于哲学系的学生是不可或缺的教学参考书,也是对中国传统思想和文化感兴趣的普通读者用来了解中国思想之概观的极为平正的入门读物。

此外,我们特别邀请著名学者杨国荣先生为此书作序,以启发读者对该学术经典著作的进一步认识和思考。谨此致谢!

劳思光《新编中国哲学史》序

杨国荣

历史地看,尽管"哲学"以及与哲学实质内涵相关的"智慧"等概念在中国相对晚出,但这并不是说,在中国传统的思想中不存在以智慧的方式去把握世界的理论活动与理论形态。这里需要区分特定的概念与实质的思想,特定概念(如"哲学"以及与哲学实质内涵相关的"智慧"等)的晚出并不意味着实质层面的思想和观念也同时付诸阙如。

当然,智慧之思在中国哲学中有其独特的形式,后者具体表现为对"性与天道"的追问。中国古代没有运用"哲学"和"智慧"等概念,但却很早便展开了对"性与天道"的追问。从实质的层面看,"性与天道"的追问不同于器物或器技层面的探索,其特点在于以不囿于特定界域的方式把握世界。作为有别于器物之知的概念,"性与天道"很早就已出现:在先秦的文献如《论语》中便可看到"性与天道"的提法。诚然,孔子的学生曾感慨:"夫子之言性与天道,不可得而闻也。"① 但

---

① 《论语·公冶长》。

这并不是说孔子不讨论"性"和"道",毋宁说,这里所指的乃是孔子对性与天道的论说总是联系人的存在和世界之"在",而很少以抽象、思辨的方式加以谈论。事实上,从《论语》之中,便可以看到孔子对性与天道的多方面考察,这种考察既以人的存在和世界之"在"为背景,又以区别于器物之知的形式具体展开。

"性与天道"的追问是就总体而言,分别开来看,"天道"更多地与世界的普遍原理相联系,"性"在狭义上和人性相关,在广义上则关乎人的整个存在,"性与天道",合起来便涉及宇宙人生的一般原理。这一意义上的"性与天道",在实质层面上构成了智慧之思的对象。智慧之思所指向的是宇宙人生的一般原理,关于"性与天道"的追问,同样以宇宙人生的一般原理为其实质内容。从先秦开始,关于"性与天道"的追问,几乎伴随着中国哲学的整个发展过程。进而言之,中国哲学不仅实际地通过"性与天道"的追问展开智慧之思,而且对这种不同于知识或器物之知的把握世界的方式,逐渐形成了理论层面的自觉意识。

这里特别值得注意的是龚自珍对"性道之学"的理解。作为哲学家,龚自珍有其独特的地位:他既可以被视为中国古代哲学的殿军,也可以看作中国近代哲学的先驱,从而具有承前启后的意义。在中国古代哲学的终结时期,龚自珍已非常自觉地意识到"性道之学"(性与天道的追问)不同于知识层面的探索,这一点,从他所作的学科分类中便不难了解。龚自珍是生活在清代的哲学家,清代的学术趋向主要体现于乾嘉学派,在评价乾嘉学派的重要人物阮元的思想与学术时,龚自珍区分了不同的学科。这些学科分别表现为如下方面:训诂之学(包括音韵、文字)、校勘之学、目录之学、典章制度之学、史学、金石之学、九数之学(包括天文、历算、律吕)、文章之学、掌故之学,以及性道之学。① 这里尤为重要的是"性道之学",在龚自珍看来,"性道之学"的具体内容包括经学、理学、问学与德性等方面的思想。为学的过程,总是无法完全离开性与天道方面的思与问,即使是被视为主要关注形而下之域的汉学,也涉及以上问题:"汉人何尝不谈性道?"② 相对于性道之学的训诂之学、校勘之学、典章制度之学等,属特定的知识性学科,如校勘之学涉及文本的校勘、整理,训诂之学主要关乎文字的理解,典章制度以历史上的各种具体规章、体制的考察为内容,这些知识学科在宽泛意义上可以视为器物之学或专门之学;与之相异,"性道之学"则不限定于特定的知识领域,而是以宇宙人生的普遍原理性为关注对象。在器物之学与性道之学的分别之后,是知识与智慧的分野。对性道之学与器物之学的以上区分,表明龚自珍已自觉地意识到二者在把握世界方面的不同特点,而"性道之学"则与哲学意义上的智慧之思具有内在的一致性。不难看到,中国哲学不仅在实质上以性道之学的形式展开了智慧层面上对世界的把握,而且已对这一不同于器物之知、不同于专门之技的把握世界的方式,形成了自觉的理论意识。

为了更具体地理解"性道之学"作为不同于器物之学或专门之学的特点,这里也许可简略回溯中国哲学如何把握"道"与"技"、"道"与"器"的关系。首先可以考察中国哲学关于"道"和"技"关系的理解。"道"作为普遍的原理,区别于"技"。从先秦开始,中国的哲学家已开始对"道"和"技"加以区分,并对此有十分自觉的意识,从《庄子》的"庖丁解牛"篇中便可看到这一点。"庖丁解牛"是《庄子》一书中的著名寓言,庖丁被描述为当时的解牛高手,他能够以出神入化的方式去

---

① 参见龚自珍:《阮尚书年谱第一序》,《龚自珍全集》,上海古籍出版社,1999年,第225—227页。
② 龚自珍:《与江子屏笺》,《龚自珍全集》,上海古籍出版社,1999年,第347页。

分解牛。在解牛之时,庖丁对牛的各个骨骼都观察入微,"手之所触,肩之所倚,足之所履",每一个动作都近乎舞蹈,相当完美;解牛过程发出的声音则如同乐章,非常悦耳。庖丁在解牛之后,常常"提刀而立,为之四顾,为之踌躇满志",表现出自我满足之感。为什么他的解牛过程能够达到如此高超的境地?根本之点就在于其"所好者道也,进乎技矣"①,也就是说,他已从具体的"技"提升到"道"的层面。"技"进于"道",这就是庖丁之所以能够达到如上境地的原因。在这里,庄子已自觉地把"技"和"道"区分开来:"技"是技术性的操作,涉及经验性的知识,"道"则超越于以上层面。

与之相近,儒家也对道和具体的器物作了区分。对于道,儒家同样给予了自觉的关注,孔子曾说"朝闻道,夕死可矣"②,其中便体现了对道的注重。儒家的经典《易传》进而从更普遍的层面谈到"道"与"器"的关系,所谓"形而上者谓之道,形而下者谓之器",便表明了这一点。在此,"道"与"器"之别,得到了具体的界定。"器"主要指具体的器物,属经验的、知识领域的对象;"道"则跨越特定的经验之域,对道的追问相应地也不同于知识性、器物性的探求,作为指向形上之域的思与辨,它在实质上与智慧对世界的理解属同一序列。可以看到,在中国哲学中,关于"性道之学"与"器物之学"或"器技之学"的分别,已有十分自觉的意识,这一意义上的"道"(与"技"和"器"相区别的形上之道),可以理解为世界的统一性原理和世界的发展原理,它与作为智慧之思的哲学所追问的对象,具有实质上的一致性。

在通过"闻道"而把握世界之普遍原理的同时,中国哲学也注重对人自身的理解,后者主要通过对"性"的追问而展开。对人的理解

---

① 《庄子·养生主》。
② 《论语·里仁》。

在不同学派中有不同的特点,儒家关注所谓"人禽之辨",人禽之辨所追问的,就是何为人的问题。对儒家来说,人之为人的基本品格,就在于具有自觉的理性意识;这种自觉的理性意识又以伦理为其主要内容,从而具体表现为自觉的伦理意识,正是这种伦理意识,使人区别于其他动物,孟子、荀子等都反复地强调这一点。荀子曾对人与其他存在作了比较,认为人和其他存在区别的根本之点,在于人有"义"。所谓"义",也就是普遍的道德规范以及对这种规范的自觉意识(道德意识)。同时,儒家又把人的理想存在形态与多方面的发展联系起来,孔子所说的"君子不器",便意味着人不应当限定在某一片面,而应该形成多方面的品格。在荀子那里,这一观念进一步展开为所谓"全而粹":"君子知夫不全不粹之不足以为美也。"[1]"全而粹"就是得到多方面发展的人格。以上可以视为儒家在性道之学(哲学)意义上对人的理解。道家对人的看法,也关乎道的视域。在道家那里,道与自然相通,考察何为人的问题相应地离不开道和自然这一形上前提。当然,道家对人的理解,同时体现了与儒家不同的视域。在道家看来,自然的状态、人的天性是最完美、最理想的形态,真正意义上的完美人格,应该走向或回归这种自然的状态。

尽管儒道两家对于何为人、何为理想的人,有着不同的理解,但是在关心、追问以上问题方面,又有相通之处。对人的存在的这种关切,同样不同于器物层面的理解。从价值观的层面看,在儒道两家对人的不同理解背后,可以看到对仁道原则和自然原则的不同侧重。儒家把人之为人的根本特征理解为人具有自觉的伦理意识,与此相联系,在儒家那里,仁道的原则也被提到突出地位。道家将天性、自然看作最完美的存在形态,相应于此,在道家那里,自然的原则也被

---

[1]《荀子·劝学篇》。

视为最高的价值原则。就广义的价值系统而言,仁道原则与自然原则都不可或缺,儒道两家则分别展开了其中一个方面。

概而言之,以有别于知识、技术、器物之学的方式把握世界,构成了智慧之思的实质内容。西方的philosophy,中国的"性道之学",在以上方面具有内在的相通性。当我们肯定传统的"性道之学"包含哲学的品格、具有哲学的意义时,并不是按西方的标准确立哲学的内涵,而是从哲学本身的内在规定出发,把握其特点。在这一理解中,不管是西方的philosophy,还是中国的"性道之学",其共同的特点在于超越分门别类的知识、技术或器物之学,以智慧的方式把握世界。换言之,在智慧的追问或智慧之思这一层面,中国的"性道之学"与哲学呈现了一致性。

与中国哲学的"哲学"品格相联系的,是哲学与历史的关系。哲学史上曾出现过各种学说、体系,这些学说和体系在哲学史的研究中往往主要被理解为历史的存在。然而,按其本来意义,它们首先表现为历史中的哲学沉思,是出现在一定历史时期的哲学理论或学说。历史上一些重要哲学家所立之说,就是他那个时代的哲学理论,就是说,它们首先是哲学,而后才是哲学史。我们现在所接触到的那些流传下来的文本,也可以看作当时的这些哲学理论的载体。不管是先秦、两汉时期,还是魏晋、隋唐、宋明时期,哲学家的思想在形成的时候,都是以那个时代的哲学理论、学说的形式出现;从孔子、老子、庄子、孟子、荀子,到朱熹、王阳明、王夫之,都是如此。随着历史的演化,这些理论、学说才逐渐凝结为历史的形态,成为哲学的历史。从中国哲学的演化来看,每一时代的哲学家总是以已往的哲学系统为前提、背景,并进而通过自己的创造性思考而形成新的哲学观念。相对于已有的、历史中的形态而言,这种新的观念系统首先具有哲学的意义;从两汉到明清,中国哲学家往往以注解已往经典的方式阐发自己的哲学思想,这种注释过程同时构成了其哲学思考的过程。另一方面,相对于后起哲学家的思考而言,每一历史时期的哲学系统又构成了哲学的历史。在哲学与哲学史的以上演变与互动中,历史上的哲学系统本身也具有哲学与哲学史的双重身份。以此考察中国哲学,便可注意到,它既表现为在历史演化过程中逐渐凝结的不同哲学系统,是一种可以在历史中加以把握、考察的对象,又是在历史过程之中不断形成、延续的智慧长河;前者使之具有既成性,后者则赋予它以生成性。中国哲学的既成性意味着它具有相对确定的意义,我们现在所说的先秦哲学、两汉哲学、魏晋哲学等等,都有着某种确定的内涵。与之相对,中国哲学的生成性则表明它本身是一个开放的、前后相续的过程,从而,我们不能把中国哲学限定在某一个人物、某一个学派、某一个时期之上,而应将其理解为不断延伸的过程。这一过程在今天并没有终结,它依然在进一步延续:就中国哲学的生成性而言,我们现在所作的哲学的沉思、所从事的哲学史研究不仅仅是对哲学史对象单纯的"史"的考察,而是同时表现为中国哲学新的形态的生成过程。

作为既成性与生成性的统一,中国哲学的研究相应地也可以由不同的角度切入。从中国哲学是"哲学"这一角度来看,对中国哲学的研究可以按哲学家的方式来展开;就中国哲学是存在于"历史中"的哲学而言,则又可以从历史学家的角度对它加以考察。当然,这里的区分是相对的。所谓"哲学家的方式"并不完全排除历史视域,相反,它同样需要基于历史的文献、面对历史的实际衍化过程;同样的,"历史学家的方式"也需要哲学理论的引导,否则这种研究就不是哲学领域的工作。可以说,历史学家的考察方式中隐含着哲学家的视域,而哲学家的进路中也渗入了历史学家的工作。

由以上视域考察劳思光先生所著《新编中国哲学史》,我们便不难注意到其特点和意义。作者首先展现了对中国哲学的"哲学"关切,强调"一部哲学史,虽是'史',但也必然涉及'哲学'"。在具体的论述中,作者每每非自限于历史的考察,而是注重于理论的阐释。以老子哲学的评述而言,作者特别提到其"自我之境界",并分别从"德性我"(moral self)、"认知我"(cognitive self)、"情意我"(aesthetic self)加以分疏,以此揭示老子"自我"之说的多重哲学内涵。这种考察不同于历史的描述,而侧重于概念分析,其中包含多方面的理论意蕴。

基于"哲学"的立场,作者进一步对中国哲学研究的方法作了反思,并提出了"基源问题研究法"。这一方法的主要之点,在于把握哲学史中不同系统试图解决的根本问题,由此进而进行逻辑的重构并展开理论的分析。历史地看,中国哲学史上具有独特个性和原创意义的哲学系统,都有自身的核心观念或"宗旨",其多方面的思想每每围绕这一核心的观念而展开。从《庄子》的《天下》篇,到黄宗羲的《明儒学案》,在论及各家各派思想时,都注重把握这种宗旨。黄宗羲更自觉地肯定"学有宗旨",并以得其"宗旨"为学术史研究的内在要求。劳思光先生的"基源问题研究法",既上承了以上的研究进路,也使之获得了现代的形态。

在肯定中国哲学为"哲学"并注重把握其核心问题的同时,劳著对中国哲学的历史特点也予以了多方面的关注。作者曾批评冯友兰"不大了解中国哲学特性所在",并认为其著作"虽有一部分确是哲学,但并非中国哲学"。这里重要的并不是对冯友兰哲学史论著的具体评论(这种评论是否确当,可以进一步讨论),而是其中所蕴含的如下意向:中国哲学史研究应把握中国哲学的历史特点。在谈到王阳明的心性论时,作者一方面将其与"道德主体"的理论作了沟通,另一方面又认为其学说"缺乏思辨上之强力论证",并指出:"若不辅以一套较严格之语言,处处清理所涉观念,则此种思路即易被误解、误用而丧失本来面目。"这一分析注意到了心学在概念辨析之维存在不足,而从更广的层面看,则有见于中国哲学在逻辑分析方面比较薄弱的特点。

不过,作为一本通论性的哲学史著作,《新编中国哲学史》也有其自身的限定。尽管作者展现了相当的理论自觉,并处处留意于哲学的分析,然而,相对于作者所提出的学术旨趣和目标,似乎仍存在某些令人难以完全满足之处。书中很多方面固然试图体现理论的视域,但往往未能充分地敞开相关问题所内含的普遍哲学意蕴。以老子哲学而言,作者虽然注意到从自我之维考察老子哲学的特点,但对作为老子哲学的核心范畴的"道",却似缺乏深入的分析。在专论老子之道的部分中,作者的总体看法是:"总之,万物万有变逝无常,唯'道'为常,而所谓'道'之内容即是'反';换言之,万象万有皆可由 A 变为非 A。此理似甚泛,然老子即由此推出其中心之主张。"事实上,从形而上的层面看,老子以道为第一原理,其意义首先在于扬弃原始的阴阳五行说。更值得注意的是,老子又以道大、天大、地大、王(人)亦大的四大之说确认了人的存在,从而不仅以本体论上的"有"(being)为关注之点,而且将人自身之"在"(existence)引入了哲学之思。从理论上看,存在的探寻总是与人自身之"在"联系在一起。相对于本体论意义上的"有"(being),人自身之"在"更多地展开于现实的历史过程。离开人自身之"在",存在(being)只具有本然或自在的性质;正是人自身之"在",使存在向人敞开。尽管老子在对道作终极追问的同时,仍具有某种思辨的形式,然而,在四大的形式下,老子将人与道、天、地加以联结,无疑又蕴含着沟通存在(being)与"在"(existence)的意向。同时,老子主张"尊道而贵德",就形上之域而言,"尊道"意味着由现象之域走向存在的终极根据,"贵德"则蕴含着对个体的关注；在尊道贵德之后，是对统一性原理与个体性原理的双重确认。如果说，肯定域中有四大着重于道与人、存在与"在"的沟通，那么，尊道而贵德则要求在更普遍的层面，打通形上本体与形下个体，二者可以视为同一思路的展开。在考察老子道论时，作者以"甚泛"加以概括，对其中所蕴含的以上这一类深层哲学内涵，似乎未能给予必要的关注。

进而言之，从哲学史的研究看，在注重相关系统的核心概念的同时，还需要把握哲学历史前后演进过程中的内在脉络。黄宗羲已将"得其宗旨"与"明其学脉"统一起来，所谓学脉，便涉及思想衍化的前后关联。比较而言，劳著的历史论析更多地指向哲学史中的不同人物及其思想，哲学史演进过程中蕴含的内在脉络，则往往未能完全进入其视野。如果将劳思光先生的《新编中国哲学史》与冯契先生的《中国古代哲学的逻辑发展》作一比较，便不难注意到以上特点：两部哲学史著作大致都问世于上一世纪后半叶，也都以"哲学"的关切为内在向度，但在展示中国哲学历史演进的前后脉络方面，则呈现出不同的趋向。如其书名所示，冯契对中国古代哲学的考察，侧重于揭示中国古代哲学合乎内在之序的发展过程。运用历史与逻辑相统一及科学的比较方法，冯契梳理了中国古代哲学的演进的历史脉络及其中的逻辑环节，并对中国古代哲学的历史特点作了深入的分析。以先秦哲学而言，冯契将这一时期讨论的哲学问题主要概括为天人之辩、名实之辩以及古今礼法之辩，并认为经过儒、墨、道、法、名家不同学派和不同人物的相互争论，这些问题在荀子那里得到了一定历史层面的总结。尽管关于以上问题的具体看法尚可进一步讨论，但对哲学史演进脉络的注重，无疑体现了历史与逻辑相统一的视域。相形之下，劳著之中诚然也有对同一学派之下不同人物的考察，如儒学之下论孔孟、道家之下说老庄等等，但总体上则更侧重于对哲学史作个案性的分疏。以先秦哲学而言,对具有总结意义的荀子哲学,劳著没有基于整个先秦哲学的历史衍化,将关注之点指向荀子对以往哲学思想的理论回应与反思总结,而是以儒学为视域,将其归为"儒学之歧途"。这种判断,似乎未能从哲学史发展的更广脉络中展现相关哲学系统的意义。

以上哲学史观念,也体现于劳著对先秦之后中国哲学演变的看法上。按作者之见,两汉至唐代,"一面有古学失传问题,伪书迭出,谶纬风行,儒道之言,皆失本来面目。另一面又有外来思想侵入问题,佛教各宗教义先后传来,中国哲学思想,一时皆受其支配。此时期可称为中国哲学中'衰乱期'"。进入宋代后,"周张哲学之课题,可说是以混合形上学与宇宙论之系统排拒佛教心性论,尚非以孔孟本义之心性论对抗佛教之心性论也"。在程朱陆王那里,情况虽有改变,但到明末之后,哲学又开始走下坡路:以清初的王夫之来说,"其学混杂,对心性论之本义已不能把握。故当王氏否定大多数宋明儒时,其主张并非更进一步求儒学之改造,反而沾染汉儒宇宙论,混同才性与心性,成一大乱之局"。如此等等。根据以上理解,自汉以降,中国哲学史的衍化似乎更多地呈现"杂"与"乱"的形态,而杂、乱在逻辑上又意味着脉络的阙如。对哲学史演变过程的如上看法,与关注思想内在脉络的哲学史视域,无疑有所不同。

当然,哲学史的回顾与哲学的研究一样,总是表现为个性化的活动。事实上,无论哲学理论的研究,抑或哲学史的梳理,都可以视为对智慧的多样化探索,思想的衍化,正是在这种"一本而万殊"(黄宗羲语)的过程中实现的。从这方面看,劳著的以上哲学史见解,无疑既从一个方面展现了它的个性品格,也由此突显了其独特的理论意义。

目录

劳思光《新编中国哲学史》序　　杨国荣　　001

论中国哲学史之方法——中国哲学史序言　001
 第一节　已往成绩之检讨　001
 第二节　中国哲学史的方法问题　005
 第三节　哲学史的任务与基源问题研究法　014
 第四节　中国哲学史的特殊问题　017

第一章　论中国古文化传统之形成　021
 第一节　略说古史资料及考证之设准　022
 第二节　古中国民族分布大略及殷民族之发展　023
  一、古民族之三集团　024
  二、殷民族略考　043
  三、结语　056
 第三节　殷周民族之关系及其盛衰　058
  一、略论周民族之起源及发展　059
  二、殷周关系　061
  三、周初之政治形势　063

第四节　南北文化传统之形成及影响　　068
　　　一、南方传统之形成及其特色　　068
　　　二、北方传统之形成及其特色　　071
　　　三、南北传统与先秦哲学思想　　074

第二章　古代中国思想　　075
　　第一节　有关原始观念之问题　　077
　　第二节　古代中国思想的重要观念　　079
　　　一、《诗经》中之"形上天"观念　　080
　　　二、《易经》中之"宇宙秩序"观念　　082
　　　三、《书经》中之政治思想　　087
　　第三节　附论原始信仰　　090
　　　一、人格天观念　　090
　　　二、中国古代之"神鬼"观念　　093
　　　三、"命"观念　　096

第三章　孔孟与儒学　　100
　　（上）孔子与儒学之兴起　　100
　　第一节　儒学之源流问题　　101
　　第二节　孔子之生平及其学说　　106
　　　一、孔子之生平　　106
　　　二、孔子之学说　　109
　　　三、孔门学派与孔子遗留之问题　　151
　　（下）孟子及儒学之发展　　154
　　第一节　孟子之生平及其自处　　154
　　第二节　孟子之学说　　157

一、心性论　157
　　二、政治思想　171
　　三、其他理论　177

第四章　道家学说　197
　第一节　道家思想之源流及时代问题　197
　第二节　老子与《道德经》中之思想　205
　　一、老子其人　205
　　二、《老子》其书　223
　　三、《道德经》思想大要　229
　第三节　庄子与《南华经》中之庄学　245
　　一、庄子其人与其书　245
　　二、庄子之思想　247

第五章　墨子与墨辩　280
　第一节　墨子其人其书之时代　280
　第二节　墨子之思想　282
　　一、兼爱　282
　　二、天志与权威精神　284
　　三、尚同与国家论　288
　　四、非攻、非儒、非乐——墨子之文化观　290
　第三节　墨辩　297
　　一、墨辩之时代　297
　　二、《墨经》中所涉之逻辑问题与名家理论　300
　　三、《墨经》中之逻辑理论　307
　　四、《墨经》中所涉之知识问题　315

第六章 荀子与儒学之歧途 318
第一节 前言 318
第二节 荀子之生平 319
第三节 荀子之学说 320
一、性恶与师法 321
二、心与天 325
三、君与礼 328
四、"学"观念与"正名" 333

第七章 法家与秦之统一 339
第一节 法家之人物及著作 339
第二节 韩非思想之特色及其传承 341
第三节 韩非之思想 347
一、论治乱 348
二、论主权 350
三、"势"与"明" 352
四、二柄与虚静 356
第四节 韩非之影响及其历史意义 358

第八章 名家与名学 363
第一节 名家之立场及特性 364
第二节 《公孙龙子》之理论 368
一、"指物" 369
二、"白马"与"坚白" 371
三、"通变"与"名实" 376

第三节　关于"名学"一词之讨论　378
　　　　一、胡、谭之说　378
　　　　二、先秦思想中"名"字之用法　380

后序　386
　　一、关于胡、冯之书　387
　　二、关于"天"观念　390
　　三、关于方法问题　393

书目录要　397

论中国哲学史之方法
——中国哲学史序言

第一节
已往成绩之检讨

虽然"中国哲学史"这门课程,在中国的大学中已经设置了许多年(至少在胡适之先生讲这门课之前,就已经有了),但至今还没有一部较合标准的中国哲学史写出来。已往各大学中教中国哲学史的人,大半都是自编讲义,上课时就用,下课就丢开。除了冯友兰先生那本书,还算成书之作外,另外几乎没有一部能算学术著作的中国哲学史。

胡先生的《中国哲学史》上卷,曾被许多人嘲笑,觉得它只是一部残缺之作。其实,胡先生这部书未能完成,固然很可惜,但这部书真正的缺点,倒并不在于它未完成。就已发表的上册看,如果全书以类似的方法、观点及思想水平写成,虽然可以不再残缺,却仍然不算一部合格的中国哲学史。因为,胡先生写这部书有一个极大的缺点,就是,这部书中几乎完全没有"哲学"的成分。

一部哲学史,虽是"史",但也必然涉及"哲学"。当一位学人写哲学史的时候,他不仅要叙述事实,而且要解释理论。叙述事实是史学的工作,解释理论则必须有确定的理论基础与解析方法。而这种基础与方法就是写哲学史的必要条件;不能满足这些条件则写出来的可能是"史",但不能算"哲学史"。

中国旧日儒者,虽有许多人史学兴趣甚高,但对哲学史的工作,却做得最少。除了黄梨洲的《明儒学案》与未及完成的《宋儒学案》,可算是部分的哲学史外,我们简直找不着可算哲学史的东西。20世纪中,胡适之先生的书自然是一部开新纪元的作品;但严格说起来,这部书只算是未成功的尝试之作,因为它全未接触到中国哲学的重要问题,并且几乎未接触到任何哲学问题。

我说这句话,并无唐突前辈之意。胡先生的《中国哲学史》,是前所未有的作品,我们很愿意承认它有开新纪元的地位。但就书本身说,则的确是不能算一本哲学史的。胡先生在这本书中,大部分的工作都是用于考订史实;对于先秦诸子的年代及子书中的伪造部分,都用了很大力量去考证,但对这些哲学思想或理论的内容,却未能作任何有深度的阐释。胡先生的考证,不管是否为史学界所接受,总算是一种工作。今天我们对胡先生这种工作仍应表示敬意。可是,这种工作至多只是哲学史的部分工作,而且并非主要工作。仅仅考订一番,不能解释中国哲学的理论究竟是什么样子。我想这是不待辩议的事。

胡先生一生做了不少研究工作,但认真看起来,他却从未在哲学问题上深入过。写《中国哲学史》这部书的时候,他自己也似乎并未想到要如何掌握中国哲学的理论,如何去展示它,而只注意到诸子是否"出于王官",以及其他类似的历史问题。在《中国哲学史》上卷中,胡先生对先秦诸子的思想,说得很少,而考证则占了大半篇幅。说及思想的时候，胡先生所根据的也大半只是常识。用常识解释哲学，无论如何是不会接触到真问题的。而一本哲学史若只用常识观点来解释前人的理论，则它就很难算作一部哲学史了。所以，我们如果着眼在中国哲学史的研究风气上，则我们固可以推重胡先生的作品，承认它有开风气的功用，但若以哲学史著作应具的条件来衡度胡先生这部书本身的价值，则我们只能说，这部书不是"哲学史"，只是一部"诸子杂考"一类考证之作。

就此而论，冯友兰先生的《中国哲学史》，就比胡先生的书略胜一筹。冯友兰先生的哲学造诣如何，是另一问题；至少，冯先生在写《中国哲学史》时，是想要讲中国古人思想中的哲学理论。而且，他也确以解释及整理古人理论为这本书的主要工作。他谈先秦诸子、魏晋清谈、隋唐佛学、宋明理学，虽然错误及疏漏都很多，但至少他并非只用常识来讲哲学。他的书中是有"哲学"的，不只是有"史"的成分。这就使我们不能不承认冯书比较够得上被人称作一部"哲学史"。一般地讲，它是高于胡书的。

但冯友兰的《中国哲学史》，虽有哲学成分，却仍然并未接触到中国哲学的特性。它是一本哲学史，但并非一本成功的哲学史。

要解释这一点，可以说得很长很繁，也可以说得极简单。冯友兰自己在哲学理论上造诣不算太深；他解释中国哲学时，所能运用的观念及理论，也限于早期的柏拉图理论与近代的新实在论。他对西方哲学理论所能把握的本已不多，对中国哲学的特性更是茫无所知。因此，当他在中国哲学史中解释某些较简单的理论时，虽然可以应付，但一接触到宋明理学，立刻显出大破绽。他从来不能掌握道德主体的观念，甚至连主体性本身也悟不透，看不明。结果，他只能很勉强将中国儒学中的成德之学，当成一个形而上理论来看，自是不得要领。我们倘若对冯氏的《新理学》一书稍加注意，则我们不难看出他的理论与中国宋明儒理论的根本距离。而他解释理学的失败，在识者眼中，也就是很自然的事了。

我不想在这里多批评冯友兰。我的意思只是说，冯友兰的《中国哲学史》之所以不能算作成功之作，主要原因是冯氏本人不大了解中国哲学特性所在。他书中所谈的理论，虽有一部分确是哲学，但并非中国哲学。比起胡书之全无哲学来，冯书虽是较胜，但冯书终竟也不是能展示中国哲学特性的作品。

既不能展示中国哲学之特性，则这种哲学史自然是失败的东西。但它比胡先生的书还是进步了一些。

除了胡、冯二氏的著作以外，也还有几本有关中国哲学史的书，如范寿康先生的《通论》之类即是。但那些书本身似乎只是"教科书"一类的东西。作者本身似乎就并未要求它成为一本学术著作，我们自然不必苛求。至于这种书中的哲学观点，则更是十分简陋了。

我这样说，自然并非否定中国哲学研究的成绩。事实上，近几十年的中国哲学界虽然出版过不少东西，但真能算作哲学研究的成绩的，大半都还是在中国哲学方面。例如，熊十力先生以儒学观点改造印度的唯识论，而有《新唯识论》一书；牟宗三先生阐述儒学精义而有解荀子与阳明的专论与论"心性之学"的专书，都是可以看作新的儒学理论的重要著作的。这些理论在哲学的发展方面，都具有重大意义；以之与其他介绍西方哲学的东西比起来，学术价值之高低，诚是相去极远的。然而，尽管近几十年，中国的哲学研究者有如此的成绩，"中国哲学史"却仍是一个学术的空缺，至今我们尚未有一部较合水准的哲学史出来。这里似乎必有值得注意的问题存在了。

第二节
中国哲学史的方法问题

何以我们数十年来并无一部好的中国哲学史？我想，这主要是由于写中国哲学史所需要的条件太多，而且关于哲学史的方法，也有许多争讼未决的问题，因之影响了哲学研究者从事这一件工作的兴趣。

我现在打算先讨论一下中国哲学史的方法问题，然后再澄清某些有关的观念。

中国哲学史是哲学史的一种，它所涉及的方法问题，除了某几点以外，大体上都是一般哲学史的方法问题。下面我就分两步来讨论。先谈谈哲学史的一般方法问题，再谈有关中国哲学史方法的特殊问题。

哲学史的主要任务原在于展示已往的哲学思想。这些作为阐述对象的思想，既都是已存在过的，则阐述这些思想的哲学史，自然基本上是要叙述事实。可是哲学史基本上虽是要告诉人"某时代某人如何说法，如何想法"，但它与一般记述史实的工作却又有不同处。第一，哲学史不但要叙述一个个哲学家的言论及思想，而且要看各家言论思想的关系，这就涉及哲学思想的发展问题。第二，由于哲学史要叙述那些哲学家的说法与想法，它就不能不通过一番整理工作，来掌握这些说法与想法的真实内容与意向，这就涉及对各家理论的解剖。无论是统观哲学思想之发展，或解剖一个个哲学家的理论，都需要对哲学问题本身的深切解悟，对哲学理论的明确掌握。这就不是纯粹史学工作者所能做的事了。

清楚一点说，我想写哲学史的方法，主要不外以下四种（其中一种是我自己试提的）：

（1）系统研究法。

（2）发生研究法。

（3）解析研究法。

（4）基源问题研究法。

这四种方法的特性，都可以有确定的解释。它们的长短也不难指出。在解释及评定以前，我想该先提到一点有关哲学史工作的常识，即是一切哲学史的原始要求是什么。

哲学史是要叙述已往一个个哲学家或学派的理论。因此，它必须满足两点要求，即是首先，叙述的要是一个哲学理论，倘若叙述出来的只是一些七零八碎的事实，则它就是失败了。其次，哲学史所叙述的理论既是已有的个人或学派的理论，则叙述的内容必须是那个人或那个学派的理论，纵然在表述方面可以做一番整理工作，但所表述的理论必须是与原著密切相应的。否则，所叙述的虽是一套很完整的理论，却不是人家原有的理论。这也表示哲学史工作的失败。

中国读书人原有些古怪习惯。如"代圣立言""托古改制"之类的态度，事实上在读书人中间是很流行的，虽然表面上很少人会承认。这种风气可以远溯至先秦诸子的"托古"，可算是由来已久。这种毛病表现在其他方面，问题或许不很严重，但一个从事哲学史工作的人，若是犯了这种毛病，后果就很可虑了。

简单说，哲学史叙述已往的哲学思想的成绩，一方面要真实，一方面要深透，因此它必须具有史学的与哲学的两面的成分。我们先明白了这两点基本要求，讨论哲学史方法的得失，就容易中肯了。

下面我们讨论上列的四种方法。

一、系统研究法。

所谓系统研究法，就是将所叙述的思想作系统的陈述的方法。就哲学史而言，我们在哲学史中的陈述，既然要求所陈述的成为一个理论，则系统研究法自然是有其长处的。可是，取这种态度来讲述前人思想的时候，常常只是注重了哲学问题一面，而忽略了事实一面。一个哲学家倘若值得被哲学史提及，则他的思想至少必有些理路，因此多少必有系统性。系统研究法注重叙述原来思想的理论脉络，本是应该的。不过在两种情形下，这种研究方法却常常会出毛病。

第一种情形是，当一个哲学家建立理论时，他虽有一定的理路，但他有时仍不免有些歧出的观念。特别当他自己发现自己理论系统中的困难的时候，每每他用些临时的、表面的补救方法，例如加一个观念，加一个论证，或加一个注释之类。这种补救在理论上常常是失败的。但对于哲学史的研究者，它却有很重要的意义。因为，它常常会透露出这里所涉及的哲学问题的真相，常常暗示下一步哲学思想的发展。如果一个研究者，一味采用系统法的观点，只去掌握某哲学家思想中的系统部分，而不注意那些歧出旁生的观念，则他的叙述即不可免地不能包含这个哲学家的思想的全部，而必有所缺遗。尤其是当这个哲学家思想的变化很快时，这种问题更多。在用系统法的研究者看来，或许以为所取的是其大者，所遗者是其小者，因此不觉得有什么严重问题，其实，每每由于这种遗漏，即改变了这个哲学家在哲学史上应有的地位（或提高或抑低，都是不当的）。

第二种情形与此相反。有些哲学家只在某一问题上具有卓见，而在其他问题上则所见浅薄，或者为传统所缚束，或者为时尚所左右。这种哲学家的思想，虽有局部的理论脉络，就全体看，则有许多部分（因袭传统或从俗的部分）与他的那些精彩思想常常是不相关的。一个用系统法研究的人，每每在叙述这种思想时，嫌它本身不够完整，就给它许多补充，甚至在不知不觉间改造了前人的思想，这样，与前一种情形相反，系统法的研究结果，不是有所缺遗，而是有太多的增补。这种增补对于阐述哲学问题说，可能有很多好作用，但就哲学史的工作说,则至少有"失实"之讥。而这种"失实"有时还可以引出更大的错误。

以上两种情形还是比较慎重的研究者所犯的毛病。若说到更进一步的毛病,则为系统研究法的人,甚至有时在写哲学史时,完全以自己的思想系统来笼罩前人。结果他所写的哲学史中,除了与他立场相近的哲学思想可能得到较公平的叙述外,其他哲学思想都成了被贬抑的对象。他常常由于对别家思想的隔膜,而在叙述时完全抹煞这些人在哲学问题方面的影响及贡献。这种哲学史就是非常失败的。如果我们要找实例,我想,罗素的《西方哲学史》就属于这一类。罗素自己有其哲学立场,对观念论持一种排斥态度。而他在哲学史中对观念论者的叙述,就大半只像是在抨击他们,而不见公平的解说。看他的《西方哲学史》,只能了解罗素自己如何想,而不能了解康德、黑格尔如何想。这样,哲学史就失去原意了。

系统研究法虽有种种毛病,但能够完整呈现一个理论,则是其长处所在。

二、发生研究法。

特别注重历史方面的真实性的研究者,喜欢用"发生研究法"。所谓的"发生研究法",即着眼于一个哲学家的思想如何一点点发展变化,而依观念的发生程序作一种叙述。采用这个方法来叙述一家思想时,研究者可以将所研究的思想一点一滴地依照发生的先后排出来,假如研究者有足够的资料可用,则这种叙述自然是最详尽了。

用发生研究法来写一部哲学史,自然是十分繁重的工作,因为对每一个专家都要详尽地搜集材料,记述他一个个观念如何出现,所费的时间与精力自然是十分惊人的,而这样写成的哲学史,实际上是集合许多篇专家研究的文字而成,就几乎不是一个人的精力时间所能办到了。

但这并不表示发生研究的缺点,倘若这种方法别无毛病,只不过带来繁重工作,则我们无理由说这种方法不可用。事实上,这种研究方法有另一种毛病。

这个毛病就是,如此的研究结果每每不能完整呈现一个理论,而只能记述一大堆资料。尤其当人们用这个方法来写哲学史的时候,很容易得到一种不可喜的结果,即是研究者不能把握哲学问题的发展脉络,小处虽见精详,大处则一片蒙眬,毫无所得。

例如,一个人用发生研究法来研究康德的哲学,他将如何工作呢?首先,他一定利用康德全集的资料,将康德的一切著作,包括书札等等,均依照年代排列起来,然后再搜集那些在编全集时未及编入的材料,如他教书用的讲义之类;搜集全了,再开始记述这些文献所表现的康德哲学观念。他可能找出1755年以前的材料,将康德青年时期的思想,也一点点记载下来;另一面,他也可以将康德将死以前的残稿也找来。于是,他可以造出一个很详尽的表,列出康德历年的思想。早可以早到他未入大学以前,晚可以晚到他垂死之际。

这样的研究结果,自然可以对作康德研究的人提供极大的助力,但它本身能否成为一种成功的哲学著作,则大可怀疑,因为这里有一个重大的问题,即是作这种发生的研究的人最后能否将康德的理论系统地表述出来?再进一步说,倘若表述出来,又能否估定其哲学价值,辨明它的文化意义?

显然,至少发生的研究法本身是并不能提供这种成果的。一个研究者,若是只会运用发生研究法,则他所能获得的结果,不过是一串事实,他或许可以用某种浅明的线索将这些事实连起来,但他决不能凭借发生的研究法而掌握一个理论的系统图像,更不能由此判定这个理论的内在价值与文化意义。

当然一个人可以在用了发生研究法以后,再用别的方法来获致上面说的种种应有的成果，但那就不是一个方法的问题了。我现在只是在谈"方法"，我要指出的是"发生研究法"本身的局限。

系统研究法容易有过分主观之弊，毛病是常使所陈述的理论失真。发生研究法虽易于保持真实资料，但毛病每每使研究者只看见零星片段的事实，而不见理论的全体，结果只有碎片的记述，而不能达成对某一理论的全面把握。对于哲学研究来讲，这个毛病是严重的，因为它与哲学的基本目的相违。哲学的基本目的，原是从个别心灵智慧之提高，到文化境界的开拓，而发生的研究法却永不能涉及这两个目的。

这样，发生的研究法也是有长有短，与系统的研究法虽性质相反，其为不可信赖则一。

下面我们再看另一种研究法。

三、解析研究法。

这一种方法事实上还很少有人用过，但它在理论上是存在的。而且近数十年来逻辑解析发达得很快，因之，也已经有人开始作这种尝试。照现有的趋势看，不久可能有很多人运用这种方法来写全部的或部分的哲学史。所以，这个方法仍值得作一番仔细的观察。

具有现代思想的常识的人们，大约都知道符号逻辑兴起以来，近数十年所作"哲学解析"的风气是非常盛行的。在这种风气下，我们看见所谓"语法解析"及"语意学"的产生，也看见许多人在运用解析技术处理各种学术问题；其中最受人注意，又有最大影响的，则是"意义标准"的理论的出现，与人们应用这种理论对传统哲学的批评。

这种批评当然不是哲学史的工作。可是，比较不急进的学人们，在具备了解析技术的训练以后，却可能运用它来从事哲学史工作。

用解析法来研究哲学史，基本态度是较客观的。因为，当一个研究者采取解析研究法的时候，他的主要工作只是解析已往哲学家所用的词语及论证的确切意义；在这解析过程中，他只要整理别人的思想，而并不要去表达自己的感受，甚至材料方面，从事解析的人也不必自己去找什么特殊材料，他只要运用当前所公认的材料就行了。这样，他很少有可能去提什么主观性的意见。他所根据的逻辑规律不是主观意见的产物，他所用的材料亦非通过主观的选择得来。

用解析法来研究哲学史，事实上原只能研究一本本书和一个个人的理论。假若是研究康德，我们用解析法时，就一定先研究康德所用词语的意义，再整理他的一个个论证本身的结构以及论证彼此间的逻辑关系。这样，我们确可以得着许多精确而客观的结论。这是解析研究法的长处所在。不过，哲学史中若是需要某种贯串性的观点，则这种观点却不能由解析工作提供。这里就可以看出一个可注意的问题。

我们知道一部哲学史，原不仅是零星散乱地记述许多人的理论，而必须将一全面的图像透显出来。否则，它将成为一本"哲学理论杂记"，而不能成为"哲学史"。但透显全面的图像，就不是一个解析的工作，而是一个综合的工作。这就显出解析法有所"穷"了。

这里所提到的"解析"与"综合"一对词语，对于阐明问题是有利有弊的。就好的一面说，以"综合"与"解析"对举，则其间差异十分明朗。我们很容易了解：解析的研究不能担任综合工作。就不好的一面说，则所谓"综合"与"解析"的差异，表现在哲学史的工作中，究竟有什么确定内容，却是颇为模糊的。因此，我想，在提出这一对相反的词语后，再作一点具体解释，说明解析的方法在哲学史研究上所不能负担的任务的确定内容。

我想这样解释：解析的方法本身只能整理已有的材料，而不能提供材料；凡是涉及知识内容的判断，就必须有一定的材料作为此种内容之根源。现在，我们写一本哲学史的时候，我们一方面固然要整理一个个哲学家的理论，另一方面也要有涉及哲学史全面的判断。就对个别理论的研究说，有解析法也可以够用，因为那里一定的材料已经是"给与"了的。例如，康德说过如何如何的话，这句话本身是材料，我们用解析法整理这点材料，即可以抽绎出一定的理论结果。推而言之，对康德全部理论的研究也可以如此（是否某个研究者不赞成如此，是另一个问题），对任何一派哲学理论的研究亦可以如此。但说到涉及哲学史全面的判断就不同了。我们所据的材料，只是各家之言，其中纵有涉及哲学史的，也只能看作一家之说的一部分。基本上我们对于哲学史所下的全面判断，是要表示我们自己的观点及了解；这时，这种判断所需的材料，就必须另有来源，而不能由解析的研究法供给，因为解析的研究法是根本不能提供任何材料的。

这就是所谓"解析"的研究法不能担任"综合"工作的确定意义；简言之，就是，有一种涉及内容的综合判断，是哲学史研究所需的，而其材料又不是现成的，解析的方法不能提供建立这种必需的判断的基础。

一个较严重的问题，就从这里生出来。运用解析方法的人，每每并不能自觉到这种材料方面的缺乏。当他们要下一种判断，而无现成材料及基础的时候，他们通常是用常识的粗陋意见来填补这个空缺。例如，一个有解析训练的人，整理希腊哲学理论时，可能做得很好；但当他对希腊哲学下一全面的判断的时候，他们可能就遁逃到某粗陋的流行观点下面去。他们可能用功利主义的观点随便作一点批评，也可能忽然大谈外缘条件的作用（如社会组织与经济结构等等）。他们不能有哲学的判断，就只好用常识的判断来顶替了。

因为有这种情形，所以我们常看见长于解析的人在谈哲学史时（不论是全部的或部分的哲学史）表现出惊人的浅薄无知。甚至罗素亦不免如此。

要对哲学史作任何一种全面性的判断,必须有哲学的"所见"作基本材料。如果没有这种判断,则不能写出一部哲学史;如果以恶劣浅薄的俗见代替哲学的见解,则结果必写出一部十分坏的哲学史。这就是解析的研究法的最大弊病所在。

当然,解析的研究法如果用得不好,弊病尚多。但我想那是不必多做讨论的。我现在要指出的是解析方法纵使运用得很好,仍然有如此的弊病或困难。着眼于此,我们就知道解析的研究法也不是很完美的哲学史研究法。

看了以上三种方法的评述以后,我们很容易想到,这些方法各有利弊,如果我们能取它们之长而避其短,就可以得着一种更好的方法。

这种想法大致上是不错的,可是,要认真想找出这样一种方法来,却并不如此容易。我们并不能生吞活剥地将这些方法硬凑在一起。若是那样做,就是在用"拼盘"方法解决思想理论问题,犯了极严重的错误!也是非常幼稚而可笑的错误。

我们要真想找出一种较踏实的哲学史方法,我们必须退到哲学史的任务上;看看哲学史的任务决定它要满足哪些条件,然后我们再从那些条件着眼,来找一种能完成这种任务的方法。

这里,我想申明一句,我们讨论方法问题的时候,要自觉地不涉及个人才智问题。某些有特殊才智的个人,可能写出极好的作品,但那并不表示他有一种自觉的方法。现在我们要讨论的方法,是假定为一切研究者都可以使用的方法,而去努力发现它。这里不能诉于天才的助力,虽然我们也希望这种方法不至于限制研究者的天才。

我们回到正题,应该重新考虑哲学史任务所需的那些条件。

第三节
哲学史的任务与基源问题研究法

依照我们前面所说,我们已经知道哲学史既是一种"史",又是以理论为其记载内容的;而整个哲学史的功能,则在于描述人类智慧之发展。内在的心灵境界、外在的文化成果,都要统摄于此。所以,我们可以说,哲学史既具有如此的任务,则它必须满足以下三个条件:

第一是事实记述的真实性。

第二是理论阐述的系统性。

第三是全面判断的统一性。

这三点都很容易解释。

就第一点说,哲学史中所叙述的理论,必须尽量密合原著,而不失真。这就是所谓"真实性",它是一切有关"史"的工作所必须满足的条件。

就第二点说,哲学史叙述前人的理论思想,不能只是零星地记载言论,而必须将理论的建构脉络明确地表现出来,没有散乱之象。这就是所谓"系统性"的问题。这是一切涉及哲学理论的工作所必须满足的条件。

就第三点说,哲学史要统观人类心灵之发展,智慧之成长,所以必须有一贯的判断原则、一定的理论设准,以使所下的判断表现一定的识见、一定的尺度。这也是哲学工作所必须满足的条件。

能满足这三个条件的研究方法是什么?我曾经用了一些心思去考虑这个问题;结果我认为,基源问题研究法应是较好的一种。

下面我谈谈这种研究方法,作为我自己的意见。与前面三种合起来算,它应是第四种方法了。

四、基源问题研究法。

所谓"基源问题研究法",是以逻辑意义的理论还原为始点,而以史学考证工作为助力,以统摄个别哲学活动于一定设准之下为归宿。这种方法的操作程序大致如下:

第一步,我们着手整理哲学理论的时候,我们首先有一个基本了解,就是一切个人或学派的思想理论,根本上必是对某一问题的答覆或解答。我们如果找到了这个问题,我们即可以掌握这一部分理论的总脉络。反过来说,这个理论的一切内容实际上皆是以这个问题为根源。理论上一步步的工作,不过是对那个问题提供解答的过程。这样,我们就称这个问题为基源问题。

每一家理论学说,皆有其基源问题;就全部哲学史说,则基源问题有其演变历程;这种演变的历程,即决定哲学问题在哲学史中的发展阶段。

基源问题虽是每一学说的根源,但有很多学人每每并不明显地说出来。因此,我们自己常需要做一番工作,以发现此一学说的基源问题是什么。这里就需要逻辑意义的理论还原的工作了。

所谓理论还原的工作,就是从许多论证中逐步反溯其根本意向所在。根本意向发现了,配合一定材料,我们即可以明白基源问题应如何表述。

表述基源问题时,要使这个问题的解答,确能逻辑地涉及所提出的理论。因为,写哲学史时,这些哲学理论都是现成的,所以从这种材料中去找那个基源问题,就是反溯的,也就是所谓"理论的还原"的真实意义所在了。

掌握基源问题,虽以解析工作为主,但也要涉及考证问题。因为这时所据的材料,都是客观的,所以理论还原工作,并不致妨害材料的真实性。材料如有舛误,那不关理论还原的事,而是材料本身的问题。由此考订材料甚至搜集材料的工作,就成为掌握基源问题时所必须做的工作。这种工作实际上类似"发生研究法",不过,它不会有"发生研究法"的弊害,因为,如此弄好的材料,终竟要通过理论的铸造,而系归于一定的基源问题之下。那是不会成为零星片段的。

基源问题找着了,就有下一步工作。

第二步,掌握了基源问题,我们就可以将所关的理论重新作一个展示,在这个展示过程中,步步都是由基源问题的要求衍生的探索。因此,一个基源问题引出许多次级的问题;每一问题皆有一解答,即形成理论的一部分。最后一层层的理论组成一整体,这就完成了个别理论的展示工作。这种工作分别地做若干次,我们即可将哲学史中各家各派的理论展示出来。这时,我们已经能够满足"真实性"与"系统性"的要求,剩下的就是全面判断的问题。

发现基源问题,与由基源问题展示一理论的全象,这都是不需要任何特殊识见的工作。这只是叙述性质、介绍性质的工作。但要作全面性的判断,则情形就大不相同了。这一点即涉及第三步工作。

第三步,我们将各时代的基源问题,排列起来,原即可以发现整个哲学史上的理论趋势,但这仍不足以提供一种作全面判断的理论根据。要作全面的判断,对哲学思想的进程及趋向作一种估价,则我们必须另有一套设准。

通常做哲学史工作的人,每每讳言自己有自己的观点;其实,除非不下全面的判断,否则,必有一定的观点作根据。这种观点当然可能不为人所接受,但那是不重要的。因为,一切理论本都可以有人反对。问题只在于我们能否自觉地将自己的论据表述出来。我所以将这种观点称为"设准",目的即在于避免独断气息。但我们又必须明白,我们虽不愿独断,却仍不能不有一组理论的设准,否则我们自己即根本没有提出什么理论来。

或许有人以为,从事哲学史的研究,不需要提出什么理论;其实这是忽略了哲学史工作所要求的统一性。每一哲学史工作者,必须表述他的某种统一性的观点,通过它来解释全部哲学史;不然,则他只算是写了一本"汇编"式的东西,而并非一本哲学史。

设准的提出,表示作者自己的识见与哲学智慧;作者能接触哪些问题,不能接触哪些问题,都可以由此看出来。一个优良的哲学史工作者,必须能接触到已往学派所面对的问题。他倘若真能如此,则他所立的设准,就应该足以统摄已往的理论要求。当然这并非一件容易的事,但它是一切哲学史工作者所应该努力的目标。

基源问题研究法,最后必与一套设准配合。这一套设准虽不与基源问题研究有什么直接关系,但它是以作者的哲学了解为根据的。基源问题的研究,对作者在哲学方面的了解的增进,无疑有一定的助力。因此,我们仍可以说,如果一个哲学史工作者,真能运用基源问题研究法来整理各家学说,则最后他提出设准的时候,也决不致像用解析法的研究者那样空疏了。

第四节
中国哲学史的特殊问题

以上我讨论了哲学史的方法问题,并提出了基源问题研究法。这都是关于哲学史的一般问题的。现在我们再对中国哲学史的特殊问题,略谈数语,以结束这篇序文。

第一,中国古代哲学材料散乱。这原是与西方古代哲学情形相类的。不过有一个比较棘手的问题是中国先秦诸子都喜欢托古,战国秦汉以下,更有伪作的风气。因此,写中国哲学史,有时不得不涉及很麻烦的考证工作。而这种考证工作实在意味着一种沉重的负担。一个哲学史研究者既要用很多心力来探索哲学问题,提高解析能力,则他能否精通声韵、训诂等等为考证所必需的学科,已成疑问。纵使能够如此,这种工作所需要的精力与时间,对于哲学史研究来说,仍未免有"喧宾夺主"之讥。

在这一点上,我主张,史学家应与哲学史研究者合作。而哲学史研究者也应该尽量博览史学研究者著作,尽量运用别人的研究成果,不要事事喜欢独出心裁,而耗费精力,得不偿失。

第二,对解析技术的误解问题。中国哲学一向不注重解析,既没有逻辑研究,也没有知识论。中国哲学其他方面虽有长处,在这一方面却是有大的缺陷。由此,研究中国哲学史时,研究者就常会受一种谬误的俗见的干扰。这种俗见就是讲中国哲学,不能用外国的方法。

我们要知道,解析技术既是中国所缺的,我们所能运用的逻辑知识,自然大半都是取自西方研究成果的。倘若真是"不能用外国的方法",那就等于说,我们根本不能运用逻辑思考来处理中国哲学史问题了。这真是一个必须澄清的观念。

其实,这并不是很难辨明的。我们先要明白,一种研究方法或工具本身的出现,虽有时间空间的限制,但它所处理的问题,却并非如此。我们用一个浅明的例子来讲,显微镜是近代欧洲发明的,但显微镜下所观见的细菌,却并不是要在显微镜发明之后才存在。细菌早已存在,而且也并非只在欧洲存在;不过,在某一年欧洲人发明了显微镜,然后人方能看见这些细菌而已。因此,我们有了显微镜,明白了细菌的存在;然后就可以凭借这种知识及工具,以解说古代非洲的某种疾病的真相。虽然显微镜在古代并不存在,而且又是欧洲人发明的,却并不影响我们凭借它来解释古代非洲的细菌。古代非洲虽无显微镜存在,细菌一样存在。古代的非洲人无显微镜,自然不能看见细菌,但这并不表示细菌不存在于古代的非洲。

同样的理由可以说明我们运用西方哲学解析的正当性。逻辑解析的训练，一向被喻为"思想上的显微镜"；这个"思想上的显微镜"诚然是西方的产物；一切较严格的解析技术，也是到近代才有，但我们并不能据此而说，逻辑解析下所发现的思考规律，也必须在逻辑解析本身发展之后才有。正如，显微镜发明之前，细菌一样存在；"思想上的显微镜"出现以前，思考规律也一样存在。

我们可以说，中国人不曾建立逻辑解析，因此自己未"发明思想上的显微镜"，但不能说，"思想上的显微镜"不能用于中国思想的考察；正如，显微镜虽非中国的发明，我们也不能据此说，西方发明的显微镜看不见中国的细菌。

我想，这一点道理是极明白的。还应该补充一句的是，思考规律的运行与对思考规律之自觉是两回事。此如细菌之活动与人对细菌之了解是两回事。我们能运用显微镜来观察中国人体内的细菌，也可以用思想上的显微镜，来观察中国人的思想。

我毫无夸张逻辑解析功用的意思。哲学问题中自有许多是不能由逻辑解析处理的，但那是"思想上的显微镜"本身功用的限制，而并非地区、民族、时代的限制。我们现在要澄清的观念，只是中国哲学史上的一切问题，都和其他哲学史上的问题一样，可以接受一切哲学方法的处理。倘有人坚持"中外之分"，只表示他缺乏理论常识而已。

明白了这一点，则我们从事中国哲学史的研究时，对于这种谬误观念的干扰，即可完全避免，而在达成阐述的系统性方面，也就没有什么大困难了。

第三，是关于中国哲学特性的。我们上面讨论解析技术的功用，是不涉及一切内容而说的。现在，我们要指出，中国哲学的基源问题，原与西方哲学大不相同；因此，其发展过程与方向，也受它的特性的决定。我们在解析阐述时，虽可以纯客观地工作，但当我们要下一全面的哲学史判断时,我们即不能不努力掌握中国哲学的特性所在。

这样,我们必须有一套理论的设准,足以统摄中国哲学与西方哲学,然后我们方能表明中国哲学在世界哲学中的地位与意义,方能揭示中国哲学的真面目。

我上面说过,胡适之与冯友兰二先生虽然都有中国哲学史的著作,但成绩是有限的。至今我们尚未有一部合乎严格要求的中国哲学史。我的中国哲学史稿只是一个尝试。我在这次尝试中,运用了"基源问题研究法",但所成的稿只是一个大纲,料想还应有一段时间的工作,方能完成这部书。或许在我的全稿完成以前,会有其他学人们写出精彩成功的中国哲学史,那就是我盼望的事了。

第一章 论中国古文化传统之形成

序言中论及"基源问题研究法"时,偏重哲学理论内部之解析,但亦顾及历史之"真实性"问题;盖哲学史之研究,与自立学说之工作有异;陈述已有之思想,不能不满足某种史学意义之要求。本章论古文化传统之形成,则属史学意义之陈述,目的在于阐明哲学思想兴起以前之古代文化环境。故本章之工作,实属于古代史之部分考证;但文化环境之了解对于特殊学说之了解有一定重要性,故此种考证工作对于古代哲学史之研究,亦为必需。

本章考证古文化传统之形成,自以直接有关古代哲学思想者为限;故下文所论,即限于古代南北传统之渊源及特色;盖古文化传统之影响于日后哲学思想者,主要即为殷周民族相争所引生之南北文化传统。至于远古文化问题,则既非本书所能包含,亦非本书所应涉及。

以下即分数步作一探索。

第一节
略说古史资料及考证之设准

中国古史之考证，自清人以来，颇有成绩；近世王观堂以下诸家，能运用古文字之研究成绩，重探古史真相，尤为前人所不及。然以古史问题之多，可用资料之少，今日欲对古史问题作任何严格考证，仍属荆棘重重。于此，最关重要者乃方法上之自觉；盖学者进行考证，倘能自觉其运用资料、建立论断之基本标准为何，则无论所得结论是否完全可信，其得失总易于检定，否则随意论辩，标准混杂，则不免沦为智力游戏一流，无关学术之是非矣。

由此，本章在考证殷周民族关系以前，当先对考证古史之设准，略作论述。

此处首先须论及者，乃所谓伪作问题。中国古史研究之最大困难，在于战国至秦汉间种种伪作。此所谓"伪作"，不必是有意冒名著书，或如后世之假造文献，而指以后世观点强加于原始史料而言。譬如战国时各家议论，每每即以当时之政治观念加于古代；以致视尧舜如后世之天子，视殷周如后世之君臣。至于汉代，则在大一统意识下，对古代史料进行综合解释，于是有司马迁《史记》中种种记述。此类解释或记述，皆不合于古史之真相，故可称为伪作；然其实则此种伪作，大抵皆属于修改古代传说之综合作品。今日欲探求任何古史问题之真相，首先应认明此种综合史料之不可信，方不致为后世谬说所误。

古代文献所存者极少；且就上古而论，基本史料皆在传说中，而非有一定文献可据。大抵未经综合之史料，即属传说之记述。此种传说虽常含有早期社会中种种幼稚观念，但细加审察，皆可透显某种客观事实。故此类史料可称为"未经综合之原始史料"，简称"原始史料",以与综合史料互别。

原始史料与地下材料相辅,即为古史研究之最重要依据;至于综合史料中虽间或亦有可信之记述,仅可视为辅助资料而已。故考证古史之第一设准即为:用未经综合之传说资料与地下资料相配,以检定综合资料,而不以综合资料为依据。

其次,专就传说资料而言,大抵皆属零星片断;运用时势须另加解释及组合;此处所依据者,即为古文字、古地理以及民族学之一般认识。由此所得之结论,决不能有完整确定性。因此,学者须自觉此种限度。作古史论断时,但能视为最高可能之说,而不应视为一定不移之论。此可作为第二设准。

此外,据传说资料及地下资料作古史论断时,每每尚须依赖所谓"常理"。例如:一民族自述其先代故事,依"常理"当较后世之说为可信。一记述中如有矛盾,则当知所取资料来源不同;盖依"常理"论,同一事不应有两种不相容之说法。此皆涉及论断时之标准,但不必立为另一设准。

至此,已略述古史考证之设准。下节即就古代中国各民族之分布着手,进而论殷周民族及古文化传统。

第二节
古中国民族分布大略及殷民族之发展

中国上古民族之分布情况,清末民初始渐有人从事考证;虽资料不足,缺漏难定之处尚多,但约略言之,亦有大致之结论,此即三支之说。近世史家,如傅孟真氏立"夷夏东西说",即认为"华夏""东夷"及南方之"苗蛮"为古中国民族之三支。蒙文通氏亦有类似观点,但命名不同。徐旭生氏著《中国古史的传说时代》一书,一面综合前人成绩,一面对三支之演变另作进一步之解释。虽所论间有可议之处,大体言之,实乃此一研究工作之代表作品。而上古民族分布问题至此亦可谓已有初步之结论。此外如芮逸夫氏考定伏羲女娲出自苗蛮民族之神话,徐中舒氏清理殷周民族间之种种问题,以及《古史辨》时期各家论文,皆对此种研究有程度不同之贡献。本章下文所述,大致以前人研究成绩为据;另有补正之处则皆明白点出。

一、古民族之三集团

古中国最重要之民族,可分为三支;每一支中又有许多小族,故可称之为"集团"。此三者分别为"华夏""东夷"及"苗蛮"。

华夏民族之活动地区,始自西北(今陕甘一带),而逐渐向今河南及山西境拓展;东夷民族之活动地区主要在渤海沿岸,今山东地区,扩及于淮水沿岸。至于江汉及其南方,则为苗蛮民族之地区。

华夏民族就其发源地说,可称为西方民族。此一民族在传说中以"少典"为最早,而以炎帝及黄帝为最重要之代表。

《国语》中述此传说云:

> 昔少典氏娶于有蟜氏,生黄帝、炎帝。黄帝以姬水成,炎帝以姜水成。成而异德,故黄帝为姬,炎帝为姜。二帝用师以相济也,异德之故也。①

案此节原是司空季子论"异姓则异德"时所说,其要旨在于说明炎帝与黄帝二族,同出于"少典"族,但发展为不同之势力,即所谓"成而异德"。此是述炎黄或姬姜二族之起源之早期资料。如以炎帝为"神农"等后世之说,皆尚未搀入。

---

① 《国语·晋语四》。

此所谓"少典"族,向无可考。谯周、皇甫谧等强以"有熊""寿丘"等地说之,皆悖于史实,不足取信。然今取金文资料,与古代传说互相参证,亦可得一初步假说。

关于姬氏之起源,《国语》所载伶州鸠与景王之对话中,伶州鸠云:

> 我姬氏出自天鼋。①

就原文上下文看,伶州鸠所谓"天鼋",乃指星次而言,故后人亦皆以"玄枵"——齐之分野——释之。然星次之说,自属后起;且以"齐之分野"释所谓"姬氏"之所从"出",亦多困难。齐之始封,既不在营丘;而姬姜二姓虽通婚,亦难说为姬氏出于姜氏也。然则"天鼋"之名,最初究何所指?以金文资料考之,知为民族之名。案周初铜器铭文之末,常附有作器者之族徽,如"令毁""令彝"铭末皆有鸟形文之族徽;"䰛卣"铭末则有奇形文作族徽;"员鼎"铭末之奇字,宋人释为"析子孙"者,实亦是员之族徽;而"作册大"乃"令"之子(由"令"之父名"丁",而"大"称"丁"为"祖"推知),故"作册大鼒"之铭末,亦用鸟形文为族徽。此皆无可疑者。而成王时之"献侯鼎",铭末则附有"天鼋"之图徽;前人或误释为"子孙",然其文上为"天"字,下象"鼋"形,至为明显。郭沫若氏即断为"天鼋",而说之云:

> 天鼋二字,原作 [图]; 器铭多见,旧释为子孙,余谓当是天鼋,即轩辕也。②

其下复引《周语》中上引之文,而谓"天鼋"乃"由氏姓演为星名者"。其说大致甚确。据此,可知上古原有"天鼋"氏族,而此氏族即"姬氏"

---

① 《国语·周语下》。
② 《两周金文辞大系考释》,页三十二,献侯鼎。

所从出。此合金文资料及《国语》中之传说可以初步断定者。

然则此与"少典氏"有何关系？此则须作一大胆之假设。案姬氏所从出，不能有两氏族可说。既云"出自天鼋"，又云出自"少典氏"，则"少典"与"天鼋"当指同一氏族。即以"鼋"为图腾之氏族是也。而"少典"中之"少"字，在古代传说中向指后出者而言，如"少皞""太皞"之例；故此氏族之名当为"典"或"天鼋"，"少"氏乃后加之字，以与"太"别者。而"典"与"天鼋"，当属疾读与缓读之分，正如"吴"与"句吴"、"越"与"于越"，甚至"蒲姑"与"亳"之类。盖上古族名地名，原只有声音而无专定文字可说；疾读则记以一字，缓读则可记以二字。今就"天鼋"二字论，倘"天"字读阴声，则与"鼋"合而疾读，即得与"典"极近之音。而同一字有阳声阴声二读者，在古今音中亦常见；例如，以吴语今音言之，"天"即读阴声；则古代此字如曾读阴声，亦不足怪。但以上所说，仍只能作为假说看，盖古音之音值至今尚无定论，未敢强作断定。

此假说如可用，则对华夏民族之起源可作一初步之描述如下：

第一，上古中国西北部，有一以鼋为图腾之民族；此族既取水族为图腾，其发源当在青海大湖区附近。

第二，此族向今甘肃、陕西地区转移，而成为所谓"少典"。此就姬姜二氏族早期活动之区域，可以推知。

第三，黄帝及炎帝分别代表姬、姜二族，皆由此"天鼋"或"少典"族分出。其间所涉之"有蹻氏"，别无可考。

以上为对华夏民族集团之起源之初步假说。

此"华夏集团"在黄帝、炎帝后之发展，主要事件为此集团与"东夷集团"之冲突。故在此应转而说东夷。

黄帝及炎帝二族，皆逐渐由西向东移徙；在周立国以前，姬姜二姓已多有定居于今河南、山西各地者。后世误解古史者每每将此种民族自然迁徙问题与民族血统问题相混,因而生出种种怪说,后文当另论之。此处须先论及者则是华夏民族向东移徙时所发生之民族冲突:此即所谓"黄帝与蚩尤之战"是也。蚩尤乃东夷民族之英雄,后世说为苗蛮或炎帝之后者皆误。

盖华夏民族在西,而古中国则另有其他民族在今山东、河南一带活动。所谓"东夷",即指此民族集团而言。此民族之传说中人物及氏族,有太皞、少皞、蚩尤等;而蚩尤因与华夏民族作战而尤为著名。

关于此一民族冲突,最早之记载应为《逸周书·尝麦》之文。其文如下(凡原缺字皆以"□"号代之):

> ……昔天之初,□作二后,乃设建典,命赤帝分正二卿,命蚩尤于宇少昊,以临四方,司□□上天未成之庆。蚩尤乃逐帝,争于涿鹿之河(或作"阿"),九隅无遗。赤帝大慑,乃说于黄帝,执蚩尤杀之于中冀,以甲兵释怒,用大正顺天思序;纪于大帝,用名之曰绝辔之野。乃命少昊清司马鸟师,以正五帝之官,故名曰质,天用大成,至于今不乱。

案《尚书·吕刑》虽言及蚩尤之"作乱",然语极简略,远不及此段记载之详明。文中虽稍有可争之训诂问题,但大意甚明。可分数点释之。

文首盖谓远古有两大领袖或两大势力,乃赤帝(即炎帝)与蚩尤。而蚩尤之地区即少昊氏之地区,两"命"字指天"命"赤帝与蚩尤说。二人代表二族,为同等地位。

其下即述二族之冲突。开始蚩尤先侵占赤帝一族所居之土地,至于"九隅无遗"——即完全占去之意;此中"涿鹿"一地名殊难定其所指。旧说大抵以为在今河北境,然考蚩尤一族活动之地区,当不出山东河南交界处(见后),故旧说难信。赤帝既不敌蚩尤,遂求援于本民族集团中黄帝一族,于是黄帝与蚩尤战,终杀蚩尤于"中冀";此地名亦难考定。其下数语涉及祀神记功之事。

最后述及黄帝杀蚩尤后之善后工作,最可注意。所谓"少昊清",即后世所谓少皞氏,"清"当是本名;"司马鸟师"中"鸟师"系古代成语。"师"即首领,"鸟师""龙师""云师"等,则指所关部落之图腾言。案《左传·昭公十七年》载少皞氏之后郯子论少皞氏以鸟名官之事甚详;盖少皞一族是东夷民族中以鸟为图腾之氏族,故少皞清有鸟师之称。黄帝既灭蚩尤,即与东夷之少皞族讲和,而由少皞清统治蚩尤之土地;此本是古代民族冲突结束后惯见之例(其后周之于殷亦用此法)。然华夏与东夷二族和好于此开始,亦古史中一大事;《尝麦》之文之重要亦正在此。

此段叙述原是周成王即位后初行尝麦礼后告臣下之言,故所说皆是追溯本民族往史之语气;后世解者于此处未认清,遂造成训解之困难。例如:"令蚩尤于宇少昊"一句,后人或疑"少昊"本为地名,或疑少昊氏不当先于蚩尤,其实原文之意正谓昔日蚩尤所居之地即是后来少昊之地;盖黄帝杀蚩尤后,即由少昊清占其土地也。而观黄帝为少昊清易名曰"质"一点,则二族和解时,黄帝因是战胜者,故已居盟主之地位,能为少昊清易名。日后如少昊氏之后人郯子亦称其祖为"少皞挚"矣(案"质"与"挚"古通,前人早已考定)。

东夷民族中除蚩尤外,太皞及少皞二族与华夏民族间似均无大冲突;唯禹之夏后氏(属华夏民族集团)一度为东夷之羿所灭,可视为华夏东夷间之另一次冲突,然影响似不甚大。最后则为殷周之争霸,而殷民族亦当属东夷集团也(见下文考证)。

华夏与东夷所以有冲突,基本原因在于争地。盖东夷原在山东、河南一带,而华夏民族由西向东迁徙,故双方势力一旦相遇,即不能不有冲突。言及此,则应略考东夷民族之势力范围。

案《左传》曾载梓慎之言云:

>宋,大辰之墟也;陈,大皞之虚也;郑,祝融之虚也。①

《左传》又述周初封国之事,谓:

>因商奄之民,命以伯禽,而封于少皞之虚。②

则可知太皞之虚,在今河南境内,而少皞之虚,则在今山东曲阜一带(即伯禽受封之鲁)。而太皞之后亦皆在今山东境,《左传》于此事记载甚明。其文云:

>任、宿、须句、颛臾,风姓也,实司大皞与有济之祀,以服事诸夏。③

盖周人建国之后,东夷大部已接受周王朝统治,然其族尚存,各领有旧日土地之一部,成为"服事诸夏"之小国,故《左传》云云。据此推之,则任(今济宁市境)、宿(今东平县境)、颛臾(今费县境)、须句(今东平县境)皆在今山东,可知太皞族虽以今河南淮阳境为故墟(即"陈"地),其散布亦在山东济水附近也。

故就太皞及少皞二族言,其活动地区皆以今山东为主,而达今河南境内。此是东夷之基本地区。

至蚩尤一族之地区,则亦有可考者。

第一,汉儒如高诱、马融等,皆谓蚩尤乃"九黎"之君;所谓"九黎",当指汉东郡属之黎县及魏郡属之黎阳一带。黎县即今山东郓城境,黎阳即今河南浚县境。蚩尤一族之地区大抵即在此。炎帝一族由陕西发展至河南,故与蚩尤族冲突而遂有战争,事理甚合。

第二,就蚩尤在传说中之遗迹言,亦皆在今山东境内。如《汉

---

① 《左传·昭公十七年》。
② 《左传·定公四年》。
③ 《左传·僖公二十一年》。

书·地理志》在东郡,寿良县条下,言及蚩尤祠云:

> 蚩尤祠在西北涑上。

此即谓蚩尤祠在寿良县西北部济水之上也("涑"为"沛"字之形误,王先谦在《前汉书补注》中曾考定之。"沛"即"济"之古文)。又蚩尤冢亦在山东。《皇览》记之云:

> 蚩尤冢在东平郡寿张县阚乡城中,高七丈,民常十月祀之。有赤气出,如匹绛帛,民名为蚩尤旗。①

案"寿张"即"寿良",光武帝以避其叔赵王之讳而改。故蚩尤之冢及祠,实皆在汉东郡之寿良县,即今山东东平县境。蚩尤乃一失败人物,除故土本族人民外,极少建祠之可能;至于留冢而民以十月祀之,又有"蚩尤旗"之神话,益见此冢所在之地必是蚩尤故土,故人民对此失败英雄尚有怀念之意也。

第三,再就前引《逸周书》资料言,则蚩尤之地既然是少昊之地,则更显然在"少皞之虚"附近。仍是山东境也。

总之,所谓"涿鹿"及"中冀"二地名,虽尚难考定,但就种种资料推证,蚩尤一族之地区必在今山东而延展至与今河南交界地带。

总之,东夷民族集团之地区,即以沿渤海之今山东地区为主,而扩至今河南境内。凡风姓、嬴姓(或"偃"姓)皆出于东夷。此民族集团在黄帝与蚩尤之战后,似已和平相处;然所谓"夷"与"夏"终不免时有冲突。至于南面地区,东夷民族之发展自亦较华夏民族为早。殷周之际,则淮水一带皆东夷民族之势力范围,后文再当论及,但再向南则另有一民族集团,此即所谓"苗蛮民族集团"。

苗蛮指南方地区之土著而言。与由他处进入此地区之外来民族

---

① 见《史记·五帝本纪》集解引《皇览》之文。

有别。春秋战国以降,每以"祝融八姓"为南方民族,尤其芈姓之"荆"人(即"楚"人)更视为南方之代表。实则祝融八姓不属于苗蛮,亦非南方之土著,虽入南方地区发展,其源则出于中原之颛顼氏(即"高阳氏")。《国语》载郑桓公与史伯之对话,对所谓"祝融八姓"叙述甚详。兹节录数节如下:

> 夫黎为高辛氏火正,以淳耀敦大天明地德,光照四海。故命之曰:祝融。其功大矣。①

案史伯与郑桓公论南方之荆人必兴,先说荆乃"重黎之后",然后述"黎"因能用火,故受封为"祝融",此"祝"字乃"巫祝"之"祝",而"融"即"明"之意。大抵黎能发明以火照明之法,故有此号。此处所说"高辛氏",依旧说当指"帝喾";但此谓黎在帝喾之部落中有此发明,非言其血统。就血统而言,则黎出自颛顼。《左传》载蔡墨答魏献子之问,论及所谓"五官",而谓:

> 颛顼氏有子曰犁,为祝融。共工氏有子曰句龙,为后土。②

此明谓"祝融"("黎"或"犁")出自颛顼一族。此外《山海经》之《大荒西经》亦有"颛顼生老童,老童生祝融"之说,韦昭《国语注》谓:"颛顼生老童,老童产重黎及吴回";案此与《大戴礼记》中《帝系篇》之说相同,即多出一"吴回"。此中牵涉问题颇多,如"重黎"究竟是一人之名,抑或是"重"与"黎"二人之名?《尚书·吕刑》与《国语·楚语》中所谓"绝地天通"之重黎显是二人;则与帝系之说有异,此中选择如何?又"重"是否即少皞氏"四叔"中之"重"?皆须另作解说。但不论"重黎"二字引出何种疑难,专就"祝融"而言,则"黎"即以"祝融"为

---

① 《国语·郑语》。
② 《左传·昭公二十九年》。

称,又出于颛顼氏,则无异说。故所谓"祝融"本身之来源,仍可如此判定。至于"八姓",则上引《国语》之文后段亦有详细解说。其言云:

> 其后八姓,于周未有侯伯佐制物于前代者。……己姓:昆吾、苏、顾、温、董。董姓:鬷夷、豢龙……彭姓:彭祖、豕韦、诸稽……秃姓:舟人……妘姓:邬、郐、路、偪阳。曹姓:邹、莒……斟姓无后。融之兴者,其在芈姓乎。芈姓:夔、越,不足命也;蛮芈,蛮矣。唯荆实有昭德,若周衰,其必兴矣。①

案此承上文,续论荆之"必兴";盖先言"祝融"有大功,其后当兴;再分论"祝融八姓",而推定其后人中唯有芈姓之荆足以当之也。此文中"融之兴者"一语大可注意,盖如此单用"融"字,即可知所谓"祝"乃"巫祝"之"祝";故言"祝融"犹言"巫咸";"融""咸"方是人或族之专名,"巫""祝"则指其职业言,非专名也。

依此段文字考之,八姓之活动地区大致可以推定。

己姓:昆吾、苏、顾、温、董。昆吾一族,传说谓是夏时之"伯",大抵其族在夏后氏时甚强大。《左传》载楚灵王之语云:

> 昔我皇祖伯父昆吾,旧许是宅;今郑人贪赖其田,而不我与。②

此谓昆吾旧地即许迁叶以前之地,即今河南许昌境。昆吾一支非楚灵王(芈姓)之直系祖先,故称"皇祖伯父"。又《左传·哀公十七年》有"卫侯梦于北宫"一节,言及"昆吾之观""昆吾之虚";杜注谓"今濮阳城中",亦即河南濮阳境。苏与温则杜预谓在"河内温县",即今河南之温县境。顾,依《元和郡县图志》,则在濮州范县,则在今河南与河北交界处矣。董,无可考。略言之,己姓各国,均在今河南境。

---

① 《国语·郑语》。
② 《左传·昭公十二年》。

其次,董姓:鬷夷、豢龙。"鬷夷"当即《史记·殷本纪》所说之"三㚇",《尚书序》有"三㚇",应是同一国名,而《后汉书·郡国志》则有"三鬷亭",系于济阴郡定陶县下。依此,所谓"鬷夷"之故地即在今山东定陶境。"豢龙"则《左传》蔡墨亦论及之。其言云:

> 昔有飂叔安,有裔子曰董父,实甚好龙,能求其耆欲以饮食之,龙多归之;乃扰畜龙以服事帝舜。帝赐之姓曰董,氏曰豢龙,封诸鬷川。鬷夷氏,其后也。①

案此节所述之传说,适可与前文相印证;知"豢龙"与"鬷夷"皆董姓,而"豢龙"之故地则在"鬷川",大约与"三鬷"在同一地区,即亦是山东定陶县境。

又彭姓:彭祖,豕韦,诸稽。案"彭祖"在《国语》中亦称"大彭",其地在彭城,即今江苏铜山县境。"豕韦"则或称"韦",在今河南濮阳县境。"诸稽"则无可考。

秃姓:舟人。案《国语》史伯先论"虢"与"郐"时,谓:

> 虢叔恃势,郐仲恃险……君若以成周之众,奉辞伐罪,无不克矣。若克二邑,邬、弊、补、舟、依、𪑾、历、华,君之土也。②

此谓若取虢与郐,则邻近各地皆可顺势而得。"虢""郐"皆在今河南境内,则"舟"亦当在附近。

妘姓:邬、郐、路、偪阳。"邬"与"郐"均在河南境内;"路"虽无资料可考,大约应与上引文中之"历"为一事,则亦在邬、郐附近。偪阳则在今山东峄县境(或在沛县境)。

曹姓:邹、莒。"邹",杜注谓即"今鲁国邹县",则是今山东之邹县

---

① 《左传·昭公二十九年》。
② 《国语·郑语》。

境。"莒"即在今山东莒县。

所谓"斟姓"既云"无后",自不可考。

最后,芈姓则有夔、越、蛮芈与荆。"夔"即"夒"。杜注《左传·僖公二十六年》"楚人灭夔"条,谓是"今建平秭归县",则即今湖北秭归也。所谓"越"应非勾践之越国,或谓即《史记·楚世家》中之"越章",尚待考定。至于"蛮芈"自指深入蛮区之芈姓言。上引史伯之语,前段谓"叔熊逃难于濮而蛮",当即指此一支芈姓。此所谓"濮"自是指蛮区一地,不必详考。

总之,八姓之地区,大部在河南及山东,亦有在山东、江苏交界处及河南、河北交界处者。唯芈姓在湖北,其中一支且深入蛮区,成为"蛮芈"。观此可知,所谓"祝融八姓"决非南方土著,与苗蛮不可混为一事。但芈姓显然在苗蛮地区逐步发展,故其初小支芈姓虽为蛮所同化而有"蛮芈,蛮矣"之叹,然势力强盛后即转而统治土著,故春秋以降,荆(楚)即视为南方势力之代表。就民族血统言,则无论颛顼族是否果出自黄帝,其必非南方土著则无可疑。

南方土著之苗蛮,文化显然不甚发达。就古代传说言,所谓"三苗",大抵是华夏与东夷二集团所排拒之对象。冲突结果,则苗蛮民族屡败。此种冲突当在祝融族入苗蛮地区发展之前,且牵涉问题颇多。兹当略作清理。

首应述及者是三苗与华夏冲突时,华夏、东夷两集团已有相当程度之混合。其迹象在古代传说中亦时时可见。此种民族混合对于了解古史传说关系甚大,而考史者一向罕能留意及此。本书下节考定殷民族之来源及发展时,正以此种混合现象为重要解说根据之一;故此处当乘此讨论三苗与夷夏之冲突之机会,先作一扼要叙述。

论及华夏与东夷之混合,最早之实例应是所谓"帝颛顼"及所谓"高阳氏"。

汉代以后之综合资料,虽皆谓颛顼为黄帝之孙,然就先秦之传说看,则大有疑难。案《国语》记展禽论虞夏商周之祭祀时,谓有虞氏及夏后氏,皆"禘黄帝而祖颛顼",则颛顼应确属黄帝之后,亦即属华夏民族集团。但《山海经》之《大荒东经》则云:

东海之外大壑,少昊之国。少昊孺颛顼于此。

案《说文·子部》"孺"字释曰:"乳子也",则此字作动词用时即"养育"之意。颛顼为少昊所养育,则又应属于东夷集团矣。且颛顼以"重"及"黎"为主要助手,其中"重"又属于少昊族,则颛顼与东夷之关系亦不能抹煞。

此中详情,古史悠渺,已难考知。但合此种种资料以观,似可立一假说,即颛顼个人及其氏族,在血统上应属华夏民族,但其发展则在东夷地区。而观颛顼日后之事功实兼被二民族集团,则亦与此假说相符。

颛顼之事功,不在于征战之胜利或器物之发明,而在于改革原始宗教。此点徐旭生先生首倡其说①;然其说尚多未尽之义。案此一改革关系甚大,即先秦文献中所言之"绝地天通"是也。

《国语》载楚昭王与观射父之对话,为有关此一大事之主要资料。兹引原文如下:

昭王问于观射父曰:周书所谓重黎寔使天地不通者何也?若无然,民将能登天乎?②

案昭王所谓"周书",究指何篇,当难断定。今存之《尚书·吕刑》中则有"乃命重黎,绝地天通,罔有降格"之语;而其上但云"皇帝……",则

---

① 读者可参阅徐著《中国古史的传说时代》,第二章,第五节。
② 《国语·楚语下》。

"命"重黎者究系何人,实未确言。后世因下文有"乃命三后"一段,又举伯夷、禹及稷之名,遂谓此指帝舜而言,实则大有问题,因"皇帝"一称,在先秦文献中当指"皇天上帝"而言,不应指一人也。至"绝地天通"之确实解释则更未道及。昭王所谓"周书"倘确指《吕刑》此段而言,则毋怪不能解其意也。于是《国语》续记观射父之答语,对此事详加论述:

> 对曰:非此之谓也。古者民神不杂。民之精爽不携贰者而又能齐肃衷正,其智能上下比义,其圣能光远宣朗,其明能光照之,其聪能听彻之,如是则明神降之。在男曰觋,在女曰巫。①

案观射父首先点明所谓"使天地不通"或"绝地天通"者,乃就"民"与"神"是否相杂而言;然后将"民神不杂"视为前古之事实而说之。此自是春秋战国以下托古立说之惯例。实则民神之相杂方是原始社会之实况,民神不杂则是改革之结果;但观射父循当时习惯将一切进展皆说为复古,故先有此一段叙述。其下历举巫觋之职务及功能后,乃论民神不混之情况及其后演变为民神相混之弊害云:

> 民是以能有忠信,神是以能有明德。民神异业,敬而不渎,故神降之嘉生,民以物享,祸灾不至,求用不匮。及少皞之衰也,九黎乱德。民神杂糅,不可方物。夫人作享,家为巫史,无有要质。民匮于祀而不知其福,烝享无度。民神同位,民渎齐盟,无有严威。神狎民,不蠲其为。嘉生不降,无物以享,祸灾荐臻,莫尽其气。②

此段语意甚明。最可注意者是就"少皞之衰"及"九黎乱德"说"民神杂糅"之祸害,则显然谓此风盛行于东夷地区。其下则接述颛顼之改

---

① 《国语·楚语下》。
② 《国语·楚语下》。

革云：

> 颛顼受之，乃命南正重司天以属神，命火正黎司地以属民；使复旧常，无相侵渎，是谓绝地天通。其后，三苗复九黎之德，尧复育重黎之后不忘旧者，使复典之，以至于夏商。①

此处以"颛顼受之"一语上承"少皞之衰"，显然在此一传说中但强调颛顼与东夷之关系；至颛顼为黄帝之孙云云，则绝未提及。由此可知，日后《大戴礼记》所辑之《五帝德》《帝系》等等资料（司马迁《史记》之取材亦同），又皆另有来源。

观上引资料，其要点可分论如下：

（1）所谓"民神杂糅"，实是宗教中心未建立时之自然现象。原始社会中神权之高，亦属当然。此中关键问题则在于是否人人皆与所谓"神"直接交通。所谓"夫人作享，家为巫史"，即是人人祭神求福，且人人自以为能知神意也。如此则弊病有二。其一是人人以为能知神意，则神权之约束力即将丧失。此所谓："民渎齐盟，无有严威"；盖人人自为巫史，则所谓盟誓之类皆失去其庄严性。其二是人人日夜求神，则不知勤奋，不事生产，终致"民匮于祀而不知其福"。有此二弊，自将生出祸乱。

（2）此种"民神杂糅"之情况，当属巫祝之事日盛时之现象，本非专属于某一民族之问题；但所谓"九黎"（蚩尤族）可能特重巫祝之术，故东夷地区先发生此问题。而颛顼无论血统如何，当其进行改革时，必正在东夷地区，故传说中即言少皞衰而颛顼承其后。

（3）颛顼之改革，主要在于将事神之工作划归专人，又另命人负责管理人间巫觋及人事。此即"重"与"黎"分别"司天"与"司地"之

---

① 《国语·楚语下》。

说。实即是将宗教事务收归一中心(此中心即颛顼所居之"玄宫"),建立宗教之领导也。

(4)倘对"绝地天通"一语作更准确之解释,则当知上古巫师原有登高山以与天神相通之说。在《山海经》中屡屡记有此种传说资料。例如:

> 巫咸国在女丑北。……在登葆山,群巫所从上下也。①

可知群巫例登此山。又如:

> 海内昆仑之虚……帝之下都……非仁羿莫能上冈之岩。②

此明以昆仑为"帝之下都"——即群神来往之地,而又言只仁羿一人能登此山,可知登山见神之说正是此种记载之背景矣。他如《大荒西经》记"丰沮玉门"之山,言"十巫从此升降,百药爰在",又可见巫师每假托登山见神而得药以惑愚众。总之是由"地"上之山以与"天"相通。而颛顼氏之"绝地天通"大约即是禁止群巫有登山见神之事,而以所居之"帝丘"(或"玄宫")为唯一通神之圣地。而"重"之"司天"即专负与天神相通之责,"黎"之"司地"即与人间群巫交往,如此,宗教之中心遂得建立。

以上乃就《国语》资料解释。倘更进一步追问此一宗教改革之历史意义,则当知颛顼此举实表示部落"图腾崇拜"阶段之结束,及超部落之共同信仰之开始成立。此点最明显之证据,仍是《左传》中所记郯子之说。郯子云:

> 昔者黄帝氏以云纪,故为云师而云名;炎帝以火纪,故为火师而火名;共工氏以水纪,故为水师而水名;大皞氏以龙纪,故为龙师而

---

① 《山海经·海外西经》。
② 《山海经·海内西经》。

龙名。我高祖少皞挚之立也,凤鸟适至,故纪于鸟,为鸟师而鸟名。……自颛顼以来,不能纪远,乃纪于近,为民师而命以民事。①

此段前面历举各上古部落"以……纪",即指各部落之图腾言。在"图腾崇拜"时期,各部落即各就其所崇拜之图腾而定其官职之尊称,而视此部落之首长为"……师";郯子述少皞氏之官职皆以鸟名之,即因以"鸟"为图腾之故。然颛顼以后,即不再如此尊重图腾。郯氏取怀念图腾时代之立场,故说"自颛顼以来,不能纪远,乃纪于近"。此是评价问题。就史实而论,郯子之言正表示自颛顼氏后即离开"图腾崇拜",而进入一新时代矣。

颛顼建立宗教中心时,掌领导权之两大巫为"黎"及"重"。"黎"即祝融氏,如上文所述,为颛顼族人即所谓"颛顼氏"之"子"。而"重"则属少皞族。《左传》于此亦有明显记载:

> 少皞氏有四叔,曰重、曰该、曰修、曰熙;实能金木及水;使重为句芒,该为蓐收,修及熙为玄冥。世不失职,遂济穷桑,此其三祀也。颛顼氏有子曰犁,为祝融;共工氏有子曰句龙,为后土。此其二祀也。②

案此节原是蔡墨答魏献子问"社稷五祀"之语:说前三祀时所举四人皆属少皞氏,而"重"居其一,则"重"之为少皞族人,亦无可疑。

依此,颛顼之宗教改革,其中心人物除自身外有两大巫,而一属华夏血统,一属少皞血统;则此一改革运动不仅在东夷地区开始,且其所关人物亦表示华夷二集团之混合。则此一运动为二集团合力完成之运动,其结果自使二集团之混合益加密切。

再进一步论之,宗教信仰在上古社会中影响力至大,几可视为文

---

① 《左传·昭公十七年》。
② 《左传·昭公二十九年》。

化活动之决定因素；今颛顼既建立一宗教领导中心，在文化上之影响即使"图腾崇拜"日衰，而共同宗教信仰渐渐形成；于是中原地区原属于华夏、东夷各部落分据之局面，受此种宗教改革影响，亦开始转变，而有部落共主制度之产生。陶唐氏、有虞氏、夏后氏以及殷人，步步加强共主制，终致周人兴起时遂有初步之统一王国出现。则颛顼此一运动，倘说为共主制及王国制度产生之先驱，亦不为过。

然而颛顼之影响，但及于夷夏诸族之地区。南方之三苗地区，显然未受影响，且因此种宗教及文化之歧异，终于导致双方之战争。此所以凡述颛顼之改革者，每每言及三苗也。

三苗乃真正南方之土著部落，当与中原势力冲突时，似已扩展至今河南境。关于尧、舜、禹与三苗作战之记载，即有尧与苗蛮战于"丹水之浦"之传说（如《吕氏春秋·召类》）。丹水源自陕西，流入河南南部，再至河南、湖北边境而入于汉水；尧与三苗在此丹水边作战，即在河南境内作战也。舜与三苗战于何地，则未见记载。最后禹大破三苗，则最重要之记载见于《墨子·非攻下》。其文云：

> 昔者三苗大乱，天命殛之。日妖宵出，雨血三朝。龙生于庙，犬哭乎市。夏冰，地坼及泉，五谷变化。民乃大振。高阳乃命禹于玄宫（原脱"禹于"二字，依孙校补）；禹亲把天之瑞令以征有苗，雷电悖振（原作"四电诱祇"，依孙校改）。有神人面鸟身，若瑾以待，搤矢有苗之祥，苗师大乱，后乃遂几。

案此段所述即一决定性之战役；三苗为禹所败后，即衰不能振（所谓："后乃遂几"）；而禹之征苗则在"玄宫"受"高阳"之命，以代表天意或神意身份出现；另一面描写三苗全用述妖异之语；则此一战争实是一宗教性之战争，否则高阳氏何必参与？"玄宫"乃颛顼旧地。当禹之时，此地仍属宗教中心；颛顼之族高阳氏世代为宗教首领，故代表天而授命于禹。"人面鸟身"之"神",当是属少皞血统之巫师。徐旭生先生以为即是"重"之后裔,世袭"南正"者,亦不为无据。但此属细节,证据不足,本书亦不强作考定。

《尚书·吕刑》述三苗事,谓"苗民弗用灵";"灵"即"巫","弗用灵"即不信受当时中原之宗教也。两相印证,若合符节。但《吕刑》述"绝地天通"时,似将苗乱说成引起"绝地天通"之因素,又但说"皇帝",而不及颛顼之名;已不如《国语》记载近乎史实真相。后世儒者不考"皇帝"一词之古代用法,又以为指帝尧,愈错愈远;而"绝地天通"一事之正解益不可得;更不能掌握颛顼之宗教运动之意义。其实,古代传说中称人为"帝"者,每附以名,如帝喾、帝尧、帝舜之类;其所以如此,乃因此种英雄人物,带有半神半人之色彩。至于称一人为"皇帝",则绝无其例。后世统一国家建立,称元首为"皇帝"全是另一阶段之事。尧舜之时,初步之王国制度尚未建立,岂能有此称?《吕刑》之"皇帝"除指"上帝"外,实别无解法也。因世俗多为旧说所误,故顺辩数语。

三苗既衰,南方土著势力遂不能与中原之华夏东夷混合势力抗拒;日后祝融氏之后裔芈姓一支在南方地区建立荆国(即"楚"),遂以南方民族自居。然此实是外来势力,非土著势力。作为古代南方土著之苗蛮民族集团,此后在历史文献中一直成为反面角色;其对日后中原文化之影响,仅有其洪水神话中之"伏羲"与"女娲"而已。此点亦应顺释数语。

案自《易·系辞》推重所谓"庖牺氏"后,此"庖牺氏"或"伏羲氏"即成为始作八卦之人物,至汉代综合史料形成,于是后人动称"伏羲、神农、轩辕",甚至称为"三皇"(如孔安国、皇甫谧皆然)。另一面又强将伏羲与太皞合为一人,全失古史真相。其实,战国以前先秦文献从不言及"伏羲",而最早言"伏羲"者为《庄子·内篇》;此外《离骚》中有

"宓妃",当与伏羲有关,而二者皆属南方传统之作品。则"伏羲"之传说不出于中原华夷二集团,已可想见。而更确定之证据,则为当代人类学家芮逸夫氏之苗族调查。芮氏发现苗族自有一洪水故事,述洪水为灾,人皆灭绝,而有兄妹二人幸存,遂成为后来人类之祖先。此二兄妹,男名"Bu-i",女名"Ku-eh",即"伏羲"与"娲"之对音。由此而对伏羲神话之来源得一定解(读者可参阅芮氏在"中央研究院"历史语言研究所人类学集刊中发表之《苗族洪水故事与伏羲女娲的传说》一文及其后论及此问题之其他论文)。而汉代之《淮南王书》于《览冥训》中将"虑戏氏"与"女娲"相连而论,其原因亦豁然可解,而另一面《易·系辞》以下对于"伏羲"或"庖牺氏"种种附会之说,其不能成立亦可定案。盖苗族在夏后氏时期大衰,不惟不能再侵入中原,且在南方地区亦不能自立;于是祝融之后入主南方之地;然苗族地区之古旧神话仍继续流传,故伏羲、女娲之名遂通过其后之南方文化传统而渐渐流入中原。《庄子》以前中原尚未知此种传说,故《左传》及《国语》虽最喜述古代传说,然从不言及伏羲一字。其后南北二文化传统逐渐融合,遂产生伏羲作八卦之说。其实"八卦"自是周民族之产物,与苗蛮集团之神话人物可谓风马牛不相及。汉儒以下言《易》者竟皆宗此说,亦可笑也。

  苗蛮民族在文化进度上本不及华夏及东夷,在屡战皆败之后,其内部似亦有崩离之事。如《逸周书》历述前代兴亡故事,而云:

> 外内相间,下挠其民,民无所附,三苗以亡。①

此中详情虽不可考,然大致即指三苗向外发展受挫,而内部又丧失领导中心,故"民无所附"而终亡。所谓"亡"即势力衰灭之意,非谓此民

---

① 《逸周书·史记解》。

族全部消失。顾苗族虽未消灭,然已不能为南方地区之主导势力;一部分久不开化,成为落后民族;另一部分则依附于日后祝融八姓与徐淮东夷所建立之南方文化传统而被同化矣。

三集团之略说至此可以结束。以下即可进而讨论殷民族之起源及发展等等问题。

二、殷民族略考

"殷"原属后起之称,兹为行文方便,仍用"殷民族"一名。

殷周民族对古中国文化传统之形成,关系甚巨;前人对其史迹之考论亦甚繁富。但关于殷民族之起源,则至今未有定论,盖旧说既不可据,新证亦不易通协。兹先评旧说,再试拟一较为可据之解释。

(一)旧说之批评

汉以下言殷商之事者,主要根据为司马迁《史记·殷本纪》;故此处清理旧说,亦当先评《史记》之说。

《史记》中之《殷本纪》《周本纪》以及《五帝本纪》等,原亦据古代传说资料并采谱牒诸子之说而作成;其中记述有颇为准确者,如《殷本纪》中记相土以后殷人之世系,与甲骨文资料对证,大致相合,即其例也。然《史记》此种记述,另有一最大缺点,即其叙古事皆综合来源不同之传说,而强合为一体。且进行综合时之理论配景,则取后世之大一统观念,遂与古代社会之实况绝不相合。如《五帝本纪》中即动言"天子""帝位"等等,皆明证也。兹论殷民族之起源,即当先取《史记》中之综合记述作一分析。

案《殷本纪》以契为殷之始祖,而云:

> 殷契,母曰简狄,有娀氏之女,为帝喾次妃。三人行浴,见玄鸟堕其卵,简狄取吞之,因孕生契。

此说如真实可信,则殷民族出于帝喾,而帝喾又为"黄帝之曾孙"(见《五帝本纪》),殷民族亦同属华夏集团矣。然此中显然包含两种成分;其一是吞鸟卵而生子之神话,其二是此子与人之血统关系。前者当出于民族内部之传说,后者则是另有来源之故事。以殷民族自述其祖先之资料而论,则《商颂》中《玄鸟》《长发》二篇,但言及"玄鸟"及"有娀",可知殷民族之传统说法中本无"帝喾"之"妃"生契之说(关于《商颂》之析论,见后节)。另一面则《楚辞》中《天问》及《思美人》二篇中,则将"简狄""喾""玄鸟""有娀"等合而说之,可知《史记》之文乃由此类后起之传说演成,盖《商颂》虽是殷后宋人之作,然所述民族内部之传说,自是由前代传来,根源必极早也。

若以《商颂》与《史记》所据之传说比较,则《商颂》谓"有娀方将,帝立子生商",在"洪水芒芒,禹敷下土方"之后,则其时代在禹后,即不能在帝喾之世;而《商颂》中之"帝",自指天或神而言,正与鸟卵生契之神话相配,而决不能指"帝喾"。总之,将玄鸟神话牵入帝喾,非殷民族内部传说,自是南方后起之说。至于此种增益之传说,何以流行于南方,则又与周人兴后,一部分殷后移往南方有关。下文论殷周盛衰时当另及之。

且殷人后代自述其民族之发展,显是由沿海地区进至河南中原之地,亦绝非本在中原者。《国语》中述各民族后代之祭礼,则殷人"禘舜"而非如《礼记》中所说之"禘喾"。其他尚有许多可用之资料,足表明原始传说与综合资料之不同,下文对殷民族之起源发展作正面解释时,当再详论。此处所可说者,是《史记》所述,乃后世之综合资料,与较早之传说资料颇有乖异,不可为据。

战国至秦汉以下,儒生喜以后世之一统观念加于古代,故将各民族均说为同出一源;对虞、夏、商、周莫不如此。另一面民族起源之神话又早在各民族内部流行,亦不能废,故乃有种种综合资料出现。此种综合资料,原亦含有可信之成分,但就整体言之,则其配景与古史真相不合。此理固自显然。

但以喾为殷民族所从出,后世信之者颇多。王观堂钩稽甲骨资料以考殷史,仍以为殷周皆出于帝喾(见王著《殷周制度论》)。而其考释甲骨文时所举"高祖夋"一条又最能支持此说。今对此问题亦当稍作评论。

案王氏作《殷卜辞中所见先公先王考》中发现"夋"字,及"夋"字两体,乃断为"夋"字。其说云:

> 卜辞有"夋"字。其文曰:贞壹于夋;又曰:壹于夋□牢;又曰:壹于夋六牛;又曰:于夋壹牛六;又曰:贞秄年于夋九牢;又曰:(上阙)又于夋。案夋夋二字象人首手足之形,疑即夋字。①

观堂所举诸例为此一字之异体,应无可疑;此字为受祭之祖先之名,亦无可疑。问题在于此字是否果为"夋"字。观堂如此推断,则据《说文》及甲骨文中"允"字之初文而为言。原文续云:

> 《说文解字·夂部》,夋,行夋夋也,一曰:倨也。从夂,允声。考古文允字作"夋"或"夋",本象人形。"夋"字复于人形下加夂,盖即夋字。②

王氏解"夋"字,不同许书以"允"为声符,而视为象人形之义符;则"夋"字从人形之允,从夂,即为会意字,而表"行夋夋也"(即昂首而行之意)。此自较许书原解为胜。许书每误将义符说为声符,不足为

---

① 《观堂集林》,卷第九,《殷卜辞中所见先公先王考》。
② 《观堂集林》,卷第九,《殷卜辞中所见先公先王考》。

怪。王氏既确定此字为"夋"字，遂据皇甫谧《帝王世纪》中"帝喾名夋"之说，证此即指帝喾而言。其下又举《山海经》中言及"帝俊"十二事，再判所谓"帝俊"即"帝夋"，即皆指帝喾，而以为郭璞注谓"帝俊"为"帝舜"之假借实乃误说，理由则是《大荒经》中自有帝舜，不应用字前后互异云云。其后文再以《左传》与《山海经》互证，而谓《山海经》中"帝俊生中容""帝俊生季厘"及"帝俊有子八人"诸说，适与《左传》以"仲熊季狸"为"高辛氏之才子"及高辛氏"有才子八人"之文相合；由此转而支持《帝王世纪》中"帝喾名夋"之说。最后再引《礼记·祭法》中"殷人禘喾而郊冥"之记载，证成喾为殷人始祖之说。

稍后王氏见甲骨文中有"癸巳贞于高祖🈁"一条，遂益信此字确指帝喾之名，盖卜辞中称"高祖"者必指极重要祖先，王氏遂以为惟帝喾足以当之也。

以上为观堂原说之大要。此中第一关键问题，显在于"🈁"字是否能定为"夋"字。王氏所举"人形"之说，就古文与篆文之演变通例看，殊为可疑。盖所谓"人形"，实有繁简二体；所谓"象头目手足之形"者为繁体，仅略象人形者为简体。前者之例，如"夓"（夏）、"夒"（猱本字）、"虁"等字，原象面与手足之形者，至篆文例变为从页、从手、从已等。此即所谓繁体之人形。后者之例，则篆文中凡从亻、从𠆢、从儿诸字，皆是。今所谓"夋"字所从之"允"，纵是象人形，亦属简体；而甲骨文原字既象人首手足之形，明是繁体。则此字应与篆文中"夒"或"虁"相合，而不能是"夋"字之初形也。王氏后亦发觉此中困难，故又将"🈁"字改释为"夒"，但仍以为是帝喾之名。此则更难令人信服；盖此字倘不是"夋"字，则所指受祭之祖先与帝喾即全无关联。帝喾名"夋"之传说，与《山海经》中之"帝俊"，皆不能与"夒"字强为牵合。王氏原说中之论证亦皆只能用于"夋"字而不能用于"夒"

字也。

"夒"字或释为"项"（丁山），或释为"契"（容庚、徐中舒等），皆无确据；但就字形论，则释为"夒"应最为合理。但"夒"无确定理由指帝喾。又所谓"高祖"之称，就甲骨资料内部而论，已有"王亥""大乙"皆称高祖，则此字所指之受祭祖先，亦并无理由说为始祖。况《国语》中记殷人"禘舜""祖契""郊冥""宗汤"，而不及帝喾，则周时殷之后代仍未尝以帝喾为祖先，另一面则周人"禘喾"，可知帝喾实与周民族有特殊关系。至《礼记·祭法》改《国语》之文为殷人"禘喾"，则是后人接受契为喾妃所生之另一传说后之说法，去古史真相当益远矣。

若"高祖夋"之说能成立，则此种甲骨资料可用以支持《史记》之说。今知此字应断为"夒"，则对殷民族之起源问题全无作用。王观堂过信《殷本纪》及《祭法》之综合资料，故遂在已知非"夋"字后，仍欲强持"夒"即帝喾之说，实则无坚强理据可言。

前文已言鸟卵感生之说本与帝喾生契之说不能同时成立，《史记》之文乃混合两种传说之产物。感生固属神话而不足信，喾生契亦非殷人原有之说法。于是，殷民族之起源问题，不能依旧说而得解答，必须另作探究。

观甲骨文资料，可知相土以下之殷世系大致皆与《史记》相合。然《史记》所记相土以前三代（帝喾、契、昭明）皆不见于卜辞。卜辞中又反而多出一难解之"高祖夒"，似甚为可怪。然若知《史记》本为综合资料，则此种或合或不合之情况，反足以有助学者了解《史记·殷本纪》中世系资料如何构成。案所谓契佐舜有功而"封于商"之说，虽载于《殷本纪》，但就先秦资料考之，则相土始迁于商丘。《左传》载士弱答晋侯之言云：

> 陶唐氏之火正阏伯，居商丘；祀大火，而火纪时焉。相土因之，

故商主大火。①

此明谓商丘乃阏伯所居之地,相土继居商丘。又《荀子·成相》述前代事云:

> 契玄王,生昭明,居于砥石迁于商。

可知契原居砥石(案"砥石"即"碣石",见后),昭明以后方迁于商;而相土正是昭明之子。荀子在战国末年,虽已受后起说法之影响而取"契为司徒"之说,但对于原有传说中对殷民族早期迁移之记述,尚能保存;故与《左传》士弱所述之原始传说相合。

依此,可知相土始居商丘,由此至成汤而建立共主地位,再后至盘庚而迁殷。此一民族之迁徙大致如是。居商后有"商人"之称,迁殷后有"殷人"之称。至于相土以前,则此民族何名又不可考;然其根源由《商颂》及其他资料尚可考见其略。此待后文论之。此处可说者是《殷本纪》中对相土以下世系之叙述,大抵乃司马迁取殷人遗留之记载而作,故与甲骨资料相合;而相土以前,此民族本未定居中原,故所留者仅有鸟卵感生之神话及一二时代不明确之人名。但战国以降,渐有修改旧传说以构成历史图像之风气,遂有新传说兴起,而将各民族显赫人物编为一系;于是尧、契、弃(周人始祖)、挚,皆说为帝喾之子。司马迁将此新传说亦收入其《殷本纪》中,故一面将鸟卵感生之说与喾生契之说合成一故事(案以生契之有娀氏为"喾妃",而综合两种传说,楚人当已有之,观《楚辞》可知。但司马迁在《殷本纪》中作出更完整之综合故事,则甚明显),又将此种传说与所得相土以后之资料拼合而成为殷世系,于是乃形成今本《殷本纪》中之叙述矣。

以上因论及甲骨资料之不全符合《殷本纪》,而对相土之特殊地

---

① 《左传·昭公九年》。

位稍加说明。此点对下文正面考定殷民族之起源及发展亦大有关系。由此即可过渡至下节。

(二) **殷民族之起源及发展**

本节拟对殷民族之"起源"及"发展"建立一较为可信之假说。首先当以殷民族内部之记述为据,而作清理疏释。

《诗经》中有《商颂》五篇,盖殷之后代宋人在周中叶所作。其中《玄鸟》及《长发》二篇,皆述及殷民族之起源及发展,而尤以《长发》之资料为重要。

《玄鸟》之文较简。直述鸟卵感生之神话云:

> 天命玄鸟,降而生商,宅殷土芒芒。古帝命武汤,正域彼四方。

案玄鸟生商,即感生之说,不待解释;因是后人追忆之词,故所谓"殷土",实泛指此民族之活动领域言,非专指盘庚所迁之殷。"古帝"则指"天"而言。此诗但提出成汤,而不语及汤之前代。《长发》之记述则较详。其首节云:

> 濬哲维商,长发其祥。洪水芒芒,禹敷下土方。外大国是疆,幅陨既长。有娀方将,帝立子生商。

此节涉及民族起源传说所关之人物与时代,最应注意。案原文明谓在禹治水成功,建立"幅陨"广大之政治势力后,"有娀方将",而有"生商"之事。有娀之女为殷民族之母系始祖,亦即鸟卵神话之主角。后世传其名为"简狄",但在《商颂》中则只言有娀;可知"简狄"一名,亦非殷商内部原有之传说。至于"帝喾",则不仅此节中毫无踪迹,且以此节之文考之,则帝喾不可能与有娀氏之女同时,亦不可能为契之父。

后世因契之年代难定,每每含糊言之,谓契与尧、舜、禹为同时人。如司马迁在《殷本纪》中谓:"契兴于唐虞大禹之际",即其例也。

然尧、舜、禹年辈先后自有差别,唐、虞、夏三时代却非"同时"。尧晚年始用舜,舜之年应后于尧一代;舜之用禹又更在后;而禹治水成功,夏后氏兴起时,距尧之出生当已有百年。今案《商颂·长发》之文,知有娀生契之传说,原在夏后氏兴起之后,则契之出生即晚于尧约三代,岂能与尧同为帝喾之子?契纵使与禹同时,亦不能与尧为兄弟行也。

故观殷人内部之传说,可知契与喾实无关系。且"有娀方将,帝立子生商",明谓天帝使有娀氏生商;可知殷人内部之传说,原只以有娀之女为母系始祖,而所生之契为父系始祖;契之父则托诸神话,未尝在契以前别加一帝喾也。以契与弃(后稷)为尧之兄弟,大约乃战国时逐渐形成之传说;作《商颂》时此种传说当尚未形成,则可知此种后起传说距史实必甚遥远,而殷民族出于帝喾之说必不可信矣。

若观《商颂·长发》后文,则有另一线索可供探索。案《长发》续云:

> 玄王桓拨,受小国是达,受大国是达。……相土烈烈,海外有截。

玄王即契,受小国、大国云云,谓契建国由小而大,莫不顺遂也。最可注意者乃相土二句。欲得此二句之确解,须先解"截"字。案"截"字原作"戳",《说文》以"戳"与"断"互训,后世遂以"整齐"训此处之"截"字,实为大误。盖此所谓"截"或"有截",乃周时之特殊用语;今唯见于《大雅》及《商颂》。

《大雅·常武》述伐淮夷之事而云:

> 铺敦淮濆,仍执丑虏。截彼淮浦,王师之所。

案前文云:"率彼淮浦,省此徐土。"乃言初进军时循淮水而向徐地;此处则言平定淮夷后即统治淮浦,而使此地区成为"王师之所";观上下文,可知"戳"是统治或建立势力之义,故毛传在此处谓"戳,治也",最合原旨。其他注疏多依"截然"之意说之,盖不知"截"字此一用法耳。

《商颂》中除上引之"海外有截"外,《殷武》记殷王伐荆楚事,有云:

> 罙入其阻,裒荆之旅。有截其所,汤孙之绪。

此所谓"有截其所",亦明是"在其地建立统治"之意,正可与"截彼淮浦,王师之所"互证。旧注又以"截然齐一"释之,实昧于古训也。

总之,"截"(即"戳")原指"统治"而言,但此是周中叶以前用法;故仅存于《大雅》及《商颂》中,《左传》《国语》中均未有此例。后人不解此字,因之亦不解《长发》中"海外有截"一语之重要。

谓"相土烈烈,海外有截",即是说:相土有功,在"海外"建立统治。依此,殷人在相土时先在海外建立势力,后始迁商;换言之,此子姓之民族在迁商以前原居于海滨地区,此是了解殷民族之一重大关键。倘参以其他资料,则由此不难窥见殷民族最早之发源地及其后发展之概况。

前文已引《荀子·成相》中"契玄王,生昭明,居于砥石迁于商"之文,兹当就此文再进一步考索。

案《水经注·渭水下》引《世本》云:"契居蕃";《尚书正义》又引《世本》云:"昭明居砥石。""蕃"不知何地。"砥石"则前人亦无确考。今案"砥石"即"碣石";盖古舌上音与舌头音、舌叶音等均不分,故"碣"与"砥"音近。而"碣石"之地望则不难考见。

案战国人所作之《禹贡》,于冀州一段云:

> 夹右碣石入于河。①

---

① 《尚书·禹贡》。

《汉书·地理志》云：

> 右北平骊城县,大揭石山在西南。

《水经注·漯水下》云：

> 碣石沦于海中。

案骊城即今河北乐亭县,碣石即在此县西南滨海处,正属古冀州之地。昭明及相土皆居于此,则可知殷民族在迁商以前,原是北方海滨地区之民族。相土先在海滨建立势力,故云"海外有截";其后此民族由相土率领而入中原,居于商丘,遂渐与中原势力交往;其时当正在夏后氏之盛世,故《商颂》中尚以禹代表天下也。

傅孟真氏考论殷人史实,曾遍引中国东北沿海民族之神话,以证所谓"鸟卵感生"之说,正是此类部落常有之神话;亦可作为日后称"商"称"殷"之子姓民族,起源于东北沿海地区之旁证。

此处须补充一点,即以"砥石"为"碣石",虽是最近理之解释,然其地距今河南较远。倘若在山东沿海地区能求得一相当于"砥石"之地名,则即应舍"碣石"之说;盖相土之"海外有截",亦尽可指山东境海滨地区,而由此地区迁商丘则较易也。但目前未发现此地区中可解为"砥石"之古地名,而另一面则朝鲜向传为殷后,则以殷人为起自北部海滨似亦非无据,而迁地稍远亦非真难解之问题,故仍取"碣石"以释"砥石"。

以上只就地区一面探究殷民族之起源。然此一民族究竟应属何集团？或在上文所论三集团之外,则尚须另作讨论。此点在甲骨资料中,未有明显发现可据,仍当于古代传说及记述中求之。

案契为喾子之说既不能成立,殷人早期活动地区又与华夏集团之地区不同,则此民族不应属于华夏集团。而观《国语》中所记周时各族后人之祭礼,则殷人似以舜为祖先。原文云：

故有虞氏禘黄帝而祖颛顼，郊尧而宗舜；夏后氏禘黄帝而祖颛顼，郊鲧而宗禹；商人禘舜而祖契，郊冥而宗汤；周人禘喾而郊稷，祖文王而宗武王。①

案此文所述之祭礼，皆是周时各族之祭礼，当已与各族原来之祭礼有异；约言之，即皆已受后来传说之若干影响。然仍较更晚之综合资料为可信，盖所代表者仍属各族自己之想法，非由外强加之解释也。

若依汉代之综合资料看，则殷人与舜似全无关系，故《祭法篇》遂改"舜"为"喾"，以配合契为喾子之说；而韦昭注《国语》遂据《礼记》此说而反疑《国语》此文中之"舜"字乃"喾"字之误；后人亦多从此说。其实"喾"字何由能误为"舜"，已不得其解（二字形体迥异）。今既考知契不能为喾子，则此说更不必置论矣。但无论契与喾有无关系，对于殷人何以"禘舜"，均不能提供解释。兹对此问题试求解答，则须自有虞氏本身着手作一探究。

案有虞氏原属东方民族。战国时孟子述古事虽已有种种理想化之议论，然犹谓："舜生于诸冯，迁于负夏，卒于鸣条；东夷之人也。"②所谓"诸冯""负夏""鸣条"等地，向无定解。但就《孟子》原文之语气看，举此三地而说舜为"东夷之人"，则此三地皆必在东方无疑。且舜耕于历山，渔于雷泽之说，则墨子亦言之，可知乃旧传说。而历山在今济阴，雷泽在今濮县，皆山东境；则虞舜最初所居之地，当即为河南山东交界处之虞城，在汉称虞县者，不应如旧说之在山西境内也。

孟子取"中原"观点而视边远地区为"夷"地，故谓舜为"东夷"而文王为"西夷"，此自与今日所谓"东夷集团"意义不同；故《孟子》之文不能直接证舜或有虞氏属于"东夷集团"，但以地域论之，山东境内向

---

① 《国语·鲁语上》。
② 《孟子·离娄下》。

属东夷活动之领域,舜早年活动皆在今山东境内,则以舜为有东夷血统之人,亦不违常理。在此假定下,对殷人与舜或有虞氏之关系亦可试作一解释。

此处所涉及之主要关键,仍在于前文所论之"民族混合"问题。当考颛顼事迹时,已指出颛顼之宗教运动对当时华夏与东夷之混合有推进作用。但此所谓混合,乃指夷与夏两大集团中已在所谓中原地区定居之部族说。两集团皆部族众多。在西部地区自有属于华夏集团而未参与此种混合之部族;在东北部地区亦自有属于东夷集团而未参与此种混合之部族。殷人与周人适分别属于此类部族,殷起于东北,而周起于西方也。至于对殷周二族所以能作此判断者,则因殷周二族之始祖,皆生于夏后氏兴起后,不能上及夏以前之时代(关于殷始祖契之时代,前文已论之;周始祖弃之时代,见后文)。

但殷周二族入中原后,则又取中原显赫人物中关系较近者奉为远祖。至所奉之人物,原奉祭何人,则另是一事。有虞氏之后代,在周时"禘黄帝而祖颛顼,郊尧而宗舜",显自认为出于颛顼,而远奉黄帝;殷人虽不属华夏集团而禘舜,固不关舜与华夏集团之关系。盖就血统言,殷人自奉契为始祖,而又有鸟卵感生之神话,不必再寻血统上之远祖;然就地区言,殷人与有虞氏同起于东方,于是在禘祭时乃奉有虞氏之英雄为远祖矣。

倘与周人比观,则情况益明。周人姬姓,又起自西北,则似为黄帝一族之嫡系后裔;然周人作为一族又自有其感生神话,而以姜嫄所生(步大人足迹而感生)之弃(后稷)为始祖,故自血统言之,则周之有弃犹殷之有契,不必另求远祖。然"周人禘喾",而不取姬姓始祖之黄帝,反另奉帝喾。其理总在于禘祭之对象不必为血统上之始祖也。

知殷人禘舜,并非真以舜为血统上之始祖,则其所以禘舜,即可从地区文化等关系解释。

案相土迁于商丘,故其后此一民族即称为"商人";则"商丘"之名先于"商人"而成立。而所谓"商丘"者,即"商"之故地之意。此"商"自不能指后来之商民族。徐旭生以为此"商"应指舜之子商均①;此点虽尚待详考,然以时代及地区言之,阏伯、相土之前,名"商"之部落主,似亦难别求其人,则徐说不失为可立之假说。依此假说,则此日后称为商丘之地,应是舜之后有虞氏所居;其后有阏伯居之,再后有相土居之。换言之,殷民族最初至中原地区时,即居于有虞氏之故地。其受有虞氏之文化浸染,亦属当然。于是,周时殷后依周制而设禘礼时,遂奉虞舜为禘祭之对象;盖契已为"祖祭"之对象,不能再受"禘祭",殷人当时又并无"訾生契"之传说,只能选关系较深之舜为禘祭之对象矣。

此处对于"訾生契"一传说之来源,亦可试作一解释。案《左传》述阏伯居商丘事,见子产对叔向之言。原文云:

> 子产曰:昔高辛氏有二子,伯曰阏伯,季曰实沈,居于旷林,不相能也,日寻干戈,以相征讨。后帝不臧,迁阏伯于商丘,主辰,商人是因。②

阏伯为高辛氏之子,则是帝喾后裔;其为陶唐氏火正,不必指尧时而言。尧身后自有陶唐氏,不过失去共主地位而已。此阏伯曾为陶唐氏火正,后居商丘,稍先于相土。殷民族迁商丘时,此高辛氏之后裔当亦有留居此地者。虽高辛氏久衰,其影响力当不如虞舜之后代;然殷人与高辛氏之子族,当亦有相当程度之混合。自殷人言,则自知高辛乃另一部族,但后世或因二者之混合关系,遂生出殷人出于高辛之说。顾此一传说之形成必甚晚,盖周之中期,宋人以殷后而作《商颂》

---

① 见《中国古史的传说时代》,页八八之注文中。
② 《左传·昭公元年》。

时,显然尚不知此传说也。

至此,日后综合资料中对殷民族起源之叙述,虽因资料来源时代皆不同,显有矛盾;然其来源,亦大致可以推出矣。

殷人自相土以后,在北方尚多活动,如王亥在"易"丧羊之事,即其例也。大约相土自北方迁入商丘,其部落沿路留居者尚多,故相土以后之部落主,须时时照顾北方;然当时北方(今河北地区)似无强敌,故如"有易"之类小部落,终先后为殷民族征服。至成汤时乃转向中原发展。《商颂》中在述相土后即记成汤之武功云:

> 帝命不违,至于汤齐。汤降不迟,圣敬日跻……
> 武王载旆,有虔秉钺。如火烈烈,则莫我敢曷。苞有三蘖,莫遂莫达。九有有截,韦顾既伐,昆吾夏桀。①

此汤时殷民族发展势力之简单记载也。"九有有截"一句中之"有截",又可为前文以"统治"训"截"之佐证;盖汤此时已建立雏形王国,殷人已有相当广大之疆土,故谓"九有有截","九有"犹言"四境"也。成汤灭韦,顾及昆吾后,再灭夏桀;于是夏后氏世传之中原共主地位,遂属殷人矣。

总之,殷民族自北方沿海之地先建立势力,然后迁至商丘,但此后代代仍经营北方。成汤则更征服河南地区,终建立殷王国,而成为旧日华夏东夷杂处之广大地区中最强大之势力,此即殷民族发展之大概也。

三、结语

以上已略述上古三集团分合之大略,并对殷民族之起源及发展

---

① 《诗经·商颂·长发》。

拟定一解释,下文当论殷周关系以进至古代南北文化传统之形成。为清眉目,此处对前文所论各节,撮述其要点如下:

(1) 古中国原有三民族集团,华夏发源于西北,东夷居山东、河北沿海地区,南方则有苗蛮。

(2) 华夏集团由西而东,在黄帝时与东夷之蚩尤族有大战;结果蚩尤失败,但东夷之少皞(昊)族与华夏之黄帝部族从此合作。民族混合由此开端。

(3) 古代巫教以登山会神为愚民之说,遂渐渐造成人神相杂之倾向。由于巫教无统一组织,故人人皆可作巫史而迷于神权,怠于人事。颛顼氏以华夏血统生于东夷地区,乃作一宗教性之改革运动;以"重"及"黎"分掌神与人之事,而建立宗教领导中心,即所谓"玄丘""玄宫"或"玄都"。此后常人不能与神相通,故称"绝地天通"。此一宗教改革,使华夏东夷之混合更进一步,亦提高此混合集团之文化。

(4) 南方之苗蛮集团原另有其原始宗教及神话,并未参与此一大运动;遂与华夷之混合势力发生冲突。在夏后氏时,禹大破苗蛮,苗族遂衰不复振。其后颛顼族后裔之"祝融八姓"中芈姓之荆移入江汉之地;于是原属苗蛮之地区,遂以此颛顼族之后裔为主要势力;殷周以降,此种外来民族已自命为南方民族矣。

(5) 参与颛顼氏所造成之民族混合者,仅属本已在中原定居之华夏及东夷部族;其在边疆之部族,则既未参加此混合,亦与颛顼族无关系。属东夷之殷人与属华夏之周人,皆属于此类部族。

(6) 战国至秦汉间,托古之风既盛,民族交往又繁,故产生综合不同传说而据后世观念予以改编之种种说法。此即称为"综合资料"。《史记》中之《五帝本纪》及《殷本纪》等,正属此类资料之代表。《殷本纪》混合"鸟卵感生"之殷人神话,与后起之"喾生契"之传说,而有对殷民族起源之记载。但观殷民族内部之传说,则"鸟卵感生"之神话,有娀氏之女及契之时代,皆在禹治水之后,可知契与帝喾实不能为父子关系。又甲骨资料中亦不见对喾之祭礼记载。王观堂虽曾立"高祖夋"之说,但自知其说不可立,遂改"夋"为"夔";今考此字,亦不能指帝喾。再观殷后依周制所定之祭礼,则禘舜祖契,可知殷人至周时仍以契为血统上之始祖,而奉有虞氏之舜为禘祭对象,未尝以喾为契所从出。

(7)考《商颂》所记,知相土原在海滨发展势力;再以《国语》《左传》《荀子》等书所记之旧传说合考之,可知相土以前,殷人原居"砥石"(即"碣石"),相土先建立势力于海外,后迁居商丘;此民族由此有"商人"之称。则殷民族起源问题,可得大致之解答。

(8)至殷人之禘舜,与后起传说将殷人与高辛氏之混为一体,则皆与商丘一地原有之定居者有关。商丘当为舜子商均之故土,而相土以前居商丘之阏伯又属高辛氏后裔,故相土之部族迁商以后,与此二族皆有密切关系。虞舜地位显赫,商人崇拜此一英雄人物,故在周时定祭礼,乃以舜为禘祭对象。至以为殷人属高辛氏,则当由于商人继阏伯而居商丘,故外界有此传说。其后将此传说与"鸟卵感生"之神话相合,遂产生有娀女简狄为"喾妃"而食鸟卵遂生契之故事。然考《商颂》及其他原始传说,仍可知此说之悖于事实。

依以上之考论,乃可进而叙述殷周关系以及南北文化传统之所以形成。此即下节之主题。

第三节
殷周民族之关系及其盛衰

本节将由周民族一面着手考论,逐步说明日后南北文化传统之历史背景。首先应先论周民族之起源发展。

一、略论周民族之起源及发展

关于周人早期历史,《史记》中亦有《周本纪》述之。然其编成与《殷本纪》相似,仍属综合资料。最有趣者是《周本纪》中又将周之始祖弃(后稷)说为帝喾之妃所生,同时记述周民族之感生神话。原文云:

> 周后稷名弃,其母有邰氏女,曰姜原。姜原为帝喾元妃。姜原出野,见巨人迹;心忻然说,欲践之。践之而身动如孕者,居期而生子;以为不祥,弃之隘巷。马牛过者,皆避不践。徙置之林中,适会山林多人,迁之而弃渠中。水上飞鸟,以其翼覆荐之。姜原以为神,遂收养,长之。初欲弃之,因名为弃。

司马迁此段文字,自践巨人迹之感生神话,至姜原先弃所生婴儿,后又收养等等,所述全据《诗经·大雅》之《生民》。唯以姜原为喾之元妃,因而将后稷亦列为尧之兄弟行,则周人绝无其说。案《生民》原文云:

> 厥初生民,时维姜嫄。生民如何,克禋克祀,以弗无子。履帝武敏歆,攸介攸止,载震载夙。载生载育,时维后稷。

此即周人之感生神话。原文谓姜嫄以无子而祭神求子,践神之足迹(所谓"帝武")遂生后稷。绝无姜氏为喾妃之说。其中言实之"隘巷""平林""寒冰"等等,即《周本纪》所取材也。而《周颂》中则颂后稷云:

> 思文后稷,克配彼天。立我烝民,莫匪尔极。①

此"文"字指祖先而言,犹《书经》中常见之"文人"一词中之"文"字。

---

① 《诗经·周颂·思文》。

以后稷配天,而明谓"立我烝民",即以后稷为始祖。盖殷人有鸟卵感生之神话,而以有娀氏为祖妣,所生之契为始祖;周人有巨人迹感生之神话,而以姜氏为祖妣,所生之弃(或稷)为始祖。二者情况相类。然无论契或稷皆不能为帝喾之子,或尧之兄弟辈。关于契之年代,前文已略考;关于弃之年代,则更较契为易知。案《左传》载蔡墨答魏献子论社稷之祭祀云:

> 稷,田正也。有烈山氏之子曰柱,为稷,自夏以上祀之。周弃亦为稷,自商以来祀之。①

可知"稷"是农官之名;居此官有功者,死后遂作为农神而受祀。最早之稷,乃烈山氏族中之柱;商以后始以周弃为稷而祀之。则此名弃而属于周人之稷,其年代当在夏末,故商以来祀之也。又《国语》载周太子晋谏灵王,谓:

> 自后稷之始基靖民,十五王而文始平之,十八王而康克安之。②

则后稷至文王十五世,至康王十八世。每世纵以四十年计之,后稷亦当生于夏末殷初,不能更早。太子晋自述其祖先世数,应不致有误;则稷又后于契若干年,断不能为尧之兄弟一辈矣。

《周本纪》此种谬误,总由于司马迁混合不同传说而编成世系有关。周弃与殷契之感生神话,本身已表明二人之父不可知;而此皆属民族内部传说。至于将契、稷同作为喾之子,则是后来改编古代传说者所作。司马迁接受此种综合资料而编成二本纪之文,然其不符史实,甚为易见。

周民族之始祖稷,既曾在殷商时受祀为农神,则其人当曾在中原

---

① 《左传·昭公二十九年》。
② 《国语·周语下》。

地区为夏后氏之农官;但其部族则在西北。旧传稷子不窋自中原迁往"戎狄"地区,其事不可详考。然稷后三代,而有公刘,公刘居于豳地,则《大雅·公刘》述之甚详。可知周民族在文武之前,世居西北者十余世;固未尝与中原民族混合。

至周人之发展,略言之,即由西北而东南步步接近中原。在古公亶父时,已居岐山而为殷王国服役。《诗经·大雅》对此有明确记述云:

> 古公亶父,来朝走马。率西水浒,至于岐下。①

"朝"乃地名,"走马"即《周礼》中之"趣马",古牧马之职名也。古公亶父任牧马之职,自是受殷王国之命。而其时周人文化尚低,同诗前节云:

> 民之初生,自土沮漆。古公亶父,陶复陶穴,未有家室。②

此谓周人当时尚居窑穴之中,未能建屋宇。然自古公即开始"筑室",其后经王季而至文王,势乃大盛,终有所谓武王克殷之事。至此,可转而论殷周关系。

二、殷周关系

古公迁岐之后,周之势力乃渐增长,故后人每歌颂"大王"之功绩,以为周之代殷而建立王国,实肇基于古公。如《鲁颂》之《閟宫》云:

> 后稷之孙,实维大王。居岐之阳,实始翦商。

意即谓古公时周人开始与殷人争霸。然此是后世歌颂祖先之辞;就

---

① 《诗经·大雅·绵》。
② 《诗经·大雅·绵》。

事实言,则古公时尚无争霸之迹象。且古公之子王季与殷人建立密切关系,娶殷女大任。《诗经》云:

> 挚仲氏任,自彼殷商,来嫁于周,曰嫔于京。乃及王季,维德之行。大任有身,生此文王。①

古代部族间之婚姻,大抵皆象征双方友好之意。周时尚为小邦,而娶殷女,可知此时殷周关系尚甚融洽。

且王季不仅与殷人结婚姻,且曾助殷人与鬼方作战。此事据《易经》爻辞、《诗经》及古本《纪年》残文,尚可考见。案《易经·未济》之九四爻辞云:

> 震用伐鬼方,三年有赏于大国。

后世解经者或误将此处所记与《既济》爻辞所言"高宗伐鬼方"混为一事;然"高宗"自指殷武丁,其伐鬼方是殷人对外族之大战事。而此处谓"三年有赏于大国",则是周人对鬼方之战争,何以知之?因周人向称殷为"大国"或"大邦";今谓"三年有赏于大国",即是说三年战争有功,得殷之赏赍,故不能指殷人之战争,而只能指周人而言也。至此战争发生于王季时代,则有古本《纪年》之文及《诗经》资料可证。案《后汉书·西羌传》注引古本《竹书纪年》云:"周王季伐西落鬼戎",王观堂引此文配合小盂鼎铭文而证鬼方之在西方;实则此亦涉及殷周关系中一大事。

再以《诗经》资料参证。《绵》述大王居岐功业后,续云:

> 肆不殄厥愠,亦不陨厥问。柞棫拔矣,行道兑矣。混夷駾矣,维其喙矣。

---

① 《诗经·大雅·大明》。

此段因未标王季之名,后世每以为仍指大王而言,但对两"厥"字向无善解。然观《皇矣》云:

> 帝省其山,柞棫斯拔,松柏斯兑。帝作邦作对,自大伯王季。

此中"斯拔""斯兑"二句,与上引《绵》之文分明同指一事;则此实指王季兄弟开山辟路之功而言。依此,《绵》下文所谓"混夷駾矣",亦当指王季之事。"混夷"即"鬼方","駾"言其败走,则正可与《纪年》之文参证矣。

王季率周人与鬼方战,当是受殷之命,观"有赏于大国"可知。然古公本受鬼方之压迫方南迁,则于鬼方可谓素有仇怨。王季以古公之承继人而败鬼方,亦可谓是雪耻之举。诗中"肆不殄厥愠,亦不陨厥问"犹言"既不失其仇怨,亦不堕其声名",故下文遂接述其建设与破敌两面功绩。"厥"皆指古公而言。史实既明,训解亦易矣。

王季时殷周关系如此,不可谓有敌对之势。徐中舒氏在其《殷周之际史迹之检讨》一文中,以为周太伯(王季兄)之入南方,乃周人向南方扩张势力之举,恐未必果然。周人此时是否有争霸中原之计划,亦难断言。但王季至文王,周势日盛。而另一面殷之帝辛又与其他东夷部落冲突,国力大耗。于是终有所谓"武王伐纣"之事矣。

三、周初之政治形势

周武王之伐纣,经后世夸张,遂成为"吊民伐罪"之典型;实则是殷周二族之争霸而已。其作战经过,旧籍记载甚略,然观《逸周书·世俘解》,则杀纣之后,武王尚"征四方";俘馘达数十万。则此一民族战争之惨烈可知。而尤可注意者是武王克殷后尚伐许多小国,则亦可知战国时孟子所倡"以至仁伐至不仁"之说,决不符史实;盖殷人自是一大势力,其同盟部族极多,并非天下皆拥周也。

武王伐纣之事,虽经战国以后儒士予以理想化,但具体史实有不能掩者。第一,武王身后,殷人及其盟友再与周人争霸,遂有周公东征之事。第二,殷王国虽覆亡,淮汉一带之部族仍继续抗拒周人。以下即以此两面之史实为中心,略论周克殷后之政治形势。

武王初克殷,尚未行"封土建君"之新制度,故仍封纣王之子武庚于殷地。及武王身逝,武庚乃联合殷之盟友反周,于是周人乃面临严重政治危机。

此时周成王继位,周公主政。周公面对此种形势,一面采取军事行动,一面创设新制度,力求克服危机。

军事行动即所谓"周公东征"。案决定采取军事行动之前,周人所处环境至为艰难。此可由《尚书·大诰》之文证之。

《大诰》乃周王之文告,作于武王身殁,殷人重结同盟大举进攻之际,充满忧危之感。文中强调问卜得吉象,以安众心,且透露当时周人及与周联盟各部族亦多不主张作战者。兹引数段如下:

> 王若曰:猷!诰尔多邦越尔御事。弗吊,天降割于我家,不少延。洪维我幼冲人,嗣无疆大历服。

此开端之语,"弗吊"即"弗淑"——犹言"不幸";所谓"降割于我家",即"降祸"之意,指武王之殁。成王以幼年而承继广大疆土,自属艰难局面。其下即述由于闻警而占卜,其命龟(即告神)之辞云:

> 即命曰:有大艰于西土,西土人亦不静。越兹蠢。殷小腆诞敢记其叙。天降威,知我国有疵,民不康,曰,予复反。鄙我周邦。今蠢。今翼日,民献有十夫,予翼,以于敉宁武图功。

此即明言殷人知武王之殁,遂大举反攻,欲复旧业(所谓"曰,予复反",乃述殷人之语)。周室在举行"翼祭"之日问卜,故说"今翼日";"民献"乃"民鬲"之误。金文中如"会毁"及"大盂鼎"之铭辞,均言及

"鬲",列于"臣"或"人"之下,大抵指最低级之奴隶言。"民献有十夫"即用"民鬲"共十人作祭也。占卜结果得吉,故其下云:

> 我有大事,休。朕卜并吉。肆予告我友邦君,越尹士,庶士御事曰:予得吉卜,予惟以尔庶邦,于伐殷逋播臣。

其下再述及反对者不愿发动大战,又反复申说不能不完成上代事业之决心。兹不备引。

周公东征,在此种艰难情况下进行,局势可谓至危。故周公不仅由征伐求胜,且须作长治久安之计,于是东征之后,成王"践奄"(即定奄地——今山东曲阜境),而有分封之事。

东征为军事行动,分封则为制度之大改革。盖周以前,从无取土地而派遣某人为其地首长之事。各部落各据其地,皆非由"封"得来。周人先胜殷人,然后又作大规模战争,战胜殷之同盟势力;其后乃创"封土建君"之制度。周王不仅为共主,而实成为统治天下之天子。换言之,自此制度实行,中国始真有中央政府也。

分封之记载,今本《尚书》仅存一《康诰》;此外错乱之文甚多,一时难以考定。但《左传》中记子鱼述周初分封之语,则较《尚书》为详。其言云:

> 昔武王克商,成王定之,选建明德,以藩屏周。故周公相王室,以尹天下,于周为睦。分鲁公以大路、大旗,夏后氏之璜,封父之繁弱,殷民六族:条氏、徐氏、萧氏、索氏、长勺氏、尾勺氏,使帅其宗氏,辑其分族,将其类丑,以法则周公。用即命于周。是使之职事于鲁,以昭周公之明德。分之土田陪敦,祝宗卜史,备物典策,官司彝器,因商奄之民,命以《伯禽》,而封于少皞之虚。分唐叔以大路、少帛、綪茷、旃旌、大吕,殷民七族:陶氏、施氏、繁氏、锜氏、樊氏、饥氏、终葵氏;封畛土略,自武父以南,及圃田之北境,取于有阎之土,以共王

职,取于相土之东都,以会王之东搜;聃季授土,陶叔授民,命以《康诰》,而封于殷虚。皆启以商政,疆以周索。分唐叔以大路、密须之鼓、阙巩、沽洗,怀姓九宗,职官五正,命以《康诰》,而封于夏虚。启以夏政,疆以戎索。①

案此段资料所述者乃周公东征,平定山东、河南地区后,最早封土建君之事。此中所涉为伯禽、康叔、唐叔三人分别封于少皞之虚、殷虚及夏虚;前二者皆东夷集团之地区,至此而尽属周人势力。唐叔所封乃今山西境,夏后氏故地,则原属华夏集团。此三国即鲁、卫、晋,乃所谓"同姓之国"。此外,尚有异姓功臣封土者,如姜姓之齐。又另有同姓之国甚多。功臣受土而为小国者当亦甚多;文献不足,不能详考。

观《左传》所记,可知周初苦战而平定殷人地区及其他东夷地区后,一面"封土建君",以加强中央政府之控制力,另一面则又将被征服之殷人分属于不同之封地——观上文所谓"殷民七族""殷民六族"可知。如此以彻底消除殷人之势力。此外,又"作雒"以处殷之遗民。总不外安抚与镇压并用之意。《尚书》中《多士篇》记成王在殷遗民迁洛后发表之文告,可作参考。兹不备引。

周人之设施如此。然反周势力在周公东征后并未完全消灭,而是向南退却。盖当殷人反攻时,同盟者有所谓淮夷、徐戎之类,而处于河南、湖北边境之荆人,亦与此一同盟联合。《逸周书·作雒解》谓:"三叔及殷东徐奄及熊盈以略(畔)。""熊盈"当即"熊绎",即荆君也。故周人除以殷为敌人外,视"荆舒"亦为敌人;鲁僖公时之《鲁颂》,尚有"荆舒是惩"之语,盖即承周公伯禽与荆徐之敌对而来。荆人在江汉一带,徐(即"舒")人则在淮水流域。殷民族二次战败后,其

---

① 《左传·定公四年》。

残余势力当即分别退往江淮地区。周成王平定奄地后，未能再向南发展。其后历康王至昭王，乃有"昭王南征"之事。

周昭王南征即伐荆（即"楚"），盖周公东征之后，反周人之势力即以江汉地区为中心，而荆人则成为此势力之领导者或代表矣。但昭王此次南征，不唯未能平定南方，且兵败身亡，为周人政治发展之最大挫折。此事虽无完整记载，然基本资料尚可供查考。《左传》记齐桓公伐楚，管仲与楚使之对话云：

> 楚子使与师言曰：君处北海，寡子处南海，惟是风马牛不相及也。不虞君之涉吾地也。何故？管仲对曰：昔召康公命我先君大公曰：五侯九伯，汝实征之，以夹辅周室。……尔贡包茅不入，王祭不共，无以缩酒，寡人是征。昭王南征而不复，寡人是问。对曰：贡之不入，寡君之罪也。敢不共给。昭王之不复，君其问诸水滨。①

此处所谓"昭王南征而不复"，即指昭王身丧于楚境而言，故管仲以此为兴师之借口；而楚使"问诸水滨"之答，则可见昭王盖因舟沉而溺死，非被楚人所杀。然昭王之溺死非由于意外，而确由于兵败。案古本《竹书纪年》，记"昭王十六年，伐楚荆"，又"十九年，天大曀，雉兔皆震，丧六师于汉。"而金文资料中有记南征者，如"𫑗驭殷"铭文云：

> 𫑗驭从王南征，伐楚荆。

又"过伯殷"铭文云：

> 伯从王伐反荆。

皆是昭王南征时之器，而"楚荆"复称，正与古本《纪年》之文相合；可知昭王时确用此称。金文资料既足证古本《纪年》之文不虚，则昭王

---

① 《左传·僖公四年》。

丧师之文可信；合《左传》之说观之，可知昭王南征，结果兵败而因舟坏以致死于水中。且此后周人未能再攻江汉，盖若周人早有问罪之师，则管仲不能以此为借口，而楚使亦必另有答法也。

周公东征，使周人兼有东夷之故地；"昭王南征而不复"，则使周人势力不能伸张至南方地区。此周初政治形势中最重要之情况，而南北文化传统之形成，亦由此而定局。下节论之。

第四节
南北文化传统之形成及影响

中国在周末，有南北文化之对峙，学者类能言之；然其根源所在则知之不详；且又每每为汉代以下之综合资料所惑，致多谬说。本章作以上之清理后，乃可对此二古文化传统作一析论。此又可分数点说之。

一、南方传统之形成及其特色

所谓南方文化，在周末春秋战国时期，原指楚国所代表之文化而言。但追溯古史，则知楚人乃祝融八姓之一，出自颛顼，实出于华夏集团，而非苗蛮集团；而楚人之与周人形成敌对形势，又由于楚人与殷人联盟而支持武庚。则周公东征后此一失败之联盟势力退往江汉地区，方成为所谓南方文化之主流。楚人首领熊盈（即熊绎）与所谓"三叔"及殷、东、徐、奄联盟而反周（见《逸周书·作雒解》），其所联者皆东夷部族；可知芈姓之楚虽出自颛顼，但因颛顼已混合华夏、东夷二集团，故楚人实与东夷集团较接近，并不自视为华夏集团之一支。而楚人自参加此一反周联盟，遂与周人对抗。熊绎虽曾在失败后表面顺周（即《左传·昭公十二年》记楚灵王语所谓"我先王熊绎与吕伋……并事康王"也。《史记》则谓熊绎事成王；总之，此是联盟失败后，楚人表面降顺之事），然始终保持南方之独立势力，此所以有昭王南征之事。"南征"而"不复"，于是周人势力始终不能深入江汉地区。周宣王时虽一度向南发展，亦未能改变此种形势。

南北分立之形势结果使周文化不能入南方，南方则保留东夷、殷人及祝融族之文化。此即所谓南北文化传统形成之历史过程也。

此处倘再推进一步，则应指出周以前之中原文化与日后周人所代表之中原文化又有不同。盖自颛顼氏建立宗教中心之后，当时在中原之华夏及东夷民族即开始形成一种混合文化，因在同一宗教中心之领导下故也。观禹伐三苗而受命于玄宫，另一面玄宫中之"南正"又向为东夷人所居之职位，即可见此种混合情况。夏后氏自属华夏集团，而禹以治洪水之故，声望最高；夏后氏之势力遂历久不衰，远非陶唐及有虞二族可比。然此时中原文化已是混合华夷，即夏后氏亦不代表纯粹华夏文化。周人则不同；后稷为誉子之说，固已证其不能成立，然周人出于姬姓之黄帝部族，则无可疑，因此，周人日后所代表之文化，反可称为"华夏文化"。周人发展较迟，当殷人由北方进入中原而逐步建立王国时，周人部族方在西北边疆辛苦经营，故对旧有之中原文化实距离甚远。周人发展自身之文化，当在王季、文王之时，然其成就当亦不甚大，但因不受旧有中原文化影响故，反在日后发展出特异之周文化（或"新中原文化"）。而旧日中原文化，反随政治军事之失败而退往南方，成为南方传统。

此南方文化传统之特色，首在于其神权观念。

颛顼氏本以大巫身份改造原始宗教，故在其影响下所形成之混合文化（即"旧中原文化"），自重神权及巫权。而殷人尚鬼，前人已习言之。无论此是由于殷人本有此风习而适与颛顼传统相合，或由于接受旧中原文化所致，总之，重神权乃殷人及颛顼影响下各部族所同具之文化倾向。殷人之重占卜，观殷墟卜辞资料可知；盖不待有疑始卜，实无事不卜；甚至旬卜成为常例，盖日夕均求接近鬼神，甘受鬼神之指导也。殷人重卜外，又重巫。如《逸周书》记周武王克殷后之种种措施，有云：

> 命南宫伯达，史佚迁九鼎三巫。①

"九鼎"乃国之重器，政权之象征，乃与"三巫"并列，则三巫之重要可知。另一面殷人且常以巫师执国政，此亦有明征。周公语召公而述及殷之贤臣云：

> ……成汤既受命，时则有若伊尹，格于皇天；在太甲，时则有若保衡；在太戊，时则有若伊陟臣扈，格于上帝，巫咸乂王家；在祖乙，时则有若巫贤；在武丁，时则有若甘盘。率惟兹有陈，保乂有殷，故殷礼陟配天，多历年所。②

案所举自伊尹至甘盘，皆曾执大柄之重臣，而其中有巫咸及巫贤，则知殷固常用巫执政。观此，则所谓"三巫"亦必系王国所正式承认之大巫，专司通神之事者；故与九鼎同为政权之象征。

殷人之重巫如此；以与楚辞及其他楚国资料相比，显然楚之重巫正与殷同。殷与楚联盟，可能即由于文化倾向本已气味相投；而日后楚代表之南国文化，亦仍保有此种重神权及巫权之特色。

凡重神权者必薄人事。殷人既事事皆取决于鬼神，其风尚所及，遂有某种放任之生活态度。好酗酒纵猎之类，史有明文，人皆知之。盖既一切听天意，自不能作严肃之努力；此种特色实因过信鬼神而生出。

---

① 《逸周书·克殷解》。
② 《尚书·周书·君奭》。

但不作事功一面之努力者,每每易于驰心于想象世界之中;故楚人代表之南方文学,日后又表现玄幻之趣,而与周之文学大异。

周代之南北文化在语言、服饰、祭礼各方面皆不同,前人已屡有考论。本书所重视者为与思想关系较大之特色,故即以重神轻人、放浪生活及文学艺术之倾向为三大特色。以下再与周文化作一比较。

二、北方传统之形成及其特色

周人所建立之传统,与南方传统相对而言,即可称为"北方传统"。周人始在西北地区时,其文化情况如何,已无确定资料可考;唯周人占卜所据之《易》,其卦爻辞不晚于建国之初,则卦爻组织及卦名等当更先于此,其中所含观念,似可视为周人入中原建国以前之资料,然其内容甚简,亦未见有显著特色(后章另有陈述)。真正形成一有特色之文化传统,则在入中原与殷民族及其同盟迭番争斗时;换言之,即在克殷及东征时开始。

周人以一"小邦"(周人自称如此),而推翻殷人之霸权,为中原之主。其事至艰,其所遇抗力亦极大。尤其殷人败后,纠合同盟,集东夷集团及其他部落之力量再与周人相争时,周之领袖武王已死,本族中人心亦不安定,以致管蔡之流竟反助殷人。形势险恶可以想见;此时周人遂不得不自求奋发,作存亡之争。人在艰苦环境奋争时,必要之观念基础在于坚信人之努力可克服客观存在之困难:周人正处此历史环境中,遂发展出强调人之主宰地位之思想倾向。

天神命运诸观念,在原始社会中固无所不在,而古民族亦未有全不信天神者。周人自不例外。然周人因强调人之主宰地位,对天神与人之关系,亦有一新看法,此即所谓"德"观念。

"德"为超天人之价值标准,故天亦只能"唯德是辅";换言之,天意或天命亦须服从此共同标准。周初之重要言论中屡申此说。兹以

《召诰》为例以说明此点。《召诰》记洛邑成后,召公告周公戒成王之言。有云:

> 我不可不监于有夏,亦不可不监于有殷。我不敢知曰:有夏服天命,惟有历年。我不敢知曰:不其延。惟不敬厥德,乃早坠厥命。我不敢知曰:有殷受天命,惟有历年。我不敢知曰:不其延。惟不敬厥德,乃早坠厥命。今王嗣受厥命,我亦惟兹二国命,嗣若功。王乃初服。呜呼!若生子,罔不在初厥生,自贻哲命。今天其命哲,命吉凶,命历年;知今我初服,宅新邑。肆惟王其疾敬德。①

案所谓"历年",指年限而言。召公意谓:我不敢断言夏与殷皆有一定年限而不能延长;夏殷只以不能"敬德",故失其霸权而覆亡耳。周今继夏殷之后而建立王国,在此初建元之际(案作洛后,成王始建元祀,其前仍沿用文王年号。盖作洛时中原方真正为周人所有,故正式建元也),当从速作敬德之努力,以长保天命云云。

此即表示周人虽不废天命观念,然力求置天命于自觉意志之决定下;天命归于有德,而是否能敬德,则是人可自作主宰者。于是,人对于天命,并非处于完全被动承受之地位;反之,人通过"德",即可以决定天命之归向矣。

此种强调人之自觉努力之思想,乃周文化之第一特色。就历史之发生因素言,则使此种思想产生之契机,乃上所述之艰危形势。亦即《召诰》所谓"惟王受命,无疆惟休,亦无疆惟恤"是也。然不论发生因素为何,此思想发生后,即循其特性而展开影响。日后周文化之其他特色,可说皆由此基本方向生出。

首先可指出者是由强调人之主宰地位,必生出改造自然世界及

---

① 《尚书·周书·召诰》。

生活之要求。此种要求在周人即表现为建立礼制,创生一种文化意义之生活秩序,以规范自然生活之努力。周人之"德"观念,倘若逆溯而上,则可通往一道德哲学。但周初建国时,此种智慧尚未成熟;其表现只是顺推而下。即由"德"观念衍生出礼制秩序之建立。

周之封土建君,已使各地区之政权,脱离原始自然状态;再以立长立嫡之继承法确定政权传递之轨道,初步之政治秩序即已建立。另一面再制定种种仪文,使生活中处处有一规范。于是所谓郁郁周文之局面,即由此大定。

然此种礼制规范能实际运行,又处处须有另一因素支持;此即愿守规范之人生态度,盖人如不愿守任何规范,则一切礼制均将归于无用。由此,周人建立生活规范,同时亦强调人须持严肃态度以生活,而对一切放纵态度予以排斥。周初文献中,如《无逸》《酒诰》等皆申此意;至此后之文献更充满此种言论,不待征引矣。

综上所论,可知周文化以忧患感为发生条件,而以肯定人之自觉努力之力量为其内在特色;而此特色所表现之具体活动,即在建立生活中之规范秩序。又因支持此种规范秩序之需要,而倡严肃生活之态度。

此一文化传统之特色既是如此,故其主要成就全在政治制度及所衍生之社会秩序方面。即就道德而言,因尚无超越反省之智慧,故亦不能成就纯内在之德性。至于一切玄渺之理趣、超离世界之境味,皆非此文化传统所重;故在周文化传统中,文学作品亦不外生活实感之记录。艺术活动全收归于道德政治之规范下,而无独立地位。学者试取《逸周书》《左传》《国语》及其后流传之《乐记》等文献读之,则此种情形了了可睹,不待考辨也。

与前节所描述之南方传统相较,显见二传统适具有相反之特色。南方重神权,北方重人事;南方喜放浪生活,北方倡严肃生活;南方重艺术玄趣，北方则重政治实效。于是，至周末时，此两传统乃分别生出两大思想潮流矣。

三、南北传统与先秦哲学思想

北方之周文化传统，至孔子时方有哲学思想出现。孔子之学，始于研礼；而后反溯至"义"与"仁"，遂生出中国儒学之大流。故无论孔子在血统上是否属于殷人，其精神方向则全由周文化之提升及反省生出。另一面南方之文化传统，则混合殷人及祝融民族之文化而成；实是中原之旧文化，非真出于南方土著。南方哲学思想之代表，即为老子及庄子之学说。老子固楚人；庄子宋人，而宋正殷后也。

孔孟老庄之学说，以后各有专章讨论。此处但点明儒道两大派思想之文化渊源而已。

此外，代表下层社会有墨家思想，纯代表统治阶层则有韩非之法家思想。其来源又各有不同。

儒家重德性，重政治制度，立仁义王道之说；是周文化或北方传统之哲学。道家重道，重自然，立逍遥之超离境界，是旧中原文化或南方传统之哲学。墨家信鬼神，尊权威，重功利，则是结合原始信仰与现实具体需要之学说，非直承两大传统者。法家则杂取儒、道、墨之观念，而以统治者之需要为中心以运用之。全是另一后起学说，然与二传统之哲学皆有旁面关系。此外，名家有形上学旨趣又喜作分析思考，盖受道家影响之后起学派。至于南北文化传统所及之范围外，渤海沿岸，燕齐故域，又有方士传统及阴阳五行种种方术思想；南方吴越一带之巫术亦留下某种神秘观念；皆对战国秦汉之思想大有影响。此中头绪万端，后文各章将分别论述。

第二章 古代中国思想

本章所谓"古代中国",指孔子前之中国而言。

讨论古代中国思想问题,原可有种种不同的态度,每一态度决定一讨论范围。本书既是哲学史,则本章中对古代中国思想的讨论,自是取哲学史研究所应涉及的范围,亦即依哲学史研究的需要而决定所讨论之对象。

所谓"古代思想",自是指中国哲学未出现前之零星观念。就哲学史之需要说,本书所讨论者自不是包括一切观念,而只应限于与哲学有关之观念。

所谓与"哲学"有关之观念,又可以分为两种:一种是与哲学问题有关者,另一种是与哲学史进程有关者。前者有理论意义,后者则涉及历史渊源。

这一划分即以"本质问题"及"发生过程问题"之分为依据。每一理论问题皆有其本质一面及其发生过程一面。因此皆含有两组领域不同的问题。一个研究者可以选定自己所涉定之领域,却不可将这两类问题相混。哲学史的工作者又须兼顾两类问题,虽不能将二者混同，亦不可遗漏其中任何一面。

就中国哲学兴起以前的古代思想而论，我们应该注意的范围即是以下两类观念：

第一，与后世哲学理论有内在意义的关系之观念，例如《诗经》《书经》中某些观点。

第二，与后世哲学思想之演变有发生意义的关系之各种观念，为早期信仰及风俗中所含有的观点。

这里有一点应加澄清的事，即是一个文化传统的特性与早期观念（或文化精神定向以前的观念），并非一事。在特殊文化精神形成之前，任何民族皆有一些原始信仰及观点。这些信仰及观点，在文化精神形成时，可能被排斥，也可能被接受；研究哲学史或思想的人，不可误以为凡是"最早出现的"即代表"特性"所在。

文化精神之定向与形成，以自觉的价值意识及人生态度为标志；这种自觉性又显现于理据及系统化两面。换言之，一个民族在不可详考的远古生活中，即必有一套非自觉的风俗、信仰等等，也必有一些想象的意境；这些东西到了这个民族进入文化的自觉阶段时，即通过某种自觉的选择，而被容纳或淘汰。支配这种容纳及淘汰活动的自觉意识，方是代表这一文化精神的特性的，那些原始的素材，在文化精神的形成过程中，只有"被处理"的身份，而并无主动性，亦不能代表这一文化精神的方向。因此，当我们从事于中国哲学史工作时，我们切不可以为凡是古代中国人具有的观念，即足以表示中国文化精神的特性。我们必须明白，中国文化精神之决定是在自觉期中方出现的。古代民族的信仰、想法等等，可能有部分与日后的精神方向相符，但也有一部分不相符；因此，我们观察古代中国思想时，基本上只能将它当作一群原始观念看，而不能固执地以为这即是中国哲学的前身，尤其不能认为，在这一群原始观念中，能找出中国文化精神的方向。

对这一点先作以上的澄清,下面即分论古代中国思想中各种观念,并对有关原始观念的问题作进一步讨论。

第一节
有关原始观念之问题

所谓"原始观念",既是指文化精神定向以前的杂多观念,而不能代表文化精神之特性,所以基本上它只代表各民族的一般性观念。不过,这种原始观念虽然大半是各民族共有的,也并不是全无例外。有些民族极早时便有某种甚为特殊的想法;这种想法既是其他民族所没有的或罕有的,因此,我们有时也可以称之为某民族的特殊观念;不过,这里所谓的"特殊",是就各民族的原始观念间之比较而言,与文化精神定向后之特殊方向并非一事。

由于习俗之因素,每每在人类生活意识中长期续存,而不易彻底清除,因此,当某种原始观念被一定向的文化精神排斥时,仍能在表面上保持残余性的存在。在此种情况下,研究者便容易有迷惑之感,因为这时常有词语的"移义"问题或"复义"问题。譬如,中国古代之"天"观念,作为一原始观念看,本以指人格神之意义为主;而孔子以后,人文精神日渐透显。在儒学中,人格神已丧失其重要性。但由于习惯之残留,孔子及其他先秦儒者仍然时时提到"天"一词,其中孟子更常说及"天";若学者不能精密解析孟子所说之"天"之意义,则必然大感迷惑,不知儒家思想所决定之文化精神中,"天"究竟居何种地位。因此,在观察古代中国思想时,对于习惯中原始观念之残留及自觉意识中对一观念之处理,必须细加辨别,否则即有处处迷惘之苦。

最后,哲学史原以自觉时期后之观念系统为描述题材,故在哲史工作中，原始观念只有附属性的地位。但因哲学史有"史"的成分，故不能不依时间次序对哲学兴起前的种种观念有所陈述。但在此种陈述过程中，学者必要时时切记原始观念本身并非哲学，亦对哲学系统及其所衍生之精神方向无决定作用，方不致淆乱问题界限。

总之，在展示古代中国思想中与中国哲学有关之观念时，学者应注意以下三点：

第一，原始观念并不必然代表一文化传统之特性。一民族在有自觉的文化精神方向以前，必具有一些原始观念；这些观念与其他民族的原始观念比较起来，有些可能是常见的，有些可能是罕见的，但皆不与日后出现的文化精神有何必然关系。

第二，原始观念之存在既是一事实，则它们在自觉的哲学思想出现后，并不立即消失不见，也是极易了解的事。尤其当哲学思想初出现时，立说者每每利用已为人所熟知的词语；原始观念由此亦常出现于日后哲学理论中。但哲学思想发展至一定程度，其中一切词语皆被自觉地赋予一定意义。这时，原先表原始观念的词语，即常常被重新界定，因之，表面上仍是某一词语，意义则可能完全不同。从事哲学史工作的人，必须一方面明白哲学思想中对原始观念之容纳及排斥，另一方面又明白词语的残留与意义问题的分别。一个开创哲学思想的哲人，可以有全新的理想及理论，但不能有全新的词语；学者也不能执着于字面，而将哲学思想与原始观念混为一事。

第三，某些原始观念，可能有零星的理论意义；而在哲学史进程中，某一学派的思想亦可能恰恰强调这一方面的问题。在这种情况下，某些原始观念即会被这个学派运用，而纳入他们的理论。但这并不表示原始观念决定了这一派的哲学，因为这一学派所以会强调某一问题，或宣说某一主张，必有其本身的理据；他们在自己立场决定后，虽可接受某些原始观念，有时甚至夸张"古义"以增强其宣说的方便,但基本上并非某原始观念决定了如此的哲学,而是如此的哲学选上了某原始观念,引为"同调"。哲学史工作者在这种地方不可放过真问题,不可忽略一学说的内在理据,而将原始观念的存在当作此一学说的基础条件。这即是原始观念在哲学史中的"附属性"。

以上三点都是针对思想界常有的弊端而发,自然与中国哲学史中某些具体问题有一定关联;因此,这里所说,虽似是抽象的论析,在下面各章中我们论及各家思想时,学者即可看出此类问题之具体意义。

下面开始列举古代中国思想中之重要观念,并作析论。

第二节
古代中国思想的重要观念

在中国哲学兴起以前的原始观念,主要见于古代经籍之记载;此外,由古代实物的考证,也可以发现许多材料。本书并非史学考证之作,故以下所论,皆以被公认之古代资料为据,而不涉及一切争辩中之问题。

中国秦汉以下,伪书甚多。自汉至唐,一般地说,学者疏于考证;因此所谓经书,实在并非全部是可信的古代资料。宋以后渐有疑古的风气,至清代考据之学大盛,经籍中伪作部分及可信部分,方渐能考定。现在所存的经书《诗经》《书经》《易经》《三礼》及《春秋三传》等等,可列为真实古代资料的,应推《诗经》《尚书》(今文)及《易经》(卦爻辞);其次《春秋三传》尚属先秦资料,《三礼》最成问题。诸经以外,诸子中自有先秦资料,但皆晚于孔子时代,不能列为本章所论的"古代思想"的资料。因此,本节所讨论之原始观念,即以《诗》《书》《易》卦爻辞为主要根据;偶尔涉及先秦诸子中所引的古语,亦以不悖已有的考证结果为原则。至于战国以下的伪书,皆不作为根据。

以《诗》《书》(今文)、《易》(卦爻辞)的可信资料为据,我们应提出来加以析论的原始观念如下:

一、《诗经》中之"形上天"观念

所谓"形上天"观念,即指以"天"作为一"形上学意义的实体"的观念。这种"天"观念,与宇宙论意义的"天"及人格化的"天"均有不同。《诗经》材料甚杂,对"天"的观念也有几种;但具有哲学意义的"天"观念,则是这个"形上天"观念。关于《诗经》中的"人格天"观念,在下面将另作讨论,现在专对有关形上天的观念作一说明。

《诗经》中的"形上天"观念,见于《雅》《颂》。

第一,《周颂·清庙之什·维天之命》:

> 维天之命,於穆不已。於乎不显,文王之德之纯。

此处所谓"天之命"即是天之法则及方向,故即是后世所谓"天道";"天道"运行不息,故说"於穆不已"。"於乎不显"的"不"即"丕"字之通假,"不显"即"丕显",意思即是,如此运行不息之天道,至为明显;下接"文王之德之纯",乃因本诗原是歌颂文王之作,故即以文王之德比拟"天道"。

这几句诗中的"天"观念,已由一般的天意观念转为天道观念;天意代表人格神或"人格天",天道代表形上实体,亦即"形上天"。

就《诗经》本身而论,此种"形上天"观念,既是偶然一现,仅可看作一种想象,未能作为正式理论看。但后世儒者(汉以下的儒者)颇有顺此一途径而建立一理论者,因此,我们可说,这种观念本身所含的哲学意义,与日后中国哲学理论有关。

关于"形上天"观念,有两种说法最为流行:一说以为"形上天"观念属于孔子后的道家思想,其根据是孔子不言天道,而道家思想中之"道",即属"形上天"。另一说则以为形上天观念乃儒家之"正统"思想,因此将儒学之根源上推至极远之古代,而认为此种"形上天"观念即是孔子学说之中心、儒学精神之中心。严格论之,此二说均不确。因为我们一方面知道周初有此种"形上天"观念,则不可说形上天观念必在孔子后之道家思想中方出现;另一面,我们确知孔子至孟子一系的先秦儒学,确以道德主体性为中心,并不以"形上天"为最高观念;而且孔孟说中,就理论结构看,亦完全无此需要。因此,我们亦不可说"形上天"是孔孟哲学的观念。换言之,"形上天"必不是先秦儒学的中心所在。进一步说,孔子为最早建立儒学理论的人,孔子既无形上天理论,则孔子前纵有形上天之想象,亦不能算作儒学原有的观念。

形上天观念之成为理论,又成为儒学之一部分,大约始自秦汉之际,至两汉而大盛;其影响直通至宋代儒学;其最早的代表作,则是伪托子思所作的《中庸》(《礼记》之一篇),与秦汉以来伪造的《易·十翼》。此类问题,在本书二卷中当作详论。

《诗经》中之形上天观念,自然不甚明透,但取类似材料排比而观其意,亦不难看出某种特色。除上引之《周颂》一段最为重要外,有关形上天之材料当可列出以下各项。

第二,《大雅·荡之什·烝民》:

> 天生烝民,有物有则。民之秉彝,好是懿德。

此处所言之"天",虽似可解释为"人格天",亦可为"形上天",但以下文"有物有则"观之,则此"天"是理序之根据,本身表一"必然性",而不表"意志",故实非"人格天",则为"形上天"。

此形上意义之"天",与"人格天""意志天"最大之差别,即是形上之"天"只表一实体,只有理序或规律,而无意愿性,故对应于"天道"观念。而人格意义之"天"则表一主宰者,以意愿性为本;对此"天"纵有理序可说,亦必系于意愿而说,换言之,对应于"天意"观念。故"形上天"与"人格天"之分别,实"天道"与"天意"二观念之分别。

天道作为一实体看,即成为万理之存有性根据。依此观点,人心所能认知之"理",皆由此实体而来,或说皆是此实体之显现;故下接"民之秉彝,好是懿德"。盖谓人所执守之常理,人所追寻之价值,皆以此实体为归宿。此种"形上天"之观念,显实体性而不显主体性,其理甚明。

由此观《文王》篇结尾之语,则相应益明其义。

第三,《大雅·文王之什·文王》,结尾云:

> 上天之载,无声无臭。仪刑文王,万邦作孚。

此中前二句,以"无声无臭"以描述"形上天"之特性,盖《诗经》中凡言"人格天"者,皆视为神,而作拟人化之描写;"无声无臭",即表无意愿性,以与拟人化之"帝命""帝谓"等词语互别。"天意"必有所作为,而"天道"则"无声无臭",一理运行,无可言说。下接"仪刑文王,万邦作孚"则言文王法天之效果。

总之,《诗经》中虽多见"人格天"之观念,但"形上天"之观念亦渐渐出现。故后世之"天道"观念,悉源于此。

二、《易经》中之"宇宙秩序"观念

《易经》自汉以下,被人夸张曲解,成为儒学经籍中最为诡异之书。但其基本材料,仍可注意。

《易·十翼》皆后人伪作,其中观念有属于形上学者,有属于宇宙论者,有属于方士邪说,亦有可能承自古代习俗者,极为杂乱。但专就《易》卦爻本身之组织及卦爻辞看,则以时代论,必不晚于周初(因卦爻辞成于周初,卦爻组织自必先于卦爻辞);以意义论,其中包括一种古代中国之重要思想,即本节所论之"宇宙秩序"观念。

《易》之卦爻,基本上原由"—"与"--"两符号组织而成。每卦由三项组成,每项既有"—"与"--"二可能,则共有八种可能。此即传统所谓"八卦"。然后取两卦相重为重卦,于是有六十四重卦。每一重卦所含之六个项,即称为"六爻"。

卦爻之组织,原为占卜之用;就其本身而论,只是一种符号游戏,本无深远意义可说。但组成六十四重卦后,予以一定排列,而又各定一名,代表一特殊意义,便含有宇宙秩序观念。

例如,六十四重卦,以《乾》《坤》为首,"乾"原义为"上出",故即指"发生";"坤"原意为"地",即指发生所需之质料。以《乾》《坤》为六十四卦之首,即是以能生之形式动力与所凭之质料为宇宙过程之基始条件。

又六十四重卦,以《既济》《未济》二者为终。"既济"是"完成"之意,"未济"则指"未完成"。由《乾》《坤》开始,描述宇宙过程,至《既济》而止,然宇宙之生灭变化永不停止,故最后加一《未济》,以表宇宙过程本身无穷尽。

此种排列命名,即明显表示古代思想中之简单宇宙论观念。宇宙始于发生之力与基始质料,过程无穷,不可有"终",只好以《未济》(即无穷)本身作为"终"。

此外,其余各重卦之名,亦具一定意义,皆表示一种可能事态。因为"卦"原是为占卜而设,所以,六十四重卦所指述之事态,一方面固指宇宙历程,另一方面也皆可应用于人生历程。由此,又透露出另一传统思想,即是,宇宙历程与人生历程有一种相应关系。此种相应性之假定,本是一切占卜思想之共同假定,但在《易》之卦爻组织中,此相应性成为十分显豁的观念。

其次，就"爻"而言，"爻"原是构成"卦"及"重卦"的基本项，本来不一定有特殊意义；然而《易》的占卜法则，却以"爻"定吉凶，因此，"爻"亦必须各有特殊意义。由此，《易》之各爻，虽无专名〔只以其在一卦中之次序及单双为名，例如某卦之第二爻为"--"，即称为"某卦之六二"。"六"表双数（或"阴"）之爻，"九"表单数（或"阳"）之爻〕，但本身皆代表一卦中之某一阶段。此种阶段性亦与宇宙历程及人生历程相应。换言之，六十四重卦，合表宇宙总历程，亦表人生总历程。每一重卦表历程中之某一段落，而重卦中之每一爻又表此特殊段落中之特殊阶段。于是，共有三百八十四爻，表三百八十四个情况，分别与宇宙历程及人生历程中各情况相应。

以上是卦爻组织所表现的宇宙秩序观念。以下再略谈卦爻辞。

卦辞与爻辞之性质本稍有不同。卦辞原为对一卦所代表之吉凶或意义之解释。爻辞则是对占卜之纪录，自然对于吉凶也附记于辞中。卦爻辞的内容，自然较原始卦爻组织要复杂许多，而且体例也颇不一致。但就所包含之思想而论，则以对吉凶之解释较为重要。

卦辞论吉凶，大抵是将卦象当作人生某种境遇看，因此，只泛论自处之道，很少有特殊理论透显。爻辞论吉凶，则至少有两个特色。

第一，爻辞论各爻之吉凶时，常有"物极必反"的观念。具体地说，即是卦象吉者，最后一爻多半反而不吉；卦象凶者，最后一爻有时反而吉。例如：

《乾》之上九："亢龙有悔。"

《坤》之上六："龙战于野，其血玄黄。"

《泰》之上六："城复于隍，勿用师，自邑告命，贞吝。"

《复》之上六："迷复凶。有灾眚。用行师，终有大败，以其国君凶；至于十年不克征。"

《益》之上九："莫益之，或击之。立心勿恒，凶。"

《升》之上六："冥升，利于不息之贞。"

《丰》之上六："丰其屋，蔀其家。窥其户，阒其无人。三岁不觌，凶。"

案以上皆吉卦而最后一爻不吉之例。其意盖以为"吉"之终即转而为不吉，表示物极必反之观点。

又如：

《否》之上九："倾否，先否后喜。"

《剥》之上九："硕果不食，君子得舆，小人剥庐。"

《睽》之上九："睽孤，见豕负涂，载鬼一车。先张之弧，后说之弧。匪寇，婚媾，往，遇雨则吉。"

《蹇》之上六："往蹇来硕，吉。利见大人。"

《损》之上九："弗损益之。无咎，贞吉。利有攸往，得臣无家。"

《困》之上六："困于葛藟，于臲卼，曰动悔。有悔，征吉。"

以上皆凶危之卦而最后一爻为吉之例。除《剥》之上九，分君子小人而言，意谓君子占吉，小人占凶外，其他各占皆表示凶象之末，转而为吉。其原则与吉象末爻为凶者相同，亦表物极必反之意。

第二，除物极必反之观点外，另有一判定吉凶之原则，亦常见于爻辞中，此即"居中"之观念。

每一重卦，由内外二卦构成；故重卦六爻，第二爻与第五爻分别居内外卦之"中"；爻辞通例，二五两爻大半皆吉。即在凶卦之中，二五两爻之象亦照例较好。而在吉卦之中，则二五两爻尤吉。此种重视二五两爻之态度，即透露以"中"为"吉"之原则。

由于以"中"为吉，故第三爻多不吉，因居内卦之末故。至于第六爻,则因是重卦之末,须受全象之影响,故不似三爻者凶。

以上所论是爻辞断吉凶之二特色。如就《易》六十四重卦而详作讨论,则尚有其他断法;末爻之意义亦不止依物极必反一原则而定。但此处本非解《易》,只是就《易》爻辞所表现之某种原则观其背后所假定之观念,故不具论。

爻辞所表现之"物极必反"一观念,就其思想史上之意义看,应是古代中国思想中之"变化"观念。此一观念,亦实是周民族之占卜思想之中心,因"易"原即是"变化"之意。《易经》六十四重卦之排列及命名,原表一变化过程,而"变化"观念本身,理论地先于"变化过程"之观念。

"变化"观念,是《易》之卦爻组织之基础,而在爻辞中获得具体确定之意义。

就"中"观念讲,则是与"变化"观念相配者。就各状态(无论是人生历程或宇宙历程)之相续而论,有变化观念出现。但分别就每一状态论,则每一状态中又皆有一可供选择之"中"。与"变化"观念比观,"中"观念即含有"变中不变"之义。盖无论各状态如何变易不息,每一状态中皆有"中"在。此"中"被视为得正,故为"吉"。

以上所说,系就卦爻辞本身推绎而得。后世论《易》解象之说极多,亦有与此相近者。但本节所论,不涉及后起之说,只以卦爻辞本身为据。

《易经》中之宇宙秩序观念,可作结论如下:

(1)《易》之八卦,由阴阳二爻象经简单排列组成。阴爻与阳爻不过为表奇偶之符号,即是单数与双数,并无其他意义可说。原始民族欲依某种数字结构而作占卜时,必有某种简单编排方法。编排既定,自可有种种解释。但后世所能有之解释,不必为当时人所了解。今欲观原始思想之真相,只能依当时资料所已表现者为据。不可谓一切可能有之解释皆为古代人已了解者。

画爻定卦,只属简单数字游戏。但八卦定名,即表示有原始宇宙论思想。乾、坎、艮、震、巽、离、坤、兑等名,皆表自然现象,亦皆指述经验对象。当人以某一卦代表某种自然现象时,即含有对宇宙现象之分类,以及世界质料之探求等意义。故八卦定名可算是宇宙秩序观念之酝酿。

(2)由八卦而组成六十四重卦,其数字组织虽属简单,但意义不同。每一重卦已不只是表自然现象,而常表一抽象意义或概念。再将此六十四个概念依一定次序组织,宇宙秩序观念便于此初步形成。

(3)卦有卦辞,爻有爻辞,又表古代思想之进展。卦爻辞以言吉凶为主,兼记占验。占验部分可作史料看;言吉凶部分,则显示一价值判断。此种价值判断自是以所假定之宇宙秩序观念为基础,故可视为古代中国以宇宙论为基础之价值观念,亦是通过存有以解释价值之古代思想。

以上为《易经》本文所包含之原始观念。

三、《书经》中之政治思想

《书经》原为古代官方文献之汇编,可看作古史资料。但其中所记言论,有表现明确政治思想者,亦应看作古代中国思想之材料。

《书经》中所表现之有关政治思想之原始观念,主要有以下各项:

(一)民本观念

《虞书·皋陶谟》:

> 天聪明,自我民聪明;天明畏,自我民明威。

"畏"即"威",古同音假借。此二语指所谓"天"之所行,皆通过"民"而表达;换言之,天意即由民意显现。此一观念虽甚为简单,其理论意义大可注意。盖早期民族信仰"天意",乃一普遍现象;而以强者为天意之代表,亦是普通现象;今以天意为通过民意表现者,则"民"成为天意之代表,地位陡见提高,即非早期民族之一般观念,而表现一颇为特殊之思想。

《商书·盘庚》:

> 呜呼,古我前后,罔不惟民之承,保后胥戚,鲜以不浮于天时。

此为殷商民族对"民"与"君"之关系所持观念。盘庚之迁,恐人民不合作,故作以下之谈话。其意谓,历来为君者,无不敬重民意;而民亦与君同心以御忧悔,故无不以人力克服自然困难者。此固可看作鼓励群众之说辞,但其所举根据必是一般承认者,且亦必是发言者所愿意承认者。据此观之,《盘庚》以上之语,强调君必尊重民意,又强调人民应与君主同忧,以便能克服困难;则人民地位之重要,当亦是殷商民族所承认之观念。

《周书·泰誓》:

> 天视自我民视,天听自我民听。

此见《孟子》所引。今本《泰誓》虽伪,此一语在《孟子》即见之,足知当时之经中有此语在。其意亦与上引《皋陶谟》二语相似,皆视民意为天意之表现。

《周书·酒诰》:

> 人无于水监,当于民监。

"监"即"鉴",取鉴之意。此谓人照水而见影,故常于水监;然政治之兴亡得失,实由人民之趋向而决定,故就为政者说,实当于民监。此亦是以人民为国家根本之意。

总之,中国古代思想中虽亦有以人君为"受命天子"之观念,但另有人民为国家根本之观念。此种"民本观念",确为中国政治思想特色之一。

(二)人才观念

《虞书·皋陶谟》:

> 皋陶曰:都,在知人,在安民。禹曰:吁,咸若时。惟帝其难之。知人则哲,能官人;安民则惠,黎民怀之。

案此记禹与皋陶问答之辞。皋陶举"知人"与"安民"二项为政治原则。"安民"与上所述之"民本观念"为一事,"知人"与"安民"并举,则表现对人才问题之重视。此中含有一重要观念,即反对"领袖万能",而以得人才、知人才为政治要务。

早期社会多以英雄崇拜为主;中国古代虽亦强调共主之才德,但认为领袖必待有才者相辅,始能成功。由此而有后世"尊贤"之观念。此点与日后中国政治制度之特色尤有密切关系。

《书经》中关于人才观念之资料,尚有:

《皋陶谟》(案今流行本中将《皋陶谟》后半分出,作为《益稷》,下引资料在今本《益稷》中,原实属《皋陶谟》):

> (帝)乃歌曰:股肱喜哉,元首起哉,百工熙哉。皋陶拜手稽首……乃赓载歌曰:元首明哉,股肱良哉,庶事康哉。又歌曰:元首丛脞哉,股肱惰哉,万事堕哉。

此节帝舜与皋陶之歌,皆表君主必赖人才相辅之意,可看作上文"知人"一语之补充。

《周书·君奭》:

> 公曰:君奭。我闻在昔,成汤既受命,时则有若伊尹,格于皇天;在太甲,时则有若保衡;在太戊,时则有若伊陟臣扈,格于上帝,巫咸

义王家；在祖乙，时则有若巫贤；在武丁，时则有若甘盘。率惟兹有陈，保义有殷，故殷礼陟配天，多历年所。

此谓殷之统治，悉仗贤才为辅，其下又谓：

惟文王尚克修和我有夏，亦惟有若虢叔，有若闳夭，有若散宜生，有若泰颠，有若南宫括。

此则谓文王之兴，亦依赖人才辅佐。其下更谓武王亦赖人才而成一统，不备引。

总之，周初及较早时之文献，皆常透露此种重视人才之观念，与领袖崇拜之心理不同，不可说不是古代中国思想之一特色。

以上为《书经》中之古代中国思想。

第三节
附论原始信仰

《诗经》中之"形上天"观念，《易》（卦爻辞）中之"宇宙秩序"观念及《书经》（今文）二十八篇中之"民本观念"及"人才观念"，皆是有相当理论意义之原始观念，以上已略作析论。此外，尚有某种原始观念，本身并无理论意义，仅代表古代习俗，但对后世有某种影响者。虽非哲学史所讨论之主要题材，于此亦应顺便提及。

此种观念，大抵与原始宗教信仰有关，可分三点论之。即（一）人格天观念。（二）"神鬼"观念。（三）"命"观念。以下分别略作叙述。

一、人格天观念

《诗经》中虽有"形上天"观念，但大半资料仍表现"人格天"观念。此种"人格天"，即原始信仰中之"神"，作为人间之最高主宰。《书经》

中亦常有此种"人格天"观念,作为政权兴废之主宰。就所用词语而论,书中说及"人格天"时,仍用"天"字;《诗经》中则常用"帝"字以称此种主宰意义之天。此点是《诗》《书》用语显著差异之一。《书经》中之"帝"字,例指本文所涉及之共主;《诗经》大体均为周代作品,因周天子称"王"不称"帝",故"帝"字乃专以指最高主宰之神或人格天。但《诗经》中有时亦用"天"字称呼"人格天",如"天命玄鸟,降而生商"(《商颂》)之类。但"帝"字则必指"人格天",无用以指天子者。

此种"人格天"观念,原属早期社会之普遍信仰,不足代表古代中国思想之特色。而且此一观念本身之理论意义甚少,只算是古代习俗之一部分。但因习俗之遗留每每历时甚久,故日后中国思想界之言宇宙论及神秘主义者,常取此种古代信仰支持其说。由此,"人格天"观念,对后世中国思想确有某种"发生意义"之关联。虽非"本质意义"之关联,亦颇可重视。

"人格天"之起源,虽无法考定其时代,但无疑是早期便有之信仰。此种"帝"或"天"之观念,虽与希伯来教义之"神"相似,然其性质有一主要不同处;此即希伯来教义中之神,既是创世者,亦是主宰者;中国古代思想中无创世观念,故"帝"或"天"只是主宰者,而并非创世者。如"天生烝民"一语,虽似有创世之意,然下接"有物有则",则此"天"之形上意味甚强,而"人格天"之意味极少(见上节)。此外,言"天"言"帝"之资料,则大抵皆只重在说其主宰世界,而极少涉及世界之创造问题。

即以"人格天"之主宰性而论,主要表现仍只在于政权之兴废。《书经》原是政府文献之汇编,偏重政治,固是应有之特色;即以《诗经》而论,涉及"帝"或"天"之语,亦大抵多与政权兴废有关。"人格天"虽视为最高主宰,其主要作用似乎仅表现在政治成败一面。此处实有一隐含之问题,应作简略说明。

人类早期对"人格天"或最高主宰之信仰，固是一普遍现象，但对此种主宰之依赖，亦有种种不同。某些民族可能在早期有"人格天"信仰，其后愈来愈趋淡薄；另一些民族则可能一直保存其原始信仰，并极力扩大此一信仰。此是发展方面之不同。另一面，专就早期信仰说，各民族对"人格天"之作用，在程度高低方面，亦有差异。有些民族可能以为人事无分大小，全由"人格天"决定；另一些民族可能只在一定范围内，肯定"人格天"之作用。此种差异，即表现各民族神权观念之强弱不同。就中国古代观念而论，言"天"言"帝"，固皆表示对"人格天"之信仰。但中国人似只以人力所不能决定之问题，归于天意。因此，古代中国思想中，"人格天"并非事事干预之主宰，而只在某些人力所不能控制之问题，表现其主宰力。

据此再推一步，即可知何以《诗》《书》中之"人格天"，主要作用在于决定政权之兴废；盖政权兴废之间，原有许多因素为人力所不能掌握者。早期中国民族，对于此种因素，即只好归之于"天"。举例言之，某一统治集团多行不义，就"理"而论，固可说此一政权应被推翻，但就"事"而论，则残暴罪恶之个人或团体，殊难断其必然失败。于是，在邪恶统治势力居然被推翻时，古代人遂以"天"之惩罚罪恶为解释。

总之，古代中国人对政权之兴废，常觉其中最多不可控制之因素，故认为政权兴废是人所最不能掌握之变化。由此，即以此种变化为"天"或"帝"之决定。

以人力所不能决定者归于"天"，是《诗》《书》中隐含之思想；日后在孟子学说中有一大进展，遂成为明确理论（见后）。

此外，关于《诗》《书》资料中之"人格天"与"形上天"之关系，尚有应加说明者，即由于古代中国无创世观念，故"人格天"虽为最高主宰，却仍须受某种形式约束；此种约束，即是一理序观念。就《诗》

《书》中之资料言之,"天"或"帝"照例支持有德者,惩罚失德者;而"德"之所以为"德",并未解释为"天"本身所立之标准。万事自有其理而不必是由天生出,反之,"人格天"之作用,仍以此理为据。故"人格天"不表一无限之权威意志,其主宰力之运用仍受理之约束。此义推而言之,可说是"人格天"低于"形上天"之思想。此种思想颇能表现希伯来观念中之"神"与古代中国之"天"或"帝"间之差异。

以"人格天"为价值标准之根源,是日后墨子一派之学说。墨子之学与儒学相比,虽是保持原始信仰较多者,但其说独尊"人格天",严格言之,与《诗》《书》中之观念,又有一细微差别。学者不可不知。

二、中国古代之"神鬼"观念

"神"观念本身亦少理论意义,但作为古代习俗及信仰之一部看,与后世某些思想(如道教思想)亦有一定关系,故在此略作讨论。至于"鬼"观念,则可看作"神"观念之分化。

此处所说之"神",与"人格天"并非一事。近世基督教义侵入中国,一般人说及"神"时,每每即指"上帝"或"人格天";但中国古代所谓"神",则指各种有超自然性质之崇拜对象,并非唯一主宰者,尤无"创世者"之身份,与希伯来传统所谓"神"不同。

中国古代之神鬼观念,其可注意之处有以下数点:

第一,以"神"与"天"或"帝"比较,"神"为多数。有所谓四方之神,有所谓山川之神。在今文《尚书·尧典》(古文属《舜典》)中,即有"遍于群神"之语;至于周代文献中,则"诸神""百神"之语更属常见。大抵中国古代用"神"字,皆属"多神"意义;涉及"一神"观念时,即用"天"或"帝"。

第二,古代虽有"天神"与"地示(祇)"之分,但并非严格限定用"示"指人死为神者。如《尚书·盘庚》有"予念我先神后之劳尔先",

此所谓"先神后",即指殷之"先王"而言。对前代已死之殷王,称之为"神后",足见殷人早已称人死者为"神"。故人死可以为"神",乃殷代已有之观念;其后周人更常用此一意义说"神"。于是,中国古代所谓"神",并非先于世界而存在者。其中一部分指人死而成者,固显然在人类出现之后始有;即另一部分非由人死而成之神,亦似乎属于世界之一部分。前节曾指出古代中国之"人格天"或"帝",有主宰世界之地位,并无创造世界之地位。此处则应指出,古代中国之"神",根本无超越世界之上之意义。

第三,由于"神"有一部分指人死而成者,故"神"与"鬼"意义遂接近。古代文献常以"神鬼"并称。如《尚书·金縢》有"能事鬼神""不能事鬼神"等语,即对"神"与"鬼"未作区别。而"神"与"鬼"并称,遂与"天"或"帝"之意义益远,而转与"人之灵魂"一观念接近;此点与日后道教之"神"观念大有关系。

进而言之,此种由于相信人死后之存在(即"灵魂存在")而生出之"神鬼"观念,与古代之占卜祭祀又皆有不可分之关系。以殷人论之,殷人有种种占卜,其祷告对象,大抵为已死之祖先(所谓"先王")。祖先原是人,死后仍存在,故能通过占卜以示吉凶。此即可能是"人死为神"一观念最早之表现。又祭祀在古代原与相信受祭者实际存在有关(孔子日后说"祭神如神在",是儒学之观点。古代信仰原不如是)。而最重要之祭祀,仍属"祭天"与"祭祖"。"祭天"自以"人格天"为对象,"祭祖"则是以已死之人为对象。此亦应是"神鬼"观念最根本之表现。凡此种种,皆在周以前即有;自与周以后之思想不是一事。然后世言占卜术数,祭祀祈祷之道教,实与此种古代思想渊源甚深。而民间之"鬼神"观念,更全属此一类型。

第四,就神人之关系而论,一方面人可成神,于是"神鬼"之领域,基本上与人之领域不可分;人解释"神鬼"之行为,皆依人世之习惯及价值标准决定之。由此,"神"本身虽不可见,却并无不可解释之神秘性。此种思想,亦属古代中国之特色。后世道教之通俗教义中,诸神纳入一种仿自人间之组织,即由此种原始观念演变而成。

此种过度密切之神人关系,在古代曾一度形成社会问题。《尚书·吕刑》述古代共主对此问题之措施,曾谓:

> 乃命重黎,绝地天通;罔有降格。

《国语》亦谓:

> 少皞氏之衰,九黎乱德;民神杂糅,不可方物;夫人作享,家为巫史,无有要质。……颛顼受之,乃命南正重司天,以属神;命大正黎司地,以属民;使复旧常,无相侵渎。是谓绝地天通。①

《国语》之记载,乃晚周人对《尚书》"绝地天通"一语之解释。与《尚书·吕刑》原文比较,虽所指之共主不同,但皆谓古代有神人关系过度密切之问题,某一共主乃颁定制度,设专职人员分掌"祀神"与"理民"之事。此即所谓"绝地天通"。实即限制人民过度信神之倾向而已。《尚书·吕刑》及《国语》,论及古代此一社会问题时,皆归罪于蛮族之扰乱,以为此种现象由蛮族造成,此盖由于周人原较不重视对神之崇拜,故《吕刑》及《国语》记载,皆依周人观点出发,遂将神民杂糅之现象解释为蛮族之影响,不承认是古帝王时应有之事,而只将纠正此种倾向之功归于帝舜或颛顼。今以客观眼光衡度此一史实,则应说,神人关系之亲密,原为古代中国风俗之一部;周人以前,古代部落首领及共主,是否曾有反神权之措施,殊未可知。观"绝地天通"之说,不见于周以前之文献,而只在《吕刑》述古代事时提出,则此种限制人民信神及反神权之观念,极可能实是周人开国制礼,以制度代风

---

① 《国语·楚语》。

俗后之想法；所谓帝舜或颛顼令重黎分掌神民之事，恐只是托古为说，未必上古信有此事。

但无论如何，周人提出此种反神权之观念，是无可疑之事实；而此种观念之提出，目的乃表示人民过度崇拜神权之不当，亦是一事实；由此推之，古代人民曾过度信神，一切人事均诉于"神"，以致巫史横行，欺惑愚众，亦必是事实。此类事实，合而观之，即可知周以前之古代风俗中，必有神人关系过度密切之现象。此亦治古代思想之学人所应留意者。

总上所述，古代中国之神鬼观念，以神人关系特近，人死为鬼为神等点为主要特色。但此种原始观念，在周民族建统一政府时，便力予屏弃；故日后承周文精神之孔子及其儒学，即全无崇拜神权之说。然原始观念在风俗中潜存，亦不易涤除净尽，后世道教，仍承此种原始观念，以构造其通俗教义；学者倘客观探究，则此中分际固是了了可见。

三、"命"观念

"天"与"神鬼"之外，古代思想尚有一影响后世之观念，即"命"观念。

"命"观念在古代中国思想中，有两种意义。一指出令，一指限定。前者可称为"命令义"，后者可称为"命定义"。就命令义说，此一词义应为"命"字之本义；盖"命"字本从口令。且就古代文献观之，则《尚书》及《诗经·雅》《颂》中常见之"天命""受命"以及相类诸语中，"命"字皆是"命令义"；故就时间先后而论，取"命令义"之"命"观念，出现应极早。

此种"命"观念，以意志性为基本内容。无论就人或天而言"命令"时，皆常假定一意志之要求。故"命令义"之"命"，在古代资料中，大半与"人格天"观念相连,此点上文已论及。

"人格天"与"命令义"之"命",皆为一般民族所常有之观念,似不足以代表中国古代思想之特色;但就其演变而言,则又与日后中国文化思想中某些倾向有关,故本节对此一观念略作析论。

"命"观念之演变,乃由"命令义"转为"命定义"。当人依"命令义"说"命"时,实涉及某一意志要求;故亦常涉及价值观念。譬如,说"天命"时,首先必涉及一"人格天"之意志;然后,由于"天"之意志在原始社会中本视作一权威标准,于是进而将"天命"作为一价值标准看;换言之,即是以顺"天命"为合乎"正义"。再进一步,则以人所肯定之"正义",转而视为合于"天命"者。于是,原始思想中遂有将"正义"与"天命"二观念相混之结果。日后墨学兴起于孔子后,当有以"义"为出于"天"之说,即是此种原始观念之遗迹。

但就一般趋势论之,则"命"观念并非停于"命令义"一阶段中。在周人反神权之思想倾向下,孔子以前已有视"命"为"命定"之材料。

"命定义"之命,以"条件性"或"决定性"为基本内容,此处不必然涉及意志问题,而必涉及一"客观限定"之观念。由于如此意义之"命"并不涉及意志问题,故亦可不涉及价值问题。有关"命定义"之"命"之资料,在《左传》《国语》中均屡见,但《诗经·国风》中已有之。例如:

《郑风·羔裘》:

> 羔裘如濡,洵直且侯。彼其之子,舍命不渝。

此处之"命",即指已定之条件说。能处其命定之环境而不变易,乃此诗所赞许之德行(此从旧解)。

《召南·小星》:

> 肃肃宵征,夙夜在公。实命不同!

又谓：

> 肃肃宵征，抱衾与裯。实命不犹！

此是嗟伤之诗；所谓"实命不同""实命不犹"，更显然指"命定"之环境而言。

此种以"命"指"命定"之环境或条件之观念，有一颇可注意之处，即由此一新起之意义，"命"遂可与"人格天"观念分开，而只指"客观限定"；更进一步，所谓"命"，即只是一客观限定，则对价值问题而言，自应有中立性。于是，"命"之所决定者，与"正义"并无关联；反言之，则人生之合"义"与否，是另一问题，与"命"亦不必有关；盖指客观限定之"命"，只应能涉及条件系列，不应能涉及自觉意志。故"命"可决定成败得失，然不能决定合义或不合义。原始观念中混同之"义"与"命"，在此阶段中，已渐分离。而孔子日后则明确表示，兴废生死，乃"命"之事，而君子行其义，行其道，则不诉诸"命"。孟子更将"天"与"命"二观念，皆归入"客观限定"一义，儒学之基本精神遂完全透出。此在后章作析论。此处所应说者是"命定义"之"命"，固是晚出之义，但正与日后儒学所取之态度相符。倘就哲学史之尺度说，此种演变正是思想之进展；倘学者以为不合"古义"，便不足取，则未免大悖哲学思想本身之标准，盖"客观限定"与"主观自觉"之分，正是哲学上一大问题，亦是哲学进展中一大关键。原始观念本不能代表文化及哲学之特性，尤不能成为一衡度思想之标准。此处如误，必不能再观严格之"理"。清儒攻评宋明儒之哲学理论时，每每乞灵于"古义"，实不值识者一哂。学者今日治中国哲学史，于此等理论关键，尤不可犯前人旧病。

"命"观念在日后中国哲学史上之影响，当于后章论述。以上所说，仅指出"命定义"之"命"乃古代中国思想已有之观念；其发展及理论意义,自非当时人所知;然其出现,本身即是一重要事实。此所以在本节中论及之。

　　综上各节所论,古代中国之思想要点已大致可见。合而言之,可分六项。分而言之,则"形上天""民本"及"宇宙秩序"之观念,本身有哲学意义,可看作古代中国智慧之表现。至于"人格天""鬼神"及"命"三观念,则本身原为先民习俗之一部,所含心理情绪之意义较多,只可看作原始习俗之代表。若就中国哲学之发展历程说,则孔子以后,中国儒学兴起时,对于前代习俗,虽不能完全扫除,但在自觉方向上,则并不与古代原始观念相同。至于其他学派,则道与墨皆含原始观念较多,而墨学尤甚。儒学自身至汉以后则一度变质,此中头绪纷繁。本书以下各章当依时代次序论之。本章所述,可视为中国哲学兴起以前之古代观念;学者应作为思想史料而了解,不可误以为此等观念有决定日后中国哲学之作用,否则将有淆乱主从之病;盖中国哲学中各派学说之特性,以本身之自觉方向为主,一切历史条件毕竟只是从属条件而已。

第三章 孔孟与儒学

（上）孔子与儒学之兴起

前章论古代中国思想，是指哲学开始成立以前说。孔子于周末创立儒学，方是中国最早的哲学。所以，就时间次序说，孔子既是第一个建立中国哲学理论的人，中国哲学史的论述，即应从孔子开始。

孔子之所以为最早的中国哲学家，乃因孔子最先提出一系统性自觉理论，由此对价值及文化问题，持有确定观点及主张。系统性与自觉性为哲学之特色，故孔子以前之原始思想不能算作哲学，而孔子之自觉理论及系统观点之出现，方表示中国哲学正式开始。就此一意义说，虽然孔子所建立的儒学理论，只是中国先秦哲学中之一派；但由于孔子以前并无任何正式哲学理论出现（老子之时代问题，旧说实误，见下论道家哲学章），从哲学史立场看，应承认孔子是中国哲学之创立者。

以上专就时间次序讲。若就学说内容与哲学史实际发展情况说,则儒学虽只是各家哲学中之一家,但汉代以降,直至明清,中国哲学思想以及文化活动之方向,皆以儒学精神为主流。此一主流之成就如何,或得失如何,是另一问题;无可疑的是,实际上此一主流存在。就此而论,儒学有代表中国文化传统之地位,而孔子作为儒学之创建人,自然亦有为中国文化传统奠立基石之地位。

总之,在时间次序上说,孔子是第一个提出哲学理论的人;在学说内容上说,孔子所提出之理论,实际上成为中国哲学思想之主流,而且决定中国文化传统之特性;因此,中国哲学史之研究,必须由孔子之研究开始。

孔子之地位既明,以下即分论儒学之源流及孔子学说之内容及精神方向。

第一节
儒学之源流问题

所谓"源流",指根源及流派而言。由于儒学在汉代以后,获得支配中国思想及制度之地位,所以二千年来中国学人对儒学常抱有某种程度之宗教情感,因之,对于儒学之根源问题,殊少有严格采究;至于儒学流派问题,历代论述虽稍多,但根源问题不明,流派之分划亦常欠准确。本书取哲学史立场,对此一源流问题,应作一客观讨论。

先说儒学之根源。此一问题可分两方面讨论:首先,儒学作为一学派,系如何演变而成? 其次,儒学之基本精神及思想,与古代之思想、观念、习俗等,有何种关系?

首先,关于学派方面,旧说以《汉书·艺文志》之说法最为流行。其大旨以为,先秦各学派皆出于"王官",即每一学派皆由政府中某一部门演变而生。就古代社会中贵族掌握一切知识而论,此种"诸子出于王官"之说，亦反映某一部分史实，不可说完全虚妄；但此种说法有一最大弱点，即是对各学派之特性及贡献，皆不能明确陈述，且令人易生误解，以为一切学说思想，皆是"古已有之"。故此说在严格意义上，终不可取。对诸子说是如此，对儒学说亦是如此。

谓儒学出于王官，既不可从，于是近代有另创新说，以解释儒学之起源者。如胡适之先生著《说儒》一文，以为儒学出于殷士。其论据大意不外三点：

第一，周人建国之初，殷士以亡国者身份，为周人服役，而其职务则是主持礼仪。由此，而形成一特殊社群，以司礼为专业，即称为"儒"；在生活态度上，儒以恭敬忍让为主。此点之根据，以《诗·大雅》之资料为主，再以《书经》及《易》爻辞证之。此外关于"儒"字之词义之资料，亦被引用。

第二，孔子及其弟子皆以礼为业，足见承殷士社群之传统。此点之根据，以《论语》记载及别派对儒者之描述为主。

第三，孔子虽承殷士及职业礼生之传统，但孔子提出新理论，并宣说新人生态度，故孔子为"儒"传统之革新者；另一面孔子为殷人，故其革新运动代表殷民族复兴之要求。结果，孔子事功虽无所成，却成为一被崇拜之对象。

以上三点，论辩甚多。本书不拟多作讨论。所应指出者，只是胡氏之说，虽非无据，但此说只能解释古代一社群之形成，实未能说明作为一"学派"之儒学之特性所在。一学派之所以成为一学派，乃在于其确定主张及理论，而不在于在组成方面与某社群间之外缘关系。孔子及其门人，虽实与礼生传统之社群有关，但孔子之学说，为古代礼生社群所无。而最应注意者是，孔子之主张基本上与周文化之方向相同，并非殷文化传统。故儒学作为一学派而论，既在孔子手中形成其理论及主张，则此一学派不能不视为孔子创建之学派；而另一方面,孔子之学说及其精神,非殷人传统,反而正以重建周文为方向,则学者亦不能以为孔子所立之儒学,为承殷士传统者。故孔子以前,以儒为名之礼生,虽与殷士社群可能有密切关系,但孔子以下之儒学,实与殷民族之传统无干。至于殷民族复兴之说,系以殷周二民族之对立为基本假定;此种事实虽在周初存在,但此种思想却非孔子所有。盖孔子以对文化生活之自觉肯定为立说主旨,其思想中时时透露对普遍性之肯定,实无现代民族主义者之情绪,以下论其学说即可阐述此义。

总之,儒学作为一学派,应视为孔子所创建者,因此一学派之特有理论及主张,皆出自孔子学说。胡氏之考证仅足以表明周初以下有一礼生社群,与殷士有关;而所论孔子及儒学之立场,则与事实不符。故儒学出于殷士之说,亦不能成立。

儒学创自孔子,此为平稳之说。本书即依此而论儒学之起源。

以上乃就学派问题而言。至孔子及其儒学之精神方向,与古代观念、习俗等有何关系,则于下节论之。

其次,关于思想方向及精神方向,应就孔子学说之特色与古代一般观念及习俗作一比较,以显现其关系。

首先须指出者,是孔子学说之精神并非承古代观念及习俗而来,反是有革新意味之趋向。上古史实,虽不可详考,但殷商时之史料,足以表明古代崇拜神权之习俗极盛;而参以《诗》《书》资料,又可知此种倾向由来已久,应为上古以来之普遍情况。再就一般人类社会之进展说,早期民族崇拜超自然之神权,亦是常例。故学者有充分理由断定,古代中国之观念及习俗中,皆确有崇拜神权之色彩。

但周人建国,即以制度为重;于是一面封土建君,创立一种人为的政治秩序,以代部落酋长式之自然的政治秩序;一面立宗法制度,又将自然的血缘关系化入人为的政治关系中;此即所谓周公制礼之说所代表之文化史意义。周人此种设施，就其本意讲，当是以建立较有力之中央政府为基本目的，但其结果则透露一种以人为主之思想趋势。此处有一观念上之分别，学者不可忽略。此即发生意义与本质意义之不同。一事之如何发生是一问题，一事有何种内含意义又是另一问题。譬如因测量之需要而研究图形之性质时，此种需要为此种研究之发生条件；但此种研究所得之知识，在数学上有无真实性，有何种理论重要性，则属于本质一面，并非受发生条件决定。又如一人欲取悦帝王而提出一种炼丹术，此事就其发生条件讲，只是为求名利爵赏而来；但所提出之炼丹术有无真确性，则不受其卑劣动机（发生条件）之影响，而是属于内含意义一面之问题。今就周人礼制而言，欲加强中央统治之力量，是发生条件；但此种礼制之内含意义则是透露出"人之地位之肯定"；此一肯定在文化历程中之意义，亦不受周人加强中央权力一动机之影响。

以上解说，目的在于扫除流行俗见，以免学者将"发生意义"之问题与"本质意义"之问题混而为一，导致思想之混乱。以下即回到本题。

周人此种精神方向，既以"人之地位之肯定"为特色，则对以前之古代崇拜神权之观念与习俗说，可称为一种革新、一种扭转之努力。此意既明，则吾人可看出古代中国文化史之一重要转变由原始信仰进至肯定人文之转变。

此处又有一应加解说之处。此即，周人虽表现一新精神，采取一种异于古代传统之活动方向，并非完全消灭古代观念及习俗。在历史之连续体中，新精神与新方向之出现，并不表示旧有者立刻全部消灭。不过，此种新精神一经确定，则逐渐形成一新传统，终可取得支配地位，成为文化主流所在。

周人表现人文精神，只在其政治设施中，尚无明透之理论基础；

故吾人可说,周人以前之原始信仰、观念及习俗等,固只代表未自觉之阶段(因此原始事态只能作为一自然事实看,为多数民族之所同,不表特殊方向),即以周初制定礼制时而论,仍只代表半自觉之阶段;真正自觉阶段须在能对"人文精神"提出确定理论时,方算是真正开始。而此一工作即以孔子为主要代表人物。此所以孔子代表中国文化自觉时期之开始,下节论孔子学说时再作陈述。

至此,孔子及其儒学之精神与古代传统之关系,已可显出。简言之,孔子学说乃对周人之人文精神之自觉肯定,又因周人本对古代传统取一改革态度,故孔子实非上承古代原始信仰之思想家,而是完成周人所代表之精神之理论基础之人文思想之宗主。此所以孔子言"吾从周",而又处处强调人之责任及意义,无取于崇拜天神之信仰也。

作如此说明后,吾人已可结束儒学根源之讨论。约言之,"儒"作为一社群,可能是由职业礼生演进而成,此种职业礼生亦可能与殷士有某种关系;但就"儒学"而论,则孔子以前实无所谓"儒学";"儒学"之基本方向及理论,均由孔子提出,故"儒学"必以孔子为创建人。至于儒学之精神及思想倾向与其前之文化间之关系,则吾人可断言,孔子承周文化之方向,而扬弃周以前各民族之原始习俗及观念。就此而论,周人之人文观念可说在孔子手中方进入自觉阶段,而成为确定之学说;逆而言之,亦可说孔子之儒学乃周之人文精神成熟之表现,亦即周文为儒学之源。关于周之前之古代传说,孔子虽偶言及,亦只当作史料看。高谈尧舜禹汤,乃后代儒者之事;盖昧于古史,遂假想象以立说,并非历史真相所在,亦异于孔子之本旨。

其次,儒学之流派问题,亦可以由此看出线索。孔子承周文而立说施教,但及门之门人弟子,已未必皆能得孔子学说之真义,后世儒者,自多有趋向别异者。但孔子之精神方向既可确定,则就此立一标准，吾人即可将后代以儒学自称之各种理论，分为两大部分：其一是直承孔子原有之方向者，另一则为与孔子方向不同者。其下又可再作次分。譬如承孔子者，或述其说之一部，或能作全面发展；此即见其不同。又如违离孔子学说之基本方向，而别有宗趣者，或接受古代观念习俗之影响，或接受其他学派之影响，或自立一说，其间亦有不同。凡此种种，皆属中国哲学史中须加阐述之问题。此处但举其纲，详见以后各章。

以上已对儒学之起源及流派作简要说明，以下再论孔子学说之内容及意义。

第二节
孔子之生平及其学说

孔子事迹及学说，资料大体无困难。虽汉以后伪书迭出，谶纬阴阳之说盛行，对孔子生平及学说，均有种种谬说；然清儒以下，学者考订已多，真伪已不难辨。本书虽不能详及考证之事，但所据资料皆以通过考证而无可疑者为限。

一、孔子之生平

孔子名丘，字仲尼；依《史记》所载，生于周灵王二十一年，即鲁襄公二十二年；卒于周敬王四十一年，即鲁哀公十六年。

依《公羊》《穀梁》二传，则孔子生于鲁襄公二十一年，较《史记》所载早一年。二说以何者为正，难有定论，但相差一年，亦无严重影响。本书暂从《史记》之说。

《史记·孔子世家》：

> 孔子生鲁昌平县陬邑,其先宋人也。

孔子生地,即今山东曲阜。就血统而言,孔子之祖先为宋人;宋为殷后,故孔子在血统上原属殷人,《礼记·檀弓》记孔子将死时告子贡之语,谓"而丘也,殷人也",亦与此合。就职业而言,孔子上代屡为司礼之官;孔子少即习礼,以通礼名于世。盖殷人中之知识分子,在周代组成一职业礼生社群;孔子之先人属于此一社群。孔子本人所受之教育,亦是此种社群之教育。故吾人可说,孔子最初原属于职业礼生社群;其后另有新思想、新理念,则是另一事;正如希腊苏格拉底(Socrates)原属于辩士社群,但其思想理念,则正以反辩士为主。学者于此应慎作分别。

至孔子少年通礼之证据,则记载中比比皆是。如《左传·昭公八年》,记孟僖子自恨不能通礼,将卒时,遂嘱其子南宫敬叔从孔子习礼;其时孔子年甫三十余,已有盛名如此,足证孔子原是专习礼者。又如《论语》记孔子入太庙而每事必问,闻者讥之,言孰谓鄹人之子知礼;孔子答言,是礼也。此亦足证,孔子原以"知礼"著名,故他人见其入太庙每事必问,遂致讥评;而孔子答语,更表明孔子精熟礼制,故知入太庙者,必须每事先问;讥者正因不"知礼",方有此种批评。此类资料,不待备引。其事固极明显。

但孔子虽出生于殷士之家族,又自幼习礼,其思想方向则与一般礼生大异。礼生所留意者,仅为仪文琐节;孔子则虽熟知仪文,其思想兴趣则不在此,而在于追寻仪文制度之基本意义。由此,孔子遂能建立儒学理论,不为一职业礼生,而成为古代中国思想史中第一位巨人。

进而论之,孔子之所以深究礼制之根源,最初原基于实践旨趣。此盖与孔子之时代有关。周人建国,礼制始备;此种礼制决定一"生活秩序",大至政府组织,小至日常行动,均包于一"礼"中。但孔子出生时,周室已衰。周天子徒拥虚名,既不能制诸侯;列国诸侯,亦常受制于有实力之贵族。列国彼此相争,各国贵族亦常作乱。于是礼制急遽崩解;由传统习俗所形成之规范力量既日见消失,天下进入一无秩序状态。孔子面对此种严重时代问题,遂以重建一普遍秩序为己任;又因孔子所学为周之文制,故在孔子意念中之"秩序",就具体内容说,实以周人所立之文制为底本。顺此意义说,亦可谓孔子之志实在于重建周文。

孔子致力于周文之重建,并非纯依传统为说,而实加以自觉之肯定。换言之,孔子并非只知拥护一传统,而是依一有普遍性之理据,以建立其主张。此所以孔子表现中国文化自觉时期之开始。

孔子虽立说教世,最初仍以实际地重建秩序为目的,故就孔子学说而言,较早之立场以实践旨趣为重;纯理论旨趣则渐渐加强,至晚年而大成。

孔子之遭遇,亦有助于说明孔子思想学说之形成过程。孔子虽有志于重建秩序,亦力求实现,但其政治生活实极短促。据史传资料考之,鲁定公十年时,孔子仕于鲁;齐鲁夹谷之会,孔子主持仪式,曾以礼制弹压齐侯,为鲁之外交上一次胜利。又旧传孔子为鲁司寇,曾摄相事;但记载可疑,后世考证亦无定论。所可确定者,只是孔子曾仕于鲁;其后不合而去。

孔子去鲁,周游列国;其时孔子门人日众,声名日高,然列国之君亦无能用孔子者。于是孔子之政治理想无实现机会,而立说乃日见精透。及孔子入楚,受南方文化之刺激后,其思想体系愈见完整。返鲁讲学时,孔子遂不问政事,而成为一思想界之领袖人物。

观此可知,孔子思想中之实践旨趣所以日渐为理论旨趣所取代,实与其遭遇有关。倘使孔子获得政权,则未必能完成独特之学说,决定中国文化精神之路向；而吾人今日欲了解孔子学说之进展，亦应配合其生平而观之，方能得其真相。

孔子学说之有进展，最明显之资料，乃各门人所承之学。孔子弟子极多，又是首创私人讲学之风者，故俗传孔门弟子有三千人。此数虽不可信，但孔门弟子人才荟萃影响巨大，则是事实。孔子诸弟子中，有从学于晚年者，有从学于较早时期者；从学先后不同，所得之学亦显然有异。而此诸弟子之学，大体皆有资料可据；故吾人由诸弟子所述之学之不同，亦可推见孔子自身思想之进展。此点后文另节详论之。

最后，关于著作方面，孔子述而不作，实无正式作品。旧说有以《春秋》为孔子所作者，但考诸史乘，则孔子实只取鲁史记予以整理，作为讲授资料而已，并无自撰一书之事。此外，后世伪书，如《易·十翼》之类，皆显然非孔子所作。汉儒谰言，徒贻笑柄。今论孔子学说，自不能以此种谬说为据。

孔子思想学说之唯一可靠资料，即门人记述孔子言行之《论语》。《论语》之体裁略近于对话集一类。然此中记载并非由门人伪托者。今日论孔子学说，主要资料仍为此书。

以下对孔子学说作一析论。

二、孔子之学说

孔子之学说，应分两方面论述；其一是孔子学说之具体内容，其二则是孔子学说所代表精神之方向。

就学说内容而言，又可分为基本理论与引申理论，盖凡立一思想体系者，其学说大致皆有此两部分可说。

至于精神方面，则指其自我境界及文化意识讲。

以下先述孔子学说之具体内容。

(一) 孔子学说之内容

孔子之学,由"礼"观念开始,进至"仁""义"诸观念。故就其基本理论言之,"仁、义、礼"三观念,为孔子理论之主脉,至于其他理论,则皆可视为此一基本理论之引申发挥。兹依次述之。

1. 基本理论

"礼"观念为孔子学说之始点,但非孔子学说之理论中心。盖孔子之学,特色正在于不停滞在"礼"观念上,而能步步升进。今述孔子之基本理论,即应着眼于此一升进过程。

此一过程之展示,应从"礼"之意义问题开始。

所谓"礼",原有广狭二义。狭义之礼,即指仪文而言;广义之礼,则指节度秩序。前者亦即世俗礼生所知之礼,后者为理论意义之礼,原非世俗所知,至孔子正式阐明其意义。但在孔子立说前,列国其他士大夫,已有区分"礼"与"仪"之言论。例如,《左传·昭公五年》记女叔齐之言:

> 晋侯谓女叔齐曰:鲁侯不亦善于礼乎?对曰:鲁侯焉知礼。公曰:何为?自郊劳至于赠贿,礼无违者,何故不知?对曰:是仪也,不可谓礼。礼,所以守其国,行其政令,无失其民者也……

此时孔子年尚幼(十四岁),自未立说;女叔齐固已倡礼仪不同之论矣。观女叔齐之意,仪文种种,皆属末节;"礼"之意义,在于能建立一安定秩序,故以"守其国,行其政令,无失其民"等语描述之。此即通往日后孔子说"礼之本"时之一义。女叔齐虽未建立体系理论,其见解已足表示当时士大夫或知识分子已注意此一问题。

礼取"秩序义"者,主要自是指制度而言;此固已与仪文有本末之分。但再进一步看,则以秩序或制度释"礼"时,秩序制度之根据何在,始是基本问题;此点在孔子前,殊无人能作明切说明。一般知识分子大抵顺流俗信仰而立论,以为秩序制度,以所谓"天道"为本;换言之,即假定某种"本有之秩序",作为文化中"创造之秩序"之基础。此固是原始信仰之一部,但在孔子前不久尚是知识分子所乐道之说法。例如,《左传·文公十五年》记季文子评齐侯之说:

> ……礼以顺天,天之道也。己则反天,而又以讨人,难以免矣。……在《周颂》曰:畏天之威,于时保之。不畏于天,将何能保?以乱取国,奉礼以守,犹惧不终;多行无礼,弗能在矣。

此显然以为"礼"以"天道"为依据,故"奉礼"即是"畏天";换言之,人所以应"奉礼"之理由,即在于"礼以顺天"。

如此,以"天道"为"礼之本",此观念至孔子而有根本变革,此是孔子论"礼之本"时之另一义。

然则孔子如何发展其有关"礼"之理论?简言之,即摄"礼"归"义",更进而摄"礼"归"仁"是也。通过此一理论,不唯本身不同于仪文,而且"礼"之基础亦不在于"天",而在于人之自觉心或价值意识。于是,孔子一方面固吸收当时知识分子区分礼仪之说,而脱离礼生传统;另一方面,更建立"仁、义、礼"之理论体系,透显人对自身之肯定,离开原始信仰之纠缠。于是,孔子予周文之精神以自觉基础,遂开创儒学之规模。故"仁、义、礼"三观念,即构成孔子之基本理论,以下依《论语》资料述其要旨。

(1)"礼"与"义"

孔子立"仁、义、礼"之说;依理论次序讲,是以"摄礼归义"为第一步工作,今亦由此下手析论。

所谓"义",在《论语》中皆指"正当"或"道理"。偶因语脉影响,意义稍有变化,但终不离此一意义。兹先列举此类资料如下:

《为政》:

> 子曰：……见义不为，无勇也。

案此"义"字显指"正当"而言。

《里仁》：

> 君子喻于义，小人喻于利。

案此处以"义"与"利"对举，"义"指"正当"可知。

《里仁》：

> 子曰：君子之于天下也，无适也，无莫也；义之与比。

案此处"义"与"适""莫"对扬；"适""莫"二词之确义，旧日注疏虽有不同之说法，然此二词指赞成与反对，则无可疑。如此，"义"指"道理"而言，"适""莫"指态度而言。君子无特殊态度，唯理是从，故说"义之与比"。

《公冶长》：

> 子谓子产有君子之道四焉：其行己也恭，其事上也敬，其养民也惠，其使民也义。

案此一"义"字，显指"公正"而言，即由"正当"所衍生者。

《雍也》：

> 樊迟问知。子曰：务民之义，敬鬼神而远之，可谓知矣。

案此一"义"字直接说应是"责任"之意，但显由"正当"一义衍生。

《述而》：

> 子曰：……闻义不能徙，不善不能改，是吾忧也。

案此处"闻义"连"徙"字说，意谓闻一理而不能行之与"不善不能改"对举。"义"显指正当之理说，亦即"正当"一义。

《颜渊》：

> 子张问崇德、辨惑。子曰：主忠信，徙义，崇德也……

案此处"徙义"一语，正可与上引《述而篇》中"闻义不能徙"一语合看；徙义即是从正当之理，故以释"崇德"。此处"义"自指"正当之理"说，不待解释。应附带指出者是孔子对"德"之解说，以此语为最明确。

《颜渊》：

> 子张问士何如斯可谓之达矣？……子曰：……夫达也者，质直而好义……

案此一"义"字即指"道理"讲。

《宪问》：

> ……见利思义，见危授命……

案此乃答子路问"成人"之言。此处"义"与"利"字对举；"利"指收获问题或效果问题，"义"涉及道理问题或正当问题，亦显而易见。

《卫灵公》：

> 子曰：群居终日，言不及义；好行小慧，难矣哉。

案"言不及义"指"言论不及于理"讲，"义"指"道理"。

《阳货》：

> 子曰：君子义以为上。君子有勇而无义，为乱；小人有勇而无义，为盗。

案此答子路问勇之言；所谓"义以为上"者，即君子以求正当求合理为贵。此处"义"字仍指"正当"而言。

《微子》：

> 子路曰：不仕无义，长幼之节不可废也；君臣之义如之何其废之？……君子之仕也，行其义也。道之不行，已知之矣。

案此是子路述孔子之语以答荷蓧丈人者；非子路之言论，而是孔子之言论。"不仕无义"之"义"字，自是指"道理"讲。"君臣之义"一语中之"义"字，则兼指"责任"讲，即后世所谓"理分"是。"行其义也"一语中，"义"字仍指"理分"讲，即"正当责任"之意。但"正当责任"一义，自是由"正当性"及"道理"二观念衍生。

以上十余例，足以表明《论语》中"义"字之词义；孔子对"义"观念之重视，由此可见。后世有谓孔子言"仁"而不言"义"者，实属谬误。

然则，孔子对"礼"与"义"之关系，又如何解说？此点在《论语》中亦有显明解释。

《卫灵公》：

> 子曰：君子义以为质，礼以行之，孙以出之，信以成之。君子哉。

此处"义以为质，礼以行之"二语，即摄礼归义之理论。"质"即"实"，以现代语说，即表"实质"；"礼以行之"，即以礼为"行义"者。换言之，礼依于义而成立；"义"是"礼"之实质，"礼"是"义"之表现。于是，一切制度仪文、整个生活秩序，皆以"正当性"或"理"为其基础。人所以要有生活秩序，所以大则有制度，小则有仪文，皆因人要求实现"正当"。换言之，一切习俗传统，不是"礼"之真基础，而要求正当之意识方是"礼"之真基础。至此，一切历史事实、社会事实、心理及生理方面之事实，本身皆不提供价值标准；自觉之意识为价值标准之唯一根源。人之自觉之地位，陡然显出，儒学之初基于此亦开始建立。

以上是从"义"观念说，兹再从"礼"观念说。

孔子言"礼"，并非全废仪文；但孔子不以为仪文即足以代表礼；"礼"之末节固是仪文，但礼之本义不在此末节中。故孔子重视"礼之本"。

案"礼之本"可有两层意义：其一是内在于"礼"讲，此时"礼"之本义为"礼之本"，与末节仪文对扬；其二是就整个礼（包括本义与末节）之理论基础讲，此时"礼之本"即在"礼"以外。此则以全部之"礼"与其基础对扬。此二义绝不可混同。现先论前一意义之"礼之本"。

《八佾》：

> 林放问礼之本。子曰：大哉问。礼，与其奢也，宁俭；丧，与其易也，宁戚。

此处孔子即表仪文非本之意。盖奢与俭是具体设施问题，即仪文问题；孔子不拘于仪文，以为礼之本不在乎是。下接"丧"二语，则是随意举一实例说。丧礼之铺张，非"丧"之本义，犹乎一切仪文均非礼之本义。

孔子既不只重视仪文，故认为仪文细节，尽可改变。

《子罕》：

> 子曰：麻冕，礼也。今也纯。俭，吾从众。拜下，礼也。今拜乎上，泰也。虽违众，吾从下。

礼之本义既不在仪文，故尽可从俭。用纯俭于用麻，故孔子以为不必拘守传统。但不拘传统，并非说可随意曲从俗习；故就拜礼为例说，时人虽改堂下之拜为堂上，实无理据；孔子亦不从此种俗习。

于是，更进一步看，则可知孔子虽不拘守仪文，但礼无大小，皆应有一定理据。孔子并不以为"礼"只是风俗，故在"从众"与"不从众"之处，即显出孔子之肯定"礼"，系以一"道理"或"正当性"为基础。此即通往"义以为质，礼以行之"一观念，亦即涉及"礼之本"之后一意义。

"礼之本"之第一意义，即指礼仪之分；如前节所说，此原是春秋时有识之士早已言及者。孔子亦强调此一观念。但此种分别只是指出"秩序性"为礼之本义，而仪文为末节，尚未触及"礼"之基础问题。

孔子由不重视仪文，进而表明仪文变改，应有理据，则即转入"礼之基础"之研究；而以"义"为"礼"之实质，则是孔子所提之解答。

"礼"之本义为一生活秩序，故"礼"观念即是"秩序性"观念；一切秩序之具体内容（即仪文），可依"理"而予以改变，故不必拘守传统，亦不必顺从流俗。而此一"理"即孔子所说"义"。"礼"之基础即在此。

由点明"礼之本义"进而揭示"礼之基础"，是孔子论"礼之本"时之思想进程。前者为当时知识分子所共同注意之问题，观《左传·昭公五年》记女叔齐之语后，下文谓"君子谓叔侯于是乎知礼"，即可见礼仪之分，乃当时"君子"所共许者。故此尚不足代表孔子独得之义。后者则不然。孔子以前，谈"礼"者大抵只视为传统，而当作一事实去肯定；纵作解释，亦不过袭原始信仰而将"礼之基础"归于"天道"或某一意义之"自然秩序"。孔子提出一"义"观念，于是"礼之基础"归于自觉，而"礼"成为一"自觉秩序"即"文化秩序"，不必依"天道"，不必傍"自然"。此是"摄礼归义"一大肯定之意义所在。

由"礼"进至"义"，是孔子思想之进展；但孔子思想尚非以"义"观念为终点，更进一步，有"仁"观念。

（2）仁

"仁"观念是孔子学说之中心，亦是其思想主脉之终点。在说明"仁"之意义之前，对此处所涉之一基本观念，应先作一澄清。

清乾嘉以来，谈儒学者有一根本错误，即将哲学问题当作训诂问题。此种谬误，显而易见。盖哲学家所提观念之确义，不是可通过字源研究而完全了解者。哲学家不能自创文字，所用词语，必是已有之文字（至多稍加改变），但此并非表示哲学家所用之词语，只有一般用法中之意义。反之，每一哲学家，必选定某些词语表示特殊意义，由此以显示其理论。因此，某一字原先是何意义，是一问题；此字在某一思想系统中,或某一哲学家之理论中,是何意义,则是另一问题。依哲学史之通例说,哲学家所用词语之确义,皆在一定程度上具有"系统内的约定性"。譬如,在欧洲理性主义者笛卡尔、斯宾诺莎之理论中"objective"一词,与其后德国观念论者康德、黑格尔诸人理论中之"objective",意义适成反对。倘就字源学立场求解,则于二者必有一误。又如"idea"一词,虽源自希腊文中之"eidos",但柏拉图所用"eidos"一词,在英译本中虽定译为"idea",其意义则与近世经验主义所用之意义,亦恰相反;倘就字源求解,岂能兼明古今之说乎?中国哲学中之词语意义,亦不能外于此一通例。如"道""性"等词,先秦诸子所用之意义,彼此不同,与原有字义亦不同;而宋明诸儒所用,又与先秦诸家所用之意义或远或近,或全相反。凡此皆须依"系统内的约定性"解之。清儒不解此义,反讥宋儒不识字,其实字源之研究只能有补助作用,断不能凭之以解一家之说。此点在稍有逻辑训练者,皆能了解。清儒固不足深责,然现代人倘若仍误以字源研究为解释哲学思想之根据,则未免荒谬可笑。

以下观孔子所用"仁"观念之意义,即依《论语》资料,通过理论解析以作陈述。

《雍也》:

> 夫仁者,己欲立而立人,己欲达而达人。能近取譬,可谓仁之方也已。

案此节论"仁"之本义,最为明朗;"仁"即是视人如己,净除私累之境界。此一境界自是一自觉境界,不假外求,不受约制,故孔子又即此以言自我之主宰性。

《述而》:

> 子曰:仁,远乎哉?我欲仁,斯仁至矣。

案"仁"是一超越意义之大公境界,此可由"人己等视"一义显出;而人之能除私念,而立"公心",则是一纯粹自觉之活动,故此处乃见最后主宰性,而超越一切存有中之约制。人能够立此公心,全由自主,故说:"我欲仁,斯仁至矣。"

人倘能立公心,则自可一切如理。

《里仁》:

> 子曰:惟仁者能好人,能恶人。

案"好恶"若就情绪意义讲,则一切人、一切动物皆有好恶,何必"仁者"?孔子之意,乃指好恶如理而言。仁者立公心,既无私累,于是对一切外界事物,皆可依理而立价值判断。此即所谓"能好人,能恶人"。于是亦可见儒学中言"好恶",乃指普遍义之肯定与否定讲,不指心理反应。

《里仁》:

> 子曰:苟志于仁矣,无恶也。

案此一"恶"字乃"罪恶"之意,与"好恶"义不同。前就正面说,人若能具仁德,则大公无私,即可有如理之肯定及否定;此处就反面说,则人既能无私,即可超越一切罪恶;盖罪恶源于私念,无私自"无恶"矣。

上节所引"义利"之分,亦可于此见其实义。从私念则求"利",从公心则求"义";"仁"既指公心,则"仁"为"义"本。就理论意义讲,此理甚为明显。盖"义"指"正当性",而人之所以能求"正当",则在于人能立"公心"。"公心"不立,则必溺于利欲;"公心"既立,自能循乎理分。立公心是"仁",循理是"义"。日后孟子言"居仁由义",又以"仁"为"人心","义"为"人路",最能阐发孔子之仁义观念。盖"仁"是自觉之境界,"义"则是此自觉之发用。能立公心者,在实践中必求正当。此所以"仁"是"义"之基础,"义"是"仁"之显现。"义"之依于"仁",犹

"礼"之依于"义"。

以上是就"仁"与"义"二观念之关系说。兹当再观"仁"与"礼"之关系。

《颜渊》：

> 颜渊问仁。子曰：克己复礼为仁。一日克己复礼，天下归仁焉。为仁由己，而由人乎哉？颜渊曰：请问其目。子曰：非礼勿视，非礼勿听，非礼勿言，非礼勿动。

案此专说"仁"与"礼"之关系。何以谓"克己复礼为仁"？盖克己即去私，复礼即循理。此处所以不言"义"者，因"义"与"礼"在理论上虽属层次不同之观念，但就实践说，则能不随私欲而归于礼时，人即是循理而行，亦即是依一"求正当"之意志方向而活动。如此实践，即返显仁心。此节原就实践说，故以下后以视听言动之守礼，以指点实践程序（即"目"）。

礼以义为其实质，义又以仁为其基础，此是理论程序；人由守礼而养成"求正当"之意志，即由此一意志唤起"公心"，此是实践程序。就理论程序讲，"义"之地位甚为显明；就实践程序讲，则礼义相连，不能分别实践。故孔子论实践程序时，即由"仁"而直说到"礼"。

此处所涉之理论问题，初学者或以为玄远难明，实亦易见。兹以逻辑数学为例，设一譬喻以明其说。

就逻辑思考而言，吾人可说，人必有要求严格思考之意志，然后能循思考规律而进行思考；能循思考规律，然后方能在具体符号演算中求其严格论果。于是，"求严格之意志""思考之严格性""演算中之严格论果"，乃显然为三个不同层之观念，此是理论程序。但在实际严格思考中，则此种思考必依某一组符号而运行（纵使是纯形式之符号群，亦有特定性），于是"思考之严格性"之显现，断不能完全离开

"演算中之严格论果";而"严格性"与"严格论果",遂在实践中成为互不可离者。此是实践程序。理论程序中,"严格性"与"严格论果"本是两层不同观念。实践程序中,则一作严格思考,便必与某一种特定严格论果相连。吾人并不能完全脱离特定之符号群,而显现思考之严格性。此例可说明,在孔子所讲之实践程序中,"义"与"礼"何以不可分;而在理论程序中,三观念固截然可分也。

此问题日后将重现于宋明理学中。当俟后论。

上引《颜渊篇》,系由说"仁"而落在"礼"上。就另一面看,说"礼"亦须归于"仁"。

《八佾》:

> 子曰:人而不仁,如礼何?人而不仁,如乐何?

案此即谓"仁"为"礼"之基础,盖若无公心,则不能建立秩序;因秩序依于正当性,求正当则依于公心。

至此,学者可知,孔子学说中不仅"摄礼归义",而且"摄礼归仁"。另一面,"义"又以"仁"为基础。合而言之,则"仁、义、礼"三观念合成一理论主脉,不仅贯串孔子之学说,而且为后世儒学思想之总脉。至于此一学说之精神方向,下节另作论述。

"仁、义、礼"之理论,为孔子之基本理论,以下当略述孔子学说中之引申理论。

2. 引申理论

引申理论,即指补充或发挥基本理论之说,亦可分为三部分叙述。

(1)"正名"观念与政治思想

此类理论可看作"礼"观念之引申。孔子立说,最初原以政治秩序问题为主;此在本章开始时业已说明。因此,孔子对"礼"之理论亦以解决政治秩序问题为其历史诱因。孔子对当时政治之观感,《论语》中已有明白记述。

《季氏》:

> 孔子曰:天下有道,则礼乐征伐自天子出;天下无道,则礼乐征伐自诸侯出。

此即孔子所以要重建周文之理由,亦是孔子对实际政治问题之基本观点。"礼乐征伐自天子出",即表示政治秩序之确立;反之,即表示礼制崩坏。故原文下接数语,谓大夫陪臣,若违法而争权,则衰亡益迫。兹不详引。

孔子既以"侵权"为政治秩序崩溃之主要问题所在,则欲建立政治秩序时,自必以"不侵权"为主;"不侵权"一义,在孔子学说中,即通过"正名"观念以表示之。

《子路》:

> 子路曰:卫君待子而为政,子将奚先?子曰:必也,正名乎。子路曰:有是哉!子之迂也。奚其正?子曰:野哉,由也。君子于其所不知,盖阙如也。名不正则言不顺,言不顺则事不成,事不成则礼乐不兴,礼乐不兴则刑罚不中,刑罚不中则民无所措手足。

案此即儒家最早之名分理论。孔子未言"分"字,但言"名"时即明白透显此意。为政以"正名"为本,即是说以划定"权分"为本;盖一切秩序制度,基本上皆以决定权利义务为目的。在一社群中,权分之分划既明,即可建立一生活秩序;如专就政治秩序说,一切政治制度之主要作用亦只是权分之划定。

进而言之,所谓"权分"之划定,目的又在于使社群中每一分子各自完成其任务;故孔子亦曾以此种说法表述此意。

《颜渊》:

> 齐景公问政于孔子。孔子对曰：君君，臣臣，父父，子子。

案此即对正名观念之明确解释。"君君"者，即有"君"之"名"之人，必须完成"君"之任务，亦只能享有"君"之权利。其他，"臣""父""子"等亦然。

此一说法，原只有形式意义；盖并未说及"君""臣"等之权利义务内容如何，而只是肯定一"权分"观念。正如逻辑家说"A是A""B是B"时，只表现对"同一性"观念之肯定，并未涉及"A"或"B"具有何种内容。说"A是A"，意谓不论"A"具有何种内容，同一性必须肯定。说"君君臣臣"时，亦是意谓不论"君"或"臣"之权利义务如何划定，"权分"总是必须遵守者。故孔子此说未涉及具体制度内容问题，俗论或以为此语表示孔子"拥护封建制度"，则是谬以千里；不唯误解孔子，而且看错问题。①

孔子既强调"权分"，自亟欲纠正当时权分混乱之现象。而欲正名以定权分，又非寄希望于一"统一秩序"不可；盖权分之划定，必在一统一秩序中始成为可能，否则，无统一秩序即无统一规范，权利义务皆将随事实条件而变易，即一切诉于实力，无是非可说。就此观之，可知孔子必主张建立统一秩序。孔子念念不忘周文，亦即此意。

但孔子虽亟欲建立一统一秩序，又以为此秩序不可由强力征服而建立。孔子以为凡恃强力者必不能真正服人；故涉及具体政治主张时，孔子强调教化，反对强力，极不以战争为然。

---

① 有人以为孔子言"君君，臣臣"，至少是认为社会中应有不同阶级存在，因此即谓孔子拥护专制云云。其说亦谬。孔子举"君""臣"等词以构成其形式陈述；乃因此种词语为当时现成词语，故用以指不同之职分。一社会中既有多数个体，则必有种种不同之职分，非独专制政体为然。说不同职分之人应各尽其职分，何曾涉及特殊内容？此乃极明显而无可争辩者。论者倘就此语以证孔子主张专制、拥护封建社会，则是理难通。至于孔子论及制度内容时，并无反君主之意，则是另一问题，后节论"孔子遗留之问题"时，另有评述。

《季氏》：

> 季氏将伐颛臾。冉有、季路见于孔子曰：季氏将有事于颛臾。孔子曰：求！无乃尔是过与？夫颛臾，昔者先王以为东蒙主，且在邦域之中矣。是社稷之臣也。何以伐为？冉有曰：夫子欲之，吾二臣者皆不欲也（案"夫子"此处指季氏）。孔子曰：求！周任有言曰，陈力就列，不能者止。……虎兕出于柙，龟玉毁于椟中，是谁之过与？冉有曰：今夫颛臾固而近于费，今不取，后世必为子孙忧。孔子曰：求！君子疾夫舍曰欲之，而必为之辞。丘也闻有国有家者，不患寡而患不均，不患贫而患不安；盖均无贫，和无寡，安无倾。夫如是，故远人不服，则修文德以来之。既来之，则安之。今由与求也，相夫子。远人不服，而不能来也；邦分崩离析，而不能守也；而谋动干戈于邦内，吾恐季孙之忧，不在颛臾，而在萧墙之内也。

案此节为孔子具体政治主张之重要资料。孔子责其弟子不能尽职，故使季氏伐属国。于是表示两点重要意见。其一是，就经济利益而言，孔子认为经济问题以建立公平经济制度为主；有公平制度，人民团结，安心工作，自能提高生产，不必虑人口或财货不足，故说"均无贫，和无寡，安无倾"。此因当时列国欺凌弱小，大半以经济掠夺为目的，故孔子针对此点，提出意见。其二是，一统治者欲使外族拥护，只能自己发扬文化，以吸引外族，不能用征战；故强调"修文德以来之"。以上两点均表示孔子反对用强力建立秩序，而开始提出德性指导政治之观念。此一主张对后世儒者之政治思想，影响颇大。

孔子反战争，反强力，主张德治之资料，在《论语》中尚不少。以下再引数节，以作补充。

《颜渊》：

> 季康子问政于孔子。孔子对曰：政者，正也。子帅以正，孰敢

不正?

《颜渊》:

> 季康子问政于孔子,曰:如杀无道以就有道,何如?孔子对曰:子为政,焉用杀。子欲善,而民善矣。君子之德风,小人之德草;草上之风必偃。

案以"正"释"政",即以"权分"作为政治之本义;此可与"义"与"礼"之关系参看。反对用"杀",而认为在上位者能施教化,则人民自当拥护,即"反强力而重教化"之主张。此是就内政说,与论伐颛臾一节之就外族说,所涉问题有异,但孔子之主张则同。

《子路》:

> 子适卫,冉有仆。子曰:庶矣哉!冉有曰:既庶矣,又何加焉?曰:富之。曰:既富矣,又何加焉?曰:教之。

案依此可见孔子以"教"为政治之主要目的。因此,孔子不喜谈军事。

《卫灵公》:

> 卫灵公问陈于孔子。孔子对曰:俎豆之事,则尝闻之矣。军旅之事,未之学也。明日遂行。

孔子极不喜言征伐,故卫灵公一问及此,孔子对其人即失去兴趣,故"明日遂行"。

但孔子亦不是主张完全不用兵,只主张军队用于讨伐有大罪者及保卫秩序,而不用以侵害他人。

《宪问》:

> 陈成子弑简公,孔子沐浴而朝,告于哀公曰:陈恒弑其君,请讨之。公曰:告夫三子。孔子曰:以吾从大夫之后,不敢不告也。

此则是主张用兵。孔子于此并未有思想上之矛盾;盖讨有罪者亦是权分之一部,此正是设军队之基本目的。反对用强力,并非反对制裁罪恶。

《颜渊》:

> 子贡问政。子曰:足食,足兵,民信之矣。

食、兵、信三者中,又以"兵"之重要性最低,原文以下即说及此义。但以"兵"为政之三要之一,则因保卫秩序亦属政治秩序中所应有之一环。孔子对于用兵之态度,至此可明。

总之,孔子之政治思想,以建秩序、定权分为基本观念;而重德性教化,反对使用强力,反对经济掠夺,反对残暴统治,则是其具体主张。凡此种种,皆可视为孔子之"礼"观念之引申,其中又以"正名"观念为最重要。

(2) "直"观念与价值判断

上文已说,孔子谈"正名"时,实就"名分"而言。孔子虽未提出"分"字,实已发现此问题。"正名"一义,原属于政治思想范围;但此一问题稍作普遍化,即转为一涉及一般价值判断原则之论点。日后宋明儒者畅论"理分"时,即内通于道德生活,外及于政治原理。孔子本人虽尚未提出此种完整理论,然在其言论中,亦已透露道德意义之理分观念。此点可视为"义"观念之引申。

《子路》:

> 叶公语孔子曰:吾党有直躬者,其父攘羊,而子证之。孔子曰:吾党之直者异于是。父为子隐,子为父隐,直在其中矣。

此节因所说过简,最易引起误解。兹逐步析论之。

就原文说,叶公以为能不顾父子之关系,表示正直合理;孔子则谓,正直合理不在于视父子为路人,而在于各尽其父子之理分。此即

"证"与"隐"两种态度之不同。学者倘只就此对话表面看,则极易误解孔子,以为孔子提倡自私。但深一层看,则此处所显示者,乃孔子对价值判断一般原则之一特殊肯定。此一肯定,约言之,即是"价值在于具体理分之完成"。倘就其理论意义说,则此处实含有日后儒学价值理论之基本原则。

所谓"具体理分",即孔子言"名"时之真实意指。不过"名"既本指涉一制度中之职分,故言"名"时是就政治生活范围说理分。现就道德生活说理分,遂显现一纯理论问题。

此问题即价值意识之具体化问题。举例说,倘有一百人从事运石工作;若从一抽象公平观念看,则吾人似可说,令每一人做同样工作,即是合理。但具体言之,则此一百人中或老或少,或强或弱,各有能力之差异;如仅仅令每人运石百斤,实在并非公平。因此,欲在运石一事上实现公平,则必须各就其具体条件而作决定。换言之,能运百斤者运百斤,只能运十斤者即运十斤;如是各个不同之人,各尽其力,此一具体情况中之公平方能实现。此即抽象之公平观念与具体之公平观念之不同,推而言之,亦即是价值意识之具体化之意义。

据此观之,在运石之例中,作价值判断者,不能说一人运石若干斤是合理,而只能在每一具体事例中,就其理分之完成(尽力)而言其合理。在孔子论"攘羊"一例中,情形相似。孔子之意以为,每一人在每一事中,有不同之责任及义务,故不能以"证人之攘羊"为"直",而应说,各依其理分,或证或隐,始得其直。此一例中,所涉及之问题有二:其一是具体理分之肯定,此为孔子之本旨;其二是关于"父子"关系之看法,此自与孔子所处之社会有关。前者表现价值判断之原则,后者则是特殊社会中之特殊说法。就理论意义说,则吾人纵使从另一社会中看此问题,而不承认"父子"关系之重要,仍无碍于吾人接受具体理分之观念。盖任何一社会中,必有具体理分问题。譬如,以现代社会而论,警察发现有人偷窃,则必将此犯罪者拘禁,此是警察之理分,但若小学教师发现儿童偷窃,则应予以训斥,并教以不能偷窃之理,此是小学教师之理分。二者之所以不同,即其此二种理分皆属具体理分。倘抹煞此种具体条件而只有一抽象"惩罚"观念,则小学教师亦将拘禁偷窃之儿童;学校中须附设监狱,权责大乱;在现代社会制度下即成为不合理。推而言之,谋杀犯虽应处死,但在现代社会中,若被谋杀者之亲友,自己杀死此犯谋杀罪者,反而是违法。"处死"是法庭之权力,而非个人之权力,此亦是具体理分问题。禁止私杀,并非谓谋杀犯不应处死;依此可知,孔子言"子为父隐"时,亦非谓"攘羊"一事不应受罚。孔子心目中之"父子"关系与路人关系之不同,亦正似法官与犯人之关系与仇家彼此之关系不同。此皆是具体理分问题。

总之,孔子论"直",其本旨是说价值即具体理分之完成,故每一事之是否合理,须就具体理分决定。至于以"父子"与路人之不同为例,则是取材于特殊社会,而作说明。对此种说明,吾人可以不同意,但通过此说明所表现之本旨,方是重要问题。若就价值理论说,则具体理分之肯定实有不可否认之理据;因一抽象价值意识,固根本不能在生活中实现而不引起内在冲突(譬如,因主张"公平"而令老幼男女各运石一百斤,则结果适造成"不公平",即内涵冲突)。德国黑格尔(Hegel)之文化价值理论,所以归于"权分哲学"(Philosophy of Right),亦是此意。学者留意于此,方能接触真实生活之价值标准问题。

孔子对具体理分之见解,可说是"义"观念之引申。孔子既以为每一事上均有一具体理分,故在论人生态度时,自己即表示处处尽分为其理想。

《公冶长》:

> ……子路曰：愿闻子之志。子曰：老者安之，朋友信之，少者怀之。

案此节中孔子原命颜渊及子路各述其志，其后子路问孔子自己之志，孔子遂答以此语，其意即对不同之人各尽其理分。此亦可与"君君，臣臣，父父，子子"之说合看。就政治生活说，孔子要求人人尽其制度意义之理分；就道德生活说，则孔子要求自己处处尽其道德意义之理分。道德意义之理分，自比制度意义之理分，有更高普遍性；日后宋明儒大抵皆先究道德哲学，然后再展开其理论，以立政治生活之价值标准。但在孔子本人，则是先由"礼"开始，步步发现理分观念，因此，具体理分之观念之出现，始表现孔子为儒学之价值理论奠立基石。本节论述之目的即在于阐明此义。

（3）"忠恕"与成德工夫

上节所述孔子之"直"观念，为"义"观念之引申。通过"直"观念，孔子既建立价值判断之原则，于是价值理论之建构，规模已具；但人之能否作正当价值判断，不是对价值之了解问题，而实是一意志方向问题。孔子既立价值理论，再进一步，即必须面对意志本身如何纯化一问题，因此，在三观念中有"仁"，而在引申理论中遂有"忠恕"。

"忠恕"连用，原出于曾子对孔子之语。

《里仁》：

> 子曰：参乎！吾道一以贯之。曾子曰：唯。子出，门人问曰：何谓也？曾子曰：夫子之道，忠恕而已矣。

案此即以"忠恕"为孔子所持之"一贯之道"也。此语虽出自曾子，但就孔子其他言论观之，则孔子本人亦实有此种看法。此点可分两层予以解答。第一，孔子所谓之"道"是何意义？第二，此"道"与"忠恕"又有何关系？

先就"道"说。孔子论"道",大抵即以"仁"为主。

《里仁》:

> 子曰:士志于道,而耻恶衣恶食者,未足与议也。

案此只是表示"道"与享受或富贵无关,尚未明说"道"与"仁"之关系;然"仁"本指无私之意志状态,则不计衣食,既是"志于道"之要件,可知此"道"必以"无私"为特性。另一节则以"道"与"仁"连说:

《里仁》:

> 子曰:富与贵,是人之所欲也;不以其道得之,不处也。贫与贱,是人之所恶也,不以其道得之,不去也。君子去仁,恶乎成名。

案此节前二段,原说,富贵贫贱,本身悉不足计,君子只以"道"作为标准,而定取舍。下接言"仁",谓离"仁"则"君子"即失去其特性(所谓"恶乎成名"),则显然孔子所说之"道",即依"仁"而立。一切要"以其道得之",即是一切依大公之心以定取舍。其下又谓:

> 君子无终食之间违仁。造次必于是,颠沛必于是。

此即是说,有德者须时时存大公之心,不可须臾离此动力。而此动力即是"仁",依此动力乃能"志于道"。

"仁"为大公之意志状态,为一切行为及判断之动力;故此"一贯"之道,并非对外界事物之知识。观《论语》中告子贡之语可知。

《卫灵公》:

> 子曰:赐也,女以予为多学而识之者与?对曰:然,非与?曰:非也。予一以贯之。

此处所说之"一以贯之",与"多学而识之"对扬,盖孔子所持之"一以贯之"之道,本指意志之纯化而言,并非零碎知识,故特别点出此差别以告子贡。依此，则"一贯之道"更显然只能与"仁"相应。

孔子所谓"一以贯之"，既是指"仁"而说，则此与"忠恕"有何关系？

《颜渊》：

> 仲弓问仁。子曰：出门如见大宾，使民如承大祭。己所不欲，勿施于人。

案孔子答弟子问仁，原有种种不同说法（此点后文另论之），此处答仲弓之语，则是从两方面解"仁"。前二语就自处说，后二语就人我之间说。而后二语原是孔子释"恕"时所用。

《卫灵公》：

> 子贡问曰：有一言而可以终身行之者乎？子曰：其恕乎！己所不欲，勿施于人。

案此明言"恕"即"己所不欲，勿施于人"。由此可知上引答仲弓之语中，后二句指"恕"，已无可疑；然则前二句是否指"忠"？

"出门如见大宾"，指恭慎而言，"使民如承大祭"，指诚敬而言；《论语》中虽无孔子专论"忠"之资料，但以"忠"字之通义看，则孔子所说"主忠信""忠告而善道之""与人忠"等语，皆足表示所谓"忠"正指诚敬不苟？故合观答仲弓四句，可知孔子所说，正是以"忠恕"二观念释"仁"。此点日后宋儒提出"尽己之谓忠，推己之谓恕"而释"忠恕"之义，其理大明。但即就孔子之语观之，大旨亦已可见。

总之，孔子所谓"道"，即相应于"仁"说；而"忠恕"则是"仁"之两面表现。是故曾子之答，颇合孔子之意。

然则"忠恕"二观念之提出，有何理论意义？简言之，此一对观念主要意义即在于指出一实践工夫。

"仁"是大公之意志状态。人如何能达到此状态，显然是一极为复杂之问题。孔子立说,尚未能完成此一理论;但就"忠恕"二观念看,则孔子已有关于实践工夫之基本说法。自处不为利欲所支配,而念念不苟,是"忠";处人则视人如己,不侵人以自利,是"恕"。如此锻炼意志,即是达到"仁"之境界之实践过程。孔子在《论语》中,每就此工夫中某一点着眼以指引门人,以下随引数节。

《颜渊》:

> 司马牛问仁。子曰:仁者其言也讱。曰:其言也讱,斯谓之仁矣乎?子曰:为之难,言之得无讱乎?

案此就恭慎之义说。盖仁者既必须处处求慎,则不慎于言者,便不是"仁"。

《学而》:

> 子曰:巧言令色,鲜矣仁。

案此就诚信而言。巧言令色,即是不诚不信;不能诚信,亦不是仁。

《雍也》:

> 樊迟问知……问仁。曰:仁者先难而后获,可谓仁矣。

案此仍是说恭慎从事,方可谓仁。

总而言之,"仁"德之达成,必通过恭慎不苟,诚信无妄,视人如己等实践;而此类实践工夫,简言之,即是"忠恕"二字。此所以"忠恕"为"仁"观念之引申理论。扣紧此种理论分际说,"忠恕"即指达成"仁德"之实践工夫。故若就"仁者"之心境问题而论"忠恕",则是不解"忠恕"之说在孔子学说中之地位。此一引申理论,其意义原在实践工夫上落实,不可于他处求之也。

至此,孔子对"仁、义、礼"三观念之引申理论,已述其要旨。除此以外,孔子自尚有其他言论;但孔子学说之主要内容,实不外"仁、义、礼"三大观念,以及此种引申理论。其余零星意见,就哲学史立场说,不必一一述及。

至于有关孔子之精神方向,则亦有确定资料,应加注意。下节即以此种材料为据,作一论析,以结束对孔子学说之研究。

(二) 孔子之精神方向

由于孔子是儒学之创建者,故孔子所代表之精神方向,日后即为整个儒学传统之精神方向;而由儒学精神所决定之一切文化活动,亦皆依此精神方向而获得其特性。因此,研究孔子学说时,学者固应对孔子学说内容有明确了解,但对其精神方向,则更应精思详辨,求得一严格确定之了解;盖每一学派之创建人,在立说之具体内容上,多半未臻详备,然在精神方向上则必显现极为重要之特色。学者倘不能掌握此精神方向之真实面目,则纵能了解其学说内容,亦将不能明白此一学派之最后特性,以及其文化意义所在。

本节专论孔子之精神方向,材料仍以《论语》为主。

所谓"精神方向",在确定意义上,原即指"价值意识"而言;故阐述孔子之精神方向,实即是说明孔子之价值意识。析别而言之,则此种价值意识,固必表现于不同方面,而各自形成一特定态度。由此,本节为求叙述明确,即分三面讨论孔子三个重大问题上所持之态度,以显现孔子之价值意识或精神方向。

此三问题即是"文化问题""自我问题""传达问题"。此中"文化问题"涉及一般文化生活,包含孔子之宗教观及宇宙观在内;"自我问题"则涉及纯哲学中之"自觉心"问题;"传达问题"则涉及孔子对理论学说之观点。

就文化问题而论,孔子立"人文之学";就自我问题而论,孔子立"德性之学";就传达问题而论,孔子立"教化之学"。此三者合而观之,固是同一原则之不同显现(此所以孔子自谓"一以贯之"),但分而言之,亦有不同之重点。以下即分别作一论述。

1. 孔子对"文化问题"之态度

孔子对文化之态度,简言之,即"人之主宰性之肯定";此所以为"人文之学"。但肯定人之"主宰性"时,必涉及正反两面之问题。从正面说,欲肯定人之"主宰性",必须对此"主宰性"本身有一说明;从反面说,肯定人之"主宰性"时,对于一切客观限制与"主宰性"之冲突,亦必应有一确定态度。孔子对前一部分问题,已通过"仁""义"二观念予以解答;换言之,人之"主宰性"即表现于人能立"公心"、求"正当";关于此点,前已说明。就第二部分问题而言,人虽有此"主宰性",但在具体人生历程中,显然有种种不为人之自觉所能控制之限制。对于此种限制,应持何种态度,又是另一问题。孔子对此问题之看法,表现于其"义命分立"之说。

《论语》中关于孔子论"命"之材料,足以表明孔子对"命"之看法,以及对"义命分立"之基本观点。

《雍也》:

> 伯牛有疾。子问之,自牖执其手曰:亡之,命矣夫。斯人也,而有斯疾也;斯人也,而有斯疾也。

案孔子以冉伯牛病危,而叹其遭遇,归之于"命";显然孔子之意谓冉伯牛不应有此遭遇,而竟有此疾,乃无可奈何之事。故此"命"显与"义"分立。"命"是客观之限制,与"义"表自觉之主宰不同。

《宪问》:

> 子曰:道之将行也与,命也;道之将废也与,命也;公伯寮其如命何?

案此段最能表现孔子对"应然"与"必然"(或"自觉主宰"与"客观限制")之区别。就"义"而言,自然"道之行"合乎"义","道之废"则不合乎"义"。但道之"应行"是一事；道之能否"行"，或将"废"，则是事实问题，乃受客观限制所决定者；故孔子谓道之行或不行，皆非人自身所能负责者，亦非反对者所能任意决定者。换言之，道之"行"或"不行"，是成败问题；道之"应行"，则是价值是非问题。人所能负责者，只在于是非问题，而非成败问题也。

孔子既划定"义"与"命"之范围，故不计成败，唯求完成理分。此点颇为当时人所不解，因之，论者常致讥嘲。

《宪问》：

> 子路宿于石门。晨门曰：奚自？子路曰：自孔氏。曰：是知其不可而为之者与？

案以孔子之"知其不可而为之"而相讥嘲，正是当时俗流之见，盖不解孔子所争者为是非，固不在乎成败也。对晨门之语，孔子无机会答覆，但在荷蓧丈人一节，则孔子命子路代答之言，即足表示孔子之立场。

《微子》：

> 子路曰：不仕无义。长幼之节，不可废也，君臣之义，如之何其废之？欲洁其身，而乱大伦。君子之仕也，行其义也；道之不行，已知之矣。

案前数语系就当时情况略作辩驳，理论意义不高；最重要者乃最后二语。"君子之仕也，行其义也"，即表示孔子之关心政治，不学荷蓧丈人之隐居，乃由于孔子肯定人之责任；"道之不行，已知之矣"，则表示孔子尽力完成其责任时，固非就"成败"着眼。明知"道之不行"，仍须"行其义"；此即使"义命之分"大显。而道德意义之"自觉主宰"自有一领域，不可与事实意义之"客观限制"领域相混，亦十分明白。

"自觉主宰"之领域是"义"之领域，在此领域中只有是非问题；

"客观限制"之领域是"命"之领域,在此领域中则有成败问题。孔子既确切分划此二领域,一切传统或俗见之纠缠,遂一扫而清。而"道德心"之显现,亦于此透露曙光;文化意义之肯定,亦从此获得基础。

由于辨义命之分立,乃一大枢纽观念,故孔子屡言对"命"之了解极为重要。

《为政》:

> 子曰:吾十有五,而志于学;三十而立,四十而不惑,五十而知天命,六十而耳顺,七十而从心所欲不逾矩。

案此节在俗说中以为表示孔子崇信天命,实则大谬。此明言"知天命"。"知天命"者,即知客观限制之领域是也。"不惑"以前之工夫,皆用在自觉意志之培养上,"知天命"则转往客体性一面;"不惑"时已"知义",再能"知命",于是人所能主宰之领域与不能主宰之领域,同时朗现。由是主客之分际皆定,故由耳顺而进入从心所欲之境界。此所谓"知天命",正指知此客观限制而言,与原始信仰之混乱义命,正是相反。且此种关键适为孔子基本精神所在,不可误解。

《尧曰》:

> 子曰:不知命,无以为君子也……

案此亦谓欲明义命之分,必须知命。合前引各节以观,吾人自可知此种说法皆与崇信天命无关。

孔子辨"义命之分",一方面奠立日后儒学精神之方向,一方面则是清除原始信仰之迷乱。就儒学日后方向说,由于"义命"分判已明,人之主宰性遂有一分际明确之肯定;就原始信仰说,则既已分别"是非"与"成败",所谓天命、神意等观念,即不再与价值意识相混。故孔子分"义命",不唯衍生日后孟子一系之思想学说,而且决定儒学方向下宗教问题之处理。此点向多误解,西方汉学家及宗教人士对此点尤喜任意歪曲,故此处应略作说明。

就理论意义说,人对"命"观念之态度,主要不外四类。

其一,是以为"命"不可违,故人应努力实现此"命"。譬如,以"命"归于超越主宰者时,则有"人格神""意志天"等等观念,以此等观念为基础,遂衍生以超越主宰者为价值根源之说。在中国之原始信仰中,言"天命"时,即有此等立场。其后墨子之言"天志",以"天"为"义之所从出",即是以"命"为"义"之具体理论。此是义命相混之第一种立场。

其二,是承认"命"不可违,但不承认超越之主宰,而只以"命"归于事实意义之"必然",于是主张人了解事实之必然规律,而以为人应顺此规律以行动。此即各种类型之自然主义及机械论观念。经验科学影响下之精神方向,即属此类立场。就此立场说,只有客观限制,而并无自觉意志之领域;所谓"正当",亦只是合乎客观事实而已。此可称为否定超越性与自觉主宰,而只承认自然之立场。

其三,是承认有"命"之领域,由之而推出"自觉"(或自我)在此领域中根本无可作为,故以人应了解此种"命"之领域,而自求超离;换言之,以离"命"为"义"。此即道家无为之说与印度解脱之教所代表之立场。

其四,则是孔子之立场,此立场是先区分"义"与"命",对"自觉主宰"与"客观限制"同时承认,各自划定其领域;然后则就主宰性以立价值标准与文化理念,只将一切客观限制视为质料条件。既不须崇拜一虚立之超越主宰,亦不须以事实代价值,或以自然代自觉;而此一自觉主宰亦不须求超离。于是,即在"命"中显"义",成为此一精神方向之主要特色。从超越主宰者,是神权主义;从自然事实者,是物化主义;持超离之论者表舍离精神。孔子则不奉神权,不落物化,不求舍离,只以自觉主宰在自然事实上建立秩序,此所以为"人文主义"。

孔子之立场既是如此,故孔子对原始信仰中之天、神、鬼等观念,皆不重视。

《先进》：

> 季路问事鬼神。子曰：未能事人,焉能事鬼?敢问死,曰：未知生,焉知死?

案此足见孔子不喜谈原始信仰。

《八佾》：

> 祭如在,祭神如神在。子曰：吾不与祭,如不祭。

案孔子对祭祀不从神之受祭解释,而从祭者之诚敬说明其意义。"祭"原是人之行为,其意义即在人之履行此一套仪文上;倘人不能亲祭,则"祭"完全失去意义,盖孔子并不以为客观上真有一"神"享祭。如其有一"神"享祭,则不亲祭时,亦有意义,正如邀人宴会,命他人代陪,被邀者仍享受酒食。但若并无此"神","祭"只表示人之仪文,则不亲祭时即全无意义,故说"如不祭"。

《雍也》：

> 樊迟问知。子曰：务民之义,敬鬼神而远之,可谓知矣。

案孔子既以"敬鬼神而远之"为"知",则亲近鬼神,自即是愚昧。春秋时代一般知识分子,固已有反神权之言论;再向前说,则周人立礼制时,亦早已有提高人之地位之倾向。但孔子立说后,此种人文精神始日趋纯粹化,而其自觉理论基础亦由此渐渐建立。人文精神既透显出来,不仅原始信仰逐步失去势力,且整个宗教问题,亦获得一新处理。兹对此点作一说明,即结束本节之论述。

宗教问题虽千端万绪,但就宗教精神之内涵,则以下三概念可代表宗教之特性：

其一，是人格神，即肯定一超越主宰，以之作为一最后决定者。

其二，是以人格神作为价值根源，即以神作为一切价值标准之最后依据。

其三，是神人关系中之酬恩观念，即以人为应向神酬恩者，因此即应委托其生命活动于神。

此中第一可称作"ontological concept of God"，第二可称作"ethical concept of God"，第三则大致上可看作"concept of commitment"。

因此，一般宗教教义，大体上皆有此三概念，形成三部分相关之说法，分别处理"必然问题""价值问题"及"义务问题"。通过此三问题之处理，即显现一特定之精神方向。现在即依此线索，对孔子之人文精神作一综合性之描述。

首先就"必然问题说"说，一切事物在性质与关系上皆是已定者；就此而论，遂有所谓"命"概念。"命"即指"被决定"而言。事物既有一定性质及一定规律，则无论人是否能了解此种性质及规律，其为"已被决定"者，则无可疑。通常人在粗陋思想中每每有一错误观念，即以为人既有知识上之进步，故事物即并无一定性质及规律。其实，严格言之，当人说及"知识"时，即指人所能了解之事物性质及规律，因此，如不预认事物有性质及规律，则"知识"即完全无意义；因为，事物若并无一定性质及规律可说，则一切存在皆可任意改变，"知识"即不可能。譬如，"水"由氢氧合成，是一化学知识；但若水之构成根本无一定，可以随意改变，则说"水由氢氧合成"，便全无意义。此与知识之进展问题无关，因当吾人说人对水之知识可有进展时，其确切意义是说，"水"有一定性质及规律，人应逐步求了解；已有之了解可能不真确，故有进展可说，并非谓"水"根本无一定性质及规律。若无性质规律可说,则根本吾人之了解无所谓"真"或"不真",无论如何想,如何说,均无正误问题,则根本无所谓"知识",自然更无"知识进展"可说。

由此可知,"知识"之成立,必以"事物有一定性质及规律"为基础假定;此即表示,客观世界有一理序,亦即有一定之限制。人在经验生活中,一切遭遇,在此意义上,亦是被决定者;此即显现事象系列之必然性,亦即孔子思想中"命"之意义。

在对象界中,人既与其他事物同为一"被决定者",故"命"之限制或"必然性"之限制,乃不可否认者;然则人生中是否无主宰可说? 此即"自由"概念能否成立之问题。

为揭明此一"自由"之领域,故孔子有"义"观念,与"命"观念对扬。"命"观念表"必然","义"观念则表"自由"。

如前文所释,所谓"义"即指"正当"而言。倘若只从"命"一面看人生,则人生一切事象,亦不过是宇宙现象中之一部;既皆在必然系列下被决定,便无所谓是非善恶;由此再推一步,则一切所谓人类之努力,亦在根本上无价值可说。因"努力"本身之出现,以及其结果,皆在最后意义上是已决定者、被决定者,如此,人生亦全无可着力处。但若在"命"以外更立一"义"观念,则价值、自觉、自由等观念所运行之领域,即由此显出,而人生之意义亦由此而显现。然则孔子如何能在"命"以外立此"义"观念? 简言之,即由人之"能作价值判断"一点建立此一大肯定。

人作为一经验之存在者,无论在物理、生理或心理层面上,均处于一条件系列中,因此无自由可说,亦无价值可说,但人除作为一经验存在外,尚有自觉能力;由此自觉能力,人遂有"应该"或"不应该"之意识,此种意识决定人有一内在动力决定其行为方向。此动力通常即称为"意志"。孔子所谓"士志于道",即指此一自觉要求说。人倘无此一自觉能力，则根本不能有价值意识；今人实有价值意识，即表示人实有自觉能力。此点在日后孟子学说中有相当详备之说明。但孔子思想中实已有此一肯定。

人作为一经验存在，全无自由可说，亦无主宰可说；但人作为自觉活动者说，则即在自觉处显现其自由及主宰。前者是"命"，后者是"义"，人只能在"义"处作主宰，故人可对是非善恶负责；人不能在"命"处作主宰，故成败得失，实非人所能掌握者。由此，有智慧之圣哲，即必须明白此中分际或界限；一面知何处人能负责任，应负责任，另一面知人之存在之限制性；两面俱明，则即是"知命"，即能"不忧不惧"。而"不知命"则孔子以为即不足为"君子"。此所谓"知命"，原非崇信天命神权之意；其理甚显。

由此，人生之意义自只能在"义"之领域上成立，因人不能作主宰处，便无可着力；亦只有事实，而无意义可说。故能知"义"与"命"，则明朗观见"必然"与"自由"；亦即显出人所能努力之领域。具体言之，人只能在"求正当"一点上努力，亦只能在此处表现其主宰性。

对"自由"与"必然"二问题，孔子思想中既有如此之解决，其精神方向与一般宗教之殊异，已可显出；最后对于生命之责任及约束问题，孔子思想中亦提示一特殊解答。以下略述其大要，以便与宗教精神下之"commitment"一观念比照，而使孔子思想之面目更为清楚。

孔子不崇神权，亦不取原始宇宙论观念，故既不以为人应对神"酬恩"，亦不以为人只应顺某种神秘意义之宇宙规律而活动；反之，只以人之自觉为人生活动之唯一基石。此义在以上各节已反复论之。然孔子并非不承认生命基本责任一观念。不过，此一责任不在人神之间，亦不在人物之间，而在人与人之间；此即孔子之人伦观念，扩而充之，即成为一文化意义之历史观念。

所谓"人伦"，原指人类分子彼此间之各种关系讲。人类彼此间可有多少种关系,自然是一经验事实问题。孔子及其从者所列举之关系,当然与其所处之社会环境有关。此是次要问题。此处须作说明者,是"人伦"观念本身之意义。

人何以应有"人伦"观念?依孔子之意说,此即由于人作为一个体,皆必须接受其他各种人之助力;因此,人必须对其他人有某种酬恩之义务。《论语》材料中最足以代表孔子此一立场者,即孔子对"孝"之解释。

《阳货》:

> 宰我问三年之丧;期已久矣,君子三年不为礼,礼必坏;三年不为乐,乐必崩;旧谷既没,新谷既升,钻燧改火,期可已矣。子曰:食夫稻,衣夫锦,于女安乎?曰:安。女安则为之;夫君子之居丧,食旨不甘,闻乐不乐,居处不安;故不为也。今女安则为之。宰我出。子曰:予之不仁也。子生三年,然后免于父母之怀。夫三年之丧,天下之通丧也。予也有三年之爱于其父母乎?

案此节曾被胡适先生用作证明孔子讲殷礼之资料;但"三年之丧",是否源自殷制,是另一问题。此处吾人应注意者是,孔子解释此制之意义时,所取之理论立场为何。孔子以"三年之丧"为孝道之表现;而所以应如此之故,又在于"子生三年,然后免于父母之怀";故"三年之丧"即表示子女对父母之"三年之爱",以酬父母对子女之"三年之爱"。宰我不解此旨,故孔子谓宰我何曾对父母表示"三年之爱",即责其不知人伦酬恩之理也。

此节虽只就"三年之丧"而言,其实代表孔子所持之人伦观念之主要涵义。此一意义,用现代语言表述,亦不难了解。每一个人自出生起,即接受社会中各种直接间接之助力,其中以父母之抚养为最基本;故人自有生时起,即已受社会之恩惠,因此,人必须对社会有一酬恩之态度；此一态度在孔子时，即通过人伦观念表示。人既有对社会酬恩之责任，故人亦可说是终身有一种对他人之普遍责任。此责任落在具体关系中，乃有具体内容，此即通往"理分"观念；但就其本身说，则可说是一种"commitment"。

由此，孔子及日后儒者所提倡之人生态度是，关心一切人之幸福，而在实践中依理分而尽其力；对于本国政府，对于父母，对于兄弟，对于师友，各有其理分，故"忠""孝"等观念即由此建立；但人对其他人亦有责任，此即引生儒者平治天下之怀抱。学者倘明白此种基本态度及理论，则即不致误以为儒者言人伦是对某一社会制度之拥护。此中理论层次，稍有思考能力者皆不难辨明。世俗道听途说，实是个人情绪表现，不足以评论文化思想也。

此种人对人之理分及责任观念不仅限于同时之人，而且扩及于前代；因人之有今日之文化成绩，实与前人之不断努力有关；故孔子虽在思想内容上取周文化为主，但对历史人物，皆决无仇视态度。言文化成绩，则孔子以人类之文化成绩为一整体；古人与今人在文化大流中，亦属时间先后不同之共同工作者；故孔子时时赞美古人，决无将古今割断之想法。

《述而》：

> 子曰：述而不作，信而好古，窃比于我老彭。

案"述而不作"，表示孔子自觉为循周文立说，故作谦词。"信而好古"则表示孔子对古人成绩之尊重。

《为政》：

> 子曰：殷因于夏礼，所损益可知也；周因于殷礼，所损益可知也；其或继周者，虽百世可知也。

案孔子虽"好古"，并非迷信古人而不求文化进展，故明说夏、殷、周之礼制，形成一发展过程。所谓"损益"，即就进展说。而孔子所以独重周文者，则因孔子深觉周能吸收殷夏之成绩，而又自有其特殊精神及成就。

《八佾》：

> 子曰：周监于二代，郁郁乎文哉。吾从周。

案"监于二代"，即观前代成绩之得失；"郁郁文哉"，则指周文自身之精神。盖孔子时，周文为已有之最高文化成绩，故孔子立说，即由此始。

综上所述，孔子所持之人文精神，面目已明。由"义命之分立"，显现道德生活之领域，及文化价值之领域；由"伦"及理分观念，而决定道德生活之内容；由主宰在人之自觉中，故不从原始神权信仰；由客观之必然理序之了解，故尽分而知命，不于成败上作强求；由自觉主宰本身有超越自由，故在理分之完成上，人须负全责。推至制度问题、历史问题，所持态度亦可步步推出。此即孔子对人生及文化之根本态度。最后，孔子之精神境界可以《论语》中数语包括之：

《宪问》：

> 子曰：不怨天，不尤人。下学而上达。知我者，其天乎！

案不怨不尤，即知命守义之心境；下学而上达，则是德性智慧之成长不息。最后"知我其天"一语，则表示孔子亦自觉时人不能了解孔子之思想（此中"天"字是习俗意义，孔子有时自不能免俗，亦偶用习俗之语。学者不可执此等话头，便曲解其全盘思想也）。

2. 孔子对"自我问题"之态度

"自我问题"本为哲学之基本问题，亦是一理论性极高之问题。孔子时，中国哲学理论尚未充足发展，故孔子对此问题之见解，实远不如稍后出现之各家学说能确立其论证。但孔子对此问题之态度，仍在《论语》中作相当程度之流露。本节即据此略作析论。

欲了解孔子对"自我问题"之态度，主要可通过其对各种价值之论说而作观察，盖一学说中所最强调之价值，必代表立说者对自我境界之主张。孔子与儒学自亦不能例外。兹自孔子对"仁""知""勇"三观念之看法着手，以展示孔子之主张。

《子罕》：

> 子曰：知者不惑，仁者不忧，勇者不惧。

案此以知、仁、勇三者并举，与《宪问》同。

《宪问》：

> 子曰：君子道者三，我无能焉。仁者不忧，知者不惑，勇者不惧。

案此处与《子罕》不同者，只是"仁""知"二字之次序先后改易而已。此种词语次序，自不足以说明孔子对三者所取之态度。但另一段则态度明朗：

《宪问》：

> 子曰：有德者必有言，有言者不必有德。仁者必有勇，勇者不必有仁。

案此处"言"，是指思辩论议说，自是属于"知"之范围；所谓"有言"与"有德"之关系，实即表"知"与"仁"之关系；而下接两句，则又明确表示"仁"与"勇"之关系；故合而言之，本节所说，可当作孔子论"仁"与"知"及"勇"间之关系之资料看。然则，三者间是何关系？依此节则"有德"可决定"有言"，"有言"不能决定"有德"，此即表示"仁"必能生"知"，"知"则不必能立"仁"；下谓"仁者必有勇"，亦是如此解。换言之，"仁"可决定"知""勇"，而后两者则不能决定"仁"。至此可知，"仁"观念在孔子学说中地位高于"知"及"勇"。

但"仁""知""勇"等等毕竟于自我境界何所指述?此点须通过纯理论之考察而作说明。

由于孔子本人原未提出有关"自我"之纯哲学理论,故此处吾人应提出某种理论意义之设准(postulates),以使吾人能展示有关"自我"之基本问题。

此设准即对自我境界之划分方法。一设准不表示某种特殊肯定,只表示一种整理问题之方法。此点学者必须明确了解。凡论述前人思想时,固不可依特殊肯定而立说;但另一面又必须有某种设准,作为整理陈述之原则。提出设准,并不表示赞成或反对。设准之意义只在于澄清问题,使陈述对象明晰显出其特性。

自我境界之有种种不同,乃一无可争辩之事实。兹依一设准,将自我境界作以下划分:

(1) 形躯我——以生理及心理欲求为内容。
(2) 认知我——以知觉理解及推理活动为内容。
(3) 情意我——以生命力及生命感为内容。
(4) 德性我——以价值自觉为内容。

孔子所提出之"仁、义"观念,显然属于"德性我"。今将孔子对各自我境界之观念所持态度,作一比较,即可看出孔子所强调之自我境界何在。

首先,就形躯我而言,孔子曾有明显表示,谓形躯之生死不足计。《卫灵公》:

> 子曰:志士仁人,无求生以害仁,有杀身以成仁。

案身之生死,尚不足计,则其他形躯欲求更不待说。自我应依德性之要求,而处理形躯,故"求生"不是一标准,"杀身"不足为虑。是故君子"谋道不谋食",只用心于"是非"问题,不用心于形躯欲求之满足;

而"忧道不忧贫",则是以德性为唯一关心之事,而不以穷通得失为念。故孔子极赞颜回之不以穷困为意。

《雍也》:

> 子曰:贤哉,回也。一箪食,一瓢饮,在陋巷,人不堪其忧,而回也不改其乐。贤哉,回也。

形躯生活中之得失,本非自己所能控制者,故君子明德性之为本,念念在于得正,虽穷困中亦然;世俗之人则随欲求而决定其行动,每在穷困中即放弃一切标准。故孔子又说"穷斯滥"之义。

《卫灵公》:

> 子路愠见曰:君子亦有穷乎?子曰:君子固穷,小人穷斯滥矣。

总言之,形躯之苦乐、得失,甚至生死,均非孔子重视之问题(此自是就人之自处而言,至于为民求福利,则是"义"之所在,另是一问题),盖"形躯我"在孔子思想中原无重要地位也。

其次,就"认知我"而论,孔子从不重视知识之独立意义;而且就"知"与成德之关系而言,孔子亦不认为"知"能决定"成德"。

《卫灵公》:

> 子曰:知及之,仁不能守之;虽得之,必失之……

案此下原尚有数语,但就上引二语观之,已可知孔子认为意志本身之纯化,远较认知重要。此又与希腊哲学中苏格拉底之思想有异。苏格拉底以为"道德即知识",忽视意志本身之问题,孔子则以意志本身为主,而不重视认知。

又孔子自己亦不以"有知识"自豪,曾自谓"无知"。

《子罕》:

> 子曰:吾有知乎哉?无知也。有鄙夫问于我,空空如也,我叩其

两端而竭焉。

案此谓教人非传授知识,而在于引导问者之思悟。就此点而论,孔子立场又与苏格拉底似颇接近。然严格言之,则苏格拉底所说无知,乃指知识内容而言,实际上是强调形式思考之规律,亦可说是强调形式之知识;孔子则基本上认为意志方向重要,而对整个认知活动不予重视。此则是不可混处。此义又通至孔子立说之态度(见后)。

至于就"知"本身而言(作"智"解),则孔子亦不以为人之智慧在于能了解事物规律,而以为智慧之主要功能在于了解人本身。

《颜渊》:

> 樊迟问仁。子曰:爱人。问知。子曰:知人。樊迟未达。子曰:举直错诸枉,能使枉者直。

案依此,分明"知"或智慧之功用,仅在于辅助进德而已,盖"知"之意义仅在于"知人",而"知人"之目的又仍是落在导人归正上,即所谓"能使枉者直",则智慧之作用,只依于德性而成立,已极显明。

由此,可知孔子对"认知我",亦只作为"德性我"之附属看。

最后,尚有"情意我"一层。"情意我"可包括"生命力"与"生命感"两面;前者表现为"勇敢""坚毅"等等品质,后者则表现于艺术活动。孔子对此两面之自我境界,皆认为应依于德性我,受其范定。

《八佾》:

> 子谓韶,尽美矣,又尽善也。谓武,尽美矣,未尽善也。

案孔子之评"韶"与"武",并非就乐本身而言,而是依其对制乐者之德性评价而作分别。"武"所以未尽善,因周武王实是一军事征服者,不如帝舜有德。此种以德性观念为基础以评音乐艺术之态度,日后生出战国儒者对乐之理论。专就孔子本人讲,则此类表示亦屡见于《论语》中。如：

《卫灵公》：

> 颜渊问为邦。子曰：行夏之时，乘殷之辂，服周之冕；乐则韶舞。放郑声，远佞人；郑声淫，佞人殆。

案所谓"郑声淫"，明是一道德意义之判断；而孔子固以此决定音乐之存废，且以禁止此种不合道德标准之音乐为政府之责任，则孔子心目中视艺术为应受德性裁制者，固无可疑。

其次，就表现生命力之品质说，其中最明显之例，自是"勇"观念。前文已引"仁者必有勇"之说，足见孔子认为德性自觉可生出一种生命力。兹就另一面看，又可知孔子认为，生命力如不受德性指导或裁制，则将生出罪恶。

《阳货》：

> 子路曰：君子尚勇乎？子曰：君子义以为上。君子有勇而无义，为乱；小人有勇而无义，为盗。

案此节前说明"义"观念时曾加引用，此处又可用以表示孔子对"勇"之看法。"勇"必须以"义"为规范，否则即生出罪恶，是知生命力又应受德性之控制。

总上各节，可知孔子对纯哲学意义之自我问题，虽未有完整明确之理论，但其意向之独重"德性我"，则甚明白。形躯、认知、情意既皆系于"德性我"之下，则以孔子之学为"重德"之学，亦显无问题。

由此，就孔子对自我问题之态度说，孔子之精神方向可称为"德性之学"。

3. 孔子对"理论学说"之态度

此点涉及孔子对"学"及理论活动之一般观点。本节据《论语》中足以表明孔子论"学"及施"教"态度之资料，作一阐述。

《论语》中言及"学"者甚多,但最足以表明孔子所持之"学"观念者,莫过于孔子称颜渊之语。

《雍也》:

> 哀公问弟子孰为好学。孔子对曰:有颜回者好学;不迁怒,不贰过。不幸短命死矣。今也则亡。未闻好学者也。

案孔子于诸弟子中,独称颜回好学;然其所谓"好学"者,乃指"不迁怒,不贰过"而言;显然此与知识无关,全属进德之事。则孔子心目中之"学",显然即指进德之努力讲。

"进德"不重在已达成之德,而重在不断向上之意志力或自觉要求,故孔子说"学"时,又特别注意此"不断向上发展"之意。

《公冶长》:

> 子曰:十室之邑,必有忠信如丘者焉,不如丘之好学也。

案此节表示孔子自许"好学",然谓他人可能与孔子具有同样德性,但不如孔子之"好学";则此所谓"好学"又显指不断发展而言。

孔子论"学",既落在意志之纯化升进,或价值自觉之拓展上,故孔子不仅不以具体知识为重,而且对知识活动之规律,亦不注意。因此,孔子立教之态度,亦与传授知识者或寻求知识规律者不同。

人如欲传授一定知识,则教人时必须极力证明此知识之真实性;因此必以客观存有为重。人如欲揭示思考规律,则教人时必须极力求解析之严格精透,以使思考规律能显豁呈现,因此必以"必然性"为重。孔子现取"进德"为"学"之本义,故其教人,不以建立某一客观论证为重,而以能直接助受教者改变其意志状态,而能进德为主。因此,孔子与门人之问答中,可说极少有客观之论证。大部分对话,皆以直接影响听者为目的。此与后世所谓"当机立教",颇为近似。

《先进》:

> 子路问：闻斯行诸？子曰：有父兄在，如之何其闻斯行之？冉有问：闻斯行诸？子曰：闻斯行之。公西华曰：由也问闻斯行诸，子曰，有父兄在，求也问闻斯行诸，子曰，闻斯行之。赤也惑，敢问。子曰：求也退，故进之；由也兼人，故退之。

案此节最能代表孔子施教之态度。子路与冉有向孔子提出同一问题，孔子之答覆则相反，故公西华大感迷惑，以问孔子。孔子则表示对二人之答语，皆针对二人之缺点说，换言之，孔子目的并不在于对"闻斯行诸"一问题作一客观答复，而在于从此答复中，纠正问者本有之缺点。此即是说明，孔子以进德为"学"之目的时，对知识本身实不重视。

从此种施教态度，扩充一步，即显出孔子对一切理论学说所持之态度。盖人之为学，目的既只在于提高价值自觉，培养意志，则理论学说皆只是附属条件。人倘能进德，亦不必需要一定理论或学说。至于论证之严格性等等，则更属题外。于是，孔子既不重视思辨，亦未肯定理论知识之客观意义。此点日后亦成为儒学传统中一大问题。

关于孔子施教之态度，前人多未能作确切说明，故解《论语》时常发现种种问题，窒碍难通。譬如，孔子答门人问"仁"时，每次说法均不相同；由此，学者遂有疑孔子思想本身不定者。其实孔子自身之思想学说，甚为确定；不重视思辨规律，而重视当机教化，亦是其一贯之施教原则，可作为其思想之一部分。吾人倘知孔子精神方向，既本是以"德性我"为主，则即不能因孔子不重视认知之规律，遂谓孔子本人思想不定。孔子答问时所以不提出一客观理论者，实因孔子本意，只欲教化当前之受教者，而非寻求客观论证。此是孔子与苏格拉底之不同，亦是传统儒学精神与思辨哲学之根本殊异所在。

以上已将孔子学说内容,及其精神方向,分别说明。兹再略论孔子门人之分派,及孔子学说中所遗留之问题,以结束本书对孔子之论述。

三、孔门学派与孔子遗留之问题

本节中将先说明孔门弟子之分派,然后由孔子学说本身之发展需要,以衡断日后各派儒者,孰为直承孔子之学者,以明孔子之儒学主流所在。盖凡自称宗孔子者,皆自命为儒学之主流,倘就表面言之,殊难判定主流何在;然吾人若能明确指出孔子学说中遗留有何种问题,尚待解释或补充,然后再看日后各儒者中,谁能完成此一工作,则儒学主流所在,即不须争议而可定矣。

孔子门人繁多,记载亦不完全。但孔子死后,以"儒"自称者派别甚多,则是事实。本书不能详考此类问题,所必须说明者,只是孔子思想本身有一进展程序,故先后在门下弟子,所得亦不同。举其最重要者言之,则子夏、子游等早期弟子,皆从孔子学"礼乐",而未及亲闻孔子成熟期之理论;故与晚期弟子如曾子、子张等,基本见解不同,人生态度亦异。兹举《论语》中有关资料数节,以作说明。

《阳货》:

> 子之武城,闻弦歌之声。夫子莞尔而笑曰:割鸡焉用牛刀!子游对曰:昔者偃也闻诸夫子曰,君子学道则爱人,小人学道则易使也。子曰:二三子,偃之言是也。前言戏之耳。

案此节所记子游引孔子之言,表示子游所闻于孔子之"道",实指"礼乐"而言。此即孔子早年之思想。

《子张》：

> 子夏之门人，问交于子张。子张曰：子夏云何？对曰：子夏曰，可者与之，其不可者拒之。子张曰：异乎吾所闻。君子尊贤而容众，嘉善而矜不能。我之大贤与，于人何所不容？我之不贤与，人将拒我，如之何其拒人也？

案子夏之语，系守礼者拘执之态度，子张所说"尊贤而容众，嘉善而矜不能"，则显然有仁者气象。二人论交友之道之不同，即表示两种人生态度之不同，而此两种态度亦大致反映孔子言礼与言仁两阶段之思想。子夏年长，是早期弟子，故代表孔子早期思想；子张则入门较晚，"所闻"故不同也。

至于曾子，则不仅在答孔子时，独明所谓"一贯"之道，且在其他言论中，亦常表现一伟大哲人之人生态度，与拘守礼乐者不同。

《泰伯》：

> 曾子曰：士不可不弘毅。任重而道远。仁以为己任，不亦重乎？死而后已，不亦远乎？

案曾子虽亦主张敬慎自持，但不止于拘拘细节，而有"任重道远"之语，此代表孔子晚期之精神。

关于孔门弟子问题，在《论语》中资料不多，因《论语》原以记孔子之言为主，故不多言及门人言论，然就以上数段观之，亦可见其梗概。至于详细资料，则在诸子书中及汉儒所辑之《礼记》中可见，兹不具引。

总之，孔门早期弟子，除颜回早死外，其余大抵只学得孔子之政治思想，故以礼乐为主。孔子晚年之成熟思想，则由曾子承继。故欲观孔子学说之发展，必须自曾子一系言之。

其次，就孔子学说内部观察，则吾人显然可见孔子理论中遗留问题不少。其中最重要者有二：

第一，孔子立人文之学、德性之学，其最大特色在于将道德生活之根源收归于一"自觉心"中，显现"主体自由"，另一面又由"仁、义、礼"三观念构成一体系，使价值意识由当前意念，直通往生活秩序或制度，于是有"主体自由之客观化"。有此两步肯定，于是义命分立，原始信仰之阴霾一扫而空，而人之主宰性及其限制性，亦同时显出。就规模而论，孔子之学确是一宏大贯彻之文化哲学。但就纯哲学问题说，则此一切肯定能否成立，必视一基本问题能否解决，此即"自觉心"或"主宰力"如何证立之问题。孔子虽透露对此基本问题之看法，但并非提出明确论证。此是孔子所遗留之第一重要问题。

第二，孔子由仁、义、礼等观念，推绎而生出"正名"之主张，此点固涉及一般生活中之价值标准，但亦特别涉及其政治思想之原则。就孔子对政治生活之主张说，秩序之建立是第一义，为建立秩序故须正名定分，此是顺说，自无困难。但孔子对秩序之保证力——即国家权力——问题，则未详加讨论。虽说"君君，臣臣"，是各定一理分，但如"君不君"时，政权是否应作转移？转移之形式如何？孔子皆未提解答。而就理论意义说，孔子既认为"君"有一定理分应求完成，则显然对违反理分之"君"，必须有一制裁观念，换言之，即必应有一决定政权转移之标准，否则，政权倘永不能转移，则"君不君"时，岂非仍将任其存在，此则于理不可通，亦非孔子思想中所能容纳者。故政权转移问题，乃孔子学说所遗留之第二问题。

此二问题，前者属于纯哲学范围，后者则属于政治思想范围。就学派之发展讲，孔子创建儒学，规模既定而遗留如此问题，则后起者如能解答此二问题，又不违孔子精神方向，则即在客观意义上为代表此一思想主流者。此人为谁？即孟子是。

孟子日后有"心性论"之建立，证立主体性或道德心，又有明确政治理论,决定政权转移问题;故为孔子后最重要之儒者。而儒学主流,在先秦阶段,即以孔孟为代表,亦属定论,无可疑者。孟子学说,见下章。本章论孔子及儒学之基本精神,即于此结束。

(下) 孟子及儒学之发展

孔子代表中国儒学之创始阶段,孟子则代表儒学理论之初步完成。就儒学之方向讲,孔子思想对儒学有定向之作用。就理论体系讲,则孟子方是建立较完整之儒学体系之哲人。故在先秦哲学家中,孟子有极为特殊之地位。中国文化精神以儒学为主流,而孟子之理论则为此一思想主流之重要基据。

孔子立仁、义、礼之统,孟子则提出性善论以补成此一学说。无性善则儒学内无所归,故就中国之"重德"文化精神言,性善论乃此精神之最高基据。倘就哲学问题言,性善论亦为最早点破道德主体之理论。其重要性亦不待赘述。本章论孟子之学,亦以展示性善论为主要工作。

第一节
孟子之生平及其自处

孔子没后,门人散于天下。其中形成学派或影响当世政治者极多,然真能推进孔子学说者唯孟子一人。孟子之生平大略见于《史记》,其学说则有《孟子》之书七篇。

> 孟轲,邹人也,受业子思之门人。道既通,游事齐宣王,宣王不能用。适梁,梁惠王不果所言……当是之时……天下方务于合从连

衡，以攻伐为贤。而孟轲乃述唐虞三代之德，是以所如者不合。退而与万章之徒，序《诗》《书》，述仲尼之意。作《孟子》七篇。

至于孟子之生卒年代，则《史记》未有明白记载。据后世考证，孟子生于周烈王四年，卒于赧王二十六年，即是公元前372年生，前289年卒。上距孔子之卒一百余年。

孟子在政治上之遭遇，有略似孔子处。孔子周游列国而不见用于诸侯，孟子亦游齐适梁，终不得合。但孟子在学术生活中之处境，则与孔子之处境颇为不同，故其自处亦大异。

孔子生当春秋末世，首揭儒学之大义，当世无与抗衡者。故孔子虽在游楚时偶遇南方观念之挑战，平生实无与敌论者力争之事。孟子之时代则不然。孟子生时，杨朱、墨翟之学已盛。甚至慎宋之流，仪秦之徒，亦皆各肆其说。儒学在此时已遭遇敌论之威胁。故孟子言仲尼之教，必广为论辩，以折百家。由此，孟子乃以保卫儒学，驳斥异说为己任。而孟子所以能成为儒学体系之建立者，亦与此种处境有关。此由答公都子问之语可知。

《孟子·滕文公下》：

> 公都子曰：外人皆称夫子好辩，敢问何也？孟子曰：予岂好辩哉，予不得已也。

所谓"不得已"，乃指为保卫儒学不得不与百家相争。故孟子即历述尧舜禹以及于周公、孔子之业，而以为列圣各有一历史任务，而孟子自身之任务则即在于驳斥谬说，以光正学。又谓：

> 昔者禹抑洪水而天下平；周公兼夷狄，驱猛兽，而百姓宁；孔子成《春秋》而乱臣贼子惧。……我亦欲正人心，息邪说，距诐行，放淫辞，以承三圣者。岂好辩哉，予不得已也。

而孟子所欲驳斥之"邪说",主要指杨墨之言(此点后文再论之)。故又谓:"能言距杨墨者,圣人之徒也。"足见孟子实以为,在当时之阶段中,建立正面理论与驳斥失正之学说,是第一要务。

虽自工作之实际内容看,孟子乃一建立儒学体系之人物,然在孟子自身之心目中,则并不以创建者自处,而只以孔子之继承者自处。故一方面直认私淑孔子,另一方面在论历史人物及历史责任时,亦常自认为孔子后能继其道业者。而孔子从周文,称古先王之德,孟子遂亦喜谈尧舜文武之事,此对日后之道统观念大有影响。

倘吾人据理如实以观之,则显然可见道统之说实欠明确。孔子以前之名王,姑无论其事迹可考信者多少,总无一人是真有哲学之自觉者。自尧舜至于文武,其有功于世,或不尽属子虚,然政事之功绩与学说之创建相去甚远。倘以儒学为正学,以儒家之统为道统,则此道统实只能始于孔子,而不能谓始于尧舜。尧舜皆早期部落社会之共主,其智慧事功原不可详考;纵使所传皆真,亦不足使之成为哲人。吾人更不能以尧舜为儒学之祖。学者观孔孟之说时,于此等分际宜深辨之。

然则孔孟何故而喜称先王,混事功与学说而为一,以启后世道统之说?此理实亦甚明,即在于孔子之具体心念中,原以恢复周文秩序为志。此志乃一实际经世之要求。虽自哲学文化之大流言之,此种要求不过为一契机,但在孔子个人则自仍以此要求为重。而此要求通过理论之淘洗后,固成为一"以权分为中心,以仁、义、礼为脉络"之儒学,在另一面在心情上仍保留其原来之作用。孔子及继起者皆一面致力于儒学,一面念念不忘经世之事。而如屡已说明者,此种经世要求既源自恢复已坏之秩序之要求,则此中即直接含有尊古之趋向。尊古故重先王,孔孟均如此,后世之道统观念亦由此而衍生。此中分际亦可用"发生历程"与"本质历程"(即本质之展现历程)二观念以说明之。盖就本质历程言,儒学为重德哲学,其方向为人文化成,其造境则直归道德主体之全幅展露。此中并不必涵尊古之义;因化成之功不息,文化作为一实现价值之活动,则其进程自当为向上者,不能涵"古必胜今"之义,亦即不涵"尊古"之义。然就发生历程言之,则如上章所述,孔子志在恢复一已坏之秩序,叹当世文制之崩坏,遂深怀文武周公之盛,由此而再上溯,乃尊先王。而尊古之说于是乎生。此种发生历程之因子,虽历久而保持其影响,但终不可与本质混。学者苟能洞观文化精神之内层真相,了然于本质与发生之别,则此中分际固自朗然可辨。

孟子以承继孔子之统自居,而自定之任务又为建立体系学说以驳当世诸家之论,故孔子所未论及之问题,如价值根源、政权移转等,皆一一提出理论。以下分述其要。

此外,尚应注意者是孟子在孔门,所承为曾子及子思一派;熟知孔子晚期之成熟理论,故孟子独能推进孔子之说。且在七篇中,孟子屡称曾子及子思,亦可知其传承所在。

第二节
孟子之学说

孟子之学说以心性论及政治思想为主要部门。以下先述其心性论,再述其政治思想。

一、心性论

心性论又可分数点言之:(一)性善与四端说——价值根源与道德主体之显现。(二)义利之辨——道德价值之基本论证。(三)养气与成德工夫——道德实践问题。此中又以性善论为中心。

（一）性善与四端说

关于性善之说，孟子之理论大半见于其与告子之辩争中；此外，则《公孙丑》之材料为有名之四端说，亦为性善理论之重要陈述。兹先引出此段，以为总纲。

《孟子·公孙丑上》：

> 孟子曰：人皆有不忍人之心。先王有不忍人之心，斯有不忍人之政矣……所以谓人皆有不忍人之心者，今人乍见孺子将入于井，皆有怵惕恻隐之心，非所以内（纳）交于孺子之父母也，非所以要誉于乡党朋友也，非恶其声而然也。
>
> 由是观之，无恻隐之心，非人也。无羞恶之心，非人也。无辞让之心，非人也。无是非之心，非人也。恻隐之心，仁之端也。羞恶之心，义之端也。辞让之心，礼之端也。是非之心，智之端也。
>
> 人之有此四端也，犹其有四体也……凡有四端于我者，知皆扩而充之矣，若火之始然，泉之始达，苟能充之，足以保四海，苟不充之，不足以事父母。

此一段材料中涉及论点甚多。兹逐步解释如下：

第一，孟子所欲肯定者，乃价值意识内在于自觉心，或为自觉心所本有。但此所谓内在或本有，并非指发生历程讲。若就发生历程讲，则说"性善"时，即将指实然之始点为价值意识所在；换言之，将以为人在初生时（实然始点）为"善"。此自不可通。误解孟子理论者每每如此讲。其实此非孟子之意。孟子欲肯定价值意识为自觉心所本有，只能就本质历程讲。此所以孟子就四端而言性。

第二，所谓四端之说，如上所引，其理论意义在于此说实为孟子对性善之基本论证。

人在自觉生活中，时时有"应该不应该"之自觉；不论人所具之知识如何,以及人持何种内容之价值标准,总之,人必自觉到有"应该不应该"。此种"应然"之自觉,与利害之考虑不同。人当离开利害考虑之际,仍有此种自觉(在有利害考虑之际,价值自觉与利害考虑可有种种混杂纠结,此处不具论)。孟子就价值自觉之四种表现而说"四端"。此即"恻隐""羞恶""辞让""是非"。依次观之,人当见某种事象之进行时可以自觉到"不应有";孟子以"孺子将入于井"为例,故拈出"恻隐"二字。孟子之例偏重于人对生命之苦难或毁灭所起之"不应有"之自觉,故用怵惕恻隐以描述之。

其次,人对某种已有之事象,若觉其不应有,即显现拒斥割离之自觉,此在孟子,说为"羞恶"。人当考虑自己之所得时,常有应得或不应得之辨别(不论所据理由之内容如何),此种自觉在孟子称为"辞让"。最后,人对于一切主张常能自觉到合理不合理。此即孟子所谓"是非"。

人之恻隐、羞恶、辞让、是非之自觉,皆为当前自觉生活中随时显现者,亦皆为价值自觉;总而言之,即为"应该不应该"之自觉。此种自觉与利害考虑本质上不同,故孟子在举见孺子将入于井一例时,即顺便说明。其说法是,人可以不由于利害或形躯感受之原因,而仍自觉到此事之不应有。孟子之语虽简,所接触者实为"善恶"与"利害"之差别问题。此点在后文论"义利之辨"时,当再作讨论。

此种价值自觉,通过各种形式之表现,即成为各种德性之根源。自另一面言之,人由于对当前自觉之反省,发现此中含各种德性之种子,即可肯定人之自觉心本有成就此各种德性之能力。就所显现之自觉讲,只为一点微光,故说为"端","端"即始点之意。

第三,由当前之反省,揭露四端,而透显价值自觉之内在,此为"性善"之基本意义。但孟子又进而说明,"端"只是始点;自觉心原含有各德性,但欲使各德性圆满开展,则必须有自觉之努力。于此,孟子乃说"扩而充之"一义。四端待扩充,即见"性善"之说绝不能指实然始点。反之,德性之完成必为自觉努力之成果。就实际之人讲,其成德之进程是由对价值意识内在之自觉,进而扩充本有之价值意识以达于各德性之完成。并非说,人初生时即具已完成之德性。德性实为价值意识发展之结果。

扩充四端乃工夫中事。孟子此一理论遂成为后世儒者论工夫之根据。误解此义者以荀子为最著(见后),荀子论性颇苦纠结。但孟子学说之本旨实亦甚明,要在学者能精思深辨而已。

第四,最后再就"性善"一词略释数语。

所谓"性",在孟子原指自觉心之特性讲,意义略相当于亚里士多德所谓之"essence"。但"性"字在字源上本出自"生"字,故学者苟不悟孟子所说之义,则即易于将"性"看作自然意义之实然始点。依孟子之说,"性善"即指价值意识内在于自觉心。质言之,即价值根源出于自觉之主体。严格讲,应说善恶问题皆以自觉主体为根源,而不必说"性善"。但孟子以为所谓"恶",乃善之缺乏(此与柏拉图学说有相似处),故只点出"性善",以明价值根源在于自觉心(即主体)。观此亦可知古人语法常欠严格。学者但能不以辞害意,即可不误解旧说而横生枝节矣。

以上已解释"性善"及"四端"之本义,由此可见孟子心性论之基本论证。以下再据《孟子》书中《告子》篇之材料,对性善论所牵涉之各项问题作进一步之探究。

(二)义利之辨与驳告子之说

"性"字在古文与"生"字为同一字,故人每以为所谓"性"即指生而具有者。孟子所言之性则指特有之本性言,故孟子曾驳告子之说。

《告子上》:

> 告子曰:生之谓性。孟子曰:生之谓性,犹白之谓白与?曰:然。白羽之白犹白雪之白,白雪之白犹白玉之白与?曰:然。然则犬之性犹牛之性,牛之性犹人之性与?

此乃孟子驳"生之谓性"之理论。盖告子以为所谓"性"即指"生而具有"而言。如此,则成为一全无内容之概念,因不能涉及各种存在所具之特性也。故孟子谓:倘只以"生"释"性",则一切事物之性均可视为指"生"而言,于是不能分辨其特具之本性,而成一混沌观念。犬与牛、与人秉性自殊,则若只就"生"而观之,则其殊别将不可见,岂能展示本性乎?

观此益知孟子所说之人之性,乃指人所以与其他存在不同之性而言,亦即指"essence"。学者欲深究人之性,则当观人之与其他存在不同处,而不可泛举一"生"释"性"。又《告子上》:

> 公都子曰:告子曰,性无善无不善也。或曰,性可以为善,可以为不善,是故文武兴则民好善,幽厉兴则民好暴。或曰,有性善,有性不善,是故以尧为君而有象,以瞽瞍为父而有舜……今曰性善,然则彼皆非与?孟子曰:乃若其情,则可以为善矣,乃所谓善也。若夫为不善,非才之罪也。恻隐之心,人皆有之;羞恶之心,人皆有之;恭敬之心,人皆有之;是非之心,人皆有之。恻隐之心,仁也。羞恶之心,义也。恭敬之心,礼也。是非之心,智也。仁义礼智,非由外铄我也,我固有之也,弗思耳矣。故曰,求则得之,舍则失之。或相倍蓰而无算者,不能尽其才者也。

此节孟子指出,所谓"性善"之"善",乃指性之"实"含有实现价值之能力而言。故劈头即谓:"乃若其情,则可以为善矣,乃所谓善也。""情"训为"实",乃先秦用语之通例。此语即见"性善"乃指实现价值之能力内在于性之实质中。

其次,"才"指本质言。人之不能实现价值,并非由于人之"性"中无此能力,故说:"非才之罪也。"人所以不能实现价值,乃由于人未能发挥其本性中之价值意识,此即"不能尽其才"。

显然,此与四端说相通。故孟子又举人之四种意识(心)而为言;所举四者中,唯以"恭敬"代"辞让",余皆与《公孙丑》之说相同。而"恭敬"与"辞让"于义亦略同。

公都子所谓三说,皆于价值意识之内在义未通。所谓"无善无不善"乃中性观,此不可以释价值根源。所谓"可善可不善""有善有不善"亦皆指经验事实中之状态讲。价值根源内在于自觉心是一事,人在经验事实中能否发挥其价值意识又是另一事。譬如,推理为人之本有之思考能力。而人能否充分发挥此能力,则不碍此能力之为本有。吾人不能因人在事实上常有推理不密之误,遂谓推理能力非人所本有也。关于价值意识,理亦相类。

但论析至此,则有一重要问题徐徐呈现。此即人何以不能尽其才?何以不能充分发挥其价值意识?

孟子与告子之另一辩论中,对此乃有初步解释。

《告子上》:

> 告子曰:性,犹湍水也。决诸东方则东流,决之西方则西流。人性之无分于善不善也,犹水之无分于东西也。

案此即"无善无不善"之说,而以水为喻。孟子则驳此种中性观而另提一论证:

> 孟子曰:水性无分于东西,无分于上下乎?人性之善也,犹水之就下也。人无有不善,水无有不下。今夫水,搏而跃之,可使过颡;激而行之,可使在山。是岂水之性哉,其势则然也。人之可使为不善,其性亦犹是也。

此处即接触一关键问题。孟子先指出,人之有价值意识,似水之有"就下"之本性;告子所取之喻实不当。然后再说明,水虽有"就下"之本性,但在某种条件之干涉下亦可以转而上涨;人之为不善亦类乎是。

此处学者所宜留意者是孟子以水之"上下"喻价值自觉之有向性,本身是一"喻"而非一"证"。乃因告子指水无分东西以喻性之无分善恶,故孟子即以水之有分于上下,以喻性之有分于善恶。并非以水证性。

孟子既指出,水之不能尽其性,乃"势"使然,而人之可以为不善亦类乎此;则下一步问题是在何种条件下,人乃不能尽其性(或"才")以发挥其价值意识?于是孟子乃点出义利之辨、公私之别。亦即论及意志之方向问题。

《告子上》:

> 公都子问曰:钧是人也,或为大人,或为小人,何也?孟子曰:从其大体为大人,从其小体为小人。曰:钧是人也,或从其大体,或从其小体,何也?曰:耳目之官不思,而蔽于物,物交物则引之而已矣。心之官则思,思则得之,不思则不得也。此天之所与我者。先立乎其大者,则其小者弗能夺也。此为大人而已矣。

孟子之主旨是指出自觉心与感官之差别。感官经验在一组条件下成立,仅表事象之关系,故说"物交物则引之而已矣"。至于自觉心则以"思"(此处指"自觉"言)为其功能。价值意识能否发挥,视自觉心本身之自觉如何而定。心溺于物,则意志即以形躯之欲为方向;遂不能如理,亦不能实现价值。心不溺于物,则如理畅行,即以本有之价值自觉为方向。意志选择何种方向,乃由自觉心自决者。故曰,思则得之,不思则不得。此见孟子对道德主体之点明。此义点明,则道德意志、道德责任等观念皆可由之推出矣。

大体指自觉心，小体指感官。人苟能自觉朗照，则感官之欲不能取价值意识而代之。故曰，先立乎其大者，则其小者弗能夺。

自觉心或升或降，或溺物或不溺物，皆自主之事，故孟子又谓：

>……故苟得其养，无物不长，苟失其养，无物不消。

并引孔子之言为证，所谓"操则存，舍则亡"也。人之为不善，全由溺于物、蔽于私而起。故亦可以"义利"之对别说。

《梁惠王上》：

>孟子对曰，王何必曰利，亦有仁义而已矣。王曰，何以利吾国；大夫曰，何以利吾家；士庶人曰，何以利吾身；上下交征利，而国危矣。万乘之国，弑其君者必千乘之家；千乘之国，弑其君者必百乘之家。万取千焉，千取百焉，不为不多矣。苟为后义而先利，不夺不餍。

此是孟子对"义"与"利"之具体解说。义即理，有普遍性；利则只有特殊性。特殊性不能作为价值规范之基础；循利而行，必见争攘。故出一"夺"字。循利必生夺，以利必为私故也。义利之辨亦即公私之别。

另一面，孟子更申说如理循义乃自觉心之本来方向（即价值自觉所显之方向）。

《告子上》：

>口之于味也，有同耆（嗜）焉；耳之于声也，有同听焉；目之于色也，有同美焉。至于心，独无所同然乎？心之所同然者，何也？谓理也，义也。圣人先得我心之所同然耳。故理义之悦我心，犹刍豢之悦我口。

此乃孟子对义与理之正面陈述。其主旨在于说明，价值自觉要求如理,一如感官各要求其满足;但人之为人在于其自觉,故人当依自觉心之要求而求如理,不可循形躯之束缚而逐欲求利。而此种选择仍恃人之存养工夫为基础。

《离娄下》:

> 孟子曰:人之所异于禽兽者几希。庶民去之,君子存之。

此语说明所谓性者指"人之所异于禽兽者",即指人之"essence";而此种性之内容即求理之价值自觉。而此种自觉能否发挥其力量,又纯依人之自觉努力而定。即所谓存养之义是也。

至此,义利之辨可得一结束。最后再专论孟子所讲之存养工夫,此亦即其对"成德工夫"之理论。可作为孟子心性论最后一项论题。

扩充四端之说,引出儒学中之工夫问题,亦与所谓"存"与"养"之观念不可分割。此种问题,日后宋明儒者论究精透。在孟子则只有一概要讲法,然观其说亦可以见儒学之一贯精神所在。

(三) 养气与成德工夫

兹先引《孟子》书中有关此问题之主要材料如下:

《公孙丑上》:

> ……曰:敢问夫子之不动心,与告子之不动心,可得闻与?
>
> 告子曰:不得于言,勿求于心;不得于心,勿求于气。不得于心,勿求于气,可。不得于言,勿求于心,不可。夫志,气之帅也,气,体之充也。夫志至焉,气次焉,故曰:持其志无暴其气。
>
> 既曰:志至焉,气次焉;又曰:持其志无暴其气者,何也?
>
> 曰:志壹则动气,气壹则动志也。

此节孟子因论"不动心"之义,评及告子之说,提出志、气、心等观念。其大旨可逐步说明如下。

第一,孟子所引告子之语中,所谓"得",即指"得理"而言(即"得正"),乃由"相合"一义引申而来。焦循《孟子正义》解此"得"字,谓与"不得于君,不得于亲"同。大意近是。但焦氏以为"不得"乃指"失意"而言,则为赵氏注所误(见后评)。兹以"得理"释"得",则"不得"亦即"不得理"之意。

第二,所谓"言""心""气",皆指在己者而说。"言"即己之讲论,"心"即己之心志,"气"则指己之意气。赵岐注以为:

> 不得者,不得人之善心善言也。

此盖以为"言""心"等皆就在人者而说,实未明孟子之论旨。孟子此节论"不动心",以君子自养为论题。不应忽就他人之"言"与"心"说。且告子此语与其"仁内义外"之见相通,故下文孟子驳之。此亦可见"言""心"等应就在己者讲,不能就在人者讲。

第三,告子所谓"不得于言,勿求于心;不得于心,勿求于气",其意即谓:若讲论有不得理者,不必求之于心志之中;倘心志有不得理者,则不必求之于意气。孟子则谓:"不得于心,勿求于气,可",盖心志未能得理,徒恃意气以为矜持,是沽勇之流,非儒者所许。故若不得于心,即当内省而不可求于气。但"不得于言,勿求于心,不可",此则是孟子与告子之不同处。盖告子以为养心之道,在于断离。讲论思辨,视为外事,故以为心不必为言所累;如此以求"不动"。毛奇龄以为如此则即是"道家之嗒然若丧,佛氏之离心意识参",颇得此节大旨。然孟子所持为儒学成德之教,不能主心事断离之说。故谓"不得于言,勿求于心,不可",盖讲论有不得理或不得正者,正须求之于心志,以心正言,方是人文化成之精神。而所谓"不动心"者,正在于心志如理自在,非心与事隔之静敛不动也。明乎此,则知孟子论"不动心"之本旨。

第四,孟子续论"志"与"气"。"志"与"心"为一事,易其字而不改其义，此古代思想所常有者。"志"即"心"，二词所指只有动静之别。故孟子评告子后，乃申述自身之主张，而谓，人之意气应以心志为之主；心志指德性我，即含四端之价值自觉；气指生命我或情意我，即合生命力与才气而言。德性我应为生命情意之主宰，故曰："志，气之帅也。""体"指形躯我。形躯我之活动直接受生命情意之力决定，离生命情意则形躯只成为一组机械因子之联体，固与任何物质存在无殊。故形躯我以生命力及情意感为内容，故谓"气，体之充也"。

生命情意应受德性我之统率，故心志定其所向，而气随之。此即所谓"志至焉，气次焉"。

但以心志统气（以德性我统生命情意），乃一成德之境，是"应然"而非"必然"，故必须有存养之道。孟子于此乃谓"持其志，无暴其气"。"持"，定守之谓，赵注所谓"正持"也。"暴"，指"乱"而言。欲以志帅气，则必须一面定守其志，一面勿使其气暴乱。换言之，欲以德性我统摄生命情意，则须一面使价值自觉澄定，一面不纵其生命情意，免使至于肆而乱也。

第五，公孙丑闻此而有疑。盖孟子言"志至焉，气次焉"时，尚未辨明此是"应然"非"必然"。故公孙丑初闻之以为"志"本能帅"气"，则又何必为存养之事乎？故问：既曰志至气次，何又曰持其志无暴其气。孟子亟举自我升降之义以答之，点明志与气之孰主孰从，并非必然。遂说："志壹则动气，气壹则动志也。"

"壹"，赵氏注以"噎"解之，遂不可通。案《说文》壹部云："壹，专壹也。"《左传·文公三年》："君子是以知秦穆公之为君也，举人之周也，与人之壹也。"皆取不二之义。可知此处之"壹"即应与"定于一"之"一"同。壹有主宰之义；所谓"志壹则动气，气壹则动志"，实即谓：以志主宰，则能支配气，反之，气若为主宰亦能支配志。"动"即"使之动"之义，为动词，可用"支配"释之。

以须"持其志无暴其气"者,乃因一心之升降无必然。德性我倘不能为之主宰,则生命情意亦可作主,而反制德性我,即成横决。所谓气壹动志是也。以志帅气,不容气壹动志,故须持志而无暴乱其气。

综上各点,再作一总释。所谓"言",指认知我而说;所谓"心",指德性我而说,所谓"气",指情意我或生命我而说。孟子之本旨乃成德之学,以德性我为主宰,故必以志帅气,且必以心正言。故即以驳告子之语表此意。以志帅气,其最后境界为生命情意之理性化;至此境界之工夫过程即孟子所谓"养气"。以下续观《孟子》原文。

《公孙丑上》:

> 敢问夫子恶乎长?曰:我知言,我善养吾浩然之气。

此处"知言"指德性我对认知我之临照,"养气"即指德性我对生命情意之转化。兹先论"养气问题"。

> 敢问何谓浩然之气?曰:难言也。其为气也,至大至刚,以直养而无害,则塞于天地之间。其为气也,配义与道;无是,馁也。是集义所生者,非义袭而取之也。行有不慊于心,则馁矣。我故曰:告子未尝知义,以其外之也。

此节孟子再详论养气之道。生命情意若皆能理性化,则经理性化后之生命力量,即浩浩然广大无际。此种生命力以义为根,故不可屈亦不可限,运行无碍,孟子以"大"与"刚"形容之。又明言"配义与道",盖理性化之生命情意,即由义理而定向者,非寻常之情意或生命冲动可比。寻常之情意要求及生命冲动,皆为无根者,其力易尽;故孟子曰:"无是,馁也",即谓无义理为根之情意生命力,易成衰馁,与由理所生之气不同。由理所生之气所以不馁者,乃因义理之不可动。故若行不如理,则此气不能显用,故又补释曰:"行有不慊于心,则馁矣。"

孟子既论生命理性化之义，乃又返而评告子。告子以为心与事断离而得"不动"，盖不知德性我即在事中实现理以显现价值；以为理在心外而孤存，故有"以义为外"之病，不知义理皆在自觉心中，亦不明实现之义。孟子乃谓"告子未尝知义"，所以"未知"者，"以其外之也"。

最后，孟子又谓：

> 必有事焉而勿正心勿忘勿助长也。

此语引起后世争论甚多。兹略为考释，再解其义。

宋儒如明道、伊川，对此语皆取佛教双是双非之说法释之，以为"勿忘"与"勿助长"为两端，而孟子教人不取两端，即不忘失其存养，亦不强为。此说素为解经者所信守，但有一基本问题；即据汉赵岐注文观之，经文本身恐有讹误。

赵岐注于此句下谓：

> 言人行仁义之事，必有福在其中；而勿正，但以为福，故为仁义也，但心勿忘其为福，亦勿汲汲助长其福也。

此注自与原意未必合。但可注意者是赵注中环绕一"福"字而为训；但今见之经文中并无"福"字，亦无可解作"福"之字。旧注之说法，吾人可以不以为是。但注文必与经文相合。则此处"福"字从何而来，不得不予以探究。

观注中"必有……"云云，则可知赵氏作注时所言之"福"，与经中"必有事焉……"之"事"字相当。但"事"字本身无训为"福"者，则注中何以言"福"？此唯有以字形之讹解之。

案古文"福"字作"畐"，缺去一画，便成"畐"，与"事"字极近；赵氏所见之本当原是"畐"字，故赵注遂以"福"为中心而释之。后世"畐"

讹为"事",遂成今本所见之文。如此,赵注乃成为可解。而今释此节,亦应就"畐"而释之。

倘原文为"必有畐焉"则以下诸语应如何解说?案孟子本常谓"仁者无敌",盖以为行仁义必有实效,此虽与儒学之基本精神不全同,但《孟子》书中关于此点之证据固极多。则孟子谓以理养气,必可收功于事中,亦不违孟子之一贯理论,但如此改正后,原文中"勿正心"三字亦不可解。苟断自"正"字为句,则以下"心勿忘"云云,亦不合古文习惯。

顾亭林《日知录》以为"正心"二字,实"忘"字传写之误。盖原文中先说"勿忘",又释之曰"勿忘,勿助长也"。依此,则经文应为:

必有畐焉而勿忘,勿忘,勿助长也。

"忘"通"妄",原文盖谓:如理以行,必有效果(福),但不可妄求;妄求其效果,则是揠苗助长,反为有害。故原文此下孟子即曰:

无若宋人然,宋人有闵其苗之不长而揠之者,芒芒然归,谓其人曰,今日病矣,予助苗长矣。其子趋而往视之,苗则槁矣。天下之不助苗长者,寡矣。以为无益而舍之者,不耘苗者也。助之长者,揠苗者也。非徒无益,而又害之。

观此,则"不助长"即不强为,其旨甚明。而所谓"以为无益"即与以上之"必有畐焉"相承而来,亦甚明显。

总之,孟子论养气,本旨在于论生命之理性化。此为事中显理之义,乃儒学人文化成精神之特征所在。而存养工夫主要亦即归宿于此。

德性我与形躯我之间,常为生命情意所隔,故言成德之学者必扣紧生命理性化而言。盖必使生命力及情意活动能归于理,然后始能于生活万事中一理流行。此与释氏老氏之主清静寂灭皆有根本殊异。学者宜详察之。

至于孟子对"知言"之说法,则亦见同章:

> 何谓知言？曰:诐辞知其所蔽,淫辞知其所陷,邪辞知其所离,遁辞知其所穷。

以上已说明,孟子对"知言"之理论,即对德性心统摄认知心之解说。此问题若严格言之,应关涉思辨之规律,由之即涉及逻辑及知识论之问题,但孟子所持为儒学之重德精神,故只重德性之显现问题,而不重知识架构本身之问题。所谓"蔽、陷、离、穷",大抵只就心念处讲。但孟子此语,即与上引之文中对告子之批评一脉相承。亦即孟子所持之以心正言之工作。故引出以供学者参考。

孟子心性论至此结束。以下略论孟子之政治思想,以结束本章。

二、政治思想

孟子对孔子学说之补充,除心性论方面之性善说外,尚有政治理论。本节论孟子之政治思想,即以此为主,故先述孟子对"政权转移问题"之理论,再以其他观点或主张补之。由是,本节分为以下三点:(一)民本说,即孟子对政权转移问题之理论。(二)"仁政"与"王道"。(三)"仁"之效用化及德治观念。

(一)民本说（政权转移问题）

孔子以重建周之文制为目的,故平生言说未详论政权转移之轨道。而修《春秋》时则以"尊周"为基本宗旨,盖孔子在意向上欲重振周政权,而并非有意建立一新政权；于是在理论上对政权之转移亦无定说。

孟子则生当战国。其时,周室衰甚。世之论政者固皆知兴周之不可能,孟子亦遂以建立新政权为志。以孟子与孔子相较,则可说孔子以"尊周"及"存周"为志,而孟子则有"代周"之志。此种意向之不同,引致理论之不同。

孟子既以另建新政权为意向,故首须阐明政权转移之理。七篇中乃屡见此种材料。

首先,孟子明说天下之得失系于民心之向背。

《离娄上》:

> 孟子曰:三代之得天下也,以仁;其失天下也,以不仁。国之所以废兴存亡者亦然。

何以如此?盖因仁则得民,不仁则失民也。故又谓:

> 桀纣之失天下也,失其民也;失其民者,失其心也。得天下有道,得其民,斯得天下矣。得其民有道,得其心,斯得民矣。

此明言"得天下有道"。而以"民心"决定政权之得失,乃大异旧说。案孔子以前之古代思想,虽有民本观念之萌芽,但此种思想之大成则待孟子之说始见。旧说本以"天命"解释政权之转移,凡得政权者皆视为"受命于天"。孟子则直以"民心"释"天命"(唯将时机及才能归于天而已)。

《万章上》:

> 万章曰:尧以天下与舜,有诸?孟子曰:否,天子不能以天下与人。然则,舜有天下也,孰与之?曰:天与之。天与之者,谆谆然命之乎?曰:否,天不言,以行与事示之而已矣。

所谓天以行与事示之,即以民心所向为主。故下谓:

> 使之主祭而百神享之,是天受之;使之主事而事治,百姓安之,是民受之也。天与之,人与之。故曰:天子不能以天下与人。

此表面仍以"天"与"人"分言,但孟子所归乎天者绝小,而以民之归向为主。观下文可知：

> 舜相尧，二十八载，非人之所能为也，天也。

盖孟子只以人之能获得此种时机为由于"天"。此外，则所谓天意实即民心，故续论尧舜之事云：

> 尧崩，三年之丧毕，舜避尧之子于南河之南。天下诸侯朝觐者，不之尧之子而之舜，讼狱者，不之尧之子而之舜，讴歌者，不讴歌尧之子而讴歌舜，故曰：天也。

此以诸侯人民之所归为天意所向矣。于是，其下又引《逸书》之文曰：

> 《泰誓》曰：天视自我民视，天听自我民听。此之谓也。

如此，则实以民心为天意之表现。而所谓出自"天"者，则主要只在于人之能否有表现于民之时机而已。但孟子尚以为人之是否有才能，亦可视为天意。此意于论禹之传子时及之。

> 万章问曰：人有言，至于禹而德衰，不传于贤而传于子。有诸？
> 孟子曰：否，不然也。天与贤则与贤，天与子则与子。……舜、禹益相去久远，其子之贤不肖，皆天也，非人之所能为也。

观此，则所谓"天"命者，不过指人力所不能决定者，故谓：

> 莫之为而为者，天也。莫之致而至者，命也。

总之，所谓天命，主要表现于民心。其可归诸天者，唯某人之能否得时机以表现，及某人能否具政治才能而已。但时机与才能二因素，不过限制人之能否试于民。至政权转移时，则终以民心为决定条件。

由此再推进一步，孟子遂盛赞汤武之革命。

《梁惠王下》：

> 齐宣王问曰：汤放桀，武王伐纣，有诸？孟子对曰：于传有之。

> 曰:臣弑其君可乎? 曰:贼仁者谓之贼,贼义者谓之残。残贼之人,谓之一夫。闻诛一夫纣矣,未闻弑君也。

孟子盖以为:为"君"者倘失道,则民可以推翻其政权而诛逐之。此即明白表示政权可以转移,而转移之轨道则是依天下民心之所向定之。尧舜禅让之事如此,汤武革命之事亦是如此。总而言之,则如《尽心下》:

> 民为贵,社稷次之,君为轻。是故得乎丘民而为天子,得乎天子为诸侯,得乎诸侯为大夫。

以上为孟子之民本说。在孟子以前原有以神与民并称之说,如"事神保民"是;又有重民轻神之说,如"国将兴,听于民;将亡,听于神"是。但详论"天命"之依于"民心",并明揭"民贵君轻"之说,则唯孟子有之。且孟子又以"仁"或"不仁"为政权得失之决定条件,盖已确言政权转移之轨道矣。至所谓"仁"与"不仁",在政治思想中之意义又有与孔子论"仁"之说稍异者,于下论之。

(二)"仁政"与"王道"

孟子将"仁"扩大为政治哲学之观念,遂有"仁政"之说。

孟子对梁襄王,曾谓"不嗜杀人者能一之",即以"仁"为统一天下者所必具之条件。但此尚就个人而言,而言"仁政"则另指一组具体设施。有时亦称之为"王政"与"王道"。

《梁惠王上》:

> 梁惠王曰:晋国天下莫强焉,叟之所知也。及寡人之身,东败于齐,长子死焉。西丧地于秦七百里,南辱于楚,寡人耻之。愿比死者一洒之,如之何则可? 孟子对曰:地方百里而可以王,王如施仁政于民,省刑罚,薄税敛。深耕易耨。壮者以暇日修其孝悌忠信,入以事其父兄,出以事其长上。可使制梃以挞秦楚之坚甲利兵矣。

孟子所以如此判断,并非真昧于征战之事,以为制梃可胜甲兵,实因孟子深信若行仁政则民心即归之,故谓:

> 彼陷溺其民,王往而征之,夫谁与王敌?故曰:仁者无敌。王请勿疑。

《梁惠王上》:

> 齐宣王问曰:齐桓晋文之事,可得闻乎?孟子对曰:仲尼之徒,无道桓文之事者……无以,则王乎?曰:德何如,则可以王矣?曰:保民而王,莫之能御也。

此即以"保民"释王道。亦即所谓"养生送死无憾"也。然则"保民之道"或"仁政"之内容如何?孟子在说齐宣王时论之曰:

> ……是故明君制民之产,必使仰足以事父母,俯足以畜妻子,乐岁终身饱,凶年免于死亡。……王欲行之,则盍反其本矣。五亩之宅,树之以桑,五十者可以衣帛矣,鸡豚狗彘之畜,无失其时,七十者可以食肉矣。百亩之田,勿夺其时,八口之家可以无饥矣。谨庠序之教,申之以孝悌之义,颁白者不负戴于道路矣。

案此为孟子之具体主张,其旨在于使民安乐,与法家之主张适相反。盖孟子论政之宗旨即在于以"保民"为施政之本,所谓"仁政"亦即使人民安乐之设施。孟子名之为"王道"者,盖因孟子深信能行仁政即能得民心,能得民心则必可王天下也。

对当时实际政治情势之看法,使孟子相信大国若能行仁政,则即可建立一新政权,以统一天下,故答公孙丑之问时,乃谓管晏不足道,而《公孙丑上》曰:

> 以齐王,犹反手也。

又谓:

> 当今之时，万乘之国行仁政，民之悦之，犹解倒悬也。故事古半之人，功必倍之，惟此时为然。

就上所引之说观之，孟子论仁政或王道，固以改进人民生活为主，但孟子亦强调教育知识之重要。

《公孙丑上》：

> 孟子曰：仁则荣，不仁则辱。今恶辱而居不仁，是犹恶湿而居下也。如恶之，莫如贵德而尊士。

依此，则"贵德而尊士"，亦为仁政之内容矣。与此语可相印证者，《公孙丑上》尚有：

> 尊贤使能，俊杰在位，则天下之士皆悦而愿立于其朝矣。

盖孟子以能保民为得民之道，以能尊士为得才之道。合而言之，即孟子心目中之仁政王道之具体内容。

此种政治主张，在今日观之，似并无出奇之处。但以战国风气论之，则孟子实是在权诈之风盛行之际，而独揭仁义之说；在当时实是一极为特殊之立场。

若以政治理论之标准衡度之，则孟子"仁政"之说，实为其民本说之补充；对政权转移之轨道，提出明确说法。亦为古代学说中不多见者。

由于孟子以民心所向决定政权所归，又以"仁政"为得民之要；故"仁"观念在孟子学说中遂得一扩张，由纯道德意义之观念化为涉及实际之观念。此即所谓"仁之效用化"。

（三）"仁"之效用化及德治观念

孟子因强调行仁政得民，故亦强调"仁"之效用。所谓"仁者无敌""仁则荣，不仁则辱"以及"不嗜杀人者能一之"等等，皆表示此一观点。孔子论政,以"正名"为主,言"仁"时则常就自觉之境界立论。故孔子之"仁"只有纯德性意义。今孟子以为"仁者"必为天下所归,遂使"仁"有效用意义。

德性意义之"仁"可以全不涉及后果,效用意义之"仁"则与后果不可分。就孟子以"仁"为必有效用而言,孟子之说与孔子颇有差异。但孟子亦有"勿助长"之主张,固非以追求效果教人者。仁观念之被效用化,只为立政治理论时之说,亦并非与心性论中之说冲突或对立者。盖言人之本性含仁义诸德,是一事;再言此诸德发挥作用时可有一定效果,又是一事。只要不是就效果义建立仁观念,便与四端说无甚冲突。

孟子既将"仁"观念效用化,遂坚持仁为政治之原则。由此而生出德治之理论。

"德治"与"法治""人治"互别。言德治者,以为治乱之道,系乎执政者之德性。此说之根源即在于"仁政"理论。盖依孟子之说,"仁政"为获得政权及保有政权之条件;天下治乱,悉以仁政有无为断。而仁政之施行,必有赖于掌政权者本身能立仁心。所谓"先王有不忍人之心,斯有不忍人之政",仁心能否建立,则即是德性问题。必须执政者有如此之德性,然后能由其仁心而施仁政,既有仁政,然后天下方能得治。于是,孟子之政治理想遂以"有德者执政"为中心。此即后世所谓"圣君贤相"之政治理想,亦即所谓"德治"。盖源于孔子而成于孟子之理论也。关于孟子之政治思想,述至此处为止。

三、其他理论

除"心性论"与"政治思想"外,《孟子》书中尚有涉及其他理论问题之资料。此类资料所涉及之问题,理论意义颇高;但书中仅有简略议论,并未形成系统化之陈述。由此,本书一方面不能别列专节以述之,另一面亦不应完全略去;故在本节中撮述其大意,以作为上文之补充。

本节所述,亦可分为三点:(一)社会分工观念:此涉及知识分子之地位问题。(二)史观问题:此涉及人之自觉力量在历史中之作用。(三)天、性、命之关系:此涉及孟子之哲学立场问题。以下即依次述之。

(一) 社会分工观念

《孟子》书中对"社会分工"观念之讨论,见于孟子驳许行之言;兹先引原文再作析论。

《滕文公上》:

> 有为神农之言者许行,自楚之滕,踵门而告文公曰:远方之人,闻君行仁政,愿受一廛而为氓。文公与之处。其徒数十人,皆衣褐捆屦织席以为食。

案此言许行来自南方,而自称为"神农"一派。徒众皆从事手工生产以维持生活,显然与其他战国学派作风不同,但尚未述及其理论。下文通过陈相始透露许行之主张。其文云:

> 陈相见许行而大悦,尽弃其所学而学焉。陈相见孟子,道许行之言,曰:滕君则诚贤君也;虽然,未闻道也。贤者与民并耕而食,饔飧而治。今也滕有仓廪府库,则是厉民而以自养也。恶得贤?

此处陈相表述许行之立场,要点在"并耕而食"一观念,及"厉民"之说;盖许行之意,认为人必须直接从事生产,不然即是剥削他人劳动成果即所谓"厉民";由此对于国家之有"仓廪府库",亦认为不当。此说显然触及社会结构之根本问题,故孟子即由此角度提出驳论,原文记其问答云:

> 孟子曰：许子必种粟而后食乎？曰：然。许子必织布而后衣乎？曰：否。许子衣褐。许子冠乎？曰：冠。曰：奚冠？曰：冠素。曰：自织之与？曰：否。以粟易之。曰：许子奚为不自织？曰：害于耕。曰：许子以釜甑爨，以铁耕乎？曰：然。自为之与？曰：否。以粟易之。

问答至此，许行立说之根本困难，即渐显出；盖社会稍进展时，"交换经济"即为当然现象。人不能事事亲为，必在分工原则下，各执其业，以进行交换满足人生之需求。此种交换，与"剥削"或"厉民"实无关也。故孟子即正面诘之云：

> 以粟易械器者不为厉陶冶；陶冶亦以其械器易粟者，岂为厉农夫哉？且许子何不为陶冶，舍皆取诸其宫中而用之？何为纷纷然与百工交易？何许子之不惮烦？

此一反诘，涉及两点。其一是"耕"并无特殊地位。人各执一业，各有其工作成果，互相交换，无所谓一方剥削另一方。耕者有"粟"，陶冶有"械器"，交换之权利义务，彼此相同。此是驳"并耕"观念之初步说法。其二则由人之不能同时从事耕种与陶冶，引向"社会分工"之观念；其所论不限于某一特殊职业与另一特殊职业之关系，而推至其他各种职业。原文云：

> 百工之事，固不可耕且为也。

此陈相之语；盖问答至此，陈相已不能不承认人不能事事亲为，而只能从事某种职业矣。于是孟子即提出"社会分工"之大原则。其言云：

> 然则治天下独可耕且为与？有大人之事，有小人之事。且一人之身而百工之所为备；如必自为而后用之，是率天下而路也。故曰：

> 或劳心，或劳力。劳心者治人，劳力者治于人。治于人者食人，治人者食于人；天下之通义也。

此处孟子之意，亦可分两层说。其一是说"分工"之必要；如不分工，而欲人人做尽百工之事，理不可通。其二则专就不属于直接生产之工作说。盖社会进展，即有专负责管理公共事务以及设计制度，保卫社会秩序及大众安全等等工作；此种工作通常即属于"政府"。孟子于此提出"劳心"与"劳力"之分，以区别两种不同之"劳动"；又以"治人"及"治于人"、"食人"及"食于人"等词语分释之。其主旨在于指出社会发展中，必有不属于直接生产之工作，且此种工作之重要性实胜于直接生产工作。

其下，孟子以古人为例再阐明此义，原文不具引。其意不外说明社会文化之进展，在需要非直接生产之工作。譬如禹之治水，为大众解除自然灾害，后稷教民稼穑，契教民以"人伦"，建立社会规范等等；此等工作不是直接从事生产，但对社会大众之重要性，反在生产之上。然后孟子再进而点明一关键问题。此即从事非直接生产之工作者，并非懒惰偷安；盖管理领导等等工作，亦同样属于劳动也。原文中孟子云：

> 尧舜之治天下，岂无所用其心哉？亦不用于耕耳。

此处原文乃针对许行之主张立论，故落在"耕"字上。若就其理论意义者，则此处所肯定者是在社会分工原则下，各种工作所需之劳动，皆有一定之价值，并非仅仅"直接从事生产"方算"劳动"。由此，知识分子倘从事有益社会大众之工作，自不能视为"不作劳动"。但孟子之意尚有更进一层者，即强调管理领导等等工作，较之直接生产更为重要；则知识分子之"劳动"，应有更高之价值矣。

其下，孟子又以北方文化之立场批评南方之许行为蛮夷之道；此节理论意义不多,从略。但本章尚有一点应提及者,即陈相最后为许行辩护,提出一种"平等"观念,于是引出另一理论问题。陈相云:

> 从许子之道,则市贾不贰,国中无伪;虽使五尺之童适市,莫之或欺。布帛长短同,则贾相若;麻缕丝絮轻重同,则贾相若;五谷多寡同,则贾相若;屦大小同,则贾相若。

此处主要论点在于"贾相若"及"市贾不贰"。陈相亦未说明许子之道何以导致此种效果。"并耕而食"之主张与"市贾不贰"并无直接关联,陈相此处所言,在理论上亦似缺一段。但其本意实不难明。盖当许行主张人人应从事直接生产时,固隐含一否认价值层级之观点。其所以认为管理领导等工作,不比"耕"重要,亦即由此隐含之观点生出。今陈相将此观点用于经济之交换行为方面,遂有"贾相若"或"不贰"之说。此说主旨亦即是否认事物之品质差异,只取一"量"意义之标准,而否认"质"意义之标准也。此论点固不能驳孟子所提出之社会分工之主张,但与孟子之价值标准观念自正相反对;故孟子即驳之云:

> 夫物之不齐,物之情也;或相倍蓰,或相什佰,或相千万。子比而同之,是乱天下也。巨屦小屦同贾,人岂为之哉?从许子之道,相率而为伪者也。恶能治国家?

此段文义亦稍欠明确,须加解释。陈相原只否认"质"方面之差异,并未否认"量"方面之差异;所谓"市贾不贰",亦只说"大小同""轻重同"时,则"贾相若"。何以孟子此处提出"巨屦小屦同贾"一语? 此在表面看似属难解;然就上下文观之,孟子原意亦不难知。盖孟子先提出"不齐",作为"物之情"即"物之实",以驳陈相否认价值层级之说;其意是事物有价值差异,乃一种客观真实,强使不同者为同,即是制造混乱。然后,孟子再依对方之立场反诘之,因"巨屦"与"小屦"在陈相亦知其"大小"之异,故就此种"量"之差异着眼,而言倘强令"大小"不同之物"同贾",岂有人能从之,即以此喻品质不同之物之不能强同。换言之,孟子此言,意即依于对方所承认之"量"之差异,喻明己方所持之"质"之差异也。

由于孟子强调事物之价值差异为一客观真实,故即判定"许子之道"是"伪","伪"即"反于真实"之意,与常言中"诚伪"之意义有别。许行极可能是诚意欲将"不齐"之"物"视之为"同",然既违反"物之情",便"伪"矣。

总观此段资料,可将孟子论旨撮述如下:

第一,社会分工乃必要而且应有之现象,故若主张人人必从事某一工作,即为不合理之说。生产工作亦不能独为例外。各种工作均互相依赖,亦皆为社会所需要。

第二,在各种工作中,有属于管理及领导等方面之工作;从事此种工作,亦是做一种有益于社会之劳动,无理由否认其价值。此即"或劳心,或劳力"之说。

第三,若就各工作之重要性作一比较,则孟子更进一步指出:"劳心"之工作(如管理领导等等工作)较"劳力"之工作更为重要。由此可推出"知识分子"对社会之任务及地位。

第四,对此问题如再追进一步,吾人即可知孟子之主张实以强调"价值层级"为基础;此点在原文最后一段中亦略略点出。

又许行虽自称"为神农之言",但观陈相所述,其基本价值观念大致偏于"平等"之肯定,实近墨子之"僈差等"(荀子语);故孟子此段驳许行之说,实亦表现儒墨两派对平等观念之不同主张。此点亦学者所应留意者也。

(二) **史观问题**

关于历史之演变是否服从某种规律,以及人类之意志及自觉力量在历史中有何作用等问题,孟子虽未作系统性说明,但亦尝透露某种观点。本节即取此类零星资料作一简述。

《公孙丑下》:

> 五百年必有王者兴,其间必有名世者。由周而来,七百有余岁矣。以其数则过矣;以其时考之,则可矣。

此孟子去齐时,答充虞之言。"五百年"之说,已似有一种历史循环之观念,而其中两"必"字,又似暗示一"命定论"之假定。然其下谓此数已过,则"必有王者兴"显又不真是"必然"。则孟子对历史之演变究竟持何观点?对"命定论"持何态度?此就另一段资料看,则其意较显。

《离娄上》:

> 孟子曰:天下有道,小德役大德,小贤役大贤。天下无道,小役大,弱役强。斯二者,天也。顺天者存,逆天者亡。

此处所谓"天",自是指一种"势"讲;既说"顺天者存,逆天者亡",则其意显然承认有"客观意义"之"势",而且人当"顺"此势以求"存";但下文又云:

> 今也小国师大国,而耻受命焉,是犹弟子而耻受命于先师也。如耻之,莫若师文王。师文王,大国五年,小国七年,必为政于天下矣。

依此,更合上文观之,则当"天下无道"之际,弱国受强国支配,固是"天"或是"势"所决定,但弱国又可不受此种"势"之限制。若"师文王",便不仅可不受强国支配,反而可成为天下之主宰。由此,孟子之史观实不难知。简言之,即孟子首先承认既成之历史皆表示一种事实意义之限定,因此,对人事即提供一种"势"。此种"势"在价值上为中立,故说"斯二者,天也",即"有道"与"无道"之历史事实皆同样提供此种"势"。客观之"势"一经成立,人事成败即受其限制,故顺逆之际即存亡之分。但孟子毕竟以其心性论作为思想之总纲,故虽承认历史中之"势",仍坚持自觉意志之力量。自"师文王"以下数语,即表示人自觉又随时可以超越已成之势而有所创造;但此种创造力及超越事实限定之活动,理论上虽永有可能,事实上则仅有极少数具大智慧之心灵能实现此可能;孟子对此点亦曾言及。

《尽心上》:

> 孟子曰:待文王而后兴者,凡民也。若夫豪杰之士,虽无文王,犹兴。

"文王"自代表"有道",故"待文王而后兴"只是顺"势"而兴;此是常人之事,故云"凡民"。无文王而兴,则是超越已成之"势"而自作创造,须"豪杰之士"始能之。豪杰即是极少数具大智慧之人,故能表现自觉心或自觉意志之主宰力也。

总之,孟子对历史演变之观点,基本上仍承认人之自觉能改变或创造历史;历史之"必然"或"势",虽亦为孟子所承认,但孟子未尝深信"历史命定论";此亦见其心性论之原则固直贯其史观也。

孟子此种承认人在历史中有最后主宰性之立场,不仅上承心性论之说,且亦与其政治思想不可分;盖既以为行"仁政"即可收"王天下"之效用,则对人之意志方向能决定历史方向实已预认。但在论"仁政"与"王道"时,孟子未确切点出此种追寻理想之活动与事实限制之关系,故本书在此节内补作以上之论述。

此处尚有一较细微之问题应稍作说明。孟子固坚持自觉心或智慧足以克服客观之事实限制,但此只是说"主体性"有此主宰力量,而并非说"主体性"必须在克服事实限制处方显现此主宰力量。换言之,孟子与黑格尔不同。黑格尔强调"实化"及"具体之普遍"等观念时,其主旨即在断定"客观化"本身代表更完满之价值,亦即认为未客观化之主体性乃尚未完成价值者。孟子则不然。孟子虽认为主体性能创造历史,但并非以为主体性必须在此一层面上方完成其价值。盖孟子所持之"心性论"立场,终以内在意义之德性为价值所在,一切外在意义之创造显现,皆只视为此德性之展开。此种展开,有固甚佳,无亦不碍德性本身之价值。此点孟子亦曾以明显词语表示,例如:

《尽心上》:

> 孟子曰:广土众民,君子欲之,所乐不存焉;中天下而立,定四海之民,君子乐之,所性不存焉。君子所性,虽大行不加焉,虽穷居不损焉;分定故也。

以下即说"君子所性"乃"仁义礼智";盖孟子认为一切在外在世界中表现之功效成果,终不影响德性之价值。君子固以此种"实现"为"乐",然究非"性"所在;"性"所在则是"分定",是不受外界任何影响者,亦不待外在意义之实现方完成其价值也。此点阐明,吾人对孟子之史观以及其对于"客观化"问题之理论立场,皆可见其大要矣。

(三)天、性、命之关系

此点涉及孟子哲学立场问题。

上文析述孟子之民本说时,已说明孟子所谓"天",主要指人力不能决定之范围。就孟子谈政治问题之资料中看,此一解释原无可疑。但孟子书中尚另有资料,亦涉及"天",而其词义则不如此明确,以致诠释者可有不同说法。本节即专对此类资料,作一析论。

此类资料即将"天"与"性""命"连说者。就本文看,固甚简略,然可能涉及之哲学问题,则甚复杂。在此处所作之不同解释,即可引至对孟子哲学立场之不同看法。兹先举原文，展示其理论意义，然后再试作一判断。

孟子将"天""性""命"连说之文，见于《尽心上》，其言曰：

> 尽其心者，知其性也；知其性，则知天矣。存其心，养其性，所以事天也。夭寿不贰，修身以俟之，所以立命也。

此段先言"心""性"与"天"，后落至"立命"上。其下又另说"知命"。原文云：

> 孟子曰：莫非命也，顺受其正；是故知命者不立乎岩墙之下。尽其道而死者，正命也。桎梏死者，非正命也。

此处虽未着"天"字，但与上段"天、性、命"连说之文合看，则其间自可有理论上之关联。又在《尽心下》中，有一段以"性""命"对比而为说，复涉及"天"。原文云：

> 孟子曰：口之于味也，目之于色也，耳之于声也，鼻之于臭也，四肢之于安佚也，性也；有命焉，君子不谓性也。仁之于父子也，义于君臣也，礼之于宾主也，知之于贤者也，圣人之于天道也，命也；有性焉，君子不谓命也。

此段应为讨论孟子对"性""命"之理论之主要资料。其解释即涉及孟子之哲学立场。

此外，在《告子上》，答公都子"大人""小人"之问时，又曾语及"天"与心性之关系。其言曰：

> 心之官则思，思则得之，不思则不得也。此天之所与我者。先立乎其大者，则其小者不能夺也。此为大人而已矣。

案此段本属心性论之资料，但对本节所探究之问题言，则因涉及"天"，故亦可作为参证资料。以上已引有关之资料。兹可进而讨论此中所含之理论问题为何,及其理论意义所在。

首先,以上各段所涉之理论问题,可分为以下数点:

(1)"天"与心性之问题。因孟子一向以"心"与"性"合说,即以自觉心之特有能力为人之"性",故此问题可简称为"天"与"性"之问题,主要涉及"天"之词义。

(2)"性"与"命"之问题。此涉及"性""命"二词之意义及指涉(即所谓"meaning"与"reference"),以及二者在其哲学理论中之地位问题。

(3)"天"与"命"之问题。此涉及"天"与"命"在不同语脉中之不同词义之问题。

(4)"天"在孟子理论中之地位问题,此即涉及孟子之哲学立场问题。

此处学者宜加注意者,是《孟子》原书中所表现之哲学立场是一事,后世儒者解释孟子时所持之哲学立场又是另一事。譬如宋儒诠释孟子学说时,每每另以一套资料为根据以判定孟子之哲学立场;然如此立论时所表现者主要是解释者之立场,非《孟子》本书之立场矣。此点在常识层面看,人或以为所有解释皆不免此病。但具有理论训练者,则自知某种解释与另一种解释之间常有效准之差异;其效准固可就一客观标准衡定,并非无可比较也。

以下即逐步依上列次序作一析论。

1. "天"与心性

如本书述孟子心性论时所显示,孟子以人之自觉心中之价值意识作为人之"性",原不倚恃任何外在之存有。然既说"知其性",则"知天",又谓心之"官"(即能力)乃"天之所与我者",则"天"与"性"究竟有何关系,自应作一辨析。

先就"知性"与"知天"说,通常习用解释,是以此说与《中庸》之

"天命之谓性"合看,谓二者相通。就字面看,此种传统说法亦似甚为自然;盖"性"若自"天"来,则由"性"反溯亦似可以知"天"也。但稍一深求,则从哲学史或哲学问题看,皆大有困难。盖从哲学史角度看,则《中庸》乃晚出之书(参阅拙著《新编中国哲学史》第二卷论《礼记》部分),则旧说所假定之《中庸》与孟子之传承,显已不能成立。孟子自谓承孔子之学,而孔子思想之特色即在于强调自觉心之主宰地位,孟子之心性论分明承此立场而建立。先秦北方思想传统又向无形上学旨趣,则孟子何以忽采取后世之形上学观点(为《中庸》所代表),实不近情理。传统说法所以不察觉此种困难,乃因受汉代后之学风影响,故忽视古今之异,以为后起之儒者所持之宇宙论及形上学理论,皆为先秦儒学所有。然此实悖于古史,尤不合哲学史所关之史实,今日观之,极难成立。

其次专就哲学问题看,则此中之理论困难,亦甚明显。盖若以为"性"出于"天",则"性"比"天"小;换言之,以"天"为一形上实体,则"性"只能为此实体之部分显现;由"天"出者,不只是"性"。如此,则何以能说"知其性"则"知天"乎?"其"字自是指"人"讲,"知其性"纵能反溯至对"天"之"知",亦只是"天"或"天道"之部分,人不能由知人之性即全知"天"也。总之,如"性"出于"天",则"知其性"不能充足地决定"知天"。而就《孟子》本书或同时代之一般语法言,则凡说"……则……"时,"则"字前之陈述例为"则"字后之陈述之充足条件。此点亦属常识,无待多辩。

倘欲使"知其性"成为"知天"之充足条件,如《孟子》原文之意,则只有两可能。其一是肯认"性"比"天"大,如此则"知其性"则必可"知天",但此即与"天命之谓性"直接冲突。盖说"性"比"天"大,即是肯定一最高主体性,而在此意义下,"天"亦当依此"性"而安立;则在理论次序上,"天"不能先于"性"矣。其二是以"性"与"天"相等,如此则天所具之一切性质或内容,均为"性"之所有,而且二者内容全不可分辨,如可分辨,则不"相等"。由此推之,"天"与"性"成为二名一实之关系。吾人可说"天"是"性"之别名,亦可说"性"是"天"之别名。如取此说,则《孟子》本文中所说之"存其心,养其性,所以事天也",已不可解;且取《孟子》书中言"性"之语,以"天"字代之,则处处皆不可通。若在《中庸》一面,则依此观点看"天命之谓性"一语,亦成为不可解,盖将等于说"性命之谓性"或"天命之谓天"矣。

其实此问题亦不难解。盖《中庸》提出"天命之谓性"一语时,其立场确定为形上学立场,亦确定认为"天"作为"形上实体"有最高地位,故"性"比"天"小,亦不待言。而孟子本非持形上学立场者,故无"性"比"天"小之明确观念。"知其性"则"知天"一语,本身意义不甚明确,但与"天命之谓性"不能相合,则甚为确定也。

至此,传统旧说之不能成立,已属显明。然则孟子对"天"与"性"之关系,究竟如何看法?此须由此处"天"之词义下手,试作解说。

首先应加注意者,是此处之"天"字,与其民本说中所说之"莫之为而为者,天也"词义不同。此处之"天"字,不重在"限定义",而有"本然理序"之义。"天"作为"本然理序"看,则即泛指万事万物之理。说"知其性,则知天矣",意即肯定"性"为万理之源而已。

此解与"此天之所与我者"一语合看,即可知文中之"此"字指上文"思"字而言,换言之,即指"心"之能力而言,"我"字则转与"心"字相应。明此语即是说,"心"有"思"之能力,此能力乃心本然具有。亦即是说"思"是心之"本然之理"。因此处"天"字亦取"本然理序"之义,故与"知天"之说互通。总之,孟子是以"天"说"思",非说"心"出于"天"。其与《中庸》"天命之谓性"之说不同旨趣,即在于《中庸》取形上学立场,孟子则取心性论立场。形上学重视"有或无",故必以"实体"观念为根本;心性论重视"能或不能",故以"主体"或"主宰性"

为根本。明乎此,则先秦儒学之本旨方不致迷乱也。

孟子之"心性"原就最高主体性讲,有时用"我"字,亦指此心性。譬如《尽心上》:

> 万物皆备于我矣。

此自是说心性中包有万物之理,亦可与上解参看。"万物皆备于我"自与"皆出于天"不同;但如要强调"万物皆备于我"乃心性本然之理,则亦可用一"天"字作某种描述;然如此用"天"字,并非以"天"作为一形上实体,而将"我"或"心性"视为"天"之生出也。

以上皆将"心性"合说,但《孟子》书中通例虽不分别"心"与"性"二字,但说"尽其心者,知其性也"时,则显是分说"心"与"性",故此处须稍作补充。

所谓"尽其心"自指尽其心之功能讲,但心之功能原即孟子所说之"性",则"心"何以须在"尽"处方能知"性"?解答此问题,关键在"知"字。

孟子此处所谓"知",盖指"自觉"而言;"心"之发用即是"性"之显现,但"性"显现却未必即表示心自觉到自身之功能。"心"发用至充足状态,方自觉到自身之"性",此即是反照之智慧;在此反照处,方说"知其性"。而心能自觉其"性"时,亦即自觉其最高主宰性,故亦即自觉其为万理之源;故"尽心"与"知性"、"知性"与"知天",皆是一充足决定关系。"知"乃"自觉"之义,则并非落向一超越或外在之实体,即甚显豁矣。

总上所论,可知孟子言及"天"与"性"时,并非肯认一形上实体;"知其性"则"知天"之说,语义正与"天命之谓性"相反;"心"是主体,"性"是"主体性"而"天"则为"自然理序"。"自然理序"意义甚泛,自亦可引出某种形上学观念,但至少就孟子本人说,则孟子并未以"天"

为"心"或"性"之形上根源也。

2. "性"与"命"

此问题主要根源在上引此论"性"与"命"一段文字。

孟子先就"口、耳、目、鼻、四肢"等各举其所欲,然后说此虽亦是本有之功能(性),但系在经验界中被决定者,故不能谓之为"性"。此处前一"性"字与后一"性"字之意义指涉同异如何,首须辨明。"命"字亦然。

说"性也,有命焉"时,此"性"字自是"本有之功能"之义,而"命"字则取"限定义"。盖言人之形躯层之欲望,虽亦可视为本有之功能,但因是被限定或被决定者,故"君子不谓性也",此后一"性"字即取"主体性"之义。合言之,即谓凡属被决定之功能,皆不表主体性。此理自甚明显。如此,取前一"性"字之意义,则其指涉即在形躯之各种官能;取后一"性"字之意义,则其指涉即在于人之价值意识即孟子所谓"四端"所显现者。而"命"字在意义上则为"命定"之意,所指涉者则包括经验界之一切条件系列。倘将每一条件系列看作一种"理序",则"命"字之指涉,正与"天"字相近。此又可见民本说中孟子界定之"天"与"命"二字之词义,虽与本节所言在严格意义上不同,然毕竟出现于同一人之思想历程中,其间亦有确定关联在。

再看下文,孟子又举各种德性价值为例,而说此种种价值实际之实现,虽亦是受经验决定者,但求实现之活动乃根于主体性,而非被决定者,故"君子不谓命也"。

此处与上文论"性"之情况又有殊异。上文两"性"字,意义与指涉均不同;此处则两"命"字皆取"命定义"。"价值意识之活动"以"性"为基础,表自觉心之主宰性,此是一事。此种活动之实现分度乃"命定"者,又是另一事。前后用两"命"字,皆取"命定义",与上文两"性"字,一是指功能,一是指主体性者,实属不同。

然则孟子何以作此对举平行之语？就原文语气观之，孟子当是针对常识意见而作此论。常识观点以为人之欲求皆可视为"人之性"，故孟子指出此类欲求乃被决定者，与孟子所言之"性"不同。常识观点又以为人之德性成就，亦属"天生"，即为"命定"，孟子则指出德性本身不可视为"命定"。严格言之，前段涉及两种"性"，后段则未涉及两种"命"也。诠释者倘因强求两段相类，而将前段之二"性"字，视为意义指涉相同者，则即违孟子立说之主旨。此病清代文人往往有之。兹不具述。

总上所说，"性"字表主体性，即以价值意识或作价值判断之能力为指涉，仍是孟子一贯立场。"命"与"性"对比而言时，仍取"命定义"，亦是孟子之一贯态度。如此，"性"与"命"各指一领域，而此两领域即合成吾人之世界。此义固上承孔子"义命分立"之说，亦先秦儒家之主要态度所在也。

但孟子用"命"字，并非全取"命定义"；此观其"立命"与"正命"之说可知。下节论之。

3. "天"与"命"

当中国古代强调人格天信仰时，"天命"二字连用，自即指人格天之命令；但孟子学说中并未立一"人格天"，而其所谓"命"亦与普通语言用法不同。在民本说中《万章上》原谓：

> 莫之为而为者，天也。莫之致而至者，命也。

此是明白界定"天""命"二字之文。但在《尽心》中孟子说及"立命"与"正命"时，"命"字又取另一意义。说明此点，应先说明"命"字之不同用法。

"命"字从口从令，就其本义言，自以"命令义"为最早。其次，则有"命定义"，此在先秦文献中亦屡见之。除此二义外，尚有"寿命义",此专就生死而言。"寿命义"虽极可能由"命定义"衍生,但终竟是两个不同之词义,其指涉亦不同。

孟子说及"立命"时,《尽心上》谓:

> 夭寿不贰,修身以俟之,所以立命也。

此处既涉及"夭寿",则所取者为"寿命义",似甚明显;但以此义释此处之"命"字时,此段文字应如何解释,则尚须略加说明。

"立命"之"命"字,取"寿命义",则"立命"一语乃指人对寿命问题应有之态度讲;故"夭寿不贰"即是说无论命长命短,"修身以俟之"则即是提出一态度,意谓人不当忧虑寿命长短问题,只应致力于修身,以俟寿命之自然终结也。盖寿命长短之事,在孟子亦认为属被决定之范围,故谓人不应作此"外求";能如此超脱生死问题之困扰,即能"立命"矣。

但夭寿固是被决定之事象,人之心意行为亦可以摧残自身之生命,人固不应忧虑生死问题,但亦不应如此摧残自身生命;由此,孟子乃有"正命"之说。即《尽心上》所谓:

> 尽其道而死者,正命也。桎梏死者,非正命也。

人必有死,但自然寿命之终结,与德性无关。人但能尽其道,则其死只表一事实。如此,则生命由始至终,无悖义理,故称为"正命";反之,如自身先有行为上之失德或行罪恶之事,以至于死,则是自身心意行为悖理而丧其生命,此是对自身生命之摧残,故曰:"非正命也。"

依此,则本节所说之"立命"及"正命",皆只涉及人对寿命问题之态度,并未涉及某种形上学问题。孟子作此类言论时,亦未见有涉及形上学实体之必要也。

古代中国,"天命"自是一普遍信仰。但孔孟立说,皆不以原始信仰为依据。《中庸》有"天命之谓性"之说,正见其与孔孟思想方向有异;盖《中庸》大致出于秦汉之际,此时原始信仰因文化上之大破坏而重现,各种非儒学之观念亦相继与儒学混合,终有汉代之"天人观念"出现。《中庸》之形上学系统原属此一儒学变质时期之产物,未可强视为孔孟所代表之先秦儒学之"发展"也。

以上各节所涉及之孟子言论,包括"尽心""知性""知天""立命"以及"正命"等观念,皆是宋儒常加引用之资料。宋儒除极少数言心性者外,大半皆喜谈《中庸》及《易传》中之形上学理论;而又误信《中庸》为子思所作,于是极力牵引孟子思想使与《中庸》相符,以塑造其"儒家形上学"之图像。然吾人自客观角度看,则《中庸》作者既属于儒家,则其思想与孔孟之说之某种关联,自亦不足为奇,但其思想之类型,与孟子之类型大异,故孟子思想难与《中庸》相符,亦不必求其相符。而以上所涉资料,一一检论,则并无必然引出一"孟子之形上学"之确据。即就"立命"与"正命"说,孟子此处之论点,亦不须依赖一对"天命"之信仰,或对"形上天"之肯认也。

最后当略论"天"观念在孟子思想中之地位,以结束本节之讨论。

4. "天"之地位

宋儒自《中庸》及《易传》中承袭其形上学观念,故特重"天"之地位;而其阐述先秦儒学之言,乃常以此种异于孔孟立场之思想为据。于是,形成一传统说法,以为先秦儒学亦以"天"观念为中心。吾人今暂离此种传统观点,而详审《孟子》原书,并以古史之客观知识为辅,则见此种观点根据甚为可疑。一般流行之原始信仰,与孔孟之学说固不能混为一谈(至于孔孟本人或多或少亦具有当时社会之某种语言习惯,则是另一事。人皆先生活在某一社会中,亦皆不免受此社会中已有之传统习俗之影响;但某人提出一学说时,则可以与其社会中一切传统想法不同。论者必须留意一学说之理论结构及内容,而不可取某人日常语言中一二语,以与传统习俗有关,便谓其思想立场与传统习俗无异也)。其次,则南方文化与北方文化之分立,自周初开始形成。而形上学旨趣显属南方,此以道家为代表。儒学则承北方文化之道德政治旨趣。其不涉及形上学问题,颇为自然。后世儒学屡经演变,自可以有儒家之宇宙论及形上学出现,但此种后起之说,不能强加于前代之人。讲先秦儒学自当依先秦资料探究,《中庸》《易传》,可能价值极高,但绝不能代表孔孟之"儒学"也。

吾人倘专就先秦资料以观先秦儒家思想,以《孟子》原书为据,以讲论孟子之思想,则对于"天"观念在孟子思想中之地位问题,即无法赞同宋儒传统之说。

首先,孟子之思想,以心性论为中心;落至政治生活上,乃形成其政治思想。宇宙论问题及形上学问题,皆非孟子留意所在。故谈及"天"时,最重视有关政治问题一面之说法;但其理论立场则是以"民心"释"天意",故并非提高"天"对政治生活之重要性,实是削减"天"观念之分量。其次,古代流行之"人格天"观念,在孟子语言中亦有时出现,但与其主要思想无甚关联。此点正与孔子在《论语》中用语之情况相似。此外,偶有以"天"作为"本然理序"之说法,此即本节所论者。此种说法虽似重视"天"之地位,但仍与以"天"为形上实体之说大异。另一面,孟子之心性论,全建立在"主体性"观念上,无论其论证强弱如何,处处皆可以离开"形上天"之假定而独立。则"天"观念在孟子思想中并无重要地位,似亦无疑。

总之,当吾人取哲学史之角度,而详审资料及史实时,实不见"天"观念在孟子思想中有何重要地位;纯就理论关联看,孟子之说亦并不须涉及"形上天"。依此,吾人即可说,"天"观念在孟子思想中,只是一辅助性观念;倘除去此观念,孟子之主要理论并不受影响。

作此结论后,尚应一提者是,论儒学者对"天"之地位问题,尚可从另一角度提出一问题,此即,孟子学说是否"应该"强调"天"之地位?换言之,孟子之"心性论"是否"应该"归于一"形上学"?此处所谓"应该",自是就哲学之理论价值说,因之,以上之问题实即是问:孟子之"心性论"如归于一"形上学",是否有较高价值?

此一问题显已逸出哲学史范围,因哲学史工作在于整理展示前人之说,须保持客观性。某人之学说是否如此如此,乃哲学史上工作者面对之问题;至于某人之学说如何方是"最有价值"或"最好",则另是一事。但此问题却涉及另一严重哲学问题,此问题是价值哲学、道德哲学以及文化哲学等等,是否皆须依赖某一形上学?换言之,如一切形上学皆不能成立,是否上举各类哲学理论亦皆不能成立?此问题可说是康德以后哲学界一大问题。本书自不能对此问题提出解答,但仍愿提出此问题,以点破许多有关解释儒学之冲突意见之遥远根源。盖许多争论原不在哲学史内部之工作,或儒学中某人思想之内部结构等等问题,而实源于此一在哲学史范围外之问题也。

至此,已将《孟子》书中除"心性论"及"政治思想"两主要部分外之理论问题,稍加清理。学者以此与前文合看,对孟子之学说即可见其大要矣。

第四章 道家学说

第一节
道家思想之源流及时代问题

道家之源流时代问题,争议已久。关于"老子"其书其人,真伪先后之辨,群言滋繁。盖道家向宗老子,老子可疑则道家即根本上为可疑。今欲重为整理,不得不析剖老子问题,考老子问题之所以发生,实一由于《史记》传文之诞妄,二由于今本经文之杂乱,三由于庄子以下后世立说者之假托臆度。盖司马迁传文所记,既违史实,复悖常理;聃儋相混,生卒不详。于是老子其人为可疑。经文流传,自王注本、傅校本、河上章句,至于崇宁五注、《永乐大典》之书,旁出景龙、景福、龙兴观、古楼观诸碑,皆多异词,难定正讹。而诸本词句略同之篇章中,复常杂以后出之语。于是《道德》五千言之经文为可疑。战国诸子,言喜托古;动撰故事,以尊所宗而抑人。至刘向、班固,又据古学在官之说,以各家之言分属于古某官;遂谓道家者流出于"史官",更不辨学说形成之年代。于是道家思想实始何时,亦成为可疑。凡言老子之学者，于此三疑必先有所断。至于庄子，则所涉问题较简，亦可比照老子而观之。总之，道家源流及时代问题大要不外三方面：

第一，人之年代问题。即老子、庄子其人之时代以如何断定最为近理。

第二，书之年代问题。即《道德经》《南华经》之成书（略如今所见诸本）可断为何时。

第三，思想之年代及源流问题。即此一系思想约当在何时兴起，如何发展，及其与其他学派思想之关系等。

兹先就第三问题作一探究，因哲学史所最重者为思想本身，理宜先论思想兴起之年代及源流。至于老庄其人与《道德》《南华》二书之年代问题，当在分论老庄之学时再为析论。

专就"道家思想"着眼，吾人乃涉及杨朱之说，观杨朱思想之盛衰及内容，有助于吾人断道家思想兴起之年代。

先就盛衰而论，可取《孟子》《庄子》《荀子》及《韩非子》中之材料观之。

《孟子》中论杨朱之材料屡见，而以《滕文公下》答公都子一段最为重要。

> 孟子曰：予岂好辩哉，予不得已也。……圣王不作，诸侯放恣，处士横议。杨朱、墨翟之言盈天下。天下之言，不归于杨，则归于墨。杨氏为我，是无君也。墨氏兼爱，是无父也。……杨墨之道不息，孔子之道不著，是邪说诬民，充塞仁义也。仁义充塞，则率兽食人，人将相食。吾为此惧，闲先圣之道，距杨墨，放淫辞……昔日禹抑洪水而天下平，周公兼夷狄、驱猛兽而百姓宁，孔子成《春秋》而乱臣贼子惧。……我亦欲正人心，息邪说，距诐行，放淫辞，以承三圣

者;岂好辩哉,予不得已也。能言距杨墨者,圣人之徒也。

此段之所以特见重要,乃因孟子在此处之言,实自述其怀抱;语皆郑重,非寻常泛谈可比。孟子历数禹、周公、孔子三人之功业,然后自谓以"距杨墨"为志。盖孟子视杨墨之言为天下大患,故以"距杨墨"为自身之历史任务。此点在论孟子之学时另有阐述。此处所须注意者为孟子无视于当时其他论者之言,而独标杨墨为其"息邪说"之大工作之对象。且孟子谓:"天下之言,不归杨,则归墨";又谓:"杨朱、墨翟之言盈天下",则当孟子时,杨朱与墨翟之思想必皆盛行于当世,殆无可疑。然而《庄子·天下》及《荀子·非十二子篇》及《解蔽篇》,评论诸家思想,则皆有墨而无杨。

案《天下》本非庄子本人之言,乃庄学后辈所记。但此一年代问题对此处之引证无甚关系,因《天下》成于孟子之后乃无可疑者。兹先引原文如下:

> 不侈于后世,不靡于万物,不晖于数度,以绳墨自矫而备世之急;古之道术有在于是者,墨翟、禽滑厘闻其风而悦之。……不累于俗,不饰于物,不苟于人,不忮于众;愿天下之安宁,以活民命;人我之养,毕足而止,以此白心;古之道术有在于是者,宋钘、尹文闻其风而悦之。……公而不当,易而无私,决然无主,趣物而不两;不顾于虑,不谋于知,于物无择,与之俱往;古之道术有在于是者,彭蒙、田骈、慎到闻其风而悦之。……以本为精,以物为粗,以有积为不足,澹然独与神明居;古之道术有在于是者,关尹、老聃闻其风而悦之。……芴漠无形,变化无常,死与生与,天地并与,神明往与;芒乎何之,忽乎何适,万物毕罗,莫足以归;古之道术有在于是者,庄周闻其风而悦之……

案此段历举墨翟等十人,而无杨朱。此外,在原文此段之前论"道术"

时曾谓：

> 其明而在数度者，旧法世传之史，尚多有之；其在于《诗》《书》《礼》《乐》者，邹鲁之士，搢绅先生，多能明之。《诗》以道志，《书》以道事，《礼》以道行，《乐》以道和，《易》以道阴阳，《春秋》以道名分，其数散于天下，而设于中国者，百家之学时或称而道之。

此处虽未明言"儒"，但"邹鲁之士"，及"《诗》《书》《礼》《乐》《易》《春秋》"等语，皆显然指儒学而言（案《天下》中并无攻讦儒者之词，与《内篇》《外篇》各篇之立场不类；此为《天下》非庄子本人意见之确证。此问题在本节不予析论）。

又原文举以上十人之后，又谓：

> 惠施多方，其书五车，其道舛驳……

以下并历数各种诡辩，此盖指名家而言。

综观此大段材料，显然《天下》中似已将较为盛行之各大学派分别论及，但独无杨朱。而墨翟之名则十人中首及之。足见此时墨翟之说尚盛，而杨朱之说已衰。再观《荀子》中之材料，则此点益明。

荀子论"十二子"之学时谓：

> 纵情性，安恣睢，禽兽行，不足以合文通治；然而其持之有故，其言之成理，足以欺惑愚众；是它嚣、魏牟也。忍情性，綦溪利跂，苟以分异人为高，不足以合大众，明大分；然而其持之有故，其言之成理，足以欺惑愚众；是陈仲、史鰌也。不知壹天下建国家之权称，上功用，大俭约，而僈差等，曾不足以容辨异，县君臣；然而其持之有故，其言之成理，足以欺惑愚众；是墨翟、宋钘也。尚法而无法，下修而好作；上则取听于上，下则取听于俗，终日言成文典，反紃察之，则倜然无所归宿，不可以经国定分；然而其持之有故，其言之成理，足以欺惑愚众；是慎到、田骈也。不法先王，不是礼义，而好治怪说，玩琦

辞;甚察而不惠,辩而无用,多事而寡功,不可以为治纲纪;然而其持之有故,其言之成理,足以欺惑愚众;是惠施、邓析也。略法先王而不知其统,犹然而材剧志大,闻见杂博,案往旧造说,谓之五行;甚僻违而无类,幽隐而无说,闭约而无解,案饰其辞而祗敬之曰:此真先君子之言也;子思唱之,孟轲和之。世俗之沟犹瞀儒,嚾嚾然不知其所非也……

案十二子中墨翟、田骈、慎到、宋钘等皆见于《天下》,而杨朱则不与焉。又《荀子·解蔽篇》论各家之"蔽",尤为重要材料;盖荀子论各家之"蔽"时,凡当世盛行之学派必当言及。兹观原文,则仅谓:

墨子蔽于用而不知文,宋子蔽于欲而不知得,慎子蔽于法而不知贤,申子蔽于势而不知知,惠子蔽于辞而不知实,庄子蔽于天而不知人。

仍是有墨翟而无杨朱。合《非十二子篇》之材料观之,足以断定,在荀子时,杨朱之思想已甚衰。再后至《韩非子·显学》则谓:

世之显学,儒墨也。

其时,杨朱思想之衰,更为明确。

观《孟子》《庄子》《荀子》《韩非子》四时期之材料,显然可见杨朱之思想当孟子时尚极盛,至《天下》时代(略后于庄子)则已衰,其后论当世之学者不语及杨朱。显学既唯有儒墨,则杨朱之说实已息灭。日后唯杂家之书偶列其名而已。

然则杨朱之思想,何以由极盛而衰息?顺此一问题探索,乃可转至道家思想与杨朱之关系之发现。

在进至此一问题之前,尚有须补充数语者,即《庄子》各篇中尚提及杨朱。如庄子与惠子辩,而谓:

> 儒墨杨秉四,与夫子为五,果孰是邪?①

此中"杨"应指杨朱,"秉"则指公孙龙。

又如:

> 阳子居南之沛。②

"阳"通"杨","居"与"朱"音可转。且《寓言》所记"阳子居"与老聃之事,亦见于《列子》书中,而作"杨朱"。《列子》书虽为伪作,但伪作者袭《庄子》书中此节而下笔时,以"杨朱"代"阳子居",则正可见解庄者历来以"阳子居"为"杨朱"。

由此等材料可知杨朱在《庄子·杂篇》时代尚偶有人语及,但不列于评论中,即见其地位之衰落。《应帝王》中提及"阳子居",亦视为问学于老聃之人,而不视为一派之代表。

欲探究杨朱思想衰息之原因,必须涉及杨朱思想之内容。一派思想之衰息,通常不外二种状况。或因人普遍否定其思想方向而自衰,或因有同方向而较成熟之思想兴起而被取代。今欲断杨朱思想之衰属何状况,必先观其思想方向所在。否则,无论就何状况看,均无从下判断。

杨朱之说,已不可考。但其大方向所在,仍可据他人之转述而见之。近人言及杨朱者,大抵皆据以下数段材料。

《孟子·尽心上》之材料:

> 孟子曰:杨子取为我,拔一毛而利天下,不为也。

《吕氏春秋》中之材料(杂家):

---

① 《庄子·徐无鬼》。
② 《庄子·寓言》。

阳生贵己。[①]

《淮南子》中之材料(杂家)：

全生保真，不以物累形，杨子之所立也，而孟子非之。[②]

据此数项材料，杨朱学说之大方向似不外以下二点：

第一，杨朱肯定一"我"或"己"。

第二，杨朱否定"物"。

然则，杨朱所肯定之"我"或"己"究竟是何意义？最显而易见者是，此所谓"我"或"己"，不能是"物"，因杨朱已否定"物"。其次，"全生保真"一语中之"生"与"真"显然即为杨朱所肯定者。由此，吾人可断定，杨朱所肯定者应是一与"生"及"真"观念相符之"我"（或"己"），而非"物"义之"我"。

就"生"以言"我"，又离"物"义；则此非"物"而又属"生"观念之"我"，即绝不能指"物欲"中之"我"；如此，吾人可知杨朱所肯定者应为一"超形躯义之生命我"。而所谓"真"即指"不累于物"之纯生命情趣；至于"形"字则虽易使人困惑，但只足见杨子就"生"言"我"时之欠严谨，未可以据之否定以上判断。

杨朱肯定一"生命"，但有时可能仍与"形"观念相混（《淮南子》中所以有"不以物累形"之语，可能即因汉代人所传之杨朱思想中，有"形"字出现）；此不足怪。吾人正可由此见杨朱为最早言"生命我"之人。其言为最早一阶段之学说，故未能严格。

再视道家之说，则老庄显然皆肯定"生命我"者；老子以"善摄生者"为"得道者"之别称（此见《老子》第五十章，解释见下节）；庄子则

[①]《吕氏春秋·不二》。
[②]《淮南子·氾论训》。

明言"养生"之义,而有《养生主》一篇。且在《内篇》《外篇》中反覆发挥此义(见下节),其语甚精严,盖属"生命我"理论之晚期。

"生命我"即"情意我",因就"活动"言,"情意活动"即以纯粹"生命我"为根者。凡肯定"生命我"或"情意我"者,必贬斥"德性我"及"认知我"。老庄之言皆于此二面之否定有所发挥,固人所习知者。杨朱之言,虽不可详考,但就已有之材料观之,其所肯定者既是一"生命我",则其大方向与老庄同,亦极明显。

道家伪书如《列子》,即强使杨朱位于老子之徒之列;《庄子·寓言》亦有类似说法。其所以如此,可能即因道家人物自己亦觉察杨朱与道家思想原为同向。

杨朱本人之思想,由于材料太少,在中国哲学史中不能专为论析,仅附于此略言之。而此处所牵涉之大问题乃在道家思想之源流及时代问题。

杨朱之说,一度极盛,其衰则应在孟子之后,《天下》时代之前。此一阶段正是老庄之说兴起之际。孟子生卒仅早庄子数年,而孟子时目中固无庄子,仅言杨墨,足见其时老庄思想尚未被视为一独立学派;何以如此?盖因老庄思想接近杨朱,故当时为杨朱所掩,合为一派。而日后杨朱思想之衰亦正由于老庄思想之兴。老庄思想远较杨朱成熟。《道德》《南华》之说大行,杨朱之言遂衰息。此于理甚明者。

合以上所论,可得以下之结语:

第一,杨朱思想在孟子时极盛,至《天下》时代即衰,其后遂息。

第二,杨朱之说衰息时,道家之说大行。

第三,杨朱思想之内容,大方向上与老庄同,皆肯定生命情意我者。而老庄立说较杨子为精。

故可知杨朱思想之所以衰,实由于道家思想后来居上。以精代粗,乃同方向之哲学思想发展之通例。杨朱思想与老庄同方向,而精到不逮老庄,则其被老庄思想所取代,乃当然之事。

就道家思想言,吾人于此可作一断定,即此思想乃起自杨朱者,但在统系上杨朱与老庄间无传承关系。就盛衰之经过言,则在孟子时,杨朱尚为代表此派思想之人物;庄子没后,则言道家之说者悉宗老庄,杨朱偶被人提起,亦降为老子之徒之列。

第二节
老子与《道德经》中之思想

所谓"老子"其人之时代,所以成为问题,首须解释。

一、老子其人

在论《道德经》思想之前,先当略论老子其人其书之时代。

司马迁《史记》中有《老子韩非列传》,就常理言,史籍有传之人,本不应有所谓时代先后之疑;然老子其人之时代所以成疑,则正因传文本身而起。兹先引《史记·老子韩非列传》原文如下:

> 老子者,楚苦县厉乡曲仁里人也。姓李氏,名耳,字伯阳,谥曰聃,周守藏室之史也。
>
> 孔子适周,将问礼于老子。老子曰:子所言者,其人与骨皆已朽矣,独其言在耳。……孔子去,谓弟子曰:鸟,吾知其能飞;鱼,吾知其能游;兽,吾知其能走;……至于龙,吾不能知……吾今日见老子,其犹龙邪?
>
> 老子修道德,其学以自隐无名为务;居周久之,见周之衰,乃遂去;至关,关令尹喜曰:子将隐矣,强为我著书。于是,老子乃著书上下篇,言道德之意五千余言而去,莫知其所终。
>
> 或曰:老莱子亦楚人也;著书十五篇,言道家之用,与孔子同时

云。盖老子百有六十余岁,或言二百余岁……自孔子死之后百二十有九年,而史记周太史儋见秦献公曰:始秦与周合……或曰:儋即老子;或曰:非也。世莫知其然否。

老子,隐君子也。老子之子名宗,宗为魏将,封于段干;宗子注,注子宫,宫玄孙假;假仕于汉孝文帝,而假之子解,为胶西王卬太傅,因家于齐焉。

世之学老子者则绌儒学。儒学亦绌老子。"道不同不相为谋",岂谓是邪?李耳无为自化,清静自正。

以上之传文,涉及六项问题:(一)姓名问题。(二)孔子问礼问题。(三)出关及著书问题。(四)年龄问题。(五)老莱子及太史儋问题。(六)世系问题。

关于此六项问题,自叶适、宋濂、毕沅、汪中、崔述、王念孙诸人,以至章炳麟、马叙伦、梁启超、胡适、唐兰、冯友兰之属,皆有所论辩。顾所争者多而所断者少,盖亦文献不足,易疑而不易征信之故。兹先分别略述此六问题其所以成问题之故,再拟一暂定之论断。

(一)**姓名问题**

传文中明言老子姓李名耳,字伯阳,谥曰聃;但郑康成注《礼记·曾子问》,释"老聃"则曰:"老聃,古寿考者之号。"故考者(如唐兰)乃谓,郑康成不应未见《史记》,何以不言"姓李名耳"?且以"古寿考者之号"释"老聃",显然视之为一不知姓名之人;郑康成时之《史记》必尚无"姓李名耳"之文,否则郑注不致如此释之。由此,则此文之真伪难定,而老子之姓名遂成问题。

又司马贞索隐本,作"名耳字聃姓李氏",注谓"有本字伯阳,非正也"。王念孙据此而旁征《后汉书·桓帝纪》之注及《文选·反招隐诗》注,断定《史记》原本之文是"名耳字聃姓李氏",而今本之文为后人所窜改而成。"伯阳"之号出于《列仙传》,依此,则《史记》传文早被人窜改。第此点尚只涉及名字问题,未影响老子之姓"李"。

郑康成释"老聃"而不言"姓李名耳",则产生老子是否姓"李"之问题。且观传文,前既确言老子之姓氏,后复以疑似之词指"老莱子"及"太史儋"可能即为"老子",此最可疑。关于"老莱子"及"太史儋"之问题,当在下(五)项中论之。此处可说者是,老莱子或为"老"姓,或如毕沅《道德经考异》序文所言,姓"莱"而以寿考称"老",总之并非姓"李"。何以司马迁既知"老子"之姓为"李",又疑与"老莱子"为一人?至于太史儋,《史记》亦无太史儋姓"李"之文。何以亦疑其与"姓李氏,名耳"之"老子"为一人?司马迁或不知老子姓氏,或确知老子姓氏,如不知,则"姓李氏"云云即为伪作之文;如确知老子姓"李",则后文之疑须另有解释。盖作史者苟能确言某人之姓名,则不应又疑某一另有姓氏之人与此为一人,此理甚明。今传中乃有此最可疑之文,则老子之姓名不能不成为一问题。

(二)孔子问礼问题

关于孔子"问礼"于老子之说,《史记》似取材于《庄子》,前人已有言之者。此外,则有《礼记·曾子问》中之材料,一向被人视为孔子曾"问礼"于老子之证据。兹引原文如下:

> 曾子问曰:葬引至于堩,日有食之,则有变乎?且不乎?孔子曰:昔者吾从老聃助葬于巷党,及堩,日有食之。老聃曰,丘,止柩就道右,止哭以听变,既明。反而后行。曰,礼也……

又有答曾子问下殇葬礼之言:

> 孔子曰:吾闻诸老聃曰,昔者史佚有子而死,下殇也。墓远,召公谓之曰,何以不棺敛于宫中?史佚曰,吾敢乎哉?召公言于周公,周公曰,岂不可?史佚行之……
>
> 子夏曰:金革之事无辟也者,非与?孔子曰:吾闻诸老聃曰,昔

> 者鲁公伯禽有为为之也。今以三年之丧从其利者,吾弗知也。

除此以外,《庄子》及《孔子家语》中尚有言问礼者,但《家语》本为伪书。《庄子》寓言十九,所记尤不可信。故关于"问礼"一事之讨论,仍当以《礼记》及《史记》之材料为主。

《史记》除在上引之《老子韩非列传》文中述"问礼"之事外,在《孔子世家》中亦有记载。兹引出如下:

> 鲁南宫敬叔言鲁君曰:请与孔子适周。鲁君与之一乘车、两马、一竖子俱,适周问礼,盖见老子云。辞去而老子送之曰:吾闻富贵者送人以财,仁人者送人以言。吾不能富贵,窃仁人之号,送子以言,曰,聪明深察而近于死者,好议人者也;博辩广大危其身者,发人之恶者也。为人子者毋以有己,为人臣者毋以有己。孔子自周反于鲁,弟子稍益进焉。

案在此一段之前,有"孔子年十七"之文,其后则有"鲁昭公之二十年,而孔子盖年三十矣"等语;依此,"问礼"之事似应在孔子十七岁至三十岁之间。然此与史实舛违,盖在此十三年中南宫敬叔与孔子适周之事不可能。

何以言不可能?考南宫敬叔生于鲁昭公十二年而孔子生于鲁襄公二十二年。襄公三十二年薨,昭公立,昭公元年,孔子年十一;则孔子年二十二时,南宫敬叔始生。孔子年三十,南宫敬叔年九岁,岂能从孔子远游问礼?

此乃无可置疑之史实。则《史记》中"问礼"之记载不能自立。又观《曾子问》之文,孔子与老聃同见日食,则孔子"问礼"之年必是一有日食之年。阎若璩即依此以考定孔子适周之年为昭公二十四年,《四书释地续补》曰:

> 惟昭公二十有四年夏五月乙未朔日有食之,见《春秋》。此即孔

子从老聃问礼时也。①

但昭公二十四年,南宫敬叔年仅十三岁,亦不能从孔子适周。次年,昭公又已奔齐,孔子亦去鲁,无由请车马于鲁君。

又有据《庄子·天运》而谓孔子五十一岁见老子者。但孔子五十一岁为鲁定公九年,不特是年无日食,阎若璩已言之。且定公九年孔子为中都宰,定公十年孔子与夹谷之会;盖始终未离鲁,何能"问礼"?

故《史记》所述"问礼"之事,考之史实,舛谬显然;且他说亦多不可通。"问礼"之事遂成为一问题。而此乃影响老子其人之有无者,因《史记·老子韩非列传》仅述"问礼"及其出关著书二事,似老子生平为人所知之事实仅此二项较详。今"问礼"之事既不可靠,则传文益不可信。至于出关著书之事,则问题尤多。

(三)出关及著书问题

《史记》所载老子应"关令尹喜"之求而著《道德经》事,言之凿凿,但"关令尹喜"四字之解释本身即成问题。通常不外二说:其一以为"喜"为人名,"关令"二字连读,而以"尹"为姓。故《列仙传》有"著书九篇,名《关令子》"之说,而《庄子·天下》释文亦谓:"关尹,关令尹喜也。或曰:尹喜字公度。""字公度"之说显为后人臆造,姑置不论。以"尹喜"为人名,则是以"关令"为官名矣。然考诸子,则《庄子·达生》及《天下》二篇中,均称"关尹",《吕氏春秋·不二》亦谓"关尹贵清"。皆无称"尹喜"者。而《汉书·艺文志》又有"《关尹子》九篇",注曰:"名喜。"则又皆是"关尹"二字连读,"令"字无着落。且周制又未见"关令"之名。故此一读法大成问题。其二则以"令尹"为官名。或以

---

① 案终昭公之世,日食而有记载者凡七:①七年四月(甲辰朔)。②十五年六月(丁巳朔)。③十七年六月(甲戌朔)。④二十一年七月(壬午朔)。⑤二十二年十二月(癸酉朔)。⑥二十四年五月(乙未朔)。⑦三十一年十二月(辛亥朔)。⑧中国不见。阎氏误。

为"关令尹"三字合而为官名,"喜"为人名。此因《艺文志》注,刘向《别录》及《吕氏春秋·审己》高注,皆只言"名喜",而不明书姓氏,故视"关令尹"三字为官名。但无论"令尹"或"关令尹",皆非周制中之官名;因"令尹"之官,唯楚有之,且乃司国政之臣非守关之人。周制则仅有"关尹"之名。《国语·周语》有"周之秩官有之曰:敌国宾至,关尹以告……"云云。则唯有作"关尹"始可通,但《史记》传文中则明明为"关令尹喜"四字,此见传文非真。而《天下》释文及《列仙传》皆亦言"关令尹喜",大抵同《史记》之讹;然今日终不能断之。

其次,老子"至关"而遇"关令尹喜",此"关"为何关?已往有二说。《抱朴子》以为"老子西游,遇关令尹喜于散关";又谓"或以为函谷关"。盖向有"散关"及"函谷关"二说,故《抱朴子》并及之。考《国策》及《史记》本书之文,凡独称"关"者,皆指"函谷关";如《秦策》"故苏秦相于赵而关不通","甘茂亡秦,且之齐,出关遇苏子"及《赵策》"……魏塞平道,赵涉河漳博关……",皆以"关"指"函谷关"。《史记》中则《项羽本纪》《高祖本纪》皆屡言"入关","关"悉指"函谷关",更为人所熟知。依此,《史记·老子韩非列传》文中"至关"一语,所指应为"函谷关",似无可疑。但"函谷关"最早可考者唯《过秦论》中"秦孝公据崤函之固"一语。毕竟此关设于何时,则不可知,汪中以为应在秦献公之世;然若在献公之世始有"函谷关"之设,则后于孔子百年,老子何能在此遇"关令尹喜"乎?由此,"出关著书"之说又成问题。

(四)年龄问题

此点为传文中最荒谬之处,所谓"盖老子百有六十余岁,或言二百余岁",乃不可能之事;悖于常理,不待论驳。《史记》传文采此种荒谬之说,遂使老子神化,而上文言著书事后又缀以"莫知其所终"五字,俨若小说中所谓"成仙"者然;考之《庄子》,尚有"老聃死,秦失吊之"之文,则《史记》所载老子年龄之谬妄,实甚明显。而年龄既无可靠记载,老子其人之时代遂益难考。

(五)老莱子及太史儋问题

此点尤为怪诞可笑。案《史记·仲尼弟子列传·序》明言:"孔子之所严事,于周则老子,于楚老莱子";司马迁本人显知"老莱子"非"老子",且既云老莱子"著书十五篇",则与"上下篇"之五千余言岂能为一事?然传文似疑"老子"又即"老莱子",此不可解。且《汉书·艺文志》中"老莱子"与"老子"之著作尚皆列名,则司马迁时有此疑益为无理。

太史儋亦疑与老子为一人;此或由于"儋"与"聃"互通之故,昔人已言之,而且亦与世系问题有关(见下)。但至少有两点为不可解:其一,"自孔子死之后百二十九年"一语失真。因太史儋见秦献公,《周本纪》与《秦本纪》均载其事,盖在周烈王二年、秦献公十一年,即公元前374年是;孔子没于公元前479年,下距太史儋见秦献公实一百零五年;何以《史记》称"百二十九年",相差竟二十余年?其二,太史儋说献公之语,无道家气息,与此传老子声口迥不相同,司马迁何以疑其为一人?

除此二疑外,根本《史记》何以一面以老子为孔子之前辈,一面复以百年后之太史儋为老子?乃一必须注意之问题。

(六)世系问题

传文既疑老莱子及太史儋与老子为一人,前后文又有"莫知其所终"及"世莫知其然否"之语,似司马迁对老子其人仅有传说中之知识。但后接一世系记载,又谓"老子之子名宗……"云云,俨然又熟知老子其人之年代。此点复引起许多问题。毕沅、汪中以及现代人冯友兰皆由此推断老子其人;或以为即太史儋,或以为是战国时代另一李耳,而与庄子所称之"老聃"别为二人。梁启超与胡适且在此问题上大生争执。梁氏以为孔子十三代孙安国之时代为汉景帝及武帝时,乃与老子八代孙同时,相差五代之多,则老子似不能为孔子前辈。胡氏则以为人寿有长短不同,经若干代后,可能有此种变化;曾引胡氏本人世系与梁氏世系为例,说明其可能。此外又有人以为"玄孙"不必即如《尔雅》所释指第四代孙,争议极多。然考史实,则问题实较各家所议者尤为严重。

传文谓"假之子解为胶西王卬太傅",依所载世系,解上溯至老子共九代(中阙三代之名)。而胶西王卬在景帝三年谋叛自杀,景帝三年为公元前154年,解为胶西王卬太傅,不得晚于是年。以是年为定点,解当时设年为五十(据其父年推之,见下),再设上溯各代,每代相差三十岁;则推至老子时,老子应生于公元前454年左右,距孔子之死尚晚二十五年,距孔子之生则晚九十七年。

且解之父假仕于汉文帝时,文帝元年为公元前179年,假之仕不得早于是年;此又可作一定点。假当文帝元年时若年五十,解当时最大不过为三十岁,推至前154年,解仅得五十五岁,倘取相差三十岁之例,则解只能有四十五;取其平均数,则解不应在前154年超过五十岁。而假仕于汉文,其年在汉文元年时亦难超过五十岁,故以上之计算应不悖情理。但据此则老子少于孔子几近百岁,且孔子死时,老子尚未生。

其次,就"老子之子名宗,宗为魏将,封于段干"言,魏在孔子没后六十七年始列于诸侯,梁启超已言之。汪中以为老子之子应即为"段干崇",所据为《国策·魏策·世家》。案《史记·魏世家》:"安釐王四年,秦破我及韩赵……魏将段干子请予秦南阳以和。"《国策·魏策》:"华军之战,魏不胜秦;明年将使段干崇割地而讲……""段干子"即"段干崇","崇"即其名;"崇"与"宗"通,故汪中即视"段干崇"为"老子之子"。然考魏安釐王四年为周赧王四十二年,即公元前273

年;下距汉景帝三年(前154年),得一百一十九年。而世系中解与宗相隔七代,且于汉景帝三年前,解已任胶西王卬太傅,不能年龄过小;无论如何,一百一十九年中减去解之假设年龄后,绝不足分配于七代(不减解之年亦不足作七代),则"段干崇"不能为世系中之"宗"。但舍此外,魏将中可考者即无一人名"宗"或与"宗"相通之字者。

总之,此一世系是否能作为属孔子前辈之老子之世系,即成问题。汪中以"段干崇"为"老子之子"之说,则绝不可通。

以上分述有关老子其人之六项问题。此各问题以文献不足,皆难作确断。今只能试作一在理论上可能性较大之假说。凡实不可拟断者即断其为不可断。

吾人仍当自姓氏问题着手论之。

《老子韩非列传》为后人所改易,此点固甚显明。但老子"姓李氏"之说,不论是司马迁所记,抑为后人所增,必应有其发生之原因。

在上文已指出,传文前既明言老子姓李氏,则何以与老莱子(或姓老,或姓莱)及太史儋(姓氏未详)混为一人,乃一问题。今即就此着手论老子之姓名问题。

先就老莱子而论,老姓何以与李姓混?此须就"李""老"二字之古音考之。

案夏炘《诗古韵表》中二十二部之分,"李"字属"之"部第一,"老"字则属"幽"部第二。"之"与"幽"虽分部,但以老子《道德经》中之用韵观之,则"之"与"幽"二部则常用以互谐;例如:

持而盈之,不如其已。揣而梲之,不可长保。金玉满堂,莫之能守。富贵而骄,自遗其咎。功遂身退,天之道。①

此中,"保""守""咎""道"四字皆属"幽"部,而"已"字则属"之"部。又如:

> 迎之不见其首,随之不见其后,执古之道,以御今之有,能知古始,是谓道纪。②

此中,"首""道"二字属"幽"部,"有""纪"二字则属"之"部。又如:

> 不失其所者久,死而不亡者寿。③

此中"久"属"之"部,"寿"属"幽"部。又如:

> 物壮则老,是谓不道,不道早已。④

此中,"老""道"属"幽"部,"已"属"之"部。

就以上数例言,"之"与"幽"二部互谐,已极显然(此外《道德经》中亦常以"之""候"二部互谐;如"知足不辱,知止不殆,可以长久"之类,因与本题无关,姑不及之)。

凡二部之韵能互谐者,韵中各字读时,韵母必相同或极相近。"之"与"幽"二部既互谐,则此中各字之韵母即相同或极相近。再观"老""李"二字之纽,则显然同为来纽。纽同而韵亦同,则二字之音值相同;纽同而韵极相近,二字之音值必极相近。今"李""老"二字纽同而韵或同或极相近,则二字之音值相同,至少极相近。

再考先秦诸子中之人名,在后代及当时又每每见以同音值之字互代之例,如"荀卿"称"孙卿",汉人之避讳也;"杨子"作"扬子"或"阳

---

① 《道德经·九章》。
② 《道德经·十四章》。
③ 《道德经·三十三章》。
④ 《道德经·三十章》。

子",则当时所通用也。"老"之与"李",当亦类"荀"之与"孙","杨"之与"扬"或"阳"。盖二字音值既同(或极相近),遂有互为代用之事。

明乎此,则"老子姓李氏"之说,可见其起源。而司马迁所以疑"老莱子"即"老子",当即因二人之姓皆读为"老"或"李"之故。太史儋之名与"老聃"同,老莱子之姓与"老聃"同;此皆为前人所已言之者。但今考"李""老"同音,则可进一步考知太史儋大概全名实为"李儋",以音同遂与"老聃"混;而太史公访求世系,即误访得"太史儋"之世系,于是"老子姓李氏"之说遂出矣。但《史记》中不记太史儋之姓氏,故益启后世之疑。其实,太史公所以不言其姓氏者,盖以二人之姓氏相同,故视为不必叙述耳。

此处应说明何以知《老子韩非列传》文中之世系为太史儋之世系。此仍须以年数推之。

案太史儋见秦献公为公元前374年事;下距胶西王卬死之年(前154年),适为二百二十年。以八代计之,则平均二十七岁半,为每代岁差较正常之数字。且魏列于诸侯,在公元前412年,先于太史儋见献公之年约三十八年。此时太史儋之子不过始生或且未生,则成人后自可为魏将。皆无不合情理之处。

此处应一究《史记》传文中所载世系之来源问题。司马迁既以为老子至关著书而去,莫知所终,则何由知其世系?前人即于此推知世系别有来源。今案传文前后所载,矛盾诚多。然此世系之资料,史公必得之于当时之人;以其年度之,大半即出于李解之口述。解知其先世有"李儋"其人,为周之史官,以"李儋"与"老聃"音同,故以告史公;史公亦疑此一"李儋"(老聃)与相传为孔子前辈之人相距年代太远,故一面依此而有老聃年二百余岁之说,但另一面标明"自孔子死之后百二十九年"一语(案此数亦误,见前),以志其疑。但终因姓名音同,故仍录之。吾人今考其年代,则知此一世系中言之第一代,唯有归于太史儋为最合情理。

倘世系果为太史儋之世系,又其所以相混之故果由"李儋"与"老聃"同音而来,则老子姓氏可得一假说,则即姓"老"(同"李")是也,"聃"应为其名;字谥之分,伯阳之号,悉难考定。

先秦典籍中凡称某子者,以取姓为最多;"老聃"称"老子"亦见"老"宜为其姓氏。姓"李"之说,由"李""老"同音而来。此可解传文中之疑。

然则太史公既知"老""李"同音,究为何不直书"老子名聃",如"庄子者……名周"之例,而独书"姓李氏"?此乃涉及姓氏用字之时代问题。考春秋二百余年间,无记"李"姓之文;而《左传·成公十五年》书宋有司马老佐,昭公十四年又书鲁有司徒老祁,是春秋以前有"老"姓而无"李"姓矣。《左传》又有"里"姓者,后出之书即作"李";如闵公二年晋有"里克",《吕氏春秋·先己》注即作"李克";"李"姓最早见于《国策》,如"李悝""李克""李牧"之属,而不见"老"姓。吾人倘已审"李""老"二字之古音,则可推知,"老""里""李"三字乃一姓氏之三阶段。舍"里"字不论,就"老"与"李"言,则战国前作"老",战国后作"李";太史公时只书"李"姓,故遂言老聃"姓李氏"。

依此,则老子应本以"老"为姓,后书为"李"。《史记》"姓李氏"之文,未见其谬误。但如前论此问题时所提及,郑康成《礼记注》中不举姓氏,仅以"古寿考者之称"释"老聃",故考者遂以为疑,而视"姓李氏"之文为后人所窜改。然则吾人今倘谓"姓李氏"之文实无可议,则何以释郑注之疑?

于此,吾人进至另一问题,由之以论"孔子问礼"之传说。

考者所以据郑注而兴疑者,实依于一先在假定而为言。此假定即"郑注《曾子问》时,必视此处所言之'老聃'与《史记》所载之'老聃'为一人"。然此不可"必"。因郑氏所以视"老聃"为通称,而不视为姓名,正可能由于郑氏并不以为《曾子问》中之"老聃"即一向与庄子并称之"老聃"。

《史记》传文大抵据《庄子》及汉初言黄老者之传说,所言之"老聃"今姑名之为"道家之老聃"。以此与《曾子问》中所记"言礼之老聃"比照而观之,再审其应为一人或应为二人。

兹举四证以明其为二人:

第一,《曾子问》中"言礼之老聃"乃职业礼生,"道家之老聃"则说为周之史官。其业不同。

第二,"巷党"只可能为鲁之地名,非周之地名,"道家之老聃"传说中乃与孔子相见于周者。其地不同。

第三,《史记》及《庄子》所载孔子见"道家之老聃"之年,皆悖于史实,前已论之,乃可推翻之伪说。而《曾子问》之记载,至多仅属真伪难定,无法断其为伪。故此二种资料之真伪程度不同。

且"道家之老聃"与孔子之故事,既由史实考知其说之妄,则可进一步视之为道家创以尊其所宗之虚构;而《礼记》则为儒家后学所汇编,绝无故意造一教训孔子之"老聃"之理。故"道家之老聃"教孔子之说,其伪可以解释(证其伪乃在其说之悖于史实,是另一事);而《曾子问》中"言礼之老聃"教孔子之言,则无法解释其伪作之故。

第四,"言礼之老聃"全无道家色彩,"道家之老聃"亦素未有说为通礼者。此见其思想之不同。

近人争论此问题,每谓人之思想可以变化,遂谓"言礼之老聃"可能仍与"道家之老聃"为一人。思想变化之可能,固不能否认;但吾人必须在其他方面先有证据以证此二"老聃"为一人,然后方能采此观点以解释此一人何以有两种迥异之思想。今《史记》传文及《庄子》所载,均已见不合史实,则吾人已不能据传文而说二"老聃"为一人。思想变化之说本身则断不能作论据。倘其他方面之资料皆支持二"老聃"为一人之说,独有"思想"方面之困难,则吾人可依思想变化之观点解释之;否则此一观点全无考证意义,仅表一逻辑意义之可能而已。

而且倘就道家本身所谈之"孔子问礼"之传说观之(包括《史记》传文),则此类记载亦皆以为孔子见老聃时,老聃持道家态度与之言;分明不是仍为礼生,亦不应有同主持丧葬之事。此二"老聃"之不能合一,即愈明显。

以最谨慎之态度处理此问题时,吾人只能说,此二"老聃"无确定理由合为一人;而康成之注与《礼记》之学派立场,皆可作为断此二"老聃"为两人之据。此二"老聃"如视为二人,则不唯老子姓名之疑可解,且"孔子问礼"之传说,亦可得一较近理之解释。

道家所言之老子,姓"老"(即"李")而名"聃";孔子问礼者则是另一老礼生,其姓名不传,称曰"老聃",乃一通称。而庄子以后道家者流故作抑孔尊老之言,遂取此二"老聃"合而为一,而造出老子教训孔子之故事。

总之,《曾子问》中之"老聃"另有其人,为孔子前辈,并非"道家之老聃"。然则,"道家之老聃"果有其人否?其时代又何如?

此可由以下数方面观之:

第一,《庄子·天下》称"关尹、老聃"。《庄子》固多寓言,《外篇》《杂篇》各篇中所述老聃及他人之事自亦皆不可信。然《天下》乃评论当世各学派者,倘根本无某一人存在,则无伪造某人而为评论之理。今《天下》既论及"关尹、老聃"之学,则至少作《天下》者必知有此二人存在,故论其说。依此,则"道家之老聃"应有其人。但如上所论,此人不能与《曾子问》中之老聃为同一人耳。

第二,《史记》传文固令人生疑,但司马迁作传时所以有老莱子及太史儋与老聃相混之病,当正由于有一"老聃"而不详其生平,乃多悬拟之语。故传文乖谬不能作为"老聃不存在"之论据。

第三,孔子见"道家之老聃"之故事,虽出道家之伪作,但此故事之伪不能证老聃其人之不存在。且《庄子·内篇》最早言老聃,而并无孔子问礼之说。《内篇》言老聃者三处。

《养生主》:

> 老聃死,秦失吊之,三号而出。

《德充符》:

> 无趾语老聃曰:孔丘之于至人,其未邪?彼何宾宾以学子为?

《应帝王》:

> 阳子居见老聃曰:有人于此……如是者可比明王乎?

此三项中,唯《德充符》项尚似有言孔子慕老聃之意,但亦未言"问礼";余二段皆直写"道家之老聃",未用儒者作衬托。

至《外篇》中,则言孔子问道于老聃者多次,《天道》中且有孔子适周见老聃之故事,《天运》中又有孔子以"龙"拟老聃之说,皆《史记·老子韩非列传》文所取材。今比而观之,即可知庄子本人原未造出孔子问道问礼于老聃之故事,只极力推崇老聃而已。吾人如仅就此种推崇老聃之言观之,则诚不能断老聃其人之有无;但以《天下》证其人之应有后,则再据《庄子·内篇》以考此"老聃"之时代,而将"问礼"之传说划开;吾人即可知,庄子之前应有一名"老聃"之人,其人之说至《天下》时代仍甚盛,而"问礼"之故事,则是庄子后辈造出者;吾人虽能考知此故事之伪,但不碍老聃其人之存在。

"道家之老聃"即应为代表《道德经》思想之老聃。如上所论,此人大略先于庄子,但是否与孔子同时则不可考。《德充符》之材料只能证老聃先于庄子且为庄子所称道,不能证其与孔子同时,因上下文所述仍有寓言成分也。

至此,吾人已将"《曾子问》中之老聃"与"道家之老聃"划为二人,且略测"道家之老聃"之时代;于是"孔子问礼"之故事如何形成,亦可见大概。

如上所述,庄子推崇"老聃",尚未造"孔子问礼"之说,盖庄子所了解之老聃本非一习"礼"之人也。但《德充符》中言孔子"学"老聃,遂为"孔子问礼"之故事播下种子;庄子后辈可能知鲁有号"老聃"之习礼者,为孔子前辈,且曾与孔子共主丧葬之事(如《曾子问》所载),于是遂造出"孔子问礼"之故事。又庄子约生于公元前369年左右,后于太史儋见秦献公之年约五年,则庄子后辈可能知有此一名"李儋"(与"老聃"同音)之周史官,遂再进而造出孔子"适周"之说,于是有《天道》中之故事。案《天道》谓:

> 孔子西藏书于周室,子路谋曰:由闻周之征藏史有老聃者,免而归居,夫子欲藏书,则试往因焉。孔子曰:善。往见老聃。

此篇较《天下》尤晚,盖"藏书"之说乃秦火后之人所言,故此篇大抵成于秦末汉初。此时,"孔子适周问礼"之故事即大致形成。而同时道家者流谈孔老关系者当甚多,故又有《天运》中孔子之沛而见老聃之说。案《天运》谓:

> 孔子行年五十有一,而不闻道;乃南之沛,见老聃。老聃曰:子来乎!吾闻子北方之贤者也。子亦得道乎?

其下遂作老聃教训孔子之语。同篇另一段又谓:

> 孔子见老聃,归,三日不谈,弟子问曰:夫子见老聃,亦将何规哉?孔子曰:吾乃今于是乎见龙……

此数篇材料再后即合为司马迁《史记》中之记载。除"五十有一"之年龄记载，司马迁因知孔子是年方仕于鲁，故未取，其外所述"适周"及孔老问答之故事，悉本于以上数篇。前人亦屡有言及者，兹不赘述。

总而言之，"孔子问礼"之故事，乃由庄子推崇老聃而起。《曾子问》中之"老聃"与为周史官之"太史儋"被庄子后辈取而与庄子所称之"老聃"合为一人，遂造出此一套故事；司马迁信之，乃作成《老子韩非列传》文及《孔子世家》中之记载；然其伪不可掩者，在于年代触牾。故今日吾人犹能考见之。

"道家之老聃"应即姓"老"名聃，"李"姓乃由"老"而来。此为老子姓名问题之解答。

"孔子问礼"之故事，由庄子后辈造出，其过程略如上论。《礼记·曾子问》中之"老聃"则另为一人。此故事大略在司马迁之传文中方全部形成。其前固众说纷纭也。此为"孔子问礼"故事之解答。①

此外，老聃至关见"关令尹喜"而著书之说，除"关令尹喜"四字中之"令"字必为后人误加外，此一故事本身亦当为伪作。因此故事所述者，须假定为周史官之人与"道家之老聃"为同一人，方能成立。今为周史官之"太史儋"（"李儋"音同"老聃"）与"道家之老聃"无证据可说为同一人，而太史儋说秦献公之语，近纵横家而全无道家气息，则吾人尚无理由以"太史儋"与"道家之老聃"为一人。如非一人，则"出关著书"之说不攻自破矣。

又今本《道德经》可能出庄子后（见下）。若以为所著之书即今本《道德经》，则更不能成立。

而且太史儋入秦乃史籍可考之实事。"道家之老聃"则似未至北方，秦中尤不见有道家思想之流传。使"出关著书"之说果真，则"老

---

① 《庄子·天道》《天运》诸篇中并未直接标出"问礼"字样，只言孔子问"道"，且述孔子讲"仁义"而不作讲"礼"。可能取《礼记》材料而造出"问礼"一点者即司马迁本人。此点未能确定。但全套故事在《史记》中形成，则无问题。

聃"思想应先流行于北方——尤其秦地,何故《天运》中伪造故事时仍以"老聃"为南人?观"老聃"称孔子为"北方之贤者",可知"道家之老聃"固一向被视为南方之学之代表人。其学说不流行于北方,亦由此可见。则"出关著书"之说益为难信。

至于"老聃"之年龄问题,则本不可考。《史记》传文中"百有六十余岁,或言二百余岁"之说,则显由史公惑于"孔子问礼"之说,又据所得之世系推溯者。其为谬妄,不待深论。

关于老莱子,无可多说;关于太史儋及世系问题,上文皆已论之。兹对有关老子其人之各项问题,作结语如下:

(1) 老子应姓"老"名"聃"。"名耳"及"字伯阳"等说则难定真伪。"李"姓由"老"姓转出,因"李"与"老"古音同。

(2) 孔子可能曾与一号"老聃"(非姓名)之习礼者同主丧葬之事,但此非"道家之老聃"。"道家之老聃"大约在孔子之后。"问礼"之故事,乃庄子后为道家言者据庄子称道老聃之词而逐步编造以成者。此一编造之故事,至《史记》乃完全定型。但年代与史实乖违,今犹可考知其伪。

(3) "出关及著书"之传说亦为伪作。

(4) 年龄不可考。《史记》所载必误。

(5) 老莱子可能亦姓"老",与"老聃"同姓,但与"老聃"无大关系。太史儋之姓名可能为"李儋";司马迁所得之世系由"李解"供给,因"李儋"音同"老聃"遂误以为一人。《史记》未明书太史儋姓"李",盖以为不必重说。倘太史儋别有姓氏,则不能被司马迁疑为"即老子"。

(6) 世系应为太史儋之世系。依其年代考之,唯有作太史儋世系不悖情理。

关于老子其人之问题,聚讼久矣。上所论者亦未敢以为最后断定。论据则力求其简,然以牵涉太多之故,所说仍苦繁杂。苟再约而言之,则可说有"道家之老聃",庄子所称者是也;有"习礼之老聃",《礼记》所载者是也。又有为周史官或名"李儋"之太史儋,《史记·老子韩非列传》文中之世系属之,因"李儋"与"老聃"同音也。中国哲学史中所论述者唯"道家之老聃"。因已往人尝合"习礼之老聃"及为周史官之"太史儋"与"道家之老聃"为一人,故考辨如上。

以下论《老子》其书之问题。

二、《老子》其书

关于《老子》其书之时代问题,前人之说大约皆着眼于以下两点:

第一,文体问题。

第二,用语问题。

《道德经》中多用韵文。而观庄子以前之著作如《论语》《孟子》及孔后孟前之《墨子》等书,则皆系问答体。而人或据此而论《道德经》之时代。此又有两说:或谓,韵文体先于问答体,故《道德经》之文体较《论》《孟》等为古,由是而推断《道德经》之时代先于《论》《孟》及《墨子》。持此说者近人中以胡适为代表。或谓,老子《道德经》之所以为简明之韵文,正因此书乃有计划之著作;问答体则他人记言行之文。有计划之著作后于问答体之记载,由是而推断《道德经》为晚出之书。冯友兰谓,《道德经》为简明之"经体",应为战国时之作品;大致即持此一立场。

其实此问题未可如此轻断。因自春秋至战国,中国原有南北文化之分;南人文体多用韵文,北人文体多用散记。今观《楚辞》,则南方文体之特征固极显著。而老子历来相传为楚人,则以楚人而作韵文,固可以在《论》《孟》以前,亦可以在《论》《孟》以后,仅执文体以断老子《道德经》之时代,则难立任何可信之判断。韵文与散记之分,未必即表时代前后之分,极可能表地域南北之分。

第文体问题亦有其重要性,盖吾人可持以作辨别《道德经》中原文与后人增语之根据。此点在下文论之。其次,关于《道德经》之用语问题,则所涉较多。此又可分两点论之:

其一为有关书中晚出之语者。

晁说之即疑《道德经·三十一章》非老子之书原文。焦竑则谓:

> "兵者不祥之器"以下,似古之义疏。杂入于经者。①

梁启超则指出"偏将军""上将军"皆战国官名,而《道德经·三十一章》中有"偏将军居左,上将军居右"之文,显见为战国人之著作;又指出"侯王""王侯""王公"及"万乘之主"等语,皆非春秋时代习用者,并谓"仁义"二字连用始于孟子,而《道德经》中常以"仁义"连用;凡此皆视为老子之书晚出之证据。

此中"偏将军""上将军"等语之为晚出,似无可疑。但此恐未必能证《道德经》全书之时代早晚。盖"夫佳兵者不祥之器"一章,大抵属后人所加。"夫佳"二字置于章首,亦与《道德经》全书中之用法不同。盖"夫佳"即"夫唯",在《道德经》中"夫唯……"皆承上而为言。如:

> 功成而弗居,夫唯弗居,是以不去。②
> 水利万物而不争……夫唯不争,故无尤。③

---

① 《焦氏笔乘》。
② 《道德经·二章》。
③ 《道德经·三章》。

> 保此道者不欲盈,夫唯不盈,故能蔽不新成。①
> 天下皆谓我道大,似不肖,夫唯大,故以不肖。②

此外尚有类似者多处,总之"夫唯"二字皆承上文而为言。则三十一章中"夫佳兵者不祥之器"一语中"夫佳"二字之用法,显与全书用法不合,此亦可见此章极不可靠。但若此章为后人之作,则吾人仅可言此章之伪或晚出,尚未能据之言全书之晚出。

"万乘之主"一语,亦应系战国时语;因春秋时列国皆较小,只以"千乘之国"为大国,孟子始言"万乘之国"。但此亦只能证书中此段之晚出,尚难证全书之晚出。

对以上诸晚出语之问题,辩者或引《易·坎》《离》象辞以证"王侯""王公"之语非晚出,或引《易·说卦传》中"曰仁与义"之文以证"仁义"连用不始自孟子,其实皆嫌勉强;盖《易》卦爻辞固应在周初完成,象辞则时代难定,《说卦传》更可能为后人所作;以此为据,殊不可立。

然而总观此问题,吾人仅能说《老子》书中杂入后人增语甚多,全书时代不能由此考定。

其二为有关特殊助字用法之问题。

自高本汉以虚字用法考《左传》后,此一方法亦为史学界所接受。而张寿林作《老子道德经出于儒后考》一文,遂就"于""於"二字之用法以断《道德经》之时代。盖古文唯以"于"字作介词,"於"字则用于"於戏"一类感叹词中。"於"字独用以作介词而代"于",《孟子》以后日多,至《庄子》书中则"于"字极少;盖战国以降,愈后则用"於"为介词者愈多;今观《道德经》中用"於"字五十一处,其中四十七处皆确作

---

① 《道德经·十五章》。
② 《道德经·六十七章》。

介词用,另四处亦可能为介词。则老子《道德经》之时代不能早于战国。

案"於""于"二字之用法,在高本汉本视为"鲁语"与"左语"不同之七证之一。二字先后之考,则为卫聚贤所作。卫氏列表示明,"於"与"于"二字使用之比例,在《左传》中为"一九与一七",在《国语》中为"九与二",在《论语》中为"二一与一",在《孟子》中为"九六与一",在《庄子》中则为"八四九与一"(案卫氏所举《庄子》中二字之比例",乃合《内篇》《外篇》《杂篇》而言之,故"於"字最多)。今案《道德经》中唯用"於"字而不见"于"字,此固可证其晚出,但亦可证其非用北方语言。盖古文用"于"之证据,无论就甲骨、金文言,或就今文《尚书》及《诗经》言,皆出于北方。

此外,日本武内义雄作《老子原始》,断定五千言非老子自著,亦以书中助字无一定用法为此书非出自一人之手之据,而谓应在《庄子·胠箧》之后云云。其论证未足自立。所论助字用法问题,亦仍可归到后人窜改上。

故无论就文体言,或就其中晚出之语以及特殊助字之用法言,吾人皆只能据以推定《老子》书中某章某语不能为战国前之作品,而不能推定全书成于何时。且有更进一步之问题,即战国时代甚长,《道德经》大约成书何时之问题,若仅以"战国时代"为答案,亦嫌其泛。

兹配合上节对"老子其人"所作之断定,再据有关典籍对《道德经》之时代问题提出一假说。此可分下列数点:

(1)《道德经》文体为显明韵文体,但以此与问答体比观,仅见南北之异,未必表先后之分。考《道德经》时,只能就其文体推知此书为南人著作,不能确定其时代。

(2)《道德经》中后人窜改者甚多,凡用后出之语者皆属后人所增补。但观《庄子·天下》中,论老学一段所引之语,与今本《道德经》

文多合。如《天下》谓：

> 老聃曰：知其雄，守其雌，为天下溪；知其白，守其辱，为天下谷。

此见经文二十八章。唯"辱"作"黑"，"谷"作"式"；其下又另有"知其荣，守其辱，为天下谷"之语。又如"常无有"及"无为也而笑巧"等词，亦皆见于经文。此种符合，原可有两种解释，或《天下》作者确见《道德经》而引用此文，或后人见《天下》中此种词句，而据以伪作今本经文。但无论取何解释，《天下》中所引之语必为《天下》作者所了解之老聃之言。即令今本《道德经》文确系后人伪作，此中所取于《天下》者，亦应为先于《天下》而存在之老聃语。此无可疑。

由此，吾人可断定，《道德经》中部分材料乃先于《天下》而存在者，即此书有部分材料应在《天下》之前。

(3) 然则在《天下》以前之材料，是否亦在庄子之前？此虽未可轻言，但亦可据两种程序作一推断。

第一，就思想内部观之。凡《天下》中引述之观念，既为老聃之观念，则吾人可依理论脉络之追寻而整理《道德经》文，展示老聃思想之大要；然后以此一系思想与《庄子·内篇》之思想比较，由理论之成熟程度，以推其先后。

第二，就记载考之。《庄子·内篇》中既已有关于老聃之记载，以发挥"养生"之义，则庄子前之老聃（道家之老聃）有如此之思想，应无问题。而《天下》中所述老聃之言，与此种思想相符者即应为先于庄子之言。因若不然，则唯一可能是在庄子后几《天下》前一夹缝中之伪作；而倘《天下》所引老子之言，确是此夹缝时期之伪作，则《天下》作者既为庄子后学，何必故意将此种伪作之语视作老聃之言。庄子既盛称老聃，则必于老聃之思想主张有所引述，庄子后学所记必取材于此。倘除庄子所述外，另有人伪作老子之言，《天下》作者亦无取无据之言而舍师说之理。观此,则《天下》所记,不应为夹缝时期之伪作,故《天下》作者所述,大致应视为庄子所传;而此中所述之各观念,即应先于庄子。

总之,以《天下》中所述之老子观念为定点,吾人可依理论之脉络整理《道德经》文,得出一老子学说;此学说即应为《天下》作者所了解之老聃学说。而《天下》作者所了解之老聃学说,主要应从庄子传来;故如此整理所得之老子学说,即可视为先于庄子者。而《道德经》之成书虽尽可以较晚,但凡相应于《天下》所述各观念之部分,则应视为先于庄子。

至于理论成熟之程度,则庄子思想较以《天下》所述为中心之老子思想成熟,亦甚显明(下文论之)。

故《道德经》今本确成于何时,固不可知,但其中相应于《天下》所述老子观念之部分,应视为老子思想之原始材料。此一部分材料即视为先于《庄子》。

(4) 今本经文中杂乱之处甚多。但观《韩非子·解老》《喻老》各篇,所据者数十处,皆见今本《道德经》中,则今本在《韩非子》前已成书,似无问题。兹可作一假定,即《道德经》文一部分材料先于《庄子》,另一部分则可能逐渐为后人所增附而成。至《韩非子》时,今本已大致形成。

至于五十四章有"吾何以知天下然哉,以此",五十七章有"吾何以知其然哉,以此",二十一章有"吾何以知众甫之状哉,以此",皆与前后经文语法不合,显为后人所增,或注文误入本文者。又重出之文甚夥。如上文所言及之三十一章中之问题,尤见经文次序有颠倒伪作之迹。但依以上所论,吾人下文论老子思想时,既可用《天下》材料为中心,据理论脉络而作取舍,则此类可疑错乱之文,皆不影响吾人之整理。故本书中即不多涉及此种问题。

以上已略论老子其人其书之时代问题,以下即正式展示老子之思想。

三、《道德经》思想大要

老子《道德经》中之思想,似晦而实明。《天下》所记述,以"无为"及"守柔"二观念为主。案"无为"一观念为《道德经》思想之中心,"守柔"则表老子所持之人生态度。二者皆极显著,故《天下》作者特述之。但就理论脉络看,则此二观念前有所本,后有所归,而此种材料皆经文中可见者。兹先列出此种依理论脉络而相连结之观念,再分别析论,以展示此一思想之要旨。

老子之主要观念可分三组:(一)常、道、反。(二)无为、无不为。(三)守柔、不争、小国寡民——无为观念之展开。此中,(一)组观念为其思想之根基,(二)组则为其思想之中心,(三)组表此中心思想在人事上之应用。

又贯串此各观念之精神,则为一"肯定情意我(或生命我)之精神";此亦是杨朱与道家之一贯精神。下文先论各组观念,再论此精神;悉以经文为据。

(一) 常、道、反

老子思想自何起,盖起于观"变"而思"常"。二十三章谓:

> 飘风不终朝,骤雨不终日;孰为此者?天地。天地尚不能久,而况于人乎。

此言万象流逝,皆不能"久"——即不能"常";见观"变"之意。然此所谓"变",乃事物之变;老子即举"天地"以概括经验世界之万有,言万有无不"变",但不属于经验世界之事象群者,则可久可常。此即事象所循之规律,老子命之曰"道";规律本身非经验事象之一,老子即以超乎"天地"之语以说之。故二十五章谓:

> 有物混成,先天地生,寂兮寥兮,独立而不改,周行而不殆,可以为天下母。吾不知其名,字之曰道,强为之名曰大,大曰逝,逝曰远,远曰反。

"道"即指万有之规律,因规律本身非万有之一(即非经验事象),故谓"先天地生"。老子常以"天地"指经验世界之万有总体,如:

> 无名天地之始,有名万物之母。①

"天地"与"万物"为同语。又如:

> 玄牝之门,是谓天地根。②

此中"天地"亦即指经验世界之总体。故"先天地生"即不属经验世界总体之意。但"道"本身虽非经验事物,并非超离之存在,而为经验世界恃之而形成之规律;故谓"周行而不殆",又谓"可以为天下母"。"周行不殆",言此规律之运行遍于万物而无终止。"天下"亦与"天下万物"同义。寂寥独立,则状此规律之独一性。

万物万象皆变逝无常,唯道超万物而为常。此"道"绝不能为万物之一,故不能为一"对象";老子欲说此义,故谓:

> 道可道,非常道。③

"常道"不属对象,而范铸万有。此乃老子观变思常之第一步。

---

① 《道德经·一章》。
② 《道德经·六章》。
③ 《道德经·一章》。

然则，此"道"有何内容？换言之，经验世界之万有所循之规律，究是如何之规律？上引二十五章文中以"大、逝、远、反"四字状之，而归于一"反"字；又谓：

> 反者道之动。①

"动"即"运行"，"反"则包含循环交变之义。"反"即"道"之内容。就循环交变之义而言"反"以状"道"，故老子在《道德经》中再三说明"相反相成"与"每一事物或性质皆可变至其反面"之理，如：

> 故有无相生，难易相成，长短相形。高下相倾，音声相和，前后相随。②
>
> 曲则全，枉则直③，洼则盈，敝则新。④
>
> 故⑤物或行或随，或歔或吹，或强或羸，或挫或隳。⑥
>
> 将欲歙之，必固张之；将欲弱之，必固强之；将欲废之，必固兴之；将欲夺之，必固与之。⑦
>
> 明道若昧，进道若退，夷道若纇。⑧
>
> ……故物或损之而益，或益之而损。⑨
>
> 大成若缺……大盈若冲……大直若屈，大巧若拙，大辩若讷。⑩

此外，类似之语尚多，其所论虽有层次之不同，但皆以明"反"之理。

---

① 《道德经·四十章》。
② 《道德经·二章》。
③ 案傅本"直"作"正"，其义无殊。
④ 《道德经·二十二章》。
⑤ 案"故"字傅本作"凡"，景龙碑及龙兴观碑作"夫"；就原文上下观之，"故"字似误。但亦不影响此章主旨。
⑥ 《道德经·二十九章》。
⑦ 《道德经·三十六章》。
⑧ 《道德经·四十一章》。
⑨ 《道德经·四十二章》。
⑩ 《道德经·四十五章》。

《老子》书中，言"反"之材料，最易使人困惑，通常人每喜就一一语中究其具体意义，如研究"大辩"何以"若讷"之类。其实，老子此类话头，皆只为"反者道之动"一语之譬解或注释；所重者在揭明此"反"之理，毕竟在一语中之具体意义如何，则未可知。且就老子思想之系统言，亦不必对此一一具体意义作决定，点出"反"即足。

总之，万物万有变逝无常，唯"道"为常，而所谓"道"之内容即是"反"；换言之，万象万有皆可由 A 变为非 A；此理似甚泛，然老子即由此推出其中心之主张。此即(二)组观念所示。

(二) 无为、无不为

老子既见"道"之为"反"，则万物芸芸，悉在变逝之中；每一事物皆无实性，故凡于事物有所固执，皆为不知"道"。而老子主张则是"无为"。

"无为"本与"无执"并举，如：

> 为者败之，执者失之，是以圣人无为故无败，无执故无失。①

但因"无为"意广，可包括"无执"，故又常独举"无为"二字，如：

> 吾是以知无为之有益。②
> 是以圣人处无为之事，行不言之教。③
> 圣人云："我无为而民自化……"④

所谓"无为"，即指自觉心不陷溺于任一外在事物。事物皆在"反"中，故不可执；"为"者必"执"，亦必成陷溺。故"无为"之第一层意义乃就破"执"而言。心合于"道"，观万物在"反"中之变逝，而自觉不陷于万

---

① 《道德经·六十四章》。
② 《道德经·四十三章》。
③ 《道德经·二章》。
④ 《道德经·五十七章》。

物,此破执后之境界,即所谓:

> 天下有始,以为天下母;既得其母,以知其子;既知其子,复守其母,没身不殆。①

此中"天下"指"天下万物","母"指范畴万物之规律——"道","子"仍指万物,"复守其母"即心合于"道";严格言之,即自觉心观照此以"反"为内容之"道",及万物万象在此规律中之流转,故老子又偶用"知"及"明"以言观照。如:

> 致虚极,守静笃,万物并作,吾以观复;夫物芸芸,各复归其根;归根曰静,是谓复命;复命曰常,知常曰明。②

"常"即指"道","知常"即对"道"之观照,即老子所谓之"明"。盖老子否定认知我(见下),故不以知经验事物之性质或经验关系为"明",独以"知常"为"明"。

此节乃老子对其所肯定之自我境界之描写:自觉心驻于无为,遂无所执,无所求,故能"虚",能"静";在虚静中,自觉心乃朗照万象,故能"观复","复"本有"回归"之义。老子此处所说,乃面临万象而观其所依之道之意。"根"指"物"所出,如"是谓天地根"之"根";老子一向以"先"于天地或"生"万物状道之超经验,"先""生"皆易于致误解,因"先"易使人想到时间序列中之"先","生"则涉及具体事物在时间中之"发生";但老子时哲学词语自不能如今日之严格,吾人观其一贯说法,即可知所谓"生"表"道"对"物"之范铸作用,乃指一形式义之决定力,非言经验关系中之"发生";所谓"先"指超越义之在前,非时间序列中之"先"如此,则可知,"万物并作,吾以观复"者,言经验事象流转

---

① 《道德经·五十二章》。
② 《道德经·十六章》。

变生，而自觉心独观此事象所归依之理序（规律）。事象虽森然万殊，一一皆依于此理序或规律，故曰："夫物芸芸，各复归其根。""根"即"道"，即理序或规律。以虚静之自觉心，观照"物依于道"之实相，此实相不在变逝流转中，故谓"归根曰静"。"复命"者回归于本然之谓，言实相既朗呈，自觉心定于本然之真，亦照见万象之真；主体回归于本然之主体性，客体亦回归于本然之客体性。此为真常，故谓"复命曰常"。能见此主客回归于本然之境界，即为真知，故谓"知常曰明"。

盖此段经文分两层，前各语均描写主体实驻之境界，唯"知常曰明"一语则指对此境界之悟见言。悟见此境与能驻此境非一事。

昔人解此章，每以为"夫物芸芸，各复归其根"乃指"归其本"而言，而不知"根"即"道"，遂亦不知"归根"乃"物依于道"之义；其实"物"之"本"在老子心目中亦只是"道"。"复命"之"命"始是"本然"义；而此所谓"本然"乃指主体性、客体性之本然，非物别有一"本"。

"虚"与"静"就主体言，皆为"无为"之注脚。主体驻于无为，观照道之超万物，亦观照万物之依于道；此就主体境界言，其义已甚明。但驻于如此境界中之主体或自觉心，对世界之态度如何？此乃每一透现主体境界之哲学思想所必须处理之问题。儒言化成之义，佛作舍离之说，老子则由近乎舍离之"虚静"境界转出一支配义。盖主体性本意味"主体自由"，儒学就事以实现理，化成中透露健动不息之自由；佛教教义则发般若以撤消万有，舍离中透露静敛无漏之自由；老子则由观"反"而驻于近乎舍离之境界，其所透出之主体自由虽亦近乎静敛，但反射经验界中，欲生出一支配经验界之力量。

此义就严格哲学观点论之，不能不谓老子之主体境界有一根本性之内在纠结。盖经验界对经验主体而立；经验界中主客对峙，此主体不能具超经验主体之自由。故子路谓，孔子知"道之不行"（此就《论语·微子》材料说），唯"行其义"，晨门之讥，徒见晨门之惑；盖经验界之成败无碍化成之主体自由,主体自由亦不能于成事中见之。释迦参无上义而不废饮食,徒众背去,只见徒众之庸劣;盖经验界之形躯不表舍离之主体自由,主体自由亦不能在不食中见之。老子独不然,既见"道"而证主体自由,便欲使此主体自由反射入经验主体中,欲由超越义之自由转化出经验义之支配力。此乃根本混淆二界,于是由"无为"生出其实用之主张。而其学之末流遂有阴谋之事;甚至汉以后言长生之道教,亦托老子为宗师,盖亦非无故。

由"无为"生出实用之主张,其关键在于一语,此即"无为而无不为"。《道德经》中有:

> 为学日益,为道日损,损之又损,以至于无为;无为而无不为。①
> 上德无为而无以为。②
> 道常无为而无不为。③

何以谓"无为而无不为",盖言自觉心驻于"无为",乃成主宰;而如此之主宰将可在经验界中发挥支配力量,而获致经验效果。故"无为"一超越境界,遂屡屡被说为可获经验效果之力量。如:

> 道常无为而无不为;侯王若能守之,万物将自化。④
> 为无为,则无不治。⑤

于是,"道"亦被说为有经验效果者,如:

> 道常无名……侯王若能守之,万物将自宾。⑥

---

① 《道德经·四十八章》。
② 《道德经·三十八章》。
③ 《道德经·三十七章》。
④ 《道德经·三十七章》。
⑤ 《道德经·三章》。
⑥ 《道德经·三十二章》。

> 古之所以贵此道者何？不曰以求得，有罪以免邪？①

"道"与"无为"视为可获致经验效果之力量，则其意义转至第二层。欲由"无为"而"无不为"；老子对世界之态度，非如儒之化成世界、佛之舍离世界，而是支配世界。但转至此实用意义时，"无为"及"道"皆必须有新内容。于是，老子思想中之第三组观念遂出现，此可名为"无为观念之展开"。

（三）守柔、不争、小国寡民——无为观念之展开

"无为"本是不陷于物之意，上已论之，但老子既欲由"无为"而获致经验效果，则必须从"无为"中导绎出某种具体观念，以用于具体之人事。于是老子遂提出"守柔""不争"及"小国寡民"之理论。

此中"守柔"就自处而言，"不争"乃接世之原则；"小国寡民"则为其政治理想。

在论此三观念之前，有必须补充说明者，即老子虽欲以驻于无为之超越主体自由支配经验世界，但老子本人尚无阴谋之想；法家日后一面取老子之学为形上基础，一面从事阴谋，实乃通过荀子性恶论者。此在另文论韩非子时当详析之。此处所应说者是老子想象中"无为"之经验效果，乃由顺物之"自然"而言。故言圣人时谓：

> ……以辅万物之自然而不敢为。②

此"自然"乃指万物之本性，但老子非就事物之特殊经验性质言，而仍指万物所循之规律或"道"。规律或"道"本身非万物之一，但范铸万物，为万物所依；故"道"虽不属于经验界，而实以一形式意义之决定力支配经验界。故所谓"辅万物之自然"，其实义仍指观万物之"反"

---

① 《道德经·六十二章》。
② 《道德经·六十四章》。

而运用之——"反"为规律或"道"之内容,上已论及。明乎此,则可知以下三观念何以被老子视为能有经验效果之实用原则。

先论"守柔"。老子谓:

> 守柔曰强。①
>
> 天下之至柔,驰骋天下之至坚。②
>
> 故坚强者死之徒,柔弱者生之徒,是以兵强则灭,木强则折。③
>
> 天下莫柔弱于水,而攻坚强者莫之能胜。④

此皆为"柔"能胜强,故能"守柔"乃为真"强"。其理则以水喻之。故又曰:

> 弱者道之用。⑤

"柔"与"弱"何故应为见道者自处之原则?又何故能生支配力?此在老子,仍可就其"反"观念说明之。万物运行,皆时时走向"反",故一切存在皆在自身否定之过程中。故人若欲勉强斗力,则不论所拥有之力如何庞大,其运用结果必是由盛而衰。倘不斗力,而自守于柔弱,则唯静观盛者之衰,而自身无所谓衰。老子于此处显露一精透之观察。盖经验世界中之自我本为有限之存在,故欲求强则终有穷尽之时,不求强则无由受挫。常人就"争斗"之假定下看老子此说,自觉其不可解,因在一争斗中,柔弱者似当败,然老子正就不争斗以言柔

---

① 《道德经·五十二章》。
② 《道德经·四十三章》。
③ 《道德经·七十六章》。王本作"兵强则不胜,木强则兵",《淮南子》《列子》《文子》等伪书皆引为"兵强则灭,木强则折"。《列子》《文子》虽伪书,但最晚亦在隋以前;足见由汉至隋,所见《老子》本皆作"兵强则灭,木强则折"。俞樾、刘师培诸人亦皆考定王本此二句为误。兹从诸人之说。
④ 《道德经·七十八章》。
⑤ 《道德经·四十章》。

弱之义。

此点在哲学上未见有深远意义,但就人事而言,则"守柔"而"不敢为天下先"之态度,确表一种高明之慧识。并非不可解者。此与"不争"之说合观则其理益显。

次论"不争"。老子曰:

> 上善若水,水善利万物而不争……夫唯不争,故无尤。①

> 江河之所以能为百谷王者,以其善下之,故能为百谷王……是以圣人处上而民不重,处前而民不害;是以天下乐推而不厌;以其不争,故天下莫能与之争。②

> 善为士者不武,善战者不怒,善胜敌者不与,善用人者为之下,是谓不争之德,是谓用人之力。③

> 天之道,利而不害;圣人之道,为而不争。④

以上论"不争"之材料,盖就三方面言之:第一,"不争"则"无尤"。人有所"争"则必有所为"敌"者,有"敌"则难言必不败;唯"不争"则无所为"敌",亦可"无尤"。第二,就"容"言"不争",即江海为百谷王之意。人以容天下之心临天下,不与天下争,则天下之人转为己所用;此不必是直接用人,但能不与人争,则天下无为我之敌者,即所行不与我冲突,即为我"用"。第三,"为而不争",此又进一步,盖见道者之自处,非求己之"所得",而唯尽己力以"为"。此"为"即与"无不为"之"为"相接;盖属由"无为"转至"无不为"后之义,不可视为与"无为"冲突。虽"为"而"不争",因不欲占有也。亦即老子所谓:

----

① 《道德经·八章》。
② 《道德经·六十六章》。
③ 《道德经·六十八章》。
④ 《道德经·八十一章》。

> 生而不有,为而不恃。①

能如此,则己即将越众人之争而上之,于是天下"乐推",而莫能与之争。

然则"争"者岂皆不能胜与?此问题在老子思想中极易解决;盖老子既见"反"之理,则视一切勉力以为之事皆为无常,唯持"不争"之态度而以柔弱自守者,乃能常胜。常人以"争"心而求"强",于是"为者败之";见道者以"不争"之态度而守柔弱,故"为而不争"。此"为"以"不争"为基,即以"无不为"为基;"无不为"又自"无为"转出。于是最后,老子乃实有由"无为"所生出之"为"。老子深信此种"为"必可收经验之效果。

由于"无为"及"反"等基本观念,老子只以"把握万物所依之道而处万物"为其人生主张。如此,一面老子深信如此即能支配经验界,另一面此支配仍视为一自然之事,而视勉力以求为必败。于是老子不肯定客观历史中文化成长之价值。盖老子视万有皆为变逝之事象,不肯定任何特殊规范,亦不肯定经验知识,由此,对政治秩序亦持一敛退之观点。关于老子对文化之全面见解,乃依其肯定"情意我"(或生命我)之基本哲学立场生出,下文论之。兹先述其对政治秩序之观点,此即"小国寡民"之说。

"无为"观念展开后所生出之实用观念,最后为"小国寡民"观念。老子谓:

> 小国寡民,使有什伯之器而不用,使民重死而不远徙;虽有舟舆,无所乘之;虽有甲兵,无所陈之;使民复结绳而用之。甘其食,美其服,安其居,乐其俗。邻国相望,鸡犬之声相闻,民老死不相往来。②

---

① 《道德经·二章》。
② 《道德经·八十章》。

此段即老子政治理想之表述,为人所熟知。老子盖视国家之发展为不必要者。其故云何?盖老子所肯定之主体仅是驻于无为之境而利用"反"之规律以支配万物者;主体本身不是一实现价值之主体,自亦不能肯定文化之价值。国家生活既不能视为有价值之活动,自无须发展。小国寡民之主张,乃"无为"观念之必然产物。

总观以上各节,知老子思想中之基本观念。但尚有一最重要之问题,即老子所肯定之自我境界本身之问题。此为老子哲学基本特性所在。兹作一剖论,即以结束老子思想之论述。

老子五千言以"道德"为名,因之,人每以老子所谈之"道德"与儒学所言之"德"相混。实则老子所谈之"道德"别有意义,此意义与儒学所立之"道德心"或"德性我"迥殊。

老子论自我之境界时,否定之语多而肯定之语少;但观其所否定之各境,亦可据哲学之设准而测定其肯定之所在。

自我之境设准为三:

(1)德性我。

(2)认知我。

(3)情意我。

"德性我"即相当于"moral self","认知我"即相当于"cognitive self","情意我"则在英文中尚无确定相当之词语可用,但大致相当于"aesthetic self"。关于此设准之确定意义,见拙著《哲学问题源流》第一章第三节(附录A)。此处不再加解说。

除以上三境可以分别为自我所驻外,另有一可由"认知我"中划出之"形躯我"(physical self);此"划出"即因此处见自我自身之否定,故不将"形躯我"列为自我境界之一。但此一趋向虽只表自我之否定,在历史中人之自觉心仍实有取此趋向者;故论自我境界时虽可不立"形躯我"为一境,然观察某一家哲学中所肯定及否定之自我境界,仍当将"形躯我"视为可能之肯定或否定之一。由是,以下观老子所肯定或否定之自我境界,即分别就"德性我""认知我""情意我"及"形躯我"论之。

如上所言,老子否定之语多,故此处之勘察,即顺其所作之否定以反显其所肯定。此工作可分以下数步:

1. 对"德性我"之否定

《道德经》中虽言"德",但此"德"非儒学所言之"仁义"等等,因经文中有对"仁义"诸德性之显明否定。即如:

> 大道废,有仁义。①
> 绝仁弃义,民复孝慈。②

皆见对"仁义"之否定。而三十八章,则谓:

> ……故失道而后德,失德而后仁,失仁而后义,失义而后礼。夫礼者,忠信之薄而乱之首……是以大丈夫处其厚,不居其薄……故去彼取此。

此段语意甚欠精严。但其显然无疑之义则有二:其一是"道、德、仁、义、礼"五者为一步步下降之系列,而下降至"礼"时则为堕落之极致——观以"忠信之薄而乱之首"释"礼"之地位,即可见。其二是"大丈夫"应反此下降之序而上归于道,即"不居其薄"及下文"去彼取此"之义。如此,则"仁、义、礼"等,在老子眼中皆为守道者所不取。其否定态度已极明显。

此章欠精严处乃以"道"与"德"为两层,视"德"为"失道"时之继;此与他处论"德"之语有冲突。此处姑不深论,因此点对本节所说无

---

① 《道德经·十八章》。
② 《道德经·十九章》。

影响。

老子否定"仁、义、礼"。此三者适表"德性我"之所必须肯定者。故老子虽在另一特殊意义下言"德",但实否定"德性我"。"去彼取此",则老子之自我固不驻于"仁、义、礼"之境。

2. 对"认知我"之否定

老子不唯否定"仁、义、礼",且亦否定"智",而视一切知识技术为堕落。如:

> 绝圣弃知,民利百倍。①
>
> 众人昭昭,我独昏昏;众人察察,我独闷闷。②
>
> 使我介然有知,行于大道,唯施是畏。③
>
> 古之善为道者,非以明民,将以愚之。民之难治,以其智多;故以智治国,国之贼;不以智治国,国之福。④
>
> 民多利器,国家滋昏;人多伎巧,奇物滋起。⑤

凡此皆黜智巧之言。无论就自处或为政而言,老子皆否定知识技巧甚至制度之意义。认知活动,在老子眼中既不足取,则老子对"认知我"之持否定态度,亦甚明显。

3. 对"形躯我"之否定

老子否定"仁、义、礼",否定"智巧",亦否定形躯欲求满足之价值。观十二章所言:

> 五色令人目盲,五音令人耳聋,五味令人口爽,驰骋畋猎令人心发狂。

---

① 《道德经·十九章》。
② 《道德经·二十章》。
③ 《道德经·五十三章》。
④ 《道德经·六十五章》。
⑤ 《道德经·五十七章》。

则视形躯欲求之满足为有害无益者。老子于此义尚以"少私寡欲"等语说之。虽所说不多,然其否定"形躯我",已甚显然。

物欲之害何在?在于害"生",故五十章谓:

> 人之生(生)动之死地,亦十有三;夫何故?以其生生之厚。

而有道者则如何?老子以"善摄生者"称之,而状其境界谓:

> 盖闻善摄生者,陆行不遇兕虎,入军不被甲兵;兕无所投其角,虎无所措其爪,兵无所容其刃。夫何故?以其无死地。①

此处皆譬喻之词,执其字面以论之,则悉不可解。但此实老子对其所肯定之境界之描述。

"德性我""认知我""形躯我",一一皆被否定;所肯定者只是一"生"。此"生"既与"形躯"非一事,则不能指形躯意义之"生存",而只能指纯粹生命情趣。此正是"情意我"之境界。

至此,老子所肯定之自我境界已可证为"情意我"。自我驻于此境以观万象及道之运行,于是乃成纯观赏之自我。此一面生出艺术精神,一面为其文化之否定论之支柱。

关于情意我之肯定,及对其他自我境界之否定,在《庄子》中论解尤明。盖道家至庄子而大成,先后之殊正见成熟之程度有异。学者苟明其义,则无论今本《老子》之文如何窜乱,亦不必致疑于老庄思想之先后也。

⌘　　⌘　　⌘　　⌘

总之,老子之学起于观变思常。万象无常,常者唯道。于是"道"为老子思想之中心。而"道"为形上之实体,是实有义。以心观道,心

---

① 《道德经·五十章》。

遂离物。心依于道,乃成其德,故"德"为自觉之理境,是实践义。主客对分,超验与经验之界别乍显,此老子论"道德"之主旨。而万象各有自性,以其自性为"德",与所共之"道"对举,则"道德"之另一义。

顾"道"之为言,泛指规律;事象皆循此规律,故有物依于道之义。然则,此规律为何?老子以"反"解之,"反"有"相反相成"及"正反互转"二义。五千言中释此二义者乃近千言。学者察其所指,而不自累于其迹,则庶几近之。

合而言之,万象皆依一道;分而言之,道之表现乃随事物之特殊性而异。故物各归根,乃显自性,而此自性即老子所谓"自然"。自性亦即"德"。

万物如此,形躯之我亦然,盖形躯之我本万物之一也。于是心由观道而离形躯,所谓"无身",其义在此。

离物之心,乃为真我。老子所取者为情意我,五千言中遂力破德性我、认知我及形躯我。盖以为德性、认知及形躯悉为"执"也。于是而有"无为"之义。

心既观道破执,遂驻于无为。无为是心灵所显之自性,亦为实践之理境,故"无为"乃心之德,驻"无为"中之自觉心,即生命情意之我。故老子有贵生之义、摄生之说。而"生"又为形躯存在之自性。"形躯我"既破,形躯归为万象之一;万象各显其自性,形躯亦然。故老子之论"生"乃有两层意义。一以指情意我之纯化境界,一以指形躯归于万象之一时之安顿。五千言说理欠严,此等涵义在原文中皆多牵乱处,赖学者观理而释文耳。

"无为"观念展开乃成守柔不争与小国寡民之说,导出之文化否定论,前已述之。

第三节
庄子与《南华经》中之庄学

道家思想至庄子而定型;"情意我"之透显,在《庄子》书中远较《老子》书中为圆熟明彻。庄子代表先秦时代南中国之文化精神,亦犹孟子之代表北中国之文化精神。以下分论庄子其人其书及其思想。

一、庄子其人与其书

关于庄子其人,最基本之材料仍在《史记》。《史记·老子韩非列传》谓:

> 庄子者,蒙人也,名周。周尝为蒙漆园吏,与梁惠王、齐宣王同时。其学无所不窥,然其要本归于老子之言。故其著书十余万言,大抵率寓言也。

庄子之生卒年代,《史记》不载。然既与梁惠王、齐宣王同时,则即与孟子同时。近人马叙伦作《庄子年表》,考定庄子生卒年代为公元前369—286年之间;即起于周烈王七年,迄于周赧王廿九年。此说虽未必精确,然大体与《史记》合。兹从之。

庄子生平可考之事迹甚少。然庄子之时代问题亦未引起争论,与老子年代之多疑难不同。盖无论《史记》传文或诸子伪托之语,皆未在庄子年代方面构成显著之问题。今吾人虽不能确断庄周之生卒年代,但视之为孟子同时之道家首领,大抵无问题,而如此已可满足哲学史之要求。

庄子后于老子,本无可致疑。近人有反此说者,以为庄子之思想早于《老子》书中所表现之思想,未见其确据。盖《老子》之书虽杂有晚出之语甚多,其思想则显然不及庄子成熟,以下论庄子思想时当再述及。若就道家著作之内部材料言之,则《南华经》中常有述及老子之寓言,而《道德经》中固无一语涉及前人思想;此亦可证老子思想固有开创性,庄子则自视为承老子之后者。如无不可动摇之确证,吾人殊难强信庄先于老之言。

庄子《南华经》一书,成分极杂,欲估定其时代,则当分《内篇》《外篇》《杂篇》而观之。

《南华·内篇》七章,应为最早作品;盖主要思想皆备于此,且文体亦与《外篇》《杂篇》迥殊。论庄子思想,必以此七章材料为据。通常学者皆认为此七章为庄子自作;此点虽未能确证,然《内篇》代表庄子本人之思想,则无可疑。

《外篇》一部分为发挥老子或《庄子·内篇》理论之作,应出于庄子门人之手。时代当后于《内篇》数十年。另一部《外篇》材料与《杂篇》文体相似,而立论互殊。所引故事亦常互相抵触;大抵为道家后学之杂著,汇而成集,附于《庄子》之书,时久遂不能辨。但此等材料不能代表庄子本人之思想,则属无可疑者。

中国旧日文人,对材料真伪问题殊不留意。清儒始稍求精确。《庄子》之书,虽不如《道德经》文之错乱,内容亦甚杂。兹论庄周之学,即以《内篇》为主要材料,《外篇》中发挥《内篇》理论者可用为辅证;至于发挥老子理论之材料,则可看作老庄思想关系之旁证。为区别庄子本人思想及后继者之思想,故用"庄学"一词。凡《内篇》中之材料皆视为庄子本人之思想;《外篇》《杂篇》之材料,则归入"庄学"。

今本《庄子》三十三篇中,《天下》性质最为特殊,须另作解释。

《天下》列于全书之末,故一向被视为《庄子》三十三篇中最末一篇;又因《庄子》各篇之次序,乃依《内篇》《外篇》《杂篇》顺次编成,故《天下》遂被人列为《杂篇》之一。此点实大成问题。观《天下》之内容,实与任何一篇不相类,殆为《庄子》书之附录或后序;盖此篇泛论天下之学,且语及庄周,其体裁语气皆与《内篇》《外篇》《杂篇》之文迥异。

大抵《庄子》书成后,门人作《天下》附之。其后,道家者流(或为庄周弟子,或更晚)时有杂著,而此种杂著皆附于《庄子》书之后,而又因《天下》本为全书附录或后序,故加入杂著时,仍将《天下》作为最后一章;如此日久,《外》《杂》诸篇皆附《内篇》之后,而转在《天下》之前,《天下》乃被人误解为《杂篇》中之一章矣。《天下》本身之时代,去庄子不远。观其论天下各学派时,未涉及晚于庄周之任何学说,即可推知此篇之作,晚于《庄子·内篇》不久,实在《外篇》《杂篇》诸篇之前也。

因《天下》情形独特,本身复甚重要,故特作以上之说明,以免学者论《天下》之时代时,误以为与其他《杂篇》同时也。

《外篇》《杂篇》诸篇之确切时代,颇难分章考定。然其中有极晚者,则无可疑。本书非考证之作;除涉及思想源流,不得不作考定者外,余悉不详论及。

以下论庄周之学,旨在阐明庄子哲学思想之主旨。取材以《内篇》为主。

二、庄子之思想

庄子为道家之主要代表人,其理论亦为先秦道家学说中最成熟者。凡老子未及详论之义,庄子皆推衍而立说。其要旨在于显现"情意我"之境界,《史记》以为庄子之说大旨宗老子之言,大体无误。但展示情意我之境,及破除形躯我、认知我之理论,庄子皆远胜于老子,故庄子实为道家学说之完成者,并非仅述老子之学而已。

(一)形躯我之否定

庄子之自我,驻于"情意"一层;此种"情意我"就发用而言,为观赏之我,故可说为"aesthetic self";就其体性而言,则为纯粹之生命境趣,与形躯我决不相同。但常识中之误解,最易将"情意我"与"形躯我"相混;甚至在实际生活态度上,情意我与形躯我亦尝混杂不易分。故在庄子学说中,破除形躯我乃一极重要之工作;而吾人述庄子之学,亦应首及此义。

破除形躯我之理论,在庄子学说中可分两点。第一为"破生死"之说,第二为"通人我"之说。

1. 破生死

兹先论"破生死"之说。

"形躯我"原为一物理性之存在。严格言之,"形躯"实是一对象,而非"主体";实是一"物",而非"我"。"形躯"与其他万物相较,本身实为万物之一。然人误以"形躯"为"自我"时,即生出一障执。有此障执,则自我即使自身陷系于形躯感受之中;故论自我诸境时,"形躯我"即自成为一境。此境实生于一障执,而非主体之显用也。

庄子欲破除此种障执,故极力宣说形躯与万物为同级之存在(即形躯为万物之一)。"破生死"之说,即以证此"同级性"为目的。盖如能证立形躯与万物同级之义,则形躯之非"自我",一如万物之非"自我"。其理彰著,即不致再生误解。

欲证此种同级性,又不可不自反面着眼,不可不先明常识中之障执何由而生。

人何以会误以形躯为自我?根本原因在于人之自觉陷于感受内容中。而一切形躯感受,作为一整体观之,又为一物理性之生命历程。此种物理性之生命历程,本身仅为一套对象性之事实。而此一历程之始终,即常识中之"生死"问题所在。倘能证"生死"实与"自我"无干,则整个物理性之生命历程,即皆与自我无干;形躯感受本此种历程之环节,至此自益不能涉及自我矣。因此,庄子有"破生死"之说。此说旨在说明"生死"仅为形躯与万物间之同层流转,借以揭明"生死"与"自我"之不相涉。

兹取《内篇》中有关此点之材料,分数项释之:

第一,《大宗师》。

> 子祀、子舆、子犁、子来四人相与语曰:孰能以无为首,以生为脊,以死为尻;孰知生死存亡之一体者,吾与之友矣。四人相视而笑,莫逆于心,遂相与为友。俄而子舆有病,子祀往问之……曰:嗟乎,夫造物者又将以予为此拘拘也。子祀曰:汝恶之乎?曰:亡,予何恶!浸假而化予之左臂以为鸡,予因以求时夜;浸假而化予之右臂以为弹,予因以求鸮炙;浸假而化予之尻以为轮,以神为马,予因以乘之,岂更驾哉!且夫得者,时也;失者,顺也。安时而处顺,哀乐不能入也。此古之所谓县解也。

此段即论形躯与万物同级且互相流转之义,可逐次释之。首先,每一具体对象皆由一组条件会成。万物如此,形躯亦如此。就合成一对象或一物之条件说,此种条件并非此物,故物自无而有,故谓"以无为首"。

其次,一组条件决定一物之出现;此物出现后,遂有一存在历程。专就形躯而言,则此种存在历程即物理性之生命历程(process of physical life)。故谓"以生为脊"。

然万物永在流转变易之中,形躯亦不例外。由此知形躯必归灭坏,物理性之生命历程必有其终点,此终点即形躯之"死",故谓"以死为尻"。

明乎此,则形躯由无而有、由生而死,乃一套过程。故"生死存亡"实为"一体"。

再进一步观之,形躯为一物理性之存在,为一对象。此类对象皆是永在流转变易之中,故形躯与万物间互相流转,乃当然之事。构成形躯之因素,可转而构成其他对象,是以庄子借子舆之口以说此义。人之左臂可化为鸡(或卵),右臂可化为弹,尻可化为轮,神可化为马,总之,形躯可流转为万物。

最后,一切对象之所以能出现,仅由于适有此一组"使此对象生成"之条件。故万物如此存在,皆由偶然之条件决定,亦可谓被偶然机缘决定。而一切对象既均在流变之中,则由偶然机缘而存在之万物,既存在后,又必将灭坏。形躯作为万物之一,其理亦同。故谓"得者,时也;失者,顺也"。"得"与"失"即指"生死"而言。"时"指偶然之机缘,"顺"则指一历程之必然方向。

至此,庄子立说之主旨方透出。此即自我并非"流转中之万物",亦非"流转中之形躯"。自我在现前意识中,能洞观形躯之偶然而生,必然而死,则当下自我即脱出形躯执;一经破执,则自我不以形躯为自身,即能安其偶然之生,任其必然之死。所谓"安时而处顺",即此义也。

又若自觉之心灵不以形躯为自我,则当知形躯对自我而言,实为一限制,亦为一负担;如此,则形躯消灭,转是自我之限制与负担之解除。故说"此古之所谓县解也"。"县解"即"悬解",谓如悬者之解也。

庄子有时即以"生"字表"有形躯"。故《大宗师》中又有:

> 夫大块载我以形,劳我以生,佚我以老,息我以死……

此节意尤明豁,"我"(即"自我")在自然历程中,偶然得此形躯;此乃自然给予"我"一形躯,故谓"大块载我以形";"我"既有形躯,即有一"生"之历程,承受形躯之负担及限制,此所谓"劳我以生";至形躯灭坏,一切负担及限制皆得解除,自我由劳而息。故谓"息我以死"。如此,"形"自是"形","我"自是"我"。形躯执在此即劈头斫破矣。

《养生主》中一段材料可与上文互参:

> 老聃死,秦失吊之,三号而出。弟子曰:非夫子之友邪?曰:然。然则吊焉若此可乎?曰:然。始也,吾以为其人也,而今非也。……适来,夫子时也;适去,夫子顺也。安时而处顺,哀乐不能入也。古者谓是帝之县解。

此段大旨与《大宗师》论"安时而处顺"一节相同,后数语文字亦大致相似。此借老聃为言,盖谓明道者能悟透形躯与万物之同层流转,故知形躯之生死与自我无干。物理性之生命历程即显现为一事象之系列(series of events),亦无关"我"事。秦失既知老聃自己已破形躯我,故即不能再以此对象性之形躯为老聃。"三号而出",不足哀故也。

以上为《大宗师》及《养生主》中关于"破生死"之材料。此外,《德充符》一篇中又另有材料可补以上所论者。

第二,《德充符》。

案《德充符》一篇原意在于贵德而贱形(此"德"与儒学之"德"不同);"德充符"者,德充于内,外必有所符应也。今取有关破形躯执之说,以补上节。

《德充符》中假托孔子与常季之问答,谓孔子盛赞兀者王骀;其言曰:

> 死生亦大矣,而不得与之变;虽天地覆坠,亦将不与之遗。审乎无假,而不与物迁;命物之化,而守其宗也。

此皆描述"自我"之语。自我乃超事象系列之主体,故形躯之死生,不能变化自我。对象界任何事象,甚至"天地覆坠",亦不能使自我有所失。如此之自我,为主宰、为主体,与万物及形躯乃不同级之存在。故自其消极而言之,主体不受条件决定,为"无假",而"不与物迁",即主体不随事象而变易。自其积极而言之,则主体为主宰,能"命物之化,而守其宗"。"无假"即无所假借、无所依恃,即不受条件决定,即"unconditioned"①;"命"即支配,"宗"指本源;三者皆用以明自我之"主宰义"。

常季再问,孔子之答词则曰:

> 自其异者视之,肝胆楚越也。自其同者视之,万物皆一也。夫若然者,且不知耳目之所宜,而游心乎德之和。物视其所一而不见其所丧,视丧其足犹遗土也。

此则再进一步发挥,说明自我与万物(包括"形躯"在内)并非同层级之存在。其理论重在指出一切对象自成一领域。一方面放弃对象彼此间之分别而不论,另一方面即由此显出对象与主体之不同。

所谓"自其同者视之",即指将一切对象作为对象而观之。各对象彼此虽有种种殊异,但"同"为对象而非主体,则是各对象之"同"处。以对象为对象而观之,则一切对象皆为主体之所对;就此点言,彼此并无殊异。故谓"万物皆一也"。反之,如视对象彼此间之性质差异,则一一对象皆有特性,彼此皆迥不相同,故说"自其异者视之,肝胆楚越也"。

庄子此处所强调者,是"自其同者视之"之态度,即主张应将对象作为对象而观之。何以要如此?乃因作如是观即可使主客之辨易明;主客之辨既明,自我即不陷于对象界之事象系列中;如此,乃可"游心乎德之和"②,即作为主宰之自我恢复其主体自由也。

---

① 旧注以为"假"为"瑕"之误。但观其文义,则"无假"释为"无所假借"在理论脉络上既甚畅顺,词义亦无困难;而改为"无瑕",转不成义理;盖"无瑕"与"不与物迁"实无理论关联。且《至乐》中有"生者,假借也"一语,亦可以作为旁证。故原文应不予改易。
② 道家之"德"即道家所企慕之主体自由;此种主体自由仅为观照之自由,无化成义,亦无建构义;是"transcendent",而非"transcendental"。

自我之主体性与主宰性,与对象界相照而显出,此即由"objectivity"反显"subjectivity"。如此,主客朗然分立,形躯与万物皆归入对象界域中,而自我乃与此对象界域相对而峙。则对象界域中一切事象之变迁,皆无关"自我",自我唯朗照对象性已足,故谓"物视其所一而不见其所丧"。

"所一"指对象界域之整体言,"所丧"指对象内容之流变言。如此观照,则人之有足无足,乃对象界中一事象;正如任何事物之一状态,皆与自我无关。此足本非"我",犹土石之非"我",故说"视丧其足犹遗土也"。

总之,此段极力说明两点:

第一,主体性透显之关键,在于能观对象界之对象性。欲观对象性,即须将对象作为对象而观之,略去各对象内容间之差别。如此使一切对象只作为对象而呈现于自觉中,即见"万物皆一"。

第二,形躯亦是万物之一。形躯之状态仅为一事象。此乃对象中事,与主体无关,亦即与自我无关。

传统文人常谓老庄"外形骸","外形骸"之精义即在此。

除上引材料外,《德充符》中假托孔子对鲁哀公之言,亦可阐明此义。其言曰:

> 死生存亡,穷达贫富,贤与不肖,毁誉、饥渴、寒暑,是事之变,命之行也。

此谓,种种对象界中之性质及差异,皆仅为外在事象;事象皆在流变之中,故曰"事之变";事象皆为受条件决定者,故曰"命之行"。此处"命"指被决定而言,不指心灵之主宰,与"命物之化"一语中之"命"字不同。盖"命物之化"中之"命"乃动词,表心灵去"命"物;此处"命之行"一语中之"命"字,则为名词,指被决定之状态,"行"即运行。"命之行"即指"条件决定"之运行,是条件决定之运行,即非主体之主宰中之事矣。

以上各节材料,庄子虽假托孔子之言以发挥,然其论旨与《大宗师》诸节相通,属于道家之基本理论。

破形躯我之执,即所谓"薄生死、外形骸";此意虽旧日文人所熟知,然其理路则罕见明确之表述。兹先述此义,作为庄子基本理论之一。

庄子此种思想,在《外篇》后学之说中亦时时透露。如《至乐》中,庄子答惠子云:

> ……杂乎芒芴之间,变而有气,气变而有形,形变而有生,今又变而之死,是相与为春秋冬夏四时行也。

此即将生死看作事物流变历程之两段;四时之喻,亦即《大宗师》中"首、脊、尻"之喻也。又《至乐》中,滑介叔答支离叔之言曰:

> 生者,假借也。假之而生生者,尘垢也。死生为昼夜,且吾与子观化,而化及我,我又何恶焉。

此亦是死生为流变中事。此处可注意者是"而化及我"一语,此"我"即指"形躯我","我又何恶"之"我"则指自觉之自我而言;原文用字稍欠严格,故疏解数语。

凡此种种,皆《外篇》中承继《内篇》破形躯我一理路之思想。类此之材料,《外篇》《杂篇》中尚多,兹不复赘。

总而言之,生死为形躯之成毁。而形躯之成毁为万物流变之一例,实与自我无涉。自觉之自我一经超拔,则不自系于形躯中,即破生死执著。逆而言之,自觉之自我即于"破生死"处显其超拔。故《大宗师》谓:

> 古之真人，不知说生，不知恶死。

2. 通人我

其次为"通人我"之说。

"人我"之分，一部分起于形躯我之执著，另一部分则起于认知我之作用。兹就"形躯我"一面论之。

人通常意识中所呈现之"我"，即是此感受之主体，亦即形躯。庄子立论以"破生死"时，已屡说万物流转之义；就此再推进一步，即可知此一形躯既与万物为同级存在，则不能为"真我"；而与此形躯并立之"他人"，亦与此形躯同属于万物之范围。故"通人我"之理论实为"破生死"之理论之延长而已。庄子为特别说明一形躯与外物并非绝对分立，乃有梦蝶之喻。《齐物论》云：

> 昔者庄周梦为胡蝶，栩栩然胡蝶也。自喻适志与，不知周也。俄然觉，则蘧蘧然周也。不知周之梦为胡蝶与，胡蝶之梦为周与？周与胡蝶，则必有分矣。此之谓物化。

案此段主旨在于"不知周之梦为胡蝶与，胡蝶之梦为周与"二语。人有形躯之障执，遂以形躯为"我"；由此又以形躯以外之外界为"非我"——包括"他人"；然究竟"形躯"何能与"外界"绝对分立，则是枢纽问题。每一形躯为一经验之存在；此经验性之存在所含之一切经验内容，皆在严格意义上与自我无关。反之，形躯本身作为一经验存在，实与整个经验领域不可分。故形躯本属于"外界"，而与"自我"非一事。庄子为说明此义，乃借梦蝶之喻显出"我"与"胡蝶"及"庄周"皆无一定关系；自以为"蝶"之我，即自以为"周"之我；为蝶为周，乃形躯之异，"我"固仍是"我"也。而"蝶"与"周"固非"我"与"非我"之对立，由此推之，一切经验意义之"我"亦不能与外界中之"他人"对立。此即"通人我"之义。

可与此说相参证者，有《大宗师》中一段。此段假托孔子答颜回之言，曰：

> 且汝梦为鸟而厉乎天，梦为鱼而没于渊，不识今之言者，其觉者乎，其梦者乎？

此数语虽简明易解，所涉理论则甚重要。盖庄子所谓"其觉者乎，其梦者乎"即涉及经验世界之实在性问题。常识中之想法，每以为耳目所接之经验世界为唯一实在者，但严格言之，则如此之经验世界，仅为在如此认知能力下呈现之图像。中西哲学理论中从不同角度证此点之说甚多。而以"梦"与"觉"之相对性为据，以否定经验世界之独立性及实在性，则为早期观念论习用之理论。此说大意谓，梦中之一组感觉内容，构成梦中之世界，醒觉时之经验世界，亦是由一组感觉内容构成。梦中世界之虚幻，不能由梦中之感觉反证之，然其虚幻不改。故醒觉中之感觉，亦不能证醒觉中之世界不是虚幻。由此可说，"觉"与"梦"仅有程度差异，而非一真一幻。梦固为幻，觉中之经验世界固亦无独立实在性也。此说本身自大有问题。本节只析述庄子理论，暂不详评。读者倘熟知驳柏克莱之各种理论，则自不难解决此一问题。

梦中之"我"可以化蝶，亦可以为鸟为鱼；醒觉中之"我"可以为庄周，为某甲，为某乙；蝶与鱼鸟，固非"自我"；庄周甲乙，亦非"自我"。此种种经验内容，皆属对象性之表象；形躯我为庄周，为甲乙，为蝶，为鱼鸟，皆是同一层之流转。于此，"通人我"之义益明。

由"破生死"而"通人我"，庄子力证形躯我与万物同为现象，以击碎常识中对形躯我之执。此即庄子破形躯我之理论；持此与老子之说相较，详备多多。

（二）认知我之否定

庄子否定认知我之地位，主要理由在于庄子不承认知识之地位。

庄子之学，主旨在于透显一真自我（在庄子自己，即以情意我为此真自我），故认为知识既不能接触自我，便为无意义。但庄子并非有严格系统之理论建构者，故庄子并未提出任何确定理论或论证说明知识何以不能接触自我，而仅作平铺之描述，以表明自我不属于知识对象，及认知活动本身之限制而已。

此种理论亦可分为两部分。其一为"泯是非"，其二为"薄辩议"。以下依次叙述。

1. 泯是非

先论"泯是非"之说。

庄子欲证知识活动之无意义，乃先破坏知识中之真伪标准。庄子所谓"是非"即兼指真伪与好坏而言。"泯是非"即否认真伪与好坏有确定意义。庄子以认知活动为"自我"之障累，故以"泯是非"为破除"认知之障累"之工作。

"泯是非"之理论，主要见于《齐物论》中。《齐物论》一篇，要旨有二，一为"齐物"，一为"齐论"。齐物即破除对象之分别（与前文引《大宗师》各节之意相类）；"齐论"即将一切言论等视，亦即"泯是非"。

《齐物论》曰：

> 言者有言，其所言者特未定也。果有言邪？其未尝有言邪？其以为异于鷇音，亦有辩乎？其无辩乎？

此谓一言论重在其"意义"（meaning），即言之所指，即"所言"。有无意义，乃决定一言论是否成为一言论。如离开"意义"，则文字仅为一串符号，议论亦仅为一串声音。此一串声音与鸟鸣之音固无可分辨也。然言论果有"意义"否，则是"未定"。下文谓：

> 道恶乎隐而有真伪？言恶乎隐而有是非……道隐于小成，言隐于荣华。

庄子自己之观点，以为一有"真伪"之分，便是大道蔽隐不显。此点文中未加说明，而先为预认。故文中直接解释"道"之所以"隐"，而将"有真伪"看作"道隐"之后果。若依正常理路观之，则此处缺一步骤，盖庄子本应先说明"道隐"与"有真伪"之关系，然后方能说到"道恶乎隐"。但庄子将"道隐而有真伪"看作已成立之命题，而直接讨论"恶乎隐"，下接"言恶乎隐而有是非"，情况亦同。

庄子对两个"恶乎隐"之解答，即提出"小成"与"荣华"二观念。此处涉及一稍深之问题，应先作阐释。

吾人首须注意，一切理论之建立，皆必受一定之限制。无论思考中之解析，或知觉中之综合，皆为永不完成者。故任何一项知识，皆为可补充者，可修正者，亦即无绝对性者。故每一理论皆表一有限之知识，亦为一未完成之知识，依此，每一理论既有所肯定，有所否定，而本身又为未完成者，则此种肯定及否定亦依此有限而未完成之知识而安立。此种知识既无绝对性，则依之而立之肯定与否定自亦无绝对性。故任何一理论成立时，所显示之"是非"（肯定与否定）皆不能与"最后之真"相符。理论建立是一"小成"，而如此之"小成"，正足使心灵局限于此，而不能观最后之真或全体之真。此即所谓"道隐于小成"。盖有一理论固是一"成"，但由此生一局限；此局限即使"道"蔽隐不显矣。

所谓"言隐于荣华"，意谓虚矫之言，因求粉饰而起；此点在理论上，似与"道隐于小成"并非同一层次之事。因"道隐于小成"可看作知识之不可免之问题，"言隐于荣华"则至多只是一部分言论之问题。而是非之事，与巧辩伪饰之关系，似亦只在特殊条件下成立。但庄子否定认知活动之意义时，确对"辩"甚为重视。此当与庄子之时代有关，盖庄子时，名家墨家之徒，皆喜用诡辩以炫其智。故庄子乃视"辩"为一大智障（即认知我之障），此点在下节谈庄子"薄辩议"之理论时,当再详述。兹因解释"道隐于小成,言隐于荣华"二句,略及数语。以下续述"泯是非"之说。

庄子认为,一切理论上之肯定与否定,皆无绝对性,故认为"是非"皆属成见。《齐物论》中续言:

> 故有儒墨之是非,以是其所非,而非其所是。欲是其所非,而非其所是,则莫若以明。

此即表示,儒墨等学派之学说,庄子认为皆属一定限制下之成见。"所非"与"所是"皆就主观成见而言。但前面"是其所非,非其所是"恐有讹误。盖依原文语脉观之,此处既说儒墨各有成见,则应为"非其所非,是其所是",以表儒墨各在其成见下有偏执之肯定与否定;而下文所谓"欲是其所非,而非其所是",则是就破除儒墨之成见而言。就道家立场讲,欲破除儒墨之成见,可以"是其所非,而非其所是",就儒墨本身讲,则不能如此。儒墨只能各自坚持其"是非",而庄子对儒墨之讥评,主旨亦是说儒墨囿于成见,则说"是其所非,而非其所是"便不合原意矣。旧说以为此处所谓"是其所非,而非其所是",乃指儒墨互相攻击而言。此在意义上虽可沟通,但与原文语气则不合,且与下文冲突。

庄子认为儒墨各囿于成见。而欲破除彼等之成见,则唯有以虚静之心观照。易言之,道家不执著此类成见,则即不陷入是非之争执。是非本身原不可定,只在一定限制下方呈现一定之肯定与否定。而此种肯定与否定皆属成见。以虚静之心照之,则存有之真相显出,乃得一超经验之观悟。此观悟不由思辨论议中生,而为自觉之直接发用。此即庄子所谓"明"。由"明"所显之真相,不能经由认知活动显出,因认知活动自有限制。而认知活动既不能显真相,则徒为心灵之累。盖心灵或自我溺于认知活动中,则永远只能构造各种限制下之理论,反不能显现由虚静所生之"明"也。

以上为"泯是非"理论中第一论证;总说其义,即以知识理论本身之必有限制,以推知识理论不能见最后之真相;再进而推证心灵不应溺于此种认知活动之中。所谓"道隐于小成"是也。

第二论证则以流变观念为背景,认为万物流变无定,一切事象皆可从"已成"及"将成"两面观之,言说理论亦然。每一理论成立时,必有所破斥,而同时此理又必有后起者破之。故理论之旋生旋灭,固亦与万物之流变相似。《齐物论》中说此义曰:

> 物无非彼,物无非是。自彼则不见,自知则知之。故曰:彼出于是,是亦因彼,彼是方生之说也。虽然,方生方死,方死方生;方可方不可,方不可方可。因是因非,因非因是。是以圣人不由,而照之以天,亦因是也。

此处"彼"与"是"二词,乃庄子设定之相反符号,仅有形式意义,即如逻辑用语中之 A 与非 A;就字面讲,则"彼"与"是"即是"that"与"this",然此处所表之意义仅为一对相反之概念,无一定内容。此段大意谓:如有以"A 概念"为基础之一套理论,则一切存在皆收摄于"A 概念"下而释之;反之,如有以"非 A 概念"为基础之理论,亦将一切存在收摄于"非 A 概念"下而释之。此即所谓"物无非彼,物无非是"也。自 A 概念下观之,不见非 A;反之,亦然。所谓"自彼则不见"。然若就"智慧"本身观之,则此种概念系统之封闭性即可了然。所谓"自知则知之"。此中上一"知"字作"智"解,以"自知"为"知道自己"则为旧注之误。依旧注则不可解矣。

A 概念与非 A 概念,皆可形成封闭性系统;譬如形上学中之"观念与实在""一元与多元"皆表现此种对立概念下之"小宇宙"。亦皆可见系统之封闭性。此点习解析者常言之,庄子则指出此点以否定

"理论"之地位。

庄子进一步又指出相反相成之义。盖A与非A固互为矛盾，互相穷尽，但彼此又互相映显。不设一"A概念"，即无由得一"非A概念"。"A与非A"固互相矛盾，然亦互相创生，互相映显。故谓："彼出于是，是亦因彼，彼是方生之说也。"此中"方"字表动词之进行时式。A与非A互相映显，故永在互相创生中。吾人但知A与非A之相依而立，则此处所说之"彼出于是，是亦因彼"，于理即甚明显。二者既相依而立，则二者亦不断互相创生矣。

任何一对相反之概念，及由此生出之一对相反之理论系统，皆可作如是观，更进一步，则又可观相反系统间之消长关系。两相反系统之基础概念，固有上述之相依关系；但如此一对相反系统既经生出，则彼此互为排斥，因而此消彼长。此与上文所说者相反，故原文以"虽然"一语承接上下，而下则谓"方生方死，方死方生，方可方不可，方不可方可"。此中"方"字视为进行时式之动词，则其义显豁；盖谓相反之理论有一面在生长中，则另一面即在消亡中，反之亦然；又可说，有一面在被肯定中（方可），则另一方面即在被否定中（方不可），反之亦然。

以下所谓"因是因非，因非因是"，则谓一面之肯定即涵另一面之否定，一面之否定亦涵另一面之肯定。与此前四语同表相反理论之消长。

此种消长情形，若就哲学史之实况释之，则尤为明显易解。例如观念论与实在论此起彼伏，一盛一衰，循环相继已久。此即见"因是因非，因非因是"之意。庄子否定理论之价值，故即据此而说理论系统之无意义。下接"是以圣人不由，而照之以天"，则是表述道家之立场。"照之以天"与"莫若以明"相类。"明"就自觉之朗照言，排斥成见之封闭性。"天"则就超验意义之主体言，排斥人为之条件性。

"天"指体,"明"指用,强调之点不同,其旨则一也。

一切理论系统相依相映而生,又互为消长,永远循环;如此,则理论系统之追求,永是"形与影竞走",自溺于概念之游戏中。倘心灵超越此种执著,而一体平看,则一切理论系统皆为一概念下之封闭系统,彼此实无价值之分别。故续谓:

> 是亦彼也,彼亦是也。彼亦一是非,此亦一是非。

前二语表一切封闭性理论系统皆无上下之别;后二语补释之,谓其所以无上下之别者,因 A 概念下系统有一套系统内之肯定与否定,非 A 概念之系统亦复如是。

然则 A 与非 A 之对立,何由而生与? 庄子以为此乃心灵自身份别所生,非客观之存有,而心灵之觉醒则须超越此种认知中之分别。故又谓:

> 果且有彼是乎哉? 果且无彼是乎哉? 彼是莫得其偶,谓之道枢。

前二语乃追问此种分别本身是"有"抑是"无"? 虽不作答,其意已明。盖说有说无均有困难,因"彼是"之分别,本非客观中有,而乃认知活动中事,不可谓"有"或"无"也。故下接"彼是莫得其偶,谓之道枢"。"彼"与"是"互相为偶。超越此一对立,则二者皆无所依,于此乃见最后之真相。"偶"指对立关系而言。

自觉心灵既见最后之真相,则自身不陷入认知之障执中,不随一封闭系统而逐"是非",又能顺应一切理论概念,一如顺应流变之事象。故谓:

> 枢始得其环中,以应无穷。

"环中"乃喻语,表心灵在一切流转中,独居中心不变之地,"以应无

穷"则言心灵顺应一切流转之事象观念。下更补足二语,以说明一切理论永为封闭系统之循环相继。故曰:

> 是亦一无穷,非亦一无穷也。

《齐物论》此段,最后又云:

> 故曰:莫若以明。

此则总结上文之语,不必另释。

总之,此段乃就封闭性理论系统之循环消长,而证理论追求之无意义。为"泯是非"之说之第二论证。

第三论证则由语言功用之有限以否定理论之意义。盖言说不能离经验内容,而经验内容之种种分别,皆与自我之真相无干,故庄子即由齐物之义以否定认知活动。

《齐物论》云:

> 道行之而成,物谓之而然。恶乎然?然于然;恶乎不然?不然于不然。物固有所然,物固有所可。无物不然,无物不可。故为是举莛与楹,厉与西施,恢恑憰怪,道通为一。

又云:

> 天下莫大于秋毫之末,而太山为小。莫寿于殇子,而彭祖为夭。天地与我并生,而万物与我为一。

此皆言"齐物"之本旨。万相在经验性质方面,互有殊异,此不待言。庄子所欲强调者,乃一切判断与一切认知皆依一定之条件而成立。经验性质之呈现,即依经验认知活动而成立,倘心灵不作经验认知活动,则一切经验认知中所呈现之分别,皆不成立;易言之,一切"有"皆依某一主体活动而成为"有",故不作分别活动,即不见此种分别。由此,"齐物"乃指主体超越经验认知之"境界"而言,本身固非一认知中之判断,故依此境界又可推出一对认知之否定。

明乎此,则上引《齐物论》之文不难解释。"道行之而成,物谓之而然"即揭示一切"有"依于主体活动之义。"道"为"所行";非先有"道"而后有"行",实因作"行"之活动,方有所谓"道"。此"道"字非专指最后真实而言,乃"道路"之意。"物"成为"如此如此之物",并非客观存在是如此,实是在认知活动中被心灵认知为如此,故说"物谓之而然"。某物是如此,或不是如此,皆依一定条件而成立。故说"恶乎然?然于然",即是说万物何以如此?乃因在如此之条件下故成为如此。"恶乎不然"二句亦同。

既知一切经验性质皆依认知条件而立,则超越认知活动之心灵,即可舍弃一切经验性质,而将不同之经验对象视为同等。楚与楹,小大虽殊,厉与西施,丑美虽异,如超越经验认知而观之,则见其"通为一",皆"对象"而已。

另一段中,"秋毫""太山""殇子""彭祖"之喻,其意亦同。所谓"万物与我为一",亦即谓一切经验对象可以不作分别。与"道通为一"之理相同。

至此,乃可见言说之限制,故云:

> 既已为一矣,且得有言乎?

盖如心灵弃经验认知中之性质而不顾,则言说何所用乎?言说不能离经验中之种种呈现也。然即就全部经验界而说,仍是与主体对峙者。主客分裂,在此仍未超越。故又续云:

> 既已谓之一矣,且得无言乎?

盖谓"万物与我为一"时,能知之主体仍与此被知之"一"分裂,仍似有可言说者。故谓"且得无言乎"。如此,可见对"一"之知或言,亦为超

越心所不许。盖一有任何"言",即陷入主客分立之境。故下文续云:

> 一与言为二,二与一为三。自此以往,巧历不能得,而况其凡乎?

"一与言为二"指主客之分离,"二与一为三"则谓"能知""所知"与"超认知之真"又为"三"。此可与《老子》书中"一生二,二生三,三生万物"参看。但庄子之说较《老子》书中之语精详,非仅描述形而上之形式原则,而实已见主客分裂之本源问题。

依此,万说纷纭,皆由有"言"而起,"言"又不能接触真相,在其本身限制下,徒增烦扰。道家之理想,则为息言说以养虚灵之自觉,即所谓"葆光"是也。

总之,就理论之"是非"而言,庄子认为:第一,一切理论皆为一有限系统,一切知识本身皆受一定限制,故心灵不应溺于此种活动中。第二,一切理论皆为一封闭系统,互相反对之理论相依而生,循环消长,永无休止,故理论之追求毫无意义;此"齐论"要义所在也。第三,由齐物之义推衍,可知一切言论生于经验认知之分别,而此一切分别则对于自我皆属多余;且理论(或"言")使主客分裂,乃心灵之堕落,故认知活动乃自我之障累。一切是非之分别,必须泯除。此即庄子"泯是非"之说也。

2. 薄辩议

否定认知我之理论,以"泯是非"为主,"薄辩议"之说则仅有补助功用。盖"辩议"专就意见不同之人而言,究非根本问题,但"思"与"辩"皆为认知活动之主要部分,庄子既有"薄辩议"之说,本身自应作一叙述。

此种理论亦见于《齐物论》中。兹先引原文,再加疏解。

《齐物论》云:

> 既使我与若辩矣,若胜我,我不若胜。若果是也,我果非也邪? 我胜若,若不吾胜,我果是也,而果非也邪? 其或是也,其或非也邪? 其俱是也,其俱非也邪? 我与若不能相知也。则人固受其黮暗,吾谁使正之? 使同乎若者正之,既与若同矣,恶能正之? 使同乎我者正之,既同乎我矣,恶能正之? 使异乎我与若者正之,既异乎我与若矣,恶能正之? 使同乎我与若者正之,既同乎我与若矣,恶能正之? 然则我与若与人俱不能相知也,而待彼也邪?

此段对"辩"作完全之否定。其意谓,辩议中一时之胜负,未足以定是非;我与若孰胜孰败,皆未必与真"是"有关,胜者亦未必是;其次,当两种意见冲突时,不唯彼此不知真是非何在,且其他论者亦无从裁断。因第三者之意见不外同乎若、同乎我、异乎我与若、同乎我与若四种情况,但在此四者中之任一情况下,皆不能裁断我与若之冲突。因第三者之意见若与任何一方相同,即表此方多一支持者,并非表示此方意见为是。倘第三者之意见与两方均不同,则更多一重歧异,亦无由解决两方之冲突。倘第三者之意见包含两方之意见,两方之意见仍不能决定孰是孰非,故辩论永不足以定是非。此则庄子之本意也。

辩议之无用,亦可由语言本身之限制释之。语言本有功能上之限制;真相或道,一落入语言诠释中,必因语言之限制而受歪曲;故庄子以为,明道之人,不事辩议。作辩议者,乃玩弄语言而自炫其知,非真有超悟也。故谓:

> 圣人怀之,众人辩之以相示也。
>
> 辩也者,有不见也。

"辩"与真伪是非常无一定关系,此理甚明。庄子之解说亦甚简。兹不赘论。

合上所述,"泯是非"而"薄辩议"乃形成庄子反对认知活动之理论。依此,自我溺于认知活动,亦是障执。上说为破障执而立。道家之自我非"形躯我",亦非"认知我",至此已明。然如此破执所显之"我",与儒学中之"德性我"同异如何,乃必须评辩之问题。下文专论此点。盖道家虽常用"德"字,然其词义甚为特殊,非详为疏解,不能明也。

(三)价值观念及文化观

老子之书以《道德经》为名,言"德"之处极多,词义亦常含混。庄子之书,用语亦甚乱,然庄子之肯定不落于"德性我",则可断言。兹逐步析论其说。

1. 德性我与情意我之辨

《庄子·大宗师》中,假孔子与颜回之问答,提出"离形去知"一语;"离形"即"堕形体",即"形躯我之否定";"去知"即"黜聪明",亦即"认知我之否定",此两层前已论之。今须进而追问,在此两面否定后,庄子所肯定者为何境?

首先,观《内篇》材料,可知庄子所重者非"德"。如云:

> 圣人不谋恶用知?不斲恶用胶?无丧恶用德?不货恶用商?[①]

是则将"德"与"知、胶、商"同列,视为圣人所不需有者。则圣人之为圣人,必另有条件矣。又如:

> 德荡乎名,知出乎争。名也者,相轧也;知也者,争之器也。二者凶器,非所以尽行也。[②]

此亦见庄子固轻德与知者。另一面则谓:

[①]《庄子·德充符》。
[②]《庄子·人间世》。

> 至人之用心若镜,不将不迎,应而不藏,故能胜物而不伤。①

此所谓"至人"之境,即庄子所肯定者,而其要旨则在于"胜物而不伤"一语。兹即以此语为线索,以推求庄子所肯定之境界。

"胜物而不伤"一语中,含有"胜物"一义及"不伤"一义。兹先观"胜物"之义。

所谓"胜物",根本上自是指不为外物所支配而言,换言之,即就心灵之主宰性而言。此主宰性消极之表现,即是"不为外物所支配",积极一面之表现,则应为"支配外物"。庄子对此两面皆有所说,而关于前一义所说则尤多。

不受外物支配,非指形躯不受外物影响,而是指心灵或自我不役于物。《大宗师》云:

> 若狐不偕、务光、伯夷、叔齐、箕子、胥余、纪他、申徒狄,是役人之役,适人之适,而不自适其适者也。

所举诸人皆古贤人,然庄子认为诸人不表现自我之主宰性,而皆为外物所役。何以是"为外物所役"?庄子之意以为心灵之主宰性,表现于生命中,即应使生命不作任何意义之工具。故必须不作工具,然后方显现主宰性。

《人间世》全篇,大半皆说此义。随引数节,即可见其说:

> 匠石之齐,至乎曲辕,见栎社树,其大蔽数千牛,絜之百围。其高临山十仞,而后有枝,其可以为舟者旁十数。观者如市,匠伯不顾,遂行不辍。弟子厌观之,走及匠石,曰:自吾执斧斤以随夫子,未尝见材如此其美也。先生不肯视,行不辍,何邪?曰:已矣,勿言之矣。散木也。以为舟则沉,以为棺椁则速腐,以为器则速毁,以为门

---

① 《庄子·应帝王》。

户则液樠,以为柱则蠹,是不材之木也,无所可用,故能若是之寿。

此说社木之"无用",即不能作工具,而下又托言"栎社见梦",代木而言曰:

且予求无所可用久矣,几死,乃今得之,为予大用。使予也而有用,且得有此大也邪?

此即是以无用为大用;其确定意义则为,"不作工具"即全其主宰性之"大用"也。其下南伯子綦游乎商之丘,见大木,亦与此大意相同,故借子綦之口曰:

此果不材之木也,以至于此其大也。嗟乎神人,以此不材。

盖由木以喻人,知人必"不作工具",然后方有真实自我之显现。故一切"工具价值",在庸俗愚昧者眼中,固是"价值",在明道者之自觉中,则见其适为自我之害;盖既"有用",必"被用";既"被用",则丧失自我矣。

依此,则"有用之用",使自身被用,而成为工具;无用之用,使自身得全,而此一"全"本身方是真目的。故《人间世》谓:

人皆知有用之用,而莫知无用之用也。

由"无用之用"可见"胜物"之消极义。专就自我或心灵而论,能不为工具,便已是不为物所役。但"胜物"尚应有积极义,此即心灵如何支配外物。

此处即逼出一文化哲学中之大问题——自觉心对"世界"之态度问题。儒学重德,"德性我"在一一事象上实现价值,故为"化成世界"之态度;希腊传统精神重智,"认知我"掌握经验事物之规律而表现力量,故为"征服世界"之态度;佛教则只求一静敛不昧之主体自由,视存在本身为罪,故为"舍离世界"之态度。今道家说"胜物"之义时,则

只强调一"观赏世界"之态度,此态度在老子说乃"无为",在庄子则有多种描述。例如,《应帝王》云:

> 汝游心于淡,合气于漠,顺物自然,而无容私焉,而天下治矣。

此处所说之"淡漠",皆与舍离精神相近(此等处是佛道相类处),但"顺物自然"则是"无为"之本旨,下文言"天下治"之后果,则固与佛教之一切法空迥异。盖庄子所代表之道家学说,并不确断存在本身为一罪,或为主体之"无明"所生;只以为自我不作为一经验存在而参与经验事物之活动,则可"自全其生",安然观赏世界,而世界万物运行,自各依其根性,自我不于经验界中有所贪求,则即不须在经验界中有所追逐。如此,一切事象如此如此而呈现,皆适供自我之"观赏",自我不求"成就"任何外物,亦不必有何"成就"。故《大宗师》云:

> 古之真人,其寝不梦,其觉无忧,其食不甘,其息深深。

盖自我观赏流变之世界,既无所求,亦无所执;形躯固不为累,知识是非亦不系于心,不唯觉时"无忧",寝时亦不梦矣。如此,则庄子之自我,并不求理分之完成,亦不作舍离之超越。不求事事如理,不觉一切法空,只是顺物自然,观赏自得。此所以为"情意我"之自由境界,而非"德性我"所显现之主体自由。

倘吾人以"主体自由之完成"一概念界定严格意义之"德",则儒学之化成、佛教之舍离皆为肯定"德性我"之精神。而庄子既不以世界为幻妄,为无明所生,又不认为世界中一事一物有"理"可循。其主体之主宰性,只显于一种欣趣玩赏上,此与不息之化成、静敛之舍离皆不同类。学者紧扣此一环节,即可知"情意我"与"德性我"之辨矣。

以上由"胜物"之义说,以下再论"不伤"之义。

"不伤"亦是指自我无所拘系而言,包含不作工具一义,但此外尚有正面意义,此即"养生"与"全生"是也。

《庄子·内篇》有《养生主》，《外篇》中发挥"养生""全生"之义者尤多。兹先述《养生主》中之材料：

> 吾生也有涯，而知也无涯，以有涯随无涯，殆已。

此即表庄子以认知为有伤于"生"者。所谓"吾生也有涯"，俗解以为指寿命修短而言，实则不然；寿命是形躯之事，且无论是否作认知之追求，总是有限，与下文"全生"之说不相通贯。盖其意实谓生命之活力有限，心灵不陷于认知之追求中，则可以保全其活力而作观赏也。所谓"知也无涯"指认知活动中之无限追求言，盖知识永不完整，故追求永无止境；此种无限追求乃以形逐影也。此可与上文释"道隐于小成"一段参看。

认知之追求伤生无益，然则"养生"之道何在乎？《养生主》中乃有"庖丁解牛"之故事以释之。庖丁之言曰：

> ……始臣之解牛之时，所见无非牛者，三年之后，未尝见全牛也。方今之时，臣以神遇，而不以目视。官知止而神欲行，依乎天理，批大郤，导大窾，因其固然。技经肯綮之未尝，而况大軱乎。

此乃对能"顺物自然"之虚静心所作喻解。虚静之心，无求无系，其应于物，皆顺物之理路而应之，故既无阻滞，亦无冲突。其下更发挥此义曰：

> 良庖岁更刀，割也；族庖月更刀，折也；今臣之刀十九年矣；所解数千牛矣，而刀刃若新发于硎。彼节者有闲，而刀刃者无厚。以无厚入有闲，恢恢乎，其于游刃，必有余地矣。是以十九年而刀刃若新发于硎。

此段虽承上文而来，然透露另一主要论点，即刀刃之"不伤"是。读此文者须知，庄子此一寓言，主旨即在于刀刃之能不伤。盖解牛不足重视,可重视者唯在刀刃如何能全而不伤。正如万物万事本身不足重视,可重视者乃应事物之心灵如何能使其生命力不耗于此种肆应之中。盖庄子所贵者乃"全生",而非完成此解牛之事。苟谓无牛可解,刃自不伤,则是佛教舍离之言。兹谓若牛有应解之理,刀有必用之理,则如理以解,如理以用,伤不伤固无足计,便是儒学化成之教。今庄子所持则异于此二者。既不以"有牛"为累,亦不以为刀刃之用本身为一理,但求顺物自然,解牛而不伤刀;以遂其恢恢游刃之乐,此所以为道家养生之说,情意我之肯定也。

庄子只肯定一情意我;所谓"生"即指此情意我作观赏之能力,亦如智性为认知我作思辨之能力。故"生"可释之为"生命力",然此"生命力"亦只能在此特殊意义下解释。此点最为不易把握,故后世解道家之说者莫不由此处之误解而入于歧途。道教之讲长生,是一歧途;魏晋名士之纵欲肆情,是另一歧途;要之,皆误以形躯义释"生"也。

《外篇》中庄子后学发挥此义之说甚多,如《骈拇》云:

> ……故尝试论之,自三代以下者,天下莫不以物易其性矣。小人则以身殉利,士则以身殉名,大夫则以身殉家,圣人则以身殉天下。故此数子者,事业不同,名声异号,其于伤性以身为殉,一也。

此文将"养生"之义落于"不作追求"一义上言之。盖道家既不求任何完成,形躯、认知、德性皆在否定之列,故即可将一切追求视为"伤生"或"伤性"(此"性"字即"生"字)。《骈拇》如此发挥,即将老子所说"贪夫殉财"一节与庄子养生之义通为一体。其主旨在说一切追求皆为有害,并不承认有任何值得追求之价值。故其下又另作譬喻以明之云:

> 臧与谷二人,相与牧羊,而俱亡其羊。问臧奚事,则挟策读书;问谷奚事,则博塞以游。二人者,事业不同,其于亡羊均也。伯夷死

名于首阳之下,盗跖死利于东陵之上。二人者,所死不同,其于残生伤性均也。奚必伯夷之是,而盗跖之非乎!

盖人如取所持之原则、所追求之理想言,则伯夷、盗跖一善一恶;然道家既不承认有应作之追求,则一切追求皆是自我之堕落,而伯夷之德、盗跖之恶,亦不可辨矣。

此节有一小病,即揭"死"字而为言。此盖不合养生原意者。试思:若"死"即为"残生伤性",则纵使能明道全生者亦不能不死,是明道全生者亦终不免"残生伤性"矣,岂可通乎?旧说以为《养生主》有"可以尽年"一语,遂谓,凡老死者不视为"残生伤性",非自然寿终者为"残生伤性";此仍以形躯之生死释道家"养生"之义,实未深思也。老死者因器官之坏而死,与寻常受外在侵害而死者何异?"尽年"之说,殊不可能有严格意义;盖刀兵水火之死固可谓为不尽其天年,老病而死,又何以知其为尽乎?形躯之事,为一物理问题。经验知识之改变足以左右之。倘以形躯能延长其存在为"养生",则"养生"当赖医术,何事于道家之学乎?此种混乱思想最易误人,故附数语如上。

复次,庄子"养生"之义,为其中心肯定所在。此所养者即为情意我观赏之能力,故其所肯定之自我,亦由此豁然朗现。情意我只作观赏,不求完成;反面不作舍离,正面不作化成。故情意我与德性我迥异也。

情意我与德性我之辨如此。以下再述庄子对此自我境界之描述,及庄子对其他学派之批评。盖观此派对他派之批评,亦能反显其所肯定之境界也。

2. 对各派之批评及情意我之境界

本节所用资料,以《逍遥游》及《天下》为主。《逍遥游》表情意我之境界,似无问题。《天下》则非庄子自著。今所以取为立论之据者,因此篇乃全书之后序或附录,且为唯一可用之道家批评各派之材料。其言固非庄子之言,然大旨不离庄子之立场,则无所疑。《内篇》既无此等材料可用,亦唯有用此篇耳。

《天下》有一基本论点,即道术"无所不在",是以论各派之学时,皆用"古之道术有在于是者"一语。其意盖谓各家皆仅得道术之一部。但其批评中则又不强调此点。评各家之缺失时,皆随其说而提出数语,并无一贯之批评标准。较可注意者,为其中对老子之叙述、对庄子之叙述与对名家之批评。

兹依次述原文对各家之批评如下。

对墨子之批评曰:

> 其生也勤,其死也薄,其道大觳,使人忧,使人悲,其行难为也。恐其不可以为圣人之道。反天下之心,天下不堪。墨子虽能独任,奈天下何?

此显与道家特殊理论无关。盖言墨子强人所难,是一常识之见解。若谓"反天下之心,天下不堪",则道家之"离形去知",恐亦非天下人所易从。此理甚明。

对宋钘、尹文之批评曰:

> 以禁攻寝兵为外,以情欲寡浅为内。其小大精粗,其行适至是而止。

评彭蒙、田骈、慎到,则曰:

> 慎到之道,非生人之行,而至死人之理,适得怪焉。

又曰:

> 彭蒙、田骈、慎到不知道。

此皆无明确论断,随意批评而已。

述关尹、老聃之说,则谓:

> 建之以常无有,主之以太一,以濡弱谦下为表,以空虚不毁万物为实。

又述老聃曰:

> 其行身也,徐而不费;无为也而笑巧。人皆求福,己独曲全,曰:苟免于咎。

然后赞关尹、老聃为"博大真人"。此则表示庄学所承之老学,固以"常无有""无为"等义为主也。

评庄周之言曰:

> 独与天地精神往来,而不敖倪于万物。不谴是非,以与世俗处。其书虽瑰玮而连犿无伤也。其辞虽参差而诚诡可观。彼其充实,不可以已。上与造物者游,而下与外死生无终始者为友,其于本也,宏大而辟,深闳而肆;其于宗也,可谓稠适而上遂矣。

此处描述,显出自庄子后学之口;虽极力赞颂,然语无实义,唯以"独与天地精神往来"一语以描述其自得之境界;"上与造物者游"二句亦然。但"稠适而上遂"则颇能表现庄子观赏世界之态度。

最后又评及惠子,除列举名家之诡辩外,复谓:

> 惜乎惠施之才,骀荡而不得,逐万物而不反;是穷响以声,形与影竞走也。

末二语则为道家否定思辨之主要观点。由此可知,庄子后学所承于《庄子·内篇》理论者,实以破认知障累之说为主;至于破形躯我之论证,反不甚显,此所以庄子之说,后遂为道教所利用。而"养生"之精义被误释为求形躯之长生,而混之以荒谬之术数也。

但《天下》所写庄子之境界,则与《内篇》相符。试取《逍遥游》观之,即可知其梗概。如《逍遥游》曰:

> 夫列子御风而行,泠然善也。旬有五日而后反,彼于致福者,未数数然也。此虽免乎行,犹有所待者也。若夫乘天地之正,而御六气之辩,以游无穷者,彼且恶乎待哉?故曰:至人无己,神人无功,圣人无名。

此所谓"以游无穷"云云,即所谓"独与天地精神往来"也。以下许由之故事,意在否定"治天下"之追求,肩吾连叔之问答,则否定文化之追求。大瓠之种一段,则表"不为工具"之义,大树一段大旨亦同。合而观之,《逍遥游》中所表之境界,即一离形、去智,又不追求价值实现之观赏心灵,此即庄子之"情意我"也。

知道家之主要精神,在于无所追求,则可知"无己""无功""无名"之本意矣。庄子所肯定之境界已明。最后尚应略作叙述者,为庄子及其后学对文化所持之态度。

3. 文化之真相

庄子本人不重价值之实现,故常有轻视文化之意。但否定文化之重要理论,则见于《外篇》中;兹以《胠箧》之材料为主,略述其说。

《胠箧》云:

> 将为胠箧探囊发匮之盗而为守备,则必摄缄縢,固扃鐍,此世俗之所谓知也。然而巨盗至,则负匮揭箧担囊而趋,唯恐缄縢扃鐍之不固也。然则乡之所谓知者,不乃为大盗积者也?

此谓,防小贼之设备,当大盗来时,不唯无防守之用,且反为大盗所用;以喻一切文化成绩不免为罪恶所用。此处,庄子所持之文化否定论乃露端倪。

依道家之观赏世界之态度言,一切成毁,皆相因相续,并无意义,亦无价值可说。文化活动自亦不足贵。然此尚只是一般性之否定。上列《胠箧》之说,则有更进一步之说明,认为人类为防止罪恶而运用其智慧,然智慧愈发展,罪恶亦愈发展;故一切智慧成果,纵使能防止低级之简单罪恶,绝不能防止高级之复杂罪恶,且复杂罪恶转能利用较低之智慧成果。如此,一切文化成绩与罪恶并头发展;每有一新文化成绩,即有一新罪恶出现,而人类欲凭文化之创造以制止罪恶,遂成一无穷之追逐过程,而罪恶永不能被防止。不唯一切技术可为罪恶所利用,如绳锁之类,一切道德规范亦是如此。故《胠箧》又云:

> 故跖之徒问于跖曰:盗亦有道乎?跖曰:何适而无有道邪?夫妄意室中之藏,圣也;入先,勇也;出后,义也;知可否,知也;分均,仁也。五者不备,而能成大盗者,天下未之有也。由是观之,善人不得圣人之道不立,跖不得圣人之道不行。天下之善人少而不善人多,则圣人之利天下也少而害天下也多。

此段立论似甚恢诡,实则仍是上述之意,一切道德条目可为善人所用,亦可为恶人所用,足见道德亦不足以防止罪恶。庄子后学取此观点,盖认为一切道德规范仍属某一程度之中立性技术。此因庄子本人即否定"德性我",故后学对道德心之主宰益无所知也。

此说就其根源讲,仍出于否定认知活动价值之理论。盖由知识之无限追求,推出文化上之无限追求。知识永有错误,故知识之追求如形逐影;人类生活中永有罪恶,文化之追求亦如形逐影。文化否定论遂由此出。

罪恶随文化之发展而发展,乃文化否定论之要旨。此说乃由老子而来,故其正面主张,仍落在"无为"一观念上。

《在宥》云:

> 故君子不得已而临莅天下,莫若无为。无为也,而后安其性命

之情。

此文之下,引老子"贵以身为天下"四语,可知本为发挥老子思想之说也。

文化愈进展,罪恶愈复杂,故文化之真相甚为可悲;盖为无穷之追逐,而永不能有成就。老子旧有否定文化之说,然其论未精。庄子本人既立说以证知识之无限追求为无益,其后学遂据此而证文化之无限追求为无益;其确定根据则为罪恶与文化并头发展,故文化永在罪恶之后。

形躯不足贵,认知不足重,德性亦无价值,文化活动本身复为一永有罪恶之追求。一切否定,所余者唯有一自在观赏之心灵,此即庄学之结论。

庄子此种心灵,虽亦表现主体自由,然此种自由只在不受拘系、无所追求一面表现,而不能在建构方面表现。盖认知活动既视为"累",德性实践复视为"障",则更无可作"实现"之境域。道家者流,上焉者唯有自在观赏,作"逍遥游",下焉者则阴为奸诈之事,而自诩其智。尤下者则以形躯之"生"为"全生"之"生",于是恣情纵欲,反以为高;愚妄者甚至求长生之事,炼药求仙,而自称宗老庄矣。

故合而言之,道家之说,显一观赏之自由。内不能成德性,外不能成文化,然其游心利害成败以外,乃独能成就艺术。此其一长。言其弊则有三。为阴谋所假借,一也;导人为纵情欲之事,二也;引生求长生之迷执,三也。此三弊非仅为理论上之可能,且为历史中之事实。韩非喜言老子,其例一也;魏晋名士清谈误国而不自知,其例二也;张道陵之道教,假老庄而乞长生,其例三也。

倘深究其根,则此种种弊害,皆由误执"形躯我"而生。盖庄子之说,贬弃德智,独肯定一情意观赏之自觉心。此境颇不易解。不窥此中真意者,既弃德智,遂执形躯。或争权力,或溺酒色,或为迷妄之追求,皆自以为得道家之意,实则谬以千里而不自知也。

孟子辟杨朱,谓杨子"无君",盖指杨子全生之说,不能在生活秩序中建立肯定而言。此意在原语中不明,此病在杨子亦不显。然由杨朱至老庄,其弊日明,而孟子之意,吾人今日亦可了然。乃知"无君"之言虽似可笑,实则击中此一家思想之要害。学者固不可不察也。

第五章 墨子与墨辩

第一节
墨子其人其书之时代

孟子称"杨墨",且谓:

> 能言距杨墨者,圣人之徒也。①

又谓:

> 天下之言,不归于杨,则归于墨。②

足见孟子时"杨墨"极盛,且孟子明言三派鼎峙:

> 逃墨必归于杨,逃杨必归于儒。归,斯受之而已矣。③

《庄子·天下》评论百家,首举墨翟;《荀卿·非十二子篇》及《解蔽篇》

---

① 《孟子·滕文公下》。
② 《孟子·滕文公下》。
③ 《孟子·尽心下》。

亦皆评及墨子;而降至韩非,遂谓"世之显学,儒墨也"。盖自孟子至韩非,杨日衰而墨日盛,故由三派鼎立之势变而为儒墨两家平分天下矣。然经秦至西汉,墨家迅速衰落。迨司马迁作《史记》,墨子遂无一传。司马迁仅在《孟子荀卿列传》中谓:"盖墨翟宋之大夫,善守御,为节用,或曰并孔子时,或曰在其后。"而不详记墨翟之生卒年代。故今论墨学时,对墨子其人之时代只能作一大致推测。

孙诒让有《墨子年表》,以为墨子之年代在公元前468—前376年之间或以应在公元前479—前381年之间,因公元前381年为周安王二十一年,吴起死。而《吕氏春秋·上德》记群臣攻吴起,其时墨家巨子(领袖)为孟胜,则显然在吴起死以前墨子已死,故以墨子之死必在公元前381年之前。

但无论如何,墨子其人之时代必在孔子后孟子前,则无疑,即使墨子出生时孔子尚在,为时当亦不久。墨子成人后孔子必已死。观《非儒》谈及孔子时,纯是议论前代人口吻,即可推知。

至于《墨子》之书,则大抵门人所记,故常见"子墨子"之称。《经》上下文笔古奥,本应较早。然《经》中所论问题,大半为驳名家说者,则又不得早于名家诸子。且以文体而论,既非记言,亦应晚出。故论者皆以为《墨经》出于墨子后学,至于《经说》,又为对经文之解释。今本虽多残缺,大致犹可考见。《经说》又晚于《经》,亦不成问题者。

总之,墨子其人之时代,必在孔后孟前。墨子之书则由后学纂辑而成。至其思想在孟子之前已流行,在孟子时其势方盛;此后日见扩张,终与孔子之儒学平分天下,同为显学。然至汉即大衰;转不如杨朱思想为道家所取代,反可凭附于老庄之言而以另一面目出现也。

第二节
墨子之思想

墨子思想之中心,在于"兴天下之利"。"利"指社会利益而言,故其基源问题乃为"如何改善社会生活"。此"改善"纯就实际生活情况着眼,与儒学之重文化德性有别。故墨子学说第一主脉为功利主义。

对于社会秩序之建立,墨子持权威主义观点,以为必须下同乎上。此为墨子思想之第二主脉。

由功利主义之观念,乃生出非乐、非攻之说;由权威主义之观念,乃生出天志、尚同之说;然此两条主脉皆汇于兼爱说中。故以下论墨子之学,即自兼爱着手,再逐步展示其权威主义与功利主义之理论。

一、兼爱

所谓"兼爱",即指普遍互爱。此种主张本不足为奇,但墨子之主张兼爱,则是自治乱问题着眼,而非一道德意义之理论。《兼爱上》首揭此义云:

> 圣人以治天下为事者也,必知乱之所自起,焉能治之,不知乱之所自起,则不能治。

此处"焉"训"乃"。墨子盖以为欲平天下之"乱",须察"乱"之源,故以为求治如医者攻人之疾。然则"乱"之源何在?墨子以为在于人不能互爱。故又曰:

> 当(尝)察乱何自起?起不相爱。臣子之不孝君父,所谓乱也。子自爱,不爱父,故亏父而自利;弟自爱,不爱兄,故亏兄而自利;臣自爱,不爱君,故亏君而自利。此所谓乱也。

下文又谓君之不能爱臣,父之不能爱子,亦成乱。其意大致相同。总之,墨子以为一切乱在于人与人间互相冲突侵害,而冲突侵害又由于不能互爱之故。于是谓一切"乱"起于不相爱。

个人之间如此,家族与国情况亦同。故谓:

> 虽至大夫之相乱家,诸侯之相攻国者,亦然。大夫各爱其家,不爱异家,故乱异家以利其家。诸侯各爱其国,不爱异国,故攻异国以利其国。天下之乱物,具此而已矣。

然则如何治之?墨子提出"兼相爱"之说:

> 若使天下兼相爱,爱人若爱其身,犹有不孝者乎?视父兄与君若其身,恶施不孝?犹有不慈者乎?视弟子与臣若其身,恶施不慈,故不孝不慈亡有,犹有盗贼乎?(故)视人之室若其室,谁窃?视人身若其身,谁贼?故盗贼亡有。

以下又言家与家之间,国与国之间,倘能视人如己,则无相乱相攻之事。如此,则天下之"乱"止而得"治"。墨子于是断之曰:

> 故天下兼相爱则治,交相恶则乱。

对此一论点,吾人先当作以下之解析:

第一,就墨子之论据而言,若果以平乱求治为基本目的,又以"不相爱"为"乱"之源,则本应引出较深之问题。即如就事象一面着眼,应引出"人间冲突之客观因素何在"一问题;就自觉心一面着眼,应引出"自觉心取何种方向乃能避免亏人自利"一问题。但墨子不向客观方面推究,亦不向自觉心内层反省,只扣住中间一段,欲直接转"不相爱"为"兼相爱"。于是此后一切理论均以此点为中心。是故论墨学者无不以"兼爱"为墨学之代表观念。学者先掌握此一关键,方能知墨学之内层脉络所在。

第二,就"兼爱"本身论,主张"兼爱"本为平乱求治,则此目的乃实用之目的,而"兼爱"之主张亦作为一必有实效之主张而提出。故墨子自己亦强调"兼爱"为必可行之主张,且为不难行之主张。观《兼爱中》之说可知。其言曰:

> 子墨子曰:天下之士君子,特不识其利,辩其故也。今若夫攻城野战,杀身为名,此天下百姓之所皆难也。苟君说之,则士众能为之。况于兼相爱、交相利,则与此异。夫爱人者人必从而爱之,利人者人必从而利之……此何难之有?特上弗以为政,士不以为行故也。

又谓人或以为"兼爱"之说虽善而不可用,而墨子答谓:

> 用而不可,虽我亦将非之。①

此皆谓"兼爱"为必可实行、必可收效之主张。其所以如此,则因墨子本以实效观点提出此说。故其功利主义之思想亦由此逐渐透出。

第三,论"兼爱"时,墨子虽强调实效,但另一面又不能不解释"兼爱"之为正当。于是引出墨子之价值规范理论。此说通过《天志》至《尚同》而完成。此为墨子学说中之权威主义思想。

墨子之权威主义思想引生其国家理论及含宗教色彩之观念,为墨学中最显著之部分,以下先论析之。

二、天志与权威精神

墨子为"兼爱"之说寻一价值肯定,遂转至天志之理论。在《兼爱》三篇中,墨子仅说明"兼爱"为平乱之有效方法;此仅是在实效上

---

① 案旧本"虽我"二字为"难哉"。此据孙诒让校改。原文虽亦可通,不如孙校文顺畅,故从之。

肯定"兼爱",尚非在内含价值上肯定"兼爱"。实效之肯定与价值之肯定原为截然两事。有实效者未必即有价值。因所谓"实效"皆是相关于一定目的而言,本身只有与其目的间之因果关联,其价值亦应随其目的之价值而被决定。

就理论意义看,欲肯定"兼爱"之价值,本可有两种可能说法。其一是证明兼爱之目的(即平乱)之价值,再由此推进"兼爱"之价值。如此处理即是肯定"平乱"之"内含价值",而只将"兼爱"看作达成"平乱"之有效手段。换言之,即只肯定"兼爱"之"工具价值"。

另一可能则是,直接肯定"兼爱"之"内含价值",此则须诉于另一价值根源。如此处理时,可以将"平乱"之价值一并于此予以肯定,亦可以将"平乱"抛开。

墨子所取之途径乃第二种,即由另一价值根源肯定"兼爱"之价值,亦同时肯定"平乱"之价值。此一价值根源即墨子所说之"天志"。

《天志上》,谓:

> 顺天意者,兼相爱,交相利,必得赏;反天意者,别相恶,交相贼,必得罚。

此直接言天志(或"天意")之要求"兼爱",而天志为墨子所承认之价值根源(见下),故如此即直接肯定"兼爱"之价值。

《天志中》,又谓:

> 天之意不欲大国之攻小国也,大家之乱小家也。

则是以"乱"为天所不欲,即肯定"平乱"之合天意。

然仅言"赏罚"或"欲",尚未足以说明之为价值根源。于是墨子故又有"义"自天出之说。此说纯以权威主义观念为基础。引述如下:

> 子墨子曰：今天下之君子之欲为仁义者，则不可不察义之所从出。……然则义何从出？子墨子曰：义不从愚且贱者出，必自贵且知者出……然则，孰为贵？孰为知？曰：天为贵，天知而已矣。然则，义果自天出矣。①

此明言价值规范出于"天"（义即"合理"，指价值规范言）。而其根据则在于"天为贵，天知"。权威主义之立场固至为明显。

但墨子又将治乱问题与"义"合而言之，而谓：

> 天下有义则治，无义则乱。②

于是功利主义与权威主义之观点又会合为一。

墨子既以"天志"为最高价值规范，故有如下之说：

> 子墨子言曰：我有天志，譬若轮人之有规，匠人之有矩。轮匠执其规矩，以度天下之方圆，曰：中者是也，不中者非也。③

如此，天志为最高之权威尺度，即为价值规范。天意欲人"兼爱"，故"兼爱"有价值。且"义"出自"天"，于是将合乎"义"化为合乎"天志"（或天意）。另一面又谓"有义则治，无义则乱"，则治之所以为"好"，"乱"之所以为"坏"，亦由于天志如此。

此为权威主义之价值观。再进一步，墨子又将"天"与"天子"连而言之，谓：

> 今天下之士君子，皆明于天子之正天下也，而不明于天之正天子也。是故古之圣人明以此说人曰：天子有善，天能赏之；天子有

---

① 《墨子·天志中》。
② 《墨子·天志中》。
③ 《墨子·天志上》。

过,天能罚之。①

此说乃将天志之超越权威与人间之权威连为一体,遂产生一权威系列之观念。而直通《尚同》中之国家理论。

在论及墨子之"尚同"理论之前,有一问题应顺便提及,此即墨子立说之立场问题。昔人有以为墨学乃代表平民及贱役之立场,其说大抵以"墨"为刑名为据。又因墨子及其徒众在生活上力求俭约,遂以其人生态度与贵族不相同,进而推论其立场为反贵族之立场。

持此说者,虽常有所征证,但若持与墨子之主要理论比观,则显然不合。墨子诚不以当时贵族之生活为然,但其理由在于以为此种生活徒为社会之浪费,并非基于反贵族之观念。盖墨子真正兴趣所在,仅是改善社会一般生活问题。故《非乐上》,曾谓:

> 民有三患,饥者不得食,寒者不得衣,劳者不得息。三者,民之巨患也。

至于精神方面之享受,墨子皆视为奢侈,乃以反对浪费之态度反对之。并非先怀一反对贵族或统治阶级之观念,《非乐》《节用》诸篇对此点皆有明白之表述。如《节用上》:

> 故子墨子曰:去无用之费,圣王之道,天下之大利也。

《节用中》,则屡言:

> 诸加费,不加于民利者,圣王弗为。

此皆表示,墨子之基本态度在于强调"实用"而轻视多余之享受,即荀子所谓"上功用""大俭约"之意,而非持某种立场反对统治者。

附会之说,或以为墨子之所以"大俭约",目的即在反对贵族之奢

---

① 《墨子·天志下》。

侈,此当非完全不可通;但若进而推论墨子为争平民利益而反对统治阶级者,则实大谬。观墨子天志之说,已可见其权威主义倾向,再观"尚同"之论,则更可知墨子一心为统治者着想;墨子之说中,拥护统治者之权威之程度,远较儒家为甚。凡读《尚同》而稍加思考者,必能见此中真相所在。

墨子非儒之说,见下节所论;其大旨乃在于反对儒者之不事生产,反对儒者之提倡法古,亦并非反对儒者拥护统治阶级。中国近数十年来,以政治目的而曲解古人理论者甚多。学者观前人理论时,倘为此种流行俗说所中,则不能见其真。下节论"尚同"之说,当再申此意。

三、尚同与国家论

墨子欲建立一上通"天志"下及万民之权威系列,遂有"尚同"之说。"尚同"指"下同乎上"。墨子说明在下者必须同乎上,故在《尚同》中解释国家之起源,提出一权威主义国家论。

《尚同上》:

> 子墨子曰:古者民始生,未有刑(或作形,通用)政之时,盖其语人异义;是以一人则一义,二人则二义,十人则十义。其人兹众,其所谓义者亦兹众。是以人是其义,以非人之义,故交相非也。是以内者父子兄弟作怨恶,离散不能相和合。天下之百姓皆以水火毒药相亏害,至有余力不能以相劳,腐朽余财不以相分,隐匿良道不以相教。天下之乱,若禽兽然。夫明呼天下之所以乱者,生于无政长,是故选天下之贤可者立以为天子。天子立,以其力为未足,又选择天下之贤可者,置立之,以为三公。天子三公既以立,以天下为博大,远国异土之民,是非利害之辩,不可一二而明知;故画万国,立诸侯国君。

此谓国家由人之需要管束而产生。墨子推想：政治制度未出现时，人无国家政权之管束。人各执己意，互为争斗；久之，人欲息此种争斗，故遂拥贤者为天子，建立政治权力，以管束万民。此说略近于霍布斯（Thomas Hobbes）之国家理论。但霍布斯只就人之利害冲突着眼，以为人必自私，利害不同必冲突，故须通过"契约"建立国家。墨子则举"一人则一义，十人则十义"以解说无国家时之混乱，其着眼处在是非标准。然墨子所谓之"义"固已包括利害考虑在内，大旨仍与霍布斯之说相近。

墨子既如此解释国家，遂以为建立政治机构之基本目的，原在于建立一共同标准，故一国家中，在下者必应服从在上者，而在上者亦应以建立统一领导为事。故又曰：

> 察天下之所以治者何也？天子唯能一同天下之义，是以天下治也。

无国家时，"一人一义"，因之"天下之乱，若禽兽然"，建立国家后，天子能"一同天下之义"，便可以使"天下治"。二者比观，墨子之意显以"一同天下之义"为政治秩序或国家之基本功能，且以为"一同天下之义"乃求"治"之要。故《尚同中》曰：

> 上之所是，必亦是之。上之所非，必亦非之。己有善，傍荐之。上有过，规谏之。尚同义（乎）其上，而毋有下比之心。

"上同"（即"尚同"）与"下比"对举。建国家，立天子本意在于"一同天下之义"，故人必须同乎上。换言之，墨子盖以"统一思想"为国家之任务，而主张建立绝对权威统治。以为如此则上下一义，能使天下治。

墨子极强调"尚同一义"与为政之关系。《尚同下》谓：

> 唯能以尚同一义为政,然后可矣。

又谓:

> 为人上而不能治其下,为人下而不能事其上。则是上下相贼也。何故以然?则义不同也。

总之,欲平乱求治,必须统一思想。统一思想之方法即是使下同乎上。此为尚同思想之主旨。

进而论之,在下位者同乎上,层层上升,至于天子。天子则应如何?墨子以为天子应服从天志。故墨子在《尚同下》谓:

> 天子总天下之义以尚同于天。

于是,人人皆放弃自身之是非标准,而服从在上者之标准,最后则服从天志。此即"天志"与"尚同"之理论之接榫处。合而观之,墨子之权威主义理论可以见其大要矣。

至于天志果如何,则墨子仍以兼爱释之。故《天志下》谓:

> 曰:顺天之意何若?曰:兼爱天下之人。

至此,兼爱、天志、尚同之说乃通为一体。

另一面,墨子思想中之功利主义成分,则表现于其文化观中。此即非儒、非乐、非攻之说。

四、非攻、非儒、非乐——墨子之文化观

论非攻、非儒、非乐,须自非攻着手;因非攻之义直接与兼爱相连,其间之理论脉络一如兼爱与天志。

墨子提出"兼爱"时原以平"乱"为目的;当说明此目的之正当性时,即归于"天志"。若自施行兼爱之途径着眼,则引出一实践问题。墨子即于此提出"非攻"。

所谓"非攻",即反对战争之意,虽每一度战争中有获胜者,然循环往复,最后皆受其祸,故战争不唯不义,且亦无利。墨子主张废止战争,即自不义及无利两面论之。

《非攻上》:

> 今有一人,入人园圃,窃其桃李,众闻则非之,上为政者得则罚之。此何也?以亏人自利也。至攘人犬豕鸡豚者,其不义又甚入人园圃窃桃李,是何故也?以亏人愈多,其不仁兹甚,罪益厚。至入人栏厩,取人马牛者,其不仁义又甚攘人犬豕鸡豚,此何故也?以其亏人愈多。苟亏人愈多,其不仁兹甚,罪益厚。至杀不辜人也,扡其衣裳,取戈剑者,其不义又甚入人栏厩,取人马牛,此何故也?以其亏人愈多。苟亏人愈多,其不仁兹甚矣,罪益厚。当此,天下之君子皆知而非之,谓之不义。今至大为攻国,则弗知非;从而誉之,谓之义。此可谓知义与不义之别乎。杀一人,谓之不义,必有一死罪矣。若以此说往,杀十人,十重不义,必有十死罪矣。杀百人,百重不义,必有百死罪矣。当此,天下之君子皆知而非之,谓之不义。今至大为不义,攻国,则弗知非。从而誉之,谓之义。情不知其不义也。

此段墨子痛论亏人自利之事为"不义"。而攻国乃亏人最大者,宜为十分"不义"。故攻伐战争之不合理,实至明显。人对小"不义"则知其非,对大"不义"反不知其非,乃不可解者。故又谓:

> 今有人于此,少见黑曰黑,多见黑曰白;则以此人不知黑白之辨矣。……今小为非,则知而非之;大为非攻国,则不知非,从而誉之,谓之义。此可谓知义与不义之辨乎?

墨子极力抨击当时喜言攻伐之风气。直谓攻伐乃类乎盗贼之行为,乃大"不义"。

然主张攻伐者或以攻伐可获"利"为辞。墨子于是在断攻伐为

"不义"后，进而言其"无利"。

《非攻中》谓：

> ……然而何为为之？曰：我贪伐胜之名及得之利，故为之。子墨子言曰：计其所自胜，无所可用也。计其所得，反不如所丧者之多。

又有人以为攻伐可使自己国家强大，于国家有利。墨子分两层驳之。先指出可使少数国家得利之事，如非普遍有利，则非正道。再指出攻伐之事常招致灭亡之祸，亦未必真于国家有利。《非攻中》谓：

> 饰攻战者言曰：南则荆吴之王，北则齐晋之君，始封于天下之时，其土地之方，未至有数百里也；人徒之众，未至有数十万人也。以攻战之故，土地之博，至有数千里也；人徒之众，至有数百万人；故当攻战而不可为（非）也。

此是主张攻战者之说。墨子驳之曰：

> 虽四五国则得利焉，犹谓之非行道也。譬若医之药人之有病者然。今有医于此，和合其祝药之于天下之有病者而药之；万人食此，若医四五人得利焉，犹谓之非行药也。

此谓行道者必求对天下普遍有利，故纵使征伐可有利于少数国家，既有害于天下，仍非正道。继谓：

> 古者封国于天下，尚者以耳之所闻，近者以目之所见，以攻战亡者，不可胜数。

此谓攻战亦可以亡国。墨子在此节下举莒及陈、蔡之亡为例以证之，兹不赘引。

攻战既常为于国"无利"之事，则当国者不可不非之，故《非攻中》，墨子之言曰：

> 古者王公大人情欲得而恶失,欲安而恶危,故当攻战而不可不非。

墨子又以为凡从事攻战者早晚必受祸,并非强者常有利。《非攻中》,曾举阖闾及智伯事为说,兹不详述。

总而言之,墨子以为战争攻伐于义不可,于利无得,乃天下之大害。而君子应为天下兴利除害,故不可不非攻。于是,非攻成为墨子学说中最重要之具体主张。依理论脉络推之,"非攻"可自"兼爱"直接推出。盖人既应兼相爱、交相利,则自不能互为攻伐。此所以"亏人自利"一语为两说之交会处也。

其次,当述"非儒"之说。

墨学以儒学为大敌;盖二者虽均有平治天下之目的,但权利主义与功利主义之思想与儒者之言德性不相容。然《墨子》书中讥儒者之言,有力论证甚少。兹先举其主要说法:

> 且夫繁饰礼乐以淫人,久丧伪哀以谩亲,立命缓贫而高浩居,倍本弃事而安怠傲,贪于饮食,惰于作务,陷于饥寒,危于冻馁,无以达之……君子笑之,怒曰:散人焉知良儒。①

此讥儒者礼文为虚伪;又以功利观点讥儒者不善求利,不治生产;故又曰:

> 因人之家以为翠,恃人之野以为尊,富人有丧,乃大说喜,曰:此衣食之端也。②

此则谩词相嘲,指儒者倚治丧为生,揆其本意,仍在攻击儒者之"不事生产"。此为墨者之第一点批评。"翠"或解为"臎","肥"之意;或解

---

① 《墨子·非儒下》。
② 《墨子·非儒下》。原误将"翠"字移于"以为"上,今改。

为"晬",货财之意;或解为"萃聚"之意。皆指取利而言。

第二点批评则在于"法古"。儒者喜言先王,因承周文之统故也。墨者则以为法古非是。

> 儒者曰:君子必古言服,然后仁。应之曰:所谓古之言服者,皆尝新矣。而古人言之服之,则非君子也。然则必服非君子之服,言非君子之言,而后仁乎?①

墨子认为儒者以为言论服饰皆应法古人,然古人初为某言、制某服时,则乃新创。今谓法古为是,新创不当;则古人有新创即皆不当矣,又何得从而法之?

> 又曰:君子循而不作。应之曰:古者羿作弓,伃作甲,奚仲作车,巧垂作舟,然则今之鲍函车匠皆君子也,而羿、伃、奚仲、巧垂皆小人邪?且其所循,人必或作之。然则其所循皆小人道也。②

此节与上节大意相同,而言之较为明切。其论点仍是一切事物必有创作者,故"法古"不合理。此可视为墨子对于儒学之第二点批评。

除此以外,墨子又非议儒者之作伪,而特讥孔子个人;其言曰:

> 孔某穷于蔡陈之间,藜羹不糁,十日,子路为享豚,孔某不问肉之所由来而食;号(褫)人衣以酤酒,孔某不问酒之所由来而饮。哀公迎孔子,席不端弗坐,割不正弗食。子路进请曰:何其与陈蔡反也?孔某曰:来,吾语女,曩与女为苟生,今与女为苟义。夫饥约则不辞妄取以活身,赢(旧本误作"赢")饱则伪行以自饰。污邪诈伪,孰大于此。③

---

① 《墨子·非儒下》。原将"服"字误移于"古言"上,今改。
② 《墨子·非儒下》。
③ 《墨子·非儒下》。案此处旧本脱去六字,从《文选注》增补如上。

此处所说故事,属伪作抑属实事,盖不可知,但墨子说此故事之目的,则在于诋孔子为人喜作伪。其次,又谓孔子喜弄阴谋。《非儒下》曾述齐景公始欲封孔子以尼溪,为晏子所阻,孔子遂运用阴谋以作报复,其言曰:

> 公(指齐景公)曰:善,于是厚其礼,留其封,敬见而不问其道。孔某乃忿,怒于景公与晏子,乃树鸱夷子皮于田常之门,告南郭惠子以所欲为。归于鲁,有顷闻(闲)齐将伐鲁,告子贡曰:赐乎,举大事于今之时矣。乃遣子贡之齐,因南郭惠子以见田常,劝之伐吴……三年之内,齐吴破国之难。①

墨子所以如此攻击孔子,其目的可能在于制造诸侯对儒者之恶劣印象。正如孟子日后以杨墨为大敌,墨子及其徒众,自亦以儒学为大敌。欲使诸侯憎恶儒者,故先将孔子本人描绘成一阴谋家,然后由此推广,而否定儒者之地位。故其言曰:

> 孔某所行,心术所至也,其徒属弟子皆效孔某。子贡、季路,辅孔悝乱乎卫,阳货乱乎齐,佛肸以中牟叛,漆雕刑残,□莫大焉。夫为弟子后生,□其师,必修其言,法其行,力不足,知弗及而后已。今孔某之行如此,儒士则可以疑矣。

观此,可知墨者之非儒,具体理由唯在不事生产、法古、诈伪数点。而对根本理论则未能驳议。其言甚浅薄,只可视为讥评,不足作为哲学史上之正式论辩。

---

① 《墨子·非儒下》。案此谓孔子阴用权术以乱别国,俨然成一纵横家。考《史记·仲尼弟子列传》中,亦述及孔子使子贡说田常伐吴之事,则墨子所说故事,亦非完全虚构,但墨子对孔子、子贡此举之用心,则有意作恶劣解释。盖孔子之遣子贡游说各国,基本目的在于救鲁。此虽有纵横气息,但乃为鲁谋,非为己谋。墨子有意曲解,乃捏造晏子与孔子之冲突,而将孔子此举解释为私人泄忿行动,此与史实亦颇不符合。

墨者之所以讥儒者不事生产，乃由于墨子之文化观只以生活中之实利为价值，故不解礼制文物之价值。观《非乐》，则此点益明：

> 子墨子言曰：仁之事者，必务求天下之利，除天下之害，将以为法乎天下，利乎人即为，不利乎人即止。……是故子墨子之所以非乐者，非以大钟鸣鼓、琴瑟笙竽之声，以为不乐也；非以刻镂（华）文章之色，以为不美也；非以犓豢煎炙之味，以为不甘也；非以高台厚榭邃野之居，以为不安也。虽身知其安也，口知其甘也，目知其美也，耳知其乐也，然上考之，不中圣王之事，下度之，不中万民之利。是故子墨子曰：为乐非也。

此处列举各事，不独"乐"一种；然下文则独就歌舞言之，故其论点，仍以反对乐为主旨。反对之理由在于墨子以为天下疾苦，在位者不应做此种无用之事。故曰：

> 民有三患，饥者不得食，寒者不得衣，劳者不得息。三者，民之巨患也。然即当为之撞巨钟，击鸣鼓，弹琴瑟，吹笙竽，而扬干戚，民衣食之财将安可得乎？

天下之祸乱方重，乐为无用，故又曰：

> 姑尝厚措敛乎万民，以为大钟鸣鼓、琴瑟笙竽之声，以求兴天下之利，除天下之害，而无补也。是故子墨子曰：为乐非也。

总之，墨子之非乐，由于深信乐足以废事，而无利于天下。此盖纯自功利主义观点立论者。艺术无用，故当禁之。其结论乃谓：

> 今天下士君子，请欲求兴天下之利，除天下之害，当在乐之为物将不可不禁而止也。

举此足知墨子之文化观，纯属功利主义及实用主义之立场。与儒学之重德性固相反，与道家之重自我境趣亦不相容。是故日后荀子评之曰:"墨子蔽于用而不知文";盖就其文化观言之,墨子只知求效用,而不解文化生活之内含价值,于是一切文化成绩皆置于工具标准下衡量其价值,所"蔽"实即显现其立场,而其"不知文"则功利主义观点之必然态度也。

此外,墨子后学所发展之"墨辩"——包括《经》《经说》及《大取》《小取》诸章材料,对逻辑问题及知识问题颇多见解,为墨家后学主要成绩。下节续论之。

第三节
墨　　辩

一、墨辩之时代

所谓"墨辩"指《墨子》书中《经上》《经下》《经说上》《经说下》而言。最早用此名者为晋人鲁胜。鲁胜以为"墨子著书,作辩经以立名本,惠施、公孙龙祖述其学,以正刑名显于世"(《墨辩注叙》)。又谓,"墨辩有上下《经》,《经》各有说,凡四篇"。此盖以《经》上下、《经说》上下为墨子自著之辩经,而墨辩之名由此起。

其后汪中述学,乃谓:

> 《经上》至《小取》六篇,当时谓之《墨经》。

其说不知何据。胡适先生著《中国哲学史》,遂以《经》上下、《经说》上下、《大取》《小取》六章合称为"墨辩",盖遥承鲁胜之说,近取汪中之言也。

然则《经》与《说》及《大取》《小取》各篇,究出于何人之手?此一问题,以往注释者所见亦有不同。案《庄子·天下》谓:

> 相里勤之弟子，五侯之徒，南方之墨者苦获、已齿、邓陵子之属，俱诵《墨经》，而倍谲不同，相谓别墨，以坚白同异之辩相訾，以觭偶不忤之辞相应……

观此，则《墨经》为相里勤及邓陵子之属所讲诵之资料，而相里勤及邓陵子，又皆为墨子身后代表墨学大宗派之人物，《韩非子·显学》曾谓：

> 自墨子之死也，有相里氏之墨，有相夫氏之墨，有邓陵氏之墨。

相里氏当即指相里勤，邓陵氏指邓陵子更无问题。墨子死后，既以此三家代表墨学，而三家"俱诵《墨经》"，则墨子后学之重视《墨经》，可以想见。但《天下》所谓"倍谲不同，相谓别墨"毕竟何义，则尚须详察。

"倍"即违背之意，"谲"即"异"，"倍谲不同"言"互相违异"也。"相谓别墨"意即"互指为异派"。如此，可知当相里氏、邓陵氏之时，解《墨经》者已有纷歧不同之意见，故"倍谲不同"，且因而互相攻击，谓对方非正宗墨学而为"别墨"。则《墨经》并非在此时方出现之著作。若《墨经》为三派中人所作，则不发生各持异解之问题，亦无所谓"倍谲不同"。且观"俱诵《墨经》"一语，尤可推知《墨经》本身必先于此诸派；然后诸派"俱诵"同一之《墨经》，而有"倍谲不同"之异解，乃至于"相谓别墨"，于理方为可通。否则，《墨经》如成于此时，则"俱诵"二字亦不可解矣。

吾人既知，《墨经》不能作于此时即"相谓别墨"之时，则胡适之先生以作墨辩者为别墨之说，亦不能成立；盖"别墨"之称乃互相攻击之词，而其所以互相攻击者又因"俱诵《墨经》而倍谲不同"，则《墨经》先有，后有"别墨"之争，乃无问题之事。

然则《经》《经说》《大取》《小取》诸篇之文，完成于何时？此当依内在之证据考之。

第一，就内容而论，《天下》言及诵《墨经》者"以坚白同异之辩相訾，以觭偶不仵之辞相应"，则实以"坚白同异""觭偶不仵"等理论为《墨经》之主要内容。

观今本《经》及《经说》各篇，其内容除涉及制显微镜等技术问题外，大部内容涉及词语意义及知识问题之辩论。而其中最显著之特色，则为所辩问题处处与名家之说有关。例如：论坚白、同异各节，及所用"狂举"等词语，在今本《公孙龙子》书中皆可见其根源。则《墨经》(包括《经说》)必在公孙龙立说之后方成书；而公孙龙与惠施、庄子同时，则《墨经》时代又必在庄子之后。

《天下》既有"俱诵《墨经》"之语，则可知在庄子后学著《天下》时，《墨经》不唯已成书，且所论各种诡辩问题已引起墨家内部之争论。如此，可断《墨经》上下及《经说》上下均成于庄子之后、《天下》之前。

第二，就文体而论，《大取》《小取》之文较为浅易，然大体亦与《经》及《说》相类。《经》及《说》则多难解之处，故注者咸以为高古，甚至据此而推论经文出于墨子本人之手。然如上所论，吾人既可据《墨经》之内容而推定《墨经》之时代不得早于庄子，墨子自著《墨经》之说自不能成立。然何以今本《墨子》中诸篇皆文义浅近，而独《墨经》及《经说》古奥难晓，亦不能不有一假定之解释。

吾人首应注意者，为《墨经》与其他各篇成书情况之差异。今本《墨子》各篇论及天志、兼爱之义者，显为讲学之笔记。此种笔记成书之时代，可以极晚。而《墨经》乃一定理论之叙述或提要，此在后人不能增删。故其他各篇以记者之文字表之，乃成为浅近易解；《墨经》各篇乃作者之原文，故即古奥难晓。盖《墨经》作者虽非墨子本人，但早于其他各篇之记述者，故文有难易之别。

且所谓"难解"，亦可分两面观之。一方面《墨经》之难解由于作者之时代及文字之脱落错乱(脱落错乱亦与时代有关),另一方面则由于所论之问题离常识较远。如孙星衍注《墨经》,以为论"牛马"一节,古奥难通;其实所涉之问题乃极简单之逻辑问题,并无难解之处。孙星衍以为难解者,实因不通逻辑之故。由此可知,《墨经》被视为难解,亦与其内容有关,并非纯由于时代久远。至于墨子自著之说,则绝不能成立。

总之,《经》上下、《经说》上下、《大取》《小取》六篇之时代,既定为庄子之后、《天下》之前,则其作者必为墨家之后学。《墨经》及《大取》《小取》中之理论及观点,亦与墨子本人无关,而为后出之研究成绩。至于《经》上下、《经说》上下之文字,确较《墨子》书中其他各篇为难解,然其原因则在于《墨经》乃墨子后辈之原著,其他各篇则为屡经整理之笔记。故述墨子思想之笔记,转较代表后学思想之原著易解。此理亦不难明。学者固不可执"经文难解"一点,遂以为经文为墨子自著也。

本书中论"墨辩",即以《经》上下、《经说》上下之文为主要材料;《大取》《小取》则只略为涉及,因重要理论皆在《经》及《经说》中,后二篇仅有补证作用而已。

二、《墨经》中所涉之逻辑问题与名家理论

《墨经》内容甚杂,有解释墨子思想、补充墨子理论者,如对"利害"之解释及对道德之解释即是;有涉及初步科学技术者,如论鉴及景等节是;有涉及逻辑问题、知识论问题及其他哲学问题者,则为中国哲学史范围中应加研究之主要材料。兹先析述有关逻辑问题之理论。

墨家后学之所以致力于逻辑问题之探讨,主要原因在于与名家辩争。其中部分问题亦与道家之理论有关。就其最重要者言之,则有三部分:第一部分为对同异问题之讨论,第二部分为对坚白问题之讨论,第三部分为对流行之诡辩之驳斥。此三部分皆与名家之说有关,同异问题则亦涉及道家之观点;盖就此问题言,道家所持观点实与名家观点甚为接近。

以下将析论《墨经》中对此类问题之看法。在析论之前,必须先略述名家原有之理论。

所谓"名家"之理论,主要指惠施与公孙龙而言。二人时代相近,所论亦皆以诡异著名;然推究其说,固亦有一定论旨。兹分数项论之。

(一) 合同异

"合同异"即否认"同"与"异"二概念之确定性。此种说法一部分见于庄子理论,但主要代表则为与庄子同时之惠施。

惠施自身无著作传世,今日可据以观惠施之说者,唯有《庄子》书中之材料,即《天下》中所述之十项是。

十项论点虽似不同,但要旨不外三点:其一为"至大"与"至小"之意义,即所谓"至大无外,谓之大一;至小无内,谓之小一"。其二为万物流变无常,即所谓"日方中方睨,物方生方死"。其三则为同异无定,即所谓"大同而与小同异,此之谓小同异;万物毕同毕异,此之谓大同异"。

此三点约而言之,实皆透露同一问题,即一切物性及标准,皆仅属相对关系,并无绝对性。此一相对性问题,通过同异问题而表现,又最为显著;因此,吾人亦可以同异问题为惠施学说之代表。

万物毕同毕异之说,虽似诡异,其实甚为浅显。万物彼此间皆有某一层次之相同点,亦有许多异点。取其异点,则万物中无两物相同;甚至同一物在两瞬间中,亦成为互不相同之两状态,此点即为流变观念与同异问题之关联所在。反之,万物皆占有时空之对象,此即

见万物有基本相同处。《庄子·内篇》亦常透露此种观点,如:

> 自其异者视之,肝胆楚越也,自其同者视之,万物皆一也。①

此语就其理论脉络讲,虽是专指"对象性"与"主体性"而言,但亦可见其论同异之观点。惠施所谓"南方无穷而有穷""我知天下之中央……"等,大体皆此一观点之不同表述而已。就理论言,此处并未涉及难解之问题。

但惠施由此种理论引出一态度,即所谓"泛爱万物,天地一体也"。此一态度与《庄子·内篇·齐物论》之态度甚相近,而其据则在于"合同异";"合同异"之说实即为惠施一派之名家之重要理论,亦为名家与道家相同或相近之点。

此一问题日后乃成墨家后学所注意之问题。《墨经》中即有驳名家理论之说。

(二)离坚白

公孙龙"坚白之辩"为世所习知者;然其真实意义或确定意义,则尚有不同解释。兹分论如下:

第一,白马之论。

今本《公孙龙子·迹府》有云:

> 龙之所以为名者,乃以白马之论尔。

足见"白马之论"为公孙龙理论之中心所在。此理论即世俗流传之"白马非马"之辩也。然则此一理论确定意义何在?此当从《白马论》原文观之。原文首谓:

> 白马非马……马者所以命形也,白者所以命色也;命色者,非命形也,故曰:白马非马。

---

① 《庄子·德充符》。

此处所揭示之"形"与"色"之分别,即涉及知觉能力之分别,与下文所引"坚白论"之说相通。此处先析解"白马非马"之义。

欲释"白马非马"之说,首先须注意此处"非"字之意义。公孙龙之论证中所证明之"非",实为"不相等"之义,而并非不相属之义。试观其原文,此点甚明朗。《白马论》谓:

> 求马,黄黑马皆可致;求白马,黄黑马不可致。……故黄黑马一也,而可以应有马,而不可以应有白马,是白马之非马审矣。

此即谓如有黄、黑马在,问有马否,则应之以"有",问有白马否,则应之以无;故黄、黑马不变,而所应不同,此见"马"与"白马"之不同。然此所谓不同,实即不相等。就不相等而言,"马"与"白马"为两个问题。而"马"为大类,"白马"被包于此类中,范围较小,自不能相等。

但公孙龙用一含混不明之"非"字,遂使人误以为"白马非马"乃指白马不属马类;此则于理难通。公孙龙本身是否利用此种含混以眩其智,则不可知。然就问题本身言,则只消清理"非"字之意义,即可知公孙龙之论证所具之效力范围,而由此所引起之惊疑亦可消释。

公孙龙所用"非"字之确定意义既明,吾人当观"白"与"马"二概念,在原说中如何讨论。原文曰:

> 马固有色,故有白马。使马无色,有马如已耳;安取白马?故白者,非马也。白马者,马与白也。

此谓"白"概念与"马"概念不同;在"马"一词中,并不包含某一颜色之条件,故"马"与"白"无一定关系。而"白马"则由"白"与"马"二概念合成。此说无病,亦无出奇处。然由此而推"白马非马",其意不过谓"白马"比"马"多一条件限制,"非"仍只能是不相等之义。

原文另一段则谓:

> 白马者,言白定所白也。定所白者,非白也。

此节中包含一特殊用语,即"定所白"一词。"白"为一性质落于一个定体上,自身遂受一限定,故言"白马"时,即是说"白"受一"所白"之限定;"白"为一色,具有此色之"马"为"所白";"白"即落于"马"概念上,即是"定"其"所白"。而"马"则为能使"白"受限定之"所白"。故"定所白者"即指"马";盖"白"受"马"之限定,然后有"白马"概念。

冯友兰氏释此节颇有错误。冯著《中国哲学史》第九章(上册,页二五六)云:

> 马之名所指只一切马所共有之性质,只一马"as such",所谓"有马如已耳"……其于色皆无"所定",而白马则于色有"所定",故白马之名之所指与马之名所指,实不同也。

此处"所定"一词加用引号,视同公孙龙子原文之词语;然原文中所有者乃"定所白",无"所定"一词;冯友兰氏盖将原文中之"定所"二字割裂,又倒转为"所定"二字,然后加以解释。无论所解如何,总已误读原文,又改窜原文。且"定所白者"指"马"而言,"定所白者,非白也"即"马"非"白"之意,与上文"白者非马也"互相补充;冯氏之解顿失原意。而冯氏对"不定所白"一词亦觉不能如"定所白"一词可用倒转读法漫加解释,于是忽转入另一问题,而谓:

> 白亦有非此白物亦非彼白物之普通的白,此即所谓"不定所白"之白也。

观此,则冯氏以为"不定所白"乃白概念本身,而"定所白"则为事物中之白,而"定所白者,非白也"乃解为事物中之白不是普通之白,此则涉及另一问题,与上下文皆无关联;显非此节原意所在。

冯氏之误,基本由于误解"所"字。冯氏以为"所"表地位,故就

"定所"二字断读,以之形容"白"字。然在本节中,公孙龙原文之"定所白",乃就"所白"二字断读,与本篇中"所色"类似,亦与《名实论》中"所产""所物""所实"相类,非如冯氏所说也。

此义既明,"白马非马"之确定意义亦可决定;简言之,公孙龙一则以"非"字作含混之否定,故论证所及只是二类"不相等"之问题,而结论则似乎否定一切包含关系。二则指出"白概念"非"马概念","马概念"亦非"白概念"。因"白"与"马"互相限制,而有"白马"一概念,故"白马"乃由两概念组成。而二者中之一与"马"无涉,遂谓"白马非马"。

若以哲学史眼光观其历史意义,则可说公孙龙此一理论乃中国最早论及"性质"之独立存在之说,与柏拉图在《巴门尼德》篇中所述之理念说有近似处。盖从个别事物中抽离其性质,而视之为独立之存在,就古代思想言,仍是一重要进步。公孙龙所立"白马非马"之论,其贡献在此,而关于此一问题,在《坚白论》中所说尤详。

第二,坚白石。

离坚白之说原以"坚、白、石"之辩为中心。此说之原始材料见于《公孙龙子·坚白论》。其言曰:

> 坚、白、石,三,可乎?曰:不可。曰:二,可乎?曰:可。曰:何哉?曰:无坚得白,其举也二;无白得坚,其举也二。

此谓"石"不与"坚"及"白"同时相离,但"坚"与"白"则可以互离;"石"与"白"为二,"石"与"坚"亦为"二",故曰:"其举也二。"然则"坚"与"白"如何能相离?公孙龙即就知觉能力释之,而谓:

> 视不得其所坚,而得其所白者,无坚也,拊不得其所白,而得其所坚,得其坚也,无白也。

此即谓由视之知觉仅能得"白",由拊之知觉仅能得"坚";不视则不得白,不拊则不得坚;故"白"与"坚"并非必然一同呈现于知觉中,则"白"与"坚"可以相离;其所以相离者,则因二者本为两个不同之性质,为不同之知觉能力所把握者,因此,又谓:

> 得其白,得其坚,见与不见,(见)与不见离;一一不相盈,故离。离也者藏也。

在"得其白"与"得其坚"两种情况下,一"见",一"不见"——即一呈现于知觉,另一不呈现于知觉;由此而说坚白"离","离"乃就"不呈现"讲,故以"藏"释之。

驳者或可说"坚白域于石",而反对"离";公孙龙则曰:

> 物白焉,不定其所白,物坚焉,不定其所坚。不定者兼,恶乎其(甚)不也?

其意谓,人只能由一定知觉决定石之坚与白,若就"坚"与"白"自身言,则"所坚"与"所白"皆不能决定,而"坚"与"白"皆成为普遍(universal),即所谓"兼",何能知其存于石中乎?

公孙龙之"离坚白",实以"性质"之独立存在为理论基础,其论证则以二者呈现于不同知觉中为据;故只能讲"坚"与"白"之离,而不能言"石"与二者之离,此所以谓"三"为"不可"。冯友兰氏纯以"普遍"与"特殊"之理论释公孙龙之说,则不能说明何以"三"为"不可"。

总之,"离坚白"之说,主旨在于说明"性质"可有独立存在性。此本无奇处,但公孙龙只就知觉一面证之,则两种知觉是否即表两种存在,仍有问题,故日后《墨经》即就此驳之。

(三) 类观念

"性质"可视为一"概念",可视为一"理念",亦可依逻辑意义视为一"类";公孙龙立论之旨趣,亦重名言之研究。故倾向逻辑问题者亦多。《坚白论》既强调"性质"之独立性,进一步即涉及"类"之问题。

故《通变论》中乃论类之关系曰:

> 羊与牛唯异;羊有齿,牛无齿,而牛羊之非羊也,非牛也。未可。是不俱有,而或类焉。①

此谓以"羊"与"牛"合为一类,则此类既不等于"羊"类,亦不等于"牛"类——公孙龙所用之"非"字仍指"不相等";就其不同之条件讲,此羊牛之合类中之分子并非皆具此种条件(如有齿或无齿)。若就其相同之条件讲,则有另一问题,即:

> 羊有角,牛有角,牛之而羊也,羊之而牛也。未可。是俱有,而类之不同也。

此谓,就其相同之条件讲,则以为某分子是牛,可能实是羊;盖牛羊合类中之分子皆俱有此条件(如有角),而牛羊本身之类又不同,故亦有误。以下所谓"羊合牛,非马也",乃言此合类亦不能等于第三类,兹不赘论。

总之此节主旨在说"羊"与"牛"之合类,则非"羊",非"牛",亦非他类。此盖公孙龙初注意类之重合问题之议论。倘就逻辑问题言,则此处所涉者不外类与类之关系如何,及一类之分子之决定条件为何而已。故《墨经》日后即就此二问题释之,以示无难。

名家之说如此,以后《墨经》中所涉之逻辑问题亦以此数点为中心,盖其说原用以驳名家也。

以下先述《墨经》中涉及逻辑之部分,再述其他有关哲学问题之部分。

三、《墨经》中之逻辑理论

《经》上下及《经说》上下内容涉及逻辑理论者,有以下四点:(一)

---

① 案孙诒让校改为"而牛之非羊也,羊之非牛也",表面易解,其实顿失原意。

同异问题。(二)坚白问题。(三)"名"与"谓"。(四)一般知识之解析。

(一) 同异问题

《经上》论同异之确定意义,分为四种;其文曰:

> 同:重,体,合,类。……异:二,(不)体,不合,不类。

《经说上》,释之曰:

> 同:二名一实,重同也;不外于兼,体同也;俱处于室,合同也;有以同,类同也。

依此,所谓"同",有四种意义:第一为两类完全重合,两类虽各有一名,但分子完全相同;此为"二名一实",即"重同"。第二为互相连属,属于同一整体者,如手足"同"为某一人之手足,此乃所属之同,称为"体同",盖谓同属于某一体也。第三为位于同一范围中,如二人在同一室中,此为"合同"。第四为某一条件相同,即所谓"有以同";倘二者有某一条件相同,则二者同属于此类,称为"类同"。例如:白玉与白粉有"白色"一条件相同,二者皆属于"白类",即有"类同"之关系。

《经》所列四种"同",惟第一种涉及类与类之关系,其余皆就个体言。

至于对"异"之解释,则纯就"同"之条件之缺乏言之,故曰:

> 异:二必异,二也;不连属,不体也;不同所,不合也;不有同,不类也。

观此处对"不体"之解释,直用"不连属"字样,可知上文所说"不外于兼"即"连属"之意。其余不必重作解释,总之,皆就四种"同"之条件之缺乏,而说四"异"之意义。

如此,"同"与"异"皆有确定意义,则"万物毕同毕异"之说可以破矣。庄子所谓"自其同者视之""自其异者视之"皆应解释为"有以同""有以异",而不能由此证"体同"或"重同",亦不能推出"万物一体"。盖万物有同处,不碍其有异;同自同,异自异;道家与名家之诡辩实无严格意义也。

同异之词义既定,进一步墨家乃评公孙龙之说。

《经下》:

> 狂举不可以知异,说在有不可。

又有:

> 牛马之非牛,与可之同,说在兼。

《经说下》,此段则曰:

> 牛(狂)与马惟异,以牛有齿,马有尾,说牛之非马也,不可;是俱有,不偏有偏无有。曰:牛(原脱)之与马不类,因牛有角,马无角,是类之不同也。若举牛有角,马无角,以是为类之,不同也,是狂举也。犹牛有齿,马有尾,或不非牛而非牛也。则或非牛而牛也可。故曰,牛马非牛也,未可;牛马牛也,未可;则或可或不可,而曰,牛马牛也未可,亦不可。且牛不二,马不二,而牛马二;则牛不非牛,马不非马;而牛马非牛非马,无难。

此段开首之"狂"字,俞樾以为乃"性"字之误,亦可通。但与《公孙龙子》之文相比,则《坚白论》中有"羊与牛惟异"之语,与此处"牛与马惟异"为同一语法,多一"性"字,并无必要。但有一"性"字亦不害文义,故不作决定。

此段之主旨在谓,二类之同异,先须视其定义条件或类差;如所取条件并非两类之类差,则由此而论同异,皆有错误。

其次则以牛与马合为一类,论"非"字之意义;"牛与马"之类有一部分与"牛"类及"马"类重合,若就"相等"论之,则"牛与马"之类非"牛"亦非"马";此并无难解处。"牛"与"马"各成一类,"牛马类"则为二者合成;只要"牛不非牛,马不非马",则即无难。

倘误以"牛有齿,马有尾"作为"牛"与"马"之差异条件,则有能满足"有齿"之条件而并非"牛"者,即见其误矣;此所谓"或不非牛而非牛也"。

总之,两类不重合,而仍相交,小类可包于大类中(如牛类包于牛马之合类中),如此,则不能就"不相等"而言"非",此为墨家驳公孙龙之理论,亦可用以评论"白马非马"之说;盖如就类之包括关系言,则"白马"与"马"虽不相等,而"白马"类被包括于"马"类中,则亦无难矣。

类之重合与包括,若能严分,则一切关于同异之诡辩皆可迎刃而解,此《墨经》之贡献。冯友兰氏以为《墨经》拥护常识,实则名家所说常为由词意含混而生出之诡辩,《墨经》反能接触逻辑问题,未可视为"常识"。就"白马非马"而论,若谓"白马"与"马"二类不相等,则真是常识;若不确解"非"为"不相等"之义,而以含混说法推出"白马"与"马"二类相离,则是"错误",并非超出常识也。名家之说在形上学方面有意义;在逻辑方面,则实不如《墨经》之明确也。

(二)坚白问题

对坚白问题,《墨经》亦持反公孙龙之立场,认为"坚"与"白"并非相离,且公孙龙之论证未能证其相离。关于此题,《经》上下皆论及之。《经上》谓:

坚白,不相外也。

撄,相得也。

此二点相连而皆涉及坚白问题;《经说上》释之曰:

坚白异处不相盈,相非是相外也。

其下释"撄"一条,续谓:

> 尺与尺俱不尽,端与端俱尽,尺与(端)(原脱)或尽或不尽;坚白之撄相尽,体撄不相尽。

盖谓,坚白倘相离,则不能相盈,必须相非,即互相排斥;然坚白之相合(撄)则为全部相合,二者不相外,与"尺"不同。故上一节论"盈",又谓"于石无所往而不得";盖《经上》论"盈"及"撄"诸节,皆为评坚白说而立也。然其文似有阙轶,故义不甚明。《经下》所说则较完整。《经下》有:

> 不可偏去而二,说在见与俱,一与二,广与修。
> 于一有知焉,有不知焉,说在存。

前条在《经说下》释曰:

> 见不见,离,一二不相盈,广修坚白。

此谓两性质一见一不见,视之为"离",则不相盈,如"广度"与"长度"亦可如此说;然物有广与修,广修并不相离,坚白亦当如是观。

于后条,《经说下》则曰:

> 于石一也。坚白二也,而在石。故有智焉,有不智焉可。

此谓公孙龙以视之不得其坚,拊之不得其白为论证以言相离。一石而有坚白之性,则知其一不知另一之时,并未否定二者之"在石"也。此盖指公孙龙之论证仅有证知觉能力分离之效力,并无证坚白分离之效力。

就坚白问题言,名家原意在说明"性质"之独立性,墨家则只论存在问题。二者所涉之问题不同,故不能有胜败可说。

（三）"名"与"谓"

《经上》论"名"与"谓",最为精严。《经上》有：

> 名,达、类、私。
> 谓,移、举、加。

《经说上》释"名"曰：

> 名,物、达也;有实必待之名也（"之名"旧误为"文多"）。命之马,类也;若实也者,必以是名也。命之臧,私也,是名也,止于是实也。

《墨经》所论"三名",即"全类""类"与"个体";"物"指全类,一切皆以为名;"马"为普通类,有此条件之物即必以是名;"臧"为个体,故是名止于是实。

《经说上》释"谓",则曰：

> 命狗犬,移也（原误为"洒谓狗犬命也"六字,"洒"字乃"移"字之误）;狗犬,举也;叱狗,加也。

此处三"谓","移"指类与类之包括,谓"狗"是属"犬"类者,即"移"（因"狗"原指"未成豪之犬",见《尔雅》）;"举"则指定义关系,如以"狗"为具有某条件之犬,则为"举";"加"指将个体归类,如说"这是狗"即"叱狗"之意,则为"加"。

观此可知,《墨经》中对系词之功用已有所见,能区分三种"谓",即能解"是"字之三种意义;尤可注意者,乃此处已能区分"个体与类之关系"及"类与类之关系",以同时代之西方逻辑比观,则《墨经》所接触之问题,当时西方人尚未了解也。

三名三谓之说,皆有贡献,惜后无继者;甚至清人注解此段,亦不得其义,至可笑也。

（四）一般知识之解析

除以上涉及"合同异，离坚白"二点之理论外，《墨经》中牵涉逻辑或解析问题者，尚有数点；此可视为一般知识之解析。

首先当举《墨经》中论"无限分割"之说。

《庄子·天下》举辩者之言，有：

> 一尺之捶，日取其半，万世不竭。

盖谓有限线段可作无限分割，此本无可驳之处。但《墨经》与辩者争，亦欲驳此说，遂以"单位"观念驳无限分割。《经下》有：

> 非半弗䩟，则不动，说在端。

《经说下》释之曰：

> 非䩟半，进前取也；前则中无为半，犹端也。前后取则端中也。
> 䩟必半，毋与非半，不可䩟也。

此一论证以"端"为中心；"端"即点，即不可分割之最小单位也。䩟必求其为半，则必有可计算之单位，此单位本身无法再分；而不论如何䩟法，最后必余一单位点，此单位点若再䩟，则须改变单位本身，故曰不可䩟。

其次，《墨经》否认庄子"此亦一是非，彼亦一是非"之说，而以为"辩"有一定意义，故《经下》谓：

> 谓辩无胜，必不当，说在辩。

《经说下》释之曰：

> 辩也者，或谓之是，或谓之非，当者胜也。

此言"辩"乃对一定命题之肯定与否定之争，故必有胜者。

《经上》又解释论证中之条件，而谓：

故,所得而后成也。

《经说上》则释之曰:

> 故,小故,有之不必然,无之必不然。体也,若有端。大故,有之必然,无之必不然,若见之成见也。

"小故"即"必要条件","大故"即充足必要条件;此二者皆表命题之真值关系。《墨经》中已见及此。

此外,《小取》论及辩论之技术或方法,则有辟、侔、援、推之说。其言曰:

> 辟也者,举也,(即他)物而以明之也。侔也者,比辞而俱行也。援也者,曰:子然,我奚独不可以然也?推也者,以其所不取之同于其所取者予之也。

此中,"辟"即"譬"之意,以物喻物是;侔则以言喻言;"援"则是取对方所据之理由而驳对方之结论;"推"则是指出对方所否定者与其所肯定者之相同处,而驳对方之肯定及否定。例如:有人谓"董卓为奸臣,霍光为忠臣",则以"推"字诀驳之,可曰:"董卓废帝立帝,霍光亦废帝立帝,何故一忠一奸?"此显属辩论技巧问题,与求真或求严格无关也。

《小取》尚有一可注意之理论,即对于个体之谓词与类之谓词之区别。盖描述类之谓词,常不能用以描述此类之个体;描述一小类之谓词亦未必可同时对所属之大类成立。此在今日,自为常识,但在古代,则罕有详论之者。《小取》独说此义云:

> 车,木也;乘车,非乘木也。船,木也;入船,非入木也。盗(人)人也;多盗,非多人也。奚以明之?恶多盗,非恶多人也。欲无盗,非欲无人也。

此即所谓"是而不然",意即一类包括于某大类中,一个体属于某类时,虽有相属或包括之关系,但用于此之谓词未必可用于彼。此点在逻辑上甚为重要。《小取》虽未详论,已接触此问题矣。

以下再观《墨经》中涉及知识问题之部分。

四、《墨经》中所涉之知识问题

中国哲学素缺知识论,《墨经》中对知识问题则稍有论列。兹分述如下。

《经上》有:

> 知,材也。

《经说上》解之曰:

> 知材,知也者,所以知也,而不知,若明。

此就认知能力而言,知识依认知能力而成立,但有认知能力并非即有知识,盖尚有能力运行之问题也。

《经上》又分论感觉与理解二能力,而曰:

> 知,接也;恕,明也。

《经说上》则释之曰:

> 知,知也者以其知过物而能貌之,若见。

此指感觉能力而言。此处"过"字孙诒让以为宜作"遇"字,实则"过物"亦可通,故不改。《经说上》又释"恕"一条曰:

> 恕,恕也者以其知论物而其知之也著,若明。

此指理解能力而言。感觉接受感性印象,故说"过物而能貌之"。理解则整理感性资料,故说"论物"。且理解知识较为明晰确定,故说

"其知之也著"。

《墨经》又有时空观念,认为时空非感觉对象。《经下》曰:

> 知而不以五路,说在久。

"久"即指时间,此言对时间自身之知识,不由于感觉。时空二者,在《墨经》中称之为"久"与"宇",《经上》曰:

> 久,弥异时也;宇,弥异所也。

弥即"包含"或"统指"之意。《经说上》释之曰:

> 久,合古今旦莫;宇,蒙东西南北。①

此乃时空之定义。而时空非感官对象,《墨经》已言及之,则不可谓不高明,盖此时中国尚无别家能解此问题也。

其次,《墨经》论及人获得知识之方法,则提出三种途径。略与印度古代流行之说相似。《经上》曰:

> 知,闻、说、亲。名实合为。

此中,"闻、说、亲"三项为获得知识之三途径,"名实合为"则为补充之解释,故《经说上》释之曰:

> 知,传受之,闻也。方不障,说也。身观焉,亲也。所以谓,名也。所谓,实也。名实耦,合也。志行,为也。

由传受而得知,谓之"闻",即印度所谓"圣言量";"方不障"即推喻无碍之意,如此由推喻而得之知,乃由于"说",即印度所谓"比量";"身观焉"则是直接经验,如此得知识,谓之"亲",即印度所谓"现量"是也。

---

① 案:原为"东西家南北",兹依胡适之先生校改。

"闻、说、亲"照三种途径,人由此获得知识。其下又论"名实合为",谓用以陈述者为"名",被陈述者为"实";二者相符,为"合";由知识而有目的及活动,谓之"为"。后四者皆非获得知识之途径,但系于此而言之。冯友兰以此七项并列而释之,盖未深察其意义也。

✍ ✍ ✍ ✍ ✍

《墨经》大要如此。吾人以哲学史眼光观其得失,可说此一部分墨学,代表中国古代研究逻辑及知识问题之主要成绩。其说有甚精者。虽今本多残阙脱漏,然犹可案而见之。此种思想成绩之产生,亦自有其外来之因素。盖名家、道家多施诡辩,墨者不得不与之争;由相争而有研究之成果,亦属自然。吾人固不可据此而谓墨家后学独优于思辨,然亦不能抹煞其贡献也。

墨辩理论,较之荀子正名之说,尚有过之。即与同时之西方思想水平比较,亦不落后。此亦可见中国后世思辨之不发达,乃由人为之决定,非关民族之才能也。

第六章 荀子与儒学之歧途

第一节
前　言

先秦儒学,创于孔子,而成于孟子。就理论体系言,孟子虽有性善、四端、养气之说,以建立重德之价值哲学之间架,但遗留问题尚多。譬如,由性善之说虽足以点明价值之根源,但孟子对于形躯、情意中诸种阻扰,论之不详,未免令学者有太简之感。又如,仁政之说,悉由当国者之发心动念以释政治轨道,于文制之特性全未论及。由仁义至礼法之展开历程中,礼法之特性不显,亦令人有缺漏之憾。故就内在一面论之,孟子之后,儒学理论亟待补成。无论心性论方面或政治理论方面,莫不如此。

其次,就当时思想界之环境言之,孟子时虽面对敌论作保卫儒学之努力,然其时敌论仅为杨氏重生贵己之说,及初期墨家兼爱与俭约之主张。孟子所辟,亦限于此。至孟子身后,一方面由庄学之大行,道家之说取杨朱之地位而代之,其势甚张;另一面则墨家后学与名家者流会合激荡,新论滋多,辩议滋繁,亦颇有孟子所未及驳论者。在如此之思想界环境下,儒家亦不能不另有人出,重理旧说,益以新解,以抗诸子之言。故就外在一面论之,孟子后之儒学理论亦需要一发展。

然历史脉络之实况每与理论脉络之要求不能尽合。依理论脉络之要求论之,孟子后之言儒学者应能内补孔孟之说,外应诸子之攻。而实际出现之学说,则未循此道路以进展;反之,此一新学说乃违离孟子之心性论,而又杂取道家、墨家之言,以别立系统者。此系统即荀子之哲学。

就荀子之学未能顺孟子之路以扩大重德哲学而言,是为儒学之歧途。而尤应注意者是此一学说之归宿。荀子倡性恶而言师法,盘旋冲突,终堕入权威主义,遂生法家,大悖儒学之义。学者观见此处之大脉络,则益可知荀学之为歧途,固无可置疑者。

以下先述荀子之生平,再观其理论内容。

第二节
荀子之生平

在司马迁《史记》中,孟荀合传。传文谓:

> 荀卿,赵人,年五十,始来游学于齐。……齐襄王时,而荀卿最为老师。……齐人或谗荀卿,荀卿乃适楚,而春申君以为兰陵令。春申君死而荀卿废,因家兰陵。李斯尝为弟子,已而相秦。荀卿嫉浊世之政,亡国乱君相属,不遂大道,而营于巫祝,信机祥。鄙儒小拘,如庄周等,又滑稽乱俗。于是推儒墨道德之行事兴坏,序列著数万言而卒。因葬兰陵。

案传文中不言及荀卿之生卒年月,但依春申君及齐襄王之年代旁考之,大致可推见荀子之年代。汪中作《荀卿子年表》,起于赵惠文王元年(齐王二十六年),讫于赵悼襄王七年(齐王建二十七年,即秦始皇十一年),前后共六十年,以为荀卿生平大事重在此六十年中。以公元计之,则此年表为公元前289—前238年。案孟子卒于公元前69年,则孟荀之年代固相接矣。

若考《史记》传文"年五十,始来游学于齐"之言,又知荀子在齐王时最为老师,则可能荀子来齐时在襄王时,汪中以为在湣王时,则至春申君之死,荀卿已逾百岁,恐不近理。然确定年月,已不可考。就哲学史之需要言,吾人断其在孟子后,法家李、韩之前即足。

荀卿之学,传自何人,亦不可考。观其书中除称道孔子外,屡言"子弓",或谓"子弓"即《论语》中之"仲弓",若是,则荀子遥承仲弓,但仲弓之学不可知,去荀子又远。今论其学,仍视为儒学在先秦后期之新说。汪中《荀卿子通论》以为出于"子夏仲弓",则显属有误,盖《非十二子篇》中,荀卿深诮"子夏氏之贱儒",可知荀不承子夏之学也(传《诗》之说,不关重要)。

荀子之著作即今本《荀子》,旧称《孙卿子》或《荀卿子》。其中部分为荀子自撰,部分为门人所记。如《大略篇》至《尧问篇》,皆显为杂记,必出后学之手。顾与荀子之学说无大关系,亦不必论考。

第三节
荀子之学说

荀子学说之基源问题可说为"如何建立一成就礼义之客观轨道",盖荀子之价值哲学,于主体殊无所见,故其精神落在客观秩序上。然以主体之义不显,所言之"客观化"亦无根。兹自性恶论着手,逐步展示其理论。

（1）性恶与师法。

（2）心与天。

（3）君与礼。

（4）"学"观念与"正名"。

以上，性恶及师法之说，为荀子之心性论之基本理论；论心与天则为荀子心性论寻求出路之回旋过程；论君与礼则为荀子心性论之归宿，至此，其价值理论之入歧途，即成定局；最后论学及正名之说，则为荀子在方法论方面之见解，涉及逻辑问题。

荀子言"性"，与孟子相反；此人所熟知者。然通常人所了解之"反"不过指"性恶"与"性善"之对立。此仅属皮相之见。若欲亲切把握孟荀言性之异，必须从"性"一词在二子学说中之意义着手观察。

孟子言"性"，实指人之"essence"而言（注意，此处所说之"essence"乃依亚里士多德之用法）。孟子以为，人与其他存在有一不同之条件，此条件称之为人之"性"。而此条件非他，即"有价值自觉"是。人之"性"为"有价值自觉"，因"有价值自觉"乃人之心灵所独具之条件，换言之，价值自觉为人之"essence"。故孟子在与告子辩论时，驳"生之谓性"之说中，表明自己所讲之"性"乃指"essence"，而非实然意义之始点。另一方面，孟子举四端以阐明价值自觉确为人之"essence"所在。于是，性善说中所言之"性"，与通常所谓生而具有之"性"，截然不同。盖孟子之"性"取本质义，通常以人初生时所具之本能为"性"，是事实义。稍有哲学训练者，必能辨之。以下据此分别以论"性恶"之说。

一、性恶与师法

荀子之论"性"，即纯取事实义。荀子不解孟子所言之"性"何所指，只就实然历程观察，遂力攻孟子之说。

《性恶篇》云：

> 人之性恶，其善者伪也。今人之性，生而有好利焉，顺是，故争夺生而辞让亡焉。生而有疾恶焉，顺是，故残贼生而忠信亡焉。生而有耳目之欲，有好声色焉，顺是，故淫乱生而礼义文理亡焉。然则从人之性，顺人之情，必出于争夺，合于犯分，乱理而归于暴，故必将有师法之化、礼义之道，然后出于辞让，合于文理，而归于治。用此观之，然则，人之性恶，明矣。其善者伪也。

荀子连用"生而有"以释"性"，显见其所谓"性"，乃指人生而具有之本能。但此种本能原是人与其他动物所同具之性质，决非人之"essence"；故在开端之处，荀子立论即与孟子之说根本分离。荀子所言之"性"，并非孟子所言之"性"也。

荀子以为，顺动物性而发展，则必"乱理而归于暴"，其理诚然。荀子以此而主张由礼义师法以化人之动物性，亦无可议；但荀子徒以"伪"（"人为"之意）释"善"，而不能说明"性恶"之人何以能有"人为之善"，亦不能说明师法何由立，礼义何由生，遂伏下荀子理论之致命因子。

荀子本意，不过谓人必受文化之陶冶，方能循理，但文化（包括师法及礼义）又如何而成为可能？荀子未能解答。

荀子强调教化或改造历程，故谓：

> 今人之性恶，必将待师法然后正，得礼义然后治。

此指对动物性之克服而言。孟子亦并非不言克服动物性之义，观四端说中所言"扩而充之"，及其论大体小体之说，可知教化之事与性善论毫无冲突。且欲言教化，则必须先肯定人除有动物性之外，尚有创造文化、实现价值之某种能力（即价值自觉），否则教化亦将无根。而

荀子不察,攻孟子之说而谓:

> 孟子曰:人之学者,其性善。曰:是不然,是不及知人之性,而不察乎人之性伪之分者也。

然则,何谓"性伪之分"? 荀子以自然与文化之别言之:

> 凡性者,天之就也;不可学,不可事。礼义者,圣人之所生也,人之所学而能,所事而成者也。不可学,不可事,而在人者,谓之性。可学而能,可事而成之在人者,谓之伪。是性伪之分也。

荀子所谓"不可学,不可事",乃指不待学、不待努力而言。盖荀子以为,人之自然成分,即动物性,乃不待努力而实具有者;人之文化成分,则待自觉努力以成就之。此说仍不谬。但问题在于此种自觉努力如何而可能? 倘根本上人只具动物性,并无价值自觉,则何能有此努力乎? 此处须注意荀子所说"礼义者,圣人之所生也"一语,盖此乃荀子思想之真纠结所在,或十分胡涂之处。荀子既以为人之性只是动物性,但又假定有"圣人"。故设问答之词曰:

> 问者曰:人之性恶,则礼义恶生? 应之曰:凡礼义者,是生于圣人之伪,非故生于人之性也。故陶人埏埴而为器,然则器生于工(陶)人之伪,非故生于人之性也。故工人斫木而成器,然则器生于工人之伪,非故生于人之性也。

此仍不过以为人在自觉努力中创建礼义,故以工人为器喻之。土木待人之努力而成器,即依外来之改造力量而成器。荀子以此喻人,则人须待外来之改造力量以成礼义矣。然而此外来力量源自何处,荀子又以为仍来自"人",不过此种"人"系"圣人"而已。故谓:

> 圣人积思虑,习伪故,以生礼义而起法度,然则礼义法度者,是生于圣人之伪,非故生于人之性也。

依此,则师法礼义皆生于圣人。而圣人乃能自作努力(积思虑),又能承受文化成绩(习伪故)者。但人之性既恶,则人只有动物性,又何以能成为圣人?何能自作努力,何来文化成绩?

荀子亦知有此问题,故试作解答而谓:

> 故圣人者,人之所积而致矣。

此谓人逐渐努力,可成圣人。但人既性恶,如何能作此努力?荀子于此被迫而承认人有"知"某种"理"之能力,故有"涂之人,可以为禹"之说。其言曰:

> 涂之人,可以为禹。曷谓也?曰:凡禹之所以为禹者,以其为仁义法正也。然则仁义法正,有可知可能之理。然而涂之人也,皆有可以知仁义法正之质,皆有可以能仁义法正之具,然则其可以为禹明矣。

荀子承认常人(涂之人)皆有一种"质"与"具",能知仁义法正,能行仁义法正。则此种质具属性乎?不属性乎?恶乎?善乎?何自而生乎?若此种质具非心灵所本有之能力,则将不能说明其何自来;若此种质具是心灵本有,则此固人之"性"矣,又何以维持"性恶"之教?

此处尚须注意者是荀子并非以为圣人与常人生性有殊,反之,荀子实认定所有人皆具同样之性者,曾谓:

> 凡人之性者,尧舜之与桀跖,其性一也。君子之与小人,其性一也。

故圣人与常人之性无分别。唯圣人能"化性起伪",故曰:

> 凡所贵尧禹君子者,能化性,能起伪,伪起而生礼义。

性由何而得化?伪由何而能起?则又不得不归人有此"质具"。然则,何以能驳孟子之说?

荀子之错误十分明显；倘荀子能以"人"与"非人"作一比较，以观此种"质具"是否为人所独有，则可知孟子之原意。然荀子不悟此，仍苦持"性恶"之说；又明知所言之礼义师法，不能不有根源，质具之解未精，故其思想转入另一方向，欲在"性"以外求价值根源，说明礼义师法之由来，并解释所谓"质具"之义，于是乃提出"心"观念。

二、心与天

依理论脉络观之，荀子之"心"观念为其"质具"之说之阐释或补充；盖荀子既承认"涂之人，可以为禹"（即"人人可成圣人"），则不得不说明人凭何种能力乃能由常人而至圣人。《性恶篇》中所提出之"质"与"具"，仅是泛说。欲作较确定之说明，故提出"心"观念。

"性"既为"恶"，则为罪恶之源；"化性"之工夫依于"起伪"，故在《正名篇》中乃说：

> 心虑而能为之动，谓之伪。

又谓：

> 情然而心为之择，谓之虑。

如此，则"伪"生于心，而"心"乃能"择"者。换言之，此"心"即视为文化之根源，同时亦表道德意志（因能作选择）。只观此种说法，荀子之"心"似有"主体性"之义。而《解蔽篇》中又极主"心"为主宰能力：

> 心者，形之君也，而神明之主也。出令而无所受令。自禁也，自使也，自夺也，自取也，自行也，自止也。故口可劫而使墨云，形可劫而使诎申，心不可劫而使易意；是之则受，非之则辞。

如此，则"心"确表主体，且为"应然自觉"所在。《天论篇》亦说此义谓：

> 心居中虚,以治五官,夫是之谓天君。

皆足见荀子以"心"为"主体性"。

就此而论,荀子之"心"似与孟子之"性"极相近;倘顺是而展开,则孟荀之说将仅有用语之异。然荀子进一步论"心"时,乃见其所谓"心"并非同于孟子所说之"性"。

此即是"心"与"理"之关系问题。孟子说"性",重在四端;盖孟子点明价值意识内在于自觉心,换言之,万德万理,悉由此自觉心出,亦即所谓"性善"之本义。荀子所说之"心"虽亦指自觉心,但此"心"只能观照,而非内涵万理者。

《解蔽篇》云:

> 何以知道?曰:心。心何以知?曰:虚壹而静。

又谓:

> 人生而有知,知而有志。志也者,臧也。然而有所谓虚;不以所已臧害所将受,谓之虚。

案此段本就破除成见而言,然就此亦可测知荀子所言之"心"乃一观"理"之心,而非生"理"之心。心之功用重在能受,而不重在能生。如此,则理在心之外,与四端说大异。

再观盘水之喻,其义益显。《解蔽篇》云:

> 故人心譬如盘水,正错而勿动,则湛浊在下,而清明在上,则足以见须眉而察理矣。微风过之,湛浊动乎下,清明乱于上,则不可以得大形之正也。心亦如是矣。故导之以理,养之以清,物莫之倾,则足以定是非、决嫌疑矣。

此喻最能代表荀子对"心"之看法。依荀子所见,心之见理正如水之照物。水清明则能照物,心清明则能见理。物不在水中,理亦不在心中。心之德唯有清明，即所谓"虚壹而静"者。如此，荀子之"心"虽一度说为"主体性"，但此心为一不含理之空心，并非道德主体。其功用仅是在虚静中照见万理，与道家所说之"心"相近，而与儒学所言之"心"（道德心）相去甚远，更非孟子所言之"性"。

倘"理"在心外，则价值根源在外。顺是以展开，将走上以价值根源归于"天"（非人格化之"天"）一路，而与道家无异。但荀子不以为人应顺天，反之，有"制天"之说。《天论篇》谓：

> 大天而思之，孰与物畜而制之？从天而颂之，孰与制天命而用之？

且荀子不主张以人事归诸天命，而谓：

> 天行有常，不为尧存，不为桀亡。

且谓：

> 强本而节用，则天不能贫；养备而动时，则天不能病。修道而不贰，则天不能祸。

是明言天并非人之主宰矣。如此，则人不应顺天，"天"亦非价值根源。

学者当察，荀子此种理论中所说之"天"，本是"自然义"。依价值哲学之设准观之，价值根源之归宿不外以下数种：

第一，归于"心"——即归于主体性。如儒学及德国观念论。

第二，归于"天"，可分两类：

（1）非人格化之"天"。如道家所言之"自然"。

（2）人格化之"天"。如墨家所言之"天志"，或其他权威主义之外在主宰。

第三，归于形躯——即归于"利"。如墨家之部分思想及其他功利论者所持。

今荀子所论之价值根源,既不归于"心",又不归于非人格化之"天";则所余出路,在理论上仅有二可能:一是归于形躯,以"利"为价值之本义;另一则是归于一权威。

荀子说性恶时,已极言好利之为恶;且在《荣辱篇》中又明贬利而崇义,曾谓:

> 先义而后利者荣,先利而后义者辱。

又《不苟篇》中论"小人",则谓:

> 言无常信,行无常贞,唯利所在,无所不倾,若是则可谓小人矣。

则荀子显然不以求形躯之利为价值。如此,荀子价值论之唯一出路,乃只有将价值根源归于某一权威主宰。实言之,即走入权威主义。

此一倾向见于荀子对"君"及"礼"之理论。

三、君与礼

荀子之权威主义思想,本以"君"观念为归宿,但其论"君"之说须与论"礼"之言合看。盖当荀子归向权威主义时,其根本要求仍是寻觅价值之源;而对价值之源所提出之权威主义之解释,则分别就"礼"与"君"两面立说。

"礼"一词,在荀子思想中,兼指政治制度及日常仪文,大致与儒学言"礼"之通义相同;但有一点须注意者,即荀子专论"礼"时,较重制度义。

《礼论篇》谓:

> 礼起于何也?曰:人生而有欲,欲而不得,则不能无求;求而无度量分界,则不能不争;争则乱,乱则穷。先王恶其乱也,故制礼义

以分之,以养人之欲,给人之求;使欲必不穷乎物,物必不屈于欲,两者相持而长;是礼之所起也。

依此,则礼义之源在于"平乱"之要求。此与《墨子·尚同》中论国家起源时之立场相类。墨子论国家之产生,以为由于人怀私欲以相争相害,不得不建立政治权力以作统御。由此而生出墨子之权威主义理论。今荀子则据欲求立说以释礼义之产生,亦以为人怀私欲,有求遂有争,故必须制礼义(立制度)以节之,使人服从一定秩序。于是礼义之源流乃归于平乱息争之要求,由此而生出荀子之权威主义理论。

此处最可注意者是,依儒学观念发展历程看,孔子为释"礼"之"本",故由义溯仁,立"仁、义、礼"之统。其意义即在于以价值自觉为制度之基础。孟子之说,详论价值自觉为一切价值之源,故为补成孔子之说者。今荀子只识自然之"性"、观照之"心",故不能在心性上立价值之源,又不欲取"法自然"之义,于是退而以"平乱"之要求为礼义之源;如是,礼义之产生被视为"应付环境需要"者,又为生自一"在上之权威"者。就其为"应付环境需要"而论,礼义只能有"工具价值";换言之,荀子如此解释价值时,所谓价值只成为一种"功用"。另就礼义生自一"在上之权威"而论,则礼义皆成为外在(荀子论性与心时,本已视礼义为外在);所谓价值亦只能是权威规范下之价值矣。

墨子学说原有功利主义与权威主义两面。如上所论,荀子在心性论中不能得出路,遂亦归至以功用及权威规范解释价值之理论。依此,则未尝不可说,荀子思想至此已背儒而近墨。

但荀子本人立说,确并无归向功利主义之自觉意向;上论所推绎之理论后果(即视礼义为应付环境需要时,即将"价值"化为"功用"),为荀子所不及察。唯权威主义一面,则荀子因其理论别无出路,故不得不渐渐转往此一方向。虽荀子处处仍欲保留儒学之观点,但既不能见大本之义,亦遂无以自拔。

荀子思想既归于言礼之方向,故屡次强调"礼"之重要。

《礼论篇》:

> 故绳者,直之至;衡者,平之至;规矩者,方圆之至;礼者,人道之极也。然而不法礼、不足礼,谓之无方之民;法礼、足礼,谓之有方之士。

又谓:

> ……圣人者,道之极也。故学者,固学为圣人也,非特学为无方之民也。

此明谓,礼为人道之最高理念,且以能否法礼、足礼划定圣凡界限。配以礼生于"平乱之要求"之说,则一切价值规范均化为外在义及工具义矣。

但礼为制度义,而一切制度性之秩序,均必须依一权力运行。故荀子论礼之说遂又转而与"君"之说相通。

《礼论篇》:

> 礼有三本:天地者,生之本也;先祖者,类之本也;君师者,治之本也。

此三本中唯"君师"为纯粹文化义,余二者均为事实义。于是,由此荀子思想遂由尊礼过渡至尊君。《君道篇》:

> 道者何也?曰:君道也。

又谓:

> 君者,民之原也。原清则流清,原浊则流浊。

且荀子再进一步,断定为国家之道系于君一身,而谓:

> 请问为国,曰:闻修身,未尝闻为国也。君者,仪也;仪正而景正。君者,盘也;盘圆而水圆。君者,盂也;盂方而水方。……故曰:闻修身,未尝闻为国也。

此遂直说,"君"为最高规范,民与国皆只能以君为规范。

此处学者宜注意"叙述事实"与"叙述道理"之分别。若荀子仅叙述事实,谓事实上有君支配国民之情形,则不一定为权威主义立场,因叙述此种事实后,仍可以主张改变此种事实。但荀子并非如此。荀子实是以"叙述道理"之口吻说"君"为"民"之规范,以"君"之"修身"作"为国"之本。荀子并非只说有此种"事实",而是确认"道理"应是如此,则荀子之已走入权威主义,固甚明显。

由于荀子重"君",故乃渐有讨论"君"之权如何建立之语。

《君道篇》谓:

> 故天子不视而见,不听而聪,不虑而知,不动而功,块然独坐,而天下从之如一体,如四肢之从心。夫是之谓大形。

此说意向在于讨论君权建立之术;其内容则颇似道家所言之无为,但另一处则荀子透露另一态度。

《君道篇》:

> 故人主无便嬖左右足信者,谓之暗。无卿相辅佐足任者,谓之独。所使于四邻诸侯者非其人,谓之孤。孤独而晻,谓之危。国虽若存,古之人曰,亡矣。

此在表面上,乃说人才之重要,但其态度已接近日后法家论人主之术之语。此所以韩非出于荀门也。

但荀子之转向权威主义,乃理论纠结迫使如此,并非本意,故荀子并非正式言"法"者。每言及"法"时,仍以为"人"重于"法"。

《君道篇》谓：

> 有乱君，无乱国。有治人，无治法。

下文发挥此义，则谓：

> 羿之法非亡也，而羿不世中。禹之法犹存，而夏不世王。故法不能独立，类不能自行。得其人则存，失其人则亡。

又谓：

> 法者，治之端也。君子者，法之原也。

此皆重人轻法，仍是"德治"重于"法治"。可知荀子思想毕竟与法家尚隔一层。若就深处看，则法家为价值否定论者，而荀子则为失败之儒者。儒者皆欲肯定价值，荀子不能见心性之真，故立说终失败，而被迫归于权威主义。然虽属失败者，却仍是儒学中之失败者。儒学本性与法家不同，故荀子虽启韩非思想，毕竟其人所取之路向非法家之路向。此处宜细辨分寸。

∽　　　∽　　　∽　　　∽　　　∽

总之，荀卿生孟子后，不辨心性之本义。又深讥孔门弟子各支学说。《非十二子篇》中对子张、子夏、子游三支之讥嘲，固可按而观之；甚至子思、孟子传曾子之学，荀卿亦视之为不知统；虽以为承仲尼、子弓，实以儒学改革者自处。然言性时只知自然之性，乃苦持"性恶"之论；言心时只立观照之心，遂有盘水之喻。性中既无价值自觉，心德又为虚静清明；徒言礼义师法，不得其根。益之以制天用天之义，遂又不能取道家立场。价值根源渺无所著，终乃转入崇君尊礼，有类乎墨子之尚同。于是，"德性我"蔽而不彰，遂有以"外在权威秩序"代"内在道德秩序"之趋向。虽荀卿本人不欲归道家，亦不欲为墨家，尤不欲言法与术,然本根虚浮,流弊遂起。及韩非出,则废"分"而言势,贱"仁政"而贵"明察";否定一切规范,唯以建人主之权为事。于是驳杂之荀学再变而为纯否定之法家。而秦火祸来,周文遂息。不唯儒学从此走入歧途,中国文化精神亦成弱敝。其后阴阳家之言渗入汉儒学说中;佛教心性论渐入中土,据文化之主坛,迄两宋而始变。其间外在机缘固多,然内在枢纽,皆由荀学之病。此又观先秦哲学时所必应深察者也。

最后,荀子尚有涉及方法论及初步逻辑问题及知识论之说,以《正名篇》为中心。以下略作析论。

四、"学"观念与"正名"

《荀子·正名篇》中之说,近世论之者甚多。中国先秦诸子多不重视纯粹思辨工作。《墨经》之说,目的在于驳名家及道家之诡辩,而道家之持诡辩者亦非表现其思辨兴趣,主旨仍在于示人以高而已。儒学则尤不重逻辑解析及知识论,荀子在《正名篇》之种种理论,亦皆用以助人进学,而所谓"学"则非思辨之学。故学者观荀子论及逻辑问题及知识论问题之见解时,宜先明此类工作在荀子学说中之附从地位。

由于《正名篇》之种种理论,乃附从于"为学"者,故本节先述荀子论"学"之言,再述正名之说。

《劝学篇》谓:

> 学恶乎始?恶乎终?曰:其数则始乎诵经,终乎读礼。其义则始乎为士,终乎为圣人。

此见荀子所讲之"学",仍是成圣之学,即儒家传统所讲之成德之学。虽荀子不能掌握价值自觉,故终自陷于权威主义中(见上节),但以成德成圣为"学"之目的,则固荀子之本意所在也。

荀子强调文化之累积及人之改造,故其论学之具体主张,则为对自然之性之改造。故又谓:

> 木受绳则直,金就砺则利,君子博学而日参省乎己,则知明而行无过矣。

又谓:

> 君子生非异也,善假于物也。

凡此皆表对改造之强调。但如上节所论,荀子对心性真相既不能明切把握,故不能说明此种改造历程如何可能,而仅能列举为学之方法,其言曰:

> 君子知夫不全不粹之不足以为美也,故诵数以贯之,思索以通之,为其人以处之,除其害者以持养之。

此皆指进学之方法。其中"诵数以贯之"即指"学礼"而言,"为其人以处之"即"居必择乡,游必就士"(《劝学篇》)之意,而"思索以通之"则指以思辨之功助进学也(注意,以上所言之"思辨",系比照西方哲学而言,与"慎思明辨"一语中所言之"思辨"有异,二者不可混)。

由此,吾人乃可进而述荀子涉及思辨之理论。但在下文讲《正名篇》思想之前,关于荀子对"学"之理论仍有应作补充者。此即荀子对"礼"及《诗》《书》之扬抑。

儒家向重《诗》《书》,荀子则特别注重"礼",故《劝学篇》曰:

> 故学至乎礼而止矣。

又曰:

> 不道礼宪,以《诗》《书》为之,譬之犹以指测河也,以戈舂黍也,

以锥飡壶也,不可以得之矣。

荀子自非反对《诗》《书》者,但轻视《诗》《书》,以为"礼"方是学者最后之探究对象,此又与荀子价值理论之归宿有关。此处不赘论。

总之,就"学"之本性言,荀子以为所谓为学即以文化成绩改造自身;就"学"之目的言,荀子以为在于成圣;就所致力之对象言,荀子言"礼";就进学之方法言,则荀子以为应有诵数、择友及用思数者。而《正名篇》所论即关涉用思之事。

《正名篇》之思想,可注意者在其涉及逻辑及知识论之部分,兹分述如下。

(一)涉及逻辑论者

荀子为最早以虚名论立场解释"名"之儒者,且有约定论色彩。此点应首先论及。

《正名篇》曰:

> 名无固宜,约之以命。约定俗成谓之宜,异于约者谓之不宜。
> 名无固实,约之以名实。约定俗成,谓之实名。

此言一切符号之意义由约定而来;约定后,符号之意义即定。符号之立仅为"命"名。命名本身无所谓正误,无所谓"宜"或"不宜"。唯命名既定,则由此约定而使符号有一定意义,乃不可乱,不可违约定。命名既定,沿用成俗,于是此名常有如此意义,故可说正误。

又一符号(名)与其所指(实)亦无一定关系,符号与所指之关系由约定而来,故"名实"亦依"约定俗成"而立。

此种说法在近世自已成常识,但在古代则颇为难得。如与西方比较,则亚里士多德犹执著于"本质定义",而不解"约定"之理;荀子能切说此理,实此胜于彼矣。

其次,荀子既持虚名论观点,以"名"为约定之符号,于是乃就名之大小（概念之外延广狭）而讲"共"与"别"。

《正名篇》曰：

> 故万物虽众，有时而欲遍举之，故谓之物。物也者大共名也。推而共之，共则有共，至于无共，然后止。有时而欲偏（原作"遍"，误）举之，故谓之鸟兽。鸟兽也者，大别名也。推而别之，别则有别，至于无别，然后止。

此中，"共"近乎"普遍"（universal），"别"近乎"特殊"（particular）。"大共名"即指最普遍之概念。但"大别名"以"鸟兽"为例，则并非指最特殊之名，而系指别名中范围较大者。由此知《荀子·正名篇》所谓"大"皆指外延之广而言。

荀子如此论"名"之后，即对当时流行之各种诡辩提出驳论。荀子以为各种诡辩所犯之错误大致可分为三种：(1)用名以乱名。(2)用实以乱名。(3)用名以乱实。而此三种错误皆有一定对治之道。兹述其言如下：

> 见侮不辱，圣人不爱己，杀盗非杀人也。此惑于用名以乱名者也。验之所以为有名，而观其孰行，则能禁之矣。

此处所举之例，皆就概念之范围差异而立诡辩者。"圣人不爱己"之说，谓"己"亦是"人"之一，故当圣人"爱己"之时，实是"爱人"。"杀盗非杀人"意谓，"盗"虽属于"人"，但"杀盗"与"杀人"有异。此类问题实甚简单。盖"人己"之别，"盗"与"人"之别，皆在于定义条件之差异。如"杀盗"时，乃就其所以为"盗"之条件（即有劫夺之行为）而着眼，此条件非"人"概念之定义条件。故荀子谓："验之所以为有名，而观其孰行，则能禁之矣。"此即指观察定义条件（内包），以指出所关语脉中之条件为何，则能避免此种错误。又曰：

> 山渊平,情欲寡,刍豢不加甘,大钟不加乐。此惑于用实以乱名者也。验之所缘(无)以同异,而观其孰调,则能禁之矣。

"山渊平"之类之诡辩,盖就事物差异之相对性而言。山与渊通常被看作不"平"者,但若从另一角度看(如二者与"无限"之距离皆为无限),则可谓"平"。余例亦同。荀子指出,所谓差异或关系,皆就一定之认知能力而言。说山与渊不平,乃指在视觉中之呈现如是。如谓在思考中呈现为"平",则是另一事,与原题无干。故说,"验之所缘以同异,而观其孰调,则能禁之矣"。此即指,就其所关之认知条件观察,则能避免此种错误。

第三种错误为"用名以乱实"。

> 非而谒,楹有牛,马非马也。此惑于用名以乱实者也。验之名约,以其所受,悖其所辞,则能禁之矣。

此中前二例大致指《墨经》之说,惟原文断缺,确义虽知,但"马非马也"则指"白马非马"之辩。"白马非马"之辩,实是将二概念之"不相合"解为"相离",而不知有"相交"及"相包括"等关系;故荀子谓就所约定之意义观察概念之外延即可避免此种错误。"受"本指肯定,此处即指"在此概念范围中"而言;"辞"本指否定,此处即指"不在概念范围中"。二概念之种种关系,本可由外延之图示见之,故荀子即就"所受"及"所辞"以驳此种诡辩之方法。

以上三种诡辩,唯有第二种涉及认知能力问题。"所缘"一词乃荀子论知识问题之用语。以下即述荀子在正名论中涉及知识论之意见。

(二)涉及知识论者

荀子在知识论方面,持一接近经验主义之观点。认为一切知识所关者唯是某种"性质"。事物之同异即由其呈现于知觉中之性质不同以定之。故曰：

> 然则，何缘而以同异？曰：缘天官。

"天官"即指人本有之认知能力而言。故其下乃分述曰：

> 形体色理，以目异。声音清浊、调竽奇声，以耳异。甘苦、咸淡、辛酸、奇味，以口异。香臭、芬郁、腥臊、酒酸、奇臭，以鼻异。疾养沧热、滑铍（当作"鈹"）轻重，以形体异。说故喜怒哀乐爱恶欲，以心异。

以上分说各种知觉，最后所说之心似指情绪或心理反应能力而言。但荀子素以为"心"有"观照"之能力，故又谓：

> 心有征知，征知则缘耳而知声可也，缘目而知形可也。

此处"征知"当指"自觉"而言；一切"知觉"乃由"自觉"通过"知觉官能"而生出，故以"缘耳""缘目"为喻。

总之，对应于对象之各类"性质"，有各种认知能力；而最基本之认知能力，则为"征知"即"自觉"之能力。此荀子对知识问题之见解。说虽未严，其立场固明显。观其始终对纯思考不作详细探究，而独重知觉，则基本立场固是经验主义及实证论（Positivism）一路矣。即就征知而论，亦言"然而征知必将待天官之当簿其类，然后可也"。意即自觉能力仍不能不待感性资料而发用，则荀子论知识，终未强调任何感性之活动也。

第七章 法家与秦之统一

第一节
法家之人物及著作

昔人言法家，辄喜举管子、商君及申韩，《汉书·艺文志》则于商君及申韩外，又录《李子》《慎子》等，而置《管子》于道家之列。今考诸人之书，可以信为法家学说之代表者，仍唯有《韩非子》。

今所见之《管子》书，实为后人伪托。唐宋以来，论之者多，已成定案。即以《汉书·艺文志》而论，在法家著作中既不列《管子》，反于道家著作中录"《管子》八十六篇"。而旧注谓"名夷吾，相齐桓公"，则此"管子"即指管仲，亦无可疑。然此八十六篇之《管子》既录于道家著作中，则其思想必与今本大异；今本《管子》二十四卷，皆言智术之事，殊与道家思想无关，可知非《汉书·艺文志》所录者。故纵使汉时所见之《管子》确为管仲之书，今亦不可考矣。况孔子之前，除官家记载外，仅有记言之文及歌谣韵语；今本《管子》之文体亦不应于管仲时即有之。则《管子》今本之不可信，盖不待深辩矣。

至于商君之书,则《汉书·艺文志》列"《商君》二十九篇"于法家著作中;《史记·商君列传·赞语》中谓:"余尝读商君《开塞》《耕战》书,与其人行事相类。"似商君实有著作。但今本《商子》五卷、二十六篇,其内容乖舛极多,显为后人伪托。

至于申不害之著作,则《史记》谓:"著书二篇,号曰《申子》。"《汉书·艺文志》亦录"《申子》六篇"。但今已不传。

至于韩非之书,则部分可能亦为伪作;然据《史记》传文及今本《韩非子》书之内容观之,至少大部均无问题。

《史记·老子韩非列传》云:

> 韩非者,韩之诸公子也;喜刑名法术之学,而其归本于黄老。非为人口吃,不能道说,而善著书,与李斯俱事荀卿。斯自以为不如非。非见韩之削弱,数以书谏韩王,韩王不能用。于是,韩非疾治国不务修明其法制,执势以御其臣下,富国强兵;而以求人任贤,反举浮淫之蠹,而加之于功实之上,以为儒者用文乱法,而侠者以武犯禁。宽则宠名誉之人,急则用介胄之士。今者,所养非所用,所用非所养。悲廉直不容于邪枉之臣,观往者得失之变,故作《孤愤》《五蠹》《内外储》《说林》《说难》十余万言。然韩非知说之难,为说难书甚具,终死于秦,不能自脱……
>
> 人或传其书至秦,秦王见《孤愤》《五蠹》之书,曰:嗟乎,寡人得见此人,与之游,死不恨矣。李斯曰:此韩非之所著书也。秦因急攻韩。韩王始不用非,及急,乃遣非使秦。秦王悦之,未信用。李斯、姚贾害之,毁之曰:韩非,韩之诸公子也。今王欲并诸侯。非终为韩,不为秦;此人之情也。今王不用,久留而归之,此自遗患也。不如以过法诛之。秦王以为然,下吏治非。李斯使人遗非药,使自杀。韩非欲自陈,不得见。秦王后悔之,使人赦之,非已死矣。

观此,可知韩非生平之遭遇固极悲惨,而其书则至少有《孤愤》以下各篇之十余万言确为非所亲著。

韩非身虽受祸,其思想则影响秦之君相甚大。且李斯虽敌视其人,其思想则固与韩非同方向。李斯虽无著作,然就其行事考之,李斯之思想实皆与韩非合。秦之政治先受商君之影响,终乃受韩非、李斯思想之影响。吾人可谓,法家思想实为秦政权之指导原则也。此一思想不唯助成秦之统一,且亦决定秦统一中国后之施政原则。故吾人观法家思想,可将秦政权之实际与此思想合而观之,则其特性益显。

先秦诸家之政治思想,皆仅为一学说,无实现者。甚至儒学虽宗周文,孔孟又喜道先王之事;终竟周文以及上古之传说,均非由儒学之影响而生出。反之,儒学实乃解释此等文制之理论。而法家思想则确为先秦思想中唯一曾实化者。秦政权即此实化之结果。

下文述韩非之思想。

第二节
韩非思想之特色及其传承

本章论法家思想,既以韩非为法家之代表,则对韩非思想之特色及其传承,不能不先有所论述。

韩子之言,甚杂而浅;盖韩非思想中之基源问题仅是"如何致富强"或"如何建立一有力统治"。至于心性论及宇宙论等方面,则韩非子实空无所有。就先秦思想全盘观之,则发展至韩非时,文化精神已步入一大幻灭、一大沉溺;盖依韩非之方向,自我即堕入形躯利害感一层面,而全无超越自觉矣。故就此义言之,韩非子所代表之法家理论之出现,不代表一新哲学系统之产生,而实表示先秦哲学之死亡。

由此，有人遂以为韩子之说既非真哲学理论，仅为权术之言，则中国哲学史中尽可不涉及其人其书。此语似是而实非。盖韩子之价值观念，乃一纯否定之观念。纯否定之出现，对文化精神而言，其重要性实不下于任何肯定。且纯否定本身即涉及哲学之根本问题。例如，强调某种价值，固可形成一肯定性之价值论，足列为哲学成绩之一部；但若根本否定一切价值，则是对哲学上价值论之取消。此一"取消"本身即涉及一极重要之哲学问题。盖认为如何如何条件下方有"价值"成立，固是一哲学论断；而认为价值根本不能成立，则更涉及一根本哲学问题。故韩非子之纯否定本身仍属涉及哲学大问题者，且就历史影响而论，此种法家思想导生秦之统一，在中国文化精神之进程中，实有划时代之作用；则中国哲学史既以研究中国哲学之历史进程为课题，对此一划时代之历史巨变，岂能不析论之？

韩非思想以对价值之纯否定观念为其特色。不唯在先秦诸家中，更无类此之思想；且就世界哲学史观之，除西方近代之功利主义与现代之新唯物论思想外，亦更无与此思想类似之说。此乃学者首须详辨之事。

但韩非思想之结果虽有此特色，其说之发展形成，脉络仍有可寻。兹略论如下：

先论韩非思想与儒学之关系。韩非为荀卿之弟子，其思想受荀卿之影响者有三：

第一，荀卿强调师法之改造作用，以为人成为何种人，悉恃由外所加之改造而定；故《劝学篇》中谓：

> 木受绳则直，金就砺则利。

此荀卿强调"改造"重要之语中最为彰著易见者。此外《性恶篇》及他处亦屡屡言此义。韩非子受荀卿此种思想之影响，而更作推进，遂以为"改造"及"管制"为重于德性者。是故在《显学》中即谓：

> 夫必恃自直之箭，百世无矢；恃自圜（案同"圆"）之木，千世无轮矣。自直之箭、自圜之木，百世无有一；然而世皆乘车射禽者何也？隐栝之道用也。虽有不恃隐栝而有自直之箭、自圜之木，良工弗贵也。……不恃赏罚而恃自善之民，明主弗贵也。……故有术之君，不随适然之善，而行必然之道。

韩非子此说，以箭与轮喻民；以为人主必须以一手段改造人民，管制人民，使人民依人主所立之规矩而形成其新个性，然后始能指挥如意。而若寄望于人民之自求善道，则如寄望于天生之直箭圆木，而作箭作轮。此则千百世不可得矣。

韩子此说，就常识观之，似甚为有理。然其本旨在否定儒家孟子一系之重德性之主张；以为但有"法"及"术"，即可驱天下之人为"善"，不必待其自觉。其实，箭轮之喻，涵意模糊；若就培成之意说，则儒者亦未尝不重教化，即孟子亦盛道"扩充"之义；修木以为轮，儒者岂有以为不可者乎？修木以为轮犹教民以为善也。孔孟一系儒学，强调德性之内在，乃就自觉心之本性（essence）言之。如取轮为喻，则待圆木为轮固不可，修木为轮又岂可行之？木虽待修而为轮，毕竟木之本性有可作轮者，修之始有功。人固待教而入德，然人若无此自觉能力，教岂有益乎？

故人物之成材，皆非天生，此固诸家之通义。然韩非据此而言"改造"之重要，置教化于不顾，谓人主应"不务德而务法"。韩子盖以为人之好坏，不足重视。问题唯在于是否有一定之改造方法与管制方法而已。此种方法即韩子所谓"术"者是。人主有术，则可使人民受人主之改造及管制，而随人主之心意而行动；正如工人有造箭造轮之方法，则不必待天生之圆木直箭。一切竹与木皆可依一定方法改造之,使成为矢与轮。韩子此种观念实由荀卿重师法之说生出。

第二,荀卿又言"性恶"。此盖因荀卿只识自然之性,不解德性自觉而然;其说在论荀学时已详言之。韩子则承荀卿性恶之说而更作推进;认为人之本性皆只知计较利害,无善恶之意识。故《六反》云:

> 且父母之于子也,产男则相贺,产女则杀之。此俱出父母之怀衽,然男子受贺,女子杀之者,虑其后便,计之长利也。故父母之于子女,犹用计算之心以相待也,而况无父子之泽乎?

此段表面虽是只涉及人与人间之利害观点,实即韩子对人性之看法。韩子以为,人只知争利害;既不能有德性,亦不能相爱;兼驳墨子及孟子之学说,可谓性恶论之极端形态矣。

第三,荀子思想中,价值论最为失败;价值根源内不归于心,外不归于天,故终以权威主义为归宿。韩子一面将性恶论推至极致,另一面则承权威主义之思想,否定一切价值,而只肯定一君权。"二柄"供人主之用,法术亦仅为人主所需。故韩非子学说中之唯一肯定即为君权或人主之利,而此中之权威主义色彩又浓于荀卿多多。

韩子思想与儒学之关系大致如此。此外,则与道家思想又有一定关系。法家与道家之关系,自汉以来,皆视为当然。《史记》不唯以老庄申韩合传,且传文中时时明言法家思想出于道家;例如:

《老子韩非列传》云:

> 申子之学本于黄老,而主刑名。

《老子韩非列传》云:

> 喜刑名法术之学,而其归本于黄老。

《孟子荀卿列传》云:

> 慎到,赵人;田骈、接子,齐人;环渊,楚人;皆学黄老道德之术。

而《汉书·艺文志》列"《慎子》四十二篇"于法家,旧注谓:"名到,先申韩,申韩称之。"今考《韩非子》书,亦确引慎子之语。依此,则申子与韩非,皆以"黄老之术"为本;而申韩所称之慎到,又为学黄老道德之术者。似法家人物,无不学黄老之术。足见,至少在汉代人眼中,法家实出于道家。

然今日吾人细察韩非之思想,则知法家之基本立场,与道家相去殊远。道家"重生",轻得失,法家之韩非则一味为建立有力统治着想;道家言"无为"之义,法家之韩非则全心信赖法术赏罚之运用。其基源问题既殊,价值观亦异。老庄均重视循环变化之理,以"静观之智慧"为价值;韩非子则只以有利于统治为唯一价值。此亦不待辩者。

然法家与道家,亦非无关系。此关系即在于法家者流盗取道家之"静观之智慧",以为统治技术之助。申子、慎到之书,固不可考矣。韩非子有《解老》《喻老》之文,而其说则唯取其技术意义之智,不取其价值肯定,此则显然可见。

因此,道家之"无为",在法家学说中转为御下之术;道家之智慧,在韩非子思想中转为阴谋。总之,法家一切皆为统治;而道家之说虽被其利用,基本精神则不相容。苟吾人取《老子》书中涉及智术之言为据,而谓老子学说之流弊表现于法家,亦属可通。然法家之于道家,亦如法家之于儒家,虽受影响,所趋实不同。

总之,韩非子之思想,生于性恶之论,又杂取道家之言,而与荀卿之关系尤深。至道家之本义,则亦为韩子所不能接受者。盖韩子仅利用道家之"智"以补成其术,非果循道家之价值观念而立说者。

除儒道之学说外,对韩非思想有影响者,尚有墨家。墨子言"兼爱",以改善社会为基本目的;均与韩子观念迥异。盖韩子承荀卿性恶之说而扩展之,根本不承认人与人间之善意之可能,自不能取"兼爱"之说；而韩子虽言"利"求"功"，其所谓"利"仅为人主之"利"，其所谓"治"亦仅指统治者之稳固及如意，皆与人民福利无干，非墨子之所谓"利天下"之义也。然墨学对韩非之思想亦有一确定影响，此即墨子所标揭之权威主义是也。

墨子之权威主义，具见于《尚同》及《天志》中，而尤以《尚同》为要。"尚同"之义乃"下同乎上"，即下层对上层之完全服从。墨子以为，天下能行"尚同"，则辩息而利生，故主张人民层层服从，上同乎天子，而天子则又上同于天。此所以"天志"与"尚同"合为墨子之权威主义学说。韩子亦欲被治者悉遵循人主之价值标准（见后文），实是主张"下同乎上"者。且墨子欲统一思想，以为"一人一义，十人十义"乃国之大病；韩子亦如此主张，认为"言无二贵，法不两适"。且谓："令者，言最贵者也。"一切言论须依人主之"令"以定其是非，亦即统一言论矣。但墨子以"天志"为最高标准，故天子须上同于天。此乃见其宗教色彩。韩子思想中则并无此种超越性之信仰对象，而唯以现实之人主或统治者为最高存在，亦以统治者之利益为最高标准。故韩子之权威主义全无宗教色彩。墨子之"尚同"虽为韩子所取，而墨子之"天志"则为韩子所扬弃。而统一思想以从"天志"，尚可视作宗教信仰；今韩子统一思想以从人主，则纯系政治意义之极权主义矣。

韩子学说中之权威主义取自墨子，但墨子之功利主义则未为韩子所了解。墨子言利，意在解除人民之痛苦；韩子言利，则仅指统治者之利，上文已论及之。此处尚须说明者，韩子为人主求利，依人主之利而言"治"，不唯非墨子所强调之人民福利，且适与之相反。盖统治者立其威，行其法，遂其意，则被治者之福利益无保障。儒学有虑及此，故立"仁政"之说，以教君王爱民；又立"尊贤"之说，以使君王从善而自抑其欲求情绪。韩子则言"仁义智能"为"卑主危国"者，又以尊重人之品德为"贵其所以乱而贱其所以治",且论"势"时复贵势而轻贤,固以"尊贤"为大谬矣。韩子引仲尼对叶公子高之语,又谓"教民怀惠"为"亡国之言",则固视"仁政"为毒害矣。如此而言人主之利,而不念何以不使人主迫害人民。此韩学之大病所在;而其所以能生出秦政权,根源亦在于此。

总而言之,韩非思想,在价值观念方面,为一纯粹否定论者;故不唯与先秦诸子不同,且在世界哲学史上,亦属一极为罕见之邪僻思想。但就历史脉络观之,则韩非生于战国之末,其前数百年来,正诸家学说并起之际,韩非思想自不能不受前人之影响。然此种影响为历史关系,实无关于韩非学说之特性也。

儒学有荀卿"性恶"之说,为韩非所袭取,遂成极端性恶之论,而视一切善行德性为不可能。荀卿又有"师法"及重"君"之观念,韩子又利用之,遂成为强调改造人民,一律拥护人主利益之论,而视民意如草芥矣。道家有"虚静"之说,以养智慧;韩子取之,以助其统治之术,于是人主以静制动,以深智观臣下之行事,而驾驭益得方矣。墨子有"尚同"之说,韩子又截取之而弃其"天志"之信仰,于是统一言论,统一价值标准,一切是非置诸不问,专以"法"与"令"为最高标准,而人主之统治权竟取代"天志"神权之地位;人主遂尊如神,不可犯矣。凡此皆有关韩非思想之源流,然学者宜详记者,乃此种种历史关系皆无碍于法家之否定论为独特思想,自异于诸家也。

第三节
韩 非 之 思 想

韩非自居于反儒墨之地位,故对此二大派时有批评。但对道家则罕有抨击之语。

韩非本人原非一哲学家,故其立言,虽欲驳儒墨,但不能触及理论深处。于是,在《显学》中提出一怪异说法以否认儒墨之地位。《显学》云:

> 世之显学,儒墨也。儒之所至,孔丘也。墨之所至,墨翟也。自孔子之死也,有子张之儒,有子思之儒,有颜氏之儒,有孟氏之儒,有漆雕氏之儒,有仲良氏之儒,有孙氏之儒,有乐正氏之儒。自墨子之死也,有相里氏之墨,有相夫氏之墨,有邓陵氏之墨。故孔墨之后,儒分为八,墨离为三,取舍相反不同,而皆自谓真孔墨。孔墨不可复生,将谁使定世之学乎?孔子墨子俱道尧舜,而取舍不同,皆同谓真尧舜,尧舜不复生,将谁使定儒墨之诚乎?

此说,就理论意义观之,可视为对"法古"者之批评。然韩非本意仅在于借此以否定儒墨之地位。意即儒墨之说,不可取信,故不能从也。观此,知韩非自视为一独立学派;而在后世,韩说亦成为法家之代表。以下分四点述韩子之主要理论。

一、论治乱

韩子之说,原以致富强为目的,故其理论始自对治乱之解释。今先述其论治乱之言。

《有度》云:

> 国无常强,无常弱。奉法者强则国强,奉法者弱则国弱。

又谓:

> 故当今之时,能去私曲就公法者,民安而国治。能去私行行公法者,则兵强而敌弱。故审得失,有法度之制者,加以群臣之上,则主不可欺以诈伪。审得失,有权衡之称者,以听远事,则主不可欺以

天下之轻重。

此即谓国之强弱治乱，悉视能否奉法、尊法而定。盖法家反"尊贤"之说，而独强调"法"。

《用人》云：

> 释法术而心治，尧不能正一国。去规矩而妄意度，奚仲不能成一轮。

人才不足恃，唯法为治之本。再进一步，韩非即明言"仁义"及"智能"不足以图治。

《说疑》云：

> 今世皆曰：尊主安国者必以仁义智能，而不知卑主危国者必以仁义智能也。故有道之主，远仁义，去智能，服之以法，是以誉广而名威，民治而国安。

如此，求治之道，不在于能行"仁义"或用"智能"，而在于能运用"名""利"等，以控制臣下。

《诡使》云：

> 圣人之所以为治道者三：一曰利，二曰威，三曰名。夫利者，所以得民也。威者，所以行令也。名者，上下之所同道也。

统治者以"利"收人心，以"威"遂行其意志；至是"名"，则为制定之共同标准。韩非仅以权术眼光论政，故极言统治者须使民贪利、畏威、好名，然后其统治始易为之。故又曰：

> 三者非不存也。而世一治一乱者，何也？夫上之所贵与其所以为治者相反也。

韩非以为，统治者所以失败，主要原因在于容许人民另立价值标准，

而不能使人民服从政治权威之标准。故其下列举之曰:

> 夫立名号所以为尊也;今有贱名轻实者,世谓之高。设爵位所以为贱贵基也;而简上不求见者,世谓之贤。威利所以行令也;而无利轻威者,世谓之重。法令所以为治也;而不从法令为私善者,世谓之忠。官爵所以劝民也;而好名义不进仕者,世谓之烈士。刑罚所以擅威也;而轻法不避刑戮死亡之罪者,世谓之勇夫。

总之,统治者不能使社会完全接受统治者所需要之标准,故遂不能致治。于是韩非乃谓:

> 故世之所以不治者,非下之罪,上失其道也。常贵其所以乱而贱其所以治,是故下之所欲常与上之所以为治相诡也。

韩非此说,盖只以其所谓"治乱"为价值标准,而将一切德性否定,此所以法家为否定论者。

二、论主权

由以上之说,再作推进,韩非提出人主之"权",作为正面论题。盖韩非心目中之大事,唯是建立有力统治以致富强而已,而人主之"权"之强弱,则为求治之枢纽问题。一切社会价值标准所以能生"乱",即由于能分减人主之权。人主如能防止权柄之下移,则即可建立绝对权力。故《亡征》云:

> 凡人主之国小而家大,权轻而臣重者,可亡也。

人主不唯不容社会分有其权,且不容臣下分有其权。故韩非又论人主御臣下之术。《外储说右上》云:

> 君之所以治臣者有三:一,势不足以化,则除之。……二,人主者,利害之轺毂也。射者众,故人主共矣。是以好恶见则下有因,而

人主惑矣。辞言通则臣难言,而主不神矣。……三,术之不行有故,不杀其狗则酒酸。

此处韩子所举三点,在原文中皆曾举故事以明之。第一,君有不能化之臣时,即应除之。韩非举师旷及晏子之故事为例;以为二人劝齐景公争民,以防公子尾、公子夏(皆景公弟)及田成氏,皆属不知除患。而引子夏之言"善持势者,蚤绝奸之萌",强调"除患"之重要。第二,君应使人臣不能测见己意,韩非引申子之言以明之,所谓"唯无为可以规之"。第三,所谓"不杀其狗则酒酸",举宋人故事以明之。意谓人主当革除左右之壅蔽。其主旨仍在于建立绝对君权。

《南面》云:

> 人主之过,在已任(在)臣矣,又必与其所不任者备之,此其说必与其所任者为仇,而主反制于其所不任者。今所与备人者,且襄之所备也。人主不能明法而以制大臣之威,无道得小人之信矣。

此盖谓人主虽须制御臣下,但不能以臣制臣,以致反为臣所制,而必须"明法而以制大臣之威",乃可免于朋党之蔽。《主道》之资料亦表类似立场。

最后,可引《人主》之言,以过渡至另一观念。

《人主》云:

> 人主之所以身危国亡者,大臣太贵,左右太威也。所谓贵者,无法而擅行,操国柄而便私者也。所谓威者,擅权势而轻重者也。此二者不可不察也。夫马之所以能任重引车致远道者,以筋力也。万乘之主,千乘之君,所以制天下而征诸侯者,以其威势也。威势者人主之筋力也。

前论君之所以治臣之道时,即以为晏子、师旷不能除患,复讥齐景公

"不知用势"。此处则正式转出"势"观念。法家持"势"而轻"贤",与儒家适相反。此为法家之主要观念所在。

三、"势"与"明"

韩非论"势",主旨在驳儒家尊贤之说;而结果乃将"势"看作价值标准,而成为一有机遇论色彩之价值观,与儒家言"分"之说完全相反。

《功名》云:

> 夫有材而无势,虽贤不能制不肖。故立尺材于高山之上,则临千仞之溪。材非长也,位高也。桀为天子,能制天下,非贤也,势重也。尧为匹夫,不能正三家,非不肖也,位卑也。

此谓"势"重于"材",即外在机遇或一般外在条件,重于内含之品质。由此推绎,可将一切价值化归外在条件,此又法家否定论中隐藏之价值观念也。然如此言"势",其意不明。韩子亦知之,故乃于《难势》中设为辩驳之词,以说明言"势"之主旨。

《难势》中,韩非先举慎子之说,而后反覆辩驳。

> 慎子曰:飞龙乘云,腾蛇游雾,云罢雾霁,而龙蛇与螾蚁同矣,则失其所乘也。贤人而诎于不肖者,则权卑位轻也。不肖而能服于贤者,则权重位尊也。尧为匹夫,不能治三人,而桀为天子,能乱天下,吾以此知势位之足恃,而贤智之不足慕也……

此借慎子之言,以标揭"重势轻贤"之说,意谓贤不贤不足以决定治乱。其下韩子复设辩难之词谓:

> 应慎子曰:飞龙乘云,腾蛇游雾,吾不以龙蛇为不托于云雾之势也。虽然,夫(案应作"失")择贤而专任势,足以为治乎?则吾未得

> 见也。夫有云雾之势而能乘游之者,龙蛇之材美之(案后"之"字疑误置)也。今云盛而螾弗能乘也,雾䣆而蚁不能游也。夫有盛云䣆雾之势,而不能乘游者,螾蚁之材薄也。

此则强调必有其材然后方能乘势,否则,虽有"势"亦不能"乘"也。如此,则"贤"仍属重要。

以下更进一步,指出势为中立性之存在,用势以求治或用势以求乱,则在乎人。故曰:

> 夫势者非能必使贤者用之,而不肖者不用之也。贤者用之,则天下治;不肖者用之,则天下乱。

且人之贤者少,而不肖者多,则若不重贤而只任势,则结果必是不肖者用势之机会多于贤者用势之机会,故曰:

> 人之情性,贤者寡而不肖者众。而以威势之利,济乱世之不肖人,则是以势乱天下者多矣,以势治天下者寡矣。

如此,则贤重于势,换言之,人才能决定治乱。但韩子本意并非如此,以上云云,乃故设辩难,故其下又为"势"作辩护曰:

> 复应之曰:其人以势为足恃以治官,客曰必待贤乃治,则不然矣。夫势者,名一而变无数者矣。势必于自然,则无为言于势矣。吾所为言势者,言人之所设也。

至此,韩子提出人所创造之势,以别于非人造之势,其下文为之解曰:

> 夫尧舜生而在上位,虽有十桀纣不能乱者,则势治也。桀纣亦生而在上位,虽有十尧舜而不能治者,则势乱也。故曰:势治者则不可乱,而势乱者则不可治也。此自然之势也,非人之所得设也。若吾所言,谓人之所得势也而已矣,贤何事焉?

353

韩子以为"生在上位"为"自然之势"，此盖为当时制度所蔽。本来由此可引出一制度问题，即"能否设一制度，使得势者皆必以'贤'为条件"。但韩子不能深思，亦无意于改革根本制度，故竟以生而在上位为"自然之势"。于是其下举"矛楯"之例以说"贤"与"势"互相矛盾。其言曰：

> 人有鬻矛与楯者，誉其楯之坚，物莫能陷也；俄而又誉其矛曰：吾矛之利，（于）物无不陷也。人应之曰：以子之矛，陷子之楯，何如？其人弗能应也。以为不可陷之楯，与无不陷之矛，为名不可两立也。夫贤之为势不可禁，而势之为道也无不禁，以不可禁之势，此矛楯之说也。

韩子意谓，说"贤"时，每以"贤"为不受任何形势限制者，而言"势"时，则以"势"为可限制一切者，此二观念不能两立，互为矛盾。故贤势不相容。然则二者之间，究应如何取舍乎？韩子最后提出一主张，谓人以中才为常态，就常态言之，则中才得势则治，去势则乱。故就常态言，求治仍须重势。其言曰：

> 且夫尧舜桀纣千世而一出……吾所以为言势者，中也。中者，上不及尧舜，而下亦不为桀纣，抱法处势则治，背法去势则乱。今废势背法而待尧舜，尧舜至乃治，是千世乱而一治也。抱法处势而待桀纣，桀纣至乃乱，是千世治而一乱也。且夫治千而乱一，与治一而乱千也，是犹乘骥駬而分驰也，相去亦远矣。

于是，韩子下结论谓，不能待贤以求治，必须使无贤时亦能治，故谓：

> 夫百日不食，以待粱肉，饿者不活。今待尧舜之贤乃治当世之民，是犹待粱肉而救饿之说也。夫曰，良马固车，臧获御之，则为人笑；王良御之，则日取乎千里。吾不以为然。……夫良马固车，五十里而一置，使中手御之，追速致远，可以及也，而千里可日致也，何必

待古之王良乎？

揆韩子之意，盖谓，只须造成一合乎治之势，则中才可以治天下；正如有"良马固车"，即中手御之，可日致千里。"良马固车"以喻"良好之势"，而所指"良好之势"，则无解说。盖即以人主有全权为"良好之势"，亦即"君执柄以处势，则令行禁止"之意而已。观所谓"抱法处势"可知矣。

重势之说，目的在反儒家之"尊贤"，其后再提出一"明主"观念，以反儒家之"仁主"。

《难三》曰：

> 叶公子高问政于仲尼，仲尼曰：政在悦近而来远。……或曰：仲尼之对，亡国之言也。恐民有倍心，而诫说之。悦近而来远，则是教民怀惠，惠之为政，无功者受赏，而有罪者免，此法之所以败也。

于是谓人主倘能"明"，则不畏民有倍心，而不必施惠。故曰：

> 且民有倍心者，君上之明有所不及也。

然则如何而为"明主"？韩子于此提出统一言论之主张，此为必须能统一言论方为明主。

《问辩》曰：

> 或问曰：辩安生乎？对曰：生于上之不明也。问者曰：上之不明，因生辩也，何哉？对曰：明主之国，令者，言最贵者也。法者，事最适者也。言无二贵，法不两适。故言行而不轨于法令者，必禁。若其无法令而可以接诈应变，生利揣事者，上必采其言而责其实，言当则大利，不当则有重罪，是以愚者畏罪而不敢言，智者无以讼，此所以无辩之故也。

一切"言"统之于"令"，一切"事"统之于"法"。人民之言行，悉由上位者规定,并加支配管制。韩子以为如此则辩议不生,人主之权势大立。而能如此者即为"明主",否则,即为"不明"。此显为极权主义之立场。

四、二柄与虚静

最后,人主欲维持权势,统一言论,所凭之手段为何?韩非之说,可分两方面述之。具体技术方面,提出"二柄";原则方面,则盗用道家之"虚静"观念;二者合而得人主处事及自处之道。

《二柄》曰:

> 明主之所导制其臣者,二柄而已矣。二柄者,刑德也。何谓刑德?曰:杀戮之谓刑,庆赏之谓德。

所谓刑德,即罚与赏。人主之权既视为国之灵魂,主权之实以"二柄"说之。盖人主之权运行于赏罚中;其他所谓法令权术等,皆不能不通过赏罚而落实。人主能运用赏罚,则持柄而得保其权。故又曰:

> 为人臣者,畏诛罚而利庆赏,故人主自用其刑德,则群臣畏其威而归其利矣。

赏罚二柄,为权力之实质所在。人主不能持赏罚之柄,则实质上即失去人主之权,故韩子痛切言之,谓:

> 夫虎之能服狗者,爪牙也。使虎释其爪牙,而使狗用之,则虎反服狗矣。人主者,以刑德制臣者也。令君人者释其刑德,而使臣用之,则君反制于臣矣。

人主如不能确掌二柄,则人主之权即丧失,而失其势;如此自非明主矣。但如何而能使人主常操二柄而不失,此涉及人主之内在存养问题。于是韩非乃盗用道家观念,而有"虚静无为"之说。

此类材料,在韩非书中迭见不一。兹引《扬权》及《大体》二篇之说,略观其意。

《扬权》曰:

> 夫物者有所宜,材者有所施。各处其宜,故上下无为。使鸡司夜,令狸执鼠,皆用其能,上乃无事。上有所长,事乃不方。矜而好能,下之所欺。辩惠好生,下因其材。上下易用,国故不治。用一道以名为首,名正物定,名倚物徙。故圣人执一以静,使名自命,令事自定……

此言人主用虚静之明以役众人,无强为之事,无与下争竞之意,则天下万物皆可就范。

《大体》曰:

> 古之全大体者,望天地,观江海,因山谷,日月所照,四时所行,云布风动,不以智累心,不以私累己,寄治乱于法术,托是非于赏罚,属轻重于权衡。……不吹毛而求小疵,不洗垢而察难知。不引绳之外,不推绳之内。不急法之外,不缓法之内。守成理,因自然。祸福生乎道法,而不出乎爱恶。禁辱之责,在乎己而不在乎人。故至安之世,法如朝露,纯朴不散……

此所谓"大体",即韩子心目中之"道"也。上引之文,似以"任自然"为主,论者据此辄以为与老庄之言合,实则不然。韩子并不以顺自然为价值,而以功效之达成为价值。此种"道"本身非一目的,而为一技术条件。人主用此"道",乃能确保人主之权,以建立有力统治。有力统治之建立乃韩非思想中之真实目的。所谓"道"不过作为一切权术之总根,虽较权术之运用较多普遍性,然本身亦只是一技术条件而已。韩非与其他法家人物,皆喜作道家语者,即因道家言"无为"之效用时,启发此种"以虚静为权术根基"之观念;而此一观念实能补成法家之说。

然道家言"无为"之目的在于肯定"观照之智慧"本身，"无为"之意义主要不在应世间事；法家则以建立统治为根本目的，于是道之所重，法之所轻，而道之所轻，转为法之所重。此则二者截然不同处，论者不可不深察之。

总之，人主欲建立有力统治，则必须善保人主之权，又能善用之；人主之权以赏罚为实质，故凡人主必善操"二柄"，方能保其权。而人主欲善操二柄，不为臣下所动，又必须以虚静自守，透现一静观万变之智慧。如此，虚静之心灵定于内，二柄之运用行于外，人主乃可安保其权，且指挥如意矣。

以上四项，已可将韩非子之思想内容表其大要。以下作一简评，并说明其影响。

第四节
韩非之影响及其历史意义

韩非立说，主旨在于建立绝对性之统治权力；其所谓"治乱"问题，亦与民众之福利无关，不过以统治者之稳固及遂意为"治"而已。且韩非所追求之政治权力，仅为自上压下之人主之权，故论势、论明、论二柄与虚静，皆系为人主着想。人主用权以成势，乘势而用明，因明以保权；外持二柄，内守虚静，遂可驾驭天下。韩子不唯将"仁政"之说、"尊贤"之义完全否定，甚至对道家之自我境界，亦割弃而置之不顾。韩子言虚静无为时，已割断道家所肯定之"情意我"，而将虚静无为转接于权威主义之下，此虽非明显之否定，实亦在根本上作一歪曲也。故韩子之说虽与儒道二家之言皆有渊源，然其方向则是否定二家之价值观念，截取其言，以为权术之用；此所以法家思想为中国古代思想中一大阴暗、一大陷溺也。

至于墨学中功利主义及权威主义两大原则,则半为韩子所取,因而形成拥护人主之权,以君权取代神权之主张;此亦助成韩非之极权主义者。而墨学本来面目及主要精神则又为韩子所极力否定者。

韩非思想虽受儒、道、墨之影响,然本身有一否定论之价值观念为其骨干,故所取于诸家者,皆为技术末节,用以补成其学说;其基本精神乃一大否定,而诸家之说适为此否定论所利用,此则中国古代哲学史中之一大悲剧,亦文化之一大劫运也。

此一文化劫运,具体之表现为秦政权之成立。由秦政权之文化意义,亦可显出法家思想之文化意义,以下略论其大概。

论史者常赞美秦之废封建及建立统一全国之政府,以为有功于历史之演进。此说粗视之以为有据,细案之殊未得实。秦政权之意义,须就中国文化精神之进程观之,方可见其真相。盖此一政权之成立及衰亡,本身即为中国文化精神演变之关键。

秦之兴起,乃周室衰亡之结果。而周之文制实代表中国文化之特殊精神。故观周末至秦统一间之中国心灵之活动,即可见此一段历史中,中国文化精神之升降如何表现于政治及生活。

周以前之中国,文化精神固未定型。而夏殷共主亦仅为部落所推之首长,虽世袭其号,而实无统治天下之威权。周室继殷,则在文化及政治上均有一大进展。封土建君,辅之以宗法,于是宗法封建之制立。宗法为血缘组织,封建为政治组织;二者并行,即血缘组织与政治组织合一。且封建未定以前,天下各地为当地部落所据,所谓共主,不能改易地方原有之习俗制度;部落首长亦非共主所能任免。周行封建,则天子有封土建君之权,且颁礼定法,以立天下之共同制度;虽不如后世法令之贯彻,然在上古,实一创举。此周政权在政治方面之贡献。

周有统一之礼制,以节度行为,建立生活秩序;自此,中国文化亦渐显其特色。然中国文化精神之特定方向,则待周衰而后定立。

孔子之生,周已衰微。此衰微即表现于礼制之崩解,孔子平生亦以重建周文,重建生活秩序为己任,故"礼乐征伐"是否"自天子出",乃孔子眼中区别"有道"或"无道"之标准。盖礼乐征伐不自天子出,即礼制之崩解也。

孔子之学,在论孔子一章中已详述之,兹不复赘。然欲对周亡秦兴之文化意义作一衡断,则不能不涉及中国文化精神,亦不能不涉及孔子所立之儒学。

中国文化精神由孔子论"仁、义、礼"之说而定型;孔子原意在于重建周文,而周文所涉乃生活秩序,故儒学以"如何建立正当生活秩序"为其基源问题,而孔子针对此一问题所提出之"仁、义、礼"三观念,遂决定一重德性之文化精神,形成中国文化之主流势力。

儒学之势力愈晚而愈盛,当孔子之世,固无改造实际环境之效果,故孔子终身不能重建周文,而儒学虽兴,周仍不能不亡。

周之亡,若纯就政治一面观之,则王朝兴替,殊无甚大意义可说;但因周有特殊之文制,周之亡即此文制之亡,故此中乃涉及一大问题。

此问题即中国之心灵在周文崩解后何所归宿?

为解答此一问题,故有先秦诸家之言,先后兴起。儒学有孟子为之补充,理论大备,然孟子之不能重建周文亦犹孔子。老庄言"无为",否定文化之意义,实对周文之极大反动。墨学则以权威与功利一双观念组成系统,而上戴"天志"之信仰以行改造社会之事。老庄极力求解脱,墨子极力求功效,二者皆成说,然亦皆不能改变当时之乱局。盖一种生活秩序既已崩解,若无另一秩序代之,则其乱不止。道与墨皆不能建立制度,故必不能提供新秩序也。

儒学自身则由于孟子后更无能见文化大本之人,遂更无发展。荀卿一出,顿入歧途,终生法家之说。法家之说行,遂有一大否定以排斥一切肯定,而此大否定下生出一有破坏力、扫荡力之统治,此即表现为秦政权之强力秩序。秦灭六国,强力秩序终乃笼罩天下。于是不唯周文全息,一切理想亦皆在此大阴暗中沉沦不见。中国文化精神亦转入沉睡期矣。

知秦之暴政者多矣,然秦之暴政乃法家思想之当然结果,则为此段历史之重要真相。秦之兴不过为法家思想兴起之产物,秦政权之性质亦皆由法家思想决定。故论周亡秦兴之事,不扣紧法家思想一节,即不得其真相。

倘谓中国文化精神在孔孟手中定型,在荀子手中被歪曲,则在法家手中被处死刑。虽精神有复活之日,然升降死生之间,数百年匆匆已逝矣。

秦祚虽短,秦政权所代表之大否定,则影响中国文化史达数百年。两汉文物,为史所称。然就文化精神言,则甚为萎缩。儒学自荀卿引入歧途,遂一往而不能反。汉代儒者虽盛道六经,动言孔子之义,然其本领皆属阴阳家之末流。董仲舒以灾异释《春秋》,乃有"天人相应"之说,即一明证。他如讲《易》者之受阴阳家影响,亦至为明显。于是,稍后遂见谶纬盛行,而儒者津津乐道,不知其丑,岂孔孟始料所及乎?

由于汉代儒学步入邪僻荒谬之途,已衰之中国文化精神自无由重振。于是,印度佛教侵入中国,进而占据中国文化之主坛。至于隋唐,则中国几无佛教以外之哲学力量。直至宋代二程出现,儒学始得复振。而此已为中国哲学中期之事矣。

依此论之,法家之思想虽无纯哲学之价值,然其影响中国文化精神则至巨。但法家虽能破坏,自己实不能提供一文化路向;故中国文化精神虽因法家之得势而衰,法家本身之得势实亦不久。秦虽统一天下,二世而亡,法家思想虽宰制天下,使中国文化精神衰落数百年,自身亦转瞬为世人所弃。此"否定"之所以为"否定"也。

司马迁于《史记·秦本纪》末,评秦政权之失败曰:

> 夫并兼者高诈力,安定者贵顺权;此言取与守不同术也。

意谓,秦之亡由于不能在"王天下"后,改易其政;其实,秦政权仅代表一否定精神,则能破坏不能建立,能取而不能守,亦何足异。凡否定精神皆如此。秦政权如此,法家思想亦如此。在中国哲学史中,论法家之思想者,知此思想代表否定精神即无大失矣。

第八章 名家与名学

　　前论"墨辩"时，曾对名家理论略有陈述，兹再对公孙龙子之说，作一评述，并对所谓"名学"一词，略作阐释。

　　名家一派，以惠施及公孙龙为代表。就著作而论，《公孙龙子》之书尚存；虽多疑文，大体仍可作为名家学说之主要资料。故公孙龙之地位，尤较惠施为重要。惠施及公孙龙之时代，均远在荀卿、韩非之前，本书所以在最后始讨论此派理论，乃因名家之说，在中国文化思想方面影响甚少；对日后传统之形成，尤无大作用；故就哲学史观点论之，此派之重要性不足与儒、道、墨、法诸家相比。但如专就理论观点论之，则名家之说，别有旨趣；代表古代中国人在逻辑问题及思辨形上学问题方面之思想成绩，亦有特加析论之理由。本章先论名家之立场及特性，再述《公孙龙子》一书之大旨，最后，对"名学"一词，予以阐释，以澄清有关名家及其影响之各项问题。

第一节
名家之立场及特性

"名家"之称,起自西汉。《史记·太史公自序》载司马谈论六家之言,其中论"名家"曰:

> 名家苛察缴绕,使人不得反其意,专决于名,而失人情;故曰:使人俭而善失真。若夫控名责实,参伍不失,此不可不察也。

至班固作《汉书·艺文志》中列"名家"为九流之一,而谓:

> 名家者流,盖出于礼官。古者名位不同,礼亦异数。孔子曰:"必也正名乎!名不正则言不顺,言不顺则事不成。"此其所长也。及警者为之,则苛钩鈲鈓析乱而已。

案班书《艺文志》,据刘歆《七略》,《七略》又据刘向《别录》;故此种评述,亦当是西汉人之意见也。班书在志中所列"名家"之作,有"《公孙龙子》十四卷";与今本卷数不同,然《汉书》所谓"名家",即指与公孙龙同一学派之思想家,已无待辩。此派在先秦文献中则称为"辩者"。如《庄子·天下》谓:

> 惠施以此为大观于天下,而晓辩者;天下之辩者,相与乐之。

其下又谓:

> 桓团、公孙龙,辩者之徒,饰人之心,易人之意;能胜人之口,不能服人之心。

则庄子后学,固视惠施、桓团、公孙龙等同为辩者矣。

《荀子·非十二子篇》,则谓:

> 不法先王,不是礼义,而好治怪说、玩琦辞;甚察而不惠,辩而无

用，多事而寡功，不可以为治纲纪。然而其持之有故，其言之成理，足以欺惑愚众；是惠施、邓析也。

观此，可知先秦人心目中视惠施、邓析、桓团、公孙龙等皆属一学派，此派称为"辩者"。然与汉人之说相较，则颇有歧异。如邓析、公孙龙在《艺文志》中列为"名家"，惠施则列为"道家"；足知汉人所谓"名家"，虽指先秦之辩者，然先秦辩者中亦有被汉人视为不属"名家"者，故两词所指不完全等同，亦可见先秦与汉人在此问题上所见固有殊异。

此种殊异生于对有关"名"之问题之了解不同。吾人倘能对此殊异作一阐释，则本节所论之"名家之立场及其特性"，亦可由此而显出。

汉人对有关"名"之问题，何以与先秦思想家之了解不同？其理实非难知。盖有关"名"之理论，在先秦本有两支：一支属于辩者（包括《墨经》所载之墨家后学理论），另一支属于儒学；汉人所了解者仅为属儒家之一支，因此观先秦辩者之说，即只取较接近此一支者，列为"名家"。而对此种学说，悉以儒家论点评释之。结果所谓"名家"之学说真相反而不明。此处尚须说明者，是此处所谓"接近"，乃指汉代人之了解而言；汉人以为惠施纯作诡论，又喜论"同异"等问题，与儒家所言之"名"无关，故不以惠施为重，而公孙龙有"名实"之说，即视为"接近"，故视为"名家"之代表。其实，公孙龙所代表之学派，在基本理论上即与儒学不同；司马谈及刘班诸人，以儒学标准评之，根本为一谬误。然此种谬误，固汉人所不自知者，盖公孙龙等人所代表之一支理论，其基本问题在汉时已不为人所注意矣。

然则先秦论"名"之两支学说，其特色何在？简言之，辩者之说，基本旨趣在于形上学及逻辑方面；而儒者之说，则基本旨趣在道德及政治方面。此乃其根本殊异所在。

儒者论"名",始于孔子;所谓"正名"之主张乃此一支思想之最早根据。孔子所谓"名",对"分"而言;其基本旨趣,乃在于确定道德秩序及政治秩序之标准,固与形上学及逻辑无关。此说荀子承之。故《荀子·正名篇》,虽辩及有关逻辑及知识之问题,然根本旨趣在于免除"贵贱不明,同异不别"之危险,又以为"制名"为"王者"之事。其为偏重道德及政治秩序,显而易见。此种思想,皆以一秩序中所定之"名分"为研讨对象,并非以形上问题或逻辑问题为对象。韩非子所强调之名实问题,亦属于此一立场,盖其思想原由荀子之说转出,固无足异。

辩者论"名",应早于公孙龙;然以现存资料言之,唯有《公孙龙子》之书可用。吾人据此种资料以观其说,可知此派思想之基本旨趣在逻辑问题及形上学问题。就政治及道德旨趣说,则此类纯粹思辨活动,似皆"无用";此所以荀子即以"辩而无用"责惠施、邓析。至司马谈则以"控名责实"许"名家",实则所了解者仅为法家一系所传之思想;《艺文志》以为"名家"实"出于礼官",更足表明彼等所了解之"名",皆属"名分"之"名",故直引孔子论"正名"之语以评之,其实则张冠李戴,其谬滋甚。此种演变留在第三节讨论"名学"一词时,再作说明。此处即由以上所言,转至先秦名家之立场及特性问题。

先秦名家之论"名",既与儒法之论"名"不同,则基本特性即可由此显出。所谓"名",原有两面意义:其一是就权分或职分说,对每一"分"有一"名"可立,此即儒法一系所说之"名";其二是就知识说,对每一意义可有一"名",对每一对象亦可有一"名"。"名家"所取者是此意义。故"名家"之基本立场,是探索某种认知之问题(或属逻辑思考,或属形上学)。此在哲学史中亦是当然应有之学派。但因中国古代思想,素不重纯思辨一面,故"名家"此种立场,即可称为第一特性。

其次,就方法而论,"名家"既注重认知问题,遂寻求某种确定知识;而此种"确定性",自非感觉经验所能提供;于是有归于纯粹思考,而否定感觉经验之趋势。先秦各家关心政治及道德问题者,大抵皆着眼于文化传统及历史过程以立说。儒学以周文为基础,固不待言,即墨学反儒者之法古,亦喜道"先王";道家较多纯粹思考倾向,但其基本旨趣仍在价值问题方面,故老庄之说,仍常落在历史文化之评判上。名家则不然。观现存之惠施议论及《公孙龙子》书,其内容皆是就知识问题本身进行思辨。此在先秦各派眼中,乃"名家"学说"无用"之罪证,但以客观眼光衡断此种学说,则吾人应说此种思辨精神正是"名家"之第二特性。

除以上关于课题与方法两面之二特殊外,"名家"尚有另一特性。此即所谓"辩"之态度。

凡通哲学史者,皆知早期思想中,谈逻辑问题者每将形上学问题与逻辑问题相混;如亚里士多德以为"定义"乃陈述事物之"本质"者,即最显著之实例也。"名家"立说,亦复类此。如《公孙龙子》书中论"指物"、论"坚白"、论"通变"等,皆杂取逻辑问题与形上学问题,合而论之。读其书者若不明此中分寸,则每得此失彼,不能通其意矣。早期形上学思考,所以易与逻辑思考相混,为理亦不难明,盖此二种思考皆须离感觉经验以立言。有此一共享要求,故在早期思想家心目中,每每不能互别。而此种共同要求,又照例引生另一倾向,即以"诡辩"思路支持其论点是也。

"诡辩"之所以为"诡",在于其说在严格意义上不能成立,但此一问题纵在哲学思考高度发达后,亦只有少数哲学家能确切了解;若在早期历史中,则一般人自不能辨之。故每当早期形上学之诡辩出现时,同时之人大抵皆仅觉其说远离常识,遂视为"诡奇"。而远离常识,又是形上学思考所不能免者;于是,此种思想,一方面自身固常陷于诡辩思路中,另一面亦常为时人所诟病,以为有意立异说以骇世,但许其善"辩"而已。此所以"名家"一派,在先秦时被视为"辩者",盖当时之人但知此派思想家善"辩",而未能详究其所"辩"之问题也。《庄子·天下》所谓"能胜人之口,不能服人之心",《荀子·非十二子篇》所谓"好治怪说、玩琦辞",皆可代表当时人对"名家"之"辩"之感想。后世司马谈所谓"苛察缴绕",《艺文志》所谓"钩䤨鐼析乱",则皆承此种感想而为说也。此类批评,虽皆未能深入了解"名家",然"名家"从事早期形上学思考,确是事实;其思考历程中常出现"诡辩",亦是事实;则吾人可说,"多用诡辩"乃"名家"之第三特性。

总之,"名家"之立场为纯作认知探究之立场,其特性可分三方面言之。

其一,在课题方面,"名家"只探索逻辑问题及形上学问题,而非政治及道德问题。

其二,在立说之依据及归宿方面,"名家"只依据纯粹思考,归于逻辑理论或思辨形上学理论之建构;既不依于传统,亦不落在历史文化之方向问题上。

其三,就名家已有之理论观之,其思想成熟程度实在早期形上学之阶段,故多用诡辩。此点亦是最为当时及后世评论者所注意之特性。

以上论"名家"之立场及特性既明,下节即专据《公孙龙子》书略论"名家"之学说。

第二节
《公孙龙子》之理论

今本《公孙龙子》,存六篇;其中《迹府》一篇,乃后人所作,介绍公孙龙其人者;若就其理论说,则仅有五篇可作为研究资料。

公孙龙,赵人;其生卒年代不可考,但《庄子·天下》已称公孙龙为"辩者之徒",则公孙龙应在《天下》完成以前即已立说;又《天下》谓此种"辩者"皆与惠施有关,则其年应少于惠施。又他书多言公孙龙在平原君所与人辩议之事,则公孙龙似与平原君同时。其详则不可知矣。

公孙龙之书中,最为世所熟知者为《白马论》《坚白论》二篇;本书论"墨辩"时,曾述其大旨。但最足代表公孙龙之说者,实为《指物论》一篇。他篇之议论大抵皆为此篇论旨之发挥或应用。虽五篇各有特殊论点,其总根据或中心实在《指物论》一篇。兹先略述"指物"之旨,再观察此说与其他各篇之关系。

一、"指物"

所谓"指",即表"意义"。盖"指"在先秦文献中,常假借以代"恉"字,而"恉"即"意义",或书为"旨"。所谓"物",则指具体对象,即表"个别事物"。故《指物论》一篇中所论者实即"概念"与"个别事物"之性质及关系;倘用逻辑词语称之,亦可说"指"表"类","物"表"分子"。

譬如"白"是一意义,"某白物"则是一个别事物。视"白"为一"类",则"某白物"即是一"分子"。此是"指物"二字之词义。词义说明,全文即不难解。

《指物论》原文谓:

> 物莫非指,而指非指。天下无指,物无可以谓物;非指者,天下而物可谓指乎?
>
> 指也者,天下之所无也;物也者,天下之所有也;以天下之所有为天下之所无,未可。

天下无指而物(不可谓指也)不可谓指者,非指也;非指者,物莫非指也。天下无指而物不可谓指者,非有非指也。非有非指者,物莫非指也。物莫非指者,而指非指也。

天下无指者,生于物之各有名,不为指也。不为指而谓之指,是兼不为指;以有不为指之无不为指,未可。

且指者,天下之所兼,天下无指者,物不可谓无指也。不可谓无指者,非有非指也。非有非指者,物莫非指。

指,非非指也。指与物,非指也。

使天下无物指,谁径谓非指? 天下无物,谁径谓指? 天下有指无物指,谁径谓非指,径谓无物非指?

且夫指固自为非指,奚待于物乃与为指?

此篇有衍文(如第三段中"不可谓指也"五字),又有省文阙文,及一二形误之字,故素称难读;详细疏证,见拙著《公孙龙子指物篇疏证》(《先秦名学"阐要"之一》,载香港《崇基学报》六卷一期)。

本节仅论析其大旨如下:

第一、《指物论》主旨在立"物莫非指"与"指非指"二论点。所谓"物莫非指",即谓每一个体必属于某类;盖一个体成为此个体,必由于具某些性质;而每一性质皆表一类,故个体至少必属于一个类,否则即不能成为此个体;故说"天下无指,物无可以谓物"。其次,"指非指"者,即谓类本身不能再属于某类;换言之,"类"不是一"分子"。此理在近代逻辑发展后,即已成为常识;盖"人类"不是"一个人","猫类"不是"一个猫"。"类"不能"系属"于另一类而为其分子(至于以类属性为定义条件之"类",又涉及类之语型问题,在此不能论及)。但在古代思想中,此种对"分子"与"类"之区分,则常不明显。《公孙龙子》书特别注重此种论点,正代表其逻辑思考及形上学思考。

第二,"指"非时空中之存在,与"物"不同。敌论即据此以驳"物莫非指"；实则此一命题之系词表"系属关系"，并非表"包括"或"等同"；敌论未解原意。然公孙龙答语则用一"二难推论"，此处有诡辩成分。但可注意者是引出"非有非指"一论点。所谓"非有非指"，即表一切"否定类"（如"非白""非红"等），并无实在性。此亦早期形上学常有之看法。盖一性质可视为有实在性，一性质之"缺乏"则不应有实在性也。柏拉图理念说中即有此论点。而此论点出现于《指物论》中，则足代表公孙龙思想中之形上学成分。

第三，公孙龙分别"非"字之各意义。"非"字加于一概念前，即形成"否定类"，在此篇称为"非指"；此种"否定类"与原类穷尽排斥，故说："指，非非指也。"此语与"指非指"合看，表面似成矛盾；其实此语中前一"非"字，表"等同"之否定，其下"非指"则表"否定类"。倘以"人"为例，则其意是说"人类不等于非人类"。而"指非指"一语中之"非"字则表"系属"之否定，其意是说"人类不是一个人"。此两种系词意义之划分，亦表示公孙龙逻辑思考之成绩。

总之，《指物论》中显示公孙龙有两个重要论点：其一是"类"与"分子"不同；其二是"类"有实在性，"否定类"无实在性。前者属逻辑范围，后者属形上学范围。此即《公孙龙子》基本旨趣所在。以下再观他篇之要旨。

二、"白马"与"坚白"

"白马非马"之论，最为世人所熟知。汉代以前，言及公孙龙者，大抵皆以"白马之论"代表其学说；实则"白马"之辩，乃以"指物"之理论为基础，顾以所说之题材较为人所熟悉，故亦易为人所注意耳。

"白马"之论，要点有二：

第一，"白"与"马"各表一属性，因之即各表一"类"；此二"类"皆有实在性，故视为同级之实在。故《白马论》首谓：

> 马者,所以命形也;白者,所以命色也。命色者非命形也。故曰:白马非马。

案此是答他人问"白马非马,可乎"之语,应视作其基本论点。此一论点既就"白"与"马"之为同级之实在而言,故与常识不同。常识中以为"马"是实在,而"白"则较少实在性,因"马"是一"实物","白"只是"性质"。但依公孙龙之观点,则"白"与"马"同为"实在",故视"白马"为"白"与"马"二类之并列组合(co-ordinate combination);换言之,"白马"与"马白"并无轩轾。此一观点在他人所传之有关公孙龙之故事中,亦有征证。

如《吕览·淫辞》,记孔穿与公孙龙之辩论。高诱有注谓:

> 若乘白马,禁不得度关,因言马白非白马;此之类也。

《韩非子·外储说左上》记此事,则谓是儿说;盖传闻异辞。然此类故事实可代表公孙龙对"白"与"马"二类之态度。盖视"白马"与"马白"无异,即是以"白"与"马"为同级之实在也。

此种观点自即由"指"之实在性而来,应视为属形上学范围之论点。由此论点推之,"白马"作为二类之并列组合,又成为另一实在。此"白马非马"一命题,在形上学方面之意义。

第二,"白马非马"在逻辑上之意义,则表"包括关系"与"等同关系"之殊异。此一"非"字乃对"等同关系"之否定。盖"白马"一类,乃"白类"与"马类"之交叠部分,此在稍通逻辑者皆知之,不待解说。但公孙龙时对"类"之讨论尚在萌芽时代,故特别指出"包括"与"等同"之异。"白马"虽"包括"于"马"类中,但"白马"不与"马"等同;"马类"中尚有"不白而是马"之分子也。原文谓:

> 求马,黄、黑马皆可致;求白马,黄、黑马不可致。使白马乃马也,是所求一也。所求一者,白者(案应作"马")不异马也。所求不

异,如黄、黑马有可有不可何也？可与不可,其相非,明。故黄、黑马,一也,而可以应有马,而不可以应有白马;是白马之非马,审矣。

此意即谓,"白马"与"马"为不相等之二类;其所谓"白马非马",即指"不等同"而言,甚为明显。

此种讨论,就逻辑要求言,实未足为严格;且所涉问题亦至浅。且《公孙龙子》原文并未指出"包括关系",故以上所论虽涉及"等同"与"包括"之殊异,毕竟公孙龙自身对"包括关系"如何了解,仍属未可决定者。依此,论者亦可说,公孙龙在逻辑思考方面之贡献不大。然若就历史过程着眼,则公孙龙之说乃首先讨论"类"之性质者,则亦不可谓无意义也。

《白马论》一篇,虽尚有其他内容;然其主要意义,实不外以上二点。此二点中,以"白"与"马"为同级之实在一形上观点,尤可注意;盖此处将引出另一属于形上学之问题。此即"实体"与"属性"之问题。

以"白"与"马"二概念言,通常以"白"乃"马"之属性,故说"白马"而不说"马白"。伪书《孔丛子》载孔穿与平原君之对话,谓:

> 《诗》有素丝,不曰丝素;《礼》有缁布,不曰布缁。犣牛玄武,此类甚众。先举其色,后名其质,万物之所同,圣贤之所常也。

案此当是后人驳公孙龙之语,伪托于孔穿者。然其立场正是对"白"与"马"同级之否认。而其根据是语法习惯中"主词"与"谓词"之分别。此一分别反映于形上学问题上,即"实体"与"属性"之分别。所谓"色"与"质",指"白"与"马"而言;而此"质"字乃"实"之意,非后世所谓"性质"之"质",正表"实体"。盖取表"属性"与表"实体"之概念比观之,此二者在认知活动中之呈现,显有先后之殊;例如,吾人认知"白"时,必通过一知觉;而在此知觉中,"白"必呈现为"某物之白",否则即不能被知觉。而此时之"某物",本身乃成为"某物之白"被知觉时之预设条件,本身又不被知觉。此即亚里士多德所谓"substratum"之本义。既知一切"性"皆附于某一"体"上,方能被知觉,则"体"与"性"似不能视为同级矣。此一问题亦是早期形上学中常见之问题。公孙龙未尝不注意及之。然公孙龙之立场,仍是坚持"一切类有同级实在性";不过不能不谓"实体"与"属性"亦有不同,于是遂有"坚白"之论。

"坚白"之论,所涉问题稍繁,其中最为人所熟知者则为"离坚白"一点;墨辩驳公孙龙说时,对此问题亦甚重视。本书前章论"墨辩"时,对所谓"离坚白"即就与墨辩有关之范围予以解说。此处则须进一步说明全篇要点所在。

"坚白"之论开始即提出一否定与一肯定,盖代表其基本立场。《坚白论》谓:

> 坚、白、石,三;可乎?曰:不可。曰:二,可乎?曰:可。曰:何哉?曰:无坚得白,其举也二;无白得坚,其举也二。

此段首应注意者,为"可"与"不可"二语。兹先作一解释。

《指物论》中,已立"指"之实在性;《白马论》中,又以"白""马"等表同级之实在;且认为二者所组成之"白马"一类,另为一实在。如此,则似一切"类"皆各自独立,此即涉及"实体"及"属性"之分别问题。本篇中开宗明义,即先点明此种分别。

所谓"坚、白、石"本为三个类,何以谓为"三"则不可?盖"坚"与"白"表"属性","石"表"实体";三者虽同为"类",又有分别可说。以为"二",何曰"可"?盖"属性"必依于"实体",但二"属性"彼此间则无依从关系;故"石"与"坚"及"白",虽不可并列为"三",但"石与坚"及"石与白"则又可视为二组"体性关系",具同级实在性。所谓"其举也二",即指此二组关系言。

但此种"体性关系",必须就知觉过程言,其义始显;而知觉世界中仅有"个体",而并无"类"(因"类"是一概念,非事物);于是本应表一"类"之"石"字,在《坚白论》中遂用以指"个体"。公孙龙对此种界限之混乱,尚不自觉。然如取《白马论》中之"马",与《坚白论》中之"石"相比,则"马"指"类"而此处之"石"指"个体",甚为易见;且下文屡屡将"石"作为一"知觉对象"讲,则"石"不能不表一"个体"矣。

"石"既表"个体",于是《坚白论》中之理论遂完全转向另一方面,而与《白马论》论旨不同,但其问题实由《白马论》引出;故二篇所处理之问题虽异,其间固有一发展线索可说也。

因"体性问题"必涉及知觉过程,故《坚白论》中遂处处依知觉而立说;其"离坚白"之语则为:

> 视不得其所坚,而得其所白者,无坚也;拊不得其所白,而得其所坚,得其坚也,无白也。

此就"视"与"拊"二知觉能力言,谓"石"对于每一知觉能力,仅呈现一"属性",则二种"属性",即彼此相离矣。

"坚"与"白"相"离",即各为"独立之实在"之意。至于在知觉中,则有呈现者,有不呈现者,其不呈现者即谓之"藏";但此非谓"坚"或"白"能"藏"于"个体"中,故原文又提出"自藏"一语,以表"坚"与"白"有自己之实在性,兹不赘述。

《坚白论》又谓:

> 得其白,得其坚,见与不见(与不见)离。一一不相盈,故离。离也者,藏也。①

---

① 案"与不见"下"与不见"三字为衍文。此处"盈"字之解释,涉及上文中"而石必得以相盛盈"一语。此一"盛"字,应为后人注释"盈"字者,误入本文;然此一注释大可注意,因若此"盈"字作"盛"字解,则"体性问题"益明朗,而《墨经》中类似之语,亦皆可另得解释矣。

此即表明"离"与"藏"之关系。正因"坚"不依"白","白"不依"坚",故是"一一不相盈",故其一呈现时,另一不呈现;于是二者遂"离",亦即有一为"藏"也。

公孙龙一面断定"坚"与"白"离,一面又以为"坚、白、石"三者不能视为相离。盖除继续主张"类"之实在性外,又肯定"属性"之依于"实体"。但此所谓"依",乃指知觉中"石"所呈现之"坚"与"白"言,乃特殊化之"属性",而非"属性"本身;为说明此分别,乃谓:

> 物白焉不定其所白,物坚焉不定其所坚。不定者兼,恶乎其石也?

意谓"白""坚"本身皆为"不定",故皆为"兼",即为"universal";故"白"与"坚"作为"类"看,又不可说属于"石"也。原文以下尚有说明此种分别之语,兹不具引。最末则言每一知觉皆由一组条件决定,而每一条件均不是此知觉,故谓知觉本身亦"离"(即有"独立实在性"之意);诡辩气味甚重。本节亦不备论。

总观"坚白"之论,其所涉及之问题,主要在于"体性关系"上,但时时表明"类"之实在性;盖一面承"白马"之说,一面又注意知觉过程;亦可说其思想之形上学倾向于此益见明显。此亦见"白马""坚白"二说同中有异也。

此外,尚有《通变论》《名实论》二篇。

三、"通变"与"名实"

在前章论墨辩时,曾对《通变论》一篇对"类"之关系之讨论有所说明。此篇疏证,亦待专文。兹但举其要旨。

《通变论》词意较晦,但要旨不外以下三点:

第一,每一"类"皆为独立之实在,故取二"类"论之,无"上下"或

"高低"可说。故原文谓:

> 曰:二有一乎?曰:二无一。曰:二有右乎?曰:二无右。曰:二有左乎?曰:二无左。

此中"左右"即指上下高低说。所谓"二"者,泛指两个"类"或两个"普遍者"。"二无一"是说"两个类不能等于另一类"。"二无左"及"二无右"即是说"两个类无上下可分"。

第二,"通"指一般性讲,"变"指特定性讲。故"通"与"变"之别,实即"generalization"与"specialization"之别。就一般性讲,则每一"类"皆为一实在,彼此不能比较;此是"类"之通性。但就特定性讲,每一特定之"类"又必有一组特定之定义条件;此种定义条件,遂使原始之"全类"经不同分化历程,而成为各种"特定之类";此一历程亦可看作由"全类"之分化而"变"为各"特定之类"之历程,故即以"变"说之。观此,可知公孙龙论"类",基本上从"内包"着手,而不取"外延观点",故每一类皆不能与另一类相等(案此所谓"不相等",既非取外延意义,则与近代逻辑之类论,有基本殊异)。因此,"通变"之论亦可看作"白马"之论之理论基础;至少,"白马"之论所取之理论立场,经"通变"之论阐说,始转明朗。

第三,原文以"马、牛、羊、鸡"及"青、白、黄、碧"类,分两组作为例示,说明"类"之独一性。其疏解颇多问题,但例示之目的仍在阐释上述之理论。学者知其主旨,则对此种例示亦不须字字能解也。

至于《名实论》一篇,主要在说明其学说所处理之基本问题:首以"物"指一切对象,其次以"实"指每一物所以为此物之属性或意义,然后以"位"表"属性"或"意义"各得正当决定之状态,最后以能造成此种正当决定之思考努力为"正"。此即名家所谓之"正名",基本旨趣是纯认知之倾向,非实践倾向。

"名实"之论，乃《公孙龙子》书中最易解之一篇，内容亦极为简单。但本节仍不疏解全文，只举其大旨如上。

以上为今本《公孙龙子》全书之内容。学者能知此各章之主旨所在，即可知此种名家学说之基本旨趣。而其与儒道墨法之异，亦昭昭可见也。

第三节
关于"名学"一词之讨论

本节之讨论，以"名"一词在先秦思想中之不同用法为主，由此以说明所谓"名学"之意义。

在进入此种讨论之前，有先须辩正者，即胡适之说与谭戒甫之说。

一、胡、谭之说

胡适先生早年著《诸子不出于王官论》（见胡著《中国哲学史》卷上附录），驳章太炎诸人所承《汉书·艺文志》之说，其中论及"名家"与"名学"，有云：

……其（指《艺文志》）最谬者，莫如论名家。古无名家之名也。凡一家之学，无不有其为学之方术。此方术即是其逻辑。是以老子有无名之说，孔子有正名之论，墨子有三表之法，别墨有墨辩之书，荀子有正名之篇，公孙龙有名实之论，尹文子有刑名之论，庄周有齐物之篇。皆其名学也。古无有无名学之家，故名家不成为一家之言。

此文先于《中国哲学史》卷上,但此种观点在《中国哲学史》卷上中,仍然保留;原书第八篇第一章谓:

> 古代本没有什么名家。无论哪一家的哲学,都有一种为学的方法。这个方法便是这一家的名学(逻辑)。……因为家家都有名学,所以没有什么名家。

其意大致与前论相同。其主旨有二:第一,先秦各家皆有其"为学方法",此"方法"即"名学"。第二,因"家家都有名学",故无所谓"名家"。然严格论之,两点皆误。

第一,每一学派或每一学人,皆有其"为学方法",此是当然。但用一"方法"是一事,对此"方法"建立一理论,又是另一事。人人有"方法",并非等于人人有"对方法之理论"。例如,人之思想,皆遵循逻辑规则,然并非人人对此种规则皆能建立一理论;故人人思想虽皆须合逻辑,但并非谓人人皆须为逻辑学之研究者。此种分别,至为浅显。且先秦诸家虽对"名"一字,皆有某种见解,但并非皆建立对"名"之理论。所谓"家家都有名学",诚不合史实也。

况以为"名学"即等于"逻辑",亦颇嫌疏误,盖"逻辑"与"逻辑系统"又有分别。纵有许多逻辑学派,各立理论,亦只能说有许多"逻辑系统",亦不能说有许多"逻辑";盖若人人各有一"逻辑",则思想意义不能互相传达矣。故胡氏谓诸家各有为学之"方法"或"方术",又以此为"逻辑",则于理不可通;此较"不合史实",问题尤为严重也。

第二,倘知说及"名"以及有为学之"方法",并不等于"建立关于名之理论",则胡氏所谓"没有什么名家",亦不能建立。"名家"一号,起于汉代,自无可疑。但此非谓先秦无此种"关于名之理论"。既有此种理论,又有思想家(如公孙龙)专持此种理论以立学派,则此学派之存在,即后世所谓"名家"之存在。当时无"名家"之称号,无碍于有此学派存在,亦无碍于后世以"名家"一号称之也。且案先秦诸家之名,皆逐渐形成。荀子时批评各家,然《非十二子篇》及《解蔽篇》中,皆举人名以为批评对象,未尝有诸家之名(唯"儒"为例外)。韩非子以"儒墨"为"显学",始有用学派名称之意。其他各家亦未定一学派名称。故谓因先秦无某学派之名,即不承认有此学派存在之事实,亦是与史实乖忤,且又于理不可立者也。

吾人今日所谓"名家",即指专宣说关于"名"之理论之学派;所谓"名"即指符号及概念,故此种理论涉及逻辑及早期形上学,其具体代表即是公孙龙之说。至于"名家"一词由汉人提出,则无碍于吾人依此称号,以谈此学派也。

然有谭戒甫者,曾著《公孙龙子形名发微》《墨辩发微》《墨经易解》等书,以为"名家"之外,别有"形名家",而以《墨经》思想为"名家",以公孙龙为"形名家"。其说未有理据,然持之甚坚。实则谭氏对先秦谈"名"之说之演变,未能详考;又对一般哲学思想未具初步知识,故思路混乱,而有此异说耳。欲辩明此点,吾人即须进入下节之讨论。此处所应先点明者,是凡论"名"之说,依其所取意义,皆有某种词语与之相配,如"名分""名实""刑名"(即形名)等皆是;吾人不能谓有"名实家""名分家",故亦不能谓别有"形名家"也。其详在下节之讨论中可见。

二、先秦思想中"名"字之用法

先秦诸家中,言"名"之最早资料,乃孔子与老子之语。

《论语·子路》:

> 子路曰:卫君待子而为政,子将奚先?子曰:必也,正名乎。

《道德经·一章》：

> 无名天地之始,有名万物之母。

又三十二章：

> 道常无名,朴,虽小,天下莫能臣也。

观此,可知孔子论"正名",系就"君君,臣臣,父父,子子"说,即就政治秩序中之"名位"与"职分"说,故是后世所谓"名分"之"名"。亦可说,此"名"与"分"相配。老子则以"道"为"无名",以"万物"为"有名",故老子之"名"乃与"道"相配。此所以《道德经》首以"道可道,非常道"与"名可名,非常名"为对文也。

以"分"与"名"相配,则所论之"名"为政治意义及道德意义之"名";以"道"与"名"相配,则所论之"名"为形上意义、理论意义之"名"。孔老之说虽简,然已决定先秦论"名"诸说之两种互异之方向矣。然孔子言"名",意在以"名"为标准,而建立秩序;老子言"名",则以"名"为障蔽,故力主"无名"。二者积极性不同,于是其发展之过程亦异。

就孔子一派言,孟子立儒学系统理论,虽不特言"名"字,但其理论中将"正名"之思路吸入,化为道德哲学之骨干,观其论"性"、论"四端"可知,盖既就"人"与万物之不同处言"性",则已就"人"一名予以理论界定;又谓"无恻隐之心,非人也……"即是以"四端"为"人"所必须满足之条件;其旨固与"君君,臣臣"相类,然其说净化,已成为一道德哲学理论矣。且孟子虽不直接用"名"字,但首先提出"实"字以立"名实"之说。

《离娄上》：

> 仁之实,事亲是也;义之实,从兄是也;智之实,知斯二者弗去是

也;礼之实,节文斯二者是也;乐之实,乐斯二者。

此显以"仁、义、智、礼、乐"等为"名",而分别定之以"实",道德实践意义之"名实"观念,已于此透出。

老子一派,则庄子承其本旨而予以发挥。《庄子·内篇》亦不专言"名",但因与辩者周旋故,立"齐物论"之说,力证认知活动无意义,以攻辩者。盖老子"无名"之观念,至庄子即发展为废除名言之说;其基本立场固无变更也。

另一面,则公孙龙纯依认知旨趣而论"名实",以为"名"之问题即知识之根本问题;故其"名实"之论谓:

> 名,实谓也。知此之非(此)也,知此之不在此也,则(原误为"明")不谓也。知彼之非彼也,知彼之不在彼也,则不谓也。

又谓:

> 以其所正,正其所不正;以其所不正,疑其所正。其正者,正其所实也;正其所实者,正其名也。

是故认知意义之"名实"观念,实由公孙龙树立。此派之说,虽与道家之否定认知有异,然其形上学旨趣,固与老庄极为接近;顾以特重思辨,遂不言"无为"或"逍遥"之境界,而专以理论思考为事,乃与老庄殊归耳。故《外篇》《杂篇》中,庄子后学喜道惠施、公孙龙之言,且谓惠施既死,庄子深叹惜之。《徐无鬼》谓:

> 自夫子之死也,吾无以为质矣,吾无与言之矣。

《天下》则谓:

> 惠施不能以此自宁,散于万物而不厌,卒以善辩为名。惜乎,惠施之才,骀荡而不得,逐万物而不反;是穷响以声,形与影竞走也,悲夫。

叹惠施"卒以善辩为名",即惜其蔽于思辨也;至"穷响以声,形与影竞走"云云,则"齐物论"之观点之简说也。庄子后学所以持此态度者,盖辩者之形上学旨趣,固为庄子所嘉许,唯其"为思辨而思辨"之纯理论旨趣,则为庄子所不能赞同耳。《外篇》中涉及公孙龙之言,亦大体如此。吾人可谓,以形上学及理论旨趣而言"名",固始于老子,然因老庄均不承认纯粹思辨之价值,故此一支论"名"之思想,不在道家内部发展,反而为另一学派之理论中心;在此学派之工作中,此种依理论旨趣而论"名"之思想,终形成一混有逻辑及思辨形上学成分之学说。其书则《公孙龙子》,其学派即后世所谓"名家"者是也。

此后,墨学后辈,有所谓"墨辩"出;其中论及"名"者,皆以应名家之说;故就其立论言之,亦属有理论旨趣之说。其论"名实",固与儒者之旨远,而与名家之旨近也。儒学一支,其后有荀子著"正名",再论"名实"问题;其言则涉及名家及墨辩在思辨方面之理论,然其本旨则以"明贵贱""辨同异"为主,盖其立场乃以"实践旨趣"为归,可视为孔子"正名"思想之发展;而其"实践旨趣"又偏于思考及制度一面,与孟子之偏于道德哲学一面不同,此则受荀子自身思路之限制而然。学者若知孟荀之异,则此种分别,固当不待辨而后见也。荀子之后有韩非,韩非乃有"形名"(或刑名)之说。

《扬权》谓:

> 上以名举之,不知其名;复修其形。形名参同,用其所生。

《二柄》谓:

> 人主将欲禁奸,则审合刑名者,言与事也。……故群臣其言大而功小者则罚,非罚小功也,罚功不当名也;群臣其言小而功大者亦罚,非不说于大功也,以为不当名也,实甚于有大功,故罚。

此是法家"形名"之论。所谓"刑"或"形",皆指实际成绩而言;亦与

"实"相似,但专指政治工作中之"实";于是此所谓"实",转为"实效"之义,即《二柄》所谓"功"也。

此乃法家之"形名"观念。此"形"基本是指"表现"而言,法家用以指政治工作中之成绩。此后直至汉代,所谓"刑名",皆承法家一系而言。又因韩非利用老子"无为"一观念,而以权术释之;汉初所谓"黄老之术",皆承此种思想;故汉人多有习"黄老刑名之术"者,其实皆韩非一系之"刑名"也。

法家伪书中,如《管子》,论及"名实",皆与韩非之意相合。此外,则亦有称"名家"为"形名之家"者;此则因公孙龙"白马"之论中有"命色""命形"之语。只可视作"名家"之别称,与韩非一派不同,尤非另一学派也。

总之,论"名"之说,在先秦有两大支:一支始于孔子,终于韩非,其特色在于其"实践旨趣";另一支始于老子,转为名家辩者之言,终于墨辩,其特色在于其"理论旨趣"。此二支思想,内部各有变化,然基本方向固显明可知。汉人所了解者,基本上为韩非一支;故司马谈评及"名家",而许以"控名责实",《艺文志》则竟以为"名家"出于"礼官",盖将儒法一系论"名"之思想,与名家之说混为一谈,其谬甚矣。

至于"名家"内部之辩论,则不能据以分"名家"为二派。谭戒甫氏之强分"名家"与"形名家",即由于误以为有辩争者必是两个不同学派,又未深考先秦论"名"思想之演变,故不能知其流别,亦未解"形名"之意。其书以各家之言"名"者,皆称为"正名",于其旨趣之分别,不加审辨。徒据鲁胜《墨辩注叙》中"惠施、公孙龙祖述其学,以正刑名显于世"一语,便欲另立一"形名家",其说之不可持,不待辩矣。

关于"名家"与"名学",本书之讨论至此为止。总之,此派以纯思辨之旨趣为其特色,乃先秦思想之特殊学派,所代表者为早期形上学及初步逻辑思想;其影响虽不大,哲学史中固不能不承认其地位也。

后序

本来所谓"后序",应该是一部书完成后才写的。现在我却在这部《中国哲学史》第一卷出版时便写,似乎不合"体例"。但我所以如此,则是因为我想答复某些人对"第一卷"的意见;这些意见大体上都是在读过第一卷的一部或全部后提出的,我料想提出意见的人自然希望得到我的某些答复。我近年极少写零碎文章,不想另写一篇东西来答复这些意见,因此,便写了这篇"后序",与原书一同刊印,以便期待我作答的人们不致期待得太久。

我在下面所要谈的,可分作三点;自然是针对我所注意到的批评意见来谈。

第一,是关于胡、冯的《中国哲学史》的评价问题。

第二,是关于先秦儒家思想与"天"观念的关系问题。

第三,是关于中国哲学史中析论各家的方法问题。

这三点本来在正文及序言中都有相当明确的解说或表示,但现在既然有些人看过原稿而仍然在这三个问题上提出意见,我只好再试作一番解说。

一、关于胡、冯之书

我曾经批评胡适先生及冯友兰先生的《中国哲学史》,主要论断是胡书根本缺乏"哲学"成分,只有"史"的成分;冯书虽有"哲学"成分,却又未能接触中国哲学的特殊问题;因此胡、冯二氏的工作,基本上是不成功的。

对于我这个论断,有人觉得我应加解释,应举出"证据";因为如果只提出一个论断,似嫌空泛。现在我先就胡书问题,对这种意见作一答复。

首先我们要明白,所谓"举证",其方式是随所涉的论断而不同的。例如,一个论断涉及某种性质(或具有性质的事物)之"存在"时,我们可以要求提论断的人将这种性质或事物指出来给我们看;因为,一论断既然涉及"存在",则这种"举证"应是可能的。但若一个论断涉及"不存在"或"缺乏"时,论者便只能就此论断所关的范围来作征证,而不能以"举证"的方式来指出这种"不存在",因为"不存在"的性质或事物,即不是能被"指出"的。譬如,我说"这间房里有一个中国人",你可以要我指出那个"中国人"给你看;但当我说"这间房里没有中国人"时,你若要我证明这个论断,我便只能指着这一间房,要你自己去看看里面是否有"中国人"了。同样的道理可以用于我对胡书的论断上。我说"胡书中是没有哲学的",你若要我提出"证据",我只能说,"整个胡书本身就是证据"。正像上面所说的"中国人"那句话一样,假定你知道所谓"中国人"的意思,则在听我说"这个房子里没有中国人"这句话后,只消到那间房子里看看,就可以征证我的话对不对;现在如有人怀疑我所说的"胡书中没有哲学"一语,则他只消将胡书读一遍,去看里面是否有"哲学",便可以得着征证。当然,这里得假定问者是明白我所谓"哲学"的意义的。只要明白这一点,则整个胡书即是我这句话的征证条件了。

我对胡书的论断，是根据全书的内容，而不是根据某一点说。若有人说，"胡书中是有哲学的"，则他倒应该"举证"给我看。假如他能指出，胡书中某一部分内容确实可以算作"哲学"，我们便可以很明确地有一个可讨论的问题。如果不然，则这种问题无由出现。"空洞"地发问，实在没有意义。

总之，我看胡书，未发现任何一段是涉及严格意义的哲学问题的。胡书中论先秦诸子，除了资料外，只有常识口吻的评论；不仅不能整理诸子的哲学理论，而且根本不能接触任何哲学问题。全书"都是"如此，所以我说"胡书中是没有哲学的"。论者如有所疑，则必须在胡书中找出"有哲学"的陈述或论点来，然后方有可辩的问题。

其次是关于冯书的问题。

我说，冯书中确有哲学，但不是中国的哲学。这个论断与对胡书的论断性质不同。我既断定冯书中"有哲学"，而又非"中国的哲学"，当然可以举出几点较重要的论据来说明这一个论断。

一般地说，冯书中所有的哲学成分，主要只是新实在论的观点与早期柏拉图的形上学观念。因此，其具体的表现，即是两点：首先是"普遍"与"特殊"的划分，其次是"主体性"之否认。

所谓"普遍与特殊"（universals and particulars），原是哲学思考中的初步概念；柏拉图之思辨架构，即以此为主要线索之一；因此在柏拉图的学说中，一方面承继并完成了自 Heraclitus 以来的划分"实有与表象"的思想要求，另一方面亦承受了初期希腊形上学思想中的难题即所谓"分离问题"（problem of separation）。所以，将这一对观念作为主要理论线索，原是柏拉图较早的思想的特色。冯友兰先生显然对于这一种思路曾经用过工夫，因此，他在写中国哲学史时，便时时利用这一思考方式来解释诸家思想了。

当然，在中国哲学史中，诸家思想也有接触或重视这一个问题的，柏拉图的思路并非全不可用；可是当某一学派或个人，所面对的哲学问题并非属于这一范围时，如果解释者也要用这个思路来解释，便不能揭示所关问题的真面目及真意义了。冯书显然正有这种毛病。柏拉图这种思路，为冯氏所特别重视。他不仅在解释先秦道家、名家等学说时，一直以这种思路为立说的背景，而且在论及佛教及宋明理学时，也只凭依这种思路。客观地说，这种形上学思路，只能用于有关形上学问题的研究上。用它来说明名家理论，较为适宜；用它来解释老子，便只有一半可用；而对于佛教与宋明理学，则大半都不适用。尤其是论禅宗与陆王之学时，一切关于"客体性"(objectivity)的理论设准，都成为题外，因为这些学说都集中于一组关涉"主体性"(subjectivity)的问题上。冯先生在这种紧要界限上，看不明白，原因自然是他本身对这两面的哲学问题把握不住。但我们现在抛开个人学力问题不谈，专就中国哲学史的工作来讲，我们不能不说，冯书虽有"哲学"，但并不与中国哲学的主流相应。换言之，哲学问题虽有客观性，但某一哲学传统所强调的问题，却常常与某一领域的思路不相应。中国哲学传统中，诚然有宇宙论、形上学等等，但儒学及中国佛教的基本旨趣，都在"主体性"上，而不在"客体性"上；因此，属于客体性一面的设准如柏拉图思路，便不能用来阐解这些学说了。

说到"形上学"这个词语，又应注意"思辨形上学"与"道德形上学"之分；中国儒学到了宋代，那些有形上学旨趣的思想也大半偏于"道德形上学"①一面，而柏拉图思路则属于"思辨形上学"；这涉及进一步的问题，冯氏更是未能接触到了。

---

① 我不认为"心性论"必归于"道德形上学"。在这一点上，我不仅与强调形上学的中西哲学家大有不同，甚至与康德的观点也不全同。这个问题所涉甚大。我在旧作《哲学问题源流论》稿中，曾有初步阐释，希望日后有机会另作详细探究。

以上所说的是冯氏的思考方法及解释哲学问题时所凭依的思路一方面。下面我要提到关于冯氏在哲学上所持的断定的问题。

一个哲学理论,或归于主体性,或归于客体性,基本上更无例外。所谓"主客统一"之说,仍然不外是"以主摄客"或"以客摄主"两型。冯氏所持的立场,基本属于"归于客体性"一路。这种大问题上的得失,并不是可以片言裁决的,因此,我也不想在这里多所批评。但专就中国哲学史的工作而论,我们是要以世界哲学的研究成果作为基础,而揭示中国哲学传统的真面目;则我们在说明某一学派所涉及的哲学问题时,必须先揭示被解释者的立场,而不能以另一立场来代替它。冯氏自己既不明白"主体性"的意义,又不能看出中国哲学传统中某些学说立场何在,一味以新实在论的立场来看这些学说;于是冯氏解释了中国佛教,解释了宋明心性之学,皆未接触"主体性"观念。在讨论孟子时,也由于不解孟子的"主体性",便只好说孟子"颇有神秘主义之倾向"。这都足以表明,冯书中虽有"哲学",但并非中国哲学传统中之"哲学"。

严格地说,冯书中只有对先秦名家的讨论,尚不见以上所说的毛病。因为,冯氏虽由于在逻辑知识及训诂能力方面所受之限制,而不能避免误解原文之病,但基本上的思路与立场,尚能相应。此外,甚至道家及墨家的解释,也都不免上述的毛病。评冯书的人,若自己对哲学问题有普遍的基本了解,则不难看出冯书中的"哲学"有什么特色,及其与中国哲学中某些学说的根本殊异。

以上是关于胡、冯之书的问题。

二、关于"天"观念

儒学中常常提到"天"观念,先秦文献如此,宋明理论也是如此。但"天"观念在理论意义上,对各期儒学思想究竟居于什么地位呢?

对于这个问题,我在本书中论孔子之学时,曾经有所论析。现在再撮要说说我的看法。

首先,我们要能分别一个词语在习俗中的地位与它在哲学的地位。哲学和其他专门理论一样,有自身的用语。一个学派或一个哲学家也可以自己界定某些用语。我们要讨论某一观念在哲学中的地位时,便必须从这种内部的用语着眼,尤其要小心分别其词义与通常词义是否不同,以及有何不同。就"天"一词来说,用它来指最高主宰,本是古代文献中最常见的事。这因为原始信仰中照例有这种"人格天"或"主宰意义之天"的想法;许多民族都是如此,中国古代人自也不例外。可是,"人格天"的想法,本身也是可以变的。这在不同的民族中,情况也每每不同。以古代中国而论,最早是将"天"一词用于两个各不相涉的意义:其一是冯氏所谓"与地相对之天",其二是最高主宰或"人格天"。其后则有"形上天"表超经验之某种规律,又有表命运或必然性之"天";这两种意义渐渐取代"人格天"。就哲学而论,则道家老庄之"天",形上意义较多;儒家则孔孟言"天"言"命",皆重在表"必然性",与"人之自觉"相对而言。这一点在论孔子对"义"与"命"的观点时,本书曾作明确析论。另一面,所谓"与地相对"之"天",原就是"自然意义之天",不过是狭义的"自然天"而已。广义地说,则"天"即可以包括"地",指整个"自然"了。所以冯氏书中的"物理之天"与"自然之天",实在是一种意义。此外,要谈到《中庸》。

《中庸》一书,成书甚晚;无论就思想脉络看,或就用语看,我们都有充足理由说它不早于战国末期。唐人之不辨真伪及宋儒之疏于考证,在近二百年来,已经有了定论。我们没有理由再跟着他们错下去。对伪古文《尚书》及《礼记》各篇的年代问题,我们都应作如是观。

就思想内容讲,《中庸》是一个儒学的形上学理论(不论是否完整);这不但不能是"子思所作",而且不早于荀子;因为,儒学初期的旨趣，原只是道德的、政治的，或以文化观为主的，并没有纯思辨的旨趣。孔孟都是如此。孟子建立了心性论的体系，不走宇宙论的路，也不走形上学的路。荀子遍议诸家之短长，也从未论及儒学的形上观念。先秦的形上学观念，只见于道家及名家之说。荀子评这两家时，也只能就道德问题及政治问题着眼，并未就形上学问题作任何讨论。足见先秦儒学发展到荀子立说时，还是没有形上学的旨趣。如果说，《中庸》是荀子以前，甚至孟子以前的作品，这样一个特殊理论，不管赞成者或反对者，都没有不加注意的理由。荀子将儒学内部各派分别评论，又论及其他种种学派，却会单单将这样重要的一个儒学内部理论置之不顾，岂非过分离奇？而且《中庸》作为《礼记》之一篇而存在，《礼记》是汉代经生所编纂的。书中思想既不似先秦儒家所有，书中用语又时时表明出于秦统一之后，我们有什么理由认为它出于"子思"呢？

《中庸》一篇如当作《礼记》之一部分看，则我们已不能将它看作先秦儒学的典籍。而书中的"天"观念，也应配合著书的时代来看。简单地说，《中庸》一书中的"天"，是取"形上天"的意义；这与战国末年及秦汉之际形上学及宇宙论旨趣之转盛有关。本书在第二卷初，将予以讨论。

至于先秦儒学中的"天"，就哲学理论者，它是表示"必然性的领域"——偶然也有"形上天"的意义，但地位不重要。至于"人格天"观念，则在孔子谈话中虽时时出现，却并不构成孔子理论之一部；这在本书论孔子一章已有说明。

人们对这一点会有所疑，不外两种原因。其一是由于喜欢《中庸》的理论，便将《中庸》看成先秦儒学的重要资料，进而将《中庸》的"形上天"观念看作先秦儒学的中心观念。其实理论好坏是一事，作品时代又是一事。《中庸》纵好，不能代表先秦儒学。其二是由于宗教的兴趣，便将"人格天"看成最重要的观念；引用孔子涉及"人格天"的话头为证。其实，孔子的哲学理论是一事，孔子所承受的风俗习惯又是一事。一个建立新学说的人，并不一定就能脱离当时风俗习惯而生活。至于原始信仰与宗教的关系，则我们可以这样说：原始信仰是各民族所共有的，但有些民族为原始信仰辩护，由此便产生种种宗教教义；另有些民族则不如此，他们抛开原始信仰，另去寻觅方向，另立一价值意识，于是便不产生宗教教义。中国恰恰属于后一类。或许有人说这是中国文化的"缺点"，但不论是否"缺点"，中国古代文化的演进确有此特色，则是史实。我在本书中论及这个问题时，也只以揭示真实情况为目的。我相信人们如真对古代史料作过一番客观了解，对"天"观念的看法是不会有大歧异的。

三、关于方法问题

在本书序言中，我已经对于中国哲学史的文法问题，作了不算太简略的解释，可是有些基本观念似乎仍未澄清；因此我在这里对于这一类问题，再作一点说明。

对于哲学史的方法问题，人们的争执和怀疑，主要是集中在"表述所关范围中的学说时，应用何种方法"一点上。要对这个问题作一个确实解答，我觉得有两件事须先有明确了解。

其一是理论本身与其"发生历程"的区分问题。譬如，某理论本身是哪个人提出的、是在什么环境中提出的、是在什么动机下提出的等问题，都是涉及发生历程的。至于理论本身的内含意义，却与这种发生历程没有一定关系。例如，一个人为了取悦于帝王，而提出一个"炼丹"的理论，说"用 A、B、C 三物，经某一过程的炼制，可以生出不死药"。这里，提此说的人的动机是关涉此说的发生历程的。但这种理论是否"真"，则是内含意义的问题，并不受这个发生历程的决定。

换言之,假如另有一人,以相反的动机提出同一的理论时,这个理论的内含意义仍然不变。因为不论这个理论是否由如此的历程而发生,它的"真"或"不真",自有一套检证程序。推而言之,不论是什么人,在什么环境及心理条件下,提出一个理论"T"来;这个"T"是真是伪,都另是一回事。依此,任何一理论的内含意义,都与其发生历程无一定关系。

哲学理论自然也不例外。在我们不了解哲学理论的严格意义时,每每不知不觉地忘记"哲学"问题的客观性;因此常将"发生历程"与"内含意义"相混,由之就有种种谬误的看法出现。其实,一个理论本身是真是伪,自有客观检证可凭,与它由谁提出,为何提出,并无一定关系。例如,某人提出"景气循环"的理论,这是对经济生活一定现象的解释;这个解释的正误,必由经济生活本身来作检证;如果经济生活中并没有这样的现象,这个理论总是"误"。反之,如果经济生活中实在有此现象,则它就是"正";也与"谁如此说",以及"怀什么目的而如此说"等,毫不相干。

依此而论,发生在中国的"哲学"的理论,就其内含意义讲,其得失正误以及理论建构,当然皆可以与发生在其他任何地方的"哲学"的理论,接受类似的处理。虽然在"发生历程"上,彼此不同。我们倘若明白,任何理论所含的"理论问题"都有普遍性,都可以在普遍意义的析论下,显出其真面目,则我们自然不会说什么"以外观中"或"以中观外"了。

其二是观点与方法的区分。一个特殊观点,必归于一特殊理论;因此,用 A 观点代 B 观点时,当会造成错误陈述。但方法则不同。一种解析理论的方法,本身即要求普遍性,而不受特殊观点的约束。因此,当我们运用知识论方法及解析方法来展示某一理论时,我们并未用另一观点来代替所解释的东西。知识论方法的提出,可以与某些特殊的哲学家有关,例如康德,但这种方法本身并非只属于康德。另一面,康德的特殊观点,便是属于他自己的。我们用知识论的方法来展示一理论,并不是用康德的观点。

以中国哲学史而论,我们不能用A观点来代替B观点;但我们应该运用世界哲学多年来的研究成绩,将各种方法用来显示各种中国哲学理论的内容。简单说,由于我们讲的是"中国哲学史",所以我们要顾及"历史的真实",不能将"甲"说成"乙","乙"说成"丙";但同时由于我们要展示的是在"中国"的"哲学",所以,我们又必要将"甲""乙""丙"等理论所接触的"哲学问题"以及其理论建构等等,分别地展示出来,否则即缺乏"理论的深度"。"历史的真实"与"理论的深度",本是两个不同领域中的问题,各不相扰;但一个哲学工作者自己若是思想混乱,硬将这两个问题混在一起,而许多莫名其妙的纠缠便都要出现了。

总之,在历史上,某一民族、某一学派或某一个人,特别注意某种哲学问题,是一回事;这些问题本身的理论意义,又是另一回事。发生于"中国"的"哲学理论",并非只属于"中国人"。这些理论一如其他领域的理论,本身都是有普遍性的。所以,当我们作历史陈述时,自然要严守"历史的真实",但这不妨害我们展示一理论时,以普遍性的方法来揭明此理论的真面目。

所谓"以中观外"或"以外观中",是根本忽略了理论的客观性及普遍性的看法。在今日的世界中我们不仅在道理上不能支持这种看法,而且在形势要求下,也无由接受这种看法了。因为,世界正迅速地成为一整体,"世界哲学"之出现已只是时间问题。我们谈哲学,谈文化,虽然应对特殊传统有深入了解,但也不能忘记,这一切研究的目的,只是在于推动世界性的哲学与文化之形成。我想,每一个有识度的学人,都不能再勉强将自己封闭起来了。

以上是我对于某些批评意见的答复。提出这些意见的人,大半是青年学生。偶尔一二前辈似乎也有类似的想法,但未向我直接提出;因此,我在这里并不特别点明哪一点是答复哪一位先生的意见,而只就问题谈问题,略作解说。我想这样做反而好些,因为我所感兴趣的原只是问题本身,而不是人与人的争执。

一九六七,初夏于九龙

书目录要

第一部分:

1 《书经集传》(粹芬阁本)。

2 《诗经集传》(同上)。

3 《周易本义》(同上)。

4 《春秋三传》(同上)。

5 何晏:《论语集解》。

6 朱熹:《论语集注》。

7 焦循:《孟子正义》。

8 《老子道德经》(王弼注本)。

9 王先谦:《庄子集解》。

10 孙诒让:《墨子闲诂》。

11 《墨子》(《四部丛刊》本)。

12 《荀子》(同上)。

13 王先谦:《荀子集解》。

14 《韩非子》(《四部丛刊》本)。

15 《公孙龙子》(《道藏》本)。

16 司马迁:《史记》。

17 班固:《汉书》。

以上为基本资料。

第二部分:

1 胡适:《中国哲学史大纲》(卷上)。

2 冯友兰:《中国哲学史》。

3 崔述:《古文尚书辨伪》。

4 魏源:《书古微》。

5　欧阳修:《易童子问》。

6　顾颉刚:《周易卦爻辞中的故事》(《古史辨》)。

7　余永梁:《易卦爻辞的时代及其作者》(《古史辨》)。

8　顾炎武:《日知录》。

9　《战国策》(《四部丛刊》本)。

10　夏炘:《诗古韵表》。

11　谭戒甫:《公孙龙子形名发微》。

以上皆属参考资料,其次序大致依书中所关篇章之次序排列。

新编中国哲学史

THE NEW HISTORY OF CHINESE PHILOSOPHY

劳思光 著

(增订本) 卷 二
VOL.2

生活·讀書·新知 三联书店

Copyright © 2019 by SDX Joint Publishing Company.
All Rights Reserved.
本作品版权由生活·读书·新知三联书店所有。
未经许可,不得翻印。

图书在版编目(CIP)数据

新编中国哲学史/劳思光著.—增订本.—北京:生活·读书·新知三联书店,2019.11(2025.4重印)
(劳思光作品系列)
ISBN 978-7-108-06705-0

Ⅰ.①新… Ⅱ.①劳… Ⅲ.①哲学史－中国 Ⅳ.①B2

中国版本图书馆 CIP 数据核字(2019)第 213132 号

著作财产权人:©三民书局股份有限公司
本书中文简体字版由三民书局股份有限公司授权生活·读书·新知三联书店有限公司在中国境内(台湾、香港、澳门地区除外)独家出版。
本书中文简体字版禁止以商业用途于台湾、香港、澳门地区散布、销售。
版权所有,未经著作权财产权人书面授权,禁止对本书中文简体字版之任何部分以电子、机械、影印、录音或其他方式复制或转载。

目录

导言：总论中国哲学之中期——附论汉唐文化问题　001
 第一节　释"中期"之意义　001
 第二节　本期中国哲学之演变历程　003
 第三节　汉唐文化对士人心态之影响　007

第一章　汉代哲学　013
 第一节　汉代哲学之外缘观察　015
 第二节　汉代哲学之内在解析　018
 第三节　汉儒之没落　021
  一、心性论问题之分裂　021
  二、阴阳五行说与汉儒之关系　023
 第四节　道家思想之肢解　029
  一、"超越我"之形躯化——道教　030
  二、文化否定论之孤立化——放诞之风　031
  三、"守柔"与"无为"之技术化——黄老之术　032
 第五节　董仲舒与"天人相应"之观念　034
 第六节　《礼记》之思想　042
  一、《礼记》一书之特色　042

二、《大学》与《学记》　045

三、《中庸》之时代及其理论　057

四、《乐记》之理论　073

第七节　《易传》之思想　083

一、《易传》与卦爻辞违异　084

二、《易传》乃杂辑而成　090

三、《易传》中之特殊论点　095

四、《易传》理论之评论　109

第八节　《淮南子》、扬雄与王充　114

一、《淮南子》　114

二、扬雄之思想　123

三、王充之思想　134

第九节　结语　149

第二章　魏晋玄学　151

第一节　玄学之根源及分派　151

一、玄学与儒道之关系　152

二、才性派之特色　154

三、名理派之特色　157

第二节　"才性"之说　159

第三节　"名理"之说　168

一、何晏　168

二、王弼　171

三、向秀与郭象　178

第三章　中国佛教哲学　188
　第一节　总说　188
　第二节　印度佛教教义述要　190
　　一、原始教义　191
　　二、大乘教义　203
　第三节　佛教在中国之流传及讲论　243
　　一、初期之概况　243
　　二、北中国之佛教　246
　　三、南中国之佛教　265
　　附记：本时期之重要佛教史著作　298
　第四节　中国佛教之三宗　300
　　一、天台宗　302
　　二、华严宗　316
　　三、禅宗　331
　　附记：关于禅宗之重要著作　343
　第五节　返归印度之佛教思想运动　345
　　一、《唯识三十论》要旨　345
　　二、玄奘及法相宗　348

后　记　355

书目略录　360

导言：总论中国哲学之中期
——附论汉唐文化问题

第一节
释"中期"之意义

　　本书第一卷论述先秦时期之古代中国思想，此时期即可称为中国哲学思想之"初期"。本卷则论述由两汉至隋唐之哲学思想，此时期即称为"中期"。至于宋代至明清则为"晚期"，属本书第三卷。

　　中国哲学史成立较晚，不似西方哲学史所采分期标准，大抵有成例可循；于是，哲学史作者只能依一定理据，自提分期之标准。就多年来已刊行之中国哲学史著作而论，冯友兰氏之书，独以"子学"及"经学"为区分，于是中国哲学史只划为两个时代。其理据不过以"开创"与"发扬"对分而已。如此分期，似嫌过简；且对于中国佛教思想之特性，汉宋儒学之不同，皆全无照顾，未为妥善。胡适之氏虽首倡中国哲学史之研究，然其书仅有上卷，续文未成，因此其分期标准如何，殊难测知。此外，如范寿康所刊印之讲义，则纯以朝代为区分标准，严格言之，非分期之法。此外，又有依学派而划分者，即将中国哲学思想分为"先秦诸子""两汉儒学""魏晋玄学""隋唐佛学""宋明理学"等。此似较为妥善。然魏晋玄学与早期之中国佛教思想同时，而中国之佛教思想，亦不始于隋唐；毕竟哲学史之分期，与学说之分派不能全同；盖分期不能不重视时间意义，同时之学派只能归于同一时期也。因此，本书虽在论述学派思想时亦采用类似之划分，然另提三期之标准。

此一划分之理据，在于此三时期中国之哲学思想基本情况不同。就初期而论，此时期乃中国哲学思想之"发生期"。各家思想承古文化传统，兼受当时历史因素之影响，纷纷出现。就地区而言，有南北古文化传统之异，于是儒学兴于北，道家兴于南。就社会而言，则墨子之说，针对下层民众之需求；韩非之说，纯谋统治者之利益。其间变化分合及理论得失，皆在第一卷中论之。

中期包括两汉至于唐代。此时期中，一面有古学失传之问题。伪书迭出，谶纬风行；儒道之言，皆丧失本来面目。另一面又有外来思想侵入之问题。佛教各宗教义先后传来；中国哲学思想，一时皆受其支配。此时期可称为中国哲学之"衰乱期"，亦即本卷论述之对象也。

至于宋代以后，则儒学力图重振，一面抗拒佛教之影响，一面摆脱汉儒传统之纠缠，遂有宋明之新儒学出现，然此一思潮至清代而大衰。中国哲学思想又呈僵化之象。故"晚期"乃一由振兴而转入僵化之时代。此中演变甚为繁曲，未易以简语形容之。本书亦直称为"晚期"而已。

以上略说三时期中之中国哲学思想之大致情况，其特点甚为凸显，则本书所用之分期理据可明，而所谓"中期"之意义亦可知矣。

以下当先对本期中国哲学思想之演变历程作一概述，然后再附论汉唐文化问题以作补充，而结束此导言。

第二节
本期中国哲学之演变历程

自两汉至隋唐,其间各种哲学问题之起伏变化,颇为复杂;本卷各章当分别析论之。但此一时期作为整体而言,又有"衰乱期"之特色;其所以如此,则与此时期中哲学思想之大趋向有关。本节概述中国哲学思想在"中期"阶段之演变过程,目的即在于对此种大趋向作一说明,而不涉及特殊哲学问题之讨论。

战国末年,法家之说通过秦政权而实现。于是,在政治上,有秦帝国之统一局面;在哲学思想上,先秦诸家争鸣之局亦告结束。秦之施政以防止旧势力复活为主,故极力破坏已有之文化传统,以求巩固自身之统治。此中实无正面理想可言。然以巩固政权为最高目的,亦正是韩非思想之特色;则秦政权以法家思想为指导原则,实不待辩也。

在如此政权下,学术思想之衰落,势所必然。秦火劫后,讲学挟书之禁,人所熟知。及至秦汉之际,咸阳被焚;官府藏书,亦遭毁坏。于是,汉兴之时,先秦学统大致已绝。新学统更无由突然建立。中国之学术思想遂进入一大混乱时代,而中国哲学之衰落亦于此时开始。

此种衰落乃一大趋势;就不同阶段着眼,则每一阶段中又各有特色可说。

先就汉代而论,汉代哲学思想之衰乱,有两大特征。其一为"混淆",其二为"伪作"。

汉初,高祖、吕后皆不解学术思想;而其时世乱未止,亦无发展学术思想之良好环境。文帝以后,天下粗安;政府广置博士,以治经学。自表面言之,似是一学术昌盛之局面。然揆其实,则各经师之学,已大失孔孟本旨。盖战国以来,古文化传统早有交流混合之势。秦汉之际,古学既渐失传,思想之混乱尤甚。南方道家之形上旨趣、燕齐五行迂怪之说,甚至苗蛮神话、原始信仰等等,皆渗入儒学。以致两汉期间,支配儒生思想者,非孔孟心性之义,而为混合各种玄虚荒诞因素之宇宙论。等而下之,更有谶纬妖言,流行一时。观董仲舒之倡"天人相应",盛谈符瑞灾异,以及夏侯氏据《尚书·洪范》以作预言,可知其大略矣。

思想混杂之结果,使中国哲学思想退入"宇宙论中心之哲学"之幼稚阶段。另一面"伪作"丛出,又益使先秦思想真义不传。汉代初期,以书简流传绝少,汉廷乃征求遗书。因之,遂有造伪书以上献之恶劣风气。其中影响最大者,乃取某种文献资料,伪托为圣哲之著作。如《尔雅》托于周公,《易·十翼》托于孔子,《礼记》中《大学》一篇托于曾子,《中庸》一篇托于子思,皆其最著者也。此类文献所伪托之作者,皆儒家最具权威地位之圣贤人物,于是俗儒乐道其书,学者亦尊信成习。其影响直至唐宋而不改。而孔孟心性之义、成德之学,反为此一套伪作文献所掩。此中国哲学史一大关目,固不仅为中期之大事也。

由于汉代儒者,以言儒学为名,而以倡混杂之思想为实,所据经籍,又常真伪不分,故心性成德之学大衰。至东汉时,中国心灵已极度空虚。印度佛教入侵,中国思想界遂无抗拒之力。

与汉代相比,南北朝及隋唐时代中国哲学思想之衰落,则以受外来思想支配为特征。然自东汉末年至于魏晋,又别有谈玄之风。此即所谓"魏晋清谈"或"玄学"。此种玄学或玄谈,既与汉代经生之传统思想不同,又与外来之佛教思想迥异。其流行在魏末晋初最盛,至南北朝而渐衰。其立说则表面以老庄为依归,实则先与儒学相混,后乃转为佛教徒所利用。本身固是一最杂乱之思想传统,其所以兴起,实作为中国哲学衰落之副产物而已。

顾此副产物亦有其历史意义,即代表某种"过渡期"是也。两汉思想之粗陋,不能引导哲学思考之进展,亦不能满足价值意识之要求;然终非受外来思想支配者。南北朝以降,以佛教理论为主之思辨,远较两汉之说为精;但基本上受此印度传来之思想支配。而魏晋玄谈则欲补两汉思想之阙失而未得其道,但仍能不依托外来思想或理论,故恰代表一"过渡期"。

魏晋玄谈涉及老庄之诠释、《易经》之论述,以及才性问题之探讨等。大致言之,理论成就甚少。其主要人物之言论皆在后章另有析论。此处但点明其历史意义,以清眉目。

晋室南渡,所谓"南北朝"时代即开始。而佛教支配中国思想之形势亦逐渐形成。佛教虽在两汉间已逐渐传入中国,其初固未能影响中国哲学思想。至东汉末年,国人犹以佛教与祷祀之事并论;所谓"浮屠"之教,盖视为神仙方术一流,未尝深究其教义及理论。三国西晋,译经稍多;始渐有理论研究之倾向。南北朝时期,道安、鸠摩罗什等人先后兴起,影响所及,遂使佛教教义讲论日盛,流传日广,终成为哲学思想之主流。此趋势至中国佛教三宗于隋唐间先后成立时,遂达高峰。而自秦汉以来,中国哲学思想之衰落,至此亦可谓告一段落。本书所涉之"中期"阶段,即以隋唐时代为终点,盖衰乱后之重振,已属"晚期"之事矣。

若以南北朝与唐代相较,则大同之中又有小异。盖佛教乘中国心性论之衰而得占据中国思想之主坛,由于其教义强点之得发挥;然佛教虽能立"主体性",因而能建立独特之心性理论,其说又别有一限制。当佛教在中国流行既久,此种限制遂日渐显出,于是,其教义之弱点亦不可掩。结果导生唐代反佛教之思潮。此又是唐代哲学思想之一小潮流,为南北朝所无者也。

此所谓佛教教义之限制或弱点,简言之,即其"否定世界"之精神方向。佛教教义之能透显"主体自由",固无可疑,然其"自由",仅属一种"静敛"之自由,故对世界取舍离态度。自小乘诸说至大乘之真常教义,虽似步步建立不舍众生之说,然彼岸为觉,此岸为迷,此中界限绝无可除之理。世界为无明所生,众生为业识所缚;一切说法修持,总以渡往彼岸为究竟宗旨。"不舍众生"只就渡化而言,非谓此岸本身有何价值也。此义就佛教内部而言,亦不引生理论矛盾;然面对文化生活而言,则其为一大否定,则无可辩。盖世界之"有",本身既视为一迷妄活动之结果,则此世界中之众生,唯一大事即离迷妄之此岸而归向彼岸,在此世界中绝无可实现之价值。于是,佛教徒面对此世界,除念念求舍离外,只能随世法而方便应付,不能亦不愿在此世界中有任何建立。所谓"否定世界",即取此义。

佛教发展至隋唐,已占据中国思想界之主坛;而其影响所及,遂使人对现前世界一切问题均不重视。而就文化生活一面看,制度、风气等等文化问题,均无人以严肃态度探求。进而言之,佛教势力本身在此世界中之存在(不论其教义所指向之境界如何),亦转而引生种种社会问题。此种情况至唐中叶后而益显。于是"否定世界"之精神方向或态度,本身遂成为一种病源(此"病"自指文化生活中之病言);关心此类问题者,遂不能不由反对此种"否定世界"之态度,进而反佛教矣。

唐末思想界已有韩愈、李翱等人先后排佛教,其流风至北宋而大盛。日后宋儒之反佛教,大抵皆以"否定世界"一点为抨击对象。此固与佛教教义本身之限制有关,非偶然之事也。

宋儒之学说,属于本书第三卷范围,不在中期思想之列。然佛教发展之结果,使此种趋势酝酿日熟,则在本卷析论佛教教义时已露端倪。而此一思想趋势,因起于唐代,故顺及之。

总观本期中国哲学思想之演变历程，其大致脉络亦甚明显。最初有汉代儒道思想之变质变形，其后内有清谈之兴起，外有佛教之入侵；最后，佛教占一时优势，而其教义之限制亦唤起自然应有之抗拒思潮。而中国哲学之衰乱期亦至此为极。迨宋儒兴起，中国哲学重振其活力，则已非本期之范围。

演变历程既如上述。以下，当附论汉唐文化之某种特色，以作补充。

第三节
汉唐文化对士人心态之影响

上文专就哲学思想本身着眼，故判定汉至隋唐为"衰乱期"。若就制度、风气等其他层面着眼，则汉唐文化自各有其特色，且影响中国知识分子之心态至大。故于此节择要论之。

汉代乃中国正式建立中央政府并推行统一制度之时代，论汉代文化之特色，亦当以此为重点。但在论述汉代制度之前，又有须稍加说明者，即思想与制度之发展次序问题（或先后问题）。

一时代之思想，可影响后一时代之制度，但多不能影响当时之制度；反言之，一时代之制度特色，亦大抵皆来自前一时之思想，而不必关涉同时之思想。此理至为浅显，盖思想影响制度，例必经一酝酿过程；当某种思想表现为一新制度时，后起之思想可能另有新转向。因此，一时代之思想与制度间，尽可呈现种种歧异冲突，并非必然互相配合。此点亦治哲学史及思想史者所宜留意。

就汉代而论，政治制度之设计，最合先秦儒家之思想，而汉代之思想则适表现儒道二家之没落。此即上文所谓歧异冲突之实例也。

汉代之政治制度，可视为中国传统政治制度中最具代表性者；盖汉承秦后,其时古代封建制度业已崩坏,而秦祚甚短,所遗制度仅具规模而未详密,于是,汉统一后,所立制度实为一大设计。此中特色,细言之则甚多;然就其最重要者论之,则有以下二项:

第一为内朝与外朝之划分,亦即"君权"与"相权"之设计。

上古君主之权,原无限制;孔孟立说,始渐以立德得民诸义限制君主之行为,故不为当权者所喜。近世论儒学之政治思想者,每谓儒学拥护君权,实则未审儒学兴起之政治环境与历史阶段,未得古史之真相也。周人之封土建君,在古代政治史上固为一大进步,然对于天子诸侯之权力,固未尝依法制予以限定。孔孟提出理论性之规范以限定"君"之理分,在当时即属于最早之限制君权之理论。此种理论以孔子"正名"之说为观念基础,而以孟子之"民本"说为主要内容;其精神方向甚为明显。然孔孟皆未能用世,亦未尝实际设计政治制度以限君权。此种制度之正式设计,即见于汉初,亦即本节所论内朝外朝之分划是也。

所谓"内朝",指皇室及宫廷而言;所谓"外朝",即指政府而言。天子在理论上为全国之业主,但其管理权则仅及于"内朝"。"外朝"之首领为丞相。丞相主持国政,管理"外朝"。天子有置相、易相或罢相之权,但不能直接管理"外朝"。此是中国独有之制度设计,亦是汉代文化之重大成绩。

在此制度下,天子譬如商业机构之董事长,而丞相乃管理一切事务之总经理。所不同者,商业机构之董事长甚至重要董事,可以自兼总经理职务,而依内外朝之制度,则天子不能自兼丞相。故产权与管理权明确划分。而天子与丞相之权力,互有制衡作用,即不能有绝对专制。

此种制度,虽非"虚君制度",亦可称为"半虚君制度"。倘能严守不渝,则君主专制之恶果,可以大半避免。然汉代虽立此制度,其实行则为期甚短。武帝之后,君主即逐渐扩充内朝势力,以夺丞相之权。虽在法制上,丞相地位并未丧失,事实上则君权日大。故就实际政治言之,君权之为害,实属中国政治上之大病;然其所以如此,非由于未能设计限制君权之制度,或全无限制君权之思想,乃由于此种制度虽已设计,并已实行,而国人未尝严守法制而已。此中问题界限,不可混淆。

倘论中国政府组织之演变,则相权之衰落亦可作为一主要线索。盖君权既侵相权,即逐步以内朝官吏管理政事。后世掌政务之官职,如"尚书"之类,考其始皆属内朝。内朝官吏日益重要,即君权日益扩大之后果也。

相权之演变问题,乃研究中国传统政治时必须注意之关键问题。本书非考论政治制度之作,但以论汉代文化之特色,略及数语,不再详说。

汉代哲学思想虽衰,然而承前代思想设计之政治制度,仍有重大意义。故本节首先述及。

第二为汉代之选举制度,亦即沟通政府与社会之制度。

古代之部落社会,统治全凭强力,自无选才制度可言。且古代掌统治权之贵族同时亦垄断知识,社会中难有人才之培养。即以周代而论,虽有学校制度,并无一定选拔人才之轨道。汉代初兴,用人偏重军功,亦不可谓得抡才之道。但其后建立选举制度,遂建立一法定程序,使社会中之人才可以进入政府。此种制度日后发展为中国科举制度,对后世社会及知识分子心态影响至大。

以考试及荐举选拔人才,使政府与社会有一恒常之沟通途径,乃科举制度之特色。而汉代之选举,即此种制度最早之形态。与唐以后之科举相较,汉代之选举仍以地方长官之推荐为主;人才获得推荐,始能接受朝廷之考选(即所谓"对策")。其影响所及,遂使士人视荐主如君上。而后世门阀之风由此开端。另一面,士人既以受举荐而登朝为正途,遂产生一种"助手心态",以辅佐他人为政治生活之常轨。此点对中国传统知识分子对政治问题之基本态度,实有决定性作用。学者不可不正视此一事实也。

但一制度本身之意义,与其推行中所生出之流弊,又不可混。专就考试制度本身言之,其观念基础实出于儒家选贤与能之说。盖中国传统中政权之建立大致皆恃武力,故开国君主例重军人,而所谓有"佐命"之功者,大抵皆以征战之士为主。然治国属建设之事,与征战之事迥异,故"马上得天下"虽可,"马上治天下"则不可。此义在汉初即为人点破。而欲得才以治天下,便不能不求之于军人功臣之外;于是,如何建立轨道,使天下之贤能皆可进入政府,成为一重大问题。汉代之选举,即考试制度之初步设计,而考试制度又即是针对此大问题所提之解答也。

总之,就考试制度本身而言,实代表中国古代政治之一大进步,亦是汉代文化之另一重要成果。至其演变及流弊则另是一事。

汉代立内外朝之分,以限制君权,立意虽善,实行则未能长久;变质过速,其效不彰;以致后世论中国政治传统者,每对此重大观念全无了解。而考试制度则情况不同。汉之选举仅为考试制度之初期形态。其后,发展为唐之科举,直贯宋及明清诸代,成为中国之独特制度,故论史者多能言之。兹即以此点为线索,引至对唐代文化特色之讨论。其间变化,亦可顺陈数语。

唐代与汉代间,中隔三国、两晋及南北朝。就考试制度而言,可谓一度中衰,至唐方转盛。而此制度之功能,亦自唐代以后方渐得发挥。

东汉表彰气节,极重舆论;此种风气下遂产生一种社会势力,影响政治。此种势力其始固以知识分子为主,但发展既久,遂先有朋党，继有门阀。至曹魏时，立"九品中正"之制，人才之进退基本上受门阀势力之支配，荐举考试之功能殊不能发挥。由两晋至南朝，此种社会形势无大改变。而另一面，两汉选举制度，本有促成荐主与士人间私立门户之弊；此弊转归门阀之潮流中，其势亦甚为自然。终致"上品无寒门，下品无世族"。此种社会情势下之考选，殆徒具虚名矣。

若论门阀势力之正式崩溃，则须迟至晚唐；然唐代之考试制度，在早期已开始发挥效力。其关键在于投牒自试，不待荐举。

士人读书，可以自行参加考试，此即所谓"科举"。唐代既许投牒自试，荐主遂不复关重要。而如此推行考试制度，其开放性方正式建立。故无论就世族之社会影响言，士人如何受此种风气之限制，就制度本身言，考试制度至唐代可谓业已长成。

唐代之公开考试制度，可视为唐代文化之一大特色。而其对知识分子心态之影响，则尤堪注意。欲对此问题作一疏理，则首须回溯知识分子生活方式之演变。

古代知识分子与贵族为一事；平民大抵不得受教育之机会，亦不甚渴求知识。周末始有民间之学，所谓"王官失守，学在四方"是也。然即以战国而论，其时有土之贵族即为知识分子之供养者；士人倘不出仕，大抵即恃贵族供养以为活。墨子讥儒者不治生产，当亦属实情。而孟子固亦谓"惟士无田"也。此种贵族养士之风，至秦汉而变。如汉初淮南王之聚门客，固犹是古代诸侯遗风，然就大形势而言，则一面有博士官学及博士弟子入仕之法，另一面又有选举之制，皆使知识分子之生活方式渐有变化。此种变化，约言之，即由作贵族门客转而作政府官吏是也。

两汉士人，固多躬耕自食者；然当此时，此类士人实只是从事农人工作以自活。作为知识分子而言，其发展固皆寄于出仕一途，其所学亦皆供出仕之用；未有真以其所学寄于农事者也。士人之偶从事他业者，亦皆类是。

两晋及南朝之世族，本身大抵属知识分子，而其力量足以影响政府。人才之选用既为世族所左右，士人之依托世族而谋生者，固仍是出仕而已。

唐代考试制度确立，就政府言，乃一大进步。然就知识分子而言，则益使士人以仕宦为主要生活方式。其后直至明清，基本上无大改变。

此处有一问题，在思想史上至关重要。此即知识分子既以出仕为谋生之常道，则其从政并不须有任何政治理想或主张。而由此之故，知识分子虽经常参与政治，但对政治制度之种种基本问题，皆常不予注意。结果则使中国士人对政治理论贡献特少。反之，治学有得者，大抵以不积极从事政治为清高。此点在宋代尤为明显。宋儒立说，可谓代表中国哲学之极盛时期，然独于政治制度理论毫无建立。倘不知此与传统心态有关，则必觉其难解矣。

唐代知识分子，就思想言，除佛教人物外，其余殊不足论，然其心态则影响后世至巨。中国政治哲学之不发达，实受此种心态影响。故本书于此略论之。至于唐代文学艺术之盛美，则与本书无关，不能论及。

༄ ༄ ༄ ༄ ༄

上节论汉唐文化之特色，只偏重政治思想一面，盖就哲学思想本身言，下文另有论述。而政治思想问题，在下文无单独析论之机会，故乘总论中国哲学中期之便，略作陈述，作为附论，以供学者参考。

本卷导言即在此结束。以下各章分论自汉至唐之中国哲学思想。

第一章 汉代哲学

本卷所讨论之中国哲学之中期,开始于汉代。两汉四百余年,虽无大哲学家出现,然此一阶段中,学统大乱,伪书曲说迭出;思想及学术风气均陷入极端失常之状态中。就中国哲学史言,此时期实是一大变化发生之时期,故学者虽可不重视此时期之种种理论,然对此一阶段本身则不能不有确定了解。

以下当分数步,析论汉代哲学思想。

第一步先作一"外缘观察",即对汉代之历史环境作一描述:盖汉承秦火之后,历史环境至为特殊,本书虽非纯史学著述,然对有关哲学思想盛衰之历史条件,亦不能完全置而不论。因此种描述与哲学内部问题无干,故称为"外缘观察"。

第二步当对汉代之思想趋势作"内在解析",此指析论先秦哲学思想在汉代如何演变而言。汉代之儒者,理论立场与先秦孔孟相去甚远,然仍自命承孔子之学。汉代人对道家之了解,亦与先秦老庄之说大异。此种变化本身自亦有理路可寻。"内在解析"即是就哲学问题及理论本身说明此种演变。

第三步当分别讨论儒道二家变化之实际情形，如汉代儒者与阴阳家之关系，及道家如何分为三支等等。此即下文之三、四二节。

其下则分论董仲舒之思想，《礼记》一书所包含之几种有关哲学之文献，《易传》之思想，以及《淮南子》、扬雄与王充等人之思想。

此中，《礼记》及《易传》之问题尤为重要。《礼记》本西汉儒生编纂之书，其中资料来源极杂，时代亦有早有晚；然当时人皆视之为先秦文献。其中《大学》《中庸》二篇，旧说竟以为一出于曾子，一出于子思，皆在孟子之前；对于书中显属晚出之证据，视而不见。此种奇怪看法，至朱熹而益甚。朱熹作"四书"之注释，不唯认定《大学》出于曾子而《中庸》出于子思，且分"经"分"传"，任意颠倒次序，以求合于己见。此后，所谓儒生竟懵懵然奉为定论；虽偶有辩争者，朱说仍不失其势力。于是，《大学》《中庸》等属《礼记》杂收之作者，乃被人看作儒家典籍，与《论语》《孟子》并列。实可笑可怪之事。

《易传》之作，虽非一时之事，然其不与《易》本文（卦爻辞）同源，亦甚显然。而后世儒生，动引《十翼》之言，视之为《易》，已属荒唐。且或指《十翼》中之《系辞》为"孔子所作"，全从汉儒之臆说，则荒唐中之尤荒唐者。

宋儒昧于古史，又不通训诂；对书籍之真伪先后，全无判断能力；而其立说，又特喜依附《易传》及《学》《庸》等。于是，自北宋至朱熹时，诸家之说，竟使本属伪托之书愈来愈重要。今日吾人明知北宋诸人谈《易》，乃有根本错误者；然亦不能尽废其书，只能指出彼等误以伪托于孔子者为真而已；盖以讹传讹，久而难返于实也。

本书在第一卷中，已对孔孟之"心性论"有一描述；本卷中对汉代托名孔子或先秦儒者之作，则皆略作辨析，以期学者不再将"心性论"与"形上学"，甚至"宇宙论"之说相混。此实有关于学者对孔孟思想之真方向之了解，非小事也。

此外，本书论及《淮南王书》(《淮南子》)者，乃因此书代表汉代人心目中之道家——即"杂家化之道家"。又论及扬雄，则因扬雄半儒半道，亦为一典型之人物；非谓《法言》《太玄》于理有何可取也。换言之，扬雄之有重要性，乃从哲学史观点看时之判断。至于王充，则《论衡》一书，虽属浅薄，然代表反阴阳五行之东汉思想，亦有哲学史之意义。若王充本人思想之欠一致性，则书中另有论述。以上为概说。

第一节
汉代哲学之外缘观察

汉政权之成立，在秦亡及楚汉相争之后。秦始皇用李斯之言，废除百家之学，令民"以吏为师"；其时除卜筮、医药、种树之书外，其余简策皆禁止人民藏有；凡人民所藏之书，皆勒令交官吏焚毁，此即所谓"秦火之祸"。

《史记·秦始皇本纪》中记始皇三十四年发生此事之经过云：

> 始皇置酒咸阳宫，博士七十人前为寿。仆射周青臣进颂曰：他时秦地不过千里，赖陛下神灵明圣，平定海内，放逐蛮夷。日月所照，莫不宾服；以诸侯为郡县，人人自安乐，无战争之患；传之万世，自上古不及陛下威德。始皇悦。博士齐人淳于越进曰：臣闻殷周之王千余岁，封子弟功臣自为枝辅。今陛下有海内，而子弟为匹夫；卒有田常六卿之臣，无辅拂，何以相救哉？事不师古，而能长久者，非所闻也。今青臣又面谀以重陛下之过，非忠臣。始皇下其议。

依此可知，最初之争端原为封建当废不当废之问题，淳于越不过建议始皇行周之封建制而已。始皇所以"下其议"者，当亦欲察群臣之趋向以定取舍；不意李斯乘此时机，竟倡焚书之议。李斯之言曰：

>……异时诸侯并争，原始游学。今天下已定，法令出一；百姓当家则力农工，士则学习法令，辟禁。今诸生不师今而学古，以非当世，惑乱黔首。

此见李斯深恶儒生法古之论，且加以"惑乱黔首"之罪名，论者遂成为思想罪犯矣。而李斯意不止此，进一步即主张焚书，故谓：

>古者天下散乱，莫之能一；是以诸侯并作，语皆道古以害今，饰虚言以乱实；人善其所私学，以非上之所建立。今皇帝并有天下，别黑白而定一尊。私学而相与非法教。人闻令下，则各以其学议之。入则心非，出则巷议。夸主以为名，异取以为高，率群下以造谤。如此弗禁，则主势降乎上，党与成乎下，禁之便。

至此，李斯之意甚为明显，其主要观念即在于"法教"与"私学"之对举，盖李斯以为思想言论应服从法教，而不应循私学。换言之，一切官方决定，便是永不错误之标准规范；不属官方决定之思想主张，皆为"私学"，而应禁止。

此说之不通，甚为易见；盖用天下人之智能，必胜于用少数人之智能，乃不待辩之理。李斯欲禁"私学"，其实思想学术本身，不能不为私人所发所立，禁"私学"实即消灭一切思想学术。而官家所能有者不过少数统治集团之思想见解，其为贫乏愚暗，实属当然。然李斯此论又有两种依据：其一为历史之依据；盖周以前之社会，统治者垄断知识，故有所谓"学在官守"之情况。李斯虽反"道古"，其实自己之主张正是退向"学在官守"之阶段（清人有谓"以吏为师"乃合于"古制"者，即就此而言）。其二为法家思想之依据。李斯所恐惧者，为"主势降乎上，党与成乎下"，此即韩非子论人主之权时之主旨所在。李斯所要求者，非一国家之文化思想之发展，而仅为统治者之便利。此亦韩非思想之基本立场。故合而言之，李斯焚书之议，全属法家思想之产物。此本秦政权之特性所在,而"秦火"事件之思想背景,亦在此矣。

李斯主张禁"私学",其具体方法则为焚书籍。故其言曰:

> 臣论史官,非秦纪皆烧之。非博士官所职,天下敢有藏《诗》《书》、百家语者,悉诣守尉杂烧之。有敢偶语《诗》《书》,弃市。以古非今者族。吏见知不举者,与同罪。令下三十日,不烧,黥为城旦。所不去者,医药、卜筮、种树之书;若欲有学法令,以吏为师。

始皇接纳李斯之议,于是民间挟书成为犯禁;纵有未焚之简策,亦散落不可复得。然此时,秦宫官藏之图籍当尚能保存。及至楚人入关,咸阳焦土;秦宫官藏之书亦遂无余。汉高祖灭项氏,称皇帝,虽有叔孙通之流颁定礼仪,然思想学术,已濒中断。高祖本人亦未留意于此。

孝惠以后,挟书之禁始除,其后文景以至于武帝,皆极力重整经籍,于是献书解经,蔚而成风。故《汉书·艺文志》乃有以下之记载:

> ……战国从衡,真伪分争,诸子之言纷然殽乱。至秦患之,乃燔灭文章,以愚黔首。汉兴,改秦之政;大收篇籍,广开献书之路。迄孝武世,书缺简脱,礼坏乐崩。圣上喟然而称曰:"朕甚闵焉。"于是,建藏书之策,置写书之官,下及诸子传说,皆充秘府。

此记汉代官方对搜求经籍一事之扶植。文景之世,即有一经专门之学,武帝更置五经博士,在此种影响下,经学遂兴。盖因客观之需要,不得不如此也。

汉代经学初仅以求佚书、作训诂为重。其后又有种种古文经籍出现。鲁恭王坏壁所得,真伪虽不可定,人多喜执以为词。于是又有今古文之争。"今文"即汉代所用文字,"古文"则指蝌蚪文字。汉初,求遗经者,所据之经皆由老儒口诵而录之,故皆用当时文字。所谓

"今文"之经是也。"古文"之经，则为残存简策，故不用汉代通用文字。此二者之所以分。然各经今古文殊多舛异。于是经学之士又分派别，或依于今，或据于古，争论不息。此种情况下，知识分子之精力遂大半为训诂所吸引。

总之，由于秦用法家之言，统一思想，焚烧典籍，故汉自初兴，即面临一文化真空之环境。在此环境中，注经成为客观需要，故经学应客观需要而生。而又由于所据材料之不同，经学中再分今古文二派，于是，注经之问题益多。学者皆白首穷经，不再能从事精严广大之思想工作。此为汉代哲学之外缘条件之一。

其次，战国末年，阴阳五行之说已盛，渐与卜筮合流。至秦焚书，又不去卜筮所用。故在此期间，阴阳五行之说大盛；而又适儒学中断，诸子散佚。阴阳家言乃渐渐成为士人共同之观念基础。故汉代哲学思想，乃处于阴阳五行观念包围之中，由此，儒经立为专门之学时，说经者皆已有阴阳五行之色彩。社会风气亦然。此则汉代哲学之第二外缘条件。

在此种外缘条件下，汉代哲学思想乃有两种特色：第一，士人多事训诂，思考转归肤浅，儒学与其他诸子之言，虽兴衰不同，然皆由精返粗，不唯无所推进，且呈日退之象。第二，阴阳五行之说，经秦火而独存，遂成为一普遍势力。儒学陷于此中，不能自拔；于是汉代哲学思想日渐堕落。谶纬妖言横行天下，而中国哲学自此没落。其重兴已在千年后矣。

第二节
汉代哲学之内在解析

汉代哲学思想陷入衰乱，上文已屡言之；兹再就哲学问题之变化,作一解析,以说明先秦诸家之重要思想如何在汉代被歪曲。此专就哲学问题本身而言,故称之为"内在解析"。

此一解析可分为两方面进行:一为儒学问题之变化,一为道家问题之变化。盖先秦诸家,以儒、道、墨为最重要;墨家在战国末年,已渐渐化入游侠生活;故韩非子称"儒墨"为显学,而又以"儒"与"侠"并称而讥之。至两汉之时,儒道并存之趋势极为彰著。墨家之言已渐不重于当世,故在汉代哲学思想史中,墨家无重要地位,可不置论。但能说明儒道两家问题之变化,则汉代思想之大脉络即明。

但此所谓"变化",乃指根本问题而言;其变化之曲折详况,则在下文分论之;本节只涉及最基本之变化。

兹先论儒学问题之基本变化。

儒学起于对生活秩序之要求;观孔子崇周文而言礼,即可知之。但孔子立说,自"礼"而返溯至"仁"与"义"。于是"仁、义、礼"三观念汇为一系;外在之生活秩序源于内在之德性自觉,故其基本方向为一"心性论中心之哲学"。及孟子言性善,言扩充四端,于是点破德性自觉(或对"应然"之自觉能力)为人之"essence"驳告子"自然之性"之观念;此一心性论中心之哲学,遂有初步之成熟。

荀子言自然之性,而不解自觉之性;孔孟之学说遂更无发展。然其真面目固在,未尝为人所歪曲。入汉,则说经诸儒生,多受阴阳家之影响(见下节);董仲舒所倡天人相应之说,实此一普遍风气之特殊表现,并非董氏之独创。天人相应之说既兴,价值根源遂归于一"天";德性标准不在于自觉内部,而寄于天道;以人合天,乃为有德。于是,儒学被改塑为一"宇宙论中心之哲学"。心性之精义不传,而宇宙论之观念,悉属幼稚无稽之猜想。儒学有此一变,没落之势不可救矣。此中尤严重者,为此诸人立说之依托问题。曩之反孔孟者,不假孔孟之言;墨翟非儒,即讥孔丘;荀卿言性恶,即攻孟子。今汉儒则不然；明以阴阳五行之宇宙论观念为据，而故意以此解《春秋》，解《书经》；不谓此乃自己之所见，而必谓此乃儒学经典之本意。如此，歪曲遂成，而两汉间以儒自命之士人，遂日悖于孔孟心性论而不自知；甚至一言儒学儒术，辄及阴阳灾异，似孔孟之学不过由此类妄言构成；诚千古一大可痛亦可笑之事也。

关于变化详情，下节当一一论之。此处所点明者，只为"心性论中心之哲学"被"宇宙论中心之哲学"所取代。此为儒学入汉代后最基本之变化，亦儒学衰微与中国文化精神衰乱之枢纽所在。

其次，论道家问题之基本变化。

道家之基本意向，原在于豁现"情意我"之自由。故对外以冷智静观，对内以清虚自守。汉室初兴，本无一定之文化意识。文帝以后，则朝中重"黄老"，似宗道家之言；其实道家之说亦已遭受一大歪曲，此即"情意我之境界"为"形躯生活之作用（或功能）"所取代。老子有"无为而无不为"之语，其言本旨在于显现自我无执无拘之意境，然以言"智"故，时有权术之言；庄子有"逍遥游"及不死不生之说，皆以状自我之不为形躯事象所封锁，然以喜作寓言故，时以不老及无苦为喻。

汉初时先秦旧学既断其传，言道家者，皆不解老庄所肯定之"自我"何在，而只截取其皮毛譬喻，以为即道家之学。于是，或视道家之说为权术，于是以法家之纯机诈之心灵，运用道家之冷智，以为能通"黄老"；或视道家之说为求长生，于是日用心于守尸之术。二者一在朝，一在野；在朝者为伪托黄老之权术思想，在野者则渐转而为"道教"，亦伪托黄老之宗教也。伪托之所以为伪托，乃因无"情意我"之基本体悟。权术所争者为政治利害，长生术所求者为形躯之生存。此二者皆形躯生活中事。持此态度以论道家，道家之学乃被歪曲为一求形躯生活中某种功效之学，岂非大谬？然此乃汉代知识分子对道家之共同误解。故吾人可说,入汉代后,道家所言之"情意我"已不复为人所知。在一般观念中,道家则变为一逐于形躯生活中之效果者。此一改变,即是一大歪曲;此歪曲对道家影响之大,亦不下于阴阳五行观念对儒学之影响。

由于儒道两家思想,在汉人心目中,均已受如此之歪曲,故不唯终汉之世,二家学说之真相不明;且至于五代宋初,言儒者仍谈五行,言道者仍谈神仙。思想歪曲之为害,岂不可畏乎?

此处所言仅为根本之变化。以"宇宙论中心"代"心性论中心",导致儒学之没落;以"形躯我之功效"代"情意我之境界",导致道家之没落。此为汉代思想问题两大主脉,以下再分论儒道学说演变之情况。

第三节
汉儒之没落

"汉儒"指汉代以"儒"自称之学者。儒学入汉代而丧失原有精神,遭受歪曲,已如上节所言,则汉儒本身即代表中国文化一大没落,自属显然无疑。本节再作进一步之展示。

一、心性论问题之分裂

孔孟儒学,原以心性为主。此一心性论问题,可用孟子之"性善"二字标示之。此问题本含有两部分:一部分涉及价值与德性之解释,另一部分则涉及人性之了解。孟子将价值德性之源,安立于主体之自觉上,故"善"源于人之自觉性,即传世之"性善论"是也。汉儒昧于心灵之自觉义,只在一粗陋宇宙论架构中,处理哲学问题;故心性论问题在汉儒手中遂裂为两问题,而各有一极为可笑之处理。

心性论所涉及之价值问题，在汉儒学说中，化为"天人相应"之问题。持此说者，固以董仲舒为主要代表；然此种观念亦散见于其他经生之言论中，固不止治春秋学之董仲舒一人；以下论宇宙、论哲学一段中，当再分述之。

"天人相应"即以"天"之规律及意志为价值根源；此说中重天之意志一部分，与原始思想有关，其归趋亦相似。至于重规律一部分，则主要出于卜筮传统及战国阴阳五行之说，略有形上学意味。天人相应之说，则半涉及"天"之意志，半涉及"天"之规律。以此作为价值德性之根源，孔孟原意湮没不见。而混杂宇宙论及形上学观点之德性理论，遂渐渐出现。

心性论所涉之人性问题，在孟子学说中，已确定为人之独有之"性"，即与西方古代哲学中之"essence"相当。但至汉代，所谓儒者既不解自觉心之义，对"性"之本义亦不能解；于是董仲舒以"性"为"自然之资"，刘向以"性"为"生而然者"，扬雄以为"人之性也善恶混"，东汉王充则竟将"性"分为"上、中、下"。总之，皆就告子、荀子一系所持之"自然之性"而立说；对孟子本义，则茫然无知。

但由此一趋势，论"性"之说亦有一变化。盖就"自然之性"而言，则人之材质自有差异；于是，由汉至魏晋乃有喜谈"才性"一派人士；此种"才性"问题，实为心性论问题分裂后之产物。清谈之士言"才性"者固无严格理论，但其问题根源则仍在于此。

儒学之中心理论，既不为汉儒所解，汉儒所谈之主要问题，遂与儒学原有之问题不同。然"不同"并非"全无关系"。学者若能深察哲学问题之变化脉络，则可知汉儒之"天人问题"乃从心性论中之价值根源问题演变而生；而材质意义之"性"问题，亦是由心性论中之本性问题演变而生。若以为汉儒之说与孔孟之说为一事，固是大谬；然若以为汉儒所说之问题皆属自创，亦欠真确。盖汉儒乃歪曲儒学问题者,并非另立一说以与孔孟相别;不过,由于汉儒所持之宇宙论架构与心性论迥殊,故一切儒学问题在汉儒手中均被歪曲而已。

此点既说明,则吾人应进一步追问:汉儒所持之宇宙论观念,何由而来?此即涉及阴阳五行之言与汉儒之关系。

二、阴阳五行说与汉儒之关系

汉儒思想,以阴阳五行为基本观念,乃人所熟知;本书亦屡屡提及。然毕竟阴阳五行之观念如何能成为汉儒思想之基础,则尚为一待讨论之问题。

旧说以为阴阳五行亦儒学中原有之观念。此由不辨孔孟理论之真面目所致。"阴阳"之观念,最初应由《易》之筮法而生。即以"—"表阳,以"--"表阴。此属原始思想。正式见于文字者,则如《乾》象辞中有"潜龙勿用,阳气潜藏"之语;《坤》初六象辞亦有"履霜坚冰,阴始凝也"之语;皆以阳指乾,以阴指坤;至于《系辞》《说卦》等则更屡言"阴阳"。然此等作品均属晚出,不能用为汉儒以前儒学本言"阴阳"之证。

且孔子极少言及《易》,孟子则从不言《易》。《论语》及《孟子》书中更未道阴阳之事。真以"阴阳"为一重要原理而立说者,乃战国之驺衍。《史记》中谓孟子之后有驺子之属,而述驺衍之说云:

> 驺衍睹有国者益淫侈,不能尚德,若大雅整之于身,施及黎庶矣;乃深观阴阳消息,而作怪迂之变,《终始》《大圣》之篇十余万言。……称引天地剖判以来,五德转移,治各有宜,而符应若兹;以为儒者所谓中国者,于天下乃八十一分居其一分耳。①

---

① 《史记·孟子荀卿列传》。

依此可知，驺衍乃以"阴阳"立说者，又谈"五德转移"。五德即五行之德；以此论政权之变化，亦始于驺衍。此盖最早言"阴阳五行"说者。

驺衍附于孟子之后，人或疑其说仍属于儒学，但观驺衍论世界，"以为儒者所谓中国者"云云，则可知驺衍自己并非儒者，而至《汉书·艺文志》中，则列"《邹子》四十九篇"及"《邹子终始》五十六篇"于"阴阳家"著作中。故驺衍为阴阳五行之说之代表人，实不成问题。

驺衍之后有驺奭，《艺文志》亦有"《邹奭子》十二篇"，盖承驺衍之说者。然此派思想之著作，传世者殊少。吾人但知齐之诸驺为谈"阴阳"及"五德终始"之创始者而已。

但《汉书·艺文志》中，于阴阳家著作外，又另录五行之书；书名中有《泰一阴阳》《黄帝阴阳》《黄帝诸子论阴阳》等；此盖真为汉儒灾异之说所从出者。《艺文志》曰：

> 五行者，五常之形气也。《书》云："初一，曰五行；次二，曰羞用五事"（案《书经》原文为"敬用五事"），言进用五事以顺五行也。貌、言、视、听、思，心失而五行之序乱，五星之变作，皆出于律历之数，而分为一者也。其法亦起五德终始，推其极则无不至，而小数家因此以为吉凶，而行于世，寖以相乱。

此所谓"五行"，即指灾异而言；所谓"五行之序乱"及"五星之变作"，皆汉代言灾异者惯用之说法。大抵此类言论，又晚于驺衍。言阴阳五行以释人事吉凶者，应是此类术士思想。此种思想承驺氏之说，而益之以星相之观点，遂成为一朴素型之"天人关系论"，日后遂影响汉儒。

"五行"观念，本可视为对宇宙万物之元素之解释。此种幼稚简陋之宇宙论观念，在西方及印度古代均有之，不足为奇，亦不足为病。但因加入一"天人关系"之观念，一切人事均以"五行"为符号而论其盛衰演变，且引生预言吉凶之说，遂与古代卜筮合流；此则为扰乱思想界之大事。

要言之,战国驺衍,首倡阴阳五德之言,其后渐变而为谈灾异吉凶之"阴阳五行说"。《艺文志》中另录五行之书,然明言"其法亦起五德终始",则其演变之迹可见矣。

但此种思想与儒学相距本甚远。何以能支配汉儒思想,此则为中期中国哲学演变史中一大问题。此问题应由两方面解释。

第一,就理论原因或内在因素讲,则儒学自始即为一"生活之哲学";由孔孟之努力,此"生活之哲学"逐渐进展而成为"德性之哲学";其系统甚大,造境甚高,然独缺一宇宙论。严格言之,"宇宙论"本为一种幼稚哲学思想;儒学最初无宇宙论,并非一缺点,实为一优点;盖正因无此种幼稚思想,儒学始能直见自觉心之大本,德性之真源。然而,人类心灵之幼稚倾向,亦为不可免者;故在荀子之后,心性之本义不明,从事儒学者各入歧途。其中遂有寻求宇宙论者,而阴阳五行之说遂渐渐侵入此类儒生心念中。及至另有历史机缘相助,此种对宇宙论之寻求,遂乘势而以儒学正统面目自居,此所以汉儒背孔孟心性之精义,而取阴阳五行之妄言也。

第二,就历史原因或外在因素论之,则秦火一劫,经籍散佚。挟书之禁又独宽卜筮之书,故《易经》之传独盛。而说《易》者又有孟喜之徒,多用阴阳灾变之说,故阴阳五行之观念,乃首先通过《易经》而侵入儒学。此点有关史实,虽无充足证据可用,然《汉书》中颇有可供参考之材料。

《汉书·儒林传》述《易》之传授云:

> 及秦禁学,《易》为筮卜之书,独不禁,故传受者不绝也。

此足见《易》之流传,有特殊有利之时代因素。

其次,《易》本为占卜之书,自与阴阳五行之说极近;田何主要弟子有王同（子中）、周王孙、丁宽、服生四人；王同、周王孙及服生学，似皆不盛；唯丁宽授田王孙，田王孙又授施雠、孟喜、梁丘贺等；此中孟喜最喜言阴阳灾变，日后传焦延寿，再传至京房，遂有以灾异为主之说《易》者。

故汉儒中说《易》而特重阴阳灾变者，实为孟喜至京房一系。然孟喜之思想固非解《易》之正宗，而实易受当时阴阳灾变说之影响者。《汉书·儒林传》云：

> 孟喜，字长卿，东海兰陵人也。父号孟卿。……孟卿以《礼经》多，《春秋》烦杂，乃使喜从田王孙受《易》。喜好自称誉，得易家候阴阳灾变书，诈言师田生且死时，枕喜膝，独传喜。诸儒以此耀之。

由此可知，孟喜另得阴阳灾变之书，而伪托田生所传，且编造故事，谓田生弥留之际，独传彼此种秘奥之学。其行为固可笑；然诸儒反以为荣，则此种以伪乱真之思想，固从此下种。后孟喜同门梁丘贺责孟喜妄言，然孟喜之说已行于世矣。

孟喜之后，赵宾又立诡异之说，自承为孟喜所传；孟喜亦承认。《儒林传》曰：

> 又蜀人赵宾，好小数书，后为《易》饰《易》文……宾持论巧慧，易家不能难，皆曰：非古法也。云受孟喜，喜为名之。

赵宾说《易》，故作妄解，世之易家认为"非古法"，而赵宾乃谓受此学于孟喜；则可知孟喜一派所说，皆"非古法"，"非古法"即非正宗解《易》之说；所以非正宗者，即因孟喜窃取阴阳灾变之言也。

观此可知，《易经》之传授至孟喜而生别解；孟喜自身思想，则以阴阳灾变说为主；故后之学者受此影响，遂以种种妖言说《易》。而《易经》又为秦火独存之书，影响最大，于是孟喜之易学乃成为汉儒阴阳五行说之根源之一。

汉儒解经,受阴阳五行说影响,固不独于《易经》为然。解《书经》及《春秋》者,亦皆受此种思想之影响,但其传承间之演变,殊无充足材料可作推证。所可知者只是汉代经生之言论本身。此类言论本身充满阴阳五行观念,则处处可见。

例如《书经》本为古代历史文献之汇编,但汉之经生解《书经》者最喜谈《洪范》,且据《洪范》之文而说五行灾异之事。治《书经》者原宗伏生。伏生传张生及欧阳生。张生一系后有夏侯都尉、夏侯始昌,递传至夏侯胜及夏侯建,即所谓"大小夏侯之学"也。夏侯胜及夏侯建皆喜据《书经》以言灾异。

《汉书·夏侯胜传》云:

> 胜少孤,好学,从始昌受《尚书》及《洪范》五行传,说灾异,后事简卿……会昭帝崩,昌邑王嗣立,数出,胜当乘舆前谏曰:天久阴不雨,臣下有谋上者,陛下出欲何之?王怒,谓胜为妖言,缚以属吏。吏白大将军霍光,光不举法。是时,光与车骑将军张安世谋,欲废昌邑王。光让安世,以为泄语。安世实不言。乃召问胜。胜对言在《洪范》传曰:"皇之不极,厥罚常阴。"时则下人有伐上者,故云臣下有谋。光、安世大惊,以此益重经术。

夏侯胜据《洪范》以预言政治方面之变化,此已足见经生实以占卜之心情说经;而霍光与张安世因其预言之准确,乃"益重经术",更可见当时人士心目中之"经术"已成为此种占卜之说矣。

夏侯胜之学,传自夏侯始昌,始昌固是言阴阳灾异者。《汉书》云:

> 始昌明于阴阳,先言柏梁台灾日,至期果灾。①

----

① 《汉书·夏侯始昌传》。

始昌通五经,然以说齐《诗》及《尚书》为主;则以阴阳灾异解《尚书》,自始昌即然。

伏生传张生及欧阳生;张生本人立说,是否杂取阴阳五行之言,则不可考。夏侯氏之学出自张生,盛言灾异,则史有明证。欧阳生传兒宽,二人传中均不见说阴阳五行之证据。则以阴阳五行解《尚书》,可能为夏侯氏所提倡。此又为汉儒阴阳五行说之另一根源。

但阴阳五行之说侵入儒学,尚有另一重要通路,此即所谓"谶纬"。

"谶"指预言性之图谶而言。早期社会均有图谶一类之预言。中国古代自不能免。但由于阴阳五行之说为一切预言立一理论基础,故言图谶者必接受阴阳五行之说。汉代经生对预言特别重视,因此无不喜言图谶。阴阳五行之说遂通过图谶而深入人心。

较"谶"更为重要者为"纬书"。"纬书"之起源已不可考,但流传甚久;《隋书·经籍志》中尚载其详目。纬书之内容皆为阴阳五行之说,而其名则分配诸经,如《易纬》《春秋纬》之类。汉儒说经大半喜宗纬书之言,此所以汉之经生皆接受阴阳五行之说。

纬书本身于何时代成书,固不可考;然先秦著作中未见提及纬书者,汉代人则常引用纬书之语;以此度之,纬书可能初成书于秦汉之际,逐步增多;盖因秦设挟书之禁时,此种著作混于卜筮之书中,不致犯禁,故人乐道之。至其内容,则必起源于阴阳五行家言。纬书思想至为荒谬,而汉儒据此以说经者甚众,此亦汉儒阴阳五行说之另一根源。

以上论儒学在汉代之没落,为汉代哲学之一面,另一面则为道家思想在汉代之变化。

第四节
道家思想之肢解

道家思想在汉代亦有恶劣之变化，此在前文业已述及。此处再作较详细之展示。

儒学在汉代之没落，主要由于心性论被阴阳五行家之宇宙论所取代；道家思想在汉代之没落，则由于道家之"情意我"为常识中之"形躯我"所取代；此为中心变换之问题。在作汉代哲学问题之内在解析时，俱已论及，但儒学及道家思想虽同在汉代人手中遭受歪曲，因而变质，其详况又互不相同。儒学在汉代被人假冒，道家思想则在汉代遭受肢解。

宗阴阳五行之说，倡天人关系之论，而落实于灾异谶纬之妄言者，强称为儒，实不承孔孟之要旨，故为假冒之儒学。但此种汉儒既假冒为孔孟之徒，遂不得不袭取其外貌。故汉儒在基本问题上（如价值问题及心性问题）固作妖妄幼稚之说，大悖孔孟原意，而成为思想上一大没落；然在行事及实践一面，则大体尚与儒家本来之主张相近。如政治方面之强调教化，生活态度方面之鄙视功利，在董仲舒及其他经生均视为通义。而此种种实为孔孟之主张。故汉代经生实有儒家之外表，而内藏阴阳五行之思想。其趋向大体一致。道家思想之演变则不然。汉代人对道家思想常只截取其一部分，而另配以粗陋之常识观念。于是，不唯道家之真精神，在汉代急剧变质；甚至道家生活之面目，亦随之改变。而更严重之问题则为，老庄及其从者之生活详况，记载本已不多。秦火劫后，道家之典籍亦复佚散，于是真道家之生活究为如何，世人大半不解。而汉代之假道家人士所取之生活态度，遂以假代真，成为一般人所了解之道家态度。因此，严格言之，道家思想在汉代所受之歪曲，实较儒学所受者尤重。

道家思想至汉以后分裂为三部分：第一为其寻求超越之思想，此一部分遭受歪曲，而成为求"长生"之道教。第二为其否定礼制之思想，此一部分被人袭取其皮相，而逐渐形成汉末魏初之放诞思想，其后遂发展而成为魏晋清谈。第三为其"守柔"之技术观念，此一部分成为政治上之权术思想。

兹分别一论其大略。

一、"超越我"之形躯化——道教

老庄之学，原以情意我之肯定为中心，故对德性、认知及形躯意义之我，均排斥不取。此义在本书述老庄之学时早已阐明。但老庄皆未有精确之词语以描述此"情意我"，而喜用"生"字以标指此种情意我之境趣。庄子及其后学，皆常言"养生"及"全生"。此所谓"生"，自非指形躯而言。然超越形躯之纯"生"观念，本为常识中人所难了解；故此种思想逐渐被人误会，而引出专求形躯不死之说。

《庄子》内篇中描绘自我之超越性，常就自我之不受物质势力影响立说，如"入水不濡，入火不热"（《大宗师》）及"不死不生"（《大宗师》）之类，《老子》亦有"陆行不遇兕虎，入军不被甲兵"等语；其本意原是说，自我超越形躯，故不受经验界之一切影响，然此义固非世俗所解。仅就表面观之，极易引生一"神秘力量"之意象。汉代印度佛教开始入侵，其间不乏"神通"之说。道家之自我既经误解为具有"神秘力量"者，又有新流入中国之印度思想提供神通观念，于是遂有神仙法术之说。

"不死"与"神通"合而为道教之基本观念。张道陵以后，老子及庄周皆被托为神仙之祖；道家所讲之超越自我，遂变为"长生不老"及"呼风唤雨"之神仙。此道家思想遭受歪曲之一。

"不死"乃指形躯而言，"神通"亦就经验世界中之支配力而说。

二者落于形躯我之领域中,故道教之说既行于世,道家之"情意我"观念遂湮没不彰。盖道家所肯定之超越自我,已被化为形躯我矣。

二、文化否定论之孤立化——放诞之风

其次,老子与庄子皆轻视"德性我"及"认知我",故《道德经》中贬斥仁义,《南华》内外篇亦否定德智及一切文化成绩。此种否定,本系依其"情意我之肯定"而立者。然汉代以后,喜言老庄者,辄将此否定论孤立而扩展之。由此,老庄所肯定之超越自我,不为后人所解,而其否定德智之态度,乃为后人所袭取。否定德性,故反对一切价值规范;否定智性,故不求学问,而终日耽于纵欲行乐之放诞生活。此种生活就其所否定或突破之一面看,似与庄子态度极相近,然就所肯定一面看,则庄子肯定者乃超越形躯之"情意我",故归宿于冷智观赏之境界中;此辈放诞之人,则事实上只肯定一形躯我之情绪要求(此种"情绪"乃源自生理者,非超越形躯之"情意"),故皆堕落于极无聊之物欲及意气中。二者之别实不可掩。问题在于人能不能察见本源而已。

此种放诞生活,在汉末魏初方渐露端倪,大盛则在魏晋,然其发源实始自汉人。盖汉人既将道家思想肢解而利用之,则文化否定论一部分,自不得不孤立;此一部分思想既已孤立,则何时被人所用,只是机缘问题。就理论本身言之,文化否定论一被孤立,则放诞生活之产生已有确定根源。此种生活之盛行,固因外在机缘而延至魏晋,然此种生活之理论根源,则不能谓不起于汉代,故放诞生活仍应视为汉代道家思想被肢解后之产品。

此种放诞生活,每依其不守礼法一点,而自拟为老庄之生活态度。后世习以为常,道家生活在一般人心目中亦遂成为纵情行乐、无所信守之生活,此种影响至今犹存。

中国后世一般人所了解之"道家",大体均受汉代人之影响。假道家除放诞生活一特征外,尚有另一特征,即有阴谋意味之政治手段及处世态度。下节论之。

三、"守柔"与"无为"之技术化——黄老之术

老子曾言守柔与无为之义,其说固有技术与原则两面意义;但自韩非以后,人即常截取其技术意义,而建立一套纯权术之原则,至汉初时此风尤盛。所谓言"黄老"或习"黄老之术"者,莫不与刑法之说相表里;实即假道家所持之权术原则,以配合其支配事物之要求。司马迁作《史记》时,即处处将道家与法家混为一事;不唯"老庄申韩"合传,且时时有"黄老刑名之术"一语见于各传之中。盖其时一般观念以为此权术原则是道家思想之代表,故亦认为与法家实无差别矣。

然则此权术原则之内容如何?此点虽无一定之文献可据以解说,但综观汉人在此一方面之言论,可知其内容实亦甚简;不外以下两点:

第一为虚静自养之原则。人欲支配外界,必须时时保有一冷静之观照能力;为养成此能力,必须心思不系于一定之观念或要求,故用"无为"以成心灵之虚静,由虚静而成明察之能力。如此,则不自蔽亦不为人所蔽,不为外界所制而能制外界。

第二为应外界时之守柔原则。老子原以水为喻,说明"天下之至柔"可支配一切坚强之物,此原与形上观念有关。言权术者由此遂引出一守柔之原则。此原则即俗语所谓"以柔克刚""以静制动"是也。此原则殊无严格之理据,大体上可视为一利用机遇及外在条件之主张。盖柔和之道所以能制刚强,乃因刚强之力有穷。用刚强者即属不断发挥其力而必至于穷者;用柔和之道,则待敌力之穷而制之,当敌力未尽时则不与争。所谓"柔和"即落在此"不争"上。然仅

仅"不争",并不能制刚强之对方,必须待敌力之穷,然后能利用时机以制之;则守柔本身仅为一过程中之条件,制刚强者固非柔和本身。推而言之,一切制胜之道皆决于力量之大小;但用刚强者不断用其有穷之力,故久必挫败;用柔以制刚者,则藏力不用,待敌力真穷时方用之,故能制胜耳。依此,则以守柔为主之权术原则,主要内容不过在于不滥用力量,又能把握时机利用其他力量,以攻对方之弱点而已。

虚静原则与守柔原则,在汉初一度成为政治上之原则。其具体表现则为休养政策;因虚静与守柔排斥"强为"之事,故由"不强为"之要求,遂生出一休养观念。虚静以养智,守柔以养力,而汉代用"黄老之术"为政治原则者,则主张政简刑清以养人民之实力。此乃权术原则之正面作用。至其负面作用,则在于导生阴谋及残忍之观念。此种观念在汉代当政者事迹中在在表露,不待详引。

权术本非始自道家,但自《韩非子·解老》《喻老》以后,已有假道家以言权术者。汉代则"黄老之术"已与统治之权术不可分。此后,权术阴谋亦成为所谓"道家思想"之特征,而老庄原旨转不为人所知矣。

总之,道家思想入汉代即遭肢解。此后作道家言者,或归于长生法术之妖妄,或归于纵情肆欲之放诞,或归于阴谋诡诈之权术,独无真肯定"情意我"境界者。就此论之,道家思想在表面上虽为汉初之显学,实则亡于汉代。此为汉代中国哲学衰落之另一面。

✿　　✿　　✿　　✿　　✿

上节已论儒学及道家思想在汉代之衰落。先秦诸家中,墨家之传至秦已绝;儒道两大势力又皆有如此之变化,故汉代中国哲学实已衰极。此后流行于中国之主要哲学思想遂非中国自有之学说,而为自印度东来之佛教教义。但在两汉数百年中,亦有颇具影响力之学说及人物。汉儒所编之《礼记》与在此时代中成立之《易传》，尤为重要。就哲学史之要求看，吾人须注意此等著作而予以简要叙述。因此，以下节将略述董仲舒、《淮南王书》、扬雄与王充等之言论，此外并整理《礼记》及《易传》之理论。

第五节
董仲舒与"天人相应"之观念

谈阴阳五行，虽以说《易》、说《书经》者为多，但真正代表汉儒之理论者，非说《易》、说《书经》诸人，而为治春秋公羊学之董仲舒。

董仲舒所倡"天人相应"之说，实为汉儒之"宇宙论中心思想"之总枢。故观汉儒思想，必当自董说下手展示。本节专述董仲舒之思想，以说明汉儒思想内部之真相。

如上文所述，汉儒思想受阴阳五行说之支配，实为一普遍趋势，并非始自董仲舒。阴阳五行之说，本非儒学所有，而汉儒取此种立场以解经，亦非一人一派之事。然董仲舒论"天人相应"特详，且以此作为儒学之精义；又倡罢黜百家之议，由此，使中国思想界在一段极长时间中，受伪托儒学之灾异妄言所支配，实为影响至大之经生。故应特述其思想。

董仲舒之思想，主要见于其对策之文与所著《春秋繁露》一书中。汉武帝即位，举贤良文学之士甚多。董仲舒以贤良对策。武帝所问为治乱盛衰之理，董仲舒对以"天人相应"之说，凡三问三对，故称《天人三策》。问答之文皆甚长，兹择其要述之如下。第一策所问为：

> 三代受命，其符安在？灾异之变，何缘而起？[①]

[①] 《汉书·董仲舒传》。

此种说法,因可见当政者心思中已充满阴阳五行及灾异图谶之信仰。而董仲舒之对则更大谈"天人相应"。其言曰:

> 臣谨案《春秋》之中,视前世已行之事,以观天人相与之际,甚可畏也。国家将有失道之败,而天乃先出灾害以谴告之;不知自省,又出怪异以警惧之,尚不知变,而伤败乃至。①

董氏盖以为,《春秋》之史料足以证明有此种天人关系;政治不佳,即有灾异。且解释灾异为天之示警。此中竟含有"人格化"之"天"之信仰。

董氏文中续论盛衰在人之理。危乱由于任非其人,而不由于道本身之亡。故说:

> 道者,所繇适于治之路也。②

又谓:

> 夫周道衰于幽厉,非道亡也,幽厉不繇也。③

此种观点含有对一不变不亡之道之肯定,以为人君能努力繇道而行,则治。此本不悖儒学之义。但人君究应如何繇道而致治?董氏之答复则归于"天"与"阴阳"之观念。

其言曰:

> 然则王者欲有所为,宜求其端于天。天道之大者在阴阳。阳为德,阴为刑。刑主杀而德主生。是故,阳常居大夏,而以生育养长为事;阴常居大冬,而积于空虚不用之处,以此见天之任德不任刑

---

① 《汉书·董仲舒传》。
② 《汉书·董仲舒传》。
③ 《汉书·董仲舒传》。

也。……王者承天意以从事,故任德教而不任刑。①

董氏之主张,本是儒家之一贯主张,即以教化为政治之本。但董氏之解说,则以"天意"为规范。任德不任刑,原有种种理由可以成立。董氏却以"阴阳"配"刑德",再以重阳轻阴为天道,由此以肯定人道之应重德轻刑,此即"宇宙论中心之思想"之显著表现也。

第二策论养士尊贤,涉及天人阴阳者甚少。第三策则专论"天人相应"。原问:"盖闻善言天者,必有征于人;善言古者,必有验于今。故朕垂问乎天人之应。"此承第一策所问而言;盖第三策所问,不过欲对策者作详切解释而已。于是董仲舒更畅说天人之关系云:

> 臣闻,天者,群物之祖也。……故圣人法天而立道,亦溥爱而亡私。……春者,天之所以生也;仁者,君之所以爱也;夏者,天之所以长也;德者,君之所以养也;霜者,天之所以杀也;刑者,君之所以罚也。繇此言之,天人之征,古今之道也。②

而且董仲舒进一步将此一观念归于孔子,并依此以解《春秋》,故云:

> 孔子作《春秋》,上揆之天道,下质诸人情,参之于古,考之于今;故《春秋》之所讥,灾害之所加也,《春秋》之所恶,怪异之所施也。书邦家之过,兼灾害之变,以此见人之所为,其美恶之极乃与天地流通而往来相应,此亦言天之一端也。③

如此,言灾异竟成为孔子之思想,与《春秋》一书之意义所在。儒学被曲解至如此程度,董氏立论之恶劣影响已可推见矣。

其下,董氏论顺天、教民及防欲之义,大体与儒学之原意相去不

---

① 《汉书·董仲舒传》。
② 《汉书·董仲舒传》。
③ 《汉书·董仲舒传》。

远。后又议政治之得失，皆可不论，唯最末建议罢黜百家，则为一大可注意之事。其言曰：

> 春秋大一统者，天地之常经，古今之通谊也。今师异道，人异论，百家殊方，指意不同，是以上亡以持一统。法制数变，下不知所守。臣愚以为诸不在六艺之科、孔子之术者，皆绝其道，勿使并进。邪辟之说灭息，然后统纪可一，而法度可明，民知所从矣。①

此即后世所言独崇儒术之议。此议虽为汉武帝所接受，然儒学此时本已势力日大，并非全仗此议而得势。此点与本章无关，姑不详论。应注意者是汉儒思想本身为一种违背心性论传统之混乱思想；以此而冒称孔子之学，实是一伪儒学。然此种儒学之"伪"，不为汉代人所了解。汉人一般观念，皆以为说阴阳、谈灾异即是"儒学"或"经术"，因遂以伪作真。今董仲舒又假借政治力量以提倡此种"天人相应"之说；于是作为阴阳五行家与儒家之混血儿之汉儒思想，竟一度僭据中国哲学"正统"之"宝座"。自汉以后，除言佛老者以外，知识分子莫不受此种荒谬思想之笼罩。直至宋代二程立说，心性论方日渐重振。此则董仲舒等人不能辞其咎也。

董仲舒此种天人关系论，亦表现于《春秋繁露》一书中。因董仲舒之基本价值观念为"以人应天"，故认为人之身体，亦与天象相应，人间之制度（如官制）亦须应天象之数；政权之得失由于天意，天意又表现于灾异祥瑞之中。此种幼稚思想，在《春秋繁露》中发挥甚详。其主要纲领仍不外以上各点，但有一须加注意之处，《春秋繁露》中对"性"之善恶问题之处理。

汉儒虽多采阴阳五行之说以解经，因而皆走入"宇宙论中心之哲

---

① 《汉书·董仲舒传》。

学"之歧途；但用此思想架构回头解说"心性"，则以董仲舒为代表。

《春秋繁露》中董之说云：

> 仁贪之气，两在于身。身之名取诸天。天两有阴阳之施，身亦两有贪仁之性。①

此处所谓"贪"与"仁"，即表价值意义之"正"与"反"。董仲舒认为天有阴阳，而人象天而生，故人亦有善恶。此本属常识之浮谈。但由此可见董仲舒乃直接以宇宙论意义之规律作为价值标准者。关于自觉心之本性，董氏根本不解。而如此立说后，心性之善恶问题本身亦由自觉根源问题变为材质问题，孔孟心性论之精义全亡矣。

由于董氏此种理论态度，在中国哲学史上有极大之影响，故应作以下之论析：

第一，儒学心性论之基源问题，原为"德性如何可能"。故必须深究所谓"善"之本义——亦即"德性价值"之本义。而此一问题即与描述任何"存有"之问题，不同类属。盖无论取经验意义或形上意义，"存有"问题总与价值问题本性不同。譬如某一经验事象或"有"或"无"，本身无所谓"应该"或"不应该"；某一形上之理之"有"或"无"，本身亦无所谓"应该"或"不应该"。此义极明，不待辩说。

"应该"或"不应该"之问题，本身另有一领域，此领域必成立于一自觉基础上。因必有自觉之活动，方有如理或不如理之问题；离开自觉，专就"存有"讲，则无所谓"应该"或"不应该"。因无论"有"或"无"，皆是一"实然问题"，非"应然问题"。

董仲舒所言之"天道"与"天象"，或为形上意义之规律，或为经验意义之事实，本身不能涉及价值问题。但董仲舒则将"应天"当作最

---

① 《春秋繁露·深察名号篇》。

高价值原则,此乃思想上一大混乱。

批评此类说法,至为容易。吾人可设想有一套属于天象之事实,然后比较此类事实与人事间之相似关系。但无论此种相似关系是否存在,均非一价值问题,吾人不能谓人事与天象应该相似,或不应该相似。盖天象是一套事实,人事是另一套事实;二者是否相似,亦只是一事实问题。此中不可能涉及价值。

由于"相似"只是一事实关系,故亦无必然性。董氏由天之有阴阳,推人心之有"贪仁",乃一全无根据之类比,实无任何论证力量。董氏所以如此立论者,乃因董氏与其他汉儒皆在心思中有一根本假定,此即"人"为"天"之模本。董氏《贤良对策》中谓:"人受命于天",亦是承此观念而来。

据此种"相似关系"或"模本观念"而立价值论,乃董仲舒一流之理论立场。此一立场大致可与希腊柏拉图之理念说相比。董氏之"天",相当于柏拉图之"理念世界";"人副天数"之观念相当于柏拉图所谓"事物模仿理念";而"以人应天"作为价值标准,更与"由事物分有理念之多少以定价值高低"之说极为相似。

然此非谓董氏之思想全部与柏拉图相似。以上所举之类似,仅在处理价值问题一方面可以成立。若就形上学之组织着眼,则董仲舒之理论与柏拉图之理论殊异甚明。柏拉图以为每一事物皆属于某一理念;董氏则以阴阳、五行及数三原则,解释天人关系,而未肯定具体之理。此即最大差异所在。

但如仅就价值论言之,则柏拉图价值论之缺点,在于以"存有"释"价值";董氏之说亦然。此种类似处正学者所宜注意者。

因董仲舒以为人为天之模本,故由天之有阴阳以推人之有贪仁二性。此说即将价值与德性认作"实然之属性",其病甚明。且阴阳仅为形式意义之符号,就此种符号以释"贪仁",亦不能肯定德性之为德性。儒学心性论之基源问题,至此遂被隔断于汉儒思想之外。而价值问题亦化为宇宙论问题。此董氏思想所以代表儒学一大没落也。

第二,儒学中孟子"性善"之论,本就"根源义"讲。故孟子立"四端"之说,精义在于展示"价值基于自觉",孟子言四端,固非谓德性之完成不待努力,仅谓德性之根源不在"客体"而在自觉之"主体"而已。就"完成义"言之,则孟子亦有"扩而充之"之说,其旨固甚明也。然董氏不知"根源义"与"完成义"之差别,且不解"根源问题为第一重要问题",而徒絮絮以说"完成问题",遂陷于常识浅见之中而不能自拔。《春秋繁露》中,董仲舒云:

> 卵待覆二十日而后能为雏,茧待缲以绾汤而后能丝,性待渐于教训而后能为善。善,教训之所然也,非质朴之所能至也。①

董氏之意,不过谓人之成德,须有一工夫过程;此何待辩?真正重要问题,实在于"为善之可能基础何在",即德性根源何在之问题。此不仅是儒学之大问题,亦一切哲学系统涉及德性价值时所必须注意之问题。孟子苦心点明"德性源于主体之自觉"一义,即是为此大问题提一解答。而董仲舒以儒者自居,对于此种大关目竟懵懵然不解其意义!亦可笑可叹矣。

凡"根源"不明时,谈"完成"之过程,即全无意义。譬如,今问:"真命题如何可能?"学者必就思考活动本身展示其形式规律,然后方能阐明如何为"真"。倘若只能就求知过程着眼,而谓"真命题由逐渐试验而获得",则是不明"根源问题",而误以涉及"完成"问题之观点,用于"根源问题",乃成一大谬误;盖如此说后,仍不知"真"是何义,亦

---

① 《春秋繁露·实性篇》。

不知何谓"真命题"也。"根源问题"与"完成问题"本各属于不同领域，其解答亦不能互代。儒学之"心性论"言德性价值时，必须先自"德性如何可能"着眼，方能见"根源"所在；"根源"既明，然后方能论"完成过程"。此所以孟子必立"四端""性善"诸义，然后才能论及成德性工夫也。荀卿已不解"德性根源"之义，故有"师法"之说。而董氏所谓"教训"，即荀卿所谓"师法"也。其蔽既同，立说之病亦同。所不同者则是，荀卿尚无意走"宇宙论中心哲学"之路，故其德性根源或价值根源乃无所归。董氏则取阴阳五行之幼稚思想为基础，遂有"天人"关系之谬说，而将价值及德性根源归于一宇宙论意义之"天"矣。荀卿学无所归，董氏之学则归于邪妄也。

董氏在《实性》及《深察名号》各篇中，力攻孟子之说；大意不过谓，心性中有善端并非善之"完成"。其实，孟子既言"扩充"及"养气"，显然亦不认为德性"完成"不待工夫，故董氏之批评，实由不解孟子之说而来，殊无可取。但最严重之问题则在于董氏不解"德性根源问题"本身之重要。董氏立说，实以为德性问题仅是一"完成问题"，而不知最根本处尚有一"根源问题"存在，于是全不能接触儒学心性论之本义，而其影响则使儒学中最重要之成绩遂至汉而中断。此则是中国哲学史中一大事件，学者不可不深察之。

总之，董氏论"性"，为汉儒恶劣思想之代表。天人之说既盛，德性根源之精义，遂不为当时人所解。而董氏又以儒者自命，其说遂又以伪乱真。由此，使儒学在汉代之没落成为定局。董氏倡议罢黜百家，然究其实则董氏及当时儒生皆为阴阳五行观念所惑，不能承儒学真精神；于是罢黜百家之结果，仅为伪儒学之得势。孔孟之学，反长期湮没不彰。此亦董氏在哲学史上之影响也。

第六节
《礼记》之思想

在论汉代儒者思想时,尚有一须加说明之问题,即《礼记》一书是。《礼记》《周礼》及《仪礼》三书,世称为"三礼";但就哲学史立场言,则唯《礼记》一书应加注意。尤其《礼记》中《大学》及《中庸》二篇,影响日后宋代理学甚大,益须在此先作讨论。

《礼记》思想所以在此处讨论者,乃因此书内容时代难定,然编辑成书则在汉时;以下当再阐述。兹即分节说《礼记》一书之特色,以及其中之主要理论。

一、《礼记》一书之特色

所谓《礼记》,本汉代儒生纂辑旧资料而成之书,其中有属汉儒所作者,如《王制》《乐记》等篇是。余篇作者不可考,但大抵皆不早于战国末年。俗传《月令》为周公所作,《大学》为曾子所作,《中庸》为子思所作,皆属伪托,前人考之已详。至此书篇数,亦多有改变。兹举其要者略为说明。

《汉书·艺文志》载有:"《记》,百三十一篇。"其下注云:"七十子后学者所记也。"此所谓"百三十一篇",当指河间献王所得之《礼记》而言。尚非传世之大戴、小戴之学也。

东汉郑玄《六艺论》(见孔颖达《礼记正义》所引)则谓:

> 今礼行于世者,戴德、戴圣之学也。戴德传《记》八十五篇,则《大戴礼》是也。戴圣传《礼》四十九篇,则此《礼记》是也。

盖戴圣所编之《礼记》,系删节戴德所编者而成,而戴德又由旧传之百三十一篇中选辑而成所谓《大戴礼记》。"行于世"者,即此二戴之书。

若考其传,则戴德受学于后仓,后仓于汉宣帝时说礼于曲台殿。可知《礼记》一书传世之晚矣。

《隋书·经籍志》中记所谓《礼记》之源流云:

> 汉初河间献王又得仲尼弟子及后学者所记一百三十一篇,献之。时亦无传之者。

此可与班固之言印证,知所谓《礼记》最初出于河间献王。

其下续云:

> 至刘向考校经籍,检得一百三十篇,向因第而叙之;而又得《明堂阴阳记》三十三篇、《孔子三朝记》七篇、《王氏史记》二十一篇、《乐记》二十三篇,凡五种,合二百十四篇。戴德删其烦重,合而记之为八十五篇,谓之《大戴记》;而戴圣又删大戴之书为四十六篇,谓之《小戴记》。汉末马融遂传小戴之学。融又足《月令》一篇、《明堂位》一篇、《乐记》一篇,合四十九篇,而郑玄受业于马融,又为之注。

此段记述,对今传之四十九篇《礼记》之形成,所说甚明。唯漏出后仓一节。观《艺文志》所谓:

> 汉兴,鲁高堂生传《士礼》十七篇。讫孝宣世,后仓最明。戴德、戴圣、庆普皆其弟子,三家立于学官。

可知汉初唯高堂生传《士礼》,后仓承其学;另一面河间献王曾献《礼记》百三十一篇。二戴乃后仓弟子,然所编《礼记》乃取百三十一篇为基本资料,又参以刘向所叙者,删选而成。总之,今本《礼记》之形成过程,大要如下:

第一,河间献王得"《记》百三十一篇",献于朝廷。

第二,刘向编定次第时,其记亡失一篇,故得百三十篇。但刘向另搜集八十四篇资料,故合二百十四篇。此中当颇有重复者。

第三，戴德据此资料，编成八十五篇之《大戴记》；然其书今已不存(今之《大戴礼记》，又后人所辑)。

第四，戴圣再删大戴之书，取四十六篇编成《小戴礼记》；其后马融再补三篇，遂成今本四十九篇之书矣。

今本《礼记》形成之经过如此。由此可知《礼记》一书有二特色：

首先，所谓《礼记》根本为编辑资料而成之书，其资料来源先后不一；其时代则最早在河间献王时，最晚在马融时，究竟河间献王所献之《礼记》，乃何时期之作品，亦不能定。至二戴编选、马融补足等过程中，保有旧记若干，尤不能知；是否掺杂编补者自作之文，亦未可定。故《礼记》乃不能代表先秦儒学之书。此是一特色。

其次，《礼记》传世如此之晚，内容如此杂乱，本不应为世所重。但隋唐以下，皆视为孔门弟子所记之文。甚至对伪托之各篇作者如周公作《月令》，曾子作《大学》，子思作《中庸》，公孙尼子作《缁衣》等，皆以为确然。于是不仅孔颖达尊此书为经，且宋代诸大儒亦竟取《记》中《大学》及《中庸》二篇，作为研究孔孟学说之根据。至朱熹遂有"四书"之名，而二篇之时代问题，几置之不问。追及近代，学者犹有以《大学》《中庸》二书作为先秦儒学之重要典籍者。于是本属战国秦汉阶段之杂著，竟久被尊为儒学要典。此又是一特色。

本书不在论析先秦儒学时涉及《礼记》，即因《礼记》仅能视为汉儒编纂之书，应在论汉代哲学时涉及之。以上为对《礼记》一书之说明。

《礼记》内容甚杂；其中富有思想价值者，自以《大学》《中庸》为主；其次则《学记》《乐记》诸篇，亦应注意。此外则其中讨论生活中之仪文之理论根据者，亦可视为汉儒思想之一部。此中《学记》可与《大学》参看，《乐记》《中庸》则有独立论题。讨论仪文之作，又以涉及祭祀及丧礼者为重要。以下各节分论之。

二、《大学》与《学记》

《学记》应与《大学》合论,因二者均以"学"或"教育"为课题,且其观念之同异,颇有应加注意之处。兹先就"学"观念本身之发展,作一陈述,然后再分观二篇之内容。

(一)"学"之意义之演变

孔子论"学",自以德性意义为主;称颜回之"好学"是取此一意义,言"为己"之学亦是此一意义。但如就"学"一词之用法讲,则孔子言论中之"学"字,常取广泛意义,指求进步而已,盖孔子心目中虽重"成德之学",尚未将"学"之词义予以划定也。孟子是"性善"及"四端"之说,力倡成德之学;而谓:

> 学问之道无他,求其放心而已矣。①

"求其放心",与知识非一事;且据四端及扩充之义言之,则此种努力基本上乃就其本有之自觉能力发挥扩张,并不涉及外在之标准,亦不依赖外在之力量,故孟子又谓:

> 人之所不学而能者,其良能也;所不虑而知者,其良知也。②

此皆就内在本有之自觉能力说。而既以"不学而能"者为"成德"之根本动力,则孟子之轻视外在意义之"学",亦可知矣。

但"学"一词之词义,仍未在孟子学说中有所决定。盖孔孟学说中之主要论点,均不在"学"字上。特别重视"学"观念者实为后起之荀子。

荀子有《劝学》之篇,畅言"学"之重要;而荀子所谓"学"者,乃与

---
① 《孟子·告子上》。
② 《孟子·尽心上》。

其"师法"之观念相配。故荀子言"学",其目的虽亦在于"为圣人",似与孔孟成德之学无殊,然所谓"学"之内容,则依外在标准而立,是外在改造之义,非内在扩充之义也。

关于荀子师法教化之论,本书第一卷中已详说,此处不赘。学者所须留意者,只是真正以"学"为一主要观念,始自荀子,且荀子用"学"字,皆取外在改造之义,与孟子之特重内在自觉能力有异。

故先秦儒家之"学"观念,原有二种;孟子重内在自觉之扩充,荀子重外在师法之范铸,正与两种价值观念或两种心性论相应。今欲评定《礼记》中之"学"观念,即须就此种背景观之,始能见其特性。

如以先秦之二种"学"观念为模型以评定《学记》及《大学》之理论立场,则吾人可说《学记》与《大学》均是以糅合先秦二说为宗旨者;但若细分之,则《学记》为初步糅合,《大学》则为进一步之工作;盖《学记》基本上取荀子立场,《大学》则分取孟荀两家之说,其糅合较为成功也。

下节分论《学记》及《大学》,学者根据原文观其宗旨后,自可知"学"观念演变至此时具何内容,而"大学"之时代问题亦可由之而得一解答矣。

(二)《学记》之要旨

《学记》之文颇为散漫,并无体系性理论;然观其大意,亦可知此中之"学"观念之内容。

《学记》论"学",基本上取荀子立场,如曰:

> 玉不琢,不成器;人不学,不知理。

此即明白强调"外在改造"之义,与"木受绳则直"之说全同。

其论"大学"则谓:

> 古之教者,家有塾,党有庠,术有序,国有学。比年入学,中年考

校;一年视离经辨志,三年视敬业乐群,五年视博习亲师,七年视论学取友,谓之小成;九年知类通达,强立而不反,谓之大成。夫然后足以化民易俗,近者说服而远者怀之。此大学之道也。①

此种涉及学制之叙述,自未必全与史实相合;但其所举之各项为学要点,则足以表明述者所持之观念。所谓"中年考校",即每隔一年作一考试,故一、三、五、七、九各年共有五次考试,而每次所考校之项目,即表示施教之要点所在,合而观之,亦可见全部教育计划之内容,及其各阶段之进程。

"离经辨志"乃确立志向之事,"敬业乐群"乃养成兴趣之事,"博习亲师"与"论学取友"则是指知识之学习研讨以及结交师友之事;至此即可谓"小成",盖已具备知识分子之基本条件矣。然后再求"知类通达,强立而不反",则指独立及成熟之阶段,故谓之"大成"。

然则此五阶段之总和毕竟能造成何种教育结果?显然其结果不外治学兴趣之养成、师友关系之建立、知识之获得而已。此中全无涉及"德性"观念,不唯与孟子所讲之"成德之学"大异,且亦与《大学》一篇之内容不同。盖此种"学"大体上皆属荀子所讲之"学"也。

又《学记》中涉及人之材质问题时,则认为,人之材质不同,各有长短;故曰:

> 学者有四失,教者必知之。人之学也,或失则多,或失则寡,或失则易,或失则止。此四者,心之莫同也;知其心,然后能救其失也。教也者,长善而救其失也。

此所谓"失",粗略观之,或误以为学者在某阶段中已得之知识而言,实则皆指心思倾向说。观"心之莫同"及"知其心"二语可知。盖此节

---

① 《礼记·学记》。

主旨在说人之心态各有不同,在为学上所表现之心意要求不同;而此各种要求,皆有其"失",端赖教者"救"之。但另一面,亦各有其"善",教者又当助其"善"之发展。此所谓"长善而救其失"也。

然则此"善"是本有者抑或是学习而得者?观"心之莫同"一语,则各种差异既源于"心",先于"学"与"教"而有,"善"与"失"皆应就"学"以前之"材质"或"心态"言。依此,《学记》中对人之"性"与"才"虽无确切主张,其所预认者则是,人在为学之前,即有正反各种倾向,存于"心"中;心既彼此不同,其进学之途径亦不同。此既非荀卿性恶之论,亦非孟子性善之说;而所谓"心",意义含混,皆表示《学记》作者之态度,在依违两可之间,于孟荀之说,皆以模糊态度截取之而已。

最后,《学记》中又提出一"本"字,而谓:

> 大德不官,大道不器,大信不约,大时不齐。察于此四者,可以有志于本矣。

此处前四句,皆是说本源与枝节之别,重本者不拘于枝节之事。所谓"大"即指高一层次之本源讲。"德"虽常表现为功能("官"),但在本源上,"德"不受"功能"之限制。"道"虽常表现于器用,然在本源上,"道"亦不必为"器"。"信"在表现上为有所拘守(约),但"信"在本源上亦不必是"拘守"。唯"大时不齐"一语,稍有训法问题。

盖此处"时"字,旧注以为指"天时",显不可用,盖在语脉意义(contextual meaning)上不合。故"时"字之训,即成问题。今案《礼记·祭统》中,有以"时"与"齐"并举之文。其言曰:

> 及时将祭,君子乃齐;齐之为言,齐也。齐不齐以致齐者也。

此则以"时"指"时祭","齐"则指"斋"。其下则以"齐"释"斋"。如用此义,则所谓"大时不齐"者,可视为指"时祭"与"斋"而言。通常有时祭则"斋",但"斋"毕竟是一枝节或表现,"祭"并不拘于有"斋"。亦与

"大信不约"相类。

另一可能之训解,则可依"时"字之另一用法而提出。案战国至秦汉间,"时"字常有用以指一德性者,即"时中"之意。如孟子谓"孔子,圣之时者也",与"圣之任者也""圣之清者也""圣之和者也"并列,"任""清""和"等既皆指德性而言,"时"自亦指"德性"而言。而秦汉之际至汉初时成书之《易传》中,更常有"……之时义大矣哉"之文。其所谓"时"皆须"依时得正"而言。取"时"字此一意义,则"大时不齐",即谓"得正"之德,在枝节表现上虽常应有"齐一"之义,但"时"之德在本源上不必受"齐一"性之拘束。此说亦可用。惟以"时"为德性之文,未见有涉及"齐"字者,是此一训解之缺点耳。

不论如何训"时"字及"齐"字,此文本旨在说明本源与枝节之别,又强调本源不受枝节表现之拘束,则无可疑。此即《学记》思想中另一观念。而此观念显然远离荀子立场;盖一分本末,则不能不反溯至"心性"或"天道"一类观念,即非荀子之说所能安顿者矣。

总之,《学记》思想有三要点:

第一,《学记》重外在改造之"学",无强调"成德"工夫之说;此见《学记》思想大致接近荀子。

第二,《学记》认为人之"心"皆有特殊倾向,教与学须针对心态而进行;此乃徘徊于孟荀之间之观念。

第三,《学记》中稍辨"本末"之义,此则近于孟而远于荀。

最后一点,大可注意。盖《大学》一篇中之思想,主旨即在于论"本末";此可视作《学记》思想之发展或变化。盖《大学》详论"本末"而以心意为主时,愈接近孟子,而去荀日远,乃此种糅合孟荀之说较成熟之形态也。

(三)《大学》之理论

《大学》一篇,自宋程朱特别推重,选入"四书"之列后,遂成为宋明儒最重视之典籍之一。诸儒立说,每作依附。其实,宋明儒者所谈论之《大学》,皆远离原文之旨趣。《大学》原文,作为《礼记》之一篇,其完成当在战国至秦汉一阶段中,所依据之思想,亦断非日后宋明儒学之思想也。学者于此等问题,应以严加辨别为先,然后施以客观解析,即不致有混同之弊。

《礼记》中之《大学》,自指贵族之学而言,观全文主旨归于"治国"及"平天下"可知;故日后朱子解为"大人之学",亦无大误。但此篇所包含之理论及所代表之思想立场,则与宋明诸儒所说颇为不同。兹逐步作一析论。

第一,《大学》之主旨,在于建立一明确理论,说明"政治生活受德性决定"之主张。此一主张之得失如何,当俟后文评论。此处所须先指出者,是此一主张乃糅合孟荀之说而成,而又有强调心性之倾向。

孟子曾谓:

> 天下之本在国,国之本在家,家之本在身。①

此即谓政治之成功须以领导者之德性完成为基础也。荀子亦谓:

> 闻修身,未尝闻为国也。君者,仪也;仪正而景正。君者,槃也;槃圆而水圆。君者,盂也;盂方而水方。②

此亦是说,人君或领导者自身之行为即为决定政治秩序成败之条件。此二说表面视之,似无大异。然若自孟荀二人之全面理论着眼,则其间仍有一分别。盖孟子谓"身"为天下、国、家之"本"时,乃就德性着眼,其意即与"先王有不忍人之心,斯有不忍人之政矣"③一说相连。其根据于肯定一价值自觉。换言之,人人皆有某种价值自觉。此种

---

① 《孟子·离娄上》。
② 《荀子·君道篇》。
③ 《孟子·公孙丑上》。

自觉一经发挥,即能建立一切外在秩序。领导者所以能建立秩序或制度,即由于能扩充此价值自觉。此是孟子思想之主要立场。再进一步说,孟子言"身"为天下及国家之"本"时,其所肯定者乃领导者之"价值自觉"与其在政治生活中之"行为"间之关系;意即由"仁心"(即"不忍人之心")生"仁政"("不忍人之政"),而不在于领导者与其他个人间之关系。荀子之意则不然。荀子论"君",原重在一权威标准之建立,故说"身"之重要时,则强调在下之群众必模效领导者。其所肯定者乃"领导者之行为"与"被治者之行为"间之关系。

但此种分别不甚显著。《大学》作者取两说而糅合之,于是提出"本末"及"先后"之论,又特别强调有关德性之"心、意"等等问题,于是《大学》之思想遂表现为一专讲"德性决定政治"之理论。旧说以为《大学》乃荀子一派之理论,虽非尽妄,然若就理论之成分言,则《大学》之强调心性问题,远胜于《学记》;其取于孟子者甚多,实可视为后儒取孟说以改荀说时所造成之新说也。

第二,观《大学》本文,其主旨甚明。《大学》曰:

> 大学之道,在明明德,在亲民,在止于至善。知止而后有定,定而后能静,静而后能安,安而后能虑,虑而后能得。物有本末,事有终始;知所先后,则近道矣。

此中"本末""终始""先后"即全文之主旨所在。其下反覆列举"物格、知致、意诚、心正、身修、家齐、国治、天下平"之语,人所熟知,兹不赘引;然既列举八项说明"先后",其下遂言:

> 自天子至于庶人,壹是皆以修身为本。其本乱而末治者,否矣。其所厚者薄,而其所薄者厚,未之有也。此谓知本,此谓知之至也。

此即明说"本末"之辨之重要性。且将儒学中一有关德性实践之重要观念引入,此即"由近及远之实践程序",亦即后世所言之"理分"。盖所谓"厚薄"即指"分"之差异说。认为在近处不能尽分，则在远处亦不能尽分，故说"其所厚者薄，而其所薄者厚，未之有也"。

以"厚薄"二字说"分"之差异，不见于《论》《孟》之文；盖是后人之说法，然其本意则承孟子而来，非荀说也。

朱熹所谓"三纲领""八条目"，自非《大学》本意有不符处。然《大学》所举八项，确代表八个步骤；唯"三纲领"乃后人杜撰耳。何以谓之"杜撰"？盖《大学》所谓"明明德"及"亲民"，即指"平天下"而言，故说"古之欲明明德于天下者，必先治其国"；依此语脉与下文对照，可知"明明德于天下"即"平天下"，并非在此一"条目"之外作为"纲领"。至于"止于至善"，则不过标指一"目的"观念，与"明明德"及"亲民"之语义，亦不是并列者。实无所谓"三纲领"也。

然则《大学》思想之纲领何在？吾人据原文可说，全文之纲领即在于"知所先后"一语。"本末"与"终始"分就"物"及"事"而言，皆表"先后"；而"先后"之意义又依于"理分"观念而言，故释之以"厚薄"也。

明儒王艮，释《大学》"格物"之义，谓"天下、国、家"等为"物"，而"平、治、齐"等为"事"，而特别强调"修身"为中心关键。大意与《大学》近。然学者不可不察者，是王艮之说乃心性论高度发展后之产物，其旨趣或注意力基本上落在德性上。《大学》则原以政治旨趣为主，不过建立一"德性决定政治"之主张。此中又有几微之别。①

今以严格理论眼光观察《大学》本文，则吾人应指出《大学》所列八项，自修身以前，皆属德性范围；齐家以后，则表示德性自我之展开过程。故"八条目"实应分为两部讨论。以下先论"德性"部分，再论其"展开过程"。

---

① 参阅《明儒学案·泰州学案》。

第三,《大学》论"德性",提出"修身、正心、诚意、致知、格物"五项。但此五项皆是"成德进程"中之工夫;在此类过程之先,必须有关于"德性"自身之概念,故《大学》于此提出一"止"字。"止"本身指"目的"或"归宿";而其内涵,则《大学》即以"理分"释之,故曰:

> 《诗》曰:"穆穆文王,於缉熙敬止。"为人君,止于仁;为人臣,止于敬;为人子,止于孝;为人父,止于慈;与国人交,止于信。①

此即《大学》中之"理分"观念,亦即其对"德性"自身之解说。在每一种人事中,皆有应完成之"目的"或"理分",即以"止"字标指之。此处前文另引《诗经》及孔子语,皆表示"归宿"问题之重要,不待多论。但"於缉熙敬止"一语,引于此处,分明将原诗中之"止"字视作与《大学》所论之"止"相同者。此显与《诗经》原句之意不符。原句之"止"字,当是一虚字,不似有"归宿"之意。此种用法,亦是战国末期至汉初之著作常见者,亦可作为《大学》时代问题之旁证也。

《大学》改以"止"字表德性之本义,于是论五项成德工夫之说,即可视为在不同层次上所提示之要点。

论"修身"云:

> 所谓齐其家在修其身者,人之其所亲爱而辟焉,之其所贱恶而辟焉,之其所畏敬而辟焉,之其所哀矜而辟焉,之其所敖惰而辟焉。故好而知其恶,恶而知其美者,天下鲜矣。②

案此节虽是将"齐家"与"修身"连讲,但所谓"修身"之主旨亦已表明,即"不以私情破坏客观是非标准"而已。人在家族中最易受私意之影响,故此种工夫对于"齐家"之重要性最为明显。但"好而知其恶,恶

---

① 《礼记·大学》。
② 《礼记·大学》。

而知其美"则是一有独立性之工夫,固不仅对"齐家"成立也。

"修身"之要点在于不受私意之影响,"正心"则以不受情绪之影响为主。故《大学》论"正心"云:

> 所谓修身在正其心者,身有所忿懥,则不得其正;有所恐惧,则不得其正;有所好乐,则不得其正;有所忧患,则不得其正。

此则就妨害"得正"之条件言,而所举种种,皆指情绪说。盖《大学》论旨,以为"心念"能循理即为"正",受情绪影响即不能循理,故即"不得其正"。此中"正"字并未另作解释,则因《大学》并无深究心性或价值根源问题之理论,只有实践过程之说法。又此处仍以"修身"与"正心"连说。

其论"诚意",则谓:

> 所谓诚其意者,毋自欺也。如恶恶臭,如好好色,此之谓自谦(慊)。故君子必慎其独也。小人闲居为不善,无所不至;见君子而后厌然,掩其不善,而著其善。人之视己,如见其肺肝然,则何益矣?此谓诚于中,形于外,故君子必慎其独也。①

此节最可注意者,是文中专论"诚意",并未与"正心"连说;文例与"所谓……在……者"之说法不同,盖原作者在前文虽似以八项并列,然"正心""诚意"及"致知""格物"实乃互相影响之工夫,故不依层层连说之例,而于"诚意"处即专就此一工夫解释,而对"格物""致知"则根本无此种解说语。观此可知朱子补传之误矣。②

其次,此节论"诚意",虽仍只是说工夫,而所涉问题则较深一层,因所谓"诚意"乃指"意志之纯化"而言,故即以"毋自欺"一语解之。

---

① 《礼记·大学》。
② 参阅《大学章句》。

而描述意志之功能,即以生理上之迎拒为喻。而意志之所以必须"纯化",则因不"纯化"时即使自我内部断裂冲突。所举"小人"一段,即指此病而言。德性之实践不在于造成他人之印象或求外在之表现,故强调"慎独"。意志如纯化,则只有一方向;反之,则意志内部裂为二方向,即俗语所谓"作伪"。"毋自欺"即指不作伪言。如此,所谓"诚意"之工夫,主旨在于意志之纯化或统一,此已涉及德性自觉之培养关键,较"正心""修身"之工夫深秘多多矣。

"致知"之要点,则在于"知本",亦即"知"一切理分之存在及次序,亦即"知所先后";"格物"实与"致知"不可分。不过"格物"所强调者在于对远近事物之分别,"致知"所强调者在于对先后工夫之分别,故"物有本末,事有终始,知所先后,则近道矣"乃"致知"及"格物"之本旨。然《大学》本文中固未细说。日后宋明诸儒解此二义时之种种争执,又皆是借题发挥。所说者固非《大学》之义,而乃各自所立之学说矣。

《大学》论"德性"之说如此。对心性根源皆视为已知已定,故所说者只是工夫。

至于论"展开过程",则其旨益简,于下节论之。

第四,《大学》论德性之展开时,提出"齐家""治国""平天下"三阶段,自仍是由近及远之意。但此处有须辨明者,即《大学》中所论及之德性之展开,并非真对"客观化"问题有明晰观念;反之,当《大学》言"修身"为"齐""治""平"之本时,只是立标准之意。换言之,其论德性与家、国及天下之关系时,只将个人对家、国及天下之影响视为道德生活之延长,并未形成一"政治秩序"之独立观念。此观点原文则甚明显。

《大学》论家与国之关系时,谓:

> 所谓治国必先齐其家者，其家不可教而能教人者无之，故君子不出家而成教于国。孝者，所以事君也；弟者，所以事长也；慈者，所以使众也。……一家仁，一国兴仁；一家让，一国兴让；一人贪戾，一国作乱。其机如此。此谓一言偾事，一人定国。尧舜率天下以仁，而民从之。桀纣率天下以暴，而民从之。其所令反其所好，而民不从。是故君子有诸己而后求诸人，无诸己而后非诸人。所藏乎身不恕，而能喻诸人者，未之有也。①

以上一大段文字，显然将"治国"问题完全视为德性问题、施教问题，而其中心观念则是个人及家族之德性若足以为表率，则国人自将闻风而从之，如此即可达成"治国"之目的。至于独立意义之"政治秩序观念"，以及一切政治生活本身之问题，则悉不能涉及。盖《大学》中并无真政治理论，但有一将政治生活视为道德生活之附属品之理论假定而已。

其下论"平天下"时，所提出之论点，如"絜矩之道""得众则得国，失众则失国"，以及"君子先慎乎德……"一段，皆不外强调"德性为政治秩序之本"。《大学》此段文字杂冗，与以上各段有异；未必如朱熹所说，全为释"平天下"之说；但《大学》中论"平天下"之说法，不能多于此段，则无问题。依此，吾人可断言，全部《大学》中所涉及之政治思想，皆不外视政治秩序为个人道德之延长。自另一面言之，所谓治国平天下之问题，则仅看作德性之展开过程而已。由于《大学》论政治生活及政治秩序时只视为德性之直接展开，故《大学》确未能肯定政治生活之独立境域；因之，政治生活与个人生活、共同事务与个人事务间之区划，以及由此必须涉及之"权力问题"，亦皆未在《大学》中出现。日后儒者论政治秩序，只知说"理想人格"（即"圣君贤相"之

---

① 参阅《大学章句》。

类),而不知注目于"理想制度",亦即承受此种思想方向也。

观以上所论,可知《大学》基本上仍是一讲论德性生活之作品。其中涉及德性之展开,故有治平诸观念;而治平等与其前种种工夫,实合成一"由近及远"或"由本至末"之系列;故虽涉及政治生活,但并未探究政治生活之特性,而只视为此大系列中之一环。依此,学者当知,《大学》一方面仅是一讨论德性之作,而并非严格政治理论;另一面则所论之德性问题又只限于实践程序,故主旨在论本末先后诸点。至于德性根源问题,则亦未加析论。盖此书虽论德性,又非一心性论之基本著作,而乃发挥或承继已有之心性论者。观此书兼承孟荀之论,而不加检别,无所评论,可知此书之作,必在此二说皆大盛之后。以荀卿立说之时代考之,又可知此书之时代不能出于秦初至汉初一段时间矣。

以上已论《大学》主旨,以下再论《中庸》。

三、《中庸》之时代及其理论

《中庸》作为《礼记》之一篇,其时代及作者亦均不可确定。但非子思所作,则可断言。以下先论《中庸》之时代问题,再论其内容之要旨。

(一)《中庸》之时代

《中庸》列为"四书"虽由宋人,然此书之真伪问题,宋人如欧阳修、吕东莱等人皆已论及。顾欧阳修仅注意思想内容,以为《中庸》多虚言高论,与孔子不合。此虽非全无意义,然毕竟难作考证之据。吕东莱则驳子思作《中庸》之说,谓《孔丛子》所载"子思年十六"而作《中庸》四十九篇,乃不合事理者。但此仅能证《孔丛子》之伪,未能有补于《中庸》时代之考定也。清人崔东壁之徒,对《中庸》亦有所论辩,然大旨不过断《中庸》非子思所作而已。究竟此书之时代如何,亦无确见。兹分三点对此问题作一处理。

1. 就文体而论之

《中庸》文体，颇为混乱。自文首"天命之谓性"至"万物育焉"一段，及文末自"王天下有三重焉"至连引《诗经》结束全文一段，皆是论说体；其中论"诚"与"明"一段亦是论说体。此外则皆杂引孔子之语，冠以"子曰"或"仲尼曰"，应属记言之体。就记言部分观之，与今本《礼记》中《坊记》《表记》《缁衣》等篇相类。而《中庸》原列于《坊记》之后，《表记》之前，盖其来源皆相近也。此种文体大抵是编《礼记》时所采之材料之一类。所记孔子之言，亦出传闻，皆汉代儒生所为也。至其中论说部分，则文句组织甚为严整，而其用语亦多与汉初习惯相符（见下节），殊无早出之迹象。

2. 就文中词语论之

《中庸》全文虽杂，但其用字造语，无一处可证其早于战国末期者；另一面可证其为晚出者则甚多。兹列举如下。

朱订第二十八章曰：

> 子曰，愚而好自用，贱而好自专。生乎今之世，反古之道。如此者，灾及其身者也。[1]

此乃力反"复古"之言。孔子及其门人，包括后代之孟子在内，皆喜言尊古，与此段主张相反。此已足见此文之后出。且其所谓"今之世"，显指一大变革之局面而言，案若在春秋战国阶段，则儒者例皆主张法古，无谓"今之世"不能"反古之道"者；而此文所以如此说法，盖所指之"今之世"乃大变革以后之时代也。观下文则此所谓"今之世"何指，乃益明显。

---

[1]《中庸章句》。

同章又曰：

> 今天下车同轨，书同文，行同伦。①

此显指秦统一天下之时期而言，盖统一度量衡、统一文字之事，仅在秦统一天下时有之，而此文谓"今天下车同轨……"云云，可知所谓"今之世"即指秦统一天下之时。则此文成于秦始皇时可以断定矣。

朱订第一章曰：

> 天命之谓性，率性之谓道，修道之谓教。②

此三语日后大受宋儒尊重，几视为儒学之要诀所在。然今考汉人议论，则知此种说法乃汉初之流行思想。

《淮南子·齐俗训》曰：

> 率性而行谓之道，得其天性谓之德。

此明言"率性之谓道"矣。又《缪称训》曰：

> 性者，所受于天也。③

此与"天命之谓性"涵义全同。

至于"修道之谓教"，不过谓人必须努力明道，原与劝学之旨相近，但以"修"字代"学"耳。此在《淮南子》中亦有类似之说。如《修务训》曰：

> 知者之所短，不如愚者之所修。④

此即以"修"释"学"也。案自授之者言，则谓之"教"；自受之者言，则

---

① 《中庸章句》。
② 《中庸章句》。
③ 《淮南子·缪称训》。
④ 《淮南子·修务训》。

谓之"学"。"教"与"学"之义相依而立。以"修"释"教",亦即以"修"释"学"也。故《中庸》此语,正与《淮南》之说合。盖此类说法,皆汉初流行者,非先秦词语也。

朱订第二十章曰:

> 在下位,不获乎上,民不可得而治矣。获乎上有道,不信乎朋友,不获乎上矣。信乎朋友有道,不顺乎亲,不信乎朋友矣。顺乎亲有道,反诸身不诚,不顺乎亲矣。诚身有道,不明乎善,不诚乎身矣。①

而《淮南子》论"主术"则曰:

> 士处卑隐,欲上达,必先反诸己。上达有道,名誉不起而不能上达矣。取誉有道,不信于友,不能得誉。信于友有道,事亲不说,不信于友。说亲有道,修身不诚,不能事亲矣。诚身有道,心不专一,不能专诚。②

以此二段相对照,不唯大意相似,且均用"……有道,不……不……"之语法。其为同一时代之作品,甚为明显。案《孟子》书中亦有类似之语,但与上引二文均有小异。则二文或皆取于《孟子》也。

以上举其最为显著之例,以表明《中庸》之词语,实属于汉初之时代。此外尚有可作旁证之资料,姑不备举。就以上所举而论,吾人已可知《中庸》用语与《淮南王书》之近似。案《淮南王书》,向称杂家,其中儒道墨法之言并陈,然固以道家之言为主。而儒道之争,在先秦末期(如荀子著书之时),尚无缓和之象。儒道之说相混相容,亦在汉初。今《中庸》持说乃多与《淮南》相近,则其思想亦当属于此一儒道

---

① 《中庸章句》。
② 《淮南子·主术训》。

混合之阶段。论及此,乃可入于下节。

3. 就思想特色论之

《中庸》思想之特色,见于其论议部分。各论点之意义,留俟下文论《中庸》思想时再作展示。此处但论时代问题。就此范围言之,可注意者有以下各点:

(1) 心性论与形上学之混合

朱订第一章曰:

> 喜怒哀乐之未发,谓之中;发而皆中节,谓之和。中也者,天下之大本也。和也者,天下之达道也。致中和,天地位焉,万物育焉。①

此中前各语皆论心性问题,而最后落到"天地位焉,万物育焉",显属形上学立场。

又其上文曰:

> 道也者,不可须臾离也。②

此所谓"道",显然杂有"存在规律"及"德性规范"二义;盖如只取后一义,则人常失道,不可说"不可须臾离"矣。此亦见此处所说之"道"字兼有心性论及形上学之成分。形上学在先秦哲学中,主要见于道家学说。《中庸》将心性与形上问题混而言之,正可见其时代非儒道严格对峙之时代,而为两家学说混合之时代,此即汉初是也。

(2) 神秘主义之倾向

汉代之神秘主义思想,承自战国阴阳家及燕齐方士传统。孔孟之学,固不见此种色彩;即荀卿背孟子之道而立新说,于此类问题,态

---

① 《中庸章句》。
② 《中庸章句》。

度仍与孔孟一致。而《中庸》则明言"前知"乃"至诚之道"。

朱订第二十四章曰:

> 至诚之道,可以前知。国家将兴,必有祯祥,国家将亡,必有妖孽。见乎蓍龟,动乎四体。祸福将至,善,必先知之;不善,必先知之。故至诚如神。①

此种论调,全与汉人符瑞谶纬之说一致,而与孔孟之义大悖。

案信前知,重符兆,乃古代原始思想之特色。孔子立说,首重人之地位、人之自觉,故将此类思想极力扫除,孟子立心性论之系统,则更进一步。荀子强调师法教化,亦不取此类原始信仰。汉承秦火之后,阴阳家言侵入儒学,而造成儒学之变质,然后此类原始信仰乃复活于两汉。此乃史实,非一家之臆断也。今《中庸》居然持此种论调,又自以为述孔子学,则其时代之在汉初,益可断言矣。

总之,就文体、用语、思想三方面观之,《中庸》之内容虽颇杂乱,其大致成书时代,必在由秦至汉初一段时期。其中容或有据先秦传说之记述,皆不足以证此书之早出。学者倘未忘此书原为《礼记》之一篇,则此一结论亦属自然矣。

(二)《中庸》之思想

《中庸》之成书时代虽在汉初,《中庸》之理论仍较其他汉儒怪说远为精严。本节专就理论意义着眼,一观《中庸》之内容。

1."道"与"中和"

《中庸》篇首先提出"天命之谓性,率性之谓道,修道之谓教"三语,作为基本概念;其中"天命之谓性"一语,表示心性论及形上学两种立场之混合,下节论"尽性"之说时,当再析论;此处先观此一"道"

---

① 《中庸章句》。

观念。

《中庸》谓"率性之谓道",此说不见于先秦著作,而见于汉初之《淮南王书》。无论其先后承袭关系如何,所可知者是以"率性"界定"道"之意义,乃秦汉间儒生之说,其用意在于解释价值标准及规律。故此语如何解释,乃论述此一思想之要点。

"率性"一词,原可有两种解释。第一是以"顺"释之,"率性"即"顺性",《淮南王书·齐俗训》中实取此义。第二是以"率"为"率勉"之义,如后汉王充《论衡》书中《率性篇》所取之义,依此,则"率性"指"率勉"而为善。此二说背后之理论假定相反,盖如以"顺性"为价值,则其基本立场乃承认价值标准之内在性,而如以"率勉"释"率性"之义,则此是指外在改造而言,即承认价值标准之外在性矣。王充言"率性"专就"性恶"者说,故言"率勉"即实与荀卿之"性"观念属于同路。而言"顺性"则亦在某一程度上接近孟子之"性"观念也。知此,则《中庸》之"率性"应如何解释,须先决定。

就《中庸》本文观之,其后论"诚"时即明说"尽性"之义,"尽性"与"率性"须取一致之解释,则《中庸》之"率性",固不应为"率勉"之义矣。且"率性"一语,既首见于汉初之书,而《中庸》《淮南》皆属此一时期,则《中庸》所用之"率性",应与《淮南》所用意义相近,而不能与王充后起之说相类。故"率性之谓道"一语,乃指"顺性"为"价值标准",应无可疑。此义即直通后文"尽性"之说。

《中庸》之"道"观念既是如此,则此"道"与"中庸"有何理论关系,原是首须注意者,然《中庸》全文并无详释"中庸"之义之说,反之,论"中"时乃配"和"而言。此即"中和"之论。

《中庸》朱订第一章曰:

> 喜怒哀乐之未发,谓之中;发而皆中节,谓之和。中也者,天下

之大本也；和也者，天下之达道也。致中和，天地位焉，万物育焉。①

此节显以"中"与"和"为一对基本观念，且为涉及价值问题之根本者。其说有数点应加注意。

第一，"中"与"和"，皆通过"喜怒哀乐"之"发"与"未发"讲，显然此是就心性一面说。故此二观念原作为心性观念。

第二，其结论则归于"天地"及"万物"，乃就存在一面说。故此二观念之效用乃有形上规律意味。

第三，"大本"及"达道"二词，明涵动静之分，亦即含有后世所谓"体用"之别。

然则此节之理论意义何在乎？合全文观之，吾人可说，首先，由此一对观念，即可见《中庸》作者之基本理论立场。说明此义，仍须自"中和"二字着手。

首先，《中庸》文既以"喜怒哀乐"之"未发"及"发"释"中"与"和"，则此所谓"中"及"和"，必皆就一能有"喜怒哀乐"而又能超越"喜怒哀乐"者而言；盖如不能有"喜怒哀乐"，则无从说"发"，又如不能超越"喜怒哀乐"，则即永在"喜怒哀乐"之波浪中，便无从说"未发"。"喜怒哀乐"自表情绪活动，于是，约说之，则此二语即肯定一能作情绪活动，而又能超越情绪之"心"或"自我"。此处即见《中庸》理论，系先将"自我"（或"心"）与情绪活动分开，盖自我既可以不作情绪活动，则自我与情绪活动即非一事矣。

此点之理论意义亦不难明。人在常识层或自然状态中，其行为意向似皆常受某一情绪决定，换言之，就此一层面观之，则所谓"自我"，实似承不能脱出情绪之牢笼者。然若学者仅注目于此一层面，则一切价值问题皆无从说起；盖一切情绪状态皆只能作为一组事实

---

① 《中庸章句》。

看,而情绪之引生行为活动,亦仍是一组事实,此类事实大抵可称为"心理性""生理性""社会性"之事实,虽与"物理性"之事实有别,但仍只是事实。于是此种层面上实无所谓"应然"之问题,而价值判断在此即不能建立。故欲建立任何价值理论,首先必须建立一能超越此层面之自我观念。此种建立过程之具体理论结构虽又有种种不同之可能,然此一建立本身则为一切价值理论所必需。就《中庸》而论,《中庸》未特别证立此一自我,但论"中"与"和"时,即显露对此自我之承认。此表示《中庸》目的之一在于建立一价值理论。[①]

其次,对"自我"或"心"与情绪活动之分划既已确定,《中庸》又提出一理序观念,此即表现于"发而皆中节"一语中。

情绪之发,非必然"中节",故"中节"一词乃揭示一规范观念。换言之,情绪或"中节"或"不中节","中节"则谓之得正,即有价值,反之,即无价值。于是情绪活动有善恶好坏可说。

然则"中节"一词所揭示之规范性,根源何在?意义如何?此乃关键问题。《中庸》于此,显持一形上学立场,认为有一普遍实在之理序,表现于万象中,而"中节"即依循此理序或符合此理序之义。此即《中庸》所谓"道"。

但此处显然有一问题,即若"道"为实际决定万象之规律,则万象即应无违离此规律之可能,但如此说,则情绪作为万象之一,亦不能不"中节"。又若万象可以合道或不合道,则此道只是规范而非规律,只表应然而不表必然。但如此说,则何以能谓"道"乃"不可须臾离"?论《中庸》理论者,于此处必须有一确切说明。

就上述"中和"之义观之,吾人已可知《中庸》虽假定一"不可须臾离"之"道",但至少仍承认情绪活动可以违道。故有"中节"与"不中

[①] 《中庸》此处所以无特别论证提出,乃因《中庸》作者预认孟子之心性论证。观下文可知。

节"之分。而观下文谓：

> 致中和,天地位焉,万物育焉。①

则显然不独情绪活动可以不"中节",就天地万物说,亦必须在"中和"能实现时,方纳入正轨(即所谓"位""育")。如此,则万象皆可"得正"或"不得正"。而《中庸》此一立场即显然为混合形上学、宇宙论及心性论者。案其所谓之"道",虽可经心性一面说明,却非一纯心性论之观念。此表示《中庸》虽承孟子之说,却又杂含形上学及宇宙论成分,正与以后宋儒周张之说相似,皆不能纯粹以主体性为归宿者。

"道"与"中和"之说,只引出问题,表现立场,而非对价值问题之解答。《中庸》解答价值问题,则见于其"尽性"之说。

2. "尽性"与"诚"

《中庸》之"诚"字,在全文中有两种不同用法,亦可说有两个"词义"(meaning)。其一就个人之"不欺"说,即原文中"反诸身不诚""诚身有道"等语中之"诚";此是日常语言之用法。其二则泛指"充足实现"(full realization)说;此为《中庸》之特殊语言之用法。而取此第二词义时,"诚"即与"尽性"之说不可分割。换言之,前一用法之"诚"乃一伦理行为上之词语,可看作一"ethical term";后一用法之"诚"则是一描述实有之词语,可看作一"metaphysical term"。但进一步说,在《中庸》之思想脉络中,则此第二用法之词义乃由第一用法之扩大或"一般化"而来,故两种用法常联属出现。

朱订第二十章云：

> 诚者,天之道也,诚之者,人之道也。诚者,不勉而中,不思而

---

① 《中庸章句》。

得,从容中道,圣人也;诚之者,择善而固执之者也。①

此中"诚者"与"诚之者"乃分指"已实现之境界"与"求实现之努力"说。而前二句取普遍意义,乃形上学语句;后二句取个别意义,乃描述德性之语句。然在《中庸》作者看来,此中两层固是连为一体者;盖"天道"与"人道"即"圣人"与"择善而固执之者"之抽象化,若逆言之,则圣人乃天道之具体表现,而择善者又乃人道之具体表现。

依此,"诚"之形上词义较为基本。此义若明,则"诚"之伦理词义即可依之决定。以下即就此形上词义略释"诚"与"尽性"之关系。

朱订第二十二章云:

> 唯天下至诚,为能尽其性。能尽其性,则能尽人之性;能尽人之性,则能尽物之性;能尽物之性,则可以赞天地之化育;可以赞天地之化育,则可以与天地参矣。②

此在表面上,似处处涉及伦理词义,因其中之"能"字与"可以",皆似是就一个别心灵讲;但此处所标出之"诚",就其与"尽性"之关系看,则实已涉及形上词义。

朱订第二十五章则云:

> 诚者,自成也;而道,自道也。诚者,物之终始;不诚无物。③

此则显取形上词义,而其下"是故君子诚之为贵"又转入伦理词义,其所以如此相混相联者,又因《中庸》作者本以为形上词义乃伦理词义之基础,即将价值问题收归于形上问题之下,此亦《中庸》之基本理论立场所在。

---

① 《中庸章句》。
② 《中庸章句》。
③ 《中庸章句》。

至此,言"诚"言"尽性"所涉及之理论内容,可说明如下:

(1)首先,以"尽其性"为"诚",此即表示《中庸》之价值理论,乃以"本性之实现"为根本义。此种以"本性"释"价值"之思想,在哲学史上原属常见者,如古希腊柏拉图及亚里士多德之说,皆属于此一类型,顾立论语脉有异耳。

就问题本身而论,此一类型之理论所取立场亦不难明白。盖人作价值判断时,常就所涉对象有一"理想状态"之假定;所谓"好"或"坏",常是涉及此"理想状态"而说,此一"理想状态"即与所谓"本性"为一事。

以日常语言为例,当人见某人作一诗,而觉其诗甚为恶劣时,乃说"这简直不是诗";或当鄙视某人时,说"这个人简直不是人"。此种说法,即透露吾人作价值判断时之基本认定。此认定又可分析为数点。

第一点:第一物均有"成为此物"之条件。譬如说"不是诗""不是人"时,即显然预认定"诗"或"人"皆有一定条件使之成为"诗"或"人",此即可称为"诗"或"人"之本性。

第二点:具体存在之物,未必能满足此种条件。换言之,"人"虽有"人之本性",但张三或李四等具体存在之人,可能不满足"人之本性"之条件(此处"物"取广义,包括"人"在内)。

第三点:当吾人发现某物并未能满足本性条件时,吾人即对之作一"不好"之判断。

第四点:凡当吾人说某物"不好"时,必同时认定此物既"应满足某条件"而又"未能满足某条件"。譬如,吾人以"不是人"一词表价值之否定时,必只用于吾人已承认为"人"之对象上。若吾人指一狗而谓"这狗简直不是人",即成为无意义之说法。换言之,吾人必已承认"张三"为"人",而又发现"张三"未能满足"人之条件",方说"张三简直不是人",以表一价值之否定。

第五点:如此,所谓"好"或"不好",皆应指"本性充足实现"或"未充足实现"而言。每一存在皆有"应实现之本性",而又皆未必已能"充足实现其本性",于是价值问题方能出现。

此即一切以"本性"之"实现"释"价值"之理论之基本内容。此类理论虽有种种繁简深浅之异,然实是最常见之价值理论。《中庸》论"诚"与"尽性",实即此类理论之一也。

以上就问题本身作一般阐释。兹再回至《中庸》本文。

《中庸》以"尽性"解释"诚",此中"尽性"一词,指"本性之充足实现",显而易见。但"诚"一字之意义,在作为形上词义之范围中,又有两种微细差别。此应说明。

(2)"诚"有境界义及动力义。二者在原文中并举而未分别。

所谓"境界义"乃与"工夫义"相对而言,分别相应于"已实现"及"求实现"而言。如上已引之"诚者"与"诚之者"之对举,即表此一分别。又如,朱订第二十一章云:

> 自诚明谓之性,自明诚谓之教;诚则明矣,明则诚矣。①

此以"诚"与"明"对举,以分指"性"与"教",亦显然表"已实现"与"求实现"之差别。

此种与"诚之者"或"明"相对而立之"诚",所表之形上义,皆显指"已实现"之境界。此种境界本身原不必然为"动力";但《中庸》思想,则同时又以此为"动力",换言之,此"已实现"者又同时推动"未实现者",使之亦成为"已实现"者;此即"唯天下至诚,为能尽其性……"一段所论,且"诚"为"自成","道"为"自道"亦是此意。

---

① 《中庸章句》。

依此,则"诚"字除在直接描述德性时(如"诚身有道"之类)取伦理词义外,即在取形上词义时,尚有两种内涵:其一与"未实现""求实现"相对,而表"已实现";其二则表一推动实现之动力。此即使《中庸》思想中之本性理论,又多涉及一问题。

(3) 以上皆取分析态度说。分析既毕,兹复对《中庸》价值理论作一综合说明。

《中庸》认定,一切存在皆有本性,本性之实现(尽性)即是价值。就存有意义说,一切"本性"纵不在一群具体事物中实现,本身亦是实有,故于此可说"天道"与"人道"之别。但此是静态地讲。就动态意义讲,则"本性之实现"不仅是一境界或标准,而且亦是一动力。于是,此一"本性之充足实现"之原则,即推动一切具体存在"实现其本性"。于是,整个存有领域,皆成为一目的性之历程。但此处即引出一严重理论问题。此即若"本性之实现"不只是"应然",而且亦是"必然",则一切"不好",何能产生;又此中是否尚有对"自觉努力"之需要?

《中庸》未明白说及何以有"未实现本性"之可能,但原文之意显然又以为实现一切本性乃"圣人"之功用。此即引至本节最后一点。

3. "人"之地位

朱订第二十七章云:

> 大哉圣人之道,洋洋乎发育万物,峻极于天。优优大哉。礼仪三百,威仪三千,待其人而后行。故曰:苟不至德,至道不凝焉。[①]

此中最可注意者,乃"苟不至德,至道不凝焉"一语。盖若就"诚者,自成也;而道,自道也"二语观之,则"应然"与"必然"合一;即不能解释

---

① 《中庸章句》。

人文之意义,亦不能解释错误及罪恶即所谓"不好"何以可能。今以"至德"为"至道"之实现条件,则又多一论点。

此论点即对"人"之地位之强调。所谓"圣人"者,指自尽其性,而又能尽人之性、尽物之性之"人"。于是,就"道"而言,虽本身推动"本性之实现",然此种"推动",又必通过人之自觉而显现或落实(即所谓"凝")。苟无至德之人(即"圣人"),则"道"亦不能落实。于是,"人"之地位,又突然重要。

案荀子有"君子理天地"之说,与《中庸》此义相近,故《中庸》此点可能受荀子影响。但《中庸》思想所以归宿于此又当与其基本立场有关。盖《中庸》虽晚出之书,其论旨则在于承孔孟德性理论而立说,虽本身走入一异于心性论之形上学方向,但此非自觉选择。《中庸》作者并非自觉地离背孟子立场,不过立说时未能精密分别而已;故在极力建立一"本性论"以释价值后,又维持"人"之自觉之重要性。实则,若一切"本性实现"须待"至德"之人,则"诚"只是一境界、一实有,而不能是动力,"道"亦不能实现其自身,则"自成""自道"之语,义亦欠明。此又可视为《中庸》理论内部之困难。而此困难在日后宋儒学说尚屡屡见之,顾论者罕能知此困难乃心性论与形上学间之冲突耳。

"人"之地位,既通过"至德"之观念而提高,《中庸》文中遂有对"圣人"境界之描绘。且明言以孔子为圣人。

朱订第三十章云:

> 仲尼祖述尧舜,宪章文武,上律天时,下袭水土;辟如天地之无不持载,无不覆帱;辟如四时之错行,如日月之代明。万物并育而不相害,道并行而不相悖;小德川流,大德敦化;此天地之所以为大也。①

---

① 《中庸章句》。

此段既明以"仲尼"为言,又拟之以"天地",此即所谓"圣人配天"之说。而"不害"与"不悖"又显示对"本性冲突问题"之一解答。此义留俟论"宋明儒学"时再作析解。

朱订第三十一章又云:

> 唯天下至圣,为能聪明睿知,足以有临也;宽裕温柔,足以有容也;发强刚毅,足以有执也;齐庄中正,足以有敬也;文理密察,足以有别也。溥博渊泉,而时出之。溥博如天,渊泉如渊。见而民莫不敬,言而民莫不信,行而民莫不悦。是以声名洋溢乎中国,施及蛮貊;舟车所至,人力所通;天之所覆,地之所载;日月所照,霜露所队;凡有血气者,莫不尊亲;故曰配天。①

此段全文皆描绘"配天"之圣人境界,其中应加注意者,乃所描绘之圣人乃与"民"相对而言,盖《中庸》所说之"圣人",一方面是德性意义,另一面又涉及政治意义。观论"大哉圣人之道"时,而语及"礼仪三百,威仪三千",已可见其意指,则此处以"民"与"圣人"相对而言圣人之功能,亦不足怪。盖在《中庸》思想中,道德生活与政治生活仍视为属于同一领域。此亦可见《中庸》作者在自觉一面实仍承孔孟立场,但其说杂有形上学及宇宙论观念,故特重一"天"字,又与孔孟有异。

总之,《中庸》思想,就内容而言,乃汉儒型之理论,即以"天"与"人"为基本观念,又以"天"为价值根源之混合学说。其中混有形上学、宇宙论及心性问题种种成分。其时代当晚于孟荀,其方向则是欲通过"天人之说"以重新解释"心性"及"价值",实与孔孟之学有异。但其作者之态度,则并非欲离孔孟而另树一帜,故处处仍以上承孔子之姿态说话。然其说既不能建立"主体性",则不能视为孟子一支之

---

① 《中庸章句》。

学说。且以"人"配"天",将价值根源悉归于"天",亦大悖孔子立说之本旨。故《中庸》之说,可视作汉儒型理论中最成熟、最完整者,但就儒学心性论而言,则《中庸》是一旁支,不能作为主流之一部。学者于此等分际若能掌握,则评定日后宋儒之说时,亦可不致迷乱。

至《中庸》杂取汉初之观念用语,又混有道家观念,前已论之。兹不复赘。

四、《乐记》之理论

《乐记》一篇,其理论涉及儒家之艺术观,亦涉及儒家对生命活动之解说。因此类资料极少,故本篇愈见重要。以下依原文一述其内容。

《乐记》所谓"乐",自指音乐而言,因此,原文开始先提出"声"与"音"两观念,以解释"乐"。原文谓:

> 凡音之起,由人心生也。人心之动,物使之然也。感于物而动,故形于声;声相应故生变,变成方谓之音;比音而乐之及干戚羽旄,谓之乐。

此段开端两句,表明所析论之"音",非指自然音声,而是指"由人心生"之音;又提出"物使之然"一语,表明本论之观点是以为"人心"与"物"接触而后"动";此与下文"感于物而动"之断定,一脉相承。

人心"感于物"即有所"动",此种"动"即表示一种情意或情绪;情意或情绪表现在"声"上,此即"形于声"之意义。进一步,由"声"之相应相和,而有种种集合;所谓"变"及"方",皆是指此种集合而言。有集合之后,于是成为"音";故此所谓"音"乃一组一组有韵律之"声"。再进一步,依据此种韵律,而制成乐器,配以舞蹈,便是所谓"乐"。此种解释自与古代中国之舞蹈与演奏常合而成为某种"乐"之传统有关。

依此,《乐记》论"乐",实先提出"声、音、乐"三个概念,作为三层;以为"乐"依"音"而成立,"音"依"声"而成立,而"声"则专指人表示情绪之声响。下一段更就此义发挥,而云:

> 声者,音之所由生也,其本在于人心之感于物也。是故,其哀心感者,其声噍以杀;其乐心感者,其声啴以缓;其喜心感者,其声发以散;其怒心感者,其声粗以厉;其敬心感者,其声直以廉;其爱心感者,其声和以柔。六者,非性也,感于物而后动。①

此段历举六种"声",释以六种不同之"心",盖以为各种"心"所感不同,故表现于"声"即不同。而所举六种"心",皆显然指情绪而言。原文此处未用"情"字,仅以"非性也"一语暗示此意。但下文即有"情动于中"之语,可知全篇主意似是以情绪解"声"。

若"声"是由有所"感"而发,则欲对"感"有所控制时,即必须就"所以感之者"着手,故原文云:

> 是故先王慎所以感之者。②

此语已足表示《乐记》之思想乃以"道德控制情绪"为主,而此种"道德",又包括政治生活之规范。是以原文续谓:

> 故礼以道其志,乐以和其声,政以一其行,刑以防其奸。礼乐刑政,其极一也。所以同民心而出治道也。③

此处"礼、乐、政、刑"并举,乃透露一基本观点。此即《乐记》作者乃以"乐"为属于"文化活动"者,而以"声音"为"自然事象"。对每一组"自

---

① 《礼记·乐记》"声"此字旧误作"乐"字,案上下文义,可知为"声"字之误,今勘正。
② 《礼记·乐记》。
③ 《礼记·乐记》。

然事象",人欲实现某种价值时,即有某种"文化活动"。礼、乐、政、刑作为四种文化活动看,则各以不同"事象"作为其对象;但在究竟目的上看,此各种文化活动,皆是要求一价值之实现,故说"其极一也",又以"同民心而出治道"一语描写此究竟目的(或"极");所谓"同民心"即建立规范之义,所谓"出治道"即建立秩序之义,皆是对所欲实现之价值作进一步描述。

其下又特别强调"声音"与政治生活之关系,认为人对不同之政治生活或环境之感受,必表现于声音。原文云:

> 凡音者,生人心者也。情动于中,故形于声;声成文,谓之音。是故治世之音安以乐,其政和;乱世之音怨以怒,其政乖;亡国之音哀以思,其民困。声音之道,与政通矣。①

此节强调对声音之了解,又特就政治生活说。治世、乱世及亡国之音,皆有特色,映显人在一定政治生活下之情绪状态。"情"表现于"声","声"又组成"音",层次甚为分明。而人能了解某种"音"时,亦必了解此"音"背后之"情"。此节未涉及规范问题,专说"了解"一面。

如要说规范问题(即"应该如何"之问题),则必归结到"乐",因"乐"乃人所"制作",是文化活动,方能表规范性,故原文另一节则云:

> 凡音者,生于人心者也;乐者,通伦理者也。是故知声而不知音者,禽兽是也;知音而不知乐者,众庶是也;唯君子为能知乐。②

此是重说"声""音""乐"之异,而特别强调"乐"中方有价值问题。所谓"伦理","伦"指"人间关系","理"指"价值规范"。"乐"涉及此种问

---

① 《礼记·乐记》。
② 《礼记·乐记》。

题,故谓"通伦理"。

又"情动于中,故形于声"是一自然事象,所以一切禽兽皆可以有"声";"声成文"是表示"声"表现为一种较复杂之形式,仍是自然事象,不需要价值意识之决定,故一般人皆可以有"音"。但"乐"则是以价值意识为基础之文化活动之产物,因此必须具有自觉价值意识者方能从事此种活动,因此说"唯君子为能知乐"。此处"君子"对"众庶"而言,即指少数领导人物说。

由此,对"乐"之制作,乃是一自觉性或有目的之活动,与"礼"之制立相类;而二者又皆通往"德性"问题。原文云:

> 是故审声以知音,审音以知乐,审乐以知政,而治道备矣。是故不知声者,不可与言音;不知音者,不可与言乐;知乐则几于礼矣。礼乐皆得,谓之有德。德者,得也。①

此明说"乐"之制作,乃有关"治道"者,且通往德性问题。盖此是价值意识在声音方面之表现也。

然则具体言之,此种表现价值意识之"乐",与自然意义之声音之根本分别,究应如何描述?《乐记》之答复是,礼与乐之特性皆在于对情欲立一种限制,即所谓"节"。为表明此义,乃有大段论说如下:

> 是故,乐之隆,非极音也;食飨之礼,非致味也。清庙之瑟,朱弦而疏越,一倡而三叹,有遗音者矣。大飨之礼,尚玄酒而俎腥鱼,大羹不和,有遗味者矣。是故先王之制礼乐也,非以极口腹耳目之欲也,将以教民平好恶而反人道之正也。②

此节主旨在于"非以极口腹耳目之欲"一语,盖谓礼乐之目的,皆在于

---

① 《礼记·乐记》。
② 《礼记·乐记》。

予"欲"一种限制,不使人过分放纵,以便使情绪受理性之支配。在此观点下,"乐"之制作,正为不使人纵情放泄,故说"平好恶"及"反人道之正"。此处当未正式提出"节"字,下文先铺张理论,然后方正式说"节"之意义。

> 人生而静,天之性也。感于物而动,性之欲也。物至知知,然后好恶形焉。好恶无节于内,知诱于外,不能反躬,天理灭矣。夫物之感人无穷,而人之好恶无节,则是物至而人化物也。人化物也者,灭天理而穷人欲者也。于是有悖逆诈伪之心,有淫泆作乱之事,是故强者胁弱,众者暴寡,知者诈愚,勇者苦怯,疾病不养,老幼孤独不得其所,此大乱之道也。
>
> 是故先王之制礼乐,人为之节。衰麻哭泣,所以节丧纪也;钟鼓干戚,所以和安乐也;昏姻冠笄,所以别男女也;射乡食飨,所以正交接也。①

此处先返溯到价值问题本身,提出一理论。大旨谓,人在未接触外在对象时,无欲求情绪可说,而接触外在对象,则有欲求,有情绪。人若不能主宰支配其情绪,则即通过知觉而被外物所支配。此即所谓"不能反躬,天理灭矣"。如此则"人"失其主宰性,本身化为一"物"。而此处之关键全在于人是否只受情欲支配而已。人若只受情欲支配,则结果自己既化为一"物",便无价值意识或理想可说,而一切行为将全随情欲之需要而决定;表现于人间关系中,即成为永远互相侵犯,互相冲突。此即"大乱之道"。然后标出"人为之节"一语,以说明一切"礼乐"之制作,基本目的在于建立一种限制,以防人全受情欲支配,故历举各种礼制以表明之,兹不必一一解释。

此处最须注意者,乃"人生而静"以下一段价值理论。此种说法,

---

① 《礼记·乐记》。

若加解析，可充足显出此文作者对价值及德性问题之了解，与孟荀二支皆似同而实不同；其用语尤异。

先就"静"字说。此所谓"静"，自与下文"感于物而动"对峙以立，显然"静"即指"未感于物"而论。顺下文观之，又可知感于物乃有"好恶"，此可包括经验中之苦乐爱憎（即感受与情绪两面）；"好恶无节"则其归趋是"人化物"。如此，一切善恶问题，皆于"感于物而动"以下讲，而其关键仍在于"无节"或"为之节"一点上。如此，在"动"后，或有节或无节，遂有"善恶"问题；至于就"未动"或"静"而言，则是全无善恶问题。由此可知，"人生而静，天之性也"一语中，"性"乃全无正面内容者，且又是不可说"善"说"恶"者，此显非孔孟所言之心性，转近于道家之自我观念。所不同于道家者，则在于老庄均不认为在"动"中可以有"善"，故轻视文化制度；《礼记》思想则肯定文化制度，故就"节"而论"价值"。但就"静"而论，则本篇说"静"，实近于道家之心性观，非如孟子之以"性"为价值之根源。

倘学者于此忆及荀子所谓"虚壹而静"，则可知此说仍较接近荀子观念。但荀子用语中，"性"指"自然之性"，故亦与本篇在"天之性"一语中所说之"性"不同。其次，荀子之价值理论，原以"心"为主，但其"心"只是一有清明之德者，可说是表智性能力者；其与孟子之心性不同，固甚明显。但亦与此处所说之"性"不同。盖以"人生而静"论"性"，则此"性"本身可是无善恶可说者，只在"不受外物支配"一义上，可说有某种"主宰性"，但并无正面功能，不仅无孟子所说之"四端"，且亦无荀子所说之"清明"。故此一思想，严格论之，非孟非荀，而近道家路数。

再就"天理"一词说，此"天理"显依"人生而静"一义而立。毕竟此"天理"有何内容，上下文均未详论。但观"灭天理而穷人欲"一语，则此"天理"总是与"人欲"对举者，人欲由"感于物而动"乃得生出，则

"天理"必在不动处。但就"不动"或"静"而论,此处又应无"活动方向"可说,即无善恶可说,于是,所谓"天理"实亦与"善恶"无关。此则又与下文不能通贯。盖以"穷人欲"为"灭天理"时,本含有一价值判断,即"灭天理"为负,"不灭天理"为正,此乃"动"后之两个可能方向;一切"节"皆以防止"灭天理"为目的,本篇由此以说明礼乐之意义。然如上所析论,倘"天理"与"人欲"对立,各表一方向,则"天理"必有活动义,否则不能涉及方向。而"天理"如有活动义,表此心本有之方向,则又不能说"人生而静,天之性也"。故总而言之,若从"人生而静"一语向下析论,则不能说明"天理"何以有方向意义,倘自"天理"与"人欲"之对立着手,先肯定"天理"有方向意义,则逆溯而上,便与"人生而静"之说冲突。由此可见《乐记》本文之思想实在极不严格,与孟荀二说之立场明朗者,大不相同。

日后宋儒喜用《礼记》之语,又每将此种浮泛议论与孔孟之说混而言之,其实宋儒如伊川等所言之"性"与"理"在涵义上与《礼记》此类浮词大异;其间只可说有某种假托之关系,并无严格理论关系。学者于此,不可不辨。

以上皆涉及《乐记》本文对价值问题之观点,以下再展示原文中对艺术之观点。

《乐记》既提出"节"观念,以解释一切文化活动(所谓"礼、乐、刑、政"),故下文论"乐"时,皆就"乐"在文化生活中之作用讲,且时时与"礼"并举而论之。

在进入下文之讨论前,尚有应加说明者,即《乐记》以"礼乐"并论,基本原因在于《乐记》所言之"乐",大体上指领导者或统治者所"作"之"乐",非个人之自由创作。观所谓"王者功成作乐,治定制礼",及文中屡言"先王"之处,即可见此一立场。

《乐记》论"乐"之功能,可分以下三点说:

（一）"乐"之普遍性

《乐记》以"礼"与"乐"并论时，屡次申说二者之殊别在于"乐"表"普遍性"而"礼"表"特殊性"。例如：

> 乐者为同，礼者为异；同则相亲，异则相敬。
> 大乐与天地同和，大礼与天地同节。
> 乐者天地之和也，礼者天地之序也；和故百物皆化，序故群物皆别。
> 天高地下，万物散殊，而礼制行矣；流而不息，合同而化，而乐兴焉。……仁近于乐，义近于礼。
> 乐也者，情之不可变者也；礼也者，理之不可易者也。乐统同，礼辨异。

凡此种种说法，其主旨皆在于以礼乐对照而显现其特性。其中最重要之一对词语，即"同"与"异"。如"和"与"节"、"和"与"序"等，皆可视为由"同"与"异"推绎而出者。盖《乐记》本意实是以为，在情绪一面，人与人大致相似；故为调和情绪而设之"乐"，乃针对人之所"同"而立；在责任权利方面，则每一"个人"与另一"个人"皆有不同，故为确定理分而设之"礼"，应是针对人之"殊异"而立。换言之，个人在一群体中，有与众相同之一面，亦有与众相异之一面；依生活中此两面，即立"乐"与"礼"。又因"同"处在于情绪，"异"处在于理分，故又可用"情之不可变"与"理之不可易"二语，分别说明。总之，仍不外是"统同"与"辨异"而已。传统习惯，说"仁"时指"人己同视"之意志境界，故说"仁近乎乐"；说"义"时指个别理分之实践标准，故说"义近乎礼"。此固在本文中有一致性，但即就此二语观之，亦可知《乐记》思想与其他《礼记》各篇思想类似，皆不直承孔子之说。盖依孔子之意，则"礼"本以"义"为实质，不仅"近乎"而已；而"仁"则又笼罩"义"，为知义及行义之基础条件,非可对立而言。《乐记》作者,固非深解先秦儒学之大脉络,但取流行之一般观念为依据以自立其说而已。

"乐"既是依于人之共同面而立,则"乐"对众多之个人讲,便有"普遍性"。换言之,艺术非附属于人之殊异性而立者,则所谓特殊阶级之艺术,固在此理论中不能成立;且通常艺术理论中所强调之"个体性"观念,亦不能在此安顿。此是《乐记》理论特点之一。

(二)乐之"工具性"

《乐记》理论又以为一切艺术活动,皆为道德生活及政治生活之工具;故一面如前文所引,提出"大乱"一观念,说明"乐"之必要,另一面又强调"乐"对于人生之影响。如谓:

> ……是故志微噍杀之音作,而民思忧;啴谐慢易繁文简节之音作,而民康乐;粗厉猛起奋末广贲之音作,而民刚毅;廉直劲正庄诚之音作,而民肃敬;宽裕肉好顺成和动之音作,而民慈爱;流辟邪散狄成涤滥之音作,而民淫乱。

此即是说,某种音乐对"民"有某种影响。此义与上文所说某种"心"所"感"决定某种"声",又属不同。盖彼处是说人之情绪生活对"乐"之影响,此则是说"乐"对人之生活之影响。

"乐"既有各种或好或坏之影响,故"乐"本身依其工具意义亦有好坏可分(此种"好坏"与艺术之内含价值不同,故是工具意义)。于是,《乐记》乃提出"淫乐"及"和乐"。其说如下:

> 凡奸声感人而逆气应之,逆气成象而淫乐兴焉。正声感人而顺气应之,顺气成象而和乐兴焉。

此是以"奸声"与"正声"、"逆气"与"顺气"等观念,决定"淫乐"与"和乐"之意义。"奸""正""逆""顺"等皆作为一种事物性质看,显然此处又有某种宇宙论之假定。此盖当时流行观念,亦不足为怪。可注意者是,依此说推之,一切艺术成果(或至少"乐")之好坏,皆被某种外在属性决定,而与艺术活动之内在过程无关。此又是《乐记》中另一特殊观点。

(三)乐有"本末"之别

《乐记》作者又比照"礼"与"仪文"之差别,而谓"乐"亦有本末之分。在所记子夏与魏文侯之对话中,有以下说法:

>……今君之所问者,乐也。所好者,音也。夫乐者,与音相近而不同。

"乐"与"音"之不同,类似于"礼"与"仪"之不同。但更进一步,文中又提出"德音"一词,表明"道德性"乃区别"乐"与"音"之条件,其说是:

>……天下大定,然后正六律,和五声,弦歌诗颂;此之谓德音。德音之谓乐。

至此,"乐"之所以异于其他"音",乃在于"乐"有道德性。换言之,艺术为道德之附庸。此即《乐记》全文之主旨。而其中牵涉政治生活之处,亦不与此义相离;盖在此种思路中,政治生活亦是道德之附庸;无论通过政治生活以解释"乐",或直接就道德生活以解释"乐",结论皆是认定艺术附于德性而立。其他种种反复申说之处,皆不外此义。本节对《乐记》之讨论,亦即于此处结束。

༄ ༄ ༄ ༄ ༄

《乐记》之说如此。其特色与《大学》《中庸》颇为相近。此所以日后宋儒接受此种混合形上观念及宇宙论成分之思路时,便特喜用《乐记》中"人生而静"及"天理""人欲"等词语。盖此类文献皆表现此一思想模式。

又《乐记》中有一段,言"天尊地卑……"云云,与《易·系辞》之文几不可分别。此则表示《礼记》中此类文献,又与《易·系辞》之思路相类。此点即可引导吾人进至《易传》之讨论。

第七节
《易传》之思想

所谓《易传》,即指《十翼》而言。简言之,除卦辞及爻辞外,一切载于今本《易经》中解说"易"义之文字,皆可作为《易传》。此自与后世专家撰述之解《易》文字不同。所谓《十翼》,则指《彖上》《彖下》《象上》《象下》《系上》《系下》《文言》《说卦》《序卦》《杂卦》十项。此中"彖""象""系"各分上下,凑成十数。汉人如司马迁、班固等,皆谓此种文字乃孔子所作。班固之说且涉及"十篇"之数。

案《艺文志》云:

> 孔氏为之《彖》《象》《系辞》《文言》《序卦》之属十篇。[1]

又《汉书》中谓:

> 孔子晚而好《易》,读之韦编三绝,而为之传。[2]

此即"十"数之由来,亦"易传"一名之根源。

然略考《易传》各篇之内容,即可知不唯此各篇非孔子所作,且根本不出于某一人之手。其中资料来源极为繁杂,或重复,或冲突,根本不是一完整理论。盖是取战国至秦汉之杂说编纂而成,而此类杂说又或取史传之言加以改窜,因此内容杂乱。自宋代以下,考辨者甚多,兹不能备引。本节但取重要问题,于下作一说明,使学者对所谓

---

[1] 《汉书·艺文志》。
[2] 《汉书·儒林传》。

《易传》之性质及其思想特色得一了解。

一、《易传》与卦爻辞违异

《易传》各篇本身理论虽互有不同（见下），但皆与《易》卦爻辞有根本之违异；此盖因《易传》之出现乃在战国及秦汉一段期间，立说者本只托《易》以为说，并非真欲解释卦爻辞。兹取《乾·文言》为例以说明此点。

《乾·文言》中有"四德"之说，即以《乾卦》之卦辞首句"乾，元亨利贞"一语中之"元亨利贞"视为四个平行形容词，故《乾·文言》谓：

> 元者，善之长也；亨者，嘉之会也；利者，义之和也；贞者，事之干也。君子体仁足以长人，嘉会足以合礼，利物足以和义，贞固足以干事。君子行此四德者。故曰：乾，元亨利贞。

此种看法，《左传》中有类似资料。《左传》记穆姜卜筮之事，其文云：

> 穆姜薨于东宫。始往而筮之，遇《艮》之八。史曰：是谓《艮》之《随》。随，其出也。君必速出。姜曰：亡。是于《周易》曰，《随》，元亨利贞，无咎。元，体之长也；亨，嘉之会也；利，义之和也；贞，事之干也。体仁足以长人，嘉德足以合礼；利物足以和义，贞固足以干事。然故不可诬也，是以虽随无咎。今我妇人而与于乱，固在下位，而有不仁，不可谓元；不靖国事，不可谓亨；作而害身，不可谓利；弃位而姣，不可谓贞。有四德者，随而无咎；我皆无之，岂随也哉？我则取恶，能无咎乎？必死于此，弗得出矣。[①]

案此以"元亨利贞"为"四德"，与《乾·文言》之说类似。但此中有两点宜加注意。

[①]《左传·襄公九年》。

首先须注意者，是所记穆姜所引"四德"，乃就《随》之卦辞说，与《乾卦》无干；足见作此记者并未见有所谓《乾·文言》。盖如此解释"元亨利贞"，在《左传》成书时业已有之，然乃泛说，并非专就《乾》说，否则即不应用此解《随卦》矣。

其次须注意者，乃此说中对"四德"之解释，与《乾·文言》不同。"元"释为"体之长"，而非"善之长"，又下文"嘉德足以合礼"，亦与《文言》所说"嘉会足以合礼"不同。后人颇有评其得失者。但此种差异之主要意义，不在于理论之得失，而在于差异本身表明《乾·文言》之说，原非一定之论，故传闻不一。且《左传》所载既不是专就《乾》说，则《乾·文言》乃后人拾取流传之语缀辑而成，亦可由此推见。

今姑不论"四德"是否与"乾"有特殊关联，只就"元亨利贞"四字之原意论之，以观所谓《乾·文言》与卦爻辞原意之同异。

首先当从"贞"字起。卦爻辞中之"贞"字常见，究竟此贞字是否能解释为一种"德"？乃此处之枢纽问题。

案卦爻辞中用"贞"字之例，略举如下：

乾，元亨利贞。（《乾》卦辞）

坤，元亨利牝马之贞。（《坤》卦辞）

含章可贞。（《坤》六三爻辞）

屯，元亨利贞，勿用有攸往。（《屯》卦辞）

女子贞，不字，十年乃字。（《屯》六二爻辞）

小贞吉，大贞凶。（《屯》九五爻辞）

需，有孚，光亨，贞吉。（《需》卦辞）

食旧德，贞厉终吉。（《讼》六三爻辞）

师，贞丈人吉。（《师》卦辞）

比，吉，原筮元永贞无咎。（《比》卦辞）

比之自内，贞吉。（《比》六二爻辞）

外比之,贞吉。(《比》六四爻辞)

妇贞厉。(《小畜》上九爻辞)

履道坦坦,幽人贞吉。(《履》九二爻辞)

夫履贞厉。(《履》九五爻辞)

贞吝。(《泰》上六爻辞)

否,之匪人,不利君子贞。(《否》卦辞)

贞吉亨。(《否》初六爻辞)

同人……利君子贞。(《同人》卦辞)

鸣谦,贞吉。(《谦》六二爻辞)

贞吉。(《豫》六二爻辞)

贞疾,恒不死。(《豫》六五爻辞)

随,元亨利贞,无咎。(《随》卦辞)

利居贞。(《随》六三爻辞)

贞凶。(《随》九四爻辞)

临,元亨利贞。(《临》卦辞)

贞吉。(《临》初九爻辞)

利女贞。(《观》六二爻辞)

利艰贞吉。(《噬嗑》九四爻辞)

贞厉。(《噬嗑》六五爻辞)

永贞吉。(《贲》九三爻辞)

剥床以足蔑贞凶。(《剥》初六爻辞)

无妄,元亨利贞。(《无妄》卦辞)

可贞无咎。(《无妄》九四爻辞)

大畜,利贞。(《大畜》卦辞)

利艰贞。(《大畜》九三爻辞)

颐,贞吉。(《颐》卦辞)

贞凶。(《颐》六三爻辞)

居贞吉。(《颐》六五爻辞)

离,利贞。亨畜牝牛吉。(《离》卦辞)

咸,亨利贞。(《咸》卦辞)

恒,亨无咎,利贞。(《恒》卦辞)

贞凶。(《恒》初六爻辞)

贞妇人吉,夫子凶。(《恒》六五爻辞)

遁,亨,小利贞。(《遁》卦辞)

贞吉。(《遁》九五爻辞)

大壮,利贞。(《大壮》卦辞)

贞吉。(《大壮》九四爻辞)

贞吉。(《晋》初六爻辞、六二爻辞)

贞厉。(《晋》九四爻辞)

贞吝。(《晋》上九爻辞)

明夷,利艰贞。(《明夷》卦辞)

利贞。(《明夷》六五爻辞)

家人,利女贞。(《家人》卦辞)

蹇……贞吉。(《蹇》卦辞)

贞吉。(《解》九二爻辞)

损,有孚之吉,无咎,可贞。(《损》卦辞)

利贞。(《损》九二爻辞)

贞吉。(《损》上九爻辞)

永贞吉。(《益》六二爻辞)

贞吉。(《姤》初六爻辞)

萃,亨,王假有庙……亨,利贞,用大牲吉。(《萃》卦辞)

元永贞,悔亡。(《萃》九五爻辞)

贞吉。(《升》六五爻辞)

利于不息之贞。(《升》上六爻辞)

困,亨,贞大人吉。(《困》卦辞)

革……元亨利贞。(《革》卦辞)

贞厉。(《革》九三爻辞)

居贞吉。(《革》上六爻辞)

利贞。(《鼎》六五爻辞)

利永贞。(《艮》初六爻辞)

渐,女归吉,利贞。(《渐》卦辞)

利幽人之贞。(《归妹》九二爻辞)

旅,小亨旅贞吉。(《旅》卦辞)

得童仆贞。(《旅》六二爻辞)

利武人之贞。(《巽》初六爻辞)

贞吉。(《巽》九五爻辞)

贞凶。(《巽》上九爻辞)

兑,亨,利贞。(《兑》卦辞)

涣,亨,王假有庙……利贞。(《涣》卦辞)

节,亨,苦节,不可贞。(《节》卦辞)

贞凶。(《节》上六爻辞)

中孚……利贞。(《中孚》卦辞)

贞凶。(《中孚》上九爻辞)

小过,亨,利贞。(《小过》卦辞)

勿用永贞。(《小过》九四爻辞)

既济,亨,小利贞。(《既济》卦辞)

贞吉。(《未济》九二爻辞、九四爻辞、六五爻辞)

以上各条中,"贞"字皆是"占问"义,即"贞"字之本义。所谓"利贞"者即"吉占"之义。"贞吉""贞厉""贞凶""贞吝"等,亦分别表"占"之好坏。至于"利女贞""利幽人之贞""利武人之贞",更分明是"占"字之义,即是说利于女子占,或幽囚者占,或武人占也。"永贞"则应指"常占",即非祭祀、征战时而占。"不利君子贞"及"利君子贞",更必是指利于有位者占或不利于有位者占。总之,"贞"即指"占问",断不能是一形容词。盖"贞"字自甲骨文之卜辞至周初文字中,皆无不作"占"解,并无作"正"解之理。此点许慎尚能知之,故在《说文》"卜"部列"贞"字,其下曰:

贞,卜问也。从卜贝。

至于以"贞"为"正",则是后起之用法。卦爻辞成于周初,"贞"字自不能不作"卜问"或"占"解。后儒昧于卦爻辞之本义,强谓其中"贞"字皆作"正"解,于是在释文时乃常有滞碍,然后又再强为之说,愈说愈远,绝非卦爻辞原文所指矣。

"贞"字既当指"占"而言,则不为"四德"之一,已不成问题。其次再观"亨"字。

案"亨"与"享"分为二字,乃隶书兴起后始有,籀文、篆文中皆为一字,只是"祭飨"之意。许氏《说文》"亯"部,"亯"字下载有二形,以"亯"为籀文之形,释曰:"献也,从高省,'曰'象孰物形。"下载"亯",以为是"篆文亯"。观此,可知隶中之"享",显由许书所谓"篆文亯"之形变成,盖其下半稍讹即成"子"形也。至许氏所载籀文"亯"之形,则与金文资料所见,又稍有异,如下列各器,皆有"亯"字:

不娶毁:"子子孙孙其永宝用亯。"
克盨:"克其用朝夕亯于皇且考。"
伯克壶:"克克其子子孙孙永宝用亯。"
师毁毁:"毁其万年子子孙孙永宝用亯。"(皆见郭沫若:《两周金

文辞大系图录考释》）

此外尚多，不再赘引。此种铭文中之"亯"字，皆作"亯"形，可知许书所载之"籀文亯"，又稍有形讹，然此乃许书中常见之事，亦不足怪。

观此字字形之演变，可知在隶书兴起以前，本无作"亨通"解之"亨"字。《易》卦爻辞中之"亨"字，必皆是"亯"字，即"祭飨"之意（段玉裁以为"飨"与"亯"二字有施受之别，虽非无据，但观上引克盨之文，即可知施亦可说"亯"，故此种分别可以不论）。

依此则"元亨利贞"一语中之"亨"字，亦不能为一"德"。而"元"本训"始"，则凡言"元亨利贞"者，皆谓"在始祭时占之则利"。此中"元"字纵尚可有其他解法，但此语并不包括四个平行形容词，则无疑问。《左传》及《乾·文言》之说，大与卦爻辞违异，亦由此可见。

以上乃随取一易明之例，以说明所谓《易传》绝非真解释《易》卦爻辞者。《易》之基本资料，除图形及排列外，只有卦爻辞。《易传》既根本与卦爻辞语义相违，则吾人应放弃旧日之传说，而视《易传》之文为托《易经》以另立说者，如此，方可避免传统文人之根本错误。

《易传》与卦爻辞违异，并不表示《易传》本身全无意义，但足以表明旧说之无稽。以下即抛开卦爻辞而专看《易传》，先略论其内容，再观其理论特点。

二、《易传》乃杂辑而成

观《易传》或《十翼》之内容，学者首宜留意者，乃此各部分并非一人或一派所作，而是杂辑许多资料凑成。此可由各部分说法之冲突或歧异而证之。

首先，就《乾·文言》本身论之。

六十四卦中,唯《乾》各爻不系"象辞"(即解各爻辞之语),其后另列"象辞"。而《文言》中则又重复论各爻之义,大抵此中一部分亦相当于《乾》各爻之象辞。然其中乃有四种。

第一种:依次论六爻,而皆作问答体,且以"子曰"为答。例如:

> 初九曰,潜龙勿用。何谓也?子曰:龙,德而隐者也。不易乎世,不成乎名,遁世无闷。不见是而无闷。乐则行之,忧则违之,确乎其不可拔,潜龙也。①

以下皆仿此。此种文体,显与他卦之象辞体例大异。

第二种:依次以简明语释各爻之爻辞。其文为:

> 潜龙勿用,下也。见龙在田,时舍也。终日乾乾,行事也。或跃在渊,自试也。飞龙在天,上治也。亢龙有悔,穷之灾也。②

此一部分显然合于象辞之体例,应亦为《乾》各爻之象辞,而未分系,又未列入"象曰"以下一段中者。

第三种:大体亦近于象辞,但不用"也"字,与象辞之例稍异。其文为:

> 潜龙勿用,阳气潜藏。见龙在田,天下文明。终日乾乾,与时偕行。或跃在渊,乾道乃革。飞龙在天,乃位乎天德。亢龙有悔,与时偕极。③

此六句分说六爻,又皆先引爻辞再为之解,极近乎象辞。但既不用"也"字,与其他卦之象辞不同。而且前三句以"藏、明、行"为韵,后三句以"革、德、极"为韵,显然将六爻依内外卦分为两组。此又是另一

---

① 《易经·乾·文言》。
② 《易经·乾·文言》。
③ 《易经·乾·文言》。

派解卦爻之法。

第四种：先发议论，后归于爻辞，语法各段不同，虽亦依六爻而说，但绝非象辞体例。如：

> 君子以成德为行，日可见之行也。潜之为言也，隐而未见，行而未成，是以君子弗用也。①

此显是记讲解者之语，另是一来源。随意发挥，非严格解释爻辞者。

由此可知，即以《乾·文言》本身而论，已载有许多来源不同之资料，何况《十翼》之繁杂，更不知从多少不同来源杂辑而成，断非一人或一派之作品也。

至于在论旨方面，此四种说法虽颇有相似处，但亦有不同处。譬如，第一种说法，论"潜龙勿用"时，重在言其"德"，故说"不见是而无闷""确乎其不可拔"；第四种则重在说其"处境"，故说"隐而未见，行而未成"。此二种论调亦彼此歧异，益知各有来源。

其次，以《坤·文言》与《乾·文言》比较，二者之差异亦甚大。

《坤·文言》中不包含类似"象辞"之部分，且《坤卦》各爻之爻辞后皆系有"象辞"。此其不同者一。又《坤·文言》不解"卦辞"，而只解"彖辞"，其文甚为明显。案《坤》卦辞谓：

> 坤，元亨利牝马之贞。君子有攸往，先迷后得；主利。西南得朋，东北丧朋，安贞吉。②

"彖辞"则顺卦辞而作发挥之语云：

> 至哉坤元，万物资生，乃顺承天。坤厚载物，德合无疆，含弘光大，品物咸亨。牝马地类，行地无疆。柔顺利贞，君子攸行。先迷失

---

① 《易经·乾·文言》。
② 《易经·坤》。

> 道,后顺得常。西南得朋,乃与类行;东北丧朋,乃终有庆。安贞之吉,应地无疆。①

此显然是依卦辞内容逐点发挥者,大体亦与《乾·彖辞》相类。然"文言"中则并不解释"元亨利牝马之贞"以下诸语,而云:

> 坤,至柔而动也刚,至静而德方,后得主而有常,含万物而化光。坤道其顺乎,承天而时行。②

此全是承"彖辞"之语而说,反较"彖辞"为简。此段以外,即只有分别就六爻发挥议论之语,大致与《乾·文言》中第四种解说相似。依此,《坤·文言》为附于彖辞、爻辞下之议论,不似《乾·文言》兼释卦辞、爻辞及彖辞。此其不同者二。

若以《乾》《坤》二"文言"相较,极易看出,《乾·文言》自"乾元者,始而亨者也"一语直至文末为止一大段,恰与《坤·文言》相应。其前一大段则为《坤·文言》所无。二"文言"体例之不同,亦可见其形成过程之不同。

其次,以"文言"、《乾》《坤》"彖辞"与"系辞"比较,虽"系辞"之理论大半发挥"文言"及"彖辞",故差异不多,但亦有一点极重要之差异,此即对"乾"及"坤"之地位之看法。

《乾·彖辞》云:

> 大哉乾元,万物资始,乃统天。

《坤·彖辞》云:

> 大哉坤元,万物资生,乃顺承天。

---

① 《易经·坤·彖辞》。
② 《易经·坤·文言》。

此显以"乾"及"坤"作为万有之最高根源。"系辞"中大致本亦常以"乾坤"并论,以解释万有;又在"天地"一对词语外,设"阴阳""动静""广大"数对词语,以论"乾坤"之意义。此显然是以一对条件解释万有,略相当于"形式"与"质料"之说。但《系辞上》第十一章忽云:

> 易有太极,是生两仪,两仪生四象,四象生八卦,八卦定吉凶,吉凶生大业。

此处两仪既只能指"阴阳"而言,则即相当于"乾"与"坤"之地位,而其上另出一"太极"。于是万有之最高根源乃出于"太极",而"阴阳"或"乾坤",不过表由"太极"至"八卦"之过程中之一环而已。此与"彖辞"之说大异。盖"彖辞"之说,基本上属于二元论类型,而"太极"之说则属于一元论类型。无论后人将"太极"如何解释,总之,必非"彖辞"所具之义。此亦可知"彖辞"与"文言"如作为一类看,以与"系辞"比较,更是各有不同立场、不同来源矣。

此外,其他各卦之"彖辞",与《十翼》中其他部分之理论比较,亦有显然不同之说法。例如,《家人》一卦之"彖辞"谓:

> 家人,女正位乎内,男正位乎外。

案《家人》内卦为"离",外卦为"巽";今谓"女"在内而"男"在外,则显然以"巽"象"男",但《说卦》第十章则谓:

> 巽一索而得女,故谓之长女。

第十一章论八卦之象,亦明说"巽,为木,为风,为长女……"

究竟"巽"应是象"男"乎?象"女"乎?《家人·彖辞》与《说卦》之文显然不同。此中虽难定是非(因所谓"象"之说,本是不可证立者),但其不同既如此明显,则其来源之异,可以断言。

此类问题,自不止一处,以上只举例表明此种差异之实有。余不详举。

总上所说各点,《十翼》之由杂辑而成,已无可疑;旧说《易传》为孔子所作,其谬亦不待再辩矣。但《易传》或《十翼》不论为何人所作,仍可有一定理论内容。来源及时代是一事,理论内容又是一事;此两面之问题皆可以分别作客观之考察。以上已说明《易传》乃杂辑而成者,其时代问题亦可由此看出。杂辑来源不同之资料以成一"经",是汉代儒者之事。《礼记》是如此,《易经》亦是如此。而《十翼》中之《说卦》,本是汉人理论,则昔人早已辨明。今可知《易传》所包含之资料,其最早者在《左传》成书时便已大致形成——如《乾》"四德"之说,最晚者则在汉代——如《说卦》。不仅各部分彼此间来源不同,即每一部分之内部亦含有不同来源之资料。

但就理论内容言之,则此种杂乱资料虽不能表一系统思想,仍可有其特殊论点。下节即专就此一方面作一考察。

三、《易传》中之特殊论点

《易传》各部分中以《系辞》之理论成分为最重。欲整理《易传》之理论,亦应以《系辞》为主要资料。

《系辞》分上下,各具十二章。其中除讨论卦爻辞者外,发挥理论之处甚多。兹依其所涉及之问题,分别列举此中之特殊论点如下:

(一)宇宙秩序与人生规律

《易经》本是占卜之书;占卜最基本作用在于预测吉凶变化,《易经》之占卜自亦不能例外,因此,就六十四重卦之卦名及排列论,已可见《易经》占卜系统中有"宇宙秩序"及"人事规律"之观念(见本书《〈易传〉之思想》)。其本意自然在于一方面以卦爻标示宇宙秩序及人生之各阶段,另一方面对人在各阶段应如何自处作一说明。此所谓"卜以决疑"也。但此处有一关键问题,即是"宇宙秩序"是否与"人事规律"相应？占卜之书通常只假定此种相应关系而未能说明。《系辞》之主要理论即在于说明此种相应关系；而其说明之方式则是将"自然事象"与"自觉活动"两个领域，看作受同一原理或规律支配者。此种原理或规律既支配宇宙现象与人事现象，本身自应有某种超越地位，由此，亦具有形上学规律之意味。但《易·系辞》中形上学与宇宙论之成分混杂不清，故其所强调之超越性规律，半属形上学，半属宇宙论。

此一超越规律，即《系辞》中所谓"道"。其说云：

……是故形而上者谓之道，形而下者谓之器，化而裁之谓之变，推而行之谓之通，举而措之天下之民谓之事业。①

此中将自"道"至"事业"看成一过程之各阶段，即以"道"为最高根源，以"事业"为最终之表现。其贯串宇宙与人事两领域，已甚显明。

倘宇宙与人事皆受一"道"之支配，则人事之吉凶成败，自皆可由"道"得一解释。但此"道"之内容如何？《系辞》解释此问题，即就"乾坤"立论；其主旨盖以为此"道"又包含两个规律，即所谓：

一阴一阳之谓道。②

而"阳"即"乾"，"阴"即"坤"；盖《易》之"—"与"--"乃原始符号，分表"阳"与"阴"，此乃《易》之占卜系统之基本约定也。

《易·系辞》既以"乾坤"为"道"之基本内容，故曰：

乾坤，其易之缊耶！③

而文中论"乾坤"之处亦特多。大抵认为宇宙现象与人事现象皆可用

---

① 《易经·系辞上》，第十二章。
② 《易经·系辞上》，第五章。
③ 《易经·系辞上》，第十二章。

一对对相反词语以描述之,故处处用"乾坤"说之。例如:

> 天尊地卑,乾坤定矣;卑高以陈,贵贱位矣;动静有常,刚柔断矣;方以类聚,物以群分,吉凶生矣;在天成象,在地成形,变化见矣。①

此处所论之"天地",显然取经验意义,观"成象"及"成形"二词可知,但"乾坤"本身则不是经验对象,而是决定"天地"等"经验存在"之规律或原理。此节历举"天地、卑高、贵贱、动静、刚柔、聚分、吉凶、象形、变化"等,皆表一对对相反词语,或描述宇宙,或描述人事,而不作区别,即表示其贯串两领域(自然与自觉)之立场。而所谓"乾坤定矣"一语中之"定"字,即指"具体化"而言,盖以为"乾坤"本身非具体存在,具体存在始于"天地",故有天地,则"乾坤"之原理即开始进入具体化阶段,其下则一切属性生出,一切现象亦生出。原文在以下又论及"寒暑""男女"等,皆表示"乾坤"在具体事象领域(即自然领域)中之显现。

《系辞》此章中又进而专就人事以论"乾坤"之显现,而谓:

> 乾以易知,坤以简能;易则易知,简则易从;易知则有亲,易从则有功;有亲则可久,有功则可大;可久则贤人之德,可大则贤人之业。②

此中以双系词语,分述"乾坤"在人事中之表现。可以图表之如下:

乾——易(知)——易知——有亲——可久——贤人之德 ⎫
坤——简(能)——易从——有功——可大——贤人之业 ⎬ 人事领域
　　　　　　　　　　　　　　　　　　　　　　　　 ⎭

此中"乾以易知"一语中之"易",指生发变动说,与"易知""易从"二语

---

① 《易经·系辞上》,第一章。
② 《易经·系辞上》,第一章。

中之"易"作"容易"解者不同。又"坤以简能"中之"简",当指"容纳"及"承受"而言,亦非如后世所谓"繁简"之"简"。

就"易""简"二字之字义说,"易"表"变动",引生"生发"之义,无大困难,盖"变动"与"使……变动"二义,依中国古文字之惯例,每每可用同一字表示;如"降""服""退""进"等字,皆常有此例,不待举证。但"简"字作"容纳"及"承受"解,则须稍作解释。

案《说文》以"简"字为形声字,故云"从竹,闲声"。但作为形容词之"简",恐应以"间"为义符而不作为声符;犹之"僩"字表"宽大"义(见《诗·卫风·毛传》),亦是以"间"为义符;"间"本是"隙"义,故由之分化出"简"与"僩"二字,亦皆有宽大容受之义;"简"指在物者而言,"僩"则指在人者而言耳。

"易""简"二字既如此解释,则《系辞》此节,主旨在以"乾"表"主动性","坤"表"容受性"以说明人事。"知"即就生发义之主动力讲,"简"即就容受义之潜能讲;其下各节,皆顺此而发挥。

但此中有一严重问题,即"德"与"业"二字。以一半形上学半宇宙论之原理解释一切事象,当是古代思想之一般倾向;但人之"德性"问题,是否能如此解释,则困难极大。《易·系辞》之思想,则不顾此中困难,直接将"贤人之德"与"贤人之业"并举,以配"乾坤"。于是显示出此种思想对德性问题及价值问题所持之立场。此立场亦即汉儒所持之立场,简言之,以一存有义之"天道"为价值标准,而以"合乎天道"为德性及价值标准。论析至此,乃可转入下节之讨论。

(二)德性之"本体论解释"

所谓"本体论解释"(ontological interpretation),即指从一"存有"(being)以说德性价值之理论。此种说法虽常杂有形上学成分,但若其所说之"存有"与"经验存在"相混,则基本上便属宇宙论类型。《易·系辞》解释德性时,其言如下:

一阴一阳之谓道,继之者善也,成之者性也。①

此处先标出一"道"字,又举"阴阳"为"道"之内容;"道"可看作"阴"与"阳"之统一体,亦可看作"实体"(substance),而以"阴"与"阳"为"属性"(attributes);但不论取任一解释,"道"显然指一"存有"。而《易·系辞》即欲直接由此"存有"界定"善"之意义,换言之,即以此"存有"作为德性价值之根源。此处涉及一十分严重之哲学问题,下文作评论时,当再详说。本节先作解释。

　　何谓"继之者善也"?此"之"字自是指"道"而言,所谓"继"是指保持方向而言,故此语意即谓,保持"道"之方向即是"善"。依此,则所谓人或事之"善"或"不善",即就其是否符合"道"之本来方向而定。如此说时,自己预认"道"本身有一方向,人或事则可能符合或不符合此方向,由此以决定"善"与"不善"之意义。

　　然则人事何以能有此两种可能?此是一枢纽问题。因"道"既是一最高存有,一切存在皆受此"道"决定,如不加一解释,则颇难表明何以人或事"可能"违离"道"之方向。但《易·系辞》中对此点并无明确解释。

　　吾人倘忆及《易》本为占卜之书,则应可推知此种"两可能"之看法,实应为谈《易》者之根本假定;盖凡言占卜,必预认有"吉凶",亦即必有某一意义之两个可能;《易传》思想尚欠严格,故并未能确切说明何以有两可能;然此一假定乃预先承认者,故论者亦未察觉此一根本困难。

　　《系辞》又谓:

　　　　仁者见之谓之仁,知者见之谓之知,百姓日用而不知,故君子之

---

① 《易经·系辞上》,第五章。

道鲜矣。①

此则是说,"道"虽是一实有,而人不必能了解"道"。又云:

> 显诸仁,藏诸用,鼓万物而不与圣人同忧,盛德大业至矣哉。富有之谓大业,日新之谓盛德,生生之谓易,成象之谓乾,效法之谓坤,极数知来之谓占,通变之谓事,阴阳不测之谓神。②

此段表面似甚为整齐,考其语义,实极为杂乱。盖所谓"大业"及"盛德"乃承上文"盛德大业至矣哉"而来,而上文既说"不与圣人同忧",则所谓"盛德大业"乃指"道"之"盛德大业"而言,于是"富有之谓大业,日新之谓盛德"亦应指"道"说(然则"道"是否能说"日新"已有可疑,今且姑置不论)。其下三句亦可看作指"道"而言,但无论如何,"极数知来之谓占"及"通变之谓事"则只能指人说;"道"本身不能"占",亦无所谓"通变"也。至最末一句"阴阳不测之谓神"则又似是指"道"说。于是此段表面整齐之文字,实际上忽指"人"说,忽指"道"说,实属混乱。而因此亦无补于对"善"之说明。

又"道"虽可作为一形上存有看,但《系辞》中显然又将"道"与宇宙论意义之存在相混。如云:

> 夫乾,其静也专,其动也直,是以大生焉;夫坤,其静也翕,其动也辟,是以广生焉。广大配天地,变通配四时,阴阳之义配日月,易简之善配至德。③

此段先言"乾坤",当是形上意义;其下则言天地、四时、日月,皆取宇宙论意义;"超验领域"与"经验领域"完全相混。而最后一句忽说到

---

① 《易经·系辞上》,第五章。
② 《易经·系辞上》,第五章。
③ 《易经·系辞上》,第六章。

"至德",又是以"存有"作为"德"之根源。盖此是《易·系辞》之一贯态度。

以"存有"作为德性价值之根源,在《系辞》中实未建立一完整理论,而只作为一种基本认定,观上文所引可知。但此种想法,在理论上亦可以有进一步之解释。《易·系辞》中于此稍有暗示,此即上文"成之者性也"一语。

盖凡欲以一形上意义之存有作为价值根源,则其说必归至一"本性论"(theory of essence),通过"本性"观念以保有其形上学特性,然后再就"本性"及"实现"问题,解说具体事物与此"存有"(或"道")之关系。"成之者,性也"一语虽含糊不明,但另有一语则可作补充。此即:

成性存存,道义之门。①

此中"成性"一词,与"道义之门"之说,皆可引至一"本性论"。日后宋儒程伊川之理论,即是此种观念之系统化,但专就《系辞》本身言,则此种系统并未建立。故本节之结语仍当说:《系辞》中有"以存有为德性价值根源"之认定,但并无完整理论。

一价值理论,必须涉及"善恶""好坏"等相反词语,每一对皆表示一"二元性"(duality)。《易经》一系之文件,既本为占卜思想,故必涉及"吉凶",此亦表示一种"二元性"。《易·系辞》各章之作者(未必是一人),所以对此种"二元性"竟无说明,如上文所言,可能即由于已假定"吉凶"之成立。然则,《易传》中对"占卜"及"吉凶"等问题有何说法? 由此可引至下节。

(三) 占卜之意义

"占卜"之存在虽为各民族早期历史中之普遍现象,但对"占卜"

---

① 《易经·系辞上》,第七章。

本身之说明,则殊少标准理论。《系辞》中有一颇为特殊之说法。

此说之主旨即是通过"类比"观念以说明"占卜"之功能。

《系辞》下几乎以讨论此一问题为主要内容,如云:

> 八卦成列,象在其中矣;因而重之,爻在其中矣;刚柔相推,变在其中矣;系辞焉而命之,动在其中矣。①

此以"象、爻、变、动"为四个基本观念。其下又谓:

> 吉凶悔吝者,生乎动者也。②
>
> 爻也者,效此者也;象也者,像此者也。③
>
> 爻象动乎内,吉凶见乎外。④
>
> 是故易者,象也;象也者,像也。彖者,材也。爻也者,效天下之动者也。⑤

此皆是对"占卜"及"吉凶"之解释。依此说法,占卜所用之符号,构成"象"与"爻"。依占卜之规则而有所谓"动",由"动"以说"吉凶悔吝"。此中最可注意者乃对"爻"与"象"之解释。

所谓"爻也者,效此者也","象也者,像此者也",显然即以表类比关系之"效"及"像"以释"爻"与"象",而所谓"此"则指上文"乾坤"而言。而当说"效此""像此"时,其所"效"所"像"者,非"乾坤"二卦本身,而乃由"乾坤"二卦所代表之"阳"与"阴"二种属性,亦可依照旧说称为两种"理"。

然则何以说一切"爻"与"象"均与此二种属性有类比关系?此则

---

① 《易经·系辞下》,第一章。
② 《易经·系辞下》,第一章。
③ 《易经·系辞下》,第一章。
④ 《易经·系辞下》,第一章。
⑤ 《易经·系辞下》,第三章。

涉及《易传》中对"占卜"之特殊理论。

通常原始民族之占卜，原皆以某种"神力"之存在为假定，占卜乃祈求神示之意。中国一般言占卜者本亦是如此。但《易传》欲予"占卜"以理论解释，故离开"神示"之观念以说明占卜之可能有效；此说明即以"类比关系"为基础。

所谓"类比"乃指占卜中所得之结果（用占卜符号表示）与世界过程间之相应关系，譬如，占得某卦某爻，此可用占卜符号表示之；但此本只是占卜之操作情况。今欲说此一结果显示客观存在方面之一情况，则即须假定，此占卜结果与某一存在情况有基本相应关系——亦即所谓"类比"。

"类比关系"并非"决定关系"，故若得一吉占或吉卜，虽即可说存在情况中应亦为"吉"，但存在情况之"吉"并非为占卜之"吉"决定者，只是由占卜之"吉"显现而已。如此，以类比关系为假定而解释占卜之功能时，只能说占卜有使人知"吉凶"之功能，不能说占卜有任何影响"吉凶"之力量。

但此只指占卜时已定之"吉凶"言。究竟是否一切存在过程皆是已定者？此一问题即涉占卜理论之根本困难。盖若存在方面，一切皆已决定，则是否知"吉凶"，亦似无甚意义；若有未决定之"吉凶"，则此"已定"与"未定"之分界如何划定，又是一问题。《易·系辞》谓：

> 极数知来之谓占。①

则"占卜"本身固以能"知来"为主，与改变未来似无关系。

但占卜之原始目的，本在于"吉凶"间之选择，因此，占卜之"知来"又不能不与行为之选择有关。于是占卜之"知来"究竟有何意义，

---

① 《易经·系辞上》，第五章。

乃颇难解决之问题。兹先就问题本身作一析论，然后再回至《易传》。

就理论观点说，对占卜与决定论之态度不外以下数种：

第一，一切皆是已定。如此则不唯存在方面之未来情况已定，甚至占卜者本身之占卜活动亦是已决定。如此，则一切无可说。

第二，存在过程中一切皆已决定，但人之"知"多少则未决定。如此，则占卜可以助人之"知"，但"知"后仍不能改变存在，只可以改变自己之行为；即是说，占卜不能影响外界，但可以影响人之行为。依此，永有一领域为未决定者，而人之意志行为等即属于此领域，占卜之功能亦表现于此领域中。此一立场应最接近《易经》与《易传》一系之立场。但《易传》中亦无一确切说明。

第三，部分存在情况是已定者，但另一部分则未定；人由"占卜"而决定行为后，对此种未决定之存在情况即有一种决定力量。如此，则占卜有助人决定外界之功能。此一说法与上列第二种之不同，在于依此说则占卜亦可以影响"成败"，可以影响"外界"，而第二种说法虽以为占卜可影响人之行为，但因不能改变外界，且外界是已定者，故人纵能"知来"，亦只能使自己"善处"，而不能影响"成败"。占卜影响"成败"之说法如欲成立，则必须假定此种"神秘之知"之可靠性。又须证明此种"神秘之知"永较一般认知优越；不然则人可通过一般认知以影响未来，何必"占卜"？但此两点皆不能证之。在《易传》中，亦偶有较接近此一立场之说法，但无明确理论。

以上三种说法中，第二种最与谈《易》者之立场接近，《易传》中对"动"之强调，亦即表示重视占卜对行为之影响。如谓：

> 吉凶悔吝者，生乎动者也。①

---

① 《易经·系辞下》，第一章。

> 爻也者,效天下之动者也;是故吉凶生而悔吝著也。①

此外,如《系辞下》第五章解爻辞之说,皆就人之行为言,而未强调改变外界之功能。而《系辞上》又谓:

> ……是以君子将有为也,将有行也,问焉而以言,其受命也如响;无有远近幽深,遂知来物。②

此明说为"行"与"为"而占,占之目的则在于"知来物"——亦即"知来"之意。

故大体言之,《易传》论"占卜",以为"占卜"之功能主要在于使人知所自处,即是决定有何行为;至于成败,则不重视。而"占卜"之所以能助人决定行为,则又通过"占卜符号"与"存在之秩序"间之"类比关系"以说明之。其言常夸肆,使人易觉深奥,其说实亦甚简也。

总之,《易传》论"占卜",以"类比关系"为基本假定,此即见其形上学及宇宙论之成分;又以人之行为作为主要问题,则又有重视"德性"之意。就前者论,则一切存有皆被涉及——因认定一切存有皆受一"道"支配,皆表现同一秩序;就后者论,则占卜之主要目的只涉及人事,故《系辞》云:

> 《易》之为书也,广大悉备;有天道焉,有人道焉,有地道焉。③

所谓"天道",即形上学成分;所谓"地道",即宇宙论成分,而其重视行为或君子之自处,则是所谓"人道"也。

凡占卜或类似占卜之理论,皆必涉及"决定论"与"自由意志"之问题;《易传》亦不例外。《易传》对此问题虽无明确解释,但观其内

---

① 《易经·系辞下》,第三章。
② 《易经·系辞上》,第十章。
③ 《易经·系辞上》,第十章。

容,可知此两面均被《易传》理论所预认。由此,吾人可进而讨论一具体观念,即象辞(《易传》之一部)中对"贞凶"一词之解释。

（四）"贞凶"

《易》爻辞中每有"贞凶"之文,如《随》九四、《颐》六三、《巽》上九等均是。若就原意论之,"贞凶"自即是"占者凶"之意,已如前论。但《易传》既以"贞"为一德,而以"正"释之,则"贞凶"一词何义,便须解释。象辞中释"贞凶"之语,见于《巽》上九。《巽》上九之爻辞曰:

上九,巽在床下,丧其资斧,贞凶。

其下象辞即解释"贞凶":

象曰:巽在床下,上穷也;丧其资斧,正乎凶也。

所谓"正乎凶也"即是对"贞凶"之解释,此无可疑。然则,"正"而"凶",究是何义？

就整个《易传》加上《易》卦爻辞看,此种观念似与全盘理论不相容,盖论占卜者之自处时,若"得正"似不应同时为"凶";因"得正"仍是"凶",则可知是否"得正"即与"吉凶"无关。于是,占卜者得"××吉"之辞时,究竟应循此"吉"而行以定自处之道乎？抑将另求一"正"以自处乎？此即纠缠难明矣。

然所谓"贞凶",当作虽"正"而仍"凶"看时,亦可有另一理论意义,此即"贞凶"观念涉及生命之有限性问题。

此一问题乃"道德实践"方面之问题。倘学者根本不关心道德或德性问题,自不能涉及此点;又若学者虽关心道德问题,而只作为一纯理论看,则亦不会发现此问题。唯当"道德实践"作为吾人注意对象时,此问题即必呈现。而中国儒学既以"成德"为中心,实以"道德实践"为主,因此,"生命之有限性"在此一传统中便成为一重要问题。

欲说明"生命有限性"之问题,须自"道德实践"本身下手。

凡言及"道德实践"时,在理论上必涉及两个认定:第一是"理分"之认定,第二是"理分之实现"之认定。

不论讲"道德实践"时取何种立场或据何种理论系统,只要说及"道德实践",则必认定有某种意义之"应为之事";具体言之,此所谓"应为之事"有何内容,自即由说者所取之不同立场及所据之不同理论而有不同决定。但无论对"应为之事"作何种"内容上之决定",一说"道德实践"即必认定有某种"应为之事"。故此种形式意义之"应为之事",即为"道德实践"所必涉及者。而用中国之传统语言表示,所谓"应为之事"即是"理分"。

其次,讲"道德实践"时,与讲一道德理论不同,目的不只在于提供一套知识,或构造一套概念,而在于达成"自我转化"(self-transformation),故不仅需要对"理分"本身之认定,且必须认定此种"理分"是可以"充足实现"者。盖若不然,则纵认定——事上有一"理分",而不能决定此"理分"能否"实现",即无从建立"实践历程",亦无从达成"自我转化"。以传统语言表之,即无所谓"成德"。

此两认定既已说明,"生命之有限性"之问题之重要性,亦即可显出,盖此问题根本上涉及"理分之实现"问题。

所谓"生命之有限性",非指寿命修短而言。修短所关涉者是一具体生命之"存在"在时间上所受之限制,此种限制对"理分之实现"问题并无严重影响;因所谓"理分之实现"乃就一生命"存在"中之活动而言,倘此生命在某一时点上不再存在,则即无"理分之实现"之问题。但今所说之"生命之有限性"则指生命实现理分之能力之"有限",此种"有限性"乃在一生命仍"存在"时显现者,故与修短意义之"有限"不同。

又说生命实现理分之能力有限,亦非指"成败"或"效果"而言。"成败"或"效果"涉及自觉活动以外之因素;一人纵能处处实现理分,亦不必能处处成功。此种"成败"问题本与"德性"或"道德实践"无关，亦不影响"成德"或"自我转化"；但吾人所论之"生命之有限性"，则与"成德"是否"可能"一问题有根本关涉。

此问题简言之，即各理分实现间之"不相容性"（incompatibility）之问题。此须通过具体例示说明。

譬如，有一人在一家庭中，是独负经济责任者，则此人对此家庭中某些分子，即有一"理分"。就此"理分"之"实现"言，此人必须完成其经济责任。但此人不仅作为一家庭之一分子而存在，同时亦必是一国家中之一分子，且必有一具体职分，例如是一官吏。就其为一官吏而言，又有一重理分；此理分即表现于重国忘家之要求。换言之，当此人面对一定情境，须作一理分之选择（即决定"应该如何做"）时，此人即将发现，在某些情况中，如欲实现"对国之理分"，即须牺牲"对家之理分"。此种冲突并非"利益之冲突"，而是"理分之冲突"。"利益之冲突"不难解决，"理分之冲突"则表示"道德实践"不能完成。倘吾人再以"人类之责任""社团之责任""学术之责任"等加入，则各种"理分"间之复杂冲突将更为明显。兹不一一赘论。总之，一人之生命乃"有限"者，此"有限性"即使人无法同时完成各种"理分"。如严格言之，则此所谓"理分之冲突"，并非在于"甲理分"与"乙理分"本身互不兼容，而在于一有限之生命对"甲理分之实现"与"乙理分之实现"不能同时完成，故应说为"理分实现之冲突"。

此种"冲突"或"不相容"，如纯作为概念或理论者，似可以有解决之道，但落在"有限生命之实践历程"上，即难有解决之道。盖具体生命之"有限性"乃不可免者，而"道德实践"之涉及具体之生命，亦是不可免者，于是，此一幽深问题遂存在于人之道德生活中。

此一问题如作详析，可以作种种发挥，但本节只因讨论《易传》对"贞凶"之解释而涉及此问题，故只说大意。

"生命之有限性"含有"理分实现之冲突",乃道德哲学上根本问题之一,可以通过种种线索表述。《易传》因释"贞凶"而提出"正乎凶也"一语,亦可看作一种表述方式。盖所谓"正"即指"理分"一面而言。若一人诚心求理分之实现,此即可谓"正",但在"理分实现之冲突"显出时,此一求实现理分之人终必将放弃一部分理分而不能求其实现,此即所谓虽"正"亦仍"凶"矣。

《易经》原论人之自处之道,但其所谓"吉凶"含有"价值意义"及"成败意义"两面,而未予清理;且原文(卦爻辞)中之"贞"字亦不能作"正"解。今所论者是《易传》之理论。《易传》偏重在"价值"或"道德"之问题(虽在解释方式上取形上学与宇宙论之混合立场,与心性论立场不同),而又以"正"释"贞",于是遂由释"贞凶"一语而引至此一"理分实现之冲突"问题。此在《易传》中虽未详作讨论,然以此问题之严重性论之,虽一二语涉及,亦可注意,故略论如上。

以上已将《易传》理论之特殊论点略作说明;下文再作一评论,即结束本节。

四、《易传》理论之评论

《易传》来源复杂,上文已作说明,因此,其中所包含之理论及观点,亦不易确定其时代;但大体言之,此一部分资料中最晚者出于汉代(《说卦》),故依今所见之《易传》说,可看作汉代完成之"论集",其中固含有战国时说《易》之资料,但此类资料在今本《易传》中究在何种程度上保留其本来面目,则亦不能决定;例如"四德"之说,虽是在《左传》成书时已有之意见,然《左传》中系就《随》之"四德"讲,今本中则属于《乾》之"文言";显然编纂《易传》之人虽搜集某种较早之资料,亦曾另加整理,并非完全保留其本来面目也。

由此,本节评论《易传》思想或理论时,只能视之为汉代编成之资料,不能收归于先秦哲学论著中。

《易传》理论,可分三步评析之,第一步先观《易传》所涉及之哲学问题,第二步再观《易传》理论与孔孟之说之关系如何,第三步则观察此种思想对后世之影响。

兹先论《易传》所涉及之哲学问题。

《易传》各部分中,以《系辞》上下为最富理论成分;《系辞》之理论是形上学观念与宇宙论观念之混合,上文已屡言之。兹就此种理论所涉及之哲学问题着眼,则最重要者不在于此种形上学观念及宇宙论观念本身,而在于通过此一思路对价值问题所提出之解释;换言之,此处评论之主要问题,即对"价值"之"ontological interpretation"是否在理论上有根本困难?

考察此问题,须从价值问题本身说起。

所谓"价值问题",用日常语言表之,即是涉及"应该"或"不应该"之问题,可简称之为"应然"之问题,以与"实然"及"必然"之问题区分。

"应然"问题涉及"价值","实然"问题涉及"事实","必然"问题涉及规律。三者之分别甚明。

论及"应然"或"价值"时,吾人首先应明白此类问题不是"事实问题"。因无论何种事实,只能"有"或"无",本身无所谓"价值"。决定事实之"有无",依赖知觉能力,而知觉能力本身亦不能涉及所谓"应该"或"不应该"。当人说"此事是不应该(或应该)"时,人是对此事实另加一判断;此判断之谓词,本身即不表示任何知觉或经验中之性质。

"应该"或"不应该"不唯不是知觉中之性质,而且亦不是推理思考中之性质。当人说"这是甜的","甜"之意义依于人之知觉而成立;当人说"这是必然的","必然"之意义依于人之推理思考而成立;但当人说"这是应该的",则此中"应该"一词之意义既不能依于知觉而成立,亦不能依于推理思考而成立,必须另有来源。

吾人所以说"应该"之意义必须"另有来源",而不说"应该"一词"无意义",乃因当吾人能讨论"应该"一词不能通过知觉及推理思考解释时,吾人显已承认"应该"一词已"有意义",否则即不能说"应该"一词能否通过知觉或思考解释。故真问题只在于"应该"一词所含之意义,何由而来?或依何能力而成立?至于此词之意义则早已呈现于人之意识中,否则,人即根本不能论及此问题。

"应该"一词之意义应如何陈述之,又应依于何种能力为其根源?此类问题如详论,皆须涉及冗长之解析;此处只作一简略答覆如下:

> "应该"之意义包含"普遍性"与"规范性",故与"有无""真伪""必然不必然"等问题均不同。其次,此一意义本身是"不可分"及"不可化归"者,亦即是"atomic"。因此,此意义必依于一种独立之能力而成立。①

倘吾人之能有对"应该"之意识,乃由于一独立能力而然,则此一"faculty"即与知觉、推理思考等不是一事,而且亦与"认为某事应该"之具体心理现象亦完全不同。此种能力即"faculty",在以往哲学家或称之为"理性意志",或称之为"实践理性",或称之为"义理之性",或称之为"良知";此各种说法皆各有不同之语脉,但皆指此作为价值之根源之能力而言。

依此,吾人可知,"价值问题"之根源,出于此一能力,而并非出于事实上某种存在,或某种关系;换言之,即不能从"客体性"(objectivity)一

---

① 关于"价值谓词"如"好"之"不可分"及"不可化归",英国分析哲学家 G. E. Moore 曾有 *Principia Ethica* 一书详审析论。其书虽与本书之哲学立场不同,但就此一问题说,读者阅此书亦可帮助了解。此点在理论上大体无甚问题。

面获得解释,只能从"主体性"一面获得解释。而且价值问题或"应然"所依之主体能力,又是另为独立,与知觉理解、推理思考等皆不同。

倘吾人欲对此一主体能力作更明确之描述,则可依前所说之"普遍性"及"规范性"讲,亦可以通过"目的性""责任""自由意志"等观念予以阐释。本节原非专论此一问题,只说至此处为止,以下即回到《易传》之评论。

吾人如确知"价值"问题不是可通过"客体性"以解释者,则凡一切诉于"存有"以说价值之理论,无论如何复杂精巧,基本上必不能成立;由此,一切以"形上之规律"或"宇宙之规律"为依据,而欲解释"价值"之说,亦皆有根本困难。《易传》理论属于此种通过"存有"以解释"价值"之理论,故亦有根本困难。

此种形上学、宇宙论或混合二者之价值理论,各有不同之内部建构,因此,若欲指出其"困难"所在,则须各就其理论建构批评,但根本上其困难皆由于欲通过"客体性"以解释"价值";故吾人此处评论《易传》之价值理论,亦只指出此根本困难;至于就特殊建构讲,则《易传》本身并无完整建构,甚至未提出一"如何判断价值"之说法,故亦不必多说。

其次当论《易传》与孔孟之说之差异。

自汉代以下,儒者每喜尊《易》;其实汉儒之学说基本上已与孔孟之心性论方向不同,后世杂取汉人理论以说孔孟者,则愈说愈乱,将理论之大界限搅混不清。甚至宋儒亦不免此病(见下)。但严格论之,则"心性论"之哲学,乃以"主体性"为本者;"形上学"及"宇宙论"之哲学,皆是以"客体性"为本者。二者乃类型完全不同之两系。孔孟之说,属"心性论"立场。汉儒之说属"宇宙论"立场,《易传》及《中庸》等文献所表现之思想,则以"形上学"为主,而杂有"宇宙论成分"。

故《易传》之思想理论,决不能与孔孟之学混为一谈。此是论中国儒学时一大关目。

此处尚有应加补充者,即是原始思想中某些成分,每每流传后世,为学人吸收而纳入其理论中;此在中国亦然。如"人格天"及"形上天"之观念,古已有之,但并非一哲学理论。而在汉儒及汉代汇集之儒家文献中,则此类观念皆被收入一宇宙论或一形上学理论中,于是,此类原始思想皆化为某种哲学观念。但此亦非表示此类含有原始思想之"哲学"是儒学传统所在,因所谓"儒学"自指孔子所创立之思想或哲学而言,并非指原始思想。因此,人若据原始思想中之"天"观念以释孔孟之说,亦属谬误。若以此类混杂之说作为儒学之主要理论,则更属谬误矣。

汉儒理论及汉代所编之儒家文献中之理论,本与孔孟之学方向迥殊:其所以仍被称为"儒学"者,实由于持此类理论之知识分子,自称属于"儒家"一派。盖此类知识分子,在古文化崩溃之后,并不真正了解孔孟立说之旨,又不能在理论上掌握"主体性"与"客体性"之分辨,以致立说大异孔孟,而仍自命儒家。此自属可笑之事,然其影响后世则甚为严重。

至此,吾人乃可讨论《易传》思想对后世之影响。

汉儒卑陋,只知讲一种"宇宙论中心之哲学",此点早已述及,故《易传》及《礼记》中所含之某些形上学观念,并未在汉儒学说中迅速发生影响。此种观念发挥影响,实以北宋时为最盛。盖自宋至明,中国思想家欲脱离汉儒传统而逐步求"价值根源之内在化",宋明理学即此"内在化过程"之表现。而在最早作脱离"宇宙论中心之哲学"之努力时,自然第一步走向"形上学与宇宙论之混合阶段",其次走入"纯形上学"之阶段,然后方转向"心性论之重振"。由此,北宋之周张代表第一阶段。此阶段之理论,即与《易传》及《中庸》接近。伊川及明道之学则代表纯形上学或第二阶段，亦仍以此种资料为重，朱熹承之。陆九渊在南宋时立说，则已开第三阶段，其后明之王阳明承之，则渐归于"心性论"。此一发展过程中《易传》之地位自开始时便极重要，其后虽与当时之思想方向渐不一致，然宋明儒者用语中，经常涉及《易传》及《中庸》之词语；盖此类用语被儒者采用，已成习惯。而《易传》及《礼记》中《学》《庸》二篇之地位，一直未被严格评定。于是，由战国至秦汉之儒者所建立之形上观念，对后世之影响，乃有时超过孔孟之说。而其结果，则使后人误解孔孟，并误解儒学之基本立场。此则是学者应加深思之问题。

第八节
《淮南子》、扬雄与王充

汉代思想除以上所论列之汉儒文献外，尚有应稍加叙述者，即向称为"杂家"之《淮南子》、混合儒道之扬雄及东汉之反传统思想家王充之说。以下依次分论之。

一、《淮南子》

《淮南子》一书为淮南王刘安与其宾客所编著。今本共二十一篇。最末一篇为《要略》，盖全书之后序，为说明全书内容而作，故正文实仅二十篇。

《汉书》记《淮南王书》事，有云：

> 淮南王安为人好书鼓琴，不喜弋猎狗马驰骋，亦欲以行阴德拊循百姓，流名誉；招致宾客方术之士数千人，作为《内书》二十一篇，《外书》甚众；又有《中篇》八卷，言神仙黄白之术。……初安入朝，献

所作内篇新书，上爱秘之。①

由此可知，《淮南王书》原有内、外、中之分。唯《内书》二十一篇，献于朝廷。此二十一篇原以"鸿烈"为总名，故《内书》又称为《鸿烈之书》。《汉书·艺文志》于杂家著作中，录有"《淮南内》二十一篇、《淮南外》三十三篇"。《内书》篇数与今本《淮南子》合，盖今本即《淮南王书》之《内书》也。至于《外》三十三篇，当已失传。高诱注《淮南子》，以为书名原为"鸿烈"，而刘向校定此书时，命名为《淮南》，则《淮南子》之名当始于此。班固《艺文志》亦即承此而称是书为"淮南"也。

《淮南子》各篇内容杂乱，然其书有一特色，颇可注意，即此书恰能代表汉代人心目中之"道家"。此点应稍作析论。

上文曾指出，道家思想进入汉代，即遭肢解，但此乃吾人以哲学史眼光所作之断语，并非汉代人自身之了解。汉代知识分子于儒则不解孔孟之本旨，于道亦不解老庄之精义。自西汉以下，汉代人心目中之"道家"之学，并非"以超离之静观为归宿"之哲学，而为一组形上观念与技术观念之混合体；盖即取老子之形上观念与韩非以下之"黄老之术"杂糅而成，内容虚泛而模糊。此实由于秦火之后，各家典籍散佚，学统断绝，故先秦各家学说之本旨，皆每不能为汉人所了解。汉代持道家之说者，常因自身未能于"自我"之"超越性"有所解悟，因此，在此一根本问题上态度不定。亦不知何种观念及主张，合于先秦道家立场，何者不能相合。于是，汉人论道家之学时，大抵破碎混杂，既非先秦之说，亦不成为一新系统；然言者不知，闻者不辨，反以为所谓"道家思想"即是如此矣。学者倘欲得一明显之例证，则司马谈《论六家要指》之文，便正属此类资料。其言曰：

---

① 《汉书·淮南王传》。

> 道家使人精神专一,动合无形,赡足万物;其为术也,因阴阳之大顺,采儒墨之善,撮名法之要;与时迁移,应物变化,立俗施事,无所不宜,指约而易操,事少而功多。①

谈迁父子,对哲学问题皆无所知。《论六家要指》所言,如当作一理论者,自属幼稚可笑;然作为史料看,则吾人观此资料正可看出汉代知识分子如何了解"道家",又如何将"道家"化为"杂家"而不自觉。如上引之文所描述,则"道家"之思想中既有阴阳五行之成分,又兼采儒墨学说,且后混以名家及法家之理论;如此一种"道家"思想,不独显然非老庄之学说,而且本身成为一团拼凑之观念,根本不能成为一学派矣。然而司马谈如此描述"道家",司马迁不觉其荒谬。《史记》行世后,当世知识分子亦皆不觉其荒谬。足见自西汉初年起,谈论"道家"者实已将"道家"原旨失去,而予以"杂家化"。且此种态度,在司马谈父子时代业已定型,故如此荒谬之说,人竟不以为怪,反视为正常矣。

道家之说,专就老子之书而论,形上意义之"道"尚似颇为重要;但若合老庄之思想观之,则可知其大方向在于只肯定一情意性之自我,而否定其他自我活动之意义。故欲确切了解道家学说及其精神方向,则必须就其对"情意我"之肯定着眼,不然则不得其纲领所在。但道家学说中此一肯定原距常识甚远,通常人略读道家之书,而不能以理论眼光掌握其中心观念时,便每每将常识中某种肯定误认为道家之肯定,不知此种常识中之肯定每每恰与道家精神违异。汉代人士不能辨别道家本旨所在,故常将阴阳刑名之说与道家混为一谈;有此种混杂学说后,论者又取此种混杂学说作为"道家之言";于是老庄之本旨反而不明,而遂有如谈迁父子之解释出现。

---

① 《史记·太史公自序》。

今如欲取一足以代表此种混杂学说之作品,作为考察对象,以了解此时代中一般人所谓之"道家",则《淮南鸿烈》之书乃最佳之代表。

以上略论汉人之误解道家,下文即专论《淮南子》。

《淮南子》一向被列入"杂家"一类,其书内容颇乱,但亦有数点可代表其特性者:

第一,《淮南子》书中所谈之"道",自以为即道家之"道",至少在理论立场上,编成此书者处处以"道家"自居。

第二,此书各部分所叙述之思想,为许多观念之拼凑,全书不成一系统理论;且亦无一明确"自我"观念,实未接触老庄心灵之真相。

第三,书中涉及技术权谋之处甚多,似即以此类观念作为其所谈之"道"之内容。此即表示《淮南》各篇作者言及"道家"时,大体属于所谓"黄老刑名之术"一支。

又书中虽有其他学派之说,但均视为陪衬;此正表示《淮南》一书恰代表《论六家要指》中所论之"道家",亦即"杂家化之道家",绝非先秦道家之本来面目。

就全书之内容而论,《要略》一篇撮述各篇大意,是最方便之叙述根据。兹节引如下。

《要略》释《原道训》云:

> 原道者,卢牟六合,混沌万物,象太一之容,测窈冥之深,以翔虚无之轸。

此即表示《淮南》所言之"道",乃形上学意义之观念,且又明标"虚无"二字,以表示与道家传统之关系。然则此"道"落在人生上,有何具体内容?原文续云:

> 欲一言而寤,则尊天而保真;欲再言而通,则贱物而贵身;欲参言而究,则外物而反情。

此处所列之"保真""贵身""反情"等观念,表面上与杨朱之说、老庄之言,皆甚为相近,此即表明《淮南》一书所自认之立场;但此处所用之"身"字,显指"形躯"而言,故此亦是《淮南》之说违离老庄之证据也。

释《俶真训》云:

> 俶真者,穷逐终始之化,赢垺有无之精,离别万物之变,合同死生之形,使人遗物反己。审仁义之间,通同异之理,观至德之统,知变化之纪,说符玄妙之中,通回造化之母也。①

此中所谓"遗物反己",即与前所谓"贱物而贵身""外物而反情"等大旨相同,但此处强调"离""合"及"同异""变化"等,则又隐隐指庄子之说而言。盖此类所谓"道家"人士,实不能确切掌握老庄思想之内部建构,但取其一二词语,任意发挥,因之遂有此种泛辞也。

释《天文训》云:

> 天文者,所以和阴阳之气,理日月之光,节开塞之时,列星辰之行,知逆顺之变,避忌讳之殃,顺时运之应,法五神之常,使人有以仰天承顺而不乱其常者也。②

此则分明非道家学说。由"阴阳之气",论及"日月""星辰",再落到"逆顺""忌讳"等观念上,正是谈阴阳五行之术士口吻。至主张"仰天承顺",则是以人事合乎"天"为价值所在,与董仲舒等所持"天人相应"之说接近,而所言"不乱其常"一语中之"常"字,显指宇宙论规律而言,亦非老子之形上意义之"常"。总之,此等说法皆表现"道家之杂家化"。

关于"天人相应"观念,《淮南》书中涉及此者甚多,最显著者为

---

① 《淮南子·要略》。
② 《淮南子·要略》。

《精神训》中之资料。《要略》释《精神训》云：

> 精神者，所以原本人之所由生，而晓窹其形骸九窍，取象与天。合同其血气与雷霆风雨，比类其喜怒与昼宵寒暑，并明审死生之分，别同异之迹，节动静之机，以反其性命之宗，所以使人爱养其精神，抚静其魂魄，不以物易己，而坚守虚无之宅者也。①

此段中之"与"字，皆就相合相配而言；说人体"取象与天"，又以为"血气"配"雷霆风雨"，"喜怒"配"昼宵寒暑"，皆表"人"与"天"相应之看法。

而《精神训》本文则云：

> 夫精神者，所受于天也；而形体者，所禀于地也。

此已是标准汉代人口吻，而其下又详为比附云：

> 故头之圆也象天，足之方也象地。天有四时五行九解，三百六十六日；人亦有四肢五藏九窍，三百六十六节。天有风雨寒暑，人亦有取与喜怒；故胆为云，肺为气，肝为风，肾为雨，脾为雷，以与天地相参也，而心为之主；是故耳目者，日月也；血气者，风雨也。②

此种论调，与董仲舒之说几不可辨。盖取阴阳五行等观念，作无意义之比附，乃汉代知识分子之一般倾向；不过自命为"儒"家者即以此释"经"，自命为"道家"者则据此以论"道"，其实非"儒"亦非"道"也。

《精神训》涉及一种人生态度，故较《淮南》书中许多篇章更值得注意，除以上所引者外，尚有论及"养生"及"灵魂"观念者，此则一部

---

① 此中"并明"二字，旧解断属上句，即"昼宵寒暑并明"连读；但审其文义，"昼宵寒暑"及"雷霆风雨"为平行语，不应忽加"并明"二字，且就下文看，则"并明"与下文连读，反为较顺，故改断如上。
② 《淮南子·精神训》。

分与道家相符,一部分则另有新义。当略为析论。关于养生问题,即文中论"精神"之处,《要略》所谓"爱养其精神"是也。原文云:

> 精神盛而气不散则理,理则均,均则通,通则神;神则以视无不见,以听无不闻也,以为无不成也;是故忧患不能入也,而邪气不能袭。①

此系言能养"精神"之结果,其上下文皆论及"嗜欲",以为人逐逐于嗜欲,则精神驰骋于外,于是遂不能清明,而一切失败烦恼,皆由此而生。由此以说明养"精神"之重要。此大致与庄子养生之说相近,不同者在于混以宇宙论观念,已如上述,然毕竟此段既强调人之不受"外物"吸引为养"精神"之要诀,则仍算最能保持道家立场之论点也。此外尚有套《庄子》之文数节,不必详论。

其次有可看作新义者,则是关于"形"与"神"之议论。其言曰:

> 故形有摩而神未尝化者,以不化应化,千变万抮,而未始有极。化者,复归于无形也,不化者,与天地俱生也。②

此谓"形"可以"磨灭"("摩"即"磨"之借字),而"神"则不灭;此"形"指形躯而言,"神"则是形躯以外之实体,大致即相当于通常所谓"灵魂"。下文又云:

> 夫木之死也,青青去之也。夫使木生者,岂木也?犹充形者之非形也。故生生者未尝死也,其所生则死矣;化物者未尝化也,其所化则化矣。③

此处之观念大可注意。盖所谓"使木生者""充形者""生生者""化物

---

① 《淮南子·精神训》。
② 《淮南子·精神训》。
③ 《淮南子·精神训》。

者"等语,皆表一种"主动性",而书中语脉显然即以此类词语说"神";依此,"神"表一非物质性之主动力,又是"不灭"者。而"形"有生死,"神"则为使一切生命成为生命之力量——所谓"生生者",本身无所谓"生死",此则已对庄子"养生"之说大加改造,而隐隐通至道教神仙之说。世传淮南"拔宅飞升"云云,虽是妄语,然观此种思想出于《淮南》书中,则可知淮南宾客固已有持神仙之说者;且其说重在"神",而不重在"形",与日后道教教义有部分相合,则"拔宅飞升"之妄语大抵亦正由此而来。因论《精神训》一篇之义,顺及数语。总之,《精神训》虽以"天人相应"之说为主,"神"与"形"之分别则属新义;不唯与汉儒一般论调不同,与先秦道家观念亦大有殊异。

其次,《要略》论《本经训》云:

> 本经者,所以明大圣之德,通维初之道,埒略衰世古今之变,以褱先世之隆盛,而贬末世之曲政也,所以使人黜耳目之聪明,精神之感动;樽流遁之观,节养性之和,分帝王之操,列小大之差者也。

此中"褱"字,应作"褒",即隶中"褒"字之篆形;其中"承"形乃"禾"之刻误。此节述所谓《本经训》之旨,主要在于推崇古代;观是篇本文,则其说大体皆发挥老庄之"文化否定论"而已,其说则散乱重叠,殊无可取;但其用语则颇特殊,如云:

> ……是故知神明,然后知道德之不足为也;知道德,然后知仁义之不足行也;知仁义,然后知礼乐之不足修也。今背其本而求其末,释其要而索之于详,未可与言至也。①

此虽无新义,但一则在"道德"上加一"神明",二则在"仁义"下加一"礼乐"。大旨虽与老子之说相类,然此一层层下降之系列中,亦包含

---

① 《淮南子·本经训》。

"道";于是"神明"之地位高于"道",乃与老子说不同。"仁义"下加一"礼乐",则表示作者又杂取儒者用语。此等处亦表现《淮南》各篇作者虽基本上自命道家,实则立论杂乱无章,用语亦未深考也。

此外《淮南》书中又有取韩非一系之说为内容者,如《主术训》;又有《兵略训》一篇杂取兵家之言敷衍成篇,大体皆空论而无实义;又有《说山训》《说林训》诸篇,载辩者小言及万言故事,全无旨要可说。然《要略》中论及《主术训》《兵略训》时,亦未解释此种观念与全书之关系。

《要略》释《主术训》云:

> 主术者,君子之事也,所以因作任督责,使群臣各尽其能也,明摄权操柄,以制群下,提名责实,考之参伍;所以使人主秉数持要,不妄喜怒也。

此种口吻全属韩非一路,即全为统治者着想而提出之统治技术。原文又极力牵扯道宙观念之权术部分,亦与《韩非》书中之《解老》《喻老》相类;然此种态度与道家基本价值观念之冲突,则全不作解释。

至《要略》释《兵略训》则云:

> 兵略者,所以明战胜攻取之数,形机之势,诈谲之变;体因循之道,操持后之论也;所以知战阵分争之非道不行也,知攻取坚守之非德不强也。诚明其意,进退左右无所失,击危乘势以为资,清静以为常;避实就虚,若驱群羊。此所以言兵也。

今观是篇本文,则以"禁暴讨乱"为用"兵"之目的,是剽窃孟子之说;此外论"兵有三诋",列举三种"用兵"之道,亦不过古人常道之语,殊未见对"战胜攻取之数"有何特殊见解。反之,如将此篇看作对"军事活动"之文化意义之解释,转不失为一可注意之文献。号为《兵略训》,则名实不符也。

若就基本精神而论,则法家言统治之术,兵家言征战之事,皆与庄子之价值观念违异,《淮南》书中所取之资料乃包括此类议论,亦足证《淮南》各篇作者及编集者只知汉代之已失真之"道家",而不明老庄精义也。

此外,书中他篇不一一具论。总之,《淮南》一书,若作为一理论著作看,可取之处甚少,作为一种资料,代表汉代人心目中之"道家"者,则是最适当之文件。因此,本书依哲学史观点,仍对此书作以上之讨论。

二、扬雄之思想

扬雄表面上以儒家自居,但其立说则忽近于儒,忽近于道;又扬雄原不主谶纬之说,但自己理论亦每每不免受阴阳五行说之影响;盖扬雄本非一合格之哲学家,既不能深切了解儒道之本旨,又不能自己立说,故其书杂乱空虚,至为可笑。然汉代知识分子,愈晚愈有混杂儒道之趋向,日后终于出现魏晋玄谈一流人物,代表中国价值意识之大混乱阶段;而扬雄生于西汉末年,已充足表现半儒半道之立场,则亦是哲学史研究者应加注意之人物;因扬雄实可选作此一趋势中较早之代表也。

扬雄著作中,以《法言》及《太玄》最为重要;前者代表其儒家立场,后者则表现其人受道家及阴阳五行说之影响。兹分别略论之。

(一)《法言》

扬雄《法言》一书,体裁略似《论语》。专就此书而论,则扬雄显然以儒者自居,书中多推崇孔孟语。此外论及老庄时,则有扬有抑;于其他学派,则皆轻贬之。兹引述数节。

> 弃常珍而嗜乎异馔者,恶睹其识味也?委大圣而好乎诸子者,

> 恶睹其识道也？山径之蹊，不可胜由矣。向墙之户，不可胜入矣。曰：恶由入？曰：孔氏；孔氏者，户也。①

此谓治学须趋正途。而扬雄明说"孔氏"为"户"，即唯一可通之正途。所谓"大圣"亦指孔子。

> 或问治己，曰：治己以仲尼。②

此谓学者修身应以孔子为标准，即以孔子为理想人格之代表。扬雄尊孔之外，亦推崇孟子。如云：

> 古者杨墨塞路，孟子辞而辟之，廓如也。后之塞路者有矣，窃自比于孟子。③

扬雄自比孟子，其不称固不待言，然既以孟子为自己立身之标准，则其推崇孟子可知。扬雄尊孔孟，以儒者自居，因此亦尊儒家称道之古人。

> 适尧舜文王者为正道，非尧舜文王者为它道。君子正而不它。④

以"尧舜文王"作为"正道"之代表，即以儒者所尊崇之古人为"正道"所在也。观此可知，扬雄固以尧舜文王至孔孟为"正统"，而自己又以承此"正统"自居；由此，又尊儒学经籍。

> 或问五经有辩乎？曰：惟五经为辩。说天者莫辩乎《易》，说事者莫辩乎《书》，说体者莫辩乎《礼》，说志者莫辩乎《诗》，说理者莫辩

---

① 《法言·吾子卷第二》。
② 《法言·修身卷第三》。
③ 《法言·吾子卷第二》。
④ 《法言·问道卷第四》。

乎《春秋》。舍斯，辩亦小矣。①

此是以"五经"为学术之最高代表，全属儒生口吻。又扬雄论儒学时，只承认孔孟为正道之代表，对荀则有贬词。

> 或曰：子小诸子，孟子非诸子乎？曰：诸子者，以其知异于孔子者也。孟子异乎？不异。或曰：孙卿非数家之书，侻也；至于子思、孟轲，诡哉。曰：吾于孙卿与？见同门而异户也。②

此即谓荀子虽属儒家，实不能承孔子之道，即视荀学为儒学之旁门也。

扬雄既取专尊儒学之立场，故论诸子皆作贬词，唯于老庄则褒贬各半。

> 老子之言道德，吾有取焉耳；及搥提仁义，绝灭礼学，吾无取焉耳。③

> 或曰：庄周有取乎？曰：少欲。邹衍有取乎？曰：自持。至周罔君臣之义，衍无知于天地之间，虽邻不亲也。④

观此，可知扬雄虽谓老庄有可取处，但仍觉老庄之说有严重错误，且此种错误即在于老庄之否定文化之观点，亦即其最反儒学之观点也。

扬雄言及申韩一派与名家之说时，则皆极力贬斥。如：

> 或曰：申韩之法非法与？曰：法者，谓唐虞成周之法也。如申韩！如申韩！⑤

> 或问：韩非作《说难》之书，而卒死乎说难；敢问何反也？曰：说

---

① 《法言·寡见卷第七》。
② 《法言·君子卷第十二》。
③ 《法言·问道卷第四》。
④ 《法言·问道卷第四》。
⑤ 《法言·问道卷第四》。

难,盖其所以死乎!曰:何也?曰:君子以礼动,以义止;合则进,否则退;确乎不忧其不合也。夫说人而忧其不合,则亦无所不至矣。或曰:说之不合,非忧邪?曰:说不由道,忧也。由道而不合,非忧也。①

此则以儒者所称道之先王之"法"为正法,而否认申韩所言之"法";又以儒者不计成败之观点,深讥韩非一味忧其说之不合,不明正道。扬雄对法家之贬抑,不待详论。

论名家则有以下一段:

> 或问,公孙龙诡辞数万以为法,法与?曰:断木为棋,捖革为鞠,亦皆有法焉。不合乎先王之法者,君子不法也。②

此所谓"先王之法"即指"唐虞成周之法";扬雄意谓名家只是小道,不足为君子所取法。

总之,扬雄轻视诸子,故谓:

> 庄杨荡而不法,墨晏俭而废礼,申韩险而不化,邹衍迂而不信。③

此中独不言及老子,盖扬雄对《道德经》终有偏好也。

扬雄以承孔孟自居,已如上述,但观其对成德治学等问题之论调,则其理论立场显然反与荀子之说相近。

先就扬雄论"学"之语看,则扬雄极重"师法"。

> 或曰:学无益也,如质何?④

---

① 《法言·问明卷第六》。
② 《法言·吾子卷第二》。
③ 《法言·五百卷第八》。
④ 《法言·学行卷第一》。

此假设对"学"与"质"之关系提出问题,而扬雄答覆则云:

> 未之思矣。夫有刀者砻诸,有玉者错诸。不砻不错,焉攸用?砻而错诸,质在其中矣。①

此分明是强调外在之改造,刀玉之喻,亦犹荀卿"木受绳则直"之喻也。且以为一经施以外在改造,"质"即由此决定,则已几乎完全抹煞"本有性质"之限制。荀子但言"化性",观扬雄此语,则直以为"性"由磨炼"生出"矣。又云:

> 孔子习周公者也,颜渊习孔子者也。②

此即明指"师法"而言,以为圣贤由"习"而成,如此,则"学"以"师"为最重,故云:

> 务学不如务求师。师者,人之模范也,模不模,范不范,为不少矣。一哄之市,不胜异意焉;一卷之书,不胜异说焉。一哄之市,必立之平;一卷之书,必立之师。习乎习,以习非之胜是,况习是之胜非乎?③

如此,则"求师"为成德治学之要,且"师"即是一"标准"。由此推之,似将说价值根源,在于"师法"。荀学之旧病,又见于扬雄之书;而扬雄依然讥荀而不自觉,亦可异矣。

扬雄实不通心性之觉,故不唯不知孟荀之别,且在论"性"时,全作浅薄语。曾谓:

> 人之性也,善恶混;修其善则为善人,修其恶则为恶人。气也

---

① 《法言·学行卷第一》。
② 《法言·学行卷第一》。
③ 《法言·学行卷第一》。

者,可以适善恶之马与?①

此即后世所谓"善恶混"之说也。言"善恶混",即是以"善恶"为某种经验事实。盖如就自我言,则只可说有善恶二向或二可能,不能说"混"。"善"与"恶"各表一方向,何得"混"乎?至于言人之可以善,可以恶,则是无人反对之常识。孟子言"性善"乃就人之价值意识说"性",然并非谓人不可以为恶,但说恶不由此"性"生出而已。荀子言性恶,乃以人之"自然之性"说"性",着眼在动物性一面,然并非谓人不可以为善。盖徒说人可以为恶,可以为善,则全未接触善恶之意义以及德性之可能等基本问题,故立说者如孟荀,断不能立于此常识层面也。扬雄喜从荀说,又不解荀子之理论;推崇孟子,亦不解孟子论"性"之本义。妄求折中,而言"善恶混",实正显示其人全不解心性问题耳。

此处另有应加注意者,即以"气"为"适善恶之马"之语。盖扬雄既不能从意识及心灵能力方面言善恶,自己亦发觉对人何以有善有恶,须加解释,于是归之于"气"。依此而论,人之成为"善"或"恶",乃由气禀不同决定;果尔,则价值问题化为事实问题,不唯心性之学无从说起,即一切价值问题亦皆不能出现矣。扬雄立说,原自拟孟子,欲昌明儒学,而其迷乱乃至于此,固属可笑,然就哲学史说,则扬雄此言正为日后论"才性"者之先驱;盖魏晋玄谈之士所言"才性",正是"气禀"之意,详见后文。

此外,扬雄之政治思想,则纯取儒者立场;此亦一般西汉儒者之所同。

或问,何以治国?曰:立政。曰:何以立政?曰:政之本,身也;

---

① 《法言·修身卷第三》。

身立,则政立矣。①

儒者一向以为政治生活乃道德生活之延长,以理想人格作为理想政治之决定条件;扬雄正取此立场,以"立身"为"立政"之本。专就此点而论,扬说又近孟子,与其论"学"时之近荀子不同。

扬雄进而论为政之要时,则极力发挥孟子"仁政之说",其言曰:

> 或问,为政有几?曰:思敦。或问,何思何敦?曰:老人老,孤人孤,病者养,死者葬,男子亩,妇人桑之谓思。若污人老,屈人孤,病者独,死者逌,田亩荒,杼轴空之谓敦。②

"思"指怀思,"敦"指厌恶;扬雄盖以为所谓"为政",要旨只在于使人民怀思,而不能使人民厌恶,故以"思"与"敦"对举而论之;其解说思敦所举各事,皆就改善人民生活说,与孟子昔日论"仁政"之言皆合。

扬雄对政治制度或政治生活之基础问题,则毫无所见;除述孟子"仁政"之意外,只强调"德治"及"教化"。

> 或曰:为政先杀后教。曰:於乎!天先秋而后春乎?将先春而后秋乎?吾见玄驹之步、鸡之晨呴也。化其可以已矣哉?民可使觌德,不可使觌刑。觌德则纯,觌刑则乱。③

所谓"先杀后教"之说,不见于先秦诸子,盖汉人兼用儒法者或有此论,故扬雄驳之。其说先以春秋之先后为类比,以说教应重于刑;此无甚理论意义,不过汉儒谈"天人"之滥调而已。其次,则诉于一种生物本能之观念,以为民之可"化"为其本能,如玄驹之步、鸡之晨呴;此又暗涵一"性善"观念,与其论"性"论"学"之说大有冲突矣。

---

① 《法言·先知卷第九》。
② 《法言·先知卷第九》。
③ 《法言·先知卷第九》。

又在"德治"观念下,法规条文皆不足重视,故扬雄亦薄律令章奏之事:

> 或问曰:载使人草律,曰吾不如弘恭;草奏,曰吾不如陈汤。曰,何为? 曰:必也,律不犯,奏不剡。①

此是仿孔子"必也使无讼乎"之语,而表示其轻视刑名之术、刀笔之吏;扬雄力取"德治"立场,故有此说。

总之,就政治思想而言,扬雄完全接受儒者之传统观念。然"仁政"之说,原与德性理论有关,扬不溯其本,仅袭其末,亦与其他汉儒类似耳。

扬雄原不喜谶纬之说,但又不能真承接孔孟之心性论,仍时时受宇宙论风气影响,执著于所谓"天"观念。例如其论"儒"之立场时,乃云:

> 通天地人曰儒,通天地而不通人曰伎。②

此虽是强调儒者应重"人道"(此表示扬雄不完全赞同当时之俗论),然终以"天地人"合说儒学之范围,不离"天"字;且观扬雄论"圣人"之语,则其心目中之"天",固居极重要地位。

> 或曰:圣人之道若天;天则有常矣,何圣人之多变也? 曰:圣人固多变。子游、子夏得其书矣,未得其所以书也;宰我、子贡得其言矣,未得其所以言也;颜渊、闵子骞得其行矣,未得其所以行也。圣人之书、言、行,天也;天其少变乎?③

案此段论旨似欠分明,然大意盖以为"圣人"之为"圣人",不在其表现

---

① 《法言·先知卷第九》。
② 《法言·君子卷第十二》。
③ 《法言·君子卷第十二》。

上,而在于另有"大本"所在,故"书""言""行"皆只是表现,另有"所以书""所以言""所以行"则是此各种表现所依之"大本";圣人在表现处,亦可说"多变",然其"本"自不变。此说本身固有可玩味处,但扬雄为此论,原意实欲说明"圣人"虽"多变",似不碍其与"天"类似。此则又表现其心目中之重视"天",亦与一般汉儒相同。

又言及圣人之作用或影响时,扬雄认为"圣人之道"贵在能定普遍方向及标准,故不可从细节上批评。

> 或曰:仲尼之术,周而不泰,大而不小;用之,犹牛鼠也。曰:仲尼之道,犹四渎也;经营中国,终入大海。它人之道者,西北之流也;纲纪夷貉,或入于沱,或沦于汉。①

此则以"水"喻"道",谓孔子所代表之"圣人之道",能得方向之正,如四渎之入海;其他学说则只在一定范围内有功用,又常有方向错误。此说虽无高远之处,但表示扬雄对"圣人"之了解。而其强调圣人能立普遍标准,又胜于西汉谈谶纬而神化孔子者多多。

扬雄不喜神秘主义之说,但又不知汉代宇宙论思想乃神秘主义之根源,故一面反神秘主义,一面则又接受汉代论道家及论《易》之说。此可由其思想之另一部分见之。

除《法言》外,代表扬雄思想之另一方面者,为《太玄》一书。《法言》代表扬雄之儒家一面,《太玄》则代表其道家一面。

此处须稍作说明者,是扬雄所取之"道家"与一般汉代人不全相同。汉代道家分为三支,一支与方士合流,而有神仙长生之说,日后终演成汉末之道教;一支通过韩非,成为黄老刑名之术;另一支则由玄理之欣赏转入玄谈,遂成为日后魏晋之放诞生活。扬雄所取之"道

---

① 《法言·君子卷第十二》。

家",则偏于玄理一支,换言之,即取其形上学观念。至于"神仙"之说,则扬雄固力言其无意义。

> 或问:人言仙者,有诸乎?吁!吾闻虙羲、神农殁,黄帝、尧、舜殂落而死,文王毕,孔子鲁城之北;独子爱其死乎?非人之所及也。仙亦无益子之汇矣。①

此谓圣贤皆有死,人何能独得长生?又:

> 或曰:圣人不师仙,厥术异也。圣人之于天下,耻一物之不知;仙人之于天下,耻一日之不生。曰:生乎!生乎!名生而实死也。②

此则谓纵能长生,亦无意义。足知扬雄虽取道家之言,但不是此一支也。

(二)《太玄》

《太玄》仿《易》而作;《易》以"二"数为本,故有六十四重卦,六十四即"2^6";《太玄》以"三"数为本,故立"方、州、部、家"之名,而有八十一家,八十一即"3^4"。此理甚简,亦无奥义。且以"三"易"二",亦不过数字游戏而已。但重要处在扬雄所撰以论"玄"之诸文。此诸文实可表现扬雄思想中受道家及《易传》影响之成分。

扬雄论"玄"云:

> 玄者,幽摛万类而不见其形者也,资陶虚无而生乎!规摹神明而定摹,通同古今以开类,摛措阴阳而发气。③

此即谓"玄"表一形上实有,本身非经验对象,又为一切经验存在之根源;但扬雄只作描绘,并非界定其意义。

---

① 《法言·君子卷第十二》。
② 《法言·君子卷第十二》。
③ 《太玄》,卷七,《太玄摛》。

又其说以为"玄"乃天、地、人之本：

> 夫玄也者,天道也,地道也,人道也。①

"玄"包括天道、地道、人道,则是将"天道"置于"玄"之下;此又是扬雄虽受当时宇宙论之影响,但《太玄》一书所表现之思想,仍是以老子之形上观念为主,故"玄"之地位高于"天"。然全书之结构,毕竟是仿《易》,故解释"八十一首"时,口吻即又似《易传》。

> 玄有一道,一以三起,一以三生。以三起者,方州部家也。以三生者,参分阳气,极为九营,是为同本离生,天地之经也。旁通上下,万物并也;九营周流,始终贞也。②

此所谓"以三起",即是说"玄"分为三"方",每"方"又分为三"州",每"州"又分为三"部",每"部"又分为三"家";依次以三分之,而得八十一家;"家"相当于《易》之重卦,每家定名,称为一"首"。每"首"又分九"赞",犹《易》之重卦各有六条爻辞也。所谓"以三生"者,大抵指占法而言,占《易》取"二"为本,故"四营而成《易》"③。今《太玄》取"三"为本,故"极为九营",此皆可视为数字游戏,无深义可论。但此种语气,显然仿《易传》或一般谈《易》之观念,则无可疑。

《太玄》既属于占卜象数之说,故亦有祸福吉凶观念,如云：

> 夫一也者,思之微者也;四也者,福之资者也;七也者,祸之阶者也;三也者,思之崇者也;六也者,福之隆者也;九也者,祸之穷者也。二、五、八者,三者之中也。④

---

① 《太玄》,卷十,《太玄图》。
② 《太玄》,卷十,《太玄图》。
③ 《易经·系辞上》,第九章。
④ 《太玄》,卷十,《太玄图》。

此所谓"三者之中",显系比附《易传》之论"二""五"两爻;此外则随意定一说法,以释祸福,大抵以四至六为贵,亦是取占《易》传统中之"物极必反"之观念,又参以老子之说。又云:

> 数多者,见贵而实索;数少者,见贱而实饶;息与消纠,贵与贱交。①

此已是直取老子"相反相成"之观念矣。

总之,《太玄》仿《易》,实是无聊之作,本身殊不足论;第其说处处表现扬雄思想中有道家形上观念,又受阴阳五行家说《易》之影响,故亦应略论如上。

以儒者自居,而昧于孔孟之本旨;谈道谈《易》,既不归于道家,亦不纯持宇宙论立场;此是扬雄思想之概图,亦汉代儒生之一般趋势所在也。

以下再论王充之思想。

三、王充之思想

前节曾言扬雄不甚崇信谶纬,然其人终不免似道似儒,且又时时受阴阳五行说之影响,故扬雄终不可称为反两汉传统者,亦非反先秦传统者。王充生于东汉,言论则富于反传统之色彩,又与扬雄不同。

王充作《论衡》一书,大抵皆文人辩议之语,并无明确深切之理论或见解,然其反传统、反谶纬术数之立场则甚明显。其自述云:

> 王充者,会稽上虞人也,字仲任。其先本魏郡元城。……建武三年,充生,为小儿与侪伦遨戏,不好狎侮。……六岁教书……八岁出于书馆。……手书既成,辞师受《论语》《尚书》,日讽千字。经明

---

① 《太玄》,卷十,《太玄图》。

德就,谢师而专门,援笔而众奇;所读文书,亦日博多。才高而不尚苟作,口辩而不好谈对;非其人,终日不言。其论说始若诡于众,极听其终,众乃是之,以笔著文,亦如此焉,操行事上,亦如此焉。……见污伤不肯自明,位不进亦不怀恨。贫无一亩庇身,志佚于王公;贱无斗石之秩,意若食万钟。……淫读古文,甘闻异言,世书俗说,多所不安。幽处独居,考论实虚。①

范晔《后汉书·王充传》,稍取材于此篇,又参以谢承《后汉书》之语②,述其平生云:

> 王充,字仲任,会稽上虞人也。其先自魏郡元城徙焉。充少孤,乡里称孝;后到京师,受业太学,师事扶风班彪。好博览而不守章句;家贫无书,常游洛阳市肆,阅所卖书,一见辄能诵忆,遂博通众流百家之言。……充好论说,始若诡异,终有理实;以为俗儒守文,多失其真;乃闭门潜思,绝庆吊之礼;户牖墙塑各著刀笔,著《论衡》八十五篇,二十余万言;释物类同异,正时俗嫌疑。……年渐七十,志力衰耗,乃造《性书》十六篇。……永元中,病卒于家。③

此传包罗王充一生重要事迹,亦描写其性格,与其自述语合而观之,有三点应予注意:

第一,王充乃喜博而好辩之文人,不喜从俗。

第二,王充家贫,终身不得志,是一民间知识分子,与官方知识分子距离较远。

第三,王充著书,即以"考论实虚"为自觉之目的,换言之,其立论原欲批判成说,与经生立场有异。

---

① 《论衡·自纪篇》。
② 今见《艺文类聚》三十五及五十八引,亦见《初学记》及《太平御览》引。
③ 《后汉书·王充传》。

然今观其书，则态度虽明显，理论却浮浅脆弱；对先秦诸家之深切处均无了解，又不能自成一系统，仅可看作一堆批评意见及质疑之语。尤可注意者，是王充虽大体上反对谶纬术数，然言及汉代时，仍依俗说，如《验符篇》《须颂篇》皆大谈汉之"符瑞"；可知王充并非狂士一流，与日后玄谈放诞之士极不相似。至于近人以"革命性"一类词语形容王充其人其说，则更失之远矣。

以下取《论衡》中所涉及之理论问题，分别一观王充思想之大要。

（一）态度与方法

王充既志在于批判百家，故其基本态度乃在于能"疑"能"反"，即王充自己所谓"疾虚妄"。

> 《论衡》篇以十数，亦一言也；曰：疾虚妄。①

然徒言"疾虚妄"，则人谁不然；世岂有自谓"喜虚妄"者耶？故若以破除"虚妄"为基本态度，问题不在于"疾"，而在于能判定他人不知为"虚妄"者实为"虚妄"。此即涉及判别"虚妄"或"不虚妄"时所用之理论标准。严格论之，则此问题必须反溯至所谓"虚妄"之意义范围，方能有明确之决定，但王充既非一精于解析之思想者，其时代又当名理大衰之际，自不能如此深入；于是王充对此问题之解答，只是说明自己所持以判定"虚妄"及"不虚妄"之方法。此方法其实乃常识之方法，即诉于效验及实证是也。

> 凡论事者，违实不引效验，则虽甘义繁说，众不见信。……事有证验，以效实然。②

> 事莫明于有效，论莫定于有证；空言虚语，虽得道心，人犹

---

① 《论衡·佚文篇》。
② 《论衡·知实篇》。

不信。①

其他各篇常有类似之语,盖王充以为一切"是非"问题,必须诉于事实及效果以决定之。此说毫无"诡异"之处,全是常识。但问题在于人所争之"是非",在意义范围上是否皆是涉及"事实";倘论者所涉及之问题乃"必然"或"应然"之问题,又当如何? 此在王充则全未论及。

且即就所谓"效"及"证"而论,人所举以支持自己论点之事实及证据,其可信程度亦须检定;于此,王充则提出"耳目"与"心意"之别。其言见于讨论儒墨对人死后有知或无知之争辩时所说。盖墨家依原始信仰,认为人死后有知,成神成鬼,而自谓根据传说中之"事实",儒家"以为死人无知",然汉代儒生因常信鬼神,亦不能破墨家之说,故王充评之曰:

> 今墨家非儒,儒家非墨;各有所持,故乖不合;业难齐同,故二争论。……实者死人暗昧与人殊途;其实荒忽,难得深知。有知无知之情不可定,为鬼之实不可是……
>
> 夫论不留精澄意,苟以外效立事是非;信闻见于外,不诠订于内;是用耳目论,不以心意议也。夫以耳目论,则以虚象为言;虚象效,则以实事为非;是故是非者不徒耳目,必开心意。墨议不以心而原物,苟信闻见,则虽效验章明,犹为失实。②

此则强调徒信"耳目"传闻,则每为"虚象"所误;故人虽应重效验,但必有一番检索考察工夫,即所谓"诠订于内"。诠订则"心意"之事。意即"思考"可以审定效证之可信程度。如一味"信"闻见,则可能以为"效验章明",反而"失实"矣。

---

① 《论衡·薄葬篇》。
② 《论衡·薄葬篇》。

此节"虽效验章明"一语,应作"虽以为效验章明"解;并非表示王充在"效验章明"外另有一"是非标准",王充之标准仍只是"失实"与"得实"而已。观全书之议论,即可知,不待深辩。

(二)辩"天人关系"

汉代儒生或一般知识分子,自西汉初年起,即深信"天人相应"之说,又以幼稚荒唐之宇宙论解释一切人事,终成谶纬怪谈。王充独以为"天人关系"之成说虚妄难信。《论衡》一书中,《寒温》《谴告》《变动》诸篇皆说此意。以下节引数段:

> 春温,夏暑,秋凉,冬寒。人君无事,四时自然。夫四时非政所为,而谓寒温独应政治。正月之始,(正月之后,)立春之际,百刑皆断,囹圄空虚,然而一寒一温。当其寒也,何刑何断?当其温也,何赏所施?由此言之,寒温天地节气,非人所为,明矣。①

汉代谈阴阳五行,作怪异荒诞之说者,以为政治之"刑赏"与天时之"寒温"间,亦有一种"相应关系"。王充则谓,气候乃物理现象,非人所为,否认此说。其理由则是,气候在"刑赏"方面无变化时,亦自变化,故依汉制取"立春之际"为例以说之。书中"正月之后"四字乃衍文。

除此理由外,王充又指出人之力量甚小,人之行动不应能影响气候:

> 人有寒温之病,非操行之所及也。遭风逢气,身生寒温;变操易行,寒温不除。夫身近而犹不能变除其疾;国邑远矣,安能调和其气?②

---

① 《论衡·寒温篇》。
② 《论衡·寒温篇》。

此谓人对一身之寒温，尚不能由某种行为而轻易改变之，何况一国一邑之气候，人岂能改变。换言之，此据人之能力有限而立论，认为人无此能力。

汉代经生又尝据《洪范》等伪书以说经，认为"天人"之"相应"是由于一种"本性之关联"，非关能力问题。王充称此说为"自然之说"，而举三疑驳之；大意谓如此解经与经义不合，此其一；说经者派别不同，各有异说，究竟此种本性之关联是如何，难有定论，此其二；又以天时言，则晨温而知将雨，晨寒而知将晴，晴雨寒温亦非自然相应，此其三。故其结语云：

> 三疑不定，自然之说，未可立也。①

案此所谓"自然"与今日用语不同，已如上释。如依今日用语，则王充之立场，正是说寒温乃自然变化，故否认天时人事间之神秘关联也。

《谴告》《变动》二篇，立意皆大致与《寒温篇》相似。汉之论"灾异"者，或以为有灾异乃由于天对人君之"谴告"，或谓人君之政感动于天，故有灾异；此二说一以为天主动，一以为天被动，但皆以天人之"相应关系"说明灾异。《论衡》分别以《谴告》及《灾异》二篇驳之。其说谓：

> 夫国之有灾异也，犹家人之有变怪也。有灾异，谓天谴人君；有变怪，天复谴告家人乎？家人既明，人之身中亦将可以喻。身中病，犹天有灾异也；血脉不调，人生疾病；风气不和，岁生灾异。灾异谓天谴告国政，疾病天复谴告人乎？②

此即以非常之现象释"灾异"，否认"灾异"之生与意志天有关；盖王充

---

① 《论衡·寒温篇》。
② 《论衡·谴告篇》。

以为"天"不应有意志及行动，故又谓：

> 夫天道，自然也，无为；如谴告人，是有为，非自然也。黄老之家，论说天道，得其实矣。①

王充于此即进一步表明自己之态度，王充认为"天道"应是"无为"，否则，"天道"即非"自然"；又自认近于"黄老之家"。

案"黄老"之名原即是后人杜撰；先秦老庄之言，并未引及一"黄帝"也。只看王充之用语，即可知王充未真用心了解先秦道家；故此处引"黄老"以支持己说，亦不表示王充真采取道家立场，不过因论及"天"之意志行动问题时，偶觉当世流行之"黄老"一派，持论与己较近，遂信笔及之耳。不然，则反对"天人关系"说时，尽可多取老庄之有力论证以驳汉儒，不应处处均只谈常识，忽于此处一提"黄老"。冯友兰在《中国哲学史》中，曾引此节，以为王充祖述"道家之自然主义"，未免皮相之讥；盖王充虽以《自然篇》谈"黄老"，但"黄老"非"真道家"之名，正汉世之谬说。王充自己深信"无为""自然"之说，自觉与黄老合，遂在论及此类问题时，称引"黄老"；其实《论衡》一书，皆是就常识立论，并非承老庄之道家观点。冯氏谓：

> 《论衡》之考论"世书俗说"，以道家之自然主义为依据。②

此中"道家"及"依据"等语，皆未免下笔疏忽也。

论"谴告"如此，论"变动"则自另一面着眼；盖"变动"之说以"天"为被动而应"人"，故王充驳论乃强调人力微小，不应能动"天"。其言曰：

---

① 《论衡·谴告篇》。
② 《中国哲学史》，第二篇，第四章。

> 夫天能动物,物焉能动天?何则?人物系于天,天为人物主也。①

此系泛说"物"不能动"天"。"人"作为"物"之一种,自亦不例外,故下文乃谓:

> ……故人生天地之间,犹蚤虱之在衣裳之内,蝼蚁之在穴隙之中;蚤虱蝼蚁为逆顺横从,能令衣裳穴隙之间气变动乎?蚤虱蝼蚁不能,而独谓人能,不达物气之理也。②

此即据人力微弱不应能使"天"感动生变,而否认"灾异"之另一解释。

观以上所论,可知王充确不同意当时之"天人关系"说;然王充自己所说之"天",词义甚为模糊。王充论及所谓"天道",既未承老庄之说,又非纯粹唯物论立场;盖王充虽以"自然"释"天",所谓"自然"之意义亦颇嫌混乱。兹引《自然篇》数段,以表明此点。

> 天地合气,万物自生;犹夫妇合气,子自生矣。

观此处所说之"天",与"地"合言,分明是指物理意义之天体而言。又云:

> 天之动行也,施气也。体动气乃出,物乃生矣。
> 天动不欲以生物,而物自生;此则自然也。

此数语又是以全部自然界为"天",否则不能说"生"万物;与"地"互异之"天",并不能生万物也。至强调"无欲"一义,则表示王充反对"意志天"。然王充之"天",纵使与自然界之全部相比,仍多一神秘意义,观论"天"之"气"之语可知:

---

① 《论衡·变动篇》。
② 《论衡·变动篇》。

> 谓天自然无为者何？气也。恬澹无欲无为无事者也，老聃得以寿矣。老聃禀之于天，使天无此气，老聃安所禀受此性？

此则愈说愈奇。谓"天"是"恬澹"，则"天"之所以"无为"，并非由于不能，而是如一"无欲之心灵"，自觉地不为；此岂非已回至"人格天"观念乎？且"天"另有一"气"，为老聃所"得"，故老聃能"寿"；此"气"毕竟何所指？如就自然界而论，则一切经验性如存在及现象，应皆是受"自然之天"决定；为何老聃独"得"此种"气"？且"天"之"气"何故使人"寿"？夭寿皆是现象，皆出于"天"，如何分别？此种种观念混乱之处，皆足表示王充虽谈老聃，并非真知老庄之学；虽谈"自然"，又并非持经验科学之世界观。昔之论者，随意比附，皆失真矣。

（三）"命"与"性"

王充反对"天人相应"之说，但所留意者只是浮面问题，对汉儒所持之哲学立场，则未加深究。汉儒言"天人相应"时，对"价值问题"有一确定观点，即将"价值根源"归于一"天"观念。此种观点形成所谓"宇宙论中心之哲学"，与孔孟之"心性论"全为两事，故本书论汉代思想，即先指出所谓"汉儒"，实非承孔孟之大方向而发展者，只代表儒学之变形。王充反天人之说，则根本不是由基本问题下手，故王充自身对"价值根源问题"（即"好坏"及"善恶"之意义如何出现之问题）可说全无立场。《论衡》一书对价值问题亦从未提出一明确观点，虽有时赞美"道家"，然如上节所述，亦未能接触老庄之"真我"观念。于是，王充作书数十万言，竟对此一基本问题毫无解说。观其论"命"及论"性"各篇，此一大缺陷尤为明白易见。

王充书中有《命禄》《命义》《气寿》《幸偶》，以及《逢遇》《累害》诸篇，皆涉及对"命"之讨论，兹略述其言如下：

> 凡人遇偶及遭累害，皆由命也。有死生寿夭之命，亦有贵贱贫

富之命;自王公逮庶人,圣贤逮下愚,凡有首目之类,含血之属,莫不有命。命当贫贱,虽富贵之,犹涉祸患矣;命当富贵,虽贫贱之,犹逢福善矣。①

此据前文而言;原书前文先分论"逢遇"与"累害",即言人之祸福悉不由己,故此段即由此而言"命"。一切人,甚至一切生物,莫不有"命";此显然是"决定论"或"命定论"观点。然王充之意,并非谓人生一切事象皆属"被决定者",而只以为人之"贵贱贫富"由"命"决定。于是,乃提出"性命"分立之说。

  故夫临事知愚,操行清浊,性与才也;仕宦贵贱,治产贫富,命与时也。②

智慧与品行,属于"性";贵贱与贫富,则归于"命"。此是王充之基本观点。其次,"性"与"才"合言,可知王充论及"性"时,所取之词义是"才性",非"心性";换言之,并非指"自由意志"或"德性我"而言,乃指禀赋才能而言。可说日后魏晋才性之论,已由此渐露端倪,盖"才性"观念本是从汉代思想中生出也。此点后文另论之。此处先顺此说看王充思想。

  王充虽以为"性命"分立,但此与孔子思想中"义命"之分立仍属不同;因"性"既指"才性",则仍在另一意义上是"被决定者",与孔子所肯定之"自觉心"及"自由意志"相去天壤,学者不可误作比附。

  但王充虽只就"才性"意义说"性",却以为"善恶""好坏"即属于"才性",故说"性命"之分时,就王充思想本身说,仍是分论"成败"与"善恶"。换言之,王充认为价值问题可由"才性"解释(此在理论上实不能成立,后文另论之),故与孔孟迥异;但王充自己因取此立场,即

---

① 《论衡·命禄篇》。
② 《论衡·命禄篇》。

将一切价值判断归于其所言之"性"(才性),而与"命"一面之问题分开。专就此划分而论,王充之说又近似于"义命"之分立也。王充云:

> 凡人操行有贤有愚,及遭祸福有幸有不幸;举事有是有非,及触赏罚有不偶。并时遭兵,隐者不中;同日被霜,蔽者不伤。中伤未必恶,隐蔽未必善。①

此是说成败得失与"善恶"无一定关系,皆由"命"决定。但王充进一步解释"命"时,又与"性"相混;盖王充之"性"既属"才性",则所谓"命"者,在另一层次上固可与所谓"性"合为一类矣,故《命义篇》中引子夏"死生有命,富贵在天"之语而释之曰:

> ……死生者,无象在天,以性为主。禀得坚强之性,则气渥厚而体坚强;坚强则寿命长,寿命长则不夭死。禀性软弱者,气少泊而性羸窳;羸窳则寿命短,短则蚤死。故言有命,命则性也。
>
> 至于富贵所禀犹性。所禀之气,得众星之精;众星在天,天有其象;得富贵象则富贵,得贫贱象则贫贱;故曰在天。②

此处观念极乱。盖王充此处所说之"命"专指"寿命"而言,以为寿命修短,由禀性强弱决定。此处假定之人遭祸而死与寿尽不同,自是常识观点。遭祸虽属于"命",专说修短问题,又以为由"禀性"决定,于是此处"性命"又相混矣。

此外,王充又举汉儒之成说,论所谓"三命":

> 传曰,说命有三。一曰正命,二曰随命,三曰遭命。③

此与《春秋繁露》及《白虎通》所载,均大致类似,仅用字稍有不同。其

---

① 《论衡·幸偶篇》。
② 《论衡·命义篇》。
③ 《论衡·命义篇》。

下释之曰:

> 正命谓本禀之自得吉也。性然骨善,故不假操行以求福,而吉自至;故曰正命。随命者,戮力操行而吉福至,纵情施欲而凶祸到;故曰随命。遭命者,行善得恶,非所冀望,逢遭于外,而得凶祸;故曰遭命。①

依此"三命"之说,则"正命"是禀赋问题,"随命"是努力问题,"遭命"方是机遇问题。依王充原意,则前二者皆应与其所谓"性"有关,第三项方属于"命"。故王充遂又提出分别"性命"之说,以表示对此种成说之怀疑。其言云:

> 夫性与命异;或性善而命凶,或性恶而命吉。操行善恶者,性也;祸福吉凶者,命也。……性自有善恶,命自有吉凶。使命吉之人虽不行善,未必无福;凶命之人虽勉操行,未必无祸。②

此是王充之本意。依此而论,则禀赋与努力均不能决定遭遇中之成败得失;于是王充指出,"正命"固不可信,"随命"亦不可信矣。

王充论"命",大旨如此。以下再观其论"性"之说。《论衡》有《率性篇》及《本性篇》,乃王充论"性"之主要资料。

> 论人之性,定有善有恶。其善者,固自善矣;其恶者,故可教告率勉,使之为善。③

> 夫人之质犹邺田,道教犹漳水也;患不能化,不患人性之难率也。④

王充所谓"率性",与《中庸》之"率性"词义大异。王充之"率"字是引

---

① 《论衡·命义篇》。
② 《论衡·命义篇》。
③ 《论衡·率性篇》。
④ 《论衡·率性篇》。

导之义,亦即所谓"道""教""化"也。此段所说,即表示王充基本上只知谈才质及"自然之性",而不解"自觉之性",故论教化之义,实近于荀说。

倘更进一步论之,则王充在此等关键问题上,实不脱一般汉儒思想之牢笼;盖汉儒通常既以"天"为价值根源,于是"善"与"恶"本身之意义视为已有者、已知者(即所谓"given")。王充即循此立场发挥议论。然如此即已抛开第一大问题,岂能了解孟子之心性论?《论衡》中述古人论"性"之说,各加批评,然以基本问题不明故,所说肤浅可笑。

> 周人世硕,以为人性有善有恶。举人之善性养而致之则善长,恶性(旧误例为"性恶",兹正之)养而致之则恶长。如此则性各有阴阳,善恶在所养焉。宓子贱、漆雕开、公孙尼子之徒,亦论情性,与世子相出入,皆言有善有恶。
>
> 孟子作性善之篇,以为人性皆善;及其不善,物乱之也……①

观此即可知王充根本是持事实意义之"性",以了解孟子之说,可谓从头误解孟子。后文之评论,自不能得当。兹不赘。

其评告子亦不解告子立论之真问题。

> 告子与孟子同时,其论性无善恶之分;譬之湍水,决之东则东,决之西则西。②

此固是告子之言,然王充对此说所表之立场未能深究,故其评论则曰:

> ……告子之以决水喻者,徒谓中人,不指极善极恶也。孔子曰,

---

① 《论衡·本性篇》。
② 《论衡·本性篇》。

> 性相近也,习相远也。夫中人之性,在所习焉。习善而为善,习恶而为恶也;至于极善极恶,非复在习。……性有善不善,圣化贤教,不能复移易也。①

此处为驳告子,而主张人有"极善极恶",乃不能教化者;既悖于《率性篇》之说,又未能直接触告子问题(告子意重在说"价值标准",乃由外界决定,所谓"义外";王充全未考虑此种理论问题)。王充如此驳告子,是完全将"性"解释为才能意义;所言"极善"与"极恶",皆只当作气禀讲;不知就告子观点说,则才能之高下是另一事,问题只在于"价值根源"为"外在"或"内在"而已。才能问题只能决定人之"成德"(实现价值)之难易,而难易问题理论地后于"善"及"恶"如何可能之问题。简言之,无论"价值根源"视为内在(如孟子)或视为外在(如告子),均另有实现之难易问题;盖此两问题并非同一层次,更不可混而为一也。

王充又论荀子之说云:

> 孙卿有反孟子,作《性恶》之篇,以为人性恶,其善者伪也。性恶者,以为人生皆得恶性也。伪者,长大之后勉使为善也。②

只看此数语,王充述荀子之论虽不周详,似亦无大误,然观下文驳荀之语,则其不明荀义正与不明告说相类。王充云:

> 若孙卿之言,人幼小无有善也。稷为儿以种树为戏,孔子能行以俎豆为弄。石生而坚,兰生而香,禀善气长大就成。故种树之戏为唐司马,俎豆之弄为周圣师,禀兰石之性,故有坚香之验。孙卿之言未为得实。③

---

① 《论衡·本性篇》。
② 《论衡·本性篇》。
③ 《论衡·本性篇》。

王充如此驳荀，显然仍只以为"性"即才能，不待赘论。至所引后稷、孔子之事例，作为证据，亦是以传闻作为事实，亦姑不深论。但此处王充所涉及之理论错误，则又有须稍加论列者。首先，王充所说之"坚""香"等，本身只是一事实意义之属性，对价值问题讲，分明皆属"中立"，无所谓"禀善气"。王充如此说时，实已将人之"喜憎"看作"善恶"。然若如此，则人本身之感受成为价值标准，"人性善恶"之问题又如何能成为一问题？王充未深思也。其次，荀子言"性恶"时，是专指人之"自然之性"而言，亦即指人与一般动物同具之"动物性"部分；但荀子认为人另有一种能力，可以控制"性"，故有"心"观念，又有"化性起伪"之说。此皆为王充之评论所未及。足见王充对荀学之本旨亦不了解。

其下又论刘子政、董仲舒之说，亦皆肤浅，大抵反对以"阴阳"或"内外"分别"情"与"性"而已。最后则自下断语云：

> 实者，人性有善有恶，犹人才有高有下也；高不可下，下不可高。谓性无善恶，是谓人才无高下也。①

以用语而论，王充如此以"才"喻"性"，似乎又分"才"与"性"为二事；然按其实王充正是将所谓"善"与"恶"之"性"，看成另一种"才能"；于是"性"乃成"被决定者"，毫无主宰意义，故又谓：

> 禀性受命，同一实也。命有贵贱，性有善恶。谓性无善恶，是谓人命无贵贱也。②

此是据"命有贵贱"以推定"性有善恶"，其理论之不能成立，甚为明显；盖"命有贵贱"一命题本身即难证立，且此命题与"性有善恶"之

---

① 《论衡·本性篇》。
② 《论衡·本性篇》。

间,只能有类比关系,亦无推证关系。但可注意者是,王充就"禀"言"性",即是其根本立场所在;"性"既由"禀赋"决定,即与价值问题无关矣。此是王充论"性"之总结。

《本性篇》中每举一说,皆先言其"未得实",后言其"有缘",表面似极公平,但实则全未接触问题,仅可看作文人随意发议论之语。但就风气趋向而言,则王充所持立场又是日后"才性"之说之先声,故哲学史中仍不能不加论述。

总之,王充思想既欠严格,亦无系统,所见尤浅陋,但一方面代表汉代知识分子对宇宙论及神秘主义之怀疑,另一面又显现"才性"说之趋向;故在东汉杂著中,王充《论衡》确在一定程度上表示一种心灵之转向。至就王充个人而言,则王充虽反谶纬及天人关系之说,仍相信符瑞,又力颂朝廷,作《宣汉》《须颂》等篇,则其人究是否特重经验科学之态度,亦尚可疑。若谓王充为"有科学思想"之学人,则更属无稽之语矣。

第九节
结　　语

汉代哲学之叙述,至此为止。对此一时期之中国哲学思想,兹总结为以下数点。

第一,汉承秦后,为中国古文化之衰落期;此时期中,儒道两大派皆已失去本来面目。墨家已断绝不传。法家则与道家之一支相混。

第二,此时期之思想主流,实为继承早期神秘信仰及宇宙论观念之阴阳五行说。儒家在此种思想潮流下变形,遂有《易传》《礼记》各篇之混杂理论出现;但托古作伪之风大盛,整个学术界实陷入一混乱没落之局面。其最显著之事实,即谶纬盛行,灾瑞之说支配知识分子之思想，且许多虚构之古代故事，被知识分子当作"史实"，用为立论之依据。

第三，此时期之道家，变为杂家；老庄之本旨不为人知，谈老庄者每随意附会，或凭常识曲解老庄之语。

第四，儒道相混，知识分子如扬雄之流，依违于二家之间，自命为儒者而不解"心性"之本义。

第五，才性之论因心性论之衰而渐起，开出魏晋南北朝清谈之风；王充即此一趋势之代表人物。

至于此时期中另一大事，即为印度佛教入侵。此在第三章论"中国佛教哲学"时，另作叙述。

第二章 魏晋玄学

第一节
玄学之根源及分派

所谓"玄学",原无明确定义。自东汉末年经曹魏而至两晋,此一时期中,有所谓"清谈"之风。就此种人之生活态度而言,乃属于放诞一流;就其言论内容而言,则清谈之士所谈之话题亦大致有一范围,而在此范围中所提出之意见主张,亦大致表现一种思想倾向。因此,对此种言论予以一总名,即有通常所谓"魏晋玄学"一词出现。

清谈之士既未构成一有传承关系之学派,亦未曾建立一有严格系统之学说,故"玄学"是否能被看作一严格意义之"学",确有问题。然本书取哲学史立场,既确定此一时期中有此种特殊思想倾向,则虽所谓"玄学"之代表作品甚少,虽不见明确之传承,仍以本章论述此类人物所涉及之问题,及其所提出之主张及态度;且沿用已成立之词语,仍称此种思想为"玄学"。

在论汉代哲学思想时,本书曾指出先秦道家至汉即开始分裂,终于成为三派,皆非老庄之真。其中第三派即以"放诞生活"为特征。今论"玄学"之根源,应知魏晋名士之清谈,基本上皆是此一支变形道家思想之具体表现。魏晋以前,如东汉桓灵之际,固已有不少"放诞生活"之迹象,但扩展为一种广泛风气,则自曹魏时开始,即所谓"正始玄风"是也。

清谈之士基本上既承此种变形之道家态度,故其言论大体皆与道家之精神方向及价值观念有关。因此,亦有学者称此类人物为"新道家"之人物。但若就其言论本身看,则"新道家"之称,仍易唤起误解;盖两汉学风,愈到后期,即愈有打乱一切思想立场之趋势;儒道混杂已非一日,玄谈之士在此种风气影响下,对儒道之态度亦常欠明朗,并非真自觉为"道家",如"新道家"一名所提示。由此,本节论"玄学之根源及分派",即先论所谓"玄学"与"儒道"之关系。

其次,玄谈之士由旨趣之偏重不同,又可分为两大派,即"才性派"与"玄理派"。下文即据此以论玄学分派之概况。

一、玄学与儒道之关系

先秦儒道二派,由于价值观念之迥殊,原久已互相对立。此种形势至少在荀子著书时仍无大改变。但经秦汉时期思想界之大混乱后,知识分子多数自己不能明确建立价值观念,对先秦各学派所代表之方向亦不深知,于是混杂撷取之风日盛。此与所谓"综合"无关,盖"综合"含有对于对立者之超越,今汉末至魏晋之知识分子,虽混杂儒道之言,又或随意撷取某家一二语任意发挥,但实尚未能进入先秦任何一学派,"超越"更无从说起。

前文论扬雄思想时,曾指出扬雄兼具儒道色彩。然扬雄在自觉立说时,毕竟未将两家混而为一,观其谈老子之言可知。魏晋名士则有直接将孔子与老子牵合为一体者。例如《三国志》引《王弼传》语,即人所熟知之例证。

> 弼字辅嗣。何劭为其传曰:弼幼而察慧,年十余,好老氏,通辩能言。……时裴徽为吏部郎,弼未弱冠,往造焉。徽一见而异之,问弼曰:"夫无者,诚万物之所资也;然圣人莫肯致言,而老子申之无已者何?"弼曰:"圣人体无,无又不可以训,故不说也。老子是有者也,故恒言所不足。"……于时何晏为吏部尚书,甚奇弼,叹之曰:"仲尼称后生可畏,若斯人者,可与言天人之际乎!"①

王弼明是"好老子"者,但答裴徽之语,乃谓孔子已能"体无",老子未能如此,故"恒言其所不足"。此竟是以孔老学说为同一派或同一方向之两境界之代表,而又推尊孔子,认为高于老子矣。

案裴徽之问,本已无聊;孔老是两学派,自然立论不同。倘学者欲评定二家之高下,则须另立一标准。今问老子所言之"无",在孔子何以不言,根本是一不合理之问题。而王弼之答,则益发胡涂。然当时名士固反以为有理也。

又何晏既叹赏王弼,则自应知王弼乃讲老学者,却又许为"可与言天人之际";足知何晏心目中亦不明白"天人之际"是属于何种思路之问题,与老子理论相距之远近如何。亦是魏晋名士混乱思想之另一例也。

故即就此段资料看,所涉之人,竟无一不混杂儒道,可知在魏晋名士之清谈中,混乱儒道之界限及立场,乃一显著特色。

又如孔融答李膺之语,引孔子与老子为师友,以证两人有"通家"之好;固是戏言,亦表现此种混乱儒道之风气。盖东汉末年,知识分子已有此种习惯矣。

---

① 《三国志·魏书·钟会传》注。

此外,《南史》《北史》中亦多记治《老》《易》者,又有所谓"三玄"之说(指《老》《庄》《易》,见《颜氏家训》),又可知此风至南北朝时固犹未息也。

但分而言之,则清谈之士虽混乱儒道界限,其主要趋向则仍属宗道家者;盖无论自觉或不自觉,此一群知识分子之旨趣,不外在形上学观念及放诞生活两面表现。而此两点,其一以老子言"道"之理论为根源,其二是继承老庄追寻"观赏之自由"之价值意识。虽在自我境界上,清谈之士显然未能真体悟到老庄之自我境界,但此是学力智慧不足所致,并非不取此方向。欣赏放诞生活者,实以为此即老庄之自我境界,而不知其中含有一大误会(即"形躯我"问题,前章已言及)。故魏晋名士之误解老庄,并不妨碍吾人说此辈实宗道家也。

由此,就大处着眼,魏晋清谈或其"玄学",原与儒家宗旨及方向不同,可说无大关系;但此辈混乱儒道,既已如上节所言,故在立说时每每喜取儒家经籍以发挥议论。何晏之注《论语》、王弼之注《易》皆属此类。因此,吾人可说,"玄学"基本上代表承道家旨趣而又有所误解之思想,与儒学则只有表面关联。但若就个别作者之心情着眼,则前之王弼,后之郭象,固皆有故意调和两家之意向;不过,此仍不足证"玄学"与儒学有何内在关联,亦不引起严重问题也。

"玄学"既基本上为道家思想之一支,故其分派亦可据道家思想原有之方向以释之。以下即分说"才性"与"名理"二派之特色。

二、才性派之特色

"才性"观念,原对"心性"而言。当以"人"本身作为探究对象时,学者可能取不同之态度;如以"人"之"自觉能力""自由意志"或"价值意识"等,作为探究中之课题,而由此层面以解说"人",则即是以"心性"为主,此是道德及宗教之观点。若以"人"之生理、心理等条件,作为探究中之课题,由此层面以论"人",则是将"人"作为一自然事实看。前者可说是以"自觉之性"为课题,后者则以"自然之性"为课题。探究"自然之性",大体属于经验科学观点。

今所谓"才性"之探究,基本上虽是由"自然之性"导出,但又与经验科学观点有异。严格论之,此种探究应作为第三种态度。

此态度之特点,可作以下之说明。

当学者取经验科学观点论"人"之"性"时,其探究之进行,在于将所谓"人"先视作一复合对象,然后施以解析。于是每一个别之"人",在此探究下,先被化归一组组心理、生理甚至物理性之因素。然后,此种种因素再通过某种理论架构接受整理,其间之类别关系、条件系列关系乃步步显出。最后以各个别情况中探究所得,再合同整理,遂可提出有关"人"之性质之一定陈述或判断。此种探究结果,显然表现研究者对于"人"——此一"自然事实"之认知。此种探究之显著特性,在于排除"主宰性"或"自由意志"之观念。此与注目于道德宗教问题而以"人"作为"自觉活动"以进行探究之立场,自属完全不同。此两种态度分别关涉于"认知心"与"道德心"之领域;本书中已屡论及,不待在此多加论析。但所谓"才性"之探究,又与此两种态度皆不相同。盖探究"才性"时,不肯定"主宰性",而将"人"之"才性"作为"已给与"(given)看;此表示"才性"与"道德心"无关。另一面,探究某"人"之才性时,并非通过一解析过程,将此"人"化归一组组心理及生理之条件,而是以此"人"作为一整体而施以判断;此即见"才性"之探究,与经验科学观点有基本不同处。

此处吾人如逼进一步,则即可使此种探究之特性更加显明。吾人试想,若不将某"人"之现存状态解析为一定因素,则吾人如何能够说对此一"人"有所认知?显然,就严格意义而论,离开一切条件及关系,只就"A"说"A",实无法构成对"A"之知识。此理在稍通知识论者必皆能了解。然则,谈"才性"者,是否能说是认知一"人",亦有根本困难。

但此种探究既与纯认知性之经验科学态度不同,则吾人尽可了解到此种探究实非一种严格意义之认知活动;而倘若本为另一种活动,则以上所指出之困难,即不出现。

此种活动,简言之,即情意性之观赏活动。观赏或品鉴既非"德性我"之事,亦非"认知我"之事,而是出于"情意我"(大致相当于英文"aesthetic self")。"德性我"所关涉者为道德及宗教,"认知我"所关涉者为知识及制度,"情意我"则只关涉艺术及情趣。此三者领域分明,并无互迷相乱之苦。

倘吾人自"主体活动"或"能力"一面着眼,则此三种态度之分别更易说明。"自由意志"乃论"心性"时所据之能力,"理解""知觉"以及解析思考乃论"物性"时所据之能力(经验科学之观点即属此类),而"情意之感受"及"观赏"则为论"才性"时所据之能力。由此,吾人亦可说,论"人"之"性"时,基本上可有"心性""物性""才性"三义,分别对应于德性我、认知我及情意我。但在中国,"认知我"或"认知心"之独立发展,向不显著,故中国学人论"性"时,大体只在"心性"与"才性"间徘徊争执,罕见取"物性"意义而论"人"之"性"者。不过,若就理论言,则必将此三义并举,然后问题眉目始明。此三种态度是否皆在中国哲学思想史中呈现,则是另一事也。

谈"才性"者,基本上只是对"人"作情意性之观赏,故既不涉及德性,亦不提供知识。种种议论,只是表述感受,大体与文学艺术之批评文字类似。不同者只是所观赏所感受之对象并非任何作品,而是人之生命情态自身。此种观赏感受所得,只代表观赏者或感受者对于此对象之整体印象,与此对象之构成因素所具之属性不同。譬如,有人读一首诗,其所得之感受乃对此"诗"作为整体之印象,此印象并非由构成此"诗"之一个个单字之属性决定。盖作观赏之"情意我",所掌握之"艺术属性"如"美"之类,本非构成对象之各因素之属性,而是对象整体之属性;此亦可与逻辑意义之"分子属性"与"类属性"相比,二者之意义层面不同。

才性之说,下节再述其内容。以上释"才性派"之玄谈所取立场及所涉之基本问题,就此种议论以观赏态度为主而言,显系道家精神之产物,不待析论。

三、名理派之特色

所谓"名理",乃一颇多问题之词语;盖魏晋人说某某"谈名理"时,其涵义常有变化,且与先秦辩者之旨趣亦颇不相同,易令人发生误解。但以此词乃当时通用之词,故仍用以标指玄谈或玄学中之另一支。

魏晋谈"名理"者,大致旨趣在于形上学观念之描摹及发挥。故其所谓"名"、所谓"理",皆与中国哲学史上他派所用者颇不相同。兹先分别稍作说明。

首先,就"名"而论,先秦言"名"者,基本上不外两大派。一派以道德旨趣及政治旨趣为主,另一派以形上学旨趣及逻辑旨趣为主。孔子之言"正名",基本上表示道德旨趣,但因此种观点涉及"职分"观念,故由此亦引出政治旨趣。另一面道家言"无名""有名",以"名"为符号指谓,而又认为"名"是一种限定,故极论"道"之"无名",以明"道"之"无限性"。此基本上表示形上学旨趣,但因既以"名"为限定意义之符号,故由此亦引出逻辑旨趣。先秦辩者,后世称为"名家",然其所谓"名",固主要在于形上学及逻辑旨趣一面。而荀子作《正名篇》,则混合道德政治之旨趣与逻辑知识之旨趣。而韩非出荀卿之门,又独重政治旨趣,于是有"形名""名实"之说。法家此种观点,至汉代乃被一般知识分子视为"名"之本义,于是一谈"名",即涉及"形名""名实";对于德性意义之"名分",或形上学意义之"有名""无名",反不留意。魏晋人之言"名理",则可为两部分。一部分承道家形上学旨趣,以"名"作为一限定看;另一部分则由法家"名实"之说转出(与公孙龙所言"名实"又不同,参看本书第一卷论"名家"一章),以评论人物为谈"名理",此与"才性"一支较近。故本书以"名理"为玄学之另一派。此所谓"名",是取形上学意义及逻辑意义;所涉及之魏晋言论,亦皆限于此范围。凡涉及人者悉归入"才性"一项下论之。

其次,所谓"理",原有"规范""事物性质及规律""形上规律"等不同意义。魏晋玄谈之士所谈之"理",自号为"玄理",实即指"形上规律"而言。但西汉以来,宇宙论与形上学混杂不清,故魏晋人谈形上之"理"时,有时亦混有宇宙论观念。但大体言之,彼等所说之"理",不指"规范",亦不指经验世界中之"性质及规律",而指形上意义之"规律",则无可疑。

玄谈之士论"名理"时,最喜取材于《易经》及老庄,此在上节已言及。此外亦偶然涉及逻辑或知识问题,然皆零乱无足取。下文论"名理"一派时,主要取有关老庄及《易经》之说为资料。

最后,所谓"玄学",基本上并非一严格系统。玄谈之士所取之精神方向,实是一观赏态度。在论"才性"、品评人物之时,固是以观赏为主,即就其议论形上问题或知识问题而言,亦仍是持此种态度。故魏晋玄谈之士谈"名理"时,所重者在对此种"玄趣"之欣赏,并非真建立一种"学"。本书虽沿用"玄学"之名,以述此种种言论之内容,但对此点,仍应再次点明,以免读者误以为此等零星议论真足称为"学"也。

渊源及分派问题,至此已大略说明,以下而依次分述两派之言论。

第二节
"才性"之说

自东汉末年起,中国知识分子即视品评人物为一大事。试取陈寿《三国志》诸传阅之,其本文及裴注中所引有关东汉名士之记载,即每谓某人能鉴别人物。如许劭评人,俨为一种标准,固是特出之事例;此外,类似者尚多。此种风气之形成,就外在因素而论,自与当时辟举制度有关,但从品评人物中显现一种智慧,则属于此时代知识分子之精神倾向。此一倾向之特性,即成为魏晋才性论之根源。

名士品评人物,每每亦断其成就之大小,甚至涉至政治之成败问题,但此种论断,又与术数意义之"看相"不同。传统术数之说,自与宇宙论之理论架构有关,其方法大抵是类比法。才性之评论,人物之鉴赏,则可说全无理论架构;言者凭其直觉感受而言之,从不列出理据。闻者或同意或不同意,亦鲜见诘问言者之理据,或作理论之争辩者。盖如上文所说,此种品评本身原不以一理论系统姿态出现也。

由此,"才性"一派之玄谈虽盛,属于此派之著作则少。较有代表性之资料,乃刘劭之《人物志》。

《三国志·刘劭传》云:

> 正始中,执经讲学,赐爵关内侯,凡所撰述,《法论》《人物志》之类百余篇。[①]

《隋书》《唐书》中《经籍志》亦皆载有"《人物志》三卷,刘劭撰",与今存本合。

[①]《三国志·魏书·刘劭传》。

刘劭又曾作"《都官考课》七十二条"并《说略》一篇,傅嘏曾与辩难,所争大致为决定"人才"之标准及制度问题。而傅嘏原亦是喜论"才性"者,故二人之争论,实是两"人物品评者"之间之争论也。刘劭之书,分为十二章。其要旨撮述如下。

《人物志》开卷即表明其理论立场云:

> 盖人物之本,出于情性。情性之理,甚微而玄,非圣人之察,其孰能究之哉?凡有血气者,莫不含元一以为质,禀阴阳以立性,体五行而著形;苟有形质,犹可即而求之。①

此处先提出"情"与"性",但只泛说,未明确界定其词义;二者之分别如何,亦不加讨论。但全书目的在于论"情性之理",则标揭甚明。其下提出"阴阳""五行"以论"性"及"形",盖隐含一种"内外"之分别。"立性"是"内界","著形"则属"外界";于是观"外"之"形"以知"内"之"性",是刘劭所持之探究方法。然既取"阴阳"及"五行"等词语,则基本上刘劭乃杂取汉人宇宙论观念以立其说,亦无待辩。人之"情性",既通过阴阳五行以解释,则其所了解之"情性"中绝无"主体性"成分,而纯指被决定之材质,亦无可疑。此是才性论者之基本立场。

"情性"既属已决定者,故刘劭全不论及改造或培养之问题,书中所论皆限于如何了解不同个人之不同情性或材质。所谓"九征"之说,即指从九种征候(或表现)上着眼,可以掌握被观察者之情性特色。其列举"九征",则云:

> 平陂之质在于神,明暗之实在于精,勇怯之势在于筋,强弱之植在于骨,躁静之决在于气,惨怿之情在于色,衰正之形在于仪,态度之动在于容,缓急之状在于言。②

---

① 《人物志·九征第一》。
② 《人物志·九征第一》。

此中九项,如何互相分别,而不能代易,亦未加说明;盖不过文人之铺排,非实有一定理据也。

"情性"自九个方面表现,故人物之高低,亦由此评定。下文遂以"九征皆至"为"纯粹之德",以"九征皆违"为"偏杂之材"。此处显然涉及两个问题。第一是所谓"至"与"违"是依何标准说?第二是此种标准如何建立,又如何说明其有效性?盖人之情性既是被决定者,则任何一个体,自身即实与其他个体有情性之殊异,如何能使各种殊异受某一标准之裁判,是一大问题。此标准本身是如何内容,亦是一大问题。刘劭对此种大关键,皆似未留意,只凭空提出"中庸"一词,以为各面均圆满(即所谓"至"),便称为"中庸"。但此显然未解答任何问题,盖问题正在于"圆满"或"至"是何意义也。刘劭将主要问题轻轻滑过,而列出人物之等级,其言云:

> 是故兼德而至,谓之中庸;中庸也者,圣人之目也。具体而微,谓之德行;德行也者,大雅之称也。一至谓之偏材;偏材,小雅之质也。一征谓之依似;依似,乱德之类也。一至一违,谓之间杂;间杂,无恒之人也。无恒依似,皆风人末流;末流之质,不可胜论,是以略而不概也。①

依此,人物分为五等,可表列如下:

兼德而至——中庸——圣人

具体而微——德行——大雅

一至——偏材——小雅

一征——依似——乱德

一至一违——间杂——无恒

---

① 《人物志·九征第一》。

更低者即略而不论。观此种分划,刘劭显然假定一"量意义"之标准;盖"中庸"重在"兼"与"至",即各面同得圆满;"德行"与"中庸"比,是"微",即在量度上较"小";"偏材"只在某"一方面"得圆满,即与"中庸"之"各方面"得圆满,为"一"与"多"之分别;"依似"则是未完成之"偏材";"间杂"则偶或圆满,偶或不然,故称为"无恒",即根本未定之意。此种"量意义"之标准,大抵即刘劭立论时心目中所假定之理论尺度,然竟未稍加析论,其疏陋不可掩矣。

其次,刘劭将"圣人"列为才性最高者,此即表示刘劭根本不知"主宰性"一观念对"德性"之重要;盖如其所说,圣人只是特具一种才性者,如此则"圣人"与其他人之区别,只有事实意义,而无规范意义。且"道德生活"本身即成为完全不可解,因"德性"若是被才性决定者,则人之德性高下,皆不能由自身负责。所谓"应该"或"不应该"等词义,皆无由出现,亦不能有"道德生活"中之一切问题矣。

但刘劭虽以才性释圣人,却又无意否定道德生活之可能,且曾提及"进德"一词。在论各种不及"中庸"之才性时,曾云:

……及其进德之日,不止揆中庸以戒其材之拘抗,而指人之所短以益其失,犹晋楚带剑递相诡反也。[1]

此处上文原说人不能合乎中庸,即有所"失",故忽标"进德"一词于此,意谓,人应以"中庸"为标准以"戒"其才性之偏,否则互指人之短,则无意义。只看此段,则刘劭又假定人可以改变其"才性",与全书论旨冲突。然此只表示刘劭认为才性决定人之成就之限度,但在此限度内,人仍须作一定努力以实现其才性,并不表示另有"进德"之说,以对治才性之限制。此点若与其论"学"之言合观,则刘劭之意向益

---

[1]《人物志・体别第二》。

明。书中论及"学"时,曾断然谓"才性"不可变,其言云:

> 夫学所以成材也,恕所以推情也。偏材之性,不可移转矣;虽教之以学,材成而随之以失;虽训之以恕,推情各从其心;信者逆信,诈者逆诈。故学不入道,恕不周物;此偏材之益失也。①

案如此说则"学"只能顺其才性而收效,故"材成"时其"失"亦现出。"恕"是以己推人,然刘劭以为一人如何推想他人,亦由其自身之才性决定,故"信者逆信""诈者逆诈"。于是"偏材"是"不可移转",然则所谓"学"及"进德"皆不过指在才性限度内之发展而已。所谓"成材"即指才性限度内之成就。

刘劭论种种偏材,在《体别第二》中所说甚繁,不再详述。以下则进而列举十二种人才。原文谓:

> 盖人流之业,十有二焉。有清节家,有法家,有术家,有国体,有器能,有臧否,有伎俩,有智意,有文章,有儒学,有口辨,有雄杰。②

此十二材中,前三者分别代表"德""法""术"。"国体"与"器能"则皆指兼此三者之人物,二者有大小之分。"臧否""伎俩""智意"三者则分别指前三者之分支,所谓"各有一流"。最后四类,则另属一层次,不是以"三材"为"本"。此种议论,亦无明确理论意义,只是发挥作者感想而已。

但此处另有一值得注意之论点,即刘劭论"十二材"之后,又申明此外另有"主德":

> 凡此十二材,皆人臣之任也,主德不预焉。主德者,聪明平淡,

---

① 《人物志·体别第二》。
② 《人物志·流业第三》。

> 总达众材,而不以事自任者也;是故主道立则十二材各得其任也。①

此处以"主德"为异于"十二材"者,然则所谓"主德"是否由另一种"材"决定?抑或"主德"乃"中庸"之别称,而"十二材"皆表"偏至之材"?观"平淡"一词,似"主德"近于"中庸";若果如此,则是以"圣"与"王"合一。但此点刘劭亦未细论,学者只可视此为一可能之解释而已。但此段中另一点则甚明确,此即人主"不以事自任",而能"总达众材"。此是以"主德"为成就各种材之功能,即"无为"作为政治概念时之通解也。

观此益可知,刘劭基本上宗道家立场。

其下《材理第四》,则分别各种"理"与各种心智之相应关系,并有"九偏""七似""三失""六构""八能"之说;理论成分较后各章为高。原文云:

> 夫理多品则难通,人材异则情诡;情诡难通,则理失而事违也。

此总说"理"有许多种,人之"材"亦有许多种;人能通何种"理",须视其"材"而定。简言之,其基本断定是说,人之"认知活动"受"才性"决定。其下列举"理"与"明"及其他有关分类云:

> 夫理有四部,明有四家,情有九偏,流有七似,说有三失,难有六构,通有八能。②

此中"理"与"明"相配而立;四部之"理"既分,其"材"能通此各理者,遂相应而有"四家"。此亦是基本论点。其下所论"九偏"等,皆属低一层次之问题。"理"与"明"如何分为"四"?原文云:

---

① 《人物志·流业第三》。
② 《人物志·材理第四》。

> 若夫天地气化,盈虚损益,道之理也。法制正事,事之理也。礼教宜适,义之理也。人情枢机,情之理也。①

此处所谓"事理",并非指经验世界之规律,而专指政治之措施或制度之"理",可知刘劭全无"经验知识"之观念。

"理"既有"四",则欲通此理便须具有一定之"才性"。故云:

> 四理不同;其于才也,须明而章。明待质而行,是故质于理合,合而有明,明足见理,理足成家。②

必有"明"然后方能使"理"显现,而"明"被"质"决定。具某种"质"之人即"合"于某种"理",因能"合"故有"明",有"明"方能"见理";依此不同之"质"及"明",遂可分别"四家"。此中"质"即指"才性",而枢纽在于"明足见理"一语。以下论"四家"云:

> 是故质性平淡,思心玄微,能通自然,道理之家也。质性警彻,权略机捷,能理烦速,事理之家也。质性和平,能论礼教,辩其得失,义理③之家也。质性机解,推情原意,能适其变,情理之家也。④

此段不需要再作解释,其意甚明。

至此,刘劭实已否认"普遍之理""自觉之努力"等,而认为某种"人"能见某种"理",是其"才性"(或"质")合不合之问题。此一"合"字显然表示一事实关系,毫无主宰性或自觉性之认定。刘劭基本上是一"决定论者",于此益明。

人因其"质"与"明"之不同,而有四家。此是专就其优长一面说。人既受"质"与"明"之限制,则此种限制一方面固使人在某一领域中

---

① 《人物志·材理第四》。
② 《人物志·材理第四》。
③ 案"义理"旧讹作"义礼",今正。
④ 《人物志·材理第四》。

特具优长能力,但另一面自然亦使人有一定缺陷。"九偏"之说,即说此缺陷方面:

> 四家之明既异,而有九偏之情;以性犯明,各有得失。①

"偏"就"各有得失"而言,分为"九"项,比"四"分法较细,然其所以为"九",亦无理据。其论"九偏",略谓:

> 刚略之人,不能理微;……抗厉之人,不能回挠;……坚劲之人,好攻其事实;……辩给之人,辞烦而意锐;……浮沉之人,不能沉思;……浅解之人,不能深难;……宽恕之人,不能速捷;……温柔之人,力不休强;……好奇之人,横逸而求异;……此所谓性有九偏,各从其心之所可以为理。②

此中九项下各有解说,均从略。此处应注意者,是上文原说"情有九偏",但此处则说"性有九偏";上文又有"以性犯明"之语,可知刘劭用语中,"性"与"情"常混用不分;盖既以"才性"为"性",则本已与"情"极接近,非先秦论"性"之旨,甚至与汉人之说亦异矣。

所谓"七似",指貌似而实非者说;如本不解他人所言之理,而附和赞叹,即说为"有回说合意,似若赞解者"之类。此皆世俗知识分子之毛病,不涉及重要理论问题,姑不详述。其言"说有三失",则又与"才性"之"偏至"有关,较可注意。其言云:

> 夫九偏之材,有同,有反,有杂。同则相解,反则相非,杂则相恢。故善接论者,度所长而论之,历之不动,则不说也;傍无听达,则不难也。不善接论者,说之以杂反;说之以杂反,则不入矣。善喻者,以一言明数事;不善喻者,百言不明一意;百言不明一意,则不听

---

① 《人物志·材理第四》。
② 《人物志·材理第四》。

也。是说之三失也。①

案此段文意欠明,"不善接论者"有一"失","不善喻者"又有一"失",只列出"二失",而上下文皆言"三失",或者脱漏之文。然此段主旨在于说明人之意见观念之"传达",亦受彼此"才性"之限制,且在复多"个人"间,彼此之传达,亦受"才性"限制。合而言之,则"思"与"辩"均受"才性"限制矣。其下论"六构",乃指谈论时易犯之病,兹从略。

最后,刘劭又举出八种"能",谓人必须具有此八者,然后方能成为"通人"。其言云:

> 必也,聪能听序,思能造端,明能见机,辞能辩意,捷能摄失,守能待攻,攻能夺守,夺能易予。兼此八者,然后乃能通于天下之理,通于天下之理,则能通人矣。不能兼有八美,适有一能,则所达者偏,而所有异目矣。②

案此所谓"通于天下之理",乃指一个个理之加和讲,并非肯定"普遍之理";此种"兼有八美"之人,不过是具有特殊"才性",故能"通"各种"理";"理"本身仍未综合为一体,其人亦非能"统观"一切理,而只是遍数一一理而取之耳。故刘劭此一结论,只承认有"才性"特高之人,并非肯定"普遍之理"或"才性"以外之"理性"。学者必须辨明此种意义界限,否则即不能见刘劭之真立场也。

其下各章,论人材能之限度,不在大小,而在宜与不宜;又论识人之难、观人之法,以及品评人物时易犯之错误等。就理论立场看,皆属次级之问题。刘劭"才性"之说,主旨则皆已包括于上所论各章中,

---

① 《人物志·材理第四》。
② 《人物志·材理第四》。

故不再赘述。

总之,刘劭论"兼德"与"偏至",先将"圣人"列为才性层级中之一层,已是主张通过"才性"之"决定"说明"德性";然后论"流业"时,又判定"事功"亦受"才性"决定;最后论"材理",则以为认知与传达亦受"才性"决定。于是,"才性"成为"德性""事功""认知"等活动背后之总决定力。此说即代表彻底"才性论"之立场,其理论结构虽颇多疏乱处,其代表一特殊方向则无可否认。

以上已述魏晋玄学中"才性之说",下文再论"名理"一支。

第三节
"名理"之说

魏晋清谈之士,早期较重于谈论"才性",品评人物;稍后则又喜讨论形上学问题,其范围大抵依托《易经》或老庄之书,间亦涉及儒学其他典籍,于是遂有所谓"名理"一派。

"名理"一词,其义甚泛。前节已论之。本节但举此派中之重要代表人物,一观其立论之大要。

此派之代表人物,可举三人,即何晏、王弼及郭象。

一、何晏

《三国志·诸夏侯曹传》中《曹爽传》文后,附有何晏小传云:

> 晏,何进孙也。母尹氏,为太祖夫人。晏长于宫省,又尚公主;少以才秀知名;好老庄言,作《道德论》及诸文赋,著述凡数十篇。①

---

① 《三国志·魏书·曹爽传》。

何晏虽一度有重名,然因附曹爽故,被司马懿所杀,祸及于三族,故其著作亦佚散。然死后多年,引述其说者亦尚不乏人,故今日参考此类资料,尚可略知其趋向。

如《列子》注中,即屡引何晏之言。《天瑞篇》注引何晏之《道德论》文云:

> 有之为有,恃无以生;事而为事,由无以成。夫道之而无语,名之而无名,视之而无形,听之而无声,则道之全焉;故能昭音响而出气物,色形神而彰光影;玄以之黑,素以之白,矩以之方,规以之圆。圆方得形而此无形,白黑得名而此无名也。①

此大抵即何晏《道德论》之一部分,观其语旨,不过强调"道"本身无经验性质,但为经验事物之生成之依据;全是老子之说,无甚发展。然此种离开宇宙论之缠绕而单谈形上观念,固亦表现玄谈之士与两汉诸儒颇有不同也。

又另一处注文复引何晏之《无名论》云:

> 夫道者,惟无所有者也。自天地以来,皆有所有矣;然犹谓之道者,以其能复用无所有也。②

此段表示,何晏对"理论序列"及"时间序列"之分别,尚不能确知,故设此议;大旨谓"道"是"无所有",然有天地以来皆属"有所有",但因"道"在天地生后,仍能继续发挥作用,故吾人面对"有所有"之阶段,仍能称"道"为"道"。其实,"道"既本不指时空中之对象,则此处并无困难须加解决。何晏立论之层次甚低,似与全无理论能力之人解说"道"何以至今仍不失其地位,乃取"时间序列"观"道"与万有之关系,

---

① 《列子》,卷一,《天瑞篇》注。
② 《列子》,卷四,《仲尼篇》注。

本身实含有一混乱观念,并无玄奥之义可说也。

原文又云:

> 自然者,道也。道本无名,故老氏曰:强为之名。仲尼称尧荡荡无能名焉,下云:巍巍成功,则强为之名;取世所知而称耳。岂有名而更当云无能名焉者邪?夫唯无名,故可得遍以天下之名名之,然岂其名也哉?①

此即以"名"为"限定"而说"道"之无限性也。但所举孔子称尧之语,拟于不伦;如以"无名"为"无限性"之表述,则此词只有形上学意义,并无德性意义。尧作一实际存在之"个人",岂能视同一"形上实有"或规律乎?孔子所谓"民无能名焉",乃赞颂尧之德性周备,不以一节见长而已,非以尧为一"无限"也。何晏此说亦表示玄谈之人思路之杂乱。最后谓因"无名",故可"遍以天下之名名之",亦不准确,但其意欲表示"无限性",则甚明显。

又"自然"一词,自老子以下,各时代谈玄者最喜用之,然其义含混万端;日后郭象注《庄》,对此词有较为明确之解说。此点亦留俟论注《庄》之理论时再加展示。

何晏又曾以为"圣人无喜怒哀乐",王弼与辩,则以为圣人亦"应物"而有"哀乐",但"应物而无累于物",故与常人不同。此涉及"超验"与"经验"二界域之分别;盖言"自我"之"超验自由"时,自我固不应驻于情绪反应之层面,但此并非谓自我不能在经验界域中有此类活动。何晏之说,本旨不过欲肯定"圣人"之自我能超越心理层面,但不了解"心理活动"一层面本身并不由此撤消;王弼驳之,足知毕竟王所见又胜于何晏也。由此,可过渡至王弼之理论。

---

① 《列子》,卷四,《仲尼篇》注。

二、王弼

王弼与何晏同时,但为后辈。《三国志·钟会传》后,附记王弼云:

> 初会弱冠,与山阳王弼并知名。弼好论儒道,辞才逸辩,注《易》及《老子》;为尚书郎,年二十余卒。①

王弼大抵论述颇多,但今传者乃《易》注与《老子》注。此两种注文所表现之思想大致相符;简言之,即宗老子观念之形上学理论而已。由此,王弼之解《老》,大体与老子本义相近;解《易》则属张冠李戴,强以老子观点说《易》;不唯与《易》卦爻辞之本旨相去甚远,且与所谓《易传》之思想亦有相当距离。盖《易传》在汉代全部形成,其立论已距《易》卦爻辞甚远(见前章,《〈易传〉之思想》一节)。严格论之,此是具有形上学及宇宙论兴趣之后人,托《易》以立说;然世人不察,汉以下之知识分子皆误将"《易传》思想"当作《易》之本旨。今王弼以道家观念释《易》,自然相去益远。但学者须知,《易》卦爻辞本身原无许多理论观念。后世托《易》之说,虽不是《易》之本旨,却代表论者之思想。故从哲学史立场看,将此类资料当作立说者自身之思想表现而观察,知其与《易》本身关系甚少,即不致有大误矣。

王弼之思想方向,系老子之方向,故基本论点是以"道"为实有(reality),又视"道"与"无"为同一事。邢昺《论语正义》引王弼《论语释疑》之言云:

> 道者,无之称也;无不通也,无不由也,况之曰道。寂然无体,不

---

① 《三国志·魏书·钟会传》。

可为象。①

此所谓"不可为象",是指"现象"说;"实有"本身不是一"现象",故言"不可为象"。而此超现象之"实有",在王弼即以为是"无";至于"道"字乃对"无"之称号,以表示其为普遍规律——所谓"无不通""无不由"。因之,吾人可知,王弼所持之"道",一方面是"无",一方面则是现象共循之规律。此规律自是一"实有",但非现象意义之"有";换言之,是"reality"而非"existence"。此乃早期形上学思想中例有之分划,并无诡异成分。

"道"或"无"作为"实有"看,一方面不属于现象界,另一方面却又是现象之根源。此亦承《老子》"有生于无"之说。在注《老》之文中,王弼屡说此义。如解"无名天地之始,有名万物之母"二语时,注云:

> 凡有皆始于无;故未形无名之时,则为万物之始;及其有形有名之时,则长之育之,亭之毒之,为其母也。玄道以无形无名,始成万物;以始以成,而不知其所以,玄之又玄也。②

此注"以始以成"上,应脱去"万物"二字,所谓缘上文而脱漏者;但不补二字,亦可知其意,故仍旧。此注主旨即在于说明:"道"一方面超现象,另一方面又决定现象。所谓"万物之始",正如《老子》所谓"先天地生",非真说时间序列,而只欲表明其超越性而已。所谓"为其母",乃指"道"在万物之存在过程中,永有决定作用、支配作用,如母之于子也。"无名"及"有名",在此注均作"无名之时""有名之时"解。依原文语意看,上文既说"名可名,非常名",则其下"无名""有名"二语中之"名"字,自不应忽作虚字解,则王注与原文之旨亦无大距离。

---

① 《论语注疏》,卷七。
② 《老子》,王注。冯友兰《中国哲学史》页六〇八,引此注而误断为"……万物以始,以成而不知,其所以玄之又玄也",遂使文义不通。其句读之误,不待辩说。

此注与第四章及第二十五章注参看,则其意益明。第二十五章注释"有物混成,先天地生"云:

> 混然不可得而知,而万物由之以成,故曰混成也;不知其谁之子,故先天地生。①

王以"不可得而知"解"混",自与"混"字原义之为"盛满"或"丰流"相去甚远;此盖文人通病,所谓望文生义也。姑不深论。此注可注意者是对"先天地生"之解释。王注意谓,"道"不能再由其他实有生出,而为最高实有,故是"先天地生"。此则不违原文之意,唯未明此语重在说"道"之"超越现象界"耳。至所用"不知其谁之子"一语,则据《老子》本文而来。原文本云:

> 道冲而用之,或不盈,渊兮似万物之宗。挫其锐,解其纷,和其光,同其尘,湛兮似或存。吾不知谁之子,象帝之先。②

此处"吾不知谁之子"一字,即王注所本。此段下,王注亦发挥类似观点云:

> 冲而用之,用乃不能穷;满以造实,实来则溢;故冲而用之,又复不盈,其为无穷,亦已极矣。形虽大不能累其体,事虽殷不能充其量;万物舍此而求主,主其安在乎?不亦渊兮似万物之宗乎?③

案此释"不盈"及"万物之宗"二义;"又复不盈"一语,又误解文义;但知此是说"道"为万物之主,则亦与原意合。

其下又释"挫其锐……"一段云:

---

① 《老子》,王注。冯友兰《中国哲学史》页六〇八,引此注而误断为"……万物以始,以成而不知,其所以玄之又玄也",遂使文义不通。其句读之误,不待辩说。
② 《老子》,第四章。
③ 《老子》,王注。

> 锐挫而无损,纷解而不劳,和光而不污其体,同尘而不渝其真;不亦湛兮似或存乎?①

此则似是而欠准确;盖原文中四"其"字,皆承上文而指"万物"说,全段谓"道"运行于万物中,裁判一切现象,而本身不受影响;王注亦知是"不受影响"义,但不扣紧"其"字指"万物",而言"锐挫而无损",便含糊不明矣。

最后解释"象帝之先",则云:

> 地守其形,德不能过其载;天慊其象,德不能过其覆;天地莫能及之,不亦似帝之先乎?②

此以"天地"之"不能过"其本身之功能,而言"道"为"天地莫能及",与原文无关。原文但说,"道"不是"子",故先于一切主宰;未说万物有限,"道"则无限之义。然此意在老子理论中自是确有者;王注随意发挥,不合作注规矩,然其立场仍不违老子也。

故就形上学观念而论,老子论"道",是以三义为主:第一,万物无常,而"道"为常;第二,"道"超越现象界,具无限性;第三,"道"又支配现象界,运行于万物万象之中。此即庄子后学著《天下篇》时,所称"建之以常、无、有"也。王注亦环绕此三义而立说,虽多浮词,大旨则合。就此而论,王注可说能明老子之形上学观念,与两汉知识分子之喜谈荒谬宇宙论不同。

但老子思想一方面有形上学成分,另一面又有一特殊价值观念,此即涉及老子之"自我"观念或主体境界问题。《老子》原书中论"无为""无不为"以及其"文化否定论",皆属此一部分。若就其轻重言

---

① 《老子》,王注。
② 《老子》,王注。

之,则此一部分为主,形上学观念原只用以支持此种价值观念;盖老子之主要立场表现于价值观念方面,而不在形上学方面也。但此种价值观念,至《庄子》内篇中方有较明确之澄清,原文殊欠周备。王注则全不接触"自我"问题,故一涉及价值观念,即滥词浮议,全无是处。譬如解"天地不仁,以万物为刍狗"云:

> 天地任自然,无为无造,万物自相治理,故不仁也。仁者必造立施化,有恩有为。造立施化,则物失其真;有恩有为,则物不具存;物不具存,则不足以备载矣。地不为兽生刍而兽食刍,不为人生狗而人食狗;无为于万物,而万物各适其所用,则莫不赡矣。若思由己树,未足任也。①

此段立论混乱不堪。首先,《老子》此二语下连"圣人不仁"而言,其所谓"不仁",乃无所偏好之意。盖老子之"自我"观念,含有超越与支配二面,分别对应于"无为"与"无不为";但超越义为本,支配义乃自我超越后之能力,故谓,"无为而无不为",其先后不可乱。就"圣人不仁"说,乃专偏"无为"及超越义而言,此是显示"自我境界"。其目的在于保有主体之超越性自由,不关万物也。而王弼乃以为,"无为"而使万物"自相治理",目的在于"备载";换言之,"天地"如"有为",则不能"备载"万物,而有所排斥,即所谓"物不具存"。此说在理论上已有极大困难,因此所谓"任自然",本身意义不明。试想:"自然"与何义相对别? 如说与"有为"相对别,则吾人须问:人之所以"有为",何以知其不属于"自然"? 人有饮食之需求,算作"自然",则人有智巧技术之需求,何故即不算作"自然"? 人本是有智性、有自觉意志者,何以要灭除此种活动,方算"自然"? 又以"天地"而论,何以排斥是不许有

---

① 《老子》,王注。

者？为何须能"备载"？有"载"有"不载"，又何以不算"自然"？所谓"万物各适其所用"，是一事实命题，抑或是一理想陈述？如是事实命题，则任何情况，均不能说是"不适其所用"；如是理想陈述，则此理想须另行建立，不能从"自然"一义中建立。总之，"自然"之说，本身理论即缺一重要环纽，又混合"存有义"与"活动义"；王注则完全以浮词敷衍，根本未深究此中所涉问题界限也。

《老子》所说之"无为"，必须收归"主体自由"观念下，方见其真意义；王注始终不能接触此种观念，故就注《老》而言，有关价值及自我境界之部分，王弼皆无所见，只能说了解老子之形上学观念而已。

王弼注《老》，只了解老子理论之一部分，对老子理论中真需要阐释之处，反而无能为力。其注《易》则情形稍有不同。

《易》本占卜之书，故其卦爻辞须配合其时代之文字、历史情况等解之。所谓《十翼》，乃战国至秦汉间之杂说；其主要立场乃宇宙论及形上学成分之混合，既与原文距离甚远，与孔孟心性论尤其格格不入。汉人说《易》，多喜取象数，附和灾异祥瑞，而作荒谬之言。王弼则只从形上学观念释《易》。此虽与《十翼》或《易传》同样远离《易》卦爻辞之本旨，但作为一理论看，自较象数之说进步多多。

以下略引其言，以说明王弼此种立场。

王弼在其《易略例》中，论"彖""爻""卦""象"等。论"彖"时云：

> 夫众不能治众，治众者，至寡者也。夫动不能制动，制天下之动者，贞夫一者也。故众之所以咸存者，主必致一也；动之所以得咸运者，原必无二也。物无妄然，必由其理。统之有宗，会之有元。①

此不过说"多"必受"一"之决定，因论"彖"为卦体之主，故言及之，但

---

① 《易略例·明彖》。

可注意者是"物无妄然,必由其理"二语。

此二语之表层意义,是说万物皆循一定之"理",似与儒学观念甚近;但进一步看,则此处实预认一切事物皆无好坏可说。此即流俗所持之"自然说"也。观此可知王弼解《易》时,并非阐发《易传》中之理论,而是以所持老子型之观念为基础,应用于《易经》及《易传》而已。

因王弼并非肯定——事物上皆有可实现之"价值",故王之"自然"观念不过表示,事物不论成何状态,均不必有所否定;于是万物"必由其理"之语,非说"规范",而只说"规律";不涉及"应然",只涉及"实然"与"必然"。

此点观王弼注《乾·彖辞》之语,则益为显明。王弼云:

> 乘变化而御大器,静专动直,不失太和;岂非正性命之情者邪?①

案此是释"乾道变化,各正性命,保合太和,乃利贞"数语。《乾·彖辞》本意自以乾为创生之原则,故能决定万物,使万物各正其性命;隐隐认定一"形上之理"作为事物存在之根据,正是秦汉时期之流行思想。而王注乃就乾道本身说"正性命之情",此顺"乘变化……"等语观其语脉,即显然可见。倘如此解说,则《乾·彖辞》此段所强调者成为"乾道"本身之"不失太和"。此正与释《老子》时所说"道"运行于万物中而不受影响之义相类,与《乾·彖辞》之说有基本立场之不同矣。

又释《复·彖辞》云:

> 复者,反本之谓也;天地以本为心者也。②

此处"以本为心"一句之语法最宜注意;王弼不说"天地之心",而只承

---

① 《易》,王注。
② 《易》,王注。

认天地有"本",故释"复,其见天地之心乎"时,遂说天地只以"本"为"心",换言之,不承认天地有"心"。此如"以吏为师"一类词语之语法,"以吏为师"意谓别无"师"而只以"吏"作为"师","以本为心"属此例。故下文又提出"本"而谓:

> 寂然至无,是其本矣。①

于是,《复·彖辞》中"天地之心"一语,本是以为天地有主宰性,近于"宇宙心灵"之认定,而在王注中变为天地以"无"为"本"之意,与原文可谓南辕北辙。但王弼之以道家形上学观念为其思想中心,亦由此而益明。

总之,王弼之思想,只以老子之形上学观念为主要内容,注《老》时已不能正面接触老子所言之"自我境界",注《易》时更不了解《易传》思想之立场。严格论之,实属贫乏浅陋。但就其时代观之,则两汉知识分子,纷纷迷于谶纬象数,开口便谈阴阳五行、祥瑞灾异,而王弼独能取形上学立场,以说《易》及《老子》,亦不可不谓是有独立思想能力者。较之其他多数玄谈之士,但解作俏皮语、卖弄聪明者,王弼终是高一着。此所以述魏晋玄学,必首及王弼也。

三、向秀与郭象

郭象注《庄》之文,与王弼注《老》之文有平行地位,皆属玄学中名理一支之重要文献。但史籍所载,则谓此注原为向秀所作。传文云:

> 郭象,字子玄;少有才理,好老庄,能清言。……永嘉末年卒……先是,注《庄子》者数十家,莫能究其旨统。向秀于旧注外而为解义,妙演奇致,大畅玄风;惟《秋水》《至乐》二篇未竟而秀卒。秀子

---

① 《易》,王注。

幼，其义零落，然颇有别本迁流。象为人行薄，以秀义不传于世，遂窃以为己注；乃自注《秋水》《至乐》二篇，又易《马蹄》一篇。其余众篇，或点定文句而已。其后秀义别本出，故今有向、郭二《庄》，其义一也。①

依此，则所谓郭注实即是向注，唯《秋水》《至乐》《马蹄》三篇不同而已。但《向秀传》所记又有异，其文云：

> 向秀，字子期，河内怀人也，清悟有远识，少为山涛所知，雅好老庄之学。庄周著内外数十篇；历世方士，虽有观者，莫适论其旨统也。秀乃为之隐解，发明奇趣，振起玄风。读之者超然心悟，莫不自足一时也。惠帝之世，郭象又述而广之。②

依此，则郭象只是"述而广之"，又并非窃取向注矣。

据陆德明《经典释文》所引，及张湛《列子注》所引观之，则所引之"向注"及"郭注"多有不同，或向有郭无，或注文长短不同；可知所谓郭注实全为向注，亦未可信。然今本之郭注中常有取自向注之成分，则无可疑。故本节所论之《庄子》注文，虽名为郭注，然实指此混合品而言。

郭注之思想，大致言之，较王弼思想明确精密。但若就解释《庄子》说，则郭注只在解《逍遥游》一篇时，能与《庄子》之自我境界相应。《庄子》内篇思想，原甚严整。郭注则不能把握此种严整性。其尤谬者，则是外、杂诸篇，显然表现杂乱之道家意见者，郭注亦欲视为庄子之言，与内篇之文强作为同一系统；因此，郭注虽表现作注者之思想，但以言阐明庄子理论，则相差尚远也。

下文先取郭注中之重要观念，略加析论。

---

① 《晋书·郭象传》。
② 《晋书·向秀传》。

(一)"自然"与"天然"

郭注释《知北游》中"有先天地生者,物耶"一语云:

> 谁得先物者乎哉?吾以阴阳为先之,而阴阳者即所谓物耳。谁又先阴阳者乎?吾以自然为先之,而自然即物之自尔耳。吾以至道为先之矣,而至道者乃至无也,既以无矣,又奚为先?①

此即以"物之自尔"释"自然"。此处否认流行说法中"有生于无"一语有实义,而认为万物之所以成为如此如此,最后无原因可说,只能说是自己如此。此义在释《齐物论》中"夫吹万不同,而使其自己也"一语时,发挥尤明。其文云:

> 无既无矣,则不能生有;有之未生,又不能为生;然则生生者谁哉?块然而自生耳。自生耳,非我生也。我既不能生物,物亦不能生我,则我自然矣。自己而然,谓之天然。②

此以"自己而然"释"天然",则其所谓"自然"与"天然",意义并无分别;而此种观念皆同表现一断定,此即是原注下文所说之"故物各自生而无所出焉"。

如此,则"无"之意义与《老子》及王注之说法皆不合。"无"不能生"有",则不成为一形上学观念,尤不能看作万物之根源;于是,在郭注中,"无"乃成为与"有"对立之逻辑概念。而"有"即不是后于"无",如《老子》及王注所假定者。郭注此意,见于释《知北游》中"无古无今,无始无终"一语之文。其文云:

> 非唯无不得化而为有也,有亦不得化而为无矣;是以有之为物,

---

① 《庄子注疏》,卷七。
② 《庄子注疏》,卷一。

> 虽千变万化,而不得一为无也。①

案"有之为物"一语,旧本误衍"无"字于句首,兹改正。此注明说"有"与"无"为对立或平行关系,遂不能说"有生于无"矣。

由于如此观"有"及"万物",故引出"无待"及"独化"二观念。

(二)"无待"与"独化"

所谓"无待",即指不依赖其他条件而言。在郭注中,"无待"有两意义:其一是宇宙论意义,其二是自我境界意义。兹先与"独化"相连说,是其第一意义。郭注释《齐物论》中"吾所待又有待而然者耶"一语时云:

> 若责其所待,而寻其所由,则寻责无极而至于无待,而独化之理明矣。②

此谓若就某一存在或现象追寻其条件,则步步追寻,成一无穷系列,而不能不承认有一"无待"者作为始点;此即表示,万物万象最初皆是"自己而然","无待"于其他条件,此即是"独化"。

但如此说"无待",是指万物在"存在历程"中,最初本是如此,因之是宇宙论意义。郭注又谈"圣人"之"无待",则是自我境界之意义。此与郭注论"逍遥"之义相连。

(三)"无待"与"逍遥"

郭注释《逍遥游》中"若夫乘天地之正……彼且恶乎待哉"一段云:

> ……故乘天地之正者,即是顺万物之性也;御六气之辩者,即是游变化之途也。如斯以往,则何往而有穷哉?所遇斯乘,又将恶乎

---

① 《庄子注疏》,卷七。
② 《庄子注疏》,卷一。

> 待哉？此乃至德之人，玄同彼我者之逍遥也。苟有待焉，则虽列子之轻妙，犹不能以无风而行；故必得其所待，然后逍遥耳，而况大鹏乎？夫唯与物冥而循大变者，为能无待而常通，岂自通而已哉？又顺有待者使不失其所待；所待不失，则同于大通矣。①

此处"无待而常通"一语中之"无待"，指圣人境界讲，亦同时指庄子所描述之最高境界。案庄子原意所谓"逍遥"即指"真我"之自由；郭注通过"无待"，以表此境界，甚为贴切，乃郭注全文中最成功之处。

"无待"或"逍遥"虽表"真我之自由"，但此所谓"真我"，并不含有德性意义，而只是一"情意我"，因之，此所谓"自由"，亦只是观赏意义之自由，并无主宰世界或支配世界之作用。郭注对此种精神方向虽未能有精确论析，但观其对"自然"之解释，可知郭注实正是肯定如此之"自由"。盖万物本身既皆是自然如此，亦不需增减，则自我实现其自由时，亦无可作为，于是只能显一"观赏之自由"。此亦即是逍遥境趣也。

此点参以郭注对"无为"之解说，则其旨益明。

（四）"无为"

郭注释《在宥》中"莫若无为"一语时云：

> 无为者，非拱默之谓也；直各任其自为，则性命安矣。②

此即是说"无为"之态度便是使万物"各任其自为"，不加干预而已。此承"自然"观念而来。又释《天道》中"故古之人贵夫无为也"一句谓：

> 各当其能，则天理自然，非有为也。……故各司其任，则上下咸

---

① 《庄子注疏》，卷一。
② 《庄子注疏》，卷四。

得，而无为之理至矣。①

此则强调万物各有其能，或各有其本性，"无为"者即使万物各自完成其能力或本性；此固与政治上之"无为而治"一观念相连而说，然亦正是郭注说"无为"之本意。

此处应稍补数语者，是《庄子》外篇原非庄子作品，故思想甚杂，每取老子或一般谈"道家"者之观念，随意发挥，与内篇之严整有殊。例如《天道》等篇中谈"无为"而就政治一面讲，便是典型老子观念。郭注于此等处未加辨别。

由于"无为"原就"自我"之境界而立义，故圣人或至人自驻"无待"及"逍遥"之境，不干预万物万象之运行，便是"无为"，并非谓使万物不运行方算"无为"。郭注于此点亦特别发挥，释《马蹄》中"而马之死者已过半矣"一语云：

> 夫善御者将以尽其能也；尽能在于自任，而乃走作驰步，求其过能之用，故有不堪而多死焉。若乃任驽骥之力，适迟疾之分，虽则足迹接乎八荒之表，而众马之性全矣。而惑者闻任马之性，乃谓放而不乘；闻无为之风，遂云行不如卧；何其往其不返哉？斯失乎庄生之旨远矣。②

案"而惑者……"以下一段，即说明"无为"非使万物皆无所活动，但未点明"无为"依"自我"义或"主体"义而立。此亦表示郭注毕竟未能真接触庄子理论之中心也。

又此处郭注似以为马被人"乘"，乃马之"性"；此点大有问题。因与本题无关，姑不详论。但学者如于此等关节上留意，亦可看出所谓

---

① 《庄子注疏》，卷五。
② 《庄子注疏》，卷四。

"自然"之说有基本困难。此即毕竟何种存在状态或活动应作为"本性"或"自然"看,另需要一标准,否则并反"无为"之活动亦可看作"自然",则此种理论即全部倒塌矣。

兹回至郭注之理论,再看其对"错误"之解释。既以"无为"本身作为价值标准,又以使万物各合其性为唯一正当态度,则所谓"错误",自即是"不能全其性"。此意郭注以"求外"一词说之,释《齐物论》中"五者圆而几向方矣"一语云:

> 此五者皆以有为伤当者也;不能止乎本性,而求外无已。夫外不可求而求之,譬犹以圆学方,以鱼慕鸟耳。……故齐物而偏尚之累去矣。①

案若就《齐物论》本身而言,郭注对此篇之精要实不能解,故仍只发挥以上所述之简单观点。兹就郭注本身着眼,则此段表示一切存在只能依其本性而存在,不应"外求";此义倘收归主体之境界言之,仍不失庄意。不过,郭注此处架空而说,则若当作形上学或宇宙论陈述看,其困难又甚严重。然郭注意在于说一切"错误"只在于强求乎本性之外,则甚明显。强求于外,即非"无为"。

但郭注虽似以为万物皆应守其本性而不变,另一面又杂取老子观"变"及观"正反"之说;下文另述之。

(五)"变化"与相反相成

郭注释《大宗师》中"然而夜半有力者负之而走……"一段云:

> 夫无力之力,莫大于变化者也;故乃揭天地以趋新,负山岳以舍故。故不暂停,忽已涉新;则天地万物,无时而不移也。……故向者之我,非复今我也;我与今俱往,岂常守故哉。②

---

① 《庄子注疏》,卷一。
② 《庄子注疏》,卷三。

案以天地万物为"无时而不移",正老子所谓"天地尚不能久"也。此与"本性"之说,亦无必然矛盾。盖郭注之意,实谓一切存在各有本性,各自运行;"无为"与"有为"之别,在于是否妨害万物依本性而运行;故"本性"之不可改,并不妨碍"运行"之不止息也。

老子观变,认为变中自有规律,故揭出一"反"观念。郭注未能切实讲变之规律,但亦承认万物之运行可以"相反相成"。释《秋水》中"以功观之……"一段云:

> 天下莫不相与为彼我,而彼我皆欲自为,斯东西之相反也。然彼我相与为唇齿;唇齿者,未尝相为,而唇亡则齿寒。故彼之自为,济我之功宏矣。斯相反而不可以相无者也。[①]

案以此与老子论"反"之语相较,则深浅相去甚远。老子之说,有确定理论意义;郭注则勉强申说,实不见其理。唇齿之喻,只表示有时万物可以相成,并未能表明"相反相成";且既只是有时如此,则是经验意义之"偶有",非老子所观之变化规律矣。但郭注此种观念承自老子,则亦甚为明显。

郭注之文虽繁,其义大致不外乎上述各点。总而言之,则郭注作者真能了解之庄子学说,仅限于其所描绘之自我境界,故于《逍遥游》之旨大体能有适当解说。内篇破除"形躯""认知"等执著之理论,在郭注中则完全不明其本义。故作为"注《庄》"看,实非成功之作。若就郭注本身理论言,则郭注只知提出一"万物各全其性"之主张;论至人或最高境界,亦只顺此义说。而言万物各全其性或各依其本性以活动时,根本未解释"本性"如何制定,又"本性"间之冲突如何处理,遂不能建立一足以自立之观念系统。落至实际生活中,虽以冗辞浮

[①]《庄子注疏》,卷六。

语大谈政治意义之"无为",实则绝不能建立任何生活秩序。另一面,言至人之"无待",又不能说明人如何能由通常之"有待"进至"无待",甚至对《庄子》内篇本有之破执著之理论亦茫然不解;因之,亦不能建立工夫过程。内外皆无着落,只是中悬一段"构想"而已。以哲学理论标准看,实不成功。不过,若从哲学史眼光看,则吾人当说,此正是所谓魏晋玄谈之士所能有之了解。郭注之得失,实代表此一思潮中人物之长短所在也。

此外,尚应补说一点,即郭注中所论及之"冥"与"迹"之说。郭注于释《逍遥游》中"……是其尘垢秕糠,将犹陶铸尧舜者也"一节时,谓:

> ……今所称尧舜者,徒名其尘垢秕糠耳。①

此是误解文句,不知"其尘垢秕糠"中之"其"字,承上而言,竟以为指尧舜之尘垢秕糠,令人失笑;盖此处之语法显明,"其"字绝无如此解释之理也。但郭注之所以如此说,乃因其心目中另有一观念,此即所谓"冥"与"迹"之观念。释《逍遥游》中"宋人资章甫"一段云:

> 夫尧实冥矣,其迹则尧也。自迹观冥,内外异域,未足怪也。世徒见尧之为尧,岂识其冥哉?②

此不过说尧之为尧,有"内在之境界"与"外在之表现",即所谓"冥"与"迹"。较可注意者是,此处郭注欲强调"表现"不妨碍"境界",故以为"无待"之至人,不必"厉然以独高为志"(见上引注文后文),而应能在尘俗中不失"逍遥"。此虽亦无深奥之处,但就发挥"逍遥"之境趣而论,亦不失为可取之点。故顺及数语。

---

① 《庄子注疏》,卷一。
② 《庄子注疏》,卷一。

名理一派之玄谈,虽尚有其他人物,但就理论而言,王弼及郭象之作已足为代表。此后玄谈之风,虽延至南北朝,但因其时佛教势力日大,此种文人亦大半不能自立理论,偶有著述,多与佛教有关。下章论佛教在中国之演变时,便中当稍及一二。魏晋玄学之叙述,即至此为止。

第三章 中国佛教哲学

第一节 总　说

中国佛教哲学或简称"佛学",故通常有"隋唐佛学"或"中国佛学"之称。客观言之,佛教本为印度宗教之一,但因印度传统中宗教与哲学历来相混,故各宗教之教义中,每每有多少形上学理论、价值理论或心性理论成分。佛教之教义则理论成分尤高。因此,佛教虽是一宗教,其教义中确有成套理论。吾人如专就此种理论着手,亦可称之为"佛教哲学"。至于"佛学"则有时可包括经典之考证等,可视为"佛教研究"之别名。但通常中国文人在此等词语问题上不甚留意,常有以"佛学"指"佛教哲学"者。学者倘了解此种习惯,亦不必在一二词语上争论。本书则用"佛教哲学"一词,表佛教教义中之哲学理论,间用"教义"一词,亦偏指此种理论性之教义。

以上为对"佛教哲学"一词之解释。

本章以"中国佛教哲学"为题,其讨论范围自以中国所建立之"佛教哲学"为主。然佛教作为一整体看,自有根本意向及根本特色。而中国佛教哲学虽有与印度原有之理论殊异之处,既同属"佛教",则对根本立场所在,自仍有一定程度之保存。故论中国佛教之理论时,欲详察其源流,便不能不反溯至印度原有之教义。且中国佛教之理论,基本上仍是印度理论之发展,故纵使学者注目于二者之不同处,亦应知此种不同乃表示发展阶段之不同。而吾人欲了解此一发展之真相,则不仅须知发展之结果,且亦必须先观发展之历程。由此,讲论中国佛教理论时,实不能不对印度佛教理论之大旨作一陈述。本章中先列"印度佛教教义述要"一节,即是此意。

又印度佛教在汉代已入中国。经三国两晋南北朝,至隋唐时,方有中国佛教之新理论出现。在此种新理论出现前,中国佛教研究者曾有一长时期了解及接受印度教义。此一时期亦可看作中国佛教理论之酝酿阶段。日后之新理论之出现,亦与此酝酿阶段中之思想情况不可分割。由此,本章再以专节论"佛教在中国之流传及讲论"。

吾人说明印度教义之大略,又描述佛教传入中国后之发展变化,然后即可正式析论中国佛教之特殊理论,此即人所共知之三宗——天台、华严、禅宗。

此外,以时间次序论之,隋唐时虽已有此三宗成立,但同时专宗印度教义之成论(《成唯识论》)一支,亦极有势力。此一支教义与中国之三宗不同,而其时代则不相先后;故在析论三宗之说后,又另以一节略说玄奘一系之理论。因此一支理论在唐代发展甚盛,实是于中国佛教理论建立后又极力欲回往印度教义者,故以"返归印度之佛教运动"为题,以点明其立场,免使读者怀疑此一支教义何故并未归入"中国佛教"而视为第四宗。盖吾人分别何者属"中国佛教",何者不然时,所持之标准乃此种理论内容之特色如何及其建立人为印度人或中国人;依此,则只有天台、华严及禅宗有由中国人建立之特殊理论,故亦只有此三宗之理论可称为"中国佛教哲学"。此固与势力大小无关,学者不可误解。

在以上各节之后,另作"结论"以评析"佛教哲学",并点明此种理论与中国儒学及道家之学之不同。如此一方面可以使学者对此一阶段中中国心灵之变化有一了解,另一方面对日后宋代理学运动之立场有一种预先澄清之功用;就全书而论,亦是承上启下之意。盖清代以来,许多学者皆常谓宋明儒学"受佛教影响"。毕竟宋明儒学在何种程度上接受此种外来影响?宋明儒学与先秦儒学之同异如何?此种种问题,虽必待第三卷中方能详论,但在对"中国佛教哲学"作结论时,已可作初步说明。

以上总说本章之大意。以下即分论印度佛教教义及其在中国之发展及演变。因本书非专论印度哲学之作,涉及印度教义时,自只能述其要旨;关于文字考证问题,皆不能详及。

第二节
印度佛教教义述要

印度佛教之兴起,在理论立场上,可看作一革命性之理论,对古印度传统有抗拒及否定。盖古印度之吠陀传统思想,由原始信仰发展至某种形上学系统(如《奥义书》所代表),虽有种种演变,终是假定某种"外在之实有"(external reality);而佛教自始即否定外界任何独立之"实有",只将一种主体性视作最后根源,故在当时印度传统思想家与此新兴之佛教思想家言论中,皆承认佛教与传统思想对立。然吾人若自较高一层面着眼,以整个印度思想(包括佛教)为考察对象,则吾人仍可看出佛教与印度传统思想仍有一共同之基源问题。此即"如何离开生命之苦",亦可称为"离苦"之问题或"离苦"之要求。

以"离苦"为基源问题时,论者自须首先认定"生命之苦",然后方能离开此苦;故佛教之原始教义,即自此问题开始。就此而论,佛教思想虽具革命性,仍不失印度思想之特色。此是学者探究佛教教义,或以佛教教义与其他思想比较时,所应首先了解之要点。

又佛教虽在建立理论之基本方向上,对"离苦"问题提出一特殊之解答,但在许多观念上,仍沿用印度之流行观念。此在早期教义中,尤为明显。学者析论佛教教义时,对此种习惯因素亦须了解,否则必增窒碍。

佛教自释迦牟尼立说后,演变甚繁。释迦所说教义,可看作"原始教义";释迦逝世后,教徒分裂为许多教派,各有异说,此即所谓"部派教义"。及至龙树(Nagarjuna)兴起,宣说"中观"(Madhyamika)及"空论"(Sunya-Vada),于是进入"大乘教义"时期。龙树教义之建立及完成,在公元2世纪。至公元4世纪时,又有无著(Asanga)及世亲(Vasubandhu)兄弟建立"唯识论"(Yogacara 或 Vijnanavada),乃大乘教义之第二阶段。此外又有宣说"真常心"之经典,属大乘教义之另一支。凡此种种,若在讨论佛教教义之论著中,皆须一一论及。本书旨在揭示印度佛教教义之大要,以显现中国佛教之特性,故下文只先论原始教义中之基本论点,再论大乘教义之要旨。对于杂乱之"部派教义",即不详说。所谓"部派时代"本系佛教由初期理论转向成熟期之酝酿阶段,学者但能知大乘之成熟期教义,则不待对此酝酿阶段作详尽了解,亦可知佛教教义发展之大概。

以下先论原始教义,再论大乘三支教义,皆只强调其问题及解答,涉及考证者皆从略。

一、原始教义

讨论初期佛教教义,基本材料为所谓"阿含"经集。此经集基本

上乃汇辑许多文献而成,因之,由所辑之多少,遂有种种不同之"阿含"。以中译本论之,有以下四种:

第一,《长阿含》。相当于巴利文之 *Dighanikaya*。

第二,《中阿含》。相当于巴利文之 *Majjimanikaya*。

第三,《杂阿含》。相当于巴利文之 *Sanryuttan*。

第四,《增一阿含》。相当于巴利文之 *Anguttarayn*。

凡原始教义之论点,皆据此种资料。以下分数点论之。

(一)三法印

所谓"三法印",即三个论点,散见于各种经籍中,但《法句经》之文可作为一标准叙述。《法句经》中列出三法印为:

第一,诸行无常(Sabbe Sankhara Anicca)。

第二,诸行皆苦(Sabbe Sankhara Dukkha)。

第三,诸法无我(Sabbe Dhamma Anatta)。

此即中译经论中所谓"诸行无常""诸法无我""有漏皆苦"也(巴利文与梵文之拼法小有差别,然无严重问题)。此中所包含之"苦""无常""无我"三观念,即原始教义之理论枢纽。

首先,当析论"苦"观念。通常人以"苦"与"乐"相对而言,但若作一解析,即可知"苦"与"乐"至少在实在性或存在性方面,不属同一级序。简言之,即是所谓"乐"实依"苦"而立,"苦"则理论地先于"乐"而成立。

此理不难说明。生命中之所以有"苦",乃因生命永有所需求;每一需求构成一压力,即成为生命中之"苦"。生命中之"苦"既由"需求"而来,而"需求"又是生命本身所必有,故生命中之"苦"为不可避免者。

反观"乐"之成立,则显然所谓"乐"只是"苦"之停止或移除。譬如,人在渴时有饮水之需求,当得水时,由渴所生之"苦"暂时停止,压力解除；人即在此刹那间，对压力之解除有一种"快乐感"。但此种"快乐感"并非由"饮水"生出。"饮水"或任何事物、任何活动本身皆并不有产生快乐之性质。否则，人应在任何时候可由"饮水"感到"快乐"，实则除人在受口渴之压力时外，饮水皆不能使人有"快乐感"。此即表示"乐"乃依于"先在之苦"之停止而呈现，故本身无实在性。而"苦"则依生命本身而有，有某一程度之实在性。换言之，"乐"之意义须通过"苦"而界定，而"苦"之意义不须通过"乐"而界定，故"苦"之意义先在于"乐"之意义。

"苦""乐"之实在性不同，而"苦"乃生命所不可免者，于是依此意义看，亦可说生命之真相乃一串需求、一串痛苦。此即所谓"一切皆苦"或"诸行皆苦"。

倘循此线索再推进一步，则即可接触"诸行无常"之义。所谓"行"（Samskara 或 Sankhara）指一般意欲活动而言。人之生命永在需求及痛苦中，而人之意欲活动则在一需求满足时，立即转向另一需求。譬如饥时求食，得食后又转而求财富，得财富后又转而求权力，得权力后又转而求荣誉之类。大抵人之自然生命过程中，意欲活动永是如此流转变易，必落至未满足处；换言之，即意欲本身变异不定，时时落在新需求上，使自身陷于某一"苦"中。此种变异即说为"无常"。佛教日后论"无常"之说甚繁，自不是仅就"苦"及"意欲"讲。但早期所谓"诸行无常"，则作为"苦"之论据，而其主旨即如上述。

所谓"诸法无我"，可视为"因缘"说之纲要。"因"（Hetu）指有决定性之条件，"缘"（Paccaga）则指辅助性之条件。佛教自释迦起即强调一切法皆因缘生，即是说一切存在皆受条件决定。"诸法无我"之意原重在说一切存在皆不能自主，故人之生命中每一现象亦是不能自主者，由此以说明"苦"之另一理据。然其所以不能自主，正由于一切皆是受条件决定者，亦皆是无"独立实在性"者；而对"独立实在性"

之否定,则是大小乘各家所共之法门,亦是贯串佛教思想之基本观点之一。在三法印中,固已开始表现其重要性矣。

三法印之说,已足表示释迦说法之根本重点,故其说虽简,而为其他理论所不能改易者。此所以论者即用此三论点代表佛教之基本立场,而称为"法印"也。

(二) 四谛

所谓"四谛",乃笼罩释迦全部教义之四观念;与三法印仅重在观察生命及现象界不同,而在观察之外,更提出正面主张。故学者既知"三法印"之义,即应进而了解"四谛",然后方能了解其他各层之理论。四谛即是:

第一,苦(Dukkha)。

第二,集(Samudaya)。

第三,灭(Nirodha)。

第四,道(Magga)。

"四谛"为佛教之总纲,释迦自己即曾明白宣示。如云:

> 比丘,此四谛者,即为真如,为不虚妄,为不变异。①

后世佛教各派,无论大小乘,亦皆无不重视"四谛"者。兹分别解说如下:

第一,"苦"。此义在论"三法印"时,已予说明。总之,生命有"意欲",而一切现象及活动中,意欲永导向一"苦"。

第二,"集"。所谓"集"即指一切存在皆由条件"集合"而成,故此即"因缘"之说。上文已说,所谓"因缘"即指条件决定而定;此处再进一步论之,则"因缘"含有两种条件关系。

---

① Cattarimani bhikkhave tathame avitathani anannathani,见 *Sanryuttan*, Vol. V, p. 430。

其一是"同时互依"之关系。此与通常所谓"因果性"有异。盖"同时互依"之条件关系中,无"因方"与"果方"之分别。用释迦自己之语言解释,即是:

> 如两束芦,互倚不倒。①

此语在《杂阿含》中屡屡出现。所谓"互倚不倒",即表示二者互为条件,无先后之分。如以中国哲学用语解释,可说此种互为条件之关系类似于"体"与"用"之关系,有此"体"即有此"用",而亦因有此"用"故成为此"体"。两束芦苇,互倚而立;吾人不能说某一方是"因",某一方是"果"。"甲束之立"是"乙束之立"之"因",亦是其"果";在乙束亦然。此为"因缘"之一义。

如用知识论词语表之,则可说此种关系类似于"认知能力之运行"与"认知属性之显现"间之关系。譬如视觉能力运行,则颜色之属性显现;反之亦然。不能颜色属性先显现或视觉能力先运行,二者互为条件。

其二是"异时依生"之关系。此即通常所谓"因果关系"。"果"依"因"而生,譬如花种为"因",花树为"果"。此种关系不待多作解释。

一切法受条件决定,其条件关系大体不外上述二种;此乃"因缘"之说之大旨,亦即是"集谛"之内容。

"苦""集"二谛既明,以下再论"灭""道"二谛。"苦""集"二谛涉及生命及世界之真相,"灭""道"二谛则涉及自我之超升。故前二谛仅有描述意义,后二谛则有目的意义。

第三,"灭"。所谓"灭"即指现象中之"自我"脱离束缚而得超升而言,亦即是指"束缚"与"苦难"之灭。由"苦"谛而揭示自我在现象

---

① *Sanryuttan*, Vol. II, p. 114.

层中之"苦难",由"集"谛而揭示自我之"不自由"及"束缚",故"灭"一谛亦可视为针对"苦"及"集"二谛而言。此表示佛教教义所肯定之基本方向,实亦即承印度传统中一向肯定之"离苦"观念而来。故专就此点言,佛教虽自有独立学说,然并非完全与印度传统无关也。

一论及"自我之超升"或"主体自由之完成",理论地必涉及"过程"问题。此所谓"超升之过程"又实即只是所谓"修持"问题。就四谛言,即属于"道"一谛。"灭"谛则只涉及此一目的之定立而已。由此可知,"道"谛较"灭"谛所含内容为繁;然就"灭"谛本身而言,其重要性并不因其所涉只是"方向"而减低;盖此一方向如不定,"道"谛即根本无从说起也。

在论"道"谛以前,关于"灭"谛,尚有一点应加说明者,即此所谓"灭",乃关联于"主体"与"最高自由"而言;"主体"作为"经验自我"(empirical self)或"现象自我"(phenomenal self)皆是在"条件系列"中,故可说是一"假我",乃无"最高自由"者。今说"灭"谛,即是要通过一自觉努力以使"主体"自身突破此一层面,而成为有"最高自由"之"真我"。因此,当学者读佛教经论中之"无我"理论时,必须明白此所谓"无我",皆是对"假我"之否定,并非指"主体"之完全取消,不然则"灭""道"二谛将完全不可了解,甚至整个佛教立说之本旨亦将成为不可解。

"灭"谛之要旨在于肯定此一"实现真我"或"完成最高自由"之方向,已如上述。以佛教自身所用词语表之,即为经论中常见之"解脱"(Mokka)或"涅槃"(Nibbana 或 Nirvana)。"解脱"乃对"束缚"说,"涅槃"则对"生死"说。此种词语皆偏重在超离义或否定义一面。至于如何达成此种"自我超升"或"自我转化",则属"道"谛中之问题。

第四,"道"。就佛教早期文献而言,则说明修持过程之词语甚为繁琐,其中每涉及宗教生活之实践方式。在本章中,只以佛教之理论为叙述对象,故不能一一论列。下文专就"道"谛或"修持工夫"所关涉之理论问题作一析论。

首先应注意者,为"业"(Kamma 或 Karma)及"轮回"(Samsara)之观念。欲对此二观念作一展示,又必须涉及佛教对生命及世界之基本看法。

佛教论及"生命"时,所用之基本词语为"有情"(Satta),所谓"有情"即"有感受贪欲"之意。故佛教描述经验意义之"主体",不作为一"知者",而作为一"感受者";同时,相应于此种主体观念,佛教教义又将"客体"视为"感受对象",而不作为一"知识对象"。于是整个"世界"或存在领域,在此观点下,完全吸入或化入一"感受圈"中;此一"感受"乃就情欲意义说,亦与认知意义之"感性"完全不同,因此,此一"感受圈"实是一"情意圈"。主体是情意性之主体,客体亦是情意性之客体。此即佛教对"生命"及"世界"之基本看法。

但此"生命"与"世界",自皆与"自我"不同。"自我"既非"世界"之一部分,亦与"生命"不是一事。具体之"有生命之存在",如一个人或一匹马,依佛教教义说,乃"自我"显现于生命中,并非等于"自我"。欲说明此一基本观念,即须通过"轮回"观念予以解释。

"轮回"本是"流转"之意,此所谓"流转"即指"自我"在不同生命体中之"流转"。此亦印度之传统观念,佛教初期论及此观念时,原大致与当时流行想法相类;大意即是说,每一具体生命有生有死,故此种具体生命历程与躯体之成坏历程实不可分;但"自我"则通过不同躯体而流转,因此,有一历轮回之"自我"。此与通常所谓"灵魂",极为近似。

"轮回"之观念与"灵魂"之观念互相依赖。说及"轮回"时,必假定有某一意义之"灵魂",反之亦然。

学者于此须留意者,是此种"历轮回之自我"乃一"个别自我"

(individual self);如称之为"灵魂",则在流转中之"灵魂"是多数,而非独一者。此即引至"业"观念。

所谓"业",即指活动之结果,但此结果重在"活动者"自身一面,至少在佛教教义中是如此。"业"观念之根本功能即表现于对"个别自我"之"特殊性"之说明。

首先,就一具体生命而言,其所以成为如此,悉由于"业"(此"业"系指何种活动之结果,下文再予说明),故云:

> 有情以业为自体,为业相续,业为母胎,业为眷属。①

又如中译《本事经》云:

> 二法相随,谓业与寿;有业有寿,无业无寿。②

此皆对一具体生命而言。譬如,一马或一人其如此成为此马或此人,以及此马或此人之生命长短,皆由"业"决定。但此是就此一部分"业"而言,一具体生命终止,"业"并未全部终止,反之,将导使"自我"进入另一具体生命历程。故小部经典中《弥邻陀问经》云:

> 有业报,无作者;此阴灭毕,余阴相续。③

此所谓"阴"(Khandha)或译为"蕴",即指构成生命之"色、受、想、行、识"等;故所谓"此阴灭毕,余阴相续"者,即指一具体生命终结,另一具体生命出现。如扣紧"自我"而论,则即是"自我"由自身之活动而形成之"业",使"自我"由一具体生命转至另一具体生命,此即所谓"轮回"或"流转"也。

此处应加解释者,则为"业"何由生?盖"业"作为一活动之结果

---

① *Majjimanikaya*, Vol. III, p. 203.
② 《本事经》,第五,辰六。
③ *Milindapanha*, p. 49.

看,则毕竟此"活动"是谁之活动,应加说明。说及此点,即涉及"欲"(Tanha)及"无明"(Avijja)二观念。

盖依佛教之根本观点,生命活动基本上乃"自我"在昏迷中之活动,故以"无明"表之。而"自我"在昏迷中,即呈现为一"盲目意志",此即所谓"行"。就其活动为不断追求言,即称为"欲"。"自我"在"无明"之掩覆下,即成为一由欲推动之盲目意志;由此再生出"五蕴"等,遂成为具体生命。依此,所谓"业"即"自我"在昏迷中之活动之结果。此种结果"生出"具体生命,且造成继续之"流转",即"轮回"。

此处顺便补述一点,即当佛教宣说此种教义时,既以为具体生命乃由自我之昏迷而"生出",则常识中所谓"经验存在",显然皆须说为由"自我"生出;不然,则不可通。因具体生命本身是一经验存在,与其他经验存在固不能分为两种"存在"也。故此种原始教义实已留下日后唯识论之种子,而佛教之否定"宇宙论"及"本体论"亦皆是理所当然。此亦即佛教断定经验界为虚幻,又否认"独立实有"之基本立场。

"自我"由"无明"及"欲"而生出具体生命及与此种生命对峙之外境,此即吾人之经验世界。由于"自我"在"无明"中即分裂,故有欲之"自我"乃多数者,各有其活动,各有其"业",遂形成"个别自我"或"灵魂",永在生死流转中。而此种"流转"之领域即表示自我受束缚而失去"自由"之领域。由此,"自我"必从此领域脱出,然后方能恢复自身之自由;此即所谓"解脱"及"涅槃"之根本涵义,亦即"道"谛之主旨所在也。

纯从理论立场观之,则论及求解脱及涅槃之"道谛"时,必然涉及此种要求如何可能达成之问题。佛教对此问题之答覆,则为一"觉"观念。此义乃直承"最高自由"之观念而来;盖"真我"既应是"自由"之"主体",则其迷或不迷,亦由自主,所谓"觉"即"不迷"之义。"自我"能"觉",即得解脱。但此乃就根本理论方向说,若专就教义而论,则有所谓"戒""定""慧"。

"戒"(Sila)指行为之约束,"定"(Samadhi)指禅定工夫即意志之锻炼,"慧"(Panna)即指对生命、世界真相之解悟而言。三者合成,乃达成"正觉"。若再分之,又可说为"八圣道"。此处不一一列举。总之,自我之超升,在于一"觉";"觉"有培养阶段,故有种种工夫。但在究竟义上,此各种工夫皆"自我"养成其自身之觉之过程,不受任何外在条件决定。此义在日后大乘教义尤其中国佛教中愈说愈明,原始教义则只表示此种方向而已。

以上说"四谛"之义。此中涉及"个别自我"之形成问题及"无明"之意义问题,皆非易解;为使学者对此类问题有更明确之了解,吾人即应再略述"十二因缘"之说。

(三)十二因缘

所谓"十二因缘"之说,亦佛教早期教义中一重要部分。其目的在于说明"个别自我"之形成过程,可视为对"生命现象"之总说。又因佛教本不另建立一"客观世界"之概念,故"世界"之解释亦可说包含于此理论中。然吾人解释"十二因缘"时,仍须注目于"个别自我"或"灵魂"之观念,否则即不能确切了解其各阶段之意义。

又在巴利文资料中,每每只论及十支,而中译之《杂阿含》则又为十二支。至律部皆说为十二支,故在佛教内部,对十支与十二支之问题,亦尚有争论。[①] 然学者如就整个早期佛教教义观之,则十二支之说,起于无明,终于"生"及"老死"及轮回,固与释迦之根本立论态度相符;故今日论"十二因缘",仍可视为释迦教义而无严重问题。

[①] 《杂阿含》中论及"十支"时,乃止于"识"及"名色",而不说最早二支"无明"及"行";但《中阿含》中又论及"无明——行——识——名色……"等,略去最后四支。大约此类记载皆表一时说法之繁简有殊,合而观之,仍是"十二支"也。

"十二因缘"之说,日后一直为佛教之重要论题,自小乘至于大乘诸宗,几无例外。本节以纯理论眼光对此说作一展示,不涉及其教派间之小争执。

十二因缘之名如下:

第一,无明(Avijja)。

第二,行(Sankhara)。

第三,识(Vinnana)。

第四,名色(Namarupa)。

第五,六入(Sadayatana)。

第六,触(Phassa)。

第七,受(Vedana)。

第八,爱(Tanha)。

第九,取(Upadana)。

第十,有(Bhava)。

第十一,生(Jati)。

第十二,老死(Jaramarana)。

此就其"顺生"系列而言。由"无明"起,步步生出以下各项,每一项为后一项之因缘;若就"还灭"系列而言,则当与此相反,不待赘述。

兹再对十二因缘之涵义逐步说明如下:

所谓"无明",即指"自我之昏昧"而言;此非客体意义之存有,而指主体活动之一状态。此状态乃主体自由开始丧失之状态,故以丧失光明喻之,而称为"无明"。此一说法,在《奥义书》中已开始萌芽,盖印度传统早已有视经验世界全体为一束缚之说;而此种束缚之最早根源,即以"无明"或"无知"一类词语表之。此处所最可注意者,仍在于如此说"根源"时,纯是依主体意义立论;此亦佛教之基本立场所在。

其次，由"无明"而有"行"，所谓"行"即盲目意志之活动。"自我"或"主体"在昏昧之中，故即有此种活动。此见佛教以"意志"为先于"认知"者。

由"行"而有"识"，此始指基本认知能力之出现，对此"认知主体"（cognitive subject），乃同时呈现"对象性"；所谓"名色"，即"对象性"是。在如此主客对立之境域中，认知能力分化为各种感觉，对象方面亦呈现各种感觉性质。此即是"六入"（或"六处"），原字虽是"六感官"之义，但此偏重感觉能力而言，非描述一经验事实也。

至此，"经验主体"方出现，其下乃有经验活动。"触"即指主体接触经验对象；"受"指由接触而得之感受；"爱"则指有感受后，对某种感受之不舍；"取"即是"执著"，主体由对某种感受依恋追逐，故遂成为一"执著"，此所谓由"爱"生"取"。

在此阶段中，主体之个别性或特殊性遂形成，故至此方标出一"有"字。所谓"有"，即指"个别主体"或"灵魂"之形成。在此以前虽论及经验活动，然只是就抽象意义说。至"有"，方进入"个别主体"出现之阶段，方涉及当前之具体经验现象。

在"个别自我"或"个别主体"或"灵魂"形成后，遂有一流转过程。即每一既成为"有"之灵魂，由生而老死，再转入生，再至老死；此即所谓"轮回"，亦即当前世界之真相也。

以上理论，最重要之枢纽在于"识与名色"及"有"两点。前者说明经验界整体之起源，后者说明"个别自我"之形成。"十二因缘"旧解虽多，然若未能扣紧此二关键之确切意义立论，即失其本旨矣。

又以上之系列，乃佛教或释迦本人对当前之现象世界之解释；若就"超升"而言，则应是"自我"从"生"及"老死"之循环或轮回中脱出。故在工夫过程上，即有一所谓"还灭"之系列，至灭"无明"为止；灭"无明"即得大解脱，或得"无上正觉"矣。

故"十二因缘"之说,不仅解释现象界之起源,而且亦包括工夫理论之基础。实是初期教义中最重要之理论。旧说多以为"十二因缘"之说,既历举十二条件,即应视为对"集"谛之阐述;此自不为无据。然若就理论重要性说,则"十二因缘"说实以揭示"客体性生于主体性"(即关于"识"与"名色"一段),以及"个别主体之形成"(即"有")二点为主,而为早期佛教教义中最明确之理论。其重要性非"集"谛一观念可及也。

以上已据"三法印""四谛"及"十二因缘"阐述原始佛教教义之大旨。除具体修持工夫,因非明确理论,故不详论外,此种教义之要点皆已说明。以下当论大乘教义。

二、大乘教义

所谓"大乘"(Mahayana),指"大事业"而言。释迦灭后,弟子分为"上座"及"大众"两部,佛教遂进入"部派时期"。此一时期中,各种异说,纷纭并起。至公元2世纪(约为公元150年),乃有龙树(Nagarjuna)兴起,建立般若中观之系统,于是佛教之大乘教义乃开始出现。龙树弟子提婆(Arya Deva)更继为宣说,中观之学,一时大盛。此派学说,以般若经典为据,故又称"般若宗"或"般若之学"。此为大乘佛教之第一阶段,亦即日后中国佛教徒所说之"空宗"或"三论宗"。

其后,在公元3世纪至4世纪间(约为公元270—350年)有弥勒(Maitreya)其人,开始立新说,以"识"为主。4世纪时,无著(Asanga)及世亲(Vasubandhu)建立系统学说;是为"唯识之学",为大乘教义之第二阶段。

"中观"(Madhyamika)及"唯识"(Yogacara 或 Vijnanavada)为大乘佛教教义中最重要之二派,所谓"大空"及"妙有"之说是也。大部分佛教大乘理论,不属于此,即属于彼。但除此二大派外,另有一系经文,以积极意义之"主体性"为论旨中心,宣说一有"真常"性之"如来藏"或"佛性"。此种经文包括《大涅槃经》《法华经》及《华严经》等。此种立教方向,严格论之,确与"空""有"二支不同。在印度本土,此一系思想似不甚发达,故印度论师鲜见为此诸经造论者。然此一系思想本身则实能综摄大乘教义,显示最高哲学问题,故在理论上应有极高地位。尤其可注意者,是中国佛教日后建立自身学说时,大体上即以此种"真常心"之教义为主,故应视为大乘教义之第三支。

现代中国佛教高僧印顺大师,曾以"性空唯名,虚妄唯识,真常唯心"三义,判一切大乘教义,即针对以上所举三支而言。其说甚确,因附及之。

以下即先说"中观",次说"唯识",最后说及"真常"一支,皆只述其基本理论特色。

(一)中观之学

《大般若波罗蜜多经》为龙树所宗之"经",《中论》及《大智度论》则为龙树所著之"论",故论中观教义,即应以上举之经论为题材。《大般若经》卷帙浩繁,然多是就某观念反覆陈说,并非每节皆有特殊理论。"大智度"原即是"Maha Prajna-Paramita"之意译,其音译即"大般若波罗蜜多",故此"论"实与"经"同名,乃发挥经意之作。其说甚繁。但就中心观念论,亦可归纳为数点。《中论》则自成一论辩系统,最足以表示此派之特色。以下就此派全部理论着眼,选出其基本观念作一阐释。

1."空"及"假名"

"空"(Sunya或Sunyata)观念本是佛教之共同观念,但其确义,则在般若经论中方严格界定。

若离开佛教之特殊用语,纯就理论意义说,则所谓"空"即指"独立实在性之否定";说"一切法空",即指一切法皆不是独立实在,故所谓"空"并非指"无"或一般意义之"不存在"。此点在早期教义中未有确切说明,而在般若经论中则有严格之解释。

先从《大般若经》本身而论,经中《教诫教授品》假托佛与善现(即"须菩提")之对话,即首先论及此问题。佛命善现向各菩萨摩诃萨说"般若波罗蜜多"之法门,善现即谓"我不见有法可名菩萨摩诃萨,亦不见有法可名般若波罗蜜多",于是佛告善现,一切法皆是"假名""施设言说",故"说名为……"

此乃《般若经》文开宗明义之论点。所谓"假名",意即一切所谓对象,皆只在言说过程中获得意义,一切法皆非实有。不仅经验事物如此,即所谓觉悟之境界及觉悟过程,亦不是离开主体而自存之实在。如此,"但是假名"一语,即显现《般若经》文说"空"之本义。

"假名"乃主体所立。一切法"但是假名",即一切法皆主体所立。其所以"立"此种种意义符号者,又因"施设言说"之故。此处不涉及某对象之"有无"之判断,而涉及"有无"自身之真相;换言之,所谓"有",即主体"使之有",根本无所谓"独立实有"也。

佛教例以"经"表示一态度,而以"论"证立其肯定及否定。故此一"空义"之证立,即见于《中论》之文。

《中论》六卷,自《破因缘品》至《观邪见品》,对佛教教义中各部派之观念以及原始教义之观念,皆一一析论;其说似繁,然其原则至为简明。一言以蔽之,即说明所谓"独立实有性"本身乃"不可解"者,故无论就任何观念着眼,皆非归至"空观"不可。此即所谓:

> 以有空义故,一切法得成;若无空义者,一切则不成。[①]

此可见其基本论旨,但就理论结构言,则《中论》自有一内层结构,与

[①]《中论·观四谛品第二十四》。

经文之泛说不同。后节依次述之。

2. "因缘"与"无自性"

"因"(Hetu)与"缘"(Paccaga)本为两个不同意义之词语;"因"指有决定力之条件,"缘"则指辅助条件。又佛教论"四缘"时,以"因缘"为"四缘"之一;盖是以"缘"指一般意义之"条件",故以"因缘"为一种条件也。此又是另一用法。但"因缘"二语相连而言时,亦常即总指一切条件,此即佛教论者所谓"广略"二义。《中论》析论"因缘"时,原取广义,即总指一切条件而言。唯《破因缘品》中分论"四缘"时,则又取"因缘"之"略义",但就《破因缘品》一篇名说,所谓"破因缘"又是总指一切条件。此种文字上之问题,略作说明即足,不待详论。以下所讨论之"因缘"则取广义。

《中论》运用"因缘"观念,原以释所谓"空"之词义,故云:

> 众因缘生法,我说即是空,亦为是假名,亦是中道义。①

此偈表示龙树通过"因缘所生"一观念以界定其所谓"空"之词义,且同时亦标出《般若经》文所提出之"假名"观念,作为"空"之另一解。换言之,说"一切法空",与说"一切法皆因缘生""一切法但是假名",乃对同一论点之不同描述,此论点即"无任何独立实有"是也。

何故说"亦是中道义"? 所谓"中道"乃对"有"与"无"而言。龙树之论点既在于否定"独立实有"之可能,故其说非以万法或万物为"有",亦非以为"无"。非有非无,故名"中道"。盖此所谓"有"与"无"皆就对象说,是同层观念;龙树欲说者是一切对象(包括内在与外在)皆非独立实有,而是依主体以成立,故不说客观意义之"有"或"无",此所以称其说为"中论"。

---

① 案此偈之中译用字偶有小异,兹据鸠摩罗什译文。

但《中论》全文,皆依次辩明各种观念皆不表示实有,且以《破因缘品》开始,此中涉及一大问题。即是既依"因缘"以说"空",何故又"破因缘"？此问题亦即是关涉般若宗之根本立场者,兹作一析示。

首先,学者应知所谓"破因缘"之确切意义。所谓"破"者,乃"破"其"独立实有性"之意;换言之,《中论》以"因缘生"界定"空"之意义,但又进一步点明,此所谓"因缘"者,亦并非客体意义之实有,而只是主体活动所显现。如此,就主体性说,"因缘"可以安立,但离开主体性,亦无所谓"因缘"。依《中论》本文之论辩方式说,则是表明所谓"因缘"若当作"独立实有"看,亦成为不可解者;此即所谓"破因缘"之意义。

由此亦可揭示般若教义之基本旨趣。般若经论,千言万语,主旨只是破除对"独立实有"之"执";确切言之,即是要揭明所谓"有"及"无"根本乃依主体活动而决定者,故说"中观"。又此所谓"有"及"无"不仅对于感觉对象及具体事物说,且广及于一切概念、一切意义。学者固不应以为事物"实有"或"无",亦不应以为"理"是"实有"或"无";一切一切,皆依主体而显现。此所以"中论"须"破因缘";至于破其他概念之"实有性",亦复类此。

论及此一"破独立实有"之观点,又可依"无自性"之义说之。此在《中论》有一专章,即《观有无品》。

> 众缘中有性,是事则不然,性从众缘出,即名为作法。①

此所谓"性",指"独立实有性";偈意谓一切法皆从因缘生,故其存在内容皆由缘决定。既是被其他条件决定,则即不能具"独立实有"之意义;若是"独立实有",必涵"不受其他条件决定"一义。故云：

---

① 《中论·观有无品第十五》。

> 性若是作者，云何有此义？性名为无作，不待异法成。①

此"作"字乃被动语调之分词，偈意已如上述。

然则，诸法若"无自性"，是否可说诸法非实有，但由其他实有之条件生出？此即所谓"自性"及"他性"之问题。"他性"即由其他条件得来之实有性；盖若"法"非实有，"条件"为实有，则仍可说，诸法无"自性"，但有"他性"。偈云：

> 法若无自性，云何有他性？自性于他性，亦名为他性。②

此处译文稍有难解处；其意谓"条件"若是"实有"，则即是说作为"条件"之法有"自性"，但此种法亦应由众缘生，何得有"自性"。即释中所谓"他性于他，亦是自性，亦从众缘生，相待故，亦无，无故，云何言诸法从他性生？他性亦是自性故"。译文所谓"自性于他性，亦名为他性"者，即是说，倘谓"A"无实有性，但造成"A"之诸条件其实有性，则应知此诸条件之所谓"自性"，又仍应是"他性"所生，即又应由另一组条件得其"实有性"，故"条件"是与"被决定者"相待而立。所谓"conditions"乃对"the conditioned"说，每一法均可成为其他法之条件，亦均是以另一些法为条件。如此，说"条件"具"实有性"，实无意义。

其下再说，离开"自性"与"他性"，则更不能说"有"任何"法"；因一切法只能由"自性"及"他性"解释为"有"，否则不能说"有"。故下文偈云：

> 离自性他性，何得更有法？若有自他性，诸法则得成。③

---

① 《中论·观有无品第十五》。
② 《中论·观有无品第十五》。
③ 《中论·观有无品第十五》。

如此已破"有"观念,即已证所谓"有"不能是"实有";然则能否说有独立意义之"无",或"客体意义"之"无"? 偈云:

> 有若不成者,无云何可成? 因有有法故,有坏名为无。①

"有法"如不能成立,则亦不能说"无"。故必离"有无",方见主体性之本义,《中论》即以此为"佛法"之真义。偈云:

> 若人见有无,见自性他性;如是则不见,佛法真实义。②

凡执著"独立实有"或"无"者,均不见"主体性",故即不见"佛法真实义"。此即所谓"破有无",亦即"无自性"之说。简言之,仍是否定"独立实有"或"客观实有"也。

于是,《中论》乃揭"八不中道"之义。

3. "八不中道"

如上所论,"客观实有"或"独立实有"既不能成立,故一切表述实有之谓词,皆实不可用。龙树在《中论》中,取四对相反谓词为例以示此义,合而为八,故名"八不中道"。偈云:

> 不生亦不灭,不常亦不断,不一亦不异,不来亦不去(案或作"出",应正为"去")。能说此因缘,善灭诸戏论。我稽首礼佛,诸说中第一。③

案此偈书于《中论》卷首,虽系于第一品,实全书之总纲。此中以"生灭""常断""一异""来去"八项为代表,各施以否定,表明此一切谓词,均不可用以描述主体性;自另一面言,此诸谓词依"客观实有"或"独立实有"之义而立,"实有"既不可立,故诸谓词均不能成立。此所谓

---

① 《中论·观有无品第十五》。
② 《中论·观有无品第十五》。
③ 《中论·破因缘品第一》。

"八不"也。

得如此观后,何所归宿?于此即应说"涅槃义"。

4."涅槃"

"涅槃"指主体自由而言,故不可以对象性视之。偈云:

> 无得亦无至,不断亦不常,不生亦不灭,是说名涅槃。①

所谓"涅槃",原取断离寂灭之义,但既说一切法空,则何故又有"断离"?世俗之人,可能于此有疑,故龙树乃点明说,所谓"涅槃",即"主体"不成为"对象",不受一切条件所决定,即所谓"不受因缘"。偈云:

> 受诸因缘故,轮转生死中;不受诸因缘,是名为涅槃。②

"不受诸因缘",即主体自由之充足实现。此即佛教所肯定之最高境界也。

般若中观,大义如此。以下略说唯识之学。

(二)唯识之学

大乘"唯识"一支教义,广义言之,即统指一切大乘经论中言"妙有"之理论。此种理论,从哲学史眼光看,即属小乘"上座部"之"一切有"宗之说受大乘般若教义影响后之发展成果。因吸收般若教义,故其说"有",不与小乘之"有执"同,乃名"妙有"。

此一支佛教理论,发展历时颇长,故理论之内部构造,亦系逐渐形成。就所据之经而言,有《解深密经》《入楞伽经》《密严经》《菩萨藏经》等;此外,亦有人以为《华严经》亦属此系经典,但严格言之,《华严经》之立场以专说佛境界为主,非以"现象论"为主,故不应列入。解《华严》之说则另是一事。

---

① 《中论·观涅槃品第二十五》。
② 《中论·观涅槃品第二十五》。

且即就以上所举各经而言，其立场虽可说代表唯识教义之根据，但就理论内容言，则与日后定型之唯识教义尚有相当距离。且印度佛教之经向例只标示态度及方向，详细理论皆例见于"论"中，唯识一支自亦不例外。

就论而言，此一系中主要著作自为《瑜伽师地论》《辨中边论》《摄大乘论》《十地经论》《唯识三十论》《百法明门论》《观所缘缘论》，以及日后玄奘编译之《成唯识论》等。此中《瑜伽师地论》乃最早之文献。其后，《摄大乘论》《十地经论》各自发展为一分支。以《唯识三十论》及解此论之十论师之说为据者，即发展为玄奘所宗之一支；因十论师之说即构成《成唯识论》，故此一分支亦可称为"成论"一派，以与"摄论""地论"分别。就理论观点讲，此三分支之说亦颇有不同，后节论之。此处因述唯识一系之"论"，略及数语。

唯识论著既繁，发展演变亦不单纯。本节只依本书之需要略说印度佛教教义之支派，故下文述唯识教义，亦只撮述要点；旨在揭示其大方向，标指其特色，因凡属琐细之处，尽量从略。

唯识之学之主旨，略分为以下各点述之。

1."妙有"之意义

《解深密经》曾立三"法轮"或三"时义"之说，谓佛初说小乘，次说般若，最后说唯识。此自非历史事实。但观此说，即可知此家一开始即自认为与般若一支不同；其主要不同处即在于般若言"空"，而此支则言"有"。

此所谓"有"，例称"妙有"，以别于世俗或小乘学人之"有执"；故欲明唯识之基本方向及特色，应先说明"妙有"之意义。

处理此一问题，应自佛教教义本身之反省着手。小乘及原始教义，皆以离苦证果为宗旨；只有对自我之感受圈及其解脱之说明，而对于"对象界"本身之建构，避而不论。大乘性空之教兴起，以般若智观一切法空,离有无而显超越主体,将"独立实有"全部解消于"因缘"观念中;此即所谓"一切法空"。但学者如在此稍作反省,必可发现一根本问题,须加解释。此问题即是,如"空性"可建立,则建立空性之"理"必不能不加肯定;此"理"可以与客观对象义无干,然其本身必有可说。依此,妄执之为妄执,应是有"理"者;破妄执时之建立观念言说,亦应是有"理"者;而且如此施设言说,破除妄执之目的,本身又应是有"理"者。于是,尽管"一切法空",至少有三种"理"可说。

唯识经论,即依此建立"三自性"(见下)。此"三自性"不等于一"空"观念,但亦非违背"一切法空"之义;故一方面是"有",另一方面非对象意义之"有",别于俗谛之有执,于是乃称"妙有"。

故顺理论脉络看,言"妙有"首先涉及"三自性"。

其次,"三自性"既立,整个"对象界"亦可得一解释,由此可以引出一"现象论"之系统或构图。此是"妙有"之教之第二产物,亦代表空有二宗之主要殊异。

此一现象论系统,既须说明整个"对象界"之建构,则此中之主动因素自最为重要;故代表现象论部分之"百法",即以"心法"为先。由此再作进一步之讨论,处理"未觉"及"已觉"之境界描述问题,遂又有"种子""转识成智"等观念出现。此即"妙有"之教义之大致轮廓。以下先论"三自性",再依次陈述其他各点。

2. "三自性"

所谓"三自性",《解深密经》中已正式提出,此三者为:

第一,遍计所执性。

第二,依他起性。

第三,圆成实性。

所谓"遍计所执性"即指虚妄所以为虚妄之"理"而言。"遍计"指经验意识之活动。人所以会觉得经验世界实有,只因人有如此一种意识活动,由此活动而将"实有性"投射于经验内容上,便成为"有执"。就此"执"依"遍计"而立并生出以经验世界及一切对象为"有"之图象而言,即称"遍计所执性"。因此,人如了解所谓有一切对象以及有经验世界等意识内容,不过只是"遍计"之"执",便知外境之"独立实有"实是一虚妄意念之产物。

其次,所谓"依他起性",即因缘观之"理",亦即指破虚妄时所显之"理"而言。"依他"即否定"依自性",亦即是否定"独立实有"。一切法本皆因缘所生,此即是"依他起"。人未觉时,对一切法执以为实有,是"遍计所执",一旦能观因缘,则见一切法皆依他而起,并非实有,故"依他起性"恰对治"遍计所执性";所谓"遣遍计执""显依他起",乃一活动之二面,亦即由未觉转向觉时之关键也。

至此,则既离"遍计执"后之已觉境界,亦应有一"理"可说,于是乃有"圆成实性"。所谓"圆成实性",即破妄后所显之真,亦即是觉境本身之"理"(此不是"过程意义",而是"归宿意义")。①

在《摄论》中,称此三性为"所知相",相当于吾人所说之"理";原文云:

> 已说所知依,所知相复云何应见?此略有三种:一,依他起相;二,遍计所执相;三,圆成实相。②

此文所以用"相"字,因取"所知"一义而言;且原论先说"所知依",故言及对象界之"理"时,即称为"相"。此无著之用语。

世亲《唯识三十论》中则谓:

> 由彼彼遍计,遍计种种物,此遍计所执,自性无所有。依他起自

---

① 可参阅《解深密经》。
② 《摄大乘论》,卷四,《所知相分第三之一》。

性,分别缘所生。圆成实于彼,常远离前性。

此颂略陈"三自性"之本义。以"遍计"而执种种对象之"有",实则"自性无所有",此说明"虚妄";以"分别"及"缘所生"说明"依他起",即破除虚妄;以"远离"虚妄之"遍计所执性"说明"圆成实",即表示觉境本身,以离虚妄故,异于未觉。

但此"三自性"并非离主体而自存之"理",只征示主体之三种活动;故扣紧"不离主体"一义而言,此三"理"虽可说,却又并非"对象意义"之"有";于是《解深密经》中即说"三无性",以补充此义。"三无性"者,即分别就"三自性"说明其依于主体,而无独立性或离主体之存在性。如此建立"三无性"后,唯识之真义始明白显出。

《解深密经》中称"三无性"为"相无自性性""生无自性性""胜义无自性性",分别对应于"三自性"。世亲《唯识三十论》中则以长颂说明此意云:

> 即依此三性,立彼三无性,故佛密意说,一切法无性。初即相无性,次无自然性,后由远离前,所执我法性。此诸法胜义,亦即是真如;常如其性故,即唯识实性。

如此,"三自性"与"三无性"相配,断定一切法唯识,即一切摄归主体性是也。

其次当述其"现象论"部分。

3. "百法"

唯识教义为展示现象界之建构,故有一套"现象论"学说,其大纲即见于《百法明门论》中。此论亦世亲所造,其本旨原乃说明"一切法"之义,包括所谓"无为法"。"无为法"自应在"现象"范围之外。但此论之理论意义,则主要表现于列举各种"法",以提供一"现象论";故现代哲学研究者,对此论应作如是观。

《百法明门论》首先对"一切法"作一分划,谓:

> 一切法者,略有五种。一者,心法。二者,心所有法。三者,色法。四者,心不相应行法。五者,无为法。

如是五类,其次序亦有一定理据。原文云:

> 一切最胜故。与此相应故。二所现影故。三位差别故。四所显示故。如此次第。①

所谓"一切最胜",意谓一切余法皆由"心法"所生,而"心法"即指"八识"而言。所谓"与此相应",意谓"心所有法"(简称"心所")乃心识之活动,故皆"相应"于"心法"而建立。所谓"二所现影",意谓一切"色法"即感觉经验皆由识及其活动而显现,譬如"影子"。案此即对于经验界之解释,盖"被经验之对象"与"经验活动"两面均包括于"色法"中。所谓"三位差别",意谓心、心所及色法三者之间有种种不同关系;为表此类关系,乃有所谓"心不相应行法",即抽象形式概念是也。所谓"四所显示",意谓由前四者可反显出所谓"无为法";盖前四者说明现象界,而超现象之无为法,即由对此现象施以否定而得。

此中心法分为八,即八识。心所有法分为五十一,乃表种种意识活动及心理活动。色法分为十一,即眼、耳、鼻、舌、身五根外加色、声、香、味、触及由第六识决定之对象性质;盖谓经验对象除具相应于五种感官能力之五属性外,当有对应于心理活动之属性,故列为六。

至于心不相应行法则分为二十四,皆属形式概念一类,其中包括时间(时)、空间(方)等。无为法则分为六,包括各种不同程度之"超现象"之境界。

此中如五十一"心所"之类,实与印度传统思想有关,未必有理论

---

① 《百法明门论》。

必然性。学者亦不必在此等细节上争论。只须了解此种理论之目的，在于运用八识以说明一切现象，即得其要旨矣。

此一现象学系统，自可有种种繁琐枝节，但大要是说明一切法皆"识"所生，故其基本重点在于"八识"。此亦是唯识之学之理论基石所在。下节即专对"八识"作一论述。

4. "八识"

"八识"之说，始于何时，颇有疑问。盖世亲已立"八识"固无可疑，无著在《摄论》中尚只说"阿赖耶"及前六识而不及"末那识"。若就经部而言，则《解深密经》立"阿陀罗识"，相当于"阿赖耶识"，皆取持藏种子义。《楞伽》之文，则一方面有"心、意、识"或"心、意、意识"之说，另一方面又别标"真识"。如云：

> 大慧，略说有三种识，广说有八相。何等为三？谓真识、现识，及分别事识。①

此中"现识"即相当于"阿赖耶识"，同经后文亦称"藏识"；但"分别事识"不应包括"末那"，所谓"真识"则指本觉清净心，相当于真谛日后所立之"第九识"，义与"末那"之为染污适相反。然则《楞伽》中究竟有无相当于世亲所言之"八识"之观念，亦颇难定；盖他处所谓"心、意、意识"，前一"意"字可能即"末那识"，然上引之文，总定识名，又无"末那"。后世注《楞伽》者，每引后出之八识为说，并不能证经意实有此"八识"也。

此类问题在佛教文献中甚多，不易解决。兹当以"八识"作为世亲在《百法明门论》及《唯识三十论》中所立之说，略作解释。

所谓"八识"者，即指眼、耳、鼻、舌、身、意、末那、阿赖耶而言。此

---

① 《楞伽经·一切佛语心品第一之中》。

中前六识在佛教早期即有,"阿赖耶"之名亦见于小乘经典。但确切阐明"阿赖耶"为"藏识",并决定其地位,则始自无著之《摄论》。"末那识"在世亲上引之著作中方建立,日后论师皆据以立说,然非经部所有也。

前五识分别指五种感觉能力,自不待言。意识原指心理活动。"末那识"乃"Mana"之音译,原亦指"意念"而言,但在世亲理论中,则以"末那"为产生"我执"之意识活动,成为一特殊能力。至于"阿赖耶识",则因原字"Alaya"系"无没"之意,故可意译为"藏识",而唯识教义中最重要之观念即落在此第八识上。

第八识(阿赖耶识)之意义,可分两方面说明:其一,就自我或主体一面说,阿赖耶即表示"个别自我"(individual self),由此而含有印度传统中之"灵魂"观念。所不同者是传统印度思想常以为"灵魂"是万有之一,乃取"存有意义"而言"灵魂";佛教从头即不承认客观存有之观念,故立阿赖耶时,乃取主体性之意义。但就众生各有一阿赖耶讲,则属于"灵魂"观念之一切属性(除存有性外),皆可收入阿赖耶中。

由于阿赖耶即是个别自我,故个别自我之一切特性,皆依阿赖耶而得保存;此即阿赖耶持藏种子之说。此是阿赖耶之根本义,自《阿毗达摩大乘经》,经《摄论》《三十论》直至日后中国之玄奘,对此根本义皆无异说。如《摄论》云:

> 复何缘故,此识说名为阿赖耶识?一切有生杂染品法,于此摄藏为果性故;又即此识于彼摄藏为因性故,是故说名阿赖耶识。或诸有情摄藏此识为自我故,是故说名阿赖耶识。[①]

[①] 《摄论》,卷一,《所知依分第二之一》。

世亲亦云：

> 初阿赖耶识，异熟一切种。①

皆以持藏种子为阿赖耶最主要之特性。玄奘则云：

> 受熏持种根身器，去后来先作主公。②

此中"去后来先"即指个体生命之"死后生前"，足见阿赖耶持藏种子，即与"灵魂"或"个别自我"为一事也。

其次，就世界或万有一面说，佛教既本不承认独立之外界存在，唯识之学更构造一"现象论"，将万有皆收入"识"中，作为"识变"之结果；于是阿赖耶识另一面又是万有或现象界之根源。此因其他转识皆依阿赖耶而运行，而现象界既由识生出，则最后自亦依阿赖耶而立。此亦是阿赖耶之另一根本义。

"阿赖耶"之涵义既明，由此可引出"末那"观念。如上所说，"阿赖耶识"即是"个别自我"；此只是一描述语，未涉及"应然"问题。若问：阿赖耶识作为"个别自我"是否"应有"之状态？则唯识教义之答复是此乃一迷执，盖"个别自我"及"现象界"本身皆属虚妄，乃一根本肯定。吾人以"阿赖耶"说明"个别自我"及"现象界"如何而成，并非谓应该如此。反之，此种迷执本应破除。

然则，"阿赖耶识"作为"自我"，是自身如此"执"？抑或为另一能力所"执"而成？此在世亲晚年著作及其后学之理论中，即提出"末那识"以作解答。大意以为，"执"第八识以为"自我"（即形成"个别自我"）乃"末那识"之特殊作用；由此，一切虚妄皆自"末那识"生出，而生死涅槃之关键，亦在此矣。

---

① 《唯识三十论》。
② 《八识规矩颂》。

倘依知识论及解析观点看此问题,则似无确定理由将"末那识"与"阿赖耶识"分为二识;因"阿赖耶"既是一"识",自可以有此种"恒审思量"或"执"阿赖耶为"我"之能力。但此将牵涉许多理论问题,在此姑不深论。

八识之义既明,以下当论及"觉"或"解脱"之问题。此在唯识宗派中,乃一有争论之问题,故下节专作一讨论。

5. "阿赖耶"之染净问题

"阿赖耶"(或作"阿黎耶""阿罗耶",皆"Alaya"之音译)一词,在妙有一系之经论中出现历史甚长,而对此识与"解脱"之关系,每有不同说法。因此,广义之唯识理论,即由对"阿赖耶"解释之殊异,而可分为三支。

第一支以《摄论》为据。《摄论》以阿赖耶识为一切法所依,但强调阿赖耶之杂染义,故必转阿赖耶方得清净。如云:

> 应知法身由几佛法之所摄持,略由六种。一,由清净,谓转阿赖耶识得法身故。①

"清净"指转阿赖耶识而言,则阿赖耶识自指"杂染"。此外,解释《摄论》者亦多如此说。但案《摄论》本文,虽确有此义,但亦不完全排斥阿赖耶识中之"解性"或"觉性"。彻底主张以阿赖耶为染污及烦恼根本,实是《决定藏论》之说;唯在中国译讲《摄论》之真谛,即取《决定藏论》之说,以立其"摄论宗";故通常学者皆谓,摄论一支以阿赖耶为染污。

案《决定藏论》乃《瑜伽师地论》中《摄抉择分》之异译,其言以为"Alaya"表凡夫性及烦恼根本,而别出一"阿摩罗识"(Amala)作为

---

① 《摄论》,卷十,《彼果智分第十一之一》。

"解脱"或"得道"之根本能力。原文云：

> 断阿罗耶识（案即"阿赖耶识"），即转凡夫性。舍凡夫法，阿罗耶识灭；此识灭故，一切烦恼灭。阿罗耶识退治故，证阿摩罗识。
>
> 阿罗耶识是无常，是有漏法；阿摩罗识是常，是无漏法。得真如境道故，证阿摩罗识。
>
> 阿罗耶识为粗恶苦果之所追逐，阿摩罗识无有一切粗恶苦果。阿罗耶识而是一切烦恼根本，不为圣道而作根本；阿摩罗识亦复不为烦恼根本，但为圣道得道而作根本。[1]

案佛教言一切法，词语虽多，大抵皆可依染净或迷觉等对立义先判为双行，然后再设一中立之行列，共为三行。兹引《决定藏论》之文，显然以"阿赖耶"归于"染污"及"烦恼"一行，其立场固明显无疑。而所谓"断阿罗耶"及"转凡夫性"，与《摄论》所谓"转阿赖耶"而"得法身"，其旨极近似，亦无大问题。此所以真谛倡《摄论》义，而以《决定藏论》之说补成其系统。然此处有一大问题不可不注意者，即"阿摩罗"之观念。真谛以"阿摩罗"为"第九识"，其"第七识"取《解深密经》之"阿陀那识"当之。此亦与《唯识三十论》一支以"末那"为第七者有异（此见圆测之《解深密经疏》）。而第九识以真如为体，纯代表觉性，亦即《决定藏论》所谓"但为圣道得道而作根本"。如此，"阿摩罗识"成为觉悟或解脱之真根源，阿赖耶乃与其他各识同属染污法矣。

若依字义而言，则"阿摩罗"乃"无垢"之义，自与清净义合；故至少《决定藏论》原旨应与真谛说相符，且亦与《摄论》之立场相近。由此，以"阿赖耶"为染污，即决定此支在唯识之教义中与其他宗派有殊。

---

[1]《决定藏论》，卷上。

第二支则以《地论》为据。《地论》即世亲《十地经论》之简称。原文本以解释《华严经》之《十地品》为课题，但论及"阿赖耶"及"阿陀那"等，强调"三界虚妄"，谓是一心所作。此自与唯识教义之基本立场相同。而日后讲述《地论》者，取《楞伽》文中"真识"之名，与此配合，于是遂以"阿赖耶"为清净，即是"如来藏"。中国之慧远（法上弟子），在《大乘义章》中云：

> 前六及七，同名妄识；第八名真。①

此即与"地论宗"说法相同。此种说法，在《地论》本文中虽非无据（如论中言"依阿赖耶"而后解脱），但其理论大半与其他经典有关；故此一支教义虽亦据世亲之作，但与世亲晚期之《唯识三十论》思想距离甚大，反与《楞伽》《密严》诸经之立场较为接近。

又"地论宗"有"南道""北道"之分，均俟下节论佛教在中国之发展时再述之。

摄论宗以"阿赖耶"为杂染，地论宗以"阿赖耶"为清净，二说恰成对立。此外则有据世亲晚期思想而发展之《成唯识论》一文。

第三支以《成唯识论》为据。所谓《成唯识论》即世亲后学诸论师解释《唯识三十论》而逐步建立之学说，其内容即十大论师解世亲《三十论》之说法。中国之玄奘承此一支理论。日后中国之言"唯识"者，即皆取此一支之立场。近代中国之"内学院"，更全守此派立场，以为所谓"唯识"之说，只此一支方是真传。然以哲学史眼光论之，则只能说此支代表世亲晚年及其后学之说，与"摄论"一支、"地论"一支既皆有不同立场，则亦只能作为"唯识教义"之一支也。

此说以为"阿赖耶识"本身非染非净，故名"无覆无记"；然"转识

---

① 《大乘义章》，第三，《八识义》。

成智"之过程,仍就"阿赖耶"中本有之"无漏种子"说明。此说有其精巧处,亦有根本困难。因后文有专论玄奘之学一节,故此处不详作引述。学者但知"阿赖耶识"视为"中立"("无覆无记")而与视之为"杂染"、视之为"清净"均不同,即知此应属第三支理论矣。

此处关于用语问题,尚有应加说明者,即"唯识"一词之用法,在本书中与通常习惯稍有不同。通常将"成唯识论"一支称为"唯识",此不独属于此一宗派者最喜如此说,其他佛教学者亦每每如此说。例如,当代高僧印顺释《大乘起信论》时,语及此三支教义,即谓:

> 中国古代的唯识学,可有三大家,即地论宗、摄论宗、唯识宗。①

此中"唯识学"一词,自即与本书所用之"唯识教义"或"唯识之学"相当,但后面"唯识宗"一词,则指"成唯识论"一支。本书但称此支为"成唯识论"(或简称"成论"),而不号为"唯识",因"唯识学"既有三支,则其中一支又名为"唯识宗",显然易生误解,使"唯识"一词有复义之病,不如迳称为"成论",以与"摄论""地论"二宗并立,较为明白也。

总之,本书用"唯识之学"是一总名,即指梵文中"Yogacara"而言;三宗各依其所据之主要论籍立名,故即应称为"摄论""地论""成论"等三宗,各表"唯识"之一支。下文用法同此。

以上已说"唯识之学"因对"阿赖耶"之解释不同,而分三宗;由此推进一步,即可知三宗对"解脱"之动力说法亦不同。

"摄论"一支,依真谛说,既立第九识,则"转识成智"之动力,皆依此第九识或"阿摩罗识"为根本,此即肯定"阿赖耶"以外之主体性。

"地论"一支,取《楞伽》之义,以"阿赖耶"为真识,即"阿赖耶"本

---

① 《大乘起信论讲记》,页六七。

身即是"解脱"之动力,即表最后主体性。

"成论"一支,强调"种子义",此虽是《摄论》中之种子理论之发展,然其论"解脱"只以"无漏种子"为动力,于是"阿赖耶"本身中立,主体性不明。

此是三宗论"阿赖耶"之大旨。

所谓"转识成智"之问题,亦由上述之立场可以推其解答。

6. "种子"与"种性"

"种子"之说,《摄论》已大致提出,但其发展成为一复杂理论,即在《成论》中。

《摄论》说"种子",先举六义,然后又说明唯"阿赖耶识"能受"熏"。原文云:

> 外内不明了,二种唯世俗,胜义诸种子,当知有六种:刹那灭俱有,恒随转应知,决定待众缘,唯能引自果。坚无记可熏,与能熏相应,所熏非异此,是为熏习相。六识无相应,三差别相违。二念不俱有,类例余成失。[①]

此段大意谓,"种子"有世俗意义之"外种",如稻麦种子之类;有"胜义"之"内种",即阿赖耶识中之种子。种子之特性可分六义说明,即(1)刹那灭,即种子永在变化之中。(2)俱有,即种子与果同时存在。(3)恒随转,即种子发用不息。(4)决定,即种子虽运行不息,但各自之功能皆是已定。(5)待众缘,即种子生果,尚待其他条件。(6)唯能引自果,即谓某一种子只对某种果言是种子。

其下论"熏习",谓一"法"成为"所熏",必须:(1)坚住,即不断。(2)无记,即本身有中立性(案"无记"是对善恶之中立性,与"无覆"对

---

① 《摄论》,卷二,《所知依分第二之二》。

"染净"为中立性者不同)。(3)可熏,即能接受熏习。(4)与能熏相应,即能熏与所熏有一定对应关系。如此条件满足,方为"所熏"。

《摄论》以为六转识(前六识)皆不能满足此种种条件,唯"阿赖耶识"能满足,故唯有"阿赖耶识"是"所熏"。

又"外种"或有熏习,或无熏习;"内种"则皆有熏习。其实所谓"外种"乃现象界之一部分,自与"内种"不能相混。《摄论》所以在此等处屡加解说,正反映此论之作,必在种子理论初起之时,故处处恐人误解也。

种子说发展至《成论》阶段,日见复杂。兹分数点说明。

(1) 种子之分类

"种子"就染净而论,可分为"无漏种子"与"有漏种子"。前者为解脱之根源,后者决定生死流转中之个别自我之特性。

若就"种子"本身之成立而言,又可分为"本有种子"与"新熏种子"。十大论师中,护月之说,以为一切种子皆"本有";难陀之说,则以为一切种子皆"新熏";护法则综合各家,说诸法种子,皆有"本有"及"新熏"两种。换言之,在无限之时间中,阿赖耶识原有各种子,而各种子在无限时间中亦不断接受熏习。此说乃成论宗所取者,视为"正义"。

有漏种子又可再分为"名言种子"及"业种子"等,无漏种子亦可再分为"生空无漏种子""法空无漏种子""俱空无漏种子"等。兹不备述。

(2) 种子及现行

《成论》以为"阿赖耶"本身无覆无记,但接受种子之熏习而成为种种状态;而阿赖耶识表"个别自我",故在某种"种子熏习"之条件下,即有某种现行之活动,而此种活动又回头影响"种子";换言之,自我之状态决定其所作之活动,而其活动又影响自我之状态,此即所谓

"种子"与"现行"互相影响之说。若专就此处着眼,则只有"决定论"色彩,未见"主宰性"立于何处。学者对此种关节,最宜留意。

(3) 种姓

倘若"无漏种子"有多种,且个别自我之状态及其所含之种子又互不同,则一切有情(生命)由其"阿赖耶"中之"种子"不同,便有"种姓"之不同。

"成论"一宗认为种姓可分为五:A. 声闻种姓。B. 独觉种姓。C. 菩萨种姓。D. 不定种姓。E. 无性有情。此五类中最后一类即指最低劣之"一阐提"(Isanti),永不能"成佛"者。

观此益可见《成论》中决定论色彩极浓。关于此中所涉问题,皆留俟后文论中国玄奘一派之说时再作探究。

以上已说唯识之学之大旨。此外,印度佛教教义中,尚有属于大乘思想,而在印度未有大发展,而日后在中国大盛者,即所谓"真常之教"。此一支与"般若之学""唯识之学"均有不同。就佛教本身立场看,或不加重视,但就中国哲学史立场看,则中国佛教建立自身理论时,正全取此种立场,故其重要性反在其他印度教义之上。以下略述此一思想在印度经籍中之萌芽。

(三) 真常之教

印度佛教唯识一支之经文中,每有论及"如来藏"者,似承认一真常之主体。然最能代表此种肯定之文献,则为《妙法莲华经》(简称《法华经》)、《大方广佛华严经》(简称《华严经》)及《大般涅槃经》三者。此三经在印度均未有著名疏论。传入中国后,方有依三经立论开宗之事,故"真常之教"独盛于中国。而所谓"中国佛教"之三宗(天台、华严、禅宗)实亦皆以真常为归宿,不过或依般若而发展至真常,或依唯识而发展至真常,或依自性直揭真常,稍有取径之异耳。关于各经在中国之流转发展,以及中国三宗所立真常教义,皆在下文另有专节论之。此处只略据经文,述印度文献中已有之真常一系之观念,以结束对印度佛教教义之叙述。

1. "一乘"观念

所谓"一乘"之观念,具体言之,即指一切众生皆可"成佛"之主张。因传统佛教,本有"声闻""缘觉"及"菩萨"等三乘之分,而以"佛"及"菩萨"列为同一层级;今《法华》《涅槃》与《华严》教义,皆只言"佛乘",故称"一乘",以与"三乘"相别。此义在《法华》中明白提出,且《法华》全文主旨亦实即在于作此肯定,不过以种种譬喻寓言多方阐说而已。经文云:

> 所以者何?诸佛世尊唯以一大事因缘故,出现于世。舍利弗,云何名诸佛世尊唯以一大事因缘故,出现于世?诸佛世尊欲令众生开佛知见,使得清净故,出现于世;欲示众生佛之知见故,出现于世;欲令众生悟佛知见故,出现于世;欲令众生入佛知见道故,出现于世。①

案此所谓"一大事因缘",即是说佛之说法立教,只有一目的,即是使众生皆能成佛。故下文即云:

> 舍利弗,如来但以一佛乘故,为众生说法;无有余乘,若二,若三。②

此即是明白宣示"一乘教义",而此所谓"一乘"亦即"佛乘"也。但此显与佛教传统不合,故经中文重复说明,已往之三乘教义,皆是权假

---

① 《法华经·方便品》。
② 《法华经·方便品》。

之说,究竟义则是一乘教义。如《譬喻品》中提出"火宅"之喻,以三种车譬三乘教,而云:

> ……如来亦复如是,无有虚妄;初说三乘,引导众生,然后但以大乘而度脱之。……舍利弗,以是因缘,当知诸佛方便力故,于一佛乘,分别说三。①

本节点明为"引导众生"故说"三乘";此只是"方便"说法,实则只应有"一佛乘",亦即谓最后真相是"一乘教义"所说。再进一步说,则所以有此方便说法,又实因众生根性不同,立种种法门,欲使其易于受益而已。故云:

> 佛平等说,如一味雨,随众生性,所受不同;如彼草木,所禀各异。佛以此喻,方便开示,种种言辞,演说一法。②

此以草木受雨为喻,言佛法究竟只有"一法",而设"种种言辞"者,因众生禀赋能力有高低,必须如此,方能使一切众生各随其自身能力而得开悟也。但此并非谓众生中根性钝劣者,永只能得较低之果;反之,最后目的正是欲使众生同得无上之果。故云:

> 今为汝等,说最实事:诸声闻众,皆非灭度;汝等所行,是菩萨道,渐渐修学,悉当成佛。③

此即辨明"根性"之限制只影响最初入门之难易,而不影响最后之成就。依此,《法华》否认"种姓"之分别,与唯识之教大异。此所以法华为"一乘教"之经典也。

若从纯理论观点看,佛教既以自学为依归,则最高主体性所在,

---

① 《法华经·譬喻品》。
② 《法华经·药草喻品》。
③ 《法华经·药草喻品》。

自必不能再受外在限制;故通过"众生成佛"之肯定,以显此最高自由,乃理论之当然结果;故《法华》此义,不能不视为佛教之究竟义。

学者若顺"众生成佛"之肯定再作解析,极易发现,此一肯定必须预认众生基本上皆能通至此最高主体性。由此,"众生成佛"之义,乃直通《大般涅槃经》之"佛性"观念。

《大般涅槃经》亦提及"一乘",如云:

> 诸佛菩萨演说三乘,而是经中,纯说一乘,谓大涅槃。①

此所谓"大涅槃"自即与《法华》所言"成佛"意义相等,不待析论。但此经所反复申说者,并不在"一乘"观念,而在"佛性"观念,以及由"佛性"观念所引出之种种理论问题。

以下从"佛性"问题说起,引至其他有关问题。

2. "佛性"观念

"佛性"观念,在中国论之者极多,但在印度经籍中,则唯有《大般涅槃经》对此一观念详加辩说。

"佛性"观念之提出,目的原在于肯定自觉心之主宰力,亦即肯定主体自由;故落在实际主张上,即是肯定一切众生皆可成佛;再纳入印度之传统思想中观之,则更具体之主张即是否认"一阐提不能成佛"之说。故《涅槃经》中论菩萨修大涅槃所得智慧功德时,即云:

> ……云何为知?知无有我无有我所,知诸众生皆有佛性;以佛性故,一阐提等舍离本心,悉当得成阿耨多罗三藐三菩提。②

案所谓"阿耨多罗三藐三菩提",即"Anuttara-Samyak-Sambodhi"之音译,意即无上正等正觉,亦指最高最完整之觉,即与佛果相当;可知

---

① 南本《大般涅槃经·高贵德王菩萨品》。
② 南本《大般涅槃经·高贵德王菩萨品》。

上引之语,虽用字有异,实与《法华》意指全同。

如此肯定"佛性"时,只是肯定自觉心有此主宰能力,故此一肯定只是显现主体之自由实不受限定,并非说众生不须努力,即可实现最高自由,亦非说众生必然皆能有此觉悟。觉或不觉,实现或不实现,皆是自己之事。"佛性"之肯定,只遮拨外在限制,并非以觉为必然也。欲说明此义,故经中借师子吼菩萨之辩论,设立许多问题,然后由佛答语中澄清此各种有关"佛性"之理论问题以明本旨。

首先,师子吼菩萨问:

> ……云何为佛性?以何义故,名为佛性?何故复名常乐我净?若一切众生有佛性者,何故不见一切众生所有佛性?①

此所问者乃最基本之问题,佛答语则谓:

> 善男子,汝问云何为佛性者,谛听谛听,吾当为汝分别解说。
>
> 善男子,佛性者名为第一义空,第一义空名为智慧。……智者见空及与不空,常与无常,苦之与乐,我与无我。空者,一切生死;不空者,谓大涅槃;乃至无我者,即是生死;我者,谓大涅槃。见一切空,不见不空,不名中道。中道者,名为佛性。以是义故,佛性常恒,无有变易;无明覆故,令诸众生不能得见。
>
> 声闻缘觉见一切空,不见不空,乃至见一切无我,不见于我;以是义故,不得第一义空;不得第一义空故,不行中道;无中道故,不见佛性。②

此即以"佛性"为"真我"或最高主体。所谓"空""无我""无常"等,皆是对现象界说;经验自我属于现象界,故非真我;但破除此经验自我,

---

① 南本《大般涅槃经·师子吼菩萨品》。
② 南本《大般涅槃经·师子吼菩萨品》。

并非取消最高主体；故说"我者，谓大涅槃"，此"我"即指"真我"也。"真我"为"无明所覆"，故众生不见真我，然"真我"在一念间即可涌现，故"佛性常恒"。观此，可知本经之旨在于扫除小乘至般若教义中所易引起之误解。而"中道"一词，实指超有无之主体性言，亦与《中论》之说遥相契合；然已往佛教教义只说"我空"及"法空"，而避免提起"主体性"或"真我"，最易使人误解，以为根本取消主体，故本经畅说"常、乐、我、净"以正此失。关于"常、乐、我、净"，下文当另述其义；此处仍先观师子吼菩萨之辩论。

佛续答师子吼所提出之问题谓：

> 善男子，如汝所言，以何义故名佛性者；善男子，佛性者，即是一切诸佛阿耨多罗三藐三菩提中道种子。①

此处"种子"一词，最宜注意；盖本经说"佛性"只指能力说，并不包含其发展或完成，故"佛性"只是佛果或大觉之"种子"。但"佛果"毕竟亦只是此"佛性"之实现或发展，故从一方面说，"佛"与"佛性"不二，从另一方面说，最高自由作为一能力看，则每一"自我"均不能说"无"此能力，但其实现或发展又是或"有"或"无"。二义固不妨碍，但常人易有疑难，故经中皆假师子吼菩萨之问以辩明之。经文云：

> ……以是义故，十二因缘名为佛性，佛性者即第一义空，第一义空名为中道，中道者即名为佛，佛者名为涅槃。师子吼菩萨摩诃萨白佛言：世尊，若佛与佛性无差别者，一切众生何用修道？②

此段先以"佛性""佛""涅槃"等不二之义引出问题如上，下文再答之云：

---

① 南本《大般涅槃经·师子吼菩萨品》。
② 南本《大般涅槃经·师子吼菩萨品》。

>佛言,善男子,如汝所问……佛与佛性虽无差别,然诸众生,悉未具足……
>
>……一切众生未来之世,当得阿耨多罗三藐三菩提,是名佛性;一切众生现在悉有烦恼诸结,是故现在无有三十二相、八十种好。①

此所谓"未来""当得",皆是就"可能性永远成立"说;盖"佛性"作为一"能力"看,则现在纵未发展,未来终可发展也。其下文更点明众生所以现在未得大觉,正由于"不修行",故云:

>……以首楞严三昧力故,而令诸佛常乐我净;一切众生悉有首楞严三昧,以不修行故,不能得见,是故不得成阿耨多罗三藐三菩提。②

依此,则虽有"佛性",必待"修行"方能得果。换言之,"佛性"之显现及发展,皆是一努力过程。

然佛教教义,向说因缘业报,一切现象皆通过此类条件关系予以解释。倘学者误将"主体"作为"对象",以为"真我"亦同于现象界中一存在,则自我之觉悟亦将全归于因缘;然"自我"之升降,最后只以自由自觉之活动为因缘,不同于现象界中之诸对象。为解说此问题,经文又另设师子吼问难云:

>……人天无性;以无性故,人可作天,天可作人;以业缘故,不以性故。菩萨摩诃萨以业缘故,得阿耨多罗三藐三菩提。若诸众生有佛性者,何因缘故,一阐提等断坏善根,堕于地狱?若菩提心是佛性者,一阐提等不应能断。若可断者,云何得言佛性是常?若非常者,不名佛性。

---

① 南本《大般涅槃经·师子吼菩萨品》。
② 南本《大般涅槃经·师子吼菩萨品》。

> 若诸众生有佛性者,何故名为初发心耶?……
>
> ……世尊,如乳不假缘,必当成酪生酥;不尔,要得因缘;所谓人功、水、瓶、钻、绳。众生亦尔。有佛性者,应离因缘得阿耨多罗三藐三菩提;……亦不须修六波罗密,即应得成阿耨多罗三藐三菩提,如乳非缘而得成酪。然非不因六波罗密而得成于阿耨多罗三藐三菩提,以是义故,当知众生悉无佛性……
>
> 世尊,若使众生,从本已来,无菩提心,亦无阿耨多罗三藐三菩提心,后方有者,众生佛性,亦应如是,本无后有。以是义故,一切众生,应无佛性。①

此段包含数点。其一是"初发心"问题。意谓若众生皆有佛性,则不应有表示"开始觉悟"之"初发心";此显然将"能力"与"能力之显现"混淆,故答云:

> ……汝言众生若有佛性,不应言有初发心者;善男子,心非佛性。何以故?心是无常,佛性常故。②

此谓"心"与"佛性"所指不同;盖"心"是一般性词语,或迷或悟皆是此"心","佛性"则指"悟"之能力说。此能力是否显现,乃无定者;"心"或在"佛性显现"之状态中,或在其未显现之状态中,自身状态变化不定,故是"无常",然此能觉悟之能力本身,则是"常",故"心"非"佛性"。

其次,"觉"既不是现成已有,则"已觉之心"与此觉悟能力亦是不同,故又云:

> 此菩提心实非佛性。③

---

① 南本《大般涅槃经·师子吼菩萨品》。
② 南本《大般涅槃经·师子吼菩萨品》。
③ 南本《大般涅槃经·师子吼菩萨品》。

"菩提心"即指"已觉之心"言。"发菩提心"表示开始觉悟,即"佛性之显现",然此"显现"乃自觉努力中事,故既非现成已有,即与此能力本身不同。

其二是"缘"之问题。问者谓,如众生有"佛性",则应不待其他条件而即成"佛",故说"不应假缘"。此仍是将"佛性"与"佛境界"相混,故答云:

> 善男子,汝言众生若有佛性,不应假缘,如乳成酪者;是义不然。何以故?若言五缘成于生酥,当知佛性亦复如是。……众生佛性,不名为佛,以诸功德因缘和合,得见佛性,然后得佛。①

此处之"见佛性"即"佛性显现"之义;"佛性"之"显现"须有条件(努力或"功德"),显现之后,即是"得佛",亦即"心"驻于"佛境界";此与"有佛性"亦不是一事。

此点是顺第一点而来,但强调"显现佛性"之待"缘",故虽涉及同一问题,而层次有别。

此义既明,则何以修持者有退有不退,何以有"断善根"而常不能觉悟之"一阐提"等问题,皆可获得解答。总之,即是"佛性"乃基本能力,求觉悟之努力乃使"佛性"显现之过程;此二条件,对成佛而言,缺一不可;经文中为明确指出此二条件,故云:

> 善男子,以是义故,我说二因:正因、缘因。正因者名为佛性,缘因者发菩提心。②

必须有"佛性",又有"发心"之努力,方能显佛性而得佛,故得佛亦待因缘和合也。

---

① 南本《大般涅槃经·师子吼菩萨品》。
② 南本《大般涅槃经·师子吼菩萨品》。

就理论意义看,德性价值之所以成为可能,自然必须预认有一能力,但此能力之发展实现又必是另一事。以上经文所辩者重点在此。此种分别,亦实是一切价值理论所不能忽略者。譬如中国先秦心性之论,亦常涉及此问题(参阅本书第一卷,论孟荀之学各部分)。本经所释疑难,乃学者最易遭遇者,然其理固不难解也。

其次是"自觉努力"本身之解说。上文说二因时,易令人有一种误解,以为一切皆由"条件"决定,即无"自主"可言,其实经文本意只将"自觉努力"本身作为一条件;然此处必须肯定此种努力之可能,并说明其途径,否则,学者不明其义,又将怀疑此种努力是否亦是被决定者。故经文本品后半即涉及此问题。此即所谓"缚解"问题。

其三,"缚解"问题。所谓"缚解"问题即求解脱如何可能之问题。经文先举疑难云:

> 师子吼言:世尊,如佛所说,一切诸法有二种因,一正因,二缘因;以是二因,应无缚解。是五阴者,念念生灭;如其生灭,谁缚谁解?①

此即以"决定论"立场发问,所谓"五阴"即"五蕴"——色、受、想、行、识。现象界由五阴决定,乃佛教之基本教义;此中不说"真我",故论者迷惑,每以为佛教教义中无"主体性"。本经既立"真常"之教,故必说明"主体性",点明一切属于"幻妄"之"现象界",只表示自我之一状态或一种活动方向;自我如此活动,则其结果是立现象界而自陷于其中,"五阴"等等,皆就此一面作解释,然自我若觉悟,则即舍离此种活动,彼处即显现主体性。故经云:

> ……善男子,如日垂没,山陵堆阜,影现东移,理无西游;众生业

---

① 南本《大般涅槃经·师子吼菩萨品》。

果,亦复如是……

> 含爱无明,二因缘故,所见境界,皆悉颠倒。……以四倒故,作善恶行;烦恼作业,业作烦恼,是名系缚。以是义故,名五阴生。①

此先说"五阴"乃解释迷妄中一切而设;自我如此自陷,成为"系缚",即自锁于现象之条件系列中,但自我若能得智慧,超越此迷妄,即得解脱。此乃自觉努力及教化之问题,并非被决定者。故云:

> 是人若得亲近于佛,及佛弟子,诸善知识,便得闻受十二部经;以闻法故,观善境界;观善境界,故得大智慧;大智慧者,名正知见。得知见故,于生死中而生悔心;生悔心故,不生欢乐;不生欢乐故,能破贪心;破贪心故,修八圣道;修八圣道故,得无生死;无生死故,名得解脱。②

此段大体用小乘词语说,然其旨自可推及大乘中一切修持工夫。总之,"有佛性"只是基本能力之肯定,然一切自我境界皆待努力而成,而此种努力本身即是一"缘"。故云:

> ……佛性亦尔;一切众生,虽复有之,要须修习无漏圣道,然后得见。③

《师子吼菩萨品》甚长,原经分为六段,以上所引已见其大要。最后,为彻底点破"自觉努力"及"主体性",经文同品中又通过"不定得果"之观念而别作解释。此点亦应略说。

所谓"不定得果",即指一切条件系列中每一环节虽皆是被决定者,但自我并不必然在此系列中被决定;自我由其主宰能力,可自觉

---

① 南本《大般涅槃经·师子吼菩萨品》。
② 南本《大般涅槃经·师子吼菩萨品》。
③ 南本《大般涅槃经·师子吼菩萨品》。

活动,生出新条件(或"缘"),因此,对自我言,迷妄则被决定,一念觉即超越条件系列。故云:

> 善男子,若言诸业定得报者,则不得有修习梵行、解脱、涅槃;当知是人非我弟子,是魔眷属。若言诸业有定、不定。定者,现报、生报、后报。不定者,缘合则受,不合不受;以是义故,应有梵行、解脱、涅槃,当知是人真我弟子,非魔眷属。善男子,一切众生,不定业多,决定业少;以是义故,有修习道,修习道故,决定重业,可使轻受;不定之业,非生报受。①

其下又谓智者即应逐渐减其业报;所谓"智者",即能自觉努力者。经文云:

> 一切众生,凡有二种:一有智,二愚痴。若能修习身戒心慧,是名智者;若不能修身戒心慧,是名愚痴。②

此所谓"身戒心慧"泛指各种修持工夫或努力而言,其下又以"修心"与"禅波罗蜜"相配而言,可知"心"即与"定"相类,"身"及"戒定慧"作为修持之四方面,亦方便例示而已。此中"身"之修持,实指破除形躯之执,经文中亦有说,兹从略。"戒定慧"则是习用之语也。

总之,众生能作自觉努力,从事修持,则可逐渐决定自身,故"修持"一观念,即预认"主体性"及"主体自由";对此"主体"言,一切条件系列皆不能成立。因此说"不定得果""不定受报"时,意即谓自我之升降迷觉,皆无限定,亦无保证,全在自身。此所谓"主体性"之肯定也。

由此可知,"佛性"观念在《大般涅槃经》中已有相当明晰之理论,

---

① 南本《大般涅槃经·师子吼菩萨品》。
② 南本《大般涅槃经·师子吼菩萨品》。

故此经所立之教义，属于"真常之教"，与他支教义之不正面言"主体性"者不同。

《法华经》对此点所说反少，因此，本节述真常之教中"佛性"观念，即以《涅槃经》文为主。

3. "法身"

"佛性"是就众生皆能有主体性说，"法身"则就主体性之完满实现说。"法身"（Dharmakaya）原与"报身"（Sambhogakaya）、"化身"（Nirmanakaya）并列，乃"佛"之三面。但此处但用"法身"一辞，指真常之自我。

《涅槃经》及《法华经》，均说真常之义；但《法华经》只强调"佛"之"常住"，《涅槃经》则说"常、乐、我、净"，针对原始教义及小乘教义而立教，故在哲学史观点下，颇为重要。本节即依此一部分资料，对此点略加解说。

《涅槃经》开卷述释迦将入涅槃时，令诸弟子发问；诸比丘遂言修无常想、苦想、无我想等，以为是最高教义。且谓众生不修此诸想，即永不能离幻妄，如醉人视山川城郭，恍如回转，此种人亦只见幻相。此原即佛教早期教义之常谈，但本经中即托佛语驳之云：

> 尔时，佛告诸比丘言，谛听谛听；汝向所引醉人譬者，但知文字，未达其义。……我者，即是佛义；常者，是法身义；乐者，是涅槃义；净者，是法义。汝等比丘，云何而言，有我想者骄慢贡高，流转生死？汝等若言，我亦修习无常、苦空、无我等想，是三种修，无有实义。我今当说胜三修法。①

此乃正式宣示"真常之教"；其中以"常"表法身，以"我"表佛，皆直显

---

① 南本《大般涅槃经·纯陀品》。

主体自身；以"乐"表涅槃，以"净"表法，则兼显境界及理序。既建立如此肯定，遂须对所谓"无常"等观念之使用，作更明确之说明。其说大旨谓，所言"无常"等义，乃就未觉之自我讲，即是指"世间法"，"世间法"中实无"常、乐、我、净"，世间说此等语，皆无实义；另一面，就觉境讲，则"无常"等又无实义，故现象界只是幻妄，只能说"无常"等，究竟义则不然。经文云：

> 世间亦有常、乐、我、净，出世亦有常、乐、我、净。世间法者，有字无义；出世间者，有字有义。何以故？世间之法有四颠倒，故不知义。①

所谓"四颠倒"即指以"常"为"无常"，又以"无常"为"常"等。换言之，纯就究竟义说，则最高主体、最高自由只能以"常"等四义表之；在现象界中则反是。故重要问题在于不将"无常"者误作为"常"，亦不将"常"作为"无常"；而破除幻妄，亦不碍真常，故经文中又并列说之云：

> 无我者即生死，我者即如来。无常者，声闻缘觉；常者，如来法身。苦者，一切外道；乐者，即是涅槃。不净者，即有为法；净者，诸佛菩萨所有正法。是名不颠倒。②

真妄分明，即不颠倒；其义甚明。由此，传统教义中之"无常""无我""遍苦""不净"等，皆只能用以描述幻妄，并非描述真我。此一大关键在此经中明白显出，与《法华经》中所强调之佛常住义互伴，而形成"真常"之教义。

4. 佛境界与"法界"

《法华》及《涅槃》二经，皆托为佛将入涅槃前所说，暗示其内容为

---

① 南本《大般涅槃经·纯陀品》。
② 南本《大般涅槃经·纯陀品》。

最后之教义。《涅槃经》先后有多种,最早者亦在小乘时期,至于最后出现之《大般涅槃经》,则显在般若教义之后。就历史言,自不能是佛所说。《法华》亦是晚出之经。二者因以究竟义自许,故如此依托,亦不难了解。情形较为特殊者,则为《华严经》。

《华严经》与上举二经相反,托为佛初成道时之记载。此经之历史,至今尚多疑问。即依传说及神话而论,亦谓龙树于"龙宫"中取得此经,则其晚出,亦甚明显。盖只能后于龙树,不能早于龙树也。《华严》传入中国,最早仅经文之一部,其后渐渐增加,其中六十卷本,乃东晋义熙时支法领所携回者,后由佛陀跋多罗(觉贤),于公元418至420年间译出。唐代又续有新经文传来,至唐证圣元年,公元695年,乃有八十卷本由实叉难陀译成,其后又经贤首大师整理,完成所谓《八十华严》。但至公元796年,又有《普贤行愿品》传来,为晋唐二译本所无。观此可知,所谓《华严经》,大抵系一种逐渐形成之辑本,非一时一手之作品。观其内容,则观念甚多,明显理论则无。而全经之长,又甚为罕见。若当作辑本看,则亦不足为奇矣。

《华严》日后由中国佛教徒造论,遂成为一宗;然其理论大抵皆不包含于经文中,故留俟下文论"华严宗"时,再加叙述。此处但就经文提出其重要观念,略说其立场。

此经之重要观念有二,其一为佛境界之观念,其二为法界观念。兹先论"佛境界"。

《华严》因托为佛初成道时所作,故经文内容大部皆记他人之语,其中赞佛者最多;此即可看作描述"佛境界"之资料。经文开始即云:

> ……尔时,世尊处此座,于一切法,成最正觉;智入三世,悉皆平等。①

---

① 《华严经·世主妙严品》。

此处最宜注意者,是"悉皆平等"一语;盖《华严》所显示之"佛境界",不仅在于出离一切法,或观一切法空,而在于能对一切法各予安立;"平等"之义,即指此而言。依此,可知《华严》之基本方向既对真幻诸法欲作一解说,则是近于"妙有"或"唯识"一系之经文;不过其强调"真常",则又近于《法华》及《涅槃》二经耳。

一切法"悉皆平等"之旨,亦可进一步描述;经文云:

> 佛子,菩萨摩诃萨应云何知如来应正等觉境界?佛子,菩萨摩诃萨以无障无碍智慧,知一切世间境界是如来境界;知一切三世境界、一切刹境界、一切法境界、一切众生境界、真如无差别境界、法界无障碍境界、实际无边际境界、虚空无分量境界、无境界境界是如来境界。①

案此所谓一切一切境界皆属于"佛境界"。佛经每多重叠之语,此段无非欲穷举一切境界,其所用各词语,亦不必一一讨论;知其本旨在说一切境界皆不能外于"佛境界",即无误解。

发挥此义之赞颂,经文中甚多;以下再引数节:

> 如来不出世,亦无有涅槃,以本大愿力,示现自在法,是法难思议,非心所行处,智慧到彼岸,乃见诸佛境。色身非是佛,音声亦复然;亦不离色声,见佛神通力。少智不能知,诸佛实境界。②

以上为金刚幢菩萨之颂,颂中直说"佛境界",此境界即主体最高自由之境界,故绝不能对象化;非思维对象,故言"难思议";更非知觉经验对象,故言"佛"不可以色或音声求之。又如同品中,光明幢菩萨颂云:

---

① 《华严经·如来出现品》。
② 《华严经·兜率宫中偈赞品》。

> 人间及天上,一切诸世界,普见于如来,清净妙色身;譬如一心力,能生种种心,如是一佛身,普现一切佛。①

此言最高主体含有一切,且具独一性,故一切世界、一切佛皆现于一佛身中。又如难垢幢菩萨颂,则言修持之道在于专求最高自由,故云:

> 以佛为境界,专念而不息,此人得见佛。……佛身及世间,一切皆无我,悟此成正觉,复为众生说。……如来普知见,明了一切法,佛法及菩提,二俱不可得。②

此则谓超越一切对象性,即显主体性;"无我"及"不可得",皆承般若用语。然专以"佛境界"为目标,则固已含有一乘教之主张矣。其下,星宿幢菩萨赞颂,则强调语言论辩之为施设,其言云:

> 了达法性者,无佛无世界。……言语中显示,一切佛自在;正觉超语言,假以语言说。③

其下,法幢菩萨之颂,则强调修持必得佛果及法性真常之义;其言云:

> 若有智慧人,一念发道心,必生无上尊,慎莫生疑惑。……诸法不可坏,亦无能坏者;自在大光明,普示于世间。④

此与《法华》《涅槃》所言一切众生皆可成佛之旨相同,对此点更明确之宣示则见于《十回向品》。经文云:

> 佛子,菩萨摩诃萨以诸善根如是回向,平等饶益一切众生,究竟皆令得一切智。

---

① 《华严经·兜率宫中偈赞品》。
② 《华严经·兜率宫中偈赞品》。
③ 《华严经·兜率宫中偈赞品》。
④ 《华严经·兜率宫中偈赞品》。

观上引经文可知,《华严经》描述"佛境界"时,一则强调一切不能外于主体,二则强调主体非任何意义之对象,三则肯定一切众生皆具此最后之主体自由;虽未言"佛性",其旨则大致同于《法华》《涅槃》二经。

其次,应说"法界"观念。《华严经》中常有"法界"或"一切法界"字样,但就经文本身言,并未诠解"法界"之确义。然观经文大旨,可知此经重视"一切由主体性生起"之义,故所谓"法界"者,乃包罗一切真妄净染诸法,亦指"总领域"说。盖分而言之,则主体有各种境界、各种活动,相应即有各层次之种种法;合而言之,或升或降,皆是一主体,故各层次之种种法亦可视为属于一总领域;《华严》立此说时,原欲对一切法各作安顿,故只重在合说,不作分别说,后世中国华严宗则主四法界以分说一切法,乃"法界"观念之新解释,非经文所有,然亦不悖经义也。

若专就佛境界言,则对此最高主体,一切法显现为融通之整体,此即后世华严宗论者强调之"因陀罗网"之说,然此义在经文,亦略提及。如云:

> 如来能于一微尘中,普现一切法界影像不思议故。①

此即谓从最高主体境界看,每一点均可含有一切法,交互相涵,重重无尽;正日后华严宗论者常用之说法也。

以上说《华严经》之大旨。

"真常之教",尚有他经,但重要代表作自属《法华》《涅槃》《华严》三部。印度佛教之教义,亦应以此三经为最高发展;其后依经立论,则属中国佛教教义范围。本节论印度佛教教义,即在此结束。

此外较少理论性之宗派,如净土宗、律宗、密宗等,则不详述;因

---

① 《华严经·入法界品》。

本书乃哲学史而非宗教史,其取舍标准自应如是也。

第三节
佛教在中国之流传及讲论

以上各节已撮述印度佛教教义之大要;兹当对此种教义在中国之流传及讲解讨论情形,作一概略叙述。

佛教流入中国,原在汉代;论者对于佛教是否在东汉明帝时方来中国,尚有争辩。但一种思想或教义由某地传入某地,本非突然发生;吾人亦不必勉强确定其年代。大致言之,东汉初年,佛教已初步流入中国,然中国人研究其理论者尚少;其后译经者逐步东来,由晋代至南北朝,方有各宗兴起,直至隋初为止。其后遂有中国人自立之三宗。关于中国人自立之教派,归入下节《中国佛教之三宗》中再作论述。本节只论佛教由初入中国至分为各宗而畅演印度教义一段期间之概况,故以下分为三步论述。其一为初期概况,其二为北中国之佛教,其三为南中国之佛教。

学者所宜注意者,是此一时期中讲论之佛教教义,基本上皆属印度思想;无论讲说者为中国人或外国人,其讲说内容只能视为印度教义之发挥及解释,不能视为"中国佛教"之理论也。但所谓"中国佛教"之理论,固仍是印度佛教教义在中国之发展;故其思想之演变历程,亦必须说明,否则学者亦无由了解中国三宗之说。因此,本节所述,虽只是中国人如何了解印度教义之过程,然同时亦可视为对中国三宗教义之酝酿之描述。

一、初期之概况

佛教流入中国,自是先入边界,后入内地。此所谓"边界",即昔人所谓"西域诸国"。通常以为汉明帝永平十年（公元67年），秦景、蔡愔、王遵等奉明帝命，由西域迎沙门竺法兰及迦叶摩腾还洛阳，乃佛教入中国之始。实则此一事件仅表示中国政府正式为佛教建寺，允其流传之开始而已。在此以前，依史籍所载，显然可见佛教原已非正式流入中国。如《后汉书》记楚王英之事云：

> 英少时好游侠，交通宾客；晚节更喜黄老学，喜为浮屠斋戒祭祀。八年……英遣郎中令奉黄缣白纨三十匹，诣相国曰：托在蕃辅，过恶累积，欢喜大恩，奉送缣帛，以赎愆罪。①

案传中所谓"八年"，即永平八年；而在此年以前，楚王英固已喜为浮屠斋戒祭祀，可知佛教之某种教义，固在永平十年以前，已为中国少数贵族所信持，不过尚无政府正式建佛寺之事耳。

但佛教初入中国，仅自附于祈祷方术以接近贵族，所传教义，大抵零星浅薄。其时中国人亦将当时流行之黄老神仙之术，与"浮屠"视为同类。桓帝时且在宫中祀"浮图老子"以求福，盖不知佛教教义之本旨，竟以为是神仙方技之一种矣。此种情形在安世高等大译小乘经论以后，方渐有改变。

安世高本名安清，安息国贵族，在桓灵时，居洛阳，译述经典多种。其确数虽不可知，然为最早广传小乘教义之人，则无可疑。

此后，西域来华之佛教徒续译各经，以下略列其重要人物及译作。

支娄迦谶（简称支谶），月支国人，桓帝末至洛阳，灵帝时译出《般若道行品》《首楞严》《般舟三昧》等经。

案此为大乘经入中国之始。龙树立教约在公元150年，其前大

---

① 《后汉书·光武十王列传》。

抵已有不完整之《般若经》文,试图立大乘空观之教;而汉灵帝即位在公元168年,则支谶来中国时,大约方值龙树立教不久,故携来《般若经》文。安世高则于公元148年已至洛阳,故只知小乘之说也。

安玄,安息人,与中国严浮调同译《法镜经》,述禅观之义,其时乃灵帝末年。所持论调,大抵仍属小乘。

竺朔佛,天竺人,灵帝时在洛阳译出《道行经》,即《般若经》文中之一部。又曾与支谶合译《般舟三昧经》,亦般若一系之经文。

总之,汉代初见佛教传入,其始但附于方术,其后则渐有译经之事;小乘及般若之部分经文开始流传,然其理论之讲习,则尚少见。

汉代传佛教者,大抵多属月支人、安息人及康居人,故其称号分用"支""安""康"等字,天竺人则用"竺"字;其后因有徒从师姓之习惯,于是中国人出家,亦随师姓"竺",然此是后来之事。晋末以后,佛教在南方大盛,故后世记载每夸称南方佛教流行之早,其实汉代佛教先由西域传至洛阳,则是无可疑之事实。

但在三国时,则北中国之魏与南中国之吴,皆有佛教流行。魏地有昙摩迦罗、昙无谛等,讲律戒。吴地传教,则有支谦及康僧会。

支谦,月支人,其祖归化中国,故支谦实在中国出生者。支谦乃支亮弟子,支亮乃支谶弟子,故支谦乃支谶一系之传人。献帝末年,支谦至吴,从事译经,所完成者据传有三十部;现存者亦有《维摩经》《大明度无极经》(即《般若经》之小品)、《瑞应本起经》《大般泥洹经》(即小乘部之《涅槃经》)等。其中《维摩经》译文或经后人修改。然大体言之,支谦乃三国时译经之重要人物,则无可疑。

其次,有康僧会,康居国人,世居天竺,后移交趾,为不经北方而来中国之佛教人物;曾译《六度集经》,并注释《安般守意经》等。

此外,魏地有朱士行,由雍州入西域,取《般若经》之梵本回,是为中国人西行求经之始。亦中国佛教史上一重要事件。

司马氏既统一中国,西晋时代佛教徒之译经工作仍继续进行,其重要代表人物有竺法护。

竺法护,本月支人,世居敦煌;因从师为竺姓,故改姓"竺"。晋武帝太始二年(公元266年),法护至长安,其后又至洛阳;自太始至永嘉二年(公元308年),四十余年,译经甚夥;其中有《光赞般若》(即《大品般若》)、《维摩经》《正法华经》《无量寿经》《渐备一切智德经》(即《华严·十地品》)等,皆大乘重要经典。此外尚译出小乘经多种。贡献甚大,乃佛教在中国流传之初期中之重要人物,故日后释道安在《渐备一切智德经·叙》中云:

夫诸方等、无生、诸三昧经,类多此公所出,真众生之冥梯。[1]

盖西晋之佛教人物,实以竺法护成就最大也。此外有帛法祖(中国人,姓万)、法祚,及竺法兰、支孝龙等,皆在北方讲论般若,然著述甚少,乃染有名士习气之僧人,当时虽皆享名,在哲学史上则无甚地位也。

西晋亡后,中国南北分裂;就中国政治史说,是进入衰乱时期,然就佛教之流传而论,则反是一发展期。下节即分别论述南北佛教思想之进展。至此为止,初期概况已明。合而观之,此一阶段之工作,由依附方术进而译讲诸经,可视为下一阶段之准备。

二、北中国之佛教

自魏朱士行西行求经之后,般若之学即日渐转盛。北中国之佛教,由西晋亡后,南北分立时起,亦即以般若之教为主流;故论北中国之佛教,应先从般若之学说起。

---

[1]《祐录》。

在北中国讲论般若之学,前有道安及其弟子,后有鸠摩罗什及其门下诸僧,故道安及罗什实为主要代表人物。但道安同时从事般若研究者,人数颇多,亦非皆宗道安之说。罗什则理论造诣较深,门下人才亦众,在般若之学中,建立权威地位。此又二人处境之不同也。本节先述道安及同时讲般若之宗派,再述罗什及其门下之工作。

(一) **道安与六家七宗**

道安生于公元312年(永嘉六年),卒于公元385年(太元十年),乃中国佛教运动之重要人物。其学以般若为主,同时亦倡导禅定功夫,亦曾整理戒律;平生注释经论既多,又能宏扬教义。就两晋之际而论,道安实为佛教之中心人物。其生平年历略列如下:

公元312年　道安生于常山扶柳县。

　　335年　西域僧佛图澄至邺,道安入邺为澄弟子。

　　349年　居华林园,其后避难至晋护泽县,又往飞龙山。

　　354年　在太行、恒山立寺,后往武邑。

　　357年　还河北,住受都寺,复渡河居陆浑。

　　365年　南至襄阳,留居十四年。

　　379年　赴长安。

　　382年　赴邺。

　　385年　二月某日卒于长安(案旧传卒于二月八日,有误)。

释道安对中国佛教之贡献,主要在于三点:

第一,整理经籍,改正译文,加强理论之了解。

佛教经典之译文,本多是外国人习中文后所为,其运用词语,已多不合中文习惯;且皆属直译,每有谬误或欠通之处。西晋名僧多半依附老庄以谈佛理,虽易获名士称赞,然所谓"格义"之运用,既是借别派思想以讲解经籍,则其不能严格,自不待言。道安对《般若》《道行》《密迹》《安般守意》诸经,皆详作注疏,并析论疑难,使经义渐明;

又比较文句，广作校阅，使佛教教义之讲论，渐脱离依附阶段而进入独立阶段。其工作虽未臻完美，然已有划时代之意义及影响。

第二，制定戒律，条分三例，使天下僧寺有共同轨范。

道安以前，言戒律者大抵零乱无统。道安制定三种法规，即"行香定座上经上讲之法""常日六时行道饮食唱时法""布萨差使悔过等法"。其后"天下寺舍，遂则而从之"（《高僧传》语）；此乃中国佛教徒有共同戒律之始，亦一大事。

第三，分遣弟子，往各地传教，推进佛教运动。

道安南行避乱时，在新野即遣竺法汰赴扬州弘法；后在襄阳，又遣慧远往荆州；其后慧远成为南方佛教运动之领袖人物，实道安之影响。

此外，道安晚年至长安，又主持译经之事，使竺佛念、昙摩侍、耶舍、僧伽跋澄、鸠摩罗跋提等译出经论多种，且完成《增一阿含》之翻译，范围包含小乘大乘及一切有部之作品。其立场乃佛教运动之推行者，虽原致力于般若之学，固未尝以宗派自囿；此亦道安之特殊作风也。

道安之生平及贡献，大致如上所述，若专就理论之成就言之，则道安早年原亦循"格义"之法，依附他派之说讲经，中年后方渐改正；而其时许多重要论著尚未传来中国，如《中论》即在公元409年方译为中文，道安皆未及见；故即就般若之学而言，道安亦尚未能确切掌握其论旨。与道安同时之治般若者，大体亦同此病。观所谓"六家七宗"之说，则鸠摩罗什来华昌明般若本旨之前，中国佛教徒对般若义理之不能得要，实甚明显；道安之说亦在六家之中，固不可视为真知般若也。

以下即略论"六家七宗"之问题。

所谓"六家七宗"，乃指刘宋时释昙济所作之《六家七宗论》。唐

时元康作《肇论疏》,即谓:

> 梁朝释宝唱作《续法论》一百六十卷,云宋庄严寺释昙济作《六家七宗论》。论有六家,分成七宗。第一,本无宗;第二,本无异宗;第三,即色宗;第四,识含宗;第五,幻化宗;第六,心无宗;第七,缘会宗。本有六家,第一家分为二宗,故成七宗也。

此中第一、第二两宗,盖一派之两支,故"六家"可称"七宗",而道安本人则属"本无宗"。此种说法在吉藏之《中观论疏》、日本安澄之《中论疏记》中,均无异辞。但所谓六家或七宗之说,其原始文献皆已不可得;其中一部分亦可能仅由口说,并无代表文献。现论此各家之说,大抵即以吉藏与安澄之引述为据。

以下依次分别观七宗之理论。

第一,本无宗。

此宗即代表道安本人之理论立场。吉藏云:

> 什法师未至长安,本有三家说。一者,释道安明本无义,谓无在万化之前,空为众形之始。夫人之所滞,滞在末(原误作"未",今正)有,若托(原误作"诧",今正)心本无,则异想便息。①

又云:

> 安公明本无者,一切诸法,本性空寂,故云本无。

依此,则道安乃以"无"与"空"为同一事,又以"无"或"空"为在万化众形之先者。其旨颇近于老子之说。但《名僧传抄》述昙济著《七宗论》时,则云:

> ……第一,本无,立宗曰:如来兴世,以本无弘教(案"弘"误作

---

① 《中观论疏》,卷二。

"佛",今正),故方等深经,皆备明五阴本无。本无之论,由来尚矣。何者?夫冥造之前,廓然而已,至于元气陶化,则群像禀形;形虽资化,权化之本,则出于自然。自然自尔,岂有造之者哉?由此而言,无在元化之先,空为众形之始,故称本无。非谓虚豁之中能生万有也。①

此段所述,未知有多少成分属于昙济之解释,但大旨当是道安本人之说。安澄《中论疏记》所说,大致与此相同,不再赘引。观此,可知道安所说之"本无",基本上乃取形上学思路,全未涉及主宰义或生起义;以此释般若空义,自有基本距离。但既"非谓虚豁之中能生万有",又与老子"有生于无"之观念稍有差别;盖道安虽受道家思路影响,因而设立一客体意义之"本体",然亦取法性不动之义;唯理论界限未明,遂不能契合般若空义之本旨也。

第二,本无异宗。

此宗各家解释指为竺法深之说("深"或作"琛"),或谓是竺法汰之说,但据《高僧传》所记,但云竺法汰与郄超论"本无义",而法汰原与道安同学,其所论应属"本无宗",未必是此所谓"本无异宗"。兹仍据吉藏及安澄之说,以竺法深为此宗之代表。吉藏云:

次琛法师云:本无者,未有于无,先有于无,故从无出有;即无在有先,有在无后,故称本无。②

安澄则云:

……《山门玄义》第五卷,二谛章下云:复有竺法深,即云诸法本无,壑然无形,为第一义谛;所生万物,名为世谛。③

---

① 《名僧传抄·昙济传》。
② 《中观论疏》,卷二。
③ 《中论疏记》,卷三。

依此，则全与老子之说同，以为"有生于无"矣。其执著一形上意义之"无"，较道安说尤甚，亦离般若空义愈远也。

第三，即色宗。

此在吉藏《中观论疏》中，谓有两支；其言云：

> 第二，即色义。但即色有二家，一者，关内即色义，明即色是空者。此明色无自性，故言即色是空，不言即色是本性空也。①

其下又云：

> 次支道林著《即色游玄论》，明即色是空，故言《即色游玄论》。此犹是不坏假名，而说实相，与安师本性空故无异也。②

吉藏分"即色宗"为二支，并以为僧肇所破者属于前一支；但作《肇论疏》之慧达及元康，则皆谓僧肇所破之"即色义"即指支道林之说（见《中论疏记》）。案所谓"关内即色义"不知究何所指；汤用彤先生《汉魏两晋南北朝佛教史》第九章中，谈及此问题，以为"吉藏之言实误"。然安澄亦似认为有此两支，故云：

> 此师意云：细色和合，而生粗色；若为空时，但空粗色，不空细色。③

案此即是"极微"之说，故"不空细色"。而安澄下文又另论支道林之说云：

> 《山门玄义》第五卷云：第八，支道林著《即色游玄论》云，夫色之性，色不自色；不自，虽色而空；知不自知，虽知而寂。彼意明，色心法空名真，一切不（无）空色心是俗也。述义云：其制《即色论》云，吾

---

① 《中观论疏》，卷二。
② 《中观论疏》，卷二。
③ 《中论疏记》，卷三。

> 以为即色是空,非色灭空,斯言至矣(原脱"至"字,据日本《续藏》二编乙、慧达《肇论疏》所引补正)。何者?夫色之性,不自有色。色不自有,虽色而空,知不自知,虽知恒寂。然寻其意,同不真空;正以因缘之色,从缘而有,非自有故,即名为空。不待推寻破坏方空。①

然则支道林之说如此,显与"不空细色"之说全非一事矣。案不空细色,实是一种"实在论"立场,支道林以为"即色是空,非色灭空",则是谓一切感觉即在呈现处亦无实在性,不待"色灭"方为"空"也。安澄原文"然寻其意"以下,乃后人评语,以为此即"不真空"义,则属过分扩张。实则,支道林并未能以"因缘生"确说"空"义,否则僧肇何必破斥其论乎?后人已解《中论》思想,故能如此说;六家七宗时则尚无此明确了解。即视支道林屡以"知不自知"与"色不自色"并论,亦可见其别有论调;虽现存文献不足,不能详悉,但其意非如上引文后半所说,则可断言也。

第四,识含宗。

此为于法开之说,吉藏列之于"心无宗"之后,故云:

> 第五,于法开立识含义。三界为长夜之宅,心识为大梦之主;今之所见群有,皆于梦中所见。其于大梦既觉,长夜获晓,即倒惑识灭,三界都空。是时无所从生,而靡所不生。②

安澄则云:

> 《山门玄义》第五云:第四,于法开著《惑识二谛论》曰,三界为长夜之宅,心识为大梦之主;若觉三界本空,惑识斯尽,位登十地。今谓以惑所睹为俗,觉时都空为真。③

---

① 《中论疏记》,卷三。
② 《中观论疏》,卷二。
③ 《中论疏记》,卷三。

以两段记述比较,可知"三界……"二句为于法开原文。其论旨以为一切有皆心识所生之虚幻相,故如梦中见万物,觉后都空;此殆受早期识变观念之影响,略有唯识倾向者。以此立场解般若空义,自亦不契合;然不以"无"或"空"作为形上学观念,又稍胜本无诸说矣。

第五,幻化宗。

此乃释道一之说。吉藏云:

> 第六,一法师云:世谛之法,皆如幻化;是故经云,从本以来,未始有也。①

此所谓"经云",乃指《大集经》。其论旨甚明,即以一切对象为幻化,由此说空,但此非谓主体亦幻,故安澄云:

> 《玄义》云:第一,释道一著《神二谛论》云,一切诸法,皆同幻化;同幻化故,名为世谛。心神犹真不空,是第一义;若神复空,教何所施?维修道,隔凡成圣,故知神不空。②

此即万有皆空,心神不空之说;此虽似肯定主体之不空,然所肯定者究是个别之主体,抑是超"个别性"者,则未确说。如指"个别主体",则正般若教义所欲破除者。学者未可遽以为此说符合印度教义之本旨也。

第六,心无宗。

吉藏列此为第三,谓是温法师所立。《世说新语》之《假谲篇》则说支愍度与伧道人"共立心无义"。《高僧传》在《竺法汰传》文中则又云:

> 时沙门道恒,颇有才力,常持心无义,大行荆土。

---

① 《中观论疏》,卷二。
② 《中论疏记》,卷三。

并谓道恒最后被慧远驳倒云云。此所谓"心无义",彼此是否相同,亦难确知。但温法师之说则论旨甚明。吉藏云:

> 第三,温法师用心无义。心无者,无心于万物,万物未尝无。此释意云:经中说诸法空者,欲令心体虚妄不执,故言无耳。不空外物,即外物之境不空。①

此是只就禅定一面说"空",以为"空"只是一境界,不涉对象。此是常识想法。安澄之解较详,其言云:

> 《山门玄义》第五云:第一释僧温,著《心无二谛论》云,有,有形也;无,无像也。有形不可无,无像不可有;而经谓色无者,但内止其心,不空外色。②

其下又引《二谛搜玄论》,谓竺法温制《心无论》,以为"有为实有,色为真色"云云。依此,则竺法温之"心无宗"完全取粗浅实在论立场,全与般若之学相悖。

支愍度之"心无义",在元康《肇论疏》中以为即"万物未尝无"之说,则似与竺法温之说同;然《世说新语》刘注,则谓其说与"旧义"不同,而云:

> ……而无义者曰:种智之体,豁如太虚,虚而能知,无而能应;居宗至极,其唯无乎!③

此则全是另一议论,论题在于"心体",立场接近道家,与竺法温之说全不相干。且所谓"旧义",亦是就心体说,不知指何人之理论。竺法温年辈晚于支愍度,其立"心无义"当与支愍度所论者偶然同名,不可

---

① 《中观论疏》,卷二。
② 《中论疏记》,卷三。
③ 《世说新语·假谲篇》。

混为一谈。以六家七宗而言,仍当以温法师义代表"心无宗"也。

第七,缘会宗。

此指于道邃之说。于道邃与于法开同为于法兰弟子,死时年三十一,其著作不传。吉藏云:

> 第七,于道邃明,缘会故,有,名为世谛;缘散故,即无,称第一义谛。①

安澄亦云:

> 《玄义》云:第七,于道邃,著《缘会二谛论》云,缘会故有是俗,推拆无是真;譬如土木合为舍,舍无前体,有名无实;故佛告罗陀,坏灭色相无可见。②

案此说以"缘会"解释万法皆空,似接近般若本旨,然只重在说对象之空(或"色空"),则亦未能深契般若之学。

以上论六家七宗既竟,吾人可知此种种说法,皆不能得般若之学之本旨;其主要障碍在于受道家形上学影响,每每从"本体义"看般若空义,主体性既不显,则何能知"般若"?此是专就理论问题本身说。若着眼于历史过程,则吾人可说,此乃早期试探之情况。盖真正讲明般若之学,须待般若诸论译传之后,此即鸠摩罗什及其门下之工作也。

道安及其同时之早期般若讲论,概况已如上述。下节当进而叙述罗什一派。

(二)鸠摩罗什及其弟子

道安及同时期之佛教徒,虽多治般若之学,然既受"格义"之影

---

① 《中观论疏》,卷二。
② 《中论疏记》,卷三。

响,遂每每取道家立场以观佛教理论;结果虽所见或有深浅之别,终皆不能深契般若本旨。般若空义,重在缘生,故梵文中"Sunyata"一词,原表示"独立实有"之否定,本身非一本体论或形上学观念。但此义在诸经中并不显豁。其确解在于空宗诸论如《中论》《大智度论》《十二门论》等。道安时期,诸论尚未译出,则其时佛徒易生误解,亦是情理之常。此种情况至鸠摩罗什来华,译讲诸论后,乃有一大改变;故言般若之学在中国之真正流传,应自罗什传教始。罗什及其门下诸人,在哲学史上之地位,亦应通过此点估定。

鸠摩罗什约生于公元343或344年,龟兹人,幼习小乘;祖籍原是天竺人,其父始居龟兹。罗什屡游西域各国,在沙勒始遇大乘僧人,受般若之学。罗什于公元385年至凉州,其年姚苌称帝于长安;居凉州凡十七年,于公元401年至长安,时年已五十余。公元413年4月13日,罗什在长安逝世。

罗什之生平,大致如此。其所译经论极多,最重要者为《大品般若经》《法华经》《维摩经》《小品般若经》《金刚般若经》《首楞严经》《阿弥陀经》等,论部则为《大智度论》《中论》《十二门论》《百论》及《成实论》等。其中心工作在于阐明般若教义,自不待言。

罗什除译讲外,又喜与人讨论。其时道安门下之慧远,在南方已成为重要人物,而罗什入关,便通书致意,二人其后屡作问答;后人集为三卷,题名《鸠摩罗什大乘大义章》,亦代表罗什思想之重要文献也。

此外传罗什曾著《实相论》,今已不可见。又曾注《维摩经》,今尚存一部。

罗什论空,全承龙树诸论,如辩明"有""无"皆非"中"义云:

有无非中,于实为边也。①

---

① 《维摩经注》,卷二。

故所谓"空",非"有无"一层面上之意义,此亦即"中边"之分。故云:

> 摩诃衍法虽说色等至微尘中空,心心数法至心中空,亦不坠灭中;所以者何?但为破颠倒邪见,故说不是诸法实相也。①

此即极力说明般若空义,非指对象性之一状态,乃针对误执"独立实有"之"颠倒见"而立。

又已往之佛教徒,每以"个别自我"与"真我"相混,即不能分辨"经验主体"及"最高主体",故每每言"神",言"寿命",使觉性与所谓"灵魂"混淆不明。罗什译出《中论》等,方明所谓"无我"之义,而使人了解"法身"不唯非"形躯",亦不同于个别"灵魂"也。

但罗什虽是首明般若之学于中国者,其著作既不流传,仅有零星论断,不成系统文献。罗什门下之僧肇则著《不真空论》《物不迁论》,及《般若无知论》等,成为中国人确解般若之学之主要文献。故僧肇乃罗什门下第一能承继发扬师说者。

此外,罗什门下有竺道生,亦中国佛教之极重要之人物,但竺道生日后在南方立"涅槃宗",故与道安门下之慧远同归入下节叙述。此处只略述僧肇之学,作为罗什门下之代表。兹先观《不真空论》。

所谓"不真空"者,意指"空"即"不真",换言之,以"不真"界定"空"之词义,非谓"不"是"真空";此点首须留意。

以"不真"界定"空",正显龙树立说之本旨;盖此所谓"不真",即对"独立实有"之否定,直承"因缘所生法,我说即是空"之旨。论云:

> 夫有若真有,有自常有,岂待缘而后有哉?譬彼真无,无自常无,岂待缘而后无也?若有不自有,待缘而后有者,故知有非真有。有非真有,虽有不可谓之有矣。不无者,夫无则湛然不动,可谓之

---

① 《大乘大义章》,第十五。

无;万物若无,则不应起,起则非无,以明缘起故不无也。①

此处"缘起故不无"与"待缘而后有"乃两边之遮拨,即显"空"非"有"义亦非"无"义;冯友兰先生在《中国哲学史》第七章中,引用此文,误断句为"以明缘起,故不无也",则不可解矣。

其下续云:

> 然则万法果有其所以不有,不可得而有;有其所以不无,不可得而无。何则,欲言其有,有非真生;欲言其无,事象既形;象形不即无,非真非实有。然则不真空义,显于兹矣。故放光云:诸法假号不真,譬如幻化人;非无幻化人,幻化人非真人也。②

此则点明一切法作为现象看,自有其呈现,但此种呈现非表"独立实有性";故说"一切法空",不是说"一切法无",只指"一切法无独立实有性"或"一切法不真"而已。所谓般若经文,即"一切法但是假名"之意;盖"假名"一词,亦正表示般若空义之根本立场。现代中国高僧印顺法师所以立"性空唯名"一义,亦同此旨;盖于般若空义作正解者,莫不如是也。

"空"义既明,僧肇再论"法性"之超"动静",故有《物不迁论》。

所谓"物不迁"者,盖谓时空变化等观念,皆是一心所生,或依于认知活动而立,本身亦非实有;自另一面言,即可说"法性"并不能加以此类陈述词也。如此说时,"法性"亦即"真如",无生灭来去可说。此义可自《中论》之"八不中道"之说中推绎而得之。《肇论》本文亦仿《中论》思路,以言不往不来;未特标"法性"字样,然其意固在此也。

原文云:

---

① 《肇论·不真空论》。
② 《肇论·不真空论》。

> 夫人之所谓动者,以昔物不至今,故曰动而非静;我之所谓静者,亦以昔物不至今,故曰静而非动。动而非静,以其不来;静而非动,以其不去。①

此谓变化观念,自身不可通,正仿《中论》思辨方式。其意非欲证事物之"常",乃欲破"往来"或变化观念(冯友兰对此点亦完全误解,盖不解《中论》,故不知此说之渊源;读者可参阅冯书第七章)。故其下续云:

> ……求向物于向,于向未尝无;责向物于今,于今未尝有。于今未尝有,以明物不来;于向未尝无,故知物不去。覆而求今,今亦不往。……如此,则物不相往来,明矣。②

此即谓无往无来也。案此论原以释"法无去来"为主旨,故原文曾谓:

> 放光云:法无去来,无动静者,寻夫不动之作,岂释动以求静?必求静于诸动。必求静于诸动,故虽动而常静;不释动以求静,故虽静而不离动。然则,动静未始异,而惑者不同。③

此皆谓"动静"本身非实有;第其论辩方式既仿《中论》,故取一对观念交互言之,以明"动静未始异"而已。汤用彤先生在《汉魏两晋南北朝佛教史》第十章中,引用此段,以为"肇公之学说,一言以蔽之,曰即体即用";其言似是而非,盖此种思路及所涉问题,皆不能以"即体即用"一语解之。其本旨在于遮拨,非作肯定也。

除以上二论外,僧肇又有《般若无知论》,则专描述主体境界;盖《不真空论》既立"空"义,以观一切法之呈现,《物不迁论》则明法性之

---

① 《肇论·物不迁论》。
② 《肇论·物不迁论》。
③ 《肇论·物不迁论》。

无去来,于"般若"本身自应有所阐述,故僧肇乃作此论。

论中用"圣智"一词,表般若智慧;其言云:

> 智虽事外,未始无事;神虽世表,终日域中。所以俯仰顺化,应接无穷;无幽不察,而无照功。斯则无知之所知,圣神之所会也。然其为物也,实而不有,虚而不无;存而不可论者,其唯圣智乎。欲言其有,无状无名;欲言其无,圣以之灵。圣以之灵,故虚不失照;无状无名,故照不失虚。……是以圣智之用,未始暂废;求之形相,未暂可得。故宝积曰:以无心意而现行;放光云:不动等觉而建立诸法。①

案此论主要论点,不过谓"圣智"不可用"虚实""有无"等词语陈,乃超言说思议者。又"圣智"代表主体自由,故虽照而不滞于事象或规律,即以"虚"字状此"不滞"之境界。盖主客对立中之认知活动,乃双方互相限定者,故认知主体即无此种"自由";僧肇所以特标"无知"一词,即表示欲说"般若智"之主体性,异于一般认知之主体性也。其立论仍取《中论》理路,故以"有无""实虚"等表两边而施以否定;此在熟知般若三论之读者,固可一目了然。

论中引"放光"经语,以表所依乃般若经义,然严格论之,则所引之语,乃涉及最高主体与对象界之层次者,与论意未能密合。后文又有"不知而自知,不为而自为"等语,尤属浮词;盖此时代之佛教徒,虽已渐脱"格义"之影响,然终不能全除魏晋名士浮谈陋习,僧肇此文语调近于谈玄之作,亦属未能免俗。学者但取其大旨可也。

僧肇乃中国最能阐明般若空义之人;般若之学在中国之发展,至此亦可说已有确定成果。其后般若虽畅行于南中国,然其理论固未

---

① 《肇论·般若无知论》。

尝超过僧肇。此所以学者以哲学史眼光谈北中国之佛教时,必须以般若一系为其主要成就也。

但佛教流入中国,原多取径西域,故许多经论皆先至北方。般若之学固由罗什、僧肇而大明,其他各宗亦尚有流行北方者,故下节略论"北方四宗"之说。

（三）北方四宗

僧肇卒于公元414年,其后二十余年,元魏统一北中国,而此时期中北方佛教转见衰落。至公元446年,又有太武帝毁法之举。其后旋盛旋衰,政府及社会人士多有排斥佛教者;盖佛教在北方之势力,已引起现实主义者之仇视,固非理论之争。但另一面,北魏以下,僧人治学亦多驳杂,且常有谈阴阳术数者,其自身之理论立场亦每每模糊,生活态度亦每每可议,故内部精神亦不见发展。总而言之,罗什、僧肇之后,北方佛教实已日渐没落。

然在此一段时期中（自北魏至周亡）,北方仍有许多佛教宗派;后世论者,如吉藏、安澄等,皆列为"四宗"。北齐僧人法上之弟子慧远（此非道安门下之慧远,学者不可混淆）,北朝末年颇享盛名,曾著《大乘义章》,论叙各家之说,亦述及"北方四宗"。以下略引此种记述,分说四宗之意。

慧远称四宗为"立性、破性、破相、显实"四宗,分别相应于所谓毗昙宗、成实宗、般若宗、地论及涅槃宗。

慧远云：

> 言立性者,小乘中浅,宣说诸法各有体性。虽说有性,皆从缘生,不同外道立自然性。此宗当彼阿毗昙也。[①]

---

① 《大乘义章》。

案所谓"阿毗昙",即梵文之"Abhidharma",本为一般性词语;许多论释,皆冠以此称。但中国人所言之"阿毗昙"则专指小乘"一切有部"之论释而言,又简称"毗昙",益失原义。此宗所承实是印度上座部之旧说,可视为唯识妙有教义之前身。其论以为一切法既经呈现,即皆有一定体性,故称"立性宗"。

其次,慧远又云:

> 言破性者,小乘中深,宣说诸法虚假无性,不同前宗立法自性。法虽无性,不无假相。此宗当彼成实宗也。①

案《成实论》乃罗什晚年所译。北方有僧嵩,南方有僧导,皆传成实之义。此论以二谛之说为主,谓二谛相即;但此相即究应解为"二谛一体",抑或"二谛异体",成实学者中意见亦颇不同。如僧旻、智藏皆以为"二谛一体",僧禅则只说"二谛相即",但不以为"一体"。实则此论本身似代表一种过渡性之思想,于大空妙有皆无究竟解说。虽初传此论时,持者自命为"大乘"之学,然其后天台智𫖮,及慧远、吉藏等人,皆判成实为小乘。然其旨较近三论,故慧远名之为"破性宗",谓能破"自性"见也。

慧远以般若之学为第三宗。其言云:

> 破相宗者,大乘中浅,明前宗中虚假之相亦无所有;……虽说无相,未显法实。②

慧远乃地论涅槃一系之佛徒,故谓般若言空,不及真常之义,是"未显法实"。关于般若之学,前已详述,兹不赘。

最后,第四宗即真常之义。慧远云:

---

① 《大乘义章》。
② 《大乘义章》。

> 显实宗者,大乘中深,宣说诸法妄想故有。妄想无体,起必任真。真者,所谓如来藏性。恒沙佛法,同体缘集,不离不脱,不断不异。此之真性缘起,集成生死涅槃。真所集故,无不真实。辨此实性,故曰真宗。①

观此种论调,知慧远心目中之"显实宗",实以地论宗为本,而尤与《大乘起信论》接近;盖其说专就生死涅槃出于同一"真心"而立论,正《起信论》所谓"一心"开"二门"之旨也。此类理论,大抵重在最高主体之肯定。地论宗、涅槃宗固是如此,日后中国佛教自立之三宗,亦是如此。以纯哲学标准论之,此种理论自较他说为能得要,然般若之学亦非不肯定主体性,第立说方式有异而已。慧远所言之"浅深",亦不可执为定评也。

涅槃宗乃竺道生在南方所立,下节论"南中国之佛教"时,另有论述。此处对地论宗,尚须略作说明,因此宗乃妙有教义中三支之一,颇有重要性也。

所谓《地论》,指世亲所著之《十地经论》,原为解释《华严·十地品》之作,代表世亲早期之思想。此论在北方译出,其说亦在北方发展,故属于北中国之佛教。

公元508年,即北魏宣武帝永平元年,印度僧人菩提流支(意译为"道希")与勒那摩提(意译为"宝意"),在洛阳译出《地论》,其中传语者则为佛陀扇多。

勒那摩提与菩提流支议论不合,其后流支弟子道宠与勒那弟子慧光遂各立宗派。因当时此论之讲说,以相州(今河南彰德)为中心,故二人分派后,道宠一派即称"相州北道",慧光一派即称"相州南道"。而著《大乘义章》之慧远,及其师法上,即皆属于"南道"者也。

---

① 《大乘义章》。

慧光再传弟子昙迁,于周武帝禁佛教时,避祸南游;其时《摄论》已在南方流传,故昙迁后遂吸收《摄论》之义,成为融会二宗之人物,亦南道一支之特殊事件。

地论宗南北二道,持说之不同,乃在于对阿赖耶(或作"阿梨耶")识之解释不同。就《地论》之根本立场言,本以阿赖耶识为如来藏自性清净心,而以阿陀那识作为妄识(案世亲著《地论》时,尚未立"末那"之名,故与《唯识三十论》之说颇异)。然进一步作解释时,南道地论师以为一切法依真如;而阿赖耶即是真如,以随妄流转,故成阿赖耶,但其体不坏。北道地论师则只以阿赖耶为一切法缘起,谓阿赖耶为真妄和合。由此,就宗派而言,北道之说转与摄论宗相近。虽昙迁出身南道,又往南中国讲《摄论》,毕竟是个人之事也。

后世论者如智𫖮、吉藏等,皆言"地论师"以第八识为"真"为"净",即指南道地论师而言;盖北道本不昌盛,日后又为摄论宗所合并,故代表地论者终是南道一支。

法相唯识之学,在此阶段中,即分为南北两大宗。南有摄论宗,北有地论宗。地论宗论师除道宠及慧光两开派者外,应以慧远为最重要。以上已屡引其《大乘义章》之说,兹再略述其生平,以结束对"地论宗"之叙述。

案慧远,本姓李,敦煌人,十三岁出家,二十岁依法上为师,曾习《四分律》,又承法上地论之学。周武帝禁佛教时,慧远独作抗辩。其后隐居汲郡西山,至周大象二年开禁,乃讲经于少林寺。隋开皇初年,在洛阳传教,后居长安净影寺。开皇十二年逝世。著有《大乘义章》《十地经论义记》《涅槃经义记》等,又疏《华严》《法华》诸经;晚年除持地论义外,亦兼取摄论、涅槃诸宗之说。在中国三宗盛兴以前,慧远实治真常教义之代表人物,亦北中国佛教之最后人物,盖亲见南北分立之结束者也。

以上已述北中国佛教之概况。下节当转述南中国佛教发展情形。

三、南中国之佛教

自西晋亡后,中国即已分裂,但在公元420年刘裕篡位自立以前,司马氏之皇室,尚能统治南方;故依旧史习惯,仍称此一时期为"东晋"。但就事实而论,则南中国与北中国已在西晋亡时开始分裂,更无统一性之中国政府存在,故本书对东晋及宋、齐、梁、陈,皆视为南中国之政权,亦依此以论"南中国之佛教"。此与旧习惯所谓"南北朝"之年代划分,稍有不同,故略释数语。

南中国佛教之重要人物及宗派,大半皆与北中国有关;唯印度真谛在梁陈间留居中国,大弘《摄论》之学,自公元546至569年中,经二十三载而未尝至北方,可视为此时期中南中国独有之佛教宗派。以下依其时代次序,分别略述南中国佛教之重要人物及宗派。

（一）东晋玄风与慧远之佛教运动

如前文所屡述及,魏晋名士谈玄,蔚为风气,其时佛徒亦受影响,故名僧名士每多互相标榜。就讲论教义而言,亦有所谓"格义"之说;于是僧人欲演印度佛教之义,亦每比附老庄之言。此在道安及其同时人之理论中,尤时时可见确据。晋室南渡之后,名士巨族,随而南行。虽过江名士,身经丧乱,而犹不改玄谈之习,故东晋之玄风亦历久不歇。而此时期弘法南方之僧人,遂亦不免多与玄谈之士交往,而其立论之方式,仍常有比附佛道之色彩。若以哲学史之标准言之,则可说此类讲论,只代表杂驳之说,未能确实表现印度教义之本旨。

此时期最有代表性之人物,应推释慧远。慧远为道安弟子,随道安由北方至襄阳,然后受命南行传教。其生平年历大致如下：

公元334年　慧远生于雁门楼烦。

354 年　　道安在太行恒山立寺,慧远从道安出家。

365 年　　至襄阳。

378 年　　别道安,东下,先留荆州,后住匡庐。

386 年(前后)　　东林寺建立。

391 年　　僧伽提婆至庐山;慧远时居东林寺,请提婆译《阿毗昙心论》。

399 年　　桓玄经庐山。

401 年　　鸠摩罗什至长安,慧远致书,其后屡函论大乘义。

402 年　　与刘遗民等同作誓愿文。

404 年　　与桓玄书,论拜俗及政府反佛问题。

405 年　　晋安帝致书慧远。

410 年　　卢循过庐山见慧远。

410 至 411 年　　佛陀跋多罗(觉贤)在长安为罗什一派所摈斥,南至庐山。慧远请其译禅经。

416 年　　慧远卒于庐山东林寺。

观慧远生平,可知基本上慧远乃一佛教运动者,而非一理论建立者。慧远承道安之学,自以般若教义为本,此外参以禅定法门,但慧远本人并不固守宗派立场,而于佛教各支之活动,无不支持鼓励。例如觉贤原承"一切有部"之学,兼精禅律,与罗什宗派不同,在长安即被摈斥,但至庐山,慧远则反支持其译经说法。觉贤译出《华严经》,固在慧远逝世之后,然若非慧远护持于先,觉贤极可能无法在中国南方立足,更无由从事工作矣。又僧伽提婆讲阿毗昙之学,全属小乘;慧远自身勤习大乘义,然于提婆之工作,亦鼓励支持。此外如净土宗等,慧远亦皆提倡。盖凡西域佛徒,对某支教义造诣较深者,慧远无不虚心谘访,助其完成工作;其自处亦实是一佛教运动之领导者,非一宗之论师。且慧远不仅能广容各派之说,又曾遣弟子法净、法领等西行求经，得《华严》梵本外，且取得禅律梵本资料，有助于佛教组织规律之统一。此所以不仅后世论者每谓慧远乃南方佛教之中心，即在南朝人物之言论中，亦常见此种说法。如谢灵运云：

> 昔释安公振玄风于关右，法师嗣沫流于江左；闻风而悦，四海同归。尔乃怀仁山林，隐居求志；于是众僧云集，勤修净行，同法餐风，栖迟道门；可谓五百之季，仰绍舍卫之风；庐山之崄，俯传灵鹫之旨。洋洋乎，未曾闻也。①

谢氏之描写，使慧远作为运动领袖之面目，跃然纸上。又《高僧传》亦云：

> 葱外妙典，关中胜说，所以来集兹土者，远之力也。②

此即言慧远能广取西域及中国北方之说，而推动南中国之佛教运动也。

但若就佛教理论之发展说，则慧远本人之贡献殊不甚大。慧远少喜杂博之学，故既通六经，又善庄老，讲佛经时亦善引用庄子之说；对佛教本身之精要理论，殊不能掌握。至于般若之学，慧远所知大抵不超过道安；传曾著《法性论》，但其文已佚，唯《高僧》中引有二语云：

> 至极以不变为性，得性以体极为宗。③

观此，则慧远之了解般若，仍偏在形上学意义，以"法性"为"本体"或"极"，而未深究"般若"之主体义，其思想绝未达到僧肇之程度。今存之慧远重要著作有以下数者：

《沙门不敬王者论》《释三报论》《明报应论》《与什公书问大乘

---

① 《广弘明集·远法师诔》。
② 《高僧传·慧远传》。
③ 《高僧传·慧远传》。

义》《与刘遗民》等书。此外又有经序多种,并曾作《大智度论抄》,系《智论》之提要,今佚。

慧远曾论涅槃生死之意云:

>……是故经称泥洹不变,以化尽为宅;三界流动,以罪苦为场。化尽则因缘永息,流动则受苦无穷。何以明其然?夫生以形为桎梏,而生由化有;化以情感,则神滞其本,而习昏其照;介然有封,则所存唯己,所涉唯动;于是,灵辔失御,生涂日开,方随贪爱于长流,岂一受而已哉?是故反本求宗者,不以生累其神;超落尘封者,不以情累其生。不以情累其生,则生可灭;不以生累其神,则神可冥。冥神绝境,故谓之泥洹。①

此中明显可见慧远对涅槃(或"泥洹")之了解,大致取小乘观点,但知说"因缘永息"而已。且其用语,如"生以形为桎梏""化""神"等,皆有比附《庄子》用语之气息。而以"情""生""神"三层分说时,其意亦欠严明;然"生可灭""神可冥"等语,显然皆与大乘涅槃义相去甚远;盖实未能体悟最高主体之义,故只能言"不累"。

其次,又论"法性"云:

>无性之性,谓之法性。法性无性,因缘以之生;生缘无自相,虽有而常无;常无非绝有,犹火传而不息。②

此盖慧远受罗什一派影响后之说,能讲"因缘"与"无性"等观念,又能知"法性"即"空"之义;然以为"因缘"为"法性"所生,则遗去佛教理论中一重要问题,足知慧远见理甚浅也。

慧远虽习般若,又兼受罗什影响,但其重视生死报应,则全属小

---

① 《沙门不敬王者论》。
② 《大智度论抄序》。

乘学人一路；故对净土宗极感兴趣，曾与刘遗民等共立誓往生净土。此则落至凡俗一流，不待深论矣。

总之，慧远在佛教运动中，贡献极大；在理论造诣上，则成就甚小。本人之智慧悟境，亦多可疑。然就南中国佛教之昌盛言，则慧远为最早有功者。故本节首及之。

慧远之外，南方另一重要人物为竺道生。

（二）竺道生与涅槃宗

竺道生，彭城人（或云巨鹿人，寄居彭城）；本姓魏，幼从竺法汰出家，故从师姓。竺道生出生之年无明确记载。然竺法汰随道安至新野，然后南游，其年为公元366年；至公元387年，法汰卒于南京。其居南方共二十二年，竺道生之拜师，当在此一时期中。又竺道生"中年"至庐山，从僧伽提婆习小乘"一切有部"义（见《广弘明集》，释慧琳作《竺道生法师诔文》）；而提婆于公元391年在庐山译《阿毗昙心论》，公元397年即离庐山至南京，故竺道生从学，应在公元391至397年中；此时竺道生假定为三十岁左右，则其出生当在公元361年前后；又案诔文谓竺道生十五岁即能讲经，则其出家自在十五岁前；依以上假定之年岁推之，讲经当在公元376年前后，此时竺法汰在南方已越十载，则在其前收竺道生，亦无难通之处。

竺道生从提婆习所谓阿毗昙小乘义后，乃与慧睿、慧严同往长安，受业于鸠摩罗什。案公元409年，刘遗民寄僧肇书云：

> 去年夏末，始见生上人，示《无知论》。[①]

可知公元408年，竺道生已返庐山，携有僧肇作品，以示刘遗民，则竺道生从罗什习般若义，当在公元401至408年间（罗什公元401年始

[①] 《肇论》附载。

至长安)。此有关竺道生年历之可考者。竺道生卒于公元434年。自公元409至434年二十五年中,竺道生先居建业,后乃隐居庐山,自倡涅槃宗义。

总之,竺道生早年先习小乘,然后从罗什习般若。南归之后,思想另有新发展。适法显西行归来,携有《六卷泥洹》(即《大涅槃经》之一部分),于公元417年左右译出。于是竺道生乃据此经立"佛性"之说,谓"一阐提有佛性",一切众生皆可成佛;而因此被诸僧抨击,遂先往虎丘,后居庐山,力倡涅槃宗义。此其生平思想发展之大致历程。

案《高僧传》记竺道生在南京被摈事云:

> ……又《六卷泥洹》先至京都。生剖析经理,洞入幽微;乃说一阐提人皆得成佛。于是,大本未传,孤明先发,独见忤众。于是,旧学以为邪说,讥愤滋甚;遂显大众,摈而遣之。①

可知竺道生初据《涅槃》经文立佛性义,不为同道所容者,主要在于"一阐提人"是否能"成佛"之问题,竺道生当时殊为孤立,故受摈斥;遂先往虎丘,其后即居庐山,然居庐山不久,《大本涅槃经》之译文已传至南方,果与竺道生之主张相合。于是竺道生之学乃大盛。

案《祐录》云:

> 生以元嘉七年投迹庐阜,俄而《大涅槃经》至于京都。②

案北凉昙无谶译《大涅槃经》全文,在公元421年,不过译本传至南方,已是公元430年,即刘宋元嘉七年也。则道生至庐山之年,大本即传至南方,故道生最后居庐山期间,已是由受排斥转为被崇仰之阶段,而涅槃宗之大行,当亦在此时。其前之被摈,大约是公元428至

---

① 《高僧传·竺道生传》。
② 《祐录·道生传》。

429年之事。

竺道生为罗什弟子,慧远为道安弟子。二人弘教于南方,而师承皆出自北方,似有类似之处。但以慧远与道生相比,大不同者有两点:

第一,竺道生本南方佛徒,受业罗什,只是游学北方而已;其受般若义,只为增益所知,非以般若宗派之论师自居。慧远则基本上为北方般若学者,其南来乃欲传北方之教义。二人立场不同。

第二,如上文所述,慧远治学甚杂,在佛教运动中,虽属领导人物,然在理论上则成就甚小。竺道生则具哲学智慧,对"最高主体"问题,自有所悟得,故不唯能通般若毗昙等大小乘教义,且能坚持佛性之说,成为中国最早立真常之教者。就理论之贡献言,唯日后在隋唐时,创立三宗之论师,及主张归向印度之玄奘等,可比道生并论。此外,如僧肇之智解,尚低道生一筹(不能掌握主体性问题之究竟意义),慧远更非其俦矣。

竺道生之著作及理论,兹作一撮述。

道生之著作,大半散佚。略列其目如下:

《善不受报义》(《祐录》十五)

《顿悟成佛义》(《祐录》十五)

《二谛论》(《高僧传》本传)

《佛性当有论》(《高僧传》本传)

《法身无色论》(《高僧传》本传)

《佛无净土论》(《高僧传》本传)

《竺道生答王问》(《广弘明集》)

以上应属较重要之文献。此外,竺道生曾作《泥洹经义疏》《妙法莲华经疏》《维摩经义疏》等,《祐录》均有记载,然其文亦仅有部分遗存。故今日谈竺道生之理论或思想,实有困难。兹依现有之资料,述其重

要论点如下:

1. 佛性即真我

小乘无"真我"义。即般若之教,虽预认主体性,亦只重破除,而未直言"真我"。竺道生则力持"真我"之肯定。《维摩经》有"于我无我而不二,是无我义"之语,罗什一支之注文,均只就遮拨一面说,道生则云:

> 无我本无死生中我,非不有佛性我也。①

此是直接肯定"佛性"代表主体性,亦即"真我",故标出"佛性我"一词。就理论本身看,此一对最高主体之肯定,乃佛教义中必须安立者,然论者每拘牵经论表面文字,不能直接掌握此义,道生则明确言之。

"佛性"作为"真我",自是就觉性一面说,但严格言之,则"觉"与"迷"皆依"真我"而立。盖每一组相对词语所表之意义,必依于同一主体能力而成立,故"真我"自身之活动,可"迷"可"觉"。用旧日习语表之,即所谓"涅槃生死不二"。此"不二"非取对象意义,而是就主体意义讲,盖二境虽殊,皆是"主体之境"。主体固"不二"也。道生云:

> 夫大乘之悟,本不近舍生死,远更求之也。斯在生死事中,即用其实为悟矣。②

此处措词虽欠明晰,然其论点乃说"涅槃生死不二",则甚显然。

又"主体"之义既初步安立,则应知此所谓"主体性",不能更受任何外在决定,亦不能由他因生出;由此,引至"佛性"之"本有"一断定。道生云:

---

① 《维摩经注》。
② 《维摩经注》。

> ……良由众生本有佛知见分,但为垢障不现耳;佛为开除,则得成之。①

此释《法华》中"开佛知见"一语,道生之疏即判定"佛知见"与"佛性"为一事,盖皆指"主体性"而言也。

2. 法身无色

自小乘学传入中国,中国佛徒每每将纯粹主体与个别意义之自我,其至经验意义之个人相混。竺道生倡"法身无色"之说,以明所谓"佛",非指释迦牟尼其人;换言之,法身非色身。此理虽至显,但对宗教徒言,亦是一大胆之宣说。《维摩经》有"如来非四大起,同于虚空"之语,道生注云:

> 向虽推无人相佛,正可表无实人佛耳,未足以明所以佛者竟无人佛也。若有人佛者,便应从四大起而有也。夫从四大起而有者,是生死人也。佛不然矣。②

此谓"人佛"之观念不能成立,盖"人"是经验性之对象,从四大起——即表示受现象规律决定,"佛"表超越经验条件之"主体性"或"主体自由",自不能是一经验对象。换言之,所谓"佛"乃一理境,非一"人"也。此点最能显示竺道生之智慧,盖真能不为盲信传统所拘,难怪不为俗众所容也。

若"法身无色",则对"佛"之一切杂有经验词义或涉及时空等词义之描述,皆不可视为真实,故由此引至"佛无净土"之义。道生之《佛无净土论》已佚,兹亦可由《维摩经注》中见其论旨。《维摩经》有"菩萨随所化众生而取佛土"之语,道生云:

---

① 《法华经疏》。
② 《维摩经注》。

> 夫国土者,是众生封疆之域;其中无秽,谓之为净;无秽为无,封疆为有。有生于惑,无生于解。其解若成,其惑方尽。①

此是说,"国土"之类之词义,原属经验界所用,属于"有"之范围;一切"有"皆表"迷惑"(此是佛教之根本义),故在"觉"或"解"时,方能为"无"为"净"。故不可以经验意义之"国土"说别有时空中之"净土"也。经论此类说法,道生以为不外权宜设教而已,故其下云:

> 圣既会理,纤尔累亡;累亡故,岂容有国土者乎?……故知国土、名号、授记之义者,应物而然,引之不足耳。②

此即视"净土"观念为方便之说也。

再由此推进一步,"善"之"受报",亦是方便之说;盖就经验界言,"报"亦无定,就最高主体言,则非因果或条件系列所及,皆不能立"报应"之说也。道生云:

> 无为是表理之法,无实功德利也。③

又云:

> 贪报行禅,则有味于行矣。既于行有味,报必惑焉;夫惑报者,缚在生矣。④

此谓修持不应"贪报",否则即是外求,而形成一迷妄或结缚矣。案此点就纯哲学意义看,固无困难,然佛教言未觉领域中之"报",则不是一方便说法,而是对于现象界之主要描述。竺道生在大处能悟见主体性之究竟义,但对佛教之现象论未加考究(代表佛教"现象论"之教

---

① 《维摩经注》。
② 《维摩经注》。
③ 《维摩经注》。
④ 《维摩经注》。

义,道生时亦未流传),故其说与佛教教义亦实稍有距离也。

3. 顿悟义与一阐提有佛性义

观道生传文所记,可知其所以为同时僧徒所排斥者,似以"一阐提皆得成佛"一论调为主因。然道生之作已佚,唯偶有间接征引之语。如日本沙门宗和尚撰《一乘佛性慧日抄》引《名僧传》文云:

> 生曰……阐提是含生之类,何得独无佛性?盖此经度未尽耳。

此盖就《六卷泥洹》言,《六卷泥洹》中虽言"佛性",但未说"一阐提皆可成佛"之义;故竺道生据理推之,谓此经文必未全,否则不能不立"一阐提皆有佛性"之义,因若不然,则主体之最高自由不显矣。

若立"主体之最高自由",则"顿悟义"即可由此推出。盖一切程序,亦表示条件关系;主体之迷悟既是自身之活动,则无论是否通过某程序,皆不能与此程序有确定关系。换言之,迷是自己之事,悟亦是自己之事,既不能由任何程序或外在条件取得保证,则就"悟"说,皆不依程序而成立;此即表示无所谓"渐悟"。"顿悟"原对"渐悟"而言,亦即就"不依程序而受决定"说。此是"顿悟"之根本义。

其次,言"顿悟"尚有另一意义,即一悟便全悟,非先悟一部分,再悟另一部分。此即所谓"理不可分"之义。案慧达在《肇论疏》中言及竺道生之"顿悟"理论,其文云:

> 而顿悟者,两解不同。第一,竺道生法师大顿悟云:夫称顿者,明理不可分;悟语极照,以不二之悟,符不分之理。……见解名悟,闻解名信;信解非真,悟发信谢。[①]

此所述道生义,实谓此真正体悟,无步骤可说,因"理不可分","悟"本身亦是"不二"。但此指真悟见而言,若"闻解"则只是"信","信"是未

---

① 《肇论疏》。

"悟"前事。一旦真悟,则不须依赖"信"。足见竺道生对通常修持之程序,皆视为未悟前之事。未悟前可以有培养阶段,但培养有无成果,仍仗自己,故真"悟"时仍是"顿",因不能从培养中决定何时能"悟"也。故道生曾云:

> 一念无不知者,始乎大悟时也;以向诸行,终得此事,故以名焉。①

"大悟"指"顿悟"而言;"悟"指"主体性"之全面展露,故就此说"无不知",非指经验知识;学者不可在此等处误解其意。其下谓以昔有之培养而终得"悟",即指"渐修"而说;盖道生亦非反对修持,但说"悟"由自己之主宰,故只能是"顿"耳。

至此,道生之说,大旨已明;其基本方向乃真常之教,而严分"信"与"悟"时,则已有弃传统而归于一心之意味。就此着眼,亦可说竺道生之理论,已隐隐走入日后中国禅宗之路数矣。

顿悟之义,谢灵运曾作《辩宗论》,力加支持。佛性之义,则慧睿作《喻疑论》,代为辩护。但此二人之说,大抵只循道生之说而发挥,乃道生仅有之同调者之言;在当时固极可贵,就哲学史立场言,则无特殊重要性。兹略引一二于下,以结束本节对竺道生之论述。

慧睿述《涅槃经》佛性义云:

> 今《大般泥洹经》,法显道人,远寻真本,于天竺得之;……此经云:泥洹不灭,佛有真我,一切众生皆有佛性。皆有佛性,学得成佛。佛有真我,故圣镜特宗,而为众圣中王;泥洹永存,为应照之本。大化不泯,真本存焉。②

---

① 《维摩经注》。
② 《喻疑论》。

此中数语,足代表所谓"涅槃宗"之主要观念,唯未提"一阐提"之成佛问题;盖慧睿所论,系就六卷《泥洹》说,而六卷中本无"一阐提皆得成佛"之论,故慧睿虽赞成道生宗旨,仍未言此义。

其下,慧睿又云:

> 而复致疑,安于渐照,而排跋真诲;任其偏执,而自幽不救。其可如乎?①

案此是指反对者说,不待解释。《喻疑论》中最有趣者乃慧睿引及罗什当年之语,以助佛性说之声势。此因慧睿亦曾在罗什门下,故有此种直接资料。其言云:

> 什公时虽未有《大般泥洹》文,已有《法身经》,明佛法身即是泥洹;与今所出,若合符契。此公若得闻此,佛有真我,一切众生皆有佛性,便当应如白日朗其胸襟,甘露润其四体,无所疑也。
>
> ……或时有言,佛若虚妄,谁为真实?若是虚妄,谁为其主?如其所探。今言佛有真业,众生有真性,虽未见其经证,明评量意,便为不乖。
>
> 而亦曾问:此土先有经言,一切众生皆当作佛。此云何?答言:《法华》开佛知见,亦可皆有为佛性;若有佛性,复何为不得皆作佛耶?但此《法华》所明,明其唯有佛乘,无二无三,不明一切众生皆当作佛。皆当作佛,我未见之,亦不抑言无也。若得闻此正言,真是会其心府,故知闻之必深信受。②

此段文字或小有讹脱,但大旨极明。所引罗什之答,表明罗什亦不反对一切众生皆当作佛之说,并引《法华》为据。但罗什又以为《法华》

---

① 《喻疑论》。
② 《喻疑论》。

本旨在于表明本经只说佛乘,而非立众生皆当作佛之说,故最后谓"我未见之",不下断语。慧睿遂言,若罗什见《大般泥洹经》,必将信受,此盖引罗什以支持《涅槃》理论也。

至于谢灵运则一向被认作述道生佛性及顿悟义者,且谢灵运曾参与《涅槃》南本之整编工作,则本身亦取涅槃宗立场者。慧达亦云:

> 谢康乐灵运《辩宗》,述生师顿悟也。①

但观《辩宗论》之文,则仍不脱"格义"旧习,对儒佛强为拉拢,实非精严之作;然此文代表当时文人之一种思想趋势,则无可疑,故亦有其重要性。

谢文云:

> 同游诸道人,并业心神道,求解言外,余枕疾务寡,颇多暇日;聊申由来之意,庶定求宗之悟。
>
> 释氏之论:圣道虽远,积学能至;累尽鉴生,方应渐悟。孔氏之论:圣道既妙,虽颜殆庶;体无鉴周,理归一极。
>
> 有新论道士以为:寂鉴微妙,不容阶级,积学无限,何为自绝?今去释氏之渐悟,而取其能至;去孔氏之殆庶,而取其一极。一极异渐悟,能至非殆庶,故理之所去,虽合各取,然其离孔释矣。余谓二谈救物之言、道家之唱、得意之说,敢以折中自许,窃谓新论为然。②

谢氏此说,若就严格标准观之,可谓一片荒唐之语;盖首先判释氏与孔子之说,即属揣想之辞,孔子何尝说过"理归一极"?何尝涉及顿渐问题?而且"体无"乃王弼之语,本与孔子之学无干。谢氏乃引以为据,可谓梦中说梦矣。然六朝文人之浅陋,固不必再论;今就此文而

---

① 《肇论疏》。
② 《广弘明集·辩宗论》。

看谢氏所代表之态度,则其可说者,是顿悟之义,为此类谈佛教之文人所深喜,故以"新论"为是也。

谢文中又谓"华人易于鉴理,难于受教","夷人易于受教,难于鉴理";此说虽亦是无根之谈,若作为分别"宗教性"与"哲学性"看,则非完全无当;盖印度传统中宗教性特强,而中国儒学传统则重"理"不重"教"也(所谓"教",指信仰说;所谓"理",指理性说)。

此外,论中又为问答之辞,说明虽有工夫,终须有一开悟时,故"悟"终是"顿";此点前已说及,无甚深义蕴。兹不再赘引。

涅槃宗之说,最初虽为僧徒所反对,但非真有一定理论与之对抗。真在理论上对抗竺道生者,为其同学慧观。慧观作《渐悟论》,反对"顿悟义"。其立场特重"三乘"之别。其言云:

> 问三乘渐解实相曰:经云,三乘同悟实相而得道,为实相理有三耶?以悟三而果三耶?实相唯空而已,何应有三?若实相理一,以悟一而果三者,悟一则不应成三。答曰:实相乃无一可得,而有三缘;行者悟空有浅深,因行者而有三。①

此文未知是否属《渐悟论》之一部分,其论旨在于说明何以有"三乘"之别。三乘指自我之造境而言,故觉悟有高低深浅之殊,所至之境界亦因之不同,故实相虽不能有三,然"因行者而有之"也。

此说即隐含对"顿悟"义之否定,盖如三乘之阶梯不废,则成无上觉自有等第工夫,不得不言"渐修"矣。此处所涉理论问题,后文论禅宗时当再评析。

此外,有托名僧肇之《涅槃无名论》。此论为后人伪作,盖时代不符,兹不作讨论。

---

① 《三乘渐解实相》,《名僧传抄》载此文,为慧观作。

道生创立涅槃宗,自某一意义说,可说为日后中国三宗之先声,然流传似不甚广。南中国致力涅槃之学者,日后以宝亮最为重要。宝亮在梁武帝时,编撰《涅槃义疏》,收道生以下各论师之言。今本另标题为《大涅槃经集解》,或说此非宝亮之书,待考。

涅槃宗最大之意义,为影响日后之天台教义。天台虽宗《法华》而兼取《涅槃经》,其所以如此,当因《涅槃经》讲论已久,适符《法华》旨趣,则道生之影响不止于本宗也。

(三) 真谛与摄论宗

慧远代表南中国佛教第一阶段之领导人物,竺道生年辈实后于慧远(慧远约长于竺道生三十岁。汤用彤先生因法汰曾与道安同学,遂谓"故道生与远公为平辈"。实则以年齿论,道生之时代显然后于慧远;以行辈言,则道生为罗什门人,慧远与罗什乃以平辈礼交往,亦不可谓二人同辈也)。其立涅槃宗,可看作南中国佛教运动之第二阶段。道生卒于公元434年,其后南中国之佛教宗派,大抵以小乘阿毗昙学、般若三论之学及涅槃之学为主。至公元508年,《十地经论》在洛阳译出,唯识妙有一系之说,方正式开始流行于北中国。再后四十年,公元548年,印度僧人真谛乃由南海至建业。此后无著、世亲之学乃开始行于南中国。故真谛与其所立之"摄论宗",实代表南中国佛教之第三阶段。此阶段实亦即中国南北分裂后,南方佛教之最后阶段,盖真谛逝世在公元569年,其后二十年,陈亡于隋,杨氏统一中国,南北分裂之局亦即结束矣。

兹先述真谛之来华年历如下:

真谛生于公元498(或499)年。公元546年,真谛年四十八岁,始至南海。

公元548年　真谛抵建业。

　　550年　在富春译《中论》《如实论》等。

552年	重至建业。是年三月侯景败遁。真谛居金陵正观寺,译《金光明经》。
553年	仍在金陵译《金光明经》。其时真谛渐通华语。
554年	在九江,旋至豫章,住宝田寺。曾为警韶讲《唯识论》。后往始兴。据传,是年出《大乘起信论》于始兴。自此留始兴二年。
557年	二月至南康。
558年	七月返豫章,在栖隐寺出《大空论》三卷。至临川郡出《中边分别论》三卷,并作讲疏。后又往晋安,在佛力寺译《正论释义》五卷。
559年	译《立世阿毗昙》十卷。欲离华他往,僧俗留之。
561年	真谛泛小舶至梁安郡,欲易大船返印度。太守王方奢留之,乃暂止。
562年	重译《金刚经》,依世亲义作释。此时已善解华语,不须传译。九月离梁安,欲返印度;十二月因遇风飘抵广州。广州刺史欧阳頠延住制旨寺,请译经论。
563年	应慧恺请,译《大乘唯识论》(即《唯识二十论》)一卷。又作讲释。三月应欧阳頠子欧阳纥请,出《摄大乘论》,自译其文,慧恺笔受,僧忍等同习。十月完成《本论》三卷、《释论》十二卷、《义疏》八卷。是年九月,欧阳頠卒,子纥继任。
564年	译《俱舍论》,慧恺笔受。又讲说此论。
566年	应慧恺僧忍之请,重译《俱舍论》并重作讲解。
568年	真谛年七十岁,有厌世意,至南海,欲自杀;慧恺等劝止,还留王园寺。是年八月,慧恺讲《俱舍》未终

而病死。真谛伤痛,后亦病。

569年　真谛作遗文,付弟子智休;正月十一日逝世。

真谛所译经论,不详译年者甚多。其重要者,如《决定藏论》为其立说所依,亦不知何年译出。又真谛来华,所携梵本极多,其译出者仅其中一部分而已。至于疏记之类,多属自己讲解经论之语,弟子记录而存之,又与翻译梵文之作不同。

真谛乃承无著及世亲之理论者。其学最初颇不能为时人所接受,盖唯识之学,在南方向所未有。南朝帝王,如梁武帝,皆好般若成实之说,陈武帝亦然。风气影响,唯识理论遂受排斥。后真谛居广州,其学方渐流布;逝世后,弟子法泰、僧宗、道尼等,始往建业九江一带传真谛之学。其后靖嵩北往彭城,《摄论》方渐渐流传北方。而地论宗之昙迁,避难南游,习《摄论》义,亦于彭城开讲。昙迁至隋炀帝时始逝世,生平宣扬唯识之学,尤重《摄论》之讲授,可谓"摄论宗"之主要人物。

摄论宗之理论,主要特色在于立"第九识"("阿摩罗识"或"无垢识"),以说觉悟之动力。此点前文已有引述。此处当对此一理论稍作剖析。

北方"地论宗"虽依《十地经论》,但取《楞伽经》助成其说,故以为"第八识"是"真识",今南方之"摄论宗"虽依《摄大乘论》,然取《决定藏论》为助,故主第九识。就理论问题本身着眼,则唯识之学中对觉悟之动力问题,解释确有庞杂不明之苦。唯识理论本身与般若之学之最大差别,原在于唯识一支多一"现象论"成分,但此现象论结构本身只能显出幻妄之成因,而不能提供破幻之动力。毕竟此"悟"或"觉"本身如何建立,乃有关全部修持之意义之问题;既不能自其现象论中获得确解,于是理论上不外四种可能以说"转识成智"(觉悟)问题:

第一，以八识中本有代表觉悟动力之识，此即《楞伽》《地论》之说，以阿赖耶为真常净识。即阿赖耶转其他各识。

第二，在八识以外另立一觉悟动力，以转八识。此即摄论宗依《决定藏论》所立之说以第九识为对治阿赖耶者。

第三，以阿赖耶识作为"真我"之一状态，换言之，真我不能觉，即成为"阿赖耶识"，一觉即成为清净如来藏。此是以八识运行作为主体之一套活动，但以离此运行为主体之另一活动。于是，或迷或觉，皆是主体活动，此主体本身不名为"识"，只在"迷"时之活动，以"诸识"说之。悟时即无"识"可言。此即《大乘起信论》中"一心开二门"之论，亦与地论师之南道一支相近。

第四，在阿赖耶识中，取其一部分功能作为觉悟之动力；此则不于八识外另有所立（不立第九识，亦不立异于"识"义之主体或"心"），只就阿赖耶所藏"种子"立论。于是，持此说者，必以一双无限性之轴，说明其间任何一点之地位。浅言之，即以"觉悟动力"为"无漏种子"，而以无限性之双轴表明发展与交互影响。此说即世亲后学依《唯识三十论》所立之教，即所谓"成唯识论"一支之说也。此种理论之现象论色彩特浓，其中含有微妙之"paradox"。对"主体性"之根源问题，不作正面解答。从一角度看，此说最能守"唯识"之立场，盖迷觉染净，皆收入"阿赖耶识"中，真是"唯识"矣。但从哲学思想之发展看，则此说不能畅明主体性，而自造一概念迷宫，虽是"自足"，亦是"自限"也。

学者如对此四种理路有所了解，则真谛所立之"摄论宗"之立场即明。至于真谛本人之著作，则今已不传。后人有述之者，兹略引一二，以结束本节之叙述。

唐代僧人圆测，解说《解深密经》时，曾云：

真谛三藏,依《决定藏论》,立九识业,如九识品说:言九识者,眼等六识,大同《识论》。第七,阿陀那,此云执持;执持第八为我我所,唯烦恼障,而无法执,定不成佛。第八,阿梨耶识,自有三种:一,解性梨耶,有成佛义。二,果报梨耶,缘十八界,故中边分别偈云,根尘我及识,本识生似彼。依彼论等说,第八识缘十八界。三,染污阿梨耶,缘真如境,起四种谤,即是法执,而非人执;依安慧宗,作如是说。第九,阿摩罗识,此云,无垢识,真如为体。于一真如,有其二义:一,所缘境,名为真如及实际等。二,能缘义,名无垢识,亦名本觉。①

圆测所处之记述,究竟与真谛本人理论之差异如何,殊难判定。但首先应注意者,是所说第七识,虽用"阿陀那"名,但圆测之解释,显与"末那"极为近似;然《解深密经》本文出"阿陀那"一名,即指"种子识"而言,所谓"一切种子如瀑流",是则"阿陀那"相当于世亲《三十论》中所说之"阿赖耶",非"执持第八为我我所"之义。真谛为宗《摄论》而立说,不立"末那"之名,则其用"阿陀那"名时,何以又不取经义,转以之作为"末那"之别称,其理实颇难解(此可能涉及《决定藏论》之译语问题。姑略)。

其次,依圆测所说,有"解性梨耶",又另有第九识,则"解性梨耶"仍非"本觉",不能自转;然则其所谓"解性",在何意义上成立?是否谓"阿梨耶"中独此一部分能接受"本觉"之影响?若是此义,则整个"转识成智"之说,亦将大有困难,因"识"若有"可转""不可转"之分,则四智何由成立乎?

至于谓"阿摩罗识"以"真如"为体,然后分别"真如"有主客(或"能所")二义,以"阿摩罗识"表真如之"主体义"(即所谓"能缘义"),本无困难,但若参照他人之叙述,即又有不同。如定宾云:

---

① 《解深密经疏》,卷三。

> 真谛三藏云:阿摩罗识有二种,一者所缘,即是真如;二者本觉,即真如智。能缘,即不空如来藏;所缘,即空如来藏。①

此是以为"阿摩罗识"又分为"能所",与圆测以"真如"为分"能所"之说大异。依圆测说,"真如"之"能缘义","名无垢识"。所谓"无垢识"即"阿摩罗识"也。依定宾说,则"无垢识"(阿摩罗识)本身又"有二种",分为"能所",此则使"阿摩罗识"不成为"主体义"矣。二人所述相异如此,毕竟何说是真谛之意,亦难断定。

就理论言,谓"真如"与"无垢识"即一体在主客二义下之异名,自无不可,但此既不指"真如"有"二义",亦不指"阿摩罗识"有"二种"。譬如,论感觉时,学者可说,主体一面有"感觉能力",客体一面有"感觉内容";此二者相依而立,乃"感觉活动"之两面,但不能说"感觉内容"分为二种,其一是"感觉能力",亦不能说"感觉能力"分为二种,其一是"感觉内容"也。倘真谛立"阿摩罗识"之意,是以为"真如"与"阿摩罗识"为一体之两面,则圆测、定宾之说,皆非原意。惜今不得真谛之著作,以定其是非也。

又地论师慧远之弟子有辩相,深受《摄论》影响;辩相弟子灵润,专习《摄论》,并造义疏,为摄论宗之名僧。而后世记灵润之学说,则谓:

> 至如摄论梨耶,义该真俗。真即无念性清。诸位不改,俗即不守一性,通具诸义。转依已后,真谛义边,即成法身,俗谛义边,成应化体;如未转依,作果报体。②

此言梨耶转依后,在真谛一面即成"法身",俗谛一面,则转依后是"应化"之"体",未转依便是"果报体";此似谓阿梨耶本身即有两面功能,

---

① 《四分律疏·饰宗义记》,卷三。
② 《续高僧传》。

其一面即通"法身",然则何处安顿"第九识"乎?此表示摄论宗后学所说,实日渐与地论宗接近,而两方之学说,均有步步肯定"迷觉乃一体之两面"之趋势。而此正《大乘起信论》中所谓"一心开二门",亦即上列之第三种可能成立之理论也。至此,本书当对《大乘起信论》之内容稍作叙述。

(四)《大乘起信论》

《大乘起信论》久已被学者断为伪书,然所谓"伪"者,指其托名"马鸣"而言,最多包括"非真谛译"一点,并非说此书全无意义也。兹撇开此书之作者问题,专对此书之理论,作一叙述评估。

1.《大乘起信论》之真伪问题

《大乘起信论》旧传为马鸣作;译本有二,一为真谛译,称梁译;另一为实叉难陀译,称唐译。但此书之作者及译者,均有疑问。自隋时均正即谓,翻经目录中不见此书,但吉藏仍称之为"马鸣论"。费长房著《历代三宝记》,仍作"梁真谛译"。近代日本考证者多谓本书并非真谛译,梁启超作《大乘起信论考证》,则进而断为中国佛徒所作。另一面,专宗成论之"支那内学院"诸人,又皆说本书乃中国僧人所造之伪书。维护《起信论》者,则有太虚大师。然双方之论皆无确定证据,大抵从理论是非着眼。其实一书之时代作者,与其理论之是非,不是同类问题;且马鸣本人之思想事迹,原不可考。不论吾人今日谓《起信论》内容是好是坏,是正是谬,皆不能据此以推定此书与马鸣之关系也。

然玄奘游印度,其时发现印度并无此书,遂由中文还译为梵文,以示印度僧众;依此,则此书是否真由梵本译出,亦确有可疑。至于是否为真谛所译,亦难考定。不过真谛之思想,不似马鸣之难知,故取此书内容与真谛理论比较,尚可观其同异。但僧人译经,亦未必皆限于与自身思想相近者。若严格论之,则此点实亦无法得确定结论也。

但有两点是无问题者，即第一，此书出于南朝末年。第二，此书思想属真常之教一系，与般若之学不同，与摄论、地论二说，则有近似处，亦有殊异处，可说代表一颇为特殊之态度。若以思想之深度言，则此书应成于摄论及地论二宗立教之后。此两点亦适可互相证成。盖隋以前，摄论、地论兴起以后，即南朝最后二三十年也（参阅上文真谛之年历，即可知）。

故此书之时代仍无大问题，但其作者译者究为何人？甚至是否根本非译本而是中国人自造之论？则皆不能决定。以下仅述此书之理论，不再涉及考证问题。

2.《大乘起信论》之理论

《大乘起信论》所立理论，就方向而言，属于真常之教。盖立论主旨，在于立一"心"表最高主体，亦作为万法之源；对迷觉及染净等佛教传统问题，皆就此"心"之两状态说之。于是，一心二门，悉收万法。此与避免说"真我"或"主体"之种种教义，皆显然不同。若就此书之用语观之，则书中以"阿梨耶识"为生灭心，又说"熏习"之理，皆与《摄论》极近；另一面说"心、意、意识"，又颇似地论家之义，则此书思想亦有浓厚唯识色彩（案此取广义，非以《成唯识论》单独代表"唯识"也）。故就全书观之，此论可说是通过唯识学说而立真常之教者。

其次，略观本论之内容。依现代高僧印顺之讲记，则可将全论分为六章：

第一章　归敬与造论之意趣

第二章　造论因缘

第三章　成立大乘法义

第四章　大乘法义之解释

第五章　修行信心分

第六章　劝修利益分

若依原书,则标为五分。原文云:

> 有法能起摩诃衍信根,是故应说。说有五分。云何为五?一者因缘分,二者立义分,三者解释分,四者修行信心分,五者劝修利益分。①

此即除论本文前之颂而分全文为五部分,印顺将颂文与此段五分之总说作为第一章。其他无大差异。

本论之主要理论,见于《立义分》与《解释分》,即印顺所定之第三、第四两章。其前之《因缘分》,说明造论之"因缘",即造此论之理由;其语大抵皆常套,如救"众生"之类;较可注意者是说:

> 如是,此论为欲总摄如来广大深法无边义故,应说此论。②

足见本论作者固以综合者自居。亦可作为非"马鸣"造之旁证,盖此必成于众说皆出之时,否则不能言"总摄"也。

其次,观《立义分》。《立义分》说明"法"与"义";"法"指大乘法之全面观点说,"义"则分解"大"与"乘"之意义。故论云:

> 所言法者,谓众生心,是心则摄一切世间法、出世间法。依于此心,显示摩诃衍义。何以故?是心真如相,即示摩诃衍体故;是心生灭因缘相,能示摩诃衍自体相用故。

此段包括两要点。第一是"心"作为一切法之本,且即"众生心";第二是"心"有两种活动,即有"真如"与"生灭"两面,呈现为两种境域。

就"心"作为一切法之本说,"心"即最高主体性,迷觉染净,皆不外此"心";于是此"心"不仅能观一切法,且实生一切法。就此"心"即

---

① 《大乘起信论》。
② 《大乘起信论·因缘分》。

"众生心"说,则最高主体性并非外在于当前之自觉,故此处即含有"圣凡直通"之义。每一个体之自觉,皆通往最高主体性,此在众生皆同。是义与中国先秦儒学之心性论较近,与印度之种姓观念则大大不同矣。

此"心"既是最高主体性,则一切染净诸法自不能不皆由此"心"决定或生出;因此,就迷觉或染净分判,此"心"即应有两面活动。此所以有"一心二门"之说。

关于释"大"字及"乘"字一节,无甚新义,但论中表示此"乘"皆指向"如来地",则隐隐有"一乘"色彩,然未详说,兹不赘。

"一心二门"之义,在《解释分》中方详说。论云:

> 解释分有三种。云何为三？一者显示正义,二者对治邪执,三者分别发趣道相。

故《解释分》划为三部分,其一部分"显示正义",即其所持之正面理论。论云:

> 显示正义者,依一心法有二种门。云何为二？一者心真如门,二者心生灭门;是二种门皆各总摄一切法。此义云何？以是二门不相离故。

此即所谓"一心二门"之义也。然有应加注意者,是二门"皆各总摄一切法";此种说法乃佛教惯用之表述,须稍说明。

"真如"与"生灭"既分为"二门",何以又"皆各总摄一切法"？此盖将"二门"视为一"心"活动之两方向而说。譬如,由甲地至乙地,所经之一切地点,与由乙地至甲地所经者,实无不同;然此二行程方向相反。就"真如"与"生灭"论,"生灭"一门是由"心"之某一方向之活动说,"真如"一门是就另一方向说。但一切法皆可由"真如"看,亦可由"生灭"看。"真如"指主体性之超"生灭"讲,"生灭"指主体性之违

"真如"讲；由此，"真如"与"生灭"乃相依而立之概念。迷时一切迷，觉时一切觉，且"觉"是"由迷而觉"，"迷"是"由觉而迷"；此所以说"以是二门不相离故"，此与《成唯识论》之说"有漏种""无漏种"不同。

"心真如"即指最高主体性讲，故"心真如"不生不灭，而且是一切法之总根源。故论云：

> 心真如者，即是一法界大总相法门体，所谓心性，不生不灭。①

所谓"法界"即指一切法之整体。一切法皆以"真如"为根源，故"真如"即涵摄一切法，亦即是"大总相"。就一切"法门"说，亦是以此"心真如"为"体"，故原文如此释"心真如"（案此处语法欠顺，似本论实属译文，或不精中文者所作）。其下，加"所谓心性"一语，表示"心真如"即"心性"，乃超生灭者。

其下续谓：

> 一切诸法唯依妄念而有差别；若离心念，则无一切境界之相；是故一切法从本已来，离言说相，离名字相，离心缘相，毕竟平等，无有变异，不可破坏；唯是一心，故名真如。②

此谓"对象性"本身并非实有，故一切法皆依妄念而起，呈现种种属性（分别）；离心念则无一切外境可说，此处"心念"乃指经验意识。"对象性"既如此撤消，故可说"法性"即"空"，但本论立"主体性"以摄"对象性"，故进而说"唯是一心"。此与般若之说亦稍异。

其下文谓，一切言说原皆不能表此真如，盖言说之用仅在于破除妄执。在究竟义上，一切法皆主体之活动，故一切法之实相则不可作为认知对象（可认知之属性皆名为"差别"）。故论又云：

---

① 《大乘起信论·解释分》。
② 《大乘起信论·解释分》。

> 言真如者,亦无有相;谓言说之极,因言遣言;此真如体无有可遣,以一切法悉皆真故;亦无可立,以一切法皆同如故。①

由此,结论谓:

> 当知一切法不可说,不可念故,名为真如。②

"不可说""不可念"即法之实相非"认知对象"之意也。

以上释"真如"非"认知对象"外,同时亦点出"理论"之作用,即"因言遣言";一切言说虽不能真描述此"真如",但有破除妄执作用,故亦可方便施设。此亦即《大般若经》中说"施设言说"之意也。

"真如"若依方便为说,亦可标出两个根本意义,此即"空"与"不空",故论云:

> 此真如者,依言说分别,有二种义。云何为二? 一者如实空,以能究竟显实故;二者如实不空,以有自体具足无漏性功德故。③

案此就"空"与"不空"二义说"真如",二者皆是实相,故各加"如实"二字。就"空"义说"真如",乃因观"空"可以显"实";就"不空"义说"真如",乃因究竟义之主体性,实生起一切,即作为价值根源之真我。换言之,说"真如"时,或从反面着眼,即由"对象性"非"实有"一真实道理,以显"真如";或从正面着眼,即由"主体性"为"大本"一真实道理,以显"真如"。两者皆是真实道理,故称为"如实空"与"如实不空";而所谓"无漏性功德"即指主体性之一切正面活动说,但此处"无漏性"一词不可忽略,盖本论虽肯定主体有正面活动,然此种活动只限于超经验意义,非经验意义,故标明"无漏",以别于"有漏"。此是佛教基

---

① 《大乘起信论·解释分》。
② 《大乘起信论·解释分》。
③ 《大乘起信论·解释分》。

本立场,若不点明,则将与儒学立场相混矣。

其下释"空"云:

> 所言空者,从本已来一切染法不相应故。……乃至总说:依一切众生,以有妄心,念念分别,皆不相应,故说为空。若离妄心,实无可空故。①

案此表明"空"即"不相应"之意,是就"妄心"所生"染法"说。此所谓"不相应"指"与真如不相应",即通常所谓"不合真相"之意。可知本论对"真"字用法不同,但以"不相应"说"空",仍与般若空义无别;不过般若之学以"法性""真如""空"三者互解互诠,不说另有"不空"之"真如"。本论则依真常之教,肯定主体或真我,故说"不空"一面。论云:

> 所言不空者,已显法体空无妄故,原是真心;常恒不变,净法满足,则名不空;亦无有相可取,以离念境界,唯证相应故。②

此点"不空"义即就"真心"(最高主体)而言。此"真心"有完整之主体性,故常净而名"不空"。但此主体性非对象,故说"无有相可取",乃主体亲证之境界,而非一观念,故说"离念",又说"唯证相应"。"证"即"亲证",以别于取相之认知。

以上论"心真如"一门,主要在"空"与"不空"二义。以下论"心生灭"一门。论云:

> 心生灭者,依如来藏故有生灭心,所谓不生不灭与生灭和合,非一非异,名为阿黎耶识。③

---

① 《大乘起信论·解释分》。
② 《大乘起信论·解释分》。
③ 《大乘起信论·解释分》。

此处出"阿黎耶识"名,而即以此指"生灭心"。可知,在本论中,"阿赖耶"(或"阿黎耶")实视为"真我"之一状态也(参阅前文论"摄论宗"一段)。

论"心真如"时,说"不生不灭";兹论"生灭心"或"阿黎耶识",则说"和合",此义应加说明。

所谓"和合"或"非一非异",皆须扣紧主体性说,其理始明。"心真如"表主体性之纯粹境界,故超生灭,但一切"生灭"并非由外来,而实亦由此同一主体之活动而呈现;说"依如来藏故有生灭心",便表明生灭非由外来。"生灭心"既依"如来藏"而有(亦即"依真心而有"),则主体作如此迷蔽之活动时,就此"迷蔽"境界说,非主体自由纯粹之境界,故云"非一";但毕竟迷蔽乃主体自身生出,作迷蔽活动者仍是此主体,故云"非异"。"非一非异",乃称"和合"。以此,说"阿黎耶识"有"生灭"与"不生不灭"和合之义,即是一面点出"迷蔽"之为"迷蔽",另一面守定"迷蔽亦由主体生出"一义。此本论之大宗旨,其义接近《楞伽》《密严》《胜鬘》诸经。总之,即是以"阿赖耶"为真我之一状态,如上文所论者。兹不详作比较。

其下又以二义说"阿黎耶识"。论云:

> 此识有二种义,能摄一切法,生一切法。云何为二? 一者觉义,二者不觉义。[①]

此顺上文而再作发挥。阿黎耶识既有染有净,故即有"觉"与"不觉"二种意义。

以下即从"生灭心"一方面看一切法。所谓"觉"原即"心真如"所表之"主体性"。就"生灭心"或"阿赖耶识"一面看,此"主体性"时时

[①]《大乘起信论·解释分》。

仍在,但未能完全显现,依此说"觉"。另一面"主体性"既未完全显现,必有所蔽,依此说"不觉"。"觉"及"不觉",正与"空"及"不空"相比而立。论云:

> 所言觉者,谓心体离念;离念相者,等虚空界,无所不遍;法界一相,即是如来平等法身。依此法身,说名本觉。何以故?本觉义者,对始觉义说;以始觉者,即同本觉。①

此先指出"觉性"本身,即是最高主体性,故亦即法身;然后以此"觉性本身"与"觉性之显现"并立而说,遂有"本觉"与"始觉"之分。但"始觉"只指"本觉"之显现,并非另有其性,故又谓"即同本觉"。

"始觉"一观念,乃依于"本觉"可能不显现而立,若常显现即不需要立此观念,故论云:

> 始觉义者,依本觉故,而有不觉;依不觉故,说有始觉。②

换言之,因"本觉"之不显,故有"不觉";转"不觉"为"觉",乃有"始觉"观念。如此"觉"之过程,又有阶段不同,故又说:

> 又以觉心源故,名究竟觉;不觉心源故,非究竟觉。③

其下再举"觉"之次第,兹从略。

总之,所谓"觉"即是"离念"之主体自由境界,故众生未曾离念,即"不名为觉"。"本觉"有所"染",即有"不觉",但此觉性并不灭坏;换言之,"心"虽在迷蔽之中,本身并不"灭"。主体之某种活动可以息止,主体本身则无生灭。故论云:

> 以一切心识皆是无明;无明之相,不离觉性;非可坏,非不可坏;

---

① 《大乘起信论·解释分》。
② 《大乘起信论·解释分》。
③ 《大乘起信论·解释分》。

> 如大海水，因风波动，水相风相不相舍离，而水非动性。若风止灭，动相则灭，湿性不坏故。如是众生自性清净心，因无明风动；心与无明俱无形相，不相舍离；而心非动性，若无明灭，相续则灭，智性不坏故。①

此处标出"无明"一词。以"无明"为迷妄之源，乃佛教通义。"心"为无明所蔽时，即成为"不觉"，如风动水；但"心"之智性不坏，如水之湿性不坏；故"本觉"之显现过程，即除"无明"之过程。其下又就"觉"本身立"四种大义"以描述之，从略。

就"觉"言如此。其下论"不觉"云：

> 所言不觉义者，谓不如实知真如法一故，不觉心起而有其念。念无自相，不离本觉。犹如迷人，依方故迷；若离于方，则无有迷。众生亦尔，依觉故迷；若离觉性，则无不觉。以有不觉妄想心故，能知名义，为说真觉。若离不觉之心，则无真觉自相可说。②

此段先说所谓"不觉"，即不如实知"真如法一"，换言之，即不悟见主体性之统一。此即自我之封锁。其次申说，"觉"与"不觉"二义相依而立；正如有一定"方向"观念，然后能说某人"迷失方向"；倘无"方向"，亦无"迷失"可说；因此，说"不觉"乃预认"觉性"，而只以"觉性"之不显说"不觉"。此即"若离觉性，则无不觉"二语之本旨。此是就意义本身说，非就工夫说。"不觉"之意义，依于"觉性"之意义方成为可解，并非谓如此作工夫。此等处不可误解，否则头绪即大乱矣。

其下又论"不觉"之"三种相"，为"无明业相""能见相"及"境界相"三者；换言之，由主体自身之昏蔽，故自身陷入"无明"，即有主客

---

① 《大乘起信论·解释分》。
② 《大乘起信论·解释分》。

之分裂，而生出幻妄之客体性。但此中终以"无明"为主，故此段论各相后，结语云：

> 当知无明能生一切染法，以一切染法皆是不觉相故。①

以上所论，就"阿黎耶识"或"生灭心"言，即直扣当前之自觉意识讲。此中主体性未纯粹未显现，故有不觉义，但非无主体性，故有"觉"义。而"不觉"之状态即主体为"无明"所覆蔽之状态。然则"无明"何来？此在佛教理论中，罕有作正面交代者，然其意自是谓"无明"亦主体自身所生。但风水之喻，则似使人以为无明在心外，犹风在水外，此亦一切唯识理论用比喻时不能免之语病也。

本论下文论"生灭因缘"，提出"心、意、意识"三观念，说依"阿黎耶"或"众生心"方能说"无明"。其言云：

> 生灭因缘者，所谓众生依心、意、意识转故。此义云何？以依阿黎耶识说有无明，不觉而起，能见、能现、能取境界；起念相续，故说为意。②

案此所谓"心、意、意识"即相当于第八、第七、前六识。将前六识皆称为"意识"，是印度原有之一说。此处之"意"应即"末那"；"心"则指"生灭心"，即"阿黎耶识"。此处点明依阿黎耶方能说"无明"；又以"无明"为幻妄根本，但"无明"一现，即有第七识之发用，故下文点出"意"字。

然则由无明至一切妄幻杂染法之生起，皆是此"心"自陷幻妄之故，由此，论中作断语以明宗旨云：

> 是故三界虚伪，唯心所作；离心则无六尘境界。此义云何？以

---

① 《大乘起信论·解释分》。
② 《大乘起信论·解释分》。

> 一切法皆从心起妄念能生，一切分别即分别自心。心不见心，无相可得。当知世间一切境界，皆依众生无明妄心而得住持。是故一切法如镜中影，无体可得。唯心虚妄。以心生则种种法生，心灭则种种法灭故。①

案此所谓"心"皆指"无明妄心"，可知"无明"乃"心"或"主体"所生矣。全段立"唯心所作"义，即表明真妄染净皆是主体活动，故虽在染妄之中，主体亦不灭坏，此所谓"真常之教"也。

此外种种析论，本书不详及。上文所述，已足表明此论之宗旨。但论中总说工夫过程之语，仍当再作引述；此即原文中说从"生灭门"入"真如门"一段。其言云：

> 复次，显示从生灭门即入真如门；所谓推求五阴，色之与心，六尘境界，毕竟无念；以心无形相，十方求之终不可得。如人迷故，谓东为西，方实不转，众生亦尔；无明迷故，谓心为念，心实不动。若能观察，知心无念，即得随顺入真如门故。②

此即扣紧方向义说迷觉、说工夫，盖若就体言，只有一最高主体；所谓"无形相"，即指无对象性而言。"心"之迷，在于误取一活动方向，使自身失去主体自由；故能悟"心"之"无念"，即知由"念"所生之幻妄，皆可撤消，即入真如门矣。

以上说《大乘起信论》之大旨。约言之，即立最高主体之肯定，谓真妄同归一"心"所生。此种立场，究与真谛思想之距离如何，仍难断定，但可知者是，日后中国三宗之教义，皆在基本立场上与此论相近。若此论确为中国佛徒所造，则可说是中国三宗之先声，若此论出自印度，则应作为《摄论》流传后之作品看。盖其思想实是收法性、法相诸

---

① 《大乘起信论·解释分》。
② 《大乘起信论·解释分》。

观念于一"真常心"中，断非早期作品。由是亦知不能为龙树以前之"马鸣"所造也。

　　　　∽　　　∽　　　∽　　　∽　　　∽

附记：本时期之重要佛教史著作

　　印度教义在中国之流传讲论，已如上述。此外尚应补记者，乃此时期中有佛教史性质之著作。

　　第一，《出三藏记集》。梁僧祐撰，简称《祐录》。

　　案此书记载中国所出之经、律、论译文，分为《缘记》《名录》《经序》及《列传》四部分。对译经之经过各有叙述。《列传》内容，亦可供考史之用。

　　第二，《高僧传》。梁释慧皎撰，世称《梁高僧传》。案此书分为十门：一，译经。二，义解。三，神异。四，习禅。五，明律。六，亡身。七，诵经。八，兴福。九，经师。十，唱导。共二百五十七人，附见者又有二百余人，大抵皆南中国之佛徒，盖慧皎著书时，南北对立，形势所限也。学者查北方佛教资料，则此书即无大用，转不如唐《续高僧传》矣。

　　第三，《弘明集》。梁僧祐撰，本书属文选一类。依弘道明教之意，称《弘明集》。卷末有僧祐自撰之《弘明论》。《四库提要》称之为"后序"，未得实也。

　　以上三书，后人皆有续作或模仿之作，如隋费长房撰《历代三宝记》，即仿《出三藏记集》；唐道宣作《续高僧传》，更明显承《高僧传》而来；又编《广弘明集》，亦承《弘明集》；故此三书乃有开创性之佛教徒作品。附记于此。

　　又流传中国之佛教各家中，有理论成分极少而颇为俗众所信仰者,为"净土宗"。就宗教意义而言,"净土宗"重他力往生之说,易于为人接受,但实大悖于般若之义,亦与原始教义不符。若就哲学史立场看,则此宗理论几同于无,故上文未特作论述。兹便补记数语,以备学者参考。

两晋之时,所谓净土经典,译出者甚多。如:

《弥勒菩萨所问本愿经》　　竺法护译

《佛说弥勒下生经》　　竺法护译

《弥勒大成佛经》　　鸠摩罗什译

《弥勒下生成佛经》　　鸠摩罗什译

以上皆属于弥勒经典。又有属阿弥陀之净土经典,如:

《无量寿经》　　安世高译　又康僧铠译本

《大阿弥陀经》(即《大宝积经》中第五会部分)　　支谦译

《阿弥陀经二卷》　　支谦译

此外尚有《观无量寿经》等,皆刘宋时译。兹不备列。

"净土宗"以念佛求往生净土为宗旨,一部分修持方法原与禅定之说相近,但世间流行者,只属"念佛",形成一类似于"上天堂"之信仰,久久不绝。此宗之主要代表人物,应为释昙鸾。

昙鸾,雁门人,本喜方术,于梁时南来,欲求"长生不死之法",曾从道教人士乞得"仙方"。北归见菩提流支,始受《观无量寿经》,遂从此倡导"净土"之教。曾注菩提流支所译之《往生论》(即《无量寿经论》),又著《略论安乐净土义》等;曾取禅定义解释"念佛",以为所谓"念"非但口诵佛号之意,而是"想念"之意。其说亦不成体系。

昙鸾其人,大抵未明佛教大义,本恋形躯,故求不死;其后力倡"净土",亦是作为求不死之方而已。

第四节
中国佛教之三宗

佛教流入中国，经三国、两晋与南北朝之长期讲论，终在隋唐时期，出现中国佛教徒自开之宗派。此即所谓"中国佛教"。

中国佛教有天台、华严、禅宗三支。前两者虽依印度佛教经籍，然自造诸论，建立新理论系统；禅宗则不依一定经论，且不重宗教传统，称为"教外别传"；故此三宗皆有相当独立性，大体不循印度教义之轨辙。

三宗之教义，下文当再分论。此处须先概括说明者，有以下三点：

第一，三宗教义各殊，然皆属真常一系。虽天台立说乃般若一支之发展，而华严立说乃唯识一支之发展（此处言"唯识"是广义），其自创之新义实皆近真常之教。此所以论者每谓，真常之教实盛于中国；盖印度仅有《法华》《涅槃》《华严》诸经，其所立之"佛性""法界"诸义，皆未流行也。但若取宗教保守立场，则亦可说此诸宗之理论非印度佛教本有，故应作为"异说"看待。兹就中国哲学史观点论之，则中国自创之学说，正是中国哲学史中之重要资料，亦是基本论述对象；因此，前各节所述之印度教义及讲论的印度教义之中国佛徒言论，与此三宗相较，其重要性转是较低。顾此三宗之思想理论，又实是印度佛教在中国如此发展后所生出之新成果，故亦不能凭空了解。学者若只关心"中国佛教"，亦必须将前文各节视为了解此三宗理论之准备，否则，对三宗之说之真相即不能掌握。

第二，三宗之说，皆重主体性；就中国所出之佛教著作而言，先此唯有《大乘起信论》与此三宗主旨较近。若就佛教外之中国本有思想看，则先秦儒学之心性论、道家庄子之自我理论，亦可说皆在"肯定主体性"一点上,与此三宗有类似处。然此种类似,不可作为混同各家之论据。盖纵不论及其他方面,专就"主体性"观念言之,儒学之"主体性",以健动为本,其基本方向乃在现象界中开展主体自由,故直接落在"化成"意义之德性生活及文化秩序上;道家之"主体性",以逍遥为本,其基本方向只是"观赏"万象而自保其主体自由,故只能落在一情趣境界上及游戏意义之思辨上;佛教之"主体性",则以静敛为本,其基本方向是舍离解脱,故其教义落在建立无量法门,随机施设,以"撤消"万有上。所谓涅槃及六度之义,为大乘诸宗所同;虽异于小乘之自了,终是以"度"为主。其所肯定在"彼岸"不在"此岸"。此即见其"主体性"亦与儒学所肯定者,根本不同。另一面,佛道虽皆言主体自由,佛教自小乘三法印及四谛观,至般若空义,以及有宗之识变理论,无不以"撤消"此"幻妄"之现象界为主,与道家只能自保逍遥、"观赏"而不能"撤消"万象者,又有根本不同。由此,学者断不可据一点之同,而遂误以为儒佛同归,或佛道不异。此一问题在论及中国宋明儒学时,尤为重要,但此处论述中国佛教之理论,亦应先指出此点,以防学者误解。

第三,就大处而论,佛教自与任何其他学派,在理论及精神方向上根本不同。但专就中国佛教所强调之特有观念(即为印度佛教所不甚重视或未明确决定者)而论,则至少有两点,仍是接受中国本有之哲学思想或价值观念之影响者。其一是德性之"自由"观念,其二是德性之"不息"观念。

就人在德性方面有最高自由说,德性之成就永无限制。此与印度种姓之说之冲突极为明显,盖依中国此一观念看,所谓"一阐提"之名,根本乃多余之说;因若说有某种人虽自觉努力亦不能有德性成就,则此义即表示人在德性上无自由,再进而言之,即使"德性"丧失意义。若说所谓"一阐提"指不求长进之人,则人人皆可能成为"一阐提",亦不须设此种姓之名。故竺道生倡"一切众生皆得成佛"之说,依中国原有之德性观念看,则属不疑之义;然此与印度业报种姓之说,皆不能契合无间。因此虽有《涅槃经》文强调此点,他宗承印度教义者,总不能坦然接受。此即表明德性之自由乃中国观念,非印度之普遍观念也。但中国佛教三宗,对此点皆采取中国式之肯定,认为无不可度之"一阐提"。

其次,德性自由表示人之德性成就永无限制,但另一面,有此肯定后,亦必须有另一肯定。此即人之德性升降,既全由自主,则人之德性成就亦无保障。"无限制"表示"凡"皆可成"圣","无保障"则表示"圣"随时可下堕为"凡"。依此,中国先秦儒学即早有德性之不息观念;《易传》及《礼记》虽属后出,且混杂许多驳杂之说,但在此点上则皆承先秦之义而发挥。佛教原对此点见解不同,如论"不退转"之义等,即可见佛教基本上以为人之德性或自觉到某一程度,便可保障自身不再堕落。但在中国佛教之天台宗教义中,便有"一念三千"之说;此说固有客体性一面之意,为人所熟知,但亦确另有主体性一面之意义,即与此点有关。论者每忽略此义,本书下节当详论之。此处先须指出者,是此种观念亦属出自中国者,非印度教义所有。

至此,吾人可知,"中国佛教"一方面仍是"佛教",自与他派根本不同,另一面则此三宗之说既为"中国"之思想成果,亦确吸收中国某种观念。同异之际,但存其真,便不致强合儒佛,亦不致无视于"中国佛教"之特色矣。

以下分论三宗之说。

一、天台宗

就时间次序而论,天台宗智者立教,先于华严贤首及禅宗慧能之开宗,故先论天台,次论华严,最后论禅宗。

（一）天台宗简史

天台宗立教，依《妙法莲华经》及《大涅槃经》，亦采般若学观念。其学说是般若一支转向真常教义之产物。以建立理论而言，智者大师（智颛）乃真正之开宗者，但佛教习惯，每立宗派必上托古人，故天台宗自身说法乃以智者为"四祖"，其上则依次为龙树、慧文、慧思。

龙树乃由此宗佛徒有意依托而成为"初祖"，自不待言。慧文则为北齐人，初习般若经论，而就《中论》观念立所谓"一心三观"之旨。宋释志磐著《佛祖统纪》述天台诸祖事，谓慧文读《大智度论》中论"一切智""道种智""一切种智"之语，而有所悟。其言云：

> ……师依此文，以修心观，论中三智实在一心中得，且果既一心而得，因岂前后而获？故此观成时，证一心三智，双亡双照，即入初住无生忍位。①

由此即开启天台日后所立之"一心三观说"，然案其实则与般若本义亦相去无几也。慧文弟子有南宋慧思，即《佛祖统纪》中所称为"三祖"者。

慧思始重《法华经》，由此建立一乘教义之初步基础；又兼重"定"与"慧"，亦日后"止观"之说之根源。《佛祖统纪》云：

> ……至于悟《法华》三昧，开拓义门，则又北齐之所未知。②

此即谓慧思能依《法华》立教，乃慧文所未能；盖依《法华》立一乘，方使天台宗异于般若三论一派。慧思于此，实有关键作用也。又《续高僧传》云：

> 自江东佛法弘重义门，至于禅法盖蔑如也。而思慨斯南服，定

---

① 《佛祖统纪》，卷六。
② 《佛祖统纪》，卷六。

慧双开；……便验因定发慧，此旨不虚。①

此即谓慧思不偏重理论（所谓"义门"），而兼重意志工夫，由此亲证"定慧双修"之境。依此，则日后天台教义之依《法华经》与倡"止观"，皆起自慧思，不愧"三祖"之号。

然天台理论之大立，仍待智者大师。智者大师本名智𫖮，慧思弟子。于陈末居天台修禅寺，又讲《法华经》于金陵；陈亡后云游说法。隋开皇十一年，至扬州；十二年，至荆州；十五年，复至金陵；十七年十一月逝世。

智者平生罕执笔为文，所遗三大重要著作《法华玄义》《摩诃止观》《法华文句记》，皆是讲论时弟子所录；后由门下高僧灌顶整理编成三书。即日后天台宗所称之"三大部"也。

智者门下五传而至湛然，又为天台宗之重要人物；兹列智者至湛然之世系如下：

（陈隋）　　　　　（唐）

智𫖮——灌顶——智威——慧威——玄朗——湛然

湛然称为"天台九祖"，平生著作甚多，与华严、法相、禅宗各支论辩，保卫天台教义，贡献甚大。

湛然后两代，即遭会昌法难，天台宗从此大衰。直至北宋初知礼大师兴起，天台方由衰再盛，然不久即有所谓"山家"与"山外"之争。此为天台宗一大事，为略作记述。

天台宗虽言"止观"并行，但所重者仍在理论建构一面；唐释湛然著《摩诃止观辅行传弘决》（简称《辅行记》。"决"即"诀"），繁征博引，大有注疏家意趣，尤足见其学风实偏重知识者。以此，会昌法难后，

---

① 《续高僧传·慧思传》。

典籍佚散，其势力便日衰；及钱氏割据江南，自号"吴越"时，方求遗书，而高丽方面所存之天台教义书籍，于此时重返中国。四明知礼大师遂力弘天台之教，成为此宗"中兴"之人物。然知礼虽为当世所重（赐号"法智"），又被本派后学尊为"十七祖"，其在世时即已有派内分裂之争。此即所谓"山外"问题。

案智者大师曾说《金光明经》，其讲辞称《金光明经玄义》，有"广本"与"略本"。天台宗僧人晤恩乃著《发挥记》，主张略本，以广本为以后所擅增，非智者义。其门下之源清、洪敏皆承师说，抨击广本。知礼则撰《扶宗》《释难》以答之，源清门下有庆昭、智圆再与知礼辩驳；如是反覆至于五次，共历七年；其双方辩驳之文，即所谓《四明十义书》也。此时知礼有权威地位，故此后持异论者，自源清、庆昭、智圆等以下，皆被称为"山外宗"，即"外道"之意。

宋释宗鉴曾仿史书体裁，作《释门正统》，以天台为"正统"。释志磐继作《佛祖统纪》，则上溯释迦，下迄知礼，皆立《本纪》；对山外诸师与知礼同时者，则列于旁出之《世家》中，对知礼后之山外诸师，则皆贬入《杂传》；此种模仿儒生史笔之作法，遂使"山家"与"山外"之争，益成为不可解决之问题矣。

《释门正统》中有云：

> ……自兹二家观法不同，各开户牖，枝派永异。山家遂号清昭之学为山外宗。[①]

《佛祖统纪》则贬斥山外师尤甚，如论仁岳（净觉）云：

> 天台宗谓学华严唯识者为他宗。净觉初为山家之学甚笃，一旦师资小不合，遽为异说；至于十谏雪谤，抗辩不已。前辅之而后畔

---

① 《释门正统·庆昭传》。

之,其为过也与学他宗者何异?父作之,子述之;既曰背宗,何必嗣法?故置之《杂传》。①

此种口吻,直与儒生斥奸邪之语无异。可知此二书问世时,天台内部之分裂,已成定局。其后亦再未见真正统一局面矣。

天台宗内有二派之分,对外则与禅宗时有辩难,但所辩者乃禅宗《宝林传》《传法正宗记》诸书所记统系问题,非关教理,兹不详述。

以上为天台宗之简史。

(二)天台宗之判教理论

判教理论即指分判佛教各种教义之地位高下之说。此种理论,在印度原已有之。如大乘经论中无不判大小乘为二教,又如《解深密经》立"三时义",即以小乘、般若、唯识为佛教教义之三阶段,此皆是判教理论。其后中国各宗论师亦有种种不同判法,如地论师慧远立"大""小""深""浅"四义,分判四教,即最有名之实例也。但中国三宗中,天台及华严之判教理论,则远较前人为精严,故后世学者特加重视。兹略述智者之判教理论。

智者以"五时八教"分判佛教之一切教义,在《法华玄义》中说之甚详。其大旨如下所述。

先说"五时"。此即将佛教教义皆视为佛所说法,而分为五阶段。此即:

(1)华严时:佛初成道时所说。

(2)鹿苑时:佛说小乘义。

(3)方等时:广说各法门,斥小赞大。

(4)般若时:专说空义,所谓以空慧水,淘洗情执。

(5)法华涅槃时:此皆表究竟了义,会三乘归一乘,立圆教,说真

---

① 《佛祖统纪·净觉仁岳传》。

常,明佛性。

此种分判法,主要是依传统立说;譬如以《华严》为记最早说法之经典,是据《华严经》本文,未作丝毫考订。此自是守宗教立场使然,盖佛教徒必尊经文(唯禅宗除外,见下),故不得不如此说。

但如此分判五时,其中显有一问题,即《华严》说佛境界、法界等,其陈义显然远比小乘等义为高,何以先说高深义,后又转说粗浅义?智者为自圆其说,乃以"日"喻之,谓"如日初出,先照高山",是华严时;"次照幽谷",是小乘时(或鹿苑时);其后再照"平地";最后又还照"高山"云云(见《法华玄义》)。此即谓,佛说法先说无上义,然不为人所解,故为方便诱引,乃改说阿含等小乘义,然后逐步提高,最后,仍说无上究竟义。依此,则《华严》与《法华》《涅槃》诸经地位相同,但一居说法之始,一居说法之终耳。

此说自与历史不合,但智者虽用"时"字,不过为发挥其理论而借用,并非真谈历史,故学者于此亦不须多辩,视之为解释各种教义之地位之说,即不致有误会矣。

"五时"之说,主旨在说明各经之地位。此中有应注意者,即智者对唯识之学未特加重视。观其以《楞伽》等经列入"方等时",则固认为唯识理论浅于般若理论;盖天台之教原自般若教义发展而成,故其有此说,亦不足怪。①

其次应观所谓"八教"之说。

"八教"分为两组:一组为"化法四教",另一组为"化仪四教"。"化法"指教理说,"化仪"指教化过程或方式说。

所谓"化法四教",即所谓"藏、通、别、圆"四者。

---

① 智者立说时,成唯识论一支虽尚未来中国,而《摄论》则已流行,不可谓智者不知有唯识理论也。但三大部中罕及唯识之义,亦是事实。此只表示智者偏重般若之学,且对历史发展之先后,全不在意,即立教之意重于立学也。

（1）藏教：即三藏教。天台用语，以此名专称小乘教义，故此教以"四谛"为主要教义，正化声闻缘觉，旁化菩萨。换言之，即主要为小乘学人而设立。

（2）通教："通"指"共同"而言。此教为大乘之初门，为三乘所共，故称"通教"。此教以说"因缘即空"为主要教义，正化菩萨，旁通二乘。

（3）别教："别"与"通"相对，指"不共同"而言。此教专为菩萨乘而立，不通二乘，故称"别教"。此教以说"因缘假名"为主要教义。

（4）圆教："圆"有"不偏"之义、"究竟"之义。此教以"不思议因缘""二谛中道"或"中道实相"为主要教义，此但为最上利根之菩萨而立，亦即究竟了义之教。

此四教各明一义，但其划分方式亦颇多问题。依智者之义，此四教皆不包括法华，则他宗殊难承认也。

次说"化仪四教"。

（1）顿教：指佛成道初，直说无上法。即《华严经》所代表之教法。

（2）渐教：渐次诱引，先小后大，即《阿含》《方等》至《般若》等经之教法。

（3）秘密："秘密教"者，指可解为"渐"、可解为"顿"之教法；同一会中，听者各随机得益。

（4）不定：顿中有渐，渐中有顿，亦随听者自悟。

此所谓"化仪四教"，当是由于智者时久已有"顿渐"之争，故特建立者。其中"秘密"与"不定"二义，颇有可讨论处。此处不及具说。

判教理论足以代表某宗对全部佛教思想之看法，亦可说是有批评性之理论。至其正面理论，则属于本宗教义范围，另属一节。

（三）天台宗之教义

天台教义，基本上乃智者大师之理论，散见于《摩诃止观》《法华玄义》及《法华文句记》等。兹撮其要，分述如下：

1. 一念三千

所谓"一念三千"之义，乃由"百界千如"之说而来，故当先释"百界千如"。《法华经》以十"如是"摄一切法，即所谓如是性、如是相、如是体、如是力、如是作、如是因、如是缘、如是果、如是报、如是本末究竟等。智者释之云：

> ……相以据外，览而可别，名为相。性以据内，自分不改，名为性。主质名为体。功能为力，构造为作；习因为因，助因为缘；习果为果，报果为报；初相为本，后相为末，所归趣处为究竟等。①

案此是对十如之通释，即各就本义说明，不分别各界而言。据此，则十如可解为：

"性"——本性

"相"——表象

"体"——实体

"力"——功能

"作"——活动

"因"——主要先在条件

"缘"——辅助性先在条件

"果"——直接后果

"报"——间接后果

"本末究竟等"——以上九者合成之全体过程

---

① 《法华玄义释签》，卷二下。

对此中"本末究竟等"一语，智者以"平等"释"等"字，此则于文例不合，且于理论上亦无必要；盖佛教经论之译文中，凡在语末用"等"字，大致皆承上而言；为"人、非人等""譬如瓶等"之类，无只以一"等"字置于句末而表"平等"者，故十如中最后一项，应为"如是本末究竟"，"等"字乃附加也。又就理论意义看，智者以"等"为"平等"，不过欲说各义互摄，或所谓诸法究竟实相为"等"而已。然"十如"乃举一切法之各面而言，"本末究竟"即指各项之全体过程，此处不必加一"平等"或"相等"之义也。十如之义既明，则"百界千如"即配"十如"于"十界"而得。

所谓"十界"即是将自我境界或生命之等级分为十层，其中最上四界为佛、菩萨、缘觉、声闻，称为"四圣"；以下六界为天、人、阿修罗、畜生、地狱、饿鬼等，称为"六凡"；共称"十界"。

此处天台宗提出一特殊理论，即每一界皆通往其他九界，于是一界有"十如"，十界互通乃有百界，遂成"百界千如"。智者云：

> 此一法界，具十如是；十法界，具百如是。又一法界具九法界，则有百法界，千如是。①

盖每一界中之自我有十可能，即守本界为一可能，通往其他九界为九可能，故合而说之，每一界成为"十界"（此后一"界"字，词义表活动领域，与前一"界"字稍异）。于是，"十界"遂显现为"百界"。一界有"十如"，百界有"千如"。

所谓"三千"者，乃再就"千如"加三世间观念而得。三世间即"众生世间""国土世间""五阴世间"。②

此处所谓"一念"，最堪注意；盖智者此说，实即谓自我在任何境

---

① 《法华玄义释签》，卷二下。
② 《大智度论》。

界中,均可通往其他任何境界,其升降进退,悉归"一念"。如此,乃显二义。

其一是主体之绝对自由义。盖不论自我到何境界,主体既是绝对自由,则永远无限制亦无保证;凡可作圣,圣亦可堕为凡;念念之间,自我随时升降。此是"一念三千"所显之第一义。

其二是万法之交互相融义。此就客体性而言,盖若将百界、千如、三世间均看作客体,则"一念三千"即显示每一客体性之法皆可通往其他各法。此即"一念三千"所显之第二义。就一般解说天台教义者而论,所常言者每是此第二义,对第一义反常予忽视。实则此一观念之最大特色,正表现于"主体之绝对自由义",第二义反是依第一义而立也。

第二义为客体意义,可说是对"万法"之描述;此描述之所以能成立,正由于万法皆主体所生,故是依第一义而立。智者以下诸论师所以强调此点者,乃因此义与华严宗所言之"因陀罗网"相似;会昌法难以前,天台与华严、法相及禅宗均屡有辩论。在辩论时欲表明本宗之教义可包摄他宗之长,故强调此第二义,此亦时势因缘,不可执为定理。

"一念三千"之说,既显主体之绝对自由,于是,一方面众生具佛性,皆可成佛等问题,均不再成为问题;另一方面则进德不息,一心自主,时时可圣,时时可凡,亦成显然可知之理。此是佛教教义之一大进展,亦是天台宗吸收中国德性观念之证据,最足以表明天台宗之为"中国佛教"。其重要性远在所立他义之上,故首及之。

2. 一心三观

天台重"止观",然"止"与"观"互不相离,即定慧互成之意也。兹述一心三观之说,当先明"止观"之意。《止观辅行记》云:

> 发菩提心即是观,邪僻心息即是止。①

又云:

> 若解此心,任运达于止观;无发无碍即是观,其性寂灭即是止。止观即菩提,菩提即止观。②

本以"发菩提心"为"观",又以"菩提"同于"止观",其重"观"而以"止"附之,意不难见。故若能知"一心三观"之义,则"止观"大旨即明。智者云:

> 修从假入空观时,先观正因缘法。……是为用四悉檀,起从假入空观,成一切智,发慧眼也。③

续云:

> 若从空入假观,巧用四悉檀,取道种智,法眼亦如是。若修中道第一义观,巧用四悉檀,取一切种智,佛眼亦如是。④

此即指"空、假、中"三观而言。案此三观原属般若教义所立,《中论》明确言之。但天台虽承般若而言"空、假、中",又有一不同旧说处,即以为每一观皆可统摄其余二观是也。

三观互相统摄,即表示取"假观",则一切皆假,取"空观""中观"亦然;此说之宗旨实是扫除对概念之执著,又同时安立各概念于言说中。究其根本,则仍以主体之独一性为据,盖即由一心生万法,而方便说万法之相融相通也。

"三观"乃就主体一面说,若就客体一面说,则称为"三谛",故"三

---

① 《摩诃止观辅行传弘决》,卷三。
② 《摩诃止观辅行传弘决》,卷四。
③ 《法华玄义释签》,卷二上。
④ 《法华玄义释签》,卷二上。

谛圆融"与"一心三观"实是一理之两面说法。以下即略述"圆融三谛"之义。

《辅行记》云：

> 三界无别法，唯是一心作。①

又云：

> 次，根尘相对，一念心起，即空，即假，即中者，若根若尘，并是法界，并是毕竟空，并是如来藏，并是中道。②

其下再释"即空""即假""即中"之义云：

> 云何即空？并从缘生，缘生即无主，无主即空。云何即假？无主而生即是假。云何即中？不出法性，并皆即中。当知一念即空，即假，即中，并毕竟空，并如来藏，并实相。③

如此，所谓"三"亦是施设方便，真实道理只是"一心生万法"；就万法之呈现言，是"假"；说万法虽呈现而无自性言，是"空"；就此种无自性之呈现为一心所作言，是"中"。所说之重点不同，非有许多道理不同也。故又云：

> 非三而三，三而不三。④

再设譬云：

> 譬如明镜，明喻即空，像喻即假，镜喻即中。⑤

此喻重要处在"镜喻即中"一语，盖"中观"即就全幅实相说也。至此，

---

① 《摩诃止观辅行传弘决》，卷四。
② 《摩诃止观辅行传弘决》，卷四。
③ 《摩诃止观辅行传弘决》，卷四。
④ 《摩诃止观辅行传弘决》，卷四。
⑤ 《摩诃止观辅行传弘决》，卷四。

可知三观三谛,皆摄归一心;"三谛圆融",正见此"心"之主体性。由此乃说:

> 此一念心,不纵不横,不可思议。非但己尔,佛及众生,亦复如是。华严云:心佛及众生,是三无差别。当知己心,具一切佛法矣。①

己心即具一切佛法,此亦表示最高主体之自由,同时肯定当前之自觉即通往此绝对自由之境界;于是,三观、三谛又与"一念三千"之义合为一体矣。

但此是揭示究竟实相,若说法则或"举空为言端",或"举有为言端",或"举中道为言端";本义则是圆教,立说有偏重,乃随机施设耳。《摩诃止观》中曾说此意,兹不赘论。

3. 六即

由以上所述,天台教义之大端已明,若论工夫次第,则有"六即"之说。《辅行记》云:

> ……为此事故,须知六即,谓理即、名字即、观行即、相似即、分真即、究竟即。②

其下分释云:

> 理即者,一念心即如来藏理。如故即空,藏故即假,理故即中。三智一心中具,不可思议。……是名理即,即是菩提心。③

此谓"理即"者,言众生在"理"上本与"佛"不离(案此处"即"字即"不离"之意),非言已圆满得正觉,只说有此"理"而已。

---

① 《摩诃止观辅行传弘决》,卷四。
② 《摩诃止观辅行传弘决》,卷四。
③ 《摩诃止观辅行传弘决》,卷四。

其次云:

> 名字即者,理虽即是,日用不知;以未闻三谛,全不识佛法,如牛羊眼,不解方隅。或从知识,或从经卷,闻上所说一实菩提,于名字中通达解了,知一切法皆是佛法。是为名字即菩提。①

案此指未能实证觉境,但通过名言知识而知此理者;此就觉境言,乃最远于正觉之阶段。

次云:

> 观行即(是)者,若但闻名口说,如虫食木,偶得成字,是虫不知是字非字;既不通达,宁是菩提?必须心观明了,理慧相应;所行如所言,所言如所行。……此心口相应,是观行菩提。②

此即谓能在实践中守此理者,为进一步之境界。

次云:

> 相似即(是)菩提者,以其逾观逾明,逾止逾寂,如勤射邻的,名相似观慧。③

此境又进一步,乃止观日益有得,接近正觉者,故名为"相似"。

次云:

> 分真即者,因相似观力,入铜轮位,初破无明,见佛性,开宝藏,显真如,名发心住,乃至等觉;无明微薄,智慧转著。④

此已是已悟之境界,所谓"铜轮位"指"十住"而言(见《本业缨络经》)。但尚未至圆满无上境界,只得部分之真,故名之为"分真即"。最后

---

① 《摩诃止观辅行传弘决》,卷四。
② 《摩诃止观辅行传弘决》,卷四。
③ 《摩诃止观辅行传弘决》,卷四。
④ 《摩诃止观辅行传弘决》,卷四。

又云：

> 究竟即菩提者，等觉一转，入于妙觉；智光圆满，不复可增。名菩提果，大涅槃断，更无可断，名果果。……故名究竟菩提。①

案此是佛境界矣。"六即"之说如此。本节述天台宗之教义，亦即于此结束。

以下观华严宗之教义。

二、华严宗

（一）华严宗简史

"华严宗"立教，自依《大方广佛华严经》。关于此经本身，前文论印度佛教诸经中"真常之教"一系，已有说明。有关此经之印度论籍极少。世传龙树曾作《大不可思议论》，然其书不传，其言未必可信。即鸠摩罗什所译之《十住毗婆沙论》，亦未必出于龙树；盖《华严经》属有宗一系，龙树为空宗领袖，何故作此论，殊不可解。至世亲《十地经论》，则确是印度佛徒依《华严经》所造之唯一论著，但其内容未能包括《华严》经义之主要特色，反借题以谈唯识之义，故此书可造成一"地论宗"，而非"华严宗"所依之理论。

华严理论皆属自造。真正完成此宗理论者，为贤首法师。贤首以前则有杜顺及智俨两大论师。

杜顺原称"法顺"，以俗家姓杜，故称"杜顺"；生于公元558年，雍州人；公元593年，隋开皇十三年，杜顺依《华严》立说，得弟子甚众，其时天台智者已正式开宗矣。隋唐间，杜顺讲经著论不倦。唐太宗时，赐号"帝心尊者"。贞观十四年，公元640年，杜顺逝世，年八十

---

① 《摩诃止观辅行传弘决》，卷四。

余。著有《法界观门》《五教止观》《说十玄门》等,皆为日后贤首理论之初基。然此中《五教止观》,或疑为后人托名所作;亦如天台宗之《大乘止观法门》,乃后人托名慧思法师者,因此二书中均有后出之语也。

其次,智俨,俗姓赵,生于公元 602 年(或说 600 年),十二岁出家,从杜顺学;二十余岁时,于《华严》义有悟,即疏解经义,成《搜玄记》五卷,日后贤首之《探玄记》即祖述此书之作也。公元 668 年,智俨逝世。另著有《孔目章》《五十要问答》《一乘十玄门》等。华严教义,至此已渐臻完备。

正式立宗之贤首法师,本名"法藏";其祖先原为康居人,后至中国,遂以"康"为姓。贤首十七岁,即往云华寺听智俨讲经,以师礼事智俨,得习《华严》经义。二十六岁时,智俨逝世,二十八岁方削发。贤首生于公元 643 年,即唐贞观十七年;削发时为公元 670 年(二十八乃虚岁),其后四年,赐号"贤首"。公元 680 年,日照携梵本《华严经》来长安,贤首乃据其梵本,补足晋译《六十华严》中之缺文。公元 695 年,与实叉难陀再译《华严》;五年功毕,译本称《八十华严》或《唐译华严》。公元 699 年,贤首在佛授记寺讲《华严》,听者数千人。公元 712 年,贤首逝世,年七十岁。贤首著作甚多,主要者有《华严探玄记》《华严一乘教义分齐章》《华严旨归》《华严义海百门》《妄尽还源观》《华严文义纲目》《金狮子章》,此外尚有零星疏注或解音义之作多种。

除本宗教义之建立外,贤首又致力于其他经论之疏解,著有《密严经疏》《大乘起信论疏》《法华经疏》《十二门论宗致义记》等。

贤首在华严宗之地位,犹如智者在天台宗之地位,但智者弟子皆承师说,而贤首弟子慧苑则在贤首逝世后不久,即另立异说。

案慧苑,京兆人,《宋高僧传》有传,曾著《新译华严经音义》,流传于世。贤首晚年，著《华严经新疏》，未毕而逝世，慧苑整理其稿，称为《续华严略疏刊定记》，自立异说，其要点有二：第一，改贤首之判教理论，不用"五教"而用"四教"；第二，改"十玄"之理论，分所谓"德相十玄""业用十玄"。

《刊定记》今虽在《续藏》中，文已不全，其理论亦不能详知；然其后澄观大师，重倡贤首之义，驳斥慧苑之说。此后，慧苑之说即衰息，对日后华严宗亦更无大影响。

澄观法师，俗姓夏侯氏，越人；生于公元737年，即唐开元二十五年，公元838年始逝世，寿至一〇二岁。澄观在华严宗之地位，颇似天台宗之湛然，但湛然平生主要工作在于与他派辩论，故《佛祖统纪》拟之于孟子之辟杨墨；澄观之主要工作则在于清除派内之异说，而重新统一理论标准，故其主要著作，为《华严大疏钞》，亦即以驳斥慧苑之说为宗旨也。

澄观曾于公元796至798年间，参与《四十华严》译事，赐号"清凉"；后为僧统，盖最有政治势力之僧人。其主要著作除《大疏钞》外，尚有《华严行愿品疏》，即解《四十华严》者。此外《法界玄镜》等，亦皆述贤首教义。总之，澄观乃贤首之理论继承人，故被尊为"四祖"，当之无愧。

但澄观早年，据传曾与天台宗有所交往，或且谓澄观曾受湛然指点，故澄观日后昌大华严之教，颇为天台宗论师所不满。《金刚錍》一书，据说即为澄观而发，故澄观时之华严宗实与天台宗极为不和。可谓"圆教"与"圆教"之冲突矣。

澄观后辈中又有宗密。宗密居于圭峰，故或称"圭峰大师"；此与澄观之称"清凉"、法藏之称"贤首"不同，非赐号也。宗密，四川西充县人，本姓何；生于公元780年，即唐德宗建中元年，卒于公元841年，年六十二。

宗密于公元807年出家,初读《圆觉经》,有所感悟;后二年,读澄观《华严大疏》,屡为众宣讲;遂通书澄观,执弟子礼。其实宗密之学半由自悟,非得自澄观者。宗密后谒澄观,则得澄观印可其说。澄观虽长宗密四十余岁,但享高寿,故澄观逝世后三年,宗密亦逝世,二人说法实同时之事也。

宗密被尊为华严宗之"五祖",著有《华严论贯》,至宋即失传;此外曾注《法界观门》,疏《金刚经》《起信论》等。此外又有论禅之作。

宗密逝世,乃在公元841年,即唐武宗会昌元年;其后唐武宗禁止佛教及其他外国宗教,遂有所谓"会昌法难"。此后,华严宗亦随他宗而俱衰。至宋初,方有子璇。

子璇法师,嘉禾人,或谓钱塘人;生于公元965年,初从天台宗洪敏习《楞严经》,后又参禅宗之慧觉,欲皈依座下。其先,子璇已讲《华严》,故慧觉劝之重振华严宗;于是子璇遂居长水,讲《行愿疏》《法界观》等。公元1040年,子璇逝世,年已七十六。所著有《首楞严义疏》,即以贤首义解《楞严》之作。

子璇门人中有净源。净源生于公元1011年,曾事数师习《华严》教义,后师子璇。净源曾主泉州清凉寺、苏州报恩观音寺、杭州祥符寺等,声望甚隆。宋神宗时,净源在钱塘慧因寺,弘扬《华严》教义;适高丽僧人义天,持流传高丽之《华严大疏钞》来,遂诣净源,执弟子礼。其时中国《华严》典籍早已散佚,义天除持《疏钞》外,又于归国后遣使送《华严》三种新旧译本至。于是,公元1088年,净源改慧因寺为华严教院。华严一宗又稍振兴。

净源于是年逝世。其后高丽义天在海外兼讲天台、华严二宗之义。中国则净源门下,虽有不少著作,然华严宗终未能大盛,盖净源实为力兴华严之最后人物。

净源曾编《华严经疏注》,共一百二十卷,即录澄观之疏以注经文;此外著有《华严妄尽还源观疏钞补解》《华严原人论发微录》及《金狮子章云间类解》等。

以上为华严宗简史,以下述其教义。

(二) **华严宗之判教理论**

华严判教之说,大成于贤首。贤首与智者在判教方面之主要不同处,在于贤首不分"时",只就"义"而分判,故有"五教十宗"之理论。

先述五教之说。贤首云:

> 圣教万差,要唯有五:一,小乘教;二,大乘始教;三,大乘终教;四,顿教;五,圆教。①

兹分别解释如下:

1. 小乘教

此即天台宗所谓"藏教";依贤首分判方法,"四阿含经"《发智论》《杂心论》及《俱舍》《成实》诸论均属之。此等经论乃劣根者所受持,故即是"愚法二乘教"。其教义专重说"人空"一边,对"法空"之理尚不能尽说。

2. 大乘始教

此教为由小乘始入大乘者设立。贤首认为"始教"中包括般若之学及瑜伽唯识之学,故般若诸经、《中论》《百论》及《十二门论》等均属此教,另一面则《解深密经》《瑜伽师地论》《唯识》诸论亦属此教。为分别此二支,又有"空始教"及"相始教"之名。相始教之教义中立"无性有情"之观念,故一部分众生永不得得无漏智、立五位百法等,唯于生灭处说"阿赖耶"。空始教则只立空义,以破迷执。二者皆未尽大乘义,故只称"始教",表明是"大乘之初门"。

---

① 《华严一乘教义分齐章》,卷一。

此处最可注意者,是贤首眼中空有二轮之教义,皆判归"始教",则华严宗义所肯定者,自是在于"真常"。换言之,不能确立"主体性",即非大乘究竟义,此是华严宗旨。

3. 大乘终教

此教说一切众生皆可成佛,皆有佛性;谈"真如"时亦不说"凝然不动"之法性,而立"真如随缘"义,即"真如"能生起万法。经论中如《楞伽》《密严》《如来藏》《胜鬘》诸经,《大乘起信论》《法界无差别论》等均属之。

案此即"真常之教",事理不隔,是其要旨;然所以不隔者又因同出于一"心"之故,即所谓"真常"也。

4. 顿教

"顿"与"渐"相对而立义。大乘始教及终教,皆有阶位次第,故皆是"渐教";今所说顿教,乃不说法相,不立法门,无阶位次第之限制。一念觉即佛,一念迷即众生。案此应相当于"禅宗"义,但贤首自己则每举《净名经》为例。

顿教即不讲阶位,故只能是"一乘教"。

5. 圆教

此教即指《华严经》言。教理行果,圆融无碍;说一摄一切,一切摄一,重重无尽之义。因经文有"圆满因缘修多罗"之语,故称"圆教"。"圆教"自是"一乘教"。

此处应注意者,是贤首于五教中不立"别教",故与智者之分"藏、通、别、圆"有异;而贤首自身亦用"别教"字样,其用法则是与"同教"并举互别。贤首以为"一乘教"中又有"同教一乘"与"别教一乘"之分。如列举五教后云:

> 初一即愚法二乘教,后一即别教一乘。①

此所谓"后一",即指"圆教",而以为是"别教一乘",便是说,《华严》属"别教",因只对最上根者说也。然则"同教一乘"何所指乎?观贤首论"三乘"与"一乘"问题之言,可知实指《法华经》。贤首论"建立一乘"义时云:

> ……由此镕融,有其四句:一,或唯一乘,谓如别教;二,或唯三乘,如三乘等教,以不知一故;三,或亦一亦三,如同教;四,或非一非三,如上果海。②

此处所说"别教",即单说一乘之华严义。其下论"教义摄益",则明说"同教"即法华义。其言云:

> 初中有三义。一者,如露地牛车,自有教义,谓十十无尽,主伴具足,如《华严》说。此当别教一乘。二者,如临门三车,自有教义,谓界内示为教,得出为义。……此当三乘教,如余经及《瑜伽》等说。三者,以临门三车为开方便教,界外别授大白牛东方为示真实义。此当同教一乘,如《法华》说。③

此依《法华经》中"火宅"之喻,谓《法华》言及"三乘",但为方便诱引,最后皆引归一乘;故其教义可为三乘人说,因此为所谓"同教一乘"。《华严》则只说佛境界,故根本不立"三乘"之说,故是所谓"别教一乘"。

依此,《华严》与《法华》俱属一乘教义,唯或别或同,有殊异处。然则《法华》是否亦属"圆教"?依前引之语看,"圆教"若"即别教一

---
① 《华严一乘教义分齐章》,卷一。
② 《华严一乘教义分齐章》,卷一。
③ 《华严一乘教义分齐章》,卷一。

乘",应是《华严》而非《法华》,然则五教之中,竟不能判《法华》一经矣。此点至少在贤首自说诸义中,是一问题。倘以"圆教"为包括"同"与"别"者,则问题似可解决,但如此则"后一即别教一乘"一语,便应修改。此亦贤首立论在小处每多疏漏之一例。若专就理论本身看,则学者亦不必重视此问题,只稍将《法华》及《华严》同视为"圆教"即可。

其次,是十宗之说。

贤首又专据各教义之理论要旨,分判为"十宗",所谓"以理开宗,宗乃有十"[①]。"十宗"之名称如下:

(1) 我法俱有宗——如小乘犊子部。

(2) 法有我无宗——如一切有部。

(3) 法无去来宗——如大众部等。

(4) 现通假实宗——如法假部。《成实论》亦属之。

(5) 俗妄真实宗——如说出世部等。谓"出世法"皆实。

(6) 诸法但名宗——如说一部等。

(7) 一切法皆空宗——谓大乘始教,如般若等。

(8) 真德不空宗——谓如终教诸经,说一切法唯是真如。

(9) 相想俱绝宗——如顿教。

(10) 圆明具德宗——如别教一乘。

依此,十宗中既无瑜伽唯识之学,亦无《法华经》,此一分判亦属大有问题。

以上为华严宗之判教理论,以下观其正面教义。

(三) 华严宗之教义

华严教义可分数点,撮述其要。

[①]《华严一乘教义分齐章》,卷一。

1. 法界观

"法界观"可分两步说明,第一步为"法界"本身之意义,第二步为"法界"之划分。

欲观所谓"法界"之意义,应由"界"之意义下手。所谓"界"乃就领域说。诸法在一领域中,遂成"法界";由此,观"法界"时,即观此领域之全体;此与观一一个别之法,有理论差异。一一法本身之性质,无论繁简如何,皆与众法间之"关系"不属同一理论层次。许多分子间之关系所决定之属性,根本不是一一分子之属性,此不待详辩。

因此,华严宗观"法界"时,其着眼点与通常论"一切法"时所取立场大异。譬如,般若观缘生空义,是就一一法讲,缘生是每一法之属性。唯识观百法等,亦是就一一法说。现华严宗则着眼于众法合为一界域时所显现之属性,此属性并非一一法各有,而是界域所有。

因取整个界域为"观"之对象,故有"法界缘起"之说,即对万法之领域(即整个界域)之现起,作一解说。华严宗之理论,亦可说皆以作此种解说为基本宗旨也。

贤首立所谓"四法界",此是就四层意义,说此领域。四法界依次如下:

第一,事法界,即专就现象本身看。此以差别为特色。

第二,理法界,即就现象所依之理看。此以无二无差别为特色。此所谓"理",非经验之理,故亦非认知意义之法则,而指实相或真相说。

第三,理事无碍法界。此处"无碍"一词,更显然是法与法间之关系,不是一一法之属性。所谓"观理事无碍法界",即是观"现象"与"实相"(真如)之不离。现象虽不是实相,但由实相而生。实相虽不是现象之一,但在现象上即在在显现。用华严习语表之,此即是说,理与事不一不异,融通无碍。

此实相可称为"真如",亦可称为"真如心"(或"心真如"),若标明"心"字,则主体性大显,不标明则可能被误认为形上学意义之"体"。华严本旨自是说"主体性",但只用"真如"一词,此点顺便说明。学者不可以为此"真如"有客体性,否则,则大失原意,徒增误解矣。

第四,事事无碍法界。再进一步说,不仅现象与实相不离,而且一一现象彼此间,由于皆由同一真如所生,故虽现差别,亦是彼此融摄。且任取万法之一看,皆可显真如本身,亦可显其他万法。此即所谓"一摄一切,一切摄一",亦即贤首所谓"因陀罗网,重重无尽"之义。

此一理论似距常识甚远,但其旨亦不难说明;盖所谓"事事无碍"等,即一事理可通至其他事理之意;若就主体性一面讲,亦即每一境界可通至其他境界之意。此实与天台之"一念三千"义甚近。不过天台立教,主体性较显;华严宗之说,则不如此显著而已。贤首说明主体性之语,亦见于《华严义海百门》;如云:

> 观无相者,如一小尘圆小之相,是自心变起,假立无实;今取不得,则知尘相虚无,从心所望,了无自性,名为无相。①

此所谓"心",自可有不同层次之意义,然既说一切由真如现起,又说从心所生,则亦可见"心"即"真如"矣。

贤首论"一切摄一,一摄一切"时,则用"卷舒"说之,而云:

> ……经云:以一佛土满十方,十方入一亦无余。今卷,则一切事于一尘中现;若舒,则一尘遍片一切处。即舒常卷,一尘摄一切故;即卷常舒,一切摄一尘故。②

此即"事事无碍"之本旨也。以上为"法界观"。

---

① 《华严义海百门·缘生会寂门》。
② 《华严义海百门·镕融任运门》。

2. "十玄"之义

贤首立"十玄门"之义,以说法界缘起云:

> 一者,同时具足相应门。此上十义,同时相应,成一缘起,无有前后始终等别。……二者,一多相容不同门。此上诸义,随一门中即具摄前因果理事一切法门。……然此一中虽具有多,仍一,非即是其多耳。……三者,诸法相即自在门。此上诸义,一即一切,一切即一,圆融自在,无碍成耳。……第四者,因陀罗网境界门。此但从喻异前耳。此上诸义,体相自在,隐显互现,重重无尽。……五者,微细相容安立门。此上诸义,于一念中具足。始终、同时、别时、前后、逆顺等一切法门,于一念中,炳然同时齐头显现,无不明了。……六者,秘密隐显俱成门。此上诸义,隐覆显了,俱时成就也。……第七,诸藏纯杂具德门。此上诸义,或纯或杂,如前人法等。若以入门取者,即一切皆入,故名为纯。又即此入门,具含理事等一切差别法,故名为杂。……八者,十世隔法异成门。此上诸杂义,遍十世中,同时别异,具足显现,以时与法不相离故。……九者,唯心回转善成门。此上诸义,唯是一如来藏为自性清净心转也。但性起具德,故异三乘耳。……此上诸义门惑是此心自在作用,更无余物,名唯心转等。……十者,托事显法生解门。此上诸义,随托之事以别显别法,谓诸理事等一切法门。①

案文中所谓"诸义",指先举之"因果""理事"等十义而言。兹皆从略。

贤首为武则天说法,以金狮子为喻,后著《金狮子章》;此论中对所谓"十玄门"有较浅近之解说。其言云:

> 一,金与狮子,同时成立,圆满具足。名同时具足相应门。
>
> 二,若狮子眼收狮子尽,则一切纯是眼;若耳收狮子尽,则一切

---

① 《华严一乘教分齐章》,卷四。

纯是耳。诸根同时相收，悉皆具足，则一一皆杂，一一皆纯，为圆满藏。名诸藏纯杂具德门。

三，金与狮子相容成立，一多无碍；于中理事各各不同，或一或多，各住自位。名一多相容不同门。

四，狮子诸根，一一毛头，皆以金收狮子尽；一一彻遍狮子眼，眼即耳，耳即鼻，鼻即舌，舌即身；自在成立，无障无碍。秘诸法相即自在门。

五，若看狮子，唯狮子无金，即狮子显金隐；若看金，唯金无狮子，即金显狮子隐。若两处看，俱隐俱显。隐则秘密，显则显著。名秘密隐显俱成门。

六，金与狮子，或隐或显，或一或多，定纯定杂，有力无力；即此即彼，主伴交辉。理事齐现，皆悉相容，不碍安立，微细成办。名微细相容安立门。

七，狮子眼耳支节，一一毛处，各有金狮子。一一毛处狮子，同时顿入一毛中。一一毛中皆有无边狮子，又复一一毛带此无边狮子，还入一毛中。如是重重无尽，犹天帝网珠。名因陀罗网境界门。

八，说此狮子，以表无明；语其金体，具彰真性。理事合论，况阿赖识，令生正解。名托事显法生解门。

九，狮子是有为之法，念念生灭；刹那之间，分为三际，谓过去、现在、未来。此三际各有过、现、未来，总有三三之位；以立九世，即来为一段法门。虽则九世，各各有隔；相由成立，融通无碍，同为一念。名十世隔法异成门。

十，金与狮子，或隐或显，或一或多；各无自性，由心回转。说事说理，有成有立。名唯心回转善成门。①

---

① 《金狮子章》。

案此所举"十玄门",次序与《一乘教义分齐章》不同,大致乃临时说法,随意定其先后之故。然以"金"与"狮子"为喻,较为易解。总之,所谓"十玄门"者,即由十个论点说明"法界缘起"之理。其所以为数有十,亦不过依《华严经》文而来,并非理论上必需如此。学者但观其意,亦不必拘守其言也。

观十玄中"唯心回转"一义,即可知华严宗旨毕竟在于立"最高主体性";虽用语异于天台义,所强调之理论角度,又与天台教义稍有不同,然大旨则相类也。

3. 六相圆融

此据《十地品》及《十地经论》而立。贤首举"六相"云:

> 初列名者,谓总相、别相、同相、异相、成相、坏相。①

此所谓"总、别、同、异、成、坏"即六个概念,分为三对而言。贤首论"六相"时,其主要论旨在说明一概念之意义,皆与其他概念之意义互为条件。换言之,概念之意义只在一种关系中成立。因此,一一"法"皆在"界"中获得意义。就一法依待他法而有意义说,即是"相即相融"。"六相"不过作为例示而已。

贤首论"六相",以屋舍为喻。设为问答云:

> 问:何者是总相?
>
> 答:舍是。
>
> 问:此但椽等诸缘。何者是舍耶?
>
> 答:椽即是舍。何以故?为椽全自独能作舍故。若离于椽,舍即不成;若得椽时,即得舍矣。②

---

① 《华严一乘教义分齐章》,卷四。
② 《华严一乘教义分齐章》,卷四。

案此谓部分与全体交互决定;"椽"为"舍"之条件(或"缘"),则当一木真能称为"椽"时,必是"某舍之椽",故"椽"成为"椽"时即必决定有"舍"。就此义说,"椽"独自即能作"舍"。但如此说时,似与通常"众缘和合"的佛教观念不同,故其下再设问答云:

> 问:若椽全自独作舍者,未有瓦等亦应作舍。
>
> 答:未有瓦等时不是椽故不作,非谓是椽而不能作。①

此即是说,"椽"必须是"某舍之椽",但"舍"因无其他条件而不成,则此木亦未能成为"椽",故说"不是椽"。又云:

> 椽是因缘,由未成舍时非因缘故,非是椽也。②

此处强调之问题,即在于"因果"互为条件,"果"未生时,亦无所谓"因"也。其下乃言,若不如此了解椽舍之关系(即总别互依之理),则即或犯"断过",或犯"常过"。故结论云:

> 是故一切缘起法,不成则已,成则相即镕融,无碍自在;圆极难思,出过情量。③

"别相"不必再述。其义由上已可见之。

就"同异"而言,则云:

> 第三,同相者,椽等诸缘和同作舍,不相违故,皆名舍缘;非作余物,故名同相也。④

此谓一切决定某物之条件,就其皆是"条件"说,则彼此相同,换言之,同与某物有因缘关系即是"同"之意义。

---

① 《华严一乘教义分齐章》,卷四。
② 《华严一乘教义分齐章》,卷四。
③ 《华严一乘教义分齐章》,卷四。
④ 《华严一乘教义分齐章》,卷四。

其下再说"异相"云：

> 第四，异相者，橡等诸缘，随自形类相望差别故。①

此谓各条件若彼此比较，则显其"异"。然则，"同相"与"异相"之关系又如何？原文续云：

> 问：若异者，应不同耶？
> 答：只由异故，所以同耳。若不异者，橡既丈二，瓦亦应尔；坏本缘法故，失前齐同成舍义也。今既舍成，同名缘者，当知异也。②

"舍"如不成，即无所谓"舍"之"缘"。今以橡、瓦等为"舍缘"，即已假定"舍"成；然"舍"成既由于各种"缘"，则此各种缘自应有不同功用，否则何必由此各缘方生出"舍"？由此，正因为各缘彼此互"异"，所以方能"同"为一"舍"之缘；此即表示"同异"一对概念，亦互相涵摄也。

其下论"成坏"云：

> 第五，成相者，由此诸缘，舍义成故；由成舍故，橡等名缘。若不尔者，二俱不成。今现得成，故知成相互成之耳。③

此言"成"则一时俱成。其言论"坏相"云：

> 第六，坏相者，橡等诸缘，各住自法，本不作故。
> 问：现见橡等诸缘作舍成就，何故乃说本不作耶？
> 答：只由不作，故舍法得成；若作舍去，不住自法，有舍义即不成。何以故？作去失法，舍不成故。④

此大旨亦与论"同异"相近。盖今如有一组条件决定一"舍"，则一方

---

① 《华严一乘教义分齐章》，卷四。
② 《华严一乘教义分齐章》，卷四。
③ 《华严一乘教义分齐章》，卷四。
④ 《华严一乘教义分齐章》，卷四。

面,此各条件本身必有一定性质(即"自法"),另一方面,又必依于其所决定之"舍"而使自身成为"舍之条件"。就各条件本身有"自法"而论,则各条件均未"变成舍",故说不是"作舍"也。贤首最后结语云:

> 又总即一舍,别即诸缘,同即互不相违,异即诸缘各别,成即诸缘办果,坏即各住自法。①

总之,每一概念均在某一限定意义下成立,而亦必在某一意义上依其他概念。此即"六相"之说,其目的在于显示所谓"一乘教义"之圆融,故章末颂云:

> 唯智境界非事识,以此方便会一乘。②

"非事识"故本非经验认知,其目的在于立"一乘"耳。

华严宗之理论,大致如此。以上述天台及华严二宗教义,即中国佛教教义中两大理论,一承般若,一承妙有,而皆归于真常。此外尚有号为"教外别传"之禅宗。

三、禅宗

论"禅宗"之教义,首先须明"禅悟"与"禅定"之分。禅宗向以菩提达摩为"初祖";然达摩本人之学后世不详,后世论者所据不过道宣《续高僧传》中所记耳。但不论禅宗前代五祖师之说究竟如何,六祖慧能之教义,则面目显然,乃"禅悟"之教,非"禅定"之教,而所谓"禅宗"实即持"禅悟"教义之宗派也。

分别"禅定"与"禅悟",可分数点说之。

首先,就历史传承说,"禅定"自早期佛教即有,乃收敛意念、锻炼

---

① 《华严一乘教义分齐章》,卷四。
② 《华严一乘教义分齐章》,卷四。

意志之修持工夫。中国东汉末年，安世高便译《阴持入经》《安般守意经》等，皆所谓禅数之经，即讲"禅定"工夫者。中国僧人之习禅定，亦不限于某宗某派。"禅宗"之所以慧能独成一宗，自不是依此"禅定"义而立教。禅宗之教，自以慧能为代表人，纵向上推溯，亦不过推至达摩，则其历史甚短，故禅宗之教与"禅定"不同。今以"禅悟"一词标指此种教义，则可说"禅悟"后起，"禅定"则释迦时代已有之教义。

其次，就教义分判说，禅定乃小乘之修持工夫，"禅悟"乃大乘中之一乘教。其差别亦不待言。

且慧能之教，自称"教外别传"，即谓不依一定经论也。"禅定"则早有小乘诸经为所依；甚至罗什所讲禅法，亦皆与般若宗派有关。总之，就"禅定"言，则不能说"教外别传"，可知慧能自身亦知所立教义非"禅定"也。

且慧能以前之习禅定者，或与律部相混（因生活方式与意志锻炼有关）；故如北魏玄高，即被称为精禅律者。至于习禅定而又混以净土宗之念佛求往生者，亦比比皆是。此种风气至南北朝末年及隋时，仍属极盛，故唐初道宣作《续高僧传》时，曾慨然言之。其语云：

> 顷世定士，多削义门；随闻道听，即而依学。……或复耽著世定，谓习真空，诵念西方，志图灭惑。肩颈挂珠，乱掐而称禅数；衲衣乞食，综计以为心道。①

可知习"禅定"而又"诵念西方"之俗僧，在道宣时仍甚多。而六祖以后讲"禅悟"者，则依教义不能与律宗、净土宗等相混。此亦一明显分别也。

以上略说禅宗立场与传统之"禅定"不同。以下再述禅宗之历史

---

① 《续高僧传·习禅篇》。

及教义。

（一）禅宗简史

禅宗以达摩（或作"达磨"）为初祖。达摩事迹，后世传说多不可信。道宣在《续高僧传》中有《菩提达磨传》，为考达摩生平之主要依据，此外，则《洛阳伽蓝记》亦有可参考之资料。

据《续高僧传》，菩提达摩为南天竺人，先至中国南方，或言在刘宋时，或言在梁时。其后，乃至北方，传禅教之学，又以《楞伽》四卷授从学者。约在公元534至537年间，在洛阳附近逝世。

达摩，其年岁亦不详；游南方当以梁时为正，亦皆不能详考。然其教法，则观传文尚可得其端倪，非比《宝林传》《传灯录》等书之故作诡说也。

道宣述达摩之不合于时论，则云：

> 于时合国盛弘讲授，乍闻定法，多生讥谤。①

可知达摩所传，与当世之讲授大异，故不为众所重。又述其教慧可等之法门云：

> ……感其精诚，诲以真法。如是安心，谓壁观也；如是发行，谓四法也；如是顺物，教护讥嫌；如是方便，教令不著。②

案此引昙林所传"菩提达摩入道四行"之语；此文收入日本《续藏》中，为记达摩教义之最早文献。《续高僧传》又引述达摩之教，谓分为"理"与"行"二门，即所谓"理入"与"行入"。其释"理入"则云：

> 藉教悟宗，深信含生同一真性，客尘障故。令舍伪归真，凝住壁观，无自无他，凡圣等一，坚住不移，不随他教，与道冥符，寂然无为。

---

① 《续高僧传·齐邺下南天竺僧菩提达磨传》。
② 《续高僧传·齐邺下南天竺僧菩提达磨传》。

名理入也。①

此即"如是安心"之说,可注意者是如此说"理入",全废思辨,与他宗大异。而所谓不随他教,亦即指不重各种言说之教。故《楞伽师资记》引此段,即改作"更不随于言教",大抵此所谓"他教",本即指言说思辨之教法而言。

其释"行入",则云:

> 行入者,四行;万行同摄。初,报怨行者,修道苦至,当念往劫舍本逐末,多起爱憎;今虽无犯,是我宿作。甘心受之,都无怨诉。……二,随缘行者,众生无我,苦乐随缘,纵得荣誉等事,宿因所构,今方得之;缘尽还无,何喜之有?得失随缘,心无增灭。……三,名无所求行,世人长迷,处处贪著,名之为求。道士悟真,理与俗反,安心无为,形随运转。……四,名称法行,即性净之理也。②

案此四行,皆昙林所述;盖是修心实践之法,其主旨在于意志工夫。不为苦而怨,不为有得而喜,无所贪求,心归清净,即"四行"之义。显与施设言说之教不同。

但专就此言,尚难知达摩之禅,与小乘大乘诸教之同异;必再加一条件,即观达摩之传《楞伽》,然后方能有较明确之结论。达摩传《楞伽经》于慧可,亦见道宣续传之文,且慧可又以此经授人。传文云:

> 从学六载,精究一乘。……初达摩禅师以四卷《楞伽》授可曰:我观汉地,唯有此经,仁者依行,自得度世。③

---

① 《续高僧传·齐邺下南天竺僧菩提达磨传》。
② 《续高僧传·齐邺下南天竺僧菩提达磨传》。
③ 《续高僧传·慧可传》。

此处可注意者乃"精究一乘"之语,此所谓"一乘"何所指乎?道宣记法冲从慧可门下习《楞伽》云:

> ……又遇可师亲传授者,依南天竺一乘宗讲之。①

则此所谓"一乘"即指"南天竺一乘宗"而言,其说与纯依唯识义解《楞伽》者不同。故《法冲传》中述及昙迁疏《楞伽》、尚德律师之《入楞伽疏》等,乃云:

> 不承可师,自依《摄论》。②

可知达摩、慧可所传之《楞伽》义,非依《摄论》之唯识义。然则此"南天竺一乘宗"之义,究属何种立场?

此应自《楞伽经》本身断之。《楞伽》虽言"八识",然乃偏于真常之唯识经典,故地论师皆取《楞伽》"真识"观念助成其说。达摩以为"含生同一真性",明属"真常之教",所谓"南天竺一乘宗"之称"一乘",正以其立"真常"义也。故达摩之传《楞伽》,取其"真常"之义;则再配以理行二门,达摩实已立日后禅宗教义之规模,固可称为"初祖"矣。

汤用彤先生在《汉魏两晋南北朝佛教史》第十九章中,论及达摩禅法,力谓达摩所持乃性空之义,出于《般若》,盖是未注意在空有之外,印度本有真常之教,又未深解《楞伽》之立场所致。实则,所谓"一乘"之教,必属真常一支,若据性空宗义,则《般若》经论皆主"三乘"之说,何得立"一乘"乎?汤书之误,误于不明佛教思想之大源流耳。

又汤书同章曾提及"达摩但说心"(宗密语),以为"心性"即实相,即真如,即涅槃;其实"说心"又是"真常之教",非空宗也。至于汤书

---

① 《续高僧传·法冲传》。
② 《续高僧传·法冲传》。

举六证以明"达摩玄旨,本为般若法性宗义"①,则所举者不过是三论宗诸师与达摩后裔间常有契合处。此何足为证?大乘佛教中各宗之义,每有相合处,亦不碍其终分为三支。《楞伽》本文偏于"真常","南天竺一乘宗"又明说"一乘";内在证据显然无疑,多所揣想,亦何益于论断乎?

知达摩所立,基本上乃"真常之教",则可知其说实与日后禅宗之教有一定关系。慧能不仅因出弘忍门下,而遂奉其法统,以达摩为"初祖",实因立教大方向同于达摩也。

达摩至慧能之传承如下:

达摩——慧可——僧璨——道信——弘忍——慧能

此据禅宗自身之说。依《续高僧传》则无"僧璨"之名,慧可弟子中亦未记此人。

弘忍称为"五祖",门下有神秀及慧能;后分为南北二派。南以慧能为首,北以神秀为首。其后北派衰息,慧能一派成为禅宗正统。若就"禅宗"理论而言,则慧能显然为独立教义之建立者;故虽称为"六祖",实与天台智者之为"四祖"、华严贤首之为"三祖"相类,皆完成一宗教义之人物也。

慧能所代表之"禅宗教义",见下文。兹先略述慧能身后禅宗之演变,以结束本段之"简史"。

慧能弟子中神会独能昌大宗义,自为影响最大之人物,但就日后禅宗之分派言,则大抵皆出于行思(青原)及怀让(南岳)二支。

怀让弟子有马祖道一,道一弟子有怀海,怀海弟子有灵祐,居沩山,灵祐弟子慧寂,居大仰山,遂开"沩仰宗"。灵祐同门有希运,亦承怀海之教;在黄檗山传法,门下有义玄。义玄后于镇州滹沱河畔建

---

① 《汉魏两晋南北朝佛教史》,第十九章。

"临济院",自成一大宗派,即称"临济宗"。故"沩仰""临济"二宗,皆出于南岳怀让。

行思弟子有希迁,称石头和尚,与马祖齐名。希迁门下有道悟及惟俨等。道悟一支经数代而有文偃,文偃住韶州云门山,遂开"云门宗"。文偃同门有师备,师备传桂琛,桂琛传文益。文益住金陵清凉寺,开"法眼宗"。又行思再传弟子惟俨一支,经数代传至本寂。本寂在抚州曹山传法,以其师良价居洞山,故立"曹洞宗"。

故慧能一支,日后分为五支,所谓"禅宗五家"也。

此外,四祖道信弟子,除五祖弘忍外,有法融,法融入金陵牛头山坐禅,后门下颇盛,称为"牛头禅",此则是慧能以前旁出之宗派,不久即绝。

禅宗五家中,沩仰、曹洞二家先绝。立"曹洞宗"之本寂有同门道膺,其后代流传甚( )。法裔中有正觉(或称"宏智"),与临济宗之宗杲同时。宗杲倡"看话禅",以话头机锋为教法;正觉则倡"默照禅",以寂静灵照为法门。亦后世禅宗之公案也。

法眼宗至宋代中叶而绝。云门宗则至南宋渐衰。临济宗日后宗杲一支独盛,故明清至今,禅宗弟子大抵皆主"看话禅",承临济宗下宗杲之教法也。

以上为禅宗之简史。

(二)慧能之教义

慧能,本姓卢,南海新兴人,生于公元638年,唐贞观十二年,卒于公元713年,唐先天二年(是年改元为"开元")。曾在弘忍门下,后在韶州曹溪宝林寺开宗说法;记述其教义者,为《六祖坛经》,旧传为弟子法海所记。然其中可能有后学增补之处。且慧能本不解文字,则纵是记其语,亦不免有记者之润色处。但其立教大旨,则由此经可见。

慧能立教，直揭主体自由之义，一扫依傍，且不拘说法，故《坛经》所记各章，其义皆交叠互明，表同一宗旨。但为解说方便，亦可依所涉问题，以四义说之：

1. 见性成佛

《坛经》云：

> 善知识，小根之人，闻此顿教，犹如草木根性小者，若被大雨，悉皆自倒，不能增长。……般若之智亦无大小，为一切众生自心迷悟不同；迷心外见，修行觅佛，未悟自性，即是小根。若开悟顿教，不执外修，但于自心常起正见，烦恼尘劳，常不能染，即是见性。①

此处所谓"悟自性"与佛教习用语义大不相同。佛教所谓"自性"，乃指个体之"实有性"说，故自原始教义至大乘诸宗，皆言"诸法无自性"。慧能所说"自性"，乃"自己之性"之意，即指主体自由或纯粹主体性而言，故自见其主体性，即是大觉。所谓"佛"即指此已悟之主体境界，反之即是众生。故云：

> 不悟，即佛是众生；一念悟时，众生是佛。②

又云：

> 世人终日口念般若，不识自性般若，犹如说食不饱。③

此即谓般若智慧原是主体自有，能见此性，则立即是佛；不见此性，则立即是众生。迷悟之间，全在自己。即所谓：

> 若识自性，一悟即至佛地。④

---

① 《六祖坛经·般若品》。
② 《六祖坛经·般若品》。
③ 《六祖坛经·般若品》。
④ 《六祖坛经·般若品》。

如此,则众生或佛,皆主体之不同境界,并非另有一主体可名为"佛"。同时迷妄烦恼,与六慧解脱,亦皆是同一主体之不同活动,并非离此"烦恼"之主体,而另有"菩提"。故又说此义云:

> 善知识,凡夫即佛,烦恼即菩提。前念迷即凡夫,后念悟即佛。①

所谓"即",指属同一主体言,非迷觉不分也。前念后念二句,表明自我之升降,永在一不息之努力过程中,并非一"成佛"即永不迷。自己迷时,立成堕落;自己悟时,即得解脱。是以"见性成佛"之义,须扣紧一"悟"字讲。"悟"或"不悟"即主体升降之总关键,然所悟所见者并非别事,仍是此主体性自身,故说"自性"。又云:

> 自性迷,即是众生,自性觉,即是佛。②

由此,可知慧能之教,以"悟"为中心,此"禅悟"所以别于"禅定"也。此义说明,即可引至"定慧"之论。

2. 定慧不二

慧能言"禅悟",故不谓"禅定工夫"有独立意义,进而将"定"与"慧"视为一体。其言云:

> 我此法门,以定慧为本。大众勿迷,言定慧别。定慧一体不是二。定是慧体,慧是定用;即慧之时定在慧,即定之时慧在定。若识此义,即是定慧等学。③

此以体用关系释"定"与"慧"之不二。六祖之旨盖谓"定"是主体境界,"慧"即主体之功能。在此境界,有此功能。非离境界而可说功

---

① 《六祖坛经·般若品》。
② 《六祖坛经·决疑品》。
③ 《六祖坛经·定慧品》。

能,亦非离功能而可说境界。"即慧之时定在慧",即"由用显体";"即定之时慧在定",即"在体摄用"。"如是之体有如是之用",本可作为一普遍性之陈述看,但慧能此说,却只就主体说"体用"。若推之于外,则非慧能之本旨,亦即远离禅宗之立场矣。

若作进一步诠释,则慧能言"定慧"不二时,是将"意志"与"理性"统一,盖意志至纯粹状态,即成为"理性意志";而另一面,理性之能发用,必表现自身于意志中。定慧不二之义,亦即对"实践理性"之肯定。此处"理性"或"慧"是一定方向之自觉能力,然此能力所决定之"方向",即是意志之方向,并非他物之方向也。于是,定为慧体,慧为定用,其实不二。

慧能又设喻云:

> 定慧犹如何等?犹如灯光。有灯即光,无灯即暗;灯是光之体,光是灯之用。名虽有二,体本同一。此定慧法,亦复如是。①

如是说"定慧",实即否定离"慧"而言"定"之工夫,故慧能云:

> 迷人著法相,执一行三昧,直言坐不动,妄不起心,即是一行三昧。作此解者,即同无情,却是障道因缘。……心若住法,名为自缚;若言坐不动是,只如舍利弗,冥坐林中("冥"原误作"宴",今正),却被维摩诘诃。……如此相教,故知大错。②

徒以"不动"为"定",是修习"禅定"者之通常说法,故慧能讥之。案神秀北宗,称为渐教,亦常以此种"禅定工夫"教人,《坛经》中记慧能与神秀弟子志诚之问答云:

> 师曰:汝师若为示众?对曰:常指诲大众,住心观净,长坐不卧。

---

① 《六祖坛经·定慧品》。
② 《六祖坛经·定慧品》。

师曰:住心观净,是病非禅;长坐拘身,于理何益? 听吾偈曰,生来坐不卧,死去卧不坐。元是臭骨头,何为立功过?①

此不独批评神秀,实批评一切"禅定"之修习法。坐卧原是形躯之事,何关于自我之迷觉? 故云"元是臭骨头,何为立功过",盖此处无功过可说也。

观此可知慧能完全否认锻炼意志之修习法门,只明主体性之真悟,不谈过程。此是"禅宗"之真面目,亦即所谓"顿教"之本旨所在。

3. 无念、无相、无住

顿教之修习,亦有法门,即此三"无"是。慧能云:

> 本来正教,无有顿渐。人性自有利钝,迷人渐契,悟人顿修。自识本心,自见本性,即无差别。

> 善知识,我此法门,从上以来,先立无念为宗,无相为体,无住为本。无相者,于相而离相;无念者,于念而无念;无住者,人之本性。②

此乃禅宗之工夫纲领。"于相而离相",谓虽万相现前,心行万相之中,不为所累;肆应自如,自体常保清净。即主体性不自系于客体性中。"于念而无念",就主体自身之活动说;主体虽有一切经验活动、经验意识,而不失其超越性及自由。故遂有念仍不为念所染。"无住"指于诸法上无所留滞,此是主体性本有之能力,故言"人之本性"③。

如此,可知慧能立禅悟之教,非无工夫,但工夫只在念念不失主体自由上,而不在外界之活动,故与"禅定"之修习不同,亦大异神秀

---

① 《六祖坛经·顿渐品》。
② 《六祖坛经·定慧品》。
③ 案"人之本性"一语,若连下文读,则不可解。

之说也。

4. 不依经论

佛教各宗立教,例依某经某论,有权威主义及传统主义之色彩。慧能以"悟见自性即能成佛"为教,故视一切经论皆为余事,施教之时,可以方便运用,然不应反为文字名言所拘,失本求末也。故云:

> 三世诸佛,十二部经,在人性中,本自具有。不能自悟,须求善知识指示方见。若自悟者,不假外求。若一向执谓须他善知识,望得解脱者,无有是处。①

此即否认师法之地位,认为"悟"不必由他人所教。此与《成唯识论》一支之说颇异。

由此,不唯不必求师,且不可依赖文字,故慧能与无尽藏(尼名)谈《大涅槃经》时,有如下之问答:

> 尼乃执卷问字。师曰:字即不识,义即请问。尼曰:字尚不识,曷能会义?师曰:诸佛妙理,非关文字。②

案此记慧能开宗以前事。开宗以后,与法达之言,则益能明此意趣。《坛经》记法达事,谓法达七岁出家,诵《法华经》,谒慧能问经意。慧能乃为说"开佛知见"之旨。法达又问,是否不须诵经。慧能乃答言,诵经无过。但若不能自悟,则根本不能运用经义,反为经义所困。遂说偈云:

> 心迷《法华》转,心悟转《法华》。诵经久不明,与义作仇家。无念念即正,有念念成邪。有无俱不计,长御白牛车。③

---

① 《六祖坛经·般若品》。
② 《六祖坛经·机缘品》。
③ 《六祖坛经·机缘品》。

"心迷"则反被《法华》所"转","心悟"则能转《法华》。一心迷悟是根本义,用何种经文,皆不关重要。此意慧能始说白,后世禅宗诸僧依此种教义而薄经论之研究,故后世有"禅门"与"义学"之争。实则慧能所说,自是正理,学问知识与悟境本非一事。专言圣境佛境,固应是一心为主,不必依传统师法,反受拘限。若后世流弊,自又是另一问题。

慧能立教之旨,大致如上。中国佛教之三宗,虽面目颇为不同,然其共同处亦甚显然;盖无论天台之教、华严之教或禅宗之教,皆以透显最高主体性、肯定主体自由为宗旨,故皆称"一乘",皆立"真常",皆扫除"一阐提"之传统观念,与印度大部分教义皆有殊。若只就理论方向说,不就历史具体关联说,则亦谓三宗教义,皆近于儒学心性论之旨,而渐离印度各宗之说法。然在基本立场上,舍离度化,仍是三宗承自印度佛教教义之大观念。此所以三宗之说,终属"佛教"之教义也。

附记:关于禅宗之重要著作

除《六祖坛经》外,关于禅宗史之著作,有以下各种,较为重要:

第一,《宝林传》。唐释智炬撰。此书在元末以后即不传;近人于1934年在山西赵城县广胜寺,发现金初刻本,然已不全,仅得一、二、三、四、五、八等六卷,配以日本所存第六卷写本,共得七卷;原书为十卷,则仍佚其三卷。此书为最早之禅宗史籍,然其记述,舛误实甚,故宋代天台诸僧深讥此书。书中纪年代,十有九误,盖智炬乃不具历史知识之僧人;其著此书,原只为本宗作宣传,非有意于学术也。但此书作为史料,亦有其价值。如书中所载禅宗世系,与《坛经》全同,可知《坛经》内容并非后人（如契嵩）所追改，如胡适所说（参阅胡著《荷泽大师神会传》），而实系中唐时一般说法也。《景德传灯录》及《传法正宗记》多取材于本书。

第二，《传法正宗记》（附《正宗论》）。宋释契嵩撰。契嵩称"明教大师"（赐号），乃北宋禅宗之主要人物，属云门一支。本书出《景德》《天圣》二灯录之后，对禅宗二十八祖之说，据《宝林传》而多加解释。其《正宗论》乃与他宗辩驳之文，因已往禅宗谈世系，最为所讥也。契嵩史学不精，书中选择史料，大成问题。如《宝林传》中之慧可大师碑文，题"唐内供奉沙门法琳撰"；案法琳乃唐初人，"内供奉"之制乃唐肃宗后始有，法琳自不能有此职。且碑文本身亦舛谬甚多，明系伪作。契嵩则仍采用此碑，反据之以攻《续高僧传》，实可笑也。

第三，《景德传灯录》。宋释道原撰。

第四，《天圣广灯录》。宋李遵勖撰。

第五，《建中靖国续灯录》。宋释惟白撰。

第六，《联灯会要》。南宋释悟明撰。

第七，《嘉泰普灯录》。南宋释正受撰。

案以上五灯录，皆记言之书。《景德》一录，乃创始之作；《天圣录》则只就《景德录》稍加扩充，故名为《广灯录》。《续灯录》作者惟白，属云门宗，与道原之属法眼宗、李遵勖之属临济宗者派别有殊，然其书续道原作，立论尚无偏私处。

至于《联灯》一书，则是合北宋三灯录为一，稍有补充而已。《普灯》之作，所收范围较广，不专限于僧人，此其所以标明"普"字也。此五灯录是记禅宗言论之重要书籍。

其后，普济合编五灯录，予以删除整理，乃成所谓《五灯会元》。此书最为流行，亦谈禅宗者之基本资料也。

第五节
返归印度之佛教思想运动

上文已论"中国佛教"三宗之教义。兹应略作叙述者,乃唐代另一支佛教思想。即以玄奘为首之成论一系之理论。

《成唯识论》(简称《成论》)依世亲之《唯识三十论》而立说。此在前文论印度之教义时,已作简述。玄奘游学印度,承护法后学之戒贤之教,回国即大倡《成论》之说,成为一大势力;然此一支教义纯以印度已有之教义为依归,故不能称为"中国佛教"。而中国佛徒弘扬此种教义者,亦实是提倡返归印度之思想运动,与三宗立教之旨皆不同,故本书以专节述之。

《成论》理论,成于所谓"十大论师",而以护法为集大成之人物,故玄奘实承护法之说。玄奘译《唯识三十论》,乃标明"护法等菩萨约此三十颂造成唯识"。足知"成论"一支,虽宗世亲晚年之学,然玄奘以下属此派之佛徒,实以护法为依归也。

玄奘受"唯识"之义于戒贤,回国又编成《成唯识论》一书,故中国之言《成论》者,以玄奘为开宗之人。此宗称"法相宗",或竟称"唯识宗",似瑜伽妙有之学,只此一宗,每令世人误解。本书就广义言"唯识",故以"成论"称此宗,以与"摄论""地论"二宗互别。

一、《唯识三十论》要旨

世亲《十地经论》,为较早之作品。《唯识三十论》乃《百法明门论》同时之作品。此论为颂体,故又称《唯识三十颂》,"三十"者,因原文分三十行也。

《唯识三十论》首先点明"我"与"法"皆是"假说",但假说中即有种种"相";而一切"相"皆识变所生,故"相"为"所变","识"为"能变"。

此即表示世亲自己确以此理论为一"现象论"也。论云:

> 由假说我法,有种种相转,彼依识所变。此能变唯三,谓异熟思量,及了别境识。①

此将"能变"之"识"先分为三类:第一为"异熟识"——即第八识,即阿赖耶识;第二为思量识——即第七识,即末那识;第三为了别境识——即前六识。

此中以"阿赖耶"最为重要,"末那"次之。本论说"阿赖耶"云:

> 初阿赖耶识,异熟一切种,不可知执受,处了常与触,作意受想思,相应唯舍受,是无覆无记,触等亦如是,恒转如暴流,阿罗汉位舍。②

此文虽译为五言一句,其实并非可如此断读者。其论"阿赖耶识",实分十点:

(1) 异熟——即藏有过去业习,包括善恶,有"果"义。

(2) 一切种——即发起一切现行,有"因"义。

(3) 不可知——即非认知对象。

(4) 执受处——此识本身能执能受一切种子,是"被动"义。

(5) 了——此识能了别现行,是"主动"义。

(6) 常与触、作意、受、想、思相应——即此识与此五心所相应。

(7) 唯舍受——此识不别苦乐,只相应于"舍受"。

(8) 是无覆无记——即谓此识本身不可说善恶,且不可说为染污。

(9) 触等亦如是——乃一补充语,谓如其相应之五心所之为"无

---

① 《唯识三十论》。
② 《唯识三十论》。

覆无记",即"亦如触等"之意。

(10) 恒转如暴流——即谓此识无始以来,念念生灭。

依此,"阿赖耶"持一切种子,故有漏及无漏种均可含于此识中,但此识本身仍表生灭中之自我。

第八识无覆无记,则迷妄烦恼由何而生?于此,世亲乃说第七识。论云:

> 次第二能变,是识名末那,依彼转缘彼,思量为性相,四烦恼常俱,谓我痴我见,并我慢我爱,及余触等俱,有覆无记摄,随所生所系,阿罗汉灭定,出世道无有。①

此论"末那",即以为个别自我意识,故依第八识而生起,又执第八识为"我"。本身之功能即"思量"。且此识一动,即与四烦恼相应(因是"我"执也)。由此,末那识为"有覆无记",盖即是迷妄之源也。

前六识以"了别"对象为性,可善可恶,亦属"无记"。兹不备论。

《三十论》中又分别说各心所与前六识如何相应,然后谓前六识皆依第八识为根本识,其中唯"意识"常现起,余五识则待缘而现。

其下即作结语谓:

> 是诸识转变,分别所分别,由此彼皆无,故一切唯识。②

此处隐含之理论,即是将对象与主体两面,均以"识"解释之,并无"识"外之任何条件。又云:

> 由一切种识,如是如是变,以展转力故,彼彼分别生。③

此谓现象之生起,全以第八识为根源;种子与现行交互影响,是"展

---

① 《唯识三十论》。
② 《唯识三十论》。
③ 《唯识三十论》。

转"之义,故"如是如是变",皆由种子决定识之活动而来。

其后再说明悟入之过程,即所谓"唯识行位"。

其一为"资粮位",指求住唯识性之阶段。

其二为"加行位",指初观唯识之理之阶段。

其三为"通达位",指见道见真之阶段。

其四为"修习位",指步步实践、伏断诸障之阶段。

其五为"究竟位",即指住无上正等菩提。

其义不须详说。

以上为《唯识三十论》之大意。然玄奘立宗,虽依此论,其理论特色,大部由十论师之解说中来,故下文当述玄奘及"法相宗"之特殊观点。

二、玄奘及法相宗

(一)简史

玄奘,洛州缑氏人,生于公元596年,即隋开皇十六年,卒于公元664年,即唐麟德元年。

玄奘十三岁出家,先习涅槃摄论等,后遍习毗昙、成实、律部、俱舍等大小乘之学,盖在未西行之前,即已是一博学僧人。玄奘于贞观初赴西域,入印度,最后至摩揭陀国王舍城,谒戒贤于那烂陀寺,习瑜伽论;又取般若及唯识诸论,与戒贤一一研讨,历时数年。

其后玄奘漫游南北印度各地,重返那烂陀寺,即受戒贤命为众讲授《摄论》等。时寺中有师子光论师,持《中》《百》二论义,力破瑜伽说,玄奘乃造《会宗论》,融合空有之义。然此论不传,未知其义旨如何也。

后戒日王在曲女城设大会,大小乘僧及各外道数千人集会。玄奘为论主,揭"真唯识量",经十八日无人能破,至此,玄奘在印度已成为一大家矣。

贞观十九年,玄奘返长安,遂重译经论多种。高宗时,居慈恩寺,专事译务,并讲经论。曾来往洛阳、长安各地。晚年译出《大般若经》全文,空宗之经典以此为最。

玄奘弟子中最有名者为窥基,生于632年,卒于682年,曾助玄奘译《成唯识论》,并作《述记》,为此宗要籍。此外有神昉、嘉尚、普光,与窥基合称玄奘门下"四哲"。

又有新罗国僧圆测,曾于玄奘回国时谒见,玄奘深重其人。圆测后作《成唯识论疏》,与《述记》之说有异,故称为法相宗之"异流"。

此宗唐末以后渐衰。宋时即少有治此学之僧徒。但近代支那内学院创立后,又转兴盛。今日中国言唯识之学者,大抵皆属成论一系,承玄奘、窥基之说者也。

(二)判教

法相宗之判教,基本上取《解深密经·无自性品》之说,立所谓"三时"之义。即以"有教"为第一时,指小乘法;以"空教"为第二时,指般若之学;以"中教"为第三时,指唯识经典。实以《解深密经》所代表之唯识理论,作为"了义"。此所谓"三时"之判教理论,其说简明,然所遗者多,似不如天台、华严二宗之判法也。

(三)理论特色

玄奘一系之学,在立场上全宗印度十大论师,故其理论特色,亦即十大论师思想之特色。兹举其最重要者,稍作析论。

凡属前文已有评论者,此处皆略。如《摄论》与《成论》同有之若干观点,此处皆不再说。

1. "阿赖耶识"问题

依《成论》之说,阿赖耶之主要作用,在于承受或摄藏作用,故云:

> 初能变识，大小乘教名阿赖耶，此识具有能藏、所藏、执藏义故。谓与杂染互为缘故，有情执为自内我故，此即显示初能变识所有自相，摄持因果为自相故。此识自相，分位虽多，藏识过重，是故偏说。

此即谓"摄持因果"为第八识之主要功能，亦即是"藏"义，即是"持种"义。换言之，自我之所以成为如此之自我，悉由种子决定，而种子则藏于此识中。依此，则阿赖耶识应指个别自我而言，盖众生彼此有种种差异，则甲之种子自与乙之种子不同。如此说时，是众生各有一"阿赖耶识"，此义即与"灵魂"观念甚为近似。观玄奘云：

> 浩浩三藏不可穷，渊深七浪境为风，受熏持种根身器，去后来先作主公。①

分明说"去后来先"以此识为"主"，而去来即指生死，皆只能在说个别有情时方有意义。于是，"阿赖耶识"显有"个别性"矣。然则，何以能说"阿赖耶缘起"之义？

立"阿赖耶缘起"时，此识必是"普遍性"，否则此识只能变为个别自我或生命之"境"，不能生起众多自我间之"境"，但此"普遍性"与上文所证之"个别性"如何统一？此是一理论上不可避免之问题。

案印度佛教，自原始教义以降，皆常以个别心识分摄一切现象，此不能成立一"现象论"之系统。今唯识之说，发展至世亲后学手中，原以建立"现象论"为主要目的，但若只能就一一个别生命说"阿赖耶缘起"，则"现象论"之基本条件不具，其理论即不为成功也。

《成论》之解答乃取"共相种"一词，以说"阿赖耶"之"普遍性"一面，故云：

> 由共相种成熟力故，变似色等器世间相，即外大种及所造色；虽

---

① 《八识规矩颂》。

> 诸有情所变各别,而相相似,处所无异,如众灯明,各遍似一。①

此处显然表示,基本上《成论》以"阿赖耶识"为"个别性"之识,故承认"诸有情所变各别",但取"相似"一义,以说明共同之"对象界"之呈现,以明"阿赖耶识"之"普遍性"一面;然依此说,"阿赖耶识"根本上是"个别性",其"普遍性"不能真正建立,但由个别性发用间之"相似"勉强说之而已。

但"个别性"本身原只在经验意义上成立,《成论》以此说第八识,又不在八识外另有所立,则其说即全落在经验意义之领域中。此所以《成论》之说,大体皆就"凡夫位"着眼,只能描述现象界,而未能建立超越肯定也。

以上乃取纯哲学理论立场,观察此问题。若在持《成论》之人看来,自亦可坚持其说,以为"普遍性"一问题为不必要;然客观言之,此问题实现象论中之根本问题,未可忽视。

2. "末那识"问题

由于成论一支,以"阿赖耶识"为一承受能力,故本身不能说染净善恶,成为"无覆无记",则迷妄之源须另有说,故《三十论》中立"末那识",作为"有覆"。如此,一切迷妄皆由此"自我意识"而生,而此"自我意识"自只能是经验义、个别义,不能同于"最高主体",否则,"转识成智"即无由说起。且如《楞伽》所举之"谁证谁解脱"亦将成为不可解答之问题。

如此,末那执第八识为"我"(个别我),故有迷妄;此说仍颇精细,盖将"经验自我之意识"作为一独立功能看,自较泛说迷执为妥。然如上文所说,若"阿赖耶识"本即具"个别性",则其含有"经验自我之

---

① 《八识规矩颂》。

意识"即属当然,何待末那之执乎?

对此问题,《成论》之论师必于"念念相续"等观念中求解答,意即所谓"执以为我"者,乃是将"无自性"之种子暴流误当作"有自性"之"我"。但此只是将问题推一步看,并未解决问题。因基本问题乃是,"个别自我"究竟是第一序之观念,抑或是第二序之观念?是由末那识之活动而呈现,抑或是阿赖耶识本即如此?此不可从寻觅"执"与"未执"间之其他差异而得解答,实属根本设准之问题也。

3. "悟入"问题

佛教教义万千法门,总宗旨自是破迷显觉,所谓度化众生,然则"觉悟"如何而可能,便是最大问题所在。

《成论》承《三十论》说五位之义,但五位乃言"觉"之过程,是第二序之问题,根本问题是如何能"觉"。

《成论》云:

> 如是所成唯识相性,谁于几位如何悟入?谓具大乘二种性者,略于五位渐次悟入。何谓大乘二种种性?一,本性住种性,谓无始来依附本识,法尔所得无漏法因。二,习所成种性,谓闻法法界等流法已,闻所成等熏习所成。要具大乘此二种性,方能渐次悟入唯识。

案此乃世亲之理论而《成论》依此发挥,亦其最大特色所在。试析论如下:

第一,悟入唯识,须具二条件,此即表示不承认最高主体自由之义。由此,亦不肯定众生皆有觉悟之义。

第二,二条件一属自身,一属交互影响。就自身而言,须有"无漏种子";就彼此间之影响言,则有"闻"熏习。换言之,自身有无觉悟之能力,乃就"无始"以来本有之"种子"看;此能力能否发用,又以无漏之熏习为缘。

第三,依此,吾人可用一双轴线表示此理论:

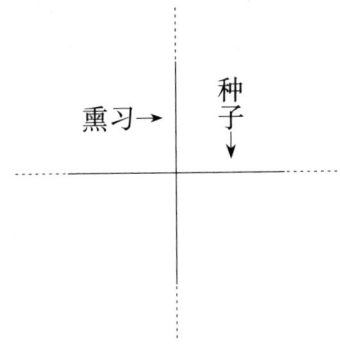

此即是说,对任何一觉悟者讲,如问:何以有此觉悟能力?则答云:本来有此能力。如问:此能力何以能发用?则答云:因已有其他生命先此觉悟,故能影响此一生命所具之觉悟能力,使其发用。

再说清楚,即是本来有觉悟能力,而且又已有别人先觉悟,故此人之觉悟成为可能。

此说用于辩论,似可应付一切问题,因对任何一具体讨论对象,均可依此一双轴线予以安顿。但就理论本身说,此解答实同于无解答,盖既不能说明自身何以"悟",亦不能说明何以会有人"先悟"。只是两度运用"无穷后退"之观念,以推开每一问题而已。

《成论》所以有如此之辩论方式,主因在于《成论》不肯定真常义、自由义之主体。若从纯理论观点看,则主体自由如未肯定,则根本上一切价值命题、德性标准,均将丧失意义。此在古人或未深究,今日之从事哲学理论者则不可不知此义也。

《成论》在析解问题时,远较他宗为精细,但在基本理论上,则对现象界之说明及觉悟之解释,均有理论问题;然其直承印度之教义,则无可疑。故此类问题,亦可说是印度教义中本有之问题,非玄奘或其后学之过也。

然以思想史之进程论之,《成论》如此构造,殊难推动中国之哲学思想之演进。此所以玄奘之学虽盛,在中国哲学史上之影响力则远不及中国三宗,盖返归印度之宗旨,基本上即不能与中国哲学之进展要求相配合也。

后记

当我为本书第一卷写《后记》的时候,以为第二卷很快就会出版;不料今天写第二卷的《后记》,竟然已是1971年,距上次写《后记》的日子已是三年有余了。这样一段长时间中,世界有许多变化,我自己当然也"变"了一点。

人们在观察到一种"变"的时候,如果看得出这种"变"的正面意义,便会想到谈《易》者所赞叹的"不息",如果看不出什么正面意义,则会兴起佛教所宣说的"无常"之感。毕竟我自己在这三年中的"变",是否有正面意义,我自己不能判定,我所确知的只是自己真是"变"了一点而已。

不过这种"变"在这本书中还是表现得不多,因为"哲学史"原是以清理表述前人思想成绩为任务,在这种工作中,我的"变"很少会表现出来。其次,我的思想和感受虽有变化,关涉中国哲学史的地方则很少。第二卷的写法基本上仍和第一卷相同,唯一的差异是我不曾处处明显地标出各家或各学派的"基源问题",尽管我所用的方法并无大改变。

说到这里,我想谈谈我对某些批评意见的感想。

不说"答复",而说"感想",因为,要说"答复",就必须先有人提出"真问题"。而在我所听到和见到的评论本书第一卷的一些意见中,我实在并未发现有谁提出了真正值得讨论的问题;因之,我就只能谈谈我对这些意见的"感想"了。

有人曾评及我所说的"基源问题研究法",但并未提出一个有确定意义的论证来否定我这个方法,只是很含糊地表示他认为这种方法不能用于哲学史的写作。对于这种意见,我的感想是,论者似乎根本不明白我所说的"理论的还原"的意思,也不明白何谓"基源问题"。任何一个理论,都是对某一个或某一组问题的"解答",因此,当我们想了解一个已成的理论时,我们必须先弄清楚立论者所要面对的是什么问题。又因为建立理论的人,并不常常很清楚地说明他要解决的问题是一、二、三等,因此,我们就得从代表这个理论的著作(或文献)中清理出它所关涉的问题;更重要的是,一个理论每每牵涉多层的问题,而立论者又不一定提纲列目地摆出来,因此,我们每每在努力了解一个理论的时候,发现它所关涉的问题竟有许多。于是我们须作进一步的工夫,从这些问题的"理论关联"着眼,将它们组织起来,看看是否大部或全部问题,可以一步步地系归某一个或某几个最根本的问题。这样,我们就是在揭示这个理论的内部结构。我们所发现的最根本的问题,即是在理论意义上最能统摄其他问题的"基源问题"了。一个理论的基源问题可能不止一个,但只要我们找到一个基源问题,具有统摄大部或全部问题的理论功能,我们就不必多列基源问题,这是所谓"精简原则"。稍有解析训练的人大约都知道,不必多说。自然,如果一个理论实在内容杂乱,含有好几个基源问题,各不相关,我们也只好多列几个基源问题,作为我们的"理论还原"的结果。但如此杂乱的理论,在哲学史上并不多。通常的情况是,一个理论大部分的内容都涉及可以系归某个"基源问题"的一组问题；此外小部分不能如此系归的，可以当作旁枝论点。这样，我们从事了解已成的学说时，就常常可以通过"理论的还原"，而找出这个学说的"基源问题"，依此展示其理论结构。再补上旁枝论点，便可以显出一个学说的真面目了。

这就是我所说的"基源问题研究法"的大意。能不能明白这种方法究竟是怎样一回事，就得看人们自己是否懂得"理论关联"的意义，是否懂得它与"心理关联""历史关联"有何不同，又是否明白什么是"理论结构"，它与"文字结构""语法结构"有何分别。一个人倘若不具备此类基本了解，则不明白"基源问题研究法"就是很自然的事了。

至于这个方法是否可以研究哲学史呢？我想，它只能用来研究哲学史，因为它的功能只是清理前人已成的理论，正与哲学史的工作密切符合。如用来研究哲学问题，就根本无效了。

另一种批评意见涉及本书第一卷的体裁或形式。论者以为我未依照目前流行的西方学人写论著的方式，将一切小注编成一大串，附在书末，不合乎"规格"。对这个说法，我想申明的是，我写这本书时，用的是中国人写书的方式，一切引用资料，出处都直接注在引文下面的括号中，而不是只加个号码在引文下面，而将注文列在书末。这是中国学人惯用的老方式，或许确实有些不合"时尚"。但所谓"notes"本来主要为了记明引文的出处，我用老方式直接作注，也可以满足这个要求；我不觉得这里有什么严重问题。当然，用老方式有一个明显的缺点，就是不能让不读本文的人看出来书中引用资料的多少。这一点我多年前也就注意到了，所以我的旧作中（如《哲学问题源流论》）颇有每章后列注数十条的。不过这次我写《中国哲学史》，却用了老方式来直接作注（可能这是不自觉地受了冯友兰哲学史的影响，因为冯书即是用这个方式作注）；对于那些不想看全书本文，却又急着要评估一本书的先生们，只好深表歉意。更抱歉的是，第二卷的注仍是用这个方式，因为我一直如此写下来，不想半途更改。如果日后三卷出齐，要把注文改编一下，弄成流行的形式，自然也没有什么困难。

以上这两点批评意见，算是多少有些内容的，因此我也谈了以上的感想。此外，还有些零星而没有内容的意见，我只想略提一下。

有人说我在第一卷中未给"哲学"下"定义"，我觉得这个想法实在奇怪。一本"哲学史"并非讨论"哲学"的"特性"的书，而只是整理叙述已成的一些哲学理论的书，它并不需要有自己立出来的"哲学定义"。而且"哲学定义"本身还是一个大问题；一个哲学工作者可以对这个问题有一定的意见，但也不必在写"哲学史"时提出来。事实上，我对"哲学定义"的看法，早在《哲学问题源流论》分章发表时提出，没有什么好理由，要在我的《中国哲学史》中谈这个问题。至于《中国哲学史》中所涉及的"中国哲学"，则是通过"实指意义"来界定；有这些中国的理论作品，是我们用"中国哲学"一词去称呼的一类作品，写《中国哲学史》就是处理这些作品，并不涉及一个特殊的"哲学"的"定义"的问题。

又有人说，我在第一卷中论孔子思想时，"不该"替孔子"辩护"；这真是一种情绪过多的批评。写"哲学史"是在整理叙述前人的思想，不论工作者能做到什么程度，他要考虑的只是理论的"真"与"伪"的问题、"严谨"与"不严谨"的问题、"有据"与"无据"的问题，而不能依照另一种好恶标准来立论。一本书说到孔子思想的内容时，只有"正"或"误"的问题可供评论。如果某一有力论点确是孔子所说，则如此叙述不能算是"辩护"，反之，叙述孔子思想的缺点，或正或误，也不能看作"攻击"。说我为孔子"辩护"的人，似乎根本以为说孔子思想的优点，或者表明别人解释孔子思想时有误解，都是"不该"的。这已经近乎作政治宣传的口吻,全非讨论学术是非的态度。我除了一笑外,还能说什么呢?

一本书照例有毁有誉,我的《中国哲学史》自然也不例外。关于属于"誉"一面的意见,我不想谈。关于反对意见,我则觉得有内容的太少,本来不值得多说。今天写《后记》不过顺便提几句而已。希望第二卷出版后,能看到值得讨论的反对意见。

第一卷中大部分是十年前旧作,日后再版时或者会有些增补。第二卷则是两年前完成的,可代表近年来我的一部分工作。但现在第二卷付印,我自己看看全文,又觉得有些地方可以再扩大,再加强,但我并未立刻动手增补,因为我知道我自己永远会有这种感觉,不会对自己写的东西满意。现在先将已成之稿印出来,增补甚至修改,还是酝酿一个时期再说。

第二卷的内容,包括汉代哲学、魏晋玄学、隋唐佛学,其中魏晋部分较简。汉代部分则涉及《礼记》及《易传》等问题。我对《大学》《中庸》及《易传》的看法,与宋儒颇有不同,因此与当代为我敬重的儒学名家所持理论也大有距离。学术是非,无法强人同己,也无法屈己从人。我想申明的只是我提出的论点,确代表我所知所信,绝无故意立异的意思,更不代表什么"争执"。至于涉及这一系问题的许多未尽之义,在第三卷论宋明儒学时,当再加发挥,作进一步的析证。只不知道第三卷完成时,我会以什么心情再写一篇《后记》,那时的世界,那时的我,又会有多大变化。

一九七一年二月,于香港

书目略录

第一章 汉代哲学

1 《史记·秦始皇本纪》。
2 《汉书·艺文志》。
3 《史记·孟子荀卿列传》。
4 《汉书·儒林传》。
5 《汉书·夏侯胜传》。
6 《汉书·夏侯始昌传》。
7 《汉书·董仲舒传》。
8 董仲舒:《春秋繁露》。
9 郑玄:《六艺论》(孔颖达《礼记正义》引)。
10 《隋书·经籍志》。
11 《孟子》。
12 《礼记·学记》。
13 《礼记·祭统》。
14 《礼记·大学》。
15 《荀子》。
16 黄宗羲:《明儒学案》。
17 朱熹:《大学章句》。
18 《礼记·中庸》。
19 朱熹:《中庸章句》。
20 《淮南子》。
21 《礼记·乐记》。
22 《易经》。
23 许慎:《说文解字》(段注本)。
24 郭沫若:《两周金文辞大

系图录考释》。

25 《诗经》(《毛传》)。

26 《汉书·淮南王传》。

27 《史记·太史公自序》。

28 扬雄:《法言》。

29 扬雄:《太玄》。

30 王充:《论衡》。

31 《后汉书·王充传》。

32 冯友兰:《中国哲学史》。

第二章　魏晋玄学

33 《三国志·魏书·钟会传》。

34 《三国志·魏书·刘劭传》。

35 刘劭:《人物志》。

36 《三国志·魏书·曹爽传》。

37 《列子》。

38 邢昺:《论语正义》。

39 《老子》(王注)。

40 王弼:《易略例》。

41 《晋书·郭象传》。

42 《晋书·向秀传》。

43 《庄子注疏》。

第三章　中国佛教哲学

44 木村泰贤:《原始佛教思想论》(欧阳瀚存译)。

45 《长阿含经》。佛陀耶舍、竺佛念同译。

46 《中阿含经》。僧伽提婆译。

47 *Sanryuthan*。巴利协会出版。

48 *Majjimanikaya*。同上。

49 《本事经》。

50 《弥邻陀问经》。

51 《大般若波罗蜜多经》。玄奘译。

52 龙树:《中论》。鸠摩罗什译。

53 无著:《摄大乘论》。真谛译。

54 世亲:《唯识三十论》。玄奘译。

55 世亲:《百法明门论》。玄奘译。

56 《楞伽经》(《楞伽阿跋多

罗宝经》)。求那跋陀罗译。

57　玄奘:《八识规矩颂》。

58　《决定藏论》。真谛译。

59　圆测:《解深密经疏》。

60　世亲:《十地经论》。勒那摩提、菩提流支同译。

61　慧远(北齐):《大乘义章》。

62　印顺:《大乘起信论讲记》。

63　《妙法莲华经》。鸠摩罗什译。

64　《南本大般涅槃经》。昙无谶译,谢灵运再治。

65　《大方广佛华严经》,八十卷本。实叉难陀译,贤首整补。

66　《后汉书·光武十王列传》。

67　僧祐:《出三藏记集》(简称《祐录》)。

68　慧皎:《高僧传》。

69　元康:《肇论疏》。

70　吉藏:《中观论疏》。

71　安澄:《中论疏记》。

72　汤用彤:《汉魏两晋南北朝佛教史》。

73　宗性:《名僧传抄》。

74　《世说新语》。

75　《新维摩诘经》。鸠摩罗什译。

76　鸠摩罗什:《大乘大义章》。

77　僧肇:《不真空论》。

78　僧肇:《物不迁论》。

79　僧肇:《般若无知论》。

80　道宣:《广弘明集》。

81　慧远:《沙门不敬王者论》。

82　慧远:《大智度论抄序》。

83　刘遗民:《寄僧肇书》。

84　竺道生:《维摩经义疏》(存今本注中)。

85　竺道生:《妙法莲华经疏》。

86　宗和尚(日本):《一乘佛性慧日抄》。

87　慧达:《肇论疏》。

88　慧睿:《喻疑论》。

89　慧观:《三乘渐解实相》(载《名僧传抄》)。

90　宝亮:《大涅槃经集解》。

91　定宾:《四分律疏》。

92　道宣:《续高僧传》(或称《唐高僧传》)。

93　马鸣(伪托):《大乘起信论》。

94　昙鸾:《略论安乐净土义》。

95　志磐:《佛祖统纪》。

96　智𫖮:《法华玄义》(灌顶编)。

97　智𫖮:《摩诃止观》(灌顶编)。

98　湛然:《摩诃止观辅行传弘决》(简称《辅行记》)。

99　宗鉴:《释门正统》。

100　杜顺:《法界观门》。

101　智俨:《华严搜玄记》。

102　贤首:《华严探玄记》。

103　贤首:《华严一乘教义分齐章》。

104　贤首:《华严旨归》。

105　贤首:《华严义海百门》。

106　贤首:《妄尽还源观》。

107　贤首:《金狮子章》。

108　澄观:《华严大疏钞》。

109　慧能:《六祖坛经》(法海记)。

110　胡适:《荷泽大师神会传》。

111　智炬:《宝林传》(存七卷)。

112　契嵩:《传法正宗记》。

113　普济:《五灯会元》。

114　窥基:《成唯识论述记》。

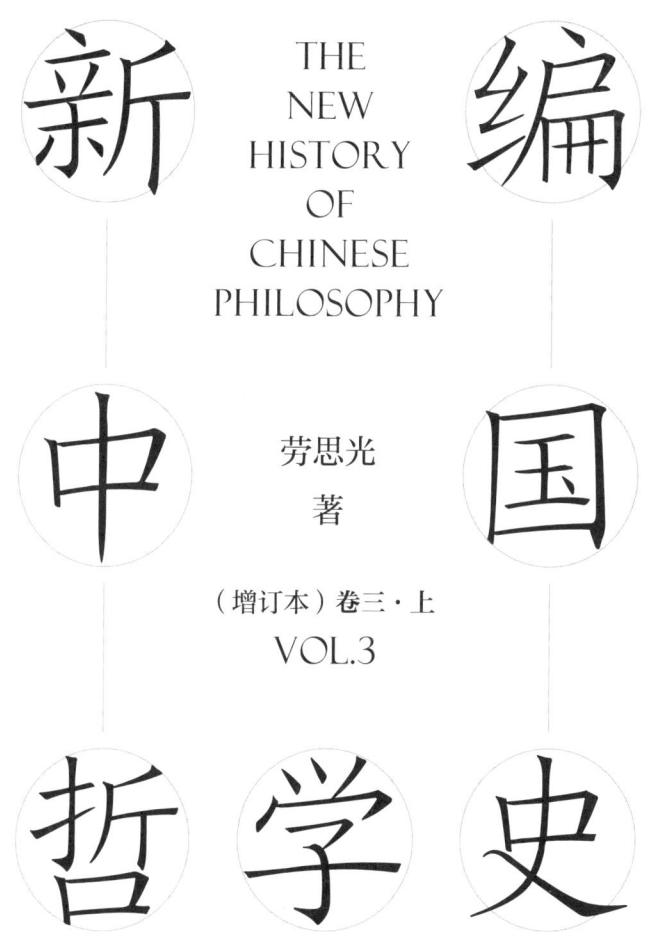

THE NEW HISTORY OF CHINESE PHILOSOPHY

劳思光 著

（增订本）卷三·上
VOL.3

生活·讀書·新知 三联书店

Copyright © 2019 by SDX Joint Publishing Company.
All Rights Reserved.
本作品版权由生活·读书·新知三联书店所有。
未经许可,不得翻印。

图书在版编目(CIP)数据

新编中国哲学史/劳思光著.—增订本.—北京:生活·读书·新知三联书店,2019.11(2025.4重印)
(劳思光作品系列)
ISBN 978-7-108-06705-0

Ⅰ.①新… Ⅱ.①劳… Ⅲ.①哲学史-中国 Ⅳ.①B2

中国版本图书馆CIP数据核字(2019)第213132号

著作财产权人:©三民书局股份有限公司
本书中文简体字版由三民书局股份有限公司授权生活·读书·新知三联书店有限公司在中国境内(台湾、香港、澳门地区除外)独家出版。
本书中文简体字版禁止以商业用途于台湾、香港、澳门地区散布、销售。
版权所有,未经著作财产权人书面授权,禁止对本书中文简体字版之任何部分以电子、机械、影印、录音或其他方式复制或转载。

目录

序　论　001
　第一节　"晚期"之意义　001
　第二节　本期中国哲学之演变　002

第一章　唐末思想之趋势及新儒学之酝酿　015
　第一节　道教内丹派之兴盛　015
　第二节　佛教禅宗之发展　018
　第三节　儒学复兴之尝试　022
　　一、韩愈　022
　　二、李翱　027

第二章　宋明儒学总说　038
　第一节　宋明儒学之分派　039
　第二节　宋明儒学所依据之经籍　062
　第三节　宋明儒学兴起时之历史环境　072
　第四节　宋明儒学所面对之哲学难题　076

第三章　初期理论之代表人物　091
　第一节　周惇颐　091

一、生平及著作　　091
　　　二、濂溪学说之要旨　　093
　　　三、濂溪与儒道之关系　　122
　第二节　邵雍　　152
　　　一、生平及著作　　152
　　　二、康节学说之要旨　　156
　　　三、结语　　167
　第三节　张载　　168
　　　一、生平及著作　　168
　　　二、横渠学说之要旨　　170
　　　三、余语　　192

第四章　中期理论之建立及演变　　194
　第一节　程颢之学　　195
　　　一、生平及著作　　195
　　　二、明道学说之要旨　　196
　　　三、附语　　218
　第二节　程颐之学　　220
　　　一、生平及著作　　220
　　　二、伊川学说之要旨　　221
　　　三、结语　　256
　第三节　程门弟子之分派　　257
　　　一、明道之传　　258
　　　二、伊川之传　　259
　　　三、别传　　260
　第四节　朱熹之综合系统　　261
　　　一、生平及著作　　262

二、晦翁学说之要旨　264
　　三、结语　311
第五节　朱熹之敌论　315
　　一、湖湘学派　316
　　二、事功学派　333
　　三、朱陆之争　345

第五章　后期理论之兴起及完成　361
第一节　陆九渊之学　362
　　一、生平及著作　362
　　二、象山学说之要旨　363
　　三、结语　381
第二节　王守仁之学　384
　　一、生平及著作　384
　　二、阳明学说要旨　389
第三节　王门弟子之分派　439
　　一、王畿（龙溪）　440
　　二、邹守益（东廓）　447
　　三、聂豹（双江）　453
　　四、王艮（心斋）　465
　　五、余论　476
第四节　后期理论总评　477
　　一、内在问题　478
　　二、外缘问题　479

序论

本书前二卷分别析论"初期"及"中期"之中国哲学思想,本卷则析论"晚期"。以下当说明所谓"晚期"之范围,并对此一阶段中之思想趋向及演变作一简明叙述,以清眉目。

第一节
"晚期"之意义

所谓"晚期"之中国哲学,即指自宋初至清代一段时期中之中国哲学思想而言。此处有两点应稍作解释。

第一,本书第二卷论述中国哲学之"中期",止于唐代之佛教教义。

本卷现论述"晚期",而以宋代为主,似将唐中叶后至五代时一段略而不言。此点易使人误会。但本卷之所以如此,并非对此一阶段之中国哲学思想避而不谈,而仅是将宋代兴起之宋明儒学视作主要哲学思想运动,故将唐代中叶以后之有关言论,系于此一运动下而论之（参阅下文《唐末思想之趋势及新儒学之酝酿》一章），盖唐代除佛教思想外，并无明确哲学思想或理论出现，所有者仅属零星言论。此中较重要者大抵可视为儒学思想渐求复振之信号。因此，本书不能另标"唐代哲学思想"之名。至于五代，世乱时促，亦无显明哲学思想成立，故亦不能成为单独之论题，只能就与宋明儒学思想有关者随处提及而已。此是首须说明者。

第二，本卷论"晚期"之中国哲学，止于清代中叶；此亦应加说明。

中国哲学史之论述，应止于何时，殊难有确定标准。如冯友兰《中国哲学史》（指原本说，最近改写本不拟论及），分中国哲学思想为两大阶段，即所谓"子学时代"与"经学时代"，而以清末之谭嗣同、廖平等人作为最后结束经学时代之代表人物，于是其书之论述，直至清亡为止。本书则认为清道光以后，鸦片战争既使西方势力进入中国，中国整个历史皆进入一新阶段——即所谓"近代史"及"现代史"之阶段。此后，一切思想制度之演变，皆须在此一新配景中观察了解。故就中国哲学思想而言，道光后之中国哲学思想亦必须收入此一"近代或现代之配景"中析论。而所谓"中国哲学史"，原以此一大变开始以前为限，因此，本卷所说之"晚期"，即止于乾嘉时代。所谓"晚期"，原对"中期""初期"而言，皆指旧有之中国哲学思想。若尚在发展变化中之"近代史"及"现代史"，则不能称为"晚期"，故必须如此划分也。

以上说明本书所定之"晚期"之范围，以下再对此一阶段中之中国哲学思想作一概观，以明其趋向及演变。

第二节
本期中国哲学之演变

晚期中国哲学思想之演变情况，一般言之，不似初期与中期之繁杂；盖初期哲学思想，涉及古代南北文化之冲突与融会，其间有所谓诸子之说，头绪颇繁。中期则一方面有古代思想之变质问题（此在儒道二家皆然），另一方面又有外来之印度佛教入侵。其间中印思想之激荡变化，亦属曲折多端。而晚期之中国哲学思想，则大致言之，只有一主流，即回归于先秦本义之"新儒学"——可包括宋明诸儒之说；故叙述整理之线索，在客观上已有限定。学者了解此一阶段亦较易下手。

但晚期哲学之演变线索虽简，学者掌握此线索时，对初期及中期实况之了解仍为必不可少之条件。此因晚期哲学所面临之问题，基本上实源自中期之曲折也。

宋以后之儒者，所以有归向先秦之新儒学运动，原由于欲摆脱中期哲学所留下之限制。此又可分两方面说，其一是儒学内部问题，即关涉汉儒之伪冒儒学之理论；其二是对抗外来压力之问题，即关涉佛教之价值观。

在本书第二卷中，关于汉儒思想与先秦儒学之歧异，已屡有说明。至于佛教基本价值观念与儒学立场之同异，亦有描述。此处只拈出一、二主要观念，以表明宋明儒学最早面对之问题；进一步之讨论皆留俟后节。

汉儒思想之特色，为其"宇宙论中心之哲学"；具体言之，即是一切归于一"天"；以此说明一切存在及关系，亦据此以立价值标准。此与先秦孔孟之"心性论中心之哲学"，殊异甚显。汉以后之儒者，虽以宗孔孟为名，但实际上对于杂取阴阳五行等原始观念之汉儒理论，亦常盲目接受，不知其方向实大悖孔孟本义。然汉儒之"宇宙论中心之哲学"，不仅就历史意义说，是违离孔孟者，且在理论意义上亦是一退化堕落；盖所谓德性及价值问题，绝不能诉于存在或存有领域。以宇宙论观念为基础而建立之任何价值理论，本身皆必属粗陋虚弱。此一理论问题有其客观确定性,故在一定历史契机下即将显现。当此问题显现时,学者纵使不甚确知汉儒宇宙论思想与先秦儒学之历史性差别,亦将因发现汉儒此种思想本身之不可成立,而有抗拒改造之要求。此在唐末学者即已有表现,而成为宋明儒学运动之序曲。

引起此一潮流之历史契机,乃佛教之压力。佛教之宗教面,本书中不能涉及。就其哲学面言之,则佛教哲学是一与先秦儒学不同之心性论哲学,其精采处皆落在价值问题上。中国学者在面对佛教之压力时,由其教义中之强点,即看出汉儒传统下"宇宙论中心之哲学"之根本弱点。故在唐末,学者如韩愈、李翱等,皆以拒佛之立场而初步尝试脱离汉儒思想;盖欲与佛教之价值论争短长,即不能不抛弃"宇宙论中心之哲学",而归于"心性论中心之哲学"。就理论层级说,"宇宙论中心之哲学"本身属于幼稚思想,无法与佛教之心性论抗衡;此是客观限制。此限制一旦进入人之自觉,则抛开宇宙论而重看价值问题,即是不可免之事。

中期之中国哲学,一部分势力为宇宙论中心之理论,另一部分势力则为佛教之心性论。当中国学者欲抗拒佛教时,一方面必须脱离宇宙论传统,另一方面又必须建立心性论系统以完成此抗拒之努力。前者属消极性工作,后者为积极正面之工作。此种努力,不论在消极面或积极面,均非可一步完成者,因此,此两种工作之逐渐完成,即表现晚期中国哲学之演变线索。

自唐代"中国佛教"长成后,就佛教一面说,已对中国心灵作最大限度之适应;但在基本精神方向上看,则佛教之"舍离精神"乃绝不能放弃之原则。在此处佛教与儒学无法妥协。中国学者至此即面临一种精神方向之选择问题。若接受"舍离精神",则即必须持一否定世界之态度,若对此世界欲有所肯定,而不愿视世界之"有"本身为一迷执,则即须拒绝"舍离精神"。唐代提倡儒学而排斥佛教诸人,基本上即皆由于不愿否定世界；但其立说，殊欠坚实。故只能看作一种意向之表示。此诸人在晚期中国哲学思想中，亦只有序幕人物之地位。此是本期开始时之情况。

至北宋初年，乃有进一步之表现。周惇颐立说，已有自造一系统之意。因此已是以理论系统抗拒佛教，而非如唐人之仅有拒佛之意向。然就理论内容言之，则周氏之说，基本上未脱宇宙论之影响，不过增多形上学成分而已。其中心性论之成分甚少。其后张载之说，大体亦如此（详见后文各章）。故周张哲学之课题，可说是以混合形上学与宇宙论之系统排拒佛教心性论，尚非以孔孟本义之心性论对抗佛教之心性论也。

二程兄弟，立说自有异同；然大旨皆是以"性"为主，定之以"性即理"之说，于是引生一纯粹形上学系统。明道早死，《遗书》中所载议论颇多歧出之义，亦无他作可供检定，故释之者远自朱熹以前即多争执。伊川之说则面目甚明，乃一脱离宇宙论影响之形上学，较之周张自是一进展。

然若就根源处着眼，则此一重振儒学之运动，目的既在于以儒学之价值哲学代替佛教之价值哲学，则如上文所指出，此一工作必须归于心性论之肯定，因就哲学问题本身说，价值、德性等等问题，皆本不属"有无"之领域；宇宙论固不能对此种问题有真解答，以超经验之"实有"为肯定之形上学系统，亦不能提供解决。今伊川之形上学，虽已远胜汉儒之说，亦有进于周张之言，仍不能真完成重振儒学之任务。于是二程"性即理"之论，只代表宋明儒学之第二阶段，而非成熟阶段。朱熹之综合周张二程，亦仍未脱此第二阶段也。

成熟阶段即心性论重建之阶段，此一工作始于南宋之陆九渊，而最后大成于明之王守仁。陆氏首重"心"观念，即由"存有"归于"活动"，由对峙于客体之主体升往最高主体性。阳明主"良知"之说，最高主体性乃由此大明。至此，宋明儒学进至高峰。重建心性论即重建儒学之价值哲学。此一建立完成时，中国心灵已不再受制于印度之舍离教义。但在另一方面，儒学价值理论之长短亦皆显出。故明代以后中国哲学思想即逐渐有反宋明儒学之尝试。此种尝试之成果虽不甚丰，然学者观晚期中国哲学思想时，对此点亦不能不特加注意。

所谓"王学"，在明代已有流弊。但"流弊"是一事，本身之"真缺陷"又另是一事。后章论"王学"时，对其流弊亦当有所陈述。本节论本期中国哲学思想之演变，则不涉及此类旁出之问题，而只涉及"真缺陷"之问题。

王阳明之学既代表宋明儒学之高峰，故"王学"所现出之缺陷，实亦即儒学本身之内在问题。此问题就根源处说，即是"道德心"对"认知心"之压缩问题。倘就文化生活一层面说，则是智性活动化为德性意识之附属品因而失去其独立性之问题。至其具体表现则为知识技术发展迟滞，政治制度不能进展，人类在客观世界中控制力日见衰退。

关于儒学此一内在问题之确切意义，当留至本书后文评估宋明儒学时再作展示。此处只就其影响中国明代以后之思想说，则主要在于具体表现一层面。根源一层非深入哲学问题者不知；即在文化生活一层面说，亦不是常识所能了解。但具体表现则常人皆能了解，皆能察知，故最易发生影响。明末清初反宋明儒学之思想，大抵由此而发生。

中国在明末已入衰乱时期。其时最明显之病痛，即在于制度之无力。由于一切制度失去力量，对外不能防御异族之入侵，对内不能维持社会之秩序。此两面可用清之为患及流寇之兴起为代表，最为人所熟知。但制度无力所引生之问题，尚不限于此。军事财政方面之衰弱混乱以外,在政府人事方面、教育考选方面,无不百病丛生。因此,当时有识者面对此种全面性之衰乱,即不能不对文化制度作一彻底反省。

再进一步看,制度之败坏虽是一严重问题,但此种败坏何以不能救治,则是更严重之问题。因专就制度而论,任何制度之功能均有一定局限,因之亦必有某种缺陷及弊病;然而此种缺陷弊病并不必然生出大崩溃或大混乱之灾难。一社会或一国家中,制度有弊病时,人可能通过改进发展而避免灾难,亦可能完全无所作为,以致坐待制度弊病成为灾难。此中关键,即在于"文化活力"问题。文化活力如强,则自能补偏救弊,日新不息;文化活力如衰,则即无救弊之力,灾难自随之而来。而明代末年之衰乱,正属于第二种情况。由此,此种检讨文化制度而作反省之思想家,遂不能不更进而追问文化活力衰落之原因。

"文化活力"是一广泛词语,如作更确定之解释,则所谓文化活力,即指推动观念生活及制度种种发展之力量。此种力量之强弱,具体言之,即以知识分子之思想生活态度为核心条件;因一切改进必以某种"理"为据,而了解"理"及说明"理"之所在,无疑为知识分子之责任(倘专依"力"说,则知识分子常常是最无"力"之社群。但若只说"力"而不问"理",则亦无文化可说,最无改进可说。今之轻视知识分子者,大抵皆由于不明"力"与"理"之分际。"理"若无"力"自属空虚,但"力"若不依"理"则必成种种罪恶矣。此点在本书中自不详论,然学者宜注意及之,方不致为谬论所误也)。就明末而论,种种制度弊病,固是严重;但其时知识分子对此危机难局,毫无作为,则更是致命病根所在。由此,检讨文化制度之思想家,乃必须更进而检讨当时知识分子本身之观念及生活态度。

从事此一检讨批评者,主要有顾、黄、王及颜、李诸人。此数人彼此所见不同，所得结论，所提出之主张，自亦互异；但有一共同趋向，即皆确认知识分子之如此堕落无力，乃学风不良所致，换言之，即是认为有一种普遍性之观念错误或思想错误，为文化活力衰落之原因；推而言之，亦是大灾难之根源。于是揭露此种错误，并求一解救之道，即成为一在文化上作全面反省之思潮。此思潮亦即是清初思想之总脉，其影响则至于乾嘉时期。

顾炎武、黄宗羲、王夫之并称为清初三大家。三人检讨文化制度及学风问题，皆认为阳明学派当负责任，但三人所见又大有不同，盖本身治学方向本不同，故所见辄异。

黄宗羲在三人中，最明心性之学，其基本立场仍承王阳明至刘蕺山一支思想；故当黄氏批评学风时，其主要抨击对象为阳明之后学，而所强调之问题则为阳明后学走入禅门。禅门之舍离精神承自佛教传统教义，知识分子之心态或精神方向一旦入禅，即丧失一切做文化建设之能力及意志。而另一面又未必真能达成佛教所证显之智慧，于是徒得禅门之病，而误尽天下事。此是黄氏之主要立场。

观此可知，黄氏做文化上之反省时，仅归咎于阳明学派之流弊（因阳明本旨自不是"入禅"）；不唯不致疑于整个儒学传统，亦未反对宋明理学，且亦非反对阳明之学，故此一检讨工作中否定成分甚少。至其政治思想之特异，则又是另一事。

顾炎武与黄氏不同。顾氏推尊朱熹，对陆王一系之学即不以为然；故顾氏认为弊害自"空谈心性"而起，因此强调程朱一系之"格物穷理"，又以"行己有耻"为格言，作为践履工夫之枢要。此说自纯哲学观点言之，则未免粗浅。且顾氏持此说以攻陆王，亦正见其未解陆王之学，且未知陆王之方向与先秦儒学之密切关联。但自哲学史观点说，则此种思想乃一反陆王而尊程朱之思想，亦即否定宋明儒学一半；在影响上自有可重视之处。

王夫之所学庞杂，上宗《易传》，旁取汉儒及横渠之说。因之，宇宙论兴趣特强。王氏立说，则对宋明儒学各大家皆持否定态度，独于张横渠较能契合；而其主旨则在于强调形器才性，重视事功。其言心言性处，皆是系于一宇宙论旨趣之下而言之。故王氏之态度又异于顾黄，实已反对整个宋明儒学，不过尚未检讨整个儒学传统而已。

上述三家，下文另有专节析论其学说。此处只点明三人之思想形成清初哲学思潮之主流。至于颜李一派，立场较近于王，下文亦当简述其说。但颜李虽自立门户，在哲学问题上则所见尚属粗浅（见后文），影响亦不甚大，故不能与三家并列，只可视为旁支思想。

宋明儒学至阳明即入高峰，其后蕺山亦只是发挥补充而已。但至清初三大家立说时，哲学问题遂渐转为对宋明儒学之检讨批评。如上所说，此一检讨批评之思潮，实由于面对文化病痛而生出。依此，则此一思潮似应有推进中国哲学之功效，而事实则大不然。清代哲学思想自三大家后，不唯毫无进展，反而江河日下。此中理由，又必须在此稍作说明。

清代哲学之衰落，若从文化史之广泛观点看，则因素甚多，其中最重要者为异族统治者之压迫问题。但本书取哲学史立场，故只能论及哲学思想内部之因素。但此非谓强指内部因素充足决定衰落。历史事件中，每一情况皆有特殊条件；故论析某一次思想衰落时，从哲学史立场看，即应先观察内部因素是否已足决定此衰落，倘不足决定，则应说此一衰落乃受外在因素决定者；换言之，即应说明此一衰落并非哲学思想内部之问题。若内在因素确已足够决定思想衰落，则即不能绕向外缘，只应就思想本身作一说明。此正是文化史与哲学史之差别所在；倘不能把握此种分际，则可能在外缘因素上缠绕不清，反而不能把握思想内部之问题。如此即不足言"哲学史"矣。

然则清初三家之努力，何以失败？清代之哲学思想何以不能由三家之学而振起？三家之学，内部情况是否已足以说明此一失败？此乃吾人此处应作说明之真问题。

如上所述，三家面对明末文化活力衰萎时之种种病态，而欲寻一革新之路；此乃表面上似应为一推进哲学思想之努力。然此种努力之成败关键，不在于努力者之意向如何，而系于立说之人对问题本身之了解如何。倘真了解病态之根源，则纵使一时未能有除治之方，此种真了解本身仍可形成一思潮，传递后代而逐渐生出正面成果。反之，倘虽有革除病态之意向，而实不了解病是何病，则所谓革新救治，便一齐落空；所提出之种种主张，每每反成为病中之病，则其失败乃属当然。清初三家之学，就个人说，则可谓皆"足以自立"；但针对彼等所欲解决之文化问题说，抛开一切外在因素不论，其思想内部皆有一定局限。因之，彼等实皆未能真了解所面对之病态或问题之真相。

顾亭林对心性之学所知殊少；当其面对文化衰落之大问题时，但以为此乃王学之病，而不知王学之局限即传统儒学之局限。由此，倡程朱而抑陆王，成为一在儒学内部倒退之要求，既不能真见儒学之缺陷，补充拓展自无从说起，且并王学之长亦失之。结果，顾氏之学本身不代表儒学之进展，更不代表儒学之改造，转成为一迷失。其影响所及乃有尊经崇古之学风，此自只能加强衰落，而不能有救治之功。

其次，黄宗羲颇能承王刘之说，可谓知心性论之大旨。且黄对儒学传统之缺陷，亦似时有所见（观《明夷待访录》可知）。但黄平生立说，特重辟禅，次言经世。对价值意识及文化精神等等根源上之问题，皆无正面主张。如此，观黄氏之学，若取其论心性问题部分，则觉阳明学派又多一人；若取其论世考史之作，则觉黄氏乃一史学家或政治思想家。此两种身份皆与改造儒学传统无关。结果，黄氏后学，大抵通史学而不通哲学，反成为日后"以史学代替哲学"一谬误思潮之先驱。此自非黄氏本意，但事实如此，实由黄氏之学内部局限使然也。

最后，王夫之乃一任才纵情之人物。其学混杂，对心性论之本义已不能把握；故当王氏否定大多数宋明儒时，其主张并非更进一步求儒学之发展，或求儒学之改造，反而沾染汉儒宇宙论，混同才性与心性，成一大乱之局。其正面贡献自在于强调"实现"，强调"历史"一方面，但此种贡献可建立王氏个人在哲学史上之地位，而与救治文化病态则相去万里矣。

三家学说，后文各有论述。此处只说明三家之思想立场及局限，以释其未能推进中国哲学思想之故，不再多说。总之，三家思想内部局限已定，皆不足担承此一"大推进"之任务，故纵使外在因素不如当时实际所有之恶劣，三家亦不能成功。于此，清代哲学思想在三家后逐步衰落，亦是势所必然，不足为怪矣。

三家之后，清代可说并未出现任何伟大哲学思想家。但清代思想亦有一显著特色，此即"以史学代替哲学"之潮流。而此一潮流之具体表现，即"乾嘉学风"是。

三家中王夫之著作清初列为禁书，故少流传，影响亦较小。顾黄二氏，则颇为乾嘉学人所乐称。然乾嘉学风本身则与顾黄立说之旨大异。顾氏虽不通心性之学，但其立说本旨仍在治平；黄氏则始终不失阳明、蕺山之大意，二人均无以考据训诂代替哲学之主张，而乾嘉学人则基本上从事广义之史学工作，而自以为由此可解决哲学问题。此一学风虽表面上接近汉代注疏之学，但实质上大有差别，实是一特殊倾向。

此一倾向本身自不代表一种哲学思想，但涉及一理论性问题，对了解哲学思想颇关重要，应在此稍加析论。此即是语文与理论之关系问题。

语文与理论及观念之关系，论者甚多；近年语言哲学兴起，所涉尤繁。此处只就有关乾嘉学风范围论析，则应指出之问题有二。其一是语文研究与理论研究之界限问题，其二是语文研究对哲学研究之正面意义问题。

先就第一点说。语文形式与所表述之观念结构有一定关联，固是无可否认者；但就特定理论说，人了解表述此理论之语文，与了解此一理论，仍有一明确界限。此种界限不能通过形式意义之关联而予以取消，盖此界限之成立，乃由理论内容而来，不属形式结构一层面。

举例言之，如吾人欲了解一篇以外国文字写成之医学论文，第一步自然先须能了解此种文字。但了解文字后，仍未必能了解此论文之理论内容；欲达成理论内容之了解，又须具备有关此理论之特殊知识。倘吾人不具备此种知识，则第二步之了解即不可能。盖语文之了解本身不能提供有关特定理论之特殊知识也。

外文如此，古文亦然。一切训诂考订工作，对于学者了解古代文献之作用，基本上与翻译工作属于同一类；故吾人取某经某子之文为对象，而作训解时，最后之目的应即是将此文全部译成通用语文（如当代口语）。但此一工作完成时，吾人对此文之理论内容之了解并未同时完成。盖此文纵然全译成通用语文，吾人所面对者不过是一篇以通用语文写成之文章；而以通用语文写成之文章，吾人并非一定全能了解。上述医学论文之例，亦可用于此。倘吾人未具备基本医学知识，则纵是一篇以最浅显之通用语文写成之医学论文，吾人读之，仍将茫然不知其旨。总之，语文之了解绝不能代替理论内容之了解。

此即语文研究与理论研究之大界限所在。依此观之，则乾嘉学人之蔽立明。盖注疏经子，可以达成语文之了解，然不能以此为理论之了解。乾嘉学人，但注意语文问题，每以为语文困难一经消除，则一切理论均可凭常识或直观了解，不知每一理论之内容，均涉及一定之理论知识。于是此种研究每以精细之训诂开始,而以极幼稚粗陋之理论了解为终结。此是乾嘉学风之根本病痛所在(此类理论之例证,见后章)。

以上是就乾嘉学风之负面说,其关键在于上述之界限问题。兹另从正面看,则当涉及上节所列之第二问题。

语文研究对哲学研究是否仍有某种正面意义?对此问题,吾人可答以"确有正面意义";但此所谓"正面意义"确指何在,则应再加析解。

首先应加分别者,是哲学研究中之"哲学史"部分与"哲学问题"部分。语文研究对"哲学问题"之正面意义,当归于"普遍文法"之探求,由此再溯至心灵或思想之活动形式。但此是现代哲学中方发现之哲学工作。古代中国无人顺此一方向作严格研究。至于语文研究对"哲学史"工作之意义,则在于了解古代文献之时代,辨别学派之源流,确定词语之先后各种解释。此一工作正是乾嘉学人所致力者。就此而论,乾嘉学人之研究成绩,对于吾人今日了解哲学史上种种细微问题,自亦有确定意义。

例如,古代中国之经籍,经秦代之变乱,至汉时多失确解。汉人虽因时代距古较近,故于古语古物甚至古制皆能有所解释,但汉代之思想风气,本身与先秦大异,因此,凡涉及理论观念时,汉儒之解释即大半隔阂不通。且汉儒承战国托古之风,而渐多伪书,于是自汉以下,论经籍源流者,每每以讹传讹。至于隋唐宋明,其病益甚。"十三经"之中,真伪相杂,成为讹误之具体代表。此种讹误,若专就哲学问题之研究看,可能所关甚小。但若就哲学史研究看,则真伪不分,文献混乱,又久主讹误之说,则是一必须澄清之问题。而从事此种澄清工作,学者便不能专倚玄思直悟,而必须依靠古史之广泛研究,包括古代语文之研究。以广义之古史研究为基础,学者乃能循一客观标准以考训古代文献；由此，方可有整理古代思想之客观线索，而一不为讹误成说所拘，二不为主观猜想所蔽。就此而论，宋明儒工作尚极少，更无论隋唐儒士。而乾嘉学人全力集中于此类工作，成绩远胜前代。今日之许多新发展，仍大半借助于此一时期之工作成绩。此为吾人所不能否认者。而语文研究对哲学研究之正面意义，以及乾嘉学风之长（就其与哲学工作之相关处说），亦皆可由以上所论显出矣。

总之，乾嘉学风本身原是一"以史学代替哲学"之潮流，基本上自属谬误。但乾嘉学人之谬误，主要在于不知语文研究与理论研究之界限，因此其病在于不能真正了解"哲学问题"。至于在"哲学史问题"方面，则由于语文研究（广义史学研究中之一部分）原对哲学史研究有一定正面意义，而乾嘉学人在此一面贡献甚多，故乾嘉学风对于中国哲学史之工作仍大有助益。此是吾人评定乾嘉学人之思想工作时之结论，其详当俟后文论之。

又由语文研究以了解古代哲学思想时，尚有更进一步之细微问题，须加清理；亦留俟后章论清儒思想时再作展示。此处是总论中国哲学思想之演变问题，故只说明大眉目。

就"中国哲学史"而言，叙述应至乾嘉学风为止。盖此后中国哲学思想之演变，见于清道光以下。而此时演变之主要因素，乃外来之压力及刺激。就时代划分而论，此即属于近代中国史之开端，已非传统中国之范围。此后之哲学思想，尤不能列入中国哲学史中所谓"晚期"。此点上文业已说及。本书第三卷既标明以"晚期"之中国哲学思想为叙述对象，自不能包括属于近代中国史阶段之哲学思想。故即以论乾嘉学风一章结束全书。

以上说明本期中国哲学思想之演变大要。以下即分章析论本期各重要思想。

第一章 唐末思想之趋势及新儒学之酝酿

在本书第二卷中,已对中国佛教自汉至唐之发展演变,作一系统论述。本卷以宋明儒学为主要论述对象,但对宋儒兴起以前之中国思想界情况,应先稍作叙述。此即本章之主题。

以时代划分而论,第二卷原已接触唐代思想,但以佛教教义为限。兹则泛论唐代禅宗兴起以后,至唐末为止一段时间中,中国思想界之概况。

此可分为三方面论之。第一为道教方面之思想,第二为佛教方面之思想,第三则为儒学方面之思想。

第一节
道教内丹派之兴盛

案"道教"与"道家"不同。"道家"指中国先秦时代之老庄思想,所代表者为古中国南方文化传统。"道教"则以方术为主,源出于先秦之"方士"。宋玉已云:

> 有方之士,羡门、高溪。上成、郁林、公乐、聚谷。①

"有方之士"即"方士"也。至秦始皇时,则欲借"方士"之力"以求奇药"。②其时"方士"盖已成为通用之名。至汉则有"道士"一称,但亦泛指"道术之人",非专属于"道教"。两晋至南北朝,初则以"道士"或"道人"泛指僧道一流,后则称佛教徒为"道人",道教徒为"道士",如《齐书》谓"道人与道士辩是非"③,即明证也。案"道教"之组成,乃逐步发展而渐趋定型者。在汉时,凡习神仙术者、黄白术者,皆称为"道术之士",而其组织亦未统一。如张角有"太平道",于吉有"于君道",张陵有"五斗米道",此外尚有"帛家道""李氏道"等,④皆各有组织,不相统属。故道教虽于东汉时开始有宗教组织,然其统一组织则在东汉时并未成立也。晋抱朴子葛洪,精于丹术,著《内篇》《外篇》及《神仙传》等,属道教中杰出人物;然对道教组织之进展并无大影响。南北朝时期,南朝刘宋有陆修静,撰《斋仪》以规定宗教仪式,又"分三洞之源,立四辅之目"⑤,一时负道流重望,遂成为南方道徒之共同领袖。北朝元魏则有寇谦之,假当道之力而扩展道教组织,成为北方道流之共同领袖。此后,道教之统一组织乃逐渐形成,而与老庄之学实无关系也。

但另一面道教自东汉时已附托所谓"老君",其初与老聃似非指同一人;如《玄都律》谓有五神下降封张陵为"国师",而云:"其一云是周柱下史也,一新出太上老君也。"⑥但晋《抱朴子》即言"老君"即李

---

① 《文选》,宋玉《高唐赋》。
② 参阅《史记·秦始皇本纪》。
③ 参阅《齐书·高逸顾观传》。
④ 参阅《抱朴子·道意篇》。
⑤ 南宋金允中《上清灵宝大法总序》。
⑥ 见曹学佺《蜀中广记》,卷七十二引《玄都律》。

聃[①]，于是，道教之思想旨趣，虽与老庄无关，而在名义上却假托老子矣。至唐代则皇室李姓，遂与此道教之"老君"联宗。唐太宗贞观十一年诏书，即宣布："朕本系出于柱史"[②]，高宗、中宗及玄宗皆上尊号，于是唐代之道教乃大盛。至其教义则仍以神仙术为主，而又兼收各种思想，流传至今之《道藏》，亦即在唐开元间开始纂修者也。

道教之神仙术，本由方士传统而来；但自汉以下，各种思想，如阴阳五行之说，纬书中之图书等等，均逐渐为道徒所利用，甚至儒书亦然。如魏伯阳著《参同契》，即假借《易经》而言丹术者。唐代道教既大盛，丹术之言亦大盛。而隋道士苏元朗（青霞子）倡"内丹说"，轻视金石之术，而教人以行气导引之法，自炼精气以求长生。此是道教修炼理论之一大改变。苏元朗虽假托《参同契》，实则苏以前并无"内丹"观念，所谓"丹鼎"一派皆就"外丹"言金丹。即《抱朴子》虽有"大药"之说，仍只与所谓"房中术"有关，而非真正"内丹"也。严格意义之"内丹"，始自苏元朗而盛于唐，至宋尤见流传日广。兹专就唐代而言，则"内丹"说之兴，使道教假借各家思想以谈修炼之风亦日盛。于是，道士惯于袭取佛儒观念以讲一套修炼理论，而儒书中最常受道家利用者，即是《易经》。道士取《河图》《洛书》等怪说，借《易经》以谈修炼，由此遂生出以图书解《易》之风气。此点对宋代儒者影响至大。如周濂溪之据《太极图》作说，即其最显著之实例（详见第三章，论濂溪与道教关系各节）。

外丹以炼药为主，仍不脱方士气习；除对医药方面可以有影响外，对思想界影响极小。言"内丹"则涉及内部精神境界问题，理论意义远较"外丹"为高。故唐代"内丹说"既盛行，思想界遂通过此说而

[①] 参阅《抱朴子·杂应篇》。
[②] 太宗此诏见《广弘明集》，卷二十五，及《混元圣纪》，卷八。

受道教之影响。此论唐末思想界时所首应留意者也。

第二节
佛教禅宗之发展

禅宗在慧能手中而成为中国佛教之大派。慧能示寂后,南北两大支禅宗势力曾有冲突,然大体言之,禅宗并未因有此内争而衰,反而通过神会之才辩而影响日大。宗密以华严学者而谈"禅",著《禅源诸诠集》,搜辑诸说,判以教理,先分"禅"为四,其言云:

> 正信因果,亦以欣厌而修者,是凡夫禅。悟我空偏真之理而修者,是小乘禅。悟我法二空所显真理而修者,是大乘禅。若顿悟自心本来清净,元无烦恼,无漏智性本自具足;此心即佛,毕竟无异;依此而修者,是最上乘禅,亦名如来清静禅,亦名一行三昧,亦名真如三昧。此是一切三昧根本,若能念念修习,自然渐得百千三昧。达摩门下展转相传者,是此禅也。①

除此四义外,宗密在其前尚列一"外道禅","外道"自是指谬误而言,故不列入。四义之中,凡夫禅虽非外道,亦不关正觉,故严格言之,只三种禅行而已。然此所谓"禅"取广义解释,其中唯最后一种始指达摩之传,亦即指"禅宗"也。

于是宗密在《都序》后文,再分禅宗为三云:

> 禅三宗者,一,息妄修心宗;二,泯绝无寄宗;三,直显心性宗。②

对应于此三宗,又说"三教"云:

---

① 《中华大藏经》,第二辑(144),卷上之一,《禅源诸诠集都序》。
② 《中华大藏经》,第二辑(144),卷上之二。

教三种者,一,密意依性说相教;二,密意破相显性教;三,显示真心即性教。①

此即所谓"禅之三宗,教之三种"。宗密然后指出禅宗各派,分别属于此三宗;又将小乘教义及般若、唯识等大乘义分别与此三教相配,而"显示真心即性教"则配以真常教义。先就禅三宗说。宗密云:

初,息妄修心宗者,说众生虽本有佛性,而无始无明覆之不见,故轮回生死。诸佛已断妄想,故是性了了,出离生死,神通自在。当知凡圣功用不同,外境内心各有分限;故须依师言教,背境观心,息灭妄念;念尽即觉悟,无所不知。如镜昏尘,须勤勤拂拭,尘尽明现,即无所不照。……南侁、北秀、保唐、宣什等门下,皆此类也。牛头、天台、惠稠、求那等,进趣方便;迹即大同,见解即别。②

案宗密即以"息妄修心宗"指神秀一支,故取镜尘之喻也。至牛头、天台,则修行之迹虽相似,所持理论观点则不同。其次又云:

二,泯绝无寄宗者,说凡圣等法皆如梦幻,都无所有;本来空寂,非今始无。即此达无之智,亦不可得。平等法界,无佛无众生。法界亦是假名,心既不有,谁言法界?无修不修,无佛不佛。设有一法胜过涅槃,我说亦如梦幻。无法可拘,无佛可作。凡有所作,皆是迷妄。如此了达,本来无事。心无所寄,方免颠倒,始名解脱。石头、牛头,下至径山,皆示此理。……因此便有一类道士、儒生、闲僧,泛参禅理者,皆说此言,便为臻极,不知此宗不但以此言为法。③

此是以"泯绝无寄宗"判石头、牛头一支。然后论第三宗云:

---

① 《中华大藏经》,第二辑(144),卷上之二。
② 《中华大藏经》,第二辑(144),卷上之二。
③ 《中华大藏经》,第二辑(144),卷上之二。

三,直显心性宗者,说一切诸法,若有若空,皆唯真性。真性无相无为,体非一切;谓非凡非圣,非因非果,非善非恶等。然即体之用,而能造作种种;谓能凡能圣,现色现相等。于中指示心性,复有二类。一云,即今能语言动作,贪嗔慈忍,造善恶,受苦乐等,即汝佛性。即此本来是佛,除此无别佛也。……不断不修,任运自在,方名解脱。……二云,诸法如梦,诸圣同说;故妄念本寂,尘境本空。空寂之心,灵知不昧。即此空寂之知,是汝真性。任迷任悟,心本自知,不藉缘生,不因境起。……觉诸相空,心自无念;念起即觉,觉之即无。修行妙门,唯在此也。故唯备修万行,唯以无念为宗。……然此两家,皆会相归性,故同一宗。①

宗密论"直显心性宗"而未指出何人属此派,然就"本来是佛"及"以无念为宗"看,则皆慧能之说,可知此宗即专指慧能之传也。其下再依三教说。先将"密意依性说相教"再分为三。即第一,人天因果教;第二,断惑灭苦乐教。此二教与小乘经论相应。第三,将识破境教。此则与大乘唯识教义相应。故宗密述此教后云:

《解深密》等数十本经,瑜伽唯识数百卷论,所说之理,不出此也。②

宗密又指出,此中第三"将识破境教"与禅门之"息妄修心宗"相通,即近于神秀之禅义。"曹溪荷泽,恐圆宗灭绝,遂呵斥住心伏心等事,但是除病,非除法也。"③下又指出此亦达摩之传。盖慧能以前,四祖、五祖所持修行法门,皆属此宗。而在理论上则与唯识之教相近也。

其次,宗密论"密意破相显性教",则指出此即与般若中观之教相

---

① 《中华大藏经》,第二辑(144),卷上之二。
② 《中华大藏经》,第二辑(144),卷上之二。
③ 《中华大藏经》,第二辑(144),卷上之二。

应,其言云:

> 生死涅槃,平等如幻;但以不住一切,无执无著,而为道行。诸部般若千余卷经,及《中》《百》《门》等三论,《广百论》等,皆说此也。此教与禅门泯绝无寄宗全同。①

依此,般若之教亦相当于禅宗中一支之说。

最后,论"显示真心即性教",则指出此教即说"佛性",说"如来藏",换言之,即与大乘真常教义相应,故云:

> 《华严》《密严》《圆觉》《佛顶》《胜鬘》《如来藏》《法华》《涅槃》等四十余部经,《宝性》《佛性》《起信》《十地》《法界》《涅槃》等十五部论,虽或顿或渐不同,据所显法体,皆属此教。全同禅门第三直显心性之宗。

依此,真常教义即与慧能之禅义全同。②

总之,宗密原习真常教义(华严宗),兹序之说,则将禅宗再加分判,而配以佛教各支理论;于是禅门之三宗,分列相应于唯识、般若及真常教义;换言之,印度大乘佛教之三支,皆收入禅宗。此是禅宗理论一大发展。若就理论内部看,则宗密此种分判,自大有问题。本书此处只论禅宗思想之发展及影响,故对严格理论上之是非,不作详论。

宗密如此大倡禅门理论,其影响之大固不待言。而另一面,历史机缘又适利于禅宗之流布。宗密之死在唐武宗会昌元年即公元841年,不久即有会昌毁法之事。唐武宗既以政治力量压制佛教,于是寺

---

① 《中华大藏经》,第二辑(144),卷上之二。
② 案宗密在《圆觉经大疏》中,则分禅宗为七家。前三家包括神秀等人之说,即六祖同学所传。第四家为怀让、道一所传。第五家相当于"泯绝无寄宗",即石头、牛头所传。第六家则近于净土与禅宗之混合。第七家即荷泽所传。第四与第七家,皆是慧能之教,亦即"直显心性宗"之两派也。总之,"直显心性宗"即慧能之教义,亦即此处所论之真常教义。

院被毁，经卷散失。佛教重经论之各宗如天台、华严、法相等，经此破坏，势遂大衰。而禅宗不重经论，只主参悟，故在此"法难"后，并不受严重影响；反因他宗皆衰，而成独秀之势。唐末至五代，以迄宋时，中国之佛教实际上只有禅宗为主流。而此点又是唐末思想界另一重要情况。盖禅宗至宗密立说，而理论进展已有统摄各宗之趋势；再加以历史机缘之助力，遂自此成为思想界一大势力。日后宋儒评论佛教，大抵所据之了解皆由禅宗而来。此点学者不可不留意也。

第三节
儒学复兴之尝试

隋唐之世，佛教最盛。专以唐代而论，中国佛教三宗中，华严及禅宗皆成立于唐初。故大概言之，此时思想界之主流实为佛教教义。道教虽外有皇室之支持，内有"内丹说"之发展；然其理论终是杂取于人，不成体系。至于儒学，则两汉以降，早已日衰。先混入阴阳五行之说及谶纬之言，后又为清谈玄风所掩。唐时官定经籍，真伪不分；所谓读儒书之士人，则恃辞赋以取功名，借婚姻以攀门第。其风气之恶劣，考史者类能言之。故就哲学思想而论，唐代儒学可谓衰极。然此时期中，亦有极力欲作儒学复兴之尝试者。虽以外在阻力至强，内在根基复弱，以致成就无多，然终属唐末思想界中一重要趋势，仍当在本章中稍作叙述。

尝试复兴儒学而有著述者，以韩愈及李翱二人为代表。以下分述其言论之大旨。

一、韩愈

《新唐书》本传云：

> 韩愈,字退之,邓州南阳人。……长庆四年卒,年五十七。①

依此,则韩氏之生卒年代应为公元768—824年。没后,门人李汉编其遗文为《昌黎先生集》,又作序文。序文中有云:

> ……比壮,经书通念晓析,酷排释氏。诸史百子,皆搜抉无隐。汗澜卓踔,奫泫澄深。诡然而蛟龙翔,蔚然而虎凤跃,锵然而韶钧鸣。日光玉洁,周情孔思;千态万貌,卒泽于道德仁义,炳如也。洞视万古,愍恻当世;遂大拯颓风,教人自为。时人始而惊,中而笑,且排先生益坚,终而翕然随以定。②

此处推崇韩氏之语,多就其文说;然大拯颓风之言,则可兼指其"酷排释氏"。盖反佛教方是韩氏思想特色也。韩氏在文学上提倡古文,成为"起八代之衰"之文豪,不可谓不成功。但就思想言,则韩氏自身既不长于理论之建构,亦不精于经籍之考训,实未能立说以影响思想界。然其反佛教而倡儒学之精神方向,则在当时确有卓立不群之意味;故日后宋人笔下,则盛推昌黎。如本传云:

> 自晋汔隋,老佛显行,圣道不断如带。诸儒倚天下正议,助为怪神。愈独喟然引圣,争四海之惑。虽蒙讪笑,跲而复奋。……昔孟轲拒杨墨,去孔子才二百年;愈排二家,乃去千余岁。拨衰反正,功与齐而力倍之,所以过况、雄为不少矣。③

案此以昌黎上比孟子,而以为其事尤难,可谓推崇逾分;然谓过于荀卿、扬雄,则表示宋代人之一般看法。韩氏之理论未必过于荀扬,但其方向则自谓承孟子之道统也。韩氏论"道"云:

---

① 《新唐书》,卷一百七十六。
② 《昌黎先生集·序》。
③ 《新唐书》,卷一百七十六。

斯道也,何道也?曰,斯吾所谓道也,非向所谓老与佛之道也。尧以是传之舜,舜以是传之禹,禹以是传之汤,汤以是传之文武周公。文武周公传之孔子,孔子传之孟轲。轲之死,不得其传焉。①

韩氏于此明白主张以孟子为儒学正统所在。而谓孟子后道遂不传,于是视秦汉以下思想,皆属歧途邪说,故其言云:

周道衰,孔子没;火于秦,黄老于汉,佛于晋魏梁隋之间;其言道德仁义者,不入于杨,则入于墨;不入于老,则入于佛。②

此以秦之焚书、汉之重黄老、南北朝之盛行佛教,分指各衰落阶段。若细案之,则老庄之说盛于魏晋而不可谓盛于汉,佛教之大盛正在唐时,皆与韩氏所论轻重不合。但韩氏原属文人,非作严格理论研讨者。此文所说,仍只表示其立场观点而已。

韩氏以为释老因儒学之衰而兴,遂使仁义道德之学不传;而天下反以佛老之说为"道"。《原道》之作,即以辨此义为目的。故云:

其所谓道,道其所道,非吾所谓道也;其所谓德,德其所德,非吾所谓德也。凡吾所谓道德云者,合仁与义言之也。③

此则申明儒学之价值观念与佛老不同。老子言"道德""去仁与义",故非儒学所肯定之"道德"。又另评佛教之说,则谓佛教是"夷狄之法",而废弃伦常,乃不合理者。韩氏引《大学》中"古之欲明明德于天下者"一段,再谓:

然则古之所谓正心而诚其意者,将以有为也。今也欲治其心而外天下国家,灭其天常;子焉而不父其父,臣焉而不君其君,民焉而

---

① 《昌黎先生集》,卷十一,《原道》。
② 《昌黎先生集》,卷十一,《原道》。
③ 《昌黎先生集》,卷十一,《原道》。

不事其事……《诗》曰,戎狄是膺,荆舒是惩。今也举夷狄之法而加之先王之教之上,几何其不胥而为夷也。①

如此驳佛老,未见理论力量何在。然其立场固极明白。韩氏对古史之了解,全受唐代风气所局限,故其论道统,今日视之,亦属一团混乱。但其自觉肯定者仍是孔子之学。故其释"仁义道德"云:

夫所谓先生之教者,何也?博爱之谓仁,行而宜之之谓义,由是而之焉之谓道,足乎己无待于外之谓德。其文《诗》《书》《易》《春秋》,其法礼、乐、刑、政……②

如此释"仁""义",足见韩氏无哲学思考能力,亦不真了解孟子之说。然强调儒家经籍及礼、乐、刑、政,即表现韩氏实承儒家经世之精神,以哲学词语言之,即持肯定世界之态度,故与佛教之舍离相反也。

《原道》一文,表现韩氏之立场以及对学统之看法;虽文中理论甚简而浅,但亦足表示韩氏反对佛教"舍离精神",故为韩氏著作中一重要文献。若就进一步之理论说,则韩氏另有《原性》一篇,论"性情"问题。

其界定"性""情"之意义云:

性也者,与生俱生也。情也者,接于物而生也。③

依此,韩氏所了解之"性",实指人在实然历程中开始所具之能力讲;此则未接触孟子心性论之基本问题。而所谓"与生俱生",正荀子所谓"生而有"之意。韩氏欲承孟子之学,而其言"性"乃依荀子之意以界定"性"字之词义,亦可谓怪事。此盖因韩氏对孟荀二家之学说均

---
① 《昌黎先生集》,卷十一,《原道》。
② 《昌黎先生集》,卷十一,《原道》。
③ 《昌黎先生集》,卷十一,《原性》。

不深知其义,而于此处所关涉之哲学问题亦不能掌握也。由于韩氏论"性",是指"自然之性"言,故不知"心性"与"才性"之分,而云:

> 性之品有上中下三。上焉者,善焉而已矣;中焉者,可导而上下也;下焉者,恶焉而已矣。①

如此说法,"性"成为"才性"之意;而何以能如此说"善恶",亦不可解。韩氏之说,直以为所谓"性善""性恶"乃指人"初生"时之"善恶",此与荀子意尚近,与孟子意则相隔天渊。然韩氏反以为孟荀之说不当,而云:

> 孟子之言性曰,人之性善。荀子之言性曰,人之性恶。扬子之言性曰,人之性,善恶混。夫始善而进恶,与始恶而进善,与始也混而今也善恶,皆举其中而遗其上下者也,得其一而失其二者也。②

韩氏所见全属常识层面,根本不知"心性论"所涉及者为价值意识之根源问题。依韩氏此说,似乎"性"只是一事实,即个人初生时所具之能力;而另外有一现成善恶标准,悬立于外,可以衡度某人之"性"是上、中或下。其对哲学问题之无知,实可笑也。

至于论"性"之内容,韩氏又举"仁、礼、信、义、智"五者,称为"其所以为性者",与"喜、怒、哀、惧、爱、恶、欲"之为"七情"相比而言之。倘如此说,则"性"既只含五种德性,则又如何能分为"三品"?韩氏以能力差异说之,谓上者能"主于一而行于四",中者则于其一或少有或少反,下者则反于一而悖于四。如是说,则"性"只以五种德性为内容,却又或顺或悖;于理不可通矣。

韩氏论"七情"亦分"上中下"说。谓:

---

① 《昌黎先生集》,卷十一,《原性》。
② 《昌黎先生集》,卷十一,《原性》。

> 上焉者之于七也,动而处其中;中焉者之于七也,有所甚、有所亡,然而求合其中者也;下焉者之于七也,亡与甚直情而行者也。①

依此,似乎"情"本身可以生成是能中或不能中,又与"性"之方向不相关矣。此说益谬,不待多辩。

总之,韩氏自身乃一文人,其谈理论问题亦不过做文章而已,于一切理论分际皆未深察。且虽尊孟子,亦不解孟子之说;虽反佛教,亦不解佛教教义。故在哲学思想之进展中,可谓全无实际贡献。然其立场甚为坚定,其志向确在于复兴儒学或"先王之道",故仍代表当时之一种特殊精神方向。观其与孟简书可知其所以自处。韩氏之言云:

> 汉氏已来,群儒区区修补,百孔千疮,随乱随失。其危如一发引千钧,绵绵延延,浸以微灭。于是时也,而唱释老于其间,鼓天下之众而从之。呜呼,其亦不仁甚矣。释老之害,过于杨墨;韩愈之贤,不及孟子。孟子不能救之于未亡之前,而韩愈乃欲全之于已坏之后。呜呼,其亦不量其力,且见其身之危莫之救以死也。虽然,使其道由愈而粗传,虽灭死万万无恨。②

韩氏之学虽不足承孟子,而其志则确以复兴儒学为己任。此所以论者常谓韩氏为宋明儒学之先驱者也。

二、李翱

李翱,字习之,《新唐书》卷一百七十七有传,而不著生卒之年,大致其人与韩愈同时,其卒在韩氏卒后。为韩氏平辈交,非弟子也。李氏理论能力颇高,胜韩昌黎甚多。《李文公集》中,除最有名之《复性

---

① 《昌黎先生集》,卷十一,《原性》。
② 《昌黎先生集》,卷十八,《与孟尚书书》。

书》外，尚有《从道论》《命解》及论学书札，皆对儒学问题有确定之见解。

最可注意者，是李氏乃首以《中庸》为据而提出儒学理论之人。盖《中庸》作为《礼记》之一篇，虽在南朝亦有为疏解者，实向不为儒者所重视。李氏独据《中庸》立说，实开启宋儒尊信《中庸》之风气。此较韩愈之重视《大学》尤为重要，盖韩氏虽引用《大学》，实未能依其文而提出任何理论。李氏则真能依据《中庸》而发挥其理论也。

《复性书》分上、中、下，为李氏学说之纲要所在。兹举其要旨略作析述。

《复性书上》先论"性情"，次言成德之道。其言云：

> 人之所以为圣人者，性也；人之所以惑其性者，情也。喜怒哀惧爱恶欲七者，皆情之所为也。情既昏，性斯匿矣，非性之过也。七者循环而交来，故性不能充也。水之浑也，其流不清；火之烟也，其光不明；非水火清明之过。沙不浑，流斯清矣；烟不郁，光斯明矣。情不作，性斯充矣。①

李氏劈头即提出"性"观念，作为人之所以为"圣人"之基础条件；而以"情"为"惑其性"，或使"性不能充"之根本因素。意即人能实现其性即成圣人，而所以不能实现其性者，全由于情之干扰阻碍。当"性"受"情"之干扰时，其不能实现"非性之过"。此种以"性情"二字对分而界定圣凡二方向之观点，已有一定思路，非如韩愈之朦胧著语也。然后，以水火为喻，谓水火本有清明之"性"，但为外在因素所干扰即失其清明；故欲使"性"能"充"（即实现），则必须"情不作"方可。

然所谓"情不作"，亦非消灭"情"之意，只是主从问题。故其下

---

① 《李文公集》，卷二，《复性书上》。

又云:

> 性与情,不相无也。虽然,无性则情无所生矣,是情由性而生。情不自情,因性而情;性不自性,由情以明。性者,天之命也,圣人得之而不惑者也。情者,性之动也,百姓溺之而不能知其本者也。①

据此,则李氏以为在存有性一面看,"情"是依于"性"而存有。"性"本身作主时,则通过"情"而显现其方向,所谓"由情以明";如此则"性"不受"情"之支配,"情"即不能累"性";圣人非"无情"而只是不受"情"之支配。故云:

> 圣人者,岂其无情邪?圣人者,寂然不动,不往而到,不言而神,不耀而光,制作参乎天地,变化合乎阴阳;虽有情也,未尝有情也。②

此处描绘圣人境界,显受《易传》之影响。所谓"虽有情也,未尝有情也",即不受"情"之支配之意也。另一面凡常之人亦非"无性",只是"性"不能发用,不能作主而已。故云:

> 然则百姓者,岂其无性者邪?百姓之性与圣人之性弗差也。虽然,情之所昏,交相攻伐,未始有穷,故虽终身而不自睹其性焉。③

"不自睹其性"即是"性"不能显现,故不能作主也。于是李氏再以水火为喻,而云:

> 情之动弗息,则不能复其性而烛天地为不极之明。故圣人者,人之先觉者也。觉则明,否则惑,惑则昏。明与昏谓之不同。明与昏,性本无有;则同与不同,二者离矣。夫明者所以对昏,昏既灭,则

---

① 《李文公集》,卷二,《复性书上》。
② 《李文公集》,卷二,《复性书上》。
③ 《李文公集》,卷二,《复性书上》。

明亦不立矣。①

此处标出"复其性"一语,即全文之主旨所在。然论及"昏""明"相依而立、一灭俱灭之义,则李氏思想中受佛教影响处似颇明显,不仅"觉""惑"等字眼有佛教气息也。

其下,李氏遂转而依《易传》及《中庸》以发挥己说。先谓"诚"乃圣人充其性之境界,而"复其性"则为贤人之工夫。下即引《易传》云:

> 《易》曰,夫圣人者,与天地合其德,日月合其明,四时合其序,鬼神合其吉凶;先天而天不违,后天而奉天时。天且弗违,而况于人乎?况于鬼神乎?此非自外得者也,能尽其性而已矣。②

此处应注意者,是李氏引《易传》所描绘之圣人境界,而以"尽其性"一语释之,由此遂过渡至《中庸》。故其下云:

> 子思曰,唯天下至诚为能尽其性,能尽其性则能尽人之性,能尽人之性则能尽物之性,能尽物之性则可以赞天地之化育,可以赞天地之化育则可以与天地参矣。③

李氏以为《中庸》乃子思所作,故引《中庸》此段而冠以"子思曰"。《中庸》此段乃日后宋儒理论中"本性论"一支之根源,李氏则以此"尽性"之说连通《中庸》与《易传》。盖《易传》虽有"穷理尽性以至于命"之语,其意实不甚明确;而《中庸》此段则明确肯定人物各有"性",而"尽性"即为价值所在,乃中国经籍中最早言"本性论"之资料也。

下文李氏进而论教化问题云:

> 圣人知人之性皆善,可以循之不息而至于圣也,故制礼以节之,

---

① 《李文公集》,卷二,《复性书上》。
② 《李文公集》,卷二,《复性书上》。
③ 《李文公集》,卷二,《复性书上》。

作乐以和之;安于和乐,乐之本也;动而中礼,礼之本也。……视听言行,循礼而动,所以教人忘嗜欲而归性命之道也。①

此就"礼乐"以说明圣人之教化,其观念大致由《乐记》中论"礼乐"特性之语而来。如此之教化,目的只在于使人不为"嗜欲"所制而归于"性命"之道;换言之,即全就德性之完成以说教化,而未意识到客观文化秩序本身之意义。此可说是将儒学全当作宗教看之理论,自又与李氏立论时心目中先存一佛教意象有关也。

《复性书上》末段,则李氏自述其志向之语。李氏谓孔子门人中多能传此"性命"之道,而曾子、子思至孟轲尤然。秦火后则所传者皆末节,而"性命之源,则吾弗能知其所传矣"②。于是李氏乃立志传此"道"。其言云:

> 呜呼,性命之书虽存,学者莫能明,是故皆入于庄列老释。不知者谓夫子之徒不足以穷性命之道。信之者皆是也。有问于我,我以吾之所知而传焉。③

此可见李氏最关心之问题,在于辩明儒学中自有"性命之道";盖隋唐时佛教既盛行于中国,佛徒每谓儒学只是世间法也。李氏此种志向,可说下与宋儒直通。然以《易传》及《中庸》说孔孟之学,亦自此始矣。

《复性书中》则讲工夫问题。开始设问云:

> 或问曰,人之昏也久矣,将复其性者必有渐也,敢问其方? 曰,弗虑弗思,情则不生;情既不生,乃为正思。正思者,无虑无思也。④

此所谓"方",即指工夫途径。李氏之答语,用字颇有问题;然其意亦

---

① 《李文公集》,卷二,《复性书上》。
② 《李文公集》,卷二,《复性书上》。
③ 《李文公集》,卷二,《复性书上》。
④ 《李文公集》,卷二,《复性书中》。

不难明,盖以无虑无思之寂然不动境界为目的,故即以息止思虑为工夫也。于是其下续云:

> 《易》曰,天下何思何虑;又曰,闲邪在其诚;《诗》曰,思无邪。曰,已矣乎?曰,未也。此斋戒其心者也,犹未离于静焉。有静必有动,有动必有静;动静不息,是乃情也。《易》曰,吉凶悔吝生乎动者也。焉能复其性邪?曰,如之何?曰,方静之时,知心无思者,是斋戒也。知本无有思,动静皆离,寂然不动者,是至诚也。①

李氏大意谓求心之无思,是"斋戒"或强制工夫,必须"寂然不动"方是最后境界。此已见李氏确受佛教影响,盖李氏所言之境界,只重"寂然不动"一面,不似宋儒兼说"感而遂通"一面;其所追求者实只是一有超离意味之自我。然李氏自己似不甚明白此中界限。观其下论《大学》语可知。其文云:

> 曰,敢问致知在格物何谓也?曰,物者万物也,格者来也,至也。物至之时,其心昭昭然明辨焉,而不应于物者,是致知也,是知之至也。知至故意诚,意诚故心正,心正故身修,身修而家齐,家齐而国理,国理而天下平。此所以能参天地者也。②

以"不应于物"释致知格物,可谓奇想。然此正是李氏思想之真倾向所在。李氏虽言"尽性"之义,但未能明白《中庸》所说之"尽性",与道家之纯任自然、佛教之无所执著皆不同。李氏但以为此心不为物所动,即是至高境界。儒家化成世界之精神中之积极意义,李氏固未能知也。然李氏仍由如此意义之"致知格物"说到"平天下",则其所谓"平天下",绝非《大学》本旨所在,反近于道家之"无为"观念矣。

---

① 《李文公集》,卷二,《复性书中》。
② 《李文公集》,卷二,《复性书中》。

此文后半讲《中庸》处,不再引述。但尚有一点可注意者,即李氏认为"复性"之工夫,仍属渐进者。其文云:

> 曰,如生之言,修之一日,则可以至于圣人乎?曰,十年扰之,一日止之,而求至焉,是孟子所谓以杯水而救一车薪之火也。甚哉。止而不息必诚,诚而不息必明,明与诚终岁不违,则能终身矣。造次必于是,颠沛必于是,则可次希于至矣。①

此即谓成圣成贤,须渐次下工夫;亦可见李氏虽受佛教影响,然并非主张学禅宗之顿悟也。

此外,另有一重要问题,李氏提及而全不能解答者,即"情"作为邪妄,何由而生?原文云:

> 问曰,人之性犹圣人之性;嗜欲爱憎之心,何由而生也?曰,情者,妄也,邪也。邪与妄则无所因矣。妄情灭息,本性清明,周流六虚,所以谓之能复其性也。②

以为"邪妄"即"无所因",可谓大谬之说。李氏在此点上显出其人对哲学问题实尚未能真正面对。如此重要关键,乃以"不可解"解之,则累累千言,全无着落矣。

《复性书下》只自述所感;其中有一点可注意者,即是李氏有"人之本性"之观念。其言云:

> 天地之间,万物生焉;人之于万物,一物也。其所以异于禽兽虫鱼者,岂非道德之性乎哉?③

此即以"道德之性"为人独具之"本性",上承孟子之意。惜与其他理

---

① 《李文公集》,卷二,《复性书上》。
② 《李文公集》,卷二,《复性书上》。
③ 《李文公集》,卷二,《复性书下》。

论不甚通贯耳。

除《复性书》外,他文中尚有表露李氏思想者。兹再选述数点,以结束本节。

李氏有《从道论》,提出"从道"而不"从众"之主张。其言云:

> 中才之人拘于书而惑于众。《传》言,违众不祥。《书》曰,三人占则从二人之言。翱以为,言出于口则可守而为常,则中人之惑者多矣。何者?君子从乎道也,不从乎众也。①

此处李氏触及一颇为重要之思想问题,即理论内部之"是非"与风气、传统及习惯等之分别。"众"可形成风气传统等,然不应作为价值标准或是非标准。何况多数人本不能了解真是非,故"从众"每每即是牺牲是非标准。故云:

> 且夫天下蚩蚩,知道者几何人哉?使天下皆贤人,则从众可也;使天下贤人二、小人三,其可以从乎?况贪人以利从,则富者之言胜;柔人以生从,则威者之言胜;中人以名从,则猬者之言胜。②

天下明理者常少,故不可从众。而且所谓"众"每每受其他因素控制,而不能代表真是非,故君子只能"从道"。

李氏此一论点之重要性,在于看清有风气时尚以外之真是非在。此一肯定正历代知识分子所常缺乏者。李氏能建立此肯定,即见其人之不凡矣。

至李氏之反佛教,其立场则见于《去佛斋》之论。杨垂撰集《丧仪》,中有"送卒者衣服于佛寺以申追福"一条,李氏认为此条应除去,故作此论。其评佛教云:

---

① 《李文公集》,卷四,《从道论》。
② 《李文公集》,卷四,《从道论》。

> 佛法之所言者,列御寇、庄周言所详矣;其余则皆戎狄之道也。①

此说见李氏对佛教经论思想,所知亦甚少;而以庄列比之,则日后朱熹之说之根源也。

李氏又谓:佛教徒不事生产,故不能"使天下举而行之";盖如人人学佛教徒,则社会无法持续也。其言云:

> 夫不可使天下举而行之,则非圣人之道也。故其徒也,不蚕而衣裳具,弗耨而饮食充,安居不作,役物以养己者,至于几千百万人。推是而冻馁者几何人可知矣。②

此说正与其后武宗禁佛教之观点相同;盖佛教盛时,僧徒遍南北,皆不事生产,乃唐代一大社会经济问题也。

此外,李氏又认为人不应关心"命运",盖信命运或不信命运,均有大弊。其《命解》一文云:

> 或曰,富与贵在我而已;以智求之则得,不求则不得也,何命之为哉?或曰,不然,求之有不得者,有不求而得之者,是皆命也,人事何为。二子出,或问曰,二者之言,其孰是邪?对曰,是皆陷人于不善之言也。以智而求之者,盗耕人之田者也;皆以为命者,弗耕而望收者也。吾无取焉尔。③

案李氏此论盖针对当时喜言禄命术之风而发。其意以为,人如深信一切皆命定,则事事不加努力而望其有成果可得。此是信命之弊。又如全不信命运,则将以为事事可以强求而得,不能安分。此是不信

---

① 《李文公集》,卷四,《去佛斋》。
② 《李文公集》,卷四,《去佛斋》。
③ 《李文公集》,卷四,《命解》。

命之弊。总之,君子一切事均只应"循其方,由其道",不应依赖命而求有得,亦不应依赖用智而事事强求。此即所谓"君子之术"。李氏此论虽无关于重要哲学问题,然可见其对人生之态度正承"正其谊不谋其利,明其道不计其功"之说,亦李氏思想倾向之一种旁面表现也。

韩愈与李翱,皆为努力尝试复兴儒学之人;在唐末虽未能及时建立新风气,然其思想倾向,固已为北宋儒学留下种子。尤其李翱尊信《易传》及《中庸》,已与日后宋儒对经籍之看法相同。至韩愈言"仁、义、道、德",虽未精切,但其肯定世界之态度,则亦使儒佛之辨开始透显。若以理论造就言,韩李二氏固不能与周张程朱比肩,但作为宋明儒学之先驱者,则当之无愧也。

至李氏思想中受佛教影响之色彩,则自不能讳亦不必讳。李氏少年受知于梁肃,即李氏《感知己赋》序文中所称"安定梁君"是也。①梁肃论佛教"止观"之义,以为"止观"目的在于"导万化之理而复于实际",又以"实际"为"性之本";②则李氏所谓"复性",极可能即通过梁肃此种理论而来;且以"邪妄"为不可追究根源者,亦与佛教之"无明"观念相近。凡此种种迹象,皆可作为李氏受佛教影响之佐证。然而学者在此等问题上须留意分别者,是影响之限度问题。李氏立说,在思路及用语上,实有受佛教影响处,然其对世界之态度,则仍不主舍离;故可说:佛教之影响李氏,只在思辨表述一层上,而不达于基本价值肯定上。如此,则李氏只能算作采取某种佛教观念或论点以讲儒学之人,非舍弃儒学精神方向者也。

韩愈因有谏迎佛骨一事,遭受政治迫害,故后世言及反佛教之知识分子,常推韩氏为代表人物。然就理论成绩讲,则韩说尚不及李

---

① 《李文公集》,卷一,《感知己赋》。
② 参阅梁肃《止观统例》。见《大藏经》,卷四十六。

说。不过二人在对文化之态度上,则同是反佛教精神方向耳。

᠗　　᠗　　᠗　　᠗　　᠗

以上分三点论述唐末思想界之趋势;总而言之,则道教有"内丹说"兴起,故由金石之术转而为养心炼气之言,理论成分渐趋复杂;佛教禅宗大盛,有收摄诸家之势;儒者一面则开始反佛教而求儒学之复兴。三种趋势互相激荡,于是有北宋儒学兴起。其代表人物及理论要旨,皆见以下各章。本章至此结束。

第二章 宋明儒学总说

如序论中所表明,本书所谓"晚期中国哲学"虽包括自唐至清之阶段,但以宋明儒学为主要论述对象,故在逐步展示各时代中各家思想之前,应先对有关宋明儒学之一般问题作一概要说明。此即本章之课题。

本章所欲说明之各问题,皆非与某一人或某一派单独相关者,而是关涉整个宋明儒学者。凡属于某人某派之问题,则归入以下各章分别论之。

本章所讨论之问题有四,即:

第一节　宋明儒学之分派

第二节　宋明儒学所依据之经籍

第三节　宋明儒学兴起时之历史环境

第四节　宋明儒学所面对之哲学难题

此外若干零星问题,可附于上列各项之下者,即皆作附带说明,不另作论析。

第一节
宋明儒学之分派

所谓"分派问题",可在不同理论层次上获得不同意义。宋明儒学之发展演变,历时既长,门户传承亦颇繁复。若就学人彼此之关系一层次着眼,则可分之"派别"为数甚多。明末黄宗羲著《明儒学案》时,即采此种立场;其未完稿《宋元学案》,立场亦复类似。而黄氏对《明儒学案》中分派标准之说明,则谓:

> ……故此编以有所授受者,分为各案;其特起者,后之学者不甚著者,总列诸儒之案。①

观此,可知黄氏之分派主要以"传承关系"为据,即所谓"授受"也。至于理论之大方向一面,则黄氏转未有深切论断。其撰学案,虽亦强调"宗旨"②,但详观其书,所谓"宗旨",大抵皆相应于小门户说,非涉及基本哲学问题之方向评判,非基本层次上之"宗旨问题"。

黄氏此种态度,在旧日儒者中乃常见之事;盖在旧传统下,对基本层次上之方向问题,人常觉无可多说,故所争议辨析者辄落在枝节微细之处。本书取哲学史立场,在世界哲学之大背景下观中国哲学,故本节所论之"宋明儒学之分派问题",意义不同;着眼点在于理论之大方向一层,而不在传承等私人关系(此种传承问题,乃后文分论各家之演变时所应论述者,但非此处所论之课题)。由此,亦不涉及繁琐之门户问题。与黄氏学案立场不同。

就哲学理论之大方向看,对宋明儒学之分派问题,可说有三种不

---

① 黄宗羲《明儒学案·凡例》。
② 《凡例》中自称:"是编分别宗旨,如灯取影";又强调"各家自有宗旨"以讥周海门,皆足证黄氏自觉其书能辨明"宗旨"也。

同主张；此三者可分别称为"二系说""三系说"及"一系说"。此中"二系说"最为流行，此处即从"二系说"开始分别析述。

所谓"二系说"，即将宋明儒学分为"理学"与"心学"两大系之说法。此说在明代以后即日盛，至今人习言之，似已成为"常识"；然详按之，则在史实与理论两面，皆未见其可取。

兹先就史实言之，"理学""心学"二词，原非宋人所用。在两宋及元代，周张二程以下诸儒之学，皆被称为"道学"，无称"理学"者。观元修《宋史》，仍称《道学列传》，即可知矣。

"理学"一词之正式使用，当以元末之张九韶（即张美和）为最早。张九韶辑周张邵三家及二程朱子之言，而辅以荀卿以下数十人之说，更附己见，遍论天地、鬼神、人物、性命等问题，号为《理学类编》。① 案张氏此书成于至正丙午年，其时尚无"心学"与"理学"对峙之说。然书中以六家之言为主，不及陆子，可知已有视陆学为"旁门"之意。故吾人已可说，二系之门户分别，在此书已透端倪。换言之，将"理学"与"心学"分为二系，可说始于此书。然尚无"心学"之名也。

"心学"一名，最早当出于明陈真晟之《心学图》。② 陈真晟与吴康斋同时，行辈略早于陈白沙。著有二图，一为《圣人心》，一为《学者心》，统名之为《心学图》。此是最早正式使用"心学"一词者。然考陈氏之说，则实宗程朱，既以"天运"观念为归宿，又以"主敬"为工夫，则上异于陆象山，下不合于阳明之说；即与陈白沙之学比观，亦颇异趣。可知此时所谓"心学"非后世所用之意。阳明之学大行于世宗以后；学者始以"致良知"为"心学"，盖本阳明"心外无理""心外无义"等语③

---

① 《四库全书总目提要》，卷九十三，子部三，儒家类三。又张九韶在《明史》附见于《宋讷传》；称"张美和"，盖举其别字也。
② 《明儒学案》，卷四十六，《诸儒学案上》，四。
③ 《王阳明全集》，《答王某》。

及"心者,天地万物之主也""心即天"之论断①;进而将南宋之陆象山,亦收归"心学"一系,盖陆氏曾言"心,即理也"②,与阳明之谓"心即天"旨趣不异。由此,程朱一系被视为"理学",而陆王一系有"心学"之名,此即二系说形成之历史过程。

观此种史实,可知将"理学"与"心学"视为对峙之二系,乃后世逐渐形成之说法。在朱陆诸人,亦尚无此意。非程朱真标明一"理学"之旗帜,而否认有"心学"。就陆王一面观之,则陆王虽皆以"心"为最高主宰,为义理之根源,亦并非否定有"理学"。双方立说,殊异在于是否以"心"观念为第一义,并非一方只言"理",另一方只言"心",以"理学"与"心学"为互相排斥者也。

以上就史实而言,若就理论一面观之,则二系对峙之说如能确立,必须有确立此种对峙之条件。此条件即是,双方之说在基本方向上有不可解决之冲突,双方理论不能纳于一共同标准下以判断其得失。今观宋明儒之新儒学,则并非如此。首先,在方向上,双方皆欲复兴先秦儒学——即所谓孔孟之教,则基本方向本无不同;其次,在判断标准方面,双方既有共同之目的,则达成此目的之程度高低,即直接提供一判断标准。而就理论内部言,理论效力之高低,亦非不能比较。则二系之对峙,实无确立之条件。此义在下文论"一系说"时,当再阐释。

至于"三系"之说,则出于现代。然其论据,亦有渊源。以下略作说明。

三系说之提出,主要关键在于强调二程兄弟彼此之差异。但由于区分二程之方向及影响,遂涉及对宋明儒学分派之全面观点。换

---

① 《王阳明全集》,《答季明德》。
② 《象山全集》,卷十一,《与李宰书》。

言之,言"二系"者,但以"程朱"与"陆王"对峙,而以为此外诸家,不归于此则归于彼。现持"三系"之说者,则先将"明道"与"伊川"分为两系,然后系朱氏之学于伊川一系之下,又将前之周濂溪、后之胡五峰等,收归明道一系,于是与陆王一系比观,遂成为"三系"。

案二程兄弟之学,有同有异。此固无可疑(详见后论)。在程门弟子中,如谢良佐立说①,即偏近于明道,而游酢、杨时则偏近于伊川②;由此,两支传授之不同,影响后学。胡安国与游杨二子论学,苦不能入③,而见上蔡则深相契合。其后胡宏承父学而立说,遂深讥游氏,而倡"性无善恶"之说④;其门下有张栻,曾与朱熹辩议不休⑤。于是,后世论者每据此以分别二程兄弟之学。⑥此外,陆象山少时读伊川语,即谓"若伤我者"⑦;此尤足表明陆氏之学,与伊川殊趣。由以上种种根据观之,似有一定理由将二程兄弟分为二系,再加陆王一系,然后将其他宋代各家之言,依其偏似,分别划归二程之学。此即"三系说"形成之大略也。

以上只论历史渊源;"三系说"之确立,乃现代之事;提出此说者,又另有一理论上之断定,此又应稍加说明。

如上所述,就历史渊源着眼,则三系之分,所以与二系不同,主要在于强调二程兄弟立说之殊异。然则此种殊异涉及何种理论问题?此点能作适足澄清,则三系说所据之理论断定,即可显出。

案二程立说,皆以"性即理"为中心;此原是二程所同。但如就

---

① 参阅《宋元学案》,卷二十四,《上蔡学案》。
② 参阅《宋元学案》,卷二十六,《鹰山学案》;及卷二十五,《龟山学案》。
③ 参阅《宋元学案》,卷三十四,《武夷学案》;并黄宗羲案语及引朱子语。
④ 参阅《宋元学案》,卷四十二,《五峰学案》。
⑤ 参阅《宋元学案》,卷五十,《南轩学案》。
⑥ 如全祖望在《南轩学案》之案语中,即谓:"南轩似明道,晦翁似伊川。"
⑦ 《宋史》,卷四百三十四,《儒林列传四》,《陆九渊传》。他书所引略同。

"性"观念本身看,则所谓"性"又有两种意义:

第一,"性"可指一切存有所共具之"性"。换言之,此一意义之"性",即指一"存有意义之原则"(ontological principle)。强调此种原则时,则即是断定一切存有,包括日月山川、禽兽草木,与人自身皆在同一之共同原则下存在及变化。此亦说为表"一本"之"性"。

第二,"性"又可指各类不同存有自具之特性。此一意义之"性"即接近于希腊哲学中亚里士多德所用之"本性"(essence)观念。如取此一意义而说"性",则所说者非万有同具之"性",而是各类存有之所以成为此种存有之"条件"——亦即通常所谓"理"。如再严格言之,A所以成为A之"条件"或"理",与B所以成为B之"条件"或"理",内容不同,故如此言"性"时所说之"理",实为殊别意义之"理"。故此一意义之"性"即表"万殊"之"性"。

此处学者不可与宋儒喜说之"理一分殊"之语混淆。说"理一分殊"时,所谓"理"虽显然指"共同之理"而言,但此种"共同之理"仍可以配以上列两种不同意义之"性"观念,而获得不同解释。如取前一意义,则此"理"即为"共同原则",有确定之内容,能表一切存有之共同规律及方向,是实质意义之"理"。如取后一意义,则万有各成类别,各有其"性"亦各有其"理",固是实质意义之殊别;但每一类存有必有一"本性"或殊别意义之"理",又成为一形式意义之共同原则。此原则虽非实质意义,然仍是共同之"理"。故无论取前一意义或后一意义说"性",皆可言"理一分殊"也。此种关节上易生误解,故顺加数语说明。

现在应回到程氏兄弟之差异问题。"性"本身之二义,二程兄弟均注意及之。但明道强调前一意义之"性",喜说此一"共同"之"存有原则";伊川虽亦说此意义之"性",但较重视后一意义之"性",而常强调"本性"或殊别意义之"理"。朱熹承伊川之说,于此点尤为重视。

涉及此类论断之资料均见后章,现只指出二程此种不同归趣,以阐明"三系"观念之依据。

由于"性"可以作为"存有原则",而取实质意义言"理一",亦可作为"本性"观念看,而取形式意义言"理一"。故二程及其后学,虽几乎人人皆说"理一分殊",其所谓"理"与其所谓"性",所指常有不同。到此为止,学者似有理由将此两种思路,视为宋代儒学之两系。

再进而言之,则"存有原则"既属实质意义,自必有其确定内容。追问此一原则之内容毕竟为何,即可进而观察此种思想之传承所在,然后不难判定其理论立场在整个儒学思想中所处之地位。

就宋儒而论,对此种"存有原则"之肯定,实以周惇颐为最早。二程少年时曾从周氏治学,伊川早期作品中亦常引周氏之语。① 至朱熹立说,虽主要是承伊川之学,但由于朱子之宇宙论兴趣特强,故对周氏之《太极图说》力加推崇,又强调二程之学皆出自濂溪;于是后世言"道学"或"圣学"之统系者,照例认为二程皆承周氏之学。然倘作严密剖析,则周氏在《太极图说》及《通书》中,虽言及两种意义之"理",但所强调者实是作为共同"存有原则"之"理",而此"理"即以"生生"之义说之。明道所强调者亦在此。至于"本性"意义之"理",在周氏书中所说甚少。凡此种种,下文皆有详论。此处须指出者,是周氏此种观念,实是承《易传》思想而来。"天地之大德曰生"一语,是《易·系辞》中一主要断定;有此断定,则一切存有皆视为受此以"生"为内容之原则之决定。此是一种混有宇宙论及形上学成分之思想。在此思想方向下,"心"或"主体"之观念,皆成为第二序者。此是言"存有原则"而又强调其实质意义者立说之主要特色所在。周氏如此,承其说者亦是如此。

---

① 例如《颜子所好何学论》。

此说与强调"心性"之思想之不同,自不待言。即对强调万有之殊异之理之思想,亦有区别;此点上文已就"性"之二义说明。现为再求简明,则可以"天"观念与"理"观念对举。凡以"天"观念为第一序者,即属于周氏思想之类型;以"理"观念为第一序,则属于伊川之类型。明道显然偏于前者,虽言"理"而特重"天";伊川亦言"天",但特重"理"。如此,则在理论意义上,自可视为两支思想。再配以特重"主体性"而以"心"观念为第一序之陆王诸人之说,则自宋至明之儒学,即可视为"三系"。此是"三系说"之根据。

此中有许多纠结问题,如朱熹既承伊川,又盛称濂溪;二程皆言"性即理",又有对"天"观念之不同看法等等,皆须详加清理。本节只讨论"分派"问题,故对此类析剖清理工作不能多所涉及。学者读后文各章后,对此中分际所在,自可明白了解。

以"天""理""心"三观念中孰为第一序作为判别标准,则"三系说"即可成立。但此种划分之理论确定性,仍须预认另一理论断定。此即如此三种思想或思路,乃不能有共同裁断之标准者(此点与讲"二系说"之情况大致无异)。否则,正如"二系"未必有确定之对峙理由,"三系"亦未必有确定之分立理由。

总而言之,"二系"或"三系"之说,皆须排斥"共同判断标准",方能确立。反之,若有"共同判断标准",则整个问题即将改变面目。至此,乃可转而论"一系说"。

"一系说"乃本书所取之立场。对此立场,有以下数点,应加说明:

第一,所谓"一系说",自是视宋明儒学为一整体,但此并非忽视各家各派立说之殊异;而是通过一发展演变之动态观,以安顿此种种差异于一整体过程中。换言之,学说之差异皆视为整体过程中之阶段特征。

第二，在此观点下，此整体过程之原始方向或要求，即成为一共同判断标准。依此标准，乃可确定所谓"发展"之意义。

第三，就理论结构及效力而言，亦可有一共同标准，以裁定各阶段学说之得失，而明其升降进退。

由上三点说明，即可略述"一系说"之要旨。

宋明儒学作为一整体哲学运动者，历时数百年；各家学说之殊异，若就细处言之，则可谓千门万户。但就其大处着眼，则首先不可否认者，是此一运动有一基本目的，即是要求归向先秦儒学之本来方向。因此宋儒初立说时，实即一面排除汉儒传统，另一面坚决反对外来之佛教；直至明代阳明之学兴起，此一基本方向并无改易。此处吾人即可掌握一客观共同标准，以笼罩整个运动。盖归向先秦儒学（即所谓"孔孟之学"）既是基本方向所在，则各家之说与孔孟之学距离之远近，即可表示其说在此大运动中所处之地位或阶段。愈接近孔孟之学者，在此运动中，即代表愈成熟之理论。换言之，能达成原始要求愈多者，即愈成功。此是一系说之第一标准。

其次，宋明儒学所从事之工作，乃一哲学之建立工作；其方向虽以孔孟为依归，其立说自必是一新体系之提出。由此，专就一一理论体系看，则在结构上与理论效力上得失如何，乃成为一客观理论问题。此处所涉及之判断标准，属于普遍性之哲学标准，而非如以上就基本目的或方向着眼时之仅涉及历史意义之标准。因此，一系说除据基本目的或方向，以评定诸家学说所处之地位外，尚须就理论标准以估定各说之理论成就。

简言之，持一系说以整理宋明儒学，即是从事以下三步工作：

第一，分观一一学说，判定其说与孔孟之原旨距离如何。此是历史标准。

第二，再观此各学说，作为理论体系看，其效力如何。此是哲学标准。

第三，通过以上两重标准，决定各学说之地位及得失后，即可依时间次序，将此运动中各家之说合观，而其中升降进退之迹，即可全幅呈现矣。

依一系说立场论之，宋明儒学运动之面貌大致可叙述为三阶段之进展过程。

宋代儒学之复兴运动，自始即有一自觉之方向；此即归向孔孟之教，而排拒汉儒传统及印度佛教之压力。此一方向直至明代，并无改变。因此，吾人观宋明各家之说时，首先即可用孔孟学说（即先秦儒学之本来面目之代表）作为客观标准，以判各学说与孔孟学说之同异远近。

案反汉儒及佛教，自唐末韩愈、李翱时已肇其端。① 宋初胡瑗、孙复亦皆轻视汉儒章句之学，排佛教之说。濂溪以后之新儒学理论，在方向上实承以上渊源而来。然在方向上欲上承孔孟是一事，如何了解孔孟之义又是另一事。韩李之粗疏，固不待言；即以濂溪以下之宋明儒者而论，其立说亦非自始即与孔孟原旨密合。其间自有一发展过程或演变过程。

濂溪立说，虽以恢复孔子之儒学为志，但其所据则是《易传》与《中庸》。故《太极图说》及《通书》之思想，在形态上皆属半形上学半宇宙论，而与孔孟之心性论大为不同。然此种不同，乃从哲学史之客观立场上说，固无碍于濂溪在主观上仍以为上承孔孟。张横渠因范仲淹之劝而读《中庸》②，其后所致力者亦重在《易经》；故张氏之哲学

---

① 案韩愈论"道统"，以为孟子后儒学即失传，所谓"轲之死，不得其传焉"，即足见韩氏眼中，汉儒乃不承孔孟之学者。至其排佛则人所共知，不待征引。李翱在《复性书》《从道论》等文中所表现之立场，大致与韩氏类似。
② 《宋史》，卷四百二十七，《道学列传一》，《张载传》。

思想，在基础上亦与周氏相近。立说之不同，则由于张氏之宇宙论兴趣更重，而思路亦稍异。但总观其学说，则亦属半形上学半宇宙论之形态。盖所依据之哲学观点根本类似也。

周张之学，后文均有专节论述。此处所须说明者，只是周张二家在宋明儒学之发展历程中，代表第一阶段。其特征是混合形上学及宇宙论以建构其哲学系统。就主观方向言，固以为承孔孟之学，排佛教而轻汉儒；但依客观标准看，则二人尚未完全摆脱汉儒之"宇宙论中心之哲学"之影响，与孔孟之"心性论"距离尚大。

二程之学，虽有不同，然其共同特征则在于"性即理"一命题之提出。此一命题即决定二程之理论与周张之不同。周张立说，皆混杂宇宙论成分，二程则建立较纯粹之形上学系统。此点在伊川学说中尤为明确。

宇宙论与形上学之差异，在于形上学之主要肯定必落在一超经验之"实有"（reality）上；建立此肯定后，对于经验世界之特殊内容，可解释可不解释。① 即有解释，亦只是其"形上实有"观念之展开。此"实有"本身之建立并不以解释经验世界为必要条件。而宇宙论之主要肯定，则落在经验世界之根源及变化规律上；此种根源及规律虽亦可视为"实有"，但非超经验之"实有"。其建立根据每与经验世界之特殊内容息息相关。故宇宙论之形态，依哲学史观点说，较形上学形态为幼稚。

但宇宙论与形上学又有一共同点，此即以"客体性"或"存有性"为第一序观念，而不以"主体性"或"活动性"为第一序。因此，皆与以"主体性"为归宿之"心性论"不同。

---

① 形上学理论中，有不解释经验世界之内容者，最易显现其与宇宙论之不同。例如，希腊之巴门尼德（Parmenides）及芝诺（Zeno）一系之思想，即一方面视经验世界为虚幻，另一方面不妨有"being"之肯定。此种理论显然属形上学，而绝非宇宙论也。

孔孟之学原属"心性论中心之哲学",故"主体性"观念最为重要。周张之系统,混有宇宙论与形上学两种成分,而独不能建立"主体性",此固与孔孟之学违离,即以二程之形上学系统而言,"主体性"仍不成为第一序观念,因此,仍难与孔孟之学密合。然二程立"性即理"之说,即将汉儒所倡之"宇宙论中心之哲学"扫除一空;亦对佛教提出一有力之驳辩。此则有胜于周张二氏之说者。因此,二程之学应代表宋明儒学之第二阶段。

此一支思想之势力,在事实上久存不衰;但就理论标准看,则其说既不能与孔孟密合,则基本目的并未达成,因此并非宋明儒学之最后成果。

南宋朱熹主要虽承伊川,然其宇宙论兴趣特高,于"主体性"及"活动性"之体认则不真切。故朱氏立说,自不能较周张二程更接近孔孟之本旨。但朱氏之学另有一特色,此即朱氏有意综合北宋诸家之学说以构成一系统。二程虽曾受业于濂溪,然其学趋向颇异。① 伊川生平尤不重周氏之学。至于张载,则与二程论学时,每有求教之意味。二程对张氏虽常推重,然其学自与张氏之说无传承关系。在工夫问题上,明道曾直指张氏之病痛。② 但朱熹则以其自身之宇宙论兴趣最近濂溪,遂极力推尊周氏。谓周氏"不繇师传,默契道体"③,又谓"当时见而知之有二程者,遂扩大而推明之"④;于是将周氏视为宗师,而系二程于其下。至于横渠,朱氏亦引之与孔孟二程并列。⑤ 朱门后学遂有"濂、洛、关、闽"之说矣。此说自清初即成为普遍流行之观念。

---

① 此点不仅在今日视之为然,吕希哲当时已言之。读者可参阅全祖望在《宋元学案》卷十一《濂溪学案》中所作案语。
② 参阅《宋元学案》卷十三《明道学案》所载《定性书》,或《二程文集》所载原文。
③ 《朱文公文集》,卷七十八,《江州重建濂溪先生书堂记》。
④ 《朱文公文集》,卷七十八,《江州重建濂溪先生书堂记》。
⑤ 朱氏曾有"今且须看孔孟程张四家文字"之语。《语类》及《辑略》均可案也。

今依哲学史标准论之,则周张自代表一阶段,二程另代表一阶段,朱则代表周张程诸家学说之综合;然无论就此二阶段或此综合系统言,皆未能确立"主体性"观念,换言之,皆未归至孔孟之心性论,因此,皆未能达成此一儒学运动之基本目的也。

与朱氏同时之陆九渊,始立"心即理"之说,此是宋明儒学运动中首次肯定"主体性"。陆氏自谓直承孟子,实亦无忝。但陆氏立说无系统,于"心性论观念"与"形上学观念""宇宙论观念"之层级区别,亦未能详为论定。故就宋代而论,陆氏所代表之方向,势力甚小。然就理论标准看,则陆氏代表者乃第三阶段即立"主体性"而归向"心性论中心之哲学"之阶段,与孔孟本旨已渐逼近矣。

陆氏虽开启此一阶段,但此阶段之代表学说,则须留待明代之王守仁。王氏立"致良知"之说,建立一心性论系统。孟子思想之要旨,悉收于此系统中;严格言之,以归向孔孟为方向之儒学运动,至王氏方正式完成。此即后世所谓"阳明之学"或"姚江之学"也。

阳明之学说,种种得失长短,均见后文,此处不多作引述。须特别指出者,是阳明学说之本旨是一事,流弊又另是一事。依一系说之观点论,阳明承象山而代表宋明儒学之第三阶段,亦即最逼近孔孟本旨之阶段,因此,亦可说是此一运动之高峰所在。至于阳明之学与孔孟之学说,究竟是否又有某种差异,则是另一问题,亦俟后文详论。在理论形态上,阳明之学属于心性论,与周张程朱迥不相同,而于孟子特近,则应无可疑也。

总而言之,依一系说之观点论之,宋明儒学运动可视为一整体,其基本方向是归向孔孟之心性论,而排斥汉儒及佛教;其发展则有三阶段,周张、程朱、陆王恰可分别代表此三阶段。若就各阶段之中心观念言,则第一阶段以"天"为主要观念,混有形上学与宇宙论两种成分;第二阶段以"性"或"理"为主要观念,淘洗宇宙论成分而保留形上学成分；第三阶段则以"心"或"知"为主要观念，所肯定者乃最高之"主体性"，故成为心性论形态之哲学系统。其中朱熹地位特殊，乃综合前二阶段之思想家；然在此发展过程中，仍应划归第二阶段。

至此，一系说之大意已足表明。但以上所论均以历史标准为重；倘就理论标准言，则尚应再作以下之陈述。

首先，就理论标准看宋明儒学思想各家之处位，意即由各家思想系统之理论效力之高低，以分别评定其地位；然后作一统观，以显示此一运动在理论意义上之真面目。

上段就历史标准言，故以"归向孔孟"之"基本目的"为共同标准，因要求归向孔孟之学，乃宋明儒学运动者所公认之目的；换言之，此种要求或目的，乃一历史事实。顺此历史事实之共同性，而得一共同性之历史标准。如此，则并未涉及理论之是非得失问题。究竟孔孟之学本身之理论效力如何？各家之说，其与孔孟异者，在理论效力上是否低于孔孟之学或反胜于孔孟之学？此类问题即非徒举一历史标准所能处理，而应摄归另一理论标准以求解答。此点既明，学者即可知本段之意所在。

欲提一评定各家之理论标准，必须由其所面对之哲学问题着手。宋明儒学所面对之种种哲学问题，或为系统内所有者，或为系统外者，牵涉至繁，后文另有析论。现在阐明"一系说"时，对此点只作一概略说明，以免与后文重叠。然其义理固前后通贯，非有二说也。

宋明儒学所面对之哲学问题，可由其所否定之佛教思想说起。佛教思想，自释迦自说义经部派小乘而至大乘各宗，义蕴殊繁。传至中国，又出现天台、华严及禅宗，立说各有所重。① 其旨趣同异，皆颇涉精微之理。然此固非宋代儒者所熟知。宋代佛教，承唐末之衰局，

---

① 参阅拙著《新编中国哲学史》卷二。

势殊不振。最流行者仅属禅宗一家而已。故宋儒论佛教,大抵皆意指禅宗而言;于空、有、真常三支本旨及理论皆不甚详。其反对佛教之主张,亦只落在一广泛观念上,对各宗内部之理论,固无确定关联。此一广泛观念,即佛教之"否定世界"是。佛教自释迦以来,皆视当前世界为虚妄所生。因此,说千万法门,本旨不外舍离世界以求主体之超离自由。以佛教词语表之,即"脱生死海,证大涅槃"是也。此种舍离世界之观点,今即可称为"否定世界"之态度。此所谓"否定"原重在价值意义一面,但至唯识妙有之教义兴起后,遂有一现象论补充之;其"否定"遂兼有认知意义之论据。

宋儒之反佛教,则只以价值意义之"舍离精神"为对象。换言之,佛教持"否定世界"之态度,宋儒则提出"肯定世界"之态度。此一肯定自亦是重在价值意义。

佛教否定世界而倡"舍离精神"时,以万有本身为一障累,此与印度之吠檀多哲学相通(佛教教义与吠檀多自另有不同处,则非此处所涉及者);然与中国儒学之倡"化成精神"则正相反。观此,宋儒虽不详知佛教之内部理论,其以"肯定世界"之立场,反对佛教"否定世界"之立场,固确不失儒学之大方向,亦可说符合孔孟立说之本旨。

但欲建立一肯定世界之理论,又与徒立一信念不同。立此理论必经对世界提出一全面之看法,更以确定之陈述论证支持之。宋儒非只讲"信"之宗教人物,故必从事此种理论之建构。而其建构结果,亦即是宋儒之价值理论矣。

如纯就哲学问题着眼,则肯定世界时,第一问题即是所肯定之世界取何种意义?

此处又有两种可能。其一是肯定存有意义之世界——此即落在对"自然世界"作价值肯定上;其二是肯定创生意义之世界——此即落在对"文化世界"作价值肯定上。此一分划乃学者了解儒学派别之大线索之一。亦是本书依理论标准观察宋明儒学全貌时,立说之基本关键。若就纯哲学问题一层说,此处所涉者亦是一极重要之哲学问题。

然则,宋儒倡肯定世界之观点,以排拒佛教之否定世界时,其肯定究取何意义?解答此问题,本须严格剖析周濂溪以下各家之价值理论,但此非本节所能详及者。兹仅略说大意。

自濂溪至于晦翁,如前所论,其说颇有演变,然就肯定世界一问题言,则有一共同点。此即不就主体观念建立肯定,而就存有观念建立肯定是也。如此建立肯定时,简言之,即对"价值"作一"存有论意义之解释"(ontological interpretation)。然后据之以断定"世界"之为"有价值"。

具体言之,此种肯定又可分两型。其一即以《易传》所谓"天地之大德曰生"为代表,其二则可以《中庸》之"尽性"一观念为代表。周张及明道之说,显然属于前者;伊川、朱熹之说则偏于后者。为行文方便,前者可称为"天道观",后者则可称为"本性观"。

持"天道观"以肯定世界时,其说大致先断定有一形上共同原理,实际运行于万有中,而为存有界之总方向,即就此方向建立价值观念。因此,所谓"天道",必有两点特征:

第一,"天道"必有实质意义之内容,不能仅为形式意义之概念,否则即不能实际运行于万有中。

第二,"天道"虽是一形上之实有,但此实有必须兼为价值之根源;否则,若"天道"在价值上有"中立性",则据"天道"以肯定世界即不可能。

以《易传》中"大德曰生"之"天道观念"为例。此一生生不息之原理,即以说明万有之总方向,故非一形式概念。而此一为"天道"所表之总方向,又必须视为"善"或"价值"之根源。换言之,顺此方向为

"善",逆此方向为"恶"。

但"天道"既实际运行于万有中,则万有似即应承受"天道"之决定,何以有不顺"天道"之方向之可能?解答此问题,便须另设一观念,以建立所谓道德生活中之二元性(ethical duality)。此种二元性乃谈价值问题时之必要条件;倘不建立此种二元性,则"恶"之可能不能说明,道德生活及一切价值判断亦将无从安立。宋儒对此问题即取《礼记·乐记》中所提出之"天理"与"人欲"一对观念,以建立二元性。① 其大意盖以为人有"情绪",而"情绪"之活动可以合乎天道之方向或不合乎此方向,故必在情绪上有所节制,然后方能合乎"天理"或"天道"。如此,则在对"恶"之解释上,只立一形式概念,因"情绪"本身并非另是一"恶"之存有,只在"有节"或"无节"上说"善恶"之别。万有之中,并无一种存有是"恶"也。②

但如此设立二元性后,基本问题仍未解决,盖"天道"倘实际决定万有,则何以人之情绪独能悖乎"天道",仍是一待解决之问题,此处即隐隐通至"自由意志"或"主体自由"等问题。持"天道观"者,于此并无确定解说。

然"天道观"另有真困难,尚过于此点。此困难即在由"天道"以肯定"世界"时出现。

"天道"之内容既是"生"之原理,则据此以肯定世界时,必须以世界实际上循此生生之理运行为论据,同时此处又是一价值肯定,即以世界本身为实现此价值之历程,故又必须将此运行方向定为一最高价值标准。且此价值标准又必须与道德实践直通,成为道德生活及

---

① 《乐记》中"人生而静"一节,有"灭天理而穷人欲者也"一语,乃最早以"天理"与"人欲"对举之资料。在宋儒学说中,则此一对观念成为共同用语,不属一家,故不作征引。
② 学者能解此义,则对明道所谓"恶亦不可不谓之性",或濂溪之所以用"静"及"无欲"定善恶之关键,皆不难明其本旨。

判断之基础。

但就此三层看,皆有明确之困难。

首先,实际世界中"生"与"生之破坏"常相依而立。某一存有之"生",常同时依另一存有之"生"之"破坏"为条件。此就人类及动物之生活看,尤为显然。譬如,人及动物皆须得食而生,而所食者主要仍为有生之物,则食者得生时,即以被食者之生被破坏为条件;如此,则此处显有一"背反"问题[①]。盖若"生"与"生之破坏"相依而呈现,则吾人说世界"生生不息",同时亦可说世界不断有"生之破坏"也。

其次,若就立价值标准说,世界之"生"或"生生不息"被视为一有价值意义之方向,则由上述之背反问题,可推出如此之价值标准下,每一"善"皆与"恶"不离;每一"价值"实现时,其否定亦实现。

最后,就道德实践言,问题尤为严重;因在道德生活中,必有排拒反道德之要求。今若由一含"背反"之价值标准以建立道德生活之基础,则此种道德生活中,将不见有"善"而"不恶"之行为成立。而与"恶"相依之"善",本身亦成为一种相对性概念。例如,杀鱼以养人,倘视为"善行",则此"善"即只在全"人"之"生"一意义上成立,亦即仅有相对性之安立。对"鱼"而言,乃其"生"之"破坏",成一"恶"矣。

此种种困难,皆由"背反问题"而来,而"背反"问题之产生,则又由于在实际世界或现象世界中,强求一形上原理。换言之,即落在自然世界上求"世界之肯定"时所招致之理论困难。然则,若离开现象世界,而只就一超经验之"理"着眼时,情况又如何?此即引至"本性观"。

持"本性观"以肯定世界时,可以不在自然世界之万象中求形上原理,亦不在此求价值标准;盖"本性"本非一经验对象,亦不在实际

[①] 即康德所说之"antinomy"。

世界或自然世界中。如伊川之说,万物各有其性,亦各有其理。即以"万物实现其理"作为一价值标准;于是"本性"(即"理")加"充足实现"一观念,即成为一切价值判断之基础。而"道德生活"及"文化"之意义,亦均可由此决定;盖"道德生活"即事事如理之生活,而所谓"文化"者,即统指此要求"如理"之活动也。

此说自以"性即理"一命题为中心。① 而"性"与"理"即取殊别义,与只言一"共同之性"之说不同。而其基本分别,则在于如此建立价值理论及"世界之肯定"时,不落在当前之实际世界上。因"理"与"事"可分为两领域。"理"可在事中实现,可不在事中实现。倘"理"未实现,仍不碍此"理"之存有。但因"事"与"理"不视为本来合一者,故实际世界中"善恶"之纠结混乱,皆可不妨"理"之分明确定。似可避免"天道观"之困难,因"天道"乃视为实际上决定事物世界者,"本性"则只是一规范、一理想状态,不须视为"已有"之事实。如此,肯定世界时,亦不须谓世界实际上受一"天道"支配,只须视世界为万理实现自身之"场"。此"场"本身可以黑暗污浊,仍不碍理之应实现于此中,且能实现于此中。此种思路,重点全在超经验、超事象之"理"上,故伊川之学不重宇宙论,而成为纯粹形上学。就理论效力而言,"本性观"固胜于"天道观"。因无经验事实之牵累。

然"本性观"亦另有其困难。此困难可就"性"(或"理")本身之"存有地位"(ontic status)说,亦可就"实现"一层说。

兹先就"实现"论之。所谓"实现",自即指"理"在"事"中"实现"而言;因"理"与"本性"视为一事,故此"实现"亦即是具体事物之本性之"实现"。换言之,每一种事物均有其"理"或"本性",但当前之存在

---

① 案伊川亦有"共同之性"之观念,前文已述及。此处但取其学说中论"殊别之性"一部分,因此一部分方表现其立说之特色。

状态不必皆循其理,因此使其存在状态循其本有之理,即所谓"理在事中实现"。

如此,具体之存在领域,虽可是混乱阴暗者,只要"理"之"实现"本身无困难,则"理在事中实现"之历程,即可得一肯定,此亦即"世界之肯定"——包括历史文化之解释。

然言"本性"之"实现"时,若只就——性或理,与其相应之事观之,则似无困难。若就众多之本性彼此间之关系观之,则有极严重之困难在。此困难可称为"本性实现中之冲突问题"。

此问题原为一切"本性论"(doctrine of essence)之共同问题;若溯其渊源流变,所涉甚繁;兹只就宋儒学说言之,则此种困难可用一浅喻说明。

譬如,有生之物,虽本性各殊,但既是有生之物,则"全生"必不能不为其"理"或"性"所在。但恃肉食而生者——如虎,欲全其生,则必食他兽。而此被食之兽——如羊,则即在虎能全其生时,自己必不能全其生。换言之,"虎"之"本性"究竟如何实现?吾人对"虎"之食"羊"究以取何种态度为"循理"?此则难有妥善解答。

伊川明道对此问题均未作正面解答,然就其语录看,则一鳞半爪,亦有许多暗示。譬如,谓禽兽"不能推"①,其意盖谓人有"公心"或"仁心",故能推己及物,自尽其性亦尽万物之性,禽兽则无此自觉。然此一"推"观念,只能说明人与禽兽之殊异,不能解答上举之难题。盖说虎之食羊,乃因虎无仁心之自觉(不能"推")故,此自无困难;但虎如有此"推"之能力,又应如何?是否即不食肉而自杀?虎如自杀,是否是"循理"?是"实现其本性"?此则显有困难;盖虎食羊,则羊不能全其生;虎不食羊(及其他有生之物),则虎即不能全其生。此处之

---

① 参阅《河南程氏遗书》,卷二下。

难局,乃由虎之"本性"如何实现而来,非可用"自觉"与"不自觉"一对观念解释也。

此处所涉之哲学问题,后文更当详论。本节欲指出者只是以"本性之实现"为价值基础时,面对本性实现间彼此之冲突,即将发觉价值标准难于定立。而此困难若不能克服,则"世界之肯定"亦难圆满建立。

其次,再观"性"(或"理")本身之"存有地位"问题。

所谓"存有地位",即指"存有"之各种不同意义而言。当人用"有"字时,所谓"有",每具不同之语义。譬如说"室内有人",此"有"自指空间中之经验对象而言;如说"十与十五之间,至少有一质数",则此"有"不涉及空间对象,而只涉及某种形式结构之形式性质。于此"人"之"有",与"质数"之"有",即各指不同之"存有地位"。此外,"有"之语义倘具多种可能,不必一一备举。总之,言"有"时,其为何种意义之"有",常是一重要问题。

然则所谓"性"或"理"之"存有",究具何种"存有地位"? 此在论"本性观"时,实为首要问题。

如上文所说,"性"或"理"本身并非一"事物",因此,自不能是当前经验世界之一部分,并非在时间空间中被决定者(即不是"temprospatially determined")。因此,说"性"或"理"之"存有",即不能是在时空架构中占有特定地位之意义;换言之,即不是作为"经验对象"而"存有"。

"经验对象义"是吾人说"有"时,最常见之意义。其次则有"构型义"之"存有"。

此一意义之"有",乃经验科学语言中所常用者。譬如,吾人说有"电子";此所谓"有",并非"经验对象义"。电子本身并非可被经验者。吾人只因面对一组"事象"(events),而欲对此类"事象"予以融贯明确之解释,故先设某假说,再由此导出一种"构型"(model),此各"事象"是经验对象,但解释"事象"之"构型"则由某假说之设立,再经简化而得来,本身并非一经验对象。如"电子""原子"等,皆属此类。基本上乃思想之"建构"(construction),非一"事物"。

此可称为"科学构型义"之"有"。许多理论科学中之词语,皆只涉及此种"存有地位"。

某一"构型",本身固非经验对象,但仍以一定事象群为基础;此种种事象本身皆具经验对象之存有地位,因此,"构型"之成立与否,须视其所关事象而定。如此,吾人对"构型"所立之各命题或陈述,仍皆是受经验决定者。故吾人倘欲建立某种不受经验决定之陈述,则不能是对"构型"之陈述。盖"经验对象义"之"有",若称为具"直接经验性"(directly empirical),则"科学构型义"之"有",具"间接经验性"(indirectly empirical),两者仍皆属经验认知层面。

至此,可知"性"或"理"之"有",亦不能作为"构型"意义之"有";因言"性"或"理"时,并不能承认经验事象资料之改变,能影响对"性"或"理"本身之陈述。否则,持"本性观"者所要求之形上知识即预先被排斥矣。

此外,吾人说"有"时,又可能取"形式规律义",如逻辑数学语言中所常见者。譬如上文所举"质数"之例即是。此外,如在传统逻辑中言"同一律"之"有",亦属此类。

在此一意义下说"有",所涉及者既非经验对象,亦非解释经验之构型,而只是运用符号或语言之思考中某种确定性或必然性,因此,此一意义之"有",只是形式规律上之决定。因其不含经验内容,故谓之"形式";因其涉及确定性或必然性,故谓之"规律"。

但持"本性观"以肯定世界时,其所谓"本性"固非经验之存有,却仍须具一定内容。换言之"本性"或"理",并非一纯形式意义之概念。

即此可知,"本性"或"理"之"存有地位",亦不能取"形式规律义"以解释之;否则,以"本性"或"理"为基础,只能得出一形式系统,亦不能得出形上知识或形上学也。

于此,吾人乃不得不转至第四种"有"之意义。

此一意义距常识颇远。如用哲学词语说之,则可说与德国康德所持之"先验综合"(synthetic apriori)相通。

以简明语言表之,则可说吾人用"有"或"存有"时,尚有另一意义,即专指一自主自动之能力之活动方式讲。此种"方式"亦可称为"形式",但与逻辑数学意义之"形式"不同,乃具有一定内容者。而此内容又非源自任何对象者,而属于此能力之活动方式本身。稍知康德哲学者,当不难看出此种意义之"有",正与康德所谓"先验综合"相应。

兹回到"本性观"自身之要求,以澄清此问题。

持"本性观"以肯定世界时,其基本断定乃"有超事象领域之理,而此理实现于事象领域中"。此实现过程视为世界历程,于是乃得建立一切价值判断之基础,故此"理"之"有",乃须首先肯定者;又因此"理"即与事象之"本性"合一(所谓"性即理"),故说"理"之"有",亦即说"性"之"有"。

于是此一基本断定,乃包含两点要求:

其一,由于"理"(即"本性")本身非事象,故必须为超经验者。

其二,由于"理",无论就共同意义或殊别意义说,既与"本性"合一,则必有一定内容,故此"理"又不能视为全无内容之形式。

欲满足此两种要求,则"理"既不能直接作为经验对象看,亦不能间接依经验而成立,且不能不具内容,于是,"理"似只能归于一主体活动,作为其活动之方式;而说此"理"之"有"或"存有",即必须系于一主体之自主性而言之。否则,两种要求不能同时满足。

至此可知,由于"本性观"自身之理论要求,"本性"或"理"之"存有地位",只能取第四种意义,即"主体活动义";倘舍此而他求,则其安立即有内在困难。

然若以"主体"或"主体性"为原始观念,依此以建立"理"或"性"之"存有意义",则即是"心即理"之说,而非伊川、朱熹一脉之说。程朱一支之儒者,固不愿接受也。

总之,"本性观"虽较"天道观"为简净明白,不受宇宙论因素之干扰,但其理论效力不足自立。所具之两类困难即"实现问题"与"存有地位问题"皆必须转赖一"心"或"主体"之观念以求解决,则不难看出,就理论标准方面言之,"本性观"之理论效力,低于"心性论"。由此,吾人亦可明显判定陆王一系之学,代表宋明儒学之较高发展。即"一系说"所持者。

合上诸节,一系说之大旨如下:

第一,就历史标准而论,宋儒学说最早以恢复孔孟之学为目的,此目的直至明代亦无改变;故与孔孟学说之距离远近,本身即为一共同标准。依此历史意义之共同标准,各家之说,可得一公平评判而各定其地位。

第二,就理论标准而言,宋明诸大家之理论,不外三型,即"天道观""本性观"与"心性论";此三型平铺观之,或可作为"三系说"之依据;但就理论效力而言,则前两者皆不足自立,必归于第三型,因此,理论效力之高低,亦成为一共同标准,可据以统摄诸家之言而定其地位。

第三,将此二种标准合而观之,在时间次序上,最早出之周张之说,距孔孟原旨最远,理论效力亦最弱;伊川所代表之学说,摆脱宇宙论而较近孔孟,然亦未能归于心性,其理论效力遂受两种内在困难所限;至陆王则经长期之酝酿而出现第三阶段之新儒学,最近孔孟亦最具理论效力。则合而观之，自宋至明之儒学思想，可视为一整体之运动，以归向孔孟原旨为目的，以层层加强理论效力为演进之主脉；运动本身可分阶段，但毕竟仍是一运动。且在时间次序上，愈在后者，适能较满足原始目的之要求，较能达成理论之稳固，恰与历史标准及理论标准相配。则吾人无良好理由将此一运动之整体性破坏，而强分数系。此所以应持"一系说"也。

以上略论"宋明儒学之分派问题"。一系说固主张重视此一运动之整体性，但并非忽视各家立说之差异，不过将此种差异通过发展观点解释安顿而已。然则，宋明儒者既怀共同之目的，何以有如此巨大之思想差异？此尚应更作进一步之说明。于此，吾人乃应一论宋明诸儒立说时所依据之经籍或传统观念问题。此即下节之主题。

第二节
宋明儒学所依据之经籍

宋代儒学原以摆脱汉儒传统、归向先秦孔孟之教为特色之一，已如上节所述。但此仅可就其自觉要求说。若就确定之了解看，则自宋儒至于明儒，是否严格了解先秦儒学与秦汉以下之儒学间差别所在，尚属可疑。此点即涉及宋明儒者立说时所据之经籍问题。

先秦儒学之代表文献，严格言之，唯《论语》《孟子》及《荀子》三书。至于世所谓"五经"，则《诗》《书》为孔孟及其他儒者所重视，常作引述，但已不可视为儒学之文献；《春秋》为孔子所编订，然其书纵不视为"断烂朝报"，亦决非一理论性之文献。《易经》之基本资料——卦爻组织及卦爻辞皆远在孔子之前；而所谓《十翼》则又来源庞杂,多出于孔子之后。《周礼》更属来源不明之作。《仪礼》虽可作为考周制之资料,亦与儒学理论无关。《礼记》中颇多理论成分,然其书乃杂辑而成,非先秦作品。总之,皆不能作为治先秦孔孟之学者之依据。①

然自秦以统制思想为政策,而破坏古文化后,各家学统即进入崩离混乱之阶段。汉代之所谓"儒者",大抵皆属治经之"经生"。而战国至秦汉间,伪书本已层出不穷。汉儒虽以解经训故为重,实则受伪书之影响最大。对于孔孟本旨渐不能知。同时,阴阳五行之说、纬书图谶之言,又已侵入儒学。于是,就思想架构而论,汉儒皆持某种"宇宙论中心之哲学"。就其对儒学典籍之态度而论,则汉儒大抵皆取某"经"为依据。《论语》《孟子》反视为补充资料。孔子此时本已被"神化"或"宗教化",于是一切本不属于孔子学说之宇宙论、形上学甚至谶纬观念,无不托于孔子。此中最显著之问题,即《易经》地位之奇高;盖自汉以后,言儒学者几无不取《易经》为儒学之主要经籍,而来源不明之《易传》,遂成为儒学之哲学理论之依据矣。

此种情况直至唐宋,方稍有改变。韩愈、李翱皆以反佛老为立场,然其兴趣偏重于伦理学观念及形上学观念,而宇宙论兴趣较低,因此,其立说遂不以《易》为重。韩愈颇推崇孟子,以为承继"道统",然此"道统"乃杂取战国秦汉时期所形成之古代历史意象为据。李翱特重《礼记》中之《中庸》,而《礼记》则本属汉人编辑之书。故韩李自谓以复兴儒学为宗旨,然其心目中之儒学,实仍不脱汉儒之影响,距孔孟学说之本来面目甚为遥远。

五代至宋初,道教之影响又侵入易学,于是有所谓"图书"一派,大抵据《河图》《洛书》以言象数。又与汉儒不同,然所言之"理",更非

---

① 参阅拙著《新编中国哲学史》卷二。

孔孟之学。① 以图书讲易学，在宋代极盛。北宋刘牧之《易数钩隐图》②，大抵承陈抟之说③。而刘牧卒于治平元年，年五十四④，则长于周濂溪六岁。可知北宋初年此类易学之趋势。周氏之《太极图说》，亦在此种易学影响下形成，但其观念不同。故周氏以后，除邵雍外，言《易》者虽仍常用图书，其立场又转而以《易传》之形上学为基础。

北宋儒者之治学，其初亦皆以解经为主；⑤虽对道德文化问题已渐加重视，然尚无建立理论系统者。哲学理论之正式建立，始于周濂溪，故论宋明之儒学，莫不以周氏为首出之代表者。然自周氏起，诸大儒所依据之经籍，皆大有问题。兹举各重要人物，略述之于下节。

周惇颐之主要著作，仅有《通书》及《太极图说》。《太极图说》乃取图书一派之易学资料，而另予一理论解释，故根本上自以《易传》为依据。《通书》亦本为解《易》之作品，不过立论时稍取《礼记·中庸》之观念以补成其说。合而观之，周氏所依据之经籍，可说不外《易传》与《中庸》，而《论语》《孟子》反不为周氏所重。此一讲儒学之态度，不仅使周氏自身之理论，与孔孟学说发生歧异，且散布影响，直贯宋明数百年之儒学研究。言哲学史者对此种大关键，不可不先有了解也。

张载治学较杂，其初固由读《中庸》下手，然平生讲学，重点亦在于《易》之经传。《西铭》《正蒙》之外，即以《易说》为重要著作。而《西铭》开始即言"乾坤"，《正蒙》之理论系统，亦显然依据《易传》中之形

---

① 易学在汉代原受阴阳五行说之影响，至魏王弼注《易》，乃舍象数而专讲一形上学理论。五代至宋又再变而有图数之说。此种演变清儒及近代学人考论甚多。拙著《新编中国哲学史》卷二及本书后章亦有论述。
② 《道藏·洞真部·灵图类·云字号》。
③ 案《宋史》卷二百二《艺文志》载有陈抟之《易龙图》，刘图即宗其说。
④ 《临川集》，卷九十七，《荆湖北路转运判官尚书屯田郎中刘君墓志铭》。
⑤ 如胡瑗之治《易》、孙复之讲《春秋》，皆人所熟知。范仲淹学于戚同文隐君，固以研《易》为主。欧阳修亦考《易》注《诗》，皆不离解经也。

上学及宇宙论观念(此点后文另有析述)。故周张之兴趣气质虽颇不同,然其所依据之经籍,固无大异。横渠书中亦常涉及《论》《孟》,然其理论不以心性为第一序观念,而以天道为第一序观念,则是依《易传》之立场以谈《论》《孟》,非依据《论》《孟》以讲儒学。

二程立说,纯以"性"为基本观念,原与周张不同。然其所据之经籍,亦不以《论》《孟》为主。程氏论《易》,颇与周张不同,盖程氏之学,如上文所论,乃一形上学系统,而非混合形上学与宇宙论者;故伊川《易传》,纯以道德及文化观点讲《易》,而不重视宇宙论问题。但二程所最重视之经籍,实乃《礼记》之《中庸》与《大学》,此外则取《易传》中之形上观念。《论》《孟》之讲论,在程氏兄弟自远较周张为多。然就其所建立之理论系统看,可断言所据非《论》《孟》。即其论"性"之观念,亦与孟子之言"性",大有不同;盖二程讲儒学时,仍是以《易》及《礼记》为主要依据也。

程门后学,趋向虽颇有不同,但就所依据之经籍论之,则可说无重大变改。朱熹综合北宋诸家,又遍注儒学经籍;自表面言之,朱氏似非不重视《论》《孟》者;然观朱氏自身所建立之理论系统,则其基石不在主体意义之"心"与"性",而在存有意义之"理"与"气";是所谓程门之传。可知朱氏之学虽广博异常,然讲儒学时仍承周氏以来之影响;且将《易经》《礼记》之思想,与孔孟之学混而为一,使后之学者根本不知此中有大问题在。《大学》及《中庸》并《论》《孟》而编成"四书",即此种混合工作之具体表现也。

陆九渊之立说,自谓直承孟子,而对《礼记》理论(如《乐记》之说)颇有讥议;盖陆氏始有真以孔孟之学说为根据而讲儒学之意向,然亦未能厘清此中种种问题。明代王守仁立"良知说",在理论系统上,实已成为一"心性论",可谓摆脱宋代诸人之限制。然王氏之兴趣仅在哲学理论本身,其对经籍之态度,仍不脱宋代以来之习惯。王氏虽不以程朱之讲《大学》为然，但本身仍以《大学》为儒学基本经籍之一；盖王氏对孔孟之学与秦汉以后之儒学之理论差异，固灼然有真见解，然未重视经籍本身之分类问题，遂仍不能破除朱熹之混合也。

总而言之，宋代儒者虽以重振孔子学说为目的，但因不能严辨经籍之伪托问题，又不察"心性论"之理论特性，故自周惇颐氏立说，即取《易传》以代表孔子思想，而不知《易》之《十翼》，皆与孔孟无关。至《礼记》各篇时代来源尤为难定；宋儒则不加深考，徒以《大学》出于曾子、《中庸》出于子思之传说为据，便取此二篇作为先秦儒学代表文献；于是，以归向孔孟之学为号召之宋代儒学运动，自始即以伪托之书作为依据。其影响至朱熹而益烈；盖朱熹编"四书"，即有意将《论语》《孟子》等原始儒学资料，与后出之《大学》《中庸》混为一体，于是，孔孟之学本身真面目已不分明。虽明代儒者在理论上能较近孔孟原意，然在此种影响下，对经籍问题皆不能严辨真伪先后之别。此是中国哲学史及儒学史上一大公案，学者必不可忽之者也。

由于宋儒自始即以伪托之书作为依据而讲儒学，而自宋以下，迄无人清理此一大问题，积之日久，言儒学者对孔孟本旨与《易传》《中庸》以下之说间之差异，益不能明。于是遂有种种议论，必欲强孔孟与后世之说合；盖不如此即不能不重新考虑宋儒学说之地位，而此种考虑又为热爱传统者所不喜。由是再进一步，欲维持孔孟至宋明儒间之"道统承传"之意象，对于宋明儒所依之经籍，又不得不极力维护；伪托之书，亦不能严予辨析考订。此又是中国哲学及儒学研究内部之扭曲或病态。尤为治中国哲学史者所不能不面对之问题。

此类议论中，有两点应特别予以澄清者，兹略作说明，以结束本节。

第一，学者有明知孔孟之说与《易传》《中庸》不同，而欲以"发展"观点，解消其差异，以维持"道统承传"之意象者。其说大意谓，《易传《中庸》之"天道观",直至宋儒之说,乃孔孟之学之"发展",换言之,孔孟之学至"天道观"中方能完成。此说如成立,似可一面承认孔孟之说与后世之说之不同,另一面又仍可维持一"道统"意象。

譬如,视孔孟之心性论为"主体性"之建立,而视"天道观"为"客观化",遂谓由孔孟至《易传》《中庸》及宋儒,乃表示"主体性之客观化"之理论历程;如此似可视全程为一"发展"。

但严格言之,所谓"主体性"之"客观化",必须确定以"主体性"为第一序观念,然后以"主体性"为基础而建立"客观化"之种种观念;倘若离"主体性"而另立"存有意义"之观念,作为第一序,回头再收摄"主体性"观念,则此非"主体性"之"客观化",而是另一"存有理论"(ontological theory)。孔孟之说,本属"心性论",以"主体性"为第一序,自甚明白。《中庸》《易传》及宋儒之说,则并非先以"主体性"为基础以展开而建立"客观化"观念。故孔孟之学与《易传》《中庸》之"天道观"之差异,并非"未客观化之主体性"与"客观化之主体性"间之差异,而是代表"主体性"之"心性论"与强调"存有原则"之"天道观"间之差异。此不可以"发展"说之。

如必欲持此发展说,则必须诉于理论效力问题,换言之,即努力证立"天道观"之理论效力高于"心性论"之理论效力。至此,即可转至第二问题。

第二,发展之说,欲凭理论效力之标准而自立时,其工作在于断定"心性论"必应发展至"天道观"。此处所谓"必应",细分之,又有两种可能意义。其一是强调理论之"必须性",即企图证立"心性论"如不发展至"天道观",则即有理论困难,而此种困难必可在"天道观"中解决。其二是强调"应然"意义,亦即企图证立"心性论"发展至"天道观"乃可有更高"价值"。

但此两种说法,本身皆极难成立。

先就理论困难说。"心性论"中毕竟有何困难,必须诉诸"天道观"以求解决;此点至今未见有人提出坚强论证。最多只有一种意义不甚明确之说法。其大意谓:"心性论"必须能建立"存有意义"之"理",而就"心性论"内部言,则不足达成此一目的,故必须进至"天道观",方能完成此一理论要求。

严格言之,此说实未能证立"心性论"内部有何理论困难;盖所谓"存有"及"理",意义皆欠明确,且对于"心性论"本身之意义亦未严格界定。

今试界定"心性论"为"以主体性为中心之哲学",则以上之说能否成立,即甚易解答。

首先,所谓"存有"取何意义,即涉及前文所指出之"存有地位"(ontic status)之问题。"存有"可指"独立意义之存有"或"依于主体性之存有"。所谓"存有"之"理",倘取前一意义,则非"心性论"所要求或所须建立者;因"心性论"原以自觉自主之主体性为中心,不须认定独立于主体性之存有。倘取后一意义,则此种"存有"既依主体性而安立,则其安立过程自只能由主体性一面阐释之。进而言之,纵使某一型之"心性论"对于"存有"之"理"之阐释有所不足,仍只能回向主体性以求充实,而不须另诉于一"天道观"。

自另一方面言之,"天道观"所肯定之"存有意义"之"理",其"存有地位"亦不外此两大类。倘属前者,则此种不依主体性而安立之"理",必引致一切外在形上学之困难。倘属后者,则此种"天道观"当系属于"心性论"之下,不能解决"心性论"本身之困难(倘确有某种"困难")。

总之,如说"心性论"之"困难",在于不能建立"存有意义"之"理",则此种"理"或为心性论所不需要者,或为"天道观"所无能为力者。学者无由据此以断定"心性论"必须发展为"天道观"。

其次,就价值意义讲。倘说"心性论"应该发展为"天道观",或"心性论"如此发展后方有更高价值,则此处问题在于所涉之价值标准。

持此说者,虽亦未有明确论证,但其主旨不外将价值意识投射于存有界而视为"存有之规律";换言之,其所预认之价值标准,乃一"广度意义"之标准;亦即认为"心性论"只能就自觉活动一层建立价值判断,而不能在"存有规律"上建立价值判断,故其广度不及"天道观"也。但此处所涉问题至为严重,兹分层略论之。

首先须指出者是"价值谓词"如好坏、善恶、应该及不应该等与"存有谓词"本不同类。倘强欲将此两种谓词合一,则结果必使"实然"与"应然"混淆。譬如,立一价值原理,然后即视之为存有之原理,则其理论后果必使一切关于存有之陈述与价值陈述合而为一。如此,则必须认定存有状态永远符合价值原则。在此认定下,即必须将一切罪恶及错误,皆设法释为次级或第二序者。此处已有极大理论困难。

其次,退而言之,倘吾人姑且接受此种立场,则一切涉及价值之道德问题、文化问题等,又成为何种情况?

试以常识语言说之,则吾人可问:当存有原则与价值原则合一时,是否即认定一切所谓"好"或"善"终将自己实现?倘是如此,则一切自觉努力是否亦皆已被此原则决定而不能不符合此原则?抑或是自觉努力可能符合亦可能不符合此原则?如不能不符合此原则,则一切努力是否皆属已被决定者?如可能不符合,则此原则是否仍可说是决定一切存有?凡此种种问题,皆指向一根本问题,此即当吾人说一同时有价值意义及存有意义之原则(即如"天道")时,此原则本身之存有地位为何?此点如不能澄清,则一切道德文化问题均将成为不可解者。

"天道"之基本特性,原在于表存有与价值之合一。但严格言之,此种"合一原则"既不显现于当前之世界中,亦不表思想上之必然性;所谓"合一",即落在"善"在"存有"中实现说。但此"实现",既非实然,亦非"必然";至多仍只为一意志之要求,或理想信仰所寄之方向。作为一方向看,"天道"之"存有地位"即只能取"主体活动义",换言之,所谓"天道"只是主体自己自立自定之方向,并无离主体而独立之实有性;因若不如此安立,则"天道"之说即处处成为不可解。然若如此安立,则"天道"又无"心性"外之地位可说。则"天道观"如何能较"心性论"具更高价值?

此处尚可再加数语以说明此中关键。举例言之,如以"生"为"天道",则此为价值与存有合一之原则;故在此原则下,必须认定"生"之原则表价值,同时亦实现于存有中。于是,"生生不息",一方面是存有界之陈述,一方面亦是价值陈述。然如上文所言,在"实然"之世界中,"生"常与"生之破坏"相偕而立。由此,万物各正性命或各遂其生、各尽其性等说,均不能视为"实然如此"。然则,此一原则是否表示一种思想上之"必然"?吾人就"生"与"生之破坏"间之背反关系看,可知此处无"必然"可说。盖吾人在"生"之陈述方面,每一点上均可取一相反于"生"之原则之陈述,仍可组成一同样效力之系统。例如:每陈述动物之"生"时,即可就被动物所破坏之其他生命一面之"生之破坏"作一陈述。此处双方皆无"必然"。

至此,显然"天道"本身之"存有地位",即只能归于"应然"。而所谓"应然",不能不植根于主体性或主宰自觉中。换言之,"天道"仍只能是一理想方向,或一信仰,如康德所谓之"设准"①。则此种"天道"

---

① 康德对此问题,事实上在第三批判中方予以确定处理。"设准"(postulate)一词,原是第二批判提出者,但取广义言之,则第三批判中所说之"natural purpose"之类,皆可视为"设准",因皆依于主体活动而成立也。

观念,仍只能是"心性论"下所定立之观念;既无独立地位,何能达成"心性论"所不能达成之"价值"。

或者有人可说:接受以上之论析,仍可肯定"天道观"之地位。因吾人可说:由主体性建立"天道"观念,乃"心性论"之最高形态或最圆满之形态;换言之,即包含有"天道"一段理论之"心性论",方是最圆满之"心性论"。此说涉及两问题。

其一,倘"天道"只是由"心性"推绎而出之观念,则在理论上,"天道"本身即无所谓"实有性";如此则不能有所谓"天道观",因不能离"心性"而独立也。更重要者,是"心性论"毕竟有何理论必要须立一"天道"?"天道"若只依"心性"而成立,则此无"实有性"之"天道",即成为一"空名",除产生许多理论纠结外,并无正面功用;因言"天道"者所认定之种种属于"天道"观念之功用,皆可收归"心性"本身,即无理论根据多立一观念。

总之,若"心性论"须建立一对"存有"之价值肯定,则此肯定只能是心性论本身之一部分,而不能另归入一"天道观"也。

其二,若就历史标准言之,则一切讲"天道观"之文献,自《易传》《中庸》至于宋儒诸说,并非视"天道"为次级观念而系归于"心性"者;反之,言"天道"者无不以此"天道"为最高级之观念,而以"心性"为次级观念;换言之,《易传》《中庸》之本旨,并非发展"心性论"以解释"存有"之价值问题,宋儒承此说者亦不是如此讲"天道"。故今日学者倘谓,"心性论"发展出"天道"观念,乃成为"圆满状态",则此自是另一说。讲哲学史时不可以为此说即《易传》《中庸》之说,亦不可认为宋儒讲"天道"是从此角度立说。盖此类文献所显示之理论立场,实乃以"天道观"统"心性问题",非以"心性论"立场安顿"天道问题"也。

倘必欲持此说以解释"天道"观念成立之根据,则至多只能用于陆王之学。陆王皆坚持"心外无理",则"天道"及"天理"等观念,自皆可视为次级或第二序者。但若如此说，则结论正当如本书所言，以陆王为宋明儒学最高发展之代表，而不能以《中庸》《易传》本身为标准。

即以陆王之学而言，阳明后学中如李材（见罗），犹强调"释氏本心，圣人本天"之语①，以为伊川此说至当；盖见罗之意仍以为儒学应以"天"为第一序观念，而不解以"心性"统"天道"之义，亦即以为《易传》《中庸》之"天道观"为儒学本来面目所在，而不知孔孟本持"心性论"。阳明立说之后，尚是如此；则据《易传》《中庸》以讲儒学之影响，不可不谓至巨。而以如此之依据立说，必与孔孟本旨违异，亦不待辩矣。

总上所论，可知宋儒自始即由其所据之经籍非孔孟之说，故所讲之儒学非孔孟之本旨。发展至朱熹，而反以此种兼有形上学及宇宙论成分之系统，回头笼罩《论》《孟》之义，遂构成儒学史上一大迷乱。陆王始有归向"心性论"之努力，然既未能用力澄清经籍依据问题，故此种迷乱历久不衰。本书在列举诸家而析论其学说之前，对此种关键问题先作以上之清理，欲使学者先明此中分际，不致再陷入此种迷乱而不觉，以便能较接近哲学史之真相。至于各细节问题之析论，皆见后章。

第三节
宋明儒学兴起时之历史环境

"历史环境"仅为思想学说之外缘条件，本非哲学史之主题所在。

---

① 参阅《明儒学案》，卷三十一，《止修学案》。

但在"发生意义"上,思想学说之"发生过程"(genetic process),每与历史环境有关。宋明儒所处之历史环境,对学风及知识分子一般心态之影响,颇有应加注意之处。本节举其大者,略加展示,以提醒学者之注意。至于详细考索,则非本书之范围,因所涉史料至繁,须以专书处理。

先就宋代而言,宋代之政治环境对其学风有极大影响。此处只取两点论之:

第一,宋代开国,承五代纷争之局;国内残破,不下于六朝之末。然宋皇室自太祖、太宗以下,颇能以包容宽大为政治原则,因之,其影响于制度者乃为谏权之高张,其影响于社会者,为民生之重视。于是,知识分子自宋初即表现庄严之责任感;盖一方面政治上有谏权可因皇室之包容而发挥力量,另一方面在社会上亦为群众希望所寄;自前者言,知识分子乃敢于对时代问题负责任;自后者言,知识分子既为众望所寄,亦乐于负责任。此种责任感乃宋代知识分子心态之主要特色,不唯与五代士风相较,判若天渊;即与唐代相比,亦属远异。唐代知识分子,投牒自试,以图出身。不中则寄食僧寺,取径终南;中式则上书权门,苦求官禄。盖此辈将仕进之事纯视为谋生之途,对国政民生之利病,并无主张,且多未用心。宋代知识分子则以具责任感之故,未登仕籍,已忧天下,既入政府,则有所主张。才识虽或高或低,议论虽有得有失,然其心态是以天下事为己任,非以官职为谋生之道。故就一般意义言之,知识分子之责任感,在唐代即为极罕见之事,在宋代则为寻常之事也。

此种"心态"投射于学术思想一面,遂使宋代学风特重创建,对于道德文化之轨范、礼乐刑政之措施,无不欲作积极性之努力。其立言行事,固常以已有之文化成绩为基础,但其治学之基本精神,则是欲在此种基础上作积极之建立,非步趋墨守一类态度。此是宋代学风特色之一。

第二，宋立国于中国至衰之际，外族压力极强。宋太祖兄弟虽历两代而削平群雄，但太宗征辽而败，真宗时更有澶渊之盟，其后终致为金及蒙古所灭。总观宋代对外关系，可说一直在外族侵略压力下勉求生存。金人灭北宋以后，此种压力固已成明显事实；即在北宋未亡时，国人亦早已觉察此种压力之可怕；由此，远自宋初，知识分子即有一种忧患感，此亦影响此一时代知识分子之心态。

忧患感使知识分子不能不面对当前世界之压力，而兴起某种"救亡"之要求。同时，"救亡"之要求既由危亡之威胁而来，则导致危亡之因素又不得不一一追问。当知识分子在不同程度上承认国家有危亡之虑时，自然即引生种种反省及检讨之倾向。于是，宋代知识分子大抵皆欲从事一种改革以救亡。就立场而论，自有正反之不同。持维护传统之立场者，则亟思扫除"弊端"，昌大传统；有反对传统之倾向者，则即可能如王安石之谓"天命不足畏""祖宗不足法"。然基本上皆有一"救亡"之要求，而此要求又皆基于"忧患感"而生出也。

了解此一外缘因素，即可帮助吾人了解宋代学风为何终以救世为主流。个别知识分子之趋向禅宗或道教者，为数固亦不少；然宋代学风极少受此类人物影响，故魏晋清谈之习，不能出现于北宋南宋。盖此一时代之学人，基本要求非作"逃遁"，而是作"承担"也。

至于明代，则情况又不同。朱氏开国，皇室乃出于"农民暴动"之领袖；以古代用语表之，则可说为"教匪出身"；虽因其所反抗而推翻者，乃蒙古异族之统治，故知识分子大体上拥护此一新皇朝，但在皇室统治者方面，则对知识分子有深刻之心理距离。朱元璋本人喜用暴力镇压手段以维护皇权，固不仅对知识分子如此，然专就皇室与知识分子之关系而论，吾人可说，朱明皇室在汉族历代政权中，是最仇视知识分子者。明代之政治制度，极力提高皇权，更极力践踏知识分子。胡惟庸案后,不唯"相权"全废,即唐宋以来之三省制度亦不复存。皇帝之权全无限制。另一面,在宋代极盛之"谏权",至明代亦大大衰落;盖明皇室既无优容知识分子之意向,"谏权"在客观上成为皇帝经常打击之对象。"廷杖"及"厂卫"之事,人皆能言之,不待复赘。最可注意者是皇室既仇视排斥知识分子,知识分子对兴亡大计遂渐有置身局外之感,而不似宋代士人有真实关切之情。

此种政治上之特殊倾向,对知识分子之社群所发生之主要影响,即为一种被迫害之普遍感觉。知识分子在此时期中,与群众之距离本已甚远;即以出身农家之士人而论,其社会影响力亦皆不来自在下之群众而只能依于在上之朝廷或政府;今皇室对知识分子之仇视排斥,既已成为明代政治之某种传统,则知识分子皆有一种自危之感。此种感觉落在不同个人身上,自有不同之表现。如性格柔弱者,则大抵表现为舞文弄墨,间发议论,以取名于无事之日;一旦有事,则随波逐流,任人宰割。若性格刚强而不守绳墨者,则表现为权奇诡诈,欲以智计愚弄当世;又若刚强正直之流,则只能怀一种悲剧心情,以守道自许,一旦遭受压力,即准备自我毁灭。总之,在被迫害感之阴影下,明代知识分子,不论气质性格为刚为柔,为正为邪,大抵皆无扭转乾坤之信心及承担感。最上者不过能以"一死"自守其原则,下者即俯首权力之下,随人摆布而已。

就学风而论,由于承担感之缺乏,明代知识分子除极少特例之外,大抵皆有脱离客观世界而论学之倾向。如王阳明本可算为特例之一,但阳明之学重在心性论之重建,而不重视主体性在客观世界中之展开。就纯哲学意义讲,致良知说之建立主体性,自具极高价值,但其说对认知心及认知活动毫无安顿。而认知心实即主体性之客观化之通路,此路既不通,则客观化一段,遂成为王学中所阙者。换言之,其学说本身固亦有脱离客观世界之色彩也(至阳明本人能立事功,则是另一属于才性之问题,未可与其学说混为一谈)。明儒中自以阳明成就最高,其说亦最近孔孟原旨;然对孔孟化成天下之精神亦尚不能全盘承接,他人更不待言。

此种学风在明末时,方稍有改变,顾黄王三家皆重"经世",即对此种学风之反应或抗拒;然其时明亡而满族入主中国,政治环境愈变愈劣,学风之改造固为时太晚矣。

以上略说宋明政治环境对学风之影响。如上文所申明,此种影响原属"外缘条件",并不能对哲学史上之思想演进变化,提供任何充足性或必要性之解释。但专从"发生过程"一面看,此种"外缘条件"亦应多少为学者所了解,故本书虽不重在"外缘条件"之讨论,仍作本节之说明。

以下当回至内部问题。

第四节
宋明儒学所面对之哲学难题

以上各节,已总说宋明儒学所关之各重要问题。最后当纯就"哲学理论"之范围,讨论一有统摄意义之问题,以结束本章。但在提出此一理论问题以前,应先对本章前述各要点作一整理,以清眉目。

此可分为以下数点:

第一,宋明儒学中虽有不同理论出现,但合而观之,其基本方向或目的,皆是欲重新宣说先秦孔孟之学,故仍可视为一整体。

第二,宋儒虽皆以归向孔孟为宗旨,但宋儒对孔孟学说之了解,乃有一最大疏误。此即不深辨"心性论"之特性,而与形上学及宇宙论混为一团;于是,北宋儒者自极早时期起,即致力于形上学或宇宙论系统(或两者混合之系统)之构造,而欲将孔孟所言之"心性问题",

安置于此种系统中；由此，宋明儒学之理论，自始即与孔孟立说之本旨有一根本距离。

第三，此种距离，就理论意义说，不能视为一种发展或进步；因如此建立之系统，不论为"天道观"一型或"本性论"一型，内部之困难皆极为严重，其理论效力实不如以"主体性"为主之"心性论"。

第四，就历史意义说，宋儒之所以在立说时，开始即与孔孟有违，与其所依据之经籍有关。宋儒皆重视《易传》与《礼记》中之《中庸》《大学》，而不知此类文献所包含之思想与孔孟本旨之差异。此种疏误，直至明代仍不能清除。

第五，若就宋明儒学之整体观之，则其发展历程却又有步步逼近孔孟学说之趋势，此可以周张、程朱及陆王之学说比观而显出。但此种逼近仅是由理论之需要而来。至于经籍依据问题，则即在王阳明亦未能正式清理。故误据后出之说以解孔孟，可说是宋明儒学之通病。

以上各点乃了解宋明儒学与先秦儒学之同异时，所必应切实留意者，否则对中国哲学史上此一大关键即无法掌握。但吾人具此了解后，并非即可对宋明儒学之地位及价值作一否定。盖澄清哲学史上学说变异之问题是一事，能否对某类学说作一理论之判定又是一事。宋明儒学与先秦儒学（以孔孟为代表）之不同，已如上论。但此中各学说所共同面对之哲学问题为何？则是应另加论析者。本章即就此一层面对宋明儒学再作一总摄性之说明。

此仍应从"肯定世界"一问题说起。前文已言及"肯定世界"乃宋明儒者之基本态度，亦是此一儒学运动抗拒佛教时主要理论立场所在。学者如就此一基本肯定着眼，则可知宋明儒学与孔孟之儒学，虽在理论形态上有上文所论之差异，在价值意识上则仍属一脉相承；由此，亦可知旧说以为宋明儒学混有佛教教义，亦非确切之论；盖宋明儒学仍属于"儒学",而"儒学"与"佛教"之差异,则在于"肯定世界"与"否定世界"两种基本态度,其他皆非主要判别标准也。

"肯定世界"之态度,本身虽不难了解,但此种态度所涉及之理论问题,则并非容易处理者。宋明儒学各家所共同面对之哲学难题亦即在此。

为说明此种困难问题,兹先由"肯定世界"一观念本身着手剖析,以逐步展示其中之理论关键。

所谓"肯定世界",其确切意义即是建立一种断定,认为吾人当前面对之"世界",乃可以成为"合理"者;换言之,即断定"理"有在此世界中"实现"之可能。故所谓"肯定世界",即是断定或肯认当前世界中"理之实现之可能"。

此语若不作深究,似乎人人皆可接受;盖无论人对此世界作何主张,似乎必先有此肯认;因无论任何主张,总可解释为要求某种"理"之"实现",既有此种要求,自必已预认其要求者为"可能"。顺此而言,似乎此种肯认乃一切价值判断(或"主张")之普遍基础,不涉及难解之理论问题。

然若稍作严格考察,则此处所涉及之问题并非如此易解。首先,所谓"理之实现可能",乃就"理"与"世界"之关系说,亦即上文所谓认为"世界"乃"可以成为合理者";如此,则建立此种断定时,实涉及对于"世界"之解释;而此种解释本身表一特殊态度,并非思想意识中普遍不离者。

此处倘以佛教思想及中国道家思想与"肯定世界"之思想对照,则问题即易于明朗。

佛教教义演变虽繁,对"世界"之态度或解释则一直无根本变化。自小乘至大乘诸家,皆视"世界"为无明所生之障累。换言之,"世界"是虚妄,是阴暗(所谓"无明");因此,若欲在虚妄阴暗处要求实现某种理,则本身又是一迷执。由此,佛教所讲之觉悟、超升等义,乃只就一"真我"说,而不就一"世界"说。① 换言之,在佛教基本观点下,此"世界"即是"不可成为合理者";因之,"世界"乃"舍离"之对象,自我只在舍离处完成价值,而不能在"世界"中完成价值。如此,可知佛教所持乃"否定世界之态度"。

其次就道家而言。老庄之学就某一层面看,似并非与佛教类似者,因老庄所言之"道",根本上乃支配此世界之原则或规律,亦未尝以为此"道"为"虚妄"。但若深追其对"世界"之态度,则可知道家并非肯定"理之实现可能"者。盖依老庄之说,此世界无往而非"道"之显现,因此,无论此世界成为何种情况,皆无作价值选择之余地。如此,人在此世界中亦无所谓"应做"或"值得做"之事。故老庄之价值判断落在自我之超离性之自由上,而不落在对世界之任何作为上。老子所谓"无为",庄子所谓"逍遥",皆是此义。换言之,老庄虽不似佛教立教者之以世界为虚妄阴暗,却以为世界中并无可求实现或应求实现之"理"。如此,世界虽不成为"舍离"之对象,却成为"观赏"之对象。佛道立说虽自有殊异,然有基本相同处,此即认为在此世界中并无值得努力之事。此即与"肯定世界"之儒学态度,判然不可混同矣。

"肯定世界"之态度,衍生一文化生活之肯定;盖既肯定"世界可以成为合理",又肯定要求合理之努力乃应有者,则即必在某一意义上要求一定之建立秩序工作,此即所谓"化成世界"之态度,亦即要求建立某种"文化生活"。反观佛道两家之根本教义,则皆不建立此种要求。

---

① 此处所用之"真我",乃一般性之哲学用语,非佛教词语,然与佛教所言之"般若""涅槃""真常心"等观念有一定之对应性。此亦与佛教"无我"之说不冲突。关于此点,可参阅拙著《新编中国哲学史》卷二,论佛教教义诸节。

"肯定世界"之意义,在如此对照下,已不难明。进一步应问:此种"肯定"如何在理论上建立? 此又可分别析论之。

建立"肯定世界"之态度,其理论途径可分三种:

第一,"存有论"之肯定。

第二,"形上学"之肯定。

第三,"心性论"之肯定。

以上三者依次可生出所谓:(一)ontological theory,(二)metaphysical theory,(三)subjectivistic theory。

以下依次作一析论。

依"存有论"立场肯定世界时,其主要特征在于断定当前之实际世界即由一最高之"理"决定其存有;换言之,此当前世界乃由此"理"而生出,亦循此"理"而演变运行;因之,"事"与"理"互不相离。

此种"理"观念大致上即相当于中国哲学史中之"天道"观念。以此种"天道"观念为基础而建立对世界之肯定,即为第一型之理论。

此处有数点应加注意:

(1) 此种理论由于须依此"理"或"天道"解释"世界"之生成,故必涉及某种宇宙论之陈述。

(2) 由于以世界之生成演变为已受此"理"所决定者,"理"之"实现"似被预认;盖有此世界时,此"理"即已实现。如此,此种观点与先秦道家之说有极为近似之处,盖道家即以为世界乃已循其"道"而生成运行。其"道"之内容虽与宋儒所言之"天道"不同,但此种以"理"为已实现于"世界"中之态度,则固相似。由此一层面着眼,亦可知旧日论者所谓道家对宋儒之影响,可在何处落实。

(3) 但持"天道"以肯定世界,终非道家之超离态度。道家由于肯定世界本循"道"(或"理")而运行,遂不肯定在此世界中任何正面努力;儒者肯定世界,则必须肯定此种正面之努力。道家可倡无为及自然之说,归于逍遥之境趣;儒者则必建极立制,以求化成世界之功。如此,在儒者立说方面乃多出某种理论困难,为道家所不必面对者。

(4) 此种"存有论之肯定",应作为"真知"而建立,抑或作为一种"信仰"而建立,必须确切决定。

有以上之解释后,吾人乃可逐步讨论此种理论之困难。

首先,"存有论"之立场,既是视"理"(或"天道")乃世界本来依循之规律,又不能不肯定此世界中人有应作之努力,于是,第一步困难即是如何解释"人之活动"与"理"之关系。因"人"若视为"世界"之一部分,则"人"之一切活动亦皆应是已受"理"或"道"决定者,如此,则"人"之"活动"一面,亦不能有作任何努力之余地,如此,则一切价值选择或价值判断皆无从说起。

在此一关节上,道家立论之方式,是给予人之意识活动某种"未定性";换言之,万有皆已受"道"之决定,但人之意识则仍可以"明"或"不明"①——即与"道"相应或不相应。此处之"未定性"即为说明老庄哲学之价值观念之总枢纽。此种"未定性"倘说为一种"自由",则真是笛卡尔所说之"错误之自由",盖此种"未定性"之主要作用,只在于使人能有错误之追求,而老庄所肯定之价值,亦正在于取消此种追求也。

道家此种立说方式,虽有显明困难(即"何以人之意识独能不受'道'之完全决定"),但此困难只在逆溯处显现,若顺此说下推,尚能对人生态度及世界观作某种具有一致性之断定。以与持"存有论"立场而肯定世界之儒家学说相比,道家此处之难题较少,因后者除须面对道家之难题外,尚另多出一涉及"世界之肯定"之难题。

宋儒持存有论之肯定时,其要求不仅在于视"世界"为已受理之

---

① 此"明"字乃老庄学说中常见者,如"知常曰明""莫若以明"等例皆是。

决定者,尚须建立此世界中一切正面活动之意义。故第一步须面对道家之困难,即如何将人之自觉活动解释为"可能违理"者;第二步则尚须表明当前之世界"实是"与其所立之"理"或"天道"相应,再建立如何使自觉活动"如理"而不"违理"之"道德实践标准"。

关于第一步,宋儒不外据"理"与"欲"之一分立说;此种说法实是预认人之意识或自觉活动在"世界"之外,与其所立之"天道决定万有"之观念有内在冲突;此点在下文分论各家时再作展示。此处应特别说明者,是第二步之难题。

宋儒所立之"天道",其内容与道家之"道"不同;道家之"道"只以正反互转之变化规律为内容,并不涉及一究竟意义之方向。宋儒之"天道"则为万有所共依之"理"(此是"理"或"性"之另一用法,与殊别之"理"或"性"有异,前已论之,此处不再解释);而其内容则源自《易传》之"生"观念,换言之,即以不断创生为内容。

依此,则"世界"本由此"创生之理"而生成,亦依此而变化运行。到此为止,尚只是对"规律"之陈述。若就严格意义言之,此中固已涉及一"背反问题",盖当"生"不断进行时,亦必有相应之"消灭"过程同时呈现。但更严重之问题,则在建立"道德实践标准"而作对"规范"之陈述时出现。

此问题可用浅明说法表示。设想吾人现若已接受此种"天道"之肯定,即承认"世界"乃依一不断创生之理而运行者;又承认人之意识或自觉活动乃具有"错误之自由"者,因而可能违反此"理",更依"天理"与"人欲"之对分,以说明此种可能,如此,下一步必立出一道德实践意义之行为标准。此标准自以"去人欲"而"存天理"为中心,亦即自觉地依循此"创生"之"理"。此处即可通至宋儒一部分学说中对"仁"之解释。以"仁"作为一"德"而与以创生为内容之"天道"相应,故人能实践"仁德",即可视为与天合德。总之,由此所建立之道德实践标准即应以遵循"生"之原则为决定条件,落在具体生活上,即应是"尽己之性""尽物之性";而此处所"尽"之"性"仍以"生"观念为心。人必以使万物各全其生之理为道德标准。

但此际有一根本问题即无法避免。此问题是世界中万物之"生"实质上如何进行?有何条件?显然,除植物外,一切生命之延续皆倚仗其他生命之破坏。倘根本不破坏任何生命,则亦无生命可以延续存在。此是一真正难题。只要此难题存在,则以"生"为原则之道德实践即有无从说起之苦。盖若生命之保全及延续,倘同时皆含有生命之破坏及毁灭,则在此标准下之"善"与"恶"常同时出现,道德实践之每一步骤均将引出一负面之活动矣。

此问题原不仅为"天道观"所有,但对此种存有论意义之理论言,困难却特为严重。此又可作进一步之解释。

试想:持"天道"观念看世界时,世界既已被看成本来符合最高之"理"者,则一切"违理"之可能,即不能不推到第二序之某种因素上(如"人欲"之类),但现在其困难并不在第二序上,因为"生命"与"生命之破坏"相依而行,并非人之意识或"人欲"问题。人即使全无"人欲"之影响,亦无法改变此一生命界之内在矛盾。而此种矛盾本身既表世界中生命现象之实际性质,则正属于"存有"一面。但"天道"倘决定"存有",而又以"生"为内容,则何以解释此种"存有之内在矛盾",遂不能不说是一最大困难。

面对此困难而言,解答之道似不外两可能:其一是承认"天道"中本即有"矛盾",如此则"天道"本身成一"背反",全部"天道观"即成为无意义(至少在道德实践上丧失意义)。其二是判定此种呈现于生命界中之矛盾,并不属于"天道",如此则世界之生成运行,即应不是全依"天道"或全受其决定者。取后一可能,即转出一种形上学理论。

在通常用语上,"存有论"(ontology)本亦被视为所谓"形上学"

(metaphysics)之一部。本章所取，则是一特殊用法。所谓"存有论"之立场，专指以万有实际上皆已受"理"之决定为特色；而所谓"形上学"之立场，则指在万有之外肯定"理"而不重视理之"已实现于万有"一义而言。此点顺便说明，以免学者误会。

形上学之立场，即接近于"本性论"（上文已述其要旨）。"本性论"与"天道观"之不同，在于"本性"虽为实有，但并不必然是"已实现者"。又"本性"与"理"被看作可以互换之词语（即所谓"性即理"），于是，"理"作为实有而肯定时，并不同时肯定当前之世界已受"理"之决定。在此理论中，一切价值问题均化为一"理"之"实现"问题；而此"实现"并不假定为"已有"，而只作为"应有"。于是在"理"之外，须立另一实有以解释世界，此即宋儒所谓"气"。"理"与"气"合而为万有之决定条件。此处所谓"气"与亚里士多德所谓"质料"相近而又有不同处。"质料"本身无特性可说，"气"则可以有一定性质。"理"在"气"中实现，即为价值实现之历程。万有之"违理"处即皆可以从"气"解释。就此一层面看，似可避免"天道观"之困难。

若就个别哲学家而言，宋儒中持"本性论"者，多半同时亦保留一部分"天道观"，但此是另一问题。兹纯就理论本身着眼，则此二型理论自属不同。

由此，持"本性论"以肯定"世界"时，不必坚持世界本来合于"理"，只须肯定"理"本身及其在"气"中之实现历程即可。"气"中纵有种种阴暗，皆可不碍"理"之为"理"，而道德实践问题，亦可收到人之意识行为中"理"与"气"之关系上说。此所以程朱一支最重视"义理之性"与"气质之性"之分判也。

但此说首须加以注意者，则在于"实现"之说明。盖"理"之"实现"于"气"中，其动力何在，乃此一类型之理论所必须处理之问题。此动力自不能来自"气"，因倘来自"气"，则此"实现"又将成为"已完成者",即与"天道观"无别。动力亦不能来自"理""气"外之第三实有,因若如此,则"理""气"均将降为第二序之观念,非"本性论"所能容许。于是,"动力问题"似只能求解答于"理"本身。换言之,即认定"理"能实现其自身。

在此一认定下,"理之实现"遂成为理自身之属性之一,有"理"即有其"实现"。凡"理"之未实现处,皆将归于"气"之阻碍。

但"气"之阻碍"理之实现",又不能视为一"永恒之限制",因若说是永恒不改之限制,则同于说"理"之"未实现"处,乃永不能实现者;如此,道德实践之努力遂无着落。观此可知,"气"虽阻碍"理之实现",却又必须视为可克服者;由此,即在此种"可实现"而又"未实现"之"理"上,建立道德实践之领域。

但此处将"可实现"与"未实现"二义并举时,显然须预认某一"未定项",以决定"未实现"之意义。然则此"未定项"寄于何处?此则是真正难题。

由于"理"与"气"本身均为实有,故两者本身不能含有"未定项"。倘将"理之实现"作为一经验性之现象看,则此"未定项"或可落在时间上说,但"理之实现"本身自非一时空中之现象,吾人以"理"为"形上之实有"时,不能从此"理"之实现开始于时间中某一点,亦即不能由时间来解释何以有"未实现"之"理",如此,说有"可实现"而又"未实现"之"理"时,究竟应将此中之"未定项"安顿于何处,以便能解释此一"未实现"之意义,乃从"理""气"等观念所无法解答之问题。"形上之实有"不能含有"未定项"。

自然,若专落在"道德实践"上,则此"未定项"仍可归于人之自觉活动上,而视为一意志方向问题——此仍是"天理"与"人欲"之对分法;如此,"未定项"似可得一安顿,因此种"未定性"即可完全收归意志之"自主性"上讲。但就"形上实有义"之"理"及"气"而言,则此两种"实有"皆无"主体性",因之亦无法说有"自主性",则在理气一层面上,"未定项"无法安顿。

此中难题,倘仍回到生命界之内在矛盾之实例上讲,则更易明白。

"本性"或"理"倘取殊别意义言(即"A"之"性"、"B"之"性"……),则在其实现中,有"本性之互相冲突"一问题,如前节所论;此亦表现于生命界。今就共同意义之"本性"或"理"说,则吾人须问:倘以"生"为共同之理(或本性),则生命之互相破坏以保全自身应如何解释?

依"本性论"之基本理路说,其答覆自应是将此种"违理"之"事象"看作"理"之"未实现";但此处所遭遇之困难,与"天道观"实不相上下。盖此处之"未实现",只能从"气"中求解释;换言之,即须判定"气"有造成此种内在矛盾之力量;伊川答门人问"虎"时所举"能推"与"不能推"之说,意即谓"虎"为"气"所限制,故不能实现此"共同之理"也(此种论辩详见后文述伊川理论各节)。但如此立论,主要是说"气"能阻碍"理"之实现,但如前所说,欲肯定道德文化时,又必须认定此阻碍是可克服者。然则此处"可克服"一义如何成立?

试想:"理"本身作为一形上实有,既以"生"为"内容",又具有"实现自身"之动力,则与"气"相对而言,"理"本身必实现于"气"中;今"气"中有完全违此理处,即表示"理"在此处未能克服此一"气"之限制。倘说此种"限制"是"可克服"者,则其"克服"之实现,是依于理本身之力量,抑或须依于"理"以外之另一力量?若依理本身之力量,则有何理由说"理"不能"已克服"此限制,而须待未来之发展?盖此处不可以时间解释;若说,"理"现在未能克服此种限制,至某时间方能克服,则即是将"理之实现"看作一时间条件下之经验活动。而此种陈述皆将变为经验陈述,而丧失其形上陈述之特性(且作为经验陈述看,则必须有经验知识支持,此更非"本性论"中任何陈述所有;若真当作经验陈述,则更易被否定)。既不能以时间之不足来解释,则此处"理"之"未实现",似即表示"理"不能克服此处"气"之阻碍。由此再推言之,一切"未克服"之限制,皆将不见其何以能说为"可克服"者。

但"气"之限制之为"可克服"乃"本性论"之价值理论中必不能缺之认定,否则,价值问题将完全不可说。尤其在"肯定世界"之要求下,断不能以"气"之限制为永恒之限制。如此,"本性论"遂陷入进退为难之境。

欲解决此困难,必须在"理""气"两观念外,另设定一能决定"理之实现"之力量;然如此设定时,即如前所说,将使"理""气"皆降为第二序之观念,因对"世界之肯定"讲,"理"与"气"皆无决定性,而决定性属于此另一力量矣。此即可通至第三种理论心性论之肯定。

"心性论"之特性,在于认定一"最高主体",以其"最高自由"或"究竟意义之主宰性"为内容。立此主体,则可依其"最高自由"奠定一切价值问题之标准,并表明其何以为可能。

顺上文之线索而言,"理"设以"生"为内容,"气"则不能不说有破坏"生"之属性(不然,世界中何以有"生命依其他生命之破坏而延续自身"之事实,即无法解释)。此种在世界中显现之"生命界之内在矛盾"可归于"气"解释,但此种矛盾不能视为"理"本身能克服者;因若能克服,应早已克服。由此再进一步,"理"本身既不能一定克服"气"之限制,则"世界之肯定"若依于"理之实现"而成立,则必须对"理"之"能实现"求一说明。此种说明,若不立"主体"观念,则不可能。立"主体"观念,则此说明即可顺"主体"之"主体性"而建立。

此种建立可以极艰难之哲学语言表述,亦可通过简单语言表其大意。

此处之解说，主要关键只在于"理"之"未实现"与"能实现"如何能同时成立。由上文各节反复析论，可知：

第一，如将"理"看为"世界"本来已遵循之规律，则一方面道德文化之努力皆不能获得意义，另一方面，存有中之违理成分亦无法处理。前一问题要点在于"努力"之意义必依赖一种"未定项"而成立。后一问题要点则在于若世界万有本皆由此"理"生出，则"违理"之成分（如"生命界之内在矛盾"）即将亦属于"理"之本身，如此，即生出"背反问题"。此是持"存有论"或"天道观"以"肯定世界"时之难题。

第二，倘将"理"与"世界"分开，则即有"理""气"对分之说出现。如此虽似可避免前一说之困难，但"理"既与"气"分立，而又须在"气"中实现其自身，则此一"实现"观念本身即引起理论困难。就"存有"中之违理成分而言，此种"违理成分"须归于"气"，但如此之"气"何以能说是"可被理所克服"而又"尚未被克服"，则不能由"理""气"本身说明。于是，在"理气对分"之理论下，"气"中之"违理成分"似即将成为一"永恒限制"。倘承认此"永恒限制"，则"未定项"亦无处安顿，由此，道德文化之努力亦不能获得真实意义。

换言之，"理"之存有倘作为一形上之实有而肯定，则"理"与"世界"分而不合；倘"理"与"世界"视为"本来合一"，则"违理"之世界内容，亦将与"理"合而不分，遂成为"背反"。此是"天道"之说与"本性"之说两面之困难。欲克服此困难，必须在一"主宰性"之观念下安顿"未定项"。

倘立一"主体"，含有"最高自由"及"主宰性"，则"理"可视作"主体"正面活动之规律，而"世界"可视为"主体"反面活动之产物；此"正面"与"反面"之可能，即直接由"最高自由"推出。既有"正""反"两种可能，则"未定项"即可得安顿。其次，世界中之"违理"成分，亦成为一当然之事，盖"世界"本依反面活动而有，则"世界"不是"本来合于理";而"主体"既可作"正面活动",则未合于"理"者又可由主体之活动变为合"理"。于是,道德文化之努力即亦可获得真实意义。

此处或不免有人怀疑是取佛教立场,因佛教本已视"世界"为"无明所生"——即"反面活动之产物";但取以上之"主体"观念时,对"世界"之态度仍可与佛教相反。盖只须肯定"主体"对反面活动之产物,必须施以转化,使归于正面,则此处即是一"对世界之肯定",即可建立在此世界中道德文化活动之基础,不必取佛教之舍离态度,以"否定世界"也。

此一立场即为严格意义之"心性论"。孔孟之原始教义,本取此一立场。至于是否在理论上严格完备,则是另一问题。宋儒欲托于"存有理论"(ontological theory)或形上学理论(metaphysical theory)以建立一"道德形上学"之系统,而不知此类系统必涉及不可克服之困难;明儒中如王阳明,大体上能回至"心性论"立场,但其说亦颇有不严不透之处,他人更不待言。故吾人就哲学史立场言,可说此处之哲学难题乃宋明儒者一直不能不面对之难题。掌握此种理论线索,亦可助学者了解此一哲学思想运动之内层实相。

最后,尚有应加说明者,是吾人所屡屡强调之"生命界之内在矛盾"问题,在主体观念或"心性论理论"(subjectivistic theory)下,又如何处理。

"生命界"中充满互相破坏之现象,实乃"生命"本身之建构使然。对"主体"而言,即可说是其反面活动中所含有之内在性质。故"主体"在其正面活动中,必要求排除此种矛盾;但主体在世界中之正面活动,原必受世界之限制(如时空之限制),故在道德文化之实践意义上,主体当在一定范围中排除此种矛盾;至于此种矛盾不能根本消除,则正与"世界"之不能完美为一事。吾人并未认定"世界"自身是依"生"之"理"生成及演变者,则即无"背反问题"。吾人又依"最高自由"以安置一"未定项",则一切正面之实践努力,亦非本身不可能之问题。至于所谓"一定范围"之意义,则即可通过"理分"观念解释,而此亦正是孔孟立说之原旨也。

以下各章分别论述宋明各家之说。关于"总说"部分,即至此为止。

第三章 初期理论之代表人物

宋明儒学以二程为中心,故所谓"初期"即指二程以前而言。在此时期中,讲学或从事著述者,人数甚多。但就能建立理论之儒者说,则有三人可作代表,即周惇颐、张载及邵雍是。本章分述三人之学说。

第一节
周 惇 颐

一、生平及著作

《宋史·道学列传》云:

> 周敦颐,字茂叔,道州营道人;原名敦实,避英宗旧讳,改焉……①

---

① 案"敦"字应作"惇"。此据开明书店铸版二十五史本,作"敦"。观《墓志铭》可知应以"惇"为正。故本书下文皆从"惇"字。

>……抃(赵抃)再镇蜀,将奏用之,未及而卒,年五十七……
>
>博学力行,著《太极图》,明天理之根源,究万物之终始……
>
>又著《通书》四十篇,发明太极之蕴。席者谓其言约而道大,文质而义精,得孔孟之本源,大有功于学者也。
>
>掾南安时,程珦通判军事,视其气貌非常人,与语,知其为学知道,因与为友,使二子颢、颐往受业焉。敦颐每令寻孔颜乐处所乐何事,二程之学源流乎此矣。

以上传文未说明生卒何年。潘兴嗣所著《墓志铭》则记载较详。潘铭云:

>吾友周茂叔,讳惇颐,其先营道人。曾祖讳从远,祖讳智强,皆不仕。考讳辅成,任贺州桂岭县令,赠谏议大夫。君幼孤,依舅氏龙图阁学士郑向;以君有远器,爱之如子。龙图公名子皆用"惇"字,因以"惇"名君。①
>
>……
>
>赵公抃复奏起君,而君疾已笃。熙宁六年六月七日,卒于九江郡之私第,享年五十七。②

由此卒年逆推,可知周氏生于宋真宗天禧元年。度正作《年谱》,所载与此亦合,以公元推之,周氏之生卒年代即为公元 1017—1073 年。

案本传所记,大半与其从政生活有关,因与哲学思想无大关系,故从略。就著作而论,传中记其"著《太极图》"及"又著《通书》四十篇"云云。案"著《太极图》"之说有误。所著者为《太极图说》,非图之本身。潘铭则谓:

---

① 观此可见周氏之名必应从"惇"字。
② 《周濂溪集》,卷十,潘兴嗣《濂溪先生墓志铭》。

……尤善谈名理,深于易学;作《太极图易说》《易通》数十篇、诗十卷。①

此所谓《太极图易说》,即所传之《太极图说》;盖据图说《易》,乃谈《易经》之一派,故称《太极图易说》,非著一《太极图》又著《易说》也。《太极图》本身非周氏所造(见后),周氏作"说",则是其重要作品。

《太极图易说》即《太极图说》,《易通》即后所传之《通书》,两者皆为解《易经》之作;周氏所学之要点,由此可见。

本书下节析论周氏思想时,自以此二作品为主要资料。但周氏之诗文,尚有可留意者。后节当酌量引证,以作补充资料。

关于濂溪之生平,最可注意者为其生活情调,此点在后文另节论之。此外则无甚可注意之处,盖濂溪本人并非如张程以下诸儒者之有意开宗立派,其生活并非一从事儒学运动者之生活也。以下当先据周氏著作,一述其思想之大旨,然后再略论周氏其人其学与儒道之关系,盖此中颇有未决之争论,应加评析也。

二、濂溪学说之要旨

濂溪之学,就其依据而言,主要为《易传》,故所著《太极图说》及《通书》两者,亦皆是解《易》之作。但濂溪之解《易》,与章句训诂之工作不同。其目的在于建立一含有形上学及宇宙论双重成分之理论。此理论之骨干即表现于《太极图说》中,而许多问题之发挥论断又见于《通书》。兹先述《太极图说》之大旨,再论《通书》之要点。

(一)《太极图说》

《太极图》本身自然源出于道教,朱熹以为周氏所作,甚误。但周氏之"说",则立意与道教不同;关于此图之来源及特性,以及周氏与

---

① 《周濂溪集》,卷十,潘兴嗣《濂溪先生墓志铭》。

道教之关系等,皆在后节详论,此处只整理周氏之"说"中所含有之理论系统。先录原文于后:

> 无极而太极。太极动而生阳;动极而静,静而生阴;静极复动。一动一静,互为其根。分阴分阳,两仪立焉。阳变阴合,而生水火木金土;五气顺布,四时行焉。五行一阴阳也。阴阳一太极也。太极本无极也。
>
> 五行之生也,各一其性。无极之真,二五之精,妙合而凝。乾道成男,坤道成女。二气交感,化生万物。万物生生,而变化无穷焉。
>
> 惟人也,得其秀而最灵。形既生矣,神发知矣。五性感动而善恶分,万事出矣。
>
> 圣人定之以中正仁义,而主静,立人极焉。故圣人与天地合其德,日月合其明,四时合其序,鬼神合其吉凶。君子修之吉,小人悖之凶。
>
> 故曰:立天之道,曰阴与阳;立地之道,曰柔与刚;立人之道,曰仁与义。又曰:原始反终,故知死生之说。大哉易也,斯其至矣。①

此系周氏之"图说",乃附于"图"者,其图则如下。

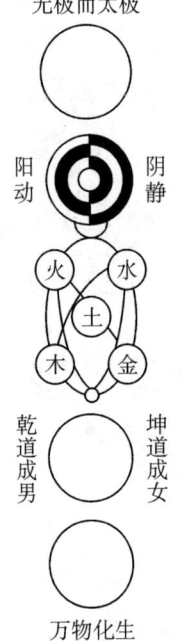

案"图"分为五层,"图说"亦分为五节。然彼此并非各各相应者。兹先释"图"之五层。

图中第一层为"无极"。第二层为含阴阳之"太极",其中黑色表"阴",白色表"阳"。第三层则以五小圈表五行,但其下又另有一小圈,表五行之"妙合"。第四层以一圈表乾坤之二气。第五层则以一圈表"万物化生"。

---

① 《周濂溪集》,卷一。他本皆同。

此处有以下两点,应加注意:

第一,如上文所述及,周氏之学固以《易·系辞》为主要依据;此图以"太极"为名,亦由《易·系辞》而来。然细观此图,可知其背后之观念,又与《系辞》不同。最主要之差别,是《系辞》本文中并无五行观念。案《系辞》云:

> 是故易有太极,是生两仪;两仪生四象,四象生八卦,八卦定吉凶,吉凶生大业。①

此处"太极"一词,无甚问题;"两仪"则虞翻、王肃均以"天地"或"乾坤"释之,此亦无大问题。② 唯"四象"之说,则颇多歧义,虞翻以"四象"为"四时",而后文"易有四象,所以示也"一语中之"四象",显非"四时"之义,于是诸说甚杂。如侯果谓:

> 四象,谓上文神物也,变化也,垂象也,图书也。四者治人之洪范,易有此象以示人也。③

此说至为勉强。且《系辞》此处本文云:

> 易有四象,所以示也;系辞焉,所以告也;定之以吉凶,所以断也。④

分明说易有"四象",有"辞",又有"吉凶";三者连而言之,与上文"变化""图书"等不相关。故侯说不足取。郑康成则谓:

> 布六于北方以象水,布八于东方以象木,布九于西方以象金,布

---

① 《易·系辞上》。
② 孙星衍《周易集解》,卷八。
③ 原见唐李鼎祚《周易集解》。亦见孙书,卷八。
④ 《易·系辞上》。

七于南方以象火。①

此外又有以"实象""假象""义象""用象"为"四象"者②,尤为支离,且断不能与"四象生八卦"一语相应。案上引郑说,虽言及五行,不合《系辞》,但以"六八九七"四数为"四象",应是《系辞》之本意,盖《系辞》本身所述之占法,正是以揲变所得之数以定爻及卦。此"四数"实能生"八卦"也。

《系辞》之意盖谓"太极"为一浑全之观念,由此先分阴阳(即天地或乾坤),再得"四象",以定"八卦";有"八卦"即可以定"吉凶",此是讲占卜之事。由于《系辞》言"太极"一段,并无提出一确定宇宙论建构之意,故并不言由"阴阳"生出"五行",而只说由"四象"生出"八卦"。显然周氏之图所显示之宇宙论,并非《系辞》中所有。图中第三层并不出于《系辞》。《系辞》中虽据《河图》之十数而有天数地数之说,"天一,地二……"一段,汉儒以下遂以五行五方解之,但《系辞》中终未说及"水火木金土"。且即以五方而论,《系辞》所涉及之《河图》方位中,一六为水居北,二七为火居南,则水火乃相对之二方,亦不能如周氏图中之以水火并列。盖周氏此图乃以道教观念为基础者(后文另有讨论),与《河图》之方位仍非一事也。

第二,周氏图中第四层标以"乾道成男,坤道成女"二语,下接第五层之"万物化生",则可知四层之圆圈,乃由五行至万物间之过渡关键,而此关键既用《系辞》中"成男""成女"二语标指其特性,则以下所衍生之万物,似亦当限于有"男女"性质之生命界而言。故此图所表之宇宙论理论,本身能否包含无生命之"万物",尚成问题。此点亦与此图之来源有关,皆俟后文论周氏与儒道之关系时再析述之。

---

① 孙星衍《周易集解》卷八所引《汉上丛说》。王应麟辑《周易郑注》中,则未见此段。
② 亦见孙书所引庄氏疏。

其后,再观周氏之《图说》。

《图说》亦分五段。第一段提出以下之观念次序：

前段顺说,最后三句则逆溯而言之。主旨总是说明此一次序。

第二段则由"五行"说至"万物",其中枢纽观念仍是"男""女"及"二气交感"。

第三段则专在万物中选出"人"为"秀而最灵",可知周氏之"人"实是与万物"同层"之"存有"。但说"五性感动而善恶分",则是以宇宙论词语解释价值论词语。

第四段提出价值标准,有"圣人"及"人极"之观念。

第五段则总结全文,引《说卦》中"天道""地道""人道"之语,以表明其理论有形上学(天)、宇宙论(地)及价值论(人)三层,而皆贯以同一原则。最后仍引《系辞》二语,以结束全文。

以上乃周氏《图说》之大要。至此,可作以下之析论。

第一,周氏此说中首标"无极"一词,而并未详作解释,因此"无极"与"太极"之关系,顿成一重要问题。

朱熹解之曰：

> 上天之载,无声无臭,而实造化之枢纽,品汇之根柢也,故曰无极而太极。非太极之外,复有无极也。[1]

此处最重要之论点,在于"非太极之外,复有无极"一语,盖依朱说,则所说"无极"一词,只在标示一"无",而此"无"即以"无声无臭"或以"无方所""无形状"释之[2],而"太极"则以万物之"根"释之；换言之,朱

---

[1] 朱熹《太极图说解》(附于《太极图说》后)。
[2] 《朱子文集》,卷三十六,《答陆九渊》第一书。

说实谓"无极"与"太极"分别标示"本体"之两面,"无极"表"超越义"(即本体"超越"现象界),而太极则表"创生义"(即本体又"创生"现象界)。如此,则"无极而太极"一语,实并举"超越性"与"创生性",而此二词在语义上皆不能等于"存有"或"本体",反是对"存有"或"本体"之两面描述而已。此点观朱子答陆九韶书之言,则益为明确。朱书云:

> 即如《太极》篇首一句,最为长者所深排,然殊不知不言无极,则太极同于一物,而不足为万化根本;不言太极,则无极沦于空寂,而不能为万化根本。①

此一说法,倘不以上述之解析为根据,则似乎难解;盖上下两句,似同时说"太极"与"无极"皆为"万化根本",则学者不免怀疑何以此二词皆表"万化根本"矣。今知朱说之意,乃以"无极"与"太极"为"本体"之两面描述,则可知所谓"万化根本"者应是此"本体",而"本体"可称之为"无极",以表其"超越性",又可称之为"太极",以表其"创生性";此即所谓"非太极之外,复有无极"也。

"本体"具"超越性"与"创生性",故云"无极而太极";而此"本体"又即朱子所谓之"理"。于是,作为"本体"之"理",既超越现象又创生现象,即"无极而太极"。此在朱熹之哲学语言中,遂不见有困难;而且超越性与创生性皆不可忽视,则"无极"与"太极"二词遂皆不可阙。此是朱说之确切意义。

但此处应留意者,是周氏原说语意,是否与朱说相合。

首先,若依朱说,以"无极"与"太极"为"本体"之两面,则二者应无先后可说。但周氏《图说》则云:

---

① 《朱子文集》,卷三十六,《答梭山书》。

> 五行一阴阳也，阴阳一太极也，太极本无极也。①

此处"五行""阴阳""太极""无极"显有先后之分，尤其着一"本"字，则分明以为"太极"本于"无极"或"本是无极"。既有先后之分，则《图说》首句中之"而"字，亦显非表平行关系之连接词，反而应与下文"动而生阳"以下三"而"字为同类之用法。此点下文当再讨论。此处须特别指出者，是"无极"若是"太极"所本，而二者有先后之分，则濂溪本旨应是强调本体之第一特性为"无极"，与下文论人生价值问题时所说之"主静"一脉相通，并非只表一"无声无臭"之"超越性"。

濂溪所以重视"无"观念，自与其思想中之道家成分有关，但此处分寸尚须详辨，下文论周氏与儒道之关系时再作解说。

第二，《图说》由"太极"说至"阴阳"，是以"动静"一对观念为枢纽。所谓"太极动而生阳，动极而静，静而生阴"，三句中之"而"字皆表先后次序；盖必"动"方能"生阳"，必"动极"方能转"静"，必"静"方能生阴。此可见《图说》中"而"字之用法。首句中"无极而太极"中之"而"字，亦应如此解，非如朱说之表"平行关系"。

就周氏本文看，明说"太极"本身能有"动静"，但"太极"若只是"理"，则"理"本身不应有"动静"可说，故朱熹即以"天命之流行"解之，而谓：

> 太极之有动静，是天命之流行也。②

朱意殆谓，"太极"作为一"理"，在其运行处可说"动静"，故曾说：

> 谓太极含动静则可，以本体而言也；谓太极有动静则可，以流行而言也。若谓太极便是动静，则是形而上下者不分，而易有太极之

---

① 《周濂溪集》，卷一，《太极图说》。
② 朱熹《太极图说解》。

言亦赘矣。①

此处所用"含""有""便是"等语,颇欠严格,但其意实不难明。盖朱子以为"阴阳只是一气"②,故就宇宙过程说,动静应实是"气"之事,但"气"之"动静"又以"动静"之"理"为据,故可说"太极含动静",意即谓动静乃"理"所本有;又可说"太极有动静",意即谓"理"可以流行或运行;但不能说"太极便是动静",因能说"是动静"者乃"气"而非"理",即所谓形上形下之分也。

朱熹理论,后文另有专章。此处须说明者,是朱熹此种解说,又非周文本意。周氏《图说》中之"气"字,乃就五行而言,所谓"五气顺布",即水火木金土之运行。此因周氏所说"太极动而生阳……"一段,乃混合形上学观念之"宇宙论陈述"(cosmological statements),并非如朱子划分之细。朱熹推崇《太极图说》,乃因朱氏本身对由形上学至宇宙论之系统建构最感兴趣,而《图说》适有此两种成分,故相契合。其实周说与朱说固大有不同。

周氏实以为"太极"自身即有动静,乃生出阴阳,而由阴阳再生出五行万物。

至于"阴阳"何以能生"五行",则周氏之说只有"阳变阴合"四字,并无确切解释。朱熹则以《系辞》中"天一,地二……"一段解之,其实此即所谓《河图》之数。《河图》出于纬书,其后道教人士最喜据此以说《易》。周氏《图说》中此种观念,即属于以图解《易》之传统,乃无可争议者。朱说亦循此一传统而作解释,兹不详论。

第三,周说既以"无极""太极""阴阳""五行"构成一宇宙发生之系列,而又云:"五行之生也,各一其性";此则是由"普遍"至"特殊"之

---

① 《朱子文集》,卷四十五,《答杨子直》。
② 《朱子文集》,卷五十,《答杨元范》。

理论关键。盖就太极及阴阳言之,皆万有所共依之原理,而万有之殊异,即由五行之"各一其性"释之,即朱熹所谓"五行异质"之意。

由于"五行"之各有其"性",遂可推至万物之化生变化,但此处周说加入"男女"一对观念即所谓"乾道成男,坤道成女";以生物意义之"男女",作为"乾坤"(即"阴阳")之具体化,可知周心目中之宇宙论,又实限于生命界,对于宇宙中无生命之部分则不能适用也。

此处尚有须加注意者,是周说此段中言:"无极之真,二五之精,妙合而凝",而不言"太极"。案此段原论万物之所以生,倘"无极"一词真如朱氏所说,只表"无形象方所"(即超越现象)一义,则此处正面写万物之创生,自应以"太极"(即"创生性")为重,何故独言"无极"?此一问题,朱熹在语录中亦有答覆,其言曰:

> 无极之真,已该得太极在其中,真字便是太极。①

此说仍只是敷衍问题,而非面对问题;盖若周氏本意是说"太极"之理与"二五"(二气五行)合而生万物,则无理由明标一"无极",却又以"真"字暗指"太极";且"太极"与"无极"若只是本体之两面(如朱说),则此"真"字亦无道理,因此处并无"真"或"妄"可言。其实周氏此语,正表示在周说中"无极"方为"万有"之"本",即"有"生于"无"之义。周说本与朱说不同。②

第四,周氏《图说》所代表之思想系统中,最严重之问题仍在于其价值理论,即《图说》中第三、第四两节。

案周说既以"五行"为五种不同之"性",又以"男女"二气之交感

---

① 《周濂溪集》,卷一,《太极图说解》后附录。
② 案朱氏诗亦有"若识无中含有象"之句,可见朱氏论康节图象之说时,未尝不知以图解《易》之一派思想,接受道家"有生于无"之观念。但朱氏解周说时,总有意避开此点。此种问题在论朱氏之学时另有说明。

释万物之化生,此皆是一宇宙论意义之描述,所涉及者只是"是如此"之问题,而非"应如此"之问题。而其下由"人"观念之提出,忽转至"五性感动而善恶分"一语,乃涉及价值问题。此处理论关键何在?首须详辨。

若谓"人"在"气"一面,"得其秀而最灵",则此仍是一描述;此种"秀而最灵"之气,不过为"气"化生万物之许多状态中之一状态,何以由此能引出"善恶"观念?乃周说之第一点困难。

此处之问题,仍可通过前章所提出之"未定项"观念展示之。倘只作形上学及宇宙论之描述,则无论所说内容为何,所说者总只是规律、性质、关系等等。此中无"选择"或"努力"可说,因此,亦不见有任何"未定项"。盖说"人"得何种"气",有何种能力,都只是"实然"问题。而由太极以下,所描述之规律,倘有确定性,则人与万物,皆由如此之规律而被决定为如此如此之存在。依此以论,吾人可说,由五气之配合不同,而有"人"与"万物"间以及"人"与"人"彼此间之存在性差异;但不能说,如此如此之"人"应否改变其存在情况。因此,"五性感动"而决定之"善恶",只能有描述意义,而不能有规范意义。换言之,"人"由其所禀之"气"不同,可有所谓"昏明厚薄之殊";但如此说时,仍只涉及"人"之存在之"实然";就"人"与"物"之差别言,亦是如此。此中不见有"选择"可言,由之,所谓"善恶"即不能有"道德意义"。

朱熹释此段,则大体宗伊川"义理"与"气质"之分划,而就题发挥,其重点又在于说明"人"与其他生物之不同,但处处假定一"未定项"而不加论证。朱云:

> 盖人物之生,莫不有太极之道焉。然阴阳五行,气质交运,而人之所禀,独得其秀,故其心为最灵,而有以不失其性之全;所谓天地

之心,而人之极也。①

此是说,人物皆秉"太极之理",但人所得之"气"独"秀",因而遂有"心",能实现其所秉之"理"。此即朱熹以"气"说"心"之基本立场。其意谓,"人"得此最灵之"气",故有实现"理"之能力。但依此而论,则人似不能"不实现理",故朱必再加另一说明,以释"善恶分"之可能。其言曰:

> 然形生于阴,神发于阳。五常之性,感物而动。而阳善阴恶,又以类分。而五性之殊,散为万事。盖二气五行,化生万物,其在人者又如此。自非圣人全体太极有以定之,则欲动情胜,利害相攻;人极不立,而违禽兽不远矣。②

此段极力说明,"人"可由气质之影响而为"欲""情"所支配,以至于不能实现所秉之"理",由此以解释周氏所说之价值标准(即原文中之"人极")。其关键则在于"感物而动"一语。盖朱说之根源仍是《礼记》中《乐记》篇所论,及程门论"性"之说。

但如此解释,实未触及根本问题。此处之根本问题,即是如何由描述存有及规律之词语,能转至规范性之词语。换言之,描述宇宙万有如何如何生出时,所说者皆只是一种"决定"关系,何以能转至一"未定项",方是最严重之问题。以周说及朱氏之解而论,说人与万物皆秉一理,再说人与万物之"气"不同,而"人"所得之"气"为"最灵",因而"理"在"人"中最易于实现等等,皆是描述而已。其下说到"欲""情"等,若仍是描述意义,则不外是再进一步描述"人"所以不能完全实现理之原因;到此为止,无"未定项"可以成立。而朱说欲忽然在此建立一规范意义之"人极",则是从一意义范围跳至另一意义范围,前

---

① 朱熹《太极图说解》。
② 朱熹《太极图说解》。

后理论脉络不能通贯。

用简明语言说,如"太极"为万有之根本,则万有皆为"太极"所决定;阴阳五行亦然,其"变合"亦然,则无论下推至何层次,皆不应有"选择"可说,由此亦无"标准"可说,只是一套"实然"而已。故依周氏本来说法,则"五性感动"亦不能生出"善恶"问题;至多只能说,由五气而生万物,万物各有不同。此"不同"仍只是一描述语,不能含有"应该"或"不应该"之意义。若依朱说,则"太极"是"理",而由阴阳至万物,乃是"气"之领域;于是可说,由万物所禀之"气"不同,故"理"在万物中之"实现"有难有易;此处似乎可以生出一价值判断。但严格说,则仍缺一段;盖"气"若有种种殊异,则仍是一"实然"问题;欲以"气"之易于实现"理"或不易如此作为价值标准,则又须先定一"理本身应该在气中实现"之断定,而此断定须假定有"目的性"一观念然后可安置一"未定项",但依朱说,则"理"本身是"天地之性",而万有皆不是外于此"天地之性"者;于是,倘说"理"有"实现自身"之目的性,则此目的性即当贯串于万有中;万有皆被"理"决定,即不能阻碍"理"之"实现"。倘又不然,而说"理"可以实现,可以不实现,则此处确可安置一"未定项",由此可推出道德价值之一套词语,但如此说时,"理"本身便不再是"万有之根本",因阴阳五行之气又可以不服从"理",则《太极图说》中之一套宇宙论结构,又与此不合矣。

总之,若取《太极图说》为据,则只有一套描述词语,不能生出道德价值之词语。若取二程之说,立一"本性论"系统,则似可生出一套道德价值词语,但又必须将"理"与"气"分开,非濂溪立说之本意。

《太极图说》所表之周氏思想之困难,至此可以显出。

第五,再就周氏所立之价值标准内容说,则周氏谓:

> 圣人定之以中正仁义,而主静,立人极焉。①

此处特重"中正"二字,以与"仁义"并列,正周氏论价值问题及德性问题时之特殊论调,与孔孟立说皆不同。《通书》亦有同样论调,谓:

> 圣人之道,仁义中正而已矣。②

案"中正"二字连用,以表价值标准,显然出于《易经》观念。不仅在《乾·文言》中有"刚健中正"之语③以赞"乾",而且以"中"及"正"定爻之吉凶,本是《易》爻辞所依循之基本原则之一,亦无可疑。且周氏下文即连"吉凶"说,其旨尤为易见。但朱熹解此段则勉强以"中正"配"礼智",以与孟子之四端牵合,可谓全失本意。且"中""正"二字之词义,亦非如"礼智"之表德目。朱说殊无道理。然此等强合强比之处,正可见朱熹立说之特殊作风,学者亦不可不留意。

周说之论"价值"处,承《易经》而来,固已与孔孟之学不同,更可注意者乃"主静"一语。此观念可与《通书》中"圣学"一段参照。④ 盖周氏本人在理论上,强调"无"及"静",二者皆近道家之说。若就历史源流考之,则道家之形上学观念,在《易传》中已与儒学观念混合,《礼记》中《乐记》所谓"人生而静",亦是此一混合状态之思想下之产物。周氏虽被后人认作宋代最早立说之"儒者",但其所据之前人成绩,原偏重在此类混合思想,则其论价值标准或"人极"时有"主静"之论,亦不足怪。

总观以上各点,可对《太极图说》之思想之特色,得一概要了解。简言之,即此一思想混合形上学及宇宙论成分,而又将价值论问题置

---

① 《周濂溪集》,卷一,《太极图说》。
② 《周濂溪集》,卷五,《通书·道第六》。
③ 案《乾·文言》有"大哉乾乎,刚健中正,纯粹精也"之语。
④ 《通书·圣学第二十》。

于此混合系统下处理之。其系统确有三层，即原说中引《说卦》言"天""地""人"之义也。至其形上学观念，以"无"为本，价值论观念，以"静"为主，皆与古代南方传统之道家有关，但因此类道家思想，早注入《易传》《礼记》等文献中，学者尚不可据此直接断定周氏与道家之关系（此点后文另有考论）。

其次当观《通书》。

（二）《通书》

周濂溪之《通书》，即潘铭所谓《易通》。其初流传之本颇有不同。如绍兴十四年（公元1144年）祁宽所作跋文云：

> ……《通书》，即其所著也。始出于程门侯师圣，传之荆门高元举、朱子发。宽初得于高，后得于朱；又后得和靖尹先生所藏，亦云得之程氏，今之传者是也。逮卜居九江，得旧本于其家，比前所见，无《太极图》。或云，图乃手授二程，故程本附之卷末也。①

案此跋作于朱熹十五岁时，可知朱熹整理校解之前，《通书》已有两本，即"程本"与"九江本"是也。"程本"载《太极图》于书末，"九江本"则无《太极图》。此外则别有胡宏所定之本，将章目删去，而别加"周子曰"，则是胡氏以己意为之者，非通行之本。至朱熹所定之本，则前后共有四次：

其一为"长沙本"。朱作《周子太极通书后序》，云：

> 长沙本最后出，乃熹所编定。②

案此后序作于乾道五年（公元1169年），盖编定"长沙本"在是年以前，应为朱定之本中最早者。

---

① 《周濂溪集》，卷七，《诸儒通书论序》。
② 《朱子文集》，卷七十五。

其二即为乾道五年己丑所定之本,亦即上引《后序》所附之本,此称"建安本",其特点是将《太极图》置于《通书》之前。张栻庚寅年作《通书后跋》①,所跋者即此本。

其三为淳熙六年己亥(公元1179年)所定之"南康本",盖朱于前一年八月除知南康军,是年三月至南康上任也②。此本与"建安本"相较,颇有更定之处。

其四则为淳熙十四年丁未所定之注释本,即最后之定本。今所用即此本。

此书共分四十章。起于论"诚",终于论《蒙》《艮》二卦。全书无明朗层次组织,盖是据《易传》及《中庸》而解《易》之作品。各章均随意取一二论题发挥,短者不过数语,长者亦不过百余言。其次序先后亦不见有何原则。然此书所表述之思想,颇多可注意之处;许多哲学问题,在《图说》中未论及者,在此均有论断。就此而论,亦可说《通书》为了解濂溪思想之基本资料。

以下即分项一述《通书》思想之要点。

1. "诚"与"几"

《通书》首先揭出一"诚"观念。案《易·系辞》中无"诚"观念,《文言》中虽有"闲邪以存其诚"一语,此"诚"字亦无枢纽观念之地位;故就《易传》而论,"诚"并非一重要观念。"诚"成为重要观念,始自《礼记》中之《中庸》篇。周氏《通书》以"诚"为中心观念,则其为受《中庸》之影响,自无可疑。

"诚"观念在《中庸》原文中,有"本体义"及"工夫义"③,故为具双重身份之词语。今在周氏《通书》中,"诚"字之用法亦是有此种双重

---

① 《周濂溪集》,卷七,《诸儒通书论序》。
② 王懋竑撰《朱子年谱》,卷之二,上。
③ 此点可参阅拙著《新编中国哲学史》卷二。

身份。周书首谓:

> 诚者,圣人之本。①

此是兼就工夫与本体两义说:盖一方面圣人所表之最高工夫境界,即是"诚";另一面,"诚"作为一形上之理,乃为"圣人之本"。此处较偏重形上一面,故下文即就此一面发挥云:

> 大哉乾元,万物资始,诚之源也。②

又云:

> 乾道变化,各正性命,诚斯立焉。纯粹至善者也。③

此二语,均是肯定"诚"为形上之原理,而其内容即"万物资始"与"各正性命",换言之,即所谓"创生"之观念。而两语皆引《乾·文言》,即见周氏以此"诚"为"乾道"或"天道"之内容。但细析语意,则"诚"之"源"与"诚斯立焉",又稍有层次之别。盖"诚"即"本性之充足实现"之义。就万有之根源说,由创生之理而生万有,故在此有"本性实现"一意义出现,故谓"诚之源"。就万有已出现说,则"各正性命"处,即"本性之实现",故谓"诚斯立焉"。

其下,再加"纯粹至善"一语,表明"诚"乃一切价值判断之基础;盖以"天道"之方向为最高价值,即周氏之立场也。

其次,再论"诚"之工夫义一面。周书云:

> 圣,诚而已矣。诚,五常之本,百行之源也。④

此谓一切德性皆以"诚"为基础,又以"诚"之实现为最高境界。如此

---

① 《通书·诚上第一》。
② 《通书·诚上第一》。
③ 《通书·诚上第一》。
④ 《通书·诚下第二》。

断定后,自须解释错误及罪恶之可能,于是云:

> 五常百行,非诚,非也;邪暗塞也。①

此以"邪暗"之"塞"而使"诚"不能达成,为"恶"之基本意义;但如何而有"邪暗"之"塞",尚未解释。周氏则提出"几"观念与"慎动"之说。周书云:

> 诚无为,几善恶。②

又云:

> 寂然不动者,诚也;感而遂通者,神也;动而未形有无之间者,几也。③

此处之"几"字,仍自《易·系辞》来。《系辞》云:

> 夫易,圣人之所以极深而研机也。唯深也,故能通天下之志;唯机也,故能成天下之务;唯神也,故不疾而速,不行而至。④

案此节下"释文"引郑注云:"机,当作几。几,微也。"周氏所言之"几",显即由此而来。然严格言之,周氏之用法,又与《系辞》原文不同。《系辞》原文重在"研机","机"即指细微难察之处而言,纯是就对象一面说;"研机"故能"成天下之务","天下"即指对象世界也。周氏所说之"几",则指自觉心或意志状态而言,故以"几"说明"善恶问题"之发生。

"几"与"诚"相比而说,以"诚"为"无为",而以"几"释"善恶",倘不落在"心"或"意志"上,则其语即成为不可解。朱熹释之云:

---

① 《通书·诚下第二》。
② 《通书·诚几德第三》。
③ 《通书·圣第四》。
④ 《易·系辞上》。

> 几者,动之微,善恶之所由分也。盖动于人心之微,则天理固当发现,而人欲亦已萌乎其间矣。①

此处"人心之微"一词乃理论关键所在;盖在周氏理论系统中,不明标出"心"或"意志",却又暗暗预认此类观念。朱氏轻轻加入一"心"字,遂将其预认之观念点出。

依此,则所谓"诚",在此处既与"几"相比而言,则亦只能落在"心"上说。所谓"诚无为"者,应属"心"依本然之理之状态,而所谓"几善恶"者,即谓"心"在"动"时,可能依理或不依理也。

然则,何以有此二种可能?此又回到所谓"未定项"之问题。依"天道观"之基本断定而论,似本无"未定项"可说;然即在周氏本人立说时,仍不能不预认某种"未定项",以使其价值论成为可能。此是一真正哲学问题,周氏并未提供解答,且根本亦未面对此严重问题。朱熹则又以"理""欲"之二分说之,亦不管此种二分法如何能有效安顿一"未定项"。

兹再顺周氏之意说,则天道之"诚"是本然之理,但在心动时则又可能不依此理;如此则善恶问题全在"动"处说,"心"之"动",若依其本然之理,则实现一切价值。此处可用各种正面词语描述之。但"心"之"动"非必然依理,故此处可以有"不善"或"恶"出现。

所谓"寂然不动者,诚也;感而遂通者,神也",是就"心"依其本然之理之状态说;"动而未形有无之间者,几也",则兼就依理或不依理二种可能说。就依理一面而论,能自然如此,即是圣人境界,若须用力为之,则是贤者境界,故言"诚"与"几"之后,即谓:

> 性焉安焉之谓圣,复焉执焉之谓贤。②

---

① 《周濂溪集》,卷五,《诚几德》章后所附朱氏之注语。
② 《通书·诚几德第三》。

而朱熹释"圣"一语云：

> ……此不待学问强勉，而诚无不立，几无不明，德无不备者也。①

释"贤"一语，则云：

> 此思诚研几以成其德，而有以守者也。②

如此，则工夫全在"动"处，故周书有《慎动》一篇，其言云：

> 动而正曰道，用而和曰德。③

此处以"用"配"动"，而又分别配于"道"与"德"二观念上，此种分"道德"为二层之说法，显然与老子旧说有关。然其论旨则与老子不同。所谓"道"，此处只就"动而正"说，非"动"前之本体或本然之理；盖此"道"字乃表"方向"之义，言"动而正"则是依理之方向。"用"则顺"动"之功能而言，动正则用和。故"德"又指个别"心"动而得正时之特性说，即朱熹注《诚几德》章时所言：

> 道之得于心者，谓之德。④

如此释"道德"，则一切一切邪恶皆由"动"之"不正"或"失正"释之，故云：

> 邪动，辱也；甚焉，害也。故君子慎动。⑤

此为周书中之基本道德价值理论。此中有须注意者，是周氏所用词语，处处有道家气息。如"道德"之分说，上已提及。其实即以"诚无

---

① 《通书·圣第四》。
② 《通书·圣第四》。
③ 《通书·慎动第五》。
④ 《周濂溪集》，卷五，《诚几德》章后所附朱氏之注语。
⑤ 《通书·慎动第五》。

为"一语言,形容理之本然,而用"无为"一词,亦显然受老子影响。此盖与周氏治学之基本态度有关,后文论周氏与儒道之关系时,当再作析述。

总观上说,可知周氏论道德问题,乃先设定一本然之理,再设定一有某种"自主性"或"自由"之"心",于是,"心"依本然之理而动,即得正、得和,即成就道德;心若不依理,即反道德而为邪恶。此中固有如何安置此一"未定项"之严重问题,然周氏本人固未注意及之。只就此本然之理说,则周氏之"善"乃理之本来方向,恶乃旁出之方向,故赵致道即据此作图,以驳胡五峰"同体异用"之说①。朱熹亦以为是。然严格言之,则此处问题若不通过一"主体性"观念以清理,则终是纠结百出,周与朱均未深了此义也。

2. 论"性"

濂溪在《太极图说》中未提出"心性"观念,但说五行"各一其性",又有"五性感动而善恶分"之语;此"性"字既就"五行"说,显是后来张程诸人所言之"气质之性"。换言之,周氏所说之"性",并非"主体性"或"自觉性",而是"才性",亦即指各个别生命在具体存在时之特殊内容讲,并非普遍意义之"本性"。《通书》论及"性"时,立场亦同。《通书》云:

> 性者,刚柔善恶中而已矣。②

又云:

> 刚善刚恶,柔亦如之;中焉止矣。③

此处周氏固是言"才性"或"气质之性",但其分划方法则甚为罕见。首先以"刚柔善恶"作为四类,又另加一"中";于是"才性"之分别中,

---

① 《周濂溪集》,卷五,所附赵朱之问答。
② 《通书·师第七》。
③ 《通书·理性命第二十二》。

遂有"善"以外之"中"及"中"以外之"善"。此点甚为难解。周氏原文分明以"中"为最高标准,其言云:

> 刚善,为义,为直,为断,为严毅,为干固;恶,为猛,为隘,为强梁。柔善,为慈,为顺,为巽;恶,为懦弱,为无断,为邪佞。惟中也者,和也,中节也,天下之达道,圣人之事也。故圣人立教,俾人自易其恶,自至其中而已矣。①

案此段文字,理论层次殊欠分明。兹略为整理如下:

第一,周氏以为"善"与"恶"皆有"刚柔"之分,故说"刚善""刚恶"及"柔善""柔恶"。但如此说时,则此四观念有一种交叉关系,而个别生命或个人之"性",应只能是"刚善""刚恶"等等,而不能只言其为"刚"或"柔"、"善"或"恶";盖依周氏之说法,凡"善"者不为"刚善",便是"柔善","恶"者亦然。即不能有"善"而非"刚"非"柔"者,或"恶"而非"刚"非"柔"者。就"刚柔"看,亦必与"善恶"二线相交,故此四观念非平行关系,而是两对平行线相交之情况。作图示意如下:

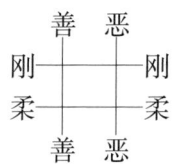

而个别生命之气质,应即在此四交点上。如此虽亦有四类,然非"善、恶、刚、柔"四类,乃由此四交点所表之四类。此四线不能全为平行者,否则即无交点可说,周氏之言为不可解矣。

第二,此外,周氏又标一"中"字,以为"圣人之事"。此点在理论上最有困难,盖首先所谓"圣人之事"究指"圣人"之"境界"抑或"圣

---

① 《通书·师第七》。

人"之"气质"？若就圣人所造之"境界"言,则说"圣人之事"在语言上无困难,但如此则所谓"中",不可与"刚柔善恶"并列,则以"中"为"性"即不可说。若说"中"是"圣人"所秉之"气质"或"性",则何以说"圣人之事",又成困难。"事"字不能训为"气质"或"禀赋"也。此是周氏用字之困难。

其次,顺周氏本来之意看,"中"应即"圣人之性","事"字可视为误用。但如此说时,"中"系相关于何种对峙观念而言？对"刚柔"言乎？对"善恶"言乎？倘只对"刚柔"言,则其理易解,盖"中"即表不"过刚"亦不"过柔"之意,然如此则"中"与"善恶"之关系不明。倘"中"兼对"善恶"言,则将有"不善不恶"之"中",则何以又为"圣人之事"(性)？此则于理难通。

朱熹之注释,极力曲为之说；先谓"中"乃"得性之正"[①],又谓"易其恶,则刚柔皆善……至其中,则其或为严毅,或为慈顺也"[②]。朱熹如此说,仍不能澄清"中"与"善"之关系。倘说"刚柔"得"中"则"皆善",如此则"中"乃"善"之解释词语,不能与上文"刚、柔、善、恶、中"之说相应。倘"性"或"气质"依周说列为五种,则应是：

刚善　　刚恶　　柔善　　柔恶　　刚柔皆善(中)

此或是周氏列五种"性"之本意。但具"刚善"气质者,固不必同时具"柔善"之气质,然"刚善"者亦不能同时为"柔恶"——因"严毅"者不应同时为"邪佞"；就"柔善"说,情况亦同。则具"刚善"而不是"柔善"之个人,在"柔"一面又将是"不善不恶"(因"刚善"排斥"柔恶",如"严毅"不能同时为"邪佞",而"刚善"若具"柔善",则与"中"无别)。具"柔善"者,在"刚"一面亦将是"不善不恶"。此皆在理论上有困难。

[①]《通书·师第七》,所附朱氏注语。
[②]《通书·师第七》,所附朱氏注语。

再将二刚二柔论之,则"刚善"者可以有"刚恶","柔善"者可以有"柔恶";此处或可引入"中"观念,即使"刚善"者不流于"刚恶","柔善"者不流于"柔恶",则是"中"之"刚柔皆善"。但此解又非周氏之意。盖周氏谓:

> 故圣人立教,俾人自易其恶,自至其中而已矣。①

如此,则"恶"不与"善"对,反而与"中"对;而教化成德之目的,不是"易其恶"而至于"善",反是"至其中"。此自难解。

以上就周氏立论之欠分明说。若推度其意,则周氏大约以为,"中"是最高标准,而"不得中"又有"过刚"与"过柔"两种;然"中"与"善恶"二观念,究是何种关系,终未能确切界定。若以刚柔之各得其中为"善"——如朱熹所说,则在逻辑意义上,"中"观念断不能与"善恶"平列而为五性之一矣。

第三,周氏此段文字中,有"中也者,和也"一语,其下乃将"中庸"释"和"之言,系于其释"中"之语下。此点朱熹亦无善解,只谓"别人也不敢恁地说"②。实则,此语正表示周氏虽借用《中庸》,而实不甚尊重《中庸》之说,亦未深究"中"与"和"二词之分别。朱熹亦知其"与《中庸》不合"③,但避而不论而已。

总之,濂溪论"性"之语,明白显出其说中无"心性"理论。所论"性",落在个别生命上,皆指"才性"或"气质";而此观念之根源又在于"五行各一其性"之想法,由此,可知周氏论"性",只是在其宇宙论架构中作推绎之语,盖既认为万物由五行而生,则五行不同之"性",即当表现为万物之种种不同之"才性",此处毫无"主体性"观念可说

---

① 《通书·师第七》。
② 《周濂溪集》,卷五,《附录》;《语类》中"林夔孙"条。
③ 《通书·师第七》,所附朱氏注语。

也。至其所举之"中"及"刚柔""善恶"等观念,彼此关系亦殊不严明。无论如何解法,均有困难。尤其"易其恶""至其中"之说,使"中"与"善恶"之理论关系混乱难明。客观言之,大抵周氏所说之"善恶",只有常识意义,故其论"刚柔善恶"之交互关联时,在常识上似不难解,但稍加解析,即处处难通。朱熹强为之说,无补于事。

3. 论"学"

周氏之基本旨趣原在其形上学及宇宙论部分,对于"自觉心"一面之问题,了解不甚精切,此在上文观其论"性"之语时已可见一斑。兹再看周氏对于成德问题之说法。此即《通书》中论及"学"观念之理论。

《通书》论学圣之道云:

> 圣可学乎?曰,可。曰,有要乎?曰,有。请闻焉。曰,一为要。一者,无欲也。无欲则静虚动直。静虚则明,明则通;动直则公,公则溥。明通公溥,庶矣乎。①

此是具体言成德或成圣之工夫途径。在论"性"时,原有以"中"为"圣人之才性"之意;此处又离开"才性"说话。学为圣人,只有一原则,即是"无欲",其下再就"动""静"两面说"无欲"之工夫成果,而以"明通公溥"四字表之。表面看,似无难解处。但若稍求严格,则首先须问:此所谓"无欲"落在何处讲?纯以"太极阴阳五行万物"之存有过程而论,一切皆存有之决定,何处能有"有欲"或"无欲"之问题?盖周氏所言之"万物"原指"生命界"而言。生命之一切构造机能,皆不能不是已由此存有系列决定者。如此,则生命之"需求"或"欲",亦在此系列中决定。然则,"有欲""无欲"顺此以观,皆只有描述意义,而不能有规范意义,何以能就此种观念说"工夫"及"学"?

---

① 《通书·圣学第二十》。

面对此一根本问题,即可知说"无欲"为一种工夫境界时,必须预认一"可有欲""可无欲"之"未定项",此即"心性"意义之"心"。周氏说此种话时,未尝不预认"心"观念,但在其系统中却未安置"心"。于是"工夫问题"如何安顿于周氏之系统中,本身已是困难,而周氏轻轻说过,未加辨析也。

其次,顺周氏之语意讲,则人之能否成德,关键只在于人是否受"欲"之支配;不受"欲"之支配,即可达成"明通"及"公溥"两面之德性。但此处只说工夫成果,并无工夫次第。盖不能谓往"无欲"处用功或下手也。此处可见周氏之论工夫,亦远不如日后二程之学。朱熹虽极力推崇周说,此处亦不能不说"这话头高,卒急难凑泊"①。

周氏不能立工夫次第之说,固已如此。然专就境界言,则其说实与日后宋儒所谈之"理欲"问题一脉相通。尤其强调"公"与"明"与日后宋儒论存养工夫之说,大有关系。

此外尚有《志学》篇,不过谓人当有希圣希贤之志而已,但有"圣希天"之语,足见其"天道观"之立场。此点可引至下节之讨论。

4. 论"天人关系"

汉儒之说,最重"天人关系",董仲舒乃最重要之代表人。周氏立说,依宋儒看,乃与汉儒根本不同方向者。然若就其对"天人关系"之基本看法着眼,则周氏显然亦认为圣人之德以"天道"为根据。而此中之严重困难,亦遂进入周氏之系统矣。《通书》云:

> 天以阳生万物,以阴成万物。生,仁也;成,义也。故圣人在上,以仁育万物,以义正万民。
>
> 天道行而万物顺,圣德修而万民化。②

---

① 《周濂溪集》,卷五,《附录》。
② 《通书·顺化第十一》。

此处分明以"天道"之有"仁""义",作为圣人之"仁""义"之根据。此实与汉儒观念无大分别。而"天道行而万物顺"一语,更为此一类型理论之基本断定,且即严重问题所在。

前文在总说中,曾反复论及"生命界之内在矛盾"问题。此处可落在周氏理论上显出其明确意义。倘万物(生物)之生,皆由"天道",则"天道行"时,万物如何"顺"法?由于生物本身性质之限定,吾人可知生命界中充满破坏其他生命以维持己身生命之现象。此类现象与"欲"无关,因即使全无私欲,人亦不能不破坏动植物之生命以维持人之生命。其他动物亦然。然则此种"存有"之真实性质,究是属于"天道"乎,抑不属于"天道"乎?倘属于"天道",则此种"天道"下所决定之生命界,乃一永远互相破坏之世界——此种"天道"愈"行",万物即愈是互害——恰与《中庸》之"万物并育而不相害"相反。倘说生命界此种内在矛盾,并非出于"天道",则此生命界即应不由"天道"决定,换言之,世界即并非依"天道"生成者。以上二可能,均使"天道观"之"价值理论"不能成立。

此理原可在不同层次上说,前文论之已繁。此处只就周书之观念点出,提醒学者留意,不再赘论。

总之,周氏心目中之"德性",乃以存有意义之"天道"为据,基本上仍是与"宇宙论中心之哲学"相似;至其形上学成分,常为汉儒理论所未具,则是另一事也。

倘以"天"之"阴阳"为第一序观念,以解释"仁义",则"仁义"等德性观念皆成为第二序。此正见周氏与孔孟之不同;程朱诸人,为宗派门户之见所拘,而不面对此点。但在今日观之,固无可争论矣。

5. 论礼乐

《通书》中有《礼乐》一章,别有论"乐"之语,分为三章。其言虽皆甚简,然亦可表示周氏对"礼乐"之根本看法。

案礼乐二者间之关系,在《礼记》之《乐记》篇中,早有颇为明确之理论。其大旨以礼乐为相辅而立者。周氏则较此更进一步,认为"乐"根本依附于"礼"而成立。其言曰:

> 礼,理也;乐,和也。阴阳理而后和。君君,臣臣,父父,子子,兄兄,弟弟,夫夫,妇妇;万物各得其理然后和。故礼先而乐后。①

案此就根本概念而言。以"理"表"礼"之功能,以"和"表"乐"之功能,然后通过"理"以界定"和",则即是谓,"乐"所寻求之"和"必须依于"礼"之"理"之实现而后成立;换言之,"乐"概念即必须通过"礼"概念方为可了解者。故谓"礼先而乐后"。此处之"先后"可作理论序列意义看,不必即指时间序列。

其专论"乐"之语,仍承此而发,但涉及"乐"之内容等具体问题。其言曰:

> 古者圣王制礼法,修教化,三纲正,九畴叙;百姓大和,万物咸若;及作乐以宣八风之气,以平天下之情。故乐声淡而不伤,和而不淫;入其耳,感其心,莫不淡且和焉。淡则欲心平,和则躁心释。②

案此段开端仍是由"礼"说到"乐",但偏重具体之时间次序;其下论"乐",则以"淡和"为一种价值标准,认为"乐"之内容应该如此;其所以"应该如此",显然又根据以"乐"为教化之工具一观点。此固仍与《乐记》之立场相同,唯立说则较狭。

其下则论文化衰落时,"乐"亦发生反教化之作用。即指违反"和淡"一标准而言。原文云:

> 后世礼法不修,政刑苛紊,纵欲败度,下民困苦;谓古乐不足听

---

① 《通书·礼乐第十三》。
② 《通书·乐上第十七》。

也,代变新声,妖淫愁怨,导欲增悲,不能自止;故有贼君弃父,轻生败伦,不可禁者矣。①

此处以"导欲增悲"为此种失正之"乐"之特性或内容,意虽与"和淡"相对而言,但其确实理据则不显明;即如"愁怨"之"乐",应为乱世生活之后果,今又视为造成"贼君弃父,轻生败伦"之因素,则未见有何道理。

然周氏大意甚明,不过视"乐"为教化之工具而已。故云:

> 乐者,古以平心,今以助欲;古以宣化,今以长怨。不复古礼,不变今乐,而欲至治者远矣。②

其他二篇亦与此论相类。如谓:

> 乐者,本乎政者也。政善心安,则天下之心和,故圣人作乐以宣畅其和心。③

此所谓"政",即指前文所说之"礼"及"治"而言;总之,是说"乐"乃政治教化之工具,其价值标准即在于有益于政治教化;又强调某种"政"生出某种"乐"。但此段下文忽有一特殊说法,极力夸大"乐"之作用,其言云:

> ……达于天地,天地之气感而大和焉。天地和则万物顺,故神祇格,鸟兽驯。④

此则反过来说"乐"之力量及作用。案此段承上文"故圣人作乐……"而言,意谓此种宣畅"和心"之"乐",能感天地万物;依此则"乐"在文化

---

① 《通书·乐上第十七》。
② 《通书·乐上第十七》。
③ 《通书·乐中第十八》。
④ 《通书·乐中第十八》。

生活中又有极大主动力量,又似不仅依于一定之政治教化而后成立,反可以改变世界矣。此处理论分寸,极不明确。至于《乐下》篇所谓:

> 乐声淡则听心平,乐辞善则歌者慕,故风移而俗易矣。妖声艳辞之化也,亦然。①

则不过谓"乐"能影响"风俗"而已。较上文之感天地万物,远为易解也。

总而言之,周氏论"乐",全未留意艺术活动之内在价值,而只以德性教化及政治等标准,作为"乐"之估价标准。其说涉及具体问题处,皆有太简之病,兹不具论。专就此基本立场而言,则周氏之说,全宗《乐记》立场。而与他说相较时,又可知至少在此问题上,周氏与道家有甚大差别。此点学者亦不可不知也。

6. 论"势"

除以上各主要论点外,《通书》中尚有一可注意之理论,即关于"势"之理论。

案"势"观念本为法家韩非所重视,韩非以此观念反儒墨之重视"贤"或"才"。周氏论"势",则着眼点在于论政治之成败。此点亦可算一特色。原文云:

> 天下,势而已矣。势,轻重也。极重不可反,识其重而亟反之,可也。②

此所谓"天下",即指当前之世界而言。谓天下成为何种情况,由所谓"势"决定。而所谓"势"即指力量之"轻重"而言。知某种"势"形成时即"不可反",故须了解力量轻重之问题而早作求"反"之努力。

---

① 《通书·乐下第十九》。
② 《通书·势第二十七》。

其下又谓：

> 反之,力也。识不早,力不易也。力而不竞,天也。不识不力,人也。①

此所谓"力",是"努力"之意;言"反"某势,乃一种自觉之努力,但若不能早"识"势之轻重,则即不易努力(案此处"力不易"一语,在语法上甚为特殊,然亦未见有其他可能解释)。

末谓,若努力而不能胜"势",则是人所无可如何者,此是"天也"一语之意。在本书中,"天"字如此用法,只见此一处,然正最近似孟子之用法。若不识势之轻重而不努力,则是人自身应负责者。

综观其意,盖是专就"成败"问题说。"势"可以决定成败;至于人力能否胜"势",如何胜"势",则周氏并无明确理论,只谓人应有认识及努力而已。

༄ ༄ ༄ ༄ ༄

《通书》大旨,至此已述其要点如上。以下当一论周氏与儒道之关系,然后即可对周氏其人其学作一总评。

三、濂溪与儒道之关系

周濂溪与"道家"及"道教"有何种思想上及传授上之关系,自宋以来,即有许多争论。但周氏与"儒学"之关系,则一向被认为不成问题;盖自朱熹以后,所谓"濂洛关闽"成为新儒学之正统代表人物,极少有人对其地位有所议论。本节则以周氏与"儒道"两方之关系为论题,应稍加解释。

---

① 《通书·势第二十七》。

本节所讨论之周氏与儒学之关系,重在对于周氏与二程间理论及历史关系作一衡断,盖二程幼时曾在周氏门下,固是事实,然朱熹等人所强调之"二程出于周氏"之说,究竟在何种程度上可以成立,乃一不可忽视之问题。此问题不仅涉及周氏在儒学史中之地位,且涉及学者对整个宋明儒学之了解。此外,逆溯而言,周氏虽为后世儒者所宗,然其说与先秦儒学及汉代儒学之关系如何,亦尚须详为析理。此亦为中国哲学史研究之一大关目;盖周氏对后世之影响既大,则其本人之观念及人生态度,与先秦孔孟之学同异如何,即有关于其后儒学之方向。此中分寸不明,则许多枢纽问题,皆无由决定矣。

至周氏与道家关系问题,则人皆知由《太极图》引出,但此中牵涉之其他问题亦颇不少。本节将分别考论之。

(一)《太极图》问题

案周氏作说所据之《太极图》,毕竟何来,乃讨论周氏与道教关系之首要问题。

最早谓此图出于陈抟者,为朱震。朱有《汉上易解》(即《汉上易集传》),杂取汉魏以下解《易》之说,而论"图书"一派,则谓《先天图》及《太极图》皆出自陈抟。《宋史·朱震传》云:

> 震经学深醇,有《汉上易解》;云陈抟以《先天图》授种放,放传穆修,穆修传李之才,之才传邵雍。放以《河图》《洛书》传李溉,溉传许坚,许坚传范谔昌,谔昌传刘牧。穆修以《太极图》传周惇颐,惇颐传程颢、程颐。是时,张载讲学于二程、邵雍之间,故雍著《皇极经世书》,牧陈天地五十有五之数,惇颐作《通书》,程颐著《易传》,载造《太和》《参两》篇。①

---

① 《宋史》,卷四百三十五,《儒林列传五》。

案此文即据朱震上所著《汉上易解》时之表文。朱未说明其依据,仅视为传授方面之事实而述之。其意谓周张邵程以及刘牧之解《易》,皆据陈希夷之传。①

此说当时似无人反驳。唯胡宏谓:

> 周子名惇颐,字茂叔,春陵人;推其道学所自,或曰,传《太极图》于穆修也;修传《先天图》于种放,种放传于陈抟。此殆其学之一师与?非其至者也。②

胡氏亦只作疑似之词,未尝力驳朱震之说。以《太极图》为周氏自作,则始于朱熹。但朱熹对此问题之态度,前后颇有变改。兹依次列出朱熹有关此问题之论著于下:

第一,乾道五年己丑(朱熹四十岁),有《周子太极通书后序》。

第二,淳熙四年丁酉(四十八岁),有《江州重建濂溪先生书堂记》。

第三,淳熙五年戊戌(四十九岁),有《袁州州学三先生祠记》。

第四,淳熙六年己亥(五十岁),有《再定太极通书后序》(作于南康)。

第五,淳熙十四年丁未(五十八岁),有《周子通书后记》。

案己丑年之《后序》中,朱熹据潘铭而力主《太极图》乃周氏所自作。其言曰:

> ……故潘清逸志先生之墓,叙所著书,特以作《太极图》为称首。③

又云:

---

① 案依朱震此说,则周之《通书》、程之《易传》与刘牧之《易数钩隐图》皆可视为同类之作。其实此数人解《易》之说,固相去甚远。
② 胡宏《通书序略》。
③ 《朱文公文集》,卷七十五。

熹又尝读朱内翰震《进易说表》，谓此图之传，自陈抟、种放、穆修而来。而五峰胡公仁仲作《通书序》，又谓先生非止为种穆之学者，此特其学之一师耳，非其至者也。夫以先生之学之妙，不出此图，以为得之于人，则决非种穆所及；以为非其至者，则先生之学，又何以加于此图哉？是以尝窃疑之。及得志文考之，然后知其果先生之所自作，而非有所受于人者。①

依此，朱熹认为《太极图》乃周氏自作，其理由不外两点。一则是潘铭有"作太极图易说易通数十篇"一语；二则是朱熹认为此图所代表之理论，"非种穆所及"，不应传自种放、穆修一流人。然就第一理由说，潘铭之文当读为"作《太极图易说》《易通》数十篇"，盖周氏既未别有《易说》一作品，且《通书》本即是解《易》之作，亦不应另又有一《易说》。"易说"二字当连上读，盖当时以图书说《易》之风气极盛，《太极图说》既本是以图说《易》，自可称《太极图易说》也。朱熹亦谓"《易说》独不可见"②。其实濂溪身后，《图说》及《通书》二者皆传于世；倘潘氏作铭时果见有此三作品，则不应其中之一忽然失传也。知周氏并无《易说》其书，而《太极图易说》即《太极图说》，则朱熹之论实由误解而来。且倘铭文如朱熹读法，则潘铭所言周氏作品中，反缺《太极图说》一种。盖周氏所著者为《图说》，其理论亦见于"说"中，倘只谓有"图"，则遗却周氏最重要之作品，又将如何解释？

总之，潘铭原只谓周作《太极图易说》，本非谓周作一"图"，又另作一本《易说》。朱据此以证图之为周氏自作，实不能成立也。

其次，就第二理由说，若所谓周氏之"学"指《太极图说》而言，则朱震之说亦只谈及"图"之来源，并非谓《图说》出自种穆。若必谓《太

---

① 《朱文公文集》，卷七十五。
② 《朱文公文集》，卷七十五。

极图》本身代表周氏之学,"决非种穆所及",则其语不可解;盖此图如无"说",则可作种种不同解释,原不能代表周氏之理论,亦无所谓"非种穆所及"也。

朱熹此种想法,初颇坚持;在《江州重建濂溪先生书堂记》中,仍谓:

> ……不繇师传,默契道体,建图属书,根极领要。①

明说"建图",且强调"不繇师传",皆针对朱震之说而言,然未提出新论据。案此记作于己丑后第八年,其说固无改变。次年在《袁州州学三先生祠记》中,又云:

> 濂溪周公先生,奋乎百世之下,乃始深探圣贤之奥,疏观造化之原,而独心得之。立象著书,阐发幽秘。②

所谓"立象",即指"建图"而言,仍持旧说。

此态度至淳熙六年,方有改变。在南康作《再定太极通书后序》中,乃历述"再定"之理由,盖因多见《通书》别本及其他资料,故欲"别加是正"。其涉及《太极图》之传授时,则云:

> 又读张忠定公语,而知所论希夷、种、穆之传,亦有未尽其曲折者。③

此虽含糊言之,然其下小注云:

> 按张忠定公尝从希夷学,而其论公事之有阴阳,颇与《图说》意合。窃疑是说之传,固有端绪;至于先生,然后得之于心,而天地万

---

① 《朱文公文集》,卷七十八。
② 《朱文公文集》,卷七十八。
③ 《朱文公文集》,卷七十六。

物之理,巨细幽明,高下精粗,无所不贯。于是始为此图,以发其秘耳。①

此处朱熹已不否认周氏《太极图说》之理论或思想实与陈抟一派有关,但仍以为周氏"始为此图"。此处最可注意者是,朱熹始终不能将"图"与"图说"分别看,此点下文再作讨论。

最后,在淳熙十四年(丁未)作《周子通书后记》时,方云:

> 夫子姓周氏,名惇颐,字茂叔;自少即以学行有闻于世,而莫知其师传之所自。②

此是朱熹对此问题之最后态度,然其说正同于无说。实毫无结论也。

案朱熹所以始终不能面对《太极图》问题,盖与自身所采之立场有关。朱熹因有建立形上学与宇宙论之综合系统之兴趣,故特崇濂溪之《图说》;其初根本未深究图之来源问题,后所闻较多,亦知此图不能谓不出于道教,又不愿明白承认,恐影响此图在儒学中之地位,故最后仍游移其辞,以"莫知其师传之所自"一语了之。

朱陆之争,亦以此《图说》发端,但陆象山虽力攻周氏"无极"观念,对"图"与"图说"亦未尝分别,对图之来源则只取朱震之说。朱震表文中之语,未说明其依据,故陆氏之言,亦只是就理论上否定"无极"观念,并未能确断此图何来也。

清初毛奇龄极力欲证明《太极图》及《图说》皆出于佛道之传,故在《答冯山公书》中,谓:

> 旧说太极图,但据一时所见……明知是图本于二氏,然仅仅以希夷、寿涯当之。昨见黄山中洲和尚有太极本于禅宗说。其所为

---

① 《朱文公文集》,卷七十六。
② 《朱文公文集》,卷八十一。

《太极图》,即唐僧圭峰之十重图也。①

其下又云:

> 此在陈抟授图以前已行世者,是抟所为图,一本于《道藏·真元品》,一本于圭峰《禅源诠集》,而总出于《参同契》……②

案毛奇龄有《太极图说遗议》③。在《遗议》中,毛谓《太极图》由陈抟而来,而陈抟之《无极图》(即华山石壁之图)又由魏伯阳《参同契》所附之《水火匡廓图》及《三五至精图》而来;以此证此图与道家之关系,又引宗密《原人论》,认为与周说合。今观此书,则毛又引宗密之《禅源诸诠集都序》中之图,以为是《太极图》之来源矣。书中又提及《道藏·真元品》,盖即指《道藏·太玄部》中《上方大洞真元妙经品》。然此经后另附有《上方大洞真元妙经图》,方是毛所谓与《太极图》类似之《太极先天之图》。此又是毛文中另一错误,其详见下文。

案毛奇龄此种说法,近人颇有从之者,而未深究其得失。如日人武内义雄著《中国思想史》,即全用其说。④ 而范寿康氏著《朱子及其哲学》一书,又全用武内义雄之文。⑤ 此二书皆直谓,《太极图》乃由《水火匡廓图》及《三五至精图》合成。其实皆据毛奇龄一文而已。兹当据毛氏原文,一辨此说之得失所在。

案毛文先云:

> 是图出于抟,而当时为释氏者亦争传之。要其本则实从魏伯阳

---

① 《西河文集》,卷五,《复冯山公论太极图说、古文尚书冤词书》。
② 《西河文集》,卷五,《复冯山公论太极图说、古文尚书冤词书》。
③ 案此文未收入《西河文集》,见《西河合集》及《西河文选》。《文选》中乃晚年改定之本,尤堪注意。
④ 武内义雄《中国思想史》,第二十三章,岩波全书本,页二三一—二三二。
⑤ 范寿康《朱子及其哲学》,第二章,开明书店本,页二〇—二二。

《参同契》中所称《水火匡廓》《三五至精》两图,而合之为一图者也。①

观此处语气,毛氏显谓《参同契》中有此二图。后文则云:

> ……乃当时《参同》笺注,有《水火匡廓》《三五至精》《斗运子午》《将指天罡》《昏见晨见》《九宫八卦》《八卦纳甲》《含元播精》《三五归一》诸图,共九图,而或并或删。至朱子注《参同》,则合九十章为三篇,而尽删其图。然而《参同》旧图,其尚存者,则犹分《水火》《三五》两图,未尝合也。②

此于各图皆凿凿言之,但又以为乃《参同》笺注所有。此则差异甚大;盖《参同契》本书与其笺注,在时代方面可相差若干世纪也。毛氏所谓笺注,未指明出于何人何时,然考《道藏·太玄部》所收,则有"阴真人注""无名氏注",及朱熹注本(案即《参同契考异》),皆无毛氏所说之二图。至于唐末彭晓作《周易参同契分章通真义》三卷,其后附有《周易参同契鼎器歌明镜图》一卷,此当为《参同》笺注中最早有图者。然彭晓之《明镜图》,即所谓《八环图》,乃由八层之同心圆组成,纯言丹诀之事;其大概内容如下:

第一环:四象八卦、天地门户等。

第二环:二十八宿。

第三环:三十图缺之象。

第四环:五十点黑、五十点白,百刻之数。

第五环:十二卦。明逐月爻象进退。

第六环:十二辰。

---

① 《西河文选》,卷十,《太极图说遗议》。
② 《西河文选》,卷十,《太极图说遗议》。

第七环：显周天之大数。

第八环：列阴阳五行万象，入鼎中，辅助金水龙虎，离女坎男交媾，共生真砂真汞，而成还丹。①

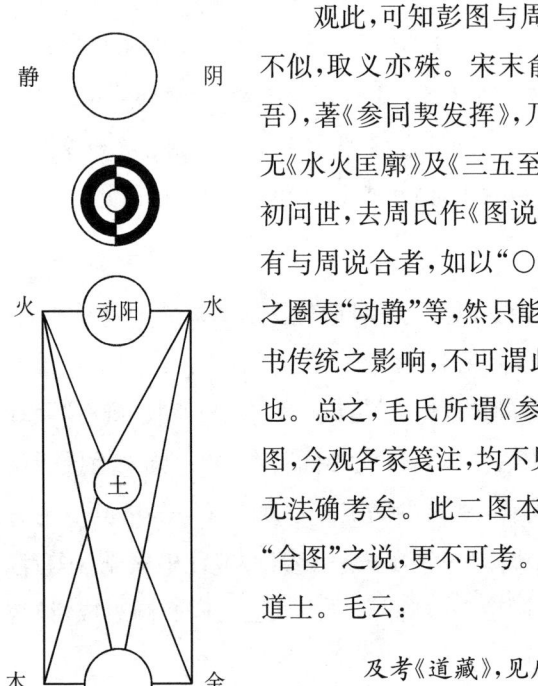

观此，可知彭图与周氏之《太极图》，形既不似，取义亦殊。宋末俞琰（即全阳子，字玉吾），著《参同契发挥》，乃颇附图解，然其中仍无《水火匡廓》及《三五至精》之图；且俞书在元初问世，去周氏作《图说》之时已远，此中虽颇有与周说合者，如以"○"表道，及以黑白各半之圈表"动静"等，然只能视为与周图受同一图书传统之影响，不可谓此种作图法先于周氏也。总之，毛氏所谓《参同》笺注中所有之二图，今观各家笺注，均不见之。毛毕竟何据，乃无法确考矣。此二图本身既不可考，则毛氏"合图"之说，更不可考。毛氏以为合图始于唐道士。毛云：

> 及考《道藏》，见唐开元间，有道士作《真元品》者，实合其图于《上方大洞真元妙经品》中，名为先天合一之图。②

案《道藏·洞玄部·国字号》中有《上方大洞真元妙经品》，其后又附有《上方大洞真元妙经图》。有《太极先天之图》，与周氏《太极图》几乎全同。兹录其图于左。

---

① 此图及以上之说明，均见《道藏·太玄部·容字下》。
② 《西河文选》，卷十，《太极图说遗议》。

以此图与周氏之《太极图》相较,第二圈之黑白有异,但未知是否传钞欠确,盖此种画黑画白处最易发生错误,兹不详究。但此外尚有明显差异之处,即:

第一,此图以顺数第一圈为"阴静",而在第三层水火之间别作一小圈以表"阳动"。《太极图》则在第二圈两旁标"阴静阳动"四字,水火之间只作一半圆连结二三两层。

第二,由下逆数第二圈,在此图表"万物化生",在《太极图》则标以"乾道成男,坤道成女"。最下一圈,在此图无别标识,在《太极图》则标以"万物化生"。

第三,《太极图》中最上第一圈无所标识,即表周说所谓"无极而太极"。此似反与此图最下一圈相应。

此种种差异之确切理论意义,未易骤下断语。但可知者是,周图以"万物化生"为终,盖图意本欲表示宇宙中生命之发生过程,故至万物之"生"即止;而此图在"万物化生"之下,别作一圈,殆有"复归于无极"之意,则其背后之观念纯属道家思想色彩,则无可疑也。

毛氏谓此图为唐开元间道士所作,又认为是由《水火匡廓图》及《三五至精图》合成;二图及合图之说均不可考,已如上所述。至此图之时代,则毛氏之说不过据此"经品"前之唐玄宗序文;实则,此"经品"既号为"经",又不入"本文类",而入于"灵图类",已属可疑,序文之真伪亦尚待考定。未必果出于开元时也。

总之,毛说之主要依据既不可考定,则大段议论,皆难作为定论。武内义雄及范寿康氏之书,纯宗毛氏之《遗议》,而不考毛说本身之依据,反将使初学者以为二图果属可考,合图之说果属有据矣。

毛氏除提出以上所说之论点外,尚另有论点判断周图与佛教之关系,其主要依据在圭峰宗密之《十重图》及《原人论》。此点亦应稍作清理。

案宗密汇集禅家之文字句偈,题为《禅源诸诠集》,而自作《都序》,即所谓《禅源诸诠集都序》是也。① 毛在《答冯山公书》中,谓陈抟之图,"……一本于圭峰《禅源诠集》",此已有误,盖《十重图》见于《都序》中,"序"与"集"本身又自不同也。而武内义雄在其书中,取毛氏之说,而误称为《禅源所诠集都序》,范书不知何故,亦同此误。实则宗密云:

> 《禅源诸诠集》者,写录诸家所述,诠表禅门根源道理文字句偈,集为一藏,以贻后代,故都题此名也。②

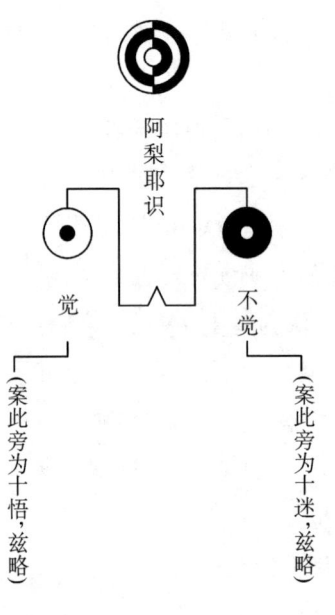

可知所谓"诸诠",即诠表禅源道理之"文字句偈",即"诸家"之"诠";若云"所诠",即成为被动语气,而"禅源所诠"一词不可解矣。二书之误,使人惊诧,故顺释数语于此。

宗密治华严宗之学,原属"真常之教"一支;其所作《十重图》即依《大乘起信论》中"一心开二门"之旨,表"觉"与"不觉"。所谓"十重",乃指迷悟而言。"迷"有十重,属于"不觉";"悟"亦有十重,属于"觉"。其图甚长,不须全录;就毛氏所指为与希夷、濂溪之图有关部分说,只是表"阿梨耶识"与"觉"及"不觉"之关系一部分。其图如左。

图前,宗密自释云:

---

① 见《中华大藏经》,第二辑(144),卷上之一。
② 《中华大藏经》,第二辑(144),卷上之一,《禅源诸诠集都序》。

朱为此○号,记净法十重之次;墨为此●号,记染法十重之次。①

依此,可知此图本意乃表一心之迷悟染净;阿梨耶识中有"无漏"及"有漏"二重种子,故以黑白相间表之;"不觉"之迷染为"黑",但佛性不灭,故中有小白点;"觉"之悟净为"白",但悟者一念可迷,故中留小黑点。凡此皆佛教真常一支之基本观念,所指者皆在此"心"或"主体",与宇宙论无关,与丹诀更无关也。毛氏自谓据中洲和尚之说,实则此僧据此以言"太极本于禅宗",已是极肤浅之比附语,盖此图除用黑白二色作圆外,与陈周之图全不相干。且用黑半白半之图,亦是人人可作之事,无关乎儒佛道之特色或精神。毛氏遽从此僧之说,亦不可解。

其次,毛氏又引及《原人论》,案宗密《原人论》本以破儒道之说为主,其所论及之"元气"等问题,皆举敌论之说而言。在宗密意,一切宇宙论意义或形上学意义之"原理"或"体",皆是阿梨耶所变生,故一一破除之。此中所举儒者之说,纵有与周说相类处,亦不能证周说本于宗密,盖宗密所说者,本非宗密自己之理论也。此点不待辨析,故从略。

总之,毛氏论《太极图》,以为出于二氏之学,其主要根据在《参同契》之二图及宗密之《十重图》;今详究其源,则二图不知所据,《十重图》则只稍有形似之处,不可作为《太极图》之根源。故毛说虽似甚辩,实则极欠严格。

毛氏之外,黄晦木又有专论《太极图》源出于道家之文。此处亦应顺便清理。案《宋元学案》中,黄百家录黄晦木之《太极图辩》,附于

---

① 《中华大藏经》,第二辑(144),卷上之一,《禅源诸诠集都序》。

《濂溪学案》后,其言云:

> 周子《太极图》,创自河上公,乃方士修炼之术也。①

案此说乃道教方士所习言者,然河上公之著作,只有《道德经注》,此外皆后人所托;黄氏匆遽作此断语,已见其失慎。其下复谓:

> 考河上公本图名《无极图》,魏伯阳得之以著《参同契》,钟离权得之以授吕洞宾,洞宾后与陈图南同隐华山,而以授陈。陈刻之华山石壁。陈又得《先天图》于麻衣道者,皆以授种放,放以授穆修与僧寿涯,修以《先天图》授李挺之,挺之以授邵天叟,天叟以授子尧夫。修以《无极图》授周子,周子又得先天地之偈于寿涯。②

案依黄氏此说,则此图本名《无极图》,乃出自河上公者,经魏伯阳等道教人物,递传至陈抟,即华山石壁之图,亦即穆修传周濂溪之图。《先天图》则另是一事。

黄说未举出所据何书,今略考之,则此说实有严重问题。试举其要如下:

第一,魏伯阳《参同契》有文无图。后世笺注者所作之图,既不能谓出于魏伯阳,更不能上溯至河上公。

第二,陈抟华山石壁之图,后世言者颇多,自应不虚。但此图与周图全同,而与《道藏》中《太极先天之图》小异,应是从后者变出,无法证其出于钟离权及吕洞宾。

第三,最严重者乃此图之解释问题。黄以为此图为道教内丹丹诀。其言云:

> 其图自下而上,以明逆则成丹之法。……其最下圈,名为玄牝

---

① 《宋元学案》,卷十二,《濂溪学案下》,附录黄晦木之《太极图辩》。
② 《宋元学案》,卷十二,《濂溪学案下》,附录黄晦木之《太极图辩》。

之门。……稍上一圈,名为炼精化气,炼气化神。炼有形之精,化为微芒之气;炼依希呼吸之气,化为出有入无之神,使贯彻于五脏六腑,而为中层之左木火、右金水、中土相联络之一圈,名为五气朝元。……又其上之中分黑白,两相间杂之一圈,名为取坎填离,乃成圣胎。又使复还于无始,而为最上之一圈,名为炼神还虚,复归无极。而功用至矣。①

案黄氏对图之五层,皆有解释,大抵即述华山石壁图之说法。依此可知,陈图确为内丹丹诀;然则此图最早出于何时代,既不能直接断定,即应由"内丹"观念兴起之时代断之。此应据道教文献,不可徒听方士传说。

案"内丹"之说,始自隋唐。晋葛洪著《抱朴子》论"金丹",即指"丹砂"而言;其所述"黄帝九鼎神丹"等,皆用水银、雄黄之类,加以各种石,总之,皆属"外丹"。故自谓:

> 此固假求于外物,以自坚固。②

此种传统可上溯至燕齐方士。与后此炼"精气神"之"内丹"全不相同。《抱朴子》兼言"房中术"以为"服药"之助③,此在广义上或可说是某种"内丹",然仍非日后道教所言之狭义之"内丹"。梁陶弘景之"九转神丹"及南北朝其他道士所炼之"丹",皆为"外丹"④,此处不及列举。而"内丹"之名,最早出自隋时之苏元朗。《罗浮山志》记元朗事云:

> 元朗不知何许人也,尝学道于句曲,得司命真秘,遂成地

---

① 《宋元学案》,卷十二,《濂溪学案下》,附录黄晦木之《太极图辩》。
② 《抱朴子·金丹篇》。
③ 《抱朴子·至理篇》。
④ 参阅《梁书·陶弘景传》《魏书·释老志》。

仙。……隋开皇中,来居罗浮……弟子从游者闻朱真人服芝得仙,竞论灵芝。……元朗笑曰:灵芝在汝八景中,盍向黄房求诸。……乃著《旨道篇》示之。自此,道徒始知内丹矣。①

案苏元朗,即"青霞子"或作"苏元明"(宋人避始祖"玄朗"讳故也),其著作在《郡斋读书志》、《通志》之《艺文略》及《崇文总目》均有著录。盖隋道士诡托为神仙者。元朗作《旨道篇》,方创"内丹"之说,故知"内丹"一观念,不能早于隋代。

然苏元朗虽创此说,"内丹"之说仍未大行;且元朗本人亦兼谈"外丹",观《通志》在《艺文略·道家外丹》类下著录其所作《宝艺论》可知。盖是时多数道士仍只知"外丹",故苏亦从众,不过另创"内丹"之说而已。后世"内丹"说大行后,则凡言"内丹"者皆鄙视"外丹",认为邪道矣。

"内丹"之说,至唐方大盛。宋曾慥著《道枢》,引唐刘知古之《日月玄枢论》云:

> 刘子曰:道之所秘者,莫若还丹。还丹可验者,莫若龙虎。龙虎之所自出者,莫若《参同契》焉。②

案曾书此文见于《日月玄枢篇》,即录《日月玄枢论》之文;自此论后,言"内丹"者遂皆上托于《参同契》,而以魏伯阳为"内丹"之祖。此实亦始于苏元朗也。③

然魏伯阳时代本无"内丹"之说,葛洪论及魏伯阳时,亦只谓:

---

① 此是《图书集成》引《罗浮山志》之文;案此志乃旧志,非明人陈琏所撰者。参阅《图书集成·神异典》,卷二百四十,《神仙部》。
② 曾慥《道枢》,卷二十六,《日月玄枢篇》。
③ 案《罗浮山志》又记苏元朗之利用《龙虎经》及《参同契》以倡内丹说云:"……又以《古文龙虎经》《周易参同契》《金碧潜通秘诀》三书,文繁义隐,乃纂为《龙虎金液还丹通元论》,归神丹于心炼。"观此亦可知元朗撰论,即以内丹说依附《参同契》矣。

> 其说如解释《周易》,其实假借爻象,以论作丹之意。①

而葛洪所谓"作丹",皆指"外丹"无疑。再考《参同契》本文,虽后人注解,自彭晓以下,皆强用"内丹"派观念解说,其实有确指"外丹"之语,无法曲解者。如云:

> 巨胜尚延年,还丹可入口。金性不败朽,故为万物宝。术士伏食之,寿命得长久。②

又如:

> 临炉定铢两,五分水有余。③

且云:

> 候视加谨慎,审察调寒温。周旋十二节,节尽更须亲。气索命将绝,体死亡魄魂。色转更为紫,赫然成还丹。④

此所谓"入口""服食""临炉"等,绝不能曲解为"内丹",至若"色转更为紫",尤其明指"外丹"。此外如《鼎器歌》所云尺寸,皆只能是指炼丹之器而言,无法强解为"内丹"派所谓之比喻。案以《参同契》为说"内丹"者,乃后世之人。魏伯阳本书原只是讲"外丹",即所谓"服食"之术也。

至此,"内丹"观念出现及依附《参同契》之时代,皆可略定,则黄晦木之说,实有根本错误。盖陈希夷华山石壁之图,既论炼精、炼气、炼神之事,则必属"内丹"之丹诀;此点亦黄氏所深信者。然此图既是"内丹"之丹诀,则绝不能出自魏伯阳,更不能出自河上公。隋唐以

---

① 葛洪《神仙传》,卷二。
② 《参同契》,上篇,第十一章。
③ 《参同契》,上篇,第十四章。
④ 《参同契》,上篇,第十四章。

前,根本无"内丹"之说,则一切"内丹"之丹诀图解,必出唐代以后。黄氏所说之传授渊源,大抵据后世道士之传说,与其所持之解说,即互不相容。其不能成立,不待再辩矣。

至此,已将毛、黄二说略加清理,然周氏之《太极图》毕竟来源如何?周氏《图说》与《图》之关系应如何处理?均尚成问题。兹作一简单结语,如下各点:

第一,若谓《太极图》为《水火匡廓图》及《三五至精图》合成,则必先确有此二图,并能考定出于何时代,然后其说方能供讨论。今则除毛文后附有此二图外,根本不知二图出于何书何时,故此说成为无法讨论之问题。

左图,毛在《遗议》末附录。题为《水火匡廓图》,一名《先天图》。

右图同附《遗议》末,题为《三五至精图》。

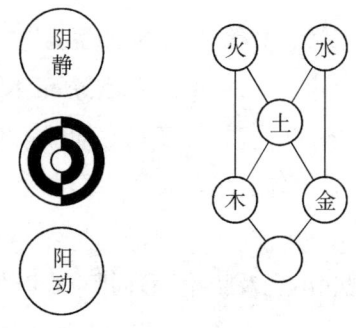

学者倘另发现此二图出于宋以前之确据,则毛说即可重新讨论。倘发现此二图出于周氏以后毛氏以前之资料中,则或可推知毛说之根据,但不能证立毛说也。

第二,就《太极图》与《参同契》之关系言。若《太极图》即如周氏《图说》中所论,乃表"万物"之生成过程者,则与魏伯阳《参同契》自不相关,因《参同契》明是丹诀,非关宇宙过程也。若谓《太极图》本是道家丹诀之图解,则此种"丹诀"属"内丹"一派,而《参同契》之时代尚无"内丹"观念(假定确为魏伯阳所作),则此图亦不应与魏伯阳有关。《参同契》之丹诀自是"外丹"一派。后世道士有"内丹说",始依附其书,然书之本旨无关"内丹"也。

由此可知,《太极图》若果为道教内丹丹诀之图解,则不能出自《参同契》。黄晦木之言甚误,而毛奇龄对"内丹"说始自何时,亦未深考也。

第三,若就《道藏》中《太极先天之图》而论,则此图附于《经品》之后,《经品》之序文未知是否确出于唐玄宗。盖道教诸经之时代向成问题,伪托之事尤为习见,故其时代殊难考定。然道教之图,多半皆与修炼有关,罕见有表形上学及宇宙论观念者。此图先标"阴静"一圈,后又有"万物化生"一圈,则是偏重于宇宙过程之说明,与道教传统不甚合。案周氏《太极图》行世后,道教人士如卫琪,即在《玉清无极总真文昌大洞仙经注》中,作《无极图》以表宇宙过程①,然此正是宋以后道士受宋儒形上学及宇宙论之影响后之作品。卫琪本人亦屡以周氏《太极图》与己作相比,盖不讳言受周氏之影响。② 以常理言之,周氏本取道教丹诀之图而以之表示一套形上学及宇宙论之观念,其后遂影响道教人士亦用图解释宇宙过程,此最为可能。若周氏以前,则道教诸图本皆作修炼之用,而谓忽有一解释宇宙过程之《太极先天之图》,则颇违情理。但以上仍属推测,《太极先天之图》之确定时代,仍不能断定;但至少可说,出于周氏《太极图》后之可能较大也。

---

① 此注及图见《道藏·洞真部·玉诀类·冬字上》。
② 朱彝尊在《太极图授受考》中,除用黄晦木说外,又引陈子昂诗,明"三五至精"之观念,在唐代已盛行,颇有见地。但此外曾引卫琪之图,似以为出濂溪之前,则未详读卫注原文之故也。朱文见《曝书亭集》,卷五十八。

第四，周氏《太极图》出自陈抟，此在朱熹以前，为宋人常有之说，而周氏本人亦盛称希夷之"丹诀"。如集中《题酆都观》绝句三章，其第二章以"读英真君丹诀"为小题，云：

> 始观"丹诀"信希夷，盖得阴阳造化机。子自母生能致主，精神合后更知微。①

则周氏自谓曾见希夷所传之丹诀，且极力推崇。其后二句更是"内丹派"道士之口吻。陈抟石壁之图，既与周图合，则除非另有相反之重要证据，不能不谓周氏之图，应出于陈抟表丹诀之图。至朱震之言，则更与此相合；朱熹以前，无人驳之。朱熹虽一度力争，实未举任何确证；晚年反游移其说，盖亦知周氏"作图"之说不可持矣。

第五，周氏之"图"出于陈抟，乃目前所能考定之范围中成立之可能性最大之说法。然此非谓周氏之理论全出于道教，盖"图"是一事，"图说"又是另一事。周氏之《太极图说》，本身以《易传》及汉儒思想为根源（以"五行"解释"万物"，即汉儒之思想。此点实无可争议）。其所用之"图"，虽原为道教丹诀图，周氏并非提出一丹诀理论，且亦非据丹诀而提出宇宙过程之解释。反之，周氏之《图说》，基本理论立场，与原图之意大异。此点则黄晦木之言得之。黄云：

> 周子得此图，而颠倒其序，更易其名，附于大易，以为儒者之秘传。盖方士之诀，在逆而成丹，故从下而上；周子之意，以顺而生人，故从上而下。②

此节唯言周氏以此图"附于大易"一语有病，盖丹诀早附于《参同契》（苏元朗已然），而《参同契》本"附于大易"也。然其余所言上下逆顺

---

① 《周濂溪集》，卷八。
② 《宋元学案》，卷十二，《濂溪学案》下，附录黄晦木之《太极图辩》。

之别,则可作定论。即观周图之终于"万物化生",即可知其意旨所在。且"万物化生"一语,原出自《易传》,周氏本《易传》之宇宙论以释图,自与内丹之说全异。

综上五点,对《太极图》问题,乃可达致一初步结论。此即周氏之"图"应出自道教丹诀,且极可能出自希夷;但周氏立说,则是据《易传》观念而提出一半形上学半宇宙论之系统,通过"图说"方式表示之。而周氏所用之"图",系属于"内丹派"之丹诀,又与《参同契》原书无关。此一问题所以议论纷然,主要由于朱熹强谓周氏自作此图而起。其实,能将"图"与"图说"分观,则周子思想之研究,当以《图说》为重;至于借用道教之图,则固不碍《图说》之表周氏特有之理论也。

最后,尚有应加说明者,即周氏《图说》中之思想,虽不能视为受"道教"影响,然实受"道家"影响。"道家"与"道教"不同,凡稍解中国道教之演变者,皆能知之。道教至葛洪时,仍轻视老庄,观《抱朴子·释滞篇》可知。"道教"本与古之"神仙家"及方士属于一传统,与老庄本不相干。汉桓帝时,神仙家开始附于老子,然道教人士仍未忘自身之传统。唐代以后,因皇室之提倡,道教方共尊老子为教主。此中演变虽繁,实亦不难知。然近年颇见混同其说者,故略辨数语。

欲析观周氏思想与"道家"之关系,即进入下节之讨论。

(二)濂溪思想中之道家成分

若就理论系统着眼,则周氏《图说》及《通书》中之理论系统,自与《道德经》中所见之老子理论系统及《南华·内篇》中所见之庄子理论系统,均大不相同。此不待深辩,但若就个别观念及论点看,则另是一事。濂溪思想虽成一颇为特殊之系统,但所含观念论点确有极近于道家路数之处。兹举其较重要者如下:

第一,濂溪《图说》中之"无极"观念,并非如朱熹所解释只表"超越对象"一义。盖依朱说,则如前所论,"无极"即成为一描述语(相当于"超越性"一词所指),而《图说》本文既明谓"阴阳一太极也,太极本无极也",则"无极""太极""阴阳"及下之"五行"各占一层次;"无极"即不能只是一描述语,而应是表"体"之词语。依朱说则"无极"与"太极"分别表"道体"之两面,即皆成为描述语,然《图说》本文则明说阴阳五行,皆由"太极"生出,而"太极"又"本"于"无极"。"无极"作为描述语,则此处理路即大乱矣。且下有"无极之真"与"二五之精"作平行语提出,若"无极"只是"无形象"及"无方所"之意,则"无极之真"一语亦不成文理。必"无极"及"二五"均实指某种存有,方可说"真"与"精"也。

"无极"视为"体",则显然在濂溪之形上理论中,"无"观念居最高地位;此正见老子学说之色彩。

第二,濂溪《通书》中论"诚",以"乾元""乾道"说之。"乾"即"天",可知濂溪之"诚"即其所谓"天道"。然在《诚下》篇中,则谓"诚无为"。换言之,即以"无为"形容天道。此一论点又显然与老子思想接近,而与孔孟之说则相距甚远。老子之"道"为形上规律,支配万有,故能说"道常无为而无不为"。若孔孟之价值观念,则下学上达,扩充四端,处处皆强调自觉心之上升前进,无处可安顿一"无为"观念。濂溪用"无为"一词,即可知其"天道观"中之形上规律,正与老子之"道"相应,而与孔孟学说中任何观念皆不相应也。

第三,《图说》中论"立人极"为圣人之事,又以"中正仁义"为"人极"之内容,此确是儒家思想方向;但独标"主静"二字,又为孔孟学说所无。老子有"归根曰静"之语,而就理论本身讲,老子原以为万有本皆由道生出,由道支配,故将一切负面价值判断收在人为之"失道"上,由此,可以强调"静"。孔孟本无此种形上观点,自不能说"静"是立价值标准之枢纽。今濂溪特标"主静"之说,则其道家色彩亦甚明显。

此皆就较重要处说,若零星小节,可不具论。此处尚须补充者,是上所论之"道家"之影响,纯依理论标准而言。此种种观念属于道家之理论,而濂溪之说近之,故据此以言濂溪思想受道家影响。若依历史标准说,则濂溪未必直接受老子影响,而应是通过《易传》《中庸》等已受道家影响之儒学资料,而间接染上道家色彩。此点后节另论之。

合上两节而观之,可知《太极图》虽出于道教,濂溪依图立说时,并未取道教之特殊理论。但濂溪思想中常有道家思想之成分。此点在宋儒严门户之辨后,可能视为严重问题(故朱熹极力强作解释以驳陆象山而保护周说),但在濂溪时代,则此问题并不严重。此可由濂溪之生活态度获得旁证;盖濂溪本人并未以辟二氏之说自任,其学说虽属于抗拒佛教之新儒学传统,但其人并非以卫道之领袖姿态出现于社会中也。至此又可转至下节。

(三)濂溪之生活态度

与濂溪生平有关之资料不多,然就可见者论之,濂溪之生活态度,与二程已不同,更与朱熹大异。

首先,濂溪平生主要之兴趣,在于游览山川。集中各诗,大半皆属此类作品。而其心情,则时有慕神仙高隐之意。

如《同游罗岩》诗云:

> 闻有山岩即去寻,亦跻云外入松阴。虽然未是洞中境,且异人间名利心。①

此已见慕"洞中"而薄"人间"之意。又如《书仙台观壁》云:

---

① 《周濂溪集》,卷八。

> 到官处处须寻胜,惟此合阳无胜寻。赤水有山仙甚古,跻攀聊足到官心。①

以"寻胜"为意趣所向,又以访求"仙迹"为乐,皆甚明显。

又《同石守游》七律一首云:

> 朝市谁知世外游,杉松影里入吟幽。争名逐利千绳缚,度水登山万事休。野鸟不惊如得伴,白云无语似相留。傍人莫笑凭阑久,为恋林居作退谋。②

"度水登山",便是至乐,万事可以不问;慕"世外"而轻"朝市",乐与野鸟白云相对,皆表现其懒于世务之意。末句则直说有归隐之想矣。

朱熹亦谓濂溪"有山林之志",然濂溪除此种"山林之志"外,尚常表现对"神仙"之钦慕,则朱氏未言及之。如《题酆都观》三绝,其第二首特别与希夷丹诀有关,已在前节引用;兹再录其第一首:

> 山盘江上虬龙活,殿倚云中洞府深。钦想真风杳何在,偃松乔柏共萧森。③

所谓"钦想真风",即指观中"神仙"而言。

此外如《题惠州罗浮山》绝句,有云:"关上罗浮闲送目,浩然心意复吾真"④;《思归旧隐》五律中有句云:"闲方为达士,忙只是劳生。"此皆又与儒家之生活情趣大异,而全属道家情趣。

濂溪传世之诗不多,而其中过半数皆表现此种心境情趣;此已可证其人之生活态度,不仅有道家情调,且有道教情调。此盖亦与周氏常与道教人士往来有关。

---

① 《周濂溪集》,卷八。
② 《周濂溪集》,卷八。
③ 《周濂溪集》,卷八。
④ 《周濂溪集》,卷八。

其实纵不看周氏之诗,只就后世所传明道之语,亦已可见周氏生活情调之与伊川不同。

明道谓:"某自再见茂叔后,吟风弄月以归,有吾与点也之意。"[①]此谓受周氏之影响,遂得旷达之乐,则周氏生活情调之充满闲适之趣,可以想见。试以此与"程门立雪"之故事相比,濂溪生活情调与伊川之不同,即甚显著;而此不同正是道家情调与儒者之不同也。

濂溪所以并无后世儒者之危苦意味,即因濂溪在理论上虽有一属于儒学之系统,但其生活非一圣贤型儒者之生活,而是一种名士或高士之生活。而此种生活情调,正道家人士与道教人士所具之情调。学者固不能只据濂溪此种生活情调而视濂溪理论为全出于道家,但亦不能对此一面之史实全不承认,或故作曲解,而违求真之意。

至此,吾人对濂溪与道家及道教之关系,已可得一概要了解。简言之,濂溪所用之《太极图》出自道教,但《图说》之理论则与道教之修炼无干,只略含有道家思想色彩。至于其人之生活态度或情调,则近于道家甚至道教人士,而与孔孟生活中之充满庄严感、责任感者不同,亦异于伊川以后一般宋儒之生活情调。此中分寸,不可搅乱;各如其实以了解之,则亦不必聚讼纷纷矣。

最后,当论濂溪在儒学史中之立场及地位,以结束此一部分之讨论。

(四)濂溪在儒学史中之立场及地位

自朱熹盛倡周氏《图说》及《通书》之后,宋明诸儒,无论其学说之倾向如何,大抵皆承认周氏在所谓"道学"传统中,有宗师地位;"濂、洛、关、闽"之称,固人人皆知,鲜有重为评议者。今统观周氏其学其

[①] 《河南程氏遗书》,卷三,《二先生语三》,谢显道记忆平日语。

人,则至少有以下三项问题应作一衡断:

第一,濂溪之学,虽在后世被视为继孔孟之传,实际上其所承之哲学观念是否合于孔孟?

第二,濂溪与二程之父程珦为友,因而二程幼年曾受业于濂溪,此固是事实;然朱熹据此即谓二程之学出于周氏,颇与二程自身所说不合。此点亦当作一衡断。换言之,此问题是二程在何种限度中受濂溪之影响?

第三,新儒学理论在朱熹手中完成一大综合,在此综合系统中,濂溪之学自占重要地位,则濂溪之学在理论立场上对后世儒学之影响如何?此亦是应另作衡断之问题,盖纵使周氏立说,上异于孔孟,下不同于二程,仍可能是影响极大者;因前两点同异问题,未必为后人所深解也。

兹依次作一简略讨论。

第一,濂溪之学,虽受有道家影响,且有取于道教图书,然在基本立场上,与道家及道教之精神方向皆不同。此就其价值论观点着眼,即可明显看出。濂溪《图说》中已归于"人极"之建立,《通书》中更由天道说至道德心,再由道德心推扩而言"礼乐";此既不同于老子之蔑视仁义礼,亦不同于庄子之独主"逍遥";盖周氏之精神方向,仍充满"化成世界"之要求,与老庄之以超离意义之自由为重,迥不相同。至于道教之价值标准,则专在于夺造化之功,成神仙之业,自与化成世界之精神方向相去更远。就此限度而言,周氏之学说,在大方向上仍属于"儒学"。

但周氏此种"儒学",与孔孟学说之内部理论差异如何,则是另一问题。周氏之学主要宗《易传》,旁取《中庸》。而此二书之理论,皆与孔孟之说大异。此点在"总说"中已反复言之,兹但指出以下两点即可。

其一，就历史标准说，《易》之《十翼》，皆不能为孔子所作，此在今日已成为谈儒家典籍者之常识。至于《礼记》中之《中庸》，则尤当为秦汉之际后出之书，亦无大问题。周氏所以自以为承孔子，而宋儒又普遍接受其说者，乃因宋代考证之学尚不甚发达，虽有欧阳修之疑《十翼》，而一般儒生仍循汉以来之伪说，以为《易·系辞》真孔子所作。此种错误，至清初毛奇龄犹未能免①，更无论周氏本人或朱熹等儒者矣。知《易传》及《中庸》，即非孔子所作，则周氏之宗《易传》，即非直承孔子，已不难明。

其二，就理论标准言之，周氏所取之《易传》及《中庸》之理论，在形态上皆为形上学系统，以"天道"为最高实体，辅之以"性"观念。此与孔孟之持"心性论"立场相比，有"客体性"与"主体性"之差别。此乃哲学理论之大界限，无法轻易抹煞者。周氏之学结果成为一"天道观"。此与孔子思想之专重人之自觉，固是泾渭分明；即就孟子而论，孟子虽亦提及"天道"，但其宗旨所在，仍是主体意义之"心性"观念，亦与周氏据《易传》而建立之理论，大异其趣也。

就此观之，周氏之学异于孔孟之说，已不待论。再进而言之，周氏以"五行"解释"万物"，承自汉儒。孔孟书中固不言"五行"也。② 周氏又以"无极""太极"等观念，讲万有之根本，此则大半依《易传》而稍受道家影响，孔孟固根本无此类兴趣，未尝论及此种问题也。总之，周氏之学，所依据之经籍，本非孔孟之言，故其异于孔孟，亦属当然之事。

---

① 如毛奇龄作《河图洛书原舛篇》（见《西河文选》，卷十），虽颇辨前人之误，仍以为《系辞》乃孔子所作也。
② 荀子在《非十二子篇》中，评子思、孟子，有"谓之曰五行"一语；此点颇为后世所疑。然考此所谓"五行"，应据《吕氏春秋·孝行览》之文释之，乃五种德行之意。孟子之书现存，并无"金、木、水、火、土"之五行观念也。

此处再进一步看，周氏所依据之经籍，原是诸家思想混合后之产物。试以《中庸》而论，《中庸》之作者虽不能是子思，但必属于儒者——此观书中屡引孔子之言可知；然其理论已有先秦南方传统之道家形上学观念，盖此时道家之思想本已侵入儒学，故儒者乃有此种著作。又以《易传》而论，《易传》盛言"阴阳"，此又孔孟所未道者。《易传》亦屡引孔子之言，可知亦是儒者所作，但此种"阴阳"观念，分明从"阴阳家"来；《易传》既以此种观念为主，即表示"阴阳家"之说，亦侵入儒学而已。

总之，自战国至于秦汉，中国先秦南北文化传统已趋混合，而燕齐方士、楚越巫术，亦皆与儒道传统交渗，于是有种种混合思想之文献出现。汉代儒者即专取此类混合观念。于是，阴阳五行之说、谶纬图书之言，大盛于此时代。儒道之本来面目，反日益朦胧。此乃中国思想史或哲学史上一大关目。周氏在宋代立说，通过此类混合作品，而建立系统，则其说之不合于孔孟，已不足怪；至周氏自身以及其后学（如朱熹）之所以不能认清此点，亦仍是为伪托习惯所误耳。

濂溪以下之宋儒，多自谓反汉儒，其实所反者主要在于章句之学，其次则在于谶纬之类；若就此一传统中各人物所持之"阴阳"及"五行"观念看，则濂溪本人即未摆脱汉儒之影响，朱熹则尤甚矣。

第二，至濂溪与二程之关系，则应分"早年之影响"与"成熟期之学说"言之。伊川早年作《颜子所好何学论》，即全取周氏《图说》中之理论[1]，此表示伊川早年确受周氏之影响。而明道亦自称"受学于周茂叔"。伊川所撰《行状》，则云：

> 先生为学自十五六时，闻汝南周茂叔论道，遂厌科举之业，慨然

---

[1] 参阅《宋史》，卷四百二十七，《道学列传·程颐传》。

有求道之志。①

此表示明道之有哲学兴趣（即"求道之志"），亦实由于周氏之影响。此亦属于"早年之影响"也。

然二程早年虽受周氏之影响，二人日后建立之理论系统，却与周氏之系统颇为不同。此点在"总说"中已述及一二，后章论二程之学时，当更作展示。其实除理论内部之差异外，二程日后立说并不宗周氏之说，就外表之迹看亦甚显明。自宋至明清，论及此点之意见甚多，兹举数点于下。

吕希哲与二程同时，曾谓："二程初从濂溪游，后青出于蓝。"②吕本中亦谓："二程始从茂叔，后更光大。"③吕氏祖孙所言皆如此。而汪应辰亦以为二程之学不出于周子④，盖宋代儒者原多知此点，唯朱熹极力推崇濂溪，力求二程出于周氏之说，张栻又应和之，故后世乃有不明此中真相者。试观《二程语录》，从不谈《太极图》，伊川尤轻视宇宙论。则强谓二程之学宗濂溪，在事迹上已多不合，固不待深研其学说始知也。至于二程每称濂溪必曰"茂叔"，自非以师礼待之，则前人已屡屡语及。且即就伊川之《明道先生行状》观之，虽承认明道幼年受周氏影响，然其下文即谓：

……未知其安；泛滥于诸家，出入于老释者几十年，返求诸六经而后得之。⑤

则亦明谓明道之学乃自己体悟所得，不出于周氏也。故全祖望补修

---

① 《二程文集》，卷十一，《明道先生行状》。
② 《宋元学案》，卷十二，《濂溪学案》，附录。
③ 《宋元学案》，卷十二，《濂溪学案》，附录。
④ 汪玉山与朱熹书中语。同上。
⑤ 《二程文集》，卷十一，《明道先生行状》。

《宋元学案》,而于《序录》云:

> 濂溪之门,二程子少尝游焉;其后伊洛所得,实不由于濂溪。……予谓,濂溪诚入圣人之室,而二程子未尝传其学。[①]

此则是平允之言。濂溪理论之得失是一事,与二程之关系另是一事。朱熹、张栻强为之说,徒失真而已。

总之,二程早年虽受濂溪影响,其后所建立之学说,乃一"本性论"系统,与濂溪之"天道观"有异,且二程之不宗周氏以立说,在事迹上证据亦甚显明。

然濂溪之学虽不由二程而传,却通过朱熹散布影响。此则可通至下文之第三问题。

第三,所谓濂溪对后世儒者之影响,实即指濂溪所代表之"天道观",或其混合形上学及宇宙论之系统,在后世儒学中之流传而言。在朱熹以前,濂溪之学并未大行于世。朱熹整理周张二程之说,而组成一综合系统后,所谓儒学理论,在一般儒生心目中,即以此综合系统为代表。此一综合系统之内容,当留在后文论朱熹之学时,以专章析论之。此处只说明两点:

第一点是,濂溪所承之儒学,乃《易传》及《中庸》所代表之理论。此一理论以形上学为主要成分,与先秦孔孟之心性论固不同,即与汉代流行之宇宙论亦有不同。盖《易传》及《中庸》皆以形上意义之"天道"为重,虽各有宇宙论成分,然其宇宙论只是补助形上理论者,与董仲舒辈之以宇宙论为主而配以人格性之"天",乃两种不同之系统。濂溪之说,有时亦受此种宇宙论影响——譬如以"五行"解释万物即是其实例。但濂溪学说之中心,在于强调《易传》与《中庸》之形上观

[①]《宋元学案》,卷首,《宋元儒学案序录》。

念;其系统是以此种形上学为中心而配之以一宇宙论,故其说终与汉儒哲学思想有异。此亦是濂溪能通过朱熹而成为宋明儒学之宗主之理由。

第二点是,濂溪之学说,进入朱熹之综合系统后,其形上观念遂笼罩大部分宋以后之儒学理论。二程之学固与濂溪不同,但同样被收入朱熹之系统,于是除宋之陆九渊外只有明代之王守仁,方能摆脱此种影响。王阳明建立之"良知说",可算能回向孔孟心性论之哲学系统,与由周至朱所形成之混合系统不同。[①] 学者倘知周氏之混合系统,乃根据《易传》及《中庸》之混合儒、道及阴阳家思想而来,则应知王阳明之说,远较周朱之说为纯粹。然阳明自身只注意理论标准问题,对于历史标准方面,致力甚少,故在阳明学说中,其所用之经籍资料甚至词汇等,仍常不能摆脱周氏以下之影响。至阳明后学,如李材(见罗)之流,则仍力持"天道观",以为"儒者之学,断须本天"[②],盖仍不知"心性论"与"天道观"之究竟分别,亦不解孔孟本旨与后世演变间之同异问题。濂溪所留之影响,不可谓不大矣。

总之,就儒学史标源而言,濂溪代表以《易传》《中庸》为依据之儒学理论中最早之系统,此一方向乃宋明儒学中极具势力者。虽就系统内部说,二程、朱熹均与周氏不同,但在大方向上,则除陆王一系外,几全受濂溪思想之影响。昔人每谓周氏为"承先启后"之大家。学者今倘知《中庸》《易传》并非孔孟之学,则"承先"二字,周氏未必能当之,然就"启后"而言,周说实开启此一思想路向,当之无愧也。

---

① 就朱熹学说与周张二程等人学说之关系言,朱氏所建立者为一"综合系统",因朱氏实综合诸家之说。若就周氏学说或朱氏本人之学说内容言,则二者皆是混合形上学与宇宙论成分之理论,故可称为"混合系统"。说"综合系统"时,着眼在历史标准;说"混合系统"时,着眼在理论标准。此种分际,学者亦不可不留意明辨。参阅本书第二章《宋明儒学总说》。
② 《明儒学案》,卷三十一,《止修学案》,答涂清甫语。

关于周濂溪之论述，至此为止。未及详说之枝节问题，则散见后节。

第二节
邵　雍

一、生平及著作

《宋史·道学列传》云：

> 邵雍，字尧夫，其先范阳人。……雍年三十，游河南，葬其亲伊水上，遂为河南人。雍少时，自雄其才，慷慨欲树功名，于书无所不读……
>
> 北海李之才摄共城令，闻雍好学，尝造其庐，谓曰：子亦闻物理性命之学乎？雍对曰：幸受教。乃事之才，受《河图》《洛书》、宓牺八卦六十四卦图像。之才之传，远有端绪。而雍探颐索隐，妙悟神契，洞彻蕴奥，汪洋浩博，多其所自得者……
>
> 熙宁十年卒，年六十七。……元祐中，赐谥康节。……河南程颢，初侍其父识雍，论议终日，退而叹曰：尧夫内圣外王之学也。雍知虑绝人，遇事能前知。程颐尝曰：其心虚明，自能知之……
>
> 所著书曰《皇极经世》、《观物》内外篇、《渔樵问对》，诗曰《伊川击壤集》。①

《宋元学案》卷九，《百源学案》所述，大致与传文同；唯增入邵氏临终前与司马光、张载及程伊川之问答。

邵氏平生事迹，实亦甚简单。中年游于四方，复归于洛，其后即

---

① 《宋史》，卷四百二十七。

长住洛阳。其生活属高士型。叶水心谓是"山人隐士"一流,其言是也。

康节卒于熙宁十年,年六十七,则当生于真宗大中祥符四年,以公元推之,其生卒年应为公元1011—1077年,尚长于周濂溪六岁,但卒时则后于濂溪逝世者四年,可谓周氏之同辈。

邵氏之学,实出于陈希夷,而以《先天图》为主,后节再论之。此处须稍加说明者,是邵氏与二程之关系。

邵氏年长于周氏,较明道则长二十一岁;其为二程前辈,自无可疑。上引《宋史》传文中,特录二程赞誉邵氏之言,使人读之,易觉其学相近;实则二程虽与邵氏交往甚密,在学说思想上,则距离极大。邵氏临终,嘱其子请明道为志其墓。于是明道遂作《邵尧夫先生墓志铭》,文中已表示对邵氏治学态度之看法。其文云:

> ……昔七十子学于仲尼,其传可见者,惟曾子所以告子思而子思所以授孟子者耳。其余门人,各以其材之所宜为学;虽同尊圣人,所因而入者,门户则众矣。①

其下述邵氏之学传自穆李,又赞其有"自得者"(案此即《宋史》传文所据),然后云:

> ……然而名其学者,岂所谓门户之众,各有所因而入者欤?②

墓志铭照例对死者不能深加批评,故明道此文有评论意时则力求含蓄,但语气虽极温婉,其意则甚显明。盖在二程心目中,邵氏所治象数之学,实非"正道",而属"旁门";所谓"门户之众",即指正道之外有许多旁通之路;而所谓"各有所因而入者",即谓康节不能走正道,或

---

① 《二程文集》,卷四,《邵尧夫先生墓志铭》。
② 《二程文集》,卷四,《邵尧夫先生墓志铭》。

所学非正道也。

此外,二程对邵氏之学之态度,尚可在二程及门弟子之议论中见之。如明道谓:

> 尧夫之坦夷无思虑纷扰之患,亦只自天资自美尔,皆非学之功也。①

案此段先谈司马光之忠孝诚实由于天资,下接论邵氏语,故有"皆"字。明道此语,即明不以邵氏之学为重。又如:

> 尧夫之学,先从理上推意,言象数,言天下之理须出于四者。……要之亦难以治天下国家。其为人则直是无礼不恭,惟是侮玩。②

案此当是伊川语,盖伊川一向不以邵氏之"不恭"为然。在语及康节临终时事,亦云:

> 邵尧夫临终时,只是谐谑须臾而去;以圣人观之,则亦未是,盖犹有意也。③

又谓:

> 邵尧夫犹空中楼阁。④

案此固是说邵氏立说,有四通八达之妙,然亦指其虚诞而言。明道又曾直说康节不解"儒术",云:

> 尝观尧夫诗意,才做得识道理。却于儒术未见所得。⑤

---

① 《河南程氏遗书》,卷二上。
② 《河南程氏遗书》,卷二上。
③ 《河南程氏遗书》,卷十八。
④ 《河南程氏遗书》,卷七。
⑤ 《河南程氏遗书》,卷十。

凡此种种评语,皆可知二程始终认为康节之学非正道所在。伊川不取宇宙论之说,故对邵氏之用象数推出之宇宙论理论,尤为轻视。如:

> 邵尧夫谓程子曰:子虽聪明,然天下事亦众矣,子能尽知耶? 子曰:天下之事,某所不知者固多;然尧夫所谓不知者何事? 是时适雷起。尧夫曰:子知雷起处乎? 子曰:某知之,尧夫不知也。尧夫愕然曰:何谓也? 子曰:既知之,安用数推也;以其不知,故待推而后和。尧夫曰:子以为起于何处? 子曰:起于起处。尧夫瞿然称善。①

案此一故事,《宋元学案·百源学案·附录》中亦引述之,但文字稍异。如"尧夫瞿然称善"作"先生哑然",或所据之本不同。但不论邵氏对伊川此说之反应如何,在伊川一面说,伊川之意实谓此处经验世界之现象问题,非形上学家所应用心;从形上学立场看,知经验事物各有其经验之理,即已足够。求经验知识本非形上学之事。故伊川以一形式陈述答邵氏,固同时否定邵氏宇宙论之价值矣。

至于明道谓,康节欲以其"数学"传授二程,而二程不暇学此云云。② 伊川谓与邵氏同里巷居三十余年,世间事无所不问,惟未尝一字及数云云。③ 亦皆足表示二程未尝重视邵氏之"数学"。此所以谢良佐尝谓二程"不贵其术"。④ 盖康节之学主要为一极特殊之宇宙论,而以《河图》《洛书》之说为依据,与二程之纯粹形上学理论相距极远。且此种术数之学所代表之精神方向,尤与儒学之精神方向大有冲突。此中分寸所在,下节述邵氏之学时可论及。

至推崇邵氏之说,则又始于朱熹。朱氏著《易学启蒙》,极力称道

---

① 《河南程氏遗书》,卷二十一上。
② 参阅《宋元学案》,卷十,《百源学案》,附录。
③ 参阅《宋元学案》,卷十,《百源学案》,附录。
④ 参阅《宋元学案》,卷十,《百源学案》,附录。

所谓"先天之学",且认为承孔子而来。如朱熹在答袁枢(机仲)论《易》书中,即力主邵说,且云:

> ……然此非熹之说,乃康节之说;非康节之说,乃希夷之说;非希夷之说,乃孔子之说。但当日诸儒既失其传,而方外之流阴相付受,以为丹灶之术;至于希夷康节,乃反之于易,而后其说始得复明于世。①

朱熹此说,虽是为自家所著之《易学启蒙》辩护,但将希夷、康节以图书解《易》之说,竟视为承自孔子,可谓卤莽之论。朱氏之根据亦不过是《易·系辞》(认为出于孔子),乃竟将学术思想之源流一齐打乱,真可谓失其常度。但既有此种论调出于大儒如朱氏者之笔下,康节之学,自又在俗儒眼中成为不可轻议者矣。至于二程之学与邵氏迥殊,朱熹亦非不知,但亦曲为之说。如谓:

> 程邵之学固不同,然二程所以推尊康节者至矣。②

其实学者若观上引各项资料,即可知朱熹之言与事实不符。朱熹所言,非二程之立场也。

以下即述康节学说之大要。

二、康节学说之要旨

朱震谓希夷《先天图》,经种穆及李之才而传于康节;明道作《墓志铭》亦如此说。康节之学盖即以此《先天图》为中心;至《观物篇》则虽涉及种种形上学、宇宙论甚至价值问题,实皆属零星论点,不成一系统。兹分项述之。

---

① 《朱文公文集》,卷三十八,《答袁机仲》。
② 参阅《宋元学案》,卷十,《百源学案》,附录。

(一)《先天图》

所谓《先天图》,即说明八卦及六十四重卦之组成次序者。但又可分广狭二义。狭义之《先天图》即指《先天八卦方位图》,以与《说卦》中之方位理论区分。广义之《先天图》则可包括"次序图""方位图""横图""圆图""方图"等。其实各图之组成原则皆同,乃极简单之奇偶组会而已。

朱熹作《易学启蒙》,即列有上举各图。冯友兰以为与《观物篇》之说不合,故取蔡沈之《经世衍易图》,以为得邵氏之意。① 其实此中差别只在一二名词问题,基本上,其组成方法则无异也。兹略作叙述。

首先,卦及重卦之组成,自以奇偶两符号为原始符号,即"—"及"--"两者。今试以奇偶号分别配之,则由两符号可得四组合;再依此程序配之,可得八种组合。倘依先奇后偶之次序排列,则其组合次序如下:

八卦次序图(一)

☷	☶	☵	☴	☳	☲	☱	☰
--		--		--		--	
--				—			

朱熹即以最初一层之奇偶为"阳"与"阴"。第二层之"⚌"为"太阳","⚍"为"少阴","⚎"为"少阳","⚏"为"太阴"。"阳"与"阴"即为"两仪","太阳"等四种组合即为"四象"。由此再以奇偶号分配,遂得

---

① 冯友兰《中国哲学史》,第二编,第十一章。

第三层之八种组合,即"八卦"也。

依此程序,则八卦之次序为"乾一,兑二,离三,震四,巽五,坎六,艮七,坤八"。此即所谓"先天之卦序",与《说卦》中之"乾、坎、艮、震、巽、离、坤、兑"之次序不同。

邵氏《观物内篇》所论,其组成次序实亦无异,但多"动静"及"刚柔"二对词语;其言曰:

> 天生于动者也,地生于静者也。一动一静交,而天地之道尽之矣。动之始,则阳生焉;动之极,则阴生焉。一阴一阳交,而天之用尽之矣。静之始,则柔生焉;静之极,则刚生焉。一刚一柔交,而地之用尽之矣。动之大者,谓之太阳;动之小者,谓之少阳。静之大者,谓之太阴;静之小者,谓之少阴。
>
> 太阳为日,太阴为月,少阳为星,少阴为辰;日月星辰交,而天之体尽之矣。太柔为水,太刚为火,少柔为土,少刚为石;水火土石交,而地之体尽之矣。①

案"谓之少阴"下,应另有说明"太刚""太柔""少刚""少柔"四语。或传本有阙,但其意仍不难知。盖此段上文云:

> 天之大,阴阳尽之矣;地之大,刚柔尽之矣。②

总之是据《说卦》中"立天之道,曰阴与阳;立地之道,曰柔与刚"二语而来。再以"动静"一对观念笼罩之。于是,最基本之奇偶号,不名为"阴阳",而名为"动静"。第二层则分用阴阳刚柔四名,以表四种组合。第三层则生出"太阳""太阴""少阳""少阴""少刚""少柔""太刚""太柔"等八种组合,结果亦是"八卦"。图示如下:

---

① 《道藏·太玄部》,《皇极经世》十二卷,卷十一上,《观物内篇》。
② 《道藏·太玄部》,《皇极经世》十二卷,卷十一上,《观物内篇》。

八卦次序图(二)

☷	☶	☵	☴	☳	☲	☱	☰
（太柔）	（太刚）	（少柔）	（少刚）	（少阴）	（少阳）	（太阴）	（太阳）
⚏		⚎		⚍		⚌	
（柔）		（刚）		（阴）		（阳）	
⚋				⚊			
（静）				（动）			

此与朱熹之图相较，组成之原则全同，不同处只在有"动静"及"刚柔"之名，而八卦本身遂称为"太阳……"等等，非如朱图以"太阳"等词称第二层之组合矣。

上图第三层如从中切断，又将两半各折成一半圆；而依"太""少"之序再联成一圆，即成所谓"先天八卦方位图"。

八卦方位图

八卦既组成，即可再依同样原则，续配奇偶，以得六十四重卦。《观物外篇》云：

> 太极既分，两仪立矣。阳下交于阴，阴上交于阳，四象生矣。阳交于阴，阴交于阳，而生天之四象；刚交于柔，柔交于刚，而成地之四象；于是，八卦成矣。八卦相错，然后万物生焉。是故一分为二，二分为四，四分为八，八分为十六，十六分为三十二，三十二分为六十四。故曰：分阴分阳，迭用柔刚，易六位而成章也。①

此处邵氏引《说卦》之语，以释六十四重卦之组成。但其用字颇欠严整，譬如说"四象"时又不列"刚柔"，只说阴阳之上下交，而其下又分别以"阴阳"说"天之四象"，"刚柔"说"地之四象"；殊嫌紊乱，但其意易明。总之，以奇偶分配，遂自"一分为二"而推至"三十二分为六十四"，遂列出六十四重卦矣。如此作成之图，乃为六十四重卦之"横图"。

倘将六十四重卦之横图，从中切开，各作半圆；依一顺一逆之方式联成一圆，即得所谓"六十四卦方位图"或"圆图"。倘将横图，依乾一、兑二……之次序，每八重卦作为一层而自下至上重叠之，即得"方图"。学者但有"横图"，即不难作出"圆图"及"方图"，本书不一一作出。

邵氏认为"圆图"即表寒温盛衰之循环；朱熹则以为圆图象天，方图象地。其实此所谓先天诸图，不过依据极简单之符号排列法作成。此种符号组合，本身只有形式意义；若欲使此种组合之图有"实际指涉"(real reference)，则须另加一套论证。邵氏自己并未提出此类论证，则《先天图》不过可作为说《易》之一道，本身不成为一哲学理论。

即就解《易》而言，其所谓"一分为二……"之程序，乃由"二"推至六十四，即明道所谓"加一倍法"，亦似与《易经》重卦之作法不同。盖《易经》先定八卦，再以八卦互重而得六十四重卦；由一、二至四、八，

---

① 《道藏·太玄部》，《皇极经世》十二卷，卷十二，《观物外篇》。

可用"加一倍法",但由八至六十四,则是八与八交乘而成;换言之,八卦既立,即以卦作单位而得六十四重卦;非再用"加一倍法",历四爻组合、五爻组合以得六爻组合。此点即在《易·系辞》及《说卦》中,亦甚明白;《系辞》谓:

> 八卦成列,象在其中矣。因而重之,爻在其中矣。①

所谓"因而重之",即言以八卦交乘(即互重);可知是以"卦"为单位,非以"爻"为单位。《说卦》所谓之"卦"则指"重卦",故云:

> 兼三才而两之,故易六画而成卦。②

《序卦》所谓之"卦",亦是指"重卦",盖二文晚出,已从后世之习惯。由此观点看,则乾、坎等,皆只能视为组成"六画之卦"之成素,只有"六画之卦"方成一单位矣。

就数字符号之组合看,邵氏之说较为简整,但亦无甚深奥处。朱熹盛夸之,使人难解。③

《先天图》之说不过如此。以下再观邵氏其他理论。

(二)《先天图》之展开及运用

邵氏既主《先天图》以说明六十四重卦之成立及次序,又由此作《卦气图》,以各卦配一年之节气。但六十四重卦,总爻数为三百八十四,与一年日数不能合,故又取出"乾、坤、坎、离"四卦,置之于图中央,余六十重卦,正得三百六十爻,合于一年之三百六十日。其次序则由复至剥,盖以冬至为岁首也。由是可推出一套占法。此图及占法均与哲学思想无干,故从略。

由先天圆图再展开,而应用于世界历程之说明,则有所谓"元会

---

① 《易·系辞下》。
② 《易·说卦》。
③ 参阅《朱文公文集》,卷三十八,答袁机仲各书。

运世"之说。《皇极经世》中有《经世挂一图》,又有《经世既济阳图》《经世既济阴图》等,皆属占卜之事。又有《声音图》,则涉及音律问题。皆无甚理论意义。其中较有理论意义之一点,即由元会运世之说所推出之世界观及史观。兹就此稍作说明。

三十年为一"世",十二世为一"运",三十运为一"会",十二会为一"元";其计算法不过以"十二"及"三十"交替相乘而已。倘就"年"往下推,则一年分十二月,一月分三十日,一日分十二时,一时分为三十分,一分再分为十二秒[①],仍是十二与三十相乘也。

邵氏以一"元"作为天地(或世界)终始所需之时间,此即 $30 \times 12 \times 30 \times 12 = 129600$,故十二万九千六百年乃为世界由始至终之周期年数。一元分十二会,每会以一卦当之,共取十二辟卦,即各表一会。因以《复卦》起计,故其次序应为:

(1) 复　　(2) 临　　(3) 泰　　(4) 大壮　　(5) 夬　　(6) 乾
(7) 姤　　(8) 遁　　(9) 否　　(10) 观　　(11) 剥　　(12) 坤

邵氏以第一会为"开天"之时,第二会为"辟地"之时,第三会为"生人"之时。所谓"天开于子,地辟于丑,人生于寅"是也。因"会"以地支计之,故第一会为"子",其下顺列,至第十二会为"亥"。至第六会,即"巳"会,《乾卦》用事,乃世界最盛时期。邵氏以之当上古文明之世,而以唐尧之时代为此会之第三十运中第九世。其后即入第七会,乃《姤卦》用事矣。因一会长达一万零八百年,故依邵氏之说,公元 20 世纪自仍在此第七会中。最后至十一会,一切衰落(《剥卦》用事);至第十二会,则天地亦坏,一元已终,乃《坤卦》用事时也。

一元既终,另一元又复始,如此生灭相继,是邵氏之"世界观"。

[①] 此与现代语所谓"分""秒"不同。

此说虽与经验知识不合(以经验知识言,此一当前之世界断不止有十二万九千六百年之历史),仍不算十分惊人之论,盖说天地万物,有成有坏,本是一常理。但落在"史观"上则不同。世界坏后再生,已非历史问题。就人类历史而论,只能在一世界中讲。依邵氏之论,则此世界乃一由盛而衰之世界,则人类历史除早期有"盛世"外,其后虽有起伏,总是愈来愈坏。此可谓极度悲观之"史观",与近世流行之"进步"观念恰相反矣。

以上但说大意。总之,邵氏由《先天》诸图所推出之各种理论,只可看作术数之事,若作为知识看,则处处难以成立;其史观乃一"命定论",亦与邵氏其他观念不符。以下论之。

(三)其他理论

在《观物内篇》中,邵氏谈及各种理论问题,兹取其较重要者略作叙述。

第一,邵氏以八卦配"日、月、星、辰、水、火、土、石";盖前四者属于"天",后四者属于"地",由此提出一以八卦为基础之宇宙论架构,与以"五行"解释万物者不同。其后,又再有种种配合,皆极为勉强(如以"《易》《书》《诗》《春秋》"配"少刚""少柔""太刚""太柔"),兹不具论。其说明"生物"之发生,则以"无生物"为先于"生物"者。康节云:

> 日为暑,月为寒,星为昼,辰为夜;暑寒昼夜交,而天之变尽之矣。水为雨,火为风,土为露,石为雷;雨风雷露交,而地之化尽之矣。暑变物之性,寒变物之情,昼变物之形,夜变物之体;性情形体交,而动植之感尽之矣。雨化物之走,风化物之飞,露化物之草,雷化物之木;走飞草木交而动植之应尽之矣。①

---

① 《道藏·太玄部》,《皇极经世》十二卷,卷十一上,《观物内篇》。

又云：

> 性情形体者，本乎天者也；走飞草木者，本乎地者也。本乎天者，分阴分阳之谓也。本乎地者，分柔分刚之谓也。①

如此，邵氏认为由天地之"变化"而生万物；动植物之"走、飞、草、木"四类，皆由"地"之化而生出，至"性情形体"则由"天"之变生出。此种说法，严格言之，多不可解；然大旨以为"生物"由"无生物"衍生而出，则甚显然，与周氏之以"五行"生出一切生物之说，大不同矣。

动植物既如此生出，则其变化之范围，应可由天地变化之范围决定。邵氏以数说之，于是有所谓"动植通数"。其言云：

> 日月星辰之变数一万七千二十四，谓之动数；水火土石之化数一万七千二十四，谓之植数；再倡和日月星辰水火土石之变化通数二万八千九百八十一万六千五百七十六，谓之动植通数。②

此即动植物之种种变化，不能超过此数也。而此数实即"17024"之平方数而已。

第二，邵氏如此论"万物"，但论"人"又稍有不同。曾谓：

> 人之所以灵于万物者，谓其目能收万物之色，耳能收万物之声，鼻能收万物之气，口能收万物之味。③

如此，邵氏所强调者乃人之认知能力。人本万物之一，但有认知能力，故与他物不同。其下云：

> 然则，人亦物也，圣亦人也。④

---

① 《道藏·太玄部》,《皇极经世》十二卷,卷十一上,《观物内篇》。
② 《道藏·太玄部》,《皇极经世》十二卷,卷十一上,《观物内篇》。
③ 《道藏·太玄部》,《皇极经世》十二卷,卷十一上,《观物内篇》。
④ 《道藏·太玄部》,《皇极经世》十二卷,卷十一上,《观物内篇》。

又云：

> ……是知人也者，物之至者也；圣也者，人之至者也。人之至者，谓其能以一心观万心，一身观万身，一世观万世者焉。①

此谓万物之中，以人为最高，而人之中以圣人为最高。人因有认知能力故高于万物，圣人又因能超越自身有限之存在，以观无穷之理，故高于他人。但康节对"道、理、性、命"等词语，又另有一解释。其言曰：

> 所以谓之理者，物之理也；所以谓之性者，天之性也；所以谓之命者，处理性者也；所以能处理性者，非道而何？是知道为天地之本，天地为万物之本。以天地观万物，则万物为物；以道观天地，则天地亦为万物。②

依此段看，康节所谓"理"乃指事物特殊之理，所谓"性"乃指共同之理；以"处理性"三字释"命"，其意不甚明显，当指"理"与"性"之间之关系而言；盖个别存有各有其理，而又与共同之理有一定关系，此一定关系即为"命"。最后方提出"道"字，谓"命"又依于"道"而成立。而"道"既为天地之本，则乃形上之实有，故不在天地中，且为"天地之本"。此处透露出康节在其宇宙论架构外，又另有一形上实有之观念。由此转至"人"则谓：

> 道之道尽于天矣，天之道尽于地矣，地之道尽于物矣，天地万物之道尽于人矣。人能知天地万物之道，所以尽于人者，然后能尽民也。③

---

① 《道藏·太玄部》，《皇极经世》十二卷，卷十一上，《观物内篇》。
② 《道藏·太玄部》，《皇极经世》十二卷，卷十一上，《观物内篇》。
③ 《道藏·太玄部》，《皇极经世》十二卷，卷十一上，《观物内篇》。

此处用语极欠严整,如谓天地万物及道自身皆各有其"道",则此"道"字又应即是"理"字;且天地分言其"道",亦嫌粗疏。但大旨则表现一"实现"观念,所谓"尽"即指"实现";"道"在"天"中实现,"天"在"地"中实现,"地"在"物"中实现,而"天地万物"又均在"人"中实现。"人"之所以有如此地位,仍由于其能"知"天地万物之"道"。康节之强调人之认知,可以无疑。

人之所以能"尽"天地万物之"道",即在于人能以心观理;在此遂说明"观物"一词之意义云:

> 夫所以谓之观物者,非以目观之也。非观之以目,而观之以心也;非观之以心,而观之以理也。……圣人之所以能一万物之情者,谓其能反观也。所以谓之反观者,不以我观物也。不以我观物者,以物观物之谓也。①

此谓人之智慧在于能就个别存在各观其理,而不以己身之有限存在自为局限。人有此种能力,故一心可以笼罩天地万物矣。此中关键只在于人不以自身为"物",故云:

> 不我物,则能物物。②

换言之,自我不使自身限于一经验存在之层面,即能超越形躯一层而显其认知主体之大用。此点在康节之《渔樵问答》中③,有更明确之表示:

> 渔者曰:以我徇物,则我亦物矣;以物徇我,则物亦我也。……由是明天地亦万物也,万物亦我也,我亦万物也。何物不我?何我

---

① 《道藏·太玄部》,《皇极经世》十二卷,卷十一下,《观物内篇》。
② 《道藏·太玄部》,《皇极经世》十二卷,卷十一上,《观物内篇》。
③ 《渔樵问答》或谓乃康节之子邵伯温所作。然纵使如此,其言当仍代表康节之思想。邵伯温并未有一独立理论,其著述皆发挥康节之说而已。

不物?如是则可以宰天地,可以司鬼神,而况于人乎?况于物乎?①

案此方是邵氏学说中最有理论意义之论点。盖邵氏之"世界观"原断定世界之演变全属"命定",则其自身治学之意义何在,必须有一交代。今谓人之可贵在于能观天地万物之理,而此一能力即是认知主体之主宰性。人倘不能显现此种主宰性,则是"以我徇物",盖自身失其"主体性",即同于"一对象"(物)矣。反之,显现此主体性,则能统摄一切对象,如此之"我",即可宰天地、司鬼神,而超越于万物之上,转而支配万物。明道曾谓:

> 尧夫之学,先从理上推意,言象数,言天下之理须出于四者。推到理处,曰:我得此大者,则万物由我,无有不定,然未必有术……②

此中"万物由我"一语,虽非康节之言,当是康节与明道讲论时所留印象,与上引文中之"宰天地、司鬼神"正相应。大抵此方是邵氏之重要哲学观点,然其学说对此论点无正面支持作用。康节虽曾言"心为太极"③,又云"先天之学,心也"④,但总嫌未对"心性"有明确理论,则此种强调主体性之论点虽可注意,仍只能视为零星见解;盖邵氏并非精思之学人,其出语每不足以严格表现其思想。吾人虽知邵氏确有此论点,不能谓其另有一套完整之主体理论也。

三、结语

最后,可用以下数语,结束对邵氏学说之讨论。

案邵氏立说,本非以儒学典籍为据,其解《易》亦是通过图书传统

---

① 《宋元学案》,卷九,《渔樵问答》,节录。
② 《河南程氏遗书》,卷二上。
③ 《道藏·太玄部》,《皇极经世》十二卷,卷十二,《观物外篇》。
④ 《道藏·太玄部》,《皇极经世》十二卷,卷十二,《观物外篇》。

而自作推绎。故就《先天图》及《皇极经世》中之种种理论看，邵氏所致力者乃象数及术数而已。又因邵氏颇受道教及道家之影响，故论圣人境界时极近道家，而其宇宙论又充满道教气息。朱熹极尊邵氏之学，而以为出自孔子；此由于误认《易·系辞》为孔子作之故，今日已不待辩矣。至于图书解《易》，例以《河图》《洛书》及《系辞》为据。实则《河图》《洛书》之内容乃简单数字排列，其来源则出自战国至秦汉间之纬书。俞琰谓《尚书·顾命》所言"河图"与"天球"并列于东序，则可知"河图"只是一玉器，"洛书"则洛水之白石而已。① 此说虽尚须补充，但大意近之矣。所谓"五十五"或"四十五"之数，原不出于儒家典籍，盖本是阴阳五行说侵入《易经》研究后之产物，非孔孟所知也。朱熹答袁枢之问，以《顾命》及《论语》为证，则俞说足以驳之。至刘牧以下，众说不同，更无论矣。知《河图》及《洛书》不应为解《易》之依据，则可知康节之学绝非儒学。但因朱熹倡之，世人从之，故本书略予析论，以交代此一公案。其说固与"新儒学"无一定关系也。

第三节
张　　载

一、生平及著作

《宋史·道学列传》云：

张载，字子厚，长安人。少喜谈兵，至欲结交取洮西之地。年二十一，以书谒范仲淹，一见知其远器，乃警之曰：儒者自有名教可乐，何事于兵？因劝读《中庸》。载读其书，犹以为未足，又访诸释老，累

---

① 俞琰《俞氏易集说·系辞传上》。

年,究极其说,知无所得,反而求之六经。

尝坐虎皮,讲《易》京师,听从者甚众。一夕,二程至,与论《易》;次日语人曰:比见二程,深明《易》道,吾所弗及,汝辈可师之;撤坐辍讲。与二程语道学之要,涣然自信,曰:吾道自足,何事旁求,于是尽弃异学,淳如也……

敝衣蔬食,与诸生讲学;每告以知礼成性变化气质之道,学必如圣人而后已;以为知人而不知天,求为贤人而不求为圣人,此秦汉以来学者大蔽也;故其学尊礼贵德,乐天安命,以《易》为宗,以《中庸》为体,以孔孟为法。黜怪妄,辨鬼神……

……与有司议礼不合,复以疾归;中道疾甚,沐浴更衣而寝,旦而卒。

载学古力行,为关中士人宗师。世称为横渠先生。著书号《正蒙》,又作《西铭》……

……学者至今尊其书。①

案《宋史》此传大致据吕大临所作《行状》②,而疏略特甚。如记其病卒,而不著年月,是疏略之一;记张氏著作,只提《正蒙》及《西铭》,于张氏之《理窟》《易说》及《文集》等,均不及一字,是疏略之二也。兹案吕大临《行状》云:

熙宁二年冬,被召入对,除崇文院校书;明年,移疾。十年春,复召还馆……是年冬,谒告西归;十有二月乙亥,行次临潼,卒于馆舍,享年五十有八。③

据此则张氏卒于神宗熙宁十年(丁巳),即公元1077年,逆推其生年

---

① 《宋史》,卷四百二十七,《道学列传一》。
② 《张子全书》,卷十五。
③ 《张子全书》,卷十五,《行状》。

应在真宗天禧四年，则张氏之生卒年代应为公元1020—1078年。因农历十二月则太阳历已入第二年矣。

至张氏之著作，虽以《正蒙》与两《铭》为最重要，然《理窟》及《易说》亦颇多重要论点。此外，《文集》及《语录》亦应为述其学者所留意，盖张氏讲学多年，门人甚众，自有《语录》可用，与周濂溪不同。

张氏虽曾从政，生平讲学时较多，盖已有自立门户之意味；此亦与周氏之情况有异。

至于二程与张氏之关系，则二程为张氏之表侄；然在学术方面，则张氏自谓不及二程，反常向二程请益。上述传文中所记张氏见二程即不讲《易经》，亦其一证也。

以下即略述张氏之学说。

二、横渠学说之要旨

案《序录》云：

> 横渠先生勇于造道，其门户虽微有殊于伊洛，而大本则一也。①

全祖望此语，固可见全氏亦知张程之学有殊，然谓"大本则一"，则分寸欠明。盖就排除佛道而坚守儒学之基本立场言，张与二程固无大异，然若就理论内部言，则张氏之系统仍是形上学与宇宙论混合之系统，而非二程之纯粹形上学系统。故就本书之分类标准言，张氏与周氏应划归同一阶段，而代表宋明儒学之"初期理论"；另一面，二程之说则代表"中期"理论；盖是否能摆脱宇宙论，是初中期之划分标准，而是否能透显主体性，则为中期与后期之划分标准。横渠之学，仍以"天"为主要观念，与二程立说以"性即理"为中心，自有殊异也。

---

① 《宋元学案》，卷首，《宋元儒学案序录》。

兹先论《西铭》要旨,再述《正蒙》之理论,然后以其他资料补充之,以展示张氏之学。

(一)《西铭》大旨

所谓《西铭》,原与《东铭》相对而言。横渠讲学,尝于学堂双牖各书格言,东面为"砭愚",西面为"订顽";伊川改之为《东铭》及《西铭》。《东铭》重在讲实践工夫,论"戏言""戏动"及"过言""过动"等。[①] 然自二程以来,均重视《西铭》,盖《西铭》论万物一体及理一分殊之义,理论成分较高也。《西铭》先论天地万物与人同为一体,云:

> 乾称父,坤称母;予兹藐焉,乃混然中处。天地之塞吾其体,天地之帅吾其性。民吾同胞,物吾与也。[②]

此以"天地"为万物之本,"人"被视为天地所生,故以"乾坤"称"父母"。"称"应作去声读,即俗语所谓"相称"之"称",意谓"乾"相当于"父","坤"相当于"母";盖仍是天地或阴阳生万物之意也。如此,人以天地之"资料"为体,而以天地之"活动方向"为性;"塞"即"充塞"之意,指质料言;"帅"指活动之方向言。故前一句,朱熹即以"天地之气"释之(其实张氏之"气"观念与此大异,见后文释《正蒙》各节),后一句即《中庸》所谓"天命之谓性"是也。

人既皆由"天地"而生出,且万物亦然,故以天地比父母,则一切人皆如同胞,而万物虽与人不同,仍同以天地为本,故视为侪侣;此是"民吾同胞,物吾与也"二句之意。

案张氏此数语,原只表示一种态度,谓"作如是观"而已;并未提出任何理据,故尚不能算一完整理论。但此种态度可作为一套人生主张之根据;且其背后所假定之理据,即直通《中庸》之"尽性"观念,

---

① 《东铭》亦载于《宋元学案》,卷十七。学者可参阅。
② 《张子全书》,卷之一,《西铭》。

故在宋儒著作中自有其重要性。

《西铭》以下数段,仍不外发挥此义。人既以天地万物与己身视为一体,则即可超越个别形躯之私意,而解消人我之争及人物之争;不计得失,不忧生死,故《西铭》最后谓:

> 富贵福泽,将厚吾之生也;贫贱忧戚,庸玉女于成也。①

又云:

> 存,吾顺事;没,吾宁也。②

盖视天地为父母,一切得失,归于天命,唯以尽己之分为人生大事,即《西铭》所持之人生态度也。

案《西铭》所代表之观点,因其文甚简,其语不备,故后学颇有疑之者。如杨时《上伊川书》即谓:"《西铭》之书,其几于过乎。"③其所谓"过",即谓张氏此作过分强调一体,而对于理分之殊别未能详说,使人误解其意,即与墨子兼爱无差别矣。伊川覆函,则极言"《西铭》明理一而分殊,墨氏则二本而无分"④。且谓:"横渠立言,诚有过者,乃在《正蒙》。"⑤盖伊川不满横渠者在其混合形上学与宇宙论之系统,而对《西铭》所代表之人生态度,则完全赞同。杨时第二书则虽接受伊川之说,仍谓《西铭》于"理一分殊"之义未能明说,所谓"其辞无亲亲之杀"是也。⑥今观《西铭》原文,则确有此病;盖横渠立言一向粗疏,此铭强调万物一体,遂不及交代"分殊"一面;伊川虽能为张氏辩,不能为此铭辩。张氏之人生态度,应如伊川所说,并非不重"分殊"者,

---

① 《张子全书》,卷之一,《西铭》。
② 《张子全书》,卷之一,《西铭》。
③ 《张子全书》,卷之一,录《杨氏上程子书》。
④ 《二程文集》,卷九,伊川《答杨时问西铭书》。
⑤ 《二程文集》,卷九,伊川《答杨时问西铭书》。
⑥ 见杨氏上程子第二书。

然此铭未论"分殊"之义,则是事实。朱熹乾道壬辰所作跋语,引杨时《语录》以证杨氏晚年不以《西铭》为非;其实,《语录》所说,仍是伊川之说。总之,就"理"言,《西铭》之"万物一体"观念必须配以"分殊"观念,张氏实际主张亦如此;然若就一铭之文而言,则此铭毕竟未详论"两面"也。

依此,学者可知《西铭》得失所在。

至《西铭》背后之理论,自仍属于《易传》及《中庸》之观念。《西铭》虽亦是《正蒙》之一部分,但张氏在《正蒙》中所构造之系统,又另有特色。此系统与二程之学固不同,即与濂溪学说相较,亦颇有异。下节述之。

(二)《正蒙》之理论及其他

横渠为学旨趣,盖本以建立形上学理论为主,但对形上学与宇宙论之理论界限,把握不定,故其学说结果仍是一混合系统。如其所用"气"观念,即嫌分寸不明,为程门所讥议。但其旨趣所在则无可疑。横渠以"知人而不知天",为"秦汉以来学者之大病";其所谓"天",即指形上学之理论而言。横渠盖以为形上学乃先秦儒学之中心,案之史实,则适相反。孔孟之学乃"心性论",非"形上学",而儒学中最早之形上学理论,见于《易传》及《中庸》,皆非孔孟之言,又系晚出之说。横渠殊未深考,乃据《易传》《中庸》以立说,反自以为归于先秦儒学,实为大病;然此固宋儒言道统者之通病,不独横渠一人为然也。

故就历史标准说,《正蒙》一书所包含之思想,与孔孟之心性之学相去甚远,不得视为孔孟道传所在。但就理论标准讲,则横渠之形上学观念,能摆脱道家之影响,则在儒学重建之过程中,自有其价值。以下分论书中要旨,以展示其主要论点,并以其他资料补充之。

1. 太和、太虚、气

《正蒙》首篇即以"太和"为名,而论"太虚"与"气",由此衍生其他观念。故此三观念应为横渠系统中之原始观念。《正蒙》云：

> 太和所谓道，中涵浮沉升降、动静相感之性，是生絪缊相荡、胜负屈伸之始。①

又云：

> 不如野马絪缊，不足谓之太和。语道者知此，谓之知道，学易者见此，谓之见易。②

此处明标"易"字，可知张氏之学所宗在《易》。而所谓"太和"，是指万有之生成变化之总体而言。但"和"字本非名词（或实字），则所谓"太和"本身不能相当于"本体"，只能作为"本体"之描述语，于是另有"太虚"与"气"之观念。

横渠盖以"太虚"与"气"二词为最高实有之两义，而非在"气"外另立一"太虚"。故云：

> 太虚无形，气之本体；其聚其散，变化之客形尔。至静无感，性之渊源；有识有知，物交之客感尔。③

此段乃论及"本体"与"现象"，所谓"客"皆指表象而言④。"太虚无形"与"至静无感"相对而说；"本体"即"气"，本身无形，但由聚散而变化为万物，遂呈现为有形此是"客形"。"本体"即"性"之根源，本身无感，但在现象交互关系中，遂呈现为有识有知——此是"客感"。此意朱熹不以为然，朱云：

---

① 《正蒙·太和篇》。
② 《正蒙·太和篇》。
③ 《正蒙·太和篇》。
④ 案张氏用"客"字，在他处意义或稍不同，在本章则皆指"表象"（appearance）。

> 客感客形,与无感无形,未免分截作两段事。①

其实横渠此论,未为无理。盖欲区别"实有"与"表象",则不能不对"表象"另有界说。且现象界中之种种表象关系,常可为一平面之交互条件之决定,未必与"本体"有关;分作两段,固有理论上之必要。譬如,万物在视觉经验中所以呈现为如此如此之颜色,盖由视觉器官组织与对象间之交互关系决定;皆是"客",而不应从"本体"解释。此点张氏所见似尚较朱氏精密也。

张氏如此论"太虚"与"气",则"气"既为万物之根源,又为有形上意味之实有。故万物由"气"而生,复归于"气";万物无常,而"气"则常存,故云:

> 太虚不能无气,气不能不聚而为万物,万物不能不散而为太虚。循是出入,是皆不得已而然也。②

此即张氏对世界之描写,万物悉由"气"之"聚"而成,由"气"之"散"而灭。"气"虽以"无形"故可称为"太虚",然本身不能归于"无",因此,"气"不能由"无"或"虚"生出,"虚"字只描述"气"本身之"无形"而已。于此见张子立说不取道家"有生于无"之论。张氏曾谓:

> 若谓虚能生气,则虚无穷,气有限,体用殊绝;入老氏"有生于无"自然之论,不识所谓有无混一之常。若谓万象为太虚中所见之物,则物与虚不相资,形自形,性自性,形性天人,不相待而有;陷于浮屠以山河大地为见病之说。③

此兼佛老而言,但从哲学史角度看,则宋代儒者立说不同于佛教,不

---

① 《太和篇》所附朱熹语。
② 《正蒙·太和篇》。
③ 《正蒙·太和篇》。

足为奇;因反佛教原是儒家之一贯立场,能摆脱道家影响,则大可注意;盖《易传》思想,已多少接受古中国南方之形上学观念。宋儒本《易传》以立说,而能自觉到"有生于无"之论为不可接受者,则应以横渠为最早。

横渠既以"气"之聚散释万物之生灭变化,则对象界之一切呈现,皆以"气"之聚说之,而"气"之散则只表示具体对象之灭,而非归于一"无",故谓:"方其聚也,安得不谓之客;方其散也,安得遽谓之无。"①依张氏之说,无所谓究竟意义之"无";通常所谓"无"者,只能用于现象之描述。

但横渠之"太虚",虽与道家之"无"不同,本身意义则欠明确。所谓"虚"当指"无形"之阶段,但张氏又谓"太虚为清",如此则所谓"太虚"者又似乎不包含"实"与"浊"等,如此则何能是万有之总根源?故程朱对此点均有异议。② 不过此问题尚只是语言层面之问题。张氏所用之语言欠妥,推其意则不难知。盖张氏以为"浊"与"实"皆属"有形"或有限制后之事,故以为万有之源本身乃无限制、无形、虚而清者。此种说法虽有理论上之困难(即前章总说中所提出之"未定项"问题),但此种困难乃谈"天道观"者所共有之困难,不唯濂溪理论中有之,朱熹日后综合"天道观"与"本性论"所成之系统中亦不能解决此一困难也。

张氏既以"太虚"与"气"作为原始观念,进一步遂由此推出"天""道""性""心"等观念,而云:

> 由太虚有天之名,由气化有道之名,合虚与气有性之名,合性与

---

① 《正蒙·太和篇》。
② 《太和篇》所附程朱语。

> 知觉有心之名。①

此四语若单独看,本不难解;盖以无形之本体为"天",以本体之运行为"道",以特殊之存有出现之理为"性",又以万有中之能知觉者为"心",似皆甚明白。但若就张氏自己之用语方式看,则"合虚与气"一语,便不可通;因张氏之"气"与"太虚"原不可分,何能言"合"乎?朱熹解此段,则以"理"配"太虚",以"气"配朱氏自己系统中所说之"气",故谓:"合虚与气,有性之名;有这气,道理便随在里面;无此气,则道理无安顿处。"②其实若依朱氏对"气"字之用法看,则"理"与"气"合而成万物,自可以由此言物之"性"或物之"理";但即非张氏所谓之"气",因朱氏之"气"纯就"形而下"而言,非张氏言"气"之本意也。

总之,此四观念之解释,与张氏自身之"气"观念颇有乖忤之处。

然张氏又另用"游气"一词,其言云:

> 游气纷扰,合而成质者,生人物之万殊;其阴阳两端,循环不已者,立天地之大义。③

如此,又是以"游气"说明特殊存在之出现。而"游气"一词并未界定其确义。朱熹解以"气之发散生物底气",又谓"游亦流行之意","纷扰"者"参错不齐"云,④皆是以譬喻交代,实则张氏本文不明确。推其意实类于濂溪所谓"二气交感,化生万物"之类。故朱熹亦说:"阴阳即气也。岂阴阳之外,复有游气耶?"⑤盖虽曲为之解,终亦不能不觉张氏用语甚乱也。

---

① 《正蒙·太和篇》。
② 《太和篇》所附朱熹语。
③ 《正蒙·太和篇》。
④ 《太和篇》所附朱熹语。
⑤ 《太和篇》所附朱熹语。

2. 神与化

横渠又另有"神"与"化"二观念。其言云：

> 一物两体，气也。一故神，两故化。此天之所以参也。①

此所谓"一物两体"，当仍是太极与两仪之意；张氏原以"太虚"为"气"之"体"②，故此段所论者虽是阴阳之理，又强调阴阳仍是"一物"，而加以"气也"二字。朱熹解此段，只发挥"一故神，两故化"二语，而对前面六字则避而不谈，盖其用语在朱子眼中大有病在也。所谓"一故神"，自注云"两在故不测"，盖指一理之运行可有正反两方向而言；"两故化"则自注云"推行于一"，盖指虽有两方向，仍是一理也。至于"天之所以参"，则指"一太极"与"两仪"而言。③ 此段以前，云：

> 地所以两，分刚柔男女而效之法也。天所以参，一太极两仪而象之性也。④

其意固甚明白。但未讨论此处之象数问题，而只提出"神"与"化"二观念。同书另有《神化篇》，再作进一步之解释。其言云：

> 神，天德；化，天道。德，其体；道，其用。一于气而已。⑤

"神"与"化"明指"天"之体用而言，但又说"一于气"，可知张氏之"气"之用法，确与朱熹大异。又谓：

> 气有阴阳，推行有渐为化，合一不测为神。⑥

---

① 《正蒙·参两篇》。
② 《正蒙·太和篇》。
③ 此处俗本或有断句错误者，以"一太极"属上，非是。
④ 《正蒙·参两篇》。
⑤ 《正蒙·神化篇》。
⑥ 《正蒙·神化篇》。

案张氏所谓之"神化",乃由《系辞》中"穷神知化,德之盛也"二语而来①,但以"气"之"推行有渐"及"合一不测"释之;此当与《易传》本文之意相去甚远,但其说表示一沟通形上学与价值论之观点,盖以"神化"为"天"之"道"与"德",而以能"穷神知化"为人之"合乎天德"也。故云:

> 天之化也,运诸气;人之化也,顺夫时。……《中庸》曰:至诚为能化。孟子曰:大而化之。皆以其德合阴阳,与天地同流,而无不通也。②

又云:

> 神化者,天之良能,非人能。故大而位天德,然后能穷神知化。③

其下又云:

> 无我而后大,大成性而后圣,圣位天德。④

总之,"神"与"化"二观念为天之体用,而"穷神知化"则是张氏所了解之圣人境界也。

此处有"大成性而后圣"一语,盖谓能以"大"("无我")为"性"则成圣。由此,吾人可转至张氏对于"性"观念之理论。

3. 性与心

张氏非持"本性论"者,其说仍偏重于"天道观",故其论"性"之说,皆附于《诚明篇》中,未有专章。然张氏对于"性"之理论,影响甚

---

① 《易·系辞下》。
② 《正蒙·神化篇》。
③ 《正蒙·神化篇》。
④ 《正蒙·神化篇》。

大,盖"性"观念之二分,始于张氏。张氏所谓之"性",乃指共同义之"性"言,故其言曰:

> 性者,万物之一源,非有我之得私也。①

此盖即指万物所同得于"天道"者,而非殊别义之事物本性。朱熹于此段注云:

> 所谓性者,人物之所同得;非惟己有是,人亦有是;非惟人有是,物亦有是。②

案朱熹论"性",有时确取"本性"(essence)之意义(见后文朱熹节),但此处顺张氏原文说,则"人物之所同得"确是张氏说"性"之意义;就此意义看,则"性"即"天道"在万物中之显现,故基本上如此意义之"性"与"天道"实为一事,故张子谓:

> 性与天道合一,存乎诚。③

案此段本论种种"合一",兹专就"性"与"天道"之合一讲,则物能实现其得自天之"性",即"性"与"天道"合一,故以"诚"说,"诚"即实现之意。此说自来自《中庸》。张氏据《中庸》论"明"与诚之旨而说"性",故即以"诚明"名篇也。

"性"之实现为"诚",而所以能"实现",则依恃"穷理"之活动,另一面,如能"尽性",亦必能"穷理",故张氏又云:

> 自明诚,由穷理而尽性也;自诚明,由尽性而穷理也。④

案一言"穷理"便涉及主体活动,故如此言"性"必涉及"心"问题。但

---

① 《正蒙·诚明篇》。
② 《诚明篇》所附朱熹语。
③ 《正蒙·诚明篇》。
④ 《正蒙·诚明篇》。

张氏对主体性观念体会不多,故未能一贯言之。但张氏自亦不能不面对此问题,故云:

> 心能尽性,人能弘道也;性不知检其心,非道弘人也。①

此处显触及一理论界限问题。盖"人能弘道,非道弘人"乃"心性论"之断定,背后有一主体性观念;而张子之"性"原即"天道"在万殊层面上之显现,而"天道"本身应有决定万有之力量,原与"心性论"之基本立场不同。今接受"人能弘道"二语,则在理论上必须肯定主宰力在"人"而不在"道",此即悖于"天道观"之立场,盖已越出界限,走入"心性论"矣。但张氏不知"天道观"与"心性论"之差别,故匆匆说过。

倘万物各秉"天道"而为其"性",而"性"之方向即价值之实现——如"尽性"观念所示者,则一方面有"义命"关系之问题,另一方面有"善恶"之可能问题。孔子取"心性论"立场,故持"义命分立"之观点;孟子以"莫之致而致""莫之为而为"释"天"与"命",大致亦同孔子本旨;今在"天道观"之原则下,则"天命""天道""性"等观念均成为有主宰地位者;于是,张氏不能不主张"义"与"命"有合一之关系而云:

> 义命合一,存乎理。②

所谓"存乎理"者,意谓在理上"义命"合一;其实,此"理"乃"天道观"所设定之"理",无必然性也。张氏所以只能在"理"处说"义命合一",盖亦知实际世界中难言"义命合一";盖若"义命"在"事实"意义上合一,则万物万象即皆不能不合乎"义"矣。此问题即通往"善恶"之可能如何解释之问题。

---

① 《正蒙·诚明篇》。
② 《正蒙·诚明篇》。

依"天道观"言,万有之基本趋向皆受"天道"之决定,故均向乎"善",其"恶"则以第二序观念解释之。如濂溪在"五性感动"处说,即是一例。此中有"未定项"问题不能解决,已如总说中所论;且又有生命界之内在冲突问题,亦见总说,不再赘述。现只顺张氏之理论说。张氏自亦知实际世界中充满"非义"及"不善"之事,但欲维持其"天道观",仍在第二序观念中求解释。于是有"气质之性"一观念提出。先云:

> 性于人无不善,系其善反不善反而已。①

此谓"性"作为"天道"之在人者,故"无不善"(因本以"天道"之方向为"善");但有"不善"者,则由于"不善反",所谓"不善反"指人不能省悟而归于其"性"而言。然则人何以会"善反"或"不善反"?严格言之,此处即显出"未定项问题",乃全局之真枢纽,然张氏不能正视此问题,故不能穷究"善反"或"不善反"处所涉及之能力问题,而只能找出一种条件以解释人之所以会"不善反",于是云:

> 形而后有气质之性。善反之,则天地之性存焉。故气质之性,君子有弗性者焉。②

此处张氏之语言照例粗疏,但其旨不难明;盖谓人既有形而成为一具体存在,则必有其具体化之条件,此种条件称为"气质"。而"气质"本身又有另一种"性",此即"气质之性"。人如能不受"气质之性"所限制而归于秉自"天道"之"性",则是"善反",于是即可在具体存在层面上显现"天地之性"。故"气质之性"只表示作为具体存在所有之殊别性,而不表得自"天"之共同性,故说"君子有弗性者焉"。如此,所谓

---

① 《正蒙・诚明篇》。
② 《正蒙・诚明篇》。

"气质之性",实与东汉魏晋以来所言之"才性"观念相当。换言之,人之"气质"与其形体之存在相连而成立,人因气质之不同,或易于实现"天道",或不易;故具体之人须从事"反"之工夫,以显现其"天地之性",越出"气质之性"之限制。故张氏又云:

> 天本参和不偏;养其气,反之本而不偏,则尽性而天矣。性未成,则善恶混。①

案此段原是释《易传》中"成之者,性也"一语②,故以"成"字与"性"字连说;其实,严格言之,"性"不应谓"成"或"未成"。《易传》本文,乃就"道"言;"成之者",乃指完成"道"而言,即是说,在完成"道"处见"性"之意义;此论点于理能否成立,是另一问题;在语法上,所谓"成之者,性也",不能是说"性"本身"成"或"未成",则无可争论(至《易传》中"成性存存"一语,则是另一语法)。张氏随意发挥,已违文义。至就张氏本人之理论用语说,"性"只能说"尽"或"不尽",亦不能说"成"或"未成";然张氏此处所说之"性未成",实即指气质之阻碍未能克服说,仍是"性未尽"之意而已。张氏用语立说之欠严格,以及改前人文义以发挥己说,于此可得一最佳实例。然此病又属宋儒之通病也。

"善恶混"三字,最应注意。就"性"而言,无不善矣,何故"性未成,则善恶混",自是有外来之"恶"参入;此外来之"恶"即来自"气质",而"气质"又是与"形"俱生者。于是宋儒理欲之说,已在张氏此说中定立矣。

再进一步论之,则"气质"何以能有"恶",仍无善解。盖万物皆由"天道"决定其生成变化,人之形体应不能例外,何故忽有违乎天道之成分出现?此则逼近"恶"之确切解释之问题。张氏于此,并未能提

---

① 《正蒙·诚明篇》。
② 《易·系辞上》。

供明确解答也。

横渠之"性"本指共同性或天道之在人在物者,但既有"气质之性"提出,于是"性"观念乃被二分。另一面以"心"为能"尽性"者,于是"心"观念应为工夫之枢纽;盖只有在"心"处,可安顿一"未定项"。故由"性"与"心"之理论,即可转至横渠论"学"及"知"之理论。

4. 学与知

横渠论"学",自指"成德之学"言;然偶亦有其他意义,其主旨终不外此。而就"成德之学"论,其总枢纽又须落在变化气质上,故谓:

> 如气质恶者,学即能移。……但学至于成性,则气无由胜。①

盖如上各节所论,张氏论善恶问题,只以心能够越过气质之限制而"尽性"(天地之性)为基本解释,则人之求"善"之一切努力,皆当以克服气质限制为主也。克服"气质之性",目的在于归至"天地之性",但依张子"心能尽性"而"性不能检其心"②之说看,此种活动毕竟只能是"心"之活动。由此,张氏遂在不知不觉中越过"天道观"与"心性论"之界限,故在论"学"及成德问题时,张氏之立场每每忽有接近"心性论"之倾向。此点学者大宜留意,盖此处透露出"心性论"之理论力量,亦相应于哲学上一大问题也。

成德之学,与只求事物知识或智力游戏不同,故张氏谓:

> 人不知学,其任智自以为人莫及;以理观之,其用智乃痴耳。棋酒书画,其术固均无益也。③

此即谓"学"非游戏,任智者作种种智力游戏,以为人所不及,实则如棋酒书画之事而已。至于"学"非求事物知识,则张氏所论尤多,主要

---

① 《张子全书》,卷之五,《理窟·气质篇》。
② 《正蒙·诚明篇》。
③ 《张子全书》,卷之六,《理窟·义理篇》。

说法乃将"知"分为"见闻之知"与"德性之知"。其言云:

> 世人之心,止于闻见之狭;圣人尽性,不以见闻梏其心。……见闻之知,乃物交而知,非德性所知。德性所知,不萌于见闻。①

意即谓德性之知不由经验知识生出。如此之成德之学,原在意志方向上落实,但此处又必有一自觉,故非自觉之心理倾向,或无理性基础之信仰,亦皆不是"学"。故云:

> 笃信不好学,不越为善人信士而已。②

案孔子谓"笃信""好学"乃平行言之,皆赞誉之词;今张氏如此讲法,却是抑低"笃信"以讲"好学"之重要。虽与孔子原语不同,正可见张氏自己所强调之论点。

依此,"成德之学"一非智力游戏之事,二非求经验知识,三非心理倾向或无理性基础之信仰,盖为"道德理性"之自觉也,故张氏乃不能不重自悟之义。张氏云:

> 学贵心悟,守旧无功。③

又云:

> 为学大益,在自能变化气质;不尔,卒无所发明,不得见圣人之奥。④

所谓"心悟",所谓"发明",皆就理性之觉醒朗照而言,故张氏平时固最强调读"经"之重要,谓:"然而得仲尼地位,亦少《诗》《礼》不得。"⑤

---

① 《正蒙·大心篇》。
② 《正蒙·中正篇》。
③ 《张子全书》,卷之六,《理窟·义理篇》。
④ 《张子全书》,卷之六,《理窟·义理篇》。
⑤ 《张子全书》,卷之六,《理窟·义理篇》。

但既以自悟为主,则知道德理性之显用,不唯不源自经验知识,亦不必依赖经籍。张子遂曰:

> 凡经义,不过取证明而已,故虽有不识字者,何害为善?①

观此语几与日后陆象山之说无大差别,似与张氏其他理论颇不能合。其实,扣紧此处之分寸言之,学者当知,张氏虽建立一混合形上学与宇宙论之理论系统,但在论及"成德"或"工夫"问题时,即不能不转向"心性论"一方接近;因离开某一意义之"主体性"观念,则"成德"所关之一套问题皆无从说起。此种理论关联,张氏可能未尝明显自觉到,但不自觉中已移动其理论立足点矣。由于在"成德"问题上不得不转向"心性论",故张氏虽原据《易传》《中庸》建立系统,而论及"圣人"则推《论语》《孟子》二书。其言云:

> 要见圣人,无如《论》《孟》为要。《论》《孟》二书,于学者大足。只是须涵泳。②

此与《正蒙》之专尊《易经》《易传》,适成对照。学者可据此以议横渠立言欠一贯性,然亦可由此着眼看出背后之哲学问题也。

以上皆就基本问题着眼,在枝节问题方面,张子之意见亦有应略为述及者。张子以为人之为学,不宜作为外在事业之手段,其言云:

> 既学而先有以功业为意者,于学便相害。既有意,必穿凿创意作起事也。③

此论学者应以"成德"本身为目的,功业则只能视为外在之表现;倘反以求外在功业为目的,而以"成德之学"作为手段,则必有害于学,所

---

① 《张子全书》,卷之六,《理窟·义理篇》。
② 《张子全书》,卷之六,《理窟·义理篇》。
③ 《张子全书》,卷之六,《理窟·学大原上》。

谓"德未成而先以功业为事"是也。① 张氏自不是反对功业,只是就"成德"说,则不能以"成德"作为功业之手段。进一步言之,即在讲论著作一面,亦只能以"求是"为主,不应一味求创新;理若是如此如此,则强求创新,则反将违理而不得其"是",故云:

> 有言经义须人人说得别,此不然。天下义理只容有一个是,无两个是。②

"别"即"不同"之意。讲解经义,目的在阐明一理,故理之真只有一;倘他人已说此理,自己亦不能强求"不同"而故意违真也。

至于成德之具体工夫,张氏所说不甚详备,只强调"公心"及"寡欲"。其言云:

> 心既虚,则公平;公平,则是非较然易见。当为不当为之事,自知。③

此即"公"能生"明"之意,但此处乃就"公心"能见德性之理范说,观其语结在"当为"与"不当为"处可知。又云:

> 人当平物我,合内外。如是以身鉴物,便偏见;以天理中鉴,则人与己皆见。犹持镜在此,但可见彼,于己莫能见也。以镜居中则尽照;只为天理常在,身与物均见,则自不私。己亦是一物;人常脱去己身,则自明。④

此进一步解释"公心"之重要。"公心"乃价值判断之基础。价值判断以定是非善恶,犹镜以鉴物;若镜本身偏于一方,则所鉴者即偏而不

---

① 《张子全书》,卷之六,《理窟·学大原上》。
② 《张子全书》,卷之六,《理窟·义理篇》。
③ 《张子全书》,卷之六,《理窟·学大原上》。
④ 《张子全书》,卷之七,《理窟·学大原下》。

全。价值判断如以私意行之,亦偏而不正。"公心"譬如镜之中悬,则可鉴其全。换言之,此即所谓"人己等视"之意,故强调"己亦是一物"也。

就"寡欲"一面说,张氏以为多欲则害于"学",故云:

> 仁之难成久矣。人人失其所好,盖人人有利欲之心,与学正相背驰,故学者要寡欲。①

案此即后世所谓"天理"与"人欲"之问题。"公心"能见"天理"及实现"天理"于行为中,"利欲之心"则与此相背。故此两观念实是同一问题之两端而已。

总之,张氏论"学",以道德理性之觉醒及实践工夫为主,基本上是一意志方向问题,故谓:

> 学者不论天资美恶,亦不专在勤苦,但观其趣向着心处如何。②

"其趣向着心处"之判断标准,即在能否"寡欲",能否立"公心"也。

最后,张氏强调之"公心",自即是程门所说"仁即公"之义。但就如何达成公心或仁德讲,张氏之说虽不备,然实与程门不同;盖张氏喜言"虚"与"静",仍受周濂溪之影响,不似伊川能专就"格物穷理""用敬""致知"等义言工夫也。张氏云:

> 虚则生仁。③

又云:

> 天地以虚为德。至善者,虚也。④

---

① 《张子全书》,卷之六,《理窟·义理篇》。
② 《张子全书》,卷之七,《理窟·学大原下》。
③ 《张子全书》,卷十二,《语录》。
④ 《张子全书》,卷十二,《语录》。

此与上文所引"心既虚,则公平"参看,可知张氏以为人应求心之"虚"以达成仁德。

另一面又强调"静"。其言云:

> 始学者,亦要静以入德;至成德,亦只是静。①

语录中亦以"静"为"善之本"。② 若就字面看,则直似老氏之言;然张氏所谓"虚"自与其"太虚"观念有关,所谓"静"则与濂溪有关。总之,若从伊川之理论看,则横渠立言之过,恐不独在《正蒙》,而实在其论工夫过程之浮而不实也。

最后,当略说横渠在世界观及文化观方面之见解及立场,以结束对张氏学说之论述。

5. 世界观与文化观

论及张氏之"世界观"及"文化观",即涉及最基本之儒学价值论问题,换言之,儒学所坚持之"肯定世界之态度",即须在此处显现。如前所述,张氏之学说,成分颇杂。基本上所建立之系统,乃承《易传》及《中庸》之形上学理论,而在讲德性及成德之工夫时,又有时倾向于"心性论";此外,又有许多"宇宙论"成分。但落在"肯定世界"一问题上,则张氏之态度甚为明朗。

先就"世界观"论之。

欲说明张氏"世界观"之特色,当先回到"神化"一对观念。张氏谓"一故神,两故化",前已述及。此处须说明者,是此一对观念在张氏理论中之作用,乃在于消融一切"对立"。盖"一"与"两"原即指"统一"与"对立"而言,而张氏言"一故神",即以"两在故不测"释之;言"两故化"时,即以"推行于一"释之;于是"一"与"两"互不相离,相倚

---

① 《张子全书》,卷之七,《理窟·学大原下》。
② 《张子全书》,卷十二,《语录》。

而立;由此再推,则一切"对立者"皆可通为"一"矣。故张氏云:

> 有无虚实通为一物者,性也。不能为,非尽性也。……然则,有无皆性也。①

此即显然说一切对立或对分,皆在究竟意义上通而为"一"。此一观点落在"存有问题"上,即所谓:

> 知太虚即气,则无无。……诸子浅妄,有有无之分,非穷理之学者。②

若落在"世界观"上,则"生死""有无"等,皆视为一体之两面;此种统一性即见万有之一本,而万象纷殊,亦皆归为一本。于是,世界万象之生成变灭,皆为理之必然。故谓"天所自不能已者,谓命"③,即是说世界过程为理之必然。此观点自仍以《易经》为根据,但与《易传》中所谓"生生之谓易"④或"天地之大德曰生"⑤,又有不同。盖言"生"者,皆是以"生"为"天道"之内容;而在张氏,则生死亦通为一,可说生与死皆"天道"也。

自魏王弼以道家形上学观念谈易理,后世说《易》总不免受老子之影响。横渠独倡"无无"之说,针对老子"有生于无"之论,是其一大特色。落在世界观上,即成为万物出于"气"与"太虚",又归于"气"与"太虚"之世界图像,又以"不得已而然"⑥说之。于是,张氏之"肯定世界"之论点,乃成为一依"必然义"而作之肯定;盖不是说"应有此世界",而只说"必然有此世界"也。此种世界之肯定虽与孔孟学说之方

---

① 《正蒙·乾称篇》。
② 《正蒙·太和篇》。
③ 《正蒙·诚明篇》。
④ 《易·系辞上》。
⑤ 《易·系辞下》。
⑥ 参阅《太和篇》中"太虚不能无气……"一段。

向有殊(依孔孟学说以肯定世界,当取"应然义"),然张氏自己之立场,则甚显明也。

其次,由于有如此之"对世界之肯定",故张氏认为此世界中之文化亦是必有者,此从张氏抨击佛教之语可以看出端倪。张氏云:

> ……其语到实际,则以人生为幻妄,有为为疣赘,以世界为荫浊,遂厌而不有,遗而弗存。就使得之,乃诚而恶明者也。儒者则因明致诚,因诚致明,故天人合一。致学而可以成圣,得天而未始遗人。①

此段涉及佛教处,未必精确,但大旨不差。盖佛教以"舍离"为精神方向,所谓"度"(波罗蜜多),所谓"彼岸"皆是不可争之义。张氏谓其"以世界为荫浊……"云云,即指此"舍离世界"之精神。持"舍离"之精神方向,即不能肯定文化之意义,必视文化活动为幻妄之虚象,故张氏以为是只知"诚"而不知"明"。张氏所谓"明",即指"人道"而言,与"诚"之为"天道"相对照。张氏谓儒者"得天而不遗人",即指能肯定世界及文化讲。另一面,佛教既不肯定世界,自亦不能肯定文化;在张氏眼中,此种"舍离"乃由于不知"道"之全体而来;盖依张氏理论,世界由必然之理而生,文化亦由必然之理而生,"天道"与"人道"皆属必然,故不能肯定"人道"(文化),即是见道不明也。

张氏对佛教之影响,亦深表疾恶。其言云:

> 自其说炽传中国,儒者未容窥圣学门墙,已为引取。沦胥其间,指为大道。其俗达之天下,致善恶智愚,男女臧获,人人著信。使英才间气,生则溺耳目恬习之事,长则师世儒宗尚之言;遂冥然被驱,因谓圣人可不修而至,大道可不学而知;故未识圣人心,已谓不必求

---
① 《正蒙·乾称篇》。

> 其迹；未见君子志，已谓不必事其文。此人伦所以不察，庶物所以不明，治所以忽，德所以乱。①

此即谓佛教之影响成为风气，遂使文化衰落。其述及佛教诸语，颇似费解，但学者如知北宋时一般人所了解之佛教，大抵皆指禅宗，则即不难知张氏何以如此说法矣。

张氏于道教之人生态度亦常有抨击，如云：

> 彼语寂灭者，往而不反；徇生执有者，物而不化。二者虽有间矣，以言乎失道，则均焉。②

案此亦只指道教之求长生而言。张氏未深辨"道家"与"道教"之异，亦犹以"禅宗"代表佛教也。

至此，可结束对横渠学说之叙述。

三、余语

在析述横渠学说之大旨后，尚有应加补充者如下：

第一，横渠虽亦宗《易传》以立说，但对图书一派说法，并不重视；故其《易说》，亦与希夷、濂溪一支无关。语及象数之处，横渠《易说》甚为粗疏。以与其思想无大关系，故本书不备论。

第二，横渠于训诂考证之事，全未用心；故不仅对《易经》之形成时代全无所知，其解经亦常有错误。观其《语录》可知。盖张氏已开重"义理"而轻"章句"之风矣。

第三，横渠自身言"性"，固是偏重共同义讲，然既区分"天地之性"与"气质之性"，即可说已开启以"性"观念作为价值判断基础之思

---

① 《正蒙·乾称篇》。
② 《正蒙·太和篇》。

路。此思路之正式代表乃二程兄弟。二程立说,精密自远胜横渠;然横渠因自身苦心极力以求,故常触及重要问题,则不可否认也。

横渠与二程同时而略长,横渠逝世后三十年,伊川方逝世,故程门之学盛于横渠身后。就本书之划分说,横渠即宋明儒学初期代表人物中最后一人。二程之说,已进入中期阶段矣。

第四章 中期理论之建立及演变

濂溪、横渠及康节之学，属于宋明儒学之初期。迨二程立说，宋儒思想遂进入另一阶段。盖以"本性论"为中心之形上学，实建立于二程之手。二程弟子殊多，尤以伊川之门为盛，然其述师说亦每有趋向之不同。其后，朱熹则原宗伊川，而又综合濂溪以下各家之言，以建构一综合系统。朱说既立，遂结束此一阶段。故本章论宋明儒学之中期理论，即始于二程，终于朱熹。

朱熹生平广注群书，且依己意以整理古籍，更屡次疏注编集周张二程之作，处处皆与其建立综合系统之要求相应。然与朱氏同时之儒者，亦尝与朱氏有所争议；其间所涉哲学思想问题，如朱陆所争者固人所共知，即如朱氏与胡、张一支之辩议，与陈亮、叶适之异同，亦皆有理论意义。且与敌论比观，朱氏之思想宗旨益显。故本章在述朱熹之学后，特以朱氏之敌论为题，而别立一节。此中自以象山所争关系最大，然陆氏之学直归"心性论"，本身则属于"后期思想"之模型，是以本章在析述朱氏敌论时，即以象山与朱氏之争殿后，以便转入第五章。

以上略说本章之内容。下文即述二程朱熹之学说。

第一节
程颢之学

一、生平及著作

《宋史·道学列传》云：

> 程颢，字伯淳；世居中山，后从开封徙河南……
>
> 颢举进士，调鄠上元主簿。……为晋城令。……在县三岁，民爱之如父母。熙宁初，用吕公著荐，为太子中允，监察御史里行。神宗素知其名，数召见。……前后进说甚多，大要以正心窒欲，求贤育材为言……
>
> ……安石本与之善，及是遂不合；犹敬其忠信，不深怒，但出提点京西刑狱；颢固辞，致佥书镇宁军判官。……除判武学，李定劾其新法之初首为异论，罢，归故官；又坐狱逸囚，责监汝州盐税。哲宗立，召为宗正丞，未行而卒。年五十四。颢资性过人，充养有道，和粹之气，盎于面背；门人交友从之数十年，亦未尝见其忿厉之容。……自十五六时，与弟颐闻汝南周惇颐论学，遂厌科举之习，慨然有求道之志；泛滥于诸家，出入于老释者几十年，返求诸六经而后得之。秦汉以来，未有臻斯理者。教人自致知至于知止，诚意至于平天下，洒扫应对至于穷理尽性，循循有序。……颢之死，士大夫识与不识，莫不哀伤焉。文彦博采众论，题其墓曰：明道先生。[①]

案此传文只云"哲宗立，召为宗正丞，未行而卒"，未确说卒年。然传

[①] 《宋史》，卷四百二十七，《道学列传一》。

文本伊川作《明道先生行状》。《行状》则曰：

……未行，以疾终。元丰八年六月十五日也。①

案元丰八年三月，神宗死而哲宗继立，正公元1086年，逆推五十四岁，应出生于1033年，即宋仁宗明道二年。但朱熹《伊川年谱注》谓明道生于仁宗明道元年，则其生卒年代应为公元1032—1086年。兹从年谱注。然依此计之，明道卒时，应称"五十五岁"。

至著作方面，则明道平生实无理论专著。所传于世之学说，大半皆据程门弟子之语录，间亦有书札可作依据。故在此一方面，明道之学说资料可说极为简单。

至其学说之渊源，则少年虽受周惇颐影响，其立说并不以周氏著作为据；伊川撰《行状》虽云"求诸六经而后得之"，实则其理论亦非出自六经；朱熹以为二程之学皆自周氏出，实不确也（此点可参阅前章论濂溪与二程之关系一节）。

若就其理论内容说，则明道之说确有接近"天道观"处；然其"本性论"之倾向，毕竟是特色所在。下节即分项述其学说之大要。

二、明道学说之要旨

明道既无著作，述其学说只能就《语录》中择取要点论之。此外则《答张横渠》一书，即称为《定性书》者可作补充。因程氏兄弟乃首揭"性即理"一命题者，故以"性"与"理"之析论为首，他项继之。至《定性书》则所谓"性"明是"心"之意，故另列一节。

又案《二程语录》，在乾道四年（戊子）由朱熹编成，号为《河南程氏遗书》，分二十五篇。其中唯第十一至第十四篇，标明为"明道先生

---

① 《二程文集》，卷十，《明道先生行状》。

语",即苏昞与刘绚所录者也。此外,第一至第十,皆标为"二先生语",盖杂记二程之言。然其中资料多不难判知为何人所说,因明道之讲说颇有异于伊川者,知其本旨则不难辨某语出于明道或伊川也。

(一)"性"与"理"及善恶之意义

案"性即理"一命题,为程门之学精要所在;此点儒者向无异辞。但细析之,则此语本出自伊川,而据此以建立理论系统,亦是伊川之事。在明道则只说"性"与"道"是一事,不过伊川、明道在此处用字本不甚严格。伊川亦尝言"道"与"性"为一,盖如此说时,其本旨均与"性即理"之肯定相同。故学者对"性即理"或"道即性"为二程所共持之理论,不必致疑。然专就明道而言,则明道之说"性"或"理",均常有不同意义。此点应先作整理。

在总说中,曾屡论"性"一词之两种用法。其一指共同意义之"性",即相应于"天道";其二指殊别意义之"性",即指各种存有之特具之性,相当于古希腊亚里士多德所言之"本性"(essence)。就共同意义言"性",则万有皆显现其受共同形上原理之决定;就殊别意义言"性",则万有各依其类,而具内在之特性。二者在哲学理论上所触及之问题大不相同。此学者当应留意者。

合二程而言之,则二程首先有"本性论"之倾向;分别言之,则明道仍偏重"天道观",而"本性论"之充足发展仍属伊川之学。明道逝世较早,其身后二十年间,伊川之学渐渐完成;明道倘亦如伊川之寿,是否亦将如伊川之归于"本性论",则无法推测。但至少伊川眼中,全不觉明道立说与己有根本不同,则可知伊川之强调"本性"观念,固不以为与明道有异也。兹先就明道于《语录》中之资料,一观明道对"性"之种种说法。

明道告韩持国云:

> 道即性也；若道外寻性，性外寻道，便不是。①

案此原针对禅学而言，不承认所谓虚妄之性，故强调"性"即"道"。但此处之"性"，究指共同义或殊别义，则尚不分明。另一段谓"善恶"皆是"性"，则立场较为明显。其言云：

> 生之谓性。性即气，气即性。生之谓也。人生气禀，理有善恶。然不是性中元有此两物相对而生也。有自幼而善，有自幼而恶，是气禀有然也。善固性也，然恶亦不可不谓之性也。盖生之谓性，人生而静以上不容说。才说性时，便已不是性也。②

案此段在语言层面上看，则困难甚多。譬如，既说"性即气，气即性"，又说由"气禀"而有自幼而"善"或"恶"，则"善"或"恶"显是"气"中所有，"气即性"则应即说"善恶"是"性"中所有矣，却又说不是"性中元有此两物相对而生"，前后语意颇嫌不明。但若不坚持语言之严格标准，则明道之意亦不难知。盖所谓"性即气，气即性"，意谓"性"与"气"不相离；明道此语所说之"性"，乃就已显现之万有而论。万有既已显现，则即已有"气禀"。就具体之存有讲，方可说"性"，而此时"性"已不能离"气"。但明道在另一面，胸中又预存《礼记》之《乐记》中所说"人生而静，天之性也"一语，故谓"才说性时，便已不是性也"；盖"说性"时，即是面对具体之存有时，此时性气已不相离矣。如纯是"性"，则当在万有显现以前（此"以前"指理论次序非时间次序），便是"人生而静"以上，则又"不容说"矣。

由此，可知明道之立场。明道盖认为"性"本身在万有之前，即所谓"天之性"，但此非吾人所能说之"性"，能说之"性"，皆是与"气"相混者。此处可见明道已有将"性"看作形上实有之意，此"性"与形下

---

① 《河南程氏遗书》，卷一。
② 《河南程氏遗书》，卷一。

之"气"合而生万有。在如此之万有中乃有善恶可言。而此所谓"善恶",乃由"性"外之"气"之影响;性与气合,若能保持"性"之本来方向,则是善;若失去其本来方向,即是"恶"。故云:

> 凡人说性,只是说继之者善也。孟子言人性善是也。夫所谓继之者善也者,犹水流而就下也。皆水也,有流而至海,终无所污,此何烦人力之为也;有流而未远,固已渐浊;有出而甚远,方有所浊;有浊之多者,有浊之少者;清浊虽不同,然不可以浊者不为水也。①

案此段又以"清浊"喻"性"之两种状态,盖"性"能不受气之影响,则保持本来方向而为"善"——犹水之保持本身之清,皆是"继之者,善也"之意。若"性"受气之影响而不能保持本来方向,则为"恶"——犹水之变浊。水变浊,仍是水,故清浊为水之两种状态,犹"善恶"为性之两种状态;由此角度说"善固性也,恶亦不可不谓之性也"。盖所取者非根源意义,而是状态意义。若就根源意义说,则"善恶"不是性中"元有此两物";盖所谓"恶"者只是丧失本来方向之意,故非另一相对而生之物。譬如形式推理之进行,或正确或不正确;其不正确者只是不能满足正确推理之条件,并非在"正确推理"外另有一"不正确推理"也。故明道云:

> 天下善恶皆天理,谓之恶者非本恶,但或过或不及便如此。②

"或过或不及"即是不合"性"之本来方向之意。因只表示"欠缺"或"不合",故"恶"不是与"善"对立而生之另一物。此即明道之本意。

但总观上段所论,明道肯定形上意义之"性",虽可无疑,究竟明道所讲之"性"取共同义抑或殊别义,则尚未明朗,此点应再作进一步

---

① 《河南程氏遗书》,卷一。
② 《河南程氏遗书》,卷二上。

之探索。案明道曾云：

> 天地之大德曰生。天地絪缊,万物化醇。生之谓性。①

其下又注云:"告子此言是,而谓犬之性犹牛之性,牛之性犹人之性,则非也。"据此,可知明道所谓"生之谓性",即就"天地之大德曰生"讲。此未必是告子本意,但明道确如此解法。《语录》中另一段,与此段相比照,可知亦是明道之语。此段云:

> 告子云生之谓性,则可。凡天地所生之物,须是谓之性。皆谓之性则可,于中却须分别牛之性、马之性。是他便只道一般。如释氏说,蠢动含灵,皆有佛性;如此则不可。天命之谓性,率性之谓道者,天降是于下,万物流形,各正性命者,是所谓性也。循其性而不失,是所谓道也。此亦通人物而言。循性者,马则为马之性,又不做牛底性;牛则为牛之性,又不为马底性。此所谓率性也。②

此段文字间有不明处,可能乃记述时之脱误。但更重要者是此段所含之复杂论点。

首先,明道以为"生之谓性"并非一定错误,因"天地所生之物",皆可谓之"性"。此意与上节参看,可知是就共同意义之"性"说。盖即"天地之大德曰生"一语所涉者。"天地之大德"即万物万象之总原则或总方向,此以"生"为内容,而亦可谓之"性"。此"性"自是万有所共之"性"也。

其次,明道提出此一论点后,又急作补充,谓虽肯定"共同之性",但仍不能忽视"殊别之性",于是有"牛""马"之"性"不同等语。此种解说与孟告辩论之原意似不相应,但明道在此所提出之补充论点,本

---

① 《河南程氏遗书》,卷十一。
② 《河南程氏遗书》,卷二上。

身则有重要意义。盖如只肯定共同义之"性",则即与"天道观"无别;一肯定殊别义之"性",即使"本性"观念凸显。所谓"马则为马之性","牛则为牛之性",即是说"马""牛"各有其"本性",而使马牛互为殊异也。

"殊别之性"又与"气"不同。所谓"气"指形体层面讲,每一个别之中,马或人,皆具形体,因之皆有一定"气禀";但说"牛"等之"本性"(殊别义),则不关形体。于是,此种理论层面之不同,可以下图表之:

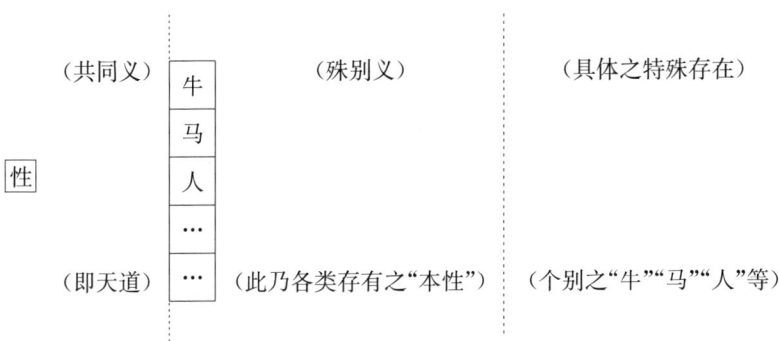

专就第一层看,则即是以"性"为"天道",或"天地之大德";若将第一层与第三层之个别存在直接连通,则可说在每一个别对象中均表现"性"或"天道";如此即只有"共同义"之"性",而无"殊别义"之"性"。如此结构之理论,必有宇宙论成分,因下落之第三层,即当前之宇宙现象界也。倘肯定第二层之"本性",则此种"殊别义"之"性",本身并非一个别事物或对象,亦非时空中之存在,只能视为一种形上意义之"存有"("being"与"存在"之为"existence"不同)。而在此种"存有"之层面上建立之理论,因可不依赖第三层面,故即可成为一形上学系统,而不必含有宇宙论成分。

明道论"性",原时时偏重"天道观",但既肯定"殊别义"之"性"——即类之"本性",则其思想固已与周张不同。

兹再从明道对"理"之说法,看明道之形上学观念。明道常用"天理"一词,与其所谓"理"实未作明显分别。明道云:

> 天理云者,这一个道理更有甚穷已,不为尧存,不为桀亡。……是他之无少欠,百理俱备。①

此处说"这一个道理",下又云"百理俱备";盖下指"本性"而言,上则统指两层面之"性"而言。又云:

> 天理云者,百理俱备,元无少欠;故反身而诚,只是言得,已上更不可道甚道。②

此则似以"天理"为"百理"之总称;又云"已上更不可道甚道",则"天理"亦当包含第一层面之"天道"或"天德"矣。又云:

> 尽天理,便是易。③

"易"本论万有之生成变化,今以"尽天理"说之,即是说万有运行之所规律皆是"天理"。

以上虽见"二先生语"中,但其语气自是明道所说。明道语中则有以下各条应加引述:

> 天地万物之理,无独必有对。④

此自是指殊别意义之"理",非共同意义之"天道"也。又云:

> 夫天之生物也,有长有短,有大有小;君子得其大矣,安可使小者亦大乎。天理如此,岂可逆哉。⑤

---

① 《河南程氏遗书》,卷二上。
② 《河南程氏遗书》,卷二上。
③ 《河南程氏遗书》,卷二上。
④ 《河南程氏遗书》,卷十一。
⑤ 《河南程氏遗书》,卷二上。

此谓万物之"本性"不可变,而认为是"天理如此"。则此"天理"又可指万物之实各有其"本性"言。

又云:

> 天者,理也。神者,妙万物而为言者也。帝者,以主宰事而名。①

此指出"天"与"帝"之不同。"帝"取人格义,"天"则取形上意义,故以"理"释之。又云:

> 圣人致公心,尽天地万物之理,各当其分。佛氏总为一己之私,是安得同乎?圣人循理,故平直而易行。异端造作,大小大费力,非自然也,故失之远。②

案此以儒佛相较而言。谓"尽天地万物之理,各当其分",又谓"圣人循理",则此"循理"亦即"尽天地万物之理"之意。此处之"理"自指万有所具之殊别之理。

以此种种说法,与前论"性"处对照,可知明道心目中固有殊别义之"性",亦有殊别义之"理";而所谓"天理"者乃一总称,亦可统指两层不同意义之"性"。如此,明道之"理",与其所谓"性",实处处相应;虽未明言"性即理",其意趣实与日后伊川之肯定,极为相近。可知二程之说虽有差别,但差别不在于"性即理"一断定或命题也。

再回到"善恶"之问题。前文已言明道以"善恶"为"性"之两种状态,其实此处之"性"字倘代以"心"字,则即无理论困难;明道每每在用"性"字时,实际上则是说"心"(此点在下节论《定性书》时再为疏解)。如说"心"循理则是"善",逆理则是"恶",则即与"圣人循理"之

---

① 《河南程氏遗书》,卷十二。
② 《河南程氏遗书》,卷十四。

说贯通无碍。而所谓"循理",又即与顺"性"之本来方向同义,与"率性之谓道"仍为一事。如此,就"性"或"理"皆可界定"善恶",至伊川提出"性即理"一断定,则此分说者皆合而为一矣。

(二)论"仁"

《二程语录》中有明道论"仁"一段,后世称之为《识仁篇》。本节述明道对"仁"之理论,即以此为始点。而以其他资料补充之。此段云:

> 学者须先识仁。仁者,浑然与物同体。义、礼、知、信,皆仁也。识得此理,以诚敬存之而已;不须防检,不须穷索。若心懈,则有防;心苟不懈,何防之有?理有未得,故须穷索;存久自明,安待穷索?此道与物无对,大不足以名之。天地之用,皆我之用。孟子言万物皆备于我,须反身而诚,乃为大乐;若反身未诚,则犹是二物有对;以己合彼,终未有之,又安得乐?《订顽》意思,乃备言此体。以此意存之,更有何事?必有事焉而勿正、心勿忘、勿助长,未尝致纤毫之力。此其存之之道。若存得,便合有得。盖良知良能,元不丧失;以昔日习心未除,却须存习此心,久则可夺旧习。此理至约,唯患不能守,既能体之而乐,亦不患不能守也。①

案此段乃明道对德性问题及成德之工夫主要理论。先就德性本身说,则万德以"仁"为本,故说:"义、礼、知、信,皆仁也。"而"仁"本身之意义,则以"浑然与物同体"解之。此点最为重要,盖所谓"仁",乃指大公心而言,故明道又曾谓:

> 仁者以天地万物为一体,莫非己也;认得为己,何所不至?……仁至难言,故止曰:己欲立而立人,己欲达而达人;能近取譬,可谓仁

---

① 《河南程氏遗书》,卷二上。

> 之方也已。欲令如此观仁，可以得仁之体。①

"浑然与物同体"即"以天地万物为一体"也。观此段语气，应属解《论语》之言，对"己欲立而立人，己欲达而达人"之本旨可谓最能说透。盖以"仁"为公心，即孔子论"仁"之主要意思所在。明道强调"一体"一语，以遣去人己之隔；盖所谓"公心"，即"人己等视"之意。明道又强调"仁之体"，即指"仁本身"言；"仁"之具体表现即为"仁之用"，非"仁之体"；故明道又恐学者误解《论语》言"孝弟"之语，特为之释曰：

> "孝弟也者，其为仁之本与。"言为仁之本，非仁之本也。②

《论语》有"孝弟也者，其为仁之本与"一语，盖言孝弟为仁心最基本之表现；明道特指出"为仁之本"与"仁之本"不同，盖"为仁"即落在"仁心"之具体表现上说，是"用"非"体"也。

能以与物同体立心，则此心即达成仁德，故成德工夫之大本，亦即在此。能立大公心，则自能在一切活动中各求循理，于是其他德性随之而成为可能。故明道以为只有识得此立公心之理为主要工夫；既能识此理，所余工夫不过是不丧失此种公心而已，故说"诚敬存之"，说"患不能守"。

此意如再推进一步，则可说此种"以天地万物为一体"之自觉，即是超越意义之主体性之显现，故可通至孟子"万物皆备于我"之说。又横渠《西铭》原强调万物同以乾坤为父母之义；在横渠或本有发挥其宇宙论之意，但明道则只从德性一面看，认为《西铭》所说能显现"仁之体"。除《识仁篇》述及《订顽》外，又曾在他处说此意。如云：

---

① 《河南程氏遗书》，卷二上。
② 《河南程氏遗书》，卷十一。

> 《订顽》一篇,意极完备,乃仁之体也。学者其体此意,令有诸己。①

又另一段云:

> 伯淳言,《西铭》某得此意,只是须得他子厚有如此笔力。他人无缘做得。孟子以后未有人及此。②

此皆推崇《西铭》,亦即强调此种大公心之重要也。明道且由此以评佛教之不免"私念",盖佛教以离生死海为说,即与个别生命之感受有关;故明道云:

> 人能放这一个身,公共放在天地万物中一般看,则有甚妨碍?虽万身曾何伤?乃知释氏苦根尘者,皆是自私者也。③

此语评佛教亦未必精当,然借此可以见明道之意趣。且放此身在天地万物中一般看,即是大公心或"仁心"之确切描述也。至于诚敬,则指另一层工夫。人能立公心自能处处循理而完成其他德性,但人能否不失公心,又涉及另一层工夫问题,故明道以"诚敬"说此种不陷溺忘失之工夫云:

> 学要在敬也,诚也;中间便有个仁。④

此谓能诚敬则能保存仁心也。此文中"便"字或作"更",如说"更有个仁",则是三者并举,于理亦可通;但观原文下接之语,仍当作"便"字。此似有语病,但学者如已熟解明道"识仁"之说,则自可知此等语不是说"仁"由"诚敬"生出。

---

① 《河南程氏遗书》,卷二上。
② 《河南程氏遗书》,卷二上。
③ 《河南程氏遗书》,卷二上。
④ 《河南程氏遗书》,卷十四。

又《识仁》一段有"不须防检,不须穷索"一语,后世儒者自朱熹起颇多议论,因此种观点与伊川一系之工夫理论似有冲突。但细察其语意,可知此是接上文"识得此理"而言,盖已立公心,则只消不失不迷,则自可循理成德,不须再作防检穷索工夫,此是明道之意。至于如何能"识得此理",则明道实未说及。伊川之工夫理论,偏重在"识得此理"以前,亦不可说与明道此二语不相容。然工夫理论偏重处既不同,自可见二程兄弟之学固有差别耳。

论"仁"之说至此为止。下节当论《定性书》及所涉问题。

(三)《定性书》及圣贤境界

上篇论"识仁",虽已涉及圣人之立公心,但仍偏重工夫说。至于明道答横渠之《定性书》,则因横渠来书原就"累于外物"而言,故答书中乃特重圣人境界之描述。兹先录其原文于后,再加析论。

此书原题为《答横渠张子厚先生书》,见《二程文集》。其文云:

> 承教,谕以定性未能不动,犹累于外物。此贤者虑之熟矣,尚何俟小子之言。然尝思之矣,敢贡其说于左右。所谓定者,动亦定,静亦定;无将迎,无内外。苟以外物为外,牵己而从之,是以己性为有内外也。且以性为随物于外,则当其在外时,何者为在内?是有意于绝外诱,而不知性之无内外也。既以内外为二本,则又乌可遽语定哉?夫天地之常,以其心普万物而无心;圣人之常,以其情顺万物而无情。故君子之学,莫若廓然而大公,物来而顺应。《易》曰:"贞吉,悔亡,憧憧往来,朋从尔思。"苟规规于外诱之除,将见灭于东而生于西也。非惟日之不足,顾其端无穷,不可得而除也。人之情各有所蔽,故不能适道,大率患在于自私而用智。自私则不能以有为为应迹,用智则不能以明觉为自然。今以恶外物之心,而求照无物之地,是反鉴而索照也。《易》曰:"艮其背,不获其身,行其庭不见其人。"孟氏亦曰:"所恶于智者,为其凿也。"与其非外而是内,不若内

外之两忘也。两忘则澄(或作"澄")然无事矣。无事则定,定则明,明则尚何应物之为累哉。圣人之喜,以物之当喜;圣人之怒,以物之当怒;是圣人之喜怒,不系于心而系于物也。是则圣人岂不应于物哉?乌得以从外者为非,而更求在内者为是也?今以自私用智之喜怒,而视圣人喜怒之正,为如何哉?夫人之情易发而难制者,惟怒为甚;第能于怒时遽忘其怒,而观理之是非,亦可见外诱之不足恶,而于道亦思过半矣。心之精微,口不能宣;加之素拙于文辞,又吏事匆匆,未能精虑。当否?伫报。然举大要亦当近之矣。道近求远,古人所非。唯聪明裁之。①

案明道此书,讲解者或分为六段(如刘蕺山说),或分为四层(如胡柏泉说)。② 其实,主要论点只在揭示"圣人"之"心",即所谓圣人境界。横渠来书以"累于外物"为患,故明道即就心应物而不累于物之理答之。其说要点不外四者:

第一,先释"定",谓所谓"定",非与"动"相对之"静",而兼动静言;盖心合于理,即是"定";动静皆合于理,即所谓"动亦定,静亦定"也。由此说"性"无内外,实指"心"无内外也。

第二,以"廓然而大公,物来而顺应"直写圣人之心。"大公"与"顺应"亦皆在"合于理"上落实。故心不是要避开外物,而是要应之以理——是所谓"顺应";而欲能使心常合于理以顺应万物,则心必须超越个别形躯而成为"公心"。明道所谓"自私",即指心不能超越言,以与大公之心对映也。

第三,所谓内外两忘,即指此超越形躯之公心之统摄万有讲。在统摄处即无内外可分,盖此处显现者乃"绝对主体性",非与对象并立

---

① 《二程文集》,卷二,明道先生文《答横渠张子厚先生书》。
② 皆见《宋元学案》,卷十三,《明道学案》,附录。

之"经验主体性"也。如此之"公心",即圣人之心,《语录》中所谓"圣人致公心,尽天地万物之理,各当其分"是也①。明道于此,更以"喜怒"为例作具体解释。圣人之心,循理而应物,应物处即尽天地万物之理处;故圣人之喜怒,亦皆是循理而发——所谓"当喜""当怒"即是。此是以具体之例说明"物来而顺应"之意,并非多出一说也。

第四,就"公心"与"循理之心"言,原是一体两面。但就工夫而论,正须在求循理处用力,以养成大公之心。明道因之最后点出"第能于怒时遽忘其怒,而观理之是非"为未达公心而须用力时之具体工夫。

以上即全书之要旨。若以批评眼光看,则书中之"性"字与"心"字颇患迷乱。谓"以性为随物于外"云云,恐横渠亦不能有此想,盖"性"无所谓"随物于外";横渠患"累于外物",自是说"心"为外物所累耳。且观后文所谓"大公""顺应",皆只能就自觉意义之"心"说,不能就形上意义之"性"说。且论及圣人时,既说到"以其情顺万事而无情",则就"心"说方可通,因"心统性情"正是横渠所说。明道此语不过就"摄情归性(理)"而言,换言之,圣人之情意活动皆能循理,故说"无情"——即不为"情"所支配。"心"原可循性(理)而显其情,故可就"以其情顺万事"以说"心"之境界;倘就"性"说,则不应忽出一"情"字矣。且后文复就"喜怒"为说,"喜怒"只能是"心"之喜怒,性岂能喜能怒乎?

总之,《定性书》中所论实是"定心"之问题,亦即"心"之"循理应物"之说。"性"字宜皆作"心"字看。此可视为明道用语不甚严格之例,朱熹亦曾有此论也。

其次,尚有一点可讨论者,即所谓"系于心""系于物"之问题。明

---

① 此段见《遗书》,第十四,前节已引。

道谓"圣人之喜怒不系于心,而系于物",盖指圣人喜怒皆循理而发,非出自私意之情绪讲。如此,应说"不系于情,而系于理"。说"不系于心"固是指"私心"言,然大公循理亦是"心"之事。或公或私,喜怒总是由心发。"系于物"一语,亦未见精当也。

《定性书》虽或有欠严格之处,但此一文献透露明道对圣人境界之基本看法,则无可疑,正如明道自己所说"举大要亦当近之矣"。故此书之重要性,固无可争议。

观明道对圣人境界之讲法时,可发现一重要事实。此即在明道学说中,圣人之为圣人,殊不在于对宇宙论或阴阳五行之构想立说,而在于立大公心。此与横渠强调圣人须"穷神知化",大为不同。盖明道立说,虽重天道,但并不重视将"天道"与事物直连之宇宙论工作。此所以不重邵氏之学,亦不谈《太极图说》,而只强调"识仁""定性"。观此,可知明道毕竟与周、邵、张诸人不属同一阶段。"形上学阶段"与"混合形上学与宇宙论阶段"之分划亦可多一佐证矣。

(四)"理"与"事"之分合问题

所谓"理与事之分合问题",即通常所谓"形上"与"形下"之分划问题,盖就人类哲学思想发展之历史看,早期思想例不能分别经验事物之理与超经验限定之理;因此所谓"理",与"事"常混淆不别。而"形上学"之思辨,始于能意识到离"事"自存之"理";故"理"与"事"分,即"实有"(reality)与"表象"(appearance)之分,在哲学史上乃一思想演进之大关键。但度过此关后,进一步之思想亦可能企图重新求已分者之合,于此,遂有种种学说,各执一义;其解答必待自觉心有更彻底之全面反省,方能达成。此亦是极重要之哲学问题,为各支哲学所共有,非仅中国哲学为然。

以宋儒而言,自濂溪起,即专宗《易传》与《中庸》;此两种资料所含者皆为一接受古中国南方形上思想影响后之复杂儒学思想,非如孔孟"心性论"之纯粹。故宋儒自始即有形上学兴趣。但自汉以下，宇宙论势力甚强，时与形上理论纠缠为一。故《易传》本身固已有某种宇宙论观念①，宗《易传》之宋儒更多不能摆脱此类影响。濂溪、横渠皆以为所讲者乃形上学，其实混有杂乱之宇宙论成分，但不严加析解，则易于放过而已。

以二程言，明道之形上学观念，尚不及伊川清楚，故其立说有时近"天道观"，有时近"本性论"。然就基本了解言，则明道对"理"与"事"之分合，确有一定意见。

"形而上者谓之道，形而下者谓之器"，原出《易传》②，此亦可说是中文中分别"形上"与"形下"二领域最早之说法。二程观理事之关系，大抵亦皆就此种词语立说。

冯友兰氏以为明道不重"形上"与"形下"之分别③，此说虽非无据，颇嫌朦胧；盖明道并非不讲"形上"与"形下"之分别，但在分别之外，又另有求合之意；虽因明道所留资料不多，故欠完整解释，然观《程氏遗书》，仍可见其梗概。

明道评横渠之说，即认为横渠于"道"与"器"之分划未明，其言曰：

> 形而上者谓之道，形而下者谓之器。若如或者以清虚一大为天道，则乃以器言，而非道也。④

此处只谓"或者"（"某人"之意），未明指横渠之名，但另一处云：

> 横渠教人，只是谓世学胶固，故说一个清虚一大。⑤

---

① 参阅《易·系辞上》。
② 见《易·系辞上》。
③ 参阅冯友兰《中国哲学史》，第二编，第十二章（二），第三节。
④ 《河南程氏遗书》，卷十一。
⑤ 《河南程氏遗书》，卷二上。

观此可知，上引语所说"以清虚一大为天道"之"或者"，即指横渠也。明道不以横渠之说为然，即因"清""虚""一""大"等词，皆是对一定属性之描写，因此只能用于已受限定之存在上，故曰"乃以器言"，即是说，横渠以为是"形上"者，乃误以"形下"之描述语说之，是不明"道"与"器"之分，亦即不明"形上"与"形下"之分。明道既以此种分别不明处为横渠之病，则明道自己自非不分别"形上"与"形下"也。

明道另一段论《易·系辞》之语，则云：

> 《系辞》曰：形而上者谓之道，形而下者谓之器。……又曰：一阴一阳之谓道。阴阳亦形而下者也，而曰道者，惟此语截得上下最分明。元来只此是道，要在人默而识之也。①

明道以"阴阳"为"形而下"，盖因说"阴"说"阳"，皆表一种限定。此正与另一处评横渠以"清"为"神"为不当之语相类。其言云：

> 气外无神，神外无气；或者谓清者神，则浊者非神乎？②

此亦是说"清浊"皆表限定义，故又混"器"与"道"也。然而明道在另一角度下，又以为"道"与"器"亦可合观。其言云：

> 彻上彻下，不过如此。形而上为道，形而下为器。须着如此说。器亦道，道亦器；但得道在，不系今与后，己与人。③

案此则强调"彻上彻下"之义；此段本自"终日乾乾"说起，而谓"天道"在不同方向可用不同词语说之。故归结到"彻上彻下，不过如此"。然可注意者是"器亦道，道亦器"二语。明道先说"形而上"及"形而下"之分，乃应如此说者，下即接此二语，其意应稍加解释。

---

① 《河南程氏遗书》，卷十一。
② 《河南程氏遗书》，卷十一。
③ 《河南程氏遗书》，卷十一。

明道所以谓"器亦道,道亦器",并非谓"形上"与"形下"之分不当,反之,已谓"须着如此说"。然明道心目中,"形上"与"形下"——或"理"与"事"两领域,仍是连为一体者。其所以如此,乃因明道始终认为当前之事物世界乃"理"或"道"之显现,而不承认事物世界之阴暗面。此亦是"天道观"之基本观点,即在伊川亦未能全免。明道尤深信此观点为正。若取明道其他言论参证之,此种观点几乎处处透露。例如,明道释《诗经》中"天生蒸民,有物有则"二语云:

> 《诗》曰:"天生蒸民,有物有则,民之秉彝,好是懿德。"故有物必有则,民之秉彝也,故好是懿德。万物皆有理,顺之则易,逆之则难。各循其理,何劳于己力哉。①

若纯从训诂立场讲,则《诗经》此处所谓"物",当与《周礼》中"三物"之用法相类,不应是"万物"之物,盖此是就"蒸民"而言,"物"与"则"应属同类词义;不能在说"蒸民"时,忽说"万物"也。然此种训诂问题,非明道所留意。明道不过借题发挥,即以"有物有则"当作有物即有理讲,其下直说到"秉彝"与"懿德"。《诗经》原意是以制度规范(所谓"物"与"则")为一定之共同标准,故即以此种生活态度说"懿德",并未涉及世界之"存有性质"(ontological properties);今明道以"物"为此世界之万物,于是下面说"秉彝"及"懿德",皆涉及对世界之"存有性质"之某种决定。盖如世界本来与理合一,或本来循理而生成,则"天道"直接落在"世界"中而显现,如此自可说"何劳于己力"。而既持如此观点,则"道"与"器"之分,只是在立论时需要如此分说;在实有一面讲,"器"皆由"道"生出,即"天道观"之本旨所在也。

此种理论之明显困难,在于不能解释世界之阴暗面,其中最显明

---

① 《河南程氏遗书》,卷十一。

而不可争者是所谓"生命界之内在冲突"问题。此义在总说中已反复论之。此处不赘。明道之未能解决此一难题,亦不待言。此处所应说明者,是明道所以有"器亦道,道亦器"之言,乃以其"彻上彻下"之"天道"为基据。此并不碍明道立说亦分"形上"与"形下"。冯友兰氏之评,未为精当也。

(五)对佛道之批评

明道反佛教及道家之理论,在立场上说,自无二致。但就言论所偏重说,则明道偏重于批评佛教,而认为道家无大影响;曾谓:

> 今异教之害,道家之说则更没可辟。唯释氏之说,衍蔓迷溺至深。今日是释氏盛,而道家萧索。①

又云:

> 如道家之说,其害终小。惟佛学今则人人谈之,弥漫滔天,其害无涯。②

由此,明道言论中屡见驳佛教之语,而罕论及老庄之学;至于道教一面,则尤少论及。

明道评佛教之语虽不少,其论点则不外二说:其一批评其精神境界,其二批评其对世界之态度。由于明道所了解之佛教教义,主要指禅宗之说,故对于空有各宗之内部理论,明道亦未留意。另一面,禅宗虽为中国佛教中最后之一支,对于以前各宗之理论向不重视,故从禅宗教义中原不能看出佛教之各宗理论系统。于是,明道批评佛教时,并未以某种佛教理论为对象,只是在基本方向一层上指出佛教之缺点。此非严格意义之理论批评,只是立场或方向之批评。就评估

---

① 《河南程氏遗书》,卷二上。
② 《河南程氏遗书》,卷一。

由印度至中国之佛教理论言,明道此种批评自属不足。但就显示儒学之精神方向言,明道此种言论仍有其重要性,盖可助学者知儒佛方向之分别也。

明道评论佛教精神境界时,主要论点落在佛教强调生死苦乐,乃一种精神上之陷溺。其言云:

> 佛学只是以生死恐动人。可怪二千年来无一人觉此,是被他恐动也。圣贤以生死为本分事,无可惧,故不论死生;佛之学为怕死生,故只管说不休。下俗之人固多惧,易以利动。①

此谓佛教自始即强调"生死海"之说,故是"怕死生",而其传教亦强调"生死海"中之苦,故是以此恐吓(所谓"恐动")世人。此就印度宗教哲学之以"离苦"为基源问题看,明道之说亦不误;至于禅宗则似不直接从"生死"或"苦"立说,明道则认为其本意仍不外此,故又曰:

> 至如禅学者,虽自曰异此;然要之只是此个意思,皆利之心也。②

李吁记此段语,并及其与明道之问答;李吁谓佛学不知是本"以公心求之"而后有"利心"之弊,抑或此原起于"利心"。明道答之云:

> 本是利心上得来,故学者亦以利心信之。③

所谓"利心",即指个别生命或特殊自我之某种获得讲。佛教大乘种种教义,虽皆不以特殊自我为立说中心,但其教义自始即依印度传统言"苦",言"解脱",则无可争;明道即以此为据,说佛教教义起自"利心"。

---

① 《河南程氏遗书》,卷一。
② 《河南程氏遗书》,卷一。
③ 《河南程氏遗书》,卷一。

其次，明道又有强调民族文化之意，谓学佛者乃学异族之宗教，故有"尺布裹头"之说；且驳所谓"心"与"迹"之论云：

> ……禅者曰：此迹也，何不论其心？曰：心迹一也。岂有迹非而心是者也？正如两脚方行，指其心曰：我本不欲行，他两脚自行，岂有此理？盖上下本末内外，都是一理也，方是道。①

盖明道认为人之投向外族之宗教，本身即是对自己民族文化之背弃；禅者辩云，此种问题只是"迹"一面，应重视其主张或方向（即所谓"心"），明道则答以"心迹一也"；凡自己之行为，皆由自己之心负责，不能说"迹"不关"心"事也。

明道以佛教之说起于利心或私心，遂谓其精神境界本不可取，故又以"上达""下学"等语说之。世论每谓佛教不能成就文化，乃"下学"之不足，而"上达"之境界仍属可取。明道则并此亦否认之。其言云：

> 释氏本怖死生，为利，岂是公道？唯务上达，而无下学，然则其上达处，岂有是也？②

于此，极力辨儒佛在精神境界上亦不同，而云：

> 佛氏不识阴阳、昼夜、死生、古今，安得谓形而上者与圣人同乎？③

又云：

> 圣人致公心，尽天地万物之理，各当其分；佛氏总为一己之私，是安得同乎？④

---

① 《河南程氏遗书》，卷一。
② 《河南程氏遗书》，卷十三。
③ 《河南程氏遗书》，卷十四。
④ 《河南程氏遗书》，卷十四。

明道此种言论，原针对当时人议论而发；盖以为儒佛境界相近，是流行之俗说也。但明道如此以公私辨儒佛之异，遂自然转至对世界之态度之问题。盖如专就求"觉悟"而言，每一个别生命自求觉悟，则不能谓之为"私"；儒学之求成德成圣，亦是个别生命之超升；此处难言有"公私"之别。"公私"之说，如欲落实，仍须落在"对世界之肯定"上说。盖儒学言成己成物，佛教亦言自度度他，所求者皆属一种超升或觉悟，此处儒佛之分别不能确立。但如落在对世界之态度上说，则佛教之"度"，本属舍离此岸而登彼岸之意——所谓"波罗蜜多"是也。如此，则永无成就"此岸"之意，于是此世界中一切活动皆不得任何肯定，自不能肯定"文化"之意义。儒学则以化成世界为方向，所致力者正是"此岸"中之价值之实现。此处区别甚为分明。明道对此点亦颇强调，曾云：

> ……要之决无取其术。大概且是绝伦类，世上不容有此理。又其言待要出世，出那里去？又其迹须要出家，然则家者，不过君臣、父子、夫妇、兄弟；处此等事，皆以为寄寓，故其为忠孝仁义者，皆以为不得已尔。又要得脱此网，至愚迷者也。毕竟学之者，不过至似佛；佛者，一點胡尔。他本是个自私独善，枯槁山林，自适而已。……今彼言世网者，只为些秉彝，又殄灭不得；故当忠孝仁义之际，皆处于不得已。直欲和这些秉彝都消杀得尽，然后以为至道也；然而毕竟消杀不得。如人之有耳目口鼻，既有此气，则须有此识；所见者色，所闻者声，所含者味；人之有喜怒哀乐者，亦其性之自然。今强曰，必尽绝为得天真，是所谓丧天真也。……他有一个觉之理，可以敬以直内矣，然无义以方外；其直内者，要之，其本亦不是。①

案明道此段语，所涉问题颇杂，但重点则在抨击佛教不能肯定文化，

---

① 《河南程氏遗书》，卷二上。

不能肯定此世界中之"理"。所谓"绝伦类",所谓以"忠孝仁义"为"不得已",所谓"消杀"世界中之"秉彝",皆是就其"否定世界之态度"说。此外则用"性之自然"一语,说"物各有理"之意,谓佛教"无义以方外",亦由此推出。盖明道对世界之态度,取儒学"化成世界"之方向;而此化成之义,又以物物皆有理(有"本性")可以实现为理据。且明道又接近"天道观",直以为世界乃理或道之直接显现,故极力反对佛教以世界为幻妄、为障累之说。此可视为儒佛之争中一基本问题。明道之评论虽不严不备,但表现其自身对世界之肯定态度则无可疑。本节非评佛教,原只通过明道评佛教之言论以进一步了解明道之精神方向,则上列各节已满足此一要求。对于明道学说之叙述,亦于此结束。

三、附语

以上就重要问题分述明道之学说。尚有应加补充者,附识于此。

明道立说治学,原不是经师一路,故其讲解经籍,大抵皆据文以发挥自己之理论。其说未必合于古籍原文之意,学者亦不必以此标准求之。但明道之运用经籍,有可注意者,即对《大学》之重视。盖《中庸》一书,自濂溪以前,即为宋儒所尊崇。周张立说更是以《易传》与《中庸》合为一套理论。对《大学》则尚未视为主要经籍。二程开始特重《大学》之文。伊川所言"穷理致知",全依《大学》说,此点下节再述之。专就明道而论,亦屡有肯定《大学》之地位之言论。如云:

>《大学》乃孔氏遗书,须从此学则不差。[①]

又云:

[①]《河南程氏遗书》,卷二上。

>《大学》在明明德,先明此道;在新民者,使人用此道以自新;在止于至善者,见知所止。①

此即朱熹日后所谓之"三纲领"也。又云:

>《大学》之道,在明明德,明此理也。在止于至善,反己守约是也。②

凡此种种说法,皆见明道已开始以《大学》为儒学之主要文献。朱熹日后之编"四书",可谓肇始于此。

其次,明道讲《易》,亦强调"生生之谓易"及"天地之大德曰生"之说;但其论价值标准之语,则显示明道所谓"是非",并非专以合于此以"生"为内容之"道"为最高标准。盖明道已与伊川持相同见解,认为"是非"之标准在事物本有之"理"上,故只说"循理"。但如此说"理",即指事物之"本性"言,与共同意义之"性"或理(即"天道")不同。此二者在明道眼中可以直通,但其中困难,则明道全未论及。

又明道已就气质或气禀说"善恶",但此原只能通过一"心"观念讲;盖说气质之影响时,只在"心"受此种影响处落实,否则"善恶"之义即难确定成立。但明道对"心"并未作深切讨论;此点亦大可注意,盖有关于宋儒理论演进之内层脉络也。

朱熹常谓明道说话"浑沦",又以为"太高",其实皆非客观评论。客观言之,明道未尝建立一明确体系,而其思想中常有许多同时成立之肯定,而又未予以系统化之组织;故观明道之言论,分别看时,处处皆不难解,合而论之,便常有难通之处,未必是由于"太高"也。

以下再述伊川之说。

---

① 《河南程氏遗书》,卷二上。
② 《河南程氏遗书》,卷十二。

第二节
程 颐 之 学

一、生平及著作

《宋史·道学列传》云：

> 程颐，字正叔。年十八，上书阙下，欲天子黜世俗之论以王道为心。游太学，见胡瑗问诸生以颜子所好何学，颐因答曰：学以至圣人之道也。……瑗得其文，大惊异之，即延见，处以学职。吕希哲首以师礼事颐。治平元丰间，大臣屡荐，皆不起。哲宗初，司马光、吕公著共疏其行义……诏以为西京国子监教授。力辞，寻召为秘书省校书郎；既入见，擢崇政殿说书。……苏轼不悦于颐；颐门人贾易、朱光庭不能平，合攻轼。胡宗愈、顾临诋颐不宜用，孔文仲极论之，遂出管勾西京国子监。久之，加直秘阁，再上表辞。董敦逸复摘其有怨望语，去官。绍圣中，削籍，窜涪州。李清臣尹洛，即日迫遣之；欲入别叔母，亦不许；明日赆以银百两，颐不受。徽宗即位，徙峡州，俄复其官，又夺于崇宁。卒年七十五。……著《易》《春秋传》，以传于世。……平生诲人不倦，故学者出其门最多，渊源所渐，皆为名士。①

案朱熹著《伊川先生年谱》，云："大观元年九月庚午，卒于家，年七十有五。"②其年寿与传文合，但传文未记卒于何年。而大观元年为公元1107年（丁亥），逆推至明道二年（癸酉）为七十五；然《伊洛渊源录》所载年谱，则谓卒于大观二年，恐误。兹据《遗书》所附年谱，定其生

---

① 《宋史》，卷四百二十七，《道学列传一》。
② 《河南程氏遗书》，附录，《伊川先生年谱》。

卒年为公元1033—1107年。盖伊川少于明道一岁。

伊川著作，有《易传》《经解》等，其语录亦远较明道语录为多，又另有杨时所编《粹言》，皆收入《二程全书》。今观伊川之学说，当以《语录》及《粹言》为主，其他资料作为补充。

二、伊川学说之要旨

在分述伊川学说之要点以前，有应特加说明者，即伊川少年时之思想言论，与中年以后立说时期确有不同。今在哲学史中述伊川之学，自是以其立说以后之思想为据，然少年之思想言论，亦应先略作一说明，以遣除有关之误解。伊川少年之作品有二：其一为《颜子所好何学论》，其二为皇祐二年《上仁宗皇帝书》。尤以前者为重要。

案《颜子所好何学论》，乃应胡瑗所出试题而作；其文所言，皆直承濂溪《太极图说》。兹录其文如下：

> 圣人之门，其徒三千，独称颜子为好学。夫《诗》《书》六艺，三千子非不习而通也；然则颜子所独好者，何学也？学以至圣人之道也。圣人可学而至欤？曰：然。学之道为何？曰：天地储精，得五行之秀者为人。其本也真而静；其未发也，五性具焉，曰仁义礼智信。形既生矣，外物触其形而动于中矣。其中动而七情出焉，曰喜怒哀乐爱恶欲。情既炽而益荡，其性凿矣。是故学者约其心使合于中，正其心，养其性，故曰性其情。愚者则不知制之，纵其情而至于邪僻，梏其性而亡之，故曰情其性。凡学之道，正其心，养其性而已。中正而诚，则圣矣。君子之学，必先明诸心，知所养然后力行以求至，所谓自明而诚也。故学必尽其心，尽其心则知其性，知其性，反而诚之，圣人也。（下略）①

---

① 《二程文集》，卷七。

此段文字最可注意者有两点：

第一，伊川以"学以至圣人之道"，释颜子所好之"学"，而与《诗》《书》六艺之学分开，此即明标"成德之学"，异于记诵等求知识之学，乃宋代儒学之大肯定之一。伊川日后持此立场不改。

第二，论性情一段，由天地五行说起。其承自濂溪《太极图说》之迹，极为显明。所谓"得五行之秀"，即《图说》所谓"秀而最灵"；"形既生矣"乃《图说》中语，"五性"亦然。此是伊川确曾读《太极图说》之证据。后世或以为二程终日不言《太极图说》，遂疑无受《图说》于濂溪之事①，观此文可知其说不能成立。盖二程日后自立系统，与濂溪趣向不同，故讲学时不谈《太极图说》。然立说时之思想是一事，立说前曾否受濂溪《图说》之影响，则另是一事。观伊川此文，可知至少在伊川游太学时，尚服膺《图说》中之理论也。

但伊川即在此文中，亦已表现其独立之思想。如论"五性"则以仁义礼智信当之，此非濂溪所言之"五行"之"性"，而又以"七情"配"五性"，于是乃以"性情"二字，分别判出一心升降之两方向。此亦濂溪所未能确言者。且濂溪论"圣"及"圣学"时，只说"诚神几"，或"一"与"无欲"，并无工夫枢纽可言；伊川则由"性"与"情"之主从关系说工夫大纲。"性其情""情其性"表一心之两方向，见圣凡之殊，条理分明。此固唐人之旧说，然亦濂溪未言者也。

就以上两点看，可说伊川少年确受濂溪影响，但伊川为学旨趣自少年即不在"宇宙论"一面，故虽袭《图说》语，而自家自别有用心处。学者勿放过此种文献，即易见周氏与二程学说之实际关系如何矣。

其次，《上仁宗皇帝书》原以"仁政"及"王道"之观念为主，在理论方面，无特殊可注意之处。但此书中所表现之纵横游说气息，亦与日

---

① 此说宋人已有之。清初朱彝尊著《太极图授受考》，尤强调此点。

后伊川之人生态度颇有不同。兹取一二点略作说明,亦可以有助学者对伊川其人之了解。

书中先"自陈所学",然后以其学"议天下之事";而其言云:

> 臣所学者,天下大中之道也。圣人性之为圣人,贤者由之为贤者,尧舜用之为尧舜,仲尼述之为仲尼。①

此数语口气之夸肆,只有战国辩士之语可相比拟。若与日后朱熹所描述之圣贤气象相比,则相去殊远。

书中又云:

> 如臣者,生逢明圣之主,而天下有危乱之虞,义岂可苟善其身,而不以一言悟陛下哉?②

书末复谓:

> 昔汉武帝笑齐宣不行孟子之说,自致不王,而不用仲舒之策。隋文笑汉武不用仲舒之策,不至于道,而不听王通之言。二主之昏,料陛下亦尝笑之矣。臣虽不敢望三子之贤,然臣之所学,三子之道也。陛下勿使后之视今犹今之视昔,则天下不胜幸甚。③

抑扬驰骋,笔端充满游说雄辩气息,此又非仅读伊川日后语录之人所能想见者矣。

就此书看,伊川少年时用世之心甚切,且有纵横家气息。中年以后,所学造境不同,乃有以自化其霸气。此虽不直接涉及其学说内容,亦与学者之了解伊川个人性格大有关系;因一向无人注意及此,故在本节略说数语。

---

① 《二程文集》,卷五。
② 《二程文集》,卷四。
③ 《二程文集》,卷四。

以下即分项论述伊川学说之要点。

(一) **性即理**

前节论明道之学时，曾指出明道言"性"偏于"天道观"之立场，然已涉两层意义之"性"。此点在伊川稍有不同。伊川虽亦兼说"共同义"及"殊别义"之性，但较重视后者；因之，其所立之系统含有一"本性论"。而此中枢纽又在于"性即理"之说。本节即以此一命题为起点，以观伊川论"性"论"理"之大旨。

伊川答唐棣问云：

> 性即理也。所谓理性是也。天下之理，原其所自，未有不善。①

此所谓"性"，尚未点明取何义。然以"性"与"理"为一，已是一大肯定。又在解孟子"性善"之义时说：

> 孟子言人性善，是也。虽荀扬亦不知性。孟子所以独出诸儒者，以能明性也。性无不善。而有不善者，才也。性即是理。理则自尧舜至于涂人，一也。②

"性"即"理"，故无有不善。而人之彼此相异，只由于"才"，故就"性"或"理"言，尧舜至于涂人皆无殊异。此处粗略观之，似只强调一普遍性之"性"，但其实所说乃人类所共有之"性"而已。此自亦是孟子原意所在。伊川又循孟子之意以发挥云：

> 君子所以异于禽兽者，以有仁义之性也。苟纵其心而不知反，则亦禽兽而已。③

此就《孟子》书中"人之所以异于禽兽者几希"一语讲；伊川点出所谓

---

① 《河南程氏遗书》，卷二十二上。
② 《河南程氏遗书》，卷十八。
③ 《河南程氏遗书》，卷二十五。

"仁义之性",以区分"人"与他种动物;盖此处所谓"性"者,即指"人"之特具之"本性",非万有所共之"性"也。又云:

> 唯仁与义,尽人之道;尽人之道,则谓之圣人。①

"尽人之道"即"尽人之理",亦即"尽人之性"也;而以"仁义"说之,盖"仁义"所表之德性能力,即人之"性"或"理"也。

若推言之,应说一切德性能力,皆属人之"性",故伊川又以"仁义礼智信"五者皆属"性",而云:

> 仁义礼智信,于性上要言此五事。②

此亦即少年论颜子时已有之观念。依此而论,伊川以德性或德性能力为"人之道""人之性"。此皆指"人"之"本性"言。

由此,伊川又提出"心即性"之说。其言云:

> 孟子曰:"尽其心,知其性。"心即性也。在天为命,在人为性,论其所主为心,其实只是一个道。③

此所谓"心即性",盖指人之有"自觉主宰"之能力,即人之"本性"也。但伊川并非真持"主体"观念者,故所说之"心",与"性"及"命"平行,作为同一"道"之显现;另一段则又加一"理"字,云:

> 在天为命,在义为理,在人为性,主于身为心,其实一也。心本善,发于思虑,则有善有不善。若既发则可谓之情,不可谓之心。④

伊川原以"性"与"情"对比,此处则以"心"字换"性"字,"性本善"亦换为"心本善"。如此用法,似乎"心"与"性"二字之殊异,未为伊川所明

---

① 《河南程氏遗书》,卷二十五。
② 《河南程氏遗书》,卷十五。
③ 《河南程氏遗书》,卷二十二上。
④ 《河南程氏遗书》,卷二十二上。

确掌握。而以"命""理""性""心"四者为"一",其说分寸尤欠明朗。但只就大意看,可知伊川此处之立场,乃一形上学立场,而非心性论立场。盖其主要意思是说:有一形上之理或道,就其本身言,则"在天为命";就其表现于价值判断言,则"在义为理";就其为人禀受言,则"在人为性";就人之如何禀受此道言,则"主于身为心"。用一"主"字,固见伊川非不承认自觉心之主宰能力,但此"心"仍只是"道"之一面表现,非最高之"主体性"。而"心"与"性"二字如此混用,又可见伊川立说之疏阔处仍与明道相似,《定性书》即已不辨"心性之分"矣。

顺此形上学之理路看,则伊川之"性",自有取"共同义"一面,即有时亦与"天道观"相近。尤其当其言及"合内外之道"时,必强调"物我一理";如《粹言》中有云:

> 子曰:物我一理,明此则尽彼,尽彼则通此,合内外之道也。①

《语录》中亦云:

> 万物皆备于我,此通人物而言。禽兽与人绝相似,只是不能推。②

"通人物"即指人物所共同具有者讲,如此,则是指万有所共之道或理。禽兽与人之殊异,仍不能不承认,但以"不能推"说之,意谓就形上之理讲,万物皆同具此理;禽兽所具之"理",亦本与"人"同,但为气质所限故不能显现此理。依此,此共同之"理"或"道",当即"天道",又与"本性"义不同矣。

但伊川尽管有"天道"观念,其"本性"观念仍是学说中之要点所在。万有各成类别,自有一定之理即"本性",仍是伊川立说之大原

---

① 《二程全书》,《粹言二》。
② 《河南程氏遗书》,卷二下。

则;每当伊川论及孟告之辩时,即透露此一理论立场。如《粹言》云:

> 子曰:告子言生之谓性,通人物而言之也。孟子道性善,极本原而语之也。生之谓性,其言是也;然人有人之性,物有物之性,牛有牛之性,马有马之性,而告子一之,则不可也。①

此即明说,"本性"或"牛""马""人"等所特具之"殊别之性",断不可混而为一或置之不论;"生之谓性"是"通人物而言",即就"共同义"之"性"说,伊川亦承认有此"共同之性",但不能因此即取消"殊别之性";此本是孟子驳告子时之理论立场,伊川于此时亦把握甚紧,与明道之"浑沦"不同也。

总之,专就"性""理"二观念本身看,伊川仍兼有"天道观"与"本性论"之立场,但发展出其工夫理论及其他理论时,伊川终以"本性论"为主。此点看下文各节自明。

"性即理"一命题之重要性,原在于此语决定一切价值判断之基础。所谓价值判断,即指善恶好坏而言。此又可分两面看。在自觉心之趋向一面,有"善恶"问题,在事物一面,有"好坏"问题;此两组问题合而构成一价值理论。伊川之价值理论,以"性即理"一语为中心,自亦可分两面观察其说。

《粹言》中记伊川释"理"与"义"云:

> 在物为理,处物为义。②

此是统摄内外两面讲。在对象一面,有"理",而在意志行为一面则循理以处物即为"义"也。就此分划,遂有两系问题。一系问题是关于意志行为者,主要是如何能使自己之活动循理而合乎义?另一系问

---

① 《二程全书》,《粹言二》。
② 《二程全书》,《粹言一》。

题是关于对象或事物者,主要是所谓事物之理应如何了解？以下分述伊川之说。

先就意志行为一面讲。伊川少年时即已提出"性其情"与"情其性"之二分,盖谓意志或心有此两种趋向。《语录》中对此问题则以"性"与"才"或"气"相对照而说之。如：

> 性无不善。而有不善者,才也。①

又云：

> 须理会得性与才所以分处。②

而所谓"才",即是人受气质所决定后所具之特性,亦即相当于魏晋时之"才性"。伊川云：

> 性出于天,才出于气。气清则才清,气浊则才浊。……才则有善与不善,性则无不善。③

此处所谓"才"有善有不善,似颇费解；盖只就"才"说,则只是一事实,如何能说"善"或"不善"？然伊川所以如此说,乃因伊川心目中,人由其才之不同,而有易于循理或难于循理之别；即就循理之难易不同,说"才"或"气禀"之善恶。但伊川并无意将才或气禀之限制看作不可克服者,反之,强调为学之目的正在于克服此种限制。《语录》中与唐棣之问答云：

> 又问：才出于气否？曰：气清则才善,气浊则才恶。禀得至清之气生者,为圣人；禀得至浊之气生者,为愚人；如韩愈所言、公都子所问之人是也。然此论生知之圣人。若学而知之,气无清浊,皆可至

---

① 《河南程氏遗书》,卷十八。
② 《河南程氏遗书》,卷十八。
③ 《河南程氏遗书》,卷十九。

于善,而复性之本。……孔子所言上智下愚不移,亦无不移之理;所以不移,只有二:自暴自弃是也。①

此段乃伊川之重要理论,盖肯定人之成德,永为可能;除自暴自弃外,并无不可致之限制。此实即对"最高自由"之肯定,而有此肯定,然后成德之学方能确立,而不至为才性之说所乱矣。

人之"性"原即是"理",故又谓"理与心一,而人不能会之为一"②。其所以不能者,又由于"才"或"气"之限制;但此种限制可在成德之工夫过程中逐渐克服,至能克服限制时,心即可"循理",亦即"复性之本"也。

案伊川此种观点,实自横渠分"天地之性"与"气质之性"而来。有此一分法,则意志或心之方向之"二元性"乃可建立。此种"二元性"乃任何道德价值理论所不能不有者,学者不可误以"二元论"说之。

又伊川除以"性"与"才"作对照外,又常以"性"与"情"对照而立说。此说之渊源可上溯于《礼记》中之《乐记》;盖以心感于外而发者为"情",以与内在本有之"性"区别。此一说法虽本与"性"与"才"之划分即"义理之性"与"气质之性"之划分不同,但在伊川系统中仍可互通。《语录》中关于言性情者不少,兹举其最可注意之一段如下:

> 问:喜怒出于性否?曰:固是。才有生识,便有性;有性便有情。无性安得情?又问:喜怒出于外如何?曰:非出于外,感于外而发于中也。问:性之有喜怒犹水之有波否?曰:然。湛然平静如镜者,水之性也;及遇沙石,或地势不平,便有湍激;或风行其上,便为波涛汹涌。此岂水之性也哉?人性中只有四端,又岂有许多不善底事。然

---

① 《河南程氏遗书》,卷二十二上。
② 《河南程氏遗书》,卷五。

> 无水安得波浪？无性安得情也？①

此以"情"为"感于外"而生。但谓"无性安得情"，又以水波喻情，则其说显有疏误。盖以"湛然平静"为"水"之"性"；以"波涛汹涌"喻"水"之"情"，则"情"与"性"分别各表一状态；二者皆是水之状态，故能说"无水安得波浪"。然"水"不相应于"性"字，必水之"清"或"水"之"湛然平静"，方与"水"之"性"相应。如是，"性"与"情"可说皆是"心"之状态；"情"可说出于"心"，不可说出于"性"。正如波浪可说是"水"，不可说是"湛然平静"也。

案伊川此喻颇有佛教气息，风行水上而生波，以喻情识，正是《大乘起信论》所讲"无明"之意。但此说在佛教教义中困难更大，因"无明"何来，似不能有一自圆之说。今在伊川学说中，则此所谓"外"，不唯可指万物，亦可兼指形躯所具之气质。将此喻与"性"与"才"之说相连，可说心之本性即理；人之形躯由气决定，故感受气质之影响时，即不能全循理，而由此有善恶问题。而气质或"才"本身之妨碍心之循理，又有程度不同，由此以说"才"之清浊，而"才"遂亦有"善"或"不善"之别。至于成德之道，则在于以"理"为主，以"气"或"才"为从；以理驭气，便是"性其情"，亦即是使"情"得循理而动。此又与明道《定性书》之说相通，亦与伊川论"浩然之气"之语相合。伊川之言云：

> ……方其未养，则气自是气，义自是义，及其养成浩然之气，则气与义合矣。②

伊川论性情语，《粹言》中有一段云：

---

① 《河南程氏遗书》，卷十八。
② 《河南程氏遗书》，卷十八。

> 或问:性善而情不善乎？子曰:情者,性之动也;要归之正而已,亦何得以不善名之?①

此处"性之动"仍应改为"心之动"方妥。然伊川此处重在说"情"本身亦非即是"恶";盖能"摄情归性"而"性其情",即"情"即得"正",无所谓"恶";此与"浩然之气"表"生命力之理性化",原属一理也。

"性""才"等问题,已如上所述。但此只涉及意志方向之"善恶"问题,至于事物之"好坏"问题,则尚应另作说明,即前文所谓另一系问题是也。

事物各有其"理",此伊川所常言者。此"理"亦常分为"共同"与"殊别"二层讲。如云:

> 天下物皆可以理照。有物必有则,一物须有一理。②

此是借"有物有则"一语说"一物"须有"一理";其于《诗经》原意不合,前已论及。但伊川此处肯定一物有一理,则甚显明。此是指"殊别"之理。又如论"穷理"云:

> 所务于穷理者,非道须尽穷了天下万物之理,又不道是穷得一理便到。只是要积累多后自然见去。③

关于"穷理"之解释,下节另有论述。此处要指出者,是伊川此类说法,皆可见其"理"是万物各自具有之"殊别之理",与明道常说之"共同"意义之"理"不同。

明道常说"天理",伊川亦用"天理"一词。但伊川所谓"天理"只是"自然之理"之意,并非指别有确定内容之"天道"。其言云:

---

① 《二程全书》,《粹言二》。
② 《河南程氏遗书》,卷十八。
③ 《河南程氏遗书》,卷二十四。

> 天命之谓性,此言性之理也。……若性之理也,则无不善。曰天者,自然之理也。①

依伊川此意,说"天理"只应指"自然之理"或"本有之理",以与指"禀受"诸语相别(上引语本是说明"性"可指"禀受"亦可指"理",二义不同)。此"自然"或"本有"之理,即相当于事物之"本性"也。

事物各有"本性",即是其"理";而对事物之态度,即以顺其"性"或"循其理"为正,所以如此者,又因事物本以能实现其"本性"为"好"。伊川曾于《易传》中释《艮》之象辞曰:

> 艮为止,止之道唯其时。行止动静,不以时则妄也;不失其时则顺理而合义。在物为理,处物为义。②

此所谓"顺理",即顺事物之本性也。又云:

> 万物庶事,莫不各有其所;得其所则安,失其所则悖。圣人所以能使天下顺治,非能为物作则也,唯止之各于其所而已。③

此说谓圣人亦不"为物作则",盖事物之"理",即其"本性",乃本有而非被"作成"者。以此与上段合看,伊川之重视殊别之理,可无疑矣。

肯定事物有殊别之理,由此即得一定事物好坏之标准;盖事物即以能实现其本性为"好",而人之"处物",即以使事物实现其本性或"得其所"为"善",所谓"在物为理,处物为义"是也。

《语录》中亦有专就"性"说此意者。例如:

> 或问:性。曰:顺之则吉,逆之则凶。④

---

① 《河南程氏遗书》,卷二十四。
② 《二程全书》,《伊川易传四》。
③ 《二程全书》,《伊川易传四》。
④ 《河南程氏遗书》,卷二十五。

此语当是在谈《易》时说,故用"吉凶"二字,伊川解《易》之"吉凶",大抵包含主客两面而言;意志行为之是否得正,事物之是否合理,皆以"吉凶"说之。故此二语亦可说兼指上论之两系问题,其重点仍在一"顺"字。

总之,从主体一面说,以能克服才性限制,而使此心循理为成德成圣之方向;从客观一面说,以事物实现其本性为"得所"为"好"。故合而言之,此心求其能不为气及情所役使,如此则能循理以应万物万事;而当此心达此境界时,其所实践之活动,则即在于使万物万事各实现其本性或本然之理。心意之善恶,系于能否循理而动;事物之"好坏"在于其本性能否实现,而循理之心,即使事物各实现其本性,各得其所,各得其"好"。此是所谓"合内外之道",亦即所谓"尽己之性""尽人之性""尽物之性"也。

至此,可知"性即理"一命题,实奠定一套价值理论。此中最可注意者,是如此之价值理论,并不假定事物世界本已合理,只肯定理为本然已有者,而又是待实现者。于是,倘说眼前世界阴暗混乱,亦不碍立此"实现本性"之目标。故此说固另有其理论困难,然能避免"天道观"之困难。而伊川学说之与宇宙论诸说之不同,亦可以由此显出矣。

(二)穷理、致知、格物

上节论"理"及"性"与"性即理"一命题如何决定一价值理论,乃就伊川之基本学说着眼。但在工夫方面,则未涉及。盖肯定"性即理""在物为理,处物为义"等要点后,仍未说明人如何能由常识层面升进至克服气质而循理无私之境界。说明此种过程,即所谓"工夫理论"。

伊川云:

> 涵养须用敬,进学则在致知。①

此是伊川工夫理论之总纲。"敬"落在意志之培养省察上说,"致知"则就掌握形上之理说,二者又有不同。故《粹言》云:

> 子曰:识道以智为先,入道以敬为本。②

又云:

> 天下无一物非吾度内者,故敬为学之大要。③

另一节则云:

> 子曰:始于致知,智之事也。行所知而极其至,圣之事也。④

可知伊川认为"敬"与"致知"乃两大工夫,而"致知"尤为开始着力处。"敬"则是时时在意志上用功之法门。故"致知"为"始","敬"则为"学之大要"。

本节先论"致知"之说。下节另论"敬"与成德工夫。

伊川用"致知"一词,自是由《大学》而来,故与"格物"相连;另一面,伊川又加"穷理"一义;此三者相贯而成为伊川"进学"之理论。

在述此理论前,先应说明者,是"穷理"一词,在二程学说中,又有两种用法:其一是据《说卦》中"穷理尽性以至于命"一语,而将"穷理"与"尽性""至于命"相连而说;此所谓"理"是共同义之"理"。另一用法则是本节所论之工夫意义之"穷理",与"致知"与"格物"相连说。

就前一意义看,二程皆认为"穷理尽性以至于命"只是一事。故明道云:

---

① 《河南程氏遗书》,卷十八。
② 《二程全书》,《粹言一》。
③ 《二程全书》,《粹言一》。
④ 《二程全书》,《粹言一》。

> 穷理尽性以至于命,三事一时并了,元无次序。不可将穷理作知之事。若实穷得理,即性命亦可了。①

伊川亦谓:

> 穷理尽性至命,只是一事。才穷理,便尽性,才尽性,便至命。②

案此等说法所谓"穷理",皆非指殊别之理或事物本性,乃指共同义之形上原理。张横渠似不解此分别,故曾与二程辩争。《河南程氏遗书》,卷十记之云:

> 二程解穷理尽性以至于命,只穷理便是至于命。子厚谓亦是失于太快。此义尽有次序。须是穷理,便能尽得己之性,则推类又及人之性;既尽得人之性,须是并万物之性一齐尽得,如此然后至于天道也。③

张氏所论乃二程所必不反对者,但二程言三事"一时并了"时,所言"穷理",本非指人物各具之本性,故所谓"尽性",亦取共同义之"性",非说工夫实践问题。张氏如此说"穷理",则正是伊川讲"致知格物"时所言之"穷理"也。

冯友兰氏则亦引二程此类说法,而作为明道、伊川所说之"穷理"不同之证据。实则,专就《说卦》之"穷理"观念讲,二程之解并无不同。至就《大学》之"致知格物"以讲"穷理",则原是伊川之理论,明道未有此说也。

以上各点澄清后,即可述伊川"穷理""致知"及"格物"之说。

"致知"与"格物"原是《大学》论先后本末时之用语,观"物有本

---

① 《河南程氏遗书》,卷二上。
② 《河南程氏遗书》,卷十八。
③ 《河南程氏遗书》,卷十。

末"与"知所先后"二语,其义甚明。但二程之讲《大学》,则是借此书以发挥自己之理论,故其说不必合于原文之意。明道已屡谈及致知格物之义,如云:

> 致知在格物,格,至也。或以格为止物,是二本矣。①

此以"至"释"格",伊川亦是如此说。如伊川语录云:

> 又问:如何是格物? 先生曰:格,至也。言穷至物理也。②

同以"格"为"至",但伊川加入穷理之说。此外伊川有时又直以"穷理"释"格物"。其言云:

> 致知在格物,则所谓本也,始也;治天下国家,则所谓末也,终也。治天下国家,必本诸身;其身不正,而能治天下国家者,无之。格,犹穷也;物,犹理也;犹曰:穷其理而已也。穷其理,然后足以致之;不穷则不能致也。③

案此节前数语极合《大学》本意。日后明人王艮所持之"格物"之解法,实已见于伊川此一段语录。然下文直以"穷理"与"格物"字字相应而说之,却是伊川独有之立场。"二先生语"中有一段云:

> 致知在格物。格,至也;穷理而至于物,则物理尽。④

此自是伊川语,因又以"穷理"说"格物致知"也。

通过"穷理"以讲"格物"及"致知",即构成一条理分明之说法。盖只谈"格物",其内容不确定。今说"穷理",则所谓"格物",即是穷究事物之理;而穷究之过程及结果,皆是"知";于是"格物"与"致知"

---

① 《河南程氏遗书》,卷十一。
② 《河南程氏遗书》,卷二十二上。
③ 《河南程氏遗书》,卷二十五。
④ 《河南程氏遗书》,卷二上。

通过"穷理"一观念,遂贯串为一,且有确定之内容。此说是否符合《大学》本意,是另一问题。作为一理论看,则其说明确通畅,故朱熹以下多宗之。

伊川言"穷理",所谓"穷"乃就深度说,非就广度说;穷理自是要在事事物物上穷究其理,但亦不是要在广度意义上求穷尽,故云:

> 所务于穷理者,非道须尽穷了天下之理,又不道是穷得一理便到。只是要积累多后自然见去。①

伊川之意是穷究一一事物之理,最后以求贯通之理;故观事物之理是落在殊别意义之"本性"上说,但在各种本性之上,又当有一共同之理,此所以"贯通"为最后之目的。伊川曾屡说此意。例如:

> 或曰:进修之术何先?曰:莫先于正心诚意。诚意在致知,致知在格物。格,至也,如祖考来格之格。凡一物上有一理,须是穷致其理。穷理亦多端;或读书讲明义理,或论古今人物别其是非,或应接事物而处其当,皆穷理也。或问:格物须物物格之,还只格一物而万理皆知?曰:怎生便会该通?若只格一物,便通众理,虽颜子亦不敢如此道。须是今日格一件,明日又格一件;积习既多,然后脱然自有贯通处。②

伊川此处用"贯通"一语,即日后朱熹作《大学补传》时所云"豁然贯通"之根据。此节先说明致知格物以至正心诚意,皆为下手工夫所在——所谓"进修之术",然后提出"穷理"之主张,又说明所谓"穷理",可在理论研究上用功,可在历史判断上用功,亦可在道德行为之实践处用功。此似是说"穷理"工夫不限于"求知",然穷理渐多,终当

---

① 《河南程氏遗书》,卷二上。
② 《河南程氏遗书》,卷十八。

求其"贯通";此贯通处自仍是一种觉知,但非经验之知识,而是所谓"德性之知"也。

对于此"贯通"之理,伊川未确说其内容。从理论上着眼,说"贯通"之理或共同之理,至少可有两种迥不相同之意义。其一是纯形式意义,即"物物所以有其理"之"理";此可以不涉及事物所具殊别之理之内容。其二是实质意义,即由殊别之理之各种内容上溯而求一统摄此各内容之"共同之理"。伊川于此未作明确论断,但云万物皆是一理。其言云:

> 格物穷理,非是要尽穷天下之物。但于一事上穷尽,其他可以类推。至如言孝,其所以为孝者如何?穷理如一事上穷不得,且别穷一事;或先其易者,或先其难者,各随人深浅,如千蹊万径,皆可适国。但得一道入得便可。所以能穷者,只为万物皆是一理。至如一物一事,虽小,皆有是理。①

依此,"万物皆是一理",本仍有两种解释,但云一物一事"皆有是理",则所谓"是理"当指有内容之"共同之理";盖若取形式意义,则不能说"有是理",只能说"依是理"矣。

再进一步说,伊川所谓之"物",亦不限于外在事物,人类自身之行为等亦皆视为"物"——上段以"孝"为例已可见此意。此外,伊川亦曾特说此意云:

> 今人欲致知,须要格物。物不必谓事物然后谓之物也。自一身之中,至万物之理,但理会得多,相次自然豁然有觉处。②

此明白点出不必限于事物而言"物",且伊川又云:

---

① 《河南程氏遗书》,卷十七。
② 《河南程氏遗书》,卷十七。

> 人要明理,若止一物上明之,亦未济事。须是集众理,然后脱然自有悟处。然于物上理会也得,不理会也得。①

末二语似颇费解。实则伊川此处是就个别物理不能尽穷说。人之用功穷理,目的在于悟见贯通之理;穷理时虽是"今日格一件,明日又格一件"或"集众理",但毕竟不是"尽穷了天下之理"(即不就广度意义说"穷尽"),故即在脱然省悟后,亦只是通过已穷究之诸理而见贯通之理,仍有许多未穷究之物在;此时对所未穷究一部分,亦不必处处穷究(因已悟贯通之理),故说"理会也得,不理会也得"。

依此,则"穷理"虽与"格物"相连,而所谓"物"则不限于事物;而"穷理"时目的仍在悟得形上意义之共同之理,故了解事物之理,本身非一最后目的。而且悟此贯通之理,亦不是必须由外界事物之理上入手求之。此所以伊川终非重视宇宙论者,与周张及邵氏之学大异。关于此点,《语录》中尚多可作佐证之处。例如:

> 致知在格物。格物之理,不若察之于身,其得尤切。②

又如:

> 问:格物是外物,是性分中物?曰:不拘。凡眼前无非是物。物物皆有理。如火之所以热,水之所以寒,至于君臣父子间,皆是理。③

此皆谓"格物"不限于外界事物;此身之行为及伦理关系亦可作为"格物穷理"之对象,且后者"尤切"。盖伊川之旨趣,虽落在"形上之理"上,但此"理"之重要性,仍须在价值理论上落实,故如此说。凡此种

---

① 《河南程氏遗书》,卷十七。
② 《河南程氏遗书》,卷十七。
③ 《河南程氏遗书》,卷十九。

种论点,皆可见伊川立说时不重视宇宙论也。

"穷理"及"格物"已如上解。至所谓"致知",自是指"德性之知",非"闻见之知";故将"致知"与"格物穷理"相连看,则更可见伊川重视行为伦理一面之"理",其言云:

> 致知,但知止于至善;为人子止于孝,为人父止于慈之类。不须外面只务观物理,泛然正如游骑无所归也。①

其意盖谓所致之"知"乃"德性之知";依此义讲,则此种"知"不同于对事物之经验知识,而应为心灵本有之能力,故曰:

> 知者,吾之所固有,然不致则不能得之。而致知必有道,故曰:致知在格物。②

此处大宜注意。伊川以"知"为"固有",而只就"致"字说"格物"之功,其意明是说,所以从事于"格物",目的在发挥或磨炼此固有之能力。故"格物"处即"致知"处。日后朱熹在《大学补传》中所说之内外并进之工夫理论,即源出于此。或谓,伊川如此讲"致知",是扩充本有能力之意,已与阳明之"致知"相近,实亦不然。盖就"致"字说,二说诚相近,但就"知"字说,则伊川所指者仍是能见贯通之理之能力。此处虽包括"德性之理"在内,然终是一认知意义之能力。阳明所谓"知",则是"良知",本身乃价值之自觉能力。二说用"致"字虽意近,而所"致"之能力则迥不同。学者不可混而为一也。

总之,伊川之说主旨是谓"穷理格物,便是致知"③。三者一贯而不可分也。

---

① 《河南程氏遗书》,卷七。案此卷标题为"二先生语",但出自明道皆在前。此段在"六十之后著书"一段以后,自应是伊川语也。
② 《河南程氏遗书》,卷二十五。
③ 《河南程氏遗书》,卷十五。

(三)"敬"与存养

伊川以"敬"与"致知"为工夫纲领,《粹言》中更明言"敬"为"学之大要"。故"敬"与"致知"合而为伊川之工夫理论,乃无可疑者。"致知"之意义,上节已论之。兹再观伊川论"敬"之说。伊川云：

> 敬是闲邪之道。闲邪存其诚,虽是两事,然亦只是一事。闲邪则诚自存矣。①

"敬"直接说来似落在"闲邪"上,因"敬"即是不怠不苟之意;但闲邪即能存诚,正如"去善即是恶,去恶即是善"②,故一说"敬",即包含闲邪存诚两面。当伊川如此讲"敬"时,显然所指为意志状态或方向问题。就意志讲,其方向或循理或不循理,无中立可言;今说"敬"时,即就此方向说。此所以"敬"为涵养之事,涵养即指意志上之存养工夫,乃纯就内界言,不必牵往对象处;此是"敬"与"致知"之不同。

然"敬"虽属内界之工夫,人但能"敬以直内",则自能"义以方外",盖仅就方向言,心能因"敬"而循理,则发于外时亦必在方向上循理。此不关另一层面上之"穷理"问题,因见理多少是一事,意志方向是求循理或不求循理是另一事也。伊川曾说此义以答问者,其言云：

> 问：人有专务敬以直内,不务方外,何如？曰：有诸中者,必形诸外;惟恐不直内,内直则外必方。③

学者须注意此等语,皆只是从意志方向讲。若意志本取此方向,则发用于外自仍是此方向;此处未涉及行为之完成问题。至对"敬"之确切解释,则伊川云：

---

① 《河南程氏遗书》,卷十八。
② 《河南程氏遗书》,卷十八。
③ 《河南程氏遗书》,卷十八。

> 敬,只是主一也。主一则既不之东,又不之西,如此则只是中;既不之此,又不之彼,如此则只是内;在此则自然天理明。①

所谓"主一"即心合于理(即《粹言》所谓"己与理一"),不为外物所引之意;"不之东,不之西"等语亦皆指不为外物所引言。此处强调"内"字,因所言乃意志本身之方向,在"外在行为"之前先定也。

"敬"指心合于理,故说:"敬则无己可克。"②然此所谓"主一",只就方向说;若就意志之内容说,则须受所见之理决定;推及外发之行为之内容说,亦是如此。此即见"敬"与所谓"集义"之不同。语录云:

> 问:必有事焉,当用敬否?曰:敬只是涵养一事;必有事焉,须当集义。只知用敬,不知集义,却是都无事也。③

因就意志及行为之内容说,则只有一方向时并不能决定此内容,故此处有"集义"问题。"集义"一词原是孟子论"养气"时所说,故此处问答亦皆顺孟子之问题而论之。孟子谓"浩然之气"乃"集义"所生,此"集义"之工夫自然与"敬"不同,因"集义"已涉及内容,而"敬"只决定一形式之方向。至说"敬"只属"涵养"工夫,则仍与上引之言相同,即"敬"专指内界之存养,未涉及发用;而孟子之"养气"则是在气上发用,故须"集义"而不能专依一"敬"而成立。

由于"敬"既指"主一",则以不受外物牵引为主,易与"虚静"相混,故伊川辩之云:

> 敬则自虚静,不可把虚静唤作敬。④

又另一段则谓以"静"释"敬"是入释氏之说。其文云:

---

① 《河南程氏遗书》,卷十五。
② 《河南程氏遗书》,卷十五。
③ 《河南程氏遗书》,卷十八。
④ 《河南程氏遗书》,卷十五。

> 又问：敬莫是静否？曰：才说静，便入于释氏之说也。不用静字，只用敬字；才说着静字，便是忘也。①

伊川极力表明"敬"字不可视为与"虚静"同，且说用"静"字即是"忘"（此指"勿忘勿助长"而言），可知濂溪之"主静"，非伊川所能接受；伊川少年时虽宗周氏之说，然立说后即去周氏甚远。至于以为用"静"字则入释氏之说，则在严格意义上不甚精切；若说近老氏之说，反无问题矣。

"敬"本身之意义已明；尚有《语录》中伊川论"敬"与"主一"之资料，为人所常加引用者，再引述于下，以作结论：

> 学者先务，固在心志。有谓欲屏去闻见知思，则是绝圣弃智；有欲屏去思虑，患其纷乱，则是须坐禅入定。如明鉴在此，万物毕照，是鉴之常，难为使之不照。人心不能不交感万物，亦难为使之不思虑。若欲免此，唯是心有主。如何为主，敬而已矣。②

此以"心有主"说"敬"，"主"即指意志方向言。其下续云：

> ……所谓敬者，主一之谓敬；所谓一者，无适之谓一。……《易》所谓"敬以直内，义以方外"，须是直内乃是主一之义。至于不敢欺，不敢慢，尚不愧于屋漏，皆是敬之事也。但存此，涵养久之，自然天理明。③

得此段说明，"敬"与"一"皆有确定解释。本义及功能之说明，亦皆包含在内。正可与以上所述印证也。

"致知"与"敬"既已作解释，下节当讨论伊川对儒学中一向重视

---

① 《河南程氏遗书》，卷十八。
② 《河南程氏遗书》，卷十五。
③ 《河南程氏遗书》，卷十五。

之其他主要德性之说法。

（四）仁与恕

伊川论"仁"，主旨实与明道相近。明道以"浑然与物同体"或"以天地万物为一体"释"仁"，伊川则常用"公"字以释"仁"，其意则一也。《语录》云：

> 又问：如何是仁？曰：只是一个公字。学者问仁，则常教他将公字思量。①

此是直以"公"字释"仁"；此"公"乃指"公心"而言，非指发用后之表现，故伊川又谓"公"是"仁之理"。其言云：

> 仁之道，要之，只消道一公字。公只是仁之理，不可将公便唤作仁。公而以人体之，故为仁。只为公则物我兼照，故仁所以能恕，所以能爱；恕则仁之施，爱则仁之用也。②

说"公只是仁之理"者，意谓"仁"之所以为德性者，因"仁"为"公"之显现。譬如，说"真"与"诚实"时，"诚实"为一德性，而其所以为德性者，乃因"诚实"是"真"之显现；"真"与"诚实"毕竟是两个词语，亦犹"公"与"仁"是两个词语。两者不可代换，因一面是指人之德性言，须落在人上说——人可说"仁"或"诚实"；另一面则只是一普遍描述语，本身不可作为一德性。后者显现于人心中，于是"公心"即"仁"，"真心"即"诚实"，但毕竟只能说"某人是仁人"而不能说是"公人"，犹"诚实人"不同于"真人"也。依此，则"仁"以"公"为其理，而"公"显现于人身上（即显现于"公心"），即为"仁"。此所以谓"公而以人体之，则为仁"。"体"即"体现"之意也。

---

① 《河南程氏遗书》，卷二十二上。
② 《河南程氏遗书》，卷十五。

如此,要解释"仁",仍只能通过"公"字说;但二字用法有不同,故不能直接相代,须用"公心"或"公之在人者"释"仁"方妥。

伊川论"仁"与"爱"之不同,甚为明确。其言云:

> 爱自是情,仁自是性,岂可专以爱为仁?……退之言博爱之谓仁,非也。①

以"仁"属性,以"爱"属情,此一分判法在伊川少年已用之。"性"皆就心之本有能力讲,"情"则就感于外而发者讲;换言之,"情"皆属经验界之现象。有公心者自可博爱,但博爱只是公心之表现,不等于"公心"自身。

总之,心能大公则称为"仁",故可说"仁"与"公心"一词相当。但儒者又常用"仁心"一词,若严格言之,似乎以"仁"为"公心",则"仁心"一词中多出一"心"字无法安顿。但此是语言解析之观点。儒家人士从未作此种严格解析,彼等所言之"仁心"仍只是"公心"而已。此点附作申明,以免学者误解。

"仁"本身固是"五性"之一,或德性之一,但又为统摄其他德性之基本德性,故伊川谓能尽仁道者即为圣。其言云:

> 若今人或一事是仁,亦可谓之仁;至于尽仁道,亦谓之仁。此通上下言之也。如曰:若圣与仁,则吾岂敢。此又却仁与圣俱大也。大抵尽仁道者,即是圣人;非圣人则不能尽得人道。②

依此,"仁"之充足实现即成圣德,故一切特殊意义之德性,皆在理论上后于"仁"或低于"仁"。《粹言》云:

---

① 《河南程氏遗书》,卷十八。
② 《河南程氏遗书》,卷十八。

> 子曰：仁者天下之正理，失正理则无序而不和。①

"仁"独为"正理"，亦即德性行为之共同标准之意也。故如此了解"仁"，则知"孝弟"之类，皆只属于"仁"之表现，而非"仁"之"本"。故伊川答弟子语有云：

> 问：孝弟为仁之本，此是由孝弟可以至仁否？曰：非也。谓行仁自孝弟始。盖孝弟是仁之一事，谓之行仁之本则可，谓之是仁之本则不可。盖仁是性也，孝弟是用也；性中只有仁、义、礼、智四者，几曾有孝弟来？仁主于爱，爱莫大于爱亲，故曰：孝弟也者，其为仁之本欤。②

案此是就《论语》中"孝弟也者，其为仁之本欤"一语辨"仁之本"与"为仁之本"二义之差别。明道已有此说。但此处伊川所辨尤明确。"仁"可表现于家庭伦理关系中而为"孝弟"之德性，故"孝弟"只是"仁之一事"——即一种活动或表现之意也。故不能反转而为"仁之本"。但若就"仁"之表现言，则由近及远，当自最近之家庭血缘关系处开始，故在实践"仁"之步骤上说，可以始于"孝弟"。此即所谓"行仁之本"。"行仁"与《论语》原文中"为仁"二字相应。"行仁之本"即"为仁之本"，不可误以为"仁之本"。误读《论语》此语者，只因不知"为仁之本"四字当连读，而此处"为仁"二字正与"为仁由己"一类说法同例，误将"为"字与"仁之本"断读，遂以为孔子谓"孝弟"为"仁之本"矣。此是训诂有误而已。

伊川如此解《论语》，乃以孔子自身言"仁"之观点为据，盖孔子原以视人如己之意解"仁"也。《语录》云：

---

① 《二程全书》，《粹言一》。
② 《河南程氏遗书》，卷十八。

> 先生曰：孔子曰"仁者己欲立而立人，己欲达而达人；能近取譬，可谓仁之方也已"。尝谓孔子以语仁以教人者，唯此为尽。要之，不出于公也。①

孔子此二语即是人己等视之意，即是"公心"；伊川谓此是孔子讲"仁"最明确之说法。则据此了解以观上引《论语》中之语，亦可知孔子必不能以为"仁"以"孝弟"为"本"；反之，"仁"指"公心"，则其理论次序必在"孝弟"之先，如伊川所说。

尚有一点应附此说明者，是伊川谓"孝弟"非"性"中所有；此点在世俗眼中或又以为怪，盖汉儒以下，一向夸张《孝经》及"孝"之重要；承此习惯以观伊川此语，必怪伊川"违背"儒学传统而轻视"孝"。其实，伊川此说，毫不可怪；盖"性"指"理"说，不涉及经验内容，而为超经验之心灵能力；"仁义礼智"四者皆可有纯形式意义，因而不陷入经验内容之限制中，故此四者是"性"中本有。若"孝弟"则以"家庭组织"一经验内容为其成立条件，本身乃"德性能力"落在一定经验内容上所成就之特殊道德项目。此种道德项目本不能脱离经验条件之限制，故非"性"中本有，而是"性"或"理"在"事象界"中之具体表现。因之，"孝弟"与"仁义礼智"非同一层面之词语。换言之，两层面之词语所指者，各有不同之"存有地位"(ontic status)。

但如此说时，只是细辨"仁义礼智"与"孝弟"在是否受经验条件限制一点上，本性不同，并不含有反对"孝弟"之意。盖"孝弟"本性上是有经验内容之道德项目，自是在原则上可以随经验条件之改变而改变者，但此非说"孝弟"是"应改变"或"应取消"者。譬如，吾人皆知教育制度本身是一经验性存在，因之并无超经验之恒常不变性，但此并非表示吾人即应取消教育制度；反之，了解其可变性后，吾人仍可

---

① 《河南程氏遗书》，卷九。此段以"公"解"仁"，应为伊川语。

主张努力保持其存在也。此等理论分寸能加精细辨别,即不致误解伊川之意矣。

由于"仁"原含视人如己之意,故与"恕"字似颇相近。然其中仍有殊异。伊川说"恕"则"仁之施",即"仁"为"恕"之基础之意;盖"恕"只落在人与人间之关系上说,乃推己及人之具体活动。而"仁"作为"公心",自是此种具体活动之可能基础。立公心然后方能推己及人,此是伊川之意。至于在工夫上说,则自然可以力求推己及人,以磨炼人之公心;此是另一问题。理论次序中之先后如何,与实践工夫如何下手,各是一不同之问题;学者在此等关目上万不可混乱而自陷迷惘也。

"恕"只是推己及人之意。伊川云:

> 人谓尽己之谓忠,尽物之谓恕;尽己之谓忠,固是;尽物之谓恕,则未尽。推己之谓恕,尽物之谓信。①

此是以"推己"释"恕"。但伊川有时又取形上意义讲"忠恕"。如《粹言》云:

> 或问:何谓忠?何谓恕?子曰:维天之命,於穆不已,忠也。天地变化,草木蕃,恕也。②

此则与伊川《语录》中常见之论调大异,盖就主体性自身之不息说"忠",就主体性之客观化说"恕"。在此语脉中,"忠恕"变为一对有超经验地位之观念,既与孔子之用法大不相同,亦非二程平日讲《论语》时之意。《粹言》乃杨时所编,不知此说是否出自伊川晚年。又《上蔡语录》中则记明道释"恕"与此意相类,亦难定此说是否本出自明道。

---

① 《河南程氏遗书》,卷二十三。
② 《二程全书》,《粹言一》。

总之,此只能作为一例外之特别说法,非程朱一派言"忠恕"之通解。附记于此,以供学者考异之用耳。

(五) 世界观与历史观

以上已就各主要观念及主要问题,整理伊川学说之大要。最后当略述伊川之历史观及世界观,以结束本书对伊川学说之论述。

伊川之形上学理论,肯定一"理"之领域,而以"气"解释形而下之世界。此种观点与横渠之言"气"大不相同。横渠以为"太虚"即"气",故"气"乃宇宙论中之基本观念,而又有形上地位。伊川本人无宇宙论兴趣,其言"气"只是作为其形上系统中对形下世界作解释时之观念。伊川云:

> 气,形而下者。①

但"气"毕竟在"有形"之先,故"气"与"形"仍不同;盖"气"是形而下世界之基本条件,但世界中有形之万物万象,虽出于"气",又不等于"气"。于此,伊川乃分别"有气"与"有形"而云:

> 凡有气,莫非天;凡有形,莫非地。②

但又云:

> 有形只是气,无形只是道。③

前二语中"天地"之用法,其意不甚明。大致其意当是谓,"有形"即具体之经验世界,而"有气"又在"有形"之先也。后二语则即"形上"与"形下"之分。伊川未尝详说宇宙论问题,但认为万物之生,皆由"气化"。其言云:

---

① 《河南程氏遗书》,卷三。
② 《河南程氏遗书》,卷六。
③ 《河南程氏遗书》,卷六。

> 陨石无种,种于气;麟亦无种,亦气化。厥初生民,亦如是。①

此谓有生物与无生物皆由"气化"而生,如何"化法",则不言也。伊川又以"道"释万物生生不息,而云:

> 道则自然生万物;今夫春生夏长了一番,皆是道之生。……道则自然生生不息。②

此即是说,万物由气化生出;而气所以化生万物,又为一形上之理决定,即所谓"道"。但"气"自身在伊川看,似又是能由道生出者,其言云:

> 凡物之散,其气遂尽,无复归本原之理。天地间如洪炉,虽生物销铄亦尽;况既散之气,岂有复在?天地造化,又焉用此既散之气?其造化者,自是生气。③

此是说天地间不断有"生气"出现,物所具之气可以散灭,盖不取横渠物散复归于气之循环观。故又云:

> 若谓既返之气,复将为方伸之气,必资于此,则殊与天地之化不相似。天地之化,自然生生不穷,更何复资于既毙之形、既返之气?……人气之生,生于真元;天之气亦自然生生不穷。④

此段表示伊川强调天地造化之运行,乃不断创生之过程;故旧"气"散后,另有"气"生,所谓"天地之化,自然生生不穷"是也。此种过程又以"理"为据,故又云:

---

① 《河南程氏遗书》,卷十五。
② 《河南程氏遗书》,卷十五。
③ 《河南程氏遗书》,卷十五。
④ 《河南程氏遗书》,卷十五。

往来屈伸,只是理也。①

至谓"人气之生,生于真元",则其意亦不明。"真元"一词,固非儒家用语,伊川何所指,殊难强解。伊川以"真元"能生"气",但又谓"真元之气"。其言云:

> 真元之气,气之所由生,不与外气相杂,但以外气涵养而已。若鱼在水,鱼之性命,非是水为之,但必以水涵养,鱼乃得生尔。人居天地气中,与鱼在水无异。……但真元自能生气,所入之气,止当阖时,随之而入,非假此气以助真元也。②

此似谓"人"之"气"与"外气"不同;人居天地气中,如鱼在水。人自另有"真元之气"为人气之所由生。呼吸中所入之"气"是"外气",并不助"真元"云云。此类说法,既非经验知识,亦非明确之形上理论;其用语及描述,皆不明确。大抵伊川本未深切用力于此类问题,随意发挥议论,只能视为一种观点,非其正式学说也。此处可注意者,是"真元"观念,应来自道教;论及出入之息等,亦应与道教修炼有关。但伊川既未深论,今日已难作进一步之探究矣。

总之,伊川之"世界观",呈现一由"气"化生万物,而又生生不息之世界图像。至于世界历程之内部问题,则伊川固未用心。但合而言之,则伊川认为此世界中成坏相继,故云:

> 释氏言成住坏空,便是不知道。只有成坏,无住空。且如草木初生,既成,生尽便枯坏也。……天下之物,无有住者;婴儿一生,长一日便是减一日,何尝得住? 然而气体日渐长大。长的自长,减的

---

① 《河南程氏遗书》,卷十五。
② 《河南程氏遗书》,卷十五。

自减,自不相干也。①

此驳成住坏空之说,盖伊川眼中之世界,只是一生灭过程,既无所谓"住",亦无所谓"空"也。

最可注意者,是伊川认为世界历程乃一日就衰落之历程,与康节之意颇似。其言云:

> 若论天地之大运,举其大体而言,则有日衰削之理,如人生百年,虽赤子才生一日,便是减一日也。形体日自长,而数日自减,不相害也。②

婴儿长一日,即寿命减少一日;此意与前段相同。但以此喻世界之日衰削,则是预认世界之寿命亦为有限,而世界之自然趋势,终是由生成至衰坏而已。此种观念似近于佛老而不类《易传》之思想。

但伊川虽在世界观一面似受邵康节之影响,却又另有强调人力胜造化之语,例如:

> 陈贵一问:人之寿数可以力移否?曰:盖有之。棣问:如今人有养形者,是否?曰:然。但甚难。世间有三件事至难,可以夺造化之力;为国而至于祈天永命,养形而至于长生,学而至于圣人,此三事功夫一般。分明人力可以胜造化,自是人不为耳。③

依此,则伊川又认定自觉心之努力,可以胜造化。此乃对"最高自由"之肯定,惜未深切发挥,遂使人不知如何将此观念配入其形上理论系统中耳。

由伊川之世界观可转至伊川学说中一基本问题。如上所说,伊

---

① 《河南程氏遗书》,卷十八。
② 《河南程氏遗书》,卷十八。
③ 《河南程氏遗书》,卷二十二上。

川在世界观方面,似受康节影响;但此点在其系统中影响不大,盖伊川所肯定者乃"理之世界",至于"气"及万物万事所属之经验世界,纵使是日就衰削,仍不碍"理之世界"之自存。此亦见"本性论"与"天道观"之差异。盖就"天道观"说,若一切正面负面同归于"天道",则"天道"成为无所肯定又无所否定者,即完全丧失意义;若只以正面者归于"天道",则因"天道"实际决定万有,于是世界中一切阴暗负面之事象,均将成为不可解者。以世界之日就"衰削"而言,"天道观"中若承认此点,则或推出"衰削"本身属于"天道",于是"天道"同时包含正负两面,而说"天道"时即同于未说一字,盖一切均可是"天道","天道"便失其确定意义矣。又或推出"衰削"不属于"天道",则世界既实是日就"衰削",即可推出世界并非受"天道"决定;此亦不合"天道观"之基本宗旨(即所谓彻上彻下、天道决定万有之说)。但在伊川之"本性论"系统中,则理自理,气自气;世界之衰削或任何其他阴暗面,皆可归于"气";而"理"纵有时不能在"气"中实现自身,亦无内在矛盾可言,亦不致丧失意义。此所以伊川一面肯定"天以生为道"①,一面仍可视世界为一日就衰削之过程,而不觉有困难也。

但若就历史观说,则情况不同。伊川论世界之衰削时,亦说及"二帝三王为盛,后世为衰"②,似亦暗示文化历史亦是日就衰削。但此只表示伊川论衰削时,立言欠慎,非伊川真正之历史观。盖在伊川思想系统中,凡属于人之自觉活动领域者,皆不能视为"必然"或"被决定者",故伊川事实上不承认文化历史可由"命"解释。《粹言》云:

> 子曰:贤不肖之在人,治乱之在国,不可归之命。③

---

① 《二程全书》,《粹言一》。
② 参阅《河南程氏遗书》,卷十八,及上页注②所引一段前半之语。
③ 《二程全书》,《粹言一》。

此所谓"命",即就被决定一面说。伊川虽在论"自然世界"时,承认盛衰消息皆是必然;但在人之自觉活动领域中,即必须坚持人之活动并非全是已被决定者;所谓"虽是天命,可以人夺也"①,即指"文化世界"中人之努力有不可取消之主宰性言。盖就伊川之理论系统说,自学以至于圣人到治国平天下,皆是在气之世界中实现"理"之活动。"气"之有限制力,伊川自亦承认,但此种要求实现"理"于事中之"文化活动",则必须予以肯定。故伊川在论历史文化时,必以人之有能作主处作为基本断定。此所谓"作主",不指实际上能决定外界成败,但显示人之能负责之领域。伊川对此种分划,有时亦以"义"与"命"一对词语说之。伊川云:

> ……然富贵贫贱寿夭,是亦前定。孟子曰:求则得之,舍则失之,是求有益于得也,求在我者也。求之有道,得之有命,是求无益于得也,求在外者也。故君子以义安命,小人以命安义。②

此处伊川引孟子之语说"义命"之别,亦即是"在我"与"在外"之别;推而言之,即"自然世界"与"文化世界"之别。伊川肯定"文化世界"中人之责任及主宰力,故其论历史时,并不持一命定论之史观,与其论世界时不同。

伊川论历史问题,强调"变化"观念,盖"理"本身虽不变,而事象世界则流变无常;故"理"在"事"中之"实现",亦须相应于事象之变而有所变改。对此种变改或变化,伊川常以"时"字说之。如《易传》中释《随》之象辞云:

> ……不能亨,不能正,则非可随之道;岂能使天下随之乎?天下

---

① 《河南程氏遗书》,卷十九。
② 《河南程氏遗书》,卷二十三。

所随者,时也,故曰,天下随时。①

又云:

> 君子之道,随时而动,徒宜适变,不可为典要;非造道之深,知几能权者,不能与于此也。故赞之曰:随时之义大矣哉。②

此皆就"时"字以说文化历史中之变,与伊川谈形上之理时之强调不变不动,适成对照。此种变最主要之表现在制度上——即所谓"礼"上。故伊川云:

> 礼孰为大?时为大,亦须随时。当随则随,当治则治。当其时,作其事,便是能随时。③

此处所说"随时",是依不同之具体情况,以实现"理"之谓;即依《易经》而言,非徇俗趋时之意。故又云:

> 寻常人言随时,为且和同,只是流徇耳,不可谓和。和则已是和于义。④

"和于义"即是"理"之实现也。就制度而言,在历史中,必有一定之演变;但另一面,伊川认为某种原则又可是不变者。其言云:

> 三王之法,各是一王之法,故三代损益,文质随时之宜。若孔子所立之法,乃通万世不易之法。⑤

前半说夏殷周之制度,皆因时而变,后半则说孔子所立乃不变之原则;此指孔子主张综合前代之文化成绩言,故语录原文此下即引孔子

---

① 《易程传》,卷二。《二程全书》所载亦同。
② 《易程传》,卷二。
③ 《河南程氏遗书》,卷十五。
④ 《河南程氏遗书》,卷十五。
⑤ 《河南程氏遗书》,卷十。

"行夏之时……"等语,兹不详引。总之,伊川认为在历史文化范围中,人类当作一定之努力以使事物能合理,故此处讲"义"与"命"之辨。其次,人在面对历史文化问题时,应知此处须肯定一"变"之原则,因历史文化过程,本身是一在流变中实现"理"之过程;此即所谓"时"及"随时"之意义。最后,文化历史变化不停,但在变之进行中,又可有某种有形式意味之原则,以驾御此种变化或引导此种变化,此处伊川举孔子综合前代文化成绩之说为例以释之,盖伊川心目中,即肯定综合前代成绩,以处理当前问题为一大原则。由此可以推见,伊川眼中之历史,乃文化成绩不断累积以处理人类问题之进程也。

就伊川重视文化成绩之综合或承继言,伊川保留儒学传统中尊古之态度;但就其强调"随时"及变化言,伊川则不似俗儒拘守成法。伊川论"治道"云:

> 治道有自本而言,有就事而言。自本而言,莫大乎引君当道,君正而国定矣;就事而言,未有不变而能有为者也;大变则大益,小变则小补。①

所谓"引君当道",即使领导者能事事合理,此是治道之本。但处理"事"是另一层面上之具体问题,则须能变成法以求功。观此,可知伊川非迂拘一流也。

༺ ༺ ༺ ༺ ༺

对于伊川学说之论述,至此为止。

三、结语

伊川之学,主要为其形上学系统,但中国儒学向以成德及成圣为

---

① 《二程全书》,《粹言一》。

目的。不论持"宇宙论"如汉代之董仲舒,持"天道观"如濂溪、横渠,或持"本性论"之形上学如伊川者,皆不是以建构一纯粹理论系统为旨趣;反之,无论所立之说如何,其说只是备成德成圣之用。由此,伊川虽立一形上学系统,其工夫理论方是伊川本人旨趣所在。学者以批评眼光看,可说伊川之工夫理论是否能成立,须视其背后所依之形上学系统能否成立;此自是无可疑者。但工夫理论可直接落在实践生活中,重要性亦不下于其所依之形上学理论。故本书对伊川论工夫之语特加注意。

至于伊川形上学系统之内在困难,在总说中已论及。下文述朱熹之综合系统后,当再提出要点,以使学者认清此中眉目及关键。此处暂不作评析。

其次,二程之学不同,学者多能言之。然自宋至清甚至现代,论二程之学者多抑伊川而扬明道;此固由于立论时所取设准不同,实亦是一种极欠坚稳之观点。盖明道之近于"天道观",可视作其学说之长处,亦可视为其缺点,未易遽作定论。

日后程门弟子传二程之学,亦颇能表现二程系统之殊异。故在论述朱熹之学前,本书另以专节略述程门弟子之分派。盖此亦学者应具之常识也。

第三节
程门弟子之分派

二程立说,有同有异,上节论之已详。至二程之传授则半因师说之殊,半因后学才识气质之别,而有趋向之不同。本节略说程门弟子及其后学之分派,以过渡至朱熹之综合系统。

二程同时讲学,而明道早亡,伊川高寿;故若就人而言,则凡在明道之门者,几无不同时师事伊川,实难有"明道弟子"与"伊川弟子"之明确分划。至如尹焞、郭忠孝、王苹等,虽以不及事明道,因而可视为"伊川弟子";然郭忠孝所遗之《郭氏传家易说》,立论迥异伊川,反重象数,难言承伊川之学;王苹则自云"见处似释氏",颇近禅门之说,亦不可谓能承伊川之学。尹和靖独能守师说,然亦无所发挥。伊川之传,主要仍在杨时一支,而杨则同时亦"明道弟子"也。今若就学说之倾向而论,则二程之传又可说确有不同;此种殊异,时愈后而愈明。盖杨时一支日后有朱熹承其学而光大之,明道一支则由谢良佐下传,终有湖湘一派;其论学固实有趋向之不同也。

此外,如袁溉问学于程门,而务博通,遂启永嘉薛季宣一派,终有叶适、陈亮诸人,承其说以言事功,则可视为二程之别传。以下分节述之。

一、明道之传

程门弟子中,谢良佐从学甚早,先从明道,后亦事伊川。然其学偏于言"觉"、言"心",又喜用"天理"一词以释"格物穷理",皆偏于明道一面。其说见《上蔡语录》及《论语解》。

谢良佐与杨时同在程门,伊川极称谢氏能切问近思。杨则以敏悟为明道所赏,所谓"杨君会得最容易",故全祖望在《宋元学案》之《序录》中即谓:"明道喜龟山,伊川喜上蔡。"①然日后传学,则适相反。盖杨时实重思辨,近于伊川之理路;谢良佐则重观悟,近于明道之境界。二人之趋向,不关个人印象感情问题也。

传谢氏之学,主要在于胡安国。胡安国自谓于游杨谢三人,皆"义兼师友",盖不以上蔡门下自居,然黄宗羲谓其学"后来得于上蔡

---

① 见《宋元学案》,卷首,《序录》。

者为多"①,亦非无据;观其一面强调"致知穷理",一面强调"不迷本心"②,即可知武夷学固近于上蔡。且胡氏家学由武夷遂出胡五峰一支;五峰之学与日后朱熹之学之差异,正是谢杨两支之差异也。

胡宏(五峰)在哲学理论上之表现,实胜其父。胡安国著作偏于论史一面,治经亦以《春秋》为主;胡五峰则著有《知言》,论"理欲"、论"性情",皆别出一解。其说虽在严格意义上颇多病痛,故为朱熹所深讥;然所谓"湖湘学派",即由五峰开出。在朱熹之综合系统出现之前,亦所谓"洛学"中一大派也。

五峰之说,下文述朱熹与其敌论之辩争时,当再言及。此处所应指出者,只是五峰之论"性",实由自己强解明道之语而来。明道言"恶亦不可不谓之性",其言有病,盖是将"性"字当"心"字用,上节论明道之学时已言及之。五峰未见此中理论关键,而另作解说,其病尤为明显。此则如朱熹所评。但不论理论得失如何,五峰之学,在此意义上,总是与明道之传有关。故言二程弟子及其后学之分派问题时,所谓明道之传,即应落在谢良佐、胡安国及胡宏一支上,亦即所谓"湖湘学派"也。

胡宏之学传至张栻。张栻与朱熹论学甚久,于是渐向朱熹思想靠近。然南轩与晦翁终有不同。观朱熹与南轩诸书,可以见之。

二、伊川之传

明道之传,生出湖湘学派。伊川之传则通过杨时而生出日后朱熹之系统。

杨时门人及从学者甚多。胡氏兄弟亦皆曾学于杨门。然其正传

---

① 参阅《宋元学案》,卷三十四,《武夷学案》,黄宗羲案语。
② 参阅《宋元学案》,卷三十四,所录《答曾几书》之语。

则在罗从彦。罗从彦与陈渊皆及见伊川，然实传杨氏之学。陈渊之学，颇受佛教影响，而自身未能精辨儒佛之别，故其说驳杂。罗从彦则能守伊川之学之旨趣，其说甚醇。唯其治学以实践工夫为主，并无系统理论可说。弟子中有李侗，立论渐精，而独重澄心内观；李侗弟子中即有朱熹兴起。此外，罗从彦弟子中，又有朱松，即朱熹之父。故朱熹由罗李之学入手而上承伊川之传，明确无疑。至朱熹之兴趣偏于宇宙论，故不以伊川之学为足，而综合周张，以建构其综合系统，则自非罗李之学所能范围。但即就朱熹日后建立之综合系统看，其主脉仍是伊川之学也。

明道之传，通过谢胡诸人而终生出"湖湘学派"；伊川之传，通过龟山、豫章、延平而终有朱熹之大系统出现。此二程之传演变之大致。此外，程门弟子或从学者，又有别立宗趣，不承师说者，则列为"别传"。

三、别传

程门弟子有所谓"四先生"者，杨、谢以外，再加游酢及吕大临是也。① 吕大临本学于横渠，非程门嫡传；杨、谢则各传二程之学，影响后世甚大。唯游酢少有重名，又亲事二程，原在大弟子之列，而其学乃转入禅门一路，深为后世所讥；然吕本中受其影响，亦不可谓全无所传。日后南宋凡言程氏之学而又时欲与佛教教义求妥协者，皆可视为属于此一思想倾向者也。

程门之别传中最可注意者为袁溉，即所谓汝阴袁道洁也。袁溉曾从伊川问学，后得薛季宣为弟子。薛季宣，永嘉人，得袁氏之传，盛言事功之学，遂开出所谓"永嘉学派"。其弟子为陈傅良。叶适、陈亮

---

① 参阅《宋史》，卷四百二十八，《道学列传二》，《谢良佐传》。

等则皆其后辈讲学之友也。此派与朱熹思想，殊多冲突；陈亮与朱熹之争论，尤为南宋思想界中一大事件。后文另有论述。

袁溉之思想，通过薛艮斋看，似与程门为学宗旨已不相同，然自谓是出于程门。故列之于"别传"。

总上所述，可知二程后学人数虽多，思想倾向则亦不外三方向。学明道之"浑沦"及"高妙"，遂有上蔡至五峰一支；学伊川之严整，遂有龟山至晦翁一支；此外有自称出于程门之袁、薛一支。至于日后陆象山之学，则在理论层面上乃与北宋诸儒并立者，而在历史进程中，则为晚期思想之创始人，又不可归入程门后学之列矣。

程门弟子分派问题，至此为止。下文即论朱熹之学，并以朱熹为中心，一论其同时儒者之思想趋势。

第四节
朱熹之综合系统

北宋儒学，至程门弟子而大盛，然综合各家、建立系统者则为南宋之朱熹。朱熹不唯在理论整理方面有独特之表现，且在编注经籍及北宋资料方面，做全盘性之工作。所谓"道统"之面目，在朱熹手中方确定显现。故学者如接受北宋以来取《易传》《中庸》之说作为儒学正传之立场，则当承认朱熹有前无古人之大功；反之，为辨孔孟本意与《易传》《中庸》等后出伪托之书实义不同，而发现北宋诸儒依据之误，则亦当知此种"道统面目"之勾画，亦是在朱熹手中完成；换言之，即当承认朱熹有贻误后学之大过。总之，宋儒所言之"道统"，为功为过，均当由朱熹负大部责任也。兹先略考朱熹生平，并述其理论及整理工作之概要。

一、生平及著作

《宋史·道学列传》云：

> 朱熹，字元晦，一字仲晦，徽州婺源人；父松，字乔年，中进士第。……秦桧决策议和，松与同列上章极言其不可。桧怒，风御史论松怀异自贤，出知饶州，未上，卒。熹幼颖悟，甫能言，父指天示之曰：天也。熹问曰：天之上何物？松异之。就傅，授以《孝经》，一阅，题其上曰：不若是，非人也。尝与群儿戏沙上，独端坐以指画沙；视之，八卦也。年十八，贡于乡；中绍兴十八年进士第。……（作者案：中述朱氏从政及建言事，从略。）（庆元）二年，沈继祖为监察御史，诬熹十罪；诏落职罢祠。门人蔡元定亦送道州编管。四年，熹以年近七十，申乞致仕。五年，依所请。明年卒，年七十一。……熹为学，大抵穷理以致其知，反躬以践其实，而以居敬为主；尝谓，圣贤道统之传，散在方册；圣经之旨不明，而道统之传始晦。于是，竭其精力，以研究圣贤之经训。所著书有《易本义》《启蒙》《蓍卦考误》《诗集传》《大学中庸章句》《或问》《论语孟子集注》《太极图通书西铭解》《楚辞集注》《辨证》《韩文考异》，所编次有《论孟集议》《孟子指要》《中庸辑略》《孝经刊误》《小学书》《通鉴纲目》《宋名臣言行录》《家礼》《近思录》《河南程氏遗书》《伊洛渊源录》，皆行于世。熹没，朝廷以其《大学语孟中庸训说》，立于学官。又有《仪礼经传通解》，未脱稿，亦在学官。平生为文凡一百卷，生徒问答凡八十卷，别录十卷。①

案此传文大致据黄榦所撰《行状》。于生卒年月，照例不详记。案《行状》云：

---

① 《宋史》，卷四百二十九，《道学列传三》。

> 先生以建炎四年九月十五日午时,生南剑尤溪之寓舍。①

据此,朱熹生于公元1130年,其卒为庆元六年三月初九日午时②,为公元1200年。故其生卒年代应为公元1130—1200年。

朱氏本婺源人,因生时父朱松任南剑尤溪县尉,馆于尤溪之郑氏,故生于尤溪,原非闽人也。③

朱氏早年登第,然其从政则乍进即退,传文谓:"仕于外者仅九考,立朝才四十日"④,盖纪实也。然朱氏虽无争政治名位之意,其官职仍屡迁;内任秘阁待制及讲官,外任州府,并及转运副使;又屡奉提举宫观之命,盖非居下僚末位者。至晚年因党祸而获谴,则又略似伊川矣。

朱氏之著作,如《行状》及传文所见,可谓繁夥;然论其学说之主旨,则大抵半在《语录》中,半在《文集》中;换言之,即当以《全集》及《语类》为主要资料;至其编次注解之作品,则只偶有可参考者而已。

朱氏生平,记述者颇多。门人中李方子(果斋),曾辑其言行,为年谱之雏形;魏了翁曾为之序。然李氏此作,后已佚而不传;其后明人屡有编著,如戴铣之《实纪》、李默之《年谱》皆是也。清王懋竑不以李谱为然,另订《年谱》四卷,附以《考异》及《论学语》,其书较为详备平稳。今学者多用之。

朱氏编注古籍,其旨趣主要不在于训诂,而在于确立道统,故于古籍真伪之辨,未作客观深入之研究。其取《礼记》中之《大学》《中庸》与《论》《孟》合编而为"四书",影响后世尤大。然此中所涉经籍文

---

① 黄榦《朱文公行状》。《朱子年谱》,卷一上引。
② 蔡沈《梦奠记》。《朱子年谱》,卷四下引。
③ 参阅《朱子年谱》,卷一上。
④ 《宋史》,卷四百二十九,《道学列传三》。

献之时代问题,亦至为严重。秦汉以来,伪托之事甚多;然其影响最著者,无过于《易传》托于孔子而《中庸》托于子思。而此种影响之所以严重,又由于宋儒极力尊崇此类文献,通过此中观念以讲先秦孔孟之学;朱熹则又是有意将此种误解予以系统化之宋儒,故其地位在中国哲学史上甚为特殊,其影响亦至今未息也。

以下先述朱熹之理论系统,再附及于其他同时之学派。

二、晦翁学说之要旨

朱氏学说,从理论上着眼,应可分为三部分讨论:第一为形上学及宇宙论部分,即"理""气""无极""太极"等观念,以及由此构成之世界图像;此属于"存有问题"(ontological problem)。第二为价值论及道德实践理论,包括"理"与"欲"、"心"与"性情"以及格物致知、穷理居敬一套工夫观念;所涉及者为"应然"问题。第三是由以上两部分理论决定之肯定世界之态度,此涉及文化观及历史观之问题,而朱氏对佛教之批评亦应系于其下。至于此外零星问题,亦可择要述其说之梗概。兹为求眉目清楚,此三部分各依其内容之多寡,酌予次分,共分为六点述之。最后再附论零星问题,作为第七点。

(一)理与气

朱熹之综合系统,就形态言,乃包含一形上学理论及一宇宙论者;就内容言,则主要为濂溪及二程学说之综合,其取于横渠者,不及取于周程者重要。而此系统中之基本观念即"理"与"气"。

所谓"理",指超时空决定之形式及规律,故为"形而上"者;所谓"气",则指时空中之存在所具之质料,故为"形而下"者。但此处所用"形式"与"质料",虽是借用亚里士多德之词语,若细案之,朱氏之"理"与"气"并非全等于亚里士多德之"形式"与"质料",此点下文当逐步说明。但基本意义上,"理"是取"形式义","气"是取"质料义",

则无可疑。朱氏云：

> 天地之间，有理有气。理也者，形而上之道也，生物之本也；气也者，形而下之器也，生物之具也。是以人物之生，必禀此理，然后有性；必禀此气，然后有形。①

此是用《易传》中"道""器"二观念为说。所谓"天地之间"，原只是泛指万有之意，但如此说，易启误解，以为"天地"本身似可在理气之外，实则在朱氏理论中，"天地"自不能外于理气；朱氏曾谓：

> 未有天地之先，毕竟也只是先有此理，便有此天地。若无此理，便亦无天地。②

盖"天地"本身亦是万有之一，"天地之间"云云，乃用语欠严格而已。每一具体存在或事物，其所以能"有"，即由其"理"决定；故朱氏所强调者，是每一事物，背后必有一"理"决定其存在，故云：

> 惟其理有许多，故物有许多。③

此处所强调者，明是殊别意义之"理"，故又云：

> 做出那事，便是这里有那理；凡天地生出那物，便是那里有那理。④

此包括人为之"事"与自然之"物"而言。盖朱氏之意是说，凡是一存在，必依一理而存在。天地亦属此类。故曾云：

> 天地是形而下者。⑤

---

① 《朱子文集》，卷五十八，《答黄道夫》。
② 《朱子语类》，卷一。
③ 《朱子语类》，卷九十四。
④ 《朱子语类》，卷一〇一。
⑤ 《朱子语类》，卷六十八。

每一存在皆有一理,此自是殊别意义之"理",无此理则不能有此物;反之,则有此理未必有此物,故云:

> 未有事物之时,此理已具。①

又云:

> ……如未有此物,而此理已具;则有此物,亦只是这个道理。涂辙是车行处,且如,未有涂辙,而车行必有涂辙之理。②

此即是说,在理论次序上,理先于"物"。然有此理未必有此物者,又因"物"皆凭借"气"而生,故"气"是"生物之具"。如此,一切时空中之存在,即皆是"理"与"气"合而决定者。于是,就存有性而言,"理"与"气"绝不可混;但就其运行显现言,"理"与"气"绝不可分。朱氏谈此二义之语颇多,如云:

> 所谓理与气,此决是二物。但在物上看,则二物浑沦不可分开各在一处,然不害二物之各为一物也。若在理上看,则虽未有物,而已有物之理;然亦但有其理而已,未尝实有是物也。③

盖"理"与"气"在存有性一面言,不能不分为"二"(案朱氏此等处所用"二物"字眼,又是用语不严之例;"理"绝不能说为一"物",朱氏自身亦尝言之);而最显著之分别,则在于"理"不依气而"有",即所谓"虽未有物,而已有物之理"也。反之,"物"与"气"则必依"理"而"有"。"物"必依"理"而"有",此尚不难明,盖"天下无无性之物"④,"竹椅便有竹椅之理"⑤。但"气"如何依"理"而"有",则须稍作补释。朱氏云:

---

① 《朱子语类》,卷九十五。
② 《朱子语类》,卷九十五。
③ 《朱子文集》,卷四十六,《答刘叔文》。
④ 《朱子语类》,卷四。
⑤ 《朱子语类》,卷四。

气以成形,理亦赋焉。①

又云:

若论禀赋,则有是气,而后理随而具。②

盖就殊别意义之"理"说,每一特殊事物,必具一定之"气"而决定其存在;物既存在,即依一特殊之"理";此特殊之"理"通过物之特殊之气而显现,故仍是先于此"气",故云:

有此理后,方有此气。③

如依此理论次序看,"理"与"气"自是所谓"二物",然若就"理"之运行讲,则"理"必在"气"中运行,故说:

天下未有无理之气,亦未有无气之理。④

又云:

理非别为一物,即存乎是气之中。无是气,则是理亦无挂搭处。⑤

如阴阳五行错综不失条绪,便是理。若气不结聚时,理亦无所附着。⑥

于是有人马之喻云:

理搭在阴阳上,如人跨马相似。⑦

---

① 朱熹《中庸章句》。
② 《朱子文集》,卷五十九,《答赵志道》。
③ 《朱子文集》,卷五十八,《答杨志仁》。
④ 《朱子语类》,卷一。
⑤ 《朱子语类》,卷一。
⑥ 《朱子语类》,卷一。
⑦ 《朱子语类》,卷九十四。

此皆是就运行说。"理"之"运行"必依于"气",在此意义上可说"理气"之不相离。但就"理"本身说,则在理论次序上必先于"气"。此是形上形下之分,不能取消者。朱氏云:

> 理未尝离乎气。然理,形而上者;气,形而下者。自形而上下言,岂得无先后?①

此种理论次序之先后,不是时间中之先后,故云:

> ……要之,也先有理。只不可说是今日有是理,明日却有气。②

就"理"之不依"气"而"有"言,尚可提出另一论点,即万物万象如皆消灭,则"理"虽无处运行显现,然"理"仍自存,不可说随"气"与"物"而消灭。朱氏云:

> 且如万一山河大地都陷了,毕竟理却只在这里。③

总之,就存有性讲,"理"与"气"截然可分;就运行讲,则"理气"可说在运行中互不相离。此理若从严格思辨角度看,殊不难知,但因中国传统素不重解析思辨,故朱氏论此分别,似颇费力;其用语亦常欠严格,以致后人颇多误解。甚至现代谈朱氏学说者,仍以理气是否为一体为争论题目。其实,若稍作解析,即不难看出此中意义分际所在。盖"理"与"气"二字既不能互代,则必有一定分别;所谓"浑沦"或"一体",皆不能就其"存有性"言,而只能就运行言。说"理未尝离乎气"时,已预认理气决是"二物";不然,则岂是说"理未尝离乎理"或"气未尝离乎气"乎?在语言上作最简单之分析,即可知此中并无难解之处也。

---

① 《朱子语类》,卷一。
② 《朱子语类》,卷一。
③ 《朱子语类》,卷一。

至此,所谓"理",皆指殊别意义之"理"而言,但朱氏除讲殊别意义之"理"外,尚强调共同意义之"理"。论及此点时,朱氏答廖德明语,最可注意。《语类》云:

> 问:太极动而生阳,静而生阴;见得理先而气后? 曰:虽是如此,然亦不须如此理会。二者有则皆有。问:未有一物之时,如何? 曰:是有天下公共之理,未有一物所具之理。①

案朱氏释濂溪之《图说》,以"太极"为"理","阴阳"为"气",故廖德明就此以言理气之先后;其说固无可反对。但朱氏总恐人不解理气运行中之不相离,故答以虽是如此有先后,但"二者有则皆有";此"有"字已是就运行中之"有"说。问者不能会其意,仍觉"理"先"气"后是应持之说,故逼近一步问"未有一物"时岂非有"理"而无"气"可说,朱氏答语则落在"公共之理"与"一物之理"之分别上,并未顺所问而答。然此处透露之论点,则是"公共之理"又先于"一物之理"。至于"气"在理论次序上当属更后矣。

此说粗看似与朱氏他处言论有冲突。盖朱氏屡说"未有物"仍"已有物之理";今忽说在"未有一物"时,亦"未有一物所具之理",显然与平日所说不合。近人冯友兰在其《中国哲学史》中即引此段作为一可疑之点。② 实则细观朱子之说,可知此处之"有"字与上文"二者有则皆有"之"有"字,皆是指运行中之"有"而言。朱氏此语,不过谓当未有一物之时,则只有共同意义之"理"运行,而无殊别意义之"理"运行而已。

朱氏与二程言"理"之不同处,在于朱氏确定分划此二种意义之"理";所谓共同意义之"理",在朱子理论中即相当于"太极"。朱氏虽

---

① 《朱子语类》,卷九十四。
② 参阅冯友兰《中国哲学史》,第二编,第十三章,第一节注。

宗伊川"性即理"之说，但朱氏自己用语稍有不同，而认为"性"字只同于殊别意义之"理"，"太极"或共同意义之"理"则不可称为"性"，《语类》云：

> 问：先生说太极有是性则有阴阳五行云云，此说性是如何？曰：想是某旧说，近思量又不然。此性字为禀于天者言。若太极只当说理。①

朱氏此意盖谓，殊别意义之"理"可称"性"；于"太极"只能说"理"，不能说"性"。朱氏用"性"字亦常等于殊别意义之"理"。如云：

> 未有此气，已有此性。气有不存，性却常在。虽其方在气中，然气自气，性自性，亦自不相夹杂。②

此处之"性"字皆可代以"理"字，然此种意义之"理"，皆取殊别意义。若与亚里士多德用语比较，则此种殊别意义之"理"，即相当于事物之"形式"（form），而所谓"性"即相当于事物之"本性"（essence）。亚里士多德以为"form"即"essence"，朱氏亦持"性即理"。二者极为近似。若共同意义之"理"，则不相当于事物之"形式"，亦不相当于"本性"。朱氏谓"太极"不可说为"性"，亚里士多德之"纯粹形式"亦不称为"本性"也。

朱氏所谓"天下公共之理"或"太极"，其确义如何，颇应注意。朱氏云：

> 总天地万物之理，便是太极。太极本无此名，只是个表德。③

所谓"总天地万物之理"，究竟如何"总"法，大可讨论。盖如取"总摄"

---

① 《朱子语类》，卷九十四。
② 《朱子文集》，卷四十六，《答刘叔文》第二书。
③ 《朱子语类》，卷九十四。

义,则"太极"是"万理之理";若取"总和"义,则"太极"是万理"悉具于其中"之意。二义颇为不同。冯友兰谓:

> 太极即如柏拉图所谓好之概念。①

然柏拉图所提出之"idea of good",乃就"总摄"义言;盖每一理念(idea)(即冯氏所谓"概念"),皆表一"完美",如圆之理念即表完美之圆等。就所有理念而言,各理念内容不同,然其为一种完美则同;于是就各理念之同处建立"理念之理念",此即所谓"idea of good"。此意显即与"万理之理"一义相通,然并非包含万理之内容"于其中",而只是统摄万理"于其下"。② 就逻辑意义言之,"万理之理"是一个类,以万理之共同条件为其界定条件,而即以万理为其分子;而万理之总和则是另一个类,以万理之"选接"(disjunction)构成。一取其同,一含其异。二者不可混淆。冯氏依"统摄"义观朱氏之"太极",但又云:

> 太极即天地万物之理之总和。③

显然混淆"总摄"意义与"总和"意义,而不知其辨矣。且就朱氏自身所谓"总天地万物之理"一语说,朱氏所谓之"总"确是偏于"总和"意义,如云:

> 所谓太极者,只二气五行之理,非别有物为太极也。④

《太极图说解》中又云:

> 太极,形而上之道也;阴阳,形而下之器也。是以自其著者而观

---

① 参阅冯友兰《中国哲学史》,第二编,第十三章,第一节注。
② 此一分别,源自康德。读者可参阅 I. Kant: *Critique of Pure Reason*, Transcendental Aesthetic 部分,论时空非概念各节。
③ 参阅冯友兰《中国哲学史》,第二编,第十三章,第一节注。
④ 《朱子语类》,卷九十四。

之,则动静不同时,阴阳不同位,而太极无不在焉。自其微者而观之,则冲穆无朕,而动静阴阳之理,已悉具于其中矣。虽然,推之于前,而不见其始之合;引之于后,而不见其终之离也。①

"太极"既含"二气五行之理"于其中,又是动静阴阳之理"悉具于其中",则"太极"是万理之"总和",与"善之理念"不同矣。

朱氏依"总和"义说"太极"是"总天地万物之理",但又认为"太极"亦潜存于万有之中。此点颇为费解,朱氏亦未尝提出确定论证或解说,但确持此观点。其言云:

人人有一太极,物物有一太极。②

此尚可用"极好至善的道理"③释之。另一处则云:

万一各正,小大有定;言万个是一个,一个是万个。盖统体是一太极,然又一物各具一太极。④

此则不可用他说强解,明言每一物中均具有此"总天地万物之理"之"太极"矣。然此又非谓"太极"自身分裂而落在万物中,朱氏解其《通书注》中所谓"万物分之以为体"一语时云:

本只是一太极,而万物各有禀受,又自各全具一太极尔。如月在天,只一而已;及散在江湖,则随处而见,不可谓月已分也。⑤

其释"分"字时,又云:

不是割成片去,只如月映万川相似。⑥

---

① 《周濂溪集》,卷一。
② 《朱子语类》,卷九十四。
③ 《朱子语类》,卷九十四。
④ 《朱子语类》,卷九十四。
⑤ 《朱子语类》,卷九十四。
⑥ 《朱子语类》,卷九十四。

依此,则"太极"作为万理之总和,而事事物物皆反映此"太极"。由是推之,万物在一层面上说,皆有其"本性",亦即皆有其"殊别义之理";在另一层面说,除"殊别义之理"外,"共同义之理"亦为万物所"具"或"有"。而此"共同义之理"又即是万物之"殊别义之理"之总和。由此再推言之,即持说每一物中均含有一切"形式"或"理"。此将引至一极大之理论困局,然朱氏似未察觉,亦从未作澄清。但谓:

> 太极非是一物,即阴阳而在阴阳,即五行而在五行,即万物而在万物。只是一个理而已。①

此说又似乎近于以"总摄"义释"太极",盖如取"总摄"义,则此所谓"即万物而在万物"等,即不难解。然此又与上引诸说冲突。大抵朱氏本人对"太极"之应取"总摄"或"总和"意义,本无明确了解,故其说遂有纷乱难通之意味耳。

此外,就"太极"与"无极"二词言,朱氏之说以为"太极"表示"有理",而"无极"表示"无形",即是以此二语为平行描述语,加于道体者。此点在前章论濂溪之学时已及之。此说固与濂溪原文不甚合,然朱氏持之甚力。如云:

> 无极而太极,只是无形而有理,周子恐人于太极之外,更寻太极,故以无极言之。②

此说似另出一解,以为用"无极"一词,可避免"无穷后退"之问题。然即用"极"字,则本无此问题,不知朱氏何以有此想法也。朱氏有时亦重视"极"字,曾云:

> 原极之所以得名,盖取枢极之义。圣人谓之太极者,所以指夫

---

① 《朱子语类》,卷九十四。
② 《朱子语类》,卷九十四。

天地万物之根也。周子因之而又谓之无极者,所以著夫无声无臭之妙也。太极本无极,则非无极之后别生太极,而太极之上先有无极也。①

此以"极"为枢极之义,又以"太极"为天地万物之根,然后仍以"无声无臭"说"无极"一词之义。总是认为"无极"只表"无形象方所",换言之,即是作为"描述字"而不作为"实体字"看。然此说自与濂溪《图说》之意不同,前章已辨之,不再赘论。

总上所述,朱熹之言"理气",重在"理"之自存性,与理气在运行中之不离;而"理"兼有共同殊别两义,仅以殊别义之理为"性"。此皆其立说之特色。但论及"共同之理"时,究取总摄义或总和义,则立论欠明确;尤其说到物物各具一太极时,其语皆未见精确,其意亦不显明。

至于对"气"及理气关系之进一步理论,则即有关于对世界之解说。兹归于下节论之。

(二) 世界图像

朱熹依其形上学而建立一宇宙论,描述当前世界之生成;所谓"世界图像",即此种描述之结果是也。朱熹之形上学与宇宙论,连为一体,此是承濂溪《图说》之路数;若与古希腊哲学相比,则其距柏拉图系统实甚远,转距亚里士多德系统较近;盖朱熹之形上学原则,即直接决定其宇宙论,"理"与"事"二领域未尝如柏拉图之划断也。朱氏云:

> 自太极至万物化生,只是一个道理包括,非是先有此而后有彼。但统是一个大源,由体而达用,从微而至著耳。②

---

① 《朱子文集》,卷四十五,《答杨子直》。
② 《朱子语类》,卷九十四。

此所谓"体",即指"太极"或"理"本身而言,所谓"用"即谓"理"在"气"中发用而言;上节所说之"运行",即指此种"发用"。

此种须稍加说明者,是朱氏一向强调"理"本身不能言"动静",因"动静阴阳,皆只是形而下者"①,但所谓"发用"或运行"皆与"动"不同。"太极"或"理"本身可说无"动静"。然不能无"发用"或"运行",否则由"太极"至阴阳五行之过程即不可说。故《语类》记门人解《图说》注语一段云:

> 太极只是理,理不可以动静言;唯动而生阳,静而生阴,理寓于气,不能无动静所乘之机。乘如乘载之乘;其动静者,乃乘载在气上,不觉动了静,静了又动。曰:然。②

案朱氏注《图说》中"动而生阳""静而生阴"二语,谓"太极者本然之妙,动静者所乘之机",门人解之如上,而朱氏以为然。盖"理"本身"无动静",但其发用或运行,即使"气"有动静。如此,由"太极"生阴阳、五行以至于万物之历程,即"理"落在气上发用之历程,故合而言之,说"只是一个道理","由体而达用","从微而至著"。

若分而言之,则"太极"是"理",阴阳以下皆是"气"。"理"是形而上者,故论世界即专就"气"之领域说。然"气"本身又依"理"而有生成变化;由此,世界万物之生成变化,皆是"理"在"气"中之显现,所谓"从微而至著"是也。

至于进一步描述万物之生成,则朱氏纯就"气"说之云:

> 理却无情意,无计度,无造作;只此气凝聚处,理便在其中。且如天地间,人物草木禽兽,其生也莫不有种,定不会无种。天地生出一个物事,这个都是气。若理则只是个净洁空阔底世界,无形迹,他

---

① 《朱子语类》,卷九十四。
② 《朱子语类》,卷九十四。

却不会造作。气则能酝酿凝聚生物。①

此是以"气"之凝聚酝酿解释万物之生,而说"理"无"造作",则朱氏之"理",依此说看,又似无目的性;如此即与"理"之"为生物之本"冲突,且亦不合"太极"生两仪等之根本断定。但若将此处所说"造作"等语,及另一处所谓"才有作用,便是形而下者"等语,看为指经验意义之"造作""作用"而言,则此冲突仍可归为用语之欠严,而不动摇根本断定,盖朱氏之意不过谓受时空决定之一切存在,皆由气生,而"理"不受时空决定,故不在时空决定下有"造作"或"作用"而已。"理"或"太极"之能生阴阳五行以及万物,皆就"气依于理而生"一义讲,此"依"处即"理"或"太极"之"显用"或"运行"处,但非在时空中"造作"或"有作用"耳。

"气"既依理而生,故"天地生物千万年,古今只不离许多物"②,换言之,"气"受"理"之限制,虽生万物而不能不依理而生。故就生物言,万物"莫不有种",每一"种"即含一"本性",亦即各有一殊别之"理";此殊别之"理",即以万物未生前之共同之"理"为源也。

若就无生物领域说,不能言"种",朱氏即承濂溪二气五行之观念言之;其言云:

> ……阳变阴合,而生水火木金土。阴阳,气也,生此五行之质。天地生物,五行独先。……天地之间,何事而非五行?五行阴阳七者混合,便是生物的材料。③

又云:

---

① 《朱子语类》,卷一。
② 《朱子语类》,卷一。
③ 《朱子语类》,卷九十四。

> 阴阳是气，五行是质。有这质所以做得事物出来。①

此皆是说宇宙万物由"五行"构成，阴阳仍隔一层，亦汉儒以下之旧说也。至于"五行"如何能构成万物，则素无定说，朱氏亦无定说，但朱氏承伊川之意，强调所谓"气化"以解释生物之"种"。其言云：

> 天地之初，如何讨个人种？自是气蒸结成两个人，后方生许多万物，所以先说乾道成男，坤道成女，后方说化生万物。当初若无那两个人，如今如何有许多人？那两人便似而今人身上虱，是自然变化出来。②

案此近佛教"化生"之说。朱氏认为一切种最初皆是"化生"，而"化生"是由"气"化生，故又名"气化"，以与有种后之"形生"区别。伊川事实上已有此说。朱氏又云：

> 气化是当初一个人，无种，后自生出来底；形生却是有此一个人后，乃生生不穷底。③

依此，生物之"种"最初由于"化生"或"气化而生"，有"种"后即是"形生"。但云先有"人"，"后方生许多万物"，以解《太极图》中"乾道成男，坤道成女"所以在"万物化生"之先，则又不合原意，盖所说"男女"，原泛指雌雄而言，非谓先有男女之人，然后方有万物也。且此说是对当前世界之陈述，则应作为对经验世界之知识看；若如此看，则显然不合经验知识之规则，且与经验知识相违。又如作为非经验之知识看，则由"种"有一起点之假定，可推有"种"以前必由他物生出此"种"，但亦止此而已。如何证"种"必有一起点，又成为一经验知识问

---

① 《朱子语类》，卷一。
② 《朱子语类》，卷九十四。
③ 《朱子语类》，卷九十四。

题；假如有起点，则某"种"如何能由他物生出，仍是一不能由形式推论解答之问题。总之，此类说法，严格言之，皆不合"知识"之条件，只能算作一种"推测"而已。然在朱氏之宇宙论中则充满此种"推测"，此所以宇宙论在哲学理论中为最幼稚之部门也。

《太极图》中之"万物化生"，原只指"生物"而言。朱氏之理论中则包括无生物，故说"天下无无性之物"①。又云"枯槁之物"亦有"理"。《语录》云：

> 问：曾见《答余方叔书》，以为枯槁有理；不知枯槁瓦砾，如何有理？曰：且如大黄附子亦是枯槁，然大黄不可为附子，附子不可为大黄。②

案大黄附子仍属植物，与"瓦砾"不同类。朱子此等谈论总是欠严格。然其意固不难明，盖谓无生命或失去生命之物，仍皆有"性"或"理"（此"理"自指殊别意义之"理"言）。

总之，世界万物，不论有生命或无生命，皆由二气五行生出，此是朱氏承前人之说而坚持之宇宙论。至于所作解释，则皆属"猜测"，非"知识"也。

若就世界全体说，当前之世界——包括自然意义之"天地"等，在朱氏看，亦皆有成有坏，但成坏乃一循环过程。此点与康节之说相类。其言云：

> 太极之前，须有世界来；正如昨日之夜，今日之尽耳。阴阳亦一大阖辟也。又问：今推太极之前如此，后来又须如此？曰：固然。③

又谓：

---

① 《朱子语类》，卷四。
② 《朱子语类》，卷四。
③ 《朱子语类》，卷九十四。

> 这不可说道有个始;他那有始之前,毕竟是个甚么?他自是做一番天地了,坏了后又恁地做起来。那个有甚穷尽?①

此本是说"天地"有成有坏。但上引第一段说"太极之前",又有语病;盖依朱氏自身之说,"太极"不在时空中,本身不能讲前后,且不能说成坏,所谓"理之一字,不可以有无论"②。今所谓"太极之前",当解作"太极发用之前";盖"太极"发用或运行,即生二气五行,以构成世界;世界既坏,"太极"又从头生起,所谓"坏了后又恁地做起来"是也。此显与康节之"元"观念相同,唯未确说十二万九千六百年耳。③

如此,世界之生成过程及世界成坏之循环,皆已在朱氏学说中有一说法,世界图像遂初步形成。但此外,就整个世界看,朱氏尚有一重要观点,可视为宇宙论与价值论之接榫处,应再述数语。

朱氏论"理气"之关系,大体上皆言"气"依"理"而有,依"理"而生万物,简言之,即认为"气"受"理"之限定,所谓"有此理后方有此气";然又有"气强理弱"之说。其言云:

> 气虽是理之所生;然既生出,则理管他不得。如这理寓于气了,日用间运用都由这个气。只是气强理弱。④

又谓:

> 形质也是重;被此生坏了后,理终是拗不转来。⑤

此等说法虽似简单,其中所含问题则至为重要。盖依朱氏"理"管不

---

① 《朱子语类》,卷九十四。
② 《朱子文集》,卷五十八,《答杨志仁》。
③ 案《朱子语类》,卷九十四,亦曾引康节以"十二万九千六百年"为"一元"之说。大约朱氏基本上亦同意也。
④ 《朱子语类》,卷四。
⑤ 《朱子语类》,卷四。

得"气"之说,则"气"可以违"理"而运行。换言之,有气处不必有理实现;而说"但有此气,则理便在其中"①时,只能指有气处必有潜存之"理"而已。如此,则价值论中之"未定项"问题②,在朱氏学说中,即可在此得一初步解释。至朱氏学说中如何安顿此论点,以及如何解决或能否解决由此论点所引起之理论困难,则是另一问题也。

朱氏之形上学及宇宙论系统,本以濂溪之说为主要依据,故前论各节,显然有极浓之"天道观"色彩;然朱氏毕竟学出程门,故对"本性论"之基本观点,亦不能舍去。就朱氏自身之意向说,原以为可综合濂溪、二程之说以成一融贯系统,但此二说中理论立场之客观冲突,并不能由一主观意向轻易消除。顺"太极"而言阴阳五行及万物,主理气运行不离之说,皆是"天道观"立场;但既强调殊别义之"理"或"性",则不能不重视气质之作用,或殊别之理间之不同;此处,"本性论"之观点即渐居优势。故朱氏曾云:

> 论万物之一原,则理同而气异;观万物之异体,则气犹相似而理绝不同。③

在"一原"处说"理",即"共同之理",亦即"天道";在"异体"处说"理",即"殊别之理",亦即"本性"也。物之本性不同,朱氏原以"气"之不同说之——所谓"清浊"之类是。于是,朱氏之"气",本身既有某种属性(如清或浊),乃与亚里士多德之"质料"(matter)不同。盖亚里士多德用语中之"质料"与"形式"乃一种相对关系,而绝对意义之"质料",只是所谓"基始质料"(primary matter),而基始质料则本身全无属性可言也。朱氏之"气"本身另有属性,于是依此属性,而有使"理"易于

---

① 《朱子语类》,卷一。
② 参阅本书第二章。
③ 《朱子文集》,卷四十六,《答黄商伯》。

实现或难以实现之不同——此亦承二程之说,于是此处可见"气"有不受"理"所限定一面——即所谓"理管他不得"或"气强理弱"之意。由此处展开,则将见"理"与"事"二领域间另有不能通贯处;此与"天道观"之"彻上彻下"之要求不合,然与"本性论"则反相契合。就朱氏之综合系统看,在此重要关键上,原应作一番严格思考,以处理此一问题,但朱氏只匆匆说过,终无确定之安顿或解答。就形上学及宇宙论部分讲,此一论点之提出,似只见其破坏系统之完整性及一致性,但朱氏断不能不留此论点,盖就价值论及成德工夫讲,正须如此安立"未定项",方能在理论上得一立足点也。

总之,究竟"气可以违理"抑或"气不能违理",乃朱氏学说中之两难问题。朱氏自身并未解决。今在价值论一面看,则不能不以"气可以违理"为一基本假定。顾此假定,在形上学及宇宙论方面,则终不能明确安立。学者在此等处,不可强为朱氏辩护也。①

以上就理、气及世界图像等,述朱熹之形上学及宇宙论之综合系统之大要。以下即转至其价值论及有关道德实践工夫等问题之学说。

(三)理与欲

在形上学宇宙论范围中,朱熹之"理"与"气"相配,而为两大基本观念;在涉及善恶问题及工夫理论时,则有"理"与"欲"两观念相配,

---

① 案钱穆著《朱子新学案》,在第一册中"朱子论无极太极"节,曾引明儒曹月川(端)评朱氏"人马之喻"时所说之"人为死人"及"理为死理"之论,而谓"若使宇宙自然界,理之乘气,亦如活人乘马,出入行止徐疾,一由乎理之驭之,则此宇宙自然,当已一切尽美尽善,更何待乎人之赞者"云云。此说本是。盖承天道观而言气必不违理,即有此困难,因不能安顿一"未定项"也。然钱氏续谓"朱子则谓天上未有无理之气,而理却不会造作;日用间运用,都由这个气,而气又必不违乎理"云云,此则是将朱氏未能解决之理论困难,强视为已解决者。盖"气必不违乎理"与"气强理弱"二论点,在严格意义上断不能同时成立。朱氏同时持此二论点,正见其学说中之两难问题,非有一良好解答也。钱氏深明朱氏之意向,然于客观意义之理论困难则似未能确知也。

而构成其思想之主脉。所谓"理"与"欲"即"天理与人欲"之简称。"天理"仍与形上学中之"理"相承,"人欲"则归于"气质",亦可说仍与"气"观念相应也。

价值论之第一问题,当为"善恶"问题;此包括"善恶"本身之意义问题,及世界中之"善恶"如何可能之问题。

关于"善恶"之意义问题,朱氏虽未作明白界定,但其意是以合乎天理为"善",则甚为显然。如云:

> 继之者善,是天理流行处。①

又云:

> 人生而静,天之性,未尝不善。感物而动,性之欲,此亦未是不善。至于物至知知,然后好恶形焉,好恶无节于内,知诱于外,不能反躬,天理灭矣,方是恶。故圣贤说得恶字煞迟。②

"天理流行"即"善","天理灭"即"恶"。此是朱氏论"善恶"之基本观点,实与《乐记》思想及周张二程之论,皆无不同。

至于"善恶如何可能"一问题,则朱氏以理之是否实现解释之。而所谓"理之实现",自指"理"在"气"中实现而言,故"理"之所以不能实现,朱氏皆以"气"之限制解释之。如《语类》云:

> 问:人物皆禀天地之理以为性,皆受天地之气以为形。……若在物言之,不知是所禀之理便有不全耶?亦是缘气禀之昏蔽故如此耶?曰:惟其所受之气只有许多,故其理亦只有许多。如犬马,他这形气如此,故只会得如此事。又问:物物具一太极,则是理无不全也。曰:谓之全亦可,谓之偏亦可。以理言之,则无不全,以气言之,

---

① 《朱子语类》,卷九十四。
② 《朱子语类》,卷八十七。

则不能无偏。①

案所谓"其理亦只有许多"一语,有两种可能解释:其一指共同之理(即"太极")言,则此语是说,每一具体之存在,由于其"气"之限制,只能显现一部分"理",故说"亦只有许多"。其二指殊别之理言,则具体存在由于"气"之限制,故不能充足实现自身之"理"。此即近于柏拉图所言事物不能完美之义。此二解大有不同,不可轻易混看过去。冯友兰氏论此问题即混言二义。先就共同之理说,后就殊别之理说。② 若案朱氏之说,则此处所谓"其理亦只有许多",确是就"共同之理"言;换言之,即以为"殊别之理"乃"共同之理"受气之限制而生出。但如此说时,显然与"物物各具一太极"之言有冲突,故问者即举此言之;朱氏之答覆只说"以气言之,则不能无偏",此并未解决问题。盖若说物受气限制即只能有"殊别之理",则"物物各具一太极"之说,仍不能成立。所谓"以理言之,则无不全",此"理"字若指共同之理,则其"全"只在其自身中;落在具体之物上既必受限制而"只有许多",即不能称之为"全"。于是,不能说"物物各具一太极"。倘此"理"字指殊别之理,则所谓"全",只是此物之此理之"全",根本亦非"太极"。更不能说"物物各具一太极"。总之,朱氏此处立论,本身即大成问题。

兹顺朱氏之意看,则"理"实现是"善","理"之可能不实现(无论取何意义)即为"恶"之所以可能,仍是其基本观点。

朱氏又以为"人"与"物"之分,即在于人能得"气之正",物得"气之偏";由此以言"通塞"。其言云:

---

① 《朱子语类》,卷四。
② 参阅冯友兰《中国哲学史》,第二编,第十三章,第四节。

> 自一气而言之,则人物皆受是气而生。自精粗而言,则人得其气之正且通者,物得其气之偏且塞者。惟人得其正,故是理通而无所塞;物得其偏,故是理塞而无所知。①

此即濂溪所谓惟人"得其秀而最灵"之说。此处所谓"通塞"仍指"共同之理"说,盖若依"殊别之理"说,则物虽因气之"偏"而"塞"以致"无所知",仍具有"殊别之理"。由此再推一步,可知朱氏此说又本二程所谓"物不能推"一义而来。总之,此一思路是认为"人"之"气"与"物"之"气"有正偏之异,故"人"所具之"殊别之理",即依其"得其正"一义,而与"共同之理"合一矣。

但此是就类与类之比较讲。若就类中之个别分子讲,则朱氏又认为个别之人彼此间又有所禀之"气"之不同。其言云:

> 就人之所禀而言,又有清明昏浊之异。②

此即所谓人之"气质之性"是也。依此,则"人"作为一类看,是得"气之正"者,故有实现共同之理之能力——此能力亦即是人之"性"或"理"(此是"殊别"与"共同"合一处);但人作为个别存在看,则人虽有此能力,仍未必能充足实现此能力;其实现或不实现,又仍归在"气"上。总之,仍是"理"管不住"气"也。

但朱氏原说"气"由"理"或"太极"而生,何以"气"如此不受理之统驭?换言之,既是"太极"为万有之本,何以此世界中处处有"恶"或"违理"之事象?此点朱氏不能作确定答复,但以一种图绘语言解释。如云:

> 二气五行,始何尝不正;只滚来滚去,便有不正。③

---

① 《朱子语类》,卷四。
② 《朱子语类》,卷四。
③ 《朱子语类》,卷四。

"滚来滚去"只表示一种想象中之图像,即所谓图绘语言之类,不成一理论。又如:

> 问:理无不善,则气胡有清浊之殊?曰:才说着气,便自有寒有热,有香有臭。①

此是层次混乱之说法,盖寒热香臭等属性,属于经验知觉中之性质;今问"气"何以能有清浊之殊,是就经验事物形成之条件一层次说,朱氏乃以更下一层次之性质差别答之,可谓全不着题。然朱氏所以如此说法,实因朱氏理论中只将"气"有清浊昏明等义作为基本假定,并无确定解释也。

人之气既有不同,则其善恶亦不同,但此只是就禀赋之差异说。严格说,人之能否实现天理,虽受气质影响,但其影响只是难易问题,并非可能不可能之问题。伊川曾强调气质纵恶,只要不自暴自弃,终可克复,是就气质恶者亦可能为善说。朱氏则强调另一面,以为气质佳者,亦可能为恶。《语类》云:

> 或问:气清底人,自无物欲?曰:也如此说不得。口之欲味,耳之欲声,人人皆然。虽是禀得气清,才不检束,便流于欲去。②

"流于欲"便是"恶"矣。朱氏对于"慾"(或"欲")之解释,则仿明道以水喻性之说,而云:

> 心,譬水也。性,水之理也。性所以立乎水之静,情所以行乎水之动,欲则水之流而至于滥也。③

朱氏如此言"欲",即以心之动处为"情",而"情"之不正者为"欲";如

---

① 《朱子语类》,卷四。
② 《朱子语类》,卷九十五。
③ 《朱子语类》,卷五。

此,则"欲"或"人欲",就存有性看,不与"性""情"在同一层面上,而只是依"情"而有,情发而兼以私意主之便为"欲",故朱氏答问爱与欲之别时云:

> 爱是泛爱那物,欲则有意于必得,便要拿将来。①

"爱"本身为心之功能,故不说是恶;"欲"则是私意作主之情,故是恶。换言之,"情"能循理,即不是"欲";情不循理,即是"欲",恶亦由此出。此意与明道之论圣人之喜怒,伊川之论颜子"不迁怒",皆实相同。均是就情之发处能至循理而言。但朱氏由于注意存有性问题,故再进一步说,"人欲"不是"天理"外另一存有;其言云:

> 有个天理,便有个人欲。盖缘这个天理须有安顿处,才安顿得不恰好,便有人欲出来。②

天理之"安顿处",就人心之活动说,即朱氏所谓"情";"情"能循理,即是安顿得恰好,不然即"有人欲出来",换言之,"人欲"在存有性上说,依"天理之安顿处"而有;粗略言之,即"人欲"亦在"天理"之内,故朱氏曾云:

> 人欲便也是天理里面做出来。虽是人欲,人欲中自有天理。③

此种说法,以其用语欠严格,故易启误会。朱氏并非谓"天理"与"人欲"真是"同体"——如胡五峰所主张,只说"人欲"非与"天理"在同一层面上之另一存有。盖朱氏既以为万有皆由天理而生,则人心之有"情",亦属"天理"。情之动可正可不正,故有"人欲"问题;但"情"既不在"天理"之外,"人欲"之存有性自不能在"天理"之外。此是所谓

---

① 《朱子语类》,卷八十七。
② 《朱子语类》,卷十三。
③ 《朱子语类》,卷十三。

"人欲"也是"天理里面做出来"一语之本意。若就"人欲"自身讲,作为情之不正之状态,则自与"天理"不同。故朱氏屡驳胡五峰说,以为"天理"与"人欲"不能谓是"同体"也。

依以上剖析,可知朱氏学说中,"天理"为自存及恒常之"有";人因气质之阻限,或不能实现天理于心念行为中,此是道德善恶问题之根源,而其具体落实处,即在人是循理抑或是逐欲;故朱氏理论中之"道理之二元性"(ethical duality)(此为一切道德理论中所必须具有者),或"善恶问题",即落在"天理"与"人欲"一对观念上。所谓"人心"与"道心"之分别,亦在于此。朱氏云:

> 圣人千言万语,只是教人存天理、灭人欲。①

此所谓"灭人欲",并非消灭"情"之意,只指灭其"不正"或"不循理"者言。能灭人欲,则天理自然显现。朱氏又云:

> 人性本明,如宝珠沉溷水中,明不可见。去了溷水,则宝珠依旧自明。自家若得知是人欲蔽了,便是明处。②

此处之"溷水"仍是就气质说,盖溷水即指气之浊者。朱氏曾谓:

> 有是理而后有是气,有是气则必有是理。但禀气之清者为圣为贤,如宝珠在清冷水中;禀气之浊者为愚为不肖,如珠在浊水中。所谓明明德者,是就浊水中揩拭此珠也。③

说到"明明德"及"揩拭此珠",便涉及工夫理论。由此可以转至下节。

(四) 心、性、情与成德工夫

朱熹之工夫理论原可分两部分。第一部分为对于自觉活动及心

---

① 《朱子语类》,卷十二。
② 《朱子语类》,卷十二。
③ 《朱子语类》,卷四。

灵能力之了解,主要见于对"心""性""情"等观念之解释;第二部分则为对成德之努力过程及关键之主张,主要包括"穷理""居敬""格物""致知"诸说。本节分别依次论之。

先论"心""性""情"之说。

朱氏之"心"观念,主要之特色在于以"心"为属于"气"者,故"心"与"性"迥不相同。朱氏云:

> 心者,气之精爽。①

又云:

> 虚灵自是心之本体。②

盖朱氏之"理"或"性",纯作为一形上实有看,而"心"则是万有中之灵觉能力;故"心"在此意义下并无超越义,而只有经验义,自与"性"或"理"不同。朱氏曾云:

> 灵处只是心,不是性。性只是理。③

就"心"本身属于"气"言,"心"即可以与理合,可以不与理合,换言之,在朱氏学说中,"性"或"理"乃"善"观念之根源,故绝不能说"性"或"理"有"不善",但"心"则可以是善或不善。朱氏云:

> 心有善恶,性无不善。④

又释程子所言"心本善,发于思虑则有善不善"一段谓:

> 疑此段微有未稳处,盖凡事莫非心之所为,虽放僻邪侈,亦是心

---

① 《朱子语类》,卷五。
② 《朱子语类》,卷五。
③ 《朱子语类》,卷五。
④ 《朱子语类》,卷五。

之为也。①

此皆谓"心"乃能善能恶者,盖在朱氏用语中,"心"只表能作具体活动——如思、行皆是——之能力,而本身无建构性又非超验主体,故本身不含规范;另一面"理"则是规范或"是非标准"。于是心之活动合于理即善,不合于理即恶,故"心有善恶"。但"心"与"性"本身固有如此之殊异,若从心之功能讲,则人之"气"所以是"秀而最灵",即由于人有能觉理之心。此点朱氏在《太极图说解》中即曾言之。其言云:

> ……盖人物之生,莫不有太极之道焉。然阴阳五行,气质交运,而人之所禀,独得其秀,故其心为最灵,而有以不失其性之全。②

此亦与上文人得"气之正且通者"一说相通。总之,人之气为"正且通"或"秀而最灵",即落在人之"心"上说;于是,人正因有"心",方能显现"太极"或"理",而此所谓显现亦正是在"心"中显现。在此意义下,"心"就功能说,即当又是能"知觉"理之能力;而"人"与"理"之关系,亦必以"心"为枢纽点。故朱氏又云:

> 性便是心之所有之理,心便是理之所会之地。③

或更明显言之,乃云:

> 道理都具在心里;说一个心,便教人识得个道理存着处。④

此所谓"道理都具在心里",非以"心"为最高主体或万理之源,只是就"道理存着处"或"理之所会之地"说,即皆据心之功能可以觉理而言,

---

① 《朱子语类》,卷九十五。
② 《周濂溪集》,卷一。
③ 《朱子语类》,卷五。
④ 《朱子语类》,卷五。

不碍"心"与"性"（即"理"）之为二也。

"心"与"理"虽非本来合一，但所谓成德成圣之学，用工夫则须落在"心"上讲，使"有善恶"之"心"去其恶而成为纯善，即是所谓"圣人之心"。朱氏云：

> 熹窃谓人之所以为学者，以吾之心未若圣人之心故也。心未能若圣人之心，是以烛理未明，无所准则；随其所好，高者过，卑者不及，而不自知其为过且不及也。若吾之心即与天地圣人之心无异矣，则尚何学之为哉？①

如此，则就工夫或"学"而论，"心"即是"大本"。故朱氏《答张钦夫》书强调一切理序皆在"心"中，不可谓"心"之外别有大本。其言云：

> ……若圣门所谓心，则天序、天秩、天命、天讨、恻隐、善恶、是非、辞让，莫不该备，而无心外之法。故孟子曰：尽其心者，知其性也；知其性则知天矣。……而今之为此道者，反谓此心之外，别有大本；为仁之外，别有尽性至命之方；窃恐非惟孤负圣贤立言垂后之意、平生承师问道之心，窃恐此说流行，反为异学所攻，重为吾道之累。②

此说单独看，几令人疑为象山、阳明之作，然朱氏如此强调"心"之地位，实仍只就工夫言，不碍"理"在其系统中为最高实有也。

"学"及"工夫"既皆落在"心"上说，然则如何方能使"吾之心"成为"圣人之心"？依朱氏"理欲"观念看，自是须使此心完全循理而动，盖"心"之是否循理，完全在"动"处说。于此，遂可转至"情"观念，因朱氏原以"心之动"释"情"也。朱氏云：

---

① 《朱子文集》，卷四十二，《答石子重》。
② 《朱子文集》，卷三十，《答张钦夫》。

> 性者心之理,情者心之动。①

故言"心"时,其本性乃所谓"性",而其动处即是"情";如此,则"心"以"性"及"情"为其两面,故张横渠所言"心统性情"一说,最为朱氏所赞许。曾云:

> 横渠说得最好。心,统性情者也。……性无不善;心所发为情,或有不善。说不善非是心,亦不得。却是心之本体本无不善;其流而为不善者,情之迁于物而然也。②

心就"性"一面言,即是觉"理"之能力,故无不善。其发处成为具体活动,即是"情"。"情"则可以合理或不合理,此处乃有善或不善之问题。于是所谓"学"或"工夫",皆须以使心之所发皆能合理为目的;换言之,在"心"上所讲之工夫,又在"情"上落实。此是在工夫论中讲"心、性、情"之主要理论线索。此意又可以用其他词语表之,朱氏有时就"人心""道心"说。如在《中庸章句·序》中,即云:

> 心之虚灵知觉,一而已矣。而以为有人心道心之异者,则以其或生于形气之私,或原于性命之正,而所以为知觉者不同。是以,或危殆而不安,或微妙而难见耳。然人莫不有是形,故虽上智,不能无人心;亦莫不有是性,故虽下愚,不能无道心。……必使道心常为一身之主,而人心每听命焉,则危者安,微者著,而动静云为,自无过不及之差矣。③

此所谓"人心"听命于"道心",即以理驭情之意,亦即伊川早年所谓"性其情"是也。朱熹此类见解,皆承伊川之思路。盖"人心"或"情"

---

① 《朱子语类》,卷五。
② 《朱子语类》,卷五。
③ 《朱子文集》,卷七十六,《中庸章句序》。

均不可以灭除,只是使之循理而已。此处只有"主从问题",而无"取消问题"也。若情能循理,则"情"所有之表现活动,皆成为"性"(或"理")之表现活动;故又谓七情若皆"中节而无过",则情"便是性"①。此处"便是"一词,又是朱氏用语不严之例;其意实是说,当"情"能循理时,即表现"理"也。再进而言之,"心"亦在"情"处可表现"理";若专就"性"言,则属"未发",凡发处皆是"情",故亦不能离"情"而言心之是否循理。"心"之"循理",即是在其所发之"情"上循理而已。

以上已略述朱氏论"心、性、情"之说。尚应补充者,是朱氏喜用"知觉"一词讲"心",而所谓"知觉"又取极广泛之词义;例如《语类》有云:

> 又问:人与鸟兽固有知觉,但知觉有通塞;草木亦有知觉否?曰:亦有。如一盆花,得些水浇灌便敷荣,若摧抑他便枯悴。谓之无知觉可乎?周茂叔窗前草不除去,云与自家意思一般,便是有知觉。只是鸟兽底知觉不为人底,草木底知觉又不如鸟兽底。又大黄吃着便会泻,附子吃着便会热。只是他知觉只从这一路去。又问:腐败之物亦有否?曰:亦有。如火烧成灰,将来泡汤吃,也碱苦。因笑曰:项信州诸公正说草木无性,今夜又说草木无心矣。②

案朱氏曾论"枯槁之物"有"性",此尚不难言之成理;盖所谓"性"指殊别之理,则"枯槁物"自有"枯槁物之理"也。但此处如此言"知觉",则对"知觉"一词之用法,愈扩愈大。言花之荣悴时,称为"知觉",则已以"知觉"指生物之一切生命现象;其次以大黄附子对人体之作用,又称为"知觉",则化学意义之性质亦算是"知觉"。最后说,以火烧一物

---

① 参阅《朱子语类》,卷九十八。
② 《朱子语类》,卷六十。

成灰,而有苦味,亦算是知觉,则直接经验感觉中之性质亦以"知觉"称之。如此用法,"知觉"一词实已成为"性质"之同义语。凡物有任何性质,皆可称为"知觉",则说"物有知觉"时,等于说"物有性质",乃无意义之赘辞矣。且本以"知觉"说"心",今若将"知觉"一词作如此用法,则凡有性质者皆说为有"心",则此"心"字之词义随之而全变,成为另一语言符号。则朱子之论目的何在乎?此种立论上之谬误,凡稍知解析者即能辨之,本不待说。但有时世俗议论或以为此等说法含有如何如何难解之道理,学者不得不稍加留意,以免思想混乱也。

"心、性、情"之说,只提供朱氏工夫理论之大线索,若具体实践过程,则须通过"穷理""居敬""致知""格物"等说以展示之。

"穷理"观念,在朱氏学说中,有重要地位,情况与在伊川学说中相类。而朱氏对于此类问题之见解及说法,亦大致直承伊川。至"居敬"观念,则更是由伊川所谓"涵养须用敬"而来,此不待解。至于"格物"与"致知",则朱氏之说虽同于伊川之宗旨,但立论则更为完备,且特别强调内外并进之过程。亦为朱氏影响后世之主要理论之一。

兹先就"居敬"问题,略加析述,"穷理"可与"格物""致知"合论。朱氏论"敬"之语,大抵与所谓"察识"及"涵养"之问题有关。此点涉及朱氏与"湖湘学派"之异同,后节另有论述。此处只就其言"敬"之语略作讨论。朱氏论"敬",主张贯动静而言"敬";盖通常由"敬以直内,义以方外"二语为据者,多以为"敬"只就未发说,既发于外,则应属于"义"之问题。朱氏则云:

> 敬字通贯动静,但未发时浑然是敬之体;非是知其未发,方下敬底工夫。既发则随事省察,而敬之用行焉;然非体素立,则其用亦无自而施也。故敬义非两截事。必有事焉而勿正,勿忘勿助长,则此

心卓然贯通动静;敬立义行,无适而非天理之正矣。①

本来所谓"敬",指意志状态上之工夫言,即伊川所谓"涵养"之事。朱氏如此说法,则以"敬"分体用,以未发所涵养为体,既发之省察为用;于是"敬"乃成为贯内外之工夫,且又为格物、致知等工夫之动力条件。故朱氏又云:

> 大抵敬字是彻上彻下之意。格物致知,乃其间节次进步处耳。②

但在朱氏解释程氏之说时,则仍敬义并言。如《语类》云:

> 仲思问:敬义夹持,直上达天德自此。曰:最是他下得夹持两字好。敬主乎中,义防乎外,二者相夹持,要放下霎时也不得。③

此以敬义分"中"与"外"而言,亦即分居内外也。但即在解程说时,亦认为"敬"即是"中",又有流行不息之义。其言云:

> 只敬而无失,便不偏不倚;只此便是中。④

此"中"自即是《中庸》所谓"中和"之"中",亦即"天下之大本"。又答问程子以"敬"解易之言,则云:

> 易是自然造化。圣人本意只说自然造化流行。程子是将来就人身上说。敬,则这道理流行,不敬,便间断了。⑤

又云:

> 就天地之间言之,是实理;就人身上言之,惟敬然后见得心之实

---

① 《朱子文集》,卷四十三,《答林择之》。
② 《朱子文集》,卷四十三,另一书。
③ 《朱子语类》,卷九十五。
④ 《朱子语类》,卷九十六。
⑤ 《朱子语类》,卷九十六。

> 处流行不息。敬才间断便不诚,不诚便无物,是息也。①

此皆以"流行不息"说"敬"。盖朱子之意,认为"敬"乃意志上不息不苟之工夫;虽有时可与"义"分言,实则乃一贯内外或彻上下之根本工夫也。

伊川曾以"主一"释"敬",朱氏谓"主一"亦贯动静,其言云:

> 主一,兼动静而言。②

又答问"主一"者云:

> 做这一事,且做一事。③

则"主一"不仅就在内之存养说,正在应事上见功也。

"敬"是偏于意志一面之工夫,若就认知上说,则有"穷理、格物、致知"。

朱氏重订《大学章句》,认为有关于"释格物致知"一段之佚文,故作《补传》一篇;此文最能代表朱氏在"格物致知"一套问题上之确定见解,"穷理"之义亦包于其中。叙述朱氏此一部分理论,即当以此文献为纲领。

朱氏之言云:

> 所谓致知在格物者,言欲致吾之知,在即物而穷其理也。盖人心之灵,莫不有知;而天下之物,莫不有理;惟于理有未穷,故其知有不尽也。是以大学始教,必使学者即凡天下之物,莫不因其已知之理而益穷之,以求至乎其极。至于用力之久,而一旦豁然贯通焉,则众物之表里精粗无不到,而吾心之全体大用无不明矣。此谓物格,

---

① 《朱子语类》,卷九十六。
② 《朱子语类》,卷九十六。
③ 《朱子语类》,卷九十六。

此谓知之至也。①

　　案朱氏此文,字句皆有斟酌;其用语命意一面力求接近程氏,其全盘观点则显现一种完整性。盖此文所说虽非《大学》本意,然就文献本身论,仍属讲"致知格物"之明确理论之代表,亦是朱氏在此问题上所持理论之总纲也。

　　文中首先以"致吾之知"释"致知",此自无问题;其次以"即物而穷其理"释"格物",于是"穷理"与"格物"不离,"格物"之义亦即通过"穷理"说之。其次以"吾心"本有"知"之能力,与"天下之物"本有其"理"对举;此处之"理"自系指殊别义之"理",而"知"亦全指对"理"之思解能力。于是,"穷理"与"致知"内外相应。再进一步,以"穷理"与"致知"为同时完成者,此即隐指由"殊别之理"至"共同之理"之进路;但对此一跃升,则朱说仍与程说相同,不能有明确解释。朱氏只能以"豁然贯通"状之,犹程氏之言"脱然自有贯通处"也。

　　依此文献观之,格物穷理之目的,在内则欲达成"吾心之全体大用"之"明",在外则欲达成对贯通之理之掌握。于是,"致知格物"只是同一层面之工夫,而目的最后仍以"致知"为重,盖《大学》原文所谓"致知在格物",本以"致知"为目的,是通过"格物"以完成"致知"也。至于何以要"致知",则如《大学》所言,即落在"诚、正、修、齐、治、平"上。故总而言之,"穷理格物"是下手工夫,其目的在于明吾心之全体大用;吾心大用既明,乃可内成其德(诚、正),外成文化,即通常所谓"内圣外王"之道也。此中"修身"自又是另一关键,但朱氏于此未特作讨论。因此处是述朱氏之说,非讲《大学》,故不详论。

　　观朱氏"格物致知"之说,最须注意者是,朱氏虽就思解一面言

---

① 朱熹《大学章句》,《格物补传》。

"知",与日后阳明之以道德自觉言"知"不同;但"格物"仍非求取经验知识之意,且"格物"之目的并非求对经验世界作客观了解,与经验科学之为求知而求知实不相同。是以,无论赞成或反对朱氏之学说,凡认为朱氏之"格物"为近于科学研究者,皆属大谬。

朱氏以"格物"为明"心"之工夫,在《语类》中亦屡言之。如:

> 格物所以明此心。①

案此节问者原说"格物以观当然之理",而朱氏则告以"当云格物所以明此心";盖朱氏深恐学者误以"格物"本身为目的,则成为向外求知之活动,失其本意矣。

"格物"乃所以达成"致知"之工夫,"致知"之完成即是明此心之大用,故朱氏每将二者相并说之。如:

> 格物只是就事上理会,知至便是此心透彻。②

"此心透彻"即"吾心之全体大用无不明"之意。又云:

> 格物是物物上穷其至理,致知是吾心无所不知。③

所谓"无所不知"亦即明贯通之理之谓。故就实际做工夫说,则即在"格物"处"致知",多穷得一分理,即多扩大一分吾心之明或大用。故二者在同一层面而不离。但就为学之目的或方向说,"格物"终须以"致知"为目的,本身不能孤立成为学之目的。此点掌握得分明,则即不失朱说之大旨矣。

若欲细微处再进一步看,则朱氏之言"格物"是"凡天下之物"皆须"格",故其下手工夫是在一一物上穷理;而最后目的在求"豁然贯

---

① 《朱子语类》,卷一一八。
② 《朱子语类》,卷十五。
③ 《朱子语类》,卷十五。

通",故其归宿又是落在"共同之理"上。由此,朱氏以为"殊别之理"与"共同之理"皆不可偏忽,故在《大学或问》中,反复言之;其主旨不外强调"殊别之理"必须穷究,否则不知物物性情之异,而"共同之理"应包括物我而言,不可只向外物求;又"格物穷理"亦不可只反求诸身等等。兹不备述。总之,朱氏所持之假定是,就物物上穷理,包括自身在内,最后可以掌握"贯通"之理。而掌握贯通之理而又确知万物殊别之理时,即内可成己,外可成物。《语类》中有一段说此意最明。其言云:

> 杞云:莫致知在格物否?曰:固是。《大学》论治国平天下许多事,却归在格物上。凡事事物物各有一个道理。若能穷得道理,则施之事物莫不各当其位;如人君止于仁,人臣止于敬之类,各有一至极道理。又云:凡万物莫不各有一道理;若穷理,则万物之理皆不出此。曰:此是万物皆备于我?曰:极是。①

以治平之事,为皆落在格物上,原是《大学》之旨;朱氏显然全信此说。至谓"各有一至极道理",而又引"仁""敬"等说之,则是取"本性论"立场;其下说"万物之理皆不出此",又是指"共同之理"或"太极"言。而断言"穷得道理,则施之事物莫不各当其位",则实即以一切文化活动为全依一"心"之直接发用者。以哲学术语说之,朱氏盖对"主体性之客观化"问题全未觉察,一切文化制度问题只看作道德问题之延长。所谓"众多主体之并立领域",朱氏未尝悟到。此是朱氏之学之局限,亦宋明儒学之局限所在也。

朱氏就《大学》而立其实践工夫理论,自"格物穷理"下手,以求"致知"之完成,由此而成己成物,说为一直接展开之过程。若与"心、

---

① 《朱子语类》,卷一一九。

性、情"诸说相连而观之,则"心"由气禀所限,每不能"明",于是"情"不得正,遂有"恶"出现;但"心"之"性"或"理"原是能照见"共同之理"及"殊别之理"者,故能下工夫使"心"能"明"则即能实现"心"之"本性",而以理驭情,如此即是"成德"。而如何使"心"能"明"?则是实践工夫之内部问题。朱氏于此言"穷理格物"及"致知"。"致知"完成即"吾心之全体大用无不明","全体大用"即"心"之"性"。此心既明,则向外展开可成就一切文化,即由"修身"至"平天下"一段活动是也。至于向外展开之活动,是否自成一领域,因而自有特性,则朱氏未尝用心。朱氏依《大学》之说,视向外展开为直接无阻之过程;虽在成败上,朱氏自知"内圣"不必能"外王",但并不以为"外王"或"向外展开之过程"中另有"工夫"可言也。

朱氏之工夫理论,到此纲领已明。此虽是朱氏一家之说,然在中国思想史上,则影响甚为久远也。

(五)世界之肯定及对佛教之批评

朱氏与其他宋明儒者同样否定佛教之舍离世界,故亦同样提出一对世界之肯定,但此种理论大致即与批评佛教之言论同时说出,故本节合而述之。

首先,学者须了解者是,在两宋时代,佛教中如般若、唯识等印度教义,及天台、华严等中国佛教教义,皆已渐衰,盛行者唯是禅宗。由此,北宋以降,知识分子所了解之佛教,大致皆只指禅宗而言。朱熹对禅宗之说,亦有基本之了解,但对其他佛教理论,如大空、妙有、真常诸说,实皆无所知。尤其对于佛教历史及印度文化之背景,朱氏之无知至为可惊。如谓佛经剽窃《老》《列》云:

> 释氏书,其初只有《四十二章经》,所言甚鄙俚;后来日添自益,皆是中华文士相助撰集。……大抵多是剽窃老子、列子意思,变换

推衍，以文其说。《大般若经》卷帙甚多，自觉支离，故节缩为《心经》一卷。①

又云：

> 初间只有《四十二章经》，无恁地多。到东晋便有谈议。如今之讲师，做一篇议总说之。后来谈议厌了，达摩便入来，只静坐；于中稍有受用处，人都向此。今则文字极多。大概都是后来中国人以《庄》《列》说自文，夹插其间，都没理会了。②

此种说法，可谓一无是处。盖佛教教义自身在印度有其发展历史，大小乘经论自是一步步出现。然岂有剽窃中国道家之事？至东晋佛徒，借道家词语观念以说佛教教义，即是所谓"格义"（"格"训为"通"，即取教外资料者通于佛教教义者为说）。此与佛教本来之经论无干。朱氏对佛教经论似无所知，竟皆以为是中国文士所作。此则见朱氏不仅不知佛教本身之源流，且亦不知佛教在中国流传讲论之情况。可谓不具对佛教之常识。至云始来之佛书，"如《四十二章》《遗教》《法华》《金刚》《光明》之类，其所言者不过清虚缘业之论、神通变见之术而已"③。则对于大小乘之分，既全无常识，所说又不合经之内容——如《法华经》及《金刚经》，一属真常之教，一属般若之教，何能以"清虚缘业""神通变见"言之？至谓"鄙俚"，则尤不知何指。若指译文之文字言，则鸠摩罗什之后，所译经论自成一体；可说是受外国文影响之中文，然不可说为"鄙俚"也。

总之，就佛教经论而言，朱氏实无基本常识，应无"批评"可说。但若只就禅宗而言，则禅宗本身即抛开经论，而直接立说。朱氏颇读

---

① 参阅清人所编《朱子全书》，卷六十，论释氏部分。
② 参阅清人所编《朱子全书》，卷六十，论释氏部分。
③ 参阅清人所编《朱子全书》，卷六十，论释氏部分。

禅门语录,故对佛教理论提出批评时,即以禅宗之教义为对象。此类论调,虽未接触佛教内部之系统理论,但亦可看作分别儒佛基本立场之说法,而此种说法又可表示出朱氏对"舍离世界"之精神方向如何否定,以及其自身如何肯定世界。

朱氏评佛教,主要只在"有理"与"无理"、"实理"与"空理"之别。如云:

> 释氏说空,不是便不是。但空里面须有道理始得。若只说道我是个空,而不知有个实底道理,却做甚用。①

此是说释氏说空亦非全误,但不知肯定"理",故不可。盖朱氏有形上学兴趣,承认有超经验领域,而只就此意义去了解佛教之"空",以为佛教之"空"即等于无经验对象,遂说并非"便不是"(此"不是"即"错误"之意);但朱氏之超经验领域即"理"之领域,故说"空里面须有道理"。此自与佛教理论不相应,盖佛教之"空",意义亦屡有演变;至大乘言空,则当以《中论》义为主,正在"非有非无"处立"空义",其思辨程序,朱氏全未用心,故只算泛说一反对意见而已。但此反对意见已足以表示朱氏自己之主张,此即儒学须肯定"世界"有"理","心"亦有"理"。故说:

> 彼见得心空而无理,此见得心虽空而万理咸备也。②

又云:

> 学禅者只是把一个话头去看,如何是佛麻三斤之类,又都无义理得穿凿。……只是如此教人,但他都无义理,只是个空寂。儒者

---

① 《朱子语类》,卷一二六。
② 《朱子语类》,卷一二六。

之学,则有许多义理。若看得透彻,则可以贯事物,可以洞古今。①

又云:

> 释氏虚,吾儒实。释氏二,吾儒一。释氏以事理为不紧要而不理会。②

凡此种种批评,其意只是说,佛教不肯定世界万有之"理"而视为虚妄,乃不可取者;又以此处之差异为儒佛之别。若从严格理论标准看,则佛教以世界为虚妄,是一结论;朱氏欲驳之,则应从其理据论证上着手。只说此结论不好,并未驳倒一理论,只表示自己之态度而已。此尚不能称为一反驳佛教之理论也。

但若就态度讲,则朱氏于此言儒佛之辨,亦自不差;盖佛教以世界为虚妄,故即取"舍离"为精神方向;儒学以世界为实现理之领域,故即持"化成世界"为其精神方向。此原是两种不同态度也。

朱氏所说之"理",有时取形上规律义,有时取道德规范义;盖朱氏对"实然""必然""应然"未能区别,且在其系统中直是有意混而为一。于是,当朱氏抨击佛教不能肯定"理"时,每即从"道德规范"一面讲。如云:

> 天下只是这道理,终是走不得。如佛老虽是灭人伦,然自是逃不得;如无父子,却拜其师,以其弟子为子,长者为师兄,少者为师弟。③

案此是说人类社群关系,自有一种"理";佛教之宗教组织,亦不能不依此种"理"。推而言之,依佛教教义,则一切道德伦常之"理"皆是虚

---

① 《朱子语类》,卷一二六。
② 《朱子语类》,卷一二六。
③ 《朱子语类》,卷一二六。

幻,而朱氏则认为"物则民彝"皆自然之"实理"不可视为虚幻。在《释氏论》中,曾评佛教之"识心见性"云:

> ……所以识心者,则必别立一心以识此心;而其所谓见性者,又未尝睹天民之衷、物之则也。既不睹天性之本然,则物之所感、情之所发……概以为己累而尽绝之,虽至于反易天常殄灭人理而不顾。①

案此节本就"儒释之所以异"说。所谓"别立一心",则即其"观心说"中所提出之论点。而最重要处则在对于"见性"之批评。朱氏以为释氏不以"性"为"理",故不能肯定人生及事物之法则规范,终至将此世界中一切皆视为"累"而"尽绝之",此是"反易天常,殄灭人理"。实即对于"舍离世界"之全面否定也。

总之,朱氏之反佛教,以佛教言"空"不能肯定"理"为主;而其立论非针对佛教如何证"空",及何故以世界为虚妄等理论说,只就其"舍离"一主张说。譬如,万有生于"无明"是佛教视世界为虚妄之理据,因缘及识变等说,即为其理论内容。"空"在般若宗言,通过《中论》之论证而建立。此皆是佛教所以得此结论之理论基础。朱氏成日反佛教,心目中只见有禅宗语录,对此种种理论全未深究,故其反佛教只表示以"肯定世界"之态度反"舍离世界"之态度而已。

至于朱氏又喜批评禅宗"见性成佛"之语及"作用是性"之说,大抵认为"作用是性"之说乃错误"心"为"性",而所谓"见性"即"摩擦"此心至于"精光",即以此"精光"之"心"为"性"云云。此等语若只就禅门工夫说,尚有相应处。若就佛教之根本理论看,即自慧能以下说

---

① 《朱子文集·别集》,卷八。

"见性"时,"性"字皆指《大涅槃经》一系思想之"佛性"言;若取朱氏用"性"之义,则正是佛教要破除之"自性",非禅宗所言之"性"。①"见性成佛"即"佛性"发用便达佛境界之谓。"作用是性"或就"作用"言"性",亦是以"性"为"主体性"故如此说。朱氏只了解经验意义之主体,称之为"心",而不解超验意义之主体义,遂有此种思想上之隔膜。基本理论既未了解,则朱氏此类意见,对佛教教义或甚至禅宗教义,实无作理论上之否定之效力也。

总之,朱氏自谓:"于释氏之学,盖尝师其人,尊其道。"②但案其言论,可知朱氏于佛教源流、经论大旨以及中国佛教教义之演变等,皆无所知;其所谓"师其人,尊其道"大抵指禅宗之"人"、禅宗之"道"讲。但禅宗虽号称"教外别传",其思想渊源自仍不能全离佛教教义之大流。朱氏不知大流,于禅宗亦只能就具体枝节上稍求了解,故即就评禅宗之"见性成佛"说,已属不明原语之意。但此只表示朱氏在理论了解及知识方面,不能真对佛教作理论上之批判,并不表示朱氏在态度上不能反佛教。宋儒大抵如游酢所云少看佛书,故均不能真正批评佛教理论。然在对世界之态度上说,宋儒仍可取肯定世界之态度,以反对佛教舍离世界之态度。至于如何建立自身之肯定,则亦随人而不同。若横渠、伊川,则皆强调佛氏只能求自我之超升,而不能化成世界一点,其说实较朱氏为平稳。朱子谈"心"谈"性",而不明佛教所肯定之"主体性",乃有哲学上坚固理论根据者。朱氏以为将"心"观念限于经验义是可靠之立足点,实则此一观点在佛教理论中早有破除之论证,朱氏亦未见能克服其论证也。

朱氏持一存有义之形上学观念,组成一综合系统,而不知"主体

---

① 慧能立说,不据经论,故所用"自性"一词,与佛教经论中之传统用法不同。此点可参阅拙著《新编中国哲学史》卷二,论中国佛教部分。
② 《朱子文集》,卷三十,《答汪尚书》。

性"问题之哲学意义。于是,凡言"主体性"而不限于以经验义说"心"者,在朱子即皆视为"禅学",此盖在理论标准与历史标准两面均犯错误。盖就理论标准言,则朱氏此种综合系统中内涵之背反问题及其他内在困难,不唯乃朱氏所未能解决者,且亦是朱氏所未完全见到者;而以"主体性"为中心观念之系统如"心性论",即可以避免此种困难。再就历史标准言,禅宗之说,本属佛教之一支,其强调"主体性",并非弊病所在;今因反佛教之故,便以禅宗代表佛教;又以反禅之故,便反对强调"主体性"之一切言论,此则朱氏学说中之大病矣。

至于肯定世界,则确为儒学精神方向所在,亦儒佛之辨之枢纽问题所在。然建立对世界之肯定,并不必然依赖朱氏此种形上学理论;纯由"心性论"立场,亦可以建立一肯定世界之理论。此点后文再论之。

(六)其他

以上已将朱熹学说之大要分别析述。尚有应涉及之零星问题,即在此节中作一补充。

第一,是朱氏对道家及道教之态度问题。

朱氏评佛教,持一明确之反对态度,但谈及道家老庄之学,态度不同。虽每每以"释老"并称而有抨击之语,然对老子之形上学观念,仍时有赞赏之意。盖朱氏自己有形上学兴趣,而不甚深知"心性论"与"形上学"之分别,故不唯在建立理论系统时,以《易传》《中庸》一系之形上学观念,回头笼罩孔孟之说,而构成一"道统"观念,且在平日语言中亦尝强调道家所代表之古中国南方文化中之形上观念。但朱子对先秦南北文化及其思想特色,亦不甚明白,故说此等话时,亦不自觉为有违孔孟之思想方向。如云:

> 今观老子书,自有许多说话,人如何不爱?①

又云:

> 康节尝言,老氏得《易》之体,孟子得《易》之用,非也。老子自有老子之体用。②

此皆言老子之书自有所长也。但朱子虽欣赏老子之形上学色彩,对于"有生于无"一义则不以为然,盖此与朱氏自身之形上学内容有异。曾云:

> 《易》不言有无,老子言有生于无,便不是。③

至于庄子,朱氏则认为老庄不同;其言云:

> 老子之学,大抵以虚静无为、冲退自守为事,故其说常以濡弱谦下为表,以空虚不毁万物为实。旁日月,扶宇宙,挥斥八极,神气不变者,是乃庄生之荒唐。④

此扬老而抑庄之语。盖庄生"内篇"思想,原以"真我"之肯定及最高自由(超离意义)之境界之描述为中心,"主体性"观念较强;而朱氏则不识任何意义之"超越主体性",故见强调"超越主体性"之理论,便以为非。此所以以庄子为"荒唐",而认为老子"曷尝有是";换言之,即老子不"荒唐"而庄子"荒唐"也。

但对庄子之"文章",朱氏则亦极欣赏;曾云:

> 《庄子》文章,只信口流出,煞高。《列子》说得困弱,不如《庄

---

① 《朱子语类》,卷一二五。
② 《朱子语类》,卷一二五。
③ 《朱子语类》,卷一二五。
④ 《朱子语类》,卷一二五。

子》。《老子》又较深厚。①

此则是以《老》《庄》与伪书《列子》相比,而其结论是《老子》最高,《庄》则仍优于《列》。

观朱氏谈"老子之学"时,全用《庄子》书中《天下》篇之语,而无深切之论断,可知朱氏虽在形上学兴趣一面与老子契合,至对老子理论内部之了解,恐亦未足。庄子之理论,内部结构远较《道德经》为严整,而朱氏以"信口流出"或"荒唐"目之,则其不解庄子所接触之哲学问题,不待多说。

关于道教一面,则朱氏事实上受其影响甚大。此点证据极多,兹举其要者一二。

首先,朱氏解《易》,极重象数;对于所谓《河图》《洛书》推崇备至,著《周易本义》及《易学启蒙》,皆以此二图为《易》理之根据。且谓邵氏之《先天图》乃"伏羲"画卦之次序云云。曾与袁枢反复辩论,兹不备引。② 案《河图》一词虽见于《书经》,但并无确解;《论语》中"河不出图"一语,来源如何,亦大有问题。至造出龙马负图、神龟负书之说,则实以纬书为最早。本与文王、孔子无干,何论伏羲?若宋时盛行之《河图》《洛书》二图,则分明出自道教;此点自毛大可之著《原舛》,至胡渭作《易图明辨》,业已考定。即以宋代而言,欧阳修早已辨之。然朱氏独深信《河图》《洛书》,因之亦推崇康节之《先天图》——康节之说本以《河图》《洛书》为据。朱氏每论及此,反不以伊川之不重象数为然。于是,朱氏之易学,实际上出于道教以图书解《易》一派,而朱氏本人反以为是"道统"所在也。

道教托《易经》以讲其修炼之术,实在隋唐"内丹说"兴起以前。

---

① 《朱子语类》,卷一二五。
② 参阅《朱子文集》,卷三十八,《答袁机仲》各书。

魏伯阳之《参同契》，即借《易经》以谈丹诀（外丹）；其后自隋苏元朗（青霞子）以所创内丹之说托于魏书，后世道士遂强谓《参同契》乃"内丹"之书。此种演变，朱氏似不甚详知，但对《参同契》一书则大感兴趣。朱氏化名"空同道士邹䜣"作《参同契考异》，对书中所言丹鼎之事，颇有论释，尤喜所谓"纳甲"之说——即论"月"在一月中之圆缺及方位之说。此则是朱氏自觉地讲道教理论，与讲《易》时误以道教之说为"道统"所在又不同矣。

此外，朱氏生平最尊濂溪之《太极图说》，而《太极图》实出自道教。朱氏初强谓是濂溪自作，后乃不得不承认与希夷有关。此尤是朱氏思想受道教影响之大关键。本书第三章论濂溪与道教之关系时，已详辨之，兹不重述。

总之，朱熹虽自命承儒学"道统"，实则其思想学说中受道家及道教影响之成分，实不少于其上承孔孟之成分也。

第二，是朱氏对经籍考证之态度。

近人颇有夸张朱氏治学之科学精神者，以为考证之学在朱氏已发其端。实则，朱氏对经籍之真伪时代及源流问题，极少作客观之研究。即以《河图》及《洛书》问题言，朱子深信二图，而与袁枢辩论时，则云：

> 熹于世传《河图》《洛书》之旧，所以不敢不信者，正以其义理不悖而证验不差尔。来教必以为伪，则未见有以指其义理之谬、证验之差也。[①]

所谓"义理不悖"，是理论之是非问题，非文献之真伪问题。后世伪造托古之文献，亦可以"义理不悖"，并不能因此推其为真。至朱氏所谓

[①]《朱子文集》，卷三十八，《答袁机仲》。

"证验",亦非指一文献之时代、作者方面之客观证据,而是指效用讲。"效用"亦与文献之真伪问题无干。朱氏若果能作客观考证,则宋代言《易》之一切图书之说,皆不难考见其不出于先秦儒学;而朱氏只因此种文献可配合自己之学说,遂"信"之以为"真",正可见其并无作客观参证之严格精神也。

朱氏对于其他经籍,确常有辨伪之言。如谓,古文《尚书》诸篇不可信,疑孔安国书传为魏晋间人所作;又承郑樵之说,不信《诗序》;对《春秋》三传旧说,亦多所怀疑,皆足见朱氏亦有不盲从成说之倾向。但朱氏立论,总是多以理论意义之是非作为考辨文献真伪之标准,则终不能算作能从事客观考证者也。

此处所应附带提及者,是《大学》《中庸》问题。《礼记》乃汉儒杂辑许多文献而成。文献之时代问题极为复杂,朱氏自亦知之,然朱氏对《大学》为曾子所著,《中庸》为子思所著之说,全不作客观考证,一律深信不疑。甚至更进一步,谓《大学》之文"盖孔子之言,而曾子述之"①。可说是愈说愈远,岂有丝毫考证精神?《中庸》内容杂乱,分明是一种杂记;其中显属后出之语尤多,朱氏亦未尝稍加考证也。

总之,宋代原有辨伪之风。朱氏在此风气下,未尝不受影响;但其治学,殊少客观研究之精神,故虽尝辨古籍或旧说之不可信,于自身立说所据之重要文献,反而未稍作考证。此盖由于朱氏治学原受"道统"观念之支配,本与清代之考证之学有方向之不同也。

第三,是朱氏对政治及历史问题之观点问题。

朱氏在讲《大学》时,即以为道德心一经建立,便可直接向外展开,以实现文化制度之理。换言之,以"治国、平天下"为"诚意、正心、修身"等工夫之直接效果。故朱氏论政治问题,实看作道德问题之延

---

① 参阅朱熹《大学章句》。

长。对于政治领域之特性，从未注意。此点却是朱氏上承孔孟之处。盖孔子首倡"德治"观念，又以"正名"或各尽其分为政治社会行为之原则；孟子则提出"仁政"及"王道"观念，以规定人君或政治领袖所应尽之分，原是一脉相承。汉儒以下，在哲学理论方面，走上宇宙论及形上学道路，可谓全失孔孟之"心性论"本旨，但在政治生活方面，则大抵仍循"德治"观念之方向。朱氏亦是如此。

由于朱氏眼中，政治生活只是道德生活之延长，故其论政治问题，亦全当作道德问题看。盖人如不正视政治生活之特性，不知此处另有一理论领域，则势必将政治生活与个人生活看作一类；其化政治问题为道德问题亦属当然也。

朱氏既持此态度，故其对政治问题之总观点，即落在道德教育上。对人君言，要使人君成为有德之君；对人民言，亦要使人人能行仁义。此等论调，在朱氏《上宋孝宗书》中及其他文献中，皆屡见不鲜。如云：

> 天下之务，莫大于恤民，而恤民之本在人君正心术以立纪纲。盖天下之纪纲不能以自立，必人主之心术公平正大，无偏党反侧之私，然后有所系而立；君心不能以自正，必亲贤臣，远小人，讲明义理之归，闭塞私邪之路，然后乃可得而正。①

淳熙十五年上封事，又云：

> ……臣之辄以陛下之心为天下之大本者，何也？天下之事千变万化，其端无穷，而无一不本于人主之心者，此自然之理也。故人主之心正，则天下之事无一不出于正；人主之心不正，则天下之事，无一得由于正。②

---

① 见《宋史》本传。
② 《朱子文集》，卷一，《戊申封事》；亦见《朱子年谱》。

案朱氏此一封事，原以"天下之势，如人之有重病"为言，然其主张，则落在"人主之心"上，盖以为天下之治乱，纯系乎人主能否"正"其"心"。换言之，即视政治问题为人君之道德问题也。前引所上书中所谓"正心术"，亦同此意。此外类似之语尚多，不再备引。

朱氏既化政治问题为道德问题，于是其论历史，亦取此观点。依旧日之传说，夏商周均是"德治"，所谓"三代"是也。朱氏接受旧说，肯定古代政治是合于道德者，而秦汉以下，则认为其政治皆不合"德治"之要求，因之皆不足取。于此，朱氏又以"天理""人欲"一对观念说之，谓三代是"天理"作主，汉唐皆"人欲"作主。此点在朱氏与陈亮之辩论中，反复言之。下节论朱氏之敌论时当再详述。

总之，朱氏将社会政治问题，皆化为道德问题，故其论历史之演变，并不在任何客观规律上着眼。因此，朱氏似无独立之"史观"可说。

以上为对朱氏学说思想之补充。

述朱氏学说大要，至此可作一结束。以下再作简单结语，即另述朱氏与其同时之思想家之辩论，以通过朱氏一观当时之思想界。

三、结语

朱熹之学，以其综合系统为特色，此即后世推崇者所谓"集大成"之意。但若取严格理论标准及客观历史标准衡度之，则朱氏此一综合工作究竟有何种正面成就，则大为可疑；盖就理论说，朱氏之说不代表儒学真实之进展；就历史说，则朱氏只是糅合古今资料，造出一"道统"，亦非真能承孔孟之学。

关于理论方面，本书在《总说》中，已有详尽之析论。此处只提纲挈领，稍作说明。

朱氏之系统乃将濂溪、横渠及二程之说合而为一之理论；其中取于濂溪及伊川思想者最多，取于横渠及明道者较少，故基本上，朱说实是将"天道观"与"本性论"相连而成。如《总说》中所论，"天道观"之基本困难，在于无法安置"未定项"，因之，其价值论自始即朦胧不明；至于由天道以释宇宙之生成过程所涉理论困难，固属易见，尚应看作次要问题。朱氏说中承"天道观"之部分，对此种困难全未解决。

试就朱氏之词语说，"太极"作为共同之理，即是"天道"；阴阳以下属"气"之领域，但皆由"太极"生出；依此则阴阳五行之变化，皆不能不依"太极"之理。濂溪所谓"五性感动而善恶分"，则是于此处安置一未定项；换言之，即认为五性感动即可以不合于理。但何以有此违理之可能？则《图说》及《通书》皆不能解释。朱氏承濂溪之观念，乃有"理管不得气"之论。其意盖谓"气"本身另有自动性，故可不合于理。但若如此说，则"气"之自动性之根源何在，便成一问题；且不符于"理"生"气"之基本假定。朱氏只说理虽生气而气生后理即管不得，此不能成为一解释，而只能作为一待解释之论点。朱氏既不能解释此论点，则只是将"天道观"中之困难拉长一步或推远一步，而并未能解决此困难也。

其次，就本性论而言，其基本困难在于本性领域与当前事物之领域间，具体关系无由决定。换言之，即"理"与"事"间之一一特定关系无法决定。用朱氏之词语说，万有皆由"气"而成；当一定之气生为某种事物时，"气既成形，理亦赋焉"；此"理"是殊别之理，亦即事物之本性，朱氏所举"竹椅"之理等皆是明证。如此，则具体事物之"理"乃由其特殊之"气"所限定者；或更明确言之，共同之理受特殊之气之限定而成为殊别之理，此即朱氏论"犬马"时所言"其理亦只有许多"之意。依此推之，万物之"性"与其实际存在将成为密切相符者。如"泥水"即当有"泥水"之"理"或"性"，"清水"即当有"清水"之"理"或"性"；而无法说"泥水"应变为"清水"，正如"犬"不当说是应变为"马"或"人"

也。但此大悖于"本性论"中之"实现"观念。盖"本性论"之所以能免除"天道观"之困难,全在于能通过"实现"观念以安置未定项,而建构其价值理论;今倘不能说"泥水"为"不好之清水",则不能谓"水"之"性"在"泥水"中未"实现"。于是万物各自由其"气"而具一殊别之理或性,而此殊别之理作为本性,皆属自成标准者。共同之理徒然虚悬。在万物并生之世界中,实无可作、无可为。落在道德生活上,"处物为义"亦将成为对事实之全面承认,即对"凶残"之"物"以"凶残"之"理"处之等等。此非儒学立场所能承认,朱氏亦未尝提出解决。

由此可知,"天道观"及"本性论"中之基本理论困难,在朱氏系统中依旧存在。再进一步看,"天道观"与"本性论"又另有一共同困难,此即实际世界中生命界之内在冲突问题。

再用朱氏之词语讲,若今有一虎,以残害其他动物为其维持生命之方法。依朱氏之说,虎所以会如此凶残,乃因其"气"是如此。换言之,"虎"由"凶残之气"决定其有"凶残之性"。如以凶残为悖于共同之理者,则即可说,"虎"是一有"恶性"之存在。此处似可用伊川之"不能推"一语解说,即虎之求生妨害他物之生;在"虎"不能"推"其求生之理以全他物之生,因此是"恶"物。将此点予以一般化,则即可说,万物以实现其本性为"好";但某种存在则在实现自身之本性时,即破坏其他存在之本性之实现,此种存在因此即应看作具有"恶之本性"者。如此表述,似一面仍可以维持"以实现本性为善(或好)"之原则,另一面又可以对虎之凶残之否定立一理论基础。然而,倘接受此说,则生命界中除植物外,其余即全具有"恶"之"本性";盖一切动物,包括人类在内,皆以破坏其他生命为维持自身生命之必需手段。在"天道观"一面,若以"大德曰生"定"天道"之内容,则生命界即似是皆悖于"天道"者。在"本性论"一面,如以"生"为"生物"之本性,则生物同时互相否定对方本性之实现。此所谓生命界之内在冲突。此种冲突固不是有任何逻辑之必然性,但为实际世界之真实情况。若此世界本视为不生于理者,则此点尚不成严重问题;但"天道观"及"本性论"均必视此世界为依"实理"而生,于此,此一问题即成为无法克服之困难矣,朱氏对此问题似全未作深思,动辄以"气"之"不好"交代之,其实就朱氏所持"理气不离"之观点说,此问题尤为严重也。

故简言之,朱氏综合"天道观"与"本性论"之说而组成一综合系统,但"天道观"及"本性论"两面之理论困难,朱氏皆未能解决;至于二者所共有之困难,在朱氏系统中不唯不能解决,反而更形严重。然则,朱氏之系统未可说为有超迈前人之理论成就也。

若落在成德工夫问题上说,朱氏以"心"为得气中最灵或最正者,因此,即以"能见共同之理"作为"心"之殊别之理;由此一面将"心"视为属于"气"者,另一面又将"心"与"理"安顿于一种本然相通之关系中,此原是朱氏立说之善巧处。但"心"既有昏明(清浊)之异,则须有一工夫过程以使"心"能实现其"本性"(即所谓"全体大用"),于是有"致知穷理"之说。此处理论之困难在于工夫开始于"大用"未显之时,故即在心能见共同之理之先,然则此时以何动力推动此工夫?盖心倘是"昏",则此昏心何以能求自身之"明"?盖朱氏之"心"既属于"气",即不能有超验之主宰力,其始动时必全受"气"决定也。伊川论变化气质,认为下愚亦可移,是仍强调"自由意志"或某一程度之"主宰性";朱氏以"心"为"气",而此"气"又可以昏,可以浊,于是工夫之动力遂成问题,此尚不如伊川之简说也。①

至如就生命界之内在冲突说,则人之实际存在,即是悖于"天道"者,又是不能"尽物之性"者,则道德生活成为虚幻,更不待言。

以上乃就理论一面说。若就历史一面看,世人常以为朱氏上据

---

① 参阅前节论伊川学说部分。

经籍下收诸儒之言,而组成一代表"道统"之理论,乃儒学史上之大功。此是纯就朱氏立说之规模讲。倘学者细究朱氏对经籍之态度,则可知孔孟之学,在汉代以后即不为人真了解。宋儒初起,即误据《易传》《中庸》之形上学及"宇宙论"以讲孔孟——因既称"儒",自不能不是以上承孔孟自居。周张二程,立说不同,而此病不改。至朱氏出,则取《礼记》二篇合《论》《孟》而编为"四书";取道教之图书、纬书之怪说,以释《易经》;再据伪古文《尚书》以言尧舜心传;于是本已面目不明之孔孟儒学,至此遂纳入一系统性之曲解中。朱氏治学之规模固大,但结果是通过一系统性之曲解,而勾划一与历史绝不相应之"道统"面目。此点通过近百余年考证工作看,可说已无疑义。然则朱氏之"集大成",实亦是构成儒学内部最大之"混乱"也。

此外,如朱氏解经之说,成为官学,以致明清一般知识分子,弃经而专攻注或朱氏之解释,以取科名。此在清初朱彝尊即深讥之。①然此尚是流弊,不必深论。

第五节
朱熹之敌论

朱熹生平最喜辩论,盖以重建"道统"自任,不得不如此。其辩论中有理论意义甚高者,亦有无甚理论意义者,本节所述,则以朱氏与人之辩论中最重要之敌论为对象。

此可分三部分:第一,为湖湘学派,所辩者主要是成德之学内部之理论;第二,为事功学派,所辩者为义理事功之冲突或分合问题;第三,则为朱陆之争,所涉乃哲学上之根本问题。因第三部分之辩论,

---

① 参阅《曝书亭集》,卷六十,《经书取士议》。

实已涉及宋明儒学后一阶段之思想,故虽最为重要,而在本章中列于最后,以便过渡至下章对后期理论之展示。

一、湖湘学派

案胡安国问学于谢良佐、杨时等,遂传程门之学;其子胡宏,号五峰,讲学于今湖南衡山,遂开所谓"湖湘学派"。胡宏门人张栻,与朱熹同时,颇多讲论。然张栻本人颇推崇朱氏之说,未可视为敌论之代表。朱氏对湖湘学派之真正批评,实以胡五峰之《知言》为对象。但朱氏既与张栻同时,其反对《知言》之论调,即每对张栻表示。张栻虽不墨守师说,亦偶有辩论。此外,朱氏论"中和"诸书,亦即是与张栻讨论工夫问题者。讨论结果,则张栻大致皆对朱说"印可",然书札往来中亦可见彼此持论之不同处。此不同处大抵即由二程后学立说不同而来,观之亦可见所谓"洛学"至"闽学"(朱说)间之演变也。

朱氏与"湖湘学派"之辩论,如上所述,以《知言》一书及"中和"理论为主。兹先述"中和"问题之辩论,再述朱氏对胡宏《知言》之批评。

(一) 中和问题

朱氏与张栻论"中和"问题,始于乾道三年(丁亥)。是年秋朱氏访张氏,九月八日抵长沙与张氏晤谈。其时朱氏深服张氏之论,故《与曹晋叔书》云:

> 熹此月八日抵长沙,今半月矣。蒙敬夫爱予甚笃,相与讲明其所未闻,日有问学之益,至幸至幸。敬夫学问愈高,所见卓然,议论出人意表。近读其语说,不觉胸中洒然。诚可叹服。①

朱氏此次与张氏盘桓两月,十一月同登衡山,廿三日始作别。朱氏赴

---

① 《朱子文集》,卷二十四。

湘,八月启程而九月八日抵长沙(上引致曹书中之"此月"即九月);诸书及《年谱》皆尝记此年八月访南轩于潭州,盖就启程日期言;否则二人十一月廿三日方别,何以说是盘桓两月?此虽小事,亦应辨明。

朱氏与张氏别后,即屡通书论工夫问题;日后朱氏即于乾道八年(壬辰)将丁亥至戊子年间之论中和诸书汇编而称为《中和旧说》,盖乾道五年(己丑),朱氏对中和问题即另有所悟,亦为南轩所同意,朱氏遂以己丑后之说为"新说"或结论,而承认前此之旧说皆非也。

所谓旧说与后来之说之不同,基本上只在于所谓"未发"处之工夫问题。盖朱熹早年从李侗问学,延平教人从"喜怒哀乐之未发"处用功,其意即是在应物之外有内在之意志存养。而朱熹不解其旨,仍信崇其说。丁亥九月既与南轩论学,则受南轩影响,认为人心总是"已发",并无"未发"处之工夫;盖胡五峰本主张先"察识"而后"存养"(案此据明道"识仁"一段议论),南轩即承此说,而朱氏初与南轩议论,即深信之。自丁亥至己丑,朱氏皆取此立场以谈"中和"或"已发未发"之问题。己丑与蔡季通辩此说后,方有所疑;于是重读程门之书,遂有改变。而其要旨则在于确认"未发"处之工夫也。朱氏《中和旧说序》云:

> 余蚤从延平李先生学,受《中庸》之书,求喜怒哀乐未发之旨,未达,而先生没。余窃自悼其不敏,若穷人之无归。①

此即朱氏自谓在延平门下未能了解"未发"处之工夫也。然朱氏虽未明延平之旨,仍极力用功,未以延平为非。故丙戌年《答何叔京》书云:

> 李先生教人,大抵令于静中体认大本未发时气象分明,即处事

---

① 《朱子文集》,卷七十五,《中和旧说序》。

> 应物自然中节。此乃龟山门下相传指诀。然当时亲炙之时,贪听讲论,又方窃好章句训诂之习,不得尽心于此。至今若存若亡,无一的实见处,孤负教育之意。①

此见朱氏虽自承未真能了解延平之教,但只自责,而未疑延平之说。《答何叔京》另一书亦同年所作,又云:

> 昔闻之师,以为当于未发已发之几,默识而心契焉,然后文义事理触类可通,莫非此理之所出,不待区区求之于章句训诂之间也。向虽闻此,而莫测其所谓;由今观之,始知其为切要至当之说,而竟亦未能一蹴而至其域也。②

朱氏固谓延平之教乃"切要至当之说",虽自己未能具此工夫,决未疑此说有不当也。见南轩后,则思路渐变。《中和旧说序》续云:

> 闻张钦夫得衡山胡氏学,则往从而问焉;钦夫告余以所闻,余亦未之省也。退而沉思,殆忘寝食;一日喟然叹曰:人自婴儿以至老死,虽语默动静之不同,然其大体莫非已发,特其未发者为未尝发尔。自此不复有疑,以为《中庸》之旨,果不外乎此矣。后得胡氏书,有与曾吉父论未发之旨者,其论又适与余意合,用是益自信。虽程子之言有不合者,亦直以为少作失传而不之信也。③

此是说接受南轩之说后,即以为无"未发"处之工夫,且明白说"得胡氏书",故益自信。此是朱氏接受湖湘学派思想之阶段,而所谓"中和旧说"者,即此阶段中之文献也。但己丑以后,朱氏即另有思想上之进展,故续云:

---

① 《朱子文集》,卷四十,《答何叔京》。
② 《朱子文集》,卷四十,答何另一书。
③ 《朱子文集》,卷七十五,《中和旧说序》。

> 乾道己丑之春,为友人蔡季通言之;问辨之际,予忽自疑。……则复取程氏书虚心平气而徐读之,未及数行,冻解冰释。然后知情性之本然,圣贤之微旨,其平正明白乃如此。而前日读之不详,妄生穿穴;凡所辛苦而仅得之者,适足以自误而已。①

此即己丑后肯定"未发"处之工夫之新说。朱氏有此一悟,遂以旧说为失。于是即以此新说告南轩及湖湘学派诸人,即《宋元学案》中所载之第四书是也。序中续谓:

> 于是又窃自惧,亟以书报钦夫,及尝同为此论者。唯钦夫复书深以为然,其余则或信或疑,或至于今累年而未定也。……暇日料检故书,得当时往还书稿一编;辄序其所以而题之曰:中和旧说;盖所以深惩前日之病,亦使有志于学者读之,因予之所戒而知所戒也。②

此《中和旧说》所包含之书稿,基本内容即否认"未发"处有工夫,而认为所谓"未发"只指应物中寂然之本体而已。故《旧说》中第一书即云:

> 人之有生,即有知识,事至物来,应接不暇;念念迁革,以至于死。其间初无顷刻停息,举世皆然也。然圣贤之言,则有所谓未发之中,寂然不动者;夫岂以日用流行者为已发,而指夫暂而休息不与事接之际为未发耶?尝试以此求之,则泯然无觉之中,邪暗郁塞,似非虚明应物之体;而几微之际,一有觉焉,则又便为已发,而非寂然之谓,盖愈求而愈不可见。于是,退而验之于日用之间,则凡感之而通,触之而觉,盖有浑然全体,应物而不穷者,是乃天命流行生生不已之机,虽一日之间,万起万灭,而其寂然之本体则未尝不寂然也。

---

① 《朱子文集》,卷七十五,《中和旧说序》。
② 《朱子文集》,卷七十五,《中和旧说序》。

所谓未发,如是而已。夫岂别有一物,限于一时,拘于一处,而可以谓之中哉!然则天理本真随处发见不少停息者,其体用固如是,而岂物欲之私所能壅遏而梏亡之哉!故虽汩于物欲流荡之中,而其良心萌蘖亦未尝不因事而发见;学者于是致察而操存之,则庶乎可以贯乎大本达道之全体而复其初矣。不能致察,使梏之反复至于夜气不足以存而陷于禽兽,则谁之罪哉?①

此书下朱氏自注云:"此书非是,但存之以见议论本末耳。"盖此书之主旨在说,工夫只在于日用已发处"致察而操存之",别无不应物处之存养,亦即湖湘学派所持"先察识,后存养"之意。南轩向持此说,甚至日后朱氏所说虽为南轩所赞同,南轩仍主张"察识"在"存养"或"涵养"之前;此点观朱氏与林择之书所谓"近得南轩书,诸说皆相然诺;但先察识、后涵养之论,执之尚坚"可知。② 故朱氏既另有新悟之后,知除应物处外,别有内在居敬工夫以培养意志,遂谓南轩"大抵都无前面一截工夫"③。

除上引书外,《中和旧说》中书稿尚多,如谓"浩浩大化之中,一家自有一个安宅,正是自家安身立命主宰知觉处"④;盖已对所谓"未发之体"有所肯定,然仍未说到未发处之工夫。此书在《宋元学案》中列为第二书。其实在上引第一书与此书之间,尚另有数书论及此类问题。总之,就理论意义说,朱氏之"旧说"总是不解发用应物前有意志自身之培养问题,即所谓"直以心为已发"是也。故有新悟后遂作《与湖南诸公论中和》第一书(案此所谓"第一书",乃朱氏自己之标题,盖指新说之"第一书"言;《宋元学案》中则节引此书作为第四书)。其

---

① 《朱子文集》,卷三十,《与张敬夫》。
② 《朱子文集》,卷四十三,《答林择之》。
③ 《朱子文集》,卷四十三,答林又一书。
④ 《朱子文集》,卷三十二,《答张敬夫》。

言云：

> 《中庸》未发已发之义，前此认得此心流行之体；又因程子凡言心者皆指已发而言，遂目心为已发，性为未发。然观程子之书，多所不合；因复思之，乃知前日之说，非惟心性之名命之不当，而日用功夫全无本领。盖所失者，不但文义之间而已。①

此即自认以前接受南轩之说不在"未发"处讲工夫，是误解《中庸》及程氏之说。"未发"处如不下工夫，则意志本身未得培养，故应物处遂全无把握矣。未发处之工夫，在程门即以"敬"字统之。故朱氏在此书中，即引程说云：

> ……故程子之答苏季明，反复论辨，极于详密，而卒之不过以敬为言。又曰：敬而无失，即所以中。又曰：人道莫如敬。未有致知而不在敬者。又曰：涵养须是敬，进学则在致知。盖为此也。向来讲论思索，直以心为已发；而日用工夫亦止以察识端倪为最初下手处，以故阙却平日涵养一段工夫。……盖所见一差，其害乃至于此，不可以不审也。②

上引末段，即《宋元学案》节引此书作为朱氏论中和之结论者，其实此只是新说之开端。朱氏既以新说告南轩，南轩本人虽表赞同，而亦非完全接受。湖湘学派其他学人更是反应不一。而朱氏在得张氏覆书后，又进一步提出以"心"为主而言"未发"处之工夫一义。其言云：

> 诸说例蒙印可，而未发之旨又其枢要，既无异论，何慰如之。然比观旧说，却觉无甚纲领。因复体察，见得此理须以心为主而论之，则性情之德，中和之妙，皆有条而不紊矣。然人之一身，知觉运用，

---

① 《朱子文集》，卷六十四。
② 《朱子文集》，卷六十四。

莫非心之所为,则心者固所以主于身而无动静语默之间者也。然方其静也,事物未至,思虑未萌,而一性浑然,道义全具,其所谓中。是乃心之所以为体,而寂然不动者也。及其动也,事物交至,思虑萌焉,则七情迭用,各有攸主,其所谓和。是乃心之所以为用,感而遂通者也。……然人有此心而或不仁,则无以著此心之妙;人虽欲仁而或不敬,则无以致求仁之功。盖心主乎一身而无动静语默之间,是以君子之于敬,亦无动静语默而不用其力焉。未发之前,是敬也固已立乎存养之实;已发之际,是敬也又常行于省察之间。①

此书《宋元学案》列为第三书,其实此书自在言"直以心为已发"一书之后;盖书中明言是已得南轩书印可其说,又对"未发之旨"无异论也。朱氏此书由寻未发处工夫之枢纽,而归结到"以心为主",即就"心"讲此工夫之意。而工夫之纲领仍是伊川之"敬"字也。此书后半又与南轩辩论"察识"与"存养"先后之问题。其言云:

来谕所谓学者先须察认端倪之发,然后可加存养之功,则熹于此不能无疑,盖发处固当察识,但人自有未发时,此处便合存养;岂可必待发而后察,察而后存耶?且从初不曾存养,便欲随事察识;窃恐浩浩茫茫,无下手处,而毫厘之差,千里之谬,将有不可胜言者。②

观此可知,朱氏以"未发"处有工夫之主张质之南轩,固得印可,但南轩仍持先察识而后存养之说,即朱氏持"中和旧说"时所信者;而朱氏自身既有新悟后,重"未发"处工夫,即重"存养",故与南轩之见不同矣。

案所谓"未发"处之工夫问题,就纯理论立场说,此问题当以分别"意志自身之状态"与"意志具体活动"为基础说之。朱氏言"心",本

---

① 《朱子文集》,卷二十六,《答张敬夫》。
② 《朱子文集》,卷二十六,《答张敬夫》。

取经验主体意义,故其初亦从此一角度省察,而觉此心在经验历程中念念迁革,无顷刻止息,遂觉所谓"未发"为不可解,而以为所谓"未发"只是发用中之寂然不动之体;此点若作为描述"经验心"(empirical mind)之语,则亦无大误。但若落在工夫问题上讲,则如此说时,即只能在已发处下工夫。换言之,"意志自身之内在状态"遂置之不问,而只在意志之外在具体活动上求察识;此即所谓无"前面一截工夫"是也。倘就"未发"处说工夫,则此工夫落实在意志状态自身之净化上,而由此可将"中"看作"体",而将"和"看作"用"。反之,如持南轩立场,则"中"字不可作"体"解。故张氏与朱氏在壬辰年往来书札中又对"中"字之解法有所争辩。南轩与朱氏书中有两篇皆涉及此点。其一云:

> 盖喜怒哀乐未发,此时盖在乎中也。……又《中庸》之云中,是以中形道也;喜怒哀乐未发之谓中,是以中状性之体段也。然而性之体段,不偏不倚,亭亭当当者,是固道之所存也。道之流行,即事即物,无不有恰好底道理,是性之体段亦无适而不具焉。如此看,尤见体用分明,不知何如?①

朱氏答书则云:

> 中字之说甚善,而所论状性形道之不同,尤为精密,开发多矣。然愚意窃恐程子所云,只一个中字而用不同,此语更可玩味。所谓只一个中字者,中字之义未尝不同,亦曰不偏不倚,无过不及而已矣。然用不同者,则有所谓在中之义,有所谓中之道是也。②

朱氏此信表面似同意张说,然张氏以"在中",释"喜怒哀乐之未发,谓

---

① 《南轩集》,卷二十,《答朱元晦秘书》。
② 《朱子文集》,卷三十一,《答张敬夫》。

之中"一语中之"中"字,终非朱氏所能接受。故朱氏次一函又追问此语之意义,而云:

> ……但所谓此时盖在乎中者,文意简略,熹所未晓,乞更详谕。①

张氏另一函则云:

> 在中之说,前书尝及之,未知如何?中者性之体,和者性之用,恐未安。中也者,所以状性之体段,而不可便曰性之体。若曰性之体中而其用则和,斯可矣。②

张氏之意仍是认为"中"可用以描述"性之体",而不可说即是"性之体";又以为体中则用和。表面上说,此种解说似亦与朱氏所见无甚殊异,但深进一层看,则南轩所以如此主张,正因不愿单就"中"处立说。"中"只以状性之体段,是"不偏不倚,亭亭当当"③,本来如此,故此处不说工夫。工夫只在发处讲。故南轩另一书又再释其所谓"在中"之意义云:

> 在中之意,程子曰:喜怒哀乐未发,只是中也。盖未发之时,此理亭亭当当,浑然在中;发而中节,即其在中之理形乎事事物物之间,而无不完也。非是方其发时,别有一物以主张之于内也。情即性之发见也。虽有发与未发之殊,而性则无内外耳。若夫发而不中节,则是失其情之正,而沦其情之理;然能反之,则亦无不在此者,以性未尝离得故也。不识如何?④

此段议论,表现南轩立场较为分明;盖南轩之说,只就"性"与"理"讲,

---

① 《朱子文集》,卷三十一,另一书。
② 《朱子文集》,卷三十一,《答张敬夫》。
③ 《朱子文集》,卷三十一,《答张敬夫》。
④ 《南轩集》,卷二十,答朱另一书。

而不重"心"观念。理之本来"亭亭当当",说为"在中",其发则是"理"实现于事物,此亦无可议;但如此说而不提"心"字,则似乎"理"自身直接实现,而何以有中节不中节之分,便成问题。盖当"发而不中节"时,吾人可问南轩是"谁失其情之正,而沦其情之理"乎?此不能就"情"本身说也。故朱氏有《问张敬夫》一书云:

> 熹谓:感于物者,心也。其动者,情也。情根乎性而宰乎心。心为之宰,则其动也无不中节矣,何人欲之有?惟心不宰而情自动,是以流于人欲而每不得其正也。然则天理人欲之判,中节不中节之分,特在乎心之宰与不宰,而非情能病之,亦已明矣。盖虽曰中节,然亦是情也;但其所以中节者,乃心尔。①

此即近于朱氏后来所持之工夫理论,盖工夫全落在"心"上说;发与未发,亦皆就"心"说。但此处只以心之"宰与不宰"言"中节不中节之分",依朱氏自己之理论讲,尚欠一步。因日后朱氏明言"心有善恶",换言之,心能宰情,只是就"心"与"情"之关系说;而如何"宰"法,尚须视"心"本身能否尽其理或性而定。"心"之发处为情,而"心为之宰"时,须此"心"已净化,然后所"宰"之情方能"得正";否则,"心"昏而不明,则宰情时情亦不"得正"也。故"中节不中节之分",固当就"心"说,如此书所言,但尚须对"心"之"宰与不宰"再加解说,其义方备;无此解说则尚欠一步。然朱张之不同,已于此显露无遗。盖南轩之不就"心"说"已发"与"未发",即其所以不讲"未发"处工夫之根源。若以"心"论已发未发之义,则分明要有使此心常明(或净化)之工夫,亦即未发处之工夫也。

总之,朱氏之工夫理论,如前节所述,以"心"为工夫落实处;再进

---

① 《朱子文集》,卷三十二,《问张敬夫》。

一步扣紧讲,则是以"心"之"情"能得正为工夫之具体着落。因此,心应物而发时,在每一点上皆有两系问题。其一是发动处之具体活动是否循理,此即格物穷理之问题。其二是在发出具体活动之际,其相应而立之"心之状态"如何,此即居敬或存养问题。由此可知,"已发"与"未发"并非在经验意义上各占一时空点——即朱氏所谓不是"限于一时,拘于一处"而有所谓未发之中。二者关系是在每一"已发"处,即相应地有一"未发"可说。故在每一时空点上看"心"之活动,皆有两系问题呈现。朱氏最初因觉(中)不是别占一时空点,遂以为不必讲"未发"处工夫,即是未见到此两系之相应原非时空中分离之存在关系,而是同一时空点上之体用关系也。及至己丑新悟之后,遂步步转向"心"之观念,工夫理论即渐趋定型。而其发展过程则是先接受湖湘学派之敌论,然后克服敌论而建立己说。在朱氏之工夫理论一面看,此一发展亦是有重大意义者。故本书述朱氏之敌论,即先举湖湘学派,作以上之析述。

学者探究此一问题,尚有一点不可忽视者,即朱氏与"湖湘学派"之往还议论,始于朱氏三十八岁时,而以四十岁一年为转捩点;此阶段中朱氏学说方逐步发展,尚未完全定型。故此一阶段中之文献,并不代表朱氏在所关问题上之最后结论。前节述朱说时则自以其结论为对象,与此阶段中之论点固未一一相同,然其理论发展之线索仍处处可见也。

(二)对《知言》之批评

案"湖湘学派"以胡宏(五峰)为宗师,而五峰之学说则以其《知言》一书为代表。朱氏初亦推重胡氏之说,对《知言》一书亦盛称之。但胡氏以"心"为指"已发"而言,与朱氏己丑之新悟不合;故此后即对《知言》一书提出种种疑问,与南轩及吕伯恭往复论之。最后将三人意见编为《知言疑义》,载《文集》卷七十三。《疑义》中凡朱氏之意见皆加"熹谓"或"熹按"二字于前,张氏之说则加"栻曰"二字于前,吕氏之意见则标以"祖谦曰"三字,然甚为少见。盖《知言疑义》主要乃朱氏与张氏之议论,而尤以朱氏意见为主也。

朱氏对《知言》之批评,在《语类》中曾有提要之叙述云:

> 《知言疑议》(案"议"当作"义"),大端有八:性无善恶,心为已发,仁以用言,心以用尽,不事涵养,先务知识,气象迫狭,语论过高。①

案此处虽主八端,其实"不事涵养,先务知识"只是一点,而"气象迫狭"及"语论过高",又不关立论内容。且"不事涵养"一点,基本上乃由以"心"为"已发"而来,"仁以用言"及"心以用尽"亦可合为一点。故总而言之,朱子对胡氏《知言》中理论之批评,应说只有三点,即是"性无善恶""心为已发"及"仁以用言"是也。此中最根本之问题,实是五峰对"心"之解释。

如《知言》云:

> 性,天下之大本也。尧、舜、禹、汤、文王、仲尼六君子先后相治,必曰心而不曰性何也?曰:心也者,知天地宰万物以成性者也。六君子尽心者也,故能言天下之大本。②

此所谓"六君子"云云,若就历史标准看,则是误据伪书,从头已错。现只就理论一面看,则胡氏以"性"为"天下之大本",已遥遥与《中庸》中之"中也者,天下之大本也"一语相通,即已涉及性为体而心为用之观点。而又谓"心"宰万物以"成性",则此"心"乃专指能实现"理"之自觉能力而言,不包括经验意义之"心",亦即不包括朱氏所谓"情"

---

① 《朱子语类》,卷一〇一。
② 《朱子文集》,卷七十三,《胡子知言疑义》所引《知言》文。

矣。故朱氏评之曰：

> 熹按：以成性者也，此句可疑；欲作而统性情也，如何？①

此即表示，朱氏言"心"必偏重经验义；即以心之能见理尽理而论，朱氏亦终以"心"所以构成之"气"说之，则胡氏只说"心"之能实现理一面，自为朱氏所不能赞同。而张南轩于此则认为应说"而主性情"，"统字亦恐未安"②，其实此"主"字亦无关于胡朱二说之殊异。

朱氏评此点时，又提出存养问题。其言云：

> 熹按：孟子尽心之意，正谓私意脱落，众理贯通，尽得此心无尽之体；而自是扩充，则可以即事即物而无不尽其全体之用焉尔。但人虽能尽得此体，然存养不熟，而于事物之间一有所蔽，则或有不得尽其用者；故孟子既言尽心知性，又言存心养性，盖欲此体常存，而即事即物各用其极，无有不尽云尔。③

此处朱氏分说"尽体"与"尽用"，盖原指内外之别；然其论固大成问题，与孟子本意亦不合。孟子之"性"乃指此心之主体性，故可言"养"；若就"性即理"之程门观点看，则"性"根本不可言"养"矣。朱氏所谓"存养"，只能就"心"上说；牵扯孟子之言，实属无益。但朱氏意在于责胡氏之不知存养工夫，则甚明白。朱氏用"心"字既与胡氏用法不同，则此争论有一基本隔膜；吕祖谦即看出此点。《疑义》记吕之言云：

> 祖谦曰：成性固可疑，然今所改定乃兼性情而言，则与本文设问不相应。④

---

① 《朱子文集》，卷七十三，《胡子知言疑义》。
② 《朱子文集》，卷七十三，《胡子知言疑义》。
③ 《朱子文集》，卷七十三，《胡子知言疑义》。
④ 《朱子文集》，卷七十三，《胡子知言疑义》。

所以有此"不相应",正因朱氏与胡氏对"心"字用法不同也。但朱熹则不从语言问题上澄清,而专就心之存有一面看,故对吕氏此说之反应是:

> 熹谓:论心必兼性情,然后语意完备。①

朱氏之意是说,"心"实际上兼统性情,故不能说"心"而遗去"情",否则即不完备。由此,对于胡氏分体用以言"性"与"心",自更反对。胡氏论"道"云:

> ……有是道则有此名也。圣人指明其体曰性,指明其用曰心;性不能不动,动则心矣。圣人传心,教天下以仁也。②

此以"性"为体而"心"为用,即与以"心"为"已发"相通;朱氏以为此是承谢良佐之误说而来。故云:

> 心性体用之云,恐自上蔡谢子失之。此云性不能不动,动则心矣,语尤未安。凡此心字,皆欲作情字如何?③

朱氏只欲改"心"字作"情"字,且后答南轩又以为"性不能不动"一语无病,只下句未安。④ 其实就"动"处说"情",固是朱氏应有之见解,"性不能不动"一语,若从"性即理"之断定看,亦不可说;故朱子日后终以"情"为"心"之所发,而不能谓"性动"而有"情"也。

总之,胡氏对"心"之观念,是全在发用处讲"心",因此即无"未发"处工夫。此点既明,则可知南轩初告朱氏之说,即本于五峰。然在讨论《知言》时,南轩亦承认"心性分体用"为"有病",则南轩固已受

---

① 《朱子文集》,卷七十三,《胡子知言疑义》。
② 《朱子文集》,卷七十三,《胡子知言疑义》所引《知言》文。
③ 《朱子文集》,卷七十三,《胡子知言疑义》。
④ 参看同节。

朱氏新悟之影响也(案朱氏与张吕讨论《知言》一书中之问题,乃在己丑之后,即朱氏放弃"中和旧说"之后矣)。若顺伊川"性即理"一断定之理路言,则"性"或"理"本身不能言动或不动,而"心"则有体用动静可说。所谓"未发"及"已发",皆当指"心"言,落在工夫上即有"用敬"与"致知"两面工夫。而所谓"心统性情",乃就"心"之殊别之理言"性",就其感于物而发处言"情";"心"有"心之理"——即"心之性",此"性"仍不可说"动",但可说显现不显现,显现处即朱氏所谓吾心之"大用"之"明"。凡此步骤皆与"性即理"一断定一脉相承而来。然胡氏所承偏于明道之说一面,故与朱氏之思路不能符合也。

伊川亦曾说,凡言心者皆指已发而言,但后自谓此说不当。大抵伊川作此言者,是随明道之意说耳。五峰基本上从明道之说,于伊川此语则取之,不问伊川后来取消此说也。故朱氏颇强调此点。其言云:

> 伊川初尝曰:凡言心者皆指已发而言。后复曰:此说未当。五峰却守其旧说,以心为已发,性为未发。将心性二字对说。《知言》中如此处甚多。①

"心"为"已发",遂不能言"未发"处之工夫;此又与察识存养之先后问题有关。五峰承明道"识仁"之说,而答"问为仁"时云:

> 欲为仁,必先识仁之体。②

朱氏评之云:

> 熹按:欲为仁,必先识仁之体;此语大可疑。观孔子答门人问为仁者多矣,不过以求仁之方告之,使之从事于此而自得焉尔,初不必

---

① 《朱子文集》,卷一〇一。
② 《朱子文集》,卷七十三,《胡子知言疑义》所引《知言》文。

使先识仁体也。①

"先识仁之体"正由明道所谓"识得此理,以诚敬存之而已"二语而来。"识"在先而"存"在后,即五峰所持"先察识,后存养"之意。朱氏自不以为然,盖如此说时,即只在发后用工夫,本源培养上无工夫矣。朱云:

> 夫心操存舍亡,间不容息;知其放而求之,则心在是矣。今于己放之心,不可操而复存者(案此句之"不"字疑衍),置不复问,乃俟异时见其发于他处,而后从而操之,则夫未见之间,此心遂成间断,无复有用功处;及其见而操之,亦发用之一端耳,于其本源全体未尝有一日涵养之功,便欲扩而充之,与天同大。愚窃恐无是理也。②

此对五峰之不能讲"未发"处之存养工夫,抨击甚烈;其指摘之语虽未必皆符五峰原意,然在基本问题上,则所说痛切分明。总之,若只在"察识"后方事"存养",则所养者不过察识所得,而于察识活动前意志本身固无所培养也。

以上所论胡氏与朱氏在思想上之歧异,总皆由对"心"之看法不同而生出。此外,胡氏思想中尚有一重要问题,为朱子评《知言》时所最表强调者,即所谓"性无善恶"之说。《知言》云:

> 或问性,曰:性也者,天地之所以立也。然则孟轲氏、荀卿氏、扬雄氏之以善恶言性也,非欤? 曰:性也者,天地鬼神之奥也;善不足以言之,况恶乎哉?③

又谓孟子道"性善",乃"叹美之词""不与恶对"云云,谓闻于其父胡安

---

① 《朱子文集》,卷七十三,《胡子知言疑义》。
② 《朱子文集》,卷七十三,《胡子知言疑义》。
③ 《朱子文集》,卷七十三,《胡子知言疑义》所引《知言》文。

国者。朱氏对此点批评最多,《语类》《文集》中不下数十条。且曾指出此说由佛教之常揔与杨时之对话而来。《疑义》中则系于《知言》谓"好恶,性也"及"天理人欲同体而异用"两段之后,其评"好恶,性也"一段云:

> 熹按:此章即性无善恶之意。若果如此,则性但有好恶,而无善恶之则矣。君子好恶以道,是性外有道也。①

案胡氏以为"性"不可用"善"字描述;此说如从严格理论意义上解释,亦可以有说,盖若以"性"为"善恶"等词语之意义之根源,则"性"本身不可再说是"善"或"恶";此点在述阳明学说中之"四句教"时,当另作析论。胡氏自己立说不甚严明,忽以"好恶"说"性",忽以"天地之所以立"说"性",则朱氏之反对亦理所当然。以"好恶"为"性",则普遍意义之价值标准不能成立,而只剩下特殊意义之心理标准,此正是一大谬误;此即朱氏所谓"无善恶之则"也。又若再加"小人好恶以己,君子好恶以道"二语(原见《知言》本文),而由此以论"天理人欲",则"性"只是有"好恶",又别有一"道"作为"好恶"是否合乎天理之标准,则此"道"在"性"之外,又如何能加于"性"上而为有效标准乎?以胡氏立论之疏,朱氏责之,固无不当也。由此再转至"天理人欲"问题,则依胡氏说,"天理人欲同体而异用",即认为"人欲"亦是"天理";此与明道所谓"恶亦不可不谓之性"之思路有关。朱氏于此等处则极力为明道辩解,而只指摘胡氏之病,而云:

> 但明道所谓恶亦不可不谓之性,是说气禀之性。②

盖南轩引明道之言为胡氏解,故朱氏以此答之。其实,明道之言,本

---

① 《朱子文集》,卷七十三,《胡子知言疑义》。
② 《朱子文集》,卷七十三,《胡子知言疑义》。

应是就"心"说而用"性"字,观明道所用水喻可知。盖"水之清"方是"性","水"只可喻作"心",而"水之浊"则非"清"成为"浊",而只是此水不清而浊,正如"心"之不能实现其"性"而为情欲所支配也。故朱氏谓指"气禀之性",亦未确当。然不论明道之言是否有失,五峰所谓"天理人欲同体而异用",在"本性论"系统中必不可通。在"天道观"系统中,或可将"天理"及"人欲"包含于一笼统之"天道"中;但如此处理,则此"天道"既无所不包,反之,则任何存在或活动,亦均可说为"合乎天道",价值论即无从建立。因之,此种观点倘勉强纳入"天道观",亦将使"天道"一观念完全丧失意义。若将"同体"一说,另加解释,说为善恶或理欲之方向,皆属于一心,因而纳入某种"心性论"系统中,则尚有可能。然五峰立说显非取此立场,观其以"性"为"天地之所以立",而又未点出任何主体性意义,即可知五峰原只是持"天道观"者,则"同体"之说必不可成立矣。

此外,朱氏评五峰之语尚多,兹从略。

以下述事功学派与朱氏之辩论。

二、事功学派

通常以"永嘉学派"指"事功学派",然永康陈亮专言事功,又有独特之思想及主张,与朱熹辩论最烈,不下于朱陆之争,故本节论朱熹与事功学派之辩论,即以陈亮为主。

永嘉学派肇始于薛季宣,而薛氏受学于袁溉(道洁)。袁溉世传曾学于伊川之门,故薛氏之学可说为程门之别传。然袁溉问学于伊川之始末不详,而薛氏之学则以博通古今制度为主,似亦与伊川讲学宗旨不符。故永嘉事功之学,自薛氏至陈傅良及叶适,终应视为宋代另一支思想。至陈亮之说则又与薛陈叶诸氏不同。故全祖望云:

> 永嘉以经制言事功,皆推原以为得统于程氏。永康则专言事功而无所承,其学更粗莽。①

盖陈亮虽曾以师礼事郑景望,其学说言论则完全自成一路,极难归为某派。但就其学说思想之特色言,则是最重视事功问题者,故本书论陈氏与朱氏之争辩,仍以"事功学派"为题。

案陈亮,字同甫,婺州永康人,学者称"龙川先生"。《宋史·儒林列传》中有传②,其生卒年代为公元1143—1194年。盖少于朱熹十三岁,其死亦早于朱熹六年。

陈亮原与吕祖谦为友,吕颇推重之。淳熙八年(辛丑),吕死;次年壬寅,陈亮始与朱氏会晤于衢婺之间,盖此时朱氏方受命提举浙东,故得与陈氏一见。然只是道中相会,一同游山,稍有谈论而已。朱氏别陈后寄书云:

> 数日山间从游甚乐,分袂不胜惘然。③

书中又邀陈氏与陈傅良同来,并言及陈氏所定文中子之书。大抵此次初见,朱陈所谈不过文中子之《中说》,盖陈氏因注重"通变",故推崇《中说》中"通变之谓道"之说也④。

其后,陈氏报朱氏书,即开始对朱子申明自己对世局之观点,此因陈氏以解决当前历史难题为己任,亦以此为治学宗旨也。同年,陈氏又以所著杂论十篇中之五篇寄与朱氏,此是陈氏正式与朱氏讨论理论问题之始。其后,陈又寄另五篇,朱氏癸卯年答书所谓"去年十论大意,亦恐援溺之意太多……"云云,即指壬寅陈氏所寄之文也。

---

① 《宋元学案》,卷首,《序录》,《龙川学案》案语。
② 参阅《宋史》,卷四百三十六,《陈亮传》。
③ 《朱子文集》,卷三十六,《答陈同甫》。
④ 此语见《中说·周公篇》。

淳熙十一年甲辰，陈亮又被诬入狱（其前数年，曾因醉后与狂士戏，扮为君相，入狱几死）；释归后，朱氏致书慰之，而戒其不再谈"义利双行，王霸并用"之说，于是陈氏覆书激辩，两人从此遂争论不止。《朱子文集》中答陈最后一书，在癸丑九月，即光宗绍熙四年，即陈氏晚年中状元之时；朱氏此函原是贺函，然其中尚论由吾身以至天下国家之意，仍是辩论口吻。可知二人之争，虽不如朱陆之严重，然亦始终未有相合处也。

以上略述朱氏与陈氏争论之经过，下文即析述二人争论之内容。

在论龙川之说以前，对于此一论争之理论意义，须先稍作说明。此应从宋儒义理之学之特色说起。

义理之学即所谓成德成圣之学，若自各种角度看，自有许多特色可说。此处所举之特色，只是与事功派所争有关之特色，目的在于将此种争论所涉之客观问题予以澄清。学者对此中分寸，须先看明白。

义理之学，自濂溪开始，其立论内部虽变化甚多，但对人生问题有一基本肯定，乃义理之学与事功之说之不同处。此即只重道德意义之善恶是非，不重事实意义之得失成败。简言之，可说义理之学对人生一切问题之态度，是只求自己合理或得正，不计客观上是否成功。此一精神方向，若就历史渊源看，则可以上溯至孔子"义命分立"之观点；亦表现于汉儒董仲舒所谓"正其谊不谋其利，明其道不计其功"二语中，由孔子经汉儒而至宋儒，论义理或道之理论内部固有极大变化，然落在此一人生态度上说，则固是一脉相承者。若就理论依据看，则此一精神方向之理论依据亦甚为明确。盖人生有能作主与不能作主两个领域：在心性或道德理性一面，乃能作主者；在外界事实之状态关系中，则人处于多重条件系列中，处处乃被限定或甚至被决定者，实无作主之力。因此，若看破此两种领域之不同，则只在能作主处用力，而不计不能作主处之一切演变，亦是一自然之结论。故义理之学所以不计成败,本亦在理论上有一定根据。

但宋儒虽重是非而轻成败,却又常怀一乐观之信念,即认为世界万事终可以合理。此在持"天道观"者固是常见之看法,即在其他理论中,亦似乎乃一共同之假定。此假定如只作为一理论意义之"可能"自无问题。但宋儒对此信念,尚有更具体之解释,即教化之说是。

以朱氏本人为例,朱氏认为"气"并不受"理"之管束,由此以解释世界所以处处有不合理之现象;但谈及天下国家或政治社会问题时,总深信只要领导者能实现圣贤人格,则即可向外展开,建立合理之文化秩序,所谓由格致诚正至修齐治平之道是也。另一面,宋儒之教化又可以落在人人身上说,不仅在领导者一层说。人人可以为圣贤,若能广施教化,使人人皆知"义理",则政治社会问题自会解决。此又是乐观信念之另一具体解释或内容。

总之,宋儒一方面接受"正其谊不谋其利,明其道不计其功"二语,认为儒者只应关心是非问题,但另一方面又有乐观信念,认为从求义理下手,亦可以解决成败问题。故在用力处说,仍只讲义理问题,但预认其用力之效果仍可通往成败问题。于是,儒者在此种观念下,或认为事功本不必谈,或认为事功可直接由道德人格生出;总之,是不正视事功问题本身。若以哲学词语说之,则即是只注重道德心之醒觉,而不注重其客观化之规律也。

儒者此种人生态度,原亦有理论上之一致性,且在影响一方面看,亦能凸显人在文化世界中之地位,故本身之价值无可否认。然针对解决历史难题之要求而言,则即显出缺陷。盖历史进展中,制度之兴革、人类苦难之解除等,在每一不同阶段中呈现为一组难题;其解决必赖"因势以实现理"之原则,而非可由内在之觉悟求得出路者。义理之学,以朱氏之说为例看,实不能对"势"有所掌握,因此亦对历史难题不能发挥力量。

由此可知,不论有无陈亮其人其说出现,在客观意义上,朱氏所代表之义理之学,确有不能处理历史难题一弱点。人若不关心所处历史阶段中之难题则已,若关心则不能不于义理之学有所不满也。

但陈亮之立场,虽是以此客观问题为根据,陈亮自己所提出之理论主张,则甚为粗疏,并非真能对义理之学此种缺陷有何补救之道,只是表示一种态度而已。故学者在观察双方争辩时,亦不可认为陈亮反对朱氏,即真有一成系统之坚实理论。

以上对朱陈之争之理论意义已作说明,兹即撮述二人争论之要点。

案陈氏在与朱氏辩论以前,久已有反对董仲舒二语之说;浙东知识分子颇有受其影响者。朱氏亦知之。《语类》云:

> 在浙中见诸葛诚之,云:仁人正其谊不谋其利,明其道不计其功,仲舒说得不是。只怕不是义,是义必有利;只怕不是道,是道必有功。①

诸葛之论,即陈氏之说也。朱氏《答黄直卿》书中又云:

> 婺州近日一种议论愈可恶,大抵名宗吕氏而实主同甫。深可忧叹。②

此即见朱氏实以龙川之说为大有害者。但两人直接通信时,朱子开始尚不欲直言相责。而龙川则自始即表示朱氏欲以其学感动世人而救时局,乃不可行者。其言云:

> 天下,大物也。须是自家气力可以干得动、挟得转,则天下之智力无非吾之智力;形同趋而势同利,虽异类可使不约而从也。若只

---

① 《朱子语类》,卷一三七。
② 《朱文公续集》,卷一。

337

> 欲安坐而感动之,向来诸君子固已失之偏矣;今欲斗饤而法施之,后来诸君子无乃又失之碎乎?①

案龙川此处所强调者即是掌握形势之问题,盖言事功自必重视形势也。第二函寄朱以十论之五,又论时局云:

> 当今之世,而不大更化以回天意,恐虽智者无以善其后。此不待深见远识而后知,然而皆不知虑,何也?虑者不当而当者不虑,是岂天下之事终不可为乎?亦在其人而已矣。②

此虽只是忧时之语,但用意原欲鼓动朱氏以求事功。而朱氏收到五论后,仅答云:

> 新论奇伟不常,真所创见,惊魂未定,未敢遽下语,俟再得余篇,乃敢请益耳。③

陈氏癸卯年再寄书朱氏,则多作推崇鼓动之语,总是望朱氏能在政治上大有作为。其言云:

> ……每空闲间,复念四方诸人,过去见在,如秘书方做得一世人物。④

又云:

> 世俗日浅,小小举措已足以震动一世;使秘书得展其所为于今日,断可以风行草偃。风不动则不入,蛇不动则不行,龙不动则不能变化;今之君子欲以安坐感动者,是真腐儒之谈也。⑤

---

① 《龙川文集》,卷二十,《壬寅答朱元晦秘书》。
② 《龙川文集》,卷二十,第二函。
③ 《朱子文集》,卷三十六,《答陈同甫》。
④ 《龙川文集》,卷二十,《癸卯通书》。
⑤ 《龙川文集》,卷二十,《癸卯通书》。

书后文又引"震遂泥"之爻辞,劝朱氏不可为小人所累。总之,此时龙川极盼望朱氏能有作为,盖朱氏此时已去官而结庐武夷,陈氏则不欲朱氏退出政治也。朱氏覆书则云:

> 示喻见予之意甚厚,然仆岂其人乎?明者于是乎不免失言之累矣。①

盖朱氏此时已决心以讲学为主,不欲求事功。此书后文谈及"震遂泥"一点,又述结庐武夷九曲之中,然后谓:

> 此生本不拟为时用。中间立脚不牢,容易一出,取困而归。自近事而言,则为废斥;自初心而言,则可谓爰得我所矣。②

此是朱氏明说无意事功。其下始稍评陈氏之论云:

> 去年十论,大意亦恐援溺之意太多,无以存不亲授之防耳。后生辈未知三纲五常之正道,遽闻此说,其害将有不可胜救者。愿明者之反之也。③

此语可说是朱氏最早直接批评陈氏之言。其意则谓陈氏之论为救时而发,故所说皆是"权"而非常理,但此种说法易为后生误解,则反大有害于世事。然此书仍未具体指出陈说有何不是。及甲辰年陈亮被诬而下狱,五月末方释归;朱氏致书,方切实劝戒云:

> 归来想诸况仍旧,凡百亦宜痛自收敛。此事合说多时,不当至今日。迟顿不及事,固为可罪。然观老兄平时自处于法度之外,不乐闻儒生礼法之论。虽朋友之贤如伯恭者,亦以法度之外相处,不

---

① 《朱子文集》,卷三十六,《答陈同甫》。
② 《朱子文集》,卷三十六,《答陈同甫》。
③ 《朱子文集》,卷三十六,《答陈同甫》。

敢进其逆耳之论。①

朱氏至此时方点出陈氏不守礼法,而狂傲成习,乃其弱点;于是进而再戒之云:

> 老兄高明刚决,非吝于改过者,愿以愚言思之;绌去义利双行、王霸并用之说,而从事于惩忿窒欲、迁善改过之事;粹然以醇儒之道自律,则岂独免于人道之祸,而其所以培壅本根,澄源正本,为异时发挥事业之地者,益光大而高明矣。②

此即正式反对陈氏混合"义利"与"王霸"之理论。朱氏以"醇儒"期望陈氏,正如龙川以事功期望朱氏,各看一面,无法契合。二人心思志趣既异,以后通信几全以辩论为主矣。

陈氏此时方牢骚满腹,得朱氏书后,覆书遂充满激愤之言。如云:

> 张果老下驴儿,岂复堪作推磨用?已矣,无可言者。司马迁有言,贫贱未易居,下流多谤议,因来教而深有感焉。③

其下自叹平生运蹇,谓吕伯恭于己特厚,而世人转多讥刺,然于己未尝不常致规戒,非如朱氏所言"相处于法度之外"。复自述其学云:

> 研究义理之精微,辨析古今之同异;原心于秒忽,较礼于分寸;以积累为功,以涵养为正。睟面盎背,则亮于诸儒,诚有愧焉。至于堂堂之阵,正正之旗;风雨云雷交发而并至,龙蛇虎豹变见而出没;推倒一世之智勇,开拓万古之心胸……自谓差有一日之长。而来教

---

① 《朱子文集》,卷三十六,《答陈同甫》。
② 《朱子文集》,卷三十六,《答陈同甫》。
③ 《龙川文集》,卷二十,《甲辰答书》。

乃有义利双行、王霸并用之说,则前后布列区区,宜其皆未见悉也。①

其下遂辨天理人欲之说,以为程门只重"三代"而轻视汉唐之事功为不当。其言云:

> ……而近世诸儒遂谓三代专以天理行,汉唐专以人欲行;其间有与天理暗合者,是以亦能久长。信斯言也,千五百年之间,天地亦是架漏过时,而人心亦是牵补度日,万物何以阜蕃?而道何以常存乎?②

此即反对宋儒轻视汉唐之论,而以为汉唐之事功,亦即是"合乎天理"者。故书中以曹操为专用人欲,但说"而其间或能有成者,有分毫天理行乎其间者也"③。观此可知陈氏议论虽多,其基本理论则是以为凡能成功必有其"理"而已。由此,陈氏遂进而谓"儒"或"醇儒"并非人生之理想境界,人生应以"成人"为理想,故云:

> 故亮以为学者学为成人,而儒者亦一门户中之大者耳。秘书不教以成人之道,而教以醇儒自律,岂揣其分量则止于此乎?④

朱氏劝陈氏努力为"醇儒",陈氏乃如此答之;其意仍是在于强调人生当以能解决历史难题为主,不然,"闭眉合目,蒙瞳精神,以自附于道学"⑤,则陈氏所轻视也。

陈氏所论虽触及一客观问题(即使"理"能御"势"是否另有一种"理"?),但其言及"天理""人欲"时,理论界限不明,自己亦不能提出

---

① 《龙川文集》,卷二十,《甲辰答书》。
② 《龙川文集》,卷二十,《甲辰答书》。
③ 《龙川文集》,卷二十,《甲辰答书》。
④ 《龙川文集》,卷二十,《甲辰答书》。
⑤ 《龙川文集》,卷二十,《甲辰答书》。

明显有力之论证,以建立其论点;因此,朱氏答书指出"成败"与"是非"不同,邪恶势力亦可以成功,而认为汉唐之下,政治从未以理性原则为引导,故确是一片阴暗。总之,不是合于天理者方能成功,成功者亦尽可是不合天理。朱氏论汉唐云:

> ……若以其能建立国家,传世久远,便谓其得天理之正,此正是以成败论是非。但取其获禽之多,而不羞其诡遇之不出于正也。千五百年之间,正坐如此,所以只是架漏牵补,过了时日。其间虽或不无小康,而尧舜三王周公孔子所传之道,未尝一日得行于天地之间也。①

朱氏此论,甚为明确,"成败问题"与"是非问题"本不能混;陈氏本应问,在"成败"处是否另有一种"理"? 如此则可以透出真问题所在。但陈氏不能如此扣紧说,反而欲将"是非"与"成败"混而论之,则朱氏一驳即倒。朱氏眼中之历史是以"道统"盛衰为主之历史。换言之,一定之政治理想是否实现,与实际上何种政治权力成功,自是两事。陈氏其实亦无法反对此一划分,其所争原另有所在,但立论不得要,其意亦不能表明。陈氏后又再致书朱氏,朱氏又答之,文皆甚长。然其要点仍不过是,实际历史中之事功,是否可看作有"理"或完成事功是否本身即是一"德"而已。故陈傅良答龙川书,对二人之辩论,即评之云:

> 往还诸书,熟复数过,不知几年间更有一番如此议论,甚盛甚盛。然朱丈占得地位平正,有以逸待劳之气,老兄跳踉号呼,拥戈直上,而无修辞之功,较是输他一着也。以不肖者妄论,功到成处,便是有德;事到济处,便是有理。此老兄之说也。如此则三代圣贤,枉

---

① 《朱子文集》,卷三十六,《答陈同甫》。

作工夫。功有适成,何必有德?事有偶济,何必有理?此朱丈之说也。如此则汉祖唐宗贤于盗贼不远。①

其下又论二说皆有流弊,"不免为骄君乱臣之地"云云。案陈傅良举出"功到成处"四句以表陈氏立场,"功有适成"四句以表朱氏立场,甚为恰当。但所谓流弊则属节外生枝。然二人所争之主要问题,固可用此数语表述。但此问题之理论意义,尚不止于此八句所指涉者。然此又非陈傅良所能掌握者矣。朱氏另一函中,反说得较分明。其言云:

> ……而其所以为说者,则不过以为古今异宜,圣贤之事不可尽以为法。但有救时之志,除乱之功,则其所为虽不尽合义理,亦自不妨为一世英雄,然又不肯说此不是义理。②

此处朱氏以"古今异宜"及"救时""除乱"等观念为主,以说明龙川所持之论点,反较龙川自己语言明确。盖龙川所注意者,既本是解决历史难题之事,则其理论关键,不外肯定每一历史阶段中有特殊难题——即所谓"古今异宜";又肯定解决此种难题方为最重要之事,即是"救时"与"除乱"也。但朱氏虽于龙川所持论点,观之甚明,在价值判断方面,则与龙川并无可契合之处。观上引之言,可知朱氏只以一种道德上之"宽容"看"救时除乱"之事,只承认"不合义理"而能"救时"与"除乱",亦可以为一世英雄,并不承认在解决历史难题处另有客观之理。此则与龙川基本立场迥异也。

朱氏之价值判断,乃就恒存不变之文化价值标准说,故于一切权变,至多只能以"宽容"态度对待之,而不能在此一层面上另看出价值标准。同书中辩"心无常泯,法无常废"一段,其意即甚明。朱氏云:

---

① 《止斋文集》,卷三十六。
② 《朱子文集》,卷三十六,《答陈同甫》。

> 来书心无常泯,法无常废一段,乃一书之关键。鄙意所向,未有多于此段者也,而其所异,亦未有甚于此段者也。盖有是人则有是心,有是心则有是法,固无常泯常废之理。但谓之无常泯,即是有时而泯矣;谓之无常废,即是有时而废矣。盖天理人欲之并行,其或断或续固宜如此。至若论其本然之妙,则惟有天理而无人欲;是以圣人之教,必欲其尽去人欲而复全天理也。若心则欲其常不泯,而不恃其不常泯也;法则欲其常不废,而不恃其不常废也。①

此段就"常不泯"与"不常泯"、"常不废"与"不常废"对比而为言,又是朱氏立论之善巧处。如此分说,则朱氏自身所持之论点大明。盖朱氏所肯定者为一恒常之"理",实际世界乃历史中,固每见此理之不能显现;但教化之原则却是要处处时时求此理之显现,故"常不"泯废,方是文化活动之方向。依此以断历史,则凡此理不能显现之处,即是不应予以肯定之处;纵长达千五百年,亦不能为之回护也。

若就龙川一面说,"心之用有不尽而无常泯,法之文有不备而无常废"二语②,本不与龙川所触及之根本问题相应;盖此二语只能表示"天理"不能常为"人欲"所掩,或"天理"不能永不显现,皆不是直接关涉事功之理之肯定者。龙川不过为争汉唐是否"架漏牵补"以度时日,遂想出此种说法;实则此说不能驳朱论,反可以助朱说。至于所论"正御"与"正射"一段,针对朱氏所引孟子文为辩;而其论点则是:

> 以正御逢正射,则不失其驰而舍矢如破,何往而不中哉?③

此似是说"合天理即有功效",与其本欲证立之论点"有功效即合天理"正相倒置,岂能有理论力量? 此陈君举所以谓龙川"无修辞之

---

① 《朱子文集》,卷三十六,《答陈同甫》。
② 《龙川文集》,卷二十,《壬寅答朱元晦秘书》。
③ 《龙川文集》,卷二十,《壬寅答朱元晦秘书》。

功",不能"修辞"即不能"达意"也。

总之,朱陈之辩可分三层看。第一,陈氏原触及一客观问题,即"以理御势是否另有理"一问题。此原为朱氏所代表之"义理之学"所阙者。故"事功"之学说,在此层面上看,可说是一有客观根据之挑战。第二,陈氏虽触及此问题,并非通过对"义理之学"之全盘了解而见其所阙,只是自家先有求事功之旨趣而后抨击"义理之学",故其观念理路本不清楚,立论亦东牵西扯,不能直指真问题。因此,不能迫使朱氏面对此问题之真相,自更不能使朱氏接受其说。第三,就朱氏一面言,朱氏虽似见到陈氏立论之意,然在价值判断上并未觉察陈氏提出新问题,因之亦不觉"义理之学"在此处有客观上之缺陷存在。于是随其来说而驳之,不见其说所触及之真问题,朱氏乃径谓陈氏之说"眩流俗之观听,坏学者之心术"矣。[①]

此中之真问题,在朱陈辩论后,亦未再有人真能清理。清初颜习斋言事功,颇有承龙川及永嘉学说之意味,然其立说亦未能直探个中枢纽。此盖又与儒学传统中之观念限制有关,非此处所能详论矣。

三、朱陆之争

陆九渊之学,属于本书所论之宋明儒学晚期理论。其人虽与朱氏同时,其学说思想则已进入新阶段,故详论陆氏之学,应俟下章。此处只略述朱陆之争论,以略见两种思想之异趣,以过渡至下章。

案朱氏与陆氏兄弟于淳熙二年(乙未)会于鹅湖,各举宗旨,即不能合。此是朱陆异同最早之表现。其后五年而陆九龄死;次年,淳熙八年(辛丑)陆九渊东访朱氏,朱氏遂邀陆氏至白鹿洞书院,请升讲席。陆氏讲《论语》"君子喻于义,小人喻于利"一章。事后,朱氏大为

[①] 《朱子文集》,卷三十六,《答陈同甫》。

赞赏。此时朱陆之宗旨虽不合，尚无互相为敌之意。淳熙十年（癸卯），朱氏为象山门人曹立之作墓表，述曹先学于陆氏，后又得南轩遗文读之，乃有改变云云。① 曹本先在陆门，后又来朱门者；象山原不满其改从朱氏之学，故朱氏此墓表即引起象山及其门人之反感。此后象山与朱氏之友谊即渐有裂痕。至淳熙十五年（戊申），象山来书与朱氏辩《太极图》问题，于是双方遂互相抨击。而朱陆之争于是形成，二人终身未尝能契合也。②

故朱陆之争，大关目有三：第一，是鹅湖之会，见宗旨之不同；第二，是曹表一文，始有友谊之恶化；第三，是无极太极之辩，则显现二人哲学立场互不相容。其中第二点无理论意义，下文只就一、三两点略作陈述。

（一）鹅湖之会

朱氏与陆氏兄弟会于鹅湖，原是吕祖谦所邀。吕素与陆氏相交甚笃，屡向朱氏称道之。朱氏答吕书有云：

> 陆子寿闻其名甚久，恨未识之。子澄云：其议论颇宗无垢，未知今竟如何也。③

又有答吕子约书云：

> 陆子静之贤，闻之尽久；然似闻有脱略文字、直趋本根之意，不知其与《中庸》学问思辨然后笃行之旨，又如何耳。④

---

① 朱氏此文见《朱子文集》，卷九十。
② 关于朱陆之争，王阳明有所谓"朱子晚年定论"，取朱氏论学书札中所见近于象山者编成，以为朱氏晚年同意象山之说。实则阳明所取朱氏各书，多非"晚年"所作。客观言之，朱陆之学，类型不同，理不能强合。不过二人交谊未坏时，彼此可以容让；交谊一坏，便公开抨击矣。凡言朱氏晚年接受陆说者，皆不合事实，亦不合理，阳明之论亦非例外也。
③ 《朱子文集》，卷三十三，《答吕伯恭》。
④ 《朱子文集》，卷四十七。

此两书分别谈及陆九龄及九渊二人,语气亦相类。盖朱氏早闻二人皆自谓"讲不传之学",气象超拔,然知其说与程门居敬致知之教不合,故皆作疑词。及鹅湖会中,则朱氏与二陆各举教人宗旨,其主张适相反。《象山年谱》录《朱亨道书》云:

> 鹅湖之会,论及教人。元晦之意,欲令人泛观博览而后归之约;二陆之意,欲先发明人之本心而后使之博览。朱以陆之教人为太简,陆以朱之教人为支离。此颇不合。①

此是对进学或入德之门看法不同,然其所以不同,正由于对"心"之了解不同。陆氏(九渊)之"心"乃有超验意义之"主体",故是万理之本,因此进学成德工夫,即以透显此主体性为第一事,即所谓"发明人之本心"或"先立乎其大者"之意。朱氏之"心"则本身属"气",乃一经验意义之"主体",故只有"知"理之能力;而由未知到知一段工夫,以及知后无失之工夫,均须处处用力,故必须强调致知格物以及读书讲论等。鹅湖会中,虽未如此明确说出,但观二陆之诗及朱氏日后和作即可见其端倪。《象山语录》中述之云:

> 吕伯恭为鹅湖之集。先见复斋谓某曰:伯恭约元晦为此集,正为学术异同;某兄弟先自不同,何以望鹅湖之同?先兄遂与某讲论致辩,又令某自说,至晚罢。先兄云:子静之说是。次早,某请先兄说,先兄曰:某无说。夜来思之,子静之说极是。方得一诗云:孩提知爱长知钦,古圣相传只此心。大抵有基方筑室,未闻无址忽成岑。留情传注翻榛塞,着意精微转陆沉。珍重友朋相切琢,须知至乐在于今。……及至鹅湖,伯恭首问先兄别后新功,先兄举诗,才四句,元晦顾伯恭曰:子寿早已上子静船了也。举诗罢,遂致辩于先兄。

---

① 《象山全集》,卷三十六,《年谱》。

某云:途中某和得家兄此诗云,墟墓兴哀宗庙钦,斯人千古不磨心。涓流滴到沧溟水,拳石崇成泰华岑。易简工夫终久大,支离事业竟浮沉。举诗至此,元晦失色。至欲知自下升高处,真伪先须辩只(或作"辨自")今,元晦大不怿。①

《年谱》续记朱氏三年后和诗云:

> 元晦归后三年,乃和前诗云:德业流风夙所钦,别离三载更关心。偶携藜杖出寒谷,又枉蓝舆度远岑。旧学商量加邃密,新知培养转深沉。只愁说到无言处,不信人间有古今。

案朱氏此诗乃己亥年陆子寿相访于信州时所作,云三年实则首尾计已至第五年矣。以此诗与二陆诗对看,其论学宗旨各有透露。如复斋诗,分别"有基"与"无址",又谓"留情传注""着意精微"皆非入德之路,即专明立大本之义,而大本即是此心也。象山诗则更强调自当前主体性之显出,即可涵盖万有之义,故谓"涓流"可至"沧溟","拳石"可成"泰华";又将"易简工夫"与"支离事业"并举,明是反朱氏之宗旨。朱氏为之不怿,亦人情之常也。至朱氏诗则前半全不涉及学问事,但以"旧学"与"新知"二句表示自己所持立场,仍是格物穷理之意,但结句则暗示陆氏之说,将脱离学统,而成为无可辩说之真觉悟境。朱语甚婉,盖此时朱氏尚盼能转移陆氏兄弟,未有为敌之意。且在作此和诗以前,朱氏对陆氏之说,亦非完全反对,如《鹅湖会后》一书云:

> 某未闻道学之懿,兹幸获奉余论。所恨匆匆别去,彼此之怀皆有所未既者。然警切之诲,佩服不敢忘也。②

---

① 《象山全集》,卷三十四。
② 此书见《象山年谱》附载。《文集》未收。

此虽是客套语,然已见朱氏并未以陆氏之说为完全无理,仍称其"警切"。且《答王子合书》亦云:

> 前月末送伯恭至鹅湖,陆子寿兄弟来会。讲论之间,深觉有益。①

甚至淳熙十三年《寄象山书》,尚云:

> 所幸迩来日用工夫,颇觉有力,无复向来支离之病。甚恨未得从容面论,未知异时尚复有异同否耳。②

此即遥指鹅湖会中象山诗中所讥"支离事业"而言,可知朱氏亦承认象山所说不为无理也。

鹅湖会中只见宗旨之异,至二人辩"无极太极"时,则正面理论之冲突即出现。

(二)无极太极之辩

关于《太极图》问题,最早与朱氏辩者,本为陆九韶(子美)。陆子美疑《太极图说》非周濂溪所作,其理由则是,《图说》与《通书》理论有异,又认为在理论上《图说》之论亦不能成立;于是在丙申丁酉间与朱氏有所辩论,盖在鹅湖会后。案梭山原书今见《周濂溪集》附载,朱氏答书则见《文集》卷三十六。盖朱氏于癸巳年解《图说》及《通书》之作完成。陆子美读后,故有此辩。其第一书即谓:

> 敬览所著《太极图说》,左扶右披,使不失正,用力多矣。然此图本说自是非正,虽曲为扶掖,恐终为病根,贻憾后学。③

梭山所谓"此图本说"即濂溪之《图说》,至"所著《太极图说》"则指朱

---
① 《朱子文集》,卷四十九。
② 《朱子文集》,卷三十六。
③ 见《周濂溪集》,卷二。《宋元学案补遗》中,《梭山学案补遗》所载同。

氏之"解"而言。其意谓濂溪之说本不得理，故称为病根。朱氏答书则云：

> 伏承示谕《太极》《西铭》之失，备悉指意，然二书之说，从前不敢轻议；非是从人脚根，依他门户，却是反复看来，道理实是如此，别未有开口处，所以信之不疑，而妄以己见辄为之说；正恐未能尽发其奥，而反以累之，岂敢自谓有扶掖之功哉？①

案梭山原以周说为于理未当，朱氏则劈头即谓张周之作皆有至理，可知双方基本态度本即相反矣。朱氏因梭山认为"无极而太极"一语本身即不是，故为之辩云：

> 只如《太极篇》首一句，最是长者所深排。然殊不知不言无极，则太极同于一物而不足为万化之根；不言太极，则无极沦于空寂而不能为万化之根。只此一句，便见其下语精密微妙无穷。②

此即朱氏以"无极"与"太极"为平行描述语而以状"道体"之说，前章论濂溪学说时，已有析述，此处不赘。学者如稍具解析训练，即可看出朱氏此解决非周说原意；且周说本以配图，朱氏之说亦不能配图也。陆子美得此书自不心服，遂有第二书，辩云：

> 太极二字，圣人发明道之本源，微妙中正，岂有下同一物之理，左右之言过矣。今于上又加无极二字，是头上安头，过为虚无好高之论也。③

梭山表明本意，盖认为"太极"本身之意义，即是"道之本源"，自不能为万物之一，不待加"无极"二字方保有其"超越性"。故说用"无极"

---

① 《朱子文集》，卷三十六。
② 《朱子文集》，卷三十六。
③ 见《周濂溪集》，卷二。《宋元学案补遗》中，《梭山学案补遗》所载同。

一词是"头上安头"。但梭山本身对"主体性"观念亦未确立,与象山不同,故其评论亦只是就《图说》用语上着眼,而未触及背后之哲学问题。于是朱氏答书则谓梭山误解其意,并重申前说云:

> 又谓:著无极字,便有虚无好高之弊,则未知尊兄所谓太极是有形器之物耶?无形器之物耶?若果无形而但有理,则无极即是无形,太极即是有理,明矣。①

朱氏所用两"物"字,亦未见严格。而其论点仍是以"无极"与"太极"分别指"无形"与"有理",其实此是以朱氏自己所构想之"理气观"为背景,以为"理"有"气中之理"与"先于气之纯理"之分别,故取周氏"无极"一词,以为能表"纯理"之义;但此既非周说本意,亦不能使梭山心服,盖依梭山之见,说"太极"即不是说"有形器之物",不待加"无极"字样。朱氏自身亦不能证立"无极"观念之必要也。而朱氏此书后半又反复作教训语,不讲理论问题,而转到对方涵养问题上,其言云:

> ……若一以急迫之意求之,则于察理已不能精,而于彼之情又不详尽;则徒为纷纷,而虽欲不差不可得矣。然只此急迫,即是来谕所谓气质之弊。②

如此不说理而训人,难怪日后象山再与朱氏辩此问题时,即对朱氏答梭山书此种态度大为不满,而云:

> 论事理不必以此等压之,然后可明也。③

梭山二书,只是此辩论之引子。真正辩论自在于象山与朱氏诸书。

---

① 《朱子文集》,卷三十六。
② 《朱子文集》,卷三十六。
③ 《象山全集》,卷二,《与朱元晦》。

在述象山各书之论辩前，尚有一小问题，应在此处稍作说明。即以上梭山二书及朱氏答书，本皆不著年月，但因上引朱氏答梭山第二书末云：

> 近又尝作一小卜筮书，亦以附呈。①

此所谓"小卜筮书"，自只能指丁酉年朱氏所作之《周易本义》；而王懋竑所订之《朱子年谱》，误以此书附于丙午年朱氏作《易学启蒙》条下，似以为朱氏所谓"小卜筮书"指《易学启蒙》而言。若如此看法，则朱氏致陆子美二书，推后十年，即与象山戊申之辩论先后密接，此则与事实不合。钱穆作《朱子新学案》，在《朱子与二陆交游始末》一章，引上引"小卜筮书"二语，而云：

> 此指《易学启蒙》。知朱子与梭山此书，亦在丙申、丁酉间；翌年戊戌，朱子始知南康军，下距戊申象山旧案重提则已事隔十年以上，故朱子先复象山书，谓所谕与令兄书辞费而理不明，今亦不记当时作何等语也。②

若指《易学启蒙》，则其书丙午年始成，何能据之推此书在"丙申、丁酉间"？令人难解。同书同册论《朱子象山学术异同》一章，则又云：

> 梭山与朱子通书，事在丙午、丁未两年，语详《交游篇》。③

此或是一时疏忽将"丙申、丁酉"误写为"丙午、丁未"，盖《交游篇》原说梭山二书在"丙申、丁酉间"也。然既在丙申、丁酉间，则朱氏寄梭山之"小卜筮书"只能是《周易本义》，绝非《易学启蒙》。《年谱》误附此书于丙午年耳。至《周易本义》原以讲卜筮为主，亦无问题。因恐

---

① 《朱子文集》，卷三十六。
② 钱穆《朱子新学案》，第三册，页三四四。
③ 钱穆《朱子新学案》，第三册，页三九二。

《年谱》及钱书之小误,启学者之疑,故在此作以上说明。

今就象山与朱氏往来诸书,一述其辩论之要点,然后再对此辩论作一全面评析。

象山先致书朱氏,重提梭山之问题,并谓朱氏当时覆书说理不明,朱氏即答之云:

> 所谕与令兄书,辞费而理不明;今亦不记当时作何等语。或恐实有此病。承许条析见教,何幸如之?①

于是象山遂以长函重论"无极太极"问题。书中旨引朱氏当年答梭山之书,而深消之。然后依次提出以下之论点:

第一,不言"无极","太极"亦不至如朱氏所说"同于一物","太极"之理亦不致因人言不言而改变。

第二,陆氏引《易·系辞》中"形而上者谓之道"及"一阴一阳之谓道"二语,谓"阴阳"已是"形而上","况太极乎"?从来无人会"错认太极别为一物",如朱氏所言,则说濂溪恐人有此"错认",故加"无极"二字,亦不成理。案此点原与第一点相连而来,但多出以"阴阳"为"形而上"一义。

第三,朱氏谓"无极即是无形",陆氏则以为如此说即是以"形"字训"极"字,"极"不能训为"形",应训为"中";由此"无极"犹言"无中",更见其不可成立。若濂溪果"惧学者溺于形器",则可另加形容语以表"太极"之非形器——如《诗经》之"无声无臭"一类形容语皆可用,但不应在"太极"之上加"无极"。

第四,陆氏略考《太极图》来源,据朱震之说,指图出自陈希夷,而谓"希夷之学,老氏之学也","无极"二字亦出于老子之书。"无极而

---

① 《朱子文集》,卷三十六。

太极"是"老氏宗旨"。

第五,陆氏指出《图说》与《通书》不合,与二程言论不合,而朱氏只据潘铭便深信此图出于周氏本人,又极力尊信《图说》,"恐未得为善祖述者也"。即谓朱氏此种态度,断不合二程思想立场,且亦不合《通书》中周氏思想立场也。

然后象山又谓朱氏喜要求他人"平心"观理,其实辩论中双方均可如此说,但无益于问题之解决;此殆讽朱氏喜先假定别人之异议皆出于别人涵养或治学态度上之毛病,而不视为客观理论问题。其所以有此说,则因朱氏常以此等语气与陆氏兄弟谈问题也。

朱氏答书,首谓陆氏主张"唯理是视"而不重"古书",固甚当。然自己于理倘未明,则于人之言未免有"未尽其意"者。换言之,朱氏即讥陆氏不了解前人或他人之说也。其下朱氏即以"理有未明而不能尽乎人言之意"一语为纲,而举七点以答象山:

第一,"太极"是"究竟至极"之意,"极"字只应训"至极";昔人以"中"训"极",只是引申义,故不能以"中"训"太极"。

第二,《通书》之《理性命》章,以"一"指太极,以"中"指气禀之得中,为五性之一。故此"中"字亦不指"太极"而言。

第三,朱氏强调濂溪用"无极"二字,乃"说出人不敢说底道理"。又以为文王不言"太极"而"孔子言之",孔子不言"无极"而"周子言之"。极力推崇濂溪,谓象山不解此意云云。

第四,《系辞》语并非真以"阴阳"为"形而上",只是指"所以一阴而一阳者,是乃道体之所为"。陆氏直以阴阳为形而上者,是昧于道器之分;且谓陆函中"况太极乎"一语,乃以"道上别有一物为太极"。

第五,朱氏自己解释前书"不言无极,则太极同于一物……"诸语,只是说濂溪用意如此,并非以为"太极"可因人言而为加损。陆氏所言不当。

第六，"《易》有太极"之"有"字，非指"有定位""有常形"而言，陆氏不应有此误解，至以为与"无极"之"无"相冲突。

第七，《老子》中"无极"二字，朱氏谓是"无穷"之意，与濂溪之"无极"不同。

列此七点后，朱氏又谓本不愿"徒为纷纷"，"使世俗观笑"，但恐学者不知所从，故有此答。

陆氏得朱氏答书，又再作长函以辩。其要点如下：

第一，陆氏引"人能宏道，非道宏人"二语，谓学者当以明道为志，劝朱氏不可自以为是。

第二，谓朱氏曾告陈同甫应不作三代以下人物，不须费力为汉唐分疏；现陆氏亦劝朱氏"莫作孟子以下学术"，不须费力为"无极"二字分疏。又谓子贡以"多学而识之"视孔子，孔子以为非；以讥朱氏一味构造理论，无真实体悟。

第三，"太极"既指"究竟至极"，则上面更不必加"无极"二字。濂溪之说，是老氏之学，将"无字搭在上面"（因老子常先言"无"，后言"有"）。又谓一字常有数义，"极"字亦然。曰"极"、曰"中"或曰"至"均是一事，不必以字义拘之。

第四，阴阳并非形器；前书"况太极乎"一语，并非谓道上"别有一物"。

第五，朱氏谓陆氏"直绌古书为不足信"，陆氏则谓自己亦未尝不据"古书"，"独颇不信无极之说耳"。

第六，"无极"倘只是指"无方所，无形状"，则未见得"人有甚不敢道处"。

第七，陆氏谓朱氏种种说法，恐是"曾学禅宗，所得如此"；下又谓"气质不美者，乐寄此以神其奸"云云，讥朱氏病己病人。

朱氏答书，则分段作一案语，首谓陆氏主张去私见，确为的当，但彼此皆应如此。次谓陆氏弟兄之争论"无极",是"无故于此创为浮辨",恐尚不如子贡之态度。然后指出：

第一,陆氏以"中"训"极",以"阴阳"为形而上者,正是不明"太极"之理。

第二,老子以"有无"为"二",濂溪以"有无"为"一",二者不同。

第三,"太极"由"至极"之义而得名,兼有"标准之义",不以"中"而得名。

第四,陆氏用"知至"一词,而不知《大学》与《文言》所用不同。

第五,朱氏坚持"阴阳"是形器,其理方是道。

第六,陆氏引《通书》有误,但陆氏本不信濂溪之说,误引本不足计,不应强讳。

第七,朱氏重申己意,谓"无极而太极"中之"而"字不表先后,只是"就无中说有"。

第八,关于陆氏讥朱氏受禅宗影响,朱氏则谓所见所说非禅家道理。而讥陆氏阴用禅学之说,而改头换面讳其所自来。至云"寄此以神其奸",朱氏谓："则恐世间自有此人可当此语；熹虽无状,自省得与此不相似也。"

案二人辩论至此,已进入互相嘲骂阶段。朱氏书后又附别纸云：

> ……如曰未然,则我日斯迈而月斯征,各尊所闻,各行所知,亦可矣。无复可望于必同也。①

陆氏最后答书,只谓：

> 不谓尊兄遽作此语,甚非所望。②

---

① 《朱子文集》,卷三十六。
② 《象山全集》,卷二,《与朱元晦》。

所谓朱陆对"无极太极之辩"如此而止。后世议之者虽多,亦无定论。兹试作一客观批评,以结束此节。

首先,学者应注意者是,朱陆所争之问题,本身一直未得一意义上之澄清。盖《太极图》及《图说》是否濂溪所作,是一问题;《图说》之理论能否成立,有何困难等等,又另是一问题。前者乃文献考据问题,后者乃哲学理论问题也。至于《图说》之思想倾向,是否近于老子,则更又是另一问题,盖此涉及某一思想理论之历史渊源,既非文献本身之作者时代问题,亦非理论之是非得失问题也。不幸朱陆双方自始即将三问题混而言之,于是愈辩愈不得要,又涉及引书训字等枝节之争,遂使二人枉作长函往复辩论,问题愈来愈乱。最后则双方互指为禅学,则离题更远矣。

今案陆氏函中,最值得重视者有两点:

第一,"太极"作为最高之理,不必再加"无极"以明其"无方所,无形状"——如朱氏所说。

第二,濂溪《图说》原取道家观念,与儒学立场不同;朱氏依此立论,亦失其儒学精神,故劝朱氏"莫作孟子以下学术"而苦苦为濂溪辩护。

对此两点,朱氏除反复用已有之说法答陆氏外,并未真正作一解答。评论朱陆之争者,从此处着手作一探索,则此一辩论之理论意义方能显出。

先就朱氏说,朱氏之基本旨趣,在于建立其包含形上学及宇宙论之综合系统;而此系统中之"最高实有"(ultimate reality),乃客体意义之"理"或"道体",由于此"理"或"道体"取客体意义,故是"存有义"非"自觉义";而朱氏论"心",遂只当作"气"之灵者所成之经验心,即"心"在朱氏系统中只是"特殊"而非"普遍",只是"经验主体"而非"超验主体"。由此,朱氏之系统乃以外在实有为归宿之形上学,加上一套宇宙论;而其立说之间架,则取自濂溪《图说》。故朱氏顺此种思路看濂溪之说,便以为周氏发千圣不传之秘矣。至于《太极图》不出于周氏,朱氏先则极力否认,己亥之后则已不复坚持(此点参看前章论"太极图问题"诸节自明)。但《图说》则仍为朱氏所尊信,理由不在于此说出自何人,而在于此说之理论方向占朱氏系统基础之大半也。至《图说》出自周氏,即陆氏亦未尝能真提出反对证据,不似《太极图》本身出于道教,确有明证也。

朱氏由于其哲学立场合乎《图说》之立场,故必尊《图说》而推崇濂溪;在陆氏一面则相反。

案陆氏之学,以"心"为最高实有;虽其论未成完整体系,然其所谓"心"乃含"超验义"之主体,则无可疑(详见下章)。有超验主体之肯定,则"理"皆依此超验之"心"而有;此自与佛教之"主体"不同——因佛教之"主体"并不含万理,而只具生起万法三界之识;此中分别,通佛教理论者皆能知之。然与朱氏所立之综合理论相比观,陆氏之学与朱氏系统之差别尤显,盖此处是"客体实有"与"主体实有"之判,乃哲学思想上两大方向也。若就陆氏之方向说,则"太极"作为"理"与自觉心之普遍化本为一事;故说"太极"为万化之本尚可接受,但若加一"无极",则即与自觉心之本性相违。"主体性"不能说"无"也。朱氏以为"无极"指超越经验而言,姑无论此与周氏说本不合,即专就朱氏此说本身看,此一描述适用于"客体实有",而不适用于"主体实有",因"主体"由其最高自由义即直涵超时空决定等义,本不可以"有无"说,更不可专用"无"字描述。则陆氏之反对濂溪《图说》,亦属理所当然。而朱氏不能掌握陆氏所触及之哲学问题,则纵在字句间求胜,亦无大用也。

再进而言之,中国先秦孔孟之学,原不见有形上学及宇宙论旨趣。而孔子之言"仁",孟子之言"性善",皆偏于"主体"一面;故若就孔孟本旨而论，则孔孟之学可看作"心性论"，与"形上学""宇宙论"形态不同。倘发展孔孟之学，则只当以"主体性"为中心，建立一全面系统，以解答或处理通常出自形上学思考中之问题，而不当变往一强调"客体实有"之形上学系统。此变始自《易传》及《中庸》，而完成于朱熹之手。心性问题虽为朱氏所常说，但"心性论"已成为形上学及宇宙论之综合系统中之附庸矣。陆氏则欲重倡"心性论"，虽在考订经籍一面未下功夫，故其依据常属于对方所用之资料，但其思想方向是直承孟子，即直承孔孟"心性论"；此乃宋明儒学史中一大关键。而朱氏承周张二程以来之误，以《易传》《中庸》《大学》为根据以建立系统时，固不知此非孔孟之学，于是只疑陆氏之重"心"为近于禅。陆氏亦讥朱氏受禅学影响，则只是反唇相稽，确与事实不合，盖朱氏所立之综合系统，在佛教立场看来，全属戏论——因先预认客体实有，即《中论》以来所力破者也。但陆氏认为濂溪之学受老子影响，则就其近处看不然；因濂溪直接受《易传》《中庸》及道教宇宙观影响，道教与老庄之道家已有不同。但若就其遥远之渊源看，则孟子以后，所以有《易传》《中庸》等理论出现，正因秦汉之际，儒者在政治大一统之环境中，吸收古中国南方之形上观念，而老子正此种形上观念之主要代表人物；则濂溪以下凡言形上学者，谓之通过《易传》《中庸》等而受道家影响，亦非无据也。

朱陆之争，是两种哲学理论之冲突。更详言之，则是"立客体实有"与"立主体实有"两种不同哲学形态之冲突。在中国儒学史内部言，则可说为承孔孟与承《易传》及《中庸》二方向之冲突。此未可以工夫不同说之。世论多以为朱陆之工夫理论不同，为基本歧异所在；实则工夫理论之所以不同，正因双方对"心"之取"经验义"或"超验义"有基本态度之不同。陆氏之肯定"超验义"之"心"，不唯与朱氏立场不同，与濂溪以来之宋儒学说皆不同。此所以陆氏虽与朱氏同时，而其思想学说,应列入宋明儒学之另一阶段。本书即称之为"后期理论",盖属"心性论"形态,非属"天道观"或"本性论"之形态,亦非朱氏综合前二者所成之系统也。

本章至此结束。

第五章 后期理论之兴起及完成

本书所称"后期理论",即指以"心性论"为主要倾向之儒学理论,以别于"天道观"及"本性论"二阶段。"后期理论"起自与朱熹同时之陆九渊,而完成于明代之王守仁。若以年代论,则象山卒于宋绍熙三年十二月,为公元1193年;王阳明生于明成化八年,为公元1472年,上下相距二百八十年矣。象山之后,阳明之前,其思想倾向较近于象山者,只以明之陈献章较为重要。陈虽受学于吴与弼,然所谓"白沙之学",自是与陆氏之方向接近。但陈与王守仁并无真正传承渊源可说。反之,白沙门下之湛甘泉,日后与阳明辩难不休,可知阳明之学非得自白沙者。且白沙之学但以静中开悟为主,虽说到"天地我立,万化我出"之境界,然与阳明致良知之学,毕竟相去甚远。故本书述宋明儒学后期理论,只以陆九渊及王守仁为代表人物;盖此一思想倾向,虽在朱熹时,即有陆九渊倡始,实则久而无所发展,必至阳明之说出,方成为一新系统。论宋明儒学在中国哲学史中之发展,则此后期理论亦只能以陆氏为先驱者,以王氏为建立系统者,不能强为之说也。

以下即先述陆九渊之学说,再述阳明之理论系统。

第一节
陆九渊之学

一、生平及著作

《宋史·儒林列传》云:

> 陆九渊,字子静。生三四岁,问其父天地何所穷际;父笑而不答,遂深思,至忘寝食。及总角,举止异凡儿,见者敬之;谓人曰:闻人诵伊川语,自觉若伤我者。又曰:伊川之言,奚为与孔子、孟子之言不类?近见其间多有不是处。他日读古书至宇宙二字,解者曰:四方上下曰宇,往古来今曰宙;忽大省曰:宇宙内事乃己分内事,己分内事乃宇宙内事。又尝曰:东海有圣人出焉,此心同也,此理同也;至西海南海北海有圣人出,亦莫不然。千百世之上有圣人出焉,此心同也,此理同也;至于千百世之下有圣人出,此心此理亦无不同也。后登乾道八年进士第,至行在,士争从之游。言论感发,闻而兴起者甚众。……还乡,学者辐凑,每开讲席,户外屦满,耆老扶杖观听。自号象山,学者称象山先生。……或劝九渊著书,曰:六经注我,我注六经。又曰:学苟知道,六经皆我注脚。光宗即位,差知荆门军。……逾年政令修,民俗为变,诸司交荐;丞相周必大尝称荆门之政,以为躬行之效。一日,语所亲曰:先教授兄有志天下,竟不得施以没;又谓家人曰:吾将死矣。……后二日,日中而卒。……门人杨简、袁燮、舒璘、沈焕能传其学云。①

---

① 《宋史》,卷四百三十四,《儒林列传四》。

此传又不记生卒年月。案杨简所著《行状》,则陆氏生于绍兴九年二月,卒于绍熙三年十二月;案绍熙四年元日已为公元1193年2月4日①,则陆氏卒时已为1193年1月矣。故通常以为陆氏卒于公元1192年者误。其生卒年代应为公元1139—1193年。

象山著作则有《文集》二十八卷、《语录》二卷;后加《程文》三卷、《拾遗》一卷,并附录《行状》《谥议》《年谱》等二卷,共为三十六卷。故论象山之学,材料亦不外此。

二、象山学说之要旨

象山学说之特色,自在于其"心"观念,此所以后世有"心学"之称。然象山立说之趋向固甚明显,其用语立论每每亦不甚严格,倘非对所关之哲学问题能确定掌握,则读《象山语录》或他文,处处皆易生误解。兹举其学说中之要点,先述其言,再明其意指。

(一)心即理

象山之"心即理"一断定,见于寄李宰书。李宰来书有"容心立异,不如平心任理"之说,陆氏答书,则先指出"容心"出于《列子》,"平心"出于《庄子》,皆非儒学用语,然后引《孟子》各节以论"心",再提出"心即理"之断定。其言云:

> 孟子曰:心之官则思;思则得之,不思则不得也。又曰:存乎人者,岂无仁义之心哉?又曰:至于心,独无所同然乎?又曰:君子之所以异于人者,以其存心也。又曰:非独贤者有是心也,人皆有之,贤者能勿丧耳。又曰:人之所以异于禽兽者几希。庶民去之,君子存之。去之者,去此心也,故曰,此之谓失其本心。存之者,存此心也,故曰,大人者不失其赤子之心。四端者,即此心也。天之所以与

---

① 见日本"宋史提要编纂协力委员会"编《宋代史年表》(南宋)。

> 我者,即此心也。人皆有是心,心皆具是理。心即理也。①

此段陆氏全承孟子而为说。其所谓"心",是"本心"之义,即指价值自觉而言;有时特提其中某种价值自觉,即可有"仁义之心"等语,在孟子本意仍以"心"统指价值自觉,而以"四端"为此价值自觉在日常生活中透露之处。陆氏既承此说,即以此价值自觉作为一切价值标准之根据,故云"心即理"。

依此,价值自觉虽可以或明或蔽,因此在时空中某一定点上,此心之发可以得正或不得正,但价值自觉本身不可当作经验事实看,故陆氏续云:

> 有所蒙蔽,有所移夺,有所陷溺,则此心为之不灵,此理为之不明,是谓不得其正。其见乃邪见,其说乃邪说;一溺于此,不由讲学无自而复,故心当论邪正,不可无也。②

案说"心当论邪正",乃就具体及特殊之心意状态说,又非指"本心"或价值自觉本身。价值自觉或明或昧,其昧时,心意状态遂不得正,于此方言讲学及工夫,工夫亦不过求"复"其"本心"而已。

观此,可知象山之"心",乃指此自觉能力,即能立价值标准,能为一切价值词语意义之根源者,非如朱氏言心之指气中之一种产物。于是象山强调"心"之普遍性,恰与朱氏强调"心"之特殊性相峙而立。象山云:

> 今之学者,只用心于枝叶,不求实处。孟子云:尽其心者知其性,知其性则知天矣。心只是一个心;某之心,吾友之心,上而千百

---

① 《象山全集》,卷十一。
② 《象山全集》,卷十一。

载圣贤之心,下而千百载复有一圣贤,其心亦只如此。①

此处象山所谓"心只是一个心",即是其"心"观念之主要特色所在。就经验心而言,"心"自是如万象之纷殊。说"一个心"即见所指非经验心,而是取超验意义之自觉能力以讲"心"也。就价值自觉讲,则无论表现于我于人之经验心中,本身皆无不同可说,不同处皆在经验性一面也。如此讲"超验义之心",故象山之"心"即可以涵盖万有;故又云:

心之体甚大。若能尽我之心,便与天同。②

所谓与"天"同大,即超越经验存在之意。而说到"尽我之心",则涉及工夫问题,留俟下节论之。

朱氏之"心",有"性"有"情";"心之性"即"心"能见"理"之能力,虽亦说"尽心",但只指明"吾心"之"全体大用"而言,仍是认知共同之理之意;故朱氏之"心"非理之根源而只能观照万理,此所以朱氏之学说成为一肯定客体实有之形上学。陆氏之"心"本身是价值标准之根源,本身是一"普遍者",故其立场乃肯定主体实有之心性论。但陆氏所谓"心即理",并非如世俗所想象之一切皆任经验心作主;经验心在陆氏看不是"本心","本心"即价值自觉,有时以"仁义"释之。如与邓文范论"得失之心"时,即云:

……此乃害心之本,非本心也,是所以蔽其本心者也。③

又与赵监(汝谦)书,则云:

---

① 《象山全集》,卷三十五。
② 《象山全集》,卷三十五。
③ 《象山全集》,卷一,《与邓文范》。

>……故仁义者，人之本心也。①

人之"心"为经验性之心理生理等条件所限制，而不能透显其主体性，则陆氏即谓是"失其本心"或"蔽其本心"。故云：

>愚不肖者不及焉，则蔽于物欲而失其本心；贤者智者过之，则蔽于意见而失其本心。②

又云：

>愚不肖者之蔽，在于物欲；贤者智者之蔽，在于意见。③

两段意同，皆谓人有不同之蔽；或受欲望支配，或病观念迷乱，均可使人"失其本心"。失"本心"即是经验心主事，此时主体性不能显，价值意识及判断自皆昏乱矣。

既知陆氏之"心"取"超验义"及"普遍义"，则其言"心即理"之大旨已明。但陆氏所谓"理"何指，则尚须补充数语。

案陆氏之"理"观念，不如"心"观念明确，盖陆氏用"理"字有时指价值标准或规范言，有时则指事物规律本性言。如云：

>须是事事物物不放过，磨考其理。且天下事事物物只有一理，无有二理，须要到其至一处。④

此似与伊川、朱熹之言"穷理"并无不同，盖同时肯定"殊别之理"与"共同之理"，又皆取规律意义也。又如云：

>天地亦是器。其生覆形载必有理。⑤

---

① 《象山全集》，卷一，《与赵监》。
② 《象山全集》，卷一，《与赵监》。
③ 《象山全集》，卷一，《与邓文范》。
④ 《象山全集》，卷三十五。
⑤ 《象山全集》，卷三十五。

此是说"天地"之"理",仍取规律义。

但论孔子十五而志于学一段,则云:

> ……所法者,皆此理也。①

著一"法"字,则所谓"理"已取规范义。又如说:

> 此理在宇宙间,何尝有所碍?是你自沉埋,自蒙蔽,阴阴地在个陷阱中。②

此是说觉悟之"理",非规律义,乃规范义;所谓"此理在宇宙间",是指根本价值规范自存而言。

至如说:

> 然知尽天下事,只是此理。③

则又似专指"共同之理",取规律义。

又如说:

> 因循亦好。因其事,循其理。④

则与说事事物物之"理"同,显指"殊别之理",亦取规律义。

此类话头尚多,不必备引。总之,象山用"理"字实有复义问题。但言"心即理"时,则基本上所强调者为规范义之"理";至于规律义之"理"亦应以"心"为根源,则象山固当同意,但绝不能证立此点,盖此即涉及知识论之解析工作,非中国传统儒学中所有者也。

总之,陆氏"心即理"一断定,所透露者乃"心性论"之立场,即有以"主体性"为归宿之倾向;与伊川至朱熹之以"性即理"一断定,建立

---

① 《象山全集》,卷三十五。
② 《象山全集》,卷三十五。
③ 《象山全集》,卷三十五。
④ 《象山全集》,卷三十五。

"本性论"之说,相映益明。然其关键则在于陆氏以"超验义"及"普遍义"说"心"也。

至陆氏其他言论文字中,用"心"字亦有泛指人心而言者,但不可与其所谓"本心"相混。冯友兰以为陆氏之"心"即朱氏之"心",而陆氏云"心即理"则异于朱氏。其说则误。① 陆氏之"心"字与朱氏之"心"字意义及指涉绝不相同也。

(二) 工夫理论

陆氏所讲自是"成德之学",故工夫问题在陆氏学说中之重要性,亦与此问题在程朱学说中之重要性相同。陆氏教人,注重"先立乎其大者",本诸孟子语。又尝用"知本"一词为学之纲领,则出于《大学》。

陆氏讲《论语》中"知及之,仁不能守之"一段云:

> 苟学有本领,则知之所及者,及此也;仁之所守者,守此也;时习之,习此也;说者说此,乐者乐此。如高屋之上建瓴水矣。乐苟知本,六经皆我注脚。②

"学"以"知本"为要,此"知"是自悟自觉之知,非求于外者。

陆氏之言"先立乎其大者",则为当时所共知,甚至论敌亦以此讥之。陆氏曾谓:

> 近有议吾者云:除了先立乎其大者一句,全无伎俩。吾闻之曰:诚然。③

此所谓"大",所谓"本",皆指本有之价值自觉之豁悟言;必先有此豁悟,然后可观理应事而不为所累。故云:

---

① 参阅冯友兰《中国哲学史》,第二编,第十四章,第三节,论"朱陆异同"语。
② 《象山全集》,卷三十四。
③ 《象山全集》,卷三十四。

> 吾之教人,大概使其本常重,不为末所累。①

如文字上之知识了解,皆属于末,故象山又云:

> 学者须是有志。读书只理会文义,便是无志。②

而立乎其大,或知本,或立志,均是主体性之显现,故无所谓"能"或"不能",盖其根在于主体之最高自由,乃此"心"所固有之能力也。象山与李伯敏之对话云:

> 伯敏问:如何立?先生云:立是你立,却问我如何立。若立得往,何须把捉?③

《语录》文记陆氏与邵武邱元寿语云:

> ……先生云:元寿甚佳,但恐其不大耳。人皆可以为尧舜,尧舜与人同耳,但恐不能为尧舜之大也。元寿连日听教,方自庆快,且云:天下之乐无以加于此;至是,忽局蹐变色而答曰:荷先生教爱之笃,但某自度无此力量,诚不敢僭易。先生云:元寿道无此力量,错说了。元寿平日之力量乃尧舜之力量,元寿自不知耳。④

所谓"尧舜"即指圣人而言。陆氏强调人皆可以为尧舜,乃就主体性及最高自由说,邱元寿不能真悟彻最高自由,自我停在经验层面上,自会觉得"无此力量",陆氏则云彼有此力量而不知,不知即未悟也。

故知本立大,皆指向最高自由,于是,入德之门皆在自己身上。能显现主体性,即显现最高境界。但此非说人一知本或立志,便万事全了;其下自有极大扩充工夫,陆氏固力持不立本不能言扩充一义,

---

① 《象山全集》,卷三十四。
② 《象山全集》,卷三十五。
③ 《象山全集》,卷三十五。
④ 《象山全集》,卷三十四。

但决非不知扩充，决非只讲立志知本。如《语录》云：

> 有学者听言有省，以书来云：自听先生之言，越千里如历块。因云：吾所发明为学端绪，乃是第一步；所谓升高自下，涉遐自迩，却不知他指何处为千里。若以为今日舍私小而就广大为千里，非也。此只可谓之第一步，不可遽谓千里。①

世俗每以为陆氏重觉悟，故即与禅宗所倡"顿悟"为一事；观此可知不然。盖陆氏只主张最初觉与不觉，乃邪正迷悟之分界处；而以此觉为立乎其大者或立志，并非谓有此一觉即已成德成圣，觉后不过此心之主体性显出，其下正有大段扩充工夫也。

然就立大立志而言，其所立之内容究竟何在？或更扣实说，在何处立志方是立大？此点在陆氏则例就"义利之辨"说之，盖真能明"义利之辨"，则此"心"即超出经验心或特殊自我之层面，因辨义利必恃"普遍心"之显现而后能也。《语录》云：

> 傅子渊自此归其家。陈正己问之曰：陆先生教人何先？对曰：辨志。正己复问曰：何辨？对曰：义利之辨。若子渊之对，可谓切要。②

傅子渊此对所以为"切要"，因能得陆氏之意也。陆氏教人先立乎其大者，具体下手处即是先明义利之辨。

义利之辨，实即公私之辨；以私心作主，处处皆利作主。此"利"字可包含一切私意所求者，不仅指功名利禄言。陆氏论"心"之"蔽"时，已说"物欲"与"意见"两种；所谓"意见"所包至广，如讲学立说之立门户、争胜负等皆属之，故象山答自朱氏门下来之学者云：

---

① 《象山全集》，卷三十四。
② 《象山全集》，卷三十四。

> 今世人,浅之为声色臭味,进之为富贵利达,又进之为文章技艺;又有一般人,都不理会,却谈学问。吾总以一言断之,曰:胜心。①

"胜心"即私意也。私意有种种复杂之表现,极难一一分别对治。但若能先明"义利之辨",则公心渐立,私意渐消;许多复杂病痛,即自可免除,是以象山教人立乎其大,即由"义利之辨"下手。

陆氏在淳熙八年访朱熹,朱氏邀往白鹿洞书院,请陆氏升讲席。陆氏即讲《论语》中"君子喻于义,小人喻于利"一章,其讲辞即所谓《白鹿洞书院讲义》也。此一讲辞颇能代表陆氏对"义利之辨"之说法,节录于下:

> 此章以义利判君子小人。辞旨晓白。然读之者苟不切己观省,亦恐未能有益也。某平日读此,不无所感。窃谓学者于此,当辨其志。人之所喻由其所习,所习由其所志。志乎义,则所习者必在于义;所习在义,斯喻于义矣。志乎利,则所习者必在于利;所习在利,斯喻于利矣。故学者之志,不可不辨也。科举取士久矣。名儒巨公,皆由此出。今为士者固不能免此。然场屋之得失,顾其技与有司好恶如何耳,非所以为君子小人之辨也。而今世以此相尚,使汨没于此而不能自拔,则终日从事者虽曰圣贤之书,而要其志之所乡,则有与圣贤背而驰者矣。推而上之,则又惟官资崇卑禄廪厚薄是计,岂能悉心力于国事民隐,以无负于任使之者哉?从事其间,更历之多,讲习之熟,安得不有所喻?顾恐不在于义耳。②

此说先扣紧"志"字讲"义利",于是所谓君子小人之分及义利之辨,均落在"志"上。此正是象山教人之第一法门也。至于以科举仕宦之事

---

① 《象山全集》,卷三十四。
② 《象山全集》,卷二十三。

为说,自是当机发挥。其涵义自不止此。盖凡有私意处均可看作属"利"一面,陆氏教人在此一关键上用力,以求立志,亦即"先立乎其大者"也。

由此又可见陆氏虽不以伊川之学为然,但所言"立志"实与二程所言之"公心"极近。公心乃成德之总关键。此亦客观之理所在,故学者对此等关键所见常相似也。

立志以外,陆氏言工夫则以收拾精神,随时不使"心"为事累为主。故云:

> 既知自立,此心无事时须要涵养,不可便去理会事。①

又云:

> 人精神在外,至死也劳攘,须收拾作主宰。收得精神在内时,当恻隐即恻隐,当羞恶即羞恶。②

此皆谓人之心意不可外注,盖象山所肯定之自觉或"主体性"之显发,端赖不为外物所牵引。心不外驰,而回历至主体性之自觉,即收拾精神之意;主体性既显发,则当下即发挥主宰能力,而应物处自能处处实现价值。

象山强调之主体性,乃自我之本来面目,但在经验界,则与万物万象相对之自我,必受主客关系中之决定,因此,仅在经验层面上活动之自我,亦必不能自见其主体性。就此而论,乃可说"复"之义;所谓"复"其"心",即指由经验自我回至本来之超验自我也。象山论"复"云:

> 复者,阳复,为复善之义。人性本善,其不善者迁于物也。知物

---

① 《象山全集》,卷三十五。
② 《象山全集》,卷三十五。

之为害而能自反,则知善者乃吾性之固有,循吾固有而进德,则沛然无他适矣。故曰:复,德之本也。知复则内外合矣。①

此是象山对成德过程之看法。象山就主体性实现本有之理言"德",故真关键只在"主体自觉"能否显现;一经显现,则自会处处实现本有之理,故进德及成德,不是在外用工夫,亦不是以对治此心为主,而是以显现此心之超验主宰力为主。依此义而说"复"为"德之本"。至此处所说"性"字,当作"主体性"看,与"心"并非两事。由此,可看出象山学说中另一特色,即对"心""性""情""才"等之分别全不重视;盖就主体性着眼,则此种种不同描述字,只表示说者从何方面看主体而已。究竟只是一主体也。故象山与李伯敏之对话云:

> 伯敏云:如何是尽心?性、才、心、情如何分别?先生云:如吾友此言,又是枝叶;虽然,此非吾友之过,盖举世之弊。今之学者读书,只是解字,更不求血脉。且如情、性、心、才,都只是一般物事,言偶不同耳。②

若在语言层面上看,则"心""性"等字必应有分别,但象山所重者不在语言或表述方式,而在于某一段文字中所显示之理论通向何问题——即所谓"血脉"。专在此处着眼,则某一字在某一人之文字语言中如何用法,即成为次要问题。

此一观点,如再深进一步,即可知与最根本之哲学立场有关。若取存有论之观点,则语言文字中每一符号之指涉及意义如何,皆不能放过,盖须在存有一面有一定相应处。语言文字中有未澄清处,则对存有一面之指涉亦必有不确定处矣。然若不以"存有"为最后归宿,而以自主之主体性为大本,则可知一切意义指涉,皆依于主体某一套

---

① 《象山全集》,卷三十四。
② 《象山全集》,卷三十五。

活动而立。各套活动本身固互不相同,然由活动中如能逆显主体性,则自可有殊途同归之功。如此,则某一套语言是否处处澄清,即成为次要。此象山立场所在。总之,一切言说只为帮助"主体自觉"之显发。目的不是对存有作决定,故言说本身无独立意义。象山曾明告李伯敏云:

> 若老兄与别人说,定是说如何样是心,如何样是性情与才;如此分明说得好,划地不干我事。须是血脉骨髓理会实处始得。①

由此观之,象山固注意"当机立教"之意,而不注意客观理论之建构。此固不能满足哲学理论之要求,然若就儒学传统言,则象山此种立教态度,却与孔子在《论语》中论"仁"之态度相近。不可据此便说象山是学佛教也。

至此,可转而论象山对儒学学统之态度。

(三)对学统之态度

朱熹生平以"道统"自任。然朱氏心目中之"道统",乃以《易传》及《礼记》之思想为中心,而上摄孔孟之学以及伪古文《尚书》中之尧舜思想,下接周张二程之学说以成之"统"。此中既有误据伪托文献之历史问题,又有误解孔孟哲学特色之理论问题。盖就历史标准说,孔孟之"心性论"与《易传》《礼记》等后出文献中之形上学及宇宙论,本不属同一传统;就理论标准说,"心性论"以主体性之肯定为中心,自有一套理论结构,并非须依赖肯定客体实有之形上学也。故朱氏之"道统",在客观上与孔孟儒学之统并不相应。陆氏罕言"道统",但其立场则直承孟子。此点亦曾明说。如詹阜民记其问答云:

---

① 《象山全集》,卷三十五。

某尝问:先生之学亦有所受乎?曰:因读《孟子》而自得之。①

象山之学承孟子,故在象山眼中,孟子后诸儒皆不能真承孔孟之学。故云:

> ……虽然,姬周之衰,此道不行;孟子之没,此道不明。千有五百余年之间,格言至训,熟烂于浮文外饰;功利之习,泛滥于天下。②

轻视汉儒,反对佛教,因此谓孟子之后儒学失传,此在唐之韩愈已为此说。二程及其后学尤常强调此点。故自表面看,象山此说似亦为宋儒之共同论调,然如深一层看,则象山之宗孟子,乃真承孟子立说之精神方向;非如周程以下诸人,口虽言孔孟,而其学实以《易传》及《礼记》为依据也。象山以取"心性论"立场故,对《礼记》思想甚不以为然。如评《乐记》中"天理""人欲"之说,即云:

> 天理人欲之分,论极有病。自《礼记》有此言,而后人袭之。《记》曰:人生而静,天之性也。感于物而动,性之欲也。若是,则动亦是,静亦是,岂有天理物欲之分?若不是,则静亦不是。岂有动静之间哉?③

案《乐记》中此段,濂溪至伊川均宗之,朱熹亦取其说。而象山独以为非,且指出以"动静"分"理欲",全无道理。此论点若予以展开,即可成为对"天道观"之批评。尤其濂溪之论"善恶",通过此一论点看,则其困难甚为明显。陆氏又云:

> 谓人欲天理非是。人亦有善有恶,天亦有善有恶;岂可以善皆

---

① 《象山全集》,卷三十五。
② 《象山全集》,卷十二,《与赵然道》。
③ 《象山全集》,卷三十五。

谓之天,恶皆归之人?此说出于《乐记》。此说不是圣人之言。①

此即谓《礼记》思想与孔孟思想不同也。"天亦有善有恶"一语,可谓与"天道观"针锋相对。就严格意义言,"天"若指存有——不论取形上义或自然义——则应是无"善恶"可说者,故陆氏之语未必精当。但学者如知自濂溪以来,两宋儒者总以"善"归之"天","恶"归之"人",则即知象山此论亦接触宋儒思想中一大问题。而象山所以能接触此一问题,则正因象山之学承孟子心性之说,开始即未接受《乐记》之论调也。

象山不精考据,对经籍之伪托问题或时代问题,并未用心。故虽不接受《乐记》之说,对于《中庸》《大学》则仍常引用。对《易传》虽认为不出于孔子,亦不甚明白。盖象山只能见到哲学理论上之问题,而不知历史考证一面之问题也。

象山既直承孟子,遂亦不重视濂溪及伊川之学说。其不信从《太极图说》,在前章论"朱陆之争"时已言及。至于反对伊川,则早年已谓伊川之言若伤我者,又谓与孔子、孟子之言不类。后曾读伊川言论,仍表轻视。其言云:

某旧日伊洛文字不曾看。近日方看。见其间多有不是。②

毕竟伊川之"不是"处何在,未见陆氏之详细议论,但伊川以形上意义之"本性"或"理"为最高实有,以居敬致知为下手工夫,皆与陆氏不合,则其不满伊川,理不难明。陆氏亦讲"致知""格物",其解释固与程门之说无甚不同,但工夫之下手处则不在此。如上节所述,格物穷理之类,在陆氏看来皆属立本以后之事,非如伊川以此为入德之

---

① 《象山全集》,卷三十五。
② 《象山全集》,卷三十五。

门也。

至于明道之说,则陆氏较能接受,盖明道虽偏于"天道观",但言工夫时似仍承认超经验之自觉心;如讲"识仁"一段,即假定人心自能"识得此理",存养则是以后之工夫。此与陆氏之重觉悟相近。谢良佐极力发挥明道思想中此种倾向,故以"觉"言"仁"。朱熹则谓,其说影响陆氏。朱氏云:

> 上蔡之说一转而(为)张子韶,张子韶一转而为陆子静。①

此说非全确。盖陆氏之持"心性论",自有其所见,非由上蔡一步步转出。但明道、上蔡对此心之自觉能力之重视,则确与象山所见较合,故象山虽讥伊川,罕讥明道也。

象山不取《礼记》之说,不宗周程,故其对学统之态度,与朱氏大异。然若就孔孟之持"心性论"看,则象山之说,在当时虽似是"异端",在哲学史尺度下,反而较为接近孔孟之学。此所以本书列象山于"后期"也。

关于象山对佛教之态度,此处亦当稍作析述。

自伊川谓"圣人本天,释氏本心"②,后学宗之,遂以为凡以"心"或"主体性"为归宿之哲学理论,即属于佛教一路。其实伊川所谓"本天",是《易传》《中庸》之形上理论;孔子本人即罕言天道,未见得即是"本天"也。且孔孟之"心性论"倾向,在《论语》及《孟子》中,甚为明白。而以古中国之文化传统而言,所谓形上之"道",亦原属于南方文化传统,孔孟固不以建立客体实有之形上系统为旨趣也。但宋儒自始即承《易传》及《中庸》之说,故一直不知"心性论"在哲学理论上与"形上学"不属一型,而总以为须通过形上学以安顿"心性论",又见佛

---

① 《朱子语类》,卷二〇七。
② 《河南程氏遗书》,卷二十一下。

教颇能言"主体性",遂以"本天""本心"区别儒佛;此是由理论及历史两面之误解生出之又一误解。然后此儒者极少能辨此中理论分际者。甚至阳明后学如李材(见罗)者,仍宗此说。盖此处所涉之哲学理论形态问题,非越出传统不能看明白。人之议象山近禅或属于释氏之学者,大致皆因不知"心性论"非释氏所专有之故。今日学者,倘能纵目观世界哲学思想之源流演变,则肯定主体性不必即归于佛教,乃不疑之义。而同属肯定主体实有之系统,又有互相不同之方向,亦是极易了解者。故旧日视为难解决之"心学"与佛教关系问题,在今日则极易解决。

象山承孟子而肯定主体性,其精神方向仍是化成世界,而非舍离世界,则与佛教根本不同。佛教以"离苦"及"解脱"为最初宗旨。其后虽衍生大乘教义,然终以"度"(波罗蜜多)为立教之方向,"度"即登彼岸,非成就此岸也。此所以佛教之主体乃一超离之主体,所显现之"主体自由"亦只是静敛意义之超离自由。儒学在孟子学说中,即已建立"主体之肯定",但儒学以建立文化秩序,在当前世界中实现"理"为宗旨。其后虽一变而为汉儒之宇宙论,再变而为宋儒之形上学及混合系统,其以教化为主之精神方向仍始终未变。儒学"心性论"所肯定之"主体",乃超验而能决定对象秩序之主体,故显现为健动之主体自由。其精神方向是肯定世界而非否定世界。儒佛之辨即在此。并非必须讲一"天道",立一客体实有之肯定,建立一形上学理论,方是儒学也。倘学者具此了解,则陆氏之学虽以"心"或"主体性"为大本,未可即谓与佛教相类。陆氏自身论儒佛之辨,则云:

> 某尝以义利二字判儒释。又曰公私,其实即义利也。儒者以人生天地之间,灵于万物,贵于万物,与天地并而为三极;天有天道,地有地道,人有人道。人而不尽人道,不足与天地并。人有五官,官有

其事,于是有是非得失,于是有教有学;其教之所从立者如此,故曰义曰公。①

此先说儒学之精神方向,即扣紧建立文化秩序说,故强调是非得失与教化,以之为"人道",即人生应有之责任也。就尽此人道讲而说"义"。至释氏所以归于"利",则就其以"离苦"为宗旨说。其言云:

> 释氏以人生天地间,有生死,有轮回,有烦恼;以为甚苦,而求所以免之。其有得道明悟者,则知本无生死,本无轮回,本无烦恼,故其言曰:生死事大。如见所谓菩萨发心者,亦只为此一大事。其教之所从立者如此,故曰利曰私。②

陆氏非不知佛教所证悟之境界,乃超越经验界之主体自由,然就其最初宗旨说,则确是以"离苦"为起源观念。基本上求"离苦",即是陆氏所谓"利"及"私";至于"得道明悟"所至境界,则陆氏以为是另一事,非其本来宗旨所在也。既将儒佛如此相对照而观之,于是陆氏遂下断语云:

> 惟义惟公故经世,惟利惟私故出世。③

"经世"即指化成世界,"出世"即指舍离世界也。陆氏立此二语,辨儒佛之异之大纲已立。其下再论进一步之问题,指出某种相同之点亦或有之,但不能掩宗旨之异。遂云:

> 今习释氏者,皆人也。彼既为人,亦安能尽弃吾儒之仁义?彼虽出家,亦上报四恩。日用之间,此理之根诸心而不可泯灭者,彼固或存之也。然其为教,非为欲存此而起也。故其存不存,不足为深

---

① 《象山全集》,卷二,《与王顺伯》。
② 《象山全集》,卷二,《与王顺伯》。
③ 《象山全集》,卷二,《与王顺伯》。

造其道者轻重。①

此谓佛教徒在人生历程中,自亦会有道德行为,然其基本精神方向并不在于成就文化道德之秩序。真正"深造其道"者亦不重视此一方面之问题也。另一面则云:

> 若吾儒则曰:人之所以异于禽兽者几希;庶民去之,君子存之。释氏之所怜悯者为未出轮回,生死相续,谓之生死海里浮沉。若吾儒中圣贤岂皆只在他生死海里浮沉也?彼之所怜悯者,吾之圣贤无有也。然其教不为欲免此而起,故其说不主此也。②

此处象山之言,大可注意;象山虽以化成世界或在当前天地中"尽人道"为儒学之异于佛教处,但象山并非不知儒学之"主体"亦是超越一切条件系列之最高主体,亦有"主体自由",故说儒中圣贤之自我,并非在生死海中浮沉者。不过儒者不强调出生死海一义而已。观此可知,象山并非不悟到超经验界,不过在说及超经验界时,通过主体义之"心"说,而不通过客体义或存有义之"理"说而已。此所以象山所持为"心性论",非"形上学"也。冯友兰评象山之学,以为"象山所见之实在则只有一世界,即在时空者"③。可谓大错。盖冯氏只了解有超经验之客体实有观念,而根本不解超经验之主体实有观念;在哲学理论上本欠缺一大段了解,其不了解象山之立场,亦不足怪矣。

象山所强调之"心性论",原属秦汉文献出现以前,孔孟哲学之本来方向所在。宋儒自濂溪以下,为《易传》《中庸》之说所笼罩,遂逐渐构成一套儒家形上学及宇宙论之系统,则本与孔孟之学非一事。而世俗不察此中分际,亦不问文献真伪、理论形态种种问题,反以宋儒

---

① 《象山全集》,卷二,《与王顺伯》。
② 《象山全集》,卷二,《与王顺伯》。
③ 参阅冯友兰《中国哲学史》,第二编,第十四章,第三节,论"朱陆异同"语。

构成之系统为唯一儒学理论。象山生于宋代，而思想倾向独归于"心性论"，乃当时人所不能了解者。然若以客观心情观此中理论分际，则象山之不属于佛教或禅学，亦不难知。《语录》记吴君玉问学于象山后云：

> 天下皆说先生是禅学，独某见得先生是圣学。①

天下皆说象山是禅学，即因世人已信唯有言"天"之形上学系统方是儒学之故。此不仅在南宋时为然，即在象山逝世后，元灭宋而统治中国时期，士人大体上皆以为程朱系统方是儒学正统所在。至明初情况亦无大改变。真正了解"主体性"观念，归向孔孟哲学立场而穿破朱熹之大综合者，王守仁以前绝无其人。即以陈白沙而论，虽能肯定"心"之地位，仍不能见朱氏系统之根本问题，其他更无论矣。

象山学说大要如此。兹再补充数点作为结语，即结束本节。

三、结语

象山立说之要点，上文已分别析述。现作补充如下：

第一，象山罕论政治历史，故在《文集》《语录》中均难有资料表示象山之史观。但象山对政治制度之态度，则有零星资料可以透露一二。如严松记云：

> 松尝问梭山云：有问松，孟子说诸侯以王道，是行王道以尊周室？行王道以得天位？当如何对？梭山云：得天位。松曰：却如何解后世疑孟子教诸侯篡夺之非？梭山云：民为贵，社稷次之，君为轻。先生再三称叹，曰：家兄平日无此议论。良久曰：旷古以来，无此议论。②

---

① 《象山全集》，卷三十四。
② 《象山全集》，卷三十四。

梭山答严松年之语,盖全取孟子民本主义立场。孟子对政治上主权之移转问题,原是持民意为决定标准。其说虽与近代欧洲之民权思想有殊,然作为解释政治演变之理论看,自远胜于俗说之一味尊君,而又不能否定朝代必有改变也。孟子提出此一民本观念,作为政治上价值判断之原则,本亦是孟子思想中要点之一。然秦汉以降,儒者对政治主权之移转问题,避而不谈,反强调"君臣"之纲常关系。于是,自汉以后,政治哲学陷于一满含矛盾之僵化状态中。此亦是中国思想史上一客观问题。陆氏兄弟生于宋代,而独能体会孟子此种主张之意义,此又陆氏之学上承孟子之又一表现也。

象山于梭山之言再三称叹,盖有深得我心之感;至云"旷古以来,无此议论",亦非夸词。盖孔子在政治上只讲正名之道、进退之义,并未对政治主权之移转问题作一定解答。孟子始有"民为贵"之说,建立"民本"观念;而孟子以后,又不见有人发扬其说。自孟子前论之,则孔子尚未有此说;自孟子后论之,则无人继承孟子之说,真乃"旷古以来,无此议论"矣。

第二,陆氏在政权移转问题上,虽宗孟子之说,但若就其对政治活动之一般了解看,则陆氏亦认为"政治生活"乃"道德生活"之延长,与朱氏无大不同。

例如,陆氏应试时答"德仁功利"之问时,对"帝王之德之仁,岂但如匹夫见于修身齐家而已"一语,即以为不然而申己意驳之云:

> 夫所谓修身齐家者,非夫饬小廉,矜小行,以自托于乡党者然也;颜子视听言动之间,曾子容貌辞气颜色之际,而五帝三王、皋夔稷契、伊吕周召之功勋德业在焉。故《大学》言明明德于天下者,取必于格物致知、正心诚意之间。①

---

① 《象山全集》,卷三十一,《程文·问德仁功利》。

此明以政治生活为附属于道德生活者,而其引《大学》语更可表示此一立场,盖《大学》思想即认为由"修身"可直接向外展开而有治国平天下之功效也。

第三,陆氏虽重觉悟,但仍认为"致知"之外另有"力行"工夫;此与日后阳明之"知行合一"之说不同。严松录象山谈"智"与"圣"二观念时之问答云:

> 先生与学者说及智圣始终条理一章,忽问松云:智圣是如何?松曰:知此之谓智,尽此之谓圣。先生曰:智圣有优劣否?松曰:无优劣。先生曰:好,无优劣。……松又曰:智圣虽无优劣,却有先后;毕竟致知在先,力行在后,故曰始终。先生曰:是。①

观此段可见象山心目中之"知"观念,仍取通常知解之义,非阳明所谓"良知"。阳明所以有"知行合一"之说者,乃因"知"字被界定为"良知",指价值自觉讲;然后方可就行为方向之源于价值自觉,而在"根源义"上说"知行合一"。象山既依通常意义用"知"字,则自须说"知先行后"为是矣。在此等论点上,象山每每无以自别于程朱之说。

总之,象山立说,重要处在透露一确定方向,而此方向又正是宋明儒学运动中应肯定之方向,即归于孟子是也。若就建立理论系统说,则象山可谓尚未能立系统。朱熹讥象山之学为"有头无尾",固是认为陆氏不能在穷事物之理上用工夫。但若不论朱氏此语原意,而就象山建立一精神方向而未能建立系统说,亦可说象山立说是"有头无尾"也。

象山门人中以杨简最为有名;此外如傅子渊、袁燮等人,亦皆有名于当时,但就发扬象山之学而言,则成绩均属有限。此因象山所从

---

① 《象山全集》,卷三十四。

事之"心性论"哲学，表面看似较形上学及宇宙论为简，其实此中要义，皆与常识心灵大有距离。欲取此方向建立系统，本甚困难。欧洲哲学以反省之思辨建立"主体性"观念，尚有阶梯可循。中国既乏思辨，则"心性论"或肯定"主体性"之哲学，不得不待才高者为之。此所以象山之学必待阳明完成也。

第二节
王守仁之学

王守仁之生平，当以钱德洪等门人所编之《年谱》为主要资料；《年谱》原由各门人分任纂辑，以邹守益总其事。至嘉靖四十一年邹死，钱德洪乃以所得材料与罗洪先商订，于是在次年书成，距王氏之卒已三十五年。[①] 然此《年谱》仍属同时人之作品，远胜日后《明史》中之传文也。

至述王氏之学说，则当以《传习录》为主，其他书札杂著为辅，皆见《王文成公全书》。

一、生平及著作

案《年谱》记王氏生于明宪宗成化八年九月，而卒于明世宗嘉靖七年十一月，以公元推之，其生卒年代应为公元1472—1529年。

其生平较重要之年历，可举以下各项：

公元1486年，十五岁。游居庸三关，有经略四方之志。此见王氏气质抱负，原非经生一流。

---

① 参阅《王文成公全书》，卷三十五，《年谱》附录，"嘉靖四十二年癸亥，四月，先师年谱成"一条。

1489年，十八岁。自江西归浙江，舟中谒娄谅（一斋），论程朱格物之学。娄即吴康斋之门人，宗程朱以治诸经者也。

1492年，廿一岁。据朱熹之说，以从事"格物"之学；格竹不得其理而遘疾，即在是年。

1498年，廿七岁。因治朱学无所得，而以为圣贤有分，不可强求，遂慕道士养生之术。

1501年，卅岁。游九华，见道者蔡蓬头。又访地藏洞异人。盖王氏此时极慕道教及神仙家言也。

1502年，卅一岁。是年告病归浙江，筑室阳明洞中，行导引之术，颇有得。其后悔之，以为"簸弄精神"，无益于"道"，遂又开始屏弃释道修炼之事。

1505年，卅四岁。在京师开始讲学，教人先立必为圣人之志。与湛若水（甘泉）定交。

1506年，卅五岁。以疏救谏臣下诏狱，谪贵州龙场驿丞。

1508年，卅七岁。在龙场，始悟"格物致知"之义，以"良知"为"知"之学说自此逐渐形成。

1509年，卅八岁。主贵阳书院，倡"知行合一"之论，又提出"知行之本体"一观念。案此即王氏初悟"主体性"，而立心性论系统之始也。①

1510年，卅九岁。任庐陵知县。此时讲学以教人静坐自悟为主，以为只论"知行合一"，无入手处。盖王氏之论"知行合一"，原以自身对"主体性"之悟见为基础；而教人静坐求悟，则是欲使学者各自体悟"主体性"，以免徒谈论"知行合一"之理，而陷于言说中，反不能透显"主体性"也。是年与黄应良论"圣人境界"，指出"廓清心体"而

---

① 参阅《王文成公全书》，卷三十二，《年谱一》，"正德四年"条。

"真性始见",然后方能有"操持涵养之地"。此所谓"心体"及"真性",即指"主体性"而言。总之,王氏自龙场悟后,已觉"主体性"之透显乃第一大事,然在工夫门径上尚无确定讲法。故与黄论学,亦谓"此功夫自无可讲处"也。①

1511年,四十岁。与徐成之书论朱陆异同,认为王与庵以"尊德性"及"道问学"分判陆氏及朱氏之学不当。此时王氏于朱熹尚未作深入评论,但已表示有意解释象山之说,以免世俗误排陆氏。②是年为文送湛甘泉出使安南,论及儒学传承,仍推崇周程。③

1512年,四十一岁。是年十二月与徐爱同舟归越,论《大学》宗旨;徐所记即今之《传习录》首卷所载者。

1513年,四十二岁。十月至滁州,从游者日众。答孟源问静坐中思虑纷杂问题,说"物各付物"之义。④

1514年,四十三岁。五月至南京,门人益众;因见学者有流入"空虚"之病,遂只以"存天理,去人欲"为教。

1516年,四十五岁。九月巡抚南赣汀漳。

1517年,四十六岁。在赣。是年平定漳寇。

1518年,四十七岁。是年续平诸寇。门人讲聚不散。七月事定,乃刻古本《大学》,意不取朱子《章句》也。⑤

是年又刻《朱子晚年定论》,作序力言朱子"晚年"所见与"中年未定之说"不同,而以为朱子晚年与己意相近。⑥今考王氏所取代表朱

---

① 参阅《王文成公全书》,卷三十二,"正德五年十有二月"条。
② 参阅《王文成公全书》,卷三十二,"正德六年"条。及同书,卷四,所载《致徐书》。
③ 参阅《王文成公全书》,卷三十二,"正德六年十月"条。及同书,卷七,所载《别湛甘泉序》。
④ 参阅《王文成公全书》,卷三十二,"正德八年冬十月"条。
⑤ 参阅《王文成公全书》,卷七,《大学古本序》。
⑥ 序文亦见《王文成公全书》,卷七。

氏"晚年定论"之资料,多出自中年,故王氏此书未可凭信也。

同年八月徐爱卒。薛侃遂取其所遗《传习录》一卷付刻。

1519年,四十八岁。六月戡处福建叛军,中途闻宸濠反,遂起兵讨之。七月丁巳日遂擒宸濠,九月献俘。江西乱平。

1520年,四十九岁。六月游青源山。答罗钦顺问学书,畅论学无"内外"之别。是年有《象山文集序》。

1521年,五十岁。是年始揭"致良知"之教。遗书邹守益,谓"致良知"乃"圣门正法眼藏"。① 五月与湛甘泉、方叔贤书论学,极言本末之辨。又答伦以谅问动静,而告以"循理之谓静,从欲之谓动"。②

是年十二月,封新建伯。

1522年,五十一岁。父龙山公卒。

1523年,五十二岁。与门人论谤议问题,自谓:"……才做得狂者,使天下尽说我行不掩言。"盖自悟见"致良知"义后,立说更无敷衍应付世俗之处矣。

1524年,五十三岁。在越,聚门人讲学,注重"万物同体"之旨,使人各求"本性"。是年八月,宴门人于天泉桥。十月,南大吉续刻《传习录》。

1525年,五十四岁。九月,归姚省墓。与诸生定期讲学。有答顾东桥书,畅论"致良知"及"格物"之义。而谓:"吾心之良知,即所谓天理也。"是年十月,立阳明书院于越城。

1526年,五十五岁。有答南大吉、欧阳德诸书,皆发挥良知之义。十二月,作《惜阴说》,论不息之义。

1527年,五十六岁。是年邹守益刻王氏《文录》。五月,奉命征

---

① 参阅《王文成公全书》,卷三十三,《年谱二》,"正德十六年正月"条。
② 参阅《王文成公全书》,卷三十三,"正德十六年五月"条。

思田,九月发越中。九月初八日夜,钱德洪与王畿因王氏次日将启程,同往问"四句教"及"四无"之说,于是移席天泉桥上与二人论四句宗旨。此即所谓"天泉证道"也。

1528年,五十七岁。在梧。二月,平思田;七月,破断藤峡。十一月,至南安登舟,乙卯日,舟泊青龙铺。病逝。

❦　　❦　　❦　　❦　　❦

观以上资料,可知王氏治学立说之发展历程及生平主要事迹。此中应注意者有以下数点:

第一,王氏自十八岁闻娄一斋论程朱之学,至二十七岁为止,皆致力于程朱格物穷理工夫。但未能有得。遂转习道教神仙术。然其放弃程朱之学之理由,仅在于"圣贤有分"之观念,并非确认程朱一派理论有内在缺陷或困难。换言之,王氏只由于对"才性"之限制有某种认定,因而以为圣贤地位,乃"不可强求"者。此所谓"强求"即隐隐与"才性"观念相连,而未尝触及"心性"问题也。

第二,二十七至三十一岁数年间,兴趣在于神仙术,但行导引而有得时,乃觉致力长生无甚大意义,遂不再从事道教之修炼。盖王氏本来所关心之问题,不在长生一面,而在德性一面,故不能以道教之修炼为满足。顾王氏虽厌弃求仙,而再讲成圣之学,其确定路向仍不分明。自三十一岁后,只可谓进入酝酿期,自身立说尚未定也。

第三,卅七岁龙场一悟,遂开始立"良知"之说。卅八岁力倡"知行合一",即见王氏开始悟入"心性论"之理路矣。卅九岁教人"静坐",目的自在于求主体性之显现;"心体"与"真性"等观念,皆此时所说,盖此时王氏对工夫问题尚无定说,只在归于"心性"一大立场上有所肯定而已。

第四,由此,至五十岁时,王氏有时言"理欲",有时推崇周程,有时分辨朱陆之学,其说颇多轻重不同之处;总由于方向虽定,次第未明,故评断前人亦常有迁就踟蹰之意。

第五,五十岁后,确立"致良知"之教,其学说规模大定;五十四岁,言"良知"与"天理"合一,则王学之宗旨理路皆明,而王氏亦更无迟疑应付之倾向。自此至五十七岁逝世止,其讲论皆属此"良知学说"之发挥。

二、阳明学说要旨

论阳明之学说,首先须掌握"心性论"与"天道观"及"本性论"之殊异。此种殊异,就儒学史内部言,代表三派儒学思想;就哲学问题本身而论,亦属三种不同之理论形态。学者对此种分划若无明确严格之了解,则对阳明学说之特色及其在儒学史中之地位必不能确知。已往中外学人对阳明之种种误解,皆由于对此种源流问题及理论形态问题把握不定而起。本章在撮述阳明学说大旨之前,对此类误解须先作一澄清。

对阳明之误解,自明末以来屡见于各家论著中。兹择其要者稍作析论。

第一,对阳明之"良知说"最普通之误解,乃以"良知"之说为近于所谓"禅学"。① 此一看法,可以李材(见罗)为代表。李氏取伊川之语,而谓:

> 释氏本心,圣人本天。②

---

① 案唐末以后,在中国之佛教各支皆衰,唯禅宗独盛。故两宋诸儒所了解之佛教教义,大抵限于禅宗。而所谓"禅学"亦即指彼等所了解之佛教理论。此风至明代犹未改,明代人谈及佛教仍不外指禅宗之说也。
② 《明儒学案》,卷三十一,《止修学案》,"论学书中答朱鸣洪"一节。

又极力反对"以知为体"。① 其意盖以为阳明言"良知"即是以"知"以"心"为"体",而不合乎儒学正统。实则此种误解正由于不知儒学之源流演变而来也。学者不用"儒学"一词则已,倘用"儒学"一词而非别立新义,则所谓"儒学"者自只能以先秦孔孟之说为最后依据。孔孟之说,皆属"心性论"形态,非"天道观"形态。《论语》《孟子》之文,皆可按也,秦汉以降,《礼记》中之《中庸》及解《易》之综合资料所成之《易传》,托于孔子及子思;自汉以下,学者茫然不加考辨。隋唐官学,固不辨古籍真伪;北宋虽有疑《易传》者(如欧阳修),然举世滔滔,习于伪说。周张二程诸人,莫不力尊《易传》《中庸》,于是始有以"天道观"为中心之儒学;朱熹更编成"四书",杂收道教图书以解《易》,塑造一全不合历史真相之"道统"。于是孔孟之"心性论"立场反而为此种成说所掩。能脱此牢笼者,在南宋唯陆象山而已。② 以"天道观"为儒学正统,是宋儒承汉以下伪说传统之工作结果。学者入此牢笼,即不知孔孟言心性,本以"主体性"为最高观念,反而视言"主体性"者为佛教之说。此所以伊川有"本心"及"本天"之误判,而李见罗又承其误而大发议论也。倘认为只有佛教言"主体性"或"本心"以立说,则阳明之言"良知",自属讲"主体性"之理论;由此而视阳明之学为"近禅",亦不足异矣。

然吾人今日倘对"主体性"之"心",及超越实体意义之"天"有明确了解,则首先可知,孔孟原以"心"为"本",以"天"为"本"者乃后起之说;其次再就佛教所言之"主体性"与孔孟所立之"主体性"相比,亦可显然见其有"静敛"与"健动"之不同。此在前章论"对世界之态度"

---

① 《明儒学案》,卷三十一,《止修学案》,"论学书中答朱鸣洪"一节。
② 案陆象山不信《易·系辞》为孔子所作,又抨击《礼记》中《乐记》之文。学者可参阅《象山全集》及《朱子语类》中评象山语。

时,已屡言之。此处不再赘论。总之,孔孟之学与佛教教义之不同,不在于"本心"与"本天"之殊,而在于孔孟之"心"(主体性或主体自由)与佛教之"心"不同。至于"本天"以立说,则属于"天道观"类型之理论。此说乃由秦汉之际,古南方之形上观念及海滨区域(即汉书所谓"燕齐迂怪之士")所盛行之阴阳五行说混合,侵入儒学之后,展转演变而成之另一理论,虽假托于"儒",非孔孟之学统也。

故无论从历史标准或理论标准看,孔孟之说非"天道观",又与佛教迥异。而阳明之"良知"观念,则正直承孟子之"主体性"观念。岂得以朱熹塑造之"道统"为标准,反谓阳明非承儒学正统乎?至于不解"主体性"观念本身可有种种不同,遂以为一言"心"或"主体"便是佛教,则涉及论者之哲学知识问题。李材之言,正见其自身悟解浅陋而已。

第二,知阳明之"良知"不违孔孟之学,亦不近于禅,但又另有所疑者,则当以刘宗周与黄宗羲为代表。

黄宗羲承刘宗周之学,对阳明四句教中所谓"有善有恶意之动",终不谓然。盖依刘说,则"有善有恶"乃具体之"念",以为阳明如此说"意",则"良知"只能在"意"之发后"知善知恶",即非最高境界。此种议论在《蕺山语录》及书札中均常见,如《答韩位》云:

> 阳明先生于知止一关,全未勘入;只教人在念起念灭时,用个为善去恶之力,终非究竟一着。①

然蕺山虽如此评议阳明,仍不以为阳明之学近禅,故其下又云:

> ……然则,阳明之学,谓其失之粗浅不见道则有之,未可病其为

---

① 参阅《明儒学案》,卷六十二,《蕺山学案·来学问答》。

禅也。①

案蕺山谓阳明"不见道",其言甚直;黄宗羲则委婉其辞,以评阳明云:

> 天泉问答:无善无恶者心之体,有善有恶者意之动,知善知恶是良知,为善去恶是格物。今之解者曰:心体无善无恶是性,由是而发之为有善有恶之意,由是而有分别其善恶之知,由是而有为善去恶之格物。层层自内而之外,一切皆是粗机。则良知已落后着,非不虑之本然。②

黄氏指"今之解者"之说而论"四句教"之缺点,自有代阳明辩解之意,即所谓"四句本是无病,学者错会也"③。然其论旨固与蕺山无殊,所谓"良知已落后着",即蕺山所言"终非究竟一着",不过未直说阳明本人"不见道"而已。

关于刘黄诸人之学说思想,后文另有论述。此处只就此种意见稍作评析,以见刘黄之议论,实是对阳明学说之另一误解。

如上所引刘黄二氏之言,所争关键皆落在工夫及境界问题上。谓"良知"之"知善知恶"在"意"动后,则自然可说"良知"永落"后着";且如此说法,即不见圣贤境界;盖若顺此而观四句教,学者用工夫后,其意之善恶仍只能在发后为"良知"所察见,与全无工夫比较,其意之时善时恶,似无不同,只多此事后之省察。换言之,圣贤与常人并无境界殊异,而"成德"之学将无着落。然此非阳明之旨,亦非四句教之正解。

就阳明本意言,工夫原在"致"字上,境界即在能"致得良知"处讲。圣贤自与常人境界不同,因所致得良知之分度不同也。若就"四

---

① 参阅《明儒学案》,卷六十二,《蕺山学案·来学问答》。
② 《明儒学案》,卷十,《姚江学案》,黄氏案语。
③ 《明儒学案》,卷十,《姚江学案》,黄氏案语。

句教"说,则首先须注意者是,四句教并非依先后次序而立,而只是阐明四个论点。故黄氏所引"今之解者"之说,连用"由是而有"一语,将四句列为先后四层,便是有根本误解。"有善有恶者意之动"一句,乃定立道德问题中之"二元性"(即所谓"ethical duality")之命题,此是任何涉及德性问题之理论中所必有者。"意之动"有善有恶,并非说此处无工夫,只能待"良知"事后察觉。此处工夫即是"诚意",而阳明学说中,"诚意""致知"固绝不可分离,且不可与"格物"分开。此点刘蕺山似未看明白,黄宗羲虽似想到(在案语中为王氏辩解时,即强调"致字即是行字",与"致吾心良知之天理于事事物物"等义),但以为必待彼如此解说,方免弊病,则黄氏对阳明自己之说法仍未看透也。

至于蕺山分"意"与"念"二字,则是用语之不同。《蕺山语录》中畅论"诚意"与"致知"不可分,其实正是阳明之意。而蕺山又以为"诚意"若与"有善有恶"之"意"合看,则善恶皆"断然"为之。① 如此讥阳明,则是误解"诚"字。"诚意"是"意志纯化"之意,此纯化工夫即致知工夫,而意志纯化时亦即良知天理在"意"中充足实现时,岂能谓"诚其有恶"乎。此是蕺山误解阳明处,而黄氏亦未尝辨正也。蕺山以为"意"当就"好善恶恶"说,故另标一"念"字,指"有善有恶"处,此是蕺山对二元性问题之解答,自无不可。然若谓阳明不解此中义理,只因不将"意"与"念"分开,便是"不见道",则属轻率判断。

第三,除以上二种误解外,尚有另一种误解,为现代讲宋明儒学者所常有,亦应在此提及。

此种误解,简言之,即是对阳明讲"良知"时,所用"知"字之意义不能掌握,而以日常语言中"知"字之意义及用法解说阳明之"良知"。由此,遂有种种错误生出。

---

① 参阅《蕺山学案》,《语录》,"古本圣经……"一条。

犯此病者,在近数十年之论著中,屡见不鲜。兹姑随举一二人作为代表,略作详析。

容肇祖著《明代思想史》,论及阳明及其学派之理论,所述似亦颇详。然容氏谓:

> 他以为良知是一切知识的基本,良知之外,不能于知识更有所增加。①

其下即引阳明所谓"良知之外,别无知矣"②一语为据。显然以为阳明所说之"知",即指"知识"而言。

吾人倘确知阳明用语之特定意义,则容氏此种解释,与原意相差甚远。盖阳明用"良知"一词,原指价值意识及作价值判断之能力而言,属于"道德语言"而非"认知语言"。依阳明自己之解释,即所谓"知善知恶是良知"。"良知"被界定为"知善知恶"之能力,分明与认知事物或规律之"知",截然两事。而所谓"良知之外,别无知矣",正表明阳明心目中并无认知意义之"知"也。

阳明此说之弊病如何,乃哲学问题中所应注意者。但就哲学史一面看,则吾人讲述阳明本意时,决不能将"良知"之"知"字解为"知识"。容氏所谓"良知之外,不能于知识更有所增加",则是说人对事物及规律等之"知识",皆已含于"良知"之中;此涉及一有极端先验论倾向之知识论观点,实阳明所无者,因阳明学说根本未有知识论一面之探究也。

容氏之所以犯此错误,基本原因当在于容氏自身对"道德语言"与"认知语言"或"事实语言"之分别不甚明白,故一见"知"字,即以为与通常所谓"知识"是一事,不知阳明另有特殊用法,所指根本不属认

---

① 容肇祖《明代思想史》,第四章,三。
② 此语见《传习录中》,《答欧阳崇一》。

知范围。

与容氏之错误类似而更为明显者有张君劢氏之说法。张氏在其论"新儒学"之中英文著作中,均常用"理性主义"与"经验主义"之对比,解说程朱一系与陆王一系之殊异所在。其实"理性主义"与"经验主义"之争点,全在对"知识"之解说上,而陆王所说之"心即理",本非指认知之理,原意亦不是解说知识。从另一面看,程朱一系说"理",亦与"经验主义"迥不相同。张氏之比附可谓完全无当。然其所以如此比附者,正在于张氏亦不确知"良知"之特定意义,以"知"字与"知识"牵合,故界限大乱也。

以上三点为解说阳明学说时最应避免之误解,故先略作澄清。至于其他易有之误解,则在下文述阳明学说时,随处清理。

以下即分节述阳明之学之要旨。

(一) 心、理、良知

阳明立说,原以"良知"为唯一枢纽观念,所谓"除却良知,还有甚么说得"①。但今欲逐步阐述阳明之说,则须先就"心""理"等一般儒学观念下手,以显出阳明所言"良知"之确义。

象山已说"心即理"之义。其所言之"心"乃所谓"本心",而所言之"理",则词义不甚明确。阳明则扣紧德性言"理",再就德性皆源于此心,而言"心即理"。其与徐爱之问答云:

> 爱问:至善只求诸心,恐于天下事理,有不能尽。先生曰:必即理也。天下又有心外之事、心外之理乎?爱曰:如事父之孝、事君之忠、交友之信、治民之仁,其间有许多理在,恐亦不可不察。先生叹曰:此说之蔽久矣。岂一语所能悟?今姑就所问者言之。②

---

① 《王文成公全书》,卷六,《寄邹谦之三》。
② 《王文成公全书》,卷一,《传习录上》。

案徐爱此问原亦是就德性或道德行为着眼,但所谓"许多理"乃落在"行为内容"上说,而于阳明所谓之"心即理"之意义尚未能掌握,故阳明叹其有蔽,其下遂就"行为方向"一面反复说明:

> 且如事父,不成去父上求个孝的理?事君,不成去君上求个忠的理?交友治民,不成去友上民上求个信与仁的理?都只在此心,心即理也。①

此是以反问为答。"不成"乃当时口语,即今语"难道"之意(坊间本有将"事父不成"四字点断者,大误)。阳明意谓,各种道德行为之道德性,不能在所涉对象上求,而只能在"心"上求,故先作反问,然后再正面发挥此旨云:

> 此心无私欲之蔽,即是天理,不须外面添一分;以此纯乎天理之心,发之事父便是孝,发之事君便是忠,发之交友治民,便是信与仁。只在此心去人欲、存天理上用功,便是。②

阳明既以"无私欲之蔽"说"天理",又以"去人欲、存天理"说在"此心"上之用功处,则可说阳明所说之"理"本非"认知意义"之"理",而是"德性意义"之"理"。换言之,阳明说"心即理也",并非谓事物规律皆先验地存于心中,而只是断定价值规范由此心生出。而此种价值规范,就其整全言之,即阳明所谓"天理";若分化之后,则成为孝、忠、信、仁等德目。③ 总之,说"心即理"时,阳明用"理"字,是取"规范义",非取"规律义"。此是说明阳明宗旨之第一步。

---

① 《王文成公全书》,卷一,《传习录上》。
② 《王文成公全书》,卷一,《传习录上》。
③ 案如此讲"仁"字,自与孔子之意有殊。但阳明此处亦只是就徐爱所问而作答,故顺原问所用诸字说。徐爱原只就"治民"说"仁",自不是以"仁"为众德之本。阳明顺徐爱所用语脉作答,亦未特别重视"仁"之意义。

就此再看阳明所用之"心"字,亦可知"心"指自觉意志能力而言。盖阳明认为,人之自觉能力本身即含普遍规范之要求——亦即是说,人有"应该"或"不应该"之自觉。此种要求,即是所谓"天理"之方向。意志循此方向而活动,即说为此"心"纯合"天理"。而此"心"并不必然纯合"天理",则因有时人受生理或心理等特殊因素影响,而不能寻求普遍规范,或以爱憎、苦乐等感受代替"应该"及"不应该",在阳明即以"人欲"一词说之。意志方向时时指向普遍规范,即是"存天理、去人欲"之实践。

以上只就未分化之"应然自觉"讲;在具体世界中,每一具体行为必涉及不同之对象,而一具体行为之方向,亦必受此种具体对象之影响而具有特定内容。由此,"应然自觉"亦必分化,各种德性即于此处出现。所谓"忠""孝"等德性,皆须落在此一层面上说。因此,阳明虽强调未分化之"应然自觉",但亦不能不照顾到特殊德性及具体道德行为之内容问题。因此,对于"事理"之认知,亦不能不取一确定态度,盖行为内容必依所关"事理"而定。只标一普遍意义之"天理"时,说明道德行为之"道德性"之根源则可,对行为内容则不能决定。阳明对此问题之态度,亦可于答徐爱语中见之。前引《传习录》文下一段即涉及此点。

> 爱曰:……如事父一事,其间温凊定省之类,有许多节目,不亦须讲求否?①

案徐爱此处就"孝"一德性着眼发问。"孝"作为一特殊德性,即与一组道德行为相关;凡欲成就此种德性者,即必须有此种行为。但此种行为必有一定内容,人如不了解此种内容,则不能作出此种行为。然

---

① 《王文成公全书》,卷一,《传习录上》。

对此种行为之内容之了解，显然不是纯靠价值意识而成立者。换言之，当人能"存天理"时，可以在"事父"一事上有"求孝"之意志方向，但不能直接获得"如何尽孝"之行为内容之决定。行为内容之决定，须涉及知识，即对"事理"之了解。徐爱问"温清定省"是否须"讲求"，即注目于"求孝之意志"以外之认知或了解事理之问题。阳明此处之答覆，则大可注意。其言云：

> 如何不讲求？只是有个头脑，只是就此心去人欲、存天理上讲求。……此心若无人欲，纯是天理，是个诚于孝亲的心，冬时自然思量父母的寒，便自要去求个温的道理；夏时自然思量父母的热，便自要去求个清的道理。这都是那诚孝的心发出来的条件。却是须有这诚孝的心，然后有这条件发出来。譬之树木，这诚孝的心便是根，许多条件便是枝叶。须先有根，然后有枝叶。不是先寻了枝叶，然后去种根。①

阳明此一段答语，似甚浅明，然若细加推析，则含有极可注意之论点。在下文解说之前，有一用语问题，须附作说明者，即阳明所谓"条件"，乃指引生者而言，与现代习用语义正相反。"条件"指引生者，故相当于树之枝叶，乃诚孝之心既发后所生出者，诚孝之心则相当于树之根。此点不可误会。

就上引阳明之答语看，其论点有二：

第一，有"孝亲"之"心"，便自然"思量"父母之寒热。

第二，有如此之"思量"，即"自要去求"温清之"道理"。

就第一论点看，其意实谓道德意志为道德行为之根源及动力。人有"求孝"之道德意志，即直接生出"思量"父母之寒温问题之活动。

---

① 《王文成公全书》，卷一，《传习录上》。

但此处之"思量",仍只指意向而言,并未涉及认知内容,故仍只是就"心"之方向或意志之方向说。因此,与"去人欲、存天理"之旨仍是一事。但仅说到此处,并未解答徐爱之问题,而只是对"讲求"一词,提出另一论断——即是应在纯化意志方向上"讲求"。徐爱所问原涉及行为内容及认知问题,阳明之答复,实落在第二论点上。

阳明之第二论点,要旨落在"自要去求"四字上。阳明盖认为,有如此之道德意志,即会自然去求索决定所关行为之知识,以使此道德意志落实为一组道德行为。回至"孝"及"温凊"之例看,人有孝亲之意志,即"思量"父母之寒热问题,如此思量时即"自然"去"求"温凊之"道理"。此处"道理"乃指特殊之事理,已与"天理"之"理"不同。

显然,此处有一不可忽视之问题,即人之求索事理,在阳明之观点下,只是被道德意志所推动之活动;此可解释认知活动之发动,并不能说明认知活动之成就。换言之,人有"孝亲"之意志,诚然可推动人"去求"某种知识,如关于"温凊"之知识,但人是否能获得此种知识,以及其所获得之知识之正误程度如何,则皆不能由此一"求"或意志推动而决定。人纵然全无人欲私念,亦不必定能获得对事理之正确知识。阳明只"讲求"此"心"之方向,而不"讲求"事理之了解,则如何能认定具体道德行为之内容在事理上能无乖谬?此点又须作进一步了解,方能确知阳明之原意。

阳明答郑朝朔问一节,恰可补足答徐爱时所未明言之部分。郑问亦以"事亲"为例,其言云:

> 且如事亲,如何而为温凊之节,如何而为奉养之宜,须求个是当,方是至善,所以有学问思辨之功。[①]

[①] 《王文成公全书》,卷一,《传习录上》。

郑所谓"是当",正指行为内容言,亦即涉及事理;盖有"孝"之意志方向后,仍另有"如何尽孝"之知识问题在,故认为此处须有一套求知之工夫即所谓"学问思辨"。而阳明之答语则明白提出另一论点:

> 先生曰:若只是温凊之节,奉养之宜,可一日二日讲之而尽,用得甚学问思辨?惟于温凊时,也只要此心纯乎天理之极;奉养时,也只要此心纯乎天理之极;此则非有学问思辨之功,将不免于毫厘千里之谬。①

所谓"纯乎天理之极",仍只是就意志之净化说。而另一重要论点,则是认为温凊奉养等"事理","可一日二日讲之而尽";换言之,阳明认为"事理"本身皆极简单,但使意志净化,则知识即自然可得。因此,阳明只重视道德意志如何显现、如何贯注行为等问题,而不重视由道德意志落至具体道德行为上所需之知识或了解问题。阳明自亦不能否认具体道德行为必涉及所关之事理,否则无由获得内容,然而阳明不愿深究此一段落中之特殊问题,而只认为事理甚简而易知,似不成为大问题。

阳明此一论点之危险性,甚易看出。而阳明学说中对知识问题之根本观点亦即在此。此点涉及对阳明学说得失之评估,后文再行详论。此处须指出者,是阳明如此看知识问题,正与其全盘思想之特性有关。欲说明此义,则须进至阳明之"良知"观念,及其对"知"字之用法之讨论。

上文已表明阳明之"心"观念,乃就有主宰性之自觉能力而言,而"理"观念则指价值规范而言,故"心即理也"一语,确义即是说,一切价值规范皆源自此自觉能力。但立此一义,严格说,只是决定一切价

---

① 《王文成公全书》,卷一,《传习录上》。

值判断——以及由此衍生之自觉行为——皆依自觉能力而可能,并未决定具体行为之特殊内容问题。后者即涉及认知活动或事理之了解。阳明之论"天理"或基本价值意识,剖解甚详,但对"事理"及所涉之具体行为内容方面,则未尝详说。然此是讲阳明道德理论时所必须清理之关目,故上文引阳明语,观其大意。以为"事理"简单易知,人只要自身意志纯化,即自然能获得事理之知识,即是阳明对事理问题及认知问题之总态度。其语虽不甚详,其观点并非难解。

吾人循此线索以了解阳明时,立可发现阳明心目中实无"认知活动之独立领域";换言之,阳明用"知"字与通常谈认知活动者用"知"字不同。盖阳明只就"良知"之义说"知",并不论及独立于道德意识之纯粹认知也。

阳明所谓"良知",在用语渊源上虽是由孟子而来,其意义则属自加界定者。在语录及文录中,阳明解说"良知"之语,固随处可见,但最明确之说法则见于"四句教"及《大学问》。

"四句教"云:

> 知善知恶是良知,为善去恶是格物。①

此是明白以"知善知恶"之能力为"良知"。而《大学问》中则云:

> 良知者,孟子所谓是非之心,人皆有之者也。②

此是以"是非之心"说"良知",特重"良知"能判意念之善恶一点。合而言之,意念行为之"善恶",呈现于此心之"良知"能力而成立,正如红白之色呈现于视觉能力而成立。如此,则所谓"良知",只对"善恶"一对价值意义之属性发用,而与通常认知事物之经验属性或规律之

---

① 《王文成公全书》,卷三,《传习录下》。
② 《王文成公全书》,卷二十六,《续编一》。

能力全不相同。由此,"良知"是一切价值判断之根源,故阳明又依此意屡说"天理"与"良知"不二。盖阳明用"天理"一词,亦指未分化之价值规范自身而言。"良知"是见"天理"之能力,而"天理"即"良知"所照见之规范也。故阳明说:

> 天理在人心,亘古亘今,无有终始。天理即是良知,千思万虑,只是要致良知。①

此"心"即超经验意义,故超越时空限定。"天理"之内涵于"心"中,亦是一超经验关系,故说"无有终始"。一切规范义之"理",依"良知"而为"有",故作规范之整体之"天理",亦与"良知"不二不离。即在此意义上说"良知即天理"或"天理即是良知"。但"良知"毕竟是能力意义之词语,"天理"则是存有意义之词语;阳明虽以"知"为"心之本体"②,而不立"良知"外之"理",但有时亦就"良知"之显用而将"天理"视为所知。曾云:

> 圣人无所不知,只是知个天理;无所不能,只是能个天理。③

此所谓"知",仍只是"良知"之简称,故下文即说明圣人之"知",只以"天理"为对象,并非以经验意义之"事理"为对象。圣人于"事理",亦不能无所不知,无所不能。其言云:

> 圣人本体明白,故事事知个天理所在,便去尽个天理。不是本体明后,却于天下事物都便知得,便做得来也。天下事物,如名物度数、草木鸟兽之类,不胜其烦。圣人须(虽)是本体明了,亦何缘能尽知得?④

---

① 《王文成公全书》,卷三,《传习录下》。
② 《王文成公全书》,卷一,《传习录上》。
③ 《王文成公全书》,卷三,《传习录下》。
④ 《王文成公全书》,卷三,《传习录下》。

观此,"良知"不以"事物之理"为对象,实属明白无疑。而阳明用"知"字,又常为"良知"之简称或缩写,故每每一说"知",即指"知善知恶"讲或就价值意识讲;说"良知"之外别无知,亦并非持"经验知识皆内在于一心"之断定。此点学者不可轻作比附,而导生谬解也。

总上所说,阳明言"心""理""良知"之大意可撮述为以下数点:

第一,阳明之"心"乃就自觉活动之主体言,而"理"则取规范义。故"心即理"即指一切规范源于主体。

案此点就理论角度看,原不难解。规范性之词语,本与描述性之词语不同。如用赫尔(R. M. Hare)的说法,则即所谓"规定语言"(prescriptive language)与"描述语言"(descriptive language)之分别。① 如用摩尔(G. E. Moore)之说法,则即为"自然属性"(natural attribute)与"非自然属性"(non-natural attribute)之分别。② 赫尔与摩尔之哲学思想,皆属哲学解析一派,立场及趋向自皆与阳明之学大异,然其所提分别,皆可有助学者了解所谓道德意义之"善""恶"等词义,并不标指对象或事物之性质。换言之,此种种规范意义之词语,其指涉皆不能在对象界中觅得,而只能落在主体活动一面说。阳明论"心即理",自不是就语言一层面讲,但语言一面之分别,亦正可显出阳明之说本义所在也。

第二,作为规范义之"理",就其整全而言,在阳明即称之为"天理",以与"人欲"互别。此仍是宋儒以来之惯用语言(取自《乐记》,非孔孟之用语)。但阳明如此说"天理"时,却并未明确包含形上意义或宇宙论意义之"规律"。此文是阳明用语与宋儒之不同处。

---

① 参阅 R. M. Hare: *The Language of Morals*,Part I。而学者须加注意者是赫尔理论立场与阳明完全不同,但亦强调此种语言功能之分别,正见此分别有客观性也。
② 摩尔在其名著 *Principia Ethica* 一书提出此一论点。其后又在《内含价值概念》(The Conception of Intrinsic Value)一文中更作解释。读者可参阅原文。

"天理"与"人欲"只标指心灵之自觉活动之二向,因此即与规范语言中之"善"与"恶"相应。而心灵自觉到"善恶"之别之能力,即所谓"良知"。

由此,"良知"显用,即天理显现;"良知"不显用,即是人欲作主。分说时,固可将"天理"说为"所知",但就主体自身言,"良知"即是建立规范之能力,故又说"良知即天理"或"天理即是良知"。

第三,"天理"非事物之理,"良知"亦非对事物之认知,故阳明说"无心外之理",或说"良知之外,别无知矣"时,均非提出一对"知识"之论断。绝不可与欧洲之"理性主义"比附。

第四,阳明虽不重视事物之理及其认知,但由于人之道德行为必涉及具体之世界,因而必有具体之内容,故在论及道德行为之内容时,仍不能不对事理之认知取一确定态度。阳明此处之态度又可分为三面说。

第一面是将事理看成简单易知者,认定只要人之意志方向不为私欲所蔽,则自能见到所关事物之理,如论"温清"之理处所说。第两面则强调道德意志推动有关道德行为内容之认知,如所说诚于孝亲自然思量寒热,自要去求温清之理等语,即是此意。第三面则强调与道德行为无关之事理知识并不重要,亦非圣人所须知。此即解"圣人无所不知"一段议论之主旨。①

合而观之,阳明对"知识问题"之态度,可说乃一消极态度;盖阳明只承认道德行为之价值,而不认为独立意义之知识活动有何独立价值。对事物之理之知识,只在能有助于道德行为之完成时,方值得注意;因此,认知活动内部之种种问题,亦更不在阳明探索之范围中。

以上四点,可作为阳明之基本理论。以下应进而观察阳明之工

---

① 即页四〇二注③所引一段及其后文,可参阅《传习录下》。

夫理论。

(二)"致良知"与成德工夫

儒学皆以"成德"为目的,阳明之学自不例外。而言"成德"时,虽应涉及对"德性"或"道德之自我"之肯定,但其最吃紧处则在"工夫"上。阳明之工夫理论,则以"致良知"一语为中心。

观上节所论,已可知阳明以"良知"为本有之价值意识,乃道德判断、道德生活之根源。故就"良知"自身而言,此能力非如经验事象之可以"偶有偶无"。故阳明论"良知"时,一面强调"良知"为"人人所同具",一面又以"恒照"一义说之。如谓:

> 良知即是未发之中,即是廓然大公、寂然不动之本体,人人之所同具者也。但不能不昏蔽于物欲,故须学以去其昏蔽。然于良知之本体,初不能有加损于毫末也。①

又云:

> 良知者,心之本体,即前所谓恒照者也。心之本体,无起无不起。虽妄念之发,而良知未尝不在,但人不知存,则有时而或放耳;虽昏塞之极,而良知未尝不明,但人不知察,则有时而或蔽耳。②

案此等语皆强调"良知"本身不可视为偶有偶无,盖"良知"是主体之超越能力,并不在经验条件系列中生起变灭也。然人之意念行为,并不因"良知"自身之"恒照"而能常循"良知"之方向,则因"良知"有时可为物欲或私欲所蔽,而不能显用;此即引出善恶问题及工夫问题。而阳明亦即在此一关目中说"致良知"。

"致良知"一义,就其用语之历史渊源说,自是从《大学》中"致知"

---

① 《王文成公全书》,卷二,《传习录中》,《答陆原静书》。
② 《王文成公全书》,卷二,《传习录中》,《答陆原静书》。

一语而来。阳明在《大学问》中释"致知"云：

> 致者，至也，如云丧致乎哀之致。……致知云者，非若后儒所谓充广其知识之谓也，致吾心之良知焉耳。①

此即以充足实现或完满扩充之义解"致"字。"良知"为人心本有之能力，人能扩充或实现此能力于行为生活中，则即是"成德"。由此，从工夫着手处看，初有工夫，便是在"致"其良知；而从德性之完成看，则最高成就亦不过是"致"其良知。故"致良知"乃彻上彻下之工夫。阳明曾云：

> 夫学问思辨笃行之功，虽其困勉至于人一己百，而扩充之极，至于尽性知天，亦不过致吾心之良知而已。②

又云：

> 良知良能，愚夫愚妇与圣人同，但惟圣人能致其良知，而愚夫愚妇不能致，此圣愚之所由分也。③

此皆谓成德工夫至于圣人境界，亦不外"致良知"而已。因此，阳明在寄王正宪之家书中，即直接说：

> 吾平生讲学，只是致良知三字。④

盖立"良知"一观念，是确定道德性之基础或根源，至于整个成德之实践历程，则皆落在"致良知"一义上。离开"致良知"，即无所谓成德之学矣。

但学者若问，如何下手以"致良知"？则阳明之答覆又落在"致

---

① 《王文成公全书》，卷二十六，《续编一》，《大学问》。
② 《王文成公全书》，卷二，《传习录中》，《答顾东桥书》。
③ 《王文成公全书》，卷二，《传习录中》，《答顾东桥书》。
④ 《王文成公全书》，卷二十六，《续编一》，《寄正宪男手墨二卷》。

知"与"格物"互不相离之说上。欲说明此点,须先说明阳明对"格物"一语之特殊解释。《大学问》中释"格物"云:

> 物者,事也。凡意之所发,必有其事。意所在之事谓之物。格者,正也;正其不正,以归于正之谓也。正其不正者,去恶之谓也;归于正者,为善之谓也。夫是之谓格。①

案如此释"格物",实即以"正行为"为"格物",盖所谓"意所在之事"实指行为言,故阳明说"物者,事也",此"事"字并非"事实"或"事象"之义,而与"从事""有所事"等语中"事"字之用法相近。观阳明告徐爱云:"意之所在,便是物。如意在于事亲,即事亲便是一物;意在于事君,即事君便是一物;意在于仁民爱物,即仁民爱物便是一物;意在于视听言动,即视听言动便是一物。"②可知"物"实解为"行为"。

"格物"即"正行为";由此而论"致知在格物"一义,遂有"知行合一"之说。另一面"格物""致知"通为一体后,"诚意"及"正心"亦视为与"格物致知"不可分者。此二点以下分论之。

(三) 致知、格物、诚意之一贯性

案阳明之学说,原以道德主体性为唯一中心观念;除此主体性之透显及展开外,可谓别无一事。透显此主体性是工夫,展开则是化成之效用。但就阳明自己之语言说,透显及展开道德主体性,亦皆可说为"致良知"。但阳明论工夫则说"只要知身心意知物是一件"③,盖家、国、天下毕竟是外在经验对象领域,修齐治平虽不外是"致良知",但修身以上方是工夫本源所在。阳明虽未明白标出"透显"及"展开"二阶段之分别,此分别实为阳明所默许者。本节即先论"致知、格物、

---

① 《王文成公全书》,卷二十六,《续编一》,《大学问》。
② 《王文成公全书》,卷一,《传习录上》。
③ 《王文成公全书》,卷三,《传习录下》,《答九川语》。

诚意"三观念之一贯性,以见阳明论成德工夫之主旨。

若依《大学》原文之意,"格物"应在"致知"之前,所谓"物格而后知至"是也。但阳明立说,既以"良知"为唯一始点,故言"格物"与"致知"之关系时,只强调"致知在格物"一语,而将格致工夫视为不可分者,并不重视此处之先后问题。而言工夫上之一贯性时,更将"格致"与"诚正"及"修身"皆连为一体,认为《大学》原文中所说之"先后次序",只就"工夫条理"不同而言,自"格物"至"修身"皆"只是一事"。此论虽时时见于《语录》中,但以《大学问》所记最有代表性。兹即据《大学问》原文略作阐述。

《大学问》云:

……盖身心意知物者,是其工夫所用之条理;虽亦各有其所,而其实只是一物。格致诚正修者,是其条理所用之工夫,虽亦皆有其名,而其实只是一事。①

此处出现"工夫所用之条理"及"条理所用之工夫"二语,而其中"条理"一词,颇为费解,阳明亦未明白解释何谓"条理"。吾人甚难代为界定其词义。然阳明此处所提出之论点本身,并非难明。吾人可先就所谓"只是一物""只是一事"作一理论解释,避开费解之二语;俟理论问题本身得一阐释后,再看此二语应如何解说。

阳明此处之论点,主要是强调"一物""一事"所表之统一性。盖成德工夫原是自我升进之历程。自我本身有统一性,而升进活动亦有统一性。就语言描述而论,学者可择定不同词语符号,分别描述自我之某一面相,譬如,对意志活动可用一词语,对决定活动方向之能力又可另用一词语,对意志发为行为处亦可另用一词语,此外更可另

---

① 《王文成公全书》,卷二十六,《续编一》,《大学问》。

立一词语表意志能力及决定意志方向之能力所属之"体";凡此种种,皆是语言描述上之分别。而所描述者终不外仍是此一自我。在升进活动一面亦然。吾人可用不同词语描述升进活动之不同段落,然此各段落仍皆属于一有统一性之活动。

由此,阳明谓格致诚正修只是"一事",即是说,升进活动是一整体,虽可分说,然不可分割;谓身心意知物只是"一物",则即是说,所谓身等,皆只能就自我讲,而此自我亦不可分割。换言之,自我及其升进活动皆有统一性。

阳明之论点既落在自我及其升进活动之统一性,则所谓"条理所用之工夫"及"工夫所用之条理",其意亦不难明。盖此二语均用以描述分别。当用不同词语描述自我之各面相时,目的在于分别自我之许多部分,以备下一步针对各部分讲工夫,如分别自我之"身、心、意、知、物"等(此"物"字等于"行为"),即便于针对此各部分讲不同段落之升进活动。因此,是"工夫所用之条理"。另一面,分别升进过程为"格、致、诚、正、修"等,则即是对自我之各部分,分别定一升进活动之段落。因此,是"条理所用之工夫"。总之,阳明此处主旨乃强调作升进活动之自我,本身有统一性,而其活动亦有统一性。一切分别,皆仍是从不同方面描述此统一之自我或统一之升进活动也。

为说明此种统一性,《大学问》中遂逐步解说。原文云:

> 何谓身?心之形体运用之谓也。何谓心?身之灵明主宰之谓也。何谓修身?为善而去恶之谓也。吾身自能为善而去恶乎?必其灵明主宰者欲为善而去恶,然后其形体运用者始能为善而去恶也。故欲修其身者,必在于先正其心也。[1]

---

[1]《王文成公全书》,卷二十六,《续编一》,《大学问》。

此段先就心身间之统一性着眼,以"心之形体运用"说"身",又以"身之灵明主宰"说"心"。若用普通标准看,则似有循环界定之意味,然阳明如此说时,隐隐认定一兼摄心与身之"自我";以上二语,不过自两面说心身间之关系而已,非界定语也。"吾身"是一形体,为"吾心"所运用,而"吾心"是灵明而能作主宰者。再以"为善而去恶"说"修"字,于是所谓"修身"者,是"吾心"使"吾身"为善去恶,并非"吾身"自己为善去恶;此处初步透露阳明对自觉能力之肯定。

"心"若"欲"为善去恶,则即能主宰此身;此处"欲"字大可注意。盖一方面"欲"字即表意志之取向,另一方面即涵自觉活动之二元性;因"心"欲如何如何,即是意志能力之显现,而意志能力又可以或欲此或不欲此,于是方有"心"是否得"正"一义出现也。由此,阳明遂落在意志活动上说此二元性,而论"诚意"。其言云:

> 然心之本体则性也。性无不善,则心之本体本无不正也。何从而用其正之之功乎?盖心之本体本无不正,自其意念发动而后有不正,故欲正其心者,必就其意念之所发而正之。凡其发一念而善也,好之真如好好色;发一念而恶也,恶之真如恶恶臭,则意无不诚而心可正矣。①

案此处时"心之本体"与"心之发用"分说,而即以"意念"作为"心之发用"。此种表述方式乃阳明所常用者,最易为人误会。应作说明如下:

第一,所谓"心之本体"即指价值意识或道德理性本身说。此能力本身既是一能分别价值正负或能判善恶之能力,则此能力本身不能与其本性相反,故阳明此处多用一"性"字,而说"心之本体"本无

---

① 《王文成公全书》,卷二十六,《续编一》,《大学问》。

"不正"。此点以譬喻言之,则较易解。譬如,人有作形式推理之能力,此种形式推理活动即表此能力与其他能力之不同,故可以"本性"说之。此能力既由其本性而为一推理能力,则不能说此能力自身又有反推理之混乱思考活动。一切推理活动中之混乱谬误,皆不能从推理能力自身获得说明;欲问何以实际推理活动中会有混乱谬误,则必须就个别活动在一一情况中所受干扰说之。换言之,推理能力本身无所谓混乱谬误,只在具体推理活动中可因受干扰而生出混乱谬误。道德理性亦然。就此能力之能判善恶讲,其本性即在于判善恶。无所谓"不明善恶",但在具体之意念活动中,此道德理性可受干扰,因而有种种意念上之陷溺;此所以道德理性如何能在意念中充足实现,须加努力;正如在实际推理活动中,如何能使推理能力充足实现亦须作努力也。

第二,阳明如此立说,善恶之二元性,遂在意念发动处建立。换言之,人之具体意念,可以循道德理性之方向,亦可以不循此方向。一切工夫均落在此处讲。至于意念所以时时可不循道德理性之理由,则阳明即以"私欲"说之。此点虽未在《大学问》中言及,但为说明上文所言"干扰"之实义,故先提及。下文论"知行合一"时当再详说。

阳明既以意念发动处为有善有恶者,故使意念能遵循道德理性,即是所谓"诚意"。"诚"字在阳明全指"纯化"而言,即脱离干扰之意。然欲在"纯化"意志上用工夫,又须回到心性本来之能力上。于此,阳明乃说"致知"。其言云:

> 然意之所发,有善有恶,不有以明其善恶之分,亦将真妄错杂;虽欲诚之,不可得而诚矣。故欲诚其意者,必在于致知焉。[1]

---

[1] 《王文成公全书》,卷二十六,《续编一》,《大学问》。

案此段说明"诚意"与"致知"之不可分,关键正在于意念有善有恶,故须依恃"知"善恶之分之能力,然后方能有"诚其意"之工夫。而此所谓"知",自取"良知"之义。下文云:

> 致知云者,非若后儒所谓充广其知识之谓也。致吾心之良知焉耳。良知者,孟子所谓是非之心,人皆有之者也。是非之心,不待虑而知,不待学而能,是故谓之良知;是乃天命之性,吾心之本体,自然灵昭明觉者也。凡意念之发,吾心之良知无有不知者。其善欤,惟吾心之良知自知之;其不善欤,亦惟吾心之良知自知之。是皆无所与于他人者也。①

观此段论"良知"之言,似颇简明。然若深察论旨所在,则显出一重要问题。此即"良知"究竟是同于孟子所谓"是非之心"?抑或是"吾心之本体"?此二义在阳明《大学问》中,虽似未加区别,但在理论意义上则大有不同。兹略作解释。

首先,若就"是非之心"说"良知",此自与阳明对"良知"之一般说法相合,盖阳明原强调"知善知恶"为"良知"之特性也。然若"良知"只有此一层意义,或此一种用法,则对阳明整个系统说,将引出一问题。此问题即是,"良知"如只是"知善知恶"之能力,则意念之"成为善"或"成为恶"即将非"良知"之事。"良知"只在意念已成立时(或善或恶)能察知其善恶而已。如此,则欲使意念不趋于恶,便须另有一种工夫,不在"良知"上说。显然,此与阳明以"致良知"为彻上彻下之工夫大有冲突。

其次,若以"良知"表最高主体性,则与阳明所谓"吾心之本体"一说相合,但即不能与"是非之心"等同。"良知"作为"吾心之本体",则

---

① 《王文成公全书》,卷二十六,《续编一》,《大学问》。

意念发后,固可由"良知"照见其善恶邪正;意念之发动本身,亦可收归"良知"负责。阳明之"致良知"本应取此义说,方能尽其义蕴。然如此以"良知"为"体",显然不能以为仅与"四端"之一之"是非之心"等同。此亦与上引阳明之言,及语录中许多类似说法不合。

故"良知"在阳明学说中,确有两层意义或两种用法。其一指"知善知恶"之能力,其二则指最高主体性可包括前者但不等于前者。学者若执著于语言层面之问题,则可说阳明在此点上语言大欠明确。但若重视对阳明论旨及境界之全面了解,则只当一方面指出此种差别,另一方面通过此二义以探究阳明立说本旨所在,不可只据"语言不明确"一判断便欲否定此一学说之意义也。

以上所说之问题,观阳明在《大学问》中续论"诚意"与"致知"之不可分时之说法,则益为显明。阳明云:

> 今欲别善恶以诚其意,惟在致其良知之所知焉尔。何则?意念之发,吾心之良知既知其为善矣,使其不能诚有以好之,而复背而去之,则是以善为恶,而自昧其知善之良知矣;意念之所发,吾之良知既知其为不善矣,使其不能诚有以恶之,而复蹈而为之,则是以恶为善,而自昧其知恶之良知矣。若是,则虽曰知之,犹不知也。意其可得而诚乎?今于良知所知之善恶者,无不诚好而诚恶之,则不自欺其良知而意可诚也已。①

案至此阳明已明白将"致知"与"诚意"通为一事,换言之,即就"致其良知之所知"以释"诚意"之工夫。但细察此中语脉,则将发现阳明此段议论中隐藏问题不少,仍须再加解释。

阳明此节所言,主旨在于就良知之能贯注意志而言"诚意",另一

---

① 《王文成公全书》,卷二十六,《续编一》,《大学问》。

面亦就此贯注显出"致"良知之本旨。此处须加解释者,至少有以下三点:

第一,阳明谓意念之发或善或恶,而"良知"能照见——意念之善恶,此仍是只将"良知"看作"知善知恶"之能力;如此,则此节所说之"良知",既非"最高主体性"之义,则对于意念之为善为恶,不能负责,只能在善念或恶念已有时照见其善恶。

第二,阳明由此进而说"诚意"时,即依《大学》本文之说而从"好善恶恶"着眼,指出人若自知其意念之善恶后,不能好善而恶恶,则自"昧"其"良知"。此点即显出阳明所说之"致良知",不限于"知善知恶"之用,而在于"良知"贯注意志,决定意志之方向。若从"意"一面说,则是意志若未为"良知"所贯注,即是不"诚"。由此可见,阳明所谓"诚意",应即是意志全循良知方向而活动之意,亦即前文所提出之"意志纯化"一观念是也。

第三,以意志之纯化释"诚意",亦以意志全循良知方向而活动为纯化之确解,皆是阳明常说者。此中工夫关键自在于如何使意志能纯化,而阳明即以去"人欲"(或"私欲")以说此纯化工夫。此等论点似皆无可疑。然若就"意"及"良知"二词之用法看,则显然有一困难。此问题可从"意"说起。

首先,阳明既认为意念原是有善有恶者,而"良知"又是能知意念善恶之能力。则吾人可问,意念本身既有善有恶,则使其纯化之力量,是否仍出于"意"?若不然,则是否能说此力量出于"良知"?

答复此问题时,吾人立可发现,若"良知"仅作为照见意念善恶之能力,而不认定其对意念有主宰功用,则吾人即不能说"良知"能使意念纯化——应只能"知"意念是否"纯化"而已。而且意念既是有善有恶,或善或恶,则吾人亦不能说"意"可使自身"诚"——即"纯化"。如此,则"致知"与"诚意"虽说为成德工夫,但此工夫之动力不知何在,大悖阳明本旨矣。

故欲在此处将阳明本意说明,即必须从其全盘思想着眼,而紧扣"良知是吾心之本体"一义,以显示良知本身为最高之动力。然后再层层下降以说"诚意"及"致知",方可免疑难。简言之,阳明之说,若不设立一最高主体性之观念,则说"诚意",是否"意"自"诚"其本身?说"致知",是否"知"自"致"其本身?均将成为难解之问题。视"良知"为主体性,为最高自由所在,则种种阻隔皆可化去。

此处尚有须注意者,是"良知"视为"主体性"时,意志之纯化状态亦将与此"主体性"合一。盖意志纯化时之方向,即是"良知"之方向;"良知"不与意志合一,则无由说"致";意志不与"良知"合一,亦无由说"诚"。故在阳明学说中,"致知"与"诚意"非合一不可,否则工夫动力须在"意"与"知"以外求之,不唯大悖阳明本意,在客观理论上,亦不可通矣。

总之,成德工夫原只能依一"自我(主体)"观念而定立。阳明以"良知"为"吾心之本体"时,此"良知"即此能自觉之"自我"。"自我"随其本身所具之价值自觉而活动,即是循"良知"方向而活动;"自我"若为形躯因素(包括生理、心理等经验条件)所牵引,而不能循"良知"方向而活动,则即是"良知"为"人欲"所蔽。"良知"蔽或不蔽,即显现于一一意念中;意念循理则见"良知"不蔽,否则即受蔽。人在经验生活中,"自我"原常在所谓"人欲"之影响下活动,但其价值自觉仍时时透出(此所以在人类语言中能有"应该""不应该"等意义出现);就此而论,当前世界中人之意念是"或善或恶",但正因人能知此"善"或"恶"之意义,即返显人之价值自觉之真实;故阳明一面说意念有善有恶,一面说"知善知恶"即是"良知"。但进一步就理想世界(与"当前世界"对照而言)或工夫所指向之境界言,"自我"如不受经验条件之限制而直显其价值自觉,则意念即皆循理而发。在此理想状态中,意志成为纯化之意志,"良知"亦成为已致之"良知"。合而言之,皆属自我由当前世界向理想世界升进之活动;分而言之,乃有"致知"及"诚意"可说耳。

以上皆就自我内部着眼,若落到面对外界之工夫上说,即涉及阳明所谓之"格物"。

阳明所谓"格物"即是"正行为",此点不待赘述。因"物"非外在"事物"之义,故若与朱熹之说比较,则可说阳明之"物"亦属"内",而朱说之"物"方属"外"。但若就阳明自己之思想系统看,则说到"格物"时,方涉及此心面对世界之决定;亦可说,只到"格物",方涉及"对外"也。

在《大学问》中,阳明论"格物"亦紧连"诚意"与"致知"说,盖阳明原以"意"之"所在"为"物",有"意"方有"物"也。阳明之言曰:

> 物者,事也。凡意之所发,必有其事。意所在之事谓之物。格者,正也;正其不正,以归于正之谓也。正其不正者,去恶之谓也;归于正者,为善之谓也。夫是之谓格。①

此段阳明方明白界定"格"与"物"二字之意义;此自与《大学》本文及宋儒解释均不同,然亦正是阳明立说特色之一。阳明以"良知"贯注于"意志"为"致知",另一面又以"意志"实为"良知"贯注之状态为"诚"——由此而释"诚意";今落到日常工夫之下手处,便说"格物"。"物"既依"意"而立,则"正其不正以归于正"仍正是落在个别意念之具体活动上说,故"格物"时亦即是"诚意"时,亦即是从事"致良知"之努力也。但"格物"重在具体活动上之实践,故阳明即环绕一"实"字以说"格物"之义。其言云:

---

① 《王文成公全书》,卷二十六,《续编一》,《大学问》。

> 良知所知之善，虽诚欲好之矣，苟不即其意之所在之物而实有以为之，即是物有未格，而好之之意犹为未诚也。良知所知之恶，虽诚欲恶之矣，苟不即其意之所在之物而实有以去之，则是物有未格，而恶之之意犹为未诚也。今焉于其良知所知之善者，即其意之所在之物而实为之，无有乎不尽；于其良知所知之恶者，即其意之所在之物而实去之，无有乎不尽；然后物无不格，而吾良知之所知者无有亏缺障蔽，而得以极其至矣。①

此处阳明所谓"实有以为之""实有以去之""实为之""实至之"等，即环绕一"实"字以紧扣"格物"之为工夫落实处。盖所谓"致知"，正要在意念行为上处处贯彻"良知"之大用，不能离此而言"致知"工夫，否则便成为概念游戏，毫不着"实"矣。《传习录》中所载阳明语云：

> 工夫难处，全在格物致知上，此即诚意之事。②

此便指"格物""致知""诚意"之一贯性而言。又《答顾东桥书》云：

> 若鄙人所谓致知格物者，致吾心之良知于事事物物也。吾心之良知，即所谓天理也；致吾心良知之天理于事事物物，则事事物物皆得其理矣。致吾心之良知者，致知也；事事物物皆得其理者，格物也。是合心与理而为一者也。③

案此段议论原是由评朱熹"格物"之说而发，故强调心与理为一或为二之别；但正因此处重在"理"字，故其说可以补充上引《大学问》之讲法。盖说"致知"与"诚意"时，所涉者只是自觉心之能力及其活动状态等，"理"观念不甚突出。然一说及"格物"，则如只就自觉活动一面

---

① 《王文成公全书》，卷二十六，《续编一》，《大学问》。
② 《王文成公全书》，卷一，《传习录上》。
③ 《王文成公全书》，卷二，《传习录中》，《答顾东桥书》。

讲个"正"或"不正",便遗留了具体活动之内容一面。今说"格物"是使"事事物物皆得其理",则此种实践工夫之理据方明;因如此说时,"诚意""致知"是使吾心光明,而吾心光明时落到世界上,其态度即是使"事事物物皆得其理"也。此处若再推进一层,即将涉及"吾心"与"事事物物"作为对象时之"理"有如何关系一问题。此点所涉及之理论问题,已非阳明学说中所能详细处理者,但在理论意义上又极为重要,当留俟评论阳明学说时再作探究。此处但述阳明论"致知""格物""诚意"之一贯性,于此种进一步之问题暂不详论。

  阳明原说"格致诚正修"只是"一事",故其"一贯性"似遍及于"正心"及"修身";但就细密处说,则"致知""格物""诚意"三者之一贯性最为显明。"正心"则只能与意念之发动根源相连,且阳明对"正心"之工夫又另有说法。阳明认为"……但正心修身工夫,亦各有用力处"①,而"修身是已发边,正心是未发边"②。"已发边"之"修身"其实只是效验之保存持守,无深微难解之处,但"正心"依阳明之意确另有工夫。如答守衡问一节,即就"心体"说之。其言云:

    正心只是诚意工夫里面体当自家心体,常要鉴空衡平;这便是未发之中。③

在此语之前,又先以"无有作好作恶"之语解释心体,可知阳明之意,盖就未发意念一层面说"正心",约略与宋代二程所言之"廓然而大公"之境界相应。若重视此点,则即可说,阳明虽一面以"良知"为"体",但另一面仍循一般用语以"心"为"体",故"正心"在此意义上乃直标"自我"之境界。在此处如说"工夫",则又必异于发后之工夫矣。

---

① 《王文成公全书》,卷一,《传习录上》。
② 《王文成公全书》,卷一,《传习录上》。
③ 《王文成公全书》,卷一,《传习录上》。

总之，阳明虽有意将"格致诚正修"看成"一事"，而强调自我升进之统一性，但言工夫之"一贯性"时，毕竟重在"格物""致知""诚意"之一贯性也。

本节至此结束，以下可转而论"知行合一"问题。

（四）"知行合一"之确解

阳明"知行合一"之说，为其三十八岁时在贵阳书院所提倡者，即钱德洪所谓"教亦三变"之第一阶段之"教法"。[①] 此一说法，在后世亦是最流行者。盖阳明其他论点，皆非易解；而所谓"能知即能行"一语，则就常识看，似亦不难了解，故后世谈阳明者最喜引用此类话头。然若严格论之，则一般俗见，实未接触阳明所谓"知行合一"之确定涵义；本节试作一析述。

"知行合一"之说，所以会常为人所误解，基本原因在于论者未了解"知""行"及"合一"等词语，在阳明之特殊语言中所指为何；所指不明，一切评论即皆成为张冠李戴。因此，本节在阐述阳明此说之前，先指出以下两点：

第一，阳明所谓"知"，指价值判断而言，即"知善知恶"之"良知"；而所谓"行"，指意念由发动至展开而成为行为之整个历程言。

第二，阳明所谓"合一"，乃就发动处讲，取"根源意义"；不是就效验处讲，因之不是取"完成意义"。

学者先对以上两点有明确了解，则谈"知行合一"问题时，方不致离题。

阳明谈及"知行"之语甚多。兹先引答徐爱问一段以见其基本意旨所在。《传习录》云：

> 爱曰：如今人尽有知得父当孝，兄当弟者，却不能孝，不能弟，便

---

① 见《王文成公全书》，《序目·刻文录序说》。

是知与行分明是两件。先生曰：此已被私欲隔断，不是知行的本体了。未有知而不行者，知而不行，只是未知。①

案徐爱之问，原亦是就价值判断说"知"，但所取之态度是常识态度，将作价值判断与意志之取向分开看，故说有"知"孝而不能孝、"知"悌而不能悌者；阳明则提出"知行的本体"作答，所谓"知行的本体"即"良知"所表之主体性——亦即所谓"吾心之本体"。阳明盖认为作价值判断时，如无其他因素干扰，则意志之取向即同时随此价值判断而决定，而意志取向决定处即是"行"之开始处。倘虽作一价值判断，而不能随之有一意志之取向，则表示有其他因素干扰；阳明即用"被私欲隔断"一语表之。此义与上节所论"良知贯注于意志活动"一点合看，即更为明白，盖所谓"隔断"，正指"良知"不能贯注意志活动也。

由于人在日常生活中，意念行为本非自然地依循良知所作之价值判断，故意志依良知而定其取向，乃一通过自觉努力而达到之境界；于此，阳明以一"复"字说之。其言云：

圣贤教人知行，正是要复那本体，不是着你只恁地便罢。②

"复"其本体，即指由私欲干扰之状态中，升向良知贯注意志之状态中；不是"只恁地便罢"即是说，不仅仅在语言思考中作不涉实践之价值判断也。其下阳明又引《大学》语以发挥此意云：

故《大学》指个真知行与人看，说如好好色，如恶恶臭，见好色属知，好好色属行。只见那好色时，已自好了；不是见了后，又立个心去好。（案以下再就"恶恶臭"说，意同，从略。）③

---

① 《王文成公全书》，卷一，《传习录上》。
② 《王文成公全书》，卷一，《传习录上》。
③ 《王文成公全书》，卷一，《传习录上》。

此处阳明之意主要落在"好"与"恶"二字上。"好"某种"好色","恶"某种"恶臭",皆表示一种意志上之迎拒活动(即某种意义之"肯定"与"否定"),故阳明说"好好色属行"——"行"即指意志之迎拒讲。而另一面,当人自觉地觉察此色是"好色",此臭是"恶臭"时,亦即是作了一判断(《大学》原只以色与臭为喻;视觉嗅觉本身之反应自然可化归生理因素解释,而不能具有道德价值判断之规范性,但作此类分别时,亦是作一判断),故阳明说"见好色属知"。就《大学》此例而言,作"好色"与"坏色"之分别时,即同时有一意志上之迎拒活动,故说:"不是见了后,又立个心去好。"

以下文举孝弟、痛、饥寒等为例,极力说明"知行"之不可分,但此类说法不见其必要性,反易引起误会,兹不具引。

徐爱续谓"知行"分说,乃表示两种工夫;此则有将"知"当作常识用语讲之倾向,渐离"良知"之本义,故阳明即答云:

> 此却失了古人宗旨也。某尝说,知是行的主意,行是知的功夫;知是行之始,行是知之成。若会得时,只说一个知,已自有行在;只说一个行,已自有知在。①

此处遂以两对词语描述知行间之关系。先以"行的主意"说"知",以"知的功夫"说"行";其意盖在于点明"知"之判断功能,及"行"之实践功能。"良知"之"知"作价值判断,故是"主意";而此判断一成立即同时决定意志之取向,亦即入实践阶段,此即所谓"行"。"行"是"良知"之展开(即贯注于意志中),故是"功夫"。换言之,"良知"之价值判断成立时,实践性之意志活动之方向即随而决定;就此而论,可知"知行合一",乃在根源意义上合一,而非在完成意义上合一。

---

① 《王文成公全书》,卷一,《传习录上》。

其次，若就"知"与"行"之理论次序讲，则必说"知"在"先"而"行"在"后"，因意志之取向虽随价值判断之成立而决定，但必须有一判断，方能决定一取向。于此，阳明乃以"行之始"说"知"，"知之成"说"行"。判断决定意志如何取向，故是"始"；而意志之取向及实践活动，皆属承"良知"之判断而求其实现，故是"知之成"。

合上文观之，阳明主旨总不外指出"良知"与"意志"间应有及本可有之贯通状态，此是"知行合一"之本旨。

由于"良知"与"意志"本来贯通，只在"意志"受"良知"以外之因素或力量牵引干扰时，方有"意志"与"良知"被隔断之情况，故阳明并未用力论证二者间贯通之可能，而仅注意于"隔断"一面之问题。但吾人既知，此种合一或贯通，在严格意义上原指涉一理想境界——即"应有"之状态，则吾人解释阳明所立之"知行合一"之说时，便不能不兼顾此两层问题。此即第一层面上，"良知"与"意志"各作为一能力看时，二者间如何可能合一或贯通之问题；及第二层面上，如何使二者间之"隔断"不致发生之问题。前者乃体性一面之问题，后者乃进行及工夫一面之问题。如上所说，阳明对于第一层面之问题，并未用力直说，但吾人仍可从其言论中间接推出其观点。关于第二层面之问题，则阳明所论较多。兹为行文方便，先就第二层面作一析论。

"良知"何以会不与"意志"贯通？或说知行何以不合一？此即涉及"致良知"一语中"致"字之实义。阳明对此一问题议论虽繁，其要旨实不外两点：

第一，就一般人而论，"良知"之所以不能与"意志"贯通，知行之所以不合一，乃由于"私欲"之"隔断"。此点前论"知行合一"之本旨时，业已说明；其理亦非难解，盖只须明白意志之方向可受"良知"或"私欲"之影响而有不同决定，则即不难了解阳明之意。而此论点亦属各家共许之说，但用语稍有不同而已。

第二,若就治学立说者而论,则学者所以有不解"知行合一"之病,则由于对"心"与"理"之了解有误。此点阳明在答顾东桥之问时,析论最明。

顾东桥以为"知行并进"是圣门成法,不宜再说"行即是知",而云:

> ……若真谓行即是知,恐其专求本心,遂遗物理,必有闇而不达之处。①

阳明之答覆,则针对"本心"及"物理"之观念而强调理不外于心,即由理与心之不二以说知与行之合一。开始先谓:

> 知之真切笃实处,即是行;行之明觉精察处,即是知。知行工夫,本不可离。只为后世学者分作两截用功,失却知行本体,故有合一并进之说。②

首二句仍就理想境界说,即所谓"本不可离",但学者既有错误,则事实上遂"离";为对治此"离",故说"合一"。然后阳明即再针对顾东桥所谓"专求本心,遂遗物理"二语痛论心与理为二之病。其言云:

> 专求本心,遂遗物理,此盖失其本心者也。夫物理不外于吾心,外吾心而求物理,无物理矣。遗物理而求吾心,吾心又何物邪?心之体,性也;性即理也。故有孝亲之心,即有孝之理,无孝亲之心,即无孝之理矣;有忠君之心,即有忠之理,无忠君之心,即无忠之理矣。理岂外于吾心邪?晦庵谓人之所以为学者,心与理而已。心虽主乎一身,而实管乎天下之理,理虽散在万事,而实不外乎一人之心;为其一分一合之间,而未免已启学者心理为二之弊。此后世所以有专

---

① 《王文成公全书》,卷二,《传习录中》,《答顾东桥书》。
② 《王文成公全书》,卷二,《传习录中》,《答顾东桥书》。

求本心,遂遗物理之患,正由不知心即理耳。①

此段紧扣理不在心外之义。显然此处所谓"理"取规范义,而非规律义;而所谓"物理"者,不指经验世界中事物呈现之关系及规律,而是就行为说"物",就行为之规范说"物理"。忠孝等规范,皆不能离自觉心而自存,故无此心即无此理之说,实即谓无某种价值意识即无某种相应之价值标准也(此点可与上文解"心即理"一段参看)。

其下遂以朱熹为例,而指出学者以心理为二之弊。不知心即理,以心与理为二,即是"告子义外之说",而既持此说,则必须在心外求理,而因此遂将心上工夫看作"行",求理看作"知",知行自不能合一。故阳明结论云:

> 外心以求理,此知行之所以二也。求理于吾心,此圣门合一之教。吾子又何疑乎?②

案此处应注意者,是此种以知行为二之病,虽亦是一种"隔断",却非由私欲之干扰而来。以为理在心外,乃体悟了解上之谬误问题,而非私欲作主之问题。就当前经验世界而论,人人有私欲,时时私欲可能作主而使良知不能发挥决定意志之功能,此是一般性之"隔断"。而治学立说之学者,在不明"心即理"一义时,向心外求理,在对象界求价值标准,则结果亦造成一种"隔断",盖向心外所求之理,只能是事实意义、规律意义之理,而不能与规范意义之理合一。

此两种"隔断"一属于日常实践,一属于哲学上之立说,皆是人生弊病所在,而阳明之"知行合一",正是以"贯通"对治"隔断"。扩而言之,此一"贯通"亦正是"致良知"之"致"字之落实处。故"知行合一"

---

① 《王文成公全书》,卷二,《传习录中》,《答顾东桥书》。
② 《王文成公全书》,卷二,《传习录中》,《答顾东桥书》。

与"致知与诚意"之一贯性,实为一理之两种说法。亦可说是王门工夫论之中心所在。

但此"贯通"本身在体性上如何为可能?换言之,"良知"作为知善知恶之能力,与"意志"能力间之关系,应如何解释,方能使此种贯通成为可解,则是另一问题,与如何会不贯通、如何求贯通等问题之层面不同。兹转至此种体性问题之析论,即涉及上文所谓第一层面之问题。

就"良知"及"意志"二能力本身之体性以解说二者贯通之可能,即涉及吾人对"良知"一词所指之基本了解。上文已说"良知"有二义,此处当就知行之说再将此点作进一步之阐释。

如前文所述,阳明虽常以"知善知恶"解"良知",但在阳明系统中,"良知"之体性并不能以此说为完整表述。若"良知"只是"知善知恶"之能力,而不能决定或生出意念(以及行为),则"致知"与"诚意"即终不能合一或贯通为一。此又不仅涉及工夫上之困难,且涉及阳明对体性问题之根本立场所在。"知行合一"之说,原预认一对"知"及"意"之体性之观点,兹即由此着手以展示阳明在体性问题上所持之基本立场。

对"知"与"意"之体性上之关系,阳明最明确之说法,莫过于"知者意之体,物者意之用"二语。顾东桥于此二语曾有所疑,阳明答书,则又有明确解说。顾书云:

> 其曰,知者意之体,物者意之用,格物如格君心之非之格,语虽超悟独得,不踵陈见,抑恐于道未相吻合。①

阳明则答云:

---

① 《王文成公全书》,卷二,《传习录中》,《答顾东桥书》。

> 心者，身之主也；而心之虚灵明觉，即所谓本然之良知也。其虚灵明觉之良知应感而动者，谓之意。有知而后有意，无知则无意矣。知非意之体乎？（以下释"物者意之用"及"格物"之义，此处从略。）①

案如此说"良知"与"意志"之体性关系，方透出阳明对"良知"之体性之真实看法。若稍加析论，则可分三面说：

第一步，就"心"与"知"说，阳明常谓"知"是"心之本体"。故答惟乾问时即说：

> 知是理之灵处，就其主宰处说，便谓之心，就其禀赋处说，便谓之性。②

此即是说，"知"与"心""性"乃对同一所指而依不同观点所命之三个名；换言之，三名所指实同，只分别各涉及一特定之面相而已。如此，"良知"与"心"实在体性上为一事。

第二步，就"知"与"意"说，则如上引之文所示，"知者意之体"。而"有知而后有意，无知则无意矣"二句，更表明"意"是"知"所生出者，并非在体性上有平行关系之两种能力。于此，益可见"良知"非只是能"知"意念之"善恶"之能力，而实是意念之源生处。

第三步，若就"心"与"意"说，则"意"自是心之"所发"，而"心"与"知"既在体性上是一事，则"意"亦可说为"知"之"所发"；故《传习录上》载，门人问"知之发动是意"等语"是如此否"，阳明则答曰："亦是。"③

将以上三点合看，可知在如此意义下说"知"（或"良知"），实已将

---

① 《王文成公全书》，卷二，《传习录中》，《答顾东桥书》。
② 《王文成公全书》，卷一，《传习录上》。
③ 《王文成公全书》，卷一，《传习录上》。

所谓"知"看作最高主体性,即"知"与"心"合一。而"心即道,道即天"①,于是此最高主体性又即是"最高实有"矣。

案以最高主体性为最高实有,即阳明在体性问题上所持之基本立场。由于阳明用"良知"一词标示主体性,故"良知"在体性上实即是最高主体性及最高实有。取此一意义,则"良知"不仅能知意念之善恶,而且正是意念行为之源生处。就字面讲,此义似易启疑惑,但若将"良知"当作主体性看,则一切意念行为本皆是主体之活动,则亦非难解也。

此义既明,可回至知行问题上。阳明倡"知行合一"之说,始于三十八岁,离龙场之悟不久,故可说是阳明立说后最初所揭示之法门。在此意义上,"知行合一"之说自原作为"工夫理论"而提出。但此一理论既经提出,遂涉及更根本之"本体理论"(此处依儒学习用之"工夫"与"本体"二词讲);因此,学者如穷析"知行合一说"之基础,则最后必归至一"主体性"观念;此"主体性"可在"知善知恶"处透显,但本身则不仅是判断意念行为之能力,而是最后实有义。"知行"一词中之"知",自指"良知",而"良知"必作为此最后实有义之主体性看,方能使"知行合一"之说成立;盖"知"与"行"、"良知"与"意志"间之贯通,终依此最高主体性观念方成为可能也。

上节曾说,意志纯化时之方向,即良知之方向;此即已涉及"知"与"意"在体性上之不二。而"致良知"与"诚意"亦同在意念之循理上落实。故阳明答薛侃语即谓:

> 诚意只是循天理。②

---

① 《王文成公全书》,卷一,《传习录上》。
② 《传习录上》"侃去花间草"一段。此段原以论好恶循理之义,但涉及"诚意"时有此语,可作阳明以循理之意志解"诚意"之确据,可破刘蕺山之惑矣。

已"诚"之"意",即是意志之纯化状态;而意志在纯化状态中即是依"良知"而取向之状态,亦即是"循理"而无私之状态。在此状态中,"知行"遂可说为"本然合一",而此状态之所以可能,则归于最高主体性观念。此固是学者了解阳明"知行合一"之说时所当掌握之究竟义,亦实是通往阳明整个系统之进路之一;"致知""诚意""格物"等工夫之一贯性,与"知行"之"本然"意义之"合一",互相映现,不特可显出阳明工夫论之全貌,在体性问题上,亦指往同一之归宿矣。

至此,阳明"致良知"与"知行合一"之说大体已明。以下再就三两特殊问题略作析述,以作补充。

(五)"四句教"之说明

案"四句教"原见于《传习录下》,丁亥年九月一条。《年谱》所录,大意亦同,唯语句较整齐。《传习录》云:

> 丁亥年九月,先生起复征思田;将命行时,德洪与汝中论学。汝中举先生教言曰:无善无恶是心之体,有善有恶是意之动,知善知恶是良知,为善去恶是格物。德洪曰:此意如何?汝中曰:此恐未是究竟话头。若说心体是无善无恶,意亦是无善无恶的意,知亦是无善无恶的知,物是无善无恶的物矣。若说意有善恶,毕竟心体还有善恶在。①

案此即所谓"四句教"与"四无教"也。钱德洪与王畿对"四句教"所见不同,争不能决,遂就正于阳明。而阳明答语,乃就人之根性不同说此二种观点应相资为用。其言云:

> 二君之见,正好相资为用,不可各执一边。我这里接人,原有此二种。利根之人,直从本源上悟入人心。本体原是明莹无滞的,原

---

① 《王文成公全书》,卷三,《传习录下》,"丁亥年九月"条。

是个未发之中。利根之人一悟本体,即是功夫;人己内外,一时俱透了。其次不免有习心在,本体受蔽,故且教在意念上实落,为善去恶;功夫熟后,渣滓去得尽时,本体亦明尽了。汝中之见,是我这里接利根人的;德洪之见,是我这里为其次立法的。二君相取为用,则中人上下皆可引入于道。若各执一边,眼前便有失人,便于道体各有未尽。①

依阳明此段答语看,似以为"四句教"与"四无教"皆只是一种教法。因人之根器不同,故可有二说。且既以为王畿之说乃"接利根人"之教法,则"四句教"只是为常人说而已。但阳明续论此问题又强调"四句教"方足自家宗旨。原文云:

> 既而曰:已后与朋友讲学,切不可失了我的宗旨。无善无恶是心之体,有善有恶是意之动,知善知恶是良知,为善去恶是格物。只依我这话头,随人指点,自没病痛。此原是彻上彻下功夫。利根之人,此亦难遇。本体功夫,一悟尽透,此颜子、明道所不敢承当,岂可轻易望人?人有习心,不教他在良知上实用为善去恶功夫,只去悬空想个本体,一切事为,俱不着实,不过养成一个虚寂。此个病痛,不是小小,不可不早说破。②

案此段议论,虽承上而来,实含有重要论点。《年谱》所载又较上引《传习录》文更为分明。《年谱》嘉靖六年九月条记此段问答,特录王畿之问云:

> 畿曰:本体透后,于此四句宗旨何如? 先生曰:此是彻上彻下语,自初学以至圣人,只此功夫。初学用此,循循有入;虽至圣人,穷

---

① 《王文成公全书》,卷三,《传习录下》,"丁亥年九月"条。
② 《王文成公全书》,卷三,《传习录下》,"丁亥年九月"条。

究无尽。①

以下仍记以"悬空想个本体"为病痛诸语,与《传习录》同。但多记王畿一问,点清问题眉目。

兹就以上所引诸文,略作析论。

第一,钱王之辩,原以"无善无恶"之心体与意、知、物之"有善有恶"间之关系如何为主。王畿以为若心体无善无恶,则意、知、物亦皆是无善无恶,故以为"四句教"非究竟话头。钱德洪则认为"四句教"是宗旨。对于心体之无善无恶,二人并无歧见。但心体何以是无善无恶,则两人均未提出确定解释。

第二,阳明答语则可析为三义:

(1) 若作为教法讲,则"四句教"乃普遍教法,而"四无教"则只可为根器特高者说。

(2) 二教之所以有此不同,乃因"四无教"直显本体,而"四句教"重在说工夫。于是钱王之差异,成为或重本体,或重工夫,故各是"一边"。此点在《年谱》所记中明白点出,盖《年谱》记阳明答语,有云:

> 二君之见,正好相取,不可相病。汝中须用德洪功夫,德洪须透汝中本体。②

如此,则是明说王偏在本体,钱偏在工夫矣。

(3) 阳明虽许王畿四无之说为能透显本体,但仍以"四句教"为自家宗旨,且说"四句教"永不可废。王畿之问,显然以为"本体透后",即不须有"四句教",而阳明则说"四句教"乃"彻上彻下"语,虽至圣人境界,亦不能废。盖纵透得本体,仍不能不有工夫(否则忘失堕

---

① 《王文成公全书》,卷三十四,《年谱三》。
② 《王文成公全书》,卷三十四,《年谱三》。

落皆时时可能),而"四句教"即立出全幅工夫纲领也。

总之,专就此段问答看,阳明一面坚持"四句教"为宗旨,另一面又承认"四无教"能透本体;此处确留下大可争论之问题。

第三,根器之分或"本体"与"功夫"之偏重,虽皆见于阳明答语,但就严格意义看,实不足解决"四句教"与"四无教"之理论冲突。盖此中真问题在于"无善无恶"之确义如何;再进一步说,尚须先定"善""恶"之确义。

阳明语录中,对此种问题事实上所说不少。例如《传习录》所记与薛侃之问答云:

> 无善无恶者,理之静;有善有恶者,气之动。不动于气,即无善无恶,是谓至善。①

又云:

> ……圣人无善无恶,只是无有作好,无有作恶,不动于气……②

此是以"不作好恶"释圣人之"无善无恶",而解释"不作好恶"时,则又谓:

> 不作好恶,非是全无好恶,却是无知觉的人。谓之不作者,只是好恶一循于理,不去又着一分意思。③

薛侃在此处再追问"善恶"是否不在物上,阳明答云:

> 只在汝心,循理便是善,动气便是恶。④

观此,阳明对"善""恶"及"无善无恶"均已有一定解释。然则此处之

---

① 《王文成公全书》,卷一,《传习录上》,"侃去花间草"条。
② 《王文成公全书》,卷一,《传习录上》,"侃去花间草"条。
③ 《王文成公全书》,卷一,《传习录上》,"侃去花间草"条。
④ 《王文成公全书》,卷一,《传习录上》,"侃去花间草"条。

说法,能否有助于"四句教"之解释?此则须对所涉理论问题再作进一步之探索。

首先,就"无善无恶"说,若所谓"无善无恶"只指"不作好恶",而"不作好恶"又只是"好恶一循于理"之意,则阳明此说仍不外二程所言之"廓然而大公"及"物来而顺应"之意。但若只是此意,则此种境界不必与"心外无理"一基本肯定有关。因纵使顺朱熹之观点,先分理气,再在气中说心,亦可以归于此一境界——"好恶一循于理"之境界。则"良知说"之特色于此不能显出。阳明既持"良知说"立教,又谓"四句教"乃自家之宗旨,却依此一般性观点说"无善无恶",则"四句教"中第一句便与"良知"之宗旨无关。由此,可知"无善无恶是心之体"一句,欲作确解,尚不能依上引之议论而立说。

其次,若就"理之静"与"气之动"一对词语看,则既说"无善无恶者,理之静",又说"有善有恶者,气之动",持此与四句教比观,可知"理之静"与"心之体"相应,"气之动"与"意之动"相应。而下文谓:"不动于气,即无善无恶,是谓至善。"合而观之,可知阳明之意主要在说,"心之体"是"无善无恶"而亦是"至善"。此一对谓词虽似有冲突,实则正表示阳明之真肯定所在。此点能得明确解释,则"四句教"之涵义即可大明。

何以"心之体"是"无善无恶"而又是"至善"?欲解答此点,应知关键在于对"至善"一词之了解。

"至善"一词中之"至"字,若取完满意义解之,则无论下一步再取质意义或量意义说"完满",总不能免除"无善无恶"与"至善"间之不相容;然此"至"字若取根源意义解之,即以"至善"作为"善之究竟根源"看,则说"心之体"是"至善",又是"无善无恶",即无困难。盖以"心之体"作为"善"之究竟根源,则正是断定"善"及与"善"同级之谓词皆由"心之体"而获得意义;如此,则此一层级之谓词,自应不能回头再描述"心之体"。以逻辑推理为喻说,推理思考之能力,为推理之"正误"之根源,但正因此故,便不能再说"推理能力"是"正"或"误"。故推理能力本身即不能以"正或误"描述之。又如视觉为视觉对象之"红"或"不红"等之根源,故吾人不能再说"视觉是红色"或"视觉是不红",其理亦同。今就"心之体"讲,"心之体"为"善之根源",故是"至善";然正因其为"善之根源",故不能再以"善"或"恶"描述之,故说"无善无恶"。此中表面之意义排斥,即可消去。

阳明总强调"动"方有"善恶",故说"气之动",又说"意之动",此亦可依上举比喻说明之。如人根本未作推理思考,则推理能力未运行,亦无"正误"可说;"心之体"如未运行,则亦无"善恶"可说也。只在具体运行中,方有或正或负之问题。

对"四句教"第一句立此解说后,则对"心之体"立即显出一确定解法。此即所谓"心之体"实是一能力,而非"实体"义。换言之,此"体"只是"主体"而非"客体",亦非存有义之"实体"。阳明用此"体"字时,不过指未运行、未发用而言。故"心之体"与"理之静"相应,如上节所述。

"心之体"取主体义,则即与"良知说"之根本宗旨贯通无碍。所谓"至善"与"无善无恶"等义,亦可分别安立。至于以"循理"为"善"之内容,则在理论上属下一层次。而此种肯定亦是讲成德之学者共同承认之通义,非"良知说"所特有,亦无关于阳明立教之特殊宗旨也。

至于"四无"之说,龙溪之意盖不过指向对本体之观照境界,实与成德工夫无干。阳明以"本体"与"工夫"分说王钱之意则可,用"利根""钝根"一类词语说之,则未免有过。盖"本体"与"工夫"并非分表上下或优劣。离开"工夫"之"本体",不过成为一观照所现之境界,与"成德"之目的反成断离矣。

四句教之讨论,至此为止。最后当略论"致良知"与"明明德"之问题,以结束阳明学说之叙述。

(六)"致良知"与"明明德"

《大学》原文开始即标明"大学之道"在于"明明德""亲民"及"止于至善";此中"止于至善"一语,可就形式义论之(参看拙著《新编中国哲学史》卷二论《礼记》思想一段)。而"明明德"与"亲民"则显然皆涉及特定内容,必须有确切解说。朱熹以"新民"释"亲民",盖以配后文"日新""又日新"之语;就训诂而言,未为无理。但阳明则只据古本《大学》立说,故仍依"亲民"原文。而所谓"明明德"与"亲民"之义,又皆收归"良知"观念以解释,于是"至善"遂成为"良知"之别称。此其思路之大要。

《大学问》云:

> 大人者,以天地万物为一体者也。其视天下犹一家,中国犹一人焉。……大人之能以天地万物为一体,非意之也,其心之仁本若是。①

案"一体"之说,出自程门。阳明论"明德"而借此观念开始,盖阳明实以"公心"说"明德",故即直接用程门解"仁"之语。

上引文后即依孟子之说推广,而谓人立公心,则于万物无不视为一体;而此能力乃人心所固有,即以此说"明德"。其言云:

> 是其一体之仁也,对小人之心亦必有之;是乃根于天命之性而自然灵昭不昧者也,是故谓之明德。②

由此,"明德"乃人心本有之能力,即"仁心"或"公心";小人亦有此能

---

① 《王文成公全书》,卷二十六,《续编一》,《大学问》。
② 《王文成公全书》,卷二十六,《续编一》,《大学问》。

力,但为私欲所蔽,遂不能显现此能力。于是"明德"须在去私欲处方显现,而去私欲即是"明明德"之义,故云:

> ……是故苟无私欲之蔽,则虽小人之心,而其一体之仁犹大人也;一有私欲之蔽,则虽大人之心,而其分隔隘陋犹小人矣。故夫为大人之学者,亦惟去其私欲之蔽以自明其明德,复其天地万物一体之本然而已耳,非能于本体之外而有所增益之也。[①]

此处"本体"显即指大公之心讲,故所取乃主体意义之本体。以"明德"与"一体之仁"或"大公心"为一事,故即就去私欲之蔽以显公心之工夫以说"明明德"。此处无难解之义。其下再论"明明德"与"亲民"之关系云:

> 曰:然则何以在亲民乎? 曰:明明德者,立其天地万物一体之体也;亲民者,达其天地万物一体之用也;故明明德必在于亲民,而亲民乃所以明其明德也。[②]

此处分就体用说,须注意"立体"与"达用"二词。而后二语中"乃所以明其明德"一语,尤为重要。盖阳明实以"亲民"为具体实践工夫,而以"明明德"为自我之升进。自我即通过此种具体实践而求升进,此所以有"立体"及"达用"之说,而又谓"亲民乃所以明其明德"。

"明明德"既指自我之升进而言,则一切进德工夫以及一切价值之实现,亦可说皆属于"明明德"。故语录云:

> 自格物致知至平天下,只是一个明明德;虽亲民,亦明德事也。明德是此心之德,即是仁。仁者以天地万物为一体,使有一物失所,

[①]《王文成公全书》,卷二十六,《续编一》,《大学问》。
[②]《王文成公全书》,卷二十六,《续编一》,《大学问》。

便是吾仁有未尽处。①

依此，"明明德"取广义说，则可包括"亲民"。盖"亲民"不过就"明德"之展开说；若取工夫次第而论，似应说"明明德"而后"亲民"——此是《大学》原意。但阳明既以立体达用说二者之不可分，则在究竟义上，"亲民"只是"明明德"之大段实践工夫。离开"亲民"，则"明明德"只剩下内在觉悟之义。而依阳明统一内外之观点，则纵使在纯理论意义上，可说有先于"亲民"之"明明德"——即内在觉悟或"良知"之直显，然此觉悟能力必落在"亲民"之实践上。换言之，即"致知"不离"格物"而显用也。

阳明又以"仁"说此"明德"，则说"明明德"，即是说仁心之显用；而仁心显用又即是使天地万物各得其所之意，故"亲民"必包括在此中。总之，"成物"即"成己"之一部分，"内"之"明德"必在"外"之"亲民"等实践上完成自身。此阳明统一内外之旨也。

倘用"心"字说，则阳明即以"尽心"说此由内而外之实现价值活动。文集中《重修山阴县学记》一篇即取此说法。原文云：

> 夫禅之学与圣人之学，皆求尽其心也。亦相去毫厘耳。圣人之求尽其心也，以天地万物为一体也。吾之父子亲矣，而天下有未亲者焉，吾心未尽也。吾之君臣义矣，而天下有未义者焉，吾心未尽也。吾之夫妇别矣，长幼序矣，朋友信矣，而天下有未别未序未信者焉，吾心未尽也。吾之一家饱暖逸乐矣，而天下有未饱暖逸乐者焉，其能以亲乎、义乎、别序信乎？吾心未尽也。故于是有纪纲政事之设焉，有礼乐教化之施焉，凡以裁成辅相，成己为物，而求尽吾心焉耳。心尽而家以齐，国以治，天下以平。故圣人之学，不出乎

---

① 《王文成公全书》，卷一，《传习录上》。

尽心。①

此文全以"尽心"一观念为中心,而说明德亲民之义;此文前段先分别"人心"与"道心",故所谓"尽心"自就"道心"之充足发用言。而"道心"即相应于"明德","尽心"即相应于"明明德"。文中论一切文化制度之成就,皆属"尽心"之事,乃一重要论点,盖此处明确显出阳明"肯定世界"之精神方向,正儒佛之辨所在也。文中原以禅学与儒学相比,故其下即指出二者对"尽心"之基本态度之不同。其言云:

> 禅之学,非不以心为说,然其意以为,是达道也者,固吾之心也。吾惟不昧吾心于其中,则亦已矣,而亦岂必屑屑于其外?其外有未当也,则亦岂必屑屑于其中?斯亦其所谓尽心者矣。而不知已陷于自私自利之偏,是以外人伦、遗事物。以之独善或能之,而要之不可以治家国天下。盖圣人之学,无人己,无内外,一天地万物之为心,而禅之学起于自私自利,而未逸于内外之分。斯其所以为异也。②

论禅学"外人伦、遗事物",即指佛教舍离世界之精神方向而言。舍离世界自不能成就文化,此与儒学之化成世界之精神方向自属大异。阳明看破此点,故辨儒佛甚明。至于"自私自利"是否能作为评论佛教精神方向之适当词语,则是另一事。阳明但能确指两种"尽心"之不同,在于禅学有内外之分,因而否定世界,另一面儒学则合内外而肯定世界,则儒佛精神方向之基本分别已得之矣。

此一问题亦与"明德"能否离"亲民"而说直接相关。盖种种词语可以换用,背后所指涉之理论问题,总是德性能力与其实现之分合问

---

① 《王文成公全书》,卷七,《文录四》,《重修山阴县学记》。
② 《王文成公全书》,卷七,《文录四》,《重修山阴县学记》。

题。如"明明德"为"立体","亲民"为"达用",而体用不可离,有此体即有此用,则"内外"既不可分,"成己"亦不能不包含"成物"矣。

"明明德"原与"致良知"是一事。其特点则在于与"亲民"有文献上之关联,故可直通往文化制度问题,不似"致良知"可作为一纯道德观念看(阳明自然可用"致良知"贯串道德生活与文化秩序,但就学者言,从明德亲民之说下手,易于接近阳明对文化制度之观点)。故本节特说此义。

有关阳明此种统一内外或统一"明德"与"亲民"之说,《文录》中尚有许多类似资料,兹再引二则,以结束本节。

《文录》中《书朱子礼卷》一文,述阳明告朱子礼有关"政"与"学"之言,即直说此旨云:

> 阳明子曰,明德亲民一也。古之人明明德以亲其民,亲民所以明其明德也。是故明明德,体也;亲民,用也;而止至善,其要矣。①

此与前引各语大意相同,而说法更为简明。

又《亲民堂记》述阳明与南元善之问答云:

> ……阳明子曰,政在亲民。曰,亲民何以乎?曰,在明明德。曰,明明德何以乎?曰,在亲民。曰,明德亲民一乎?曰,一也。②

盖此是从为政之道说起,亦即是从文化制度活动一面说起,而揭"明德"与"亲民"为一之义。其下有"德不可以徒明"一语,最可注意。盖不可"徒明",即是说"道德心"不能离开实践而显用,而实践即落在此世界上。"德不可以徒明",故道德主体性必显现于文化制度,因之不能不肯定世界也。

---

① 《王文成公全书》,卷八,《文录五》,《书朱子礼卷》。
② 《王文成公全书》,卷七,《文录四》,《亲民堂记》。

关于阳明学说之叙述，至此结束。以下当略论阳明学派之发展演变。此即所谓"王门弟子之分派"问题。

第三节
王门弟子之分派

阳明弟子甚多，虽亲疏久暂不同，然凡师事阳明，甚至身后始执门人礼者（如聂双江、罗念庵皆是），皆莫不自谓得阳明之本旨。于是阳明身后，传其学者，流派颇异。黄梨洲著《明儒学案》，述《师说》中即深诋王畿、王艮。盖黄氏之著《学案》，心目中固早有一澄清王学流弊之目标，而其所以如此者，正因王门弟子分派立说，流弊颇多，影响极大也。

本节但取阳明弟子中，有特殊思想倾向者，论其大要，以明王氏之学之演变。

在分述王门重要弟子诸说之前，先当对王门各流派所争议之理论问题，作一简单说明。

王门弟子对王阳明之立"良知"为体，原无有持异议者——如日后李见罗"止修"之说，则属另一派，非阳明门下之流派。诸家所争实在于工夫问题。对工夫问题之说法，虽似甚繁，然大别之亦不外二派，即认为"良知"乃现成自有、不待磨炼之说，与强调"良知"需有一段培养工夫之说。然认为"良知"乃现成自有者，亦非谓无工夫，但即以悟得良知为工夫。悟得此"良知"，便不再于发用处言工夫。此即所谓"在先天心体上立根"(王龙溪语)。龙溪固为此一流派之代表,王心斋之立场亦近此。总之皆尊"悟"也。另一面强调培养工夫者,如邹东廓之言"敬"及"戒慎恐惧",聂双江之言"归寂",季彭山之言"警惕",其偏重处似有不同,然皆不以"悟得良知"为工夫,而欲另加一段培养也。宋儒如朱熹与张栻,旧有"未发处有无工夫"之争辩;而专就理论着眼,则"主体性"是在磨炼处与发用处显现,抑或先于发用而显现,亦是一界限分明之问题。但今观阳明门下所争问题,则并非如此界限分明;即拈出一"悟"字,以与其他工夫对别,仍不免时有重叠交错之意。此点在下节述各家之说时,即在在可见,亦学者所应留意者也。

一、王畿(龙溪)

案《明儒学案》之《浙中王门学案》,载有钱德洪、王畿、季本诸人。此盖就地域言。实则王钱之思想倾向,即颇为不同,而王氏立说特色尤著。本节述其大要。

王畿,字汝中,世称龙溪先生,所著有《龙溪王先生全集》。龙溪生卒年代为公元1498—1583年。阳明逝世时,龙溪年甫三十。其后四五十年间,继续讲学,乃王门中极负重望之人物。然其立说,颇有打乱儒佛分界之病,故不唯当时议之者甚众,即在黄宗羲《学案》中,亦持此论。其言云:

> 王门有心斋、龙溪,学皆尊悟,世称二王。心斋言语,虽超旷,不离师门宗旨;至龙溪直把良知作佛性看,悬空期个悟,终成玩弄光景。虽谓之操戈入室可也。①

---

① 《明儒学案·师说》。

案此直谓龙溪乃阳明之叛徒矣。此中是非分际,须统观龙溪立说之要旨,方能评断。兹分数点述其理论。

(一)现成良知

以"良知"为"现成",乃龙溪学说之中心。此义应先说明。

所谓"现成",乃针对"修证"而言。阳明后学中如聂双江、罗念庵等,皆以为"原头"与"见在"不同,换言之,即认为"良知"须经修证工夫而显现。龙溪尝屡辩此义,如云:

> 至谓世间无有现成良知,非万死工夫,断不能生;以此较勘世间虚见附和之辈,未必非对病之药。若必以现在良知与尧舜不同,必待工夫修证而后可得,则未免于矫枉之过。曾谓昭昭之天与广大之天有差别否?①

此即谓修证之说只可作对治虚见之用,"良知"本身本来不待修证;当前自觉心中之"良知",即与最高境界中之"良知"是一非二。此即"现成"之义。龙溪坚持谓此方是阳明之本旨,其言云:

> 先师提出良知二字,正指现在而言,见现在良知与圣人未尝不同。所不同者,能致与不能致耳。且如昭昭之天与广大之天原无差别,但限于所见,故有大小之殊。②

此段可与上段参看,二处皆用"天"为喻。眼前所见之"天",即"广大之天",是一非二。现在或现成之良知,亦即最高之良知,故不待修证而后得良知。此即说为"当下具足",龙溪答罗洪先书云:

> 见在良知必待修证而后可与尧舜相对,尚望兄一默体之,盖不信得当下具足,到底不免有未莹处。欲惩学者不用功夫之病,并其

---

① 《龙溪全集》,卷二,《松原晤语》。
② 《龙溪全集》,卷四,《与狮泉刘子问答》。

本体而疑之,亦矫枉之过也。①

此处出"本体"一词,方是理论关键所在。盖龙溪既承有"能致"与"不能致"之别,则亦非说全无工夫,所以坚持良知现成现在者,只由于有一心体观念。

(二)心体与"心之本体"

龙溪说及"心之本体"之语甚多,但与"心体"意义又有不同;盖说"心之本体"时,乃对"心"之本质作某种描述,可因不同语脉而有所偏重,故有时说"乐是心之本体"②,有时说"静者心之本体"③,有时说"知者心之本体"④。至于"心体"则直就心自身说。如云:

> 吾人一切世情嗜欲,皆从意生。心本至善,动于意始有不善。若能在先天心体上立根,则意所动自无不善,世情嗜欲自无所容,致知功夫自然易简省力;若在后天动意上立根,未免有世情嗜欲之杂,致知功夫转觉繁难。⑤

案此所谓"心体",与"意"相对而说,而分"先天"与"后天"。意指经验生活中意志能力之个别运行说,故是"后天",心体先于个别运行,故是"先天"。龙溪主张"在先天心体上立根",即是要在心体上作工夫。然则此工夫如何作法?龙溪乃以"复"或"日减"说之。其言云:

> 良知不学不虑。终日学,只是复他不学之体;终日虑,只是复他不虑之体。无工夫中真工夫,非有所加也。工夫只求日减,不求日增,减得尽便是圣人。后世学术正是添的勾当。所以终日勤劳更益

---

① 《明儒学案》,卷十二,《答念庵》。
② 《语录》,《答汪南明》。
③ 《语录》,《答吴中淮》。
④ 《语录》,《答林退斋》。
⑤ 《龙溪全集》,卷一,《三山丽泽录》。

其病。果能一念惺惺，泠然自善，穷其用处，了不可得。此便是究竟话。①

此处所提出之"减"观念，颇为重要。从此一观念中，方看出龙溪心目中之工夫，与阳明之说实有殊异。阳明虽亦就去人欲说"减"，然依阳明本意，"致知"不离"格物"，而"物"即就"意"之所在所向讲。由此，阳明之"致知"工夫，正落在具体之意上。龙溪以为别有"在先天心体上立根"之工夫，而反对在动意处作工夫，显然，至少就工夫理论说，大异阳明"致知格物"之旨。而龙溪所谓在"心体"上所作之工夫，只是排除蔽障之意，故云"日减"，又以"减得尽"为圣人境界。如此说"工夫"，非道德实践之义，而是自我觉悟之义。故《龙华会纪》中云：

> 当下本体，如空中鸟迹，水中月影，若有若无，若沉若浮，拟议即乖。趋向转背，神机妙应，当体本空，从何处识他？于此得个悟入，方是无形象中真面目，不着纤毫力中大着力处也。②

如此说"本体"，只扣紧"主体性非对象义之存有"一点讲，亦无不可；但依此说工夫，则不唯与阳明不同，且与儒学对工夫之根本观念不同矣。而龙溪标出"悟入"一词，则龙溪心目中之工夫，全在此"悟"字，然则如何是"悟"，如何能"悟"，方是问题关键所在。龙溪于此有所谓三悟之说。其言云：

> 师门尝有入悟三种教法。从知解而得者，谓之解悟，未离言诠。从静中而得者，谓之证悟，犹有待于境。从人事炼习而得者，忘言忘境，触处逢源，愈摇荡愈凝寂，始为彻悟。③

---

① 《语录》，《答徐存斋》。
② 《明儒学案》，卷十二。
③ 《明儒学案》，卷十二，《霓川别语》。

所谓"解悟",乃认知思辨中事,故说"未离言诠",此义甚明;盖说"悟"之"理"不同于"悟",犹之说"神通"不是"神通",说"治国平天下"不是"治国平天下"也。至谓"证悟"有待于"境",则指静坐求悟一路工夫;既必须断绝外扰,即是受外境限制,此亦无难解处。最后所言之"彻悟",应是龙溪所肯定之工夫,然只以"从人事炼习而得"一语说之,其义颇不明确。而"触处逢源"云云,又是悟后境界,非"悟入"之工夫矣。

总之,龙溪之论工夫,虽标出"先天""心体"等语,以自别于在意念上处处用功之传统教法(案此方是宋明儒之共同观念,阳明亦不例外),但自身只能就"悟"及"日减"等语描述工夫历程,此外无明确讲法。且屡屡将悟后境界与悟入工夫混而言之,使人易生误解,以为"悟入"处即最高境界所在,由此而使工夫过程无法安立。龙溪后学堕入所谓"狂禅"一路,病根即在此一"混"处。

以上"三悟"之论,又见于龙溪之"悟说",其语稍详,兹节引于下,以结束本节对龙溪工夫理论之剖述。龙溪云:

> 君子之学,贵于得悟。悟门不开,无以征学。入悟有三:有从言而入者,有从静坐而入者,有从人情事变炼习而入者。得于言者,谓之解悟。触发印正,未离言诠;譬之门外之宝,非己家珍。得于静坐者,谓之证悟。收摄保聚,犹有待于境;譬之浊水初澄,浊根尚在,才遇风波,易于淆动。得于炼习者,谓之彻悟。磨砻煅炼,左右逢源;譬之湛体冷然,本来晶莹,愈震荡愈凝寂,不可得而澄清也。根有大小,故蔽有浅深,而学有难易,及其成功一也。①

案此处所说,与前引《霓川别语》大旨皆同,唯点明"静"指"静坐"而

---

① 《龙溪全集》,卷十七。

言,又以浊水初澄为喻,与"彻悟"之"不可得而澄清"互比,似较为明白。然工夫下手处仍属不明,仍只有"炼习"之说。对于所谓"从人情事变炼习而入"之说明,仅见于同文论及阳明之语,其言云:

> 先师之学,其始亦从言入,已而从静中取证,及居夷处困,动忍增益,其悟始彻。一切经论变化,皆悟后之绪余也。①

依此,所谓"炼习",乃在艰困拂遂中动心忍性之工夫,换言之,即磨炼意志之工夫;然则在此种磨炼历程中,定向之力量何在?龙溪仍无交代,故其工夫历程终是不明也。

(三)禅学之影响

龙溪虽亦批评佛教之舍离世界,但龙溪所悟之主体境界,实与禅宗最为接近。上节论其工夫理论时,已可见端倪,盖龙溪以"悟"言工夫,而所说了不着实,正由于其所悟见之境界,近于禅宗之主体自由,而非儒学之主体自由也。此点就龙溪言论看,亦多佐证。以下举其要者,以表明龙溪所受禅宗影响。

龙溪论"良知",即明与禅宗观念比附。如答汪子问云:

> 自师门提出良知宗旨,而义益明。良知之思,自然明白简易,自然明通公溥,无邪之谓也。惠能曰:不思善,不思恶;却又不断百思想,此上乘之学不二法门也。若卧轮则为声闻之断见矣。②

此明以禅宗超断常之说解"良知",与《论语》中"思无邪"一语相比附。然此节答问之语,尚可说是随意引惠能《坛经》以明良知不离"流行"而显其"主宰"之义,未必即混乱儒佛宗旨。龙溪受禅宗之影响之证据更有过于此种比附者,即直接取禅门宗旨以论"学"是也。如教其

---

① 《龙溪全集》,卷十七。
② 《龙溪全集》,卷三,《答南明汪子问》。

子应斌之语云：

> 圣狂之分无他，只在一念克与罔之间而已。一念明定，便是缉熙之学。一念者，无念也，即念而离念也。故君子之学以无念为宗。①

所谓"无念为宗"，乃《六祖坛经》中所揭之禅门宗旨，人所共知。而龙溪竟以此释"君子之学"；此非词语上之比附，而实见龙溪将良知说之宗旨竟全与禅门言"自性"之宗旨混而为一，则后世论者谓龙溪入于禅，实亦无可强辩矣。

由于龙溪所悟及之主体境界，本不出禅门范围，故虽有时亦有抨击释氏之语，但在基本精神方向上，则不能直辨儒佛之异。故不特时时假借禅学语以讲"良知"，且论及儒学与释道立教之宗旨时，亦欲混同三教。《三教堂记》一文曾谓：

> 老氏曰虚，圣人之学亦曰虚；佛氏曰寂，圣人之学亦曰寂；孰从而辨之？世之儒者不揣其本，类以二氏为异端，亦未为通论也。②

依此，龙溪心目中之"通论"，即是不以二氏为异端矣。此文充满任意比附之语，不再赘引。总之，龙溪自不见儒、佛、道三家精神境界之殊异，故于此大关目实无力掌握。口头虽仍以"儒"自居，实则只悟到禅门之主体性，对孔孟精神方向全不能体认也。

论龙溪之学，至此可以结束。盖龙溪虽在阳明身后讲学多年，又以曾亲侍阳明，动以直承"师说"自居，而谓他人误解"良知"之奥旨，然其悟境已落入禅门，昧于"化成精神"与"舍离精神"之大界限。则虽在零星意见上有独到处，在基本方面上乃离开儒学宗旨，可以论

---

① 《龙溪全集》，卷十五，《趋庭漫语对应斌儿》。
② 《龙溪全集》，卷十七，《三教堂记》。

定。而其工夫理论之所以似深妙而实属游移惝恍,亦不足异矣。

二、邹守益(东廓)

邹守益生于弘治四年,卒于嘉靖四十一年,以公元推之,其生卒年代为公元1491—1562年。幼于阳明十九岁。在阳明弟子中,东廓固属巨擘,尤其所持戒慎恐惧之说,足救龙溪之弊。故黄宗羲《明儒学案》在卷首《师说》中特标此旨,其言云:

> 东廓以独知为良知,以戒惧谨独为致良知之功。此是师门本旨,而学焉者失之,浸流入猖狂一路。惟东廓斤斤以身体之,便将此意做实落工夫,卓然守圣矩,无少畔援;诸所论著,皆不落他人训诂良知窠臼,先生之教卒赖以不敝,可谓有功师门矣。后来念庵收摄保任之说,实溯诸此。①

同书邹氏传文中又谓:

> 阳明之没,不失其传者,不得不以先生为宗子也。②

案所谓"猖狂一路",即指龙溪而言,而以东廓为阳明学之真传所在,则与蕺山立说宗旨有关。黄宗羲宗蕺山"诚意"之说,而东廓之戒慎恐惧或慎独,亦是重"意"之发用前工夫;此处固属直接契合也。

东廓著作不多,其说要点如下:

(一) 戒慎恐惧

东廓论工夫,以"戒慎恐惧"为主旨。若就字面解释,则东廓之意似与程门"主敬"之说甚近。东廓自己亦说:

> 圣门要旨,只在修己以敬。敬也者,良知之精明而不杂以尘俗

---
① 《明儒学案·师说》。
② 《明儒学案》,卷十六。

也。戒慎恐惧，常精常明，则出门如宾，承事如祭。故道千乘之国，直以敬事为纲领。①

依此，则"戒慎恐惧"可看作"敬"字之注脚。但如细察东廓之意，则所谓"戒慎恐惧"乃紧扣良知之常明及流行讲，不似伊川之"敬"，只是"主一"，偏于形式意义。盖东廓之工夫，系先肯认良知之主宰，然后就此主宰性说"戒慎恐惧"，说"敬"；故东廓说"敬"，总以"良知之精明"解之，不能离开"良知"说也。

"戒慎恐惧"是就不使"良知"受障蔽讲，故不只是发意念后之检点，而兼已发未发而言；此观东廓论"中和"语可知。东廓论"中和"云：

> 夫良知一也，有指体而言者，寂然不动是也；有指用而言者，感而遂通天下之故是也。指其寂然者，谓之未发之中，谓之所存者神，谓之廓然而大公；指其感通处，谓之已发之和，谓之所过者化，谓之物来而顺应。体用非二物也。学者果能戒慎恐惧，实用其力，不使自私用智之障得以害之，则常寂常感，常神常化，常大公常顺应，若明镜莹然，万物毕照；未应不是先，已应不是后矣。②

东廓此处将中与和、神与化、大公与顺应，分属体用双行论之。此亦与二程以降之一般说法相同，但所谓"体用"乃"良知"之"体"、"良知"之"用"。于是，在本体上双行皆归于"良知"，而在工夫上即谓能"戒慎恐惧"，则"良知"之体用皆全，足见"戒慎恐惧"又统摄已发未发一切工夫矣。故东廓又云：

> ……故戒惧以致中和，则可以位天地，育万物。③

---

① 《东廓文集》，卷四，《简胡鹿崖》。
② 《东廓文集》，卷五，《复黄致斋》。
③ 《东廓文集》，卷四，《复夏敦夫》。

"戒慎恐惧"即可"致中和",则一切工夫皆统于此。然此工夫之内容则只是除去障蔽,使"良知"常精常明而已。依东廓说,此即是"致良知"。昔人论工夫许多话头,东廓亦认为可收于"致良知"一义,故云:

> 主静寡欲,皆致良知之别名也。①

如此,则在本体处说,则只立一"良知";在工夫处说,则只立一"戒慎恐惧"以除去一切障蔽而"致良知",此外更无可立。但东廓亦非不说具体实践工夫,不过认为具体实践工夫皆只是此"致良知"或"戒慎恐惧"之总工夫下面之条目而已。其与聂双江论学之语,于此意说得最明切。其言云:

> 夫乾乾不息于诚,所以致良知也。惩忿窒欲,迁善改过,皆致良知之条目也。②

一切具体工夫,皆是"致良知"之条目,但此并非谓具体工夫不关重要,反之,"致良知"工夫正在此类条目上实现;离开此类工夫即无处着手以"致良知",故东廓又极不以双江之单重"寂"处"体"处之工夫为然。其与双江之书札辩此义云:

> ……故中和有二称,而慎独无二功。今执事乃毅然自信,从寂处体处用工夫,而以感觉运用处为效验,无所用其力。环起而议之,无一言当意者。窃恐有隐然意见默制其中,而不自觉。③

案此即强调"慎独"须贯内外动静而言。所谓"中"与"和"、"未发"与"已发"等,皆不可互离,而"寂"处与"感"处亦不能分开来用功。总而言之,工夫与本体即不能分离而说。双江只主"归寂",则在东廓眼

---

① 《东廓文集》,卷五,《复黄致斋》。
② 《东廓文集》,卷四,《复聂双江》。
③ 《东廓文集》,卷六,《再答双江》。

中,只是偏倚于"内",与偏倚于"外"而逐感者正有类似毛病。故原书续云:

> ……故致良知工夫须合得本体。做不得工夫,不合本体;合不得本体,不是工夫。吾侪自鸡鸣至于日昃,自日昃至于鸡鸣,果能戒慎恐惧,保此本体,不以世情一毫自污,不以气质一毫自离,不以闻见推测一毫自凿,方是合德合明,蝙蝠肫肫宗旨。若倚于感则为逐外,倚于寂则为专内。虽高下殊科,其病于本性,均也。①

观此可知,东廓之所以不满于双江者,即在于双江于内外静动总有所偏倚。此固是就工夫说,但东廓眼中,工夫又与本体不能离;于是双江既偏于内、偏于寂而立工夫,亦正见其对"良知"本体掌握不定或体悟不全矣。

东廓之言"戒慎恐惧"或"慎独",自常识揣想,易与双江之"归寂"工夫相混,盖"戒慎恐惧"原与程门之"主敬"极近,皆不涉行为内容之特殊决定,而只涉及意志状态者。由此,若不深察东廓之意,即易将东廓之工夫亦看成"未发"工夫之一种,而以为此工夫在特殊行为成立之前,似属"寂"处事,而非"感"处事。然上引之文已足表明东廓之"戒慎恐惧"并不偏倚于"内",实与双江之"归寂"不同。

自另一面言,若学者只从具体行为层面了解所谓"戒慎恐惧",则又易蹈另一种误解,以为东廓之工夫只是在事上检点。此则不知东廓之"戒慎恐惧"并不限于"感"处或"应物"处,而实统未发已发而言。关于此点,东廓亦有明确言论,表明只在事上检点即非真工夫。如《语录》云:

> 问格致,曰:心不离意,知不离物。而今却分知为内,物为外;知

---

① 《东廓文集》,卷六,《再答双江》。

为寂,物为感;故动静有二时,体用有二界,分明是破裂心体。是以有事为点检,而良知却藏伏病痛;有超脱事为,而自谓良知莹彻。均之为害道。①

而寄余柳溪书中又云:

> 近来讲学多是意兴,于戒惧实功全不着力……故精神浮泛,全无归根立命处。间有肯用戒惧之功者,止是点检于事为,照管于念虑,不曾从不睹不闻上入微。②

此皆直说在事上检点非"戒慎恐惧"工夫之全,盖如只取此意言工夫,则只有事后检点,正如日后刘蕺山所讥。此非阳明本意,且东廓亦无此主张也。

关于东廓之言"戒慎恐惧",大旨至此已明。东廓之学原亦以此工夫论为中心,故以上述东廓之学,大致已备,尚应补充者,则是东廓对"性""气""情"等观念所持之看法。

(二) 性、气、情

东廓对"性"之解释,原无系统理论,但其零星意见中亦显出一种特殊倾向,即以为"性"与"气"不可分说。如《语录》云:

> 天性与气质更无二件。人此身都是气质用事。目之能视,耳之能听,口之能言,手足之能持行,皆是气质,天性从此处流行。③

案如此说"性",显与张程以来,分划"义理之性"(或"天地之性")与"气质之性"之说直接冲突。而东廓则认为此是阳明所持之观点,故又云:

---

① 《明儒学案》,卷十六。
② 《东廓文集》,卷六,《简余柳溪》。
③ 《明儒学案》,卷十六。

> 先师有曰:恻隐之心,气质之性也。正与孟子形色天性同旨。其谓浩然之气塞天地,配道义;气质与天性一滚出来,如何说得论性不论气?后儒说两件,反更不明。除却气质,何处求天地之性?①

案此处引阳明及孟子之说,力言性气之不可分。然实则搅乱问题。孟子所讲之"浩然之气",自是就"气"与"理"(或"性")之合一处说,但此合一是工夫之结果,即所谓"生命理性化"或"摄气归理"之境界,并非谓"气"与"性"或"理"是本来合一。若本来合一,则何须"养气"乎?至阳明以"恻隐之心"为"气质之性",则因阳明有"心之本体"一观念,而谓"心之本体即是性"②;仁义礼智,在阳明眼中,皆属心已发处所显现之不同功能,而"性,一而已",故"恻隐之心"只是心之本体之一种显现或活动,故归于"气质之性"而与心体之为"天理"分开。此处阳明之基本观念正在于有"性"与"气"之分。东廓引用乃与原意相反矣。

然东廓所以如此说,其着眼点则在于"性"必通过"气"而显现,故不唯混性气为一,且对"性"与"情"之分别亦有取消之意。如云:

> 喜怒哀乐,即形色也,就其未发浑然不可睹闻指为中,就其发而中节灿然可睹闻指为和。今人却以无喜怒哀乐为中,有喜怒哀乐为和,如何得合?人若无喜怒哀乐则无情,除非是槁木死灰。③

案东廓以为未发处仍有"喜怒哀乐"(此与日后之刘蕺山相似)。似以为"无情"是不可能者。此不唯与中和原意相去甚远,且就理论言,亦引出一大困难,盖如就有"喜怒哀乐"说"性"说"心",则只有一经验

---

① 《明儒学案》,卷十六。
② 《王文成公全书》,卷一,《传习录上》,"尚谦问"一条。案此段正是解《孟子》,恰可参看也。
③ 《明儒学案》,卷十六。

心；阳明所谓"纯乎天理"者即不可说矣。

东廓著作不多，其论"性""气""情"之资料亦患欠备。但就所已表明之意见观之，则东廓只能在发用上或作用上讲，对于"主体性"自身则尚未能确切掌握。梨洲视之为阳明之正传，恐过誉矣。

三、聂豹（双江）

上文已略述龙溪、东廓之说。简言之，龙溪以"直悟"为工夫，东廓则以"戒慎恐惧"为工夫。王邹皆宗阳明，故所言之"悟"或"戒慎恐惧"皆在"良知"之灵明主宰上落实，此自为二程所无者。但若只就工夫之枢纽着眼，则龙溪言悟固近于明道之"识仁"，东廓言"戒慎恐惧"亦近于伊川之"主敬"，其分歧仍是可与二程工夫论之殊异相比观者。至聂双江则别标"归寂"之说，其理路又自不同。

黄宗羲以为双江之说，当上溯于吴康斋一派之魏校（庄渠），故评庄渠云：

> ……第敬斋工夫分乎动静，先生贯串总是一个，不离本末作两段事，则加密矣。聂双江归寂之旨，当是发端于先生者也。①

案黄氏此说亦非无据。盖庄渠论工夫，重在立"主宰"，而工夫之极致，又在于使"本体纯然是善"，"一念不生，生处皆善念"。此皆与双江之重涵养本原，使"吾之动无不善"之意极近。② 但魏氏之学，近承胡敬斋，远承吴康斋，本以程朱之传作基础。故其论"心"，以"心"属于"气"，又以"气"中"该得如此"处为"理"；或直承朱说，或稍加修改，然终是依伊川至晦翁之形上学观点立论。所谓"主宰"，细按之，非阳明所言之超越主体性也。就此处看，则论双江之学，亦不可与胡魏一

---

① 《明儒学案》，卷三，《崇仁学案三》。
② 以上涉及魏庄渠之说者，学者可参阅《崇仁学案三》所载魏氏之说。

系相混。其论工夫处固可互参,其根本观点之不同则更不可忽视也。

聂双江在阳明生时,原未列于门下。阳明身后,始称门人。其学本非受自阳明。大半皆由自悟,故立静坐归寂之说后,王门弟子如龙溪、东廓以及黄宏纲(洛村)等人,无不讥议,以为非阳明本旨。深契其说者只罗洪先(念庵)而已,故约而言之,双江之说,当视为阳明学之别支。以下略论其要旨。

(一) 知与心体

双江之学,重在"未发"处之工夫,故其立论,常强调所谓"心之体";又因其论"良知"亦分良知之"发用"与良知之"自体"而言,故"心体"与良知之"自体"合一。所谓"归寂"之说,即在此"心体"或"良知自体"之培养净化上落实。兹论双江之学,即应先述其对"良知"及"心体"之理论。

凡言"体"者,例与"用"对照而言。双江之强调"心体",实表示不在流行发用处求归宿,故最反对"心无定体"之说。其言云:

> 谓心无定体,其于心体,疑失之远矣。炯然在中,寂然不动而万化攸基,此定体也。①

此所谓"寂然不动"之"心体",实即是"良知"之自体,故又云:

> 良知本寂,感于物而后有知;知,其发也。不可遂以知发为良知,而忘其发之所自也。心主乎内,应于外而后有外;外,其影也。不可以其外应者为心,而遂求心于外也。故学问之道,自其主乎内之寂然者求之,使之寂而常定也,则感无不通,外无不该,动无不判,而天下之能事毕矣。②

---

① 《双江集》,卷六,《与欧阳南野书》。
② 《双江集》,卷六,《答欧阳南野》第三书。

"良知"之"发"是一事,其"发之所自"又是一事。"发"自指发用言,"发之所自"即指良知之自体也。而此"良知自体"又实与"心体"不可分,盖双江此处固承阳明以"知"为"体"之说,故其《答亢子益问》云:

> 知者,心之体也,即明德也;致者,充满其虚灵之本体……①

如此说"良知",则不仅取功能义,而有本体义。与只就知觉流行处说"良知"者,确有不同。而如此讲"致知",则"致知"乃心体上之存养工夫,在自我之转化上落实,亦与阳明将"致知"与"格物"连说之义有异矣。然阳明论"良知",原有不同层次之说法,双江亦常引阳明就本体义讲"良知"时之种种言论作为依据,以表示己说实与阳明相合,如答南野云:

> ……是愚之见也,先师之见也。先师云:良知是未发之中,寂然大公的本体,便自能感而遂通,便自能物来顺应。又云:祛除思虑,令此心光光地,便是未发之中,便是寂然不动,便是廓然大公,自然发而中节,自然感而遂通,自然物来顺应。……又云:一是树之根本,贯是树之萌芽。体用一原,体立而用自生。②

此书中双江屡引阳明之语,以印合己意,大致亦非曲解。但所引"体立而用自生"一语,在阳明为说工夫归宿语,而在双江则成为统括工夫之总纲。至此,亦即可转至双江工夫理论之陈述。

(二)未发工夫与养良知

双江论工夫,自非全不理会"发用"一层面,但由于注重自我之转化义,故工夫必以立"体"或成就此"体"为主。"体立而用自生",故"用"处虽有工夫,亦只当作次要工夫,即所谓第二义之工夫也。双

---

① 《双江集》,卷六,《答亢子益问》。
② 《双江集》,卷六,《答欧阳南野》第三书。

江云：

> 所贵乎本体之知吾之动无不善也。动有不善而后知之,已落二义矣。①

此所谓"二义",即指非"第一义"而言,第一义之工夫不在"知善知恶"之发用上,而在使"吾之动无不善"之"良知自体"上。而此种在自体层面上之工夫,即所谓"未发"处之工夫,亦即所谓"涵养本原"之意。此所谓"涵养"又与"省察"对照而言。② 此二词原是儒学常用语,但就双江而论,则所谓"涵养"即在意念具体出现以前对"心体"或"良知自体"之工夫,以与发念后之"省察"互别。从事此种发用前之工夫,即可使动无不善,非如动后之省察,只能知已有之意念之善恶也。

然则此种在"心体"上用力之涵养工夫,确定内容何在？双江于此乃有"归寂"及"养良知"之说。其言云：

> 致知者,惟归寂以通感,执体以应用,是谓知远之近,知风之自,知微之显,而知无不良也。③

此即以"寂感"与"体用"相应而说。体上之工夫只是"归寂"。所谓"寂"原对"感"说,故"归寂"者,即使此心驻于"寂然不动"之自觉境界是也。故答欧阳南野云：

> 夫致知者,充满吾心虚灵本体之量,使之寂然不动,儒与释一也。④

使吾心之"虚灵本体"充足莹澈,寂然不动,即是"致知",故在答戴伯

---

① 《双江集》,卷六,《与欧阳南野书》。
② 案朱熹论工夫,常举"涵养"与"省察"两面说,其与南轩辩论工夫问题之说法,即以此二观念为枢纽。双江此类用语,自与此种历史传承有关。
③ 《双江集》,卷四,《赠王学正之宿迁序》。
④ 《明儒学案》,卷十七,《答东廓》。

常时又用"澄心"二字①。所谓"澄心",亦即超越具体意念而安驻于朗照之自觉之意。总之,此种归寂之工夫,即是"心"由经验层至超越层之转化工夫。依双江之意,此乃唯一真工夫,发用以下,皆非真工夫也。

以"证心"或"归寂"讲"致知",又使此转化工夫在"良知"观念上落实。故从另一面讲,则"归寂"等说法,皆不外"养"此"良知"一义,由此,双江又喜言"养良知"与"用良知"之分别。曾云:

> 今人不知养良知,但知用良知,故以见在为具足。②

所谓"以见在为具足",即指王龙溪一派而言。以为良知现成具足,故不知"养"之工夫,而双江所紧握者却正是此"养良知"之义,曾引阳明之言以助其说云:

> 阳明先生亦云:圣人到位天地育万物,亦只从喜怒哀乐未发之中养出来。养之一字,是多少体验,多少涵蓄,多少积累,多少宁耐。③

双江甚至以"良知"与佛教之"觉"相比,而论"养"与"用",谓:

> 佛学养觉而啬于用,时儒用觉而失所养。④

此语以评佛教教义而言,自不甚准确,但由此更可显出双江心目中"养"与"用"之殊异。盖所谓"养"者指心自身之升进转化,而所谓"用"者,则指心之应外事而言。此亦即"寂"与"感"、"未发"与"已发"等对比之另一说法而已。

---

① 《双江集》,卷八,《答戴伯常》。
② 《双江集》,卷八,《答戴伯常》。
③ 《双江集》,卷六,《答欧阳南野》第二书。
④ 《双江集》,卷九,《答王龙溪》。

倘工夫主要只在于转化自我或心自身,则心之应外事处即可说无真正工夫,盖心驻何境界即决定如何发用。若心驻于道德自觉之纯粹境界,则其发用自是以道德自觉为主宰。若心在昏昧中,则亦只能作昏昧之发用。由此,双江遂仅强调"致知"之工夫,而否认"格物"有工夫;换言之,能"致知"则自能"格物",不能"致知"则"格物"处无从下手作工夫。故答王龙溪云:

> 致知如磨镜,格物如镜之照;谬谓格物无工夫者以此。①

镜与照之说,阳明亦有之。但阳明之"致知"与"格物"不可分,乃确切工夫途径。今双江则谓"格物无工夫",只以"发用"为一种余事,与阳明本旨大不相同。此所以阳明弟子纷纷讥议双江也。于此,乃可转至双江与同时诸家之辩论。

(三) 与诸家之辩论

上文已述及双江与王门诸弟子争论甚多,盖"归寂"之说,若从字面考量,自可有种种疑义。然如不拘于字面之争执,而专就双江立论之本旨着眼,亦有不能不辩之理论问题。此类问题,大要不外三点:

第一,"良知"是否"现成"?此是双江与龙溪之争论要点。

第二,论工夫枢纽,是否只落在"中"上,而视"和"为一种效验或自然表现?

第三,是否"格物"处无工夫?

后二点乃东廓、南野诸人屡与双江争辩之问题。质言之,此二问题亦可视为同一问题之两种说法,盖或就中和说,或就格致说,总不外"发用"是否只是余事一问题而已。

此三点皆属涉及成德之学之确定内容之问题,与字面之争执不

---

① 《双江集》,卷九,《答王龙溪》。

同。然双江本人对此中分别似不甚注意。其自述敌论之言,即常将两层面之问题混而言之。如云:

> 疑予说者,大略有三。其一谓道不可须臾离也;今日动处无功,是离之也。其一谓道无分于动静也;今日工夫只是主静,是二之也。其一谓心事合一,仁体事而无不在;今日感应流行着不得力,是脱略事为,类于禅悟也。①

双江自己所举三种批评或敌论,其实只有第三种有确定意义。前二者皆属字面之争,盖"道"之不能尽归一面,乃各家所公认者。但讲工夫时自有所肯定,亦有所否定。无论用何字眼,疑者总可以寻出与此字眼相反之另一字眼。倘立论者就此字眼讲工夫,疑者即可就其反面字眼作"离之""二之"等问。譬如明道揭"动亦定,静亦定"之旨以告横渠,似乎"定"贯动静而言,不免"离"与"二"之病矣,然疑者同样可举"不定"或"未定"一语相问,同样可疑"定"与"不定"为"离"为"二"也。今就双江说,则双江可用"寂"或"静"讲道之不离不二,他人亦可用"寂感""动静"之对立语,疑其有"离"有"二"。此种争执,实与成德工夫之实践无大关系。唯第三点批评,则与"格物"是否无工夫有关。盖如"感应流行着不得力",则可能有两种理论后果:其一是全不考虑感应流行,甚至视感应流行处为幻妄,此即是所谓"类于禅悟"。但此自非双江或任何儒者所能接受之立场。其二则是将感应流行视为余事,此却正是双江之意,而由此即可显出"格物处是否无工夫"一重要问题矣。

关于"中和"及"格致"之问题,东廓、南野皆与双江有争论。下文再分述。兹先固至龙溪、双江所争之"现成良知"问题。

---

① 《明儒学案》,卷十七,《答东廓》。

关于龙溪之主张,上节已述其大要。龙溪与双江辩论各书,分载二人集中,称"致知要略",盖二人所争论者主要只在对"良知"之了解;更进一步说,则所争者只在于"现成良知"与待"养"之"良知"二观念间之殊异。有关双方此类言论之基本资料,上文皆已引述。此处只作一理论说明。

首先,须对"现成良知"一说所涉之理论问题稍作析理。

"现成"一词与"作成"相对立,谓"良知"是"现成"即谓"良知"非被"作成"者,而此处所排除之"作成",又指受经验决定而言。龙溪所关心者,乃世人常误解"良知",以为是一种被经验决定之心理状态或意识,而不知所谓"良知"必须指超经验之主宰能力;因此,既强调"现成"以排除"作成",又时时强调"先天之学",以显"良知"不属"后天"之事。所谓"先天""后天"即经验与超经验二领域之传统说法也。

依此,可知龙溪所紧握不舍之论点,实即在于"良知非受经验决定而成"一义,故"致知要略"云:

> 良知者,本心自明,不由虑学而得,先天之学也。知识则不能自信其心,未免假于多学亿中之取,已入于后天矣。良知即是未发之中,即是发而中节之和。未应非先,已应非后。即寂而感行焉,寂非内也;即感而寂存焉,感非外也。此是千圣斩关第一义,所谓无前后内外而浑然一体者也。①

所谓"不由虑学而得""先天之学",皆环绕"良知不受经验决定"而言。即依此意义说"现成"以排除"作成"之误解。由于龙溪认为此一大肯定乃迷悟分判所在,故谓是"千圣斩关第一义"。盖不悟"良知"之超越性,则根本无由悟见主体性;此处正是圣凡之判也。

---

① 《双江集》,卷九,所载龙溪书。此书亦附载于《龙溪全集》卷六,稍有删改。盖《双江集》所载当是此书原文,《龙溪全集》载此书方有删改也。

由于此主体性超越于经验之决定，故一切经验区分皆不能用以描写"良知"，此即所谓"无前后内外"之义；由于再说工夫，则自然认为分"寂感"或"内外"而立工夫途径，皆属误解良知。故龙溪即直接评双江之学有失而谓：

> 若良知之前，别求未发，即是二乘沉空之学；良知之外别有已发，即是世儒依识之学。或摄感以归寂，或缘寂以求感，受病虽不同，其为未得良知之旨则一而已。①

涉及工夫处，原应视作附属理论，盖自龙溪之思路言，超越经验之最高主体之肯定方是基本理论也。然双江与龙溪之争论，则又集中于"良知"本身是否需要一段培养工夫一问题。故双江之答辩，总不外发挥其"归寂以通感，执体以应用"之说②。于是二人争论，从表面上看，只见工夫问题上之异同。究竟二人对"良知"本身之了解是否互不相容，反不甚明显矣。

兹再就此点稍作推进。双江言"归寂"，以为能"致知"即必能"格物"，格物处无工夫；此种种意见或主张，作为工夫理论看，自与阳明根本不合，前已论之。但当双江如此论工夫时，其理论背后所肯定之"良知"观念，是否与龙溪有异，正应再作一清理。

双江论"良知"，重在所谓"本体"一词；有时以"虚明"或"虚灵"描述之，然其重点仍在此"体"观念上。双江言"复"其"本体"，此在龙溪亦尝言之。若问，如何"复"法？则又回至工夫问题上，于此龙溪只言一笼统之"悟"（见前节），双江则拈出"归寂"一语作用功之枢纽，二人不同，不待重说。今若舍工夫一层不论，专问双江所复之"本体"与龙

---

① 《双江集》，卷九，所载龙溪书。此书亦附载于《龙溪全集》卷六，稍有删改。盖《双江集》所载当是此书原文，《龙溪全集》载此书方有删改也。
② 此二语原见于《双江集》，卷四，《赠王学正之宿迁序》一文，因有代表性，故引用于此。

溪所"复"之"不学不虑"之"体"有何不同？则即直落在二人所持之"良知"观念本身。龙溪之"良知"是"现成"，非"作成"，上节已言之。然则双江之"体"或"良知"，是否另有"作成"之义？此是学者了解王聂之争论时最后着眼点。

着眼于此，则应对"作成"之可能涵义再作一勘定。

倘说，凡由一种活动决定之后果皆属"作成"而非"现成"，则双江之"良知"由"复"、由"养"而成立，固在此意义下是"作成"，龙溪亦不能不言"复"，亦何尝不是"作成"？其实倘如此说"作成"与"现成"，则一言"致良知"便有"作成"之意。故取此一解法则所谓"现成良知"反不可解矣。

由此可知，顺龙溪思路以分别"现成"与"作成"时，所谓"作成"必须扣紧先天后天之分别讲。换言之，如上文所提及，龙溪之排除"作成"，强调"现成"，原只重在肯定一"不受经验决定"之"主体"（即"良知"）。今若即以"不受经验决定"解所谓"现成"，则所谓"作成"者即当专指"受经验决定"而言。但如此说时，殊不见与双江所持之"良知"或"本体"观念有何歧异，盖双江所言之"体"，亦不能"受经验决定"也。在双江言论中，此类说法常见。除前文已引者外，兹再举一二条极明显者证之。《困辨录》云：

> 寂然不动，中涵太虚，先天也。千变万化，皆由此出，可以合德、合明、合序、合吉凶，故曰天弗违。触之而动，感而后应，后天也。何思何虑，遂通而顺应之，故曰奉天时，言人力一毫不与也。①

"人力一毫不与"正隐含不受经验决定之意。而此寂然不动之"体"乃千变万化之源，则本身之超越性亦成为不能不预认者，与龙溪之"良

---

① 《双江集》，卷十四，《困辨录·辨易》。

知"亦不见其歧异。

或谓,双江之"体"总偏于"静"一面,龙溪则强调此"体"不分动静,是二人"良知"观念不同处。然双江固以"静"与"寂"为工夫枢纽,其论"未发之中"亦认为是"主乎动静"者。如云:

> 未发之中,太极也。未发无动静,而主乎动静者,未发也。非此,则心之生道或几乎息,而何动静之有哉?①

观此可知,在工夫一层上,双江虽持归寂主静之说,将"良知"作为"体"看时,双江亦未尝不承认此超越之"体"本身不可分动静也。至此,仍不见二家之殊异。

总之,双江与龙溪立说之真殊异,仍在工夫理论上;就二人所肯定之"良知"本身说,则可说同有"现成"义,亦可说同有"作成"义,不能显示确定之分别也。二人所以就"良知"是否"现成具足"辩论不已者,实在于二人对"工夫"与"本体"之理论层次未能分清,遂致时时争"工夫"上之"异",遂不察觉"本体"上实亦有"同"耳。

以上比较王聂之说,可使双江论旨易明。双江之真与王门诸家冲突难合之处,仍在于"格物处无工夫"一点。此点在东廓评双江语中表现最为明朗。东廓《再答双江书》云:

> 寂感无二时,体用无二界……故中和有二称而慎独无二功。今执事毅然自信,从寂处体处用工夫,而以感应运用处为效验,无所用其力。环起而议之,无一言当意者。窃恐有隐然意见默制其中而不自觉。此于未发之中,得无已有倚乎?②

此处所言"体用"不可分为"二界",即与格物致知之一贯性相通。故

---

① 《双江集》,卷十四,《困辨录·辨易》。
② 《东廓文集》,卷六。

在《语录》中,东廓即点明此义:

> 问格致,曰:心不离意,知不离物,而今却分知为内,物为外;知为寂,物为感;故动静有二时,体用有二界,分明是破裂心体。①

将此二段合看,即可知东廓之责双江者,正在于双江只言致知工夫,不能言格物工夫,是即"体用有二界",即"破裂心体";换言之,昧于格物致知之一贯义,即大违阳明立说之本旨矣。

此点在欧阳南野与双江之辩论中,亦曾明白论及。南野答双江书云:

> 来教以能知觉为良,则格物自是功效;以所知觉为良,是宜以格物为工夫。恐未然也。夫知以事为体,事以知为则。事不能皆循其知,则知不能皆极其至,故致知在格物,格物在致知,然后为全功。后世以格物为功者,既入于揣摩义袭,而不知有致知之物;以致知为功者,又近于圆觉真空,而不知有格物之知,去道愈远矣。②

此段力言致知格物之一贯义,可谓痛切。盖双江之说,真问题在此。南野与东廓之意见颇相近,其评双江亦反较龙溪为得要也。

最后,对双江之学可作以下评论:

第一,双江以"主静"及"归寂"为工夫下手处,本亦无大病。较之龙溪之笼统讲一"悟"字,反见踏实。龙溪对双江之讥评,未足为据。

第二,双江由于强调"归寂",强调发用前之"养良知"之工夫,遂进而欲废良知发用处之工夫,则是大病。盖"良知"作为道德自觉之能力言,断无不在行为(即所谓"事")上显用之理,而显用处自时时需工夫。且从"静"与"寂"中固可显透主体性,此主体性仍要在运行于

---

① 《明儒学案》,卷十六,《东廓语录》。
② 《明儒学案》,卷十七,《南野论学书》。

对象界处显其大用。此所以阳明必将"致知"与"格物"视为一事。双江不解此义,以为静寂所养,自能发用无差,则不唯在理论上大有困难,即在实践工夫上亦似体会不透也。

双江之学,论述至此为止。以下当略述王心斋之学,以结束王门弟子之论述。

四、王艮(心斋)

就阳明弟子而论,上举之龙溪、东廓、双江诸人,虽立说互异,工夫体会不同,然大旨皆未失阳明立教之规矩。其中龙溪虽有近禅之倾向,然其病只在偏于以佛教之"主体性"描摹"良知",其保持"良知"之超越主宰性,固未尝违离阳明之本旨。然阳明弟子中之王心斋,则自身即别有倾向,而其所开之泰州学派一支,传愈久而旨趣愈远于阳明,可谓王门弟子中最特殊者。但若专就影响之广大言,则龙溪与心斋可谓最能传播王学者,故黄宗羲云:

> 阳明先生之学,有泰州、龙溪而风行天下,亦因泰州、龙溪而渐失其传。①

所谓"风行天下",即就影响或势力而言;所谓"渐失其传"者,即指二王皆近"禅学"说。此是黄氏之意见。实则龙溪虽近禅,尚非离开阳明之根本肯定(即"超越主宰性"之肯定),心斋之说则其弊绝大,非如黄氏所说之简单。本节即先述心斋立说之特点,再略论其学派之趋向。

王心斋平生著述不多,传世者不过后人所辑之遗集二卷而已。然其立说之特点固极为显著,兹分述如下:

---

① 《明儒学案》,卷三十二,《泰州学案》,黄氏之案语。

（一）"淮南格物"义

所谓"淮南格物"之说，即阳明没后，心斋于淮南会讲时所提出对《大学》"格物"一语之解释。阳明原以行为释"物"，所谓"意之所在为物"是也。心斋之解"格物"，则紧扣《大学》本文中"物有本末，事有终始"之意说。其言云：

> 格物之物，即物有本末之物；其本乱而末治者否矣，其所厚者薄而其所薄者厚，未之有也，此格物也。故即继之曰：此谓知本，此谓知之至也。①

案此即是以"本末""终始""先后"之义以释"格物致知"；依此，则所谓"物"，即指身、家、国、天下而言，而修、齐、治、平即所谓"事"；由身至于天下，是"物"之本末关系，而由"修身"至于"平天下"，则是"事"之终始关系；而所谓"知本"，亦即指对此中本末终始之一定"先后"之序之了解。案《大学》原文本说："物有本末，事有终始，知所先后，则近道矣。"则心斋此释，应与《大学》原意最为接近。盖《大学》原意只在于肯定由近及远层层建立秩序或规范之主张，并非如程朱一派形上学理论之言普遍之"理"与"天下之物"间之本性问题。《大学》只重在确定本末终始之序，而又以"知"此次序为"近道"，则由此顺《大学》内在之思路语脉言之，后文所谓"知本"，所谓"知之至矣"，亦应即指此"知所先后"之"知"。如此，则"格物致知"，即指确定"身"至"天下"之次序，以及实知此一次序之确定性而言。不特程门之形上观念之"理"在此脉络中并未独立出现，而且所谓"物"亦非泛指事事物物，又非如阳明所言之"行为物"矣。

纯就疏解《大学》之文而论，心斋此解本甚为平正。但心斋立此

---

① 《王心斋先生遗集》，卷一。

说,并非由于对《大学》作客观疏解之要求。其旨趣反在于借《大学》以发挥其自持之一套成圣立德之主张上,由此,如此释"格物"之理论,遂通往心斋以"身"为"本"之说。

（二）修身、安身、保身

《大学》原谓"自天子以至于庶人,壹是皆以修身为本",故《大学》之言本末终始,在于以"修身"为中心观念,亦有客观根据；但心斋则不仅顺《大学》说"修身",而由"修身"引出"安身"以及"保身"之观念。心斋之论"安身"云：

> 修身,立本也；立本,安身也。安身以安家而家齐,安身以安国而国治,安身以安天下,而天下平也。故曰：修己以安人,修己以安百姓,修其身而天下平。不知安身,便去干天下国家事,此之谓失本也。……不知身不能保,又何以保天下国家哉？①

此段宜注意者是,心斋提出一"安"字(本非《大学》原文所有),不仅以之释"修身",且以之释"齐""治""平"诸语。于是,修、齐、治、平皆成为一种"安"。而《大学》所言之"壹是皆以修身为本",至心斋说中遂变为以"安身"为"立本"矣。故云：

> 安身者,立天下之大本也。本治而末治,正己而物正也,大人之学也。是故身也者,天地万物之本也；天地万物,末也。知身之为本,是以明明德而亲民也。②

此处又以"身"与"天地万物"相对而言本末,此自是保留阳明之意旨。但以"安身"为"立本",则此"安"含有何种内容,则须另加解释。于此,心斋则回到《大学》中正心诚意诸语而云：

---

① 《王心斋先生遗集》,卷一。
② 《王心斋先生遗集》,卷一。

物格知至，本也；诚意、正心、修身，立本也。①

如此，则心斋对朱熹所言之《大学》八条目，乃分为三截说之。可图示如下：

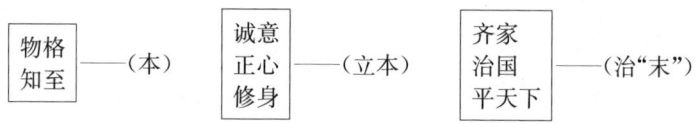

如此，显然心斋将"诚意正心"收入"修身"观念中，而即于此言"立本"，言"安身"。如此则"格致"成为"立本"前之某种觉悟，故只用一"本"字标指之。然如此立论，用语中自生极大困难；盖徒用一"本"字指"物格知至"，则此处有无工夫便成可疑，因"立本"可说是工夫，只一"本"字难包含工夫义。但若"格致"一层面上竟无工夫，则不独就历史标准说全违阳明之旨，且就理论标准说，"立本"工夫之根源何在，亦属不可解矣。

此是就心斋用语立论之欠明欠严说；实则心斋之学之大弊，尚不在此种问题上。欲确知心斋之学之病，仍当转至其所谓"保身"一观念。

前引心斋语中已有"不知身不能保，又何以保天下国家哉"一语，此处所谓"保身"，确义如何，乃一大关键。

心斋言"保身"处甚多，但最具代表性之资料，则为《遗集》中之《明哲保身论》。兹引述如下：

> 明哲者，良知也。明哲保身者，良知良能也。知保身者则必爱身，能爱身则不敢不爱人，能爱人则人必爱我，人爱我则吾身保矣。能爱身者则必敬身，能敬身则不敢不敬人，能敬人则人必敬我，人敬

---

① 《王心斋先生遗集》，卷一。

我则吾身保矣。故一家爱我则吾身保,吾身保然后能保一家;一国爱我则吾身保,吾身保然后能保一国;天下爱我则吾身保,吾身保然后能保天下。知保身而不知爱人,必至于适己自便,利己害人,人将报我,则吾身不能保矣。吾身不能保,又何以保天下国家哉?知爱人而不知爱身,必至于烹身割股,舍生杀身,则吾身不能保矣。吾身不能保,又何以保君父哉?①

心斋此论,仍是以"身"为"家国天下之本"之意。但所用"保"字,及"爱""敬"诸语,确义皆大有可疑。若就其本来意向看,则当与其所谓"尊身不尊道,不谓之尊身"②,以及此论中另节所言"内不失己,外不失人"等义合观,合观则可见心斋所谓"保身"原是想就德性意义说"保身",并非取利害意义。然此只是一种可能解释。心斋自己论"保身"时,从未点明此"身"是否用于此特殊形躯,且《语录》中又曾将"安心"与"安身"分别说,而谓:

> 安其身而安其心者,上也。不安其身而安其心者,次之。不安其身,又不安其心,斯其为下矣。③

如此,则"安身"既与"安心"不同,则此"身"字不能指"心"言,即不能指人之自觉意识言,则"身"字似不能不解为指此特殊形躯言。然"身"字一取此义,则所谓"保身"之说,即将引起极重大之理论问题。黄梨洲于此曾有所评议,其言云:

> 然所谓安身者,亦是安其心耳,非区区保此形骸之为安也。……不得已而杀身以成仁,文王之羑里,夷齐之饿,心安则身亦未尝不安也。乃先生又曰:安其身而安其心者,上也;不安其身而安

---

① 《王心斋先生遗集》,卷一,《明哲保身论》。又《明儒学案》,卷三十二。
② 《明儒学案》,卷三十二,《答徐子直语》。
③ 《王心斋先生遗集》,卷一,《语录》。

其心者,次之;不安其身又不安其心,斯为下矣。而以缗蛮为安身之法,无乃开一临难苟免之隙乎?①

其下又评心斋之失云:

……于遁世不见知而不悔之学,终隔一尘。②

案黄氏合论龙溪、心斋之失阳明之传时,但以"盖跻阳明而为禅矣"一语统说之,此自是太简。此处评心斋"安身"之说,则所涉问题较多。另一面若专心斋本人之说看,所含理论问题亦非一端。今欲稍作清理,则当分数点论析之。

第一,心斋由论"修身",而转至"安身"及"保身",其说即与《大学》原意愈来愈远。盖《大学》之"修身",顺正心诚意而言,其所谓"修"自是取成德意义;心斋以"诚意、正心、修身"为"立本"时,亦不能不取此成德意义,但心斋同时又以"安身"为"立本",倘自家之说不互相违反,则所谓"安身",即亦应不离"诚、正、修"三字之德性意义说。但如此则当如黄氏所论,以"安心"与"安身"为一事;顾此点依心斋自己所提出之"上、次、下"之分别看,则显然心斋不以为"安心"即"安身"。倘"安心"之外别有"安身"之事,则此所谓"安身"不能与《大学》中"修身"一词之德性意义相符,亦与心斋以"诚意、正心、修身"为"立本"而同于"安身"之说冲突。此乃见心斋立说内部之困难,非仅如黄氏所言有"开一临难苟免之隙"之流弊也。

第二,若欲进一步展示心斋此说之病痛所在,则应分别从"安"字及"身"字下手析论。

先就"身"字说,如上所言,"身"可专指现实世界之特殊形躯讲,

---

① 《明儒学案》,卷三十二,黄氏在小传中案语。
② 《明儒学案》,卷三十二,黄氏在小传中案语。

亦可指有主宰性之自我讲。倘取后一讲法，则"身"虽不同于"心"，然"修身"正是"良知"通过"心"与"意"在此特殊自我上之显现；如此，"身"虽仍是此特殊形躯，但只为超越主宰性在具体存在中显现自身之条件（或凭资）；此是依成德之学讲"身"及"修身"之通义，亦合于阳明之本旨。然取此义时，"安身"即不能离开"安心"说，盖只能就此身之能实循此心之"理"或"良知"而说"安"，不能离此而说"安"。今心斋既离"安心"而说"安身"，则所取者不能合于此一意义。换言之，其所谓"身"只能专指特殊"形骸"或"形躯"如黄氏所议。"身"字取此意义，则所谓"修身""安身""保身"诸语，皆下落至"利害层面"而丧失其德性层面之意义矣。

此处所指出之"利害"与"德性"二层面之混乱，由心斋自身所说"爱""敬"等语中最易显出。例如，心斋以为"爱身"者"不敢不爱人"，其解说则是，能爱人则人必爱我，人爱我则吾身可"保"，反之，若"保身"而不"爱人"，则将"利己害人"而"人将报我"，结果使吾身不能"保"。此种说法在正反两面，皆将"利害意义"与"德性意义"相混；就正面看，为吾身可"保"而"爱人"，则"爱人"只有工具意义即只有"利害意义"；就反面看，"不爱人"则"人将报我"，更显然取"利害意义"。此处涉及道德哲学上一常见之问题，即"德性"或"道德价值"若依"利害"而立，则即必丧失其确定性及规范性。此义数语可明之。即如因虑"人将报我"故去"爱人"，则信仰权力者可说，倘我能掌有一绝对权力，而"人"不能"报我"时，我即不必"爱人"。由此，又可说"爱人"乃一虚伪道德态度。盖以"后果"观念解释"道德价值"时，皆必有此病也。

心斋之所以将"利害意义"与"德性意义"相混，若再追进一步，则可说此一混乱乃由于心斋根本将"应然"与"实然"混乱，或将"规范"与"事实"混乱。而若取事实或实然意义，则爱人者亦未必能为人所爱,不爱人者亦未必不能制止他人之"报我";"保身"取事实意义说,则纵使爱人敬人,亦未必能免于祸害。凡此种种事实关系,皆无"必"字可说。心斋本欲讲"应然"或"规范"之问题,但处处误取"实然义"及"事实义",故其说不唯必有流弊(如黄梨洲所论),且根本不能成立也。

兹再就"安"字说,心斋引"修己以安人""修己以安百姓"等语,以助成其"安身"为本之说,实则此处又另有一观念上之混乱。此即"德性意义"与"事功意义"之混乱。此点与上节所论者相似而又实不相同。应再稍作析论。

先秦儒家原已有"修己以安人"之说,此义与《大学》全文要旨亦属相符。简言之,即以"德性"为"事功"之基础。心斋如仅取此传统观念说"身"为"天下之本"一义,原亦无特殊弊病可言,盖以"德性"为"事功"之基础,即是视政治生活为道德生活之延长;此说纵有病,非心斋所独有之病也。然心斋引修己安人之说以助成其"安身"之说时,不知"修"字只能取德性意义(《大学》中"修身"之"修"亦然),而"安"字则取事功意义,而混淆二义随意立说。如上所言,心斋论"安身"为"立本"时,既与以诚正修之工夫为"立本"一同提出,则"安身"即应与诚正修之工夫同义,如此,"安"字即应是德性意义。但另一面又欲离开"安心"而言"安身",则"安身"之"安"便应是功效或事功意义。今再将"修己以安人"中之"安"字与"安身"视为同义,且将"修己"与"安"亦视为同义,于是传统中"修己以安人"之说原指德性为事功之基础者至此变为"安身"则能"安天下"之说。而此说所用之"安"字究取德性意义或事功意义,反成为朦胧不明矣。

总之,心斋所立"安身"之说,由于"身"字及"安"字均属意义混乱,故其本旨已难有确定解释。至于其流弊则更显而易见。盖若以此特殊形躯在事实上之"安"为目的,则所谓"保身"即成为一基本价值择定；观心斋论明哲保身时，直以"明哲"为"良知"，而以"保身"为"安身"，则此种态度亦实是心斋本人所信持者；由此论之，"安身""保身"即是基本价值择定，则一切为理想而牺牲之道德行为，反将受此择定之排斥。泰州学派日后有颜山农、何心隐之流，随利欲之念而横行无忌，皆心斋混乱不明之说所启也。黄梨洲但谓泰州派下诸人"非名教之所能羁络"，尚属宽恕之词。实则颜何诸人荒诞邪僻，但凭意气横行，全失儒学规矩；自以为能"立本"又能"安天下"，而不过自堕为狂妄诡诈一流，卒之身亦不能保，可笑亦可叹也。

心斋"安身""保身"之弊如此。但心斋所以如此重视"身"，若从心斋本人之生活态度讲，则又与重视具体生命之感受有关。盖就理论意义着眼，则心斋"安身"及"保身"之说，如上所论，必有大弊，而事实上泰州后学亦确表现此弊；然心斋本人何以未觉察此一危机，则是另一问题。欲说明此点，即涉及心斋对具体生命感受之重视。于此，学者应注意心斋之《乐学歌》。

(三)《乐学歌》之意义

所谓《乐学歌》甚为简短，大抵乃仿佛教偈语之作，但所含观念，颇可注意。歌文云：

> 人心本自乐，自将私欲缚，私欲一萌时，良知还自觉，一觉便消除，人心依旧乐。乐是乐此学，学是学此乐。不乐不是学，不学不是乐。乐便然后学，学便然后乐。乐是学，学是乐。呜呼，天下之乐，何如此学！天下之学，何如此乐！①

案此歌前六句可作一段看，其要旨仍顺"知善知恶是良知"之义说，盖"人心"本"乐"而缚于"私欲"则失去此"乐"，而"私欲"之动乃"良知"

---

① 《王心斋先生遗集》，卷二。《学案》亦载此歌。

所能"自觉"到者,而"良知"一觉即消除"私欲"之缚束,故重显此道德主体之自由,此即所谓"依旧乐"也。

以下八句重复言"乐"与"学"之不二义。盖"乐"既指此主体自由之境界言,则所谓"良知之学",即是要实现此境界之努力;而此境界之达成,亦必依于此种努力。再就反面说,不能实现主体自由,则不算"良知之学",故一切语言概念之布置,皆非此"学"所重;另一面,不致力于"良知之学",则主体所驻境界即非真实"主体自由"。前四句大致如此解。后四句则原意不过说,对主体自由之境界之体验觉悟,与"良知之学"是一非二。但两用"然后"字眼,稍嫌语意欠明。结处作赞叹语,则不待释。

至此处牵涉之理论问题,则又应分两层说。

第一步,若专看此歌,不涉及心斋其他言论,则此处所说之"乐",不过如一般儒者之所谓"心安理得"或"受用"等,由之,即不引出特殊困难。盖成德之学本以意志方向为主,而意志纯化时,其活动方向与所指境界自不可分。依此,则所谓"乐"与"学"之不二,亦正如阳明所论之"知行合一"也。

第二步,欲将此歌与心斋论"安心"与"安身"之说合看,则此"乐"字之解释便须另有落实处;盖如上文所论,心斋既以为"安身"不同于"安心"或不止于"安心",则所谓"乐"者既指最后归宿,便不能同于"心安理得"之意,不然,则一面以"安其身而安其心"为"上",一面又以"安心"为最后归宿,则其意不合矣。

倘顺此理路看,则心斋之言"乐",当不止于在"安心"处说,而必须兼就"安身"处说。换言之,良知所显之主体境界不只是超越主宰一层,且须落在具体生命上。如此,则所谓"乐"须归于具体生命之感受而言。此处即显出心斋自己在生活态度上之特色。

心斋不解"临渊履冰"之严苦工夫,其生活态度是以追求安适为方向；由此，凡以对治生命中之种种阴暗为主之"学"，在心斋看来，均不足以达成其"乐"，因之亦不是真"学"。必在具体生命之感受中呈现安适，方是"乐"，方是"学"。此即"安其心"又"安其身"也。正由于心斋如此看法，故不了解经验层面上自我之种种限制，以为"应然"意义之境界可直接与"实然"之生命感受完全同一，由是，心斋对其说之弊及理论困难亦皆不能觉察。就工夫理论说，心斋不唯不能了解程朱一系克制私欲之工夫，且对阳明之"格物"工夫亦不甚明白。其解《大学》"格物"，虽与原文意近，然颇违阳明所讲"致知格物"之原意；此点亦心斋所未能正视之问题也。

总上所论，王心斋之学为阳明学之旁支异流，已甚明显。心斋重"身"，"身"字又与具体生命、特殊形躯混而不分，可谓是启后学之大颠倒之迷乱说法。然心斋本意所注重者，乃在具体生命之"自得感"，此"自得感"即心斋所谓"乐"。若顺心斋此种立场而取一较严格之说法，则当先立某一意义之"道德理性"，然后就"道德理性"之实现于"生命"中，以规定此所谓"自得感"之确义；如此始可将"理性化之生命"与"自然生命"之分别显出，而"乐"与"学"之不二义，亦得确立。然心斋自己立说向不甚严格，故有颠倒迷乱之弊。但学者详观心斋种种言论后，应可知其说虽有大弊，然其弊终与其本意不同也。

理论地讲，凡说"生命理性化"时，必须先立此"理性"，以作为"作"此"生命"之根本依据，故"身"不能为"本"，而立"理性"方是"立本"。《大学》中所谓"壹是皆以修身为本"，乃对"家、国、天下"而言，"修身"本身工夫固必须依"格致诚正"而可能也。就此一理路看，心斋解《大学》，虽近原文本意，然由此而以为"修身"或"安身"是"立本"，则大有病在。至少，若就成德之学讲，"修身"不能是"立本"也。

但若专重"实现"意义看,则道德理性必落在"生命"上而显其用;特别是当吾人强调文化秩序时,则必重此"实现"义,因而亦常会强调此"实现"乃"道德理性"所必须依循之要件。顺此理路看,则强调"理性必须在生命中实现"时,便可生出以"生命理性化"为大枢纽之说。此种思路亦可表现为层次不同、规模不同之说法,统言之,总是强调"实现"而已。心斋之说,属于强调"实现"诸说之一种。虽因其轻用"安身""保身"等词语,又将"安心"与"安身"分说,故启后学之弊,然如就哲学问题看,则心斋之强调"实现",因亦针对一确定哲学问题,而此种趋向自阳明身后至明末清初,亦形成一种思想潮流。而心斋在时间次序上则立说较早,亦可视为此一重实现之思潮之创始人物也。

五、余论

以上论阳明弟子之学,即以四家为代表。事实上若就阳明学派之演变言,则后学中异说甚多。如李材(见罗)原学于邹东廓,而其后自立一说,以"止修"为宗旨,力反"良知为心体"之义。其所谓"修",即指"修身",所谓"止"即指"知止"。前一点与心斋之说相近,后一点又与双江相近。实则李见罗所立之说,大旨以反对以"良知"为体一点为其特色。然所用"止""修"二观念无论从大本或工夫讲,皆不切实,未足以成家。其所以反对以"良知"为体,又由于误解儒佛之辨,以为凡言"心"为体为本者皆属佛教思路,故最喜伊川所谓"释氏本心,圣人本天"二语。李氏于儒学心性论中之主体性观念,根本未能悟入,乃有此惑耳。李见罗非阳明及门弟子,故上节不论及。

此外,曾师事阳明,而其后又力反阳明者有黄绾(久庵)。黄绾于阳明,先友后师。阳明逝世,久庵初仍以弟子自居。但晚年思想大变,不唯反阳明之学,且以为周张程朱以下皆是"禅学",其说见《明道编》。梨洲《学案》卷十三,虽列黄氏小传,然只稍作批评,而不述其学,盖久庵偏执浮薄之说,为梨洲所深恶也。今观《明道编》,则久庵之说,粗疏混乱,于儒学内部问题既无确切了解,释经训故,亦随意强说。如以"法"释"格物"之"格"字,又以见"物则之当然"为"致知";其训解固无理据,其主张亦实不脱程朱旧说,而自以为妙悟新解,正见其陋也。近人虽有极力赞美黄久庵者①,然以哲学史标准言,其说实无可取,故本章亦不述及。

双江主归寂之说,王门诸弟子均不以为然;而罗洪先(念庵)独契合其论旨,以为能救龙溪立说之病。罗氏论学,大旨皆与双江相类。故本章既述双江以代表此派,于罗氏即从略。

以上略举其彰著者言。阳明后学变化极繁,若详作整理,则可论者尚多,非本书所能容纳。故述阳明之学即到此为止。至于明末之思想趋势及清初之哲学言论,则在第六章中另作评述。以下当对宋明儒学之后期理论作一总结,以结束本章。

第四节
后期理论总评

宋明儒学之后期理论,即与通常所谓"陆王之学"大致相应。此一阶段之儒学,以归向"心性论"为特色,与重视"宇宙论"及"形上学"之初期及中期之学说,有根本方向之不同。若就历史标准讲,则因孔孟立说,本取"心性论"模式,故陆王之学应属最接近先秦儒学之本意者。若就理论标准讲,则周张所代表之"天道观",与程门所立之"本性论",在严格意义上,皆含有极难消除之理论困难(此点在总说中已

---

① 如容肇祖在其《明代思想史》中即极力推崇久庵之说,然其论点不外常识,未能接触儒学之真问题及真理路也。

反复说明），而"心性论"则由于归向主体性，对以上二型理论之困难大致可以避免。就此意义讲，后期理论在稳定性上即胜过前二期之学说，亦可说较为成熟。

然专就"心性论"一型之儒学看，自亦涉及许多不易解决之问题。阳明立说，原代表此一阶段之理论之完成，然其后学议论纷纭，演变繁杂，其原因即在于立"心性论"时，所涉及之种种理论问题，本身既不易解，在阳明言论中亦未能一一清理，故后学滋疑，争不能决也。

阳明学说所引出之哲学问题之争论，即决定明末清初哲学思想种种倾向之主要线索。此点在下章中详说。此处总结后期理论，所应指出者，则有以下两点：

一、内在问题

"心性论"之特色，原在于道德主体性之透显。但"主体性"观念与常识距离甚远。人在经验意识层面思考观察时，常不能悟见此主体性。倘欲建立一明确理论以透显主体性，则此处第一关键即在于"最高自由"之肯定，而"最高自由"一观念显然与经验界之条件系列直接冲突；因此，欲肯定"最高自由"，又必须先区分"经验"与"超经验"两境域。建立此种理论区分，虽有种种思路可循，皆非可轻易完成者。阳明之思路，以在当前人之自觉活动中透显"应然意识"为起点，此自与孟子思路最近，亦与象山之"本心"观念相近。此种思路，就体验反省一面说，虽易使人有亲切感，但对自我留驻于经验层面者言，则缺乏思辨（非"思辩"）上之强力论证，由之对此处种种常见之误解或混乱观念，殊欠澄清之功能。若不辅以一套较严格之语言，处处清理所涉观念，则此种思路即易被误解、误用而丧失本来面目。此可说是心性论一型之儒学——陆王上承孟子一系之思路之内在问题。

如上各章所屡屡言及，"心性论"在理论标准一面说，原较"天道观"及"本性论"为成熟,其理论效力,在严格意义上,本较他说为高;然此种理论建立时,所需要之语言清理及思辨工夫亦较多较难。故建立一心性论型之学说,每每最不易使人能确切了解。此即所谓"内在问题"。

若更求浅显,则可说"心性论"本身需要之条件较多较难,因此,循此一思路讲德性文化问题时,所取虽是正路,然所需完成之理论工作,则远比讲宇宙论、形上学各类理论时为多。实际上讲心性论者,未必能完成此类建立所需之工夫,由之,便有常被误解之后果矣。

"心性论"之根本义,在于"主体性"及"最高自由",距经验意识最远,不似"天道观"或"本性论"皆依"存有"立说,易于接近。此是"心性论"内在特性使然,故从此角度说,"心性论"即有难于建立、难于使人确切了解之"内在问题"。但此所谓"内在问题",乃建构理论及传达方面之问题,与"心性论"之理论地位无关。反之正因"心性论"之理论地位较"天道观"或"本性论"为高,故其建构传达,均较后二者为难。此中分寸,学者须明辨之。

陆王之学,本身最为高明,然所引出之误解特多,亦是事实。学者倘对以上所言之"内在问题"有一确切了解,则即不致将一理论本身之地位与此理论在建构传达上之困难混而为一。此亦吾人讲"心性论"时所最应留意之事也。

二、外缘问题

"心性论"表现于陆王之学说中,即本书所述之宋明儒学后期理论;上节已说明此种理论在建构及传达两层面上,均涉及较深曲之理论工作,因此易为人误解。此由其理论特性使然,故称之为"内在问题"。除此种"内在问题"外,外缘方面尚有许多因素,使陆王之学易受误解。本节即举其大者,略作解释。

所谓"外缘"自指历史环境而言。细分之又可有两层：第一是一学说兴起时，其他已有之学说所造成之思想情况；此自亦是一种历史环境，但只限于学说思想一层。第二则是一般意义之历史环境，主要指当时之社会政治情况；此类问题可与前一层问题分开，而作为另一层问题。

先就第一层讲。先秦儒学至秦汉时，即开始为人误解；其枢纽在于心性论本身之特性不为人所了解，而孔孟之学说遂被人通过形上学观念及宇宙论观念而解释。盖就历史契机而言，秦汉之大一统，有利于种种文化成绩之混合；而在哲学思想方面，南方之形上学观念、"燕齐迂怪之士"所倡之宇宙论观念，甚至巫祝神仙之说，皆与代表周文化之人文精神混合浸润，于是有汉儒之"宇宙论中心之哲学"出现。自此，孟子心性论中之"主体性"观念，遂为此一混合思想所隔，而罕为人所了解。就此而论，唐韩愈及宋代诸儒所谓孟子之后儒学本旨不传，亦非无理。至韩愈及宋儒（象山除外）本身之未能回向心性论，则又是另一问题。此点自与学者误用后出文献为据有关，前章已论，兹不复赘。

汉以后之中国思想，在一长时期中不能接触"主体性"观念，此是心性论精义不能透显之原因；但汉以后之中国思想界中又有另一因素，有利于"主体性"观念之重显者，此即外来之佛教教义之影响。

佛教教义自原始教义经部派小乘之说至大乘空有二支，再发展为真常之教，内容滋繁；然统观其思想趋向，则佛教始终以"主体性"为教义中心，自最初言解脱涅槃之义，至晚期中国佛教之强调"佛性"，盖无不以"主体性"为依归。虽佛教所肯定之"主体性"，在功能及境界方面，与儒学所肯定之"主体性"不同，然就是否强调"主体性"而论，则佛教大乘教义反与儒学之心性论有相近处；由此，当陆王诸家力倡心性论之儒学时，即不免时时摄取佛教某种观点或论证以助其立说。虽在"主体性"之境界上,"儒佛之辨"甚明,然另一方面,欲透显"主体性",则其理论除上承孟子外,可以得助者,只有佛教教义。此乃历史环境之限定,亦属无可奈何之事也。

阳明及其后学,在论及"心体"时,皆不免吸取佛教某种观点。此虽不碍"化成"与"舍离"之大分别,然在不明此中严格理论分际者观之,则极易误会"心性论"之"近禅",至如王龙溪之流,本身对佛教及儒学所肯定之"主体性"之殊异未能掌握,则其说被人视为瞿昙之说,更不足怪矣。

关于阳明及其后学受佛教影响而提出之哲学问题,下章中另有论述。此处须指出者,只是晚期之宋明儒学,由于摄取佛教对于"主体性"之某种论点,故极易启世人之疑。此是一"外缘问题",然治哲学史时,学者亦不可因其非内在问题便不予注意也。

再就第二层讲。晚期宋明儒学虽肇始于南宋之象山,然其大成在明代中叶之阳明。明代开国以来,本无真正"盛世",而英宗之后,更是步步进入"衰世"。阳明一生历宪、孝、武、世四代,正属日见衰落之阶段,至后学则不数传已至明末之大衰乱矣。故就哲学思想以外之历史环境讲,则晚期宋明儒学(即以"心性论"为主之宋明儒学)在完成其理论时,已处于社会政治之衰乱时期。及其说大行之际,则更值大乱之来临。由此,阳明之学遂陷于一极不利又极易受责难之历史环境中。

盖人处衰乱之世,最感迫切者乃外在之实效问题。心性论之儒学,作为"成德"之学,或甚至作为广义之纯哲学看,自属最成熟最高明之学说,然"成德"与立功非一事,理论内部之效力与外在影响之实效又各涉及不同问题。"心性论"与事功问题虽非有任何内在冲突,然心性论如不透过一客观化之观念,即可与事功问题之境域隔离。阳明及其后学,对于客观化问题皆不甚看重。倘其学说流行不在衰乱之世，则世人之反应或有不同。不幸此学说正在衰乱之历史环境中出现，对世人之迫切问题遂有所隔。此种感受在明亡而清以异族入主中国时，更为强烈，而持心性论之儒者，面对此种历史环境，亦似束手无策。于是急于救衰止乱之学人，除对心性论本身确有了解者（如黄宗羲）外，即由衰乱感之压力转而排斥心性论，甚至指为引生衰乱之因素矣。

此是明末清初王学衰落之外缘因素，亦晚期宋明儒学之悲剧也。

ᗢ　　ᗢ　　ᗢ　　ᗢ　　ᗢ

总之，晚期宋明儒学归于心性论，就历史标准看，此学说原最接近孔孟本旨，就理论标准看，此学说亦是一最成熟之成德理论，然由于内在与外缘两面之问题，此一最成熟之理论，反而最受人误解。当其为派内学者误解时，便有所谓"王学之流弊"出现；当其为派外一般人所误解时，即被指为应对当时之衰乱负责者，因而益受抨击。吾人治中国哲学史，论及此一学说，固当确切掌握种种理论分际而不使问题淆乱；另一面亦应明切了解此中种种问题之相关线索。吾人倘确切了解阳明之学如何为人误解，又如何处于一不利之历史环境中，则结束宋明儒学时，已可隐隐看出其后之思想趋势。本章至此论述已毕，以下即转至明末清初之哲学思想，而以上总评即由本章转至下章之理论线索也。

新编中国哲学史

THE NEW HISTORY OF CHINESE PHILOSOPHY

劳思光 著

（增订本）卷三·下
VOL.4

生活·讀書·新知 三联书店

Copyright © 2019 by SDX Joint Publishing Company.
All Rights Reserved.
本作品版权由生活・读书・新知三联书店所有。
未经许可,不得翻印。

图书在版编目(CIP)数据

新编中国哲学史/劳思光著.—增订本.—北京:生活・读书・新知三联书店,2019.11(2025.4重印)
(劳思光作品系列)
ISBN 978-7-108-06705-0

Ⅰ.①新… Ⅱ.①劳… Ⅲ.①哲学史-中国 Ⅳ.①B2

中国版本图书馆 CIP 数据核字(2019)第 213132 号

著作财产权人:ⓒ三民书局股份有限公司
本书中文简体字版由三民书局股份有限公司授权生活・读书・新知三联书店有限公司在中国境内(台湾、香港、澳门地区除外)独家出版。
本书中文简体字版禁止以商业用途于台湾、香港、澳门地区散布、销售。
版权所有,未经著作财产权人书面授权,禁止对本书中文简体字版之任何部分以电子、机械、影印、录音或其他方式复制或转载。

目录

第六章　明末清初之哲学思想（上）　483
　第一节　阳明后学所引出之哲学问题　483
　　一、心体问题　484
　　二、发用及工夫问题　491
　　三、"客观化"问题　494
　第二节　东林学派之调和理论　507
　　一、顾宪成之哲学思想　507
　　二、高攀龙之哲学思想　529
　第三节　刘宗周之学说　547
　　一、概说　548
　　二、蕺山学说要旨　557
　　三、简评　604

第七章　明末清初之哲学思想（下）
　　　　——清初哲学思想之代表人物　610
　第一节　黄宗羲　611
　　一、《明儒学案》中表现之思想　612
　　二、《明夷待访录》　616

三、论学之主张　632
　第二节　顾炎武　639
　　一、对宋明儒学之批评　641
　　二、论学之正面主张　646
　　三、结语　654
　第三节　王夫之　657
　　一、船山之主要著作　658
　　二、船山之哲学思想　660
　第四节　颜李学派及其他　749
　　一、颜李学派略述　749
　　二、其他儒者　762

第八章　乾嘉学风与戴震之哲学思想　769
　第一节　论乾嘉学风　770
　　一、乾嘉学风之形成与特色　771
　　二、乾嘉之学在哲学史上之意义　781
　　三、学人识略　790
　第二节　戴震之哲学思想　797
　　一、总说　798
　　二、哲学思想述要　801

后　记　853
校后记　858
答友人书——论中国哲学研究之态度　861
索引　867
附录　对于如何理解中国哲学之探讨及建议　922

第六章 明末清初之哲学思想(上)

本章及下章将以阳明后学所引出之主要哲学问题为线索,循此以观明末清初诸家之理论。言明末则有东林学派及直承阳明之刘蕺山,言清初则有顾、黄、王三家及颜李学派。下文即先析论阳明学派种种演变下所引出之哲学问题,然后述各家之说之大要。

第一节
阳明后学所引出之哲学问题

阳明后学,由于自身体验之不同,及对阳明学说了解之差异,彼此间争执颇多。然撮要言之,则所涉及之哲学问题,大致不外三点,此即:

第一,心体问题——以"无善无恶"一观念为关键。

第二,发用及工夫问题——当以"良知"之"知善知恶"与"好善恶恶"二义为关键。

第三,"客观化"问题——此点所涉范围较大,可说为"道德心与文化秩序"间之问题。

以下即分别先对此三项哲学问题作一理论上之清理,然后可进而论明末清初之重要哲学思想。

一、心体问题

阳明以"良知"为"心之体",此点立义甚明;后学中除黄绾、李材之类,另有异说外,大致在此一立场上亦不作明显争论。然阳明身后,二王之徒皆主张"心体"之"无善无恶"。至明末此说遂最为世人所诟病,而东林学派高顾二氏之说,即针对此义而作驳论。就哲学史标准看,此一争论实为阳明学派一大公案,故应先作清理。若就哲学问题看,所谓"无善无恶"之说,本身亦涉及一重要哲学问题,学者于此亦应先求明确了解。

案阳明四句教中,首以"无善无恶"说"心之体",门人如王龙溪、钱绪山等皆习闻此义。而所谓"四句教"与"四无教"之不同,固在后三句论意、知、物处,至首句以心体为"无善无恶"则王钱固无异辞。钱绪山言阳明立教有三变①,龙溪亦有类似说法;而此三变中最后阶段则是"时时无是无非,时时知是知非"。此中"无是无非"一义,亦即"无善无恶"之另一说法。而如聂双江、罗念庵等,虽言工夫时与龙溪最多冲突,然皆承认"心体"之"无善无恶"。至于心斋一系,则传至周汝登(海门)时,更大张"无善无恶"之论。周曾与湛甘泉后学许孚远(敬庵)激辩;许立《九谛》之说以驳"无善无恶",周氏则作《九解》以答之,其说则《明儒学案》皆载之。② 亦人所熟知者。周海门为罗近溪弟子,固泰州一派之后劲也。故若就哲学史角度看,则以"无善无恶"说

---

① 见钱著《阳明文集序》。
② 《九谛》《九解》之文,见《明儒学案》,卷三十六"周海门"一节。卷四十一"许敬庵"一节亦可参看。

"心之体",固是自阳明本人至门下各大派皆共持之通义也。

然则所谓"无善无恶",究是何义？阳明以"无善无恶"说"心之体",又以"至善"说"心之体";另一方面,"良知"亦即是"心之体"①,则此诸说如何能会通无碍？又"至善"一义与"无善无恶"一义纵能会通无碍,毕竟涵义不同;就阳明立教而论,何以不只说一"至善"义,而必说"无善无恶"义,以明"心之体"？凡此种种皆属哲学理论问题,非仅罗举资料证据所能论断者。本节当拨开资料文献上之种种限制,而直接面对此中哲学问题,作一理论说明。

首先,"无善无恶"与"至善"二义本不相妨,前文论述阳明四句教时即已言及。此处为清眉目,仍再撮述要旨,以通往所关之其他问题。

"良知"一词在四句教中原以"知善知恶"描述之,但"良知"与"心之体"本是一非二,而于"心之体"处又说"无善无恶",此最易启人疑猜。然学者如对此中所涉及之理论观点先有一了解,则知此处并无难解之问题。以下分数点论之。

第一,"良知"原是一能力。就此能力之发用讲,即以"知善知恶"为功能(案此处"知"字另有确定涵义,与普通用法不同,详见下节)。但就此能力本身讲,则"良知"即表"主体性",而"主体性"即"心之体"。此依旧说则可称为"良知"之"体"与"用"之分,然须注意者是此所谓"体"只是"主体",非"客体"也。由此可进至第二点。

第二,"良知"作为"主体"看,乃"善"一意义之根源,因离开此"主体"或"主体性",则一切存有皆成为中立性之呈现,无"善"或"不善"可说。依此"根源义",乃可说"良知"为"至善",或"心之体"为"至善"。又因良知既为"善"一意义之根源,故"善"或"不善"即不能转而

---

① 阳明屡谓"知者心之体",而此"知"字自即指"良知"。

描述"良知"或"心之体"。此义在前解"四句教"时已有说明，不再赘论。总之，解得"良知"是"主体义"，非"客体义"，是"活动义"，非"存有义"，则"心之体"正因是善之根源，故不可用"善"或"不善"描述。故"心之体"是"至善"，亦是"无善无恶"，不唯二义无冲突，且正相依而立也。但如此解说，只能澄清"四句教"中"无善无恶"之说与"心体"是"至善"之说间之意义关系，仍未能表明何以须强调此"无善无恶"一义，欲于此问题再作探究，即须转至第三点。

第三，以"无善无恶"描述最高主体性，原是佛教论点之一。远自《大智度论》之辨两边，即含有此意。禅宗慧能更明言"真性"之"不染善恶"。[1] 宋明儒学接触之佛教，大抵以禅宗所传为主。阳明立"良知"之说时，对佛教此种观念之理论意义，原不能不予注意；而其所了解之具体内容，则直接来自禅门之说。此处须加辨析者，是佛教所接触或揭示之理论问题如何是一事，佛教解答此类问题所依之精神方向是另一事。后世议阳明之学为"近禅"者，乃误解阳明之精神方向，自属显然有误。此点在总论宋明儒学时已有说明。[2] 约言之，即在精神方向一面，儒佛之别即明确定立于"对世界之肯定"或"否定"一问题上，阳明亦不例外。但阳明之精神方向与佛教不同（包括禅宗在内），实表示两种"主体性"之观念不同。故若退至"主体性"本身讲，则两方所肯定之"主体性"虽有不同，其肯定"主体性"则同；由此，禅宗及其他佛教门派阐解"主体性"时所接触之理论问题，在阳明一面亦须加以处理。"无善无恶"之说，基本上由确立"主体性"之最高自由而来；此一确立之要求，在阳明看来，亦是立"良知"以明"主体性"时所应有之要求，故阳明之"良知"虽与禅宗六祖所言之"真性"或"自

---

[1] 《六祖坛经·忏悔品》。
[2] 参看《新编中国哲学史》卷三上第二章。

性"内涵不同,然其强调"心体"之"无善无恶"时,固与禅宗所接触之问题相同也。

兹当对此处所涉之理论问题作进一步之说明。何以欲确立"主体性"之最高自由,便须有"无善无恶"之说?简言之,此处之理论关键在于"善恶"乃对一定之意念及行为之描述语,而非对"主体性"之描述语。意念及行为由主体性生出,但既经生出,则每一意念、每一行为皆成为一受限定之存在——亦即是成为经验层之对象;若学者只就经验层面平铺而观,则即可走入心理主义,甚至物理主义之思路,而将意念行为皆收入经验现象中而处理之,此即与"主体性"断离。禅宗及阳明之学皆欲建立"主体性",自不能如此平铺而观;反之,必将"主体性"生出意念行为一义作为基本肯定(建立此肯定之理论过程又是另一事);但此基本肯定极易流为诡论,盖若将"能生"与"所生"看成互相制约之关系,则由于"所生"之意念行为皆成为经验层之对象,逆推之,即可将"能生"之主体性亦牵堕而下归于经验层面,于是"主体性"将成为虚立之名矣。禅宗见及此中问题,故立教处处扣紧"主体性"之超越独立义;换言之,"主体性"虽在经验层面上有种种显现发用,但此种种显现发用,不能反转而限定"主体性",不受限定,即最高自由也。"善"与"恶"作为意念行为之描述,即皆是一种限定;此种限定与其他限定同样不能施于"主体性",故必言"真性"乃"无善无恶"也。

禅宗为表"真性"或"自性"(六祖用法,非传统佛教所言之"自性")之不受限定,而说"无善无恶"。阳明及龙溪等后学,亦欲确立此"不受限定"义,故言"心体"为"无善无恶";至此为止,但见儒佛言心性时所同具之要求(即要求肯定或确立"主体性"之最高自由,不使"主体性"下堕而与一一意念行为同层),尚不见儒佛之异。

若就儒佛之异着眼,则可知由佛教之"主体性"不含肯定世界之功能,说"无善无恶"一义时,不易引生误解;而阳明一派之"主体性"既必含肯定世界之功能,于是曲折滋多,亦易使人误解。

佛教舍离世界而不在"此岸"建立任何肯定,故说"无善无恶"时,并无理论内部"不一致"(inconsistency)之问题;盖万有皆是幻作,则对万有之一切描述,亦可同作如是观;一觉而登彼岸,此则无可描述。"善"与"恶"作为意念行为之描述语,皆可安顿于未觉前之幻作层面中;觉性非幻作,自离一切描述,善恶一对描述语,自不例外也。但阳明之学立"良知"以显主体性时,同时立"良知即天理"一义;此是儒学化成世界之方向,于是必对此世界有所肯定;由此,善恶之义显为不可不立者,否则如何能建立任何肯定乎? 阳明亦尝明说"循理"即是"善"①,如此,则既云"心即理",又云"心体"是"无善无恶",则由此极易使人生疑,谓心如无善无恶,则理即是无善无恶;则"循理"又如何能为"善",便似不可解,黄宗羲于阳明之学颇能知其指要,然对此一疑点仍不能克服,《学案》中屡屡言及。最有代表性者是对薛侃之评语。薛侃因阳明曾告以"无善无恶者理之静"一义,故尝言"所存有善,即为善累"。② 黄氏评薛氏为阳明辩护诸语后,对"无善无恶"之问题自发议论云:

> ……又其所疑者(案此泛指世人议阳明之言),在无善无恶之一言。考之《传习录》,因先生去花闲草,阳明言无善无恶者理之静,有善有恶者气之动;盖言静为无善无恶,不言理为无善无恶,理即是善也。……独天泉证道记有无善无恶者心之体,有善有恶者意之动之语,夫心之体,即理也。心体无间于动静,若心体无善无恶,则理是无善无恶,阳明不当但指其静时言之矣。释氏言无善无恶,正言无

---

① 参看《新编中国哲学史》卷三上第五章述阳明学各节。
② 《明儒学案》,卷三十,载薛氏语录。

理也;善恶之名,从理而立耳。既已有理,恶得言无善无恶乎？就先生去草之言证之,则知天泉之言,未必出自阳明也。①

黄氏辩"理之静"之"无善无恶"非"理"之"无善无恶",其说原亦可成立,然据此以否定四句教中语,则立论似是而非,兹即就黄氏此论更加析辨,以衬显阳明之本意及此中所涉问题之真相。

阳明无论就"心之体"或"理之静"说"无善无恶",其主旨均在于说"动"处始有善恶可言;"气之动"或"意之动",虽用字不同,所指问题皆无大区别。梨洲以为"理"不能是"无善无恶",此则正是人所常有之疑点。"循理"即是"善",与"理即是善"仍属不同。盖"理"本身无所谓"是否循理",则即不能以"善"或"恶"描述之。梨洲谓"善恶之名,从理而立",其言甚当,然正因如此,"理"只是"善恶"成立之基础条件或根源,而不能再受善恶之描述。此义常为人所不解,故有疑难,而梨洲显然亦未明白此中理论分际所在也。

但梨洲之论辩虽不能证"无善无恶"与"良知"之教互不相容,却仍然指向一颇有理论意义之问题,此即"无善无恶"之说对于阳明之学或整个以成德及化成为中心之儒学讲,是否必要？是否有不可替代之功能？

此一问题与上文所澄清之语言问题大不相同,盖当人以为说"心体"或"理"是"无善无恶",便有语言困难时,吾人可举前说,表明"善恶之根源"本身原不能再描述为"善"或"恶",将表面上之语言困难消去,然若问:此一无语言困难之说,究竟对"良知"说及成德之学、化成之精神有无必要性？此说是否不可用另一说法替代？则此处所涉已非语言意义之澄清,而涉及理论内容矣。

黄梨洲强调"释氏之所谓心,以无心为心",又"释氏言无善无恶,

---

① 《明儒学案》,卷三十,黄氏案语。

正言无理也"[①]即显出梨洲心目中实有此进一步之问题。佛教言"无善无恶",甚为自然,盖对于否定世界之精神讲,此说明有助成其遮遣分别相之作用。阳明及其后学则立"良知"以言成德及化成,持肯定世界之精神方向,然则何以须说"无善无恶"义?此非语言是否有困难之问题也。梨洲原将两问题连说,此自有误,然吾人澄清第一问题后,仍不能解消第二问题。

就第二问题讲,上文吾人已指出"无善无恶"一义可以显出"主体性"之不受限定,即所谓"不着"于善恶之意。然顺儒学肯定世界之精神方向看,建立"主体性"时是否必须依此"超善恶之限定"一义以显此主体性之最高自由,则实是一未决之问题,阳明及其后学亦未能扣紧此一关节。证立"无善无恶"义之必要性也。

以上所论,亦可简说如下:

"心体"是"至善",即"心体"为"善"之根源。"心体"既为"善"之根源,则可说为"无善无恶",因"善之根源"不能再说是"善"或"不善",正如推理能力为逻辑之"真"之根源,推理能力本身不能再说为"真"或"不真"也。故"善之根源"说为"无善无恶",并无不可解之语言困难。然以"心体"为"至善"时,不说"无善无恶",是否即必有将"心体"化为"受限定之对象"之后果,则须涉及"无善无恶"之说可否为另一种同样能确立心体之最高自由之说所代替一问题;再进一步,又涉及此二说之比较问题,而此一"比较"又将落实在"否定世界"与"肯定世界"两种精神方向之殊异上。盖若"否定世界",则说"无善无恶"以确立"主体性"之"不受限定义",极为自然;但若"肯定世界",则依"至善"以建立"主体性",反较自然,而如此说时,亦未必不能确立"主体性"之"不受限定义"。此是"无善无恶"一问题之要义。

[①]《明儒学案》,卷三十,黄氏案语。

阳明说"心体"是"至善",亦说"心体"是"无善无恶";后学中则盛倡"无善无恶"一义,以为是最高究竟义,于是引出种种误解、种种流弊。而明末之东林学派则面对上述之问题,而强调"心体"之"至善"一面。故以此一哲学问题为线索,即可通往东林顾高二家之说矣。

另一面,学者如欲顺此心体至善之义,而另组理论以显示"主体性",视为阳明学说之修改,则即是刘宗周之方向。此则应从阳明及其后学所引出之另一哲学问题着眼。至此,乃可转入下节。

二、发用及工夫问题

此一问题可由四句教中"知善知恶是良知"一语说起。

"良知"作为"体"而论,标示最高自由之主体性;由此层面看,涉及如何安立此最高自由之问题;此可由"无善无恶"说之,亦可由"至善"说之,即上节所论。若就"用"一面讲,则阳明自身屡以"知善知恶"作为"良知"之发用或功能所在。后学中议此说者,主要根据皆在于"良知"发用是否对意念之成立为落后之问题。此意应先稍作解释。

所谓"知善知恶",倘只指对已成立之意念作价值判断言,则意念成立后,"良知"方发用。意念如恶,"良知"可否定之,但此种恶意念之生出,似乎即非"良知"所能照管。倘"良知"果不能使自觉心不生恶意念,则所谓"致良知"之功夫,皆只落在意念成立后之省察上讲。如此处取一"自我"观念为中心,则可说"自我"在"致良知"后,仍不能必无善意念,则"致良知"之"自我",固未能真实转化,不过在意念出现后追加判断而已。此点刘宗周(蕺山)议之最切,所谓"半个小人"之说是也。黄梨洲在《姚江学案》案语中谓如只就分别善恶处言"良知",则"良知已落后着,非不虑之本然"①,亦是此意;但黄氏将此问题与"心体"之"无善无恶"一问题连说,遂使此问题之特性不能突出。实则合而观之,"良知"之体用自可合说;分而观之,则专言"心体"处之问题,与言发用处之问题,自可析别,析别后其特性即显出矣。

"良知"之发用,说为"知善知恶"时,所以会引出上述之问题,并非由于阳明之说有病,而由于学者误解阳明之"知"字之确定意义。阳明之"知",非观察认知之意,实指作肯定及否定之能力。故"良知"本身有一定方向,而此方向即与纯粹意志之方向同一。此义前章论阳明之学时即已说明。兹再撮述数语,以清除可能或向有之误解。

当阳明说"知善知恶"时,盖将价值自觉与意志方向合言,故所谓"知"善恶之"知",即作迎拒之活动,故阳明常借"如恶恶臭,如好好色"二语以说之;气味与颜色通过感性经验而被人所"知",但此非阳明所说之"知",唯当感知"臭"与"色"时,同时即有一"好"或"恶"之意志活动——亦即一种肯定或否定,此方是阳明所谓之"知"。盖阳明之"知"非了解事物在感性或理解中所呈现之属性关系之谓,而指意志之肯定或否定;任何事物——包括吾人自身之已成意念及行为——当为吾人所认知时,自必通过一定认知能力而呈现其认知属性,然仅如此呈现,尚未涉及价值及意志问题;价值自觉或意志决定,乃对于已通过认知而呈现之事物属性,再作一迎拒之决定,此决定乃价值活动,本身非认知活动,而阳明之"知"则正落在此处也。

既明"良知"一词中"知"字之确解,则可知阳明说"良知"时,"知善知恶"与"好善恶恶"之义实一同成立;盖若无对"善"之肯定及对"恶"之否定功能,则"良知"即无所谓"知善知恶",而将堕为认知观照之能力,即只能显现性中之万有;另一面,"知善"时即有肯定"善"之

---

① 《明儒学案》,卷十。

自觉,"知恶"时即有否定"恶"之自觉,此肯定及否定亦不能离开对"善恶"之自觉说。无"善恶"之察别,即无迎拒活动,有"善恶"之察别,亦必有迎拒活动,此所以就阳明用语说,"知"与"意"发用不二;而阳明所以言"知行合一",其根据亦在此也。

此义凡深究道德理性之功能者,皆不能忽视。如西方康德以"理性"为主而建立其系统,然在《实践理性批判》中,即明言"理性意志"即"纯粹意志"。盖意志本身只是一形式意义之有关能力,以情绪、欲求、形躯之感受为其内容,则有具体之经验意志出现,"纯粹意志"即对"经验意志"而立名;当意志不以情欲及感受为内容时,即与"理性"合一——可说以"理性"为内容,亦可避免用"内容"一词——而成为"理性意志",而"理性意志"即一切道德活动之基础也。以此理论与阳明之说比观,则阳明之意益明。阳明以"存天理,去人欲"教人,即求意志纯粹化之努力,此是实际上之道德实践工夫之根本;阳明以"知善知恶"说"良知",即强调心灵本有察别理性与非理性之异之能力;阳明借"如恶恶臭,如好好色"二语说"良知"时,谓"好"与"恶"在自觉到"好色""恶臭"时便已发动,则是强调主体之价值自觉与意志之迎拒一齐发用。即"知"与"意"发用不二,亦即"致知"与"诚意"有一贯性也。

依此,阳明之本旨如明,则纯粹意志即以"良知"为方向之意志,故"致良知"之功,向外看虽表现在"格物"上(即表现在"正"一切行为意念之"不正"者上——而向内看则落在意志自身之纯粹化上)。致得良知,即使内在意志归于良知之统率,则恶意念之淘除,即在意志纯粹化时完成。蕺山、梨洲所疑,皆可消融矣。

以上乃就阳明本旨说,重在阐明此处所涉之哲学问题在阳明学说中原有解决之道。但若就字面说,则阳明用"知"字显然与"意"字分开。二者在发用上之不二,阳明只在论"好善恶恶"时说及,四句教中未显此义。且"知善知恶"之"知"字,与通常日用语言所说之"知"字涵义之不同,亦未单独说明。由此,后学者未能完全了解此中理论线索时,仍不免疑"知"之不足以净化意志。此即刘蕺山所以对阳明学说不满,而另立"诚意"之说之故。学者倘只随蕺山之说以解阳明,固是大谬,但既知阳明本旨之后,亦不妨另观蕺山立说之思路及其特色。盖蕺山立论固亦有至精处,实宋明儒学中之殿后人物,其评阳明虽不当,其立说亦自有特长也。

蕺山立"诚意"之说,重点自是在工夫及发用上,但由于蕺山另行组织一理论,故其说涉及"体"时,说法亦大有不同。下节论蕺山之学时当详及之。

此是明末儒家由阳明后学所争之第二哲学问题所生出之理论,亦谈明末清初哲学思想时一重要论题。

三、"客观化"问题

兹进至影响明末清初哲学思想之第三问题。

前节所论之心体问题及发用工夫问题,皆由阳明学说内部引出,可说与阳明之特定理论有直接关系。阳明后学对此二类问题之种种争议,虽常涉及对阳明学说之误解,然此类误解亦皆与阳明自身所用之某些特殊词语有关;故无论就"无善无恶"之说讲,或就"良知"是否因其为"知善知恶"之能力故后于意念之成立一问题讲,总是专对阳明学说而立论。现在将讨论之第三问题则不同,所谓"客观化问题"并非阳明学说独有之问题,而实是整个儒学思想内部向有之问题。自先秦儒学成立以来,所谓"客观化问题"从未获得确定处理,倘吾人承认此一问题之重要性,则即应说,对"客观化"问题之未能处理,乃整个儒学传统之内在缺陷,非某一儒者之学说之病痛也。

关于"客观化"问题之确定涵义,下文当即作一阐释。此处有须先加说明者，是此一问题何以适在此一时期出现。盖"客观化"问题既是儒学内部向有之缺陷，则何以恰在阳明学说盛行之后乃为人所注意，而成为影响明末清初思想界之一大问题，而不在其他阶段出现，似应有某种解释。

此点虽一部分与历史外在因缘有关，但专就儒学精神内部之发展演变讲，亦非全无可说。吾人若了解儒学思想本身之历史，则应知先秦孔孟立说之后，荀卿已不解孟子之心性论；秦火之后，汉儒杂糅古代各种不同传统之观念而建立其"宇宙论中心之哲学"，其说本身既粗陋可嗤，又全离孔孟立说原旨，故严格言之，汉以后儒学思想实即进入衰落时期；此与汉代在政治上之成就非为一事，不可混同也。自汉末至于隋唐，就哲学思想一层面说，儒学始终在衰落中，但此时期中佛教之另一种"心性论哲学"则已大行。因此，世人虽不解儒学之心性论，然已逐渐对心性问题之重要性有所觉察，遂亦发觉汉儒哲学思想之粗陋，此所以南北朝以后之知识分子，在哲学思想上多少皆倾向佛教。而中国佛教大成于隋唐，亦正是中国心灵在本有之心性哲学衰落时，自寄于外来之心性哲学之表现也。

为本书前章所示，唐末至宋初中国思想界即渐渐转入重建儒学之阶段。然北宋诸儒皆不能摆脱秦汉以来伪书托古之影响；于是濂溪以下诸家，虽皆以重建儒学为己任，然皆未能真正回归于孔孟之心性论，反为《易传》《中庸》《大学》等杂乱文献所笼罩，徘徊于宇宙论及形上学之间。"天道观"及"本性论"之出现，皆是宋明儒学之成果，但与孔孟心性论比观，则皆属异说，非原旨所在也。南宋朱熹收周张二程之说构成其综合系统，可视为北宋儒学之总结，然以归于孔孟之学为标准看，则其系统与心性论哲学之殊异，亦由此益显。陆象山承孟子而立说，遂不能不有朱陆之争矣。晚期之宋明儒学自以阳明为代表。阳明虽未能完全摆脱后出伪托之书之影响，然其主旨确已归于

"心性论"。故纵观儒学自身之历史时,可说阳明学说方代表宋明儒学之成熟期。而至此时期,儒学本身之优胜处及缺陷处,便同时显出。盖某一学说所代表之精神方向,愈成熟则其特性愈显,而此类特性即包含优胜与缺陷两面也。①

本节所论之"客观化问题",原属儒学内部之缺陷所在;孟子时儒学初盛,此缺陷亦稍稍透露,故荀卿稍见及此问题而形成孟荀之对立。此后儒学既衰,内在缺陷反而不显,故魏晋玄谈、隋唐佛教攻儒之说虽多,皆未能接触儒学之真缺陷所在;甚至北宋儒者纷纷立说时,派内派外所争亦皆未进至此一层面。独南宋朱陈事功之辩,稍触及此问题,然龙川本人于此中理路亦只恍惚见之,而朱熹亦未尝由陈之挑战而反省儒学精神本身之缺陷,但视为谬论妄说而已。阳明立说,正因其成熟,故亦最能显出儒学之特性,而此类特性中即包含"客观化问题";换言之,儒学之内在缺陷,正在最成熟之系统中显出。此是阳明后学所以会觉察此一问题之内在解释。

至于外在解释则甚明显。阳明生当明之衰世,其说日行,明政亦日衰。最后明亡于满族。此种历史上之挫败,自使知识分子于其所承之学统及精神方向不能不先有所疑而继有一番反省,反省处便可揭露此种内在缺陷问题。此点世之论者已多,不再赘述。

以上交代已明。兹即进而析论"客观化问题"之涵义,并说明此一问题对此阶段之哲学思想之影响。

所谓"客观化"问题,原指"主体性"之"客观化"而言,倘离开"主体性"则无所谓"客观化";譬如日常用语中所谓"简单化",自指某种"复杂"事物之"简单化",倘根本无所谓"复杂",则"简单化"即无从说起。故所谓"客观化",应视为"主体性之客观化"之缩写,方可避免误

---

① 参看《新编中国哲学史》卷三上第二章对宋明儒学之总说。

会。世人滥用"客观化"一词,时时可见,皆因不知"客观化"一观念,须附于"主体性"一观念而成立也。

又与此相连者又有"客观精神"一词,其误用情况亦复类似。"客观精神"一词,自是黑格尔之用语;而黑格尔系统中,"主观""客观""绝对"三观念相依而立,与正、反、合相应;倘不先明"主观精神"之意义,而但言"客观精神",则其说即不可解。此点虽不如"客观化"一词预认"主体性"之明显,其理则一。兹将说明"客观化"之确定意义,故先对此类基本了解略说数语。

以下即分数点阐释"客观化"问题:

(一)"客观化"之活动义

对于"客观化"作最明显易知之解释,可由主体之活动说。此可称为就"活动义"解释"客观化"。

如上节所指出,所谓"客观化"原指"主体性之客观化",故若将"客观化"视为主体之一种活动,而与主体之其他活动分开,则"客观化"之涵义即可由此显出。

今先就"道德理性"讲。"道德理性"作为主体性看,则相应而言,此处主体性之活动即为作道德价值肯定及否定之活动,可简称为"道德活动"(此自是取广义说,下文另有解释)。

道德活动如何可有"客观化"与"非客观化"之区别?此可举事例作初步说明。

兹以政治事务为例。道德活动落在政治事务上,自是要求政治事务之合理;若专就政治事务之处理结果讲,则其处理结果或合理或不合理,似与个人事务亦无大异。如只顺此观点说,则只能将政治事务与个人事务视为同层之两部分;于是政治生活中之是非或善恶问题,遂亦将视为与个人生活中此类问题完全同质。其区异即不能显出。但吾人如进一步考虑"政治事务如何能合理"一问题,则将发现有两种极为不同之可能情况；于此着眼，即可看出政治事务上之道德活动另有其特色，而"客观化"问题即可由此步步透显。盖此种特色即标示"客观化"与"非客观化"之分界也。

此处当用更具体之事例说明之。例如，惩罚罪犯而保护善良，乃主要政治事务之一。此种司法性之事务，若就其实际处理讲，则结果自总以能使罪人得罚，而善良者不蒙诬为"合理"。而在此种处理上求"合理"之活动，似亦与在其他个人事务上求"合理"之活动，同为道德意义之活动。盖某人在此种事务上，若不能"合理"，则将与在个人事务上不合理时同样遭受道德之谴责。但吾人若不停留此一最普遍之层面上，而逼进一步问，人当如何达成司法事务之"合理"？则显然有两种可能：

第一，纯依处理者之道德意志、智慧及勤劳等条件而达成"合理"；简言之，即纯依赖执行审判权力之个人之主观条件而求其处理之"合理"。在此情况下，司法事务之能"合理"，即完全依赖某些个别心灵之优越能力（包含道德自觉及意志等）。往者中国民间流传之"包公"一类故事，即充分显现此种想法。在此情况下，此类政治事务之"合理"，纯由当事者或主持者之道德及智慧直接发用而决定，因此即不见其与个人事务之区异。

第二，另一种情况是，人当肯定惩罚罪人等司法事务应求"合理"后，注目于一种脱离特定个人之轨道或秩序之建立，以使此类事务必通过此种轨道秩序而获得"合理"之处理。其所谓"合理"在内容上与前一情况固无不同，然其达成"合理"所依之条件则迥异。前者依赖特定之个人或个别心灵之优越性，此一情况下，则达成"合理"须依赖轨道秩序之优越性。此种轨道秩序可统称之为"制度"或"法制"。制度或法制如能"合理"（注意：此是另一意义层面上之"合理"），则一切纳入此制度下之事务，即可依赖此制度之"合理"而获得"合理之处理",不必依赖特定之个人或个别心灵。二者之分别实甚明显。

试想,若司法之"公正"或"合理",全依赖主持者之优越性,则此类事务之能得"合理之处理",不能离开此种特殊人物而获保证。世有"包公"一类之公正司法者,则司法事务即由此类司法者之活动而获得"合理之处理";"包公"死去,则"人亡政息",世人只能希望再有一"包公"出现。此即显示,在此情况下,司法事务之"合理",并无客观保证。无客观保证即是求司法合理之精神未能"客观化"也。

至此可知,以司法事务为例,人可只依赖特定之司法者而求其"合理",又可依赖司法制度而求其"合理"。此种制度本身乃人之自觉创造之成果,而从事此种创造时,由于其自觉方向仍以道德理性所要求之"合理"为定向,故仍可称为广义之道德活动。然此种道德活动与个人道德意志之净化等内在工夫不同,而是落在客观世界上去创造某种秩序,以使客观世界中事象之运行纳入此秩序中。如此,通过此一创造活动,客观世界本身即有一改变,此改变即是受道德理性之铸造而由自然存在渐化为文化性之存在(此处用一"渐"字以表此种转化并非可完全圆满者)。道德理性转化客观世界,故即称为"道德理性之客观化",盖"客观化"者,谓"道德理性"使自身成为客观世界之一部分而已。当客观世界受道德理性之转化而增多其存在内容,成为文化世界时,其所增者即道德理性客观化自身之成果也。

解说至此,吾人可知,纯就"活动"解释"客观化"时,则可说,求一一事务之"合理",乃道德理性之"直接活动";而创造制度或秩序,以使事务能通过此种形式性之铸造而成为"合理"则是道德理性之"间接活动","间接活动"即"客观化"之活动也。

上节只以司法事务为例以说明此两种活动之殊异;扩而言之,整个文化秩序皆可作如是观。倘回到"客观化"一词本身说,则应知解释"主体性之客观化"时,原可就不同层面或角度着眼。政治事务与个人事务之对比,乃最浅近之解释进路。"直接活动"与"间接活动"之分划,亦是在此种解释下方为有用。吾人倘更进而探求此处"直接"与"间接"之别何以会定立,则又须涉及进一步之解释。于此吾人乃可论及"客观化"之"境域义"。

(二)"客观化"之境域义

由于"客观化"原不能离"主体性"而言,而"主体性"又必依活动而立,故取"活动义"以解释"客观化",最易下手。但只就活动之不同以说"客观化",其意蕴尚多未尽,故现再取"境域义"以作进一步之解释。

前说"活动义",曾举"直接"与"间接"之分,以表明"客观化"与"间接活动"相应;今试再追问此种"间接活动"成立之理据何在,则即不能再用上节所论者答复;盖此问题之提出,正在上节之划分已做出之后也。

欲答复此问题,须先提出"境域观念"。

所谓"境域",乃相应主体活动之情况而立。兹仍就道德理性说,则道德理性之活动,既有直接与间接两种情况,则与此相应,即有两个"境域"。吾人倘能进一步确定标示出此两境域之特性,则对两种道德理性之活动即可有更明确之了解,而"客观化"问题之涵义,亦即可更趋明朗。

为表述之方便,现仍承上文以政治事务为例以进行此处之探究。

前文已言,"政治事务"之"是非"或"善恶",应分为两层面看。其一是具体之处理结果;就此而论,不见政治事务与其他个人事务在价值决定上之殊异。其二则是事务获得处理时所通过之形式;就此而论,乃见道德理性之"间接活动"。然则政治事务何以多此一特性?其答案即落在"主体"之"单一"或"众多"上。

就道德理性而言,当吾人专就"单一主体"看时,则道德理性之发用纯依自觉与意志状态而定;若有循理之自觉,意志即取此方向,由此而决定向外之行为,此处便无"恶"或"非"可说(至于行为内容则属另一类问题)。但若就"众多主体"看,则此处"众多"之"主体"既皆为"主体",便成为一种"并立"关系。于是此时道德理性之发用,首先即落在"使此众多主体不丧失其主体性"一要求上,盖若使"主体"丧失其"主体性",则用儒学常用词语说,即是不能"尽性",亦即是不能"如理",即成为一"恶"或"非"矣。

就"主体"与"对象"说,"主体"能循理以处理此"对象",即无"恶"可言;但就"主体"与"主体"间讲,若将某些"主体"只当作"对象"看,则此处即已违理。而此处之"违理"问题,在"单一主体"统摄"对象"时并不能出现,只在"众多主体"成为"并立"时方出现。于此乃可透出两"境域"之不同。

此两境域即可称为"单一主体之统摄境域"与"众多主体之并立境域"。政治事务本指公共事务而言,故必涉及众多个人;而言德性或理性时,既须肯定人之有道德理性一层之"主体性",则此众多个人即不能不皆视为"主体"。于是使主体尽其性之要求亦必出现。而欲满足此一道德理性之要求,即必须各个主体超越其"个别主体性"而升入一"共同主体性",此即所谓"主体性之客观化"也。

倘再求浅明,则可如此说,每一人有自由意志,又有求"如理"之理性能力,故每一人皆有"主体性"。当众多个人同时以"主体"身份出现时,每一个别之人当自觉到其他人之"主体性"若被"我"之"主体性"吞没,则是一违理之事(此"违理"与其他活动中之"不如理"实无不同),因此,若每个"主体"皆以"实现理"为其活动方向,则当面对其他并立之主体时,即须要求其他主体亦不失其"主体性";此种要求即引生某种共同活动形式之创造,而此种创造活动即是"主体性之客观化活动",而创造之成果,即是"客观化"之"形式"也。

由此可知,道德理性在主体面对一组对象时,即只在主体处理对象之活动上要求循理;此成为一境域。而当主体面对其他主体时,则在众多主体互保其主体性上要求循理;此成为另一境域。后者即表所谓"客观化"。

再回到政治事务上。则可知个别政治事务获得某种处理是一事,而此种政治事务通过何种形式而获得处理则是另一事。倘此形式能与互保"主体性"之要求相符,则表道德理性在此种境域中之实现,故此形式即道德理性客观化之成果;否则纵使此形式下所作之具体处理为"合理"或"如理",就互保"主体性"之要求说,道德理性仍有所缺欠,盖未能在"众多主体之并立境域"中实现其"理"也。

以上纯就理论角度阐释"客观化"之涵义。毕竟此一问题与儒学及中国文化传统有何关系?又与明末清初之思想倾向有何关系?此乃吾人必须解答之问题,故既论"客观化"之"活动义"及"境域义"后,下文即回到儒学及中国文化传统上,以观此问题在中国哲学思想及文化传统之演变中居何地位,明末清初一阶段亦可包于此中而得说明。

(三)"客观化问题"之遗落及显现

就中国古代哲学思想而论,南方传统之道家思想,以超离意义之主体自由为价值,本无在当前世界中建立文化秩序之意向,可说根本不涉及所谓"客观化问题"。周人文化意识则代表北方传统;在孔子兴起以前,北方传统虽不可说有正式哲学思想出现,然自周人移入中原建立帝国时开始,原以强调人之自觉改造世界为精神方向。孔子承周文而建立儒学,可说自始即是以"化成世界"或建立"文化秩序"为旨趣。就此而言,似乎在原则上儒学应对"客观化"有所肯定,盖"客观化"之主要意义正在某种客观性之秩序之建立也。然在原则上,儒学之"化成精神"应涉及"客观化问题"是一事;实际上儒学一派之哲学家及思想家能否察觉此问题,解答此问题,又是另一事。此在理论上分别甚明。若再观历史之实际情况,则吾人所发现者是,"客观化问题"在长久之儒学思想史中,实是一"遗落之问题"。

试就孔孟以降之儒学思想,作一简要之回顾,则此种"遗落"甚为明显。孔子立说,所面对者为早期文化社会,其主要旨趣,在于揭示"文化秩序归根于自觉心"一义,故仁义礼之说之精要乃在于"摄礼归义""摄礼归仁";"义"观念之透出,虽有某一层面之客观性,然距所谓"主体性之客观化"尚远,盖孔子立说时,方极力透显"主体性",而尚未能完成此种工作;"主体性"之透显尚未完成,实难进至"主体性之客观化问题"也。

孟子立"性善"之论,以建构儒学系统之模型,可说已初步完成透显"主体性"之工作。但孟子同时即以此"道德主体性"直接统摄一切文化秩序问题,故以"不忍人之心"作为"不忍人之政"之基础,而政治问题根本皆化为道德问题;此正见孟子全未察觉"客观化问题"本身,而其理论模型反有取消此问题之倾向。

荀卿重"礼",强调传统(所谓"积")及外在改造(所谓"学")等观念,因此后世评论颇有以为荀子代表"客观化"之精神者,然此种说法在严格意义上实难成立;盖荀子学说中根本未能透显"主体性",尤其对"道德主体性"全无安顿,则强调外在意义之"秩序"等,未足称为"客观化"。若更进而言之,则荀子对政治事务及制度之观点,仍未能越出以个人为主之思路,如谓"有治人,无治法",以为"法"必依人而"行",而不能"自行",此皆表现荀子之观点正与"客观化"之要求相反也。

对孟子而言,荀卿思想显属于儒学之旁支一类。若对孔子而言,则荀卿所承当较近于孔子早期以"礼"为主之思想;此思想虽强调制度,然其代表之阶段乃"主体性"建立以前之阶段,非"主体性"建立后之"客观化"。此处分寸,固不难辨。

战国时期,中国各家思想原有互相影响之势;及秦汉统一,则各种传统观念更日趋混合。就儒学而言,《易传》及《礼记》中之《中庸》,即代表南方形上学思路与孔孟思想之混合;而西汉儒者更进而杂取阴阳五行之说(即燕齐方士之观念),以建立其"宇宙论中心之哲学"。于是孔孟之心性论本旨已晦,至于就透显"道德主体"进而立"客观化"之理论,自更无从说起。盖汉儒走入宇宙论思路,则"主体性"已不能透显,何况"主体性之客观化"乎?故无论就中国哲学史或儒学史而言,"客观化"问题至汉代即可谓完全遗落。

自汉末经两晋及南北朝,中国之哲学思想或以部分道家思想为主——即所谓"玄学"及"清谈",或以印度佛教教义为主。佛道之说虽有殊异,其不欲肯定文化世界则同,故根本上不涉及"客观化"问题,盖佛道二家之"主体性",皆根本不能要求"客观化"也。隋唐时代,佛教仍居中国哲学思想之主流地位。其间虽有韩李作复兴儒学之努力,然所触及之问题仍只在于"肯定世界"与"否定世界"之优劣分判,自未能达到"主体性之客观化"一层面。且就思想内容而言,韩李诸人尚未能确知孟子之心性论,则更何能言及拓充心性活动,补孟子之未及?"客观化"问题之遗落,自孟子已然,非韩李粗浅之学所能接触者也。

宋代儒学运动,在理论成就上自非韩李之说可比。然由于周濂溪以下诸家,无不误用资料,而以《易传》及《中庸》为所依之经籍,故其说经周张之混合系统,转至二程之形上学系统,再转至朱熹之综合系统,其理论似颇详备,而与孟子之心性论仍甚有距离。只南宋陆九渊自谓直承孟子,颇有归向心性论之趋势,然其立说,于透显主体性一面,尚未能明彻,对于"客观化"问题自更不能正式显出。

宋明儒学直至阳明立"良知"之说,始真正归于孔孟之心性论。

阳明于"道德主体性"之透显安立，立说精透，自无可疑。然于"客观化"问题仍无交代。且因阳明学说代表孟子一系之心性论之成熟阶段，原有之病至此益显，此点前文已论及，不再赘述。

总之，就儒学之基本意向而言，自孔子起即以肯定世界为精神方向，故应有"要求客观化"之趋势；但孔子本人未及就此一境域立说，孟子及阳明虽在透显主体性一面能确立道德心或道德理性，然对"客观化"问题皆未能正式提出。故成德之学虽成为中国传统哲学思想之主流，肯定世界虽为儒者所坚持之精神方向，毕竟道德理性只在自我之转化升进处显其功能，而未能在历史文化之客观推进上确显其大用。此即所谓"客观化"问题之"遗落"也。

以上是就严格意义讲，在此意义下，透显主体性而不能进至"主体性之客观化"之境域时，固是遗落"客观化"问题；另一面若只注目于文化之盛衰、历史之治乱兴废，而根本未能先透显主体性者，亦不足称为见及"客观化"问题。然若退一步，就较宽泛之意义着眼，则吾人可说，凡因感及成德成圣之学对实际客观世界之文化秩序不能作有效之统摄，而有所疑，有所追问，或有所尝试者，依较广义之说法，亦可称为触及"客观化"问题。就此义言，吾人乃可说及此一被遗落之"客观化"问题在中国哲学思想史上之"显现"。

前文已提及，先秦之荀子虽注重文化传统，尚不能说为触及"客观化"问题；汉唐儒士，更于此毫无体会。宋儒在理论上可谓全未接触此一境域，但南渡以后，国势衰危，因之感受上遂有人疑成德成圣之学不足以救世。此中最显著之实例，即陈龙川之肯定汉唐事功之说。

陈龙川本来旨趣在于求国家之复兴，由此而强调事功本身之价值。盖"成败"本身另有一理，则倘逆溯而追问其理论根源，则最后必达至一重要分别，此即道德心本身之明昧是一事，而已明之道德心如何能统御客观事势又是另一事。由此,成德或成圣之学倘若只落在道德心之明昧上说,则此心既明后,仍大有事在;盖已明之道德心必须在另一境域中发用,方能建立客观轨道以统御事势也。此义自非陈亮或其他言事功者所知,然在理论上龙川之论点既可逆溯至此一分别,则宽泛言之,仍可谓"客观化"问题在朱陈之争论中一度显现也。①

儒者因危难感而疑成德成圣无补于救时救世,自不仅龙川为然。明之由乱而亡,且亡于文化甚低之满族,对于当时儒者或思想界,所构成之震动,更属史无前例。盖中国自汉以来,虽屡困于外患,然论衰亡之前,圣贤之学之盛行,则未有过于明代者。成德成圣之学如此盛行,而在实际历史上,则对于内忧外患毫无作用;此在后世观之,固可有种种解说,然在当时儒者,则不能不痛切反省而致疑平日推尊之学。由是,明末清初之哲学思想界中,遂时时有人议及政治制度之原则、历史演变之方向等问题,而"客观化"问题遂再度"显现"矣。

下文论及梨洲、船山之学时,即可见此诸人对"客观化"问题之努力。此处先须说明者,是"客观化"问题并非真正获得解答,不过此问题确在此一阶段之思想中时时"显现"。下文所述诸家之学,其涉及"客观化"问题者,亦只能视为一种未成功之尝试,不可以为彼等真能解决此重大问题也。

༄ ༄ ༄ ༄ ༄

本节至此为止,下节开始即分论明末清初各家之思想,大致之划分即与以上所举各问题相应。故本节所论即可视为了解此一阶段中各派思想之总线索。其有须另加解说者,则随时补成之。

---

① 关于朱熹与龙川之争论,可参阅《新编中国哲学史》卷三上第四章"朱熹之敌论"一节。

第二节
东林学派之调和理论

东林学派之立说,原以"心体问题"为重,而其精神方向则颇偏重于社会风气之建立。就前者言,东林学派对阳明后学所谓"无善无恶"之说,即力加抨击,而强调"性善"之义;就后者言,东林学派遂倡气节,关心世道。此乃其特色所在。然此学派之代表人物,如顾宪成、高攀龙,虽颇攻王学之弊,而尊崇朱熹之学,其立场又非归于程朱之形上学系统者。二人皆对朱王两方有所评议,亦常代两方有所辩解;就二人自己立说之方式看,又常兼重形上学与心性论之进路,故约而言之,在哲学理论一层面看,东林学派之理论实立于程朱与陆王两支思想之间,而为一调和者。此亦学者观东林学派时所应有之了解。

东林学派由讲学而形成一种社会势力,在明末影响甚大,然其组成分子亦颇复杂,故其影响亦有正负两面。黄梨洲在《明儒学案》中,论东林一派时盛称东林人物"忠义之盛,度越前代"[①],然此中功罪殊未易言。本书亦不能详论此类问题。下文只述顾高二氏之学,以代表明末时期此一学派之哲学思想。

一、顾宪成之哲学思想

顾宪成,字叔时,生于明世宗嘉靖二十九年,卒于明神宗万历四十年。以公元推之,其生卒年代为公元1550—1612年。

---

① 《明儒学案》,卷五十八,《东林学案》前黄氏案语。又在《南雷文定》中黄氏此类言论屡见不鲜,学者可参阅。

顾氏师薛应旗。薛氏在梨洲《明儒学案》中,列于"南中王门",为欧阳南野弟子,故专就师弟渊源言,顾氏亦应属王门后学。然薛应旗与王龙溪不合,王门诸儒亦深排之,故薛氏后修订宋端仪之《考亭渊源录》,即已倾向朱氏之学。顾氏曾引薛氏论朱陆异同之语云:

> 善乎,吾师方山先生之言之也,曰:朱子之言,孔子教人之法也;陆子之言,孟子教人之法也。此两语阐明两先生之异而同,同而异处,最为精确,庶几足以折纷纷之论矣。①

实则此说全不识朱学特性,可谓最欠精确,而顾氏深赞之,盖顾氏得之薛氏者,正属此种调和意见也。

顾氏重要著作有《小心斋札记》《证性编》《泾皋藏稿》《东林会约》《东林商语》等。由于顾氏在万历三十六年重建东林书院,会同人而讲学,故成为东林领袖。然就其学说言,则似乎常欠深透。兹取其立说之要点,分别论述,以表明其立场所在。

(一)"无善无恶"问题

顾氏最关心之哲学问题,乃心体是否可说为"无善无恶"。此点亦通至顾氏最基本之主张,故先略述其要。

"无善无恶"一观念,源自四句教,故龙溪一派最喜言之。然阳明固兼说"至善"与"无善无恶"二义,以明"心体"。后学不知阳明取"根源义"言"至善",故说"无善无恶"时只显"心体"之超越性而不碍其为"善"之根源,遂模拟禅宗意境以谈"无善无恶",流弊极大。顾宪成遂力反"无善无恶"之说,而自阳明本人着手批评。其言云:

> 《大学》言致知,文成恐人认识为知,便走入支离去,故就中间点出一良字;孟子言良知,文成恐人将这个知作光景玩弄,便走入玄虚

---

① 顾著《小心斋札记》,卷七。

去,故就上面点出一致字,其意最为精密。……独其揭无善无恶四字为性宗,愚不能释然耳。①

观此,可知顾氏对阳明言"良知"之大旨,固颇知其意义所在,然总以为言"无善无恶"是一大病。故又以为阳明既持"至善"之说,不应又言"无善无恶",而谓:

> 至善者性也。性原无一毫之恶,故曰至善。阳明先生此说极平正,不知晚来何故却主无善无恶。②

盖顾氏以为"心体"之为"至善"即与"无善无恶"一义不相容,故不解阳明何以言此四字。顾氏不解"至善"之为"根源义",遂以为阳明自相矛盾矣。以上是就阳明说。至于论"无善无恶"一说之弊,则云:

> 所谓无善无恶,离有而无邪?即有而无邪?离有而无,于善且薄之而不屑矣。何等超卓!即有而无,于恶且任之而不碍矣。何等脱洒!是故一则可以抬高地步,为谈玄说妙者树标榜,一则可以放松地步,为恣情肆欲者决堤防。宜乎君子小人咸乐其便,而相与靡然趋之也。③

案此节讥王门后学之流弊,可谓深切。龙溪以下,言及"无善无恶"者,其病大致皆在此两面见之。然如此解"无善无恶"固与阳明本意不合,此则顾氏未能深辨也。

以上所述,尚属于顾氏之态度及意见,未进入其正面理论。若就正面理论言,则顾氏之立场,乃揭"性善"一义以排"无善无恶"之说。其论孟子之言"性善"云:

---

① 《小心斋札记》,卷四,"与唐仁卿谈良知"一节。
② 《小心斋札记》,卷四。
③ 《小心斋札记》,卷四。

> 告子之徒,或以无善无不善言性,或以可善可不善言性,或以有善有不善言性,他们何尝不自性立宗？但只就各人意思两下揣摩,故其说往往眩于影响,没个着落。点出善字正示性有定体,不可以歧见淆也。①

此中"性有定体"一语是重要论断,由此以表明言"性"必须连"善"说,方不乱于揣摩猜想之歧见。又云：

> 杨墨之徒,或以兼爱言仁,或以为我言义,或以兼爱为我之间言中,他们何尝不自善立宗？但各就自家意思一边认取,故其说往往滞于枝节,没个头脑。提出性字正示善有大原,不可以局见窥也。②

此中"善有大原"一语,又是另一重要论断,由此以表明言"善"必归于"性",方有头脑。

就表面看,上引之资料仍属顾氏评孟子与诸家之论争之意见,然此中"性有定体""善有大原"二语,合而观之,即顾氏之正面理论所在。

顾氏对形上意义之"性"与自觉意义之"性"等分别,似未深究,且其立场原欲调和朱王,故若就严格意义看,则顾氏书中对所谓"性"与"善"皆可谓无究竟解释。然若取其大意观之,则顾氏言"性有定体""善有大原"时,其立论概要亦不难见。兹从其论"性"之言着手析述。

顾氏对"性、情、才"三字自提一解释,其言云：

> 性,体也；情,用也；曰知曰能,才也,体用之间也。是故性无为而才有为,情有专属而才无专属。惟有为则仁义礼智一切凭其发挥,有似乎用,所以说者谓之用也；然遂举而概诸四端,恐两下尚不

---

① 《小心斋札记》,卷二。
② 《小心斋札记》,卷二。

能无毫厘之别。惟无专属则恻隐羞恶辞让是非一切归其统率,有似乎体,所以说者谓之体也;然遂指而名之曰性,恐究竟且不免有千里之谬矣。阳明先生揭致知,特点出一个良字,又曰,性无不善故知无不良。其言殊有斟酌。①

观此节归于引述阳明,已可知顾氏此论是针对王学而发。实则顾氏此中用语及论旨,若不通过顾氏所涉及阳明一派之问题看,亦无从确切了解。此处分数点作一说明。

第一,顾氏此处论"体用",原针对阳明身后学者或以"体"说"良知",或以"用"说"良知"之种种议论而言。而所谓"知""能",则又指孟子所谓"良知""良能"说。此段之主旨,在于论"才"与"性"及"情"之分别。

第二,专就此段看,顾氏显然以"良知"归于"才",而说为"体用之间"。观其所谓"有似乎用"及"说者谓之用","有似乎体"及"说者谓之体"等,可知此"才"只应是指"良知",盖此类"体用"之争辩,本属于对"良知"之两种解释也。

第三,顾氏此处虽以"才"说"良知",但另一处又以"良知"为"通性情才而言之者"。故欲确切说明顾氏对"性"之观点,则必须作进一步之析解,方能作结论。

现即先引顾氏另一段议论,以作比较。顾氏答人问阳明致良知之说时,云:

> 窃惟仁义为性,爱敬为情,知爱知敬为才。良知二字盖通性情才而言之者也。乃主良知者既曰,吾所谓知是体而非用,驳良知者又曰,彼所谓知是用而非体,恐不免各堕边见矣。②

---

① 《小心斋札记》,卷二。
② 《小心斋札记》,卷二。

案此处所说"性、情、才"之分,本可以补充上引一节之说,但此处明言"良知"是"通之"而言之者,则"良知"不能属"才";如此,顾氏之本意如何,即成一问题。

细看顾氏在前引一节中,原说"才"因"有为"而"似乎用",然不能与"四端"同;盖以"四端"为属于"情",故与"才"不同也。在以"良知"为通性情才而言一段后文,亦论及此义云:

> 夫良知一也,在恻隐为仁,在羞恶为义,在辞让为礼,在分别为智。非可定以何德名之也。①

此则表示"良知"表现于"四端"中,自可见与"四端"不同,另一面又于不同之表现中显不同之"德性",故"良知"亦与任何一特定德性不同。依此,"良知"与"性"与"情"皆不同,然未说"良知"与"才"不能合一。且既以"知爱""知敬"说"才",则此分明正是"良知"之"知",则"良知"似仍与"才"相应也。

然则何以又说"通三者"?此处顾氏用语固有欠明确处,然学者倘扣实顾氏对"性"及"情"之讲法,则此种表面上之冲突,未尝不可消解。

试先就"性"说,顾氏明言"性有定体",又以"仁义"为"性",以与"爱敬"及"四端"等属"情"者相区别。则所谓"性",乃指自存之理或定而不变之规范本身耳。如此,"性"乃形上之理,非视为此自觉心之性,故顾氏又屡说:"性,太极也。"②从此一关键着眼,乃可知顾氏之哲学思想,基本上仍取伊川路数(案此非谓顾氏自觉如此,见后文);故顾氏盛称伊川"性即理"之说,而谓:

---

① 《小心斋札记》,卷二。
② 《小心斋札记》,卷二、卷四中均有此语。

> 伊川曰,性即理也,此一语极说得直截分明,亘古亘今,颠扑不破。①

"性"既是形上自存之"理",则与人心之意念自是二事。"四端"属人心所发,故归诸"情",此在伊川、朱熹一系,皆当如此说,不待细论。但如此言"性"与"情"后,顾氏又欲安顿一"良知"观念,则程朱之说无此义,必须自立一说法。于此顾氏乃以"体用之间"说"才",而以"知"与"能"归诸"才"矣。

"良知"如专就"知善知恶"说,则似即与"知爱""知敬"之"才"为一事。然顾氏又说为"通之者",似"良知"又不等于"才"。此则涉及顾氏对"良知"之了解问题。

观顾氏论"良知"之话,有一要点必须注意者,即顾氏以"良"为"良善"之意;而不知孟子原文之"良知""良能",原作"本有之知""本有之能",故赞许阳明所说"性无不善故知无不良"一语,盖阳明此说亦以"良善"释"良"也。但阳明虽在字面上有此误解,其论"良知"之理论系统,毕竟以"心即理"之义为主,故未尝别求一形上之根源以解"良知"。而顾氏则不然。顾氏以"良"为"知"之描述语,则"良知"之所以为"良",便当别有所据;于是遂以形上意义之"性"为"良知"之所以为"良"之根源,故"心"与"性"分开,而"理""善"等规范皆落在"性"上讲。顾氏曾与唐仁卿论所谓"心学",即明白说及此义。盖唐仁卿深恶"心学",顾氏为之解,而提出以"性"主"心"之主张。其言云:

> 只提出性字作主,这心便有管束;孔子自言"从心所欲,不逾矩",矩即性也。②

---

① 《小心斋札记》,卷十一。
② 《小心斋札记》,卷五。

此即以"性"为"心"之规范矣。心自身不能有规范,而以"性"为规范。此"性"自非自觉意义之"心性",而为形上意义之"理"矣。

顾氏如此了解"性",故以"性"为"天道"①,而即将"善"与"性"在此层面上合一,如云:

> 自昔圣贤论性,曰帝衷,曰民彝,曰物则,曰诚,曰中和,总之只是一个善字。②

如此,可知顾氏以"善"与"性"合一,而"性"为形上意义,亦即"天道"意义。"良知"之"良"即"性"之"善"表现于"知"中之谓,故记伍容庵语云:

> 心既无善,知安得良?③

此虽在"心"上说,然以"性"为"心"之规范,故"性"之善落在"心"上,而"知"之"良"即由此出。此顾氏对"良知"之了解也。

顾氏对"性"及"良知"之讲法,既如上述,则其所谓"良知"通性情才三者而言,命意所在亦不难知。盖就"知"本身言,乃一能力,故应属"才";而"知"上承"性"而成为"良知",下则显于情中,遂为四端之主;如此,则"良知"上承乎"性",下贯乎"情",而本身为"才",是故说为"通三者而言之者"。固无难解之义也。

知顾氏对性、情、才及良知之了解及讲法是如此,则所谓"性有定体""善有大原"亦可得确解。盖顾氏之"性"既是形上意义之天道,则所谓"定体"即指此有一定方向之天道言;而"善"与"性"又在天道处合一,所谓"大原"亦即指天道为"善",而决定其他层面上之"善"而言。合而观之,可知顾氏虽喜谈王学及朱学,其哲学思想则属于"天

---

① 《小心斋札记》,卷九有"性,天道也;学,人道也"二语,此外类此说法尚多,不备引。
② 《小心斋札记》,卷三。
③ 《小心斋札记》,卷十五。

道观"一型,反与周濂溪最近。此所以顾氏屡称濂溪。如云:

> 孔孟既没,吾道不绝如线。至宋而始一光。发脉得一周元公,结局得一朱晦翁。①

此以周朱为儒学正传所言。又云:

> 周元公,三代以下之庖牺也。当时二程先生亲受学于门,犹未能尽元公,则知元公者鲜矣。②

盖谓周之学尚在二程之上也。此类说法他处尚多,不再具引。总之,顾氏本人思想之归宿在"天道观",故极尊周氏。然顾氏自身对阴阳五行等宇宙论观念,又颇为轻视,曾谓:

> 性,太极也。诸子百家非不各有所得,而皆陷于一偏,只缘认阴阳五行为家当。③

顾氏不喜谈阴阳五行,而推尊濂溪:盖其与濂溪之契合,只在其天道观念,对于《太极图说》之以阴阳五行为主要观念,则未留意也。

至此,吾人乃可回到心体问题上。顾氏取天道意义言"性",故此"性"与"至善"不可分,由此深恶"无善无恶"之说。至于阳明之以根源义言"至善",故许"无善无恶"一义成立,则顾氏迄不能解。于是顾氏只强调"性善",但顾氏之"性善",依"天道观"之思路而立,明与阳明之"良知"不同;然顾氏对"超越实体"及"超越主体"之辨不明,对"天道观"与"心性论"两型之别亦不知,故自揭"性善"为宗时,又以为与阳明之说相通,可救王门后学之弊。如云:

> 阳明先生之证道天泉也,尝为之折衷矣。四无之说,接得上根,

---

① 《小心斋札记》,卷一。
② 《小心斋札记》,卷三。
③ 《小心斋札记》,卷四。

接不得中下根。四有之说,接得中下根,接不得上根。诚欲通上下而兼接,舍性善一宗其奚之?此即阳明所谓良知也。①

此处言"性善"而从天泉证道说起,盖以其揭"性善"为宗,本旨即在纠龙溪一派之弊也。而最后谓"性善"即阳明之"良知",此则表示顾氏自以为所见合于阳明。实则阳明之"良知"可与孟子之"性善"合,而顾氏就天道观言"性善",则与阳明之说大有难合之处,然顾氏未深辨之。

顾氏以为心体只能说为"至善",又以为"无善无恶"与"至善"二义互不相容,故一面视"无善无恶心之体"一语为阳明立言之病,一面又以为阳明之"良知"仍可接受。于是力排"无善无恶"之说时,仍承认阳明之"良知"。此所以顾氏在王学与朱学间遂取一调和妥协之态度。此点后文当另加论述。此处论顾氏对心体问题之观点,可作一简单结论如下:

第一,顾氏实以天道意义之"性"为第一序之"体";"心"当以"性"为其规矩,故阳明一派所说之第一序意义之"心体",在顾氏思想上实不能出现。

第二,顾氏不知"至善"取根源义讲则与"无善无恶"并不冲突,故力排后一说法。而只主张立"至善"义,而此"至善"又须收到"性"上说,此"性"又非"自觉心性"义,乃形上实体义;于是顾氏只能先就天道观思路言"性善",再就此以说"良知"而落在"心"之"善"上。在其本人,以为如此是善解阳明,实则离阳明之"主体性"观念愈来愈远。

第三,在理论上看,顾氏虽未能真实了解阳明,更不能补正王学之失,但在顾氏个人态度上看,顾氏仍以调和王朱两方为主,但由于顾氏对"心体问题"未有严格了解,故其调和自亦不能成功耳。

---

① 《泾皋藏稿》,卷十一,《虎林书院记》。

吾人得此结论后，乃可再看顾氏之工夫理论。

（二）悟与修

顾氏论工夫或"学"之问题，主旨在于悟修并重。在《虎林书院记》中即谓"重修所以重悟也。夫悟，未有不由修而入者也"①。而在《札记》中则更有明确断定。其答问之言云：

> 学不重悟则已，如重悟，未有可以修为轻者也。何也？舍修无由悟也。学不重修则已，如重修，未有可以悟为轻者。何也？舍悟无由修也。曰：然则悟修双提可乎？曰：悟而不落于无，谓之修；修而不落于有，谓之悟。②

此段问者原以或主修、或主悟为言，顾氏之答语则一面言悟修当并重，另一面更言悟修两种工夫本身实亦互通。悟修并重原不难解，盖顾氏不过就下学与上达而言。然顾氏如此立论时，其立意亦有应加说明者，兹分述如下：

第一，顾氏对于当时学人之尚修尚悟而互相排斥，至为不满，故提出悟修并重以矫此弊，如谓：

> 尚解悟的，不无露出个脱洒相来；尚修持的，不无露出个庄严相来。这是习气。尚解悟的闻说脱洒话便喜，闻说庄严话便厌；尚修持的闻说庄严话便喜，闻说脱洒话便嗔。这是习情。须尽数抛入大海洋中，莫留些儿影响方好。③

此即指尚悟者排斥修，尚修者排斥悟而言。在顾氏眼中，一味言修而轻悟或一味言悟而轻修，皆自陷于习气之中，而以习情应人，乃一大病，故须"抛入大海洋中"，方能真正为学。由此可知，顾氏虽常诋王

---

① 《泾皋藏稿》，卷十一，《虎林书院记》。
② 《小心斋札记》，卷十八。
③ 《小心斋札记》，卷九。

门后学之不言修,不能在经典中用功,然其本旨并非轻视悟或反对言悟,不过认为有所偏废便成恶习,阻害人之成德耳。近人有谓顾氏重修轻悟者,实属误解。①

顾氏主悟修并重,自对于偏向一方者皆视为病痛。然其言论中确常有痛切批评尚悟废修者之语。此则与当时学风有关。于此可进入第二点。

第二,顾氏原是先受阳明学说影响,后乃有所改变者,故一面对阳明始终有一定程度之尊崇(此点见后文论顾氏调和朱王一节),另一面对阳明后学如龙溪一派之玄谈虚论,亦最有反感。盖顾氏心目中之阳明,虽或立说有病,然自有踏实修持之功,而后学谈玄说妙,则正违反阳明之教,故曾谓:

> 阳明先生之揭良知,本欲人扫除见解,务求自得;而习其说者类喜为新奇,向见解中作功课,夫岂惟孤负良知,实乃孤负阳明也。②

所谓"新奇",所谓"见解",皆指王门后学种种玄谈而言。由此,在《东林会约》中特捉"尊经"一点,而严斥"枵腹师心,目空千古"者,亦即针对此类时弊说。③ 今观顾氏之言论,虽应注意此种倾向,然不可以为顾氏只见此一面之弊端,而遂谓顾氏不重"悟"也。

然顾氏之论"修",又有两层意义。就"尊经"或朱熹之"格物"讲,是就具体努力一层说"修";此外又可就形式意义说"修",此即以"用力"为"修"。取后一层意义,方可说"悟修互通"之义。

前文引《札记》中所谓"悟而不落于无,谓之修;修而不落于有,谓

---

① 如容肇祖在其《明代思想史》第九章中,即有此说,盖容氏未了解顾氏之全盘思想,故有此误也。
② 《小心斋札记》,卷四。
③ 参阅《遗书》中《东林会约》关于"四要"一节。

之悟"二语,即顾氏论"悟修互通"之说。此处如取尊经格物之义说修,则"修而不落于有"一语,便成为难解之语;盖无论讲习前贤之学或穷究事物之理,皆不能离开某种"有"之认定,于此何能说"不落于有"? 然若知顾氏说"悟修互通"时,本取形式意义说"修",则即可豁然看出此中之分别。

盖"悟修并重"是一义,此处可就尊经格物说修;"悟修互通"是另一义,只能就自觉心之活动本身讲,而非就活动所涉及对象讲,故可说为形式义。

顾氏说此义时,每就孟子所谓"不学而能""不虑而知"之说下手;盖此二语原是孟子用以说"良能""良知"者,而王门后学中一味重悟者每喜引用此等话头以自解,而顾氏之立论则又正针对此类时弊也。顾氏论不学不虑之语甚多。大意则相同。如云:

> 良能不学而能,概以不学而能为良能又不得;良知不虑而知,概以不虑而知为良知又不得。何也?孩提之童,无不知爱亲也;及其长也,无不知敬兄也。是固不学而能,不虑而知也。乃孩提之童,无不知甘食也;及其长也,无不知悦色也。是亦不学而能,不虑而知也。二者几无以异矣。[①]

案此段先指出人之价值意识固可说为不学而能不虑而知者[②],但人之形躯欲求亦是不待学虑者,故若仅就不学不虑说,则价值意识与欲求将混而不可辨。然此中正是自我升降之枢机,有必须辨者在。故续谓:

---

① 《小心斋札记》,卷十。
② 案所谓"爱其亲""敬其兄"等,原是孟子用语。此自与特殊社会结构及风习有关。孟子以此为例,不过欲表明人除有动物性外,尚有尊规范、离开形躯满足而爱他人之能力。今以"价值意识"解之,取孟子之本意,不拘于其所涉之具体事例。此点学者宜详辨其分寸所在,则不致误解前人理论矣。

然而自爱亲敬长充之，则为圣为贤，至于与天地同流；自甘食悦色充之，则为愚为不肖，至于违禽兽不远。其究有霄壤之判焉。夫岂得一一而良之？况乎知诱物化，日增一日，则甘食悦色，日熟一日；向之所谓不学不虑者，非惟无益而反有害。甘食悦色，日熟一日，则爱亲敬长，日生一日；向之所谓不学不虑者，绝不见分毫之足恃也。今欲转生为熟，转熟为生，将必由学而入邪？抑亦可以安然无所用力而致邪？将必由虑而入邪？抑亦可以漠然无所用心而致邪？有志者愿细参之。①

案此即针对不学不虑之俗解而力言"用力""用心"之必要也。盖世俗言及不学不虑，不知简别人之"本性"与人之"动物性"，其弊至于反对"用力""用心"，以为一切任其自然，便是"良知良能"；结果只走入纵情任欲一路，全丧其理性或价值意识。顾氏于此痛切言之，指出人有动物性之本能，亦有价值意识，人"充"何种能力，即决定其成为圣贤或禽兽，而此处之择别，正是必用力用心所在。此种用力用心即所谓"学"，即所谓"修"也。

就此意义言"修"，则"修"乃自我之取向问题，故自我取一定向时虽有外发之活动，然就自我而论，不可反黏附在此种活动上，而须时时作不息之自觉以保持意志方向。于此即见所谓"修而不落于有"之义，盖黏附于已有之活动上，便是落于"有"上矣。譬如，我立一尊理大公之心，故在面临权力威胁及利益引诱下能不为所动而坚持"理"之所在，做出某事。此固表现我之德性力量或工夫，然若做出此事后，心思时时落在此事上，以此自夸自满，则此时即着于"有"，而自觉心将转失其光明主宰矣。此处顾氏之言，与体验有关，学者不可忽视也。

---

① 《小心斋札记》，卷十。

"修而不落于有"之义既明,"悟而不落于无"之义亦不难解。盖所谓"悟"者,即自觉到理性与非理性之殊别方向之谓。倘"悟"到自我之理性主宰,但不能扩充贯彻此理性于意念行为等活动中,而只求不动,以为由此可以不迷失,则此种"悟"即成悬空之"悟",即"落于无"。"悟"而"落于无",则无工夫可言,故必"悟而不落于无",始足言"工夫"。另一面在活动中理性之主宰及方向虽须时时用力用心以求扩充贯彻,但一一活动过后,此心必须时时回到不息之理性主宰及方向上,故又必"修而不落于有",始足言"工夫"。总之,"修"与"悟"互通互补,遂形成一内外贯彻之工夫过程。此顾氏工夫论之要旨所在也。

　　以上已述顾氏对"心体问题"及"工夫问题"之基本理论。下节再略论顾氏评议朱王之学之说,以显现其调和两家之立场。

　　(三)对"心学"及"理学"之评论

　　顾氏时,所谓"心学""理学"之名已渐流行。如《札记》中即谓唐仁卿"痛疾心学之说"。① 所谓"心学"主要即指阳明之学也。兹清理顾氏评朱熹及陆王一系之学之说,即涉及当时所谓"心学"与"理学"之争。②

　　顾氏虽于王学流弊尝痛切言之,然对于陆王一系之所谓"心学",并非持完全否定之态度;另一面,顾氏虽推崇濂溪、晦翁,但亦不因此而完全同情朱学一派排斥陆王之态度。此点在顾氏言论中有明确证据。例如当顾氏论及朱陆两人之争执时,即云:

　　　　朱子之辟象山,自今日看来,委似乎过当。③

---

① 《小心斋札记》,卷五。
② 案"心学"与"理学"分为二系,本非一可取之观点。此点可参看《新编中国哲学史》卷三上第二章论"宋明儒学之分派"一节。
③ 《小心斋札记》,卷八。

其下再谓"自当时看来",朱氏所以深恶象山,乃以象山排周张之说之故。盖顾氏虽表示了解朱氏之用心,然似认为朱之辟陆,实属"过当",即不以为陆氏之说全无是处,亦不以为朱氏之评陆学为"得当"也。且顾氏对朱陆之不合,总认为是一憾事,故云:

> 朱子祖周程,宗张邵,师延平,渊源最确;所交张广汉、吕金华,并极一时之选。观其往来参证,不为苟同,不为苟异,其得诸两先生者,良不少矣。独于象山先生,似乎交一臂而失之,以致纷纷之疑,迄今未已。①

此谓朱氏得益于师友最多,然独不能取象山之长,以为乃"交一臂而失之"。则顾氏不否定象山之学,其意甚明。

如就顾氏自己立说之理路看,顾氏与陆王之学自有一大隔阂(即不解"心外无理"一说之本旨),但此处只就顾氏自觉所持之态度说,则顾氏固未采取否定"心学"之态度。盖是否了解陆王之学是一事,是否在自觉态度上否定此学派则又是另一事也。

其次,专就王学而言,则顾氏早年原先读《阳明文粹》而好之,其后虽对阳明屡有评议,尤其于后学之流弊有痛切抨击,然终不认为朱王之学一正一误;每比较双方理论时,或认为二者皆有弊,或认为双方论旨可以互通,总之,是持某一程度之调和态度。如论朱王临终遗言云:

> 朱子疾革,门人请教。朱子曰:须要坚苦。是说工夫。阳明疾革,门人请教。阳明曰:此心光明,亦复何言。是说本体。②

其下又以曾子临终之言为"本体工夫和盘讬(当作'托')出",盖谓朱

---

① 《小心斋札记》,卷七,记有或问顾氏少时喜阳明说亦喜谈禅,后仍称阳明而于禅则绝口不言等语,可参看。
② 《小心斋札记》,卷六。

王各有偏重,非有上下高低之别也。至于论王学之长及其流弊,则云:

> 阳明先生开发有余,收束不足。当士人桎梏于训诂词章间,骤而闻良知之说,一时心目俱醒,恍若拨云雾而见白日,岂不大快?然而此窍一凿,混沌几亡,往往凭虚见而弄精魂,任自然而藐兢业。陵夷至今,议论益玄,习尚益下,高之放诞而不经,卑之顽钝而无耻。仁人君子又相顾裴回,喟然太息,以为倡始者殆亦不能无遗虑焉,而追惜之。此其所以逊元公也。①

案此谓阳明后学有玄虚放纵之病,乃王学之堕落,而使人惜阳明立说未能预虑及此。其要点落在后学之弊上。而对于此种流弊是否全应归咎于阳明学说本身,则顾氏此处未明言,但其意自是认为王学只就"心"而说"理"有此缺点,观前文所论可知。然虽确认王学有弊,亦非谓朱学无弊,故下文即说此意:

> 然则朱子何如?曰:以考亭为宗,其弊也拘;以姚江为宗,其弊也荡。拘者有所不为,荡者无所不为。拘者人情所厌,顺而决之为易;荡者人情所便,逆而挽之为难。②

依此,则王朱之学各有其弊,但王之弊较朱之弊更为难防,更为危险,故此段下文即以"与其荡也宁拘"为结论。此虽见顾氏较偏向朱学一方,然毕竟认为双方皆有弊,并非正误邪正之别也。

以上皆就反面或消极面着眼。若就正面说,则顾氏每表示王学与朱学有相通处。如论"知行问题"一段,即明表此意。原文云:

> 或问:知行是一是二?以为二者,朱子也;以为一者,阳明也。

---

① 《小心斋札记》,卷三。
② 《小心斋札记》,卷三。

孰当？曰：朱子云，论先后，知为先；论轻重，行为重。阳明云，知者行之始，行者知之成。君姑无论知行是一是二，试看两先生之说是一是二。①

案"知行合一"乃阳明独有之说，其关键在于"知"表"良知"而"行"表意志之取向，此义前述阳明学说时已详言之。朱氏之"知"与"行"则分别指"知解"与"实践"讲，故全非一事。而顾氏则以为朱氏之论"先后""轻重"，与阳明之言"行之始""知之成"，实无根本殊异，故反质问二说"是一是二"，其意明谓二说不是二。就理论问题本身讲，此处顾氏显有根本误解。然正因顾氏有此类误解，遂以为二说可以相通。而视朱王之学为相通，即顾氏对所谓"理学"与"心学"持调和态度之基本理由也。

由于顾氏未能实见"心性论"一型与形上学兼宇宙论意义之"天道观"及"本性论"诸型之确切分别所在，故认为朱王之说相通；由此屡屡就关键性观念上极力求双方可相通之处，上举知行问题一节，是其一例。较此更为明确者，则为顾氏论朱氏"格物"之说时所持之态度。

顾氏早年，原于朱氏之"格物"理论深有所疑，故在寄高攀龙书中屡屡言之。此类书札日后虽不载于《泾皋藏稿》中，然在《高子遗书》中尚可考见。② 盖顾氏原先习阳明之说，故不重视在"一草一木"处"格物"也。但在《札记》中，顾氏则改变态度，虽仍谓朱氏解"格物"非《大学》本义，然深赞朱氏四项工夫之说。其言云：

> 朱子之释格物，特未必是《大学》本指耳。其义却甚精。语物则

---

① 《小心斋札记》，卷五。
② 案《高子遗书》，卷八，上载有二人论格物之资料，其中顾氏屡疑朱氏于"一草一木"处"格物"之说，盖顾氏其时不信求经验事物之理于成德有何重要性也。

> 本诸帝降之衷、民秉之彝、夫子之所谓性与天道、子思之所谓天命、孟子之所谓仁义、程子之所谓天然自有之中、张子之所谓万物之一原;语格则备举程子九条之说,会而通之。至于吕谢诸家之说,亦一一为之折衷焉。总而约之以四言曰:或考之事为之著,或察之念虑之微,或求之文字之中,或索之讲论之际。盖谓内外精粗,无非是物,不容妄有拣择于其间。①

案顾氏所述,即朱氏论格物穷理之说,此处四项皆指穷理工夫而言。顾氏既引此说,大表推重之意,然后又极力说明阳明之工夫亦不离此四者。其言云:

> 阳明特揭良知,可谓超然自信,独往独来,了无依傍矣,今考年谱,则谓其谪龙场也,日夜端居澄默以求静一,久之,胸中洒洒,因念圣人处此,更有何道。忽中夜大悟格物致知之说,寤寐中若有人语之者,不觉呼跃,从者皆惊。是亦未尝不从念虑入也。②

以上又续引《年谱》资料,分别表明阳明工夫"未尝不从事为入也""未尝不从文字入也""未尝不从讲论入也"等。原文冗长,兹不备引。最后则作结论云:

> ……故夫阳明之所谓知,即朱子之所谓物。朱子之所以格物者,即阳明之所以致知者也。总只一般,有何同异?可以忘言矣。③

观此,顾氏之调和态度,可谓表露无遗。彼竟直以阳明之"知"等同于朱氏之"物",而将穷理意义之"格物"与"致良知"意义之"致知"视为并无同异。此处实已蹈入一观念上之大混乱矣。

---

① 《小心斋札记》,卷七。
② 《小心斋札记》,卷七。
③ 《小心斋札记》,卷七。

朱氏综合"天道观"与"本性论"所成之系统,与阳明之"心性论"系统,根本属于不同类型之理论。此种分别,前文已屡屡说明,故顾氏之混乱观念,此处不再析证。唯有一点应作补充者,即顾氏所举事实,欲以证阳明工夫与朱氏四项之说相合者,实未触及二人所达之悟境及所立之基本肯定之不同。譬如,有某甲由读前人之书而有所会悟,遂立甲说;有某乙亦由读前人之书而有所会悟,遂立乙说。于此,若谓甲乙二人皆"由文字入","总只一般,有何同异",则对"甲乙二说"本身全未触及,所说者只是"甲乙二人"经如何之过程各立其说而已。其所经之过程纵相似,岂能推出所立之说无异乎?此理至为浅明,不待辩而明也。

总之,顾氏原习王学,然未能彻悟其要旨,后因见王门后学之弊(其中以"无善无恶"之说为最著),遂又转而取程朱之说。在态度上,顾氏确欲调和双方;在理论上,则顾氏对双方立说理据之精微处,皆有未察未解。此所以顾氏所创之东林学派,虽在历史影响方面甚为重要,然就哲学史标准言,则并不能代表宋明儒学中一重要学说也。

最后当略说顾氏及东林学派之救世精神,以结束此节。

(四)救世精神

顾宪成与其弟允成俱为东林领袖。顾氏之立说,如上所述,大旨不外以"性善"说"本体",以"小心"说工夫,总皆是针对王学流弊而设。[①] 允成虽亦有《小辨斋札记》,然发挥义理之处,实不如宪成之详备可观。但二人有相同者,则是兄弟讲学皆以救世为志。此即顾氏及承其影响之东林学派之另一特色。兹略作论述。

案顾氏《札记》虽以评论儒学各家为主,对于救世之主张,亦偶言

---

① 《小心斋札记》,卷十八,最末一条即谓:"语本体只是性善二字,语工夫只是小心二字。"此即泾阳立说之大宗旨也。

及。如云：

> 官辇毂,念头不在君父上；官封疆,念头不在百姓上；至于水间林下,三三两两,相与讲求性命,切磨德义,念头不在世道上。即有他美,君子不齿也。①

此处所谓"官辇毂""官封疆"等,不过就不同职分而言,总之是说从政者必须就自己之职分而求有所补益于国家人民。最可注意者是后段论讲学之语,盖宋明儒者颇多只以讲学明道为唯一大事者,非皆以救世为主。而顾氏则直谓,讲求性命道德之学而不关心世道,则无可取。此是明白表现其以担荷文化历史之责任为主。讲学本为争文化历史之兴衰,亦即为世道而讲学也。在顾氏其他文字中,又有更明确之说法,如《赠凤云杨君令峡江序》中即云：

> 士之号为有志者,未有不汲汲于救世者也。夫苟汲汲于救世,则其所为必与世殊。是故世之所有余,矫之以不足；世之所不足,矫之以有余。矫非中也,待夫有余不足者也。是故,其矫之者乃其所以救之也。②

此则不仅标示"救世"一词为儒者立志所在,且进而提出一"矫"字以表明所谓"救世"之具体重点。有余或不足皆是一弊,矫其弊即救世之重点也。

顾氏此种主张不仅作为一理论在言论中提出,且实际上亦依此主张而有种种行动。此类行动大致皆与政治直接相关。所谓"东林"之"清议",固于人才进退、政策得失,时有主张；其后之流弊虽不可掩,然就顾氏本人之倡救世言,则其精神方向固在于使讲学不流于游

---

① 《小心斋札记》,卷十一。
② 《泾皋藏稿》,卷八。

戏言词一路,亦不归于遗世自安一路;盖仍直承儒学化成世界之精神,自有其超乎门户毁誉以上之意义也。

顾允成于此救世精神,表现益强。如黄宗羲《学案》记顾氏兄弟之言云:

> ……一日喟然而叹,泾阳曰:何叹也?曰:吾叹夫今之讲学者,恁是天崩地陷,他也不管,只管讲学耳。泾阳曰:然则所讲何事?曰:在缙绅只明哲保身一句,在布衣只传食诸侯一句。泾阳为之慨然。①

案"明哲保身""传食诸侯"云云,自属允成讥评俗儒之语,然"只管讲学",视天下治乱苍生疾苦为不干己事者,则确是多数知识分子之大病,而宋明儒生犯此病者亦在在可见。故后人有"无事袖手谈心性,临危一死报君王"之讥也。允成既急于救世,故恶乡愿、倡节义,于东林风气影响甚大。邹元标晚年不喜谈气节,允成即深议之。其言云:

> 南皋最不喜人以气节相目,仆问其故,似以节义为血气也。夫假节义乃血气也,真节义即理义也。血气之怒不可有,理义之怒不可无。理义之气节不可亢之而使骄,亦不可抑之而使馁。以义理而误认为血气,则浩然之气且无事养矣。近世乡愿道学往往借此等议论以消铄吾人之真元,而遂其同流合污之志。其言最高,其害最远。②

允成此段议论,原不过谓儒者心存义理,则必须有真是非。而对于是非标准之坚持不苟,即是气节所在,此与血气之勇不同。人若一味强调平和圆融而不问是非,则成为乡愿一流,终必与小人同流合污而

---

① 《明儒学案》,卷六十,顾泾凡先生传文。
② 《明儒学案》卷六十所载顾泾凡论学书。

已。此意固以浅明，然可注意者是，允成点出"浩然之气"一观念，则显现允成倡气节时背后固有一明确理论根据。此即孟子"养吾浩然之气"之说。孟子自谓善养"浩然之气"，而以"至大至刚"及"配义与道"解说此"浩然之气"之特性。盖孟子此说主旨即在于说明"生命力"之"理性化"，以解答道德心如何能实际发挥力量之问题。此是道德哲学及文化理论中一重大问题，亦是儒学内部一重要主张。就理论层面讲，此议自是宋明儒者所共同承认者，但就工夫实践言，则宋明儒者或由于强调形上之理之观悟，或由于强调心体之超越自由，每每只重视不使生命情欲影响理性一面，而忽视理性统摄生命力及运用生命力以改变现实世界一面。此问题如再推远一步，加入掌握客观规律一义，便通往以理御势之问题。但此一领域非顾氏兄弟及东林诸人所见及者。然即就允成所已见及之层面言，显然允成正以为人须以其理性运用生命力，而养成"浩然之气"，故倡"义理之气节"。盖如此方使义理不落于空谈，而在人生态度上落实也。

总之，合顾氏兄弟之主张而观之，可知顾氏兄弟及东林学派，皆重救世之志，不愿"袖手谈心性"，尤反对儒者走入乡愿一路。而倡气节之本意，即在于要求道德理性运用生命力以发挥力量，以供救世，此固与东林流弊无关。学者观顾氏兄弟讲学立论之根本意义所在，于此等分际亦必须善辨也。

以上述顾氏之学，旁及于其弟允成，乃因允成于气节之说主张最力，足以补宪成言论所未详及者。兹即作一结束。以下当略述高攀龙之说。

二、高攀龙之哲学思想

高攀龙为东林学派另一主要人物。东林一派日后常以"顾高"并称，然年幼于顾氏十二岁，生于明世宗嘉靖四十一年，卒于明熹宗天启六年。以公元推之，其生卒年代为公元1562—1626年。其生平见华允诚著《高忠宪公年谱》。

高氏初字云从，后字存之，别号景逸。其先人高孟永始居无锡，六传而至高氏。① 高氏二十五岁，因罗止庵与顾泾阳讲学无锡，而始志于学。三十三岁，因闻陆古樵谈白沙之学，遂以见道实悟自矢。是后，在汀州旅舍中猛有所悟，从此遂立说讲学。

高氏所著说、辨、序数十篇，及语录、论学书等，皆在《高子遗书》中。《遗书》共十二卷，门人陈龙正所辑也。

高氏因受阉党迫害，自沉而死，故世以节烈目之。其学说则颇与顾泾阳相近。以下当分项述其大要。然论述其学说之前，对高氏思想之特色尚需稍做说明。

高氏虽显然受顾氏之影响甚大，然二人有极不同处。顾氏原是先接受阳明之思想，而后因恶王门流弊遂转而推崇朱熹，故对阳明良知之学在根本上未持反对态度；其论朱王思想之言，皆力求调和，如上节所述。高氏之深恶王门后学"无善无恶"之说与顾氏同，然有大不同者，即高氏对阳明之学本身亦无所契合。高氏本由读明道语录而有悟（见下谈"汀州旅舍之悟"一节）。此前仅与白沙一派之陆粹明稍有谈论，又闻李材（见罗）修身之说于罗懋忠（止庵）。白沙主静之旨本已与阳明之学不同，至李见罗则极力反阳明而排拒"以知为体"之基本立场者。故高氏可说从未与阳明之学有相契处。由此，高氏日后立说，虽亦屡屡言及"心"，然其正面肯定总落在"格物"及"修身"上。而对所谓"心学"与"理学"之分别，亦未能见其理论模型上之殊异，只就工夫层面上作一种混合说法。其意虽欲综合"心学"与"理学"，实则未明阳明之学之真旨趣所在也。由于高氏对"主体性"之义

---

① 华允诚《高忠宪公年谱》，"嘉靖四十一年"条。

未能正视，不唯于阳明有所隔，即于儒学内部之理论分合，亦不甚明，故在其论心性理义之说中，时而透露心性论之倾向，时而透露天道观或本性论之倾向。下文当再说明。

高氏之理论虽颇庞杂，然在实践工夫一面，则其主张大抵皆归于儒学之通义，尤与顾氏接近。黄梨洲评高氏临终遗书，引刘宗周语以为高氏在境界一面仍近乎禅。此似不确。下文亦当辨之。

（一）《困学记》之说

高氏在《困学记》中，自述其进学进德之历程，以汀州旅舍之悟为大关键。后世论高氏之学者亦常偏重此点。然《困学记》所述，并非限于此一悟，其间颇有须作解释之处。兹即据原文逐步清理，以见其本意所在。

《困学记》先述早年工夫过程云：

> 看《大学或问》，见朱子说入道之要莫如敬，故专用力于肃恭收敛，持心方寸间；但觉气郁身拘，大不自在，及放下又散漫如故，无可奈何。久之，忽思程子谓，心要在腔子里。不知腔子何所指，果在方寸间否邪？觅注释不得，忽于小学中见其解曰：腔子犹言身子耳。大喜，以为心不专在方寸，浑身是心也，顿自轻松快活。适江右罗止庵来讲李见罗修身为本之学，正合于余所持循者，益大喜不疑。①

案就此段言，高氏最初对超越义之自觉心全无所悟。其于朱熹所言之"敬"，亦只能当作经验中之特殊活动看，而不解程门所传"涵养"之意，故不能真在意志纯化上用工夫，而只能事事强求"肃恭收敛"，则其"大不自在"，固属当然。又其对"心要在腔子里"一语，亦不知乃戒心意外驰之说，而斤斤于是否在"方寸间"之疑，诚为可笑。盖此时高

---

① 《高子遗书》，卷三，《困学记》。

氏于成德之学尚无基本体会也。至由"身子"一观念而自觉脱去拘守之苦，又以为此种见解与李见罗止修之说相合，则尤属朦胧之见。盖说"身子"或"腔子"，总是心不为外物所役之旨，其义亦非特与李说相合也。

高氏甲午赴揭阳，先在武林与陆粹明等谈论，方对自己之不"见道"有较深切之感受，于是乃在旅途中作工夫。其始仍不外学朱熹之路数。自述云：

> 明日，于舟中厚设蓐席，严立规程，以半日静坐，半日读书。静坐中不帖处，只将程朱所示法门参求。①

高氏于此乃以苦行态度，行程朱工夫。如此反复行之，渐有进境，故云：

> ……心气清澄时，便有塞乎天地气象，第不能常。②

此后方有汀州之悟。其自述云：

> 过汀州，陆行，至一旅舍。舍有小楼，前对山，后临涧，登楼甚乐。手持二程书，偶见明道先生曰：百官万务，兵革百万之众，饮水曲肱，乐在其中。万变俱在人，其实无一事。猛省曰：原来如此，实无一事也。一念缠绵斩然遂绝，忽如百斤担子，顿尔落地；又如电光一闪，透体通明，遂与大化融合无际，更无天人内外之隔。至此见六合皆心，腔子是其区宇，方寸亦其本位。神而明之，总无方所可言也。平时深鄙学者张皇说悟，此时只看作平常。自知从此方好下工夫耳。③

---

① 《高子遗书》，卷三，《困学记》。
② 《高子遗书》，卷三，《困学记》。
③ 《高子遗书》，卷三，《困学记》。

案此所谓汀州旅舍之悟,实则不过落在"其实无一事"一语上;而程氏此说不过就万有各有其"性",各有其"理"讲,此"心"但尽物之性,故无强为。"性"或"理"自存不变,故"万变"是在"人"之觉或迷处。此皆非难解之义。高氏张大其词,以说此"悟",似嫌过甚,然就高氏自身之体验看,则此当是高氏首次悟到超经验层面之理境,其震动欣悦,亦不为怪。

其次,尚有可注意者,即高氏虽有此悟,且极力渲染之,但高氏并未以为如此一悟便得究竟,反之,却以为是工夫之始。此点显出高氏对"悟"之看法近于顾宪成,而大异于龙溪一派也。

由于高氏虽重汀州之悟而并非止步于此,故其自述中又再言及进一步之发展:

> 甲辰,顾泾阳先生始作东林精舍,大得朋友讲习之功;徐而验之,终不可无端居静定之力,盖各人病痛不同。大圣贤必有大精神,其主静只在寻常日用中。学者神短气浮,便须数十年静力,方得厚聚深培。①

此则表示高氏在汀州悟后十年,受顾氏影响下,对变化气质之工夫方有实在体认。盖悟见一理境原与自我生命之真转化不同。高氏于此乃强调此悟后工夫,而云:

> 余以最劣之资,即有豁然之见,而缺此一大段工夫,其何济焉。所幸呈露面目以来,才一提策,便是原物。②

案此所谓"豁然之见"及"呈露面目",皆指其悟见理境说;悟见理境后,欲转化自我以成德,尚须大段工夫,此处即见高氏真正注意处仍

---

① 《高子遗书》,卷三,《困学记》。
② 《高子遗书》,卷三,《困学记》。

在悟后方有工夫一点。而此点就理论意义看,即涉及"性(或理)之超越肯定"与"性(或理)之充足实现"间之问题。故高氏述及此后三年对程门学说之了解,乃云:

> 丁未,方实信程子鸢飞鱼跃与必有事焉之旨;谓之性者,色色天然,非由人力。鸢飞鱼跃,谁则使之?勿忘勿助,犹为学者戒勉;若真机流行,弥漫布濩,亘古亘今,间不容息。于何而忘?于何而助?所以必有事者,如植谷然;根苗花实,虽其自然变化,而栽培灌溉,全在勉强问学。苟漫说自然,都无一事,即不成变化,亦无自然矣。①

案此段最能代表高氏宗旨,其后高氏虽自述有辛亥年实信《大学》,壬子年实信《中庸》等语,实则在此解程说诸语中大体已有定见。此可分两点说:

第一,就"理"之自存言,万有各有其本性,即各有其理;此为不待强为,故说"色色天然,非由人力"。超越意义之"理"在此与"事"分开看,故其自存非经验意义之呈现。悟得此理,即所谓"实无一事"。高氏于此即就宋儒习用之"勿忘勿助"一语发挥其义。② 所谓"亘古亘今",即此"理"不受时空限定,而为超越意义之自存者也。

第二,就"理"在"事"之领域中实现说,则万有之"本性",皆非必能"尽";故"理"之实现须待自觉之努力,而一切工夫以及文化上之活动,皆须在此意义下说。此处紧扣实现义,则又不可说"实无一事"。高氏于此即就"必有事焉"一语发挥。所谓"勉强问学",就专就工夫一层说自觉努力以实现"理"之必要性也。

合而观之,可知高氏自汀州悟后,逐渐形成之定见,大体皆与程

---

① 《高子遗书》,卷三,《困学记》。
② "勿忘勿助"语出《孟子》,其本意涉及训诂问题,可参看本书第一卷"论知言养气"一节。宋儒以两端之义说"忘"与"助",虽与《孟子》原文之意不同,但成为一习用说法,高氏于此亦只沿用成说以发挥自己之见解,非必合于孟子之原意也。

门之"本性论"一支学说相符。至于陆王言"心"之一支,则高氏原未有所体会,此所以高氏生平总不能真见到阳明"良知"之根本义也。

高氏自己之造境,既全契于程门,故对"格物穷理"之论,最为重视。而其讲解《大学》,亦最足代表其立说特色。故下节即以此类资料为主,进一步描述高氏之思想。

（二）释《大学》

高氏虽尊崇朱熹,独对于朱氏之《大学补传》以及改订原文次序之工作,深不谓然,而以为古本原无阙文,但其中引《诗经·淇奥》一段,当移于《诚意章》前。此一说法,原出自崔铣（后渠）；其正误亦难作客观断定,盖崔氏此种想法,亦不过就自己对文义作解释时之便利而言,并无客观考订根据。高氏取崔说,亦持此种态度。对此一改订意见,本书不作详论,但此处应留意者,则是高氏所以不以朱氏之改订为然,则与自身之理论立场有关。朱子将"此谓知本,此谓知之至也"二句自《大学》原文首章剔出,而以为"此谓知之至也"乃释"格物致知"之文之残简；此在训诂考订方面看,自属无据,然高氏所注意者不在于此类客观标准问题,而在于朱氏如此改法,即使"知本"与"知之至"分开,而高氏自己释《大学》之说,则以"知本""知至""知止"合而为一也。兹当由此处着手析述,以显出高氏立说之主旨。

高氏之学重格物穷理,前已言之,但其言"格物",却与"知本"不分,此则大异程朱之意。案《大学》原文本是以"物有本末,事有终始"为中心观念,而其所谓"本",又指"身"而言,此可从"壹是皆以修身为本"一语见之。则其所谓"末",自当指家、国、天下种种外在领域而言。由此,则致知格物,在《大学》本文中,原不能离本末之义而说。程门之穷理之说而托于"格物"一词以讲之,自非《大学》原意。故王心斋所提出之"淮南格物义",即是坚认《大学》之"格物"不能离"物有本末"之"物"说,而在"致知"一面,则以为"物格,知本也。知本,知之至也"。① 换言之,即不唯不取程朱以"穷理"解"格物"之说,亦大异于阳明"正物"之说。其后,李材倡"止修"之学,"止"即指"知止","修"即指"修身",其议论固未越出心斋所见也。今高氏之立场正近于此一路数。但高氏自身因深恶泰州学派,对不属阳明门下之李材,尚有承认或称许之意,对王心斋则从无尊崇之言。吾人观高氏之全盘思想,自亦与心斋之学殊途异辙,然专就解《大学》而言,高氏之说固承"淮南格物"之说也。

高氏以为"知本""知至""知止"为一事,则即可不再涉及"致知"是否"致良知"一问题,而"格物"与"致知"亦不取程朱解法。其释《大学》遂一面以"知止""知本"与"至善"合,一面以"格"与"致"合。如云:

> 止至善者,明德之极至处也。然不知止,德不可得而明,民不可得而新,何者?善即天理;至善即天理之至精至粹,无纤芥夹杂处也。不见天理之至,便有人欲之混,明德新民,总无是处,故要在知止也。②

"止"原是归宿之意,如"至善"取形式意义,则可指任何层面或段落上之圆满,则"止于至善"自可依此意说,而"知止"亦即成为"知"此"圆满"义矣。

高氏答问又有论"知本"与"知止"之不可分者。其文云:

> 曰:物有本末一节,何谓也?曰:此正教人知止之法也。人心所以不止,只缘不知本;千驰万骛,无所归宿,《大学》当下便判本末始终,下文详数事物,使人先于格物而知本也。③

案此谓《大学》立本末始终之义,即在于教人"知止"或"知"所"归宿";

---

① 案此即心斋答人问《大学》之语,见《语录》。《明儒学案》卷三十二亦载此段。
② 《高子遗书》,卷三,《大学首章广义》。
③ 《高子遗书》,卷三,《大学首章广义》。

换言之，所谓"知本"，即包含知一切本末始终而言；而人心之归宿亦即落在此"知"上，故"知"本末之义，亦即"知"所谓"至善"，而另一面此又即是"知之至"。故高氏又就"格物"言之：

> 曰：何谓格物？曰：程朱之言至矣。所谓穷至事物之理者，穷究到极处，即本之所在也，即至善之所在也。……格物是直穷到底，断知天下之物，无有本乱而末治者，无有薄其身反能厚于国家天下者。知到本处便是至处。故曰：此谓知本，此谓知之至也。①

高氏解《大学》原不用程朱改订之本，但此处在理论立场上则又与程朱一致。此节以程朱之"穷理"说"格物"，又以"本"与"至善"合一而作为所应"穷"之"理"。"直穷到底"之"穷"字即承程朱"格物穷理"之"穷"字说。"知"本末之义，即是"穷理"，则再推一步，"致知"亦即是达成此种对本末之义之"知"；于是此外不须再言"格物"，而朱氏之补传即为赘余，然朱氏之理论仍可收入此说中为其要旨之一部也。高氏对此点又曾设问而作答，其文云：

> 曰：释格物而不见格物字，何也？曰：格物即致知也。《书》不云乎？格知天命。格即知也。格训至，致训推极，格即致也。《大学》格物即是致知，故释知至不必释物格；《大学》知至即是知本，故释知本不必释知至也。②

至此，格物、致知皆与知本、知止合为一事。再进一步，遂将《大学》此义与《中庸》合观而谓：

> 《大学》修身为本之本，即《中庸》天下大本之本，无二本也。故修字不是轻易说，是格致诚正着实处；本字不是轻易说，是心意知物

---

① 《高子遗书》，卷三，《大学首章广义》。
② 《高子遗书》，卷三，《大学首章广义》。

着实处。本在此,止在此矣。明德者此,新民者此,至善者此,无二物也。①

案《中庸》所谓"天下之大本",涉及形上学意义,与《大学》所谓"壹是皆以修身为本"之为践履工夫意义,原不相同;但高氏所以如此立说者,则因高氏全注目于成德工夫,故不唯将《大学》中之重要观念合而为一,且将《中庸》之重要观念亦收入此一大混合中。学者由此着眼,高氏思想之特色亦即可见其大概矣。

总之,高氏之释《大学》,即以强调"知本"及"知止"为主旨;"知本"即通往一切本末终始义,而以"修身为本"作为具体之肯定;"知止"原顺"止于至善"说,但由此又通往"知之至也"一语;于是,所谓"致知",即是完成此"知"本末终始之"知",亦即所谓"知之至";而"格物"亦不外指能知由"身"以至"家""国""天下"之次序言,故说"格物即致知"。高氏虽对李见罗有所批评,但观其立说大要,正不外以"止"与"修"二观念为中心。然将"致知""格物"诸义均化入此二观念中,则与李见罗不同也。②

以上由高氏之释《大学》,已显出其思想之大要,然此中纯说工夫,对于"心""性""理""气"等观念,皆未正面说及。以下当据高氏其他论著,对此类理论作一概述。

(三)心、性、气

高氏论"性",大致承程门"性即理"之说,如云:

> 圣人言性所以异于释氏言性者,只一理字。理者,天理也。③

---

① 《高子遗书》,卷三,《大学首章广义》。
② 案高氏在《广义》之末评李见罗之说,即谓李轻视"格物",盖李说固未将"致知"与"格物"皆收入"知本"一观念中也。
③ 《高子遗书》,卷三,《心性说》。

此即是说,儒学之"性"与"理"为一事,而佛教不然。又云:

> 性者何？天理也。天理者,天然自有之理,非人所为,如五德五常之类,生民欲须臾离之不可得,而二氏不知也。①

此仍是持"性即理"之立场；此段以五德五常为例,似只就人之道德规范说,然下文又云:

> 圣人因物付物,处之各当,而我无与焉；所以经世宰物,万物各得其所。②

依此,则万物亦皆有"性"有"理","性"非专指人讲,全与程伊川之说无异矣。

但高氏言"性"虽承伊川之说,其论"心""性""气"之关系时,则谓三者可以合而为一。此点应稍加解说。

案高氏在《气心性说》一文中,说"性"即"天理"后,即说二氏外性以言心言气为不当,而儒学则将三者合一。其言云:

> 圣人气则养其道义之气,心则存其仁义之心；气亦性,心亦性也。③

高氏之意盖谓"仁义"或"道义"等规范,均属于"性"；儒学在"气"一面使气归于"性",在"心"一面亦使"心"归于"性",如此即是所谓"气亦性,心亦性"。此处理论分寸不甚明确,兹当稍作析解如下:

第一,若就"心""性""气"本身讲,则三者显然不能合一；盖若说"性即理",则气非必然归于"理",心亦非必然循"理",故须"养"气、"存"心。倘三者本来是一,何存何养？高氏既言存养,则即不能认为

---

① 《高子遗书》,卷三,《气心性说》。
② 《高子遗书》,卷三,《气心性说》。
③ 《高子遗书》,卷三,《气心性说》。

三者本来是一。

第二，倘就工夫境界言，则可说成德工夫最终在于能以"理"化气，以"理"主心，使心气皆摄于此"理"之下；如此说"心"与"气"皆归于"性"（即"理"），则自可成立。然此在严格意义上，只能表示心与气之运行可统摄于理，非三者为一也。而高氏在《气心性说》一文中，开始即说：

> 气也，心也，性也，一也。①

则在文义言，似谓三者本来是一，不唯在理论上不可通，且亦非高氏自己立说之本意矣。

观高氏如此讲"心""性""气"，又可顺此指出其思想中之要点如下：

第一，高氏之"心"，非万理之本，而只有见理之功能，故与朱熹之"心"相近。即是"形而下"者。

第二，高氏之"气"，词义不明确。但亦为"形而下"者。

第三，高氏论"心""性""气"亦只能从工夫着眼，对所谓"本体"意义未有定见。

以上三点应再据高氏其他言论略作解释。

关于第一点，高氏云：

> 人心放他自繇不得。②

此即表人心须以"理"正之，心本身非能生"理"，故不能任其"自繇"也。然心有见理之功能，心见理即与理合，故又云：

---

① 《高子遗书》，卷三，《气心性说》。
② 《高子遗书》，卷一，《语》（此为高氏自订而编入《就正录》者，因非弟子所录，故不名为"语录"）。

> 人心明,即是天理,不可骑驴觅驴。①

人心之所谓"明",即指"知性"而言;高氏依此角度以解孟子之"尽心"与"知性",而云:

> 此心广大无际,常人局于形,囿于气,缚于念,蔽于欲,故不能尽。尽心则知性,知性则知天。②

此所谓"尽心",即指"尽心之明"而言。心能不拘于形气物欲而发挥其"虚灵不昧"之功能,则即能"明",即能见理。此亦即高氏所谓"反求"之意。高氏云:

> 孟子心之官则思,思则虚灵不昧之谓。③

又云:

> 一念反求,此反求之心即道心也。④

可知高氏但以"虚灵"为心之功能,而又以心能发挥此功能为"道心"——以别于"人心"。如此则"人心"与"道心"亦非分立,故高氏在《中说》中又云:

> 惟此心精明纯一,则允复于喜怒哀乐未发之中,而人心皆道心矣。⑤

案此处又有将"本体义"与"工夫义"相混之病,后文再论之。现须指出者,是高氏如此言"心"时,"心"之意义功能,皆与朱熹之说相近。

---

① 《高子遗书》,卷一,《语》(此为高氏自订而编入《就正录》者,因非弟子所录,故不名为"语录")。
② 《高子遗书》,卷一,《语》。
③ 《高子遗书》,卷一,《语》。
④ 《高子遗书》,卷一,《语》。
⑤ 《高子遗书》,卷三,《中说》。

朱熹在说"心"能见万理时,亦未尝不说"心"能统万理;高氏有时亦说心是万理之统会处,然此非阳明"心即理"之义,盖心能生"理"与心能见"理"绝不可混为一说也。

又朱熹在论"心"之"体"时,即与"性"合一,而以为此"性"即与"天道"或"太极"相应。换言之,理为形上之理,心为形下之虚灵之气,但在存有性上说,"气"由"理"生出,故"心"之存有性亦受此形上之理决定。就此而论,可说"心"以"性"为其"体",而"性"即"理"。朱氏此意,高氏亦承袭之而为说。如云:

> 心之与性,谓之一则不可混,谓之二又不可分。心之用可言,心之体不可言。性者,心之体也。可言者,仁义礼智耳。①

此所谓"性者心之体也",亦取朱氏义也。然此外尚有应注意者,是高氏在将工夫境界义与本体义相混时,又说"心"与"理"为"一"。如云:

> 心与理一而已矣。善学者一之,不善学者二之。②

此所谓"一",只是"善学者"在工夫圆满处"心"能与"理"合之境界,非谓心与理本来是一。观其《理义说》可知。其言云:

> ……故君子不从心以为理,但循物而为义。③

案《理义说》原就"在物为理,处物为义"二语发挥,以描述"心"在"寂"与"感"两面之境界,但说"不从心以为理",正表明高氏之"心"须循形上之"理",而非自生万理之主体也。

关于第二点,"气"为形而下者,自不待辩。其立论欠明确处,则

---

① 《高子遗书》,卷三,《心性说》。
② 《高子遗书》,卷一,《语》。
③ 《高子遗书》,卷三,《理义说》。

在于一方面承认气质之万殊,一方面又似以为气无殊别。如云:

> 人与物,同一气也。惟人能集义,养得此气浩然,其体则与道合,其用莫不是义。①

此是释孟子语。依此处所说,则"气"似指人物所同之质料条件;养气所生出之不同,则在人之"集义"上而已。顺此而推,似应主张"气"无所谓殊别。但高氏之"气质说"则立论大异。其言云:

> 张子曰:形而后有气质之性。天地间性有万殊者,形而已矣。……形异而气亦异,气异而性亦异。非性异也。弗虚弗灵,性弗著也。②

依此,则人彼此形异即气异,气既异则性之能否显现亦异,则不可谓"人与物,同一气也"。此足见高氏论"气",词意尚欠分明也。

关于第三点,高氏既大体从朱熹之说,故亦以为一切工夫皆只能落在"心"上讲。如云:

> 学有无穷工夫,心之一字乃大总括。③

其下又以"敬"为心之工夫之大总括,此自仍是程门之说,偏重未发之涵养言。至于发用处则仍取伊川"在物为理,处物为义"论之。但屡说"心在物为理""心处物为义",后一句纯属发动处之工夫,无甚问题。前一句则可涉及存有性或本体问题。此类话头,如为人误解,则可能将高氏之意牵往"心即理"甚至"理即心"一面。然吾人统观高氏对心、性、气之立说,则可知此等语意欠明之处,只显示高氏对"主体性""存有性"等第一序之哲学问题未有定见而已,非高氏真有肯定

---

① 《高子遗书》,卷一,《语》。
② 《高子遗书》,卷三,《气质说》。
③ 《高子遗书》,卷一,《语》。

"最高主体性"之思想倾向也。

(四) 修悟问题

以上所述,虽已涉及高氏之工夫理论,然于其对进学成德之具体主张,尚未详及。兹再就修悟问题,一述高氏之理论,以结束本节。

高氏论修悟,自亦针对当时学风而言。此点与顾宪成之说固极相近。其立论则以言二者互相补成之义为主。

其序朱熹《近思录》云:

> 默而识之曰悟,循而体之曰修。修之则彝伦日用也。悟之则神化性命也。圣人所以下学而上达,与天地同流,如此而已矣。[①]

案此固是统说修悟之语,然其意似以见道明理为"悟",以践履为"修",实与当时争论修悟问题者观点不同。盖阳明以后,重修重悟之异,并非在于实践与见道之分。言"悟"者但主张"悟"后自能如理践履,即所谓磨镜之喻是也。言"修"者则主张在"修"中方能见道明理,而偏于内外交磨之义。言"悟"者不能废践履,言"修"者亦未尝不重见道也。

高氏此说固颇有病,然其本意在于修悟并举,则甚明白,亦与顾宪成之说相近。

高氏序黄云翼重刊唐荆川所辑《诸儒语要》时,则又强调见道非空论玄谈之意。其言云:

> 夫道,人所自道也。譬之适长安者,圣人第示以至之之涂,示以至之之具尔。涂不辨不可得而至,用不具不可得而至;及其至,则长安自见,不以言而见也。后之教者不然,每侈言长安而学者亦宛若身亲其地,然而心游千里,身不越跬步也。彼其侈言长安者,夫岂非

[①] 《高子遗书》,卷九,《重锲近思录序》。

身至之者乎？以为言涂与具非长安也，乃不知徒言长安者之非真长安也。①

案此处高氏以亲证实悟与空谈玄论相对而言。其意盖重在纠空谈最高境界而不讲工夫过程之病。徒言长安而不言至长安之涂与具，则教者学者皆陷于语言概念之玩弄中，自我不能升进转化，故是"身不越跬步"。此正是龙溪言悟一派之通病。故高氏此论又可视为专对只知悟而不知修者而发。然此处之真问题落在必实修方能见道上，其立论固与序《近思录》之说不同，对当时学风之病反更为贴切矣。

又高氏因于阳明本旨无所契合，又不能确辨程朱系统与陆王系统在哲学理论上之基本殊异，故总以为阳明"心即理"之说在程朱系统中亦可成立，因之，对阳明之评朱学皆认为误解；再进而论及后学之弊，便以为阳明之学本身有病。其《阳明说辨》②，皆就枝节处着眼，不必备述。兹但引《王文成公年谱序》及其《会语》之说以表高氏对阳明之学所持态度。高氏序《年谱》云：

> 夫圣贤有外心以为学者乎？又有遗物以为心者乎？心非内也，万物皆备于我矣。物非外也，糟粕煨烬无非教也。夫然则物即理，理即心，而谓心理可析，格物为外乎？③

案此是高氏之基本了解。高氏不知"心"有超越义及经验义之别，又不知"理"可依主体性而立，亦可纯作为一外在之形上存有而立，故泛言"物即理，理即心"，而不见此中之严格理论问题。由此，遂以为朱氏未析心理为二，未以格物为外，则自然不解阳明所面对之基本问题。高氏既不解阳明本旨，乃只见其后学之流弊。故云：

---

① 《高子遗书》，卷九，《重刻诸儒语要序》。
② 《高子遗书》，卷三。
③ 《高子遗书》，卷九，《王文成公年谱序》。

> 当文成之身,学者则已有流入空虚,为脱落新奇之论,而文成亦悔之矣。至于今乃益以虚见为实悟,任情为率性。易简之途误认而义利之界渐夷,其弊也滋甚,则亦未尝反而求之文成之说也。①

案此所谓"以虚见为实悟",正是前引文中所谓"长安"之喻也。高氏虽未说此是阳明本人之病,然其意实以为阳明误解朱氏而立说,以致有此种流弊也。

高氏之不契于阳明,亦曾明言。如《虞山书院商语序》云:

> 夫学者谁不学孔子?自阳明先生提挈良知以来,扫荡廓清之功大矣。然后之袭其学者,既非先生百年一出之人豪,又非先生万死一生之学力,往往掠其便以济其私。人人自谓得孔子真面目,而不知愈失其真精神。攀龙少即疑之。②

案此段虽表面推尊阳明本人,然亦明言其说之弊甚大。盖高氏总以为阳明良知之说,太轻视工夫,故不可以教人。此点在《崇文会语序》中言之最明。"崇文"原指推崇朱熹而言,故序中评阳明之语特为直率。其言云:

> 姚江天挺豪杰,妙悟良知,一破泥文之弊,其功甚伟。岂可不谓孔子之学?然而非孔子之教也。今其弊略见矣。始也扫闻见以明心耳,究且任心而废学,于是乎《诗》《书》《礼》《乐》轻而士鲜实悟。始也扫善恶以空念耳,究且任空而废行,于是乎名节忠义轻而士鲜实修。盖至于以四无教者弊,而后知以四教教者,圣人忧患后世之远也。③

案观此段可见高氏对阳明之学之流弊,固痛切言之,且明说其弊最后

---

① 《高子遗书》,卷九,《王文成公年谱序》。
② 《高子遗书》,卷九,《虞山书院商语序》。
③ 《高子遗书》,卷九,《崇文会语序》。

使学者既无"实悟",又无"实修",此盖较通常责王门只重悟不重修者又进一步矣。至于最后以《论语》之"四教"与"四无之教"对比,则明以王学为有悖孔子之教,且又以"四无之教"代表王学。其误解王学不可谓不深矣。

总之,高氏对工夫之了解,原近于朱氏一路,而于此中根本问题无所了解,故其言修悟,皆顺朱说而发挥。其评阳明则正见其不解"心性论"与"形上学"之区异,故只见王学之弊而不见王学之精要。此亦可说是东林学派顾高二人共有之思想方向,不同者只是泾阳较知阳明本旨而高氏全不能知耳。

高氏虽力排阳明后学,但其理论则以为阳明之说与程朱系统本可相容。此虽是一大误解,然在高氏本人,固确持此观点。因之,高与顾仍同可视为调和朱王者也。

∽　　∽　　∽　　∽　　∽

高氏之学,叙述至此为止。东林调和之论大意亦已说明。下节当另述阳明后学中别立新说以期承阳明而改变其系统者。此即刘宗周之哲学思想。

第三节
刘宗周之学说

刘宗周,字起东;其父秦台早死,刘氏以遗腹子依于外祖章南洲而长成,故又别号念台,志亡父也。生于明神宗万历六年;崇祯十七年清兵入关,改元顺治,而福王立于南京;翌年清兵南下,刘氏绝食殉国,时清顺治二年闰六月初八日。以公元推之,刘氏之生卒年代为公元1578—1645年。

刘氏原属东林人士，然其立说至中年后而别有规模，乃阳明后宋明儒学中能自立系统者，亦可谓宋明儒学之殿军。黄宗羲出其门下，极推重其学说。即就黄氏《明儒学案》一书而言，实以阳明与刘氏之学为两大中心。刘氏后定居蕺山，故学者称为蕺山先生，黄氏学案即以《蕺山学案》结局，盖视为明代儒学最后之代表人物，不徒以其死于明亡之际也。①

黄氏与董玚、姜希辙合力校订《刘子全书》而为之序，颇以为刘氏之学甚少解人，而自谓能见其本旨精义。黄氏除在学案中述刘氏之说外，另在《子刘子行状》中述刘氏独到之见。其说常为后世论蕺山学者所依据。兹先以黄说与《年谱》资料比较，以见刘氏治学之大概，再分论其说之要旨。

一、概说

案黄宗羲述刘氏之说，以为"发先儒所未发者"有四项。兹分列如下：

第一，静存之外无动察。

第二，意为心之所存，非所发。

第三，已发未发以表里对待言，不以前后际言。

第四，太极为万物之总名。②

案此四点中，第一点属工夫理论，与刘氏所言"慎独"之义直接相关；第二点则涉及刘说中对"意"与"念"之分别，及其本体理论，而刘氏与阳明之异同，亦特重此点；第三点则涉及性情、中和等观念在刘

---

① 案黄氏学案之分卷，非只依时间次序，而以学派为主，故《姚江学案》在卷十，而与阳明同时之湛甘泉，则在卷三十七。又明末之方孝孺以列于《诸儒学案》故，在卷四十三。凡此皆不依年次之例也。
② 参看黄宗羲《子刘子行状》，《刘子全书》，卷三十九，附录。

氏系统中之特殊解释;第四点则通至刘氏合"道与器""理与气""道心与人心"等对别概念而为一之特殊观点。此种观点可视为刘氏说中之最大特色,下文为叙述方便,即以"合一观"一词名之。而述刘氏之学者,必须对此"合一观"之确定意义能有所决定,然后方能真见刘说之特色及得失所在也。

案黄述师说,标此四义,固不可谓不得要。然所举皆刘氏晚年定说,于其思想发展之过程,则未有说明;仅言刘氏于王学有始疑、中信、终而辩难三阶段①,尚不足使人了解刘氏思想之发展形成。故本节先取刘氏《年谱》资料,略述其思想历程,然后再作析论及评定。

案《年谱》乃刘氏之子刘汋所作。其中记刘氏思想著作甚详。兹取其重要者分列于后。

万历三十一年,刘氏二十六岁;是年见许孚远(敬庵)问学,许固承朱熹之说者也。《年谱》于此条下,附记云:

> 先生蚤年不喜象山、阳明之学,曰:象山、阳明直信本心以证圣,不喜言克治边事,则更不用学问思辨之功矣。②

依此可知刘氏治学原不自陆王心性论入手。然刘氏虽学程朱,在中年时已开始悟到"心"(或"主体性")之重要。《年谱》在万历四十二年下记云:

> 先生以群小在位,给假归,阖门读书。……久之,悟天下无心外之理,无心外之事;及著《论》曰:只此一心,自然能方能圆,能平能直。③

---

① 参看黄宗羲《子刘子行状》,《刘子全书》,卷三十九,附录。
② 《刘子全书》,卷四十,《年谱》,"万历三十一年"条。
③ 《刘子全书》,卷四十,《年谱》,"万历四十二年"条。

案此处所引之《论》,即《心论》,载于文编中①,另本则载于《学言》中②。其文长数百言(与《年谱》所载有小异)。有云:

> 只此一心,散为万化;万化复归一心。③

盖此是蕺山最早肯定"心"之最高地位之著作。然其作此议论只是自己悟见心为万化之本而已,固与陆王之学说无关。其有契于阳明之说,则在天启六年之后。《年谱》记是年蕺山读书韩山草堂,而记云:

> 每日晨取有明诸儒文集传记考订之,盖有意于《道统录》也。④

案是年刘氏已四十九岁,上距著《心论》时已十二年。刘氏由于欲辑《皇明道统录》,方遍读明儒各集。其详读阳明集,当亦在此年,故次年(天启七年),辑成《皇明道统录》时,即推尊阳明矣。《年谱》云:

> 通录中无闲辞者,自逊志、康齐外,又有曹月川、胡敬斋、陈克庵、蔡虚斋、王阳明、吕泾阳六先生。⑤

又云:

> 先生读《阳明文集》,始信之不疑;为论次曰:先生承绝学于辞章训诂之后,一反求诸心而得其所性之觉,曰良知;因示人以求端用力之要,曰致良知。良知为知,见知不囿于闻见;致良知为行,见行不滞于方隅。即知即行,即心即物,即静即动,即体即用,即工夫即本体,即上即下,无之不一;以救学者支离眩骛之病,可谓震霆启寐,烈

---

① 《刘子全书》,卷二十三。
② 参阅《刘子全书》,卷十,《学言上》,首段之注文。
③ 参阅《刘子全书》,卷四十,《年谱》,"万历三十一年"条,及《刘子全书》,卷二十三,《心论》。
④ 《刘子全书》,卷四十,《年谱》,"天启六年"条。
⑤ 《刘子全书》,卷四十,《年谱》,"天启七年"条。

耀破迷,自孔孟以来,未有若此之深切著明者也。①

案刘氏此时对阳明可谓推尊至极,然同时亦觉阳明教人似有某种遗憾处,故又云:

> 特其急于明道,往往将向上一机轻于指点,启后学躐等之弊有之。天假之年,尽融其高明踔绝之见而底于实地,则范围朱陆而进退之,有不待言矣。②

此则表示刘氏虽极推崇阳明之高明,然对于王学之弊终不能放过,且在初契阳明之学时,即以为"后学"之"躐等之弊"实与阳明轻易点出"向上一机"有关;换言之,刘氏心目中不独王门后学有流弊,且深信此种流弊亦由阳明教法未妥有以致之也。

刘氏所谓躐等之弊,所指正是只重最高境界之体悟而不肯确立践履工夫之病。案阳明曰后,世称二王能传其学,然龙溪、心斋立说原有不同。顾罗近溪、周海门以下,二支即有混合之势。罗近溪原师事颜山农,可谓出于泰州一支,但其学实无常师。晚期以道体人人具足为说,其意显与龙溪所言之现成良知相近;至其言工夫,则总以不强求为要义,则亦近于龙溪所谓无工夫中真工夫也。由此观之,近溪已有糅合龙溪、心斋之倾向。周海门原出近溪之门,而其坚持"无善无恶"之义,则分明更偏向龙溪一边,盖天泉证道原与心斋无涉也。海门以后,世所谓王学之弊,大抵即落在此一混合二王之路数上,而此路数之特征又即在于侈谈最高境界而放松践履工夫。蕺山所见之弊,亦正在此。此点关系学者对所谓王门后学流弊之基本了解,故顺释数语。

---

① 《刘子全书》,卷四十,《年谱》,"天启七年"条。
② 《刘子全书》,卷四十,《年谱》,"天启七年"条。

兹可再回到蕺山思想之发展上。蕺山五十岁时既契于阳明而又不满于后学之弊,故五十四岁时,与陶石梁会讲于陶石篑祠,便透露纠正王门后学流弊之方向,于是有"证人社"之立矣。

案《年谱》于崇祯四年下记云:

> 先生于三月三日率同志大会于石篑先生祠,缙绅学士可二百余人,同主事者为石梁先生。石梁,石篑先生之介弟也。初登讲席,先生首谓学者曰:此学不讲久矣。文成指出良知二字,直为后人拔去自暴自弃病根。今日开口第一义,须信我辈人人是个人;人便是圣人之人,人人可做。于此信得及,方是良知眼孔。因以证人名其社。①

案此段所记,仅见刘氏立证人社时,仍揭阳明良知为宗旨,而于刘氏与陶石梁立说之异并未言及。而黄宗羲《子刘子行状》则云:

> 证人之会,石梁与先生分席而讲,而又为会于白马山,杂以因果僻经妄说,而新建之传扫地矣。②

黄氏深讥石梁,其所以如此,则因石梁承石篑之学,混杂禅门之说也。故《行状》前段谓:

> 当是时,浙东之学新建一传而为王龙溪畿,再传而为周海门汝登、陶文简,则湛然澄之禅入之,三传而为陶石梁奭龄,辅之以姚江之沈国谟、管宗圣、史孝咸,而密云悟之禅又入之。③

案黄氏此处议论,重在说禅学之侵入王门,故自龙溪、海门说至石篑、石梁;其所谓"一传""再传"不过指时间先后相承而言,非指宗派授

---

① 《刘子全书》,卷四十,《年谱》,"崇祯四年"条。
② 黄宗羲《子刘子行状》,《刘子全书》,卷三十九,附录。
③ 黄宗羲《子刘子行状》,《刘子全书》,卷三十九,附录。

受。海门原属泰州后学,但在思想上则接近龙溪,石篑又从海门处得其宗旨,石梁则承石篑之说。就思想倾向言,此一系人物皆杂取禅宗之说,故黄氏即视之为王学流弊之代表,且明言至陶石梁而王学宗旨全失,所谓"新建之传扫地"是也。

刘氏与石梁之争辩,主要在于工夫问题。石梁以为"识本体"即不须再有工夫,刘氏则坚持在日常践履工夫中方能真识本体。故黄氏云:

> 石梁言,识得本体,不用工夫。先生曰:工夫愈精密,则本体愈昭荧;今谓既识后遂一无事事,可以纵横自如,六通无碍,势必至为无忌惮之归而已。①

《年谱》则于次年方记此等辩论语,盖证人会后,陶石梁一派又别会于白马岩(《行状》称"白马山"),俨然另立一门户;刘氏与陶派之辩争,大致皆在此后,应即是崇祯五年也。

《刘子全书》,卷四十,《年谱》"崇祯五年"下记云:

> 按越中自阳明先生倡学后,其门人最著者为王龙溪,由龙溪而传及周海门,海门同时为陶石篑,俱本良知为宗,而递衍递失其旨。石梁先生固尝从事于斯而有得,是时会讲,仍揭良知以示指归,每令学者识认本体,曰:识得本体则工夫在其中,若不识本体,说恁工夫?先生曰:不识本体,果如何下工夫;但既识本体,即须认定本体用工夫。工夫愈精密,则本体愈昭荧。今谓既识遂一无事事,可以从横自如,六通无碍,势必至猖狂纵恣,流为无忌惮之归而后已。②

案此段所记,大意与《行状》中黄氏之说相同。盖在证人会中,石梁与

---

① 黄宗羲《子刘子行状》,《刘子全书》,卷三十九,附录。
② 《刘子全书》,卷四十,《年谱》,"崇祯五年"条。

刘氏之论旨已不合,然进一步之辩论则在白马岩。《年谱》同条续记云:

> 诸生王朝式、秦弘祐、钱永锡等奉石梁先生为师模,纠同志数十人,别会白马岩居,日求所谓本体而识认之。先生闲尝过从。一日,座中举修悟异同,复理前说以质,弘祐曰:陶先生言识认本体,识认即工夫,恶得以专谈本体少之?先生曰:识认终属想象边事,即偶有所得,亦一时恍惚之见,不可据以为了彻也。且本体只在日用常行之中,若舍日用常行,以为别有一物,可以两相凑泊,无乃索吾道于虚无影响之间乎?又与弘祐书曰:学者宜时时凛乎若朽索之驭六马,说不得我且做上一截工夫,置却第二义不问。须看作一个工夫始得。①

此段议论,《行状》中亦记之而稍略。刘陶会讲虽已见宗旨上有殊,然其直接争论,实见于白马岩陶氏门徒与刘氏之议辩中,故《年谱》载于会后第二年也。

刘氏与陶门之争,依上引资料看,可分两步解释。

首先,就陶氏所倡之宗旨说,实即以悟得主体性自身为唯一工夫,此处用"良知"一词,亦只是指此主体性而言。以为此"悟"之外别无工夫可说,自正是龙溪一脉之传。就理论意义讲,此一肯定亦不可谓全误,盖主体性之显现透出,原是大关键所在;然若说工夫到此为止,则所谓成德之学,似亦只是一觉便了,践履化成等活动全视为可有可无之余事。此所以有一大缺漏。

其次,就刘氏之批评说,又不只限于上述问题。盖刘氏不仅认为陶氏之说不能肯定"主体性之客观化",而且认为此主体性本身之建立,亦不可专恃一悟,而必须在践履中完成。故一面固强调陶说有流

---

① 《刘子全书》,卷四十,《年谱》,"崇祯五年"条。

入"猖狂纵恣"之病，另一面更强调徒言"识认本体"之不可靠，而直说"本体只在日用常行之中"也。此处刘氏所持之观点亦分两层，第一是不能只在悟得本体处言工夫；第二是专就本体言，亦不可专靠"识认"或内悟。寄秦弘祐书所谓"须看作一个工夫始得"，即包此二义而言。此不仅表示刘氏不赞同龙溪一派之说，且亦显出刘氏自己晚期立说之大旨所在矣。

刘氏所反对之理论，原不可视为阳明之本旨，但刘氏受当时风气影响，总通过王门后学看阳明，于是虽亦知流弊非阳明本旨，但同时认为阳明之学须作改造或补正，否则难避此种流弊。于是刘氏之说与阳明之距离亦当以此为枢纽而观之。故此处先作论析如上。

崇祯五年，刘氏不仅与石梁一派辩"识认本体"问题，且著《第一义说》《求放心说》以及《气质说》《习说》等九篇，如《年谱》所记；《全书》中又附以《读书要义说》及《养气说》，合为十一篇。而于《第一义说》下注云："崇祯壬申，以下十一篇一时作"①，盖编《全书》时加后二篇也。此诸说皆论工夫问题，而立"性善"为第一义，又就"一点灵光"时时克去人欲之私说"致良知"之工夫，盖刘氏此时立论仍以印合阳明为主。

崇祯七年，辑《圣学宗要》，而特重周濂溪"主静"及"立人极"二观念，此时刘氏心目中之"圣学"，已不专在阳明一路矣。同年著《人谱》，末附以《纪过格》，盖仍以陶门秦弘祐之《迁改格》为抨击对象也。

崇祯八年，辑《五子连珠》，与天启六年所辑《孔孟合璧》合为一书，仍附以《吃紧三关》，可知自四十九岁至此年五十八岁，对成德工夫之关键，固无不同之说。

崇祯九年在京师（案刘氏于八年十月抵京，九年七月出京，九月

---

① 参阅《刘子全书》，卷八。

在德州上疏陈时事而被"革职为民"),刘氏闲中讲学,始以《大学》之"诚意"与《中庸》之"已发"及"未发"教人。《年谱》云:

> 先生在官多暇,有所得辄次第记之,名《独证篇》。①

《独证篇》之内容,今见《全书·学言》。其论以"诚意"为中心,特揭"意"为"心之所在"而非"所发"之旨,而不取朱熹旧解。由此建立"心、意、知、物"合观体用之说。另一面又以喜怒哀乐之"表里对待"言"中和"。总而言之,本体工夫皆收于"意"之"独体"及"意"之"诚"上说。此时刘氏立说规模大备矣。②

崇祯十年有《答金铉书》论"独体",又有辨"太极"之说,合"道"与"形"、"理"与"气"、"义理之性"与"气质之性"等观念而论其不离之义,盖刘氏之学之特色于此逐渐定型。十一年删定《阳明先生传信录》而驳《天泉证道记》,其对王学之取舍亦渐确定。

崇祯十五年答董标十问,畅论"意"观念,可视为讲刘氏诚意说之重要资料。同年又著《原心》《原性》《原道》《原学》等文,乃刘氏晚年思想之代表作。

十六年有《证学杂解》及《良知说》,其不满于阳明学说者皆见于此类最后文献。是年,又书《存疑杂著》,案刘氏系统既立,自觉与宋明诸儒皆多不合,故直述其"合一观"而称为"存疑",自谦之语也。《年谱》云:

> 先生平日所见,一一与先儒抵牾,晚年信笔直书,姑存疑案,仍不越诚意、已未发、气质义理、无极太极之说,于是断言之曰:从来学

---

① 《刘子全书》,卷四十,《年谱》,崇祯九年"始以《大学》诚意、《中庸》已未发之说示学者"条下注语。
② 案《年谱》此段注语末云:"自此专举立诚之旨,即慎独姑置第二义矣。"其实刘氏晚年亦未尝不讲"慎独"工夫,第早年言"慎独"时,未立自家系统;此后则系统已立,"慎独"亦纳入此系统中而说。其分别在此。

问只有一个工夫,凡分内分外,分动分静,说有说无,劈成两下,总属支离。①

可知刘氏之学最后归于此"合一观"。次年,崇祯死于煤山,清人入关。又一年福王败亡,刘氏亦绝食而死矣。

总上所述,可知刘氏思想发展之大略。下节即分论其学说之要旨。

二、蕺山学说要旨

蕺山之学说可说始于其工夫论,终于其合一观,中间则通过对"良知""诚意"之体会。而当诚意之说立,视"意"为"独体",其合一观亦即逐步形成。故以下先论蕺山中年工夫理论,然后再分述其论"良知""诚意"之说,以及对"中和""性情"之观点,最后则归于其"合一观"。

(一)"慎独"与"存养省察"

蕺山早年,曾师许敬庵;三十五岁谒高攀龙问学。许氏承紫阳一派,而高氏亦深契于程门之学者,故蕺山早年所学,皆不外程朱路数,其工夫理论之开始形成,则应以三十七岁之悟为转捩点;盖此前皆习程门朱学之言,而此时忽悟"天下无心外之理,无心外之事"②,遂在理境上转向陆王心性论一面,而工夫体会亦渐不同矣。

然刘氏在四十八岁以前,自身体悟虽已趋向心性论一面,其学力知识则仍限于程朱一派之传。故三十八岁讲学时,仍以"学礼"为重,而主张由此处着力以"收放心"。③ 注意在"收放心",固已透露对"心"

---

① 《刘子全书》,卷四十,《年谱》,崇祯十六年十二月"书《存疑杂著》"条下注语。
② 参阅本书前节,及《年谱》,"万历四十二年"条。
③ 参阅《刘子全书》,卷四十,《年谱》,"万历四十三年"条。

之重视,然讲"学礼"之语,大致皆近紫阳一派口吻,盖蕺山此时尚未能自立说法也。

四十八岁立"慎独"之说时,蕺山始可说有自立之工夫理论,此后多年,总力标"慎独"一义说一切工夫,直至崇祯十五年答叶廷秀问"诚意"时,仍归于"慎独之功必于斯为至"一语[①],可知"慎独"一观念,在蕺山固为工夫论之中心所在。《年谱》于崇祯九年记蕺山"始以《大学》诚意、《中庸》已未发之说示学者",附记其说,而末谓"自此专举立诚之旨,即慎独姑置第二义矣",实则未确。[②] 盖蕺山诚意之说固成立稍晚,然落在工夫问题上,"诚意"之"诚",固非与"慎独"相异之工夫,而"诚意"正所谓"慎独"之功效也。

然则蕺山所言"慎独"之义,毕竟有无特色?如有,应如何作析述?此是本节须首先处理之问题。

案《大学》原文所谓"故君子必慎其独也",原是解"诚意"时所说,其原意乃承上文之"勿自欺"而言。所谓"慎其独",即指在不为他人所见所知时必须能严正自守,故其意甚浅明,只是说人之进德,不可陷于对他人表现一层面上而已。此点观上文言"勿自欺",下文又举小人之"掩其不善而著其善"为说,固极明显。此并未涉及自我或主体性之超越义,盖就日常生活中之伪饰问题着眼而已。《中庸》依"不睹""不闻"言"慎独",注重在隐微处之反省。后世言"慎独"者,则皆与某种工夫理论或自我境界相连而说。如程门言"主敬"之工夫,每每即将"慎独"与"敬"连说,而因"主敬"重在"内",与"穷理"之重"外"相对而立,故程氏之言"慎独",大抵皆偏于内在义。朱熹又偏于"省察"处言"慎独",遂转向"致和"一面。阳明门下如东廓、南野,皆特重

[①]《刘子全书》,卷四十,《年谱》,"崇祯十五年六月"条附记。又《刘子全书》,卷十九,《答叶润山》第四书。

[②] 参阅《刘子全书》,卷四十,《年谱》,"崇祯九年"条。

"慎独"之义,东廓更强调"慎独"兼内外而言,即所谓"慎独"无二功,故以双江之"归寂"为遗外。然东廓所谓兼内外之义,仍分就已发未发两面讲,不过未发处亦当以戒慎恐惧为工夫而已。蕺山之言"慎独",则重在"独体"之观念。所谓"独体",即是主宰,亦即指超越意义之自我或主体。故蕺山之"慎独"工夫,即于此灵明主宰之无所走失上如实建立。由是一面将"存养"及"省察"统摄为一,另一面即由此"独体"通往所谓"意"之肯定,前者属工夫理论,后者属本体理论,而贯通其间者即此"主体性"或"主宰"一义也。

由于蕺山四十九岁已立"慎独"宗旨而其言"诚意"则在十年后,故论者或以为蕺山之学有此两阶段可分,实则蕺山思想虽有发展阶段可说,然其分划不应在此。四十九岁后之蕺山,即进入逐步立说之阶段。虽始于"慎独"之说,终于"合一观"之建立,其间亦有演变,但总属于同一大阶段,且前后所立各义亦皆贯通为一体也。

蕺山论"慎独"之语甚多。兹先取《学言》资料述其大要,再以其他资料补充。

《年谱》在四十九岁条下所记蕺山对"慎独"之议论,今载于《学言》中。其说则明白表示反对朱熹之主张。

> 慎独之功,全用之以立大本,而天下之达道行焉。此亦理之易明者也。乃朱子以戒惧属致中,慎独属致和。两者分配动静。岂不睹不闻与独有二体乎?戒惧与慎独有二功乎?致中之外复有致和之功乎?[①]

案此虽驳紫阳之言,然以"立大本"言"慎独",即是其以"独体"为主宰性之意。而既力反朱氏以"慎独"属"致和"之说,又强调不应有"二

---

① 《刘子全书》,卷十,《学言上》。

体"或"二功",则蕺山即以此主宰为唯一之体,即以存此灵明主宰为唯一工夫。故蕺山即先将工夫收归"静存"一面,然后再将"动察"收入"静存"。《年谱》云:

> 谓独只在静存;静时不得力,动时如何用工夫?①

其下又注云:

> 先儒以慎独为省察之功,先生以慎独为存养之功。②

此种说法虽不悖事实,然其意未见明确。盖若不追进一步看蕺山对"存养"及"省察"之特殊说法,则因"只在静存"一语,又可误解蕺山之旨,以为同于双江之"归寂"矣。实则对此处问题,蕺山自另有主见。《学言》记关于此问题之问答云:

> 问:慎独专属之静存,则动时工夫果全无用否?曰:如树木有根方有枝叶。栽培灌溉工夫都在根上用,枝叶上如何着得一毫。如静存不得力,才喜才怒时便会走作,此时如何用工夫?苟能一如其未发之体而发,此时一毫私意着不得,又如何用工夫?若走作后便觉得,便与他痛改,此时喜怒已过了,仍是静存工夫也。③

案此段仍只重"立本达用"之义,只能使人见"静存"是"立本"工夫,仍不能不涉及双江所谓"格物处无工夫"之旧病。且即就此段言论看,亦有语意欠明之处。即如着不得私意处何以非工夫?何以不能即以此"不着私意"为工夫?此处蕺山均未有善解。然蕺山本意乃欲将"省察"收入"存养"中,此点在晚年答叶廷秀(润山)第四书中方确定提出。其言云:

---

① 《刘子全书》,卷四十,《年谱》,"天启六年"条。
② 《刘子全书》,卷四十,《年谱》,"天启六年"条。
③ 《刘子全书》,卷十,《学言上》。

> 意诚则心之主宰处止于至善而不迁矣。止善之量虽通乎身心家国天下,而根据处只在意上,盖谨其微者而显者不能外矣。知此,则动而省察之说可废矣。省察只是存养中最得力处。不省不察,安得所谓常惺惺者?存又存个何物?养又养个何物?今专以存养属之静一边,安得不流而为禅?又以省察属之动一边,安得不流而为伪?①

案此处"省察只是存养中最得力处"一语,是蕺山工夫论枢纽所在,亦"慎独"宗旨之确解所在。兹当稍作析述。

首先须注意者是,蕺山并非欲废一切省察工夫,而是说"动而省察之说可废",盖所谓"动而省察"实即指"动后之省察";换言之,即在活动(包括意念行为)出现后,方照之以吾心之"灵明"或"良知"。而蕺山则于此指出一重要问题,此即若灵明或良知皆只能在吾心之活动后方有功用,则活动由未有至有时,岂非一片混沌乎?倘是心在混沌中活动,则如何能说"存养"?故问:"存又存个何物?养又养个何物?"

其次,倘有所存养,则所存所养者即当是此心之灵明。由此,当存得灵明时,则即能省察;而灵明愈得"存养"而愈能朗照,亦即愈能有"省察"之功能,故说"省察只是存养中最得力处"。倘"存养"工夫不能使吾心之灵明朗照,则"存养"即全不"得力"。总之,所谓"存养"正是存此养此能朗照之灵明,故不能在"存养"外另求一事后之"省察"也。

依此,则"存养"与"省察"通而为一,皆可以"慎独"或"诚意"说之。以"慎独"说之,则重在以"独"为"独体",而"独体"即此灵明之心,所谓"慎"即就不失此灵明之工夫讲,遂亦即可摄所谓"存养"之

---

① 《刘子全书》,卷四十,《年谱》,"崇祯十五年六月"条附记。又《刘子全书》,卷十九,《答叶润山》第四书。

义,而能"慎独"亦即能保此灵明而不失,自能时时朗照,不待事后省察矣。以"诚意"说之,则重在以超越主宰性言"意",而即以此主宰性之纯粹不杂说"诚"。于是此表超越主宰性之"意"即吾心之灵明,而"诚"其"意"即是恒保灵明之工夫,亦可统摄"存养"与"省察"矣。

关于"诚意"之讲法,下节再作论述。此处仍归到"慎独"说。蕺山之"慎独"既统摄"存养"及"省察"二种工夫,则在蕺山眼中,"慎独"一观念即可笼罩全部工夫理论。此点蕺山亦曾明言之。如《书鲍长孺社约》云:

> 君子之学,慎独而已矣。无事,此慎独即是存养之要;有事,此慎独即是省察之功。独外无理,穷此谓之穷理,而读书以体验之。独外无身,修此谓之修身;而言行以践履之,其实一事而已。知乎此者之谓复性之学。①

案此一段书后,文虽甚简,论"慎独"与"存养省察"之义最明。此中所谓"无事""有事",即指意念行为等活动之未生及已生讲。就"无事"说"存养",就"有事"说"省察",其实皆"慎独"工夫。而"独外无理"一语中之"独",即指"独体"而言。此"独体"即灵明之心,故不可外此以求理(此即"心外无理"之另一说法耳)。而所谓"修身",亦只应就此"独体"或"心"说,不能取形躯义,故"修身"亦即是修此"独体"。学者于此处倘确知其旨,则亦可知蕺山此说正遥对心斋"安心""安身"等议论而发。依蕺山之说,则心斋在"安心"之外言"安身",即全无意义,盖言"修身"时,所"修"者只能是"心",不能是形躯也。

上引《书鲍长孺社约》一文,作于崇祯丁丑年,前一年丙子序五子合刻之文中另有一段,亦可作补充。其文云:

---

① 《刘子全书》,卷二十一,"书"部,《书鲍长孺社约》。

> 夫天即吾心,而天之托命处,即吾心之独体也。率此之谓率性,修此之谓修道,故君子慎独,而曰:戒慎乎其所不睹,恐惧乎其所不闻,所以事天也。此圣学之宗也。①

此明言"心"即"独体",且直断"天即吾心","慎独"统包一切工夫。事天修心亦是一事也。

蕺山论"慎独"之大旨至此大明,其工夫论之要义亦不外以上所论。就此工夫理论范围而言,"慎独"与"诚意"原亦可通而为一。然蕺山之论"诚意"又有属于所谓本体理论一面,此则非"慎独"观念所能收摄。故下节即专述蕺山"诚意"之说。

(二)诚意与良知

蕺山之论"慎独",重在摄"省察"归"存养",而使内外动静之工夫通而为一,此固是其所持"合一观"之表现。当其论"诚意"时则先自一定区分下手,然此亦不碍其说之终归于"合一观",盖种种区分,皆不过用于批评他人理论,最后所建立之学说,仍重在"合一"也。

蕺山所提出之区分,可分两面说。其一为"诚意"与"致良知"之区分,主旨在于评论阳明而由对王学之疑议而转至己所持之义。其二为"意"与"念"之区别,此则泛对一切言"意"之说法而立。其主旨在于将以往对"意"字之用法重新解释,而将"所发"看作"念",以立一超越意义之"意"观念。本节即先述此二种区分,再步步展示蕺山之理论。

蕺山中年深契阳明之学,然自始即对阳明之教法有所疑,上节极说中已言及。然最初之疑难,不过仍落在"无善无恶心之体"一语上,此自与东林学派有关,盖顾高皆以此说为王学大病,而蕺山原曾问学于高攀龙也。在五十九岁著《独证篇》时,即立"意者心之所在,非所

---

① 《刘子全书》,卷二十一,"序"部,《宋儒五子合刻序》。

发也"之说，遂进而疑阳明四句教中"有善有恶意之动"一语矣。自此以后，时时辨"诚意"与"致良知"二教之异，至六十六岁作《良知说》，遂谓阳明之说"良知"，非"究竟义"，又谓阳明"将意字认坏"，"将知字认粗"云云。① 此即梨洲著《行状》中所谓"终而辩难，不遗余力"者是也。《独证篇》今收入《刘子全书·学言》中，作为"上"，《学言》另有"中""下"二部，皆五十九岁后之言论。兹即先据《学言》资料一论蕺山对阳明之批评，以揭明其立说之主旨，然后再补以其他资料述其区分意念之理论。

案《独证篇》（即《学言上》）中，即立"意"为"心之本"之说。其言云：

> 《大学》之教，只要人知本。天下国家之本在身，身之本在心，心之本在意。意者，至善之所止也，而工夫则自格致始。②

又云：

> 格致者，诚意之功。功夫结在主意中，方为真功夫；如离却意根一步，亦更无格致可言，故格致与诚意二而一，一而二者也。③

此皆非针对阳明学说而立论，然既以"意"为"心之本"，又谓"功夫结在主意中，方为真功夫"，则在本体与工夫两面，皆以"意"为中心，又以"格致"为"诚意之功"，可知此时已不从阳明以"良知"为体而以"致良知"为工夫总纲之说矣。

蕺山既以"意"表超越性主宰能力，遂谓"意"即"心之所以为心"。如此，"意"乃心之本性所在，故亦极力反对朱熹以"意"为心之"所发"一说，而谓：

---

① 可参看《刘子全书》，卷八，《良知说》。
② 《刘子全书》，卷十，《学言上》。
③ 《刘子全书》，卷十，《学言上》。

> 意者,心之所存,非所发也。朱子以所发训意,非是。①

以"意"为心之所存,故有"意念之分"。此点下文另述。此处须先点明者,是蕺山虽在此时开始反对阳明,然其思想方向绝未偏往程朱一边,而是在心性论中另立系统。此蕺山与顾高二氏大不相同之处。明乎此,则知自此以后,蕺山之学说愈来愈不与所谓"先儒"之说相合,亦不足怪,而蕺山后学中种种疑议皆属多事矣。

兹当回至对阳明之批评一面。蕺山既以"意"为德性根源,故即拒阳明"有善有恶意之动"之说,而云:

> 意为心之所存,则至静者莫如意。乃阳明子曰:有善有恶者意之动,何也?意无所为善恶,但好善恶恶而已。②

案观此语即可知蕺山盖以"意"为"善恶"之根源,或使善恶成为可能之能力,而以"好善恶恶"说之,则即指"纯粹意志",以与"经验意志"互别。若学者果知阳明本旨,则可看出此处蕺山与阳明之分别,似成为一语言问题,盖"好善恶恶"在阳明即说为属于"良知"之功能。同一"好善恶恶"之能力,阳明称之为"良知",蕺山称之为"意",则岂非用语不同乎?然蕺山之论"意"与"良知"虽确有此问题,蕺山立说之所以如此,则尚涉及语言之外之理路问题。此须待述蕺山之学后作评结时方能详及也。

蕺山既以"好善恶恶"属之"意",于是只就"知善知恶"一义说"良知",而另立四句云:

> 有善有恶者心之动,好善恶恶者意之静,知善知恶者是良知,为

---

① 《刘子全书》,卷十,《学言上》。
② 《刘子全书》,卷十,《学言上》。

善去恶者是物则。①

此处显见蕺山之"心"反乃指经验心言,故其动有善有恶,此又与其论"念"之说相通。而蕺山只保留四句教中"知善知恶是良知"一句,于是全不问阳明所持之良知之体性义,而遂由此力攻阳明"致良知"为究竟工夫之说矣。

然蕺山非反对言"良知",而是力持以意为体而收摄良知于意中,故以为四句教以"意"为有善有恶,而只说"良知"知善知恶,有绝大弊病。盖若意之生总是有善有恶,则致良知只是事后检点,遂有所谓"落后着"之病矣。蕺山在《学言下》中于此义所说最明。其言云:

> 古本圣经而后,首传诚意,前不及先致知,后不及欲正心,直是单提直指,以一义总摄诸义。至末又云:故君子必诚其意。何等郑重。故阳明先生古本序曰:《大学》之道,诚意而已矣。岂非言诚意而格致包举其中,言诚意而正心以下更无余事乎?②

案此段先说《大学》本旨以"诚意"为"总摄诸义"者,而阳明亦未尝不承认此点。然后遂指出阳明之立"致良知"为宗旨与《大学》本旨不合。故续谓:

> 乃阳明宛转归到致良知为《大学》宗旨。大抵以诚意为主意,以致良知为工夫之则,盖曰:诚意无工夫,工夫只在致知……乃质之诚意本传,终不打合。③

其下更将"致知"收入"诚意"中,而云:

> 及考之修身章,好而知其恶,恶而知其美,只此便是良知。然则

---

① 《刘子全书》,卷十,《学言上》。
② 《刘子全书》,卷十二,《学言下》。
③ 《刘子全书》,卷十二,《学言下》。

致知工夫不是另一项,仍只就诚意中看出。如离却意根一步,亦更无致知可言。①

此段是蕺山自述其主张,实与《大学》原意相去甚远,盖所引二语在原文中本是释"修身"与"齐家"之关系,故其意不过强调人应不受私情支配而能持公正态度而已,与"良知"之涉及价值根源问题不在同一理论层次上也。但蕺山原不过托经立说,此类毛病姑不多论。

蕺山既认为"致知"应收入"诚意"中讲,故进一步即谓"知"与"意"不可分。其言云:

> 予尝谓好善恶恶是良知,舍好善恶恶,别无所谓知善知恶者。好即是知好,恶即是知恶,非谓既知了善,方去好善;既知了恶,方去恶恶。审如此,亦安见其所谓良者。乃知知之与意只是一合相,分不得精粗动静。②

此处须注意者,是蕺山另立四句,原以"好善恶恶"归之"意",故此处说"舍好善恶恶,别无所谓知善知恶者",实即是说离开意别无所谓"良知"。案阳明言"良知",原有"好善恶恶"一义,但蕺山则认为阳明之"良知"仅说为"知善知恶",故遂以为只自己方以"好善恶恶"说"良知"也。"知"与"意"合,则自不能合于阳明对"意"之说法,于是蕺山遂攻阳明之说云:

> ……今云有善有恶意之动,善恶杂揉,向何处讨归宿?抑岂《大学》知本之谓乎?如谓诚意即诚其有善有恶之意,诚其有善,固可断然为君子,诚其有恶,岂不断然为小人?吾不意良知既致之后,只落得做半个小人。③

---

① 《刘子全书》,卷十二,《学言下》。
② 《刘子全书》,卷十二,《学言下》。
③ 《刘子全书》,卷十二,《学言下》。

至此，方见蕺山批评阳明之真论点所在。蕺山以"意"为"好善恶恶"之能力，故不能接受"有善有恶意之动"一句。而对"诚"字之解释，则只取贯彻之义，故说，若意有善有恶，则贯彻时即于善恶无所择别，遂有"半个小人"之妙语。而此一论点，推进一步看时，即与自我转化问题相连；盖蕺山以为，若意有善有恶，而良知又仅能知善知恶，则自我之转化（或成德）永不能完成，此则是"半个小人"一语更进一步之涵义，正蕺山反阳明之主要理由之一。此点观蕺山另一段议论，则更为明确易见。蕺山云：

> "有善有恶意之动，知善知恶知之良"二语决不能相入，则知与意分明是两事矣。将意先动而知随之邪？抑知先主而意继之邪？如意先动而知随之，则知落后着，不得为良，如知先主而意继之，则离照之下，安得更留鬼魅？若或驱意于心之外，独以知与心，则法惟有除意，不当诚意矣。①

案蕺山所举三种可能说法，第一即"落后着"之说，乃蕺山强调之重点。第二则相当于阳明"致良知"后之自我境界，然其时之"意"乃"已诚之意"（即已纯化之意），非四句教中所说一般之"意"。第三则无人有此说，蕺山自己亦谓"自来经传无有以意为心外者"，固非以为真有此说，不过列举各种可能时姑如此假设耳。

蕺山认为"知善知恶"之"良知"，不足以表主体性或主宰性，其主要论据总在"落后着"之说。此意在最后数年著作中反复言之。如崇祯十六年之《良知说》中即另就"知为意奴"一义阐述此一论点。其言云：

> ……且所谓知善知恶，盖从有善有恶而言者也。因有善有恶而

---

① 《刘子全书》，卷十二，《学言下》。

后知善知恶,是知为意奴也。良在何处?①

所谓"知为意奴",即指"知"在意念生后方发用,即不能主宰意念,故为"奴"。此即"落后着"一语之确切诠释也。

蕺山对阳明此种批评,是否有当,则须另作讨论。但此中有一先决问题须加注意者,即蕺山之说与阳明之说所用语言同异之问题。兹即就此点稍作清理,以引至蕺山分别"意"与"念"之理论。

案蕺山最不满于阳明之说者,显在于阳明以"意"为"有善有恶"。然阳明所谓"有善有恶"乃指具体意念而言,故以"意之动"说之。蕺山则以为"意"即是自觉心之定向能力,而以具体意念为"念";于是"意"只能说为"好善恶恶"之自觉,而"有善有恶"者只是"念"。如此用"意"与"念"二字,即只以"意"表主宰性或自觉之定向能力,而将一切经验内容抽去;另一面,凡有经验内容之意皆名为"念"。依蕺山如此用法,自不能说"意"为"有善有恶",然此是蕺山语言,非阳明所用之语言也。

依阳明所用之语言看,则主宰性及定向能力诸义,皆当归于"良知",而"良知"即"心之体",就其发用言,固是"好善恶恶",但就此能力本身言,则"良知"既为"善"及其所关一组词语(包括其否定——即"恶"或"不善")获得意义之根源,"良知"本身即不能再以此类词语描述之;倘不然,则似另有一"善"之标准在"良知"一能力之外成立,而"良知"不过符合此标准而已。如此"良知"即不成为"善"之根源矣。在此意义上,阳明说"无善无恶心之体",以保住"良知"之根源意义。另一面,道德之"二元性"必须建立(此为一切涉及道德之学说之共同条件),故阳明说"有善有恶意之动",即就"意之动"处安顿此二元性。

---

① 《刘子全书》,卷八,《良知说》。

而此所谓"意"自指一切经验意念而言。今若以阳明之语言与蕺山之语言比观,则可知:

第一,阳明之"意之动"相当于蕺山之"念"。

第二,阳明之"良知"包含"好善恶恶"及"知善知恶"二义,故其中一部分相当于蕺山之"意"。

第三,蕺山以为阳明之"良知"只指"知善知恶"言,而自己又强调"好善恶恶"应属"良知",于是"好善恶恶"之意与"好善恶恶"之"良知"又似不可分别。此是蕺山语言中交代不清处。

然作以上之比观后,固可见二人语言有转换改写之可能,但此中仍有一问题,不能由语言改写解答者。此即阳明既以"主宰性"归于"良知",则"意"是否只停止于经验层面上,而为"良知"所对治?换言之,阳明之"意"是否亦有纯粹化(或超经验内容)之意义?

此即涉及阳明学说中"致知"与"诚意"之一贯性问题。盖依阳明本意,"良知"本身即有定向(好善恶恶),而人之意志活动则杂有经验成分,故非必然依循"良知"之方向,因此是"有善有恶",但意志纯化时即只循良知之方向,此是"意"已"诚"之状态。故"致良知"必至于"诚其意"而获全功。当"意"能"诚"时,此意即是"好善恶恶"之意,正相当于蕺山所谓之"主宰"。然其不同处是,纯粹意志在阳明乃工夫之成处,亦可说是"归宿义",而在蕺山则似认作"根源义"。

由于阳明说"良知"取"根源义",说"诚意"则取"归宿义",故在究竟境界上虽是纯粹意志与"良知"合一,在工夫上则须由"知善知恶"之用反照于"意之动"处,而"格其不正以归于正",以使意志活动步步纯化。盖唯有"良知"之"知善知恶"处是工夫下手关键,而致知格物之说以及四句教所言,皆不外此义也。

今蕺山则先将主宰性归于"意",以"好善恶恶"为"意"之定向能力,则"意"是"根源义"。而同时又认为"良知"是"好善恶恶"(见上引

《学言下》语),于是"良知"收入"意"中,而二者皆成为"根源义",然则工夫何处下手,归宿何在?至此,蕺山遂不得不落在"念"上说。但严格言之,此所谓"念"仍不外阳明所说之"意之动",不过蕺山强执"纯化意志"之义,故不能不分别意念耳。

分别"意"与"念",原非创自蕺山。泰州门下王栋(一庵)即有此说。王栋论"意",以为非"心之所发",其言云:

> 旧谓意者心之所发,教人审几于动念之初。窃疑念既动矣,诚之奚及?盖自身之主宰而言谓之心,自心之主宰而言谓之意。心则虚灵而善应,意有定向而中涵;非谓心无主宰赖意主之,自心虚灵之中确然有主者,而名之曰意耳。①

此与蕺山之说大致皆同,然蕺山未见《一庵遗集》②,学者不可以为蕺山抄袭王栋语也。王氏既以"意"为"心之主宰",说之以"定向而中涵",则此"意"自不能与方向无定之经验意念合为一事,故其论"谨念"一义时,即隐然作"意"与"念"之区分。其言云:

> 谨念是戒其莫动妄念,非于动后察善恶也,亦是立定主意,再不妄动之义。③

此即是以妄动者属于"念"。王氏在"诚意问答"中告李梴之语,亦屡说"邪念""恶念"等,盖一旦以"意"为定向之主宰力,则凡违此定向者皆不能不另以"念"字解说矣。

蕺山之论"意"实大段与一庵相同,且其重"慎独",以为是"诚意"工夫,亦相同。但论"念"处则较一庵为详。兹取《学言》资料及崇祯

---

① 王一庵先生《语录》,《明儒学案》,卷三十二。
② 案蕺山未见《一庵遗集》,董玚在《刘子全书抄述》中言之甚详。学者可参阅《刘子全书》,卷首,《抄述》中谈《学言》一段。黄氏《明儒学案》中亦言及。
③ 王一庵先生《语录》,《明儒学案》,卷三十二。

十五年所著《治念说》为主要依据,略述其说。

蕺山先将"知"收归于"意",然后分别"意"与"念"。其言云:

> 知善知恶之知,即是好善恶恶之意。好善恶恶之意,即是无善无恶之体。此之谓无极而太极。①

案此与另一条论"无善无恶"之语合看,可知蕺山对阳明之本意亦未尝不有所接触,此点留俟后论。此处应注意者只是"意"既与"知"合为一,则不得不另以"念"表"意之动"或"所发"矣。故《学言》云:

> 意者,心之所存,非所发也。或曰:好善恶恶,非发乎? 曰:意之好恶,与起念之好恶不同。意之好恶,一机而互见;起念之好恶,两在而异情。以念为意,何啻千里?②

案此段为人所常引之资料。此中要旨只在"一机而互见"与"两在而异情"二语。盖蕺山之"意"乃价值意识本身,故只是一能作肯定及否定之自觉能力,就此而言"好善恶恶",皆不过说此能力之功用而已,并不涉及所好所恶之具体内容,此所以只是"一机",且肯定与否定之功用,乃用时运行者,故谓之"互见"。至于具体之"念",则有具体内容,因之,或"好"或"恶",皆成特殊之念,故"两在而异情"也。

"念"既为具体意念(此取常用语义),则即统指当前经验意识之活动。经验意识中之一一意念,自有善有恶,或昏或明。此全是在"所发"一层上。就此而言,蕺山之"念"似恰相当于阳明所谓"意之动"或"气之动"。③ 但落在工夫上,蕺山之主张则与阳明颇有歧异。依阳明本旨,"意之动"有善有恶,乃"未诚之意",而致良知工夫正落

---

① 《刘子全书》,卷十一,《学言中》。
② 《刘子全书》,卷十一,《学言中》。
③ 阳明四句教中以"心之体"与"意之动"对说,另一处则以"理之静"与"气之动"对说,皆分别定立"无善无恶"及"有善有恶"之境域之语也。参看《传习录》答薛侃语。

实在意志之纯化上,故"致知"之功即落在"诚意"上。当"意"能"诚"时,即成为纯化之意志,亦即全归于"良知"之方向,此即"致知诚意之一贯性",亦近乎康德所谓纯粹意志与实践理性合一之义。如此,则阳明之工夫,在于使"意之动"能全以"良知"之定向为方向,并无消除此"动"之意。蕺山既分"意"与"念"为二,遂以念之生起为一病,而有"化念归心"之说。换言之,蕺山宗旨在于"无念",则与阳明对"意之动"之态度又大不同。而蕺山工夫论之纯重内敛、喜言主静等特色,皆可在此关键上显出矣。

《学言中》论"化念归心"云:

> 心、意、知、物是一路,不知此外何以又容一念字?今心为念,盖心之余气也;余气也者,动气也,动而远乎天,故念起念灭,为厥心病,还为意病,为知病,为物病(还字下依新本补入)。故念有善恶,而物即与之为善恶,物本无善恶也。念有昏明,而知即与之为昏明,知本无昏明也。念有真妄,而意即与之为真妄,意本无真妄也。念有起灭,而心即与之为起灭,心本无起灭也。故圣人化念归心。①

此段直说"化念"之主张。蕺山以"今心"释"念",就文字学言,自是一错误,盖"今"是声符,原非义符。"念"字本非会意字也。然蕺山解字虽可笑,其论旨则大可注意。蕺山以经验意识中种种活动说"念",故"念"即人当前意识中起灭无定之内容,此原与文字上之本义无关。经验意识层面之活动,原皆可归于"气",故即以"动气"说之,此又与阳明所谓"气之动"相近。气之动可以不循本然之理,此所谓"远乎天"。"天"只是本然之理而已。气既可不循本然之理,故成为病。而除去此病,即须"化念归心"。换言之,自觉心自己超越经验意识,方

---

① 《刘子全书》,卷十一,《学言中》。

是归宿也。

此所谓"化念归心",在《治念说》中则说为"化念归思",且明言"无念"一义。其说作于六十五岁时,盖在上引资料之后,故其说亦较详。兹引原文如下:

> 予尝有无念之说,以示学者,或曰:念不可无也。何以故?凡人之欲为善而必果,欲为不善而必不果,皆念也。此而可无乎?曰:为善而取辨于动念之间,则已入于伪。何善之果为?①

案此文设为问答以明其"化念"之旨。开始即明言有"无念之说",即表示自觉心超越经验意识之要求。其下设问,以为欲为善或欲不为不善皆是一种意念活动,何可无念?蕺山之答覆,则提出一"伪"字,盖动念始求其善,则自觉心或自我实未真正转化,不过在一一念上求善。在一一念上求善,在别家看来,原属实践工夫所在,然蕺山只以自我之真正转化为工夫,故认为在"动念之间"求善,乃自我未能真正转化之证据。转化既未达成,则所谓"为善"亦只属浮面表现,故云"伪"。此所谓"伪",针对"真正转化"而言,与通常所谓"作伪"不同。学者宜注意分辨。

念乃经验意识中之具体意念,故旋起旋灭;蕺山认为善恶应在自我本身讲,自我能从经验意识之混杂状态中转至超经验之"纯粹意志",则发念自然皆善。此"纯粹意志"本身即善之根源也。如自我停于经验意识之混杂状态中,则纵使在一一起灭不定之念上求善或去恶,则念念流逝,善终无着落,恶亦不能真去。原文下节之问答即表明此意:

> 然则为善去恶奈何?曰:欲为善,则为之而已矣,不必举念以为

---

① 《刘子全书》,卷八,《治念说》。

之也。欲去恶,则去之而已矣,不必举念以去之也。举念以为善,念已焉,如善何?举念以不为恶,念已焉,如恶何?①

此处所谓"念已焉",即指念之起灭讲。念本身乃流逝不定者,当其过去(所谓"已")即无可把捉。故在流逝之念上说善恶,譬如水面作书,字终不成也。蕺山原文于此稍加发挥后便转至"思"与"念"之分别,仍是先设问而后答。其言云:

> 然则不思善,不思恶乎?曰:思者,心之官也。思则得之,得无所得,此谓思善;不思而得,失无所失,此谓至善。夫佛氏之言,似之而非者也。吾病其以念为思也。然则念与思何别?曰:念有起灭,思无起灭也。或合之,或离之,一而二者也。慎思者,化念归思;罔念者,转引思以归念;毫厘之差,千里之谬也。②

此针对禅宗而言。禅宗说"不思善,不思恶"之意,自六祖即有之。蕺山则首先据孟子之意,说"思"乃"心之官",即以"思"指自觉心之功能本身,然后以"起灭"说"念",而以"无起灭"说"思";盖所谓起灭即是经验界中之呈现,"思"本身作为自觉心之功能,则是超经验意义,故"无起灭"。如此,成善之工夫在心本身、思本身,而不在念上;蕺山即依此义说佛氏"以念为思"。然后落到"化念归思"之说。此处所谓"思",若依孟子意,应与阳明之"良知"相近,但依蕺山意,则当合指"意"与"知"。此种功能虽发用于经验中,表现于一起一灭之念上,然本身自是主宰,不随念之起灭而有起灭。由是可知,所谓"无念",仍是权说,只指工夫不在念上,自我不应自系于经验意识中而已。所谓"归心"或"归思"中之"归"字,正指向"心"或"思"之主宰义。主宰之立方是真工夫所在。而主宰既立后,则自能下贯于经验意识中,于

---

① 《刘子全书》,卷八,《治念说》。
② 《刘子全书》,卷八,《治念说》。

此,念念皆归于此主宰功能。一一念虽流逝无定,而皆表现此主宰功能,故"化念"亦非屏除万念之谓,而只重于"归心"与"归思"之"归"字耳。蕺山原文即以此意收束:

> 然则念可屏乎?曰:不可屏也。当是事,有是心,而念随焉,即思之警发地也。与时而举,即与时而化矣。①

此所谓"思"之警发地,即指有经验意念时,此心之功能之贯注说。"念"有经验内容,故在一定经验条件下生起,此所谓"与时而举",举念处已为"思"之功能所贯注,故"与时而化",不须在屏念处说工夫也。蕺山最后乃作结论云:

> 夫学所以治念也。与思以权,而不干之以浮气,则化念归思矣。化念归思,化思归虚,学之至也。②

此处再加"化思归虚"一语,不过强调"思"或"心"不可误求对象化,并非另有一工夫。学者不可误会。倘由此生误会,必又牵涉道家甚至道教之观念,非蕺山本意也。

至此,蕺山"化念"之说大致已明。尚有涉及"心""意""念"之其他问题,则可于蕺山与门人之问答中见之。此中首须提及者为《答董标心意十问》之资料。

案此问答亦作于崇祯十五年,而在十二月,则是著《治念说》以后之事。盖是年六月著《治念说》,十二月则辞朝而居于接待寺,与诸人之问答皆寺中所作也。

蕺山答董标之问,最重要一论点即"意"不可以"有无"言,此即坚持主体性观念之要义所在。其言云:

---

① 《刘子全书》,卷八,《治念说》。
② 《刘子全书》,卷八,《治念说》。

> 人心之有意也，即虞廷所谓道心惟微也。惟微云者，有而未始滞于有，无而未始沦于无。盖妙于有无之间而不可以有无言者也。以为无则堕于空寂，以为有则流于习见，正如前教所云者是，而又何以语心体之本然乎？①

此处所引伪古文《尚书》语，于史自有未合，但此乃宋明儒通用说法，且蕺山亦不过借此发挥其说，无关本旨。蕺山明标"意"不可以"有无"言，则意非经验意义之心理现象，而表纯粹主体性，其意甚明。故其下即续说"意"亦不可以"有无之时"言，盖在时间中起灭者乃"念"非"意"也。然则"意"与"心"究竟有何关系？蕺山答董问另一条云：

> 意者，心之所以为心也。止言心，则心只是径寸虚体耳。着个意字，方见下了定盘针，有子午可指。然定盘针与盘子终是两物。意之于心，只是虚体中一点精神。仍只是一个心，本非滞于有也，安得而云无？②

此又以"意"为"心"之本性，而以指南针喻之。盖所谓"心"只是就此能自觉之"体"说（案此处"径寸"二字，大有语病），而此体之特有本性即在于此能定向之"意"，故"意"如定盘针，而"心"则如盘子也。此依一般理论词语之用法说。若依蕺山自己之用语说，则即将"意"视为"心"之"体"，此"体"自指"意"之为"主体性"而言。由此，蕺山所说"心"与"意"之体用关系，似与通常说法有异。如董问心意是否分"本体"及"流行"，蕺山则答之云：

> 来示似疑心为体，意为流行，愚则以为意是心之体，而流行其用也。但不可以意为体，心为用耳。③

---

① 《刘子全书》，卷九，《问答》，《答董生心意十问》。
② 《刘子全书》，卷九，《问答》，《答董生心意十问》。
③ 《刘子全书》，卷九，《问答》，《答董生心意十问》。

案此处所谓"其用",就文义言,应承上语"心之体"而来,则即应解为"心之用"。换言之,"意"为"心之体",而流行乃"心之用"。其下又续谓不可"以意为体,心为用"。再与上引一段合观,则已明言"心"为"虚体"矣,则心不可作为"用"看,似无问题。但此段答语之末又云:

> 凡五经四书之言心也,皆合意知而言者也。独《大学》分意知而言之,故即谓心为用,意为体,亦得。①

案此处词意欠明,应加疏解。蕺山前后说法,似有反复;实则其主旨只是不就"发用"处言"意",而转就"心"之能起念处说"发用"。故此必本有之定向,即"意"所指,此是针盘之喻。专就针盘之关系看,盘自不可说为"用",而只能说为"虚体"。故"心"与"意"合说,则不可以"心"为用。然此心除能依意而活动外,尚可离意之定向而有经验中起念之活动;《大学》就此一层面说"正心",所"正"者非本来之"心体",而是心在经验中之活动。取此一层面看"心",则是"心"与"意"分说;如此分说时,"意"仍是无动变起灭之主体性,故是"体",而经验活动中之"心",反是"用"矣。故说以"心为用,意为体,亦得"也。疏理至此,可知蕺山所用语言中,对经验心描述不足,故易启人疑惑,其本旨实非难明也。

总之,论"心"与"意"之关系,则有合说分说两可能。若合说,则心为虚体,只以意为其体,故谓:

> 人心之体,存发一机也。心无存发,意无存发也。②

此即是合说。若分说时,则所言之"心",如《大学》正心一段所论,即是就心之经验活动讲。而"意"取主宰定向之义,则不在经验对象界

---

① 《刘子全书》,卷九,《问答》,《答董生心意十问》。
② 《刘子全书》,卷九,《问答》,《答董生心意十问》。

中,而"意"之为"体"反较"心"为显著无疑,而经验心转似"用"矣。

此上就"心"与"意"说。至于说"意"与"念"之不同,则答问中之言前引《治念说》等资料中所见之说大旨皆同。如董问:"一念不起时,意在何处?"答语云:

> 一念未起时,意恰在正当处也。念有起灭,意无起灭也。今人鲜不以念为意者。呜呼,道之所以尝不明也。①

因"意"本身即定向之自觉能力,故虽不涉及经验内容时,其定向力固无变易,且正全无失误可能,依此说为"恰在正当处"。而以有否起灭分别"念"与"意",则仍是一向所持之区分标准也。原文此段下续说"念"与"意"有不同用法,如"主意"不可谓为"主念"之类,兹不赘引。

蕺山言"意",原指主体性言,故强调主宰或定向之义,而董标对于超有无义,非对象义之主体性,总不能悟得,故总就存有义发问。如问:"事过应寂后,意归何处?"此即以为"意"必有所"归"矣。故答语云:

> 意渊然在中,动而未尝动,所以静而未尝静也。本无来处,亦无归处。②

"意"既是主体性,自不可作为对象描写,无动静可说,亦无去来可说。董问正见其不解此根本义也。蕺山自身未能另立一套较明确之语言以表其所持之主体义,故解说时每每只能仿佛教双是双非说法,颇见吃力。答问最后一条论及"从心不逾"之义,乃云:

> 如定盘针在盘子中,随盘子东西南北,此针子只是向南也。③

---

① 《刘子全书》,卷九,《问答》,《答董生心意十问》。
② 《刘子全书》,卷九,《问答》,《答董生心意十问》。
③ 《刘子全书》,卷九,《问答》,《答董生心意十问》。

案此即说"定向"之义。其下又谓"并将盘子打碎,针子抛弃"云云,则指从特殊之自觉心,升至普遍自觉心而言,然其说欠明,兹不备论。但最末云:

> 此个主宰,要它有,又要它无;惟圣人为能有,亦惟圣人为能无。有而无,无而有,其为天下至妙至妙者乎。①

此种说法,总是望主体性一面讲话,若只就字面求解,则不免茫无头绪矣。

蕺山论"意"之说,至此大致叙述完毕。然其所谓"化念",尚可有进一步之问题。

如上文所引资料所显示,蕺山既以"念"为"化"或"治"之对象,则"念"即表某种反面意义之活动。又"念"与"意"及"思"之不同,皆在于"念有起灭"而"思"与"意"不然,则有起灭者之当治当化,似已为一先立之断定。依此再推进一步,即涉及蕺山如何对"情"一问题之特殊见解。

人之情绪活动,乃有起灭者,似不待辩。然则当蕺山力主对治有起灭之活动时,是否即意味对"情"之排斥。学者如顺已往宋明各家之理路而作揣想,极易以为蕺山必肯定代表"理性"之"思"而否定"情"。但此全不符蕺山论"情"之说,盖蕺山论"情"之见解,别有一说,与其前各大家皆不同。下节即专以此点为中心,一述蕺山对"中和"及"性情"之理论。

(三)中和与性情

蕺山论"情"之说,大抵皆在论"中和"时提出。此因《中庸》原就"喜怒哀乐之未发"及"发而皆中节"而立"中"与"和"二观念也。依

---

① 《答董生问》最末一段。

此,本节即将"中和"及"性情"等问题合并析述。

案蕺山五十九岁始有《独证篇》,而始以"诚意"之说教学者,然其对"情"之特殊理论,则在五十七岁时已形成。是年所作之《圣学宗要》案语,实为蕺山最早论"喜怒哀乐"之资料,其后续有发挥,然宗旨固无改变。以下即先观《圣学宗要》案语中之说,再以其后之言论补之。

《圣学宗要》之编成,在崇祯七年甲戌,早于《独证篇》二年。书后案语乃就"独"(即所谓"独体")说"喜怒哀乐"。其言云:

> 独中具有喜怒哀乐,四者即仁义礼智之别名。在天为春夏秋冬,在人为喜怒哀乐,分明一气之通复,无少差别。天无无春夏秋冬之时,故人无无喜怒哀乐之时,而终不得以寂然不动者为未发,以感而遂通者为已发,可知也。①

此处最根本之论点,乃谓"喜怒哀乐"皆是此独体所本有,独体即指主体而言,故"喜怒哀乐"四种能力皆主体本有之能力。此即使"喜怒哀乐"诸"情"皆成为此心在未发处即有者。由此,"情"亦有超越经验之义。此不唯与朱熹以"已发"属"情"之说大异,实与宋明各家之观点皆不同矣。

蕺山将"情"视为超经验之心灵能力,故即与四德相配,而另一面必须将"已发意义之情"与此"未发意义之情"分开。此义即就"四德"与"七情"不同而阐说之。如《学言》云:

> 《中庸》言喜怒哀乐,专指四德言,非以七情言也。②

"四德"原指"仁义礼智",是"性"非"情",然蕺山既以"喜怒哀乐"属未

---

① 《刘子全书》,卷五,《圣学宗要》末案语。
② 《刘子全书》,卷十一,《学言中》。

发义,则与"仁义礼智"同为此心所本有,故既将"喜怒哀乐"与"七情"分开,其下即畅说其与四德之相配,以及"性"与"情"之相应。其言云:

> 喜,仁之德也;怒,义之德也;乐,礼之德也;哀,智之德也。而其所谓中,即信之德也。一心耳,而气机流行之际,自其盎然而起也,谓之喜;于所性为仁,于心为恻隐之心,于天道则元者善之长也,而于时为春。自其油然其畅也,谓之乐;于所性为礼,于心为辞让之心,于天道则亨者嘉之会也,而于时为夏。自其肃然而敛也,谓之怒;于所性为义,于心为羞恶之心,于天道则利者义之和也,而于时为秋。自其寂然而止也,谓之哀;于所性为智,于心为是非之心,于天道则贞者事之干也,而于时为冬。①

案蕺山以"喜怒哀乐"与四德、四端,甚至《易》之"元亨利贞"、四时之"春夏秋冬"相配,其说旧亦有之。牵强难通,自不待言。然此处学者应注意者,则在于如此立论时,蕺山将"性"与"情"一同收入心或主体之内在能力中,因此,"情"即非心感于外始有者。此种超经验意义之"情"观念,乃成为蕺山学说中一大特色。若欲批评蕺山思想,则此处亦关键所在也。

《中庸》之"喜怒哀乐之未发"一语,在往昔解者皆以此心尚无喜怒哀乐说之,而视喜怒哀乐为已发中之事。今依蕺山之说,则此心本有"喜怒哀乐","未发"非言"尚无"。就训诂而论,已属大异成说。若就理论意义看,则如此以喜怒哀乐配仁义礼智时,如何解释"中"与"和",更属严重问题。盖说喜怒哀乐有"中节"或"不中节"之发则其意甚明,而说本与仁义礼智相配而又有"中节"或"不中节"之问题,则似以为"仁义礼智"本身非价值规范而可"好"可"坏",此则与"四德"

---

① 《刘子全书》,卷十一,《学言中》。

之观念相悖,盖四德本身必须为价值规范,不可说又另有价值规范为四德所服从也。蕺山对此问题之解答,则诉于流行或运行之观念,因而另提出一中气观念,配以后起之"信"(此非孟子言四端时所有,故为后起)。其言云:

> 乃四时之气所以循环而不穷者,独赖有中气存乎其间而发之,即谓之太和元气。是以谓之中,谓之和;于所性为信,于心为真实无妄之心,于天道为乾元亨利贞,而于时为四季。①

案此段"而发之"三字,或有属下读者,成为"而发之即谓之太和元气",然案文意应属上读,盖所谓"发之",即推动四时之气之循环运行之意,属下读则"发之"二字意转不明,故今属上读。

蕺山以统四气之运行说"中"及"和",仍就"存"与"发"讲,故下文又有"自喜怒哀乐之存诸中而言,谓之中"及"自喜怒哀乐之发于外而言,谓之和"二语。合而观之,则蕺山之意不外以为人心本有四德,亦有四情,故所谓"中和",不能分属于性情。性与情皆有未发义。至于"已发",对"未发"言,只是表里之关系,非先后之关系也。

言心意时,蕺山强调"意"非"所发",言性情时,亦强调"情"非所发。然意作为超经验义,故另有"念"字以表经验义之意念(此"意念"取常用语言意义,非蕺山用法)。然则对于"情"之经验表现又如何说法?蕺山于此乃说"笑啼詈骂"与"喜怒哀乐"之不同。此点在《答史子复》语中最为明显。史子复质疑第六条以为"朱子以未发属性,已发属情,亦无甚谬",而蕺山答之云:

> 天无一刻无春夏秋冬之时,人无一刻无喜怒哀乐之时;如曰:喜怒哀乐有去来,而所以喜怒哀乐者未尝去来,是谓春夏秋冬有去来,

---

① 《刘子全书》,卷十一,《学言中》。

而所以春夏秋冬者未尝去来也,则亦并无去来之可言矣。今日:人有绝然无喜怒哀乐之时,必待感而后有,正以笑啼詈骂为喜怒哀乐也。以笑啼詈骂为喜怒哀乐,则是以风雨露雷为春夏秋冬矣。①

此即见蕺山以"春夏秋冬"喻"喜怒哀乐",而谓在经验中此诸情之表现或显现是一事,诸情本身又是另一事。此中分别即说为"形上"与"形下"之分。故同条续云:

> 虽风雨露雷未始非春夏秋冬之气所成,而终不可以风雨露雷为即是春夏秋冬;虽笑啼詈骂未始非喜怒哀乐所发,而终不可以笑啼詈骂为即是喜怒哀乐。夫喜怒哀乐即仁义礼智之别名,春夏秋冬即元亨利贞之别名。形而下者谓之器,形而上者谓之道是也。②

案蕺山以为"情"本身亦是"形而上","情"之表现始是形而下,而以春夏秋冬喻之。"春夏秋冬"如何能视为"形而上",此中大有问题。然此处蕺山之意只重在点明此形上形下之分,以立"情"之超越性,其四时之观念有何困难,留俟后文评论时再作析解。

蕺山既以"情"为有超越性者,故反对朱熹分未发已发说性情,而欲将性情合而言之。此处须注意者是,蕺山虽将"喜怒哀乐"与七情分开,然非不承认"喜怒哀乐"是"情",但此"情"既为独体所本有,而属形上,则与"性"即非属于两不同领域,于是遂必有合性情之说。此亦见于《答史子复》语。其言云:

> 心意之辨明,则性情之辨亦明。心与意为定名,性与情为虚位。喜怒哀乐心之情,生而有此喜怒哀乐之谓心之性;好恶意之情,生而有此好恶之谓意之性。盖性情之名,无往而不在也。③

---

① 《刘子全书》,卷九,《商疑十则》,《答史子复》第六条。
② 《刘子全书》,卷九,《商疑十则》,《答史子复》第六条。
③ 《刘子全书》,卷九,《商疑十则》,《答史子复》第五条。

此处明说"喜怒哀乐心之情",而以心本有此四情为"心之性",但用"生而有"一语,则大有语病;盖如真执此三字以论"性情",则一切成为形下,而上引第六条之形上形下之分将忽然迷乱。然蕺山对此种词义上之严格界限不甚明白,而其论旨则未尝不明显。学者于此"生而有"三字,视为误说可也。而此种"误"亦与蕺山用"春夏秋冬"作喻时之困难同一类型,均俟后评。

蕺山以心本有此能力为"性",而以此能力自身为"情",则"性"字已是"虚位"。又因"情"只是心能如此活动时所显之能力,故"情"亦是"虚位"。只"心"与"意"为"定名","性情"不过依"心意"而得其意义及指涉也。

"性"与"情"既合观,"中"与"和"亦遂合而言,故云:

> 未发以所存而言者也,盖曰:自其所存者而言,一理浑然,虽无喜怒哀乐之相,而未始沦于无,是以谓之中。自其所发者而言,泛应曲当,虽有喜怒哀乐之情,而未始著于有,是以谓之和。中外只是一几,中和只是一理,绝不以前后际言也。①

又云:

> 性者,生而有之之理,无处无之。如心能思,心之性也;耳能听,耳之性也;目能视,目之性也。未发谓之中,未发之性也;已发谓之和,已发之性也。②

此处乃以万有本具之"本性"为性,而取殊别义,故"中和"亦即说为"未发"与"已发"之性。由此言之,则"中"与"和"自亦成为"虚位";此与他处所言"指其体谓之中,指其用谓之和"③,似不甚符合。然揆其

---

① 《刘子全书》,卷九,《问答》,《答董生心意十问》。
② 《刘子全书》,卷十一,《学言中》。
③ 《刘子全书》,卷十,《学言上》。

本意,则蕺山本以"四气"之运行说"中和",则虽有"中气"之名,此"中气"本与"四气"不同层次。就心之四德或四情言,"中和"所居之理论层次亦应类似。则所谓"指其体""指其用",正是说此"独体"在"未发"处及"已发处"而言,而"中"是"未发之性","和"是"已发之性",其义仍是以"中和"为"虚位";盖"中和"只是表"独体"或"意"在未发及已发处之"性",于是不应另有"中体"可说,"中体"者只可作为"在中之独体"之简称,亦即"在中之意"也。故答董标时曾云:

一念未起时,意恰在正当处也。①

"在正当处"之"意",即"在中之意"。若就意有所发而不累于念说,则即可有"在和之意"。此二"在"字,即涵"致中和"之工夫,而此"正当"即遥遥与"性"字相应矣。

至此,蕺山立论,似又有"本性论"之倾向。盖以"中"为"未发"之"性","和"为"已发"之"性",更以心之思、耳之听、目之视喻之,明是取殊别义之"性"言,其思路即绝似伊川、朱熹。然蕺山虽摄取此种思路于其系统中,其学说之归宿及起点,仍皆与其他各家不同。就其起点言,则有"独体"及"意"二观念,此在上文已分别论及;就其归宿言,则另有一"合一观"。下文即析述此一论点,以结束对蕺山学说之叙述。

（四）合一观

所谓"合一观",非旧有之用语,乃本书为描述蕺山学说之归宿而约定之词语。此点应先申明。

蕺山学说,分而言之,内容甚繁,以上所述,亦不过撮取要点,不能详备。然统而观之,则其最大特色有二:第一即将"意"与"心""念"

---

① 《刘子全书》,卷九,《问答》,《答董生心意十问》。

等分开,而表"独体"或最高主体性,第二则是将一切分立或对立之观念合而为一。前一点已在上文各节中分别论述,后一点即本节所论述之主题也。

蕺山于崇祯十六年十二月作《存疑杂著》。《年谱》在此条下作案语云:

> 先生平日所见,一一与先儒抵牾,晚年信笔直书,姑存疑案,仍不越诚意、已未发、气质义理、无极太极之说,于是断言之曰:从来学问只有一个工夫,凡分内分外,分动分静,说有说无,劈成两下,总属支离。①

案此即否定一切"分",而主张"合"也。续云:

> 又曰:夫道一而已矣。知行分言,自子思子始;诚明分言,亦自子思子始;已未发分言,亦自子思子始;仁义分言,自孟子始;心性分言,亦自孟子始;动静有无分言,自周子始;气质义理分言,自程子始;存心致知分言,自朱子始;闻见德性分言,自阳明子始;顿渐分言,亦自阳明子始。凡此,皆吾夫子所不道也。呜呼,吾舍仲尼奚适乎?②

此明言"道一而已矣",盖其所以反对一切区分,正因在其思路中,有一求"合一"之方向也。原案语下有注云:

> 按先儒言道分析者,至先生悉统而一之。先儒心与性对,先生曰:性者,心之性。性与情对,先生曰:情者,性之情。心统性情,先生曰:心之性情。分人欲为人心,天理为道心,先生曰:心只有人心,道心者,人心之所以为心。分性为气质义理,先生曰:性只有气质,

---

① 《刘子全书》,卷四十,《年谱》,崇祯十六年十二月"书《存疑杂著》"条。
② 《刘子全书》,卷四十,《年谱》,崇祯十六年十二月"书《存疑杂著》"条。

> 义理者,气质之所以为性。未发为静,已发为动,先生曰:存发只是一机,动静只是一理。推之存心致知,闻见德性之知,莫不归之于一,然约言之,则曰:心之所以为心也。①

案此注文与梨洲所撰《行状》中语略同,主旨在于点明蕺山将前人说中种种区分皆统而一之,此即本书所谓"合一观"也。然注文虽点明蕺山思想归宿于此"合一观",顾未说明其"合一"之确切意义,则仅可作为学者研讨此问题之线索,而不足作为析论之依据。今欲揭示蕺山此说之确切意义,则须分两层清理。第一步应先阐明"统于一"或"合一"本身之涵义,此处之重点在于"一"何所指而言。第二步则应就其消除种种区分时立论之具体内容着眼,一一予以疏解;换言之,即将其作"统"或"合"时之种种思路论点分别清理,以期学者能获一全面了解。而当学者能对蕺山之"合一观"有全面了解时,则即可说蕺山之学要义不外于此矣。

先就第一步了解而论注文中谓"约言之,则曰:心之所以为心也",恰是下手线索。

案此语在《存疑杂著》中并未单说。但在解"性"时,说"性即心所以为心也",在论及"人心"与"道心"时,说"心之所以为心也,可存可亡,故曰危;几希神妙,故曰微"②,皆另有上下文脉络;又在《独证篇》中论动静时有"性之所以为性也"及"心之所以为心也"等语,亦非单说此句。故注文独标此一句,似以为蕺山自身以此语总罩上引各说,实易使人误会。然就此语之理论意义言,则蕺山所不断统合以寻求之"一",正可由此解释。盖此意蕺山在他处每每言及也。如《学言》

---

① 《刘子全书》,卷四十,《年谱》,崇祯十六年十二月"书《存疑杂著》"条,注文。案此节大义亦见于《行状》。
② 皆见《刘子全书》,卷十二,《学言下》。案《学言下》即所谓《存疑杂著》,犹《学言上》即《独证篇》,盖"学言"之名,原属编书诸人所加也。

中论"万统于一,一统于万"之义后,出"大统会"一词,而云:

> 有万物而后有万形,有万形而后有万化,有万化而后有万心,以一心纳万心,退藏于密,是名金锁钥,以一恕推万恕,遍置人腹,是名玉钥匙。持匙启锁,强恕而行,但见邦家无怨,终身可行。止此一心,名为大统会。①

案此条亦所谓"新本无"者,或以用语稍嫌欠明,故曾为后人删去。然此处标明"止此一心",而以之释所谓"大统会",正可作蕺山心目中所求之"一"之明确说明。

蕺山之"统于一"既只是统于"一心",则所谓"统一"或"合一"之涵义已可初步决定。其次当观蕺山取消种种区分时之个别论点,以求进一步了解蕺山如何建立此"合一观"。

今欲作第二步之了解,则应分由三方面着手清理:

（1）工夫论方面。

（2）对工夫基础之解释方面。

（3）对存有之解释方面。

学者由以上三方面了解蕺山如何取消区分而建立其"合一观",然后合而论之,即可知蕺山学说归宿所在矣。

1. 工夫论之合一观

就工夫一面说,蕺山求"合一"之主张,即显于其统合"存养"与"省察"之说。此点上文述蕺山所言"慎独"之义时,已屡引其言论作提要之解释。此处只对蕺山此种主张之理论意义及历史意义略作说明。

案蕺山合"存养"与"省察"为一之说,乃四十九岁读书韩山草堂

---

① 《刘子全书》,卷十一,《学言中》。

所立,实即所谓"慎独"宗旨之确解。蕺山就静存说"慎独",是初步说法,故闻者每多疑议,以为如此立教,是说动处无工夫。然蕺山之工夫论,与双江不同。双江主归寂而以为格物处无工夫[①],乃视动处为工夫之自然后果,故对于程朱所论"省察"之义,全未照顾。此在蕺山看,正是分动静之"支离"说法中之一种形态。蕺山先将"慎独"收在"存养"处说,正因欲破除两套工夫之旧说,则自己所立之工夫论,自必不能仍分动静,而取其一另舍其一也。故蕺山标"慎独"为工夫宗旨时,从理论意义看,即必不能于动静有所偏执或偏废,而对存养省察亦必不能取一舍一。初立说时,表面似偏于主"静存"之工夫,然其意向所在断不如是。顾如何能先就"静存"处说"慎独",而又将"动察"一段工夫收入此中,则蕺山初立说时尚未能有明确说法。至崇祯十五年《答叶廷秀》第四书中始明言"省察只是存养中最得力处"。同时指出,"专以存养属之静一边"则此所存所养者似与省察之自觉分开,即成一无灵明、无定向之空心,故谓必将"流而为禅"。另一面,"以省察属之动一边"则此省察只是经验中之检点,而此种检点只落在具体行为之外在表现上,故谓必将"流而为伪"。合此两面以观之,蕺山统一"静存"与"动察"之工夫论主旨即可显出。盖"存养"即存此养此灵明定向之心意,而"省察"正是此灵明定向之主体之自觉所照,则时时"存养"即时时"省察",非有一不"省察"之"存养",亦非有一离所存所养而运行之"省察"也。如此,蕺山工夫论上之合一观遂能成立。此说一立,则不能分内外动静言工夫,所谓工夫,只是此所谓"独体"之自明自觉,自主自照。而其归宿或完成,即是"心之主宰处止于至善而不迁"[②],亦即蕺山所谓"意诚"之境界也。

---

① 参阅《新编中国哲学史》卷三上第五章论"王门后学"一节。
② 此语亦见《答叶廷秀》第四书。

以上乃就蕺山所立之工夫论本身说明其理论意义。若就历史意义看,则蕺山此说不仅在表面上已推翻程朱之成说,而且在儒学思想之演变历程中亦有一极特殊之地位。此点仍当以宋明儒学运动之全象作为配景而说明之。

宋儒自濂溪以下,言及成圣工夫,皆有分动静之假定,盖皆可溯源于《中庸》之言"中"与"和"、"未发"及"已发"也。诸儒立说又自各有主见。如濂溪不唯明言"主静",且点出一"几"字,"几"取始动或先兆之意,则正处于动静之间。而濂溪之工夫亦遂有"主静"与"知几"(或"明几")两面,盖知善恶之"几"正所以控制"动"也。至伊川立"主敬"及"致知"为工夫宗旨,则内外动静之分更为明显;盖"敬以直内,义以方外"原属二程所同持之义,而"主敬"自直接与"敬以直内"为一事;另一面"致知"与"穷理"直连,而"在物为理,处物为义"又是伊川通"理"与"义"二观念之定说,于是"穷理致知"即使"义以方外"获得确解。合而言之,"涵养须用敬,进学则在致知"正是双线之工夫论也。朱熹平生立论虽多改变,然其体会最明切处仍在伊川之宗旨,故朱熹时有赞叹伊川之言。但朱熹自身对"未发"及"已发"工夫反复思索,遂有种种较细之分别。就工夫而言,其归宿乃为"静存"及"动察"之双举;至"致知穷理"则又在"存养"及"省察"之外属于另一层面,而为动静两面工夫之动力。此种理路与伊川之不同处,根本上在于伊川仍明谓"心与理一",但"人不能会之为一"而已,是故伊川之工夫论乃以实现或显现问题为中心。而朱熹则以为"心"属于"气",故其工夫落在"心"本身之转化问题上。此转化之动力在于"穷理"之"知","心"即恃此"知"之能力,以观理而转化自身。而此转化之步步成果,皆在动静两面落实。此中大有曲折,此处不能详说。总之,动静内外之分,至朱熹之工夫论而最明确。然由陆王之"心性论"立场观之,则此种分划正是大病。

象山强调"本心"及"先立乎其大者",立场虽甚明朗,工夫论则甚简单。阳明立"良知"以显主体性,而由"心即理""知是心之本体"诸义,将昔人所讲之存有意义之"理"悉摄归于主体活动中,由此其工夫论遂落在"致知"与"诚意"之一贯上;此中"致知"外展而通"格物","诚意"内收而通"正心",内外动静、已发未发各种分别悉由"致良知"(即主体性之充足显现)一义收尽。若客观言之,则日后蕺山之工夫论,实已先摄于此一理论规模中。然就蕺山自己之观点说,则蕺山始终对阳明之"知"观念把握不定,有时即以阳明所谓"良知即是独知时"一语为据,而取其"独"字以与自己之"独体"观念相合,而极赞其"易简直截",为"吾党今日所宜服膺而勿失"。① 其后又拘于四句教之表面意义,而深讥阳明不应以"有善有恶"说"意之动",认为阳明之"良知",只是"知善知恶"之能力;②于是乃以"意"观念为中心,而将一切工夫收于"诚意"中。蕺山之"意"即超经验主体之自觉定向能力(其实正同于阳明之"良知"之体性义),"诚意"亦即此能力之充足显现也。蕺山如此建立之工夫论,亦是将动静内外之分一齐消去,与阳明之工夫论原则上相类;其不同处只是阳明虽以"致良知"贯通一切工夫,而并不以为各种分别为非,盖阳明心目中似觉此种种"分"亦不碍"合"。而蕺山则以为应"合"而不应"分",故蕺山之学可用"合一观"表其归宿,而论阳明之学则不须强调此点也。

总上所论,可知以宋明儒之工夫理论之演变为配景而言,蕺山之说,乃强调"只有一个工夫"之说之极端形态。此即为其工夫上之"合一观"之历史意义所在也。

工夫上之"合一观",只是蕺山之"合一观"最显著之表现。若就

---

① 此说见于崇祯五年(壬申)《寄秦履思》第六书,载《刘子全书》,卷十九。
② 此点见《刘子全书》,卷十二,《学言下》。前文已引及。可参看。

理论关联着眼,则此种主张又与其对"心""意""知""物",以及"性""情"等观念之特殊见解不可分割,盖言"工夫"时,正须以此等观念作为基础也。至此,即可转至对工夫基础之解释一层面之合一观。

2. 对工夫基础解释之合一观

凡工夫论必依某种基础观念而成立——如心、性、情等皆是。例如朱熹以"心"为"气之灵",乃其对"心"之解释,由此遂有一套工夫论依之而成立。今论蕺山之合一观,则上文所述之工夫论上之"合一观",自亦依此类解释工夫基础之合一观而成立。此中首须注意者即蕺山对"性、情"及"心、意、知、物"之解释。

前引《年谱》注文,曾述及先儒以性与情对,而蕺山则谓"情者性之情";又旧说"心统性情",而蕺山谓"心之性情"云云。此即蕺山解"性情"时所持之"合一观"。兹当略作解说。

所谓"情者性之情",即指"喜怒哀乐"为心所固有之功能而言。盖蕺山认为"即以未发为性,已发为情,尤属后人附会"①,遂将"四情"与常言所谓"七情"分开;断言《中庸》所说之"喜怒哀乐"指心之"四德",而非七情。如此,则此意义下之"情",正是属"心"本有之发用形式;与"意"比观,则"意"为定向力,故有所肯定,有所否定,即所谓有"好恶",此"好恶"即"意"本有之发用形式。故就"四情"为心所本有言,即可说属于"心之性",就此"本有"之确定所有者为何而言,则说有此"情"。故蕺山《答史子复》语遂云:"意者,心之意也;情者,性之情也。"又谓:"喜怒哀乐心之情,生而有此喜怒哀乐之谓心之性。好恶意之情,生而有此好恶之谓意之性。"②

总之,"情"当作本有之形式义看,则即属于"性"。至于感物而动

---

① 《刘子全书》,卷十二,《学言下》。
② 参看《刘子全书》,卷九,《商疑十则》,《答史子复》。

之七情,则当与"念"看作同一层,另是一事矣。由此,所谓"心之性情"之意亦不待再解,盖所谓"性",无论就"仁义礼智"说,或"喜怒哀乐"说,在蕺山看来,皆是指"心"之本有之形式,即所谓"四德",故性情不可对分为两列。而其所以不可分者,乃因说"性"说"情",总是在不同角度上说"心",则才谓"心统性情",便似将"性"与"情"分立对看,不如说"心之性情",则直表心之本有此各形式也。

若依上所述之意追进一步,则又可见"性""情"皆是说"心"时之用语而已,非"有心"之外,又"有性""有情",故蕺山又言"心与意为定名,性与情为虚位"也。① 此处"心"与"意"并举,本因原文下面即说"心"与"意"各皆以"性"与"情"说之。然吾人既知"心之性情"一词之本意,即可由此"定名"与"虚位"之辨,转而讨论另一组观念。

"性情"在"心"上合一,对"性情"二字言,"心"是"定名",然"定名"不仅归于"心"。"心""意""知""物"皆是"定名"。故论"性情之合一观"后,即可进而论"心意知物之合一观"。

案《学言下》云:

> 心无体,以意为体;意无体,以知为体;知无体,以物为体。物无用,以知为用;知无用,以意为用;意无用,以心为用。此之谓体用一原,此之谓显微无间。②

此是蕺山明说"心意知物"之"合一"之言。《刘子全书》今本此条下有注云:"合后身者天下国家之统体一条看。"然案《刘子全书》今本中"身者,天下国家之统体"一条并不载于《学言下》,而见于《学言上》,则不在"后"而在"先"矣。此当由于《刘子全书》所据旧本之编次或与今所定本编次不同。此外又有所谓"新本"之殊异等问题,今皆不能

---

① 参看《刘子全书》,卷九,《商疑十则》,《答史子复》。
② 《刘子全书》,卷十二,《学言下》。

考定。然此处有一问题不可不留意者,即《学言上》即崇祯九年之《独证篇》,而《学言下》乃崇祯十六年之《存疑杂著》,其间相距七年。就思想发展而论,《存疑杂著》始可作为晚期最后定说;今"身者天下国家之统体"一条既载于《学言上》,则此处之析述,仍当以上引《学言下》之语为基本根据,而视此条为补充材料。如此,即无不妥。

蕺山就"心意知物"四观念,顺而说后一层为前一层之"体",而前一层为后一层之"用";此种说法与通常说法颇异,须稍加疏解。

案蕺山在《学言上》论"身"一段,原文云:

> 身者,天下国家之统体,而心又其体也。意则心之所以为心也,知则意之所以为意也,物则知之所以为知也。①

案此处"所以为"三字,可作蕺山所用"体"字之注脚。盖说"意则心之所以为心"即是"心"之"以意为体"也。专就此段而论,其论旨与前引《学言下》一段,又稍有不同。《学言下》重在说"心意知物"之体用关系,此条则自"天下国家"说起。其意实谓天下国家以身为体,身以心为体,其后再层层下推,而言意、知、物等。此其不同者一。又如此层层说"体",至"物"则不能再下推,于是原文续云:

> 物无体,又即天下国家身心意知以为体,是之谓体用一原,显微无间。②

此处多出一断定,以为"物"以由天下至知各层之全程为"体"。此是与《学言下》一段不同者二。将"天下国家"收归于"身",再将"身"收归于"心",此在理论上尚与其下言"意""知""物"之意无冲突,故可说无大困难;最后忽将"天下"至"知"七层合视为"物之体",则此中大有

---

① 《刘子全书》,卷十,《学言上》。
② 《刘子全书》,卷十,《学言上》。

语言困难,盖以上七层,步步下收,至"知"则以"物"为其"体"矣,何能又反将以上七层再说为"物之体"?若就蕺山本意顺说,自非全不可通,然语言之困难则无法代为讳饰也。

观此段末以"体用一原,显微无间"八字作结,而《学言下》言"心意知物"之体用关系时,亦以此八字作结,可知此两段皆因蕺山解伊川序其《易传》时所说此二语而说者。伊川本意乃就"理"与"象"言"显微",由此而说"体用一原",自与蕺山此处所论者全不契合;盖伊川自是解《易》,而蕺山则是借此二语讲《大学》,全非一事。但此种借题发挥之事,在蕺山是常有者,兹不深论。仍当回至"心意知物"之体用问题。

所谓"心无体,以意为体"者,"体"字即指"心"之本性义之内容言,故又云"心之所以为心"。"心"之内容,即是此主宰定向之功能,故是"以意为体"。

而"意无体,以知为体",则意谓此种主宰定向之功能,即以能作价值之肯定及否定为内容。蕺山此"知"字,仍承阳明之用法。将"知善知恶""好善恶恶"等义收在一起,即此"意"之本性义之内容,故"意"即"以知为体"。

再进而说"知"是"以物为体",则此"物"字须加解释。盖如依常用语义之"物",则"物"即指事物或存在讲,则"知"不能以此为"体",固甚显明。然蕺山之"物"字,亦是承阳明用法,指具体自觉活动言,故蕺山此语,实即谓"知"以内外一切活动为内容也。但此处需加说明者,则是蕺山由于将"喜怒哀乐"收归心意中,故其论一切具体活动时,重点即在此"四情"或"四德"之运行上。故追进一步说,"知"之"以物为体",即是说作一切价值肯定或否定之功能,即以此四情之运行为内容,得"中"即有肯定,失"中"即有否定。离此即无所施其肯定否定,故即以此四情运行为"体"也。

此点黄梨洲颇能了解，故其《答万充宗论格物书》中即云：

> 夫心以意为体，意以知为体，知以物为体。意之为心体，知之为意体，易知也；至于物之为知体，则难知矣。……人自形生神发之后，方有此知。此知寄于喜怒哀乐之流行，是即所谓物也。①

此处梨洲"方有此知"之语，似对蕺山通过"意"与"知"所立之超越性不甚明白，然就"知"之"寄于喜怒哀乐之流行"而说其"以物为体"之义，则大致不误。

以上说明"心""意""知""物"何以说层层以后者为"体"。至于"用"，则不过对"体"而言，说"知"是"心之体"，即涵"心"是"知之用"，不待一一疏解。然由于蕺山"体"字用法特殊，故套入习用语言中之"体用"观念时，亦未尝无解说上之困难，但学者如将此处所言之"体用"视为蕺山之特殊语言，则既定其所用之"体"字之意义，即可推定其"用"字之特殊用法；不必求其必合于旧有之用法，则亦可避免语言困难矣。

"心意知物"既合一，下一步当进至更大范围之"合一观"。此仍当先以上文所提及之《学言上》一段作为线索。

案《学言上》论"天下、国、家"皆以"身"为体，然后又以"心"为身之体。再顺次说"心、意、知、物"。由"心"以下三层说"体"之涵义，已疏解如上文，然此种疏解能否适用于由"心"反溯往"身"以及"天下、国、家"各段落之体用关系，则尚需小心检查。

解"心"以"意"为"体"等语时，上文之疏解乃取"本性义之内容"说"体"字，换言之，自心之本性或本有之功能言，其内容只能是此能主宰能定向之"意"；其下解"意"以"知"为"体"等语，亦皆可取此一贯

---

① 《南雷文定》前集，卷四。

之词义为说。但今说至"心"为"身之体"时，即似稍有困难，因此"身"若作为一事实之存在看，则"身"之"内容"似难说只有此"心"。然此种困难尚不算严重，因吾人仍可说个别之人有其个别性之存在，此存在即名之为"身"；而人之存原以"心"为其"本性义之内容"，此外一切物理、生理及心理因素皆可视为"偶加之内容"，故专取"本性义"言"身"之"内容"，仍不妨说此内容只是"心"。此处虽不若说心意知物时之畅顺，尚无不能克服之困难。今若再推至"家""国""天下"，则问题之严重性显有不同。盖自"家"以上，皆必涉及外在世界，又必涉及"他人"；此处如直接用上文之疏解，即有明显困难，盖说一心之活动时，由于"意""知"等本与"心"不可离，故于其间论"体用"（仍依蕺山自己之用法说），既无内外相隔之问题，亦无一心与众心之问题，而说及"家、国、天下"时，则处处有此两面问题出现，非可轻易跳过也。

然则蕺山说"身者天下国家之统体"时，是否有意对"体"字另选一用法？此则又极不近理，盖蕺山之学说最后归于"合一观"，乃无可疑者，此点有《存疑杂著》及其他最后言论为证据；而若一面追求"合一"，另一面将"体"字又分为两种，则"体"已有二义，如何"合一"乎？故此一假定全不可立。

蕺山若不能不以同一意义之"体"，既说"心意知物"，又说"身家国天下"间之体用关系，则蕺山对"家、国、天下"之为事实之存在以及涉及他心两点，取何种态度，即成为学者了解或讲述蕺山之学时，必须面对之重大问题。

此一问题，在已往解说蕺山学说者，似从无明确解答。兹但取一理论析解之态度以试作解答，则先须指出以下两点：

第一，就"他心"问题说，此即涉及"众多主体之并立界域"之观念，此观念一向为儒学所缺，故蕺山实亦未觉察此问题；吾人今日亦不能强说蕺山对此问题有何态度。

第二，就客观存在或事实世界之地位讲，则蕺山实有一确定态度；此一态度，简言之，即是将"事实世界"或"存在"全部收入一心灵语言说之。而此亦正是吾人讲解蕺山之"合一观"时最后应加论析之重点所在也。①

下节即以"存有方面之合一观"为题，专论蕺山如何将一切存在及存有收入其心灵语言中。此处先承上文对上文述及之"家、国、天下"之"体用"关系问题，预作一简单交代。此即当蕺山将存在及存有皆收入其心灵语言时，则所谓"家、国、天下"，实皆化为"此心在家、国、天下等层面上之活动"，而将"家、国、天下"之客观存在性消去。而当如此看"家、国、天下"时，则自可仍循前解说"身"为其"体"，盖此各层面之活动，皆不外此身之活动，离此"身"，则亦无其他内容可言矣。但此解虽与解"心、意、知、物"之说时一致，然必须在已将存在及存有化归心灵语言后方能成立，故如何化法，方是关键；由此又可知蕺山此一思路亦是其整个学说中必不可缺之重要环节也。

3. 对存有之解释之合一观

上文屡言"存在"及"存有"，因此二词涵义不同。但"存有"可包括"存在"（因"存在"可视为"时空中之存有"，或用其他限制语加于"存有"上亦即可得"存在"之概念），故此节只以"对存有之解释"为题。

蕺山解释"存有"之理论，主要在于崇祯十六年所著之《读易图说》及崇祯七年所著《人谱》。《读易图说》代表蕺山晚期思想，自不待

---

① 此处所用"心灵语言"一词，系本书作者所拟定者；如与现代哲学中所谓"Thing-Language"比观，则所谓"心灵语言"即指"Mind-Language"，非"心理语言"之谓，学者不可误会。

言;《人谱》虽较早,然亦在蕺山殉国之年改订①,自亦代表其最后意见。但《人谱》正篇只有《人极图》,所谓续篇中则以论工夫为重,故其解释"存有"之理论,仍当以《读易图说》为主要资料。但观此《图说》之前,尚有数点应先提及者。

案蕺山论"理气",原常有"合一"之说,如《学言中》云:

> 理即是气之理,断然不在气先,不在气外;知此则知道心即人心之本心,义理之性即气质之本性。千古支离之说可以尽扫。②

所谓"理即是气之理",最需慎作解释。盖此语若单独看,则可表不同之思想倾向。例如,就"理"之不能自存言而说只是"气之理",则即有"虚名论"(Nominalism)之倾向。又如以"气"为第一序观念,而将"理"视为"气"所含有或所呈现之规范条理,则即是以宇宙论为中心之思想倾向。蕺山之后,如王船山、颜习斋等人皆取此类哲学立场。而蕺山此语之本旨则大异。盖合蕺山其他著作言论观之,则蕺山之思想倾向在于将天地万物收归一心;而其言"理"时,则一面说"性即理也"③,另一面说"凡所云性,只是心之性"④,则"理"亦只是"心之理"矣。其言"气"时,则说"盈天地间,一气也,气即理也",则"气"亦只是"心之气"。合而言之,"理即是气之理"总因"理"与"气"皆不能离此"心"而成立。换言之,蕺山此语,只是说"气"不能离"理","理"亦不能离"气",二者皆统于"心"而已。

此种旨趣,在蕺山先后言论中虽屡屡显出,但蕺山立论时时轻重

---

① 《刘子全书》,卷首,《抄述》云:"……首《人谱》,如《王子全书》首《传习录》。刘子于乙酉五月改订……"又《年谱》于乙酉年五月记"改订《人谱》",下记云"先生于谱中未当者再加改正。是书凡三易稿始定"。可知现有之《人谱》定本,实蕺山最后订正者也。
② 《刘子全书》,卷十一,《学言中》。
③ 《刘子全书》,卷十一,《学言中》。
④ 《刘子全书》,卷十二,《学言下》。

不同,故每易令人误解。故稍作解释。

除将"理"与"气"合一外,又常将"心"与"天"合一。如云:

> 天者,无外之名,盖心体也。①

而其释《中庸》"天命之谓性"三句,乃云:

> 心生之谓性,心率之谓道,心修之谓教。②

此则将"性、道、教"三观念皆统于一"心",而"天命"竟以"心生"代之矣。又解《诗经》云:

> 《诗》云,维天之命,於穆不已,盖曰:心之所以为心也。③

此皆明以"天"与"心"合一也。

但此处所说之"天",乃形上意义之"天",若与"地"对举之"天",则视为万有之一,而其论"心"与万有之关系,则断言万有皆是"心"之所包。其言云:

> 身在天地万物之中,非有我之得私;心包天地万物之外,非一膜所能囿;通天地万物为一心,更无中外可言;体天地万物为一本,更无本之可觅。④

依此,则"心包天地万物之外",显然"天地万物"皆在"心"之"内";而所谓"气"本即指万有之存在内容而言,万有皆在"心"内,亦即"气"不外"心"而立之义。另一面则谓"天下无心外之性;惟天下无心外之性,所以天下无心外之理也"⑤。如此,"理"与"气"皆统归于"心",

---

① 《刘子全书》,卷十一,《学言中》。
② 《刘子全书》,卷十一,《学言中》。
③ 《刘子全书》,卷十一,《学言中》。
④ 《刘子全书》,卷十,《学言上》。
⑤ 《刘子全书》,卷七,《原旨》,《原学中》。案《原旨》各篇皆崇祯十五年作,皆指向《存疑杂著》中种种结论,故可互证。

"天"无论取形上义或自然义,亦皆必摄归于"心"矣。故"天"与"心"之合一,实"理气合一"一断定之当有之论果也。

"理气合一"导致"天"与"心"之"合一";再推而言之,则所谓"道"亦皆与"心"合一,故蕺山在《原道》上篇,即将形上观念、德性观念、存在观念及文化观念皆统于"道",而摄于"心"。其言云:

> 道其生于心乎!是谓道心,此道体之最真也。而惟微者其状耳。微而著焉,两端见矣。立人之道,仁与义是也。仁义其道之门乎!仁其体也,义其用也。一体一用立,而易行乎其间矣。生生之谓易,化而裁之谓之变,推而行之谓之通,举而措之谓之事业,上而际谓之天,下而蟠谓之地,中而蕃殖谓之物,积而无穷谓之世,明之为体乐,幽之为鬼神,治之为刑赏,布之为纪纲,成之为风俗。类而推之,莫非道也;约而反之,莫非心也;践而实之,所以成人也。①

案此文以言"道"与"心"之"合一"为主旨;其列举各观念中,最可注意者是"易"一观念,盖"生生之谓易"一句,正宋儒以来言"天道"者之依据;凡说形上义之"天"者,皆落在此一"易"观念上,倘将此观念收于"心"中,则由此观念所衍生,一切宇宙论观念以及文化历史观念,亦将自然皆收归于"心"矣。至此,吾人乃可转而观蕺山之《读易图说》,盖收"易"于"心",正是此《图说》由"心"言"太极"之论旨也。

《读易图说》作于崇祯十六年正月,代表蕺山对存有问题所取之"合一观"。《图说》前蕺山有序云:

> 余尝著《人极图说》,以明圣学之要,因而得易道焉。盈天地间皆易也,盈天地间之易皆人也。人外无易故人外无极。人极立,而天之所以为天此易此极也,地之所以为地此易此极也。故曰:六爻

---

① 《刘子全书》,卷七,《原旨》,《原道上》。

之动,三极之道也;又曰:易有太极,三极一极也。人之所以为人,心之所以为心也。①

案此即申明自作《人极图》即有"人外无易""人外无极"之宗旨。而《读易图说》乃更进一步之发挥耳。故续云:

惟人心之妙,无所不至,而不可以图像求,故圣学之妙亦无所不至,而不可以思议入。学者苟能读《易》而见吾心焉,盈天地间皆心也。任取一法以求之,安往而非学乎?因再述诸图而复衍其说于后,以补前说之未尽。总题之曰:《读易图说》,诚亦自愧瞀见矣,殆繇是发轫焉,庶存跬步之一跌云。②

案蕺山自谓此《图说》是推衍《人极图说》,即所谓发挥之意。然自今观之,则《人极图说》首言"无善而至善,心之体也",即以此"心体"为"太极",固已有摄万有于一心之意,但重点在"善"上。最末说至"尽人之学",仍是工夫为主。③ 而《读易图说》则第一图即示"人心妙有之象",其下论太极、阴阳、天地,及先天、后天、四气、十二象等,皆冠以"人心"字样;第十、第十一两图则分表"人心六合一体之象"及"人心万古无穷之象",总之,皆示万有在"心"之中,其重点正在于收摄"存有"于一"心"。此正是《人极图说》中所未有之义。故蕺山所谓"以补前说之未尽",正落在"收摄存有"一义上;而《读易图说》在此意义上,即为完成蕺山"合一观"之著作,非《人极图》只重言"善"、言"工夫"者所能限制矣。

《读易图说》最后一图(第十二)示所谓"人心六十四卦三百八十四爻之象",而云:

---

① 《刘子全书》,卷二,《读易图说自序》。
② 《刘子全书》,卷二,《读易图说自序》。
③ 参阅《刘子全书》,卷一,《人谱》正篇,《人极图说》。

> 造化之理,新新故故,相推而不穷;如草木之荣枯,昆虫之起蛰,日月之晦明,四时之盛衰,气运南北之往来,陵谷之迁徙,莫不皆然。①

此说即将《易经》所标示之万有生成变化之过程皆收归"心"中。此处应注意者是,蕺山言此种"造化之理",并不就人之意志思想说,而就自然世界说,盖其主旨正在于将通常所谓"客观世界"收于一"心"中。观此,蕺山对存有问题之最后断定亦即显豁无疑。一切存有皆收入一"心",天人、理气等区分,皆视为权说,此所以为"合一观"也。

《年谱》记著《读易图说》条下,有注云:

> 按《太极图说》谓天以阴阳五行化生万物,物钟灵有人,人合德为圣,似一一有层次。先生独言人即天即地,人心中具有太极阴阳五行万化之理。《人极图说》与《语录》中备言此意,至《读易图说》则发挥无余蕴矣。②

濂溪旧说,乃以形上学及宇宙论混合而立者,故在哲学模型上看,是一"天道观"系统,即所谓由"天道"以下贯"人道"之系统。蕺山所立之"合一观",则万有合于一"心",在哲学模型上看,是一"心性论"系统,正承阳明路数。学者于此种大关目如能正视,则可说蕺山生平虽常议阳明之说而对濂溪反多有推许之言,其自立之系统实乃濂溪系统之倒转,而为阳明系统之极度扩张。今即可用此论断以结束对蕺山学说之叙述。

三、简评

蕺山学说要旨已如上述。兹当对其中所涉理论问题,略作评论。

---

① 《刘子全书》,卷二,《读易图说》第十二图。
② 《刘子全书》,卷四十,《年谱》,"崇祯十六年"条。

首先,就蕺山学说之发展历程言,蕺山最初只主"慎独"一义,后转至"诚意"宗旨,而归宿则在"合一观";此中之主脉只是一工夫论。盖蕺山之所谓"圣学",确只是所谓"内圣"之学;说心说意,说中和,说性情,皆为解释此"成德""成圣"之工夫而立,至于对万有之观点,亦皆系归于此工夫观点。总而言之,一切观念皆以工夫论为中心,故对于所谓"客观领域",实未尝承认其独立意义。此即蕺山学说之最大特色,欲评其得失短长,亦当注目于此。

若具体言之,则可就"知识问题"及"制度问题"着眼。

阳明以"良知"说"知"字之意义,已将认知活动之独立领域置诸不问,对于与认知问题相连之"存有问题",则阳明只说"此是乾坤万有基"而已。此固透露阳明以为一切客体依于主体之义,然未详说。毕竟阳明如何解释"世界"之建构,仍可视为一未作决定之问题。蕺山则不仅承阳明之意,而以"知"为"良知",且将"心、意、知、物"层层收摄。于是,一面说"心即天,即地,即万物"①,另一面以"意"为"心之体"。而此"意"即主宰定向之纯自觉。在此意义下,所谓"物"只能统指此"心"(或此"人")之一切活动,故说"物无体,即天下国家身心意知以为体"矣。② 此点在蕺山平生言论中,虽偶有不同之说③,然就其主旨及归宿看,"物"实只能如此解也。

依此,则所谓"物"并非具客观意义之"外物",于是"认知问题"及"存有问题"在此一语言系统中皆被排去。此则较阳明之说更为彻底,然同时阳明学说之遗"客观化问题"而不论之弊,在此亦更为明

---

① 《刘子全书》,卷六,《证学杂解》,解一。
② 《刘子全书》,卷十,《学言上》。
③ 如《原旨》七篇中之《原心篇》,谓"盈天地间皆物也,人其生而最灵者也"。又似以常识观点说"物",而以"人"为万物之一。然此种观点只是过渡时期之说法。至"合一观"完成,则太极、阴阳、天地皆收归于一"心"而说,则"物"终非"外物"矣。

显矣。

再就制度问题而论，阳明虽未肯定此种"客观化"之领域，但强调"亲民即所以明明德"，则对客观义之文化制度，尚可有某一程度之肯定态度。蕺山则只说"人"、说"心意"、说"觉"，至论"明德"时，则以为"己之明德"直接"与天下国家并无二体"。[①] 此纯就"内圣"一面说，固无不可通处，然其不承认政治生活之独立领域固甚明显；于是只能以"身"为"天下国家之统体"，而更不能对"制度问题"之独立领域有所注意矣。

总之，蕺山学说在发展历程中，虽对某种问题有畸轻畸重之语，然就其总方向与归宿而论，则完全排除"客观领域"，是其系统之特性；不仅离主体而言时，一无可立，即就主体性而言时，蕺山之主体性（意）亦只有"定向"之功能，而无"建构"功能，故亦不能有所谓"客观化"矣。

蕺山以后，王夫之、颜元及更后之戴震等，虽立说层次迥殊，而皆有强调"客观领域"之倾向，正与蕺山之学相映成趣。从哲学史观点讲，阳明所代表之"心性论"模型之哲学，至蕺山已发挥至极。此后若无一大跃升，则势必回转至其反面，故此种演变亦属易于想见者也。

以上乃就蕺山整个学说立论，若涉及学说内部之问题，则可供评论者殊多。但此处不能一一详及。然此中有颇关重要者，兹再略举一二，以提醒学者留意。

蕺山之思路有一最大特色，即喜消灭理论上种种区分。此点原未必是病，盖一切区分原依语言思辨中之功能而立，非有任何自存之实在性也。然立说中必不能不取某种区分，故若于应作区分

---

① 《刘子全书》，卷三十六，《大学古文参疑》解语。

处强去此区分,则结果必有大弊。蕺山忽视之区分,最重要者在于经验意义与超验意义一层。欲说明此点,最佳证据莫过于蕺山论"四情"之说。

以"喜怒哀乐"为独体所本有,故不取"已发义",此是蕺山之说。然若如此说,则"四情"当属于超验心中之四种形式,此点蕺山亦未尝不屡屡言之。但蕺山论及"四情"时,却以之配"元亨利贞"及"春夏秋冬"。"元亨利贞"作为四个形上观念,尚不妨碍"四情"之超验性,"春夏秋冬"则明明属于经验观念,如何能与四种超验形式相配乎?天体之运行是一经验事实,既无必然性,亦无恒常性。"喜怒哀乐"如视为有超验性之形式,则如天体运行有变,应亦不受影响。今蕺山以"四时"配"四情",显然混乱"经验"与"超验"之区分,凭空多出一极脆弱之论点矣。朱熹以其宇宙论立场,亦曾有此种四四相配之说,正是其理论弊病之一;蕺山取心性论立场,更不应承此错误观点而立说也。

此种忽视理论区分而招致理论混乱之病,在其他问题上亦屡屡可见。此处姑不详说。

其次,蕺山之用语又常另有一病,此即随意借用佛教语言是也。讲哲学问题而利用已有之哲学语言,本属当然,但此中分寸在于理论意义之相应与否。倘佛教语言中某种词语或表述方式果有与自己面对之理论问题有相应处,则自不妨借用以供阐释。否则,随意借用,则原有词语所携带之某种色彩即无端侵入自己之理论,不能使己说借之而明,反致生出多余之混乱矣。蕺山论"意",原指主体性言,故言"独体"、言"本觉"、言"心"中之"主宰",均无不当;然蕺山则屡屡用"意根"一词,而不顾及"根"字在佛教语言中乃指述经验义之官能,绝无超验之主宰性也。蕺山滥用"意根"一词,遂致谓"慎独"之学,乃

"向意根上讨分晓"①；另一面又责佛教不应以"意"为"粗根"，不应"以意夷之六根"②，其实何必借用此"根"字，生出种种词语上之杂乱乎？借用此字，实于阐释"诚意"无补也。此外，如借用佛教之"识"字，亦同此病。学者自读其书，不难发现，不必备论矣。

此外，蕺山述及他人之学说，每每随己意以诠释，故《刘子全书》中此类问题极多。学者但能了解此点，不通过蕺山以解说前人之学，即不致有误。

以上皆就蕺山学说之缺失而言，然最后应申明者，是蕺山学说之重要性及其价值，并不因此而动摇。盖就缺去"客观领域"及"客观化"观念而言，此原是儒学之通病。蕺山纯以"成圣"或"内圣之道"为其宗旨，亦属儒学之通义所在；由此通义而导生此通病，亦非蕺山特有之过失。不过蕺山系统极力收摄万有于一心，于排除"客观领域"一点最为彻底，故此通病在蕺山系统中为特显耳。学者倘以广大心胸，纵观各家学说，则当知一切既定之说必皆有其限制，亦即有某种缺失。就哲学及文化思想之进展言，则人自当步步克服已有之传统学说之缺失而求发展，然此非谓"绝对完全之学说"可以获得也。且发展正以已往之成绩为基础，故求发展时，今人虽当致力于补前人之缺，正前人之失，但此非谓前人之成绩可以抹煞。知此，则学者无论观整个儒学传统或一家之说（如蕺山学说），皆当取其长而知其短，以求哲学思想之确定发展，而不可因见得前人之缺失，遂弃前人之成绩也。

蕺山所立之系统，乃阳明一支思想中最后出亦最彻底之系统；只此一点，已足使学者了解蕺山学说之重要性，至其论性情及工夫时种

---

① 《刘子全书》，卷六，《证学杂解》。
② 《刘子全书》，卷九，《商疑十则》，《答史子复》。

种独到之见,则不待赘论。梨洲《学案》终于蕺山,而视蕺山之学为能决千古之疑者;就"心性论"而言,梨洲之说亦非过誉。本书对蕺山之评述即在此结束。

至于清儒因反阳明后学,而涉及对蕺山之疑议者,则多属隔靴搔痒,不待论析也。

第七章 明末清初之哲学思想（下）
——清初哲学思想之代表人物

上文述刘蕺山之学，蕺山于福王事败时自尽，故刘氏之学说真乃明末最后一家。明亡后，清初儒者有所谓三大家，即黄宗羲、顾炎武及王夫之是也。以当时声名而论，顾黄均远出王氏之上，然专就哲学思想言，则顾氏实无特殊理论。黄氏则承蕺山心性之学，而在政治哲学一面别有卓见。至于王氏，则其在世时名虽不彰，其立说则遥承横渠而别立系统，就哲学史标准言，其重要性固过于顾氏也。本节即先论黄宗羲之思想，再对顾氏治学之态度及其历史影响略作陈述，然后再析论王夫之之学说。

三大家以外，又有颜元、李塨，号称"颜李学派"；其说虽未臻高明之境，然亦颇有应加叙述之特色。本书虽不作详介，亦将于论三家之后，略述其要。而本章以"明末清初之哲学思想"为题，亦即在述颜李后结束。

第一节
黄　宗　羲

黄宗羲,字太冲,晚号梨洲。生于明神宗万历三十八年,卒于清康熙三十四年,以公元推之,其生卒年代为公元1610—1695年。

黄氏父尊素,为东林重要人物,天启间为魏忠贤所害,故黄氏幼负家仇,时人目之为忠烈之后。黄氏师事刘蕺山,亦承父命也。

黄氏治儒学虽宗蕺山,然其人兴趣广泛,于经史之学无所不通,尤精于历法。明亡后从鲁王抗清,曾于行朝中任左副都御史；又组织四明山寨,推动民间之反清运动。鲁王事败后,梨洲乃流亡四方,续图兴复。及桂王再败,始绝意兴废之事,而讲学浙东。门下人才颇盛。清廷屡欲征召梨洲入京,梨洲皆拒之,仅于修《明史》时,遣弟子万斯同参与其事,然万斯同亦仍是以"布衣"身份参与修史也。

梨洲晚年与吕晚村不合,故吕氏于梨洲颇有讥议,然以客观眼光论之,则梨洲终不出仕于清朝,其大节无亏,固无可疑。

梨洲长于史学,博览宏识,在在见于其著作中。本书以哲学思想为限,不能详及其他,以下仅取其最关重要之著作,一论其思想之特色。

梨洲思想就其涉及哲学内部问题一面言,在于重视哲学思想之流变,故梨洲虽宗阳明、蕺山,而于明代儒学思想之种种分歧变化,皆至为留意。此种特色即表现于其《明儒学案》中。其次对中国传统文化之弊,梨洲亦有一种反省工作；虽在表面言,梨洲亦如其他儒者之崇古,然就其反省所至言,实发现传统文化中之大缺漏。此种特色则表现于其《明夷待访录》中,盖梨洲对中国政治制度之基本问题,反省最为深切也。此外,梨洲虽承王刘心性之学,然极不以俗儒之空疏不学为然;故其论学,重经史之客观了解。此点虽与日后乾嘉学风下恶言心性之态度不可混为一谈,然乾嘉考证训诂之学,未尝不受梨洲思想此一方面之影响。梨洲此种思想特色,固无一专书可作代表,然于其论说书札中则在在可见也。

由此,以下即分三项论述梨洲思想。先就《明儒学案》观其哲学思想,再以《明夷待访录》为据,观其政治思想,最后一述其论学之言。

一、《明儒学案》中表现之思想

本节所论,重在《明儒学案》一书所表现之梨洲哲学思想,故不详述其书之内容。又梨洲曾编著《宋元学案》而未成,后由黄百家、全祖望诸人陆续补成之。其书又远不及《明儒学案》之有条理亦有斟酌,故不在此论及。盖欲观黄氏之哲学思想,《明儒学案》方是基本资料也(以下称《学案》)。

《学案》最初由许酉山及万贞一各刻数卷,未竟全书;其后贾若水录其全稿,而由其子醇庵刊印。贾刻本与万刻本又颇有不同处。故至道光元年又有莫氏重刻本,以抄本为据,依万刻本另加订正,此即今传之本也。贾刻本成于清康熙三十二年,梨洲已老病,然犹为贾本作一短序。序文中对其哲学观点及著《学案》之宗旨颇有明确陈述。序文开始即谓:

> 盈天地皆心也;变化不测,不能不万殊。心无本体,工夫所至,即其本体。故穷理者,穷此心之万殊,非穷万物之万殊也。①

按此段含有两论点,应稍加析述。

第一,言"盈天地皆心",是从蕺山所谓"盈天地间皆道也"②及"盈

---

① 《明儒学案》原《序》。
② 《刘子全书》,卷十,《学言上》。

天地间一气也"①等语化出，然命意所重又有不同。蕺山前一语意在说道与事之不离，后一语意在合理气为一，皆是其"合一观"之表现。梨洲此处则意在确指"理"不外于"心"而自存，盖梨洲极反对以"理"为存有而以"心"为观理之能力之法，故其所重者在以"穷此心之万殊"一语。此一立场在答万充宗书中亦明言之。其言云：

> 夫自来儒者，未有不以理归之天地万物，以明觉归之一己，歧而二之，由是不胜其支离之病。阳明谓良知即天理，则天理（或作"性"）明觉，只是一事，故为有功于圣学。②

既以为以理为心之所观所对为"支离"，则梨洲言"理"皆视为"心之理"，固直承阳明之教，而于荀卿之论"心"、朱熹之论"理"皆直接排斥矣。

"理"只是"心之理"，故万物所呈现之万殊，只是心之理之万殊之外化，故一本万殊不分就心与物说，而收归一心说。此亦符合蕺山之理论立场。蕺山亦谓"止此一心"也。

又蕺山本合"人心"与"道心"为一，而梨洲既只言"心之理"，则亦不能立"道心"于"人心"之外。故于宋儒所谓虞廷十六字之传，绝不尊信。梨洲晚年，阎若璩《尚书古文疏证》一书脱稿乞梨洲为序，梨洲即于序文中痛切辨析，以"十六字"为"理学之蠹"。其言云：

> 忆吾友朱康流谓余曰：从来讲学者，未有不推源于危微精一之旨，若无《大禹谟》，则理学绝矣，而固伪之乎？余曰：此是古今一大节目，从上皆突兀过去。允执厥中，本之《论语》；惟危惟微，本之荀子。《论语》曰，舜亦以命禹，则舜之所言者，即尧之所言也。若于尧

---

① 《刘子全书》，卷十一，《学言中》。又蕺山在《读易图说》序中亦言"盈天地间皆心也"，其意在于收"存有"于一心，又稍异梨洲语意。
② 《南雷文定》前集，卷四，《答万充宗论格物书》。

之言有所增加，《论语》不足信矣。①

案梨洲因阎书证古文《尚书》之为伪作，影响前代儒者之立论根据，故先引朱康流语而为之答。盖宋儒最喜用所谓"十六字"之说，后人因袭其言，遂似将此伪书资料作为理学立论之依据。今证此"十六字"乃伪作，似乎即使大部宋儒理论发生问题。其实此是历史标准一面之问题，可推翻朱熹所造之"道统"观念之一部，原与理论得失无决定关系。然梨洲即借此清理伪书之机会发挥其在理论一面之主张。更进一步指出此种根据伪作资料而立之理学理论，在方向上亦由其依据之乖谬而成为乖谬。此处之理论关键则在于"十六字"中"危""微"等观念原出于荀子，故依此而论"人心""道心"，则根本上已肯认荀子之"心"观念，而与孔孟之方向不同矣。故梨洲在序文中续云：

> 人心道心，正是荀子性恶宗旨。惟危者以言乎性之恶，惟微者，此理散殊，无有形象，必择之至精，而后始与我一，故矫饰之论生焉。于是以心之所有，唯此知觉，理则在于天地万物；穷天地万物之理，以合于我心之知觉，而后谓之道，皆为人心道心之说所误也。②

此即说所谓"十六字"，基本观念来自荀子；此种观念，扣实言之，即是以"理"为外在之存有，"心"为观照之能力，故"穷理"亦成为外向求天地万物之理。宋儒言"人心"与"道心"，种种议论皆以此"心外有理"之观念为基本认定，而其说在理论标准一面看，梨洲以为大误。若在历史标准一面看，则梨洲亦指出违异孔孟之说之方向。故下文续云：

> 夫人只有人心，当恻隐自能恻隐，当羞恶自能羞恶，辞让是非，莫不皆然。不失此本心，无有移换，便是允执厥中。故孟子言求放

---

① 《南雷文定》三集，卷一，《尚书古文疏证序》。
② 《南雷文定》三集，卷一，《尚书古文疏证序》。

心,不言求道心;言失其本心,不言失其道心。夫子之从心所欲不逾矩,只是不失人心而已。然则此十六字者,其为理学之蠹甚矣。①

梨洲此论,可谓透彻明快。盖蕺山以前诸儒,对宋儒所依据之经籍真伪问题,尚未注意。梨洲长于史学,对真伪之辨,其识度及能力又皆超迈前人。阎百诗原受业于梨洲,其说正符梨洲之见。既在经籍考证一面,有客观证据而知古文《尚书》之为伪作,于是梨洲即援用此种考证成绩以驳除宋儒旧说。其言既有确据,其意遂无保留矣。

合上所论,可知《学案》序文中所言,正是梨洲哲学思想中心所在:"理"不外于"心","道心"亦非在"人心"外另有可立者;一切"理"皆统归于此"本心",正是陆王之传,亦正是孟子本旨。而蕺山之"合一观",最后亦不能不在此义上落实也。

第二,梨洲谓"心无本体,工夫所至,即其本体",此表明梨洲对"心"之了解。"心"作为一纯自由自主之主体性看,则其自身"如何活动",即决定自身"成为如何"。当自觉活动达至某一层面,则此"心"即成为此一层面上之心,然此正是如此活动所决定者,非"心"只属于此一层面或必属于此一层面也。故"心"徇物则为物化之心,"心"奉神则为依神之心;"心"与理对则为观理之心,"心"反照自主则为绝对自由之心。凡此升降迷觉之异,皆非"心是如此"或"心是如彼"之问题,而为"心如此活动"或"心如彼活动"之问题。此即所谓"心无本体",盖"心"非被决定之存有也。而活动在梨洲即以"工夫"名之,故又云"工夫所至,即其本体"也。

梨洲此说,实能见主体之大本义;惜平生著作对此根本问题发挥不多,在《学案》中评述他人学说时,虽亦偶及此义,终不如此处序文中所说之明确。且有时多作朦胧语,反易使后人误会。盖梨洲虽见

---

① 《南雷文定》三集,卷一,《尚书古文疏证序》。

此根本义,其兴趣倾向总偏在具体实践一边,故对此纯哲学问题亦未尝详为析论也。

合以上两点观之,梨洲肯定"心"之绝对主体性,又肯定此主体性为万理之源,故其批评佛教,便只重在"心"是否含"理"一点,而不以佛教之强调"主体性"为病。此是梨洲之见远过宋儒旧说处。然蕺山曾谓"释氏之学本心,吾儒之学亦本心"①,而不取伊川以"本心"为佛学、"本天"为儒学之说,则梨洲此意固仍承蕺山之学说也。

《明儒学案》历述各家之言,然其评断皆依序文所揭示之哲学立场,固颇有一贯性。而就黄氏著此书之宗旨言,则本意即在于将阳明之学置于一历史背景中,从正反各面阐明阳明之大方向、大主张所在。故《学案》以阳明为中心,而以蕺山为结局。其间清理王门后学之种种异说弊端,亦皆以阳明之说隐为标准。合而观之,此书固非纯客观之抄录注释之作,而是以明确之哲学观念为基础以评述诸家之哲学史著作也。倘以严格哲学史标准绳之,则梨洲之析解殊未臻严密,其叙述各家亦未能一一清理其理论结构。然此书已属中国传统儒学中空前之作,不唯非周海门、孙钟元之作所及②,且亦远胜于未完之《宋元学案》也。

二、《明夷待访录》

梨洲之哲学思想,如上节所论,略见于《明儒学案》中。梨洲之政治思想,则见于《明夷待访录》(以下称《待访录》)。

案《待访录》作于清康熙二年(癸卯)。盖辛丑十二月永历帝被清

---

① 《刘子全书》,卷十,《学言上》。
② 案《学案·发凡》第一条,梨洲即评及周海门之《圣学宗传》及孙钟元之《理学宗传》,盖极力表明《学案》与二人之作不可并论。实则海门纯依主观旨趣解他人之说,其书绝不合哲学史标准,孙书杂乱,但同抄述,自不能与《学案》相比也。

人所俘而殉国,南明遂亡,梨洲在壬寅年得闻此耗,知兴复无望,故著此录,于中国传统政治制度之大弊痛切言之,留俟后世复国者之用。此所谓"待访",非指清廷而言;评者或以梨洲自比箕子,遂谓欲效力于异族,则是故作曲解也。①

《待访录》分十三题,始于《原君》篇,终于《奄宦》篇;其中《取士》篇分上下,《田制》《兵制》《财计》各篇又分一二三节,《奄宦》篇亦分上下,遂成二十一篇。此中如论田制、兵制等作,皆针对明政之弊而言,自今日观之,时势久改,仅有史学上之参考价值。但《原君》《原臣》《原法》诸篇,则代表梨洲对传统政治制度之批评,意义至为深远,实为中国政治思想史中之奇作。次如《置相》《学校》等篇,亦表露梨洲对政府组织,及知识学术对政治权力之限制等问题所持之主张。了解梨洲政治思想时,此等文献亦有确定之重要性。本节即以此各篇为主,撮述其内容并阐明其理论意义。

在叙述梨洲政治思想前,尚有两点应先作说明:

第一,儒者向有尊古托古之传统。孔子欲恢复周文,故其评论当时政治之衰乱,即每每有今不如古之意;孟子则盛称尧舜,对殷周之事亦皆取一种理想化态度以作评述。此是儒者尊古托古之风之起源。扩而言之,先秦诸子皆面对一衰乱世界而立说,故大半皆将理想寄于古代,固不仅儒家为然。此种风气至汉以后竟无改变,后世儒者总喜谈尧舜三代等。谈及政治时,遂照例以"古"代表理想所在。梨洲思想之内容原可视作对中国传统政治之检讨批判,然在立论方式上,仍不脱此尊古之窠臼。如其论"君"之职分时,即分别以"古者"如何如何、"今也"如何如何相比而言。若学者只就表面着眼,则不免误以为梨洲只持一种复古主义之立场。但若分别梨洲之论旨及其语言

---

① 如吕留良即有此说,盖二人交恶,故吕有意讥嘲而已。

习惯,则即不致有此种误解矣。

第二,汉代以下,儒学成为官学或国教,原是一历史事实,无须讳亦无须辩。但此与儒学是否偏袒统治者则非一事。孔子本人论政之宗旨,即是以"理分"限制权力,至孟子则明言民贵君轻,天意见于民意,实无卫护绝对君权之意向。但汉代儒生信从五德终始之说,遂开始以为政权兴废,人民不能操其柄;另一面又以"宇宙论中心"之哲学为基础,而将"君"上达于"天",由此君权益尊而民意渐轻。此种思想演为《白虎通》三纲之说,民权观念及民本观念皆不可见。然此种儒学变质问题与儒学本旨问题固不可混为一谈。此点前文亦屡屡论及。

"君权"问题原可分两层看。从"制度"层面看,则此问题应以"政权转移之理性化途径"为主,盖如无一正常合理之途径以决定政权之转移,则所谓"君权"永远为暴力阴谋之产物,则整个君主制度在基本上属于非理性者。此是中国传统政治之最大缺点。历代儒者及其他思想家,对此问题皆罕能正视。唯孟子曾以"民意"之归向作为政权归属及转移之决定条件,然其说既未进入"制度化"层面,则只是一待发展之主张而已。后世既无人发展其说,此处之缺点亦无从补正矣。

其次,从"理分"层面论君权,则涉及"君"之"职分"问题。此则原是孔子宗旨,然后世儒者只视"君"为"人主",反与原始观念相承,而离孔子宗旨。于是"君"似拥有一产业之主人,而天下百姓遂只能顺从人君之意,为人君所用,而人君一面有何应尽之职分,反无人过问。此是君主制度下君权之极度恶化之情况。对此问题,汉代以下儒者大抵只能诉之于"天"之权威,借"天意""天象"等以警告"人主",对以"理分"观念决定"君之职分"而限制"君权"之儒家宗旨,反不能深体力持。此则是中国传统政治更进一步之堕落面也。

梨洲之批评传统君权,重点只落在"君之职分"问题,亦即是在

"理分"层面上论君权,非在"制度"层面上论"君权",故对于"政权转移之理性化途径"一大问题,未能直接有所论断,然如顺此"理分"观念追进一步,则自可触及政权转移问题。盖"君"若有必须完成之"职分",则当其不顾"职分"时当如何?此是言"理分"及"职分"时所必含有之问题。孟子即由孔子之"理分"观念进至"民意"观念者。今梨洲之说尚未能直接涉及"政权转移问题",然其强调"君"有"职分",天下非君之私产,则亦可说间接指向制度层面之基本问题矣。

以上乃学者观《待访录》思想前应先具之了解。以下即析述《待访录》之内容。

(一) 论君

"君"作为政权之掌有者,有何应尽之职分?梨洲以为其职分在于使天下获利免害,故"君"乃为"天下"服务者,而非以"天下"供自身之享受者。《原君》篇开章即先明此义云:

> 有生之初,人各自私也,人各自利也。天下有公利而莫兴之,有公害而莫除之。有人者出,不以一己之利为利,而使天下受其利;不以一己之害为害,而使天下释其害。此其人之勤劳必千万于天下之人。①

此即谓以"君"为兴公利、除公害之人,故为"君"非一逸乐之事,而是须完成沉重任务而为"天下"服务者。然人如不知此根本义,则以为"君"拥有"天下"为产业,以供享受,则即是梨洲所痛责之"后之为人君者"(梨洲于上段之后,曾谓"古之人君"皆知此义,故以"后之为人君者"与"古之人君"相比而论)。梨洲之言云:

> 后之为人君者不然,以为天下利害之权皆出于我,我以天下之

---

① 《明夷待访录·原君》。

利尽归于己,以天下之害尽归于人,亦无不可。使天下之人不敢自私,不敢自利;以我之大私为天下之大公。始而惭焉,久而安焉。视天下为莫大之产业,传之子孙,受享无穷。①

案梨洲此处极言君权之弊,而其问题关键即在于公私之别。人君倘以公心自处,则自当为天下人求利除害;反之,人君以私心视天下为产业,则结果责天下人以"公",其实乃欲使天下人皆为"我之大私"服务。于是"君权"之下,遂可以无恶不作矣。而此种公私之辨,再进一步看,又以政治生活之目的何在为关键;此即梨洲所谓"主客"之分,故云:

> 此无他,古者以天下为主,君为客;凡君之所毕世而经营者,为天下也。今也以君为主,天下为客;凡天下之无地而得安宁者,为君也。是以其未得之也,屠毒天下之肝脑,离散天下之子女,以博我一人之产业,曾不惨然;曰:我固为子孙创业也。其既得之也,敲剥天下之骨髓,离散天下之子女,以奉我一人之淫乐,视为当然,曰:此我产业之花息也。然则为天下之大害者,君而已矣。向使无君,人各得自私也,人各得自利也。呜呼,岂设君之道固如是乎?②

所谓为主为客,即指政治生活之目的何在而言。倘视政权之掌有者为"客",则"天下"为主,亦即天下人民之利害为政治生活目的所在。反之,以政权之掌有者为"主",则"天下"为客。换言之,统治者或统治集团之利害,成为政治生活目的所在,而天下人皆役于统治者之私利私害矣。如此,非"设君"之道,亦即谓非政治生活之正轨也。

此处尚有一极可注意之论点,即梨洲论政治生活之目的时,并不就道德着眼,而直言"利害"。盖政治之功能正在于为天下人处理现

---
① 《明夷待访录·原君》。
② 《明夷待访录·原君》。

实生活中之问题——即所谓求利除害。掌有政权者倘知政治本来是此种性质之活动,则不以一己之私干扰此种活动,即是正轨所在。就此而言,在执政者或人君固有存心公私之问题(此是道德问题),但对于天下人而言,则天下人之利害所在即政治之课题,不可离天下人之利害而另立一课题也。梨洲此种思想,基本上自仍与孟子论政宗旨相近,然与宋儒天理人欲分指善恶之说不能全符。宋儒论政,无明确之理论原则;其实际主张多落在道德教育上,盖其心目中固无独立之政治问题。梨洲则虽承阳明、蕺山心性之学,而对政治问题之理论领域,则有明确观念。此所以梨洲虽未正式解答"政权转移"问题,其思想仍已透露对"客观化"之理性秩序之某种了解,而为宋明其他儒者所不及也。

在政治层面讲,不可要求天下人成为圣贤;在道德层面讲,则必有此要求。此即涉及理论领域之划分问题。政治生活之领域,原以"众多主体之并立关系"为基本条件,故有其独立性。而在此独立领域中之某种原则,与道德领域(另一独立领域)中某原则之不同,亦不可说为"矛盾"或"冲突",盖"矛盾"或"冲突"须在同一领域中说始有确定意义也。至于此各领域各自作为整体看,是否彼此间又另有一种统摄之关系,则又属另一问题,与内部原则之同异全非一事。此种理论问题,自不能在此详说。学者但知政治生活之领域应自有其内部之原则,即不致在此种重大问题上构成误解矣。

梨洲论政治问题,不讳言利。此点在后世学者亦颇有承之者。如清代之戴震喜言"遂民之欲",即属此类观点,然戴氏又不知此乃政治领域中之原则,而欲以此种观念处理道德问题,又属另一种混乱领域之病,而梨洲则未犯此病,因梨洲深知"成德"或"成圣"原非政治功能所在,故论政时即专就政治领域立说,未尝有所混杂也。

若顺梨洲重视天下人之利害之意推之,则此中似含有尊重个体之观念。盖凡统治者以"国家"或其他集体意义之词语作为号召,而要求天下之人为此号召而服役时,每每即正是"以我之大私为天下之大公"。置人民生死疾苦于不顾,而标榜另一政治目的,实即违弃政治生活本来之目的。就政权掌有者而言,亦即是不明自己之"职分"矣。

"君"原以为天下兴利除害为职分,违此职分,即是悖理失道。此乃梨洲对政治生活之目的所立之大论断。由此,梨洲又进而言不能尽职分之"君",即应为天下人所反对,而极议俗论所谓"君臣之义"为无理,终归于力赞孟子。此处即显示梨洲对"政权转移问题"已间接触及,如上文所言。兹引梨洲此一段议论以结束本节。梨洲云:

> 古者,天下之人爱戴其君,比之如父,拟之如天,诚不为过也(案此指能尽其职分之"君"说。"古者"云云,乃语言习惯问题);今也,天下之人怨恶其君,视之如寇雠,名之为独夫,固其所也。而小儒规规焉以君臣之义无所逃于天地之间,至桀纣之暴,犹谓汤武不当诛之;而妄传伯夷叔齐无稽之事,使兆人万姓崩溃之血肉,曾不异夫腐鼠。岂天地之大,于兆人万姓之中,独私其一人一姓乎?是故,武王圣人也,孟子之言圣人之言也。后世之君,欲以如父如天之空名禁人之窥伺者,皆不便于其言,至废孟子而不立,非导源于小儒乎?①

至此,梨洲之政治思想,可谓全与孟子同调;其主要论点即谓不能尽职分而造福天下之"君",即应被推翻,正是孟子之意。至于讥后世统治者之以私念反孟子,则学者如稍知《明史》,当知此正指明太祖而言。梨洲以明之遗老,不事异族,然论及大是非,却无袒护明室之意;此亦足见梨洲真非小儒、俗儒可比矣。

梨洲之政治思想,最重要之宗旨实在上述《原君》篇中。但《原

---

① 《明夷待访录·原君》。

臣》篇自另一面论政治应以天下人之利害为目的之义,可作为补充资料。《原法》篇又就"法"之意义别作发挥,亦极可注意。以下再分述其要旨。

(二) 论臣

论"君"时,梨洲系以政权之掌有者为对象,而其论点则在于"天下为主"而"君为客",故强调"君"之职分在为天下兴利除害。论及"臣道",则指一切从事政治工作者而言。掌有政权者固不可以"天下"为私产,从事政治工作者亦当知自己乃为"天下"而工作,非为"君"而工作。于是《原臣》篇之主要论点即在于指出"臣"并非为"君"而设,而力斥世俗忠于一姓之说。

《原臣》篇首先指出"臣道"不在于顺"君"之意或为"君"而牺牲,而应知自己从政之目的乃为天下万民求"治"。故先举俗论为例而驳斥之,其言云:

> 有人焉,视于无形,听于无声,以事其君;可谓之臣乎? 曰:否。杀其身,以事其君;可谓之臣乎? 曰:否。①

案此二说皆世俗所谓"事君"之道,一以能顺"君"之意为主,一以能为"君"牺牲为主;梨洲皆直谓此非臣道所在。其下乃提出其正面之论断:

> ……则臣道如何而后可? 曰:缘夫天下之大,非一人之所能治,而分治之以群工;故我之出而仕也,为天下,非为君也;为万民,非为一姓也。吾以天下万民起见,非其道,即君以形声强我,未之敢从也;况于无形无声乎? 非其道,即立身于其朝,未之敢许也;况于杀其身乎? 不然,而以君之一身一姓起见,君有无形无声之嗜欲,吾从

---

① 《明夷待访录·原臣》。

而视之听之。此宦官宫妾之心也。君为己死而为己亡,吾从而死之亡之,此其私昵者之事也。是乃臣不臣之辨也。①

此谓"臣道"在于以治天下为目的,故从事政治工作,非为统治者之仆役,亦与私情关系无干。而此处有一重要论断,即"臣"与"君"皆是为治天下而工作。因天下之大非一人所能治,故不能只有一掌有政权之领袖或统治者,而必须有一群工作者;领袖或统治者与此一群工作者间,非主仆关系而是一种合作关系。君臣合作,以治天下,此彼此理分或职分之实义也。故其下特抒此义云:

> 夫治天下犹曳大木然。前者唱邪,后者唱许。君与臣,共曳木之人也。若手不执绋,足不履地,(曳木者)唯娱笑于曳木者之前,从曳木者以为良,而曳木之职荒矣。②

案"足不履地"下"曳木者"三字似属衍文,不然或其上别有脱字,故置括弧以明之。然此段文意,则仍甚明白。君与臣乃合力求治天下者,正如合力曳大木之人。故从事政治工作之"群臣",当知职分在于"曳木",不在于取悦或顺从为首之人,不然,则客观上之工作("曳木之职")反将荒废矣。

如此观"臣道",则知"臣"之职分,基本上与"君"之职分相同,皆为治天下,而从事政治即不可视为做人君之仆从。由此再推一步,则凡从事政治工作者,皆当以"天下之治乱"为重,而不可只顾"一姓之兴亡";梨洲于此痛切言之,云:

> 盖天下之治乱,不在一姓之兴亡,而在万民之忧乐。是故,桀纣之亡,乃所以为治也;秦政蒙古之兴,乃所以为乱也;晋宋齐梁之亡,

---

① 《明夷待访录·原臣》。
② 《明夷待访录·原臣》。

无与于治乱者也。为臣者,轻视斯民之水火,即能辅君而兴,从君而亡,其于臣道固未尝不背也。①

此处梨洲将"治乱"与"一姓之兴亡"作明确区分。某一皇朝之兴亡,于"治乱"固可有种种不同之关系。若有一代表暴政之皇朝衰亡,则其亡正使天下走向"治"一面;若有一代表暴政之皇朝兴起,则其兴又正使天下走向"乱";此外,某种政权上之变换,亦可与治或乱无一定关系。由此,从事政治工作者,只应注目于"万民之忧乐",以求万民之安乐为目的,而不应只为"一姓"工作。作如此区分后,梨洲眼中之政治生活之目的,亦已显出。此即求"万民"实际生活中之安乐是也。

以上论"臣道"之义,与前引论"君道"之说合观,则立可见梨洲之根本立场,乃对"家天下"之观念之否定。梨洲虽未提出另一制度,尤未语及"民权"观念,然"君"与"臣"皆为天下万民而设,"君"不能以"天下"为私产,"臣"亦不能只为"君"工作,则"天下"之"治乱"方是政治生活之客观目的。以"君"为承"天命"而"有天下"之传统观念,至此已完全弃去。此即梨洲政治思想之所以为卓越也。

合《原君》与《原臣》二篇,梨洲政治思想之大要已备。以下《原法》篇则另有可注意之论点,下文略述之以作补充。

(三)论法

梨洲论"法",认为有正当之"法"——即是为处理客观问题而立之一切制度,此在梨洲,即称之为"三代以上之法"。又有不正当之法,乃统治者专为巩固其权力利益而设之制度,此即称为"一家之法"。此种"一家之法",既非为天下而设,故在严格意义上实无"法"之地位,故是"非法之法"。原文云:

---

① 《明夷待访录·原臣》。

> 三代以上有法，三代以下无法。何以言之？二帝三王知天下之不可无养也，为之授田以耕之；知天下之不可无衣也，为之授地以桑麻之；知天下之不可无教也，为之学校以兴之，为之婚姻之礼以防其淫，为之卒乘之赋以防其乱；此三代以上之法也，固未尝为一己而立也。后之人主，既得天下，唯恐其祚命之不长也，子孙之不能保有也，思患于未然以为之法。然则其所谓法者，一家之法，非天下之法也。是故秦变封建而为郡县，以郡县得私于我也。汉建庶孽，以其可以藩屏于我也。宋解方镇之兵，以方镇之不利于我也。此其法何尝有一毫为天下之心哉？而亦可谓之法乎？①

此即谓正当之"法"，须以客观上人或民之需要为基础；如纯为统治者之利益而立"法"，则此种"法"不可谓之真"法"。学者于此应注意梨洲所论者全在"法"之内容一面，并未涉及"法权"或"合法性"之理论根源问题，故仍假定"法"乃由掌有政权者所颁立，不过内容有"公"与"私"，或"为天下"与"为一家"之分；实未触及人民之立法权观念，不可与民权法治之说相混也。

梨洲肯定"为天下"而立之"法"，而否定"为一家"而立之"法"；前者以客观理由为据，故说为"藏天下于天下"；后者只以主观私利为据，故说为"藏天下于筐箧"。前者为理想所在，梨洲即以"三代之法"称之；后者乃实际历史上之弊病，梨洲即以"后世之法"称之。而此种为统治者私利而立之"法"，即所称"非法之法"也。

此种"非法之法"，就其性质看，原不应为后人所遵守，但传统君主制度下，又有一"祖宗之法"之俗说，使人君不能革弊以立正当之"法"。梨洲于此种俗说又痛斥之云：

> 论者谓一代有一代之法，子孙以法祖为孝。夫非法之法，前王

---

① 《明夷待访录·原法》。

不胜其利欲之私以创之,后王或不胜其利欲之私以坏之;坏之者固足以害天下,其创之者亦未始非害天下者也。乃必欲周旋于此胶彼漆之中,以博宪章之余名,此俗儒之剿说也。①

梨洲之意盖谓凡为私利而立之"法",无论是否"祖宗之法",皆无可取;故俗儒争辩何者是"祖法",何者有违"祖法",又以为人君必须"法祖",皆属无意义之说。

最后,梨洲即依上文所提出之"法"观念——即正当之"法",而说"有治法而后有治人",其言云:

> 即论者谓有治人无治法,吾以谓有治法而后有治人。自非法之法桎梏天下之手足,即有能治之人,终不胜其牵挽嫌疑之顾盼;有所设施,亦就其分之所得,安于苟简,而不能有度外之功名。使先王之法而在,莫不有法外之意存乎其间;其人是也,则可以无不行之意;其人非也,亦不至深刻罗网,反害天下。故曰:有治法而后有治人。②

案此处梨洲所论"治法"与"治人",皆以前文所说之两种"法"为根据。盖若不能革除"非法之法",则虽有人才,亦只能在极小范围中发挥作用;若革"非法之法"而立正当之"法",则虽无特殊人才,亦可免于祸民。故梨洲此说承上文言"为天下"之"法"与"为一姓"之"法"之分别而提出,非泛论"法"与"人"孰重者。近代解释其说者每每举此段以表示梨洲重视"法治",实不甚确。盖言"法治"者重在"法"之形式义,而梨洲全文则皆重在"法"之内容义,二者迥不相同也。

以上为《原法》一篇之主要内容,与《原君》《原臣》二篇合看,则梨洲论旨益明。此外,对于君主制度内部问题,梨洲则强调"相权"之重

---

① 《明夷待访录·原法》。
② 《明夷待访录·原法》。

要性。此点对中国传统政治特性之了解,亦大有关系。故下节再略述梨洲之《置相》篇,以结束本章对梨洲政治思想之评述。

(四) 置相

案中国君主制度,表现中国政治生活有非理性因素,此是第一序之问题;然如专就君主制度内部而言,则中国传统君主制度,至少在理论上确有限制君权之规法,又为他国之君主制度所无者。除"君主立宪"乃现代民权思想之产物,自不能属于此类外,其他国家之君主制度,在此意义下,即皆不如中国君主制度。中国君主制度此种优点,虽无补于第一序问题之解决,但本身原有一定历史意义。此原为熟悉中国历史者所熟知。至于中国历代君主极力破坏此种限制君权之规法,则又属于另一事,只表示此种优良规法久已败坏而已。学者亦不能因其败坏即谓其从未存在也。就此种限制君权之规法而言,最重要者为"相权"及"谏权"。关于"谏权",非本节所应涉及,兹不具论。"相权"问题则与梨洲论"置相"之思想直接相关,故应略作解释,以引至梨洲之说。

所谓"相权",即管理政府之权。中国自汉代成一统之局,"君"与"相"之地位及权力,即有一理论上之划分。"君"为天下之主,但政府则由"相"管理。"君"可以诛"丞相",可以任免"丞相",但不能直接管理政府。"君"所能直接管理者,只限于皇族及宫廷。此所谓"内朝"与"外朝"之分。"丞相"为"外朝"之首领,其施政行事,皆有全权。在理论上,"君"不通过丞相即不能干预政事。因此,就礼仪而论,汉制原以"相"为"君"之宾客,故"君"不能待"相"以僚属或仆从之礼。此亦显示"相"在法理上之地位非臣仆一流也。然即在汉代,此制已开始为人君所破坏。而"相权"之败坏过程亦即"内朝"势力之扩张过程。盖"君"与"相"争权,开始即由提高"内朝"官属之权力着手。自汉以降,此种演变日甚一日,终至内外朝渐不可分,而君权之限制亦不可见矣。

明太祖初定天下,欲行"古制",故曾以胡惟庸为"丞相",后乃杀之,同时废"相",而天子自领六部,即直接管理政府。所谓"内阁",不过一"秘书处"而已。故明制之排斥"相权"又特为明显。盖六朝至于唐宋,"相权"虽已大衰,然其遗意尚有某一程度之保存;至明废"相"后,则君权全无限制矣。

梨洲之立论,原以此种历史传统为背景,然其重点在于论明政之失,又未尝详考"相权"之演变;故其说大旨只强调"君"与"相"皆属政治上之职位,不应将"君"单独视为主人,又亟论明废"相"后政府权力归于宦官为大病。对于"内朝""外朝"之分划,则未论及。梨洲论"置相",劈头即谓:

> 有明之无善治,自高皇帝罢相始也。①

此处梨洲并未论及历代君相关系之演变,但注目于明之废"相"而已。其下则申述其论点云:

> 原夫作君之意,所以治天下也。天下不能一人而治,则设官以治之;是官者,分身之君也。……盖自外而言之,天子之去公,犹公、侯、伯、子、男之递相去;自内而言之,君之去卿,犹卿、大夫、士之递相去;非独至于天子遂截然无等级也。②

以"官"为"分身之君",即包括一切政治工作者,此与《原臣》篇之观点相连。如此,知梨洲虽于此篇论"相权",然其基本旨趣不在于专说"相权"限制"君权"之义,盖梨洲只自抒所见,非从政治制度史立论也。又梨洲此处虽有"自外而言""自内而言"等语,其所谓"外""内"

---

① 《明夷待访录·置相》。
② 《明夷待访录·置相》。

乃分指封国与中央政府而言,与"内朝""外朝"不同。此亦应加注意者。

梨洲主旨,只是说"天子"或"君",亦只是政治职位之一,并非高居于政治结构之上。仍非专就"相"说。但其下则述汉制中君相之礼仪,转至论"相"之功能。其言云:

> 古者君之待臣也,臣拜,君必答拜。秦汉以后,废而不讲。然丞相进,天子御座为起,在舆为下。宰相既罢,天子更无与为礼者矣。遂谓百官之设,所以事我,能事我者我贤之,不能事我者否之。设官之意既讹,尚能得作君之意乎?①

案此处所说"御座为起"等语,即指汉制而言,但梨洲未考论唐宋诸代之变迁,其下即直转至明代,谓明既罢"相",人君遂以仆役视百官,而百官之本来意义全失。其下再论"相"之功能,谓置"相"以才能为标准,不似君位之世袭,故有补救作用。其言云:

> 古者不传子而传贤,其视天子之位,去留犹夫宰相也。其后,天子传子,宰相不传子。天子之子不皆贤,尚赖宰相传贤足相补救,则天子亦不失传贤之意。宰相既罢,天子之子一不贤,更无与为贤者矣,不亦并传子之意而失者乎?②

此处梨洲所言,与其他言及"古"者,自皆非根据客观历史而说;所言"传贤"一节,亦未足说明"相"之重要;然其注重言明代君主绝对专制之弊,则甚明显。故其下续论明代政治另一大弊,即宦官专权是。其说云:

> 或谓:后之入阁办事,无宰相之名,有宰相之实也。曰:不然。

---

① 《明夷待访录·置相》。
② 《明夷待访录·置相》。

入阁办事者,职在批答,犹开府之书记也。其事既轻,而批答之意,又必自内授之而后拟之,可谓有其实乎?吾以谓,有宰相之实者,今之宫奴也。盖大权不能无所寄,彼宫奴者,见宰相之政事坠地不收,从而设为科条,增其职掌;生杀予夺出自宰相者,次第而尽归焉。①

由于无"相"以辅"君","君"遂倚宦官为助手;此是明政之大病,但亦显示一普遍性问题。此即在制度上若只有"君"掌握绝对权力,则结果"君"之左右亲近必以不合法之身份而窃取大权。扩而言之,一切极权专制之制度亦皆有此病,不徒明政为然也。

本篇末,梨洲又提出简略之建议;其内容要点只在于天子与宰相对一切章奏应"同议可否",又宰相自己亦可批章奏,下六部施行而已。对于法理方面之"内朝"与"外朝"之区分,则未言及。故依此篇议论看,梨洲虽意在提高相权,然对于传统制度最初之设计,似未详考。其建议亦只是杂取汉唐之制而构想,未尝触及法理上之基本问题也。

此外,梨洲又论"学校",有提高"士权"以限制"君权"之意。但其设计,虽似颇细密,实则对此种"士权"如何获得保障,则无制度上之确定原则。兹不备论。

梨洲处于破国之际,故其政治思想实始于对明代政治之批评及反省;然其发展结果,则归于孟子"民贵君轻"之观点。故立"天下为主"之说,而反"家天下"之观念。即此一点,已足表示梨洲政治思想之卓特,盖汉唐以来诸儒所未及也。至于晚近论梨洲者,每据此种资料而径谓梨洲提倡"民权",则又失之轻率。学者如明辨"民权"与"民本"二观念之差异,则此处亦不须多加辩解矣。

最后当略说梨洲对于治学之态度及其影响,以结束本章对梨洲

---

① 《明夷待访录·置相》。

思想之评述。

三、论学之主张

梨洲无论学之专著,故言及此点,只能据其零星言论略作陈述。梨洲对"学"之态度,约可分三层观之:

第一,就阳明学派之宗旨及流弊言,梨洲对于王门后学之混合儒佛、沉迷玄说之中以及狂肆之风,极为厌恶,故一面承阳明宗旨而言阳明义之"致知格物",更辅以蕺山之学说,另一面对于此类流弊之由来,详作剖示,此即见于《明儒学案》之种种言论。此处涉及"学"之根本态度,即成德立极之问题。梨洲在此一层面上之主张,即以蕺山之慎独、诚意与合一观为依归,而特重排除佛教之影响。此点前文已屡屡言之,不再赘论。

第二,就整个宋明儒学传统看,则梨洲颇不以宋儒以来专立"义理之学"为然,而认为儒者必须通经史、能文章,尤重经之地位。此种言论散见于文集及其他著作中,兹略引数则以明其旨。

关于反对专立"义理之学"一点,梨洲在《移史馆论不宜立理学传书》中,所说最明。其言云:

> 夫十七史以来,止有儒林;以邹鲁之盛,司马迁但言《孔子世家》《孔子弟子列传》《孟子列传》而已,未尝加以道学之名也。儒林亦为传经而设,以处夫不及为弟子者,犹之传孔子之弟子也。历代因之,亦是此意。周程诸子,道德虽盛,以视孔子,则犹然在弟子之列,入之儒林,正为允当。①

案元修《宋史》,而立《道学传》以别于《儒林传》,此中自有一门户之见

---

① 《南雷文定》前集,卷四,《移史馆论不宜立理学传书》。

在内。梨洲于清初修《明史》时,闻有立"理学传"之议,遂函主事者力阻之。此书前半亦论及门户问题,然其最基本之论点,则在于以儒者为"传经"之人;由此,无论重视义理与否,皆应归入"儒林",而不应视"义理之学"为一独立领域,又别立"道学"或"理学"一门也。梨洲持此观点,故不仅反对以程朱为"正统"之说,而且根本反对有"道学"及"儒林"之划分,故书末云:

> 某窃谓,道学一门,所当去也。一切总归儒林,则学术之异同皆可无论,以待后之学者,择而取之。①

盖不在"儒林"以外别立"道学"或"理学",则讲义理之学者与其他儒者之间,即只有"学术异同"问题矣。梨洲此书为后世所熟知,但论者多以此代表梨洲对修史之审慎客观;其实,此处所透露之观点,实是梨洲对儒学之整个看法,不仅涉及修史之态度。

梨洲以为儒者皆传经之人,儒学即传经之学;故言义理固是儒者应有之事,博通经籍,考订制度,亦是儒者应有之事。将儒学限于谈义理一途,在梨洲眼中即成为一错误,且有严重之流弊。此点梨洲在他处另有谈论,皆可互作补充。如《留别海昌同学序》中云:

> 尝谓学问之事,析之者愈精,而逃之者愈巧。三代以上,只有儒之名而已。司马子长因之而传儒林。汉之衰也,始有雕虫壮夫不为之技,于是分文苑于外,不以乱儒。宋之为儒者有事功经制,改头换面之异,《宋史》立道学一门以别之,所以坊其流也。盖未几而道学之中,又有异同。邓潜谷又分理学、心学为二。夫一儒也,裂而为文苑,为儒林,为理学,为心学,岂非析之欲其极精乎?②

---

① 《南雷文定》前集,卷四,《移史馆论不宜立理学传书》。
② 《南雷文定》前集,卷一,《留别海昌同学序》。

案此所谓"析"之"精",乃指儒学之分门别派而言。分别精细,似可鼓励专门之学。然其流弊则是学风反坏。故下云:

> 奈何今之言心学者,则无事乎读书穷理;言理学者,其所读之书不过经生之章句,其所穷之理不过字义之从违。薄文苑为词章,惜儒林于皓首,封己守残,摘索不出一卷之内;其规为措注,与纤儿细士不见长短。天崩地解,落然无与吾事;犹且说同道异,自附于所谓道学者,岂非逃之者之愈巧乎?①

案"逃之者愈巧"即指学风败坏而言。儒者以"义理之学"自命,或如王门后学溺于玄虚,根本不读书穷理,或如程朱一派,只读经生章句,只研究经籍中一字一句。结果反而一面轻视文章之事,一面轻视作客观研究之穷经;而其实际生活中处理人生问题之能力,实与世俗之人无别。对文化历史之兴衰亦全无作为,正如顾允成所谓,不管天崩地裂,只是"讲学"也。此种人表面上以"义理之学"自饰,实则是一种逃避而已,故说"逃之者愈巧"。

观此,乃可见梨洲对儒学所持之态度。梨洲以为儒者之工作在于通经明道而指导历史方向,建立文化秩序,故讲心性之学,或研经治史,甚至发为文章,皆属儒学之一部分。倘只取"义理之学"为正统儒学,则结果只使人逃于空疏玄虚之中,反使儒学丧失价值。由此,梨洲眼中,不只王门后学有空疏之弊,即宋儒亦不能考制度,知"实治""实行"之道,皆有大弊也。此意为梨洲屡屡说及者。兹再举其言论以证之。序万充宗《学礼质疑》云:

> 六经皆载道之书,而礼其节目也。当时举一礼必有一仪,要皆官司所传,历世所行,人人得而知之,非圣人所独行者。大至类禋巡

---

① 《南雷文定》前集,卷一,《留别海昌同学序》。

狩,皆为实治,小而进退揖让,皆为实行也。①

此固仍是将古代予以理想化之口吻,然"六经皆载道之书",及"实治""实行"等语,皆可见其宗旨所在。其下则言古制衰落,汉儒但作零星工作,亦无补于事,然后转至宋儒云:

> 有宋儒者继起,欲以精微之理,该其粗末;三代之弥文缛典,皆以为有司之事矣。②

此即谓宋儒只讲理论上之种种原则性问题,而不能知制度之详况,且视之为不足重。此意与前引评理学之语合观,则其责宋儒处即不难见矣。

至于儒学之正面解释,则亦尝论及。如吴弁玉墓志铭中,即云:

> 儒者之学,经纬天地,而后世乃以语录为究竟;仅附答问一二条于伊洛门下,便厕儒者之列,假其名以欺世。治财赋者,则目为聚敛;开阃扞边者,则目为粗材;读书作文者,则目为玩物丧志;留心政事者,则目为俗吏。徒以生民立极、天地立心、万世立太平之阔论,钤束天下。一旦有大夫之忧,当报国之日,则蒙然张口,如坐云雾;世道以是潦倒泥腐,遂使尚论者以为立功建业别是法门,而非儒者之所与也。③

此即谓儒者本应"经纬天地",而学者只知作语录,以为如此是从事"义理之学",即为儒者,反而将一切实功实学视为低下,以致自身则一逢事变,即茫然束手。此种学风下,人遂以为儒者根本不能立功建业,使儒学之本来功能完全失去矣。

---

① 《南雷文定》前集,卷一,《学礼质疑序》。
② 《南雷文定》前集,卷一,《学礼质疑序》。
③ 《南雷文定》后集,卷三,《赠编修弁玉吴君墓志铭》。

儒学在梨洲眼中,乃平治天下、建立文化秩序之大学问,故以"经纬天地"说之。而宋明儒之讲义理,梨洲以为不过是儒学之一部分;梨洲自非排斥"义理之学",但不承认只有此种学问方是儒学,此所以力反立"道学"或"理学"传,而主张总归之于"儒林"也。

至于对文章之事之观点,则梨洲仍取"文以载道"之说;故认为人有成德工夫时,则通经能文,皆是"载道",不可鄙文章为不足为[①],非特重文辞也。

总之,梨洲以为通经史为治学之正道,而视"义理""考证""训诂"之学皆为通经之事;而学之目的则在于治平天下,故不能排事功于学之外。由此言之,梨洲不仅对宋儒之独重哲学问题不满,且实有倡事功之意向,则与儒学之整个传统之偏重成德成性,亦稍有不同矣。于此,乃可进至第三点。

第三,梨洲思想虽不脱尊古之窠臼,因而凡所主张皆说为"古者"是如此,或"古"已有之,但其思考感悟所触及之问题,则每每在实际内容上越出传统,顾梨洲似无此自觉,仍认为自己所思所说总不外是"三代"或"三代以上"之"道"。上文述梨洲对宋明儒学之种种批评,梨洲自认为皆属重新申述儒学本来宗旨,而非别有新创。然论及"事功"问题时,毕竟原始儒学之态度,与人在实际历史及生活中面对之成败问题,是否相应,则大有可疑。即如,儒学自孔子起,即以引导社会入于一"正道"为目的,固甚明显;然孔子所寻求者显然仍只重在德性或应然意义之"正当",而非实然意义之"成功"。当孔子谓"道"之兴废,皆属于"命"时,其将"是非"与"成败"分开,亦甚显然。后世如董仲舒言"明其道不计其功",仍承此态度。而此种态度本身在理论

[①] 参阅前引《留别海昌同学序》及《论文管见》(《文定》三集,卷三)等。此种意见,梨洲时时说及,故不备引。

上虽当然成立,却与实际上之成败问题显不相应。人一言及"事功",必涉及如何驾驭客观形势之"理",而此"理"即"成败之理"。孔子以来,似无重视"成败之理"之说。宋代唯陈亮与朱熹之辩,似触及此问题,然亦无甚明确理论,而另一面"成德"之观念则一直为儒学思想之主脉。而"成德"与"成功"显然不能混为一事也。

故是否"成德之学"外另有"成功之学",乃一大问题。探究此一问题时,吾人之思考实已越出儒学本身之范围;而对此问题之解答,亦必须诉之于另一层面之某种理论标准,而不可于儒学内部求之。梨洲重视"事功",然似未知"事功问题"另有领域,故一面越出儒学传统而不自觉,另一面又欲以儒学传统思路说"事功";因之,当梨洲论"事功"时,虽在客观上已涉及儒学所未能涵盖之问题,在主观上仍以为所论是儒学。梨洲虽无专著论及此一问题,然其论事功之语则足以表明其观点所在。例如,序《明名臣言行录》云:

> 古之君子,有死天下之心,而后能成天下之事;有成天下之心,而后能死天下之事。事功节义,理无二致。……夫事功必本于道德,节义必原于性命。离事功而言道德,考亭终无以折永康之论;贱守节而言《中庸》,孟坚究不能逃蔚宗之讥。①

案梨洲此文极力强调"事功"之重要,然其论断,一则曰"事功节义,理无二致",再则曰"事功必本于道德",可知梨洲思想中并无视"事功"为独立领域之意,亦未尝于"成德之学"外另求"成功之学"。然就问题本身看,"道德"至多只能视为"事功"之某种条件,绝非"事功"之充足条件。"成德"固不依赖"成功","成功"亦不能由"成德"直接生出。因此,在客观意义上,梨洲既重"事功",原已触及儒学领域以外之问

---

① 《南雷文定》后集,卷一,《明名臣言行录序》。

题,倘由此穷究,必当有某种对儒学整个传统之批评意见;然梨洲在主观了解上,仍以为"事功"可系归"德性"之下,于是"成败之理"或"驾驭事势之理"并未成为梨洲思想中之独立论题,而梨洲之论"学",在此一方面亦未开出一新方向也。

关于梨洲对治学问题之观点,略如上述。梨洲自身长于史学,故论者每强调此点。然总观梨洲之思想,则并非倾向于客观史学之研究;其治史大抵一面用以辅助经学,另一面欲求实用。前者即表其重视治经之立场,后者即表其重视事功之立场,非此外另有一重史学之立场。此乃梨洲与清代乾嘉学人之不同处,学者亦不可不辨也。

总上所述,对梨洲之思想,可得结论如下:

第一,梨洲在成德之学或义理之学方面,远承阳明而近宗蕺山,于宋儒颇多不满。若谓梨洲批评宋儒,又深斥王门后学,则合乎事实。若谓梨洲反宋明儒学,则实不然,盖至少阳明、蕺山皆为梨洲所推崇也。梁启超氏于其《清代学术概论》中,谓顾黄王颜,"皆明学反动所产"[①],又谓其中年以后变其方向而反"明学"云云,殊不精确。梨洲终身未尝讥阳明、蕺山,其批评明儒者,大抵皆指王门流弊而言。梁氏未深察耳。

第二,梨洲在政治思想方面,则直承孟子。《明夷待访录》中之主要观念,大抵皆可溯源于孟子,实与"民权"及"共和"等观念距离甚远。清末梁启超、谭嗣同等人借此书以宣传"民权共和"[②],论述梨洲政治思想者,又或以为此书代表梨洲之"民主学说"[③],实皆属于假托或误解。然梨洲反"家天下"之观念,而对传统君权有确定之批评,则

---

① 见梁启超《清代学术概论》,六。
② 亦见上引书,同节,可参阅。
③ 如谢国桢《黄梨洲学谱》中《学术述略》一章,第二节,即持此说。其余类此者尚多,不及备引。

实见其卓识。在此意义上,梨洲又确有超出宋明诸儒之处,此亦无可争议者也。

第三,就治学态度而言,梨洲虽尊信蕺山心性之学,但认为治学应以通经史为主,另一面因重事功,故认为"学"须可致"用"。此一态度对清初学风亦颇有影响。然若就梨洲本人之意向言,则梨洲无论言治经治史,或言事功,皆无意排斥心性义理之学,不过认为儒学应包括此种种部门而已。盖梨洲始终对儒学本身之限制未能体察到,即其论"事功"时,亦未尝越出儒学而求解答也。

至于真正排斥心性义理之学,而欲以史学性质之研究代替整个儒学者,实非梨洲而为顾炎武。下节即论述顾炎武之思想。

第二节
顾 炎 武

顾炎武,原名绛,三十三岁时改名炎武,字宁人,江苏昆山人。后世称亭林先生,顾氏生于明万历四十一年,卒于清康熙二十一年,以公元推之,其生卒年代即为公元1613—1682年。

顾亭林少于梨洲三岁,而逝世则早于梨洲十三年;二人同时负重名,然晚年始多交往。亭林与梨洲同为明室遗民,皆有意于匡复之事。但梨洲自清顺治八年(1651年)四明义师失败后,即未再从事反清之实际活动,其流亡期间亦只是避祸而已。亭林则终身作反清活动,往来南北,在民间作种种规划组织,欲形成反清之力量,直至六十七岁,卜居华阴,方有归隐之意,后三年即逝世矣。故亭林中年至晚年,可说完全献身于反清运动,与梨洲中年后即专心著述者不同。然亭林才高而精力过人,虽一面从事政治运动,另一面仍能治学著书,开一代之学风。此则非常人可及也。

王国维氏论清代之学风,谓亭林乃所谓"国初"之"经世之学"之领导人物,而视乾嘉之学为"经史之学"①,似重在辨别亭林之学与乾嘉之学之不同处。其说自不为无据。然若回望明代儒学而立论,则吾人当注重者,正在于亭林所代表之学风转向问题;而此一转向即直贯清代中叶以下之学术思想,则亭林之重要性正在于开清代考证训诂之学风,且进而为近百年之中国史学发展铺路。故约言之,亭林在中国学术史上之重要性,即在于以广义之"史学"观点治学。就此意义看,清人之所谓"朴学""实学"皆当溯源于亭林;而清代学人大抵皆欲以"史学"代替"哲学",亦亭林之治学观点有以启之。此点在论中国哲学思想之演变时,最为重要。至乾嘉之学与亭林本人宗旨之某种殊别,则反属内部之"小异"而已。

梁启超氏以为顾黄王颜之学,皆属对"明学"之反动;此语施之于梨洲,大有未妥处,前文已言之;然施之于亭林,则大致不差,盖亭林真正反对心性之学及形上理论,其论学则全以"通经致用"为宗旨,确与明代儒学之精神方向迥然不同。即对宋儒而言,亭林亦只尊重朱熹,其理由仍在于认为朱熹能重经学也。

亭林既不讲义理之学,故严格言之,原无一"顾氏之哲学"可说。但学者仍有理由在中国哲学思想之论述中对亭林思想有所涉及,此可解释如下:

第一,亭林之不讲义理之学,正因对宋明儒学有某种确定意见而来。此种意见可视为反对义理之学之说。义理之学自属"哲学",对义理之学之否定论点亦不能不说涉及某种哲学问题。故亭林对宋明儒学之评论讥议以及所据之了解,仍应为作哲学史者所留意。

第二,亭林反义理之学,而另倡"明道"与"救世"之学,则其所

---

① 参阅《观堂集林·沈乙庵先生七十寿序》。

"明"者是何"道",又如何"救世",皆可作一种哲学问题看;因之,亦可作为儒学中某种变异品种看,则仍是中国哲学史中所可涉及之课题也。

以下论亭林之学,即先述亭林对宋明儒学之批评,再述其论学之正面主张,资料皆以亭林本人之言论为据。

案亭林著作甚多,如《音学五书》等皆与哲学思想无关,唯《日知录》中颇有涉及哲学理论问题之意见,此外则《亭林文集》中亦多可用之资料。以下各节之论述,即以《日知录》与《文集》为主要依据。

一、对宋明儒学之批评

亭林生于明末,对当时王门后学之流弊,其痛恶亦与其他许多儒者相同。故其批评亦常偏重明代心性之学,然对于宋儒亦另有批评。兹先述其一般性之议论,再观其对宋明儒之特殊评论。顾氏于《日知录》中评当时学风云:

> 刘石(钞本作"五胡")乱华,本于清谈之流祸,人人知之。孰知今日之清谈,有甚于前代者。昔之清谈谈老庄,今之清谈谈孔孟;未得其精而已遗其粗,未究其本而先辞其末;不习六艺之文,不考百王之典,不综当代之务。举夫子论学论政之大端一切不问,而曰一贯,曰无言。以明心见性之空言,代修己治人之实学。股肱惰而万事荒,爪牙亡而四国乱。神州荡覆,宗社丘墟。①

案此乃亭林对明代学风之批评,其意盖谓有明一代亦以"清谈"亡国,不过"清谈"之资料不同而已。谓明亡于学风之务虚而不务实,固亦

---

① 《日知录》,卷七,"夫子之言性与天道"条最后一段(又案《日知录》传世刊本,颇遭后人删改。张继发现山东图书馆藏钞本,由黄侃作校记,颇能补正刊本之缺点。本书所称"钞本",即指此本)。

是明末清初许多学人所常道之语,然对亭林言则特为重要;盖亭林真持此见解,且进而欲改正学风以救世。关于其正面主张,留俟下文;此处首须指出者,是亭林之反明儒心性之学,并非先从理论上有所见,而是先从明代衰亡之事实着眼,而反溯其成因,归罪于此种学风。换言之,亭林非从哲学理论上批评明儒,而是从后果一面着眼。至于何以能判定此种种不幸之事实,皆确是此种学风之后果,亭林亦未有具体说法。其评明儒之最显著之具体意见,则谓明儒之学非孔孟之学而已。如《与友人论学书》中云:

> ……窃叹夫百余年以来之为学者,往往言心言性,而茫乎不得其解也。命与仁,夫子之所罕言也。性与天道,子贡之所未得闻也。性命之理著之《易传》,未尝数以语人。其答问士也,则曰行已有耻;其为学,则曰好古敏求;其与门弟子言,举尧舜相传所谓危微精一之说,一切不道,而但曰允执其中,四海困穷,天禄永终。呜呼,圣人之所以为学者,何其平易而可循也!①

案亭林此种议论,主旨在于欲说明孔子不谈性命天道,然于《易传》之非孔子所著,尚未能了解,故立论似甚弱。然其意向则甚明白,下文即评明儒云:

> 今之君子则不然,聚宾客门人之学者数十百人,譬诸草木,区以别矣,而一皆与之言心言性,舍多学而识以求一贯之方,置四海之困穷不言,而终日讲危微精一之说,是必其道之高于夫子,而其门弟子之贤于子贡,祧东鲁而真接二帝之心传者也。我弗敢知也。②

亭林亦不知世传古文《尚书》之为伪作,故于所谓"危微精一"之说,遂

---

① 《亭林文集》,卷三,《与友人论学书》。
② 《亭林文集》,卷三,《与友人论学书》。

不能否定,故此段立论亦弱。然合前段观之,其意盖只就孔子之教法非明儒之教法而辨明儒之不同于孔子而已。原文下又言孟子之教人,注重出处去就、辞受取与等实际行为,而明儒则不谈实行,只谈玄虚之理。总之,亭林眼中,明儒之学本身为"空虚之学",而不重行为操守,则使人亦成为"无本之人",故其结论云:

> 以无本之人而讲空虚之学,吾见其日从事于圣人而去之弥远也。①

此可视为亭林对明儒之一般批评。而其所指大致仍属王门后学也。此外,亭林又力攻阳明之《朱子晚年定论》,引陈建《学蔀通辩》之说,以证阳明说之非。若专就资料而言,则阳明所用资料,确不足以证朱熹"晚年"同意象山之学;且朱熹思想自有其"定论",而与阳明所设想者迥异,故亭林之反对意见亦确可成立。然此处所应注意者,则是亭林所以特重此一问题之理由。亭林并非纯就客观考订立场谈此问题,而实以其反对"从王氏而诋朱子"之态度为背景。盖据所谓"晚年定论"以虚构一朱熹晚而自悔其学之故事,正明儒诋程朱之一法,而亭林则推崇朱熹而攻陆王也。

亭林本旨在攻王学,故此段前面所谈,虽似是关于《朱子晚年定论》之客观考订问题,而后文则转而痛诋王学之弊。其言云:

> ……故王门高第,为泰州、龙溪二人。泰州之学,一传而为颜山农,再传而为罗近溪、赵大洲;龙溪之学,一传而为何心隐,再传而为李卓吾、陶石篑。昔范武子论王弼、何晏二人之罪,深于桀纣,以为一世之患轻,历代之害重;自丧之恶小,迷众之罪大。而苏子瞻谓李斯乱天下,至于焚书坑儒,皆出于其师荀卿高谈异论而不顾者也。

---

① 《亭林文集》,卷三,《与友人论学书》。

> 《困知》之记,《学蔀》之编,固今日中流之砥柱矣。①

案亭林述二王之传,而以何心隐等人为龙溪一派,似不知何心隐之学出于颜山农,正属泰州一派。又下数至于陶石篑,而漏去一周海门,遂将陶氏亦列入龙溪之传,错乱可笑。盖亭林对王门流派实不甚了了也。此段大意力诋王学,以为遗害后世,而推崇罗钦顺及陈建之驳《朱子晚年定论》,以为"中流之砥柱"云云。则亭林之反王学,可谓至烈矣。又此段将李卓吾亦列于龙溪一派,而同书另段论"李贽"一条,附有小注;其末段在刊本中被删去,钞本中则保存。有云:

> 然推其作俑之繇,所以敢于诋毁圣贤而自标宗旨者,皆出于阳明、龙溪禅悟之学。②

可知亭林始终以为李卓吾出于龙溪,而李氏之谬说亦皆视为出于阳明、龙溪一派矣。

亭林对阳明之学本无所知,对王门流派亦不知其实况,但凭一己之感想而发议论,固不待辩。但亭林对王学只如此了解,而又持反对态度,则据以上资料已足表明。

然亭林固常推崇朱熹,若据此谓亭林只反王学而实崇宋儒之学,则又不然。亭林对"理学"亦另有讥议。如《文集》中《与施愚山书》云:

> ……然愚独以为理学之名,自宋人始有之。古之所谓理学,经学也。非数十年不能通也。故曰,君子之于《春秋》,没身而已矣。今之所谓理学,禅学也;不取之五经,而但资之语录,校诸帖括之文

---

① 《日知录》,卷十八,"朱子晚年定论"条。
② 参阅黄侃《日知录校记》,载世界书局本《日知录集释》卷末。

而尤易也。①

案宋人称"道学",不称"理学";"理学"自是后起之名,亭林以为出于宋人,亦误。至谓"古之理学"即"经学"云云,尤不可解。盖已谓古无"理学之名"矣,又谓有"古之理学",实乃语言之混乱矣。揆亭林之意,盖谓儒学在"古"原即经学,以别于后世之"理学"。"经学"何以能同于"理学"? 其说更为可疑。兹不及详论。总之,亭林之说法虽乱,其意则以为儒学应为经学,而反对语录,此则甚明。而语录正是程朱之学,则亭林对宋儒固亦持反对态度矣。

且亭林之攻王学,亦尝溯之于程门之传。如《下学指南》即据《黄氏日钞》而谓后世入禅之儒者皆受程门谢上蔡等人之影响。其序文云:

> 今之言学者,必求诸语录。语录之书,始于二程,前此未有也。今之语录,几于充栋矣,而淫于禅学者实多。然其说盖出于程门。故取慈溪《黄氏日钞》所摘谢氏、张氏、陆氏之言,以别其源流,而衷诸朱子之说。夫学程子而涉于禅者,上蔡也;横浦则以禅而入于儒。象山则自立一说,以排千五百年之学者;而其所谓收拾精神,扫去阶级,亦无非禅之宗旨矣。后之说者,递相演述,大抵不出乎此。而其术愈深,其言愈巧,无复象山崖异之迹,而示人以易信。苟读此编,则知其说固源于宋之三家也。②

案亭林此论,竟以为"淫于禅学者"出自程门矣。朱熹评程门诸人,亦确有此意。亭林扩大其说,不仅谓程门后学有入于禅者,且谓后世陆王一派皆由此生出。盖亭林于陆王之学之正面意义全无了解,故有

---

① 《亭林文集》,卷三,《与施愚山书》。
② 《亭林文集》,卷六,《下学指南序》。

此论也。

亭林对宋明儒学之理论及其流派,皆无明确了解,然其反对"理学"及"心学"则是一明确态度。总而言之,亭林对宋明诸儒,似只推重一朱熹;又因朱承程门之学,故虽一面谓之禅之病出自程门,另一面仍对所谓伊洛之传保持敬意。此点在其言论中亦处处可见。如晚年居华阴时作《朱子祠堂上梁文》,即云:

> 惟绝学首明于伊雒,而微言大阐于考亭;不徒羽翼圣功,亦乃发挥王道。启百世之先觉,集诸儒之大成。①

其推崇朱氏甚至。吾人倘追问:何以顾亭林一面极力反对"理学""心学""语录"等,另一面又尊朱熹?则须转至亭林治学之基本态度及基本主张,盖亭林对朱熹之哲学理论实亦不甚明白,其所以推崇朱氏,不过以为朱氏之论学与己说相近而已。至此,乃可述亭林论学之正面主张。

二、论学之正面主张

亭林以为"理学"应以"经学"代之,此是人所常言者;然此说太嫌笼统,未足以表达亭林之宗旨。欲知亭林论学之确定主张,则须逐步清理其说。

首先须说明者,即亭林对于传统所谓"尊德性"与"道问学"之看法。

案朱陆之异,后人多喜以"尊德性"与"道问学"二语说之,盖因朱熹本人曾谓陆只知"尊德性",而自己门下则"道问学"一面较胜也。其实,严格言之,以此二语分别程朱一系与陆王一系之说,极为可疑。

---

① 《亭林文集》,卷五,《华阴县朱子祠堂上梁文》。

无论程朱或陆王,其所讲者本皆系"成德之学";就其以"成德"为唯一目的言,两派皆"尊德性"。另一面若就"成德"即是一种"学"言,则两派亦皆"道问学"。若以"道问学"与"尊德性"分立,则此处用"学"字已非宋明儒之通义;而由此即生出一语言问题,徒多纷扰,无益于辨朱陆之异同也。此是就严格意义说。然世俗之论则对语言意义问题常未稍作省察,仅凭朦胧之想象,自易据朱氏偶然议论而遂持此二语以分指朱陆之学,且进而以此二语分别两种儒学。亭林此处正取此态度,故《日知录》中即云:

> 彼章句之士既不足以观其会通,而高明之君子又或语德性而遗问学,均失圣人之指矣。①

依此,可知亭林所谓"问学",与"德性"分开,而在"成德"之外另有其所讲之"学"。然则亭林所谓之"学",毕竟何指?此则应分三点解说之。

第一,亭林强调"知识"之重要,而不以专言意志工夫为然。此点有最明显之证据,即其论孟子"求其放心"一语时所提出之说法。其言云:

> 孟子之意,盖曰,能求放心,然后可以学问。"使弈秋诲二人弈,其一人专心致志,惟弈秋之为听;一人虽听之,一心以为有鸿鹄将至,思援弓缴而射之,虽与之俱学,弗若之矣。"此放心而不知求者也。然但知求放心,而未尝穷中窍之方,悉雁行之势,亦必不能从事于弈。②

案亭林此论,即认为意志状态只是为学之必要条件,而非充足条件。

---

① 《日知录》,卷七,"予一以贯之"条。
② 《日知录》,卷七,"求其放心"条。

其说依孟子原文而发,故即以弈为例。学弈者倘意志不能专一,自不能学而有成,然"但求放心",只在意志上用工夫,亦不能由此而获得对事理之认知。无认知活动,则所学之内容无由掌握,学亦不能有成也。

此点涉及行为之方向及内容问题,亦即涉及道德行为与认知内容之关系问题。亭林虽未能深加剖析,然实已表示一明显态度,故此点仍是亭林论学时最有哲学意义之重要观念也。

意志之纯化即宋明儒学所谓"诚意"之大工夫,此在阳明、蕺山固是中心观念,即在伊川、朱熹,亦是根本工夫——即与"敬"观念以及所谓"未发"之工夫等说相应。但人如只关心内在之自我境界,则固可以将一切工夫收摄于此;若涉及具体之道德行为,再扩至外在之生活秩序,则即见非有认知内容不可,否则,行为不能成立,秩序更无从说起。此义在程朱陆王固非不知,故伊川以下各家,皆有某种说法以安顿认知,以配成德之活动。然自王门后学染于佛教之说,遂渐渐只谈一"虚灵明觉"之心,而不问掌握事理之认知活动。另一面排佛教如蕺山者,在工夫上却将万有收归一无建构活动之"心"中,亦对客观之理、客观之知无所安顿。此是宋明儒学内部之问题。亭林于此未必有真切了解。但只由外面观其流弊,已发觉止据"求其放心"之义而言一纯化意志之工夫,绝不能成知识,亦绝不能掌握事理,故亭林有此论调。其说虽未能深入,亦可说触及一重大问题矣。

就此点而论,亭林心目中之"学",重在认知一面;至于德性问题,亭林固非反德性者(见下),然其了解只限于外表之生活行为,对意志内部工夫则无甚体会;于是"尊德性"之事在亭林眼中化为极简单之问题,而其用心遂全在"道问学"一面;至于"成德之学"之特色,在亭林亦完全不能掌握矣。

然则亭林所重之知识,确定言之,指何种知识?此则是论亭林思想时最有关键性之问题,于此可转入第二点。

第二,亭林谓"古之理学"即"经学",盖即以对传统经书之研究为主要知识。而其所以重经者,又因亭林以为治学之目的在于"致用",而"通经"以"致用",在亭林又视为当然也。

倘问:通经如何致用?则牵涉客观问题甚多。兹先就亭林之意说,则亭林固以为通经即足以建立制度,此即所谓"文"与"礼"。亭林云:

> 君子博学于文,自身而至于家国天下,制之为度数,发之为音容,莫非文也。品斯节斯之谓礼。①

此即合"文"与"礼"二观念以指一切制度仪节,故此条下文又杂引《易》《礼》等书以说"文"之广义用法;最后以所谓"经纬天地曰文"与"学《诗》《书》六艺之文"相别,盖亭林所谓"文",即统指一切制度及文化秩序,较"礼"之义更广,自与"《诗》《书》六艺之文"不同也。

亭林以"博学于文,行己有耻"八字教人,此为后世所熟知。"行己有耻"乃涉及道德行为及社会风气问题者,留俟下文论之;所谓"博学于文",则即与其重视制度仪文之主张不可分,而其重视经学之主张亦即以此"文"观念为基础也。

知亭林所求者主要为对经之知识,而目的又在于致用,则可知亭林治学之态度实与所谓科学态度大异;盖科学研究之求客观知识,正以"知"本身为目的,与致用之学不同。另一面,就知识之成立之标准说,持科学方法者必须立某种客观之方法理论,而不能依一信仰而言真伪。而亭林则显然以所谓"经"为标准,则其治学之第一假定即在于经书之权威地位,此与所谓科学精神距离极远。学者不可忽视此

---

① 《日知录》,卷七,"博学于文"条。

种重要分别,而轻易随俗诸而谓亭林倡"科学方法"或具"科学精神"也。

亭林虽重求知识,其所了解之知识,并非客观科学知识,已如上述。其次,就亭林之信古尊经讲,亭林盖真认为通经即可以解决政治社会种种问题。此即所谓"明道"与"救世"之学之确解所在。其《与人书》云:

> 君子之为学,以明道也,以救世也,徒以诗文而已,所谓雕虫篆刻,亦何益哉!某自五十以后,笃志经史……而别著《日知录》,上篇经术,中篇治道,下篇博闻,共三十余卷。有王者起,将以见诸行事,以跻斯世于治古之隆,而未敢为今人道也。①

观此可知,亭林真以为其学足以明道而救世。至其根据,此处虽未明言,合他处各种言论观之,可知仍在于尊经信古。以古代为理想所寄,以经籍为古代文制之纪录,于是其所谓救世或致用,总不外以复古为主。此种态度如只从历史标准看,则亦不足异,盖传统儒者向有此种尊古之倾向也。然若就理论标准看,则不必涉及现代知识,即以当时之政治社会及历史问题为对象而论,亭林之主张亦显然不能成立。明末清初之中国所面临之种种政治文化问题,岂能从《诗》《书》、三《礼》及《春秋》三传中求解决之道乎?则顾氏此种主张,对于所标揭之"救世"或"致用"之宗旨而论,亦属过度简化矣。

亭林因专尊经学故,不唯言广义之"文"时,认为学者应通经以博文,即在谈狭义之"文"(即"文辞"之文)时,亦认为文辞必须供解经或治事之用,曾云:

> 文之不可绝于天地间者,曰:明道也,纪政事也,察民隐也,乐道

---

① 《亭林文集》,卷四,《与人书二十五》。

人之善也。若此者,有益于天下,有益于将来,多一篇,多一篇之益矣。①

此即谓为文必须"有益",而不承认有不计功效之纯粹文学艺术也。又云:

> 唐宋以下,何文人之多也?固有不识经术,不通古今,而自命为文人者矣。……而宋刘挚之训子孙,每曰:士常以器识为先,一号为文人,无足观矣。然则以文人名于世,焉足重哉?②

此则进而讥"文人",以为人若"不识经术,不通古今"而以文名,则不足重视;其引刘挚之言,亦后世所熟知者。由此,亭林遂自谓非有关经术治道之文则不作,其《与人书》云:

> 孔子之删述六经,即伊尹、太公救民于水火之心,而今之注虫鱼、命草木者,皆不足以语此也。……愚不揣,有见于此,故凡文之不关于六经之指、当世之务者,一切不为。③

依此而论,不仅纯粹文学艺术之作不足重视,即零星考证——如"注虫鱼、命草木"之类,亦为亭林所鄙视矣。此点涉及亭林与乾嘉学人之不同,学者亦宜留意。

综上所述,可知亭林尊经信古而以救世为目的。此种"救世精神"自与东林一派相近,然其论学重知识,又只重将经籍及典章制度之知识,则非提倡科学知识一路。至于对救世之具体主张,则仍归于通经致用。故亭林之学,简言之,即所谓实用之学、经世之学。然此只是就宗旨言。若就其学之内容言,则是否果能有救世之用,则至为

---

① 《日知录》,卷十九,"文须有益于天下"条。
② 《日知录》,卷十九,"文人之多"条。
③ 《亭林文集》,卷四,《与人书三》。

可疑。倘知前文所言之"过度简化",则对此一层面之问题,亦不须再作讨论矣。

亭林既只讲一实用之学,而对于"成德之学"一观念无所了解,故反明代之心学,亦疑宋代之理学;虽尊重朱熹之治经史、言格物,然于朱学之哲学意义亦未尝真有所知。此皆与亭林以"道问学"自许有关,盖其所谓"问学",原只是如此意义也。但学者又不可据此而以为亭林对"德性问题"全无主张,盖亭林说"道问学"之义,虽似针对"尊德性"而言,其本身对于道德生活、社会风气等,仍不能不重视。但亭林所重者只在表面事实一层耳。欲论此义,即须进至本段之第三点。

第三,亭林不解"成德之学",但仍重视人之道德生活及社会之风气,故一面提出"行己有耻"之说,另一面盛谈"节义"与"名教"。盖将此类问题皆收于其"救世"一观念中,故割离一切有关价值德性根源义之重大问题,而依常识提出此类主张,亦未自观此中涉及之理论困难也。

亭林以"博学于文,行己有耻"为教人宗旨,上文已言之。"行己有耻"即亭林对于立身或修身之主要主张。此点平生言论屡屡涉及,兹引数条于下。

《日知录》中论"廉耻"云:

> 礼义治人之大法,廉耻立人之大节;盖不廉则无所不取,不耻则无所不为。人而如此,则祸败乱亡亦无所不至。[①]

案此即据《管子》书而言"礼义廉耻"为"四维"之意,而以下则特别强调"耻"之重要云:

> 然而四者之中,耻尤为要,故夫子之论士曰:行己有耻。孟子

[①] 《日知录》,卷十三,"廉耻"条。

曰：人不可以无耻。……人之不廉，而至于悖礼犯义，其原皆生于无耻也。故士大夫之无耻，是谓国耻。①

依此，人之一切道德生活上之过恶，皆视为由"无耻"而致。此作为一种日常格言，固无不可；若作为一理论看，则"耻"何以能视为最根本之德性，殊欠理据。然亭林谈德性问题，原只是在常识层面上说话，对有关道德哲学之理论则无甚了解。而亭林持此种主张，则明确无疑也。

此种主张亦见于《文集》中，如《与友人论学书》中即曾谓：

> 愚所谓圣人之道者如之何？曰博学于文，曰行己有耻。自一身以至于天下国家，皆学之事也。自子臣弟友，以至出入往来、辞受取与之间，皆有耻之事也。不耻恶衣恶食，而耻匹夫匹妇之不被其泽，故曰，万物皆备于我矣，反身而诚。呜呼，士而不先言耻，则为无本之人，非好古而多闻，则为空虚之学。以无本之人，而讲空虚之学，吾见其日从事于圣人，而去之弥远也。②

案顾氏此种议论，直欲以一"耻"字统括一切德性，而将一切理分问题皆化为"有耻"之事，且即以此与"博学于文"相配而讲"圣人"。"有耻"固是道德生活中一关键，然不过表现价值意识在排拒或否定一面之功能，与孟子所谓"羞恶之心"相当，亦即"好善恶恶"中"恶恶"之意。今欲以此统括一切德性，则所遗者甚大，所阙者甚多，非可立之说也。

亭林论及"救世"问题时，其说已有过度简化之病，今论道德生活亦然。由此，其论社会风气、人心趋向时亦只就表面效果着眼。故其论"名教"，则以为常人皆受习俗支配，在上者应提倡"名"，以使人求

---

① 《日知录》，卷十三，"廉耻"条。
② 《亭林文集》，卷三，《与友人论学书》。

"名"而舍"利"。换言之,即以"名教"为一种工具,欲用以改正社会风气也。其言云:

> 今日所以变化人心、荡涤污俗者,莫急于劝学奖廉二事。①

此处要点在"劝"与"奖"二字,盖皆指在上者之提倡而言。故又云:

> ……故昔人之言,曰名教,曰名节,曰功名。不能使天下之人以义为利,而犹使之以名为利。虽非纯王之风,亦可以救积溃之俗矣。②

此意作为一种政治措施看,固非无理,然与儒学对"教"之观念,相去甚远。依儒学观点看,如只靠外在之奖劝而改变风俗,则结果将使天下人相率而成为伪饰之徒,反不能正视是非,其病至大也。

至此,亭林论学之宗旨已明。而哲学史中对亭林思想之论述,亦当以此范围为限;盖亭林考古音、释经籍之著作虽繁,皆不属哲学思想,本书不能涉及也。

三、结语

总观亭林思想,可作评断如下:

第一,亭林最基本之态度,为"尊经"与"信古";故不唯与近代所谓"科学精神"异趣,且本身有极浓之传统主义色彩。第在解史解经时,颇勤于考证,似有作客观研究之意趣。然亭林对于汉唐以来种种伪书,仍无彻底检查之决心。古文《尚书》之伪作、《易传》之伪托孔子,以及《大学》《中庸》之伪托曾子、子思等,此在后世,皆不难考定其为伪,亭林则仍信旧日传说而不疑。则即在史学(广义)范围讲,谓亭

---

① 《日知录》,卷十三,"名教"条。
② 《日知录》,卷十三,"名教"条。

林重考证之客观,亦不甚确也。

第二,昔人每以"大"赞亭林之学,如王观堂以亭林为所谓"国初之学"之首领人物,而以"大"为其学之特色。① 徐世昌辑《清儒学案》,于《亭林学案》之案语中,亦谓"此其学之所以大也"②。其意皆同。然若以"大"指广博而言,则亭林说经考史,推究典章制度,更旁及于音韵训诂之学,其所谓范围诚极广,所知亦甚博;但若就思想系统之能涵盖种种理论问题而言"大",则亭林思想中对许多重大理论问题皆以一极度简化之态度处之,遗漏者正极多,非真能立一"大"系统也。

第三,亭林论学原以"致用"为本旨,然其所揭以示人者则实亦太嫌简陋。此种缺点在当时已多有讥议之者。如毛西河对亭林以"行己有耻"一语,配以礼乐观念,便欲笼罩所谓"圣学",即有明显之讥评。其《与冯山公书》云:

> 学者不体会圣人立教精意,妄执臆见;甚至以行己有耻与节文礼乐铺张盛大,以压胜之。夫行己不过躬行耳,有耻不过四端之一,礼乐不过六艺之两耳,夫子本举《春秋》极猥琐者为人士榜样,而学者必欲张大而压胜之,则亦小人之腹矣。③

案西河好骂,以上云云,未免有措词过重之处;且此书原以《论》《孟》中可疑之文为论题,不过顺便讥亭林之说,亦未详作析论。然谓"行己有耻"一语不足以统括儒学成德成圣之义,则固非偏激之言也。又亭林言"博学于文",而深信如此治学可以致用,可以救世,此亦大有问题。若所谓致用与救世,专就建立制度一面说,则博通经术,善考

---

① 如谢国桢《黄梨洲学谱》中《学术述略》一章,第二节,即持此说。其余类此者尚多,不及备引。
② 《清儒学案》,卷六,《亭林学案》,卷首案语。
③ 参阅《西河文集·与冯山公论论孟书》。

古制,亦未必即能应当世之急。若就修身立身说,则视心性义理为玄虚,而一味寻求外在知识,更未必能供安身立命之用。此点李二曲(颙)即曾明言。如其寄顾氏书云:

> 假令辩尽古今疑误字句,究与自己身心有何干涉?程子有言,学也者,使人求于本也;不求于本,而求于末,非圣人之学也。何谓求于末?考详略,采异同也。……区区年逾知命,所急实不在此。①

案二曲此书原答亭林论禅宗之说与《参同契》之关系者,即论及"体用"之第二书也。二曲以阳明为宗,而取宋明诸说互补以讲学,其治学宗旨自与亭林迥殊。然此书所强调之圣学在本不在末之说,固儒学之通义,在亭林亦难否认。二曲与亭林相晤论学时,亦曾特说此义,而亭林固未有驳论也。惠玉虹《历年纪略》云:

> 顾宁人博物宏通,来访。先生与之从容盘桓,上下古今,靡不辩订。顾而叹曰:尧舜之知而不遍物,急先务也。吾人当务之急,原自有在;若舍而不务,惟鹜精神于上下古今之间,正昔人所谓,抛却自家无尽藏,沿门持钵效贫儿也。顾为之怃然。②

此所谓"急务",正可与前书所谓"所急实不在此"合看。盖二曲治成德之学,故以身心性命为急务所在,而引阳明良知诗以诮亭林,亭林虽实非治成德之学,然又仍言"圣学",故于此亦无可辩争也。

客观言之,亭林之思想原已离开儒学以"成德""成圣"为主之学统,而别有趋向,但亭林在自觉层面上仍坚持所讲是"圣学",于是种种理论困难皆无法避免矣。

总上所述,可知亭林思想之特色,只在于重视制度、关心治乱一

---

① 参阅《二曲文集·答顾宁人书》。
② 惠霦嗣《历年纪略》,《清儒学案》,卷二十九引。

面。此虽亦非不合孔子精神,然与宋儒以下之"成德之学",确有歧异。而"成德之学"又不能不视为孔孟之学。亭林立说对此中分寸亦从未辨明,以致尊之者竟谓亭林方是承孔孟学统者,疑之者则纵不如西河之谩骂,亦难免为二曲之讥嘲。实则,亭林自己如何自处是一事,其思想学术在客观上之意义又另是一事。亭林以为所标宗旨方是"圣人之学",此自难成立。然若就广义之史学言,则亭林治学之方向,正可引出"以史学代哲学"之学风。此所以乾嘉学人无不推重亭林,而吾人今日亦当自此角度以定亭林思想之地位。至于"致用""救世"云云,则反属不可持也。

亭林与梨洲同为关心治乱、喜言制度之儒者;第梨洲于心性之学所入远较亭林为深,故未离开"成德"之学统。而较二人稍后之王夫之,则另立系统,与二人大异。下节即论述王氏之学。

第三节

王 夫 之

王夫之,字而农,号姜斋;先世为江苏高邮人,明永乐间迁于湖南衡阳,遂定居。王氏晚岁于石船山下筑草堂以终老,故世称船山先生。

船山生于明万历四十七年(己未),卒于清康熙三十一年,以公元推之,其生卒年代为公元1619—1692年。

船山幼于梨洲九年,幼于蕺山四十一年。除一度因抗清事败(清顺治五年事),而远走两广,仕于永历朝中之外,平生踪迹多在两湖,故与当世学人殊少交往。船山思想固有许多特色,然其了解他人理论处每多隔阂,即与此种经历上之限制有关。学者不可不知。

以下先略述其著作,再析论其思想之要旨,最后当略作评论以结束。

一、船山之主要著作

船山生平遍注经籍，又解《老》《庄》，论史事，故著作繁多。兹略依年代次序，一述其主要著作。

船山于崇祯十五年，曾应乡试，中第五名；是年承父命与长兄王介之同赴公车，嗣以流寇阻扰而中途归家，时十六年正月也。同年张献忠侵入湖南。船山与介之同匿于衡山双髻峰下。后虽屡次出入，仍以山中为常居之地。崇祯十七年，李自成陷北京，继而清兵入关，福王又立于金陵。国事大坏。船山遂于是年在双髻峰营"续梦庵"居之。廿八岁，清顺治三年，即在续梦庵中始注《周易》；此后一切著述，大抵皆成于荒山遁居之中矣。

清顺治五年，船山三十岁；是年十月与管嗣裘举兵于衡山，未几，事败，遂度岭入粤，赴肇庆；此时船山尚无终隐之意，而欲致力于匡复，故其后虽一度返衡侍母，不久又重至肇庆。清顺治七年，再往梧州，受任为行人司行人，然以永历朝中又有党锢攻讦之风，船山以严起恒事几及于祸，于是离梧州往桂林。迨桂林又为清兵所陷，船山遂间道返湖南。此后即再无问世之心，虽流徙湘中而开始从事正式著述。

清顺治十二年，三十七岁，寓于晋宁山寺中，作《周易外传》七卷，同年又作《老子衍》，此船山最早之学术作品。

清顺治十三年，三十八岁，作《黄书》七篇，其言以政治理论为主，极力强调"夷夏之辨"，其所谓"黄"，正指中国而言；故此书所代表之思想，主要可说是一民族主义之理论；书中虽曾论及制度及政治措施，所言未见有特殊深透之处，非如梨洲《待访录》之别具卓识也。

船山是年冬归衡，寻复居于续梦庵，至四十二岁（清顺治十七年）

方徙居湘西金兰乡高节里,筑室名为"败叶庐"。四十七岁遂重订《读四书大全说》十卷,其哲学思想大端已见于此书中。时则清康熙四年矣。

至清康熙七年,成《春秋世论》《春秋家说》等。八年,构"观生居";十一年,即在"观生居"中定《老子衍》稿。此稿次年为唐端笏借去,竟毁于火。此书遂不传。今所见之本,则是船山定稿前之旧本,于康熙十七年重录者,非真定稿之本也。

船山于清康熙十四年一度至江西,旋返观生居,又于石船山下另筑草堂,此即"船山"一号之由来,盖此后即长居船山草堂,直至七十四岁逝世为止,晚年著作,皆成于此草堂中也。

清康熙十五年,撰《周易大象解》一卷;十六年,成《礼记章句》四十九卷。十八年,船山与章有谟避吴三桂之乱,匿迹栌林山中,遂著《庄子通》;另有《庄子解》三十三卷,大约亦成于此时;盖船山虽反清而又不愿助吴三桂,忧烦中遂以《庄子》书自遣;然船山之解《庄子》,每借以发挥某种意见,其中颇有应加注意者(见后节)。

其后两年,仍居草堂;于清康熙二十年,为先开上人订《相宗络索》[①]。其书略释唯识宗词语,无特殊理论。康熙二十一年,有《噩梦》一卷,此书亦以论政治为课题,但重在讨论明代之政弊,多涉及具体问题,与《黄书》稍异。二十三年,作《俟解》一卷,以立人极为论旨。二十四年,九月,病中作《周易内传》十二卷、《内传发例》一卷。距作《周易外传》时几三十年矣。船山之形上学观念,主要见于此二书,盖船山之思想,原以《易经》为基据也。此外,船山又有《周易稗疏》四卷、《考异》一卷,颇反图书一派,亦可与内外传合观。

康熙二十六年,撰《读通鉴论》及《宋论》,时年已六十九;次年遂

[①] 此书初未刊行。今载国风本《船山全集》第十四册中,列于"子部"之末。

编《七十自定稿》。七十一岁（康熙二十八年），成《识小录》。至康熙三十一年，船山七十四岁，卒于草堂。

以上略记船山著作。此外如《正蒙注》《思问录》《搔首问》等，其著作年月皆不确知；然此数书实皆为了解船山思想之重要资料，不可因著作年月难定而忽视之也。

除以上所叙及者外，船山尚另有诗集、文集、历史著作，以及杂著多种；本书非研究船山之专书，故不备述。下节即析论船山之哲学思想。

二、船山之哲学思想

船山立说，无系统著作可为代表；然其思想自成一系，可于其解经论史之作中抽绎而得之。船山著述既多而杂，又喜随意发挥，故其著作中矛盾谬误之处亦不少。兹但取其大端而论之。

船山思想第一特色为其实在论立场。此可以其对"气"与"器"之理论为中心而析述之。关于形上学及宇宙论之种种论点，皆可统于此一部分。

然船山之持实在论立场，并非依一严格思辨过程而建立者，故其说只能顺讲，不能反求其确定起点何在。此点为学者论船山之学时最应留意之枢纽问题。盖船山之说，实依常识层面而建构；其结果所成之学说，似包含许多论断，涉及许多部门之理论，又有特殊强调之种种观点；学者若只从其所形成之系统着眼，则每每但觉其广大，而不能细察其立说基础之得失，如此则不免有见其长而不知其短之病矣。

一理论建立后能涉及多少问题，固非不重要之事，然此属于理论之后果，不可与理论之基础相混。近世谈船山者，如谭嗣同、梁启超等人，对船山之学皆一味赞许①，于其说之理论结构似皆未能确知，更无论评其得失矣。当代哲学家唐君毅先生，于其《中国哲学原论》中畅论船山思想，周浃透辟，可谓最能知船山者②；然其推崇船山，谓独能肯定历史文化云云③，似犹不免过度重视船山理论之后果，而未正视其理论基础上之问题。盖船山立说确欲肯定历史文化，然是否果能建立此肯定，则是另一问题。若顺其说而言之，接受其先出之种种论断，则其后果可引致此一肯定，此即所谓"属于理论后果"之意。然若严格检查其理论基础，则船山如何建立此肯定，正是一待决之重大问题；倘基础不固，则后果之可喜不能为此种基础上之缺失辩护。反之，理论基础如有困难，则由此而生之种种理论后果，皆当在可疑之列矣。

今客观言之，船山学说以其实在论观点为基础，而此处正有极严重之理论问题。上文评述时当再剖析之。

其次，船山以其实在论观点建立其形上学及宇宙论，然其根本旨趣仍在"内圣外王"之传统儒学目标上，故船山一如宋明其他儒者，必依其形上学而提出一套道德价值理论。此为其学说之主要枢纽所在，盖必通过此一部分理论方能通至历史文化之观点也。

本书下文在略述船山之形上学、宇宙论及道德价值理论后，当一论其"发展观"；盖除实在论立场外，船山思想另一特色即在于其"发展观"。世之论船山之学者，每喜以船山与德国黑格尔相比，其着眼点实即在此。然其中所涉问题至繁，亦未可轻率比附也。

既知船山所持之实在论及发展观，则其说之大要已显。以下当续述其政治思想及论史之说。

船山论史之作，如《读通鉴论》《宋论》等，皆为人所常谈及者，或

---

① 可参阅谭嗣同《仁学》、梁启超《清代学术概论》。
② 参阅唐君毅《中国哲学原论·原教篇》，第二十至二十四章。
③ 见上条唐著，第二十四章末之评语。

以此作为船山之"历史哲学"。顾船山此类著作中,大部皆承文人作史论之旧习,随取一事,发挥议论,并非对整个历史之意义或历史知识之标准等问题,作严格析论者,则是否可称作"历史哲学",当视此词之确定用法如何而定。但船山此类史论中,每涉及某种有关哲学问题之观点或论断,倘取此类言论与其他理论合看,则亦颇有应加注意之处,但未必即是通常所谓"历史哲学"耳。

依上所述,本书以下各节即分论船山之形上学及宇宙论、船山之道德价值理论,再略述其政治思想,而以史观及史论之叙述结束。

(一) 道与器、理与气

论船山之形上学观念,当自"道"与"器"始。若"理"与"气"之关系,在理论上自较"道"与"器"应更有基本性(因"器"观念原应在理论次序上后于"气"观念),但在船山著作中,则对"理气"之讨论陈述,皆以"道器"之说为根据;盖船山之学,原以《易传》为根本,而"道"与"器"二观念正出于《易传》。至"理"与"气"二观念,则在宋儒学说中始渐显著,故船山亦只于注《正蒙》时,发挥横渠之意而言"理"与"气"之不离。其实,以"理"为"气之理",阳明后学中颇有持此说者,而蕺山更明白揭示此一主张,固非始自船山。然就"道器"而言,则船山之说即显出其特色;盖"器"者指特殊存在说,船山即"器"而言"道",其最初之认定即落在特殊存在之"实在性"上,此其所以为"实在论"立场也。蕺山之合"理气",主旨在于摄气以归理,然后统之于"心"与"意",故有时亦言"器"不离"道",然只是引申之义。船山则先肯定"器",再由"器"以说"道",然后再引申之而论"理气"之不离,于是最后统之于"气"。此则二说之根本区异所在,学者不可因其语言表面偶有相似而混之也。①

---

① 关于蕺山之论"理气",参阅《新编中国哲学史》卷三下第六章。

以下酌引船山论"道器"之主要资料,再作说明。

船山于《周易外传》中释"形而上者谓之道"两句云:

> 谓之者,从其谓而立之名也;上下者,初无定界,从乎所拟议而施之谓也。然则,上下无殊畛而道器无异体,明矣。①

此处意谓"形而上""形而下"之称,只是一种说法,非指两种存有。其下遂续云:

> 天下惟器而已矣。道者,器之道;器者,不可谓之道之器也。无其道则无其器,人类能言之。虽然,苟有其器矣,岂患无道哉?……人或昧于其道者,其器不成;不成,非无器也。无其器则无其道,人鲜能言之,而固其诚然者也。洪荒无揖让之道,唐虞无吊伐之道,汉唐无今日之道,则今日无他年之道者,多矣。未有弓矢而无射道,未有马车而无御道,未有牢醴璧币、钟磬管弦而无礼乐之道,则未有子而无父道,未有弟而无兄道,道之及有而且无者,多矣。故无其器则无其道,诚然之言也,而人特未之察耳。②

案船山以为"道"乃"器之道",而又谓"器者,不可谓之道之器",则此说未可以"道器合一"释之,盖此所谓"不可"者,正含有一理论次序之认定。在船山看来,"器"乃最基本之实有,"道"只表"器"之功能、性质及关系等,故"道"可说是"器之道",而"器"不可说是"道之器"也。此是船山持"实在论"观点之显明证据。

然船山之立场虽甚明显,其立论则未见精确。上引文中,亟论"无其器则无其道",以为"诚然"而"人鲜能言之";观其下所举之例,则所论"无"者,明是指在经验时空界中"未出现"而言;然若说"未出

---

① 《船山全集》,《周易外传》,卷五,《系辞上传》,第十二章。
② 《船山全集》,《周易外传》,卷五,《系辞上传》,第十二章。

现"即是"无",则上文所谓"不成,非无器也",又作何解?"器"如"不成",则此器即"未出现"于时空界中,何以又非"无"乎?只观此一"无"字之用法,船山之语言之大欠严格已可见矣。

但船山语言之不妥,固甚易见,然此非谓其意见不定。船山之意见固确以为"未出现"于时空界者即是"无",故对"形而上""形而下"等语,亦须另寻解释。盖就《易传》本身言,所谓"形而上"原正指不在时空界中出现而言,且此"形而上"在理论次序上正先于"形而下",恰与船山观点相反。船山若不欲废《易传》,而欲以《易传》配合其实在论立场,则必须对"形而上""形而下"等语另作解释。船山于此遂提出"隐""显"之说。《读四书大全说》卷二,释《中庸》之"索隐"时云:

> 道之隐者,非无在也。如何遥空索去?形而上者,隐也;形而下者,显也。才说个形而上,早已有一形字为可按之迹,可指求之主名。①

此即以"隐"说"形而上"。所谓"隐"之义,在《周易内传》中又有较详之说法。其言云:

> 形而上者,当其未形,而隐然有不可逾之天则……形之所自生,隐而未见者也。及其形之既成,而形可见。形之所可用以效其当然之能者,如车之所以可载,器之所以可盛,乃至父子之有孝慈,君臣之有忠礼,皆隐于形之中而不显。二者则所谓当然之道也,形而上者也。形而下即形之已成乎物,而可见可循者也。形而上之道,隐矣,乃必有其形,而后前乎所以成之者之良能著,后乎所以用之者之功效定,故谓之形而上而不离乎形。道与器不相离。故卦也,辞也,象也,皆书之所著也,器也。变通以成象辞者,道也。民用,器也。

---

① 《船山全集》,《读四书大全说》,卷二,《中庸》,第十一章。

鼓舞以兴事业者,道也。圣人之意所藏也。合道器而尽上下之理,则圣人之意可见矣。①

案此处就"用"与"能"之"隐于形之中而不显"说"形而上",而又称为"当然之道";于是,所谓"形而上""形而下"之分,即说为"隐显"之分。然此中词义颇乱,试稍作析论如下:

第一,就"未形""形之所自生"说"隐",则此即应指"形器"未出现之段落言,倘就此意义说"形而上",说"道",则显然"道"可先"器"而存有,盖"未形"即无"器"可说,而有"天则",则即是有"道"(或"理")也。但如此说时,即与程朱理气之论基本上相同,而与船山自身所持"道者器之道",而"器者不可谓之道之器"之观点反成冲突。此是一疑难。

第二,"隐于形之中而不显"说"隐"字之意义,由此以释"形而上"及"道",则与前说大异;盖如此说时,乃指"道"内在地存有于"器"中,而必有"形"然后方能说"隐于形之中";如此,仍可维持"道"不先于"器"之说,然此与"隐然有不可逾之天则"又难相容,因"道"如只是"隐于形之中",则不能说"形之所自生"一段。此是另一疑难。

第三,上引《周易内传》文,明说"道与器不相离";若是互不相离,则应同时说"道者器之道","器者道之器",而不应说"器者不可谓之道之器"——如《外传》所云。盖如上文所释,若取《外传》此说,则"道"与"器"间有理论次序之先后,而不可逆转,即非"不相离","不相离"乃可逆转之关系也。此又是另一疑难,涉及船山用语之意义或思想之变化。

倘专就用语看,则可说船山用语意义混乱,因而其说基本上不能成立。但若取另一角度,从船山思想之变化看,则对以上之疑难,又

---

① 《船山全集》,《周易内传》,卷五,《系辞上传》,第十二章。

可得某种解说。

因《内传》为晚年之作,而《外传》成于三十七岁时,故可视《内传》为代表晚期思想者,如此则可将两传之殊异处看作思想变化之表现。

《内传》谓"道与器不相离",虽与肯定"器"先于"道"冲突,但就理论之稳定性看,则原胜于"器"先于"道"之说。即以《外传》原文(见上引)而论,船山虽谓"器者不可谓之道之器",但器无其道则"不成"一点,已难于解说。说"不成,非无器也",更多生出一问题,盖若所谓"器",在"不成"时仍是一种"有",则只能是说"器之理"有;即转入朱熹之思路,与船山原意相去更远矣。从此等理论困难着眼,即可知船山《外传》中之说本有困难,则《内传》之说,即可视为船山较晚之主张,如此,此一疑难可得一适当之解答。

顺此线索以观《内传》之说,则应注意船山所言之"成之者"之"良能"与"用之者"之"功效"二语,以便能更进一步了解船山论道器之主旨所在。

由"成"与"用",而说形器出现之意义,主旨在于表明所谓"道"即形器所以能"成",及所以能具一定之"用"之理据。每一事物之所以"有",皆依于一"生成"之理;此事物既存有后,便有一定功能,此即是所谓"用"。有之"前"立一"成"字,有之"后"立一"用"字,合"成"与"用",即所谓"道"也。

此处自又涉及"普遍"及"特殊"之问题。船山依"用"与"成"说"道"时,实不能涉及个别事物之特殊内容之决定,而只涉及普遍意义之生成与功用。换言之,不论是何种事物、何种功用,其能"有"即依一"生成"之理,其有后之能具一定性质,即系一"用"之理。一切形器之能生成与能具用,即是所谓"道"之所指。依此,可知船山以为,吾人所以能有一"道"观念者,乃以形器之实有为条件;"道"本身自非"形器",然若全无形器,则"道"观念无由出现,此所以谓"道与器不相离"也。

若专就"器"先于"道"讲,则理论上有不可克服之困难;因如此说时,即须假定形器可以不依道而生成,或当"无其器"时即"无其道",此两点皆可使道器之关系成为不可解。盖若器可以不依道而生成,则面对既有之器,亦不能说其必有道;若说"无其器"时则"无其道",则器由无而至有时,仍当不依道(因此时道仍是"无"),又是器不依道而生成矣。

故若就形器之"成"与"用"说"道",则绝无"器"先于"道"之理。船山主旨既在于由"成"与"用"说"道",则《外传》中之说不能不视为早年不妥之说而暂置不论矣。

只说"道与器不相离",则"隐显"之说亦可依此解说;世界作为形器之不断生成变化之过程看,显者是形器,隐者即其所以生成变化之理;由于此所谓"理"即形器所以生成、所以变化之理,故从此角度看,亦可说"理"不在形器之外,而"隐"于形器之中。此可作为船山之主旨,其他语言上之疏漏,则不必在此一一析论。

由于船山如此看"道"与"器",故说及"理"与"气"时亦采取类似之观点。此类资料应以其《正蒙注》为主。如释"散殊而可象为气,清通而不可象为神"二语云:

> 太和之中,有气有神。神者,非他,二气清通之理也。不可象者,即在象中。①

案横渠本意另是一事,此处只就注文观船山思想,则此段中以"神"为"二气清通之理",则"神"与"气"之关系,即相应于所谓"理气"之关系。象属"气"而不可象属神——即属"理"也。又船山用"气"字即指

---

① 《船山全集》,《张子正蒙注》,卷一。

阴阳言,故说"二气"。

横渠以气之聚散说万有之生化,船山即于此"聚散"之运行说"理",故在"太虚不能无气……"一段下注云：

> 气之聚散,物之死生,出而来,入而往,皆理势之自然不能已止者也。①

气之聚散,即顺"理"而运行之过程。由是再进一步,即说此"理"即不离此过程而独存。在"知虚空即气……"一段下船山注云：

> 凡虚空皆气也。聚则显,显则人谓之有；散则隐,隐则人谓之无。神化者,气之聚散不测之妙,然而有迹可见。性命者,气之健顺有常之理,主持神化而寓于神化之中,无迹可见。若其实,则理在气中,气无非理；气在空中,空无非气,通一而无二者也。②

案此处论"显隐",又专就感觉经验中之具体事物是否呈现说。气聚而成万物,船山说之为"显"；气散则具体事物不呈现,说之为"隐"。又与释《易传》时所说之"隐显"有异,盖船山原未建构一套有严格一致性之语言也。此注以"神化"指万有生化之过程——即世界历程,故说"有迹可见"；而以"性命"指主持此过程之"理",故说"无迹可见"。其结论乃谓"理在气中,气无非理"。此是船山说"理气"最明确之语,盖即表示理与气亦不相离,正如道与器之不相离也。

船山屡说"不相离"之义,后世述其学者亦多只提出此点作为船山思想之特色。然所谓"不相离",究竟取何意义？则实大有应加追问者。在说"不相离"时,就理论意义看,至少有两种极不相同之意义：其一是取存有义,依此而说道器或理气不相离,则其意是说"无器

---

① 《船山全集》,《张子正蒙注》,卷一。
② 《船山全集》,《张子正蒙注》,卷一。

则无道","无道则无器",理气一面亦然。其二是取实现义,依此义则"道"与"理"本身可以自存,但必实现于"器"与"气"中。就其实现之必然而说"道不离器"及"理不离气"。但此时"器"之"不离道"、"气"之"不离理"便须另具意涵,因取实现义而说"不相离"时,"道与理"对"器与气"说,可就实现而说前二者"不离"后二者,然不能以相同意义逆说也。"器"作为具体存在,故可说"道"在"器"中实现,由此而说"道不离器";然"器"是"可象","道"是"不可象",则不能说"器"在"道"中实现,以表"器不离道"也。如此,"道"不离"器"、"理"不离"气"可取实现义;至"器"不离"道"、"气"不离"理"一面,则须取形式规范义说;于此可知,若取实现义,则"不相离"之解释将转趋繁复,不似取存有义说时之简单。

然则船山究取何义说"不相离"? 一般言之,如上引资料所示,船山似偏重于存有义,故说"无其器则无其道"(《外传》),他处亦屡有相类之语。但另一面言"不可逾之天则",以形而上之"道"为"隐"(皆见《内传》),则又似肯定"道"能自存。虽顺此仍说"不相离",其所谓"不相离",在彼处语脉中即只能取实现义矣。尤其在《正蒙注》中评及横渠之攻佛老一段,更明白承认"道"可离"器"而自存。其言云:

……又曰(案指《易传》言),形而上者谓之道,形而下者谓之器。形而上即所谓清通而不可象者也。器有成毁,而不可象者寓于器而起用,未尝成亦不可毁。器敝而道未尝息也。[①]

此明说器有成毁而道无成毁而自存,且明下"寓于器而起用"一语,则正与实现义相应;道之起用,即其实现于器中而使器有其用也。如此观之,则船山又似实未否认"道"可离器而自存,则所谓不离器者只指

[①] 《船山全集》,《张子正蒙注》,卷一,"以言乎失道则均焉"一句下附注之语。

实现而言,只因"道"必在"器"中实现,故说"道"不离"器"耳。

但若取此立场,则"器"不离"道"又须另作解释,如上文所说。关于此点,船山亦屡说及,但以其所重者不在此,故罕作发挥。即以《正蒙注》而论,于《参两篇》首段注中即云:

> 性以理言,有其象必有其理。①

依船山用语,"象"先于"形","理"既为"象"之规范或形式,则形器自当以"理"或"道"为形式矣。

总上所述,船山对"道器"及"理气"之主张可分述如下:

第一,依《外传》看,则船山主张"器"在理论次序上先于"道";"道"是"器之道",而"器不可谓是道之器"。依《内传》看,则"道与器不相离",无理论次序先后可说。

第二,就《正蒙注》看,则"道"可以自存,"器"有成毁而"道"无成毁,则"道"只在实现义上可说"不离器"。此近于《内传》观点,而与《外传》颇异。

第三,船山一面谓"理在气中",另一面以阴阳为"气",而以"气"之聚散为"理"所决定,则仍只能就实现义说理气之不相离。然此处涉及"气不离理"与"理不离气"两论点中"不离"之意义之分别问题,而船山固未详加析论也。

至此,吾人可说,船山之基本形上理论,殊不见严密,故由此种理论作基础,而推衍所生之其他理论,皆可谓根基不固。此即涉及上文所指出之"理论基础"与"理论后果"之分寸问题。以下当续述船山其他理论,随处可见船山思想实触及许多重要问题,然此种在理论后果一面之丰富性,并不能补足或代替理论基础一面之阙失。学者必当

---

① 《船山全集》,《张子正蒙注》,《参两篇》"地所以两分……"一段下注语。

留意也。

（二）阴阳浑合，乾坤并建

以上仅讨论道器理气等一般问题，本节将述船山解《易》之说之具体要点，以便能更进一步展示其形上思想及宇宙论。

船山解《易》之最有名之特色，在于视太极为阴阳之浑合，而有乾坤并建之说。而此说又与其对"体用"之观点有关。兹当据《周易内传》与《周易外传》一述其大要。

但在叙述以前，另有一点应指出者，即认为太极不离阴阳，或阴阳外非另有太极，非自船山始。刘蕺山即明持此说。如云：

> 只此动静之理，分言之是阴阳，合言之是太极。①

此几与船山之说不可辨别。然蕺山此说之理论背景，自又与船山迥异。学者于此宜加注意者，是视太极与阴阳为不可分，并非必然属于船山之思路，则即可免误以此为船山独有之见解矣。

船山之特色仍在于其实在论及发展观；上节所言道器及理气问题，虽可见船山立说之欠严格明确，但其主旨总是强调形器之重要，则即表示其实在论倾向也。本节所论则逐渐接触其发展观。

船山于《内传》中论"易有太极"一段云：

> 太者，极其大而无尚之辞；极，至也；语道至此而尽也。其实阴阳之浑合者而已，而不可名之为阴阳，则但赞其极至而无以加曰：太极。太极者，无有不极也，无有一极也。惟无有一极，则无所不极，故周子又从而赞之，无极而太极。阴阳之本体，絪缊相得，和同而化，充塞于两间，此所谓太极也。张子谓之太和。②

---

① 《刘子全书》，卷十，《学言上》。
② 《船山全集》，《周易内传》，卷五，《系辞上传》，第十一章。

此即谓"太极"只是"阴阳之浑合",就其浑合全体而言,不能名之为阴阳,故称"太极"。依船山说法,所谓"太极"只是赞辞,并非在阴阳外别有所指。此与朱熹之意、濂溪之意皆不同,盖船山始终以阴阳两种功能之流行为"道",并无在阴阳之上立一太极之意向也。此种观点在《外传》中亦曾发挥。其言云:

> 易有太极,固有之也,同有之也。太极生两仪,两仪生四象,四象生八卦;固有之则生,同有之则俱生矣,故曰是生。①

此处所谓"固有"及"同有",意即非在阴阳象卦之外别有"太极",故其下又云:

> 性情以动静异几,始终以循环异时,体用以德业异迹;浑沦皆备,不漏不劳,固合两仪四象八卦而为太极。其非别有一太极以为仪象卦爻之父,明矣。②

案《外传》此章原提出"性情相需""始终相成""体用相函"等观点以发挥其说,后文当再论及。此处所须注意者,是"非别有一太极"一语,盖《外传》之文虽较繁杂,其主旨仍不外说"太极"乃"阴阳浑合"而别无其体也。《外传》此章后文又辨云:

> 使阴阳未有之先而有太极,是材不凤庀而情无适主;使仪象既有之后遂非太极,是材穷于一用而情尽于一往矣,又何以云乾坤毁则无以见易也乎?③

案船山在此章中以"阴阳"为"材",以"往来"为"情",故说不可谓无"阴阳"先有"太极",因无材即不能运行;又不可谓阴阳生便无"太

---

① 《船山全集》,《周易内传》,卷五,《系辞上传》,第十一章。
② 《船山全集》,《周易内传》,卷五,《系辞上传》,第十一章。
③ 《船山全集》,《周易内传》,卷五,《系辞上传》,第十一章。

极",因若如此则"太极"只能有一次运行,而不合"易"之观念。由此,船山遂视"太极"为"阴阳浑合"之称矣。

在《思问录》中,船山谓"太极虽虚而理气充凝"①,亦是此意;"气"即阴阳二气,"理"即二气运行之"天则"也。

"阴阳浑合"之说,除对"太极"而言,有不立"阴阳"以外之"太极"之理论意义外,尚有另一意义,即"阴阳"二者乃所谓"道"之内容,不可偏废;此即通至"乾坤并建"之说。《内传》云:

> 乾坤,谓阴阳也。凡卦之阴爻皆坤顺之体,阳爻皆乾健之体。……万象体乾坤而各自为体,阴阳有畸胜而无偏废。②

"乾坤"即"阴阳"。二者有畸胜而无偏废,因万有万象皆必须同时依此二功能而生化也。故《内传》在开始释"易"时,即特说此义云:

> 易者,互相推移以摩荡之谓。《周易》之书,乾坤并建以为首,易之体也。③

其下释"乾"卦又云:

> 《周易》并建乾坤为太始,以阴阳至足者统六十二卦之变通。古今之遥,两间之大,一物之体性,一事之功能,无有阴而无阳,无有阳而无阴,无有地而无天,无有天而无地;不应立一纯阳无阴之卦,而此以纯阳为乾者,盖就阴阳合运之中,举其阳之盛大流行者言之也。④

案此所谓"阴阳合运",即"阴阳浑合"之另一说法。而"乾坤并建"之

---

① 《船山全集》,《思问录》,外篇。
② 《船山全集》,《周易内传》,卷五,《系辞上传》,第十一章。
③ 《船山全集》,《周易内传》,卷一,释"周易上经"语。
④ 《船山全集》,《周易内传》,卷一,释"乾,元亨利贞"语。

意义,亦即在于此二者和而为"道",不可缺一也。

至此,吾人又可回看道器问题。《思问录》中有一段恰可用于此处。原文云:

> 统此一物,形而上则谓之道,形而下者谓之器,无非一阴一阳之和而成。尽器则道在其中矣。①

《内传》于"一阴一阳之谓道"下亦论云:

> 道谓天道也;阴阳者,太极所有之实也。凡两间之所有,为形为象,为精为气,为清为浊,自雷风水火山泽以至蜎孑萌芽之小,自成形而上以至未有成形,相与絪缊以待用之初,皆此二者之充塞无间,而判然各为一物,其性情才质功效皆不可强之而同。②

此即一面说"阴阳"之和为"太极"之"实"——即为"道"之内容,另一面又说明万有皆依阴阳而生成变化。后文遂云:

> 合之则为太极,分之则谓之阴阳;不可强同而不相悖害,谓之太和。……然阴阳充满乎两间,而盈天地之闲惟阴阳而已矣。——云者,相合以成主持而分剂之谓也。无有阴而无阳,无有阳而无阴,两相倚而不离也。③

此所谓阴阳之"两相倚而不离",亦正是"乾坤并建"之理据也。浑合而合运之"阴阳",即"道",而所谓"器"者亦正是此阴阳合运之显现。于是船山眼中之世界,遂为一生化不息之过程,而"阴阳"或"乾坤"皆用以说明此过程之观念。其用语虽或有似难解处,其所呈现之世界图像则实与横渠所见极为相似也。

---

① 《船山全集》,《思问录》,内篇。
② 《船山全集》,《周易内传》,卷五,《系辞上传》,第五章。
③ 《船山全集》,《周易内传》,卷五,《系辞上传》,第五章。

最后，船山论阴阳、太极、乾坤等观念时，尚有一颇为重要之观点，即"体用相函"之说。

案船山在《周易外传》卷五解《系辞上》第十一章云：

> 是故性情相需者也，始终相成者也，体用相函者也。①

而此所谓"相函"，说为"体以致用，用以备体"②，意谓凡"体"必显现其"用"，而"用"之显现，即使此"体"实现其自身也。故下文释之云：

> 无车何乘，无器何贮，故曰体以致用；不贮非器，不乘非车，故曰用以备体。③

案此即表示船山视一切存有皆由其"用"或功能决定其自身之为如此之存有；另一面，一切功能又皆是实现之功能——非指潜存功能。由此，用外不可言体，有体亦必有用；所谓"相函"，即以无用外之"体"为其主旨所在也。

船山解《中庸》时亦说此义云：

> 《中庸》一部书，大纲在用上说。即有言体者，亦用之体也。乃至言天，亦言天之用；即言天体，亦天用之体。大率圣贤言天，必不舍用，与后儒所谓太虚者不同。若(有)未有用之体，则不可言诚者天之道矣。舍此化育流行之外，别问窅窅空空之太虚，虽未尝有妄而亦无所谓诚。佛老两家都向那畔去说。④

此固是指"天道"言，然一般之体用关系，在船山亦作如是观。又如《内传》释"用九"一语云：

---

① 《船山全集》，《周易外传》，卷五，《系辞上传》，第十一章。
② 《船山全集》，《周易外传》，卷五，《系辞上传》，第十一章。
③ 《船山全集》，《周易外传》，卷五，《系辞上传》，第十一章。
④ 《船山全集》，《读四书大全说》，卷三。

> 天无自体,尽出其用以行四时生百物;无体不用,无用非其体。①

此仍是言"天",然亦含对体用不离之看法。而船山如此立论时,其自觉目的固与辨别儒与佛道之宗旨有关,盖船山以为佛老皆言离用之体也。

通过船山此种体用观念,再返观其道器理气等说,乃可见船山眼中之世界,纯为一生成化育之"用"之运行历程;在此历程中,形器生成演化,相续不息,而皆为阴阳二气之运行。而此二气之所以如此运行,则即以"道"说之。于是,万有万象皆"道"之显现,亦皆"天"之"用"之流行,故又谓:

> 天道之以用言,只在天字上见,不在道字上始显;道者,天之大用所流行,其必由之路也。②

盖所谓"道"又依"天"而立名,只因"天"如此显其大用,故称之为"天道",万有万象,无非"天道"所显。此真是彻底之"天道观"矣。如此言"天道",显与言静言虚者不同,而船山亦曾明言天道之"动"。其言云:

> 其实天道之诚,亦必动而始有;无动则亦无诚,而抑未可以道言矣。③

"天道"运行不息,万有以生以成以化以育;此是二气之运行,然亦即是普遍义之"理"之显现。船山合理气之说,当于此处落实,故《内传》云:

---

① 《船山全集》,《周易内传》,卷一,《周易上经》,释"用九,天德不可为首也"语。
② 《船山全集》,《读四书大全说》,卷三。
③ 《船山全集》,《读四书大全说》,卷三。

> 乾之以其性情,成其功效,统天始物,纯一清刚,善动而不息;岂徒其气为之哉?理为之也。合始终于一贯,理不息于气之中也。法天者可知利用崇德之实矣。①

"天道"之恒动不息,是"气"依"理"而运行,故"理不息于气之中",即"天道"之所以统理气也。此处之"动"与"不息",即指向一"发展观"。盖船山眼中之"天道"即万有之最后法则;天道既恒动,于是由"法天"说,自当以此种"动"解说人事矣。

案"天道观"本身之内在矛盾,亦正可通过此"法天"或"天道"与"人道"之关系而显出。此义在本书前章已详说。船山既取"天道观"立场,其理论自不能免此困难。下文转至船山对心性道德及文化之理论时,当随时析论之。

兹再回至此"发展观"说,由于船山以"动"与"不息"言天道,故对于"动静"一对观念即不能不另有解说。如《思问录》云:

> 太极动而生阳,动之动也;静而生阴,动之静也。废然无动而静,阴恶从生哉?一动一静,阖辟之谓也。由阖而辟,□(光案:此阙字当是"皆"字)动也。废然之静,则是息矣。至诚无息,况天地乎?维天之命,於穆不已,何静之有?②

此处说"动之动""动之静",是船山之特殊用语;盖船山用"动"字有二义,其一与"静"对,另一义则是超乎对立之"动静"上之"动"。此种语言未必甚妥,然其旨亦不难明。船山既以天道为一不息之"动",则一切所谓"静",皆不过此大动程中之一阶段。其用濂溪生阴生阳语以论大动中之小动小静,未符濂溪原文语义,但船山借此以说己义,则甚易明。太极之生阴生阳,合而为一大动程;此中有阳动阴静二阶

---

① 《船山全集》,《周易内传》,卷一,《周易上经》,释"大明终始……"一段语。
② 《船山全集》,《思问录》,内篇。

段,然皆是属于此大动程之小阶段,故说"动中之动""动中之静",上一"动"字即指此大动程而言也。

依此,则就天道说,本身即是一大动程,故说"何静之有";而若谓除此大动程下所含之"小静"外,尚另有与大动程在同一层次上之"大静",则船山以为此乃"废然之静",与"不息"相反。其论老庄时,亦即认为庄子所说乃一"废然之静"。① 盖船山只能顺存有论及宇宙论之路数而立说运思,对自我之超越境界全无所体悟,故亦不解庄子原意也。

此种纯以"动"看天道之发展观,亦时时表现于其他著作中。如《外传》言:"动者,道之枢,德之牖也。"②亦指此大动程言。又如《正蒙注》云:"止而行之,动动也;行而止之,静亦动也。"③此即谓"动""静"皆属于一大动程。此类资料皆可与《思问录》之文互证,不再备引。

船山此种发展观,应用于性命或天人关系上,遂有"命日受""性日生"之说。此亦是船山之特殊观念,应稍作解释,以过渡至其道德文化理论。

《读四书大全说》释《孟子》"平旦之气"一段云:

> 愚尝谓命日受,性日生;窃疑先儒之有异。今以孟子所言平旦之气思之,乃幸此理之合符也。④

其下遂取朱熹以"雨露"喻"夜气"之说,而云:

> 在天降之为雨露,在木受之为萌蘖;在天命之为健顺之气,在人受之为仁义之心。而今之雨露非昨之雨露,则今者平旦之气非昨者平旦之气,亦明矣。到旦昼牿亡后,便将夙昔所受之良心都丧失了。

---

① 《船山全集》,《思问录》,内篇。
② 《船山全集》,《周易外传》,卷六。
③ 《船山全集》,《张子正蒙注》,卷一,"两体者……其究一而已"一段注语。
④ 《船山全集》,《读四书大全说》,卷十。

> 若但伏而不显,则不得谓之亡;且其复也,非有省察克念之功以寻绎其故,但因物欲稍闲,而夜气之清明不知其所自生。若此者,岂非天之日命而人之日生其性乎?①

案船山此说与孟子原意可谓相去极远。孟子言平旦之气,只就外在之契机说。人之价值意识或道德自觉在事物纷纷相扰之际,便常不显(此自是指未有工夫之常人说);而当外扰稍息止时,此本有之自觉便易显,非谓有一外在之"天"不断将"健顺之气"注入"人心"也。然船山预认一不断生万有之"天道",而将"人"之"性"视为从天处分有者,故遂进一步认为人在有生之后,天仍不断注入其"健顺之气",故以为"天"日有所"命"于"人",而人之"性"遂日有所"受"于天,此即所谓"性日生"之意。然如此说时,已全昧主体自由之义;不特在理论上难于成立,即在船山自己分"天道"与"人道"时,亦生出极大之困难,此点下节再论之。

所论"命日受",指人之"受"天之"命"讲,故若从天一面说,则亦说"天"降命于人,而人受此天命而为"性"。此则是《中庸》所谓"天命之谓性"之意。若取此类用语,则"命"当连"降"字说,而"性"连"受"字说。此在表面上虽似与"命日受"一语有异,然其意则同。船山于《思问录》中即谓:

> 命日降,性日受。性者生之理,未死以前,皆生也,皆降命受性之日也。初生而受性之量,日生而受性之真。为胎元之说者,其人如陶器乎?②

---

① 《船山全集》,《读四书大全说》,卷十。
② 《船山全集》,《思问录》,内篇。案唐君毅先生于其《中国哲学原论》之《原教篇》第二十二章引此段作"命日降,性日生"。"日"与"曰"异,"生"与"受"异。若非唐氏记忆偶误,则其所用必另一版本,故文字小异也。又唐氏书中此段引文将《思问录》两段合为一段,其中尚另有不同处,亦未知是否由于版本之不同也。

案此段首二语，在其他版本中似有不同，未及详勘。现依此文看，则船山先谓"命"应说为天之所"降"，"性"应说为人之所"受"，故下文即就"降命受性"之相续不已，以说"性日生"之义；于是"性"不限于初生所受于"天"者，且在生之全程中，时时受"天"之新"命"，故讥胎元之说。

关于"天"不断"降"命于人之观点，船山在《尚书引义》卷三，释《太甲》篇时，所说尤详，可引述数段，以结束以上之讨论。

船山释《太甲》云：

> 天性者，生理也，日生则日成也；则夫天命者，岂但初生之顷命之哉？……夫天之生物，其化不息，初生之顷，非无所命也。何以知其有所命？无所命则仁义礼智无其根也。幼而少，少而壮，壮而老，亦非无所命也。何以知其有所命？不更有所命，则年逝而性亦日忘也。①

案此即明谓人初生，天即"有所命"；既生之后，天仍续"有所命"；如此，则人之"性"遂时时受此天之"命"之推动或灌注而日有生成矣。其下续谓：

> 形日以养，气日以滋，理日以成。方生而受之，一日生而一日受之；受之者有所自授，岂非天哉？故天日命于人而人日受命于天，故曰，性者，生也，日生而日成之也。②

如此说"性"，既非"本性义"，亦非"自然义"。而只依人之受于天一义而说"性"时，则一切有关道德价值之说亦必将全化为一"存有论之语言"矣。此中之理论问题，船山固不知，今之学者则不可不留意。

---

① 《船山全集》，《尚书引义》，卷三，《太甲二》。
② 《船山全集》，《尚书引义》，卷三，《太甲二》。

船山自身立此论时，显然未深察其所衍生之严重问题；反欲顺此以说"人道"中之善恶问题，于是标一"习"字以与"性"并举，盖此段原就"习与性成"一语说也。兹再引数言即可转至船山对心性道德等问题之说。船山于此段后文云：

> 天命之谓性，命日受则性日生矣。目日生视，耳日生听，心日生思，形受以为器，气受以为充，理受以为德；取之多用之宏而壮，取之纯用之粹而善，取之驳用之杂而恶，不知其所自生而生，是以君子自强不息，日乾夕惕而择之守之，以养性也，于是，有生以后，日生之性益善，而无有恶焉。若夫二气之施不齐，五行之滞于器，不善用之则成乎疵者，人日与偷昵苟合，据之以为不释之欲，则与之浸淫披靡，以与性相成，而性亦成乎不义矣。①

案上引后数语即指"习"而言，习与性成，可使性亦"成乎不义"，乃一常识上之说法，全未经淘炼者。然此确是船山对善恶之基本观点之一。其得失皆有关吾人对船山思想之评价者，不可轻易放过。上引文中，船山显以人之所"取"所"用"如何，以言善恶；而"取"与"用"二字，亦是在此文中提出者，盖其前文曾言人在已生之后，"能自取而自用"也。② 一说及人之能自有所取用，因而有善恶，则"人道"是否能外于"天道"或不合"天道"一大问题即将出现。船山始终未见及此，然此理论困难固在。下文述船山论心性善恶之说后，当再论之。

（三）道、善、性及善恶问题

通过"心"及"性"二观念以言善恶，表面上似是儒家之通义，然同是据心性而立论，其理论方向固可有种种不同。此不仅在纯理论之可能性一面看为然，即在实际哲学史上已出现之事实一面看亦是如

---

① 《船山全集》，《尚书引义》，卷三，《太甲二》。
② 参看上引文前段。

此也。除直承孟子之义而说心性者外,宋明诸儒据《易传》及《中庸》立说时,其思路仍有极大差别。就其最显著处说,有依《中庸》之"性、道、教"三观念之思路,有依《易传》"道、善、性"三观念之思路;取前一思路者,必以"性"为最基本之观念,此即"本性论"一支之思想,可用程伊川为代表,而朱熹大体上仍依此理路而立其综合系统也。倘取后一思路,则当顺《易传》所谓"一阴一阳之谓道,继之者善也,成之者性也"三语之次序而立说,于是"道"为首出之观念,而"性"当居"善"之后。此即"天道观"一支之思想,可用周濂溪为代表,而横渠之说亦大致属于此一路数者也。此处须说明者,是《中庸》三观念之次序,与《易传》三观念之次序虽不同,后世儒者固常有故意糅合或沟通此两种经籍依据之种种说法。譬如,取《中庸》"天命之谓性"一语看,若将此处之"天"视为实义字,则便趋近于"天道观",而"率性之谓道"中之"道"字即将专指"人道";若将此"天"字视为虚位,则"天命"一词即可化为描述语。如阳明之言"天理"一词中之"天"字,固不含有在"心体"或"良知"外另立"天道"之义也。此外,诸儒之解《易传》《中庸》,尚可有细微处不用之说法,兹不备举。总之,《易传》之"道、善、性"三观念,与《中庸》之"性、道、教"三观念,原各表一种理论次序,因此亦指向两种不同之理论模型。但后世儒者未必常能分别此两种思路,故亦常可混而说之。然而就此两种经籍资料本身言,则固不相同。学者对此类观念源流倘能深察同异,则解说后世理论时,分寸易明。即以船山之善恶理论言,亦正须通过以上之了解而阐说也。

船山立说以《易传》为本,故在《周易外传》中有"道大而善小,善大而性小";此就《易传》三观念之次序看,则船山此种观点亦可说甚为自然;至其中所引生之理论困难,则非船山所见及者也。兹先引《外传》之文,更补以《内传》之说,以表明船山之论旨。

《外传》释《系辞上》第五章云:

> ……无与主持,而何以情异数畸之阴阳和以不争而随器皆备乎?和以不争,则善也;其有物之生者,此也;非有先后而续其介以为继矣。随器皆备,则性也;非待思为而立其则以为成矣。①

此是通论"一阴一阳之谓道"以下三句之文,以阴阳之能"和以不争"说"善",以"随器皆备"说"性"。显然皆是属于存有意义之描述语言。盖船山基本上以"善"为一种存有义之"性质"也。但此段尚未能特别说明"人"之"性",故其下再申论之云:

> 人物有性,天地非有性。阴阳之相继也善,其未相继也不可谓之善。故成之而后性存焉,继之而后善者焉。……性存而后仁义礼知之实章焉,以仁义礼知而言天,不可也。成乎其为体,斯成乎其为灵;灵聚于体之中,而体皆含灵。若夫天,则未有体矣。相继者善,善而后习知其善,以善而言道,不可也。道之用,不僭不吝以不偏而相调,故其用之所生,无僭无吝以无偏而调之以适然之妙。妙相衍而不穷,相安而各得于事,善也。于物,善也。道则多少阴阳无所不可矣。故成之者,人也;继之者,天人之际也。天则道而已矣。道大而善小,善大而性小。道生善,善生性。②

案此段不似上文之笼统,而极力分别"道""善""性"三观念。"道"与"天"为一事,而"天"非一特定之存在,故谓"未有体";"天"只是一"用",即此"道",故说"天则道而已矣"。所谓"善"指阴阳相继而言,故不可"以善而言道",即不可用"善"描述"道";所谓"性",指特定存在而言,故人物方有"性"。此处船山忽用"仁义礼知"说"性",盖已是就"人"之"性"说,"人"作为一特定之存在,可说有"仁义礼知"之"性",然不可"以仁义礼知"而言"天"。总之,"天"与"道"乃第一层观

---

① 《船山全集》,《周易外传》,卷五,《系辞上传》,第五章。
② 《船山全集》,《周易外传》,卷五,《系辞上传》,第五章。

念,"善"乃第二层观念,"性"则看作第三层观念;于此乃说"道大而善小,善大而性小",亦可说为"道生善,善生性",即上层为下层之根源也。

船山此解乃其平生一贯思想,其得失留俟后论。此处须先指出者,是此处有一明显之训诂问题。即"继之者善也"与"成之者性也"二语中,"之"字之解法。案原文先出"道"字,其下两"之"字分明皆指"道"而言,而"一阴一阳"则是对"道"之解说或描述,故"继之者善也",在文义上只能指"继道"是"善",别无二解。然如此训定"继"字之义,则此"继"字必立于"人"(或任何能"继"或"不继"者)与"道"之间,换言之,必指包含一阴一阳为内容之"道"与此外之某存有间之关系。则"继"字此处绝不能再说为"阴阳之相继";"阴阳"含于"道"之内部,而"继"道者在"道"之外,"继之者"一语绝不能解为"阴阳继一阴一阳"也。船山所用解法,自亦非自己创出;旧解于此处"之"字本欠明确,故船山依旧解立说,无论理论得失如何,语言已大为混乱矣。

船山虽将"继之者善也"一句解为"阴阳之相继也善",因而此"继"字似落在"道"之内部上(因上文明说"一阴一阳之谓道",其文义亦不容曲解);但又说"继之者,天人之际也",则亦不能不将"继"字转至"人"与"道"(或"天")之关系上。此虽与"阴阳之相继也善"一语,在严格意义上不能贯通,然此一转方是船山思想之出路,否则船山根本无法谈及所谓"人道"及善恶问题矣。

就"人"之"继道"而说"善",然后合于《易传》原文之意。故船山下文亦就此发挥。船山先指出,只从普遍意义之"道"说"道"是"善",说"善"是"性",则是从"大"说"小",而不能显出特定存在之内容,则将说"人之性犹牛之性,牛之性犹犬之性"——如孟子所指出。故言"人道"时仍须落在"性"上讲,于是谓:

> 惟其有道,是以继之而得善焉;道者,善之所从出也;惟其有善,足以成之为性焉,善者,性之所资也。方其为善,而后道有善矣;方其为性,而后善凝于性矣。①

如此说转合《易传》原意。但《易传》此处涉及之理论问题,在于"继"是否必然(此亦即"天道观"之内在问题),船山于此重大问题乃轻轻滑过,而承认"人"可以不"继"。其言云:

> 甚哉,继之为功于天人乎! 天以此显其成能,人以此绍其生理者也。性则因乎成矣,成则因乎继矣。不成未有性,不继不能成。天人相绍之际,存乎天者,莫妙于继;然则,人以达天之几,存乎人者,亦孰有要于继乎?②

至此,船山之所谓"继"乃显分两义。有"存乎天"之"继",另有"存乎人"之"继"。此绝不能与《易传》本文合,然船山既一面讲"阴阳"之相"继",另一面讲"人"之"继"道,则亦只得立此二义矣。专从后一义讲,则船山即说"人"可以不"继"道。其言云:

> 继之则善矣,不继则不善矣。天无所不继,故善不穷;人有所不继,则恶兴焉。③

案此处"人有所不继"一语,方是船山道德理论之入口处。然依"天道"观念看,何以"人"能"有所不继",乃一涉及根本理论立场之大问题。船山说至此处,竟全未对此处之问题稍作省察,反视同自然应有之义而顺说;于是其结语乃谓:

> 性可存也,成可守也,善可用也,继可学也,道可合而不可据也。

---

① 《船山全集》,《周易外传》,卷五,《系辞上传》,第五章。
② 《船山全集》,《周易外传》,卷五,《系辞上传》,第五章。
③ 《船山全集》,《周易外传》,卷五,《系辞上传》,第五章。

> 至于继而作圣之功蔑以加矣。①

此处"存""守""用""学"以及"合道"之"合",皆变为工夫字,而以"继"说"作圣之功",则"继"亦成为工夫字。而船山之道德理论或成德之说即由此转出矣。

以上为《外传》之说。至《内传》则将"善"与"性"皆收归于"人"说,而对"继"字则仍就天人之际说。其言云:

> 道统天地人物,善性则专就人而言也。一阴一阳之道,天地之自为体,人与万物之所受命,莫不然也。而在天者即为理,不必其分剂之宜;在物者乘大化之偶然,而不能遇分剂之适得。则合一阴一阳之美以首出万物而灵焉者,人也。继者,天人相接续之际,命之流行于人者也。②

其下又引孟子"人无有不善"之语而说是"就其继者而言",则似专就"人"说"性"、说"善"矣。但何以人秉天命而有"性",又能有时"不继",则始终不得一妥当解说。盖以上云云只能说明何以能"继",而不能说明何以"不继"也。如此则"道德之二元性",在此尚不能安顿。③原文此段最末又申说"性"与"道"之关系,而使此问题益为严重。其言云:

> 道大而性小,性小而载道之大以无遗;道隐而性彰,性彰而所以能然者终隐。道外无性,而性乃道之所函;是一阴一阳之妙以次而渐凝于人,而成乎人之性,则全易之理不离乎性中。④

---

① 《船山全集》,《周易外传》,卷五,《系辞上传》,第五章。
② 《船山全集》,《周易外传》,卷五,《系辞上传》,第五章。
③ 案此即前章所论之"ethical duality"。任何道德理论如不能立此观念,即不能解释"善恶"矣。可参看本书总论宋明儒学部分。
④ 《船山全集》,《周易内传》,卷五,《系辞上传》,第五章。

此就"善"或人之能"继道"而言,皆无困难;困难处在于人既受此道而成"性",则一切"不继道"或"恶"由何而可能?船山于此未能精思以辨,但认为人物既成之后便有不"继道"、不"存性"之可能而已。此一理论上之大跳跃,遂使船山之道德理论走入一极怪异之途径,此即假定一全无根源之反面能力是也。此义下节逐步论之。

此处先以数语作一小结如下:

船山根本上以"善"为一存有义之描述语,而又以天道统一切存有,故由天道说,层层下降,只能说"善",不能说"不善"或"恶",然船山又依常识想法,预认一"不善之可能";于是在论所谓"人道""人心"时,即处处假定反于"善"为可能。而其具体说法又颇复杂,以下当逐步撮述其要。然学者须时时紧握基本问题,不可被其具体解释之词所障,而忘却其所遗漏之大关键也。

兹再进一步述船山对于善恶问题之说法。承上文线索看,船山既先认定一"天道",再以"人"能否"继"此"天道"为"人道"以释善恶问题,则此处最明显之理论问题即在于对"人"之可以不"继"天道,如何说明。就船山所持之"天道观"说,此问题特为严重;盖船山既以阴阳之运行为万有生成之总规律,则人作为万有之一,其一切活动之可能应皆不能外于此规律,则何以说有时人可以不"继"天道?当其不"继"天道时,是否另有一天道外之动力推动人之此种负面活动?种种问题皆无法忽略,而必须有所解答也。

对此问题,在宋明儒传统中之一般解答方式,通常涉及两点:

第一,须设定一能正能负之能力,如"心"。依此设定,则善恶之分,由于心之不同方向之活动。如在心外立一自存之"理",则可说心循理为"善",反之即为"恶",此是程朱之路数。若以"理"为内在于心者,则亦仍必将"心"说为可实现本具之"理"亦可不实现,于是其关键仍在于"心"有正负二活动之可能,此即所谓"意志自由"或"主体性"

之设定也。后一路数自以陆王为代表,其与程朱路数之不同,固是理论模型之根本殊异,然专就设定心之二向性言,则不见其殊异也。

第二,设定心之二向性,乃能提供说明善恶之最初可能基础;然若进而对此二向之决定条件作确定解释,则又涉及对心在如何条件下有负面活动之问题。此处重点在"负面"之说明而不在"正面"之说明者,则因无论以存有义言一自存之"理",或依自觉义言一主体建构之"理",立此"理"后,则顺言其"正"皆易,而逆言其"负"则难也。

试就程朱一派而论,设定"理"并判定"性即理"后,就正面而言之,则顺此"性"即顺此"理",因之即为"善"——所谓"循理即善",此处无"何以可能"之困难,盖既是"性"如此,则顺"性"之活动皆无所谓不可能矣。然就负面言之,则"人"之"性"既与"理"合,何以又能"不循理",便成问题矣。

程朱对此问题之答覆,则就人之特殊气禀言此"负"之可能;此点如再上推,则所涉及者实为"普遍"与"特殊"之问题。盖程朱眼中有"共同之理",有"殊别之理",而误将殊别者当作共同者,则是以"特殊"为"普遍",遂不能循事物之"理"以应物也。例如,人之需食物,原是形躯(万物之一)之"性",亦即其理,故不能说之为"恶",然若人以形躯之需求作为一共同标准而处万事万物,则是以此形躯之"理"误作为万物之"理",而由此所生活动,即形成一"私欲"世界;处处皆强万物为此形躯所用,而万物皆不能实现其"理"矣。此一问题虽在哲学理论上甚为重要,此处则不及详说。

人之"心"可以误以特殊为普遍——即生"恶",即悖"理",亦可以不如此错误——即生"善",即循"理";此是程朱眼中善恶问题之关键。然人之"心"在何种条件下便有此误乎?程朱之答复遂落在气禀对"心"之限制上。盖在究竟义上,"心"虽有合于"理"之自主能力,然具体之"人"之特殊气禀乃使"心"时时为此特殊性之"我"所役使;此种倾向在不同之个别人身上,又有程度之不同——故依此可说"气禀"有"善恶",但舍此下一层之不同不论,一般言之,气禀本身代表特殊性,当其做主时,则"心"之普遍性即不显;故程朱之道德工夫理论,必落在"义理之性"与"气质之性"之划分上。此固非谓"气质"皆恶,然亦是强调气质之特殊性,与"心"之向"理"之普遍性间有一冲突也。

伊川所言"理欲"问题,与朱熹所谓"理管不住气"之说,皆以此种冲突为基本观念,但此一层面上种种理论分寸,未易为人所掌握。若只就程朱由此观念层层推出之具体生活态度看,则人易觉程朱只重克制,因此即意味着一种"视气质为恶"之观点。此一般人对程朱之工夫论之了解也。

程朱以保持或恢复"义理之性"之主宰地位为工夫目的。陆王或言"本心",或言"良知",固与程朱之"理"有主体客体之别,但落在成德工夫上,要求确立此"本心"或"良知"之主宰性,则与程朱之工夫论,亦显有相应处。不能"立其大者"或不能"致良知"时,亦即不能确立此"主宰性"也。故在最后境界上,则立主体性之陆王,可将"理"观念与"主体自由"观念直合;而程朱之"本性论",则在"自存之理"与"自由意志"间终留一裂口。此所以二派终有歧异,兹亦不再赘论。

总之,对于"心"何以能有正负二向,以及"心"在何条件下乃趋于负向二问题,程朱陆王所说虽异,然皆假定特殊个人之特殊条件,可妨碍心之正面活动——即实现普遍之"理"之活动。而作此说明时,又必须认为"心"有"自由义"。然则船山之思想方向如何?

船山因肯定万有之实在,又肯定"天道"实现于此万有生化不息之世界中,故其说必认定以下数点:

第一,人物之"性"皆"善"。此点上文已说。盖船山既以"善"为一存有义之描述语,而又以"阴阳之相继"为"善",则万有之生化皆此"阴阳之相继"之表现,即皆成为"善"矣。

第二,"气"亦无"不善"。此又应分天之气、人之气说。此外,物之气则不同。以下顺次引船山之言以明之。

船山于《读四书大全说》论《孟子·告子》云:

> 易有太极,是生两仪。两仪,气也;唯其善是以可仪也。所以乾之六阳,坤之六阴,皆备元亨利贞之四德。和气为元,通气为亨,化气为利,成气为贞,在天之气无不善。天以二气成五行,人以二殊成五性。温气为仁,肃气为义,昌气为礼,晶气为智,人之气亦无不善矣。①

案此言天之气是"善",人之气亦是"善"。至于物之气,则船山亦认为有"不善"。此"不善"却由阴阳之"变合"说。其言云:

> 天人之蕴,一气而已。从乎气之善而谓之理,气外更无虚托孤立之理也。乃既以气而有所生,而专气不能致功,固必因乎阴之变、阳之合矣。有变有合而不能皆善,其善者则人也,其不善者则犬牛也。②

此中"有变有合而不能皆善"一语乃最成问题之论点。其下又云:

> 天行于不容已,故不能有择必善,而无禽兽之与草木,然非阴阳之过,而变合之差。是在天之气,其本无不善,明矣。天不能无生,生则必因于变合,变合而不善者或成;其在人也,性不能无动,动则必效于情才,情才而无必善之势矣。③

合上引两节观之,则船山以为,物有不"善",乃因阴阳"变合之差"而成;如此则阴阳二气本身无不"善",但"变合"有不"善"。然则,变合

---

① 《船山全集》,《读四书大全说》,卷十。
② 《船山全集》,《读四书大全说》,卷十。
③ 《船山全集》,《读四书大全说》,卷十。

即二气之运行,有规律乎?无规律乎?何以又能有"不善"乎?此处问题丛生,然专就此看船山对"不善"之解释,则其意甚明。理论困难则是另一事,留俟后论。

船山以为物之气"不善",此即透露其分别"人"与他物之理论根据;故在《思问录》中所说人"得五行敦厚之化"①,在《俟解》中所说"二气五行,抟合灵妙,使我为人而异于彼"②,以及他处许多类似话头,皆是表明"人"之气独"善","物"之气"不善",故有"人"与"禽兽"之异也。此虽似解释"不善"之根源(阴阳变合之差),然对道德上之"善恶"问题仍属无用,盖道德问题正是"人"所常有之问题。今如说"人"之性、气皆善,则"人"何以能为"恶",固不能由以上说法解释。因此,船山又必须有第三点之认定。

第三,"人"之"心"可以不合"性"。

上引《读四书大全说》之文末后一段所谓"性不能无动,动则必效于情才,情才而无必善之势矣"云云,已透露此意,但未标明"心"字。但在另一段则明说此意。其言云:

> ……盖性,诚也;心,几也。几者诚之几,而迨其为几,诚固藏焉。斯心统性之说也。然在诚则无不善,在几则善恶歧出;故周子曰:几善恶。是以,心也者,不可加以有善无恶之名。张子曰:合性与知觉,则知恶觉恶,亦统此矣。乃心统性,而性未舍心,胡为乎其有恶之几也?盖心之官为思,而其变动之几,则以为耳目口体任知觉之用,故心守其本位以尽其官,则唯以其思与性相应;若以其思为耳目口体,任知觉之用为务,则自旷其位,而逐物以著其能,于是而

---

① 《船山全集》,《思问录》,内篇,"天地之生,人为贵"一条。
② 《船山全集》,《俟解》,"人之所以异于禽兽者"一条。

恶以起矣。①

案此处表明"心"之"思"可以与"性"相应或不相应;"心"之"本位"是与"性"相应者,如"心"只如此活动,即是"守其本位",亦即所谓"道心"。反之,"心"如"逐物"而"旷其位",则不与"性"相应,而"恶"遂由此以"起"。总之,正因"心"可以不与"性"相应,遂有"恶"之可能。换言之,即"人心"不必然与"道心"合一也。

但"人"之"心"何以能不"守其本位"?何以由"天"生出却又可离开天命之"性"而活动?方是真正问题所在。船山于此未尝不屡有所说,然始终不能得要。兹先再引述其言,然后更作一清理,以衡定其得失。船山于同书另一节中,辨"心"与"理"不一,而广说"人心""道心"时云:

> 若夫谓心一理也,则其弊将有流入于异端而不觉者,则尤不可以不辨。原心之所自生,则固为二气五行之精,自然有其良能,而性以托焉,知觉以著焉,此气化之肇夫神明者,固亦理矣。实则在天之气化,自然必有之几,则但为天之神明以成其变化之妙,斯亦可云化理而已矣。若其在人,则非人之道也。人之道所谓诚之者是也。仁义礼智,人得以为功焉者也。故人之有心,天事也;天之俾人以性,人事也。以本言之,则天以化生,而理以生心;以末言之,则人以承天,而心以具理。理以生心,故不可谓即心即理,诬人而独任之天。心以具理,尤不可谓即心而即理;心苟非理,理亡而心尚寄于耳目口体之官,以幸免于死也。②

案此段原是评伊川以理统心性天之说,然船山说法,愈说愈不可通。

---

① 《船山全集》,《读四书大全说》,卷十。
② 《船山全集》,《读四书大全说》,卷十。

既以"心"为"天"之所生,则"心"之一切"良能"皆不应有背乎天之理之可能;否则,"天"依其"理"而生一"背理"者,岂可通乎?船山因不能不承认人有善恶,又不能不认定人须有某种努力方能有如理之活动,故屡言"人之道",但何以在"天之道"下竟有一能不合天道或天理之"人心"?则其说全承濂溪以下之病,而毫无进展补救之处。"二气五行之精"为"心",即濂溪所谓"秀而最灵"之旧说。此"精"者、"灵"者何以适为一能背"理"离"性"或不合"道"之能力?则濂溪不能解答,船山仍无解答也。

船山既认定"心"必须是"能不合理者",则自然反对"心外无理"或"理外无心"之说,此是内部理论之限定。而船山以为须如此立说方不致流入异端,则益见其不明己彼矣。

船山因辨"理外无心"一面而诉于伪古文《尚书》中"人心"及"道心"之说。其言云:

> 若其云理外无心,则舜之言曰:道心惟微,人心惟危。人心者,其能一于理哉?……孟子曰:尽其心者,知其性也。正以言心之不易尽,由有非理以干之,而舍其所当效之能,以逐于妄,则以明夫心之未即理,而奉性以治心,心乃可尽其才以养性;弃性而任心,则愈求尽之而愈将放荡无涯,以失其当尽之职矣。伊川重言尽心,而轻言知性,则其说有如此。张子曰:合性与知觉有心之名。性者,道心也;知觉者,人心也。人心道心合而为心,其不得谓之心一理也,又审矣。①

此段重在说"心"非"即理",而"奉性以治心"为必要之努力;而以"性"说"道心",以"知觉"说"人心",则所谓人心道心合而为"心",亦即是说"心"是"合性与知觉",即横渠之意。其中评伊川语亦不可解,伊川

---

① 《船山全集》,《读四书大全说》,卷十。

未尝"轻言知性"也。然此类问题不及多辩,所应切实追究者,仍在于何以"心"有"知觉"便可能离开"性"与"理"? 此则船山所不能答者也。

倘退一步为船山作解,则可说,船山此种论及"善恶"及"心"之不必然合"理",或不必然能"奉性"之说,若与其所坚持之"天道"观念连为一体而观之,则此中有绝不可解之内在矛盾(即可称为"paradox")。船山总欲凭空分别"人道"与"天道"以推开此问题,实则,若凭空认定"天道"外另有"人道",则是将"人"置于"天道"运行之范围外,全违其立"天道"之本意,且在理论上全不可通也。若欲使"人道"之说成为可通,则必须立一"自我"观念或"自由意志"观念,或"主体性"观念,以使"心"之能离"性"成为可解,但如此立论,"天道观"一面必须作理论上之退让。盖"自由意志"或"主体性"诸义,皆不能与"被决定"义相容;立此种观念时,即不可再以"天道"为实际决定一切者矣。

船山亦实觉察到言"人道"时,必须有"自我"观念之设定。故在《思问录》中云:

> 我者,大公之理所凝也。吾为之子,故事父。父子且然,况其他乎? 故曰:万物皆备于我。有我之非私,审矣。……无我者,为功名势位而言也,圣人处物之大用也。于居德之体而言无我,则义不立而道迷。①

又云:

> 性之理者,吾性之理,即天地万物之理;论其所自受,因天因物,而仁义礼智浑然大公,不容以我私之也。性之德者,吾既得之于天

---

① 《船山全集》,《思问录》,内篇。

> 而人道立,斯以统天而首出万物;论其所既受,既在我矣,惟当体之知能为不妄,而知仁勇之性情功效效乎志以为撰,必实有我以受天地万物之归。无我,则无所凝矣。①

案此皆船山强调"自我"观念为说"人道"所必需之明证。"于居德之体",不可说"无我",俨然有肯定"道德主体"之意;然后引一段分"性之理"与"性之德"时,对"天道"之"必然"与"主体"之"自由"二领域何以能并立不碍,仍无交代。盖此中根本理论问题,在船山全未察觉也。

关于船山讨论人之才性等其他意见,本书不拟备述,以上所论,已足初步表明船山对善恶问题之基本理论。亦可说船山之道德哲学,大旨如是。但如此,尚有一点应述及者,则是船山对"习"观念之重视。

船山极重视"习与性成"之说,又据此以说"习相远"之义;其主旨在于以"习"为道德实践层面之主要观念。于是又有所谓"后天之性"之说。而其所谓"后天",则大致指"外物"而言。此亦可视为船山对"心"之不能"奉性"时,所作之具体解释。《读四书大全说》云:

> 凡不善者,皆非固不善也。其为不善者,则只是物交相引不相值而不审于出耳。惟然,故好勇、好货、好色,即是天德天道之见端;而恻隐、羞恶、辞让、是非,苟其但缘物动而不缘性动,则亦成其不善也。②

案此原是释孟子论性善及四端之语。此处先以"缘物"与"缘性"作对分,遂引至"内"及"外"之分,而终于有"后天之性"之说出。其下文云:

---

① 《船山全集》,《思问录》,内篇。
② 《船山全集》,《读四书大全说》,卷八。

> 自内生者善,内生者,天也,天在己者也,君子所性也。自外生者不善,外生者,物来取而我不知也,天所无也,非己之所欲所为也。故好货好色不足以为不善,货色进前,目淫不审而欲猎之,斯不善也。物摇气而气乃摇志,则气不守中而志不持气,此非气之过也。气亦善也;其所以善者,气亦天也。孟子性善之旨,尽于此矣。①

案如此释孟子,全失心性论之本旨。姑不具论。船山总以为"气"是"善",因"气亦天也",而欲以"内""外"说"善"与"不善"之分,则语意极欠明确。盖所谓"外"者,亦不能不出于"天",则何故有此正负之分,仍不得解也。但船山所强调者,似只是"心"之主动与被动之别,故以为"自外生者","非己之所欲所为",意即指"心"之处于"被动状态"也。以"心"之逐外物或逐物欲为"被动",则此将引向"真我"与"形躯生命之我"间之分划,又为船山所难接受者,故船山亦不能再顺此理路以穷究深辨,而但由此转向"习"观念。其下文云:

> 唯物欲之交,或浅或深,不但圣狂之迥异;即在众人等夷之中,亦有不同者。则不得谓由中发者皆一致,然孔子固曰:习相远也。人之无感而思不善者,亦必非其所未习者也。而习者亦以外物为习也。习于外而生于中,故曰:习与性成。此后天之性所以有不善,故言气禀不如言后天之得也。②

由此,船山进而有"气禀与物相授受之交"之说。

其言云:

> 后天之性,亦何得有不善,习与性成之谓也。先天之性天成之,后天之性习成之也。乃习之所以能成乎不善者,物也。夫物亦何不

---

① 《船山全集》,《读四书大全说》,卷八。
② 《船山全集》,《读四书大全说》,卷八。

> 善之有哉？取物而后受其蔽。此程子之所以归咎于气禀也。虽然，气禀亦何不善之有哉？然而不善之所从来，必有所自起，则在气禀与物相授受之交也。①

此段表面上似是层层追问，思辨甚密，实则其断语所谓"授受之交"，又将此道德问题用描述语言说之，其病如故也。何谓"授受之交"？船山之答覆则取《易经》之"时位"观念说之；其言云：

> 气禀能往，往非不善也；物能来，来非不善也。而一往一来之间，有其地焉，有其时焉；化之相与往来者，不能恒当其时与地，于是而有不当之物，物不当而往来者发不及收，则不善生矣。②

此以"时""地"言"化"因"时地"之某种不相应，因而乃有"不当"之物及"不善"之运行。此所谓"地"，即与《易》所谓"位"相当。此处对"不善"仍只有一形式义之解释，盖仍未能确说"时地"或"时位"为何即生出"不当"之问题也。其下即由此说"习"云：

> 故六画皆阳，不害为乾；六画皆阴，不害为坤；乃至孤阳畸阴陵蹂杂乱，而皆不害也。其凶咎晦吝者，位也。乘乎不得已之动，而所值之位不能合符而相与于正，于是来者成蔽，往者成逆，而不善之习成矣。业已成乎习，则熏染以成固有，虽莫之感而私意私欲且发矣。夫阴阳之位有定，变合之几无定，岂非天哉？惟其天而猝不与人之当位者相值，是以得位而中乎道鲜。故圣人之乘天行地者，知所取舍，以应乎位，其功大焉。③

案船山由前面设定之"时位"观念，而说时位"不当"之"动"，遂有"不善"，可知此所谓"时位"之"不当"，只能就"动"说，而不是就在"动"之

---

① 《船山全集》，《读四书大全说》，卷八。
② 《船山全集》，《读四书大全说》，卷八。
③ 《船山全集》，《读四书大全说》，卷八。

存有本身说。"动"可有"不善",由此成"习";船山此处用"熏染以成固有"一语,显然取佛教唯识一支之种子受熏观念,观《相宗络索》中船山对"熏习"及"染"观念之陈说,可知船山自己之"习"观念实大受此种佛教理论之影响也。

由"动"有"不当"之可能,以说"不善"或"恶"所自起,是船山释"善恶"问题之最确定之意见。而"不当"之"动"即"不得位"之"动",故以下又再分先天后天而说之云:

> 先天之动,亦有得位,有不得位者,化之无心而莫齐也;然得位则秀以灵,而为人矣,不得位则禽兽草木有性无性之类蕃矣。既为人焉,固无不得位而善者也。后天之动,有得位,有不得位,亦化之无心而莫齐也,得位则物不害习而习不害性,不得位则物以移习于恶,而习以成性于不善矣。此非吾形色之咎也,亦非物形物色之咎也,咎在吾之形色与物之形色往来相遇之几也。天地无不善之物,而物有不善之几。物亦非必有不善之几,吾之动几有不善于物之几。吾之动几亦非有不善之几,物之来几与吾之往几不相应以其正,而不善之几以成。①

案就船山自己之说法讲,此段之补充诚极重要。盖如此分言先后天各有"得位或不得位"之问题,然后,所谓"阴阳变合之差"及"气禀与物相授受之交"等说,方有确定所指。而所谓"物之来几"与"吾之往几"间可有"不相应以其正"之问题,因而有人之"不善"(与天道因"阴阳变合之差"而有"不得位"之"化",分为两层,即通常所谓"人道"与"天道"之别也),则是其道德工夫理论之基础断定;故其言即可顺此言成圣工夫之大意云:

---

① 《船山全集》,《读四书大全说》,卷八。

> 故唯圣人为能知几,知几则审位,审位则内有以尽吾形吾色之才,而外有以正物形物色之命;因天地自然之化,无不可以得吾心顺受之正,如是而后知天命之性无不善,吾形色之性无不善,即吾取夫物而相习以成后天之性者,亦无不善矣。①

案此段原是释《孟子》"性善说"之文,故最后归于言成圣则"习"以及"后天之性"亦"无不善",但此自是指工夫境界之究竟讲,学者不可误会,以为"后天之性"在船山眼中亦本无"不善";否则,即全不见船山论旨矣。

以上就船山论"习"、论"后天之性"何以有"不善"之语,而进至分先后天之"动"。通过"不得位"一观念,以见一切"不善"之所自起。可说是船山论"善恶"问题诸说之提要。配以前文所述,可看出船山此一部分理论之大旨。兹当稍作评论,以结束本节。

船山之解释"善恶",关键全在两断定上:

第一,以阴阳二气本身之运行而化生万有,为天道之运行,即说为"善"。

第二,以"运行"之"不得位"为"不善"所自起。此"不得位"之义又可以分"先天"与"后天",或"在天"与"在人",或"天道"与"人道"说。总之,"不善"本身非存有,而是"运行"之某种状态所生。

若只就船山不认为"存有"本身可是"恶"或"不善"讲,则船山此处原可触及价值论及道德哲学中一重要观念;然船山不知在任何说"善恶"之语言中,此正反二义必在同一意义领域成立;因之,如说"恶"非"存有",或非"存有"自身之性质,则"善"亦不能不如此。换言之,若"恶"或"不善"只能就运行说,则"善"亦只能就运行说。此是一必然之理,否则此种语言即无由成为有效语言也。

---

① 《船山全集》,《读四书大全说》,卷八。

以上乃一般之评论，试再进而就船山理论之特殊内容检查，则此中之理论问题更为明显。

即以"不得位"而论，船山先以阴阳二气之相继而生化为"善"，然后说，此种运行过程中有某种状态为"不得位"，因之生出"不善"。然则，何以此所谓"不得位"之状态应称为"不善"乎？若"善"之意义只依天道或阴阳之运行而立，则无论如何运行，皆不可能成为"不善"；盖所谓"得位"或"不得位"，乃就运行（"化"或"动"）之下再作次分，此处不能另多出一规范运行之标准，而依之以说"运行"如此为"得位"，乃"应有"；如彼为"不得位"，乃"不应有"。盖就运行作任何次分，不过可立一描述语，此描述语本身不能有规范作用也。故若"善"即是"阴阳相继"之运行，则取描述义之语言，虽可再分此种运行为两种或多种，总仍是运行，总不能生出一"不善"之意义。盖"运行"本身是"善"之意义之依据，若说"不善"，则必须在此"运行"之外或反面说，不能在内部作次分而得此种意义也。

即以天之生"人"及生"物"讲，船山以为"化"得位则生"人"，不得位则生"物"，以生"物"为"阴阳变合之差"，此"差"字本身即成为问题关键。盖在阴阳运行之"化"说，生人生物，不过是两种状态，皆是"化"；倘此处加上"得位"与"不得位"而描述之，则此一对词语本身亦不能表价值之正反。因代表正之"善"本即由"化"而获得意义；今又说"化"有"不好"或"不应有"者，则此种"不好"或"不应有"之意义，必须于"化"之外建立；就"化"本身论之，得位或不得位，皆是"化"，皆是阴阳相继之运行，亦皆是天道之运行，无由说其"不合天道"，或"不得正"也。

此仍是"天道观"之内在困难之另一次表现。学者倘于此再作深思，即可从船山学说之困难中再度看出"天道观"何以会转向"本性论"及"心性论"。试承上文说之。如说天道或阴阳之运行，本"应"如此如此（得位），但实际上可以不如此（不得位）。则显然此处须将"得位"视为一规范或"理"，而此"理"又必须说为"阴阳运行"本来之"理"——不然便须在此外另立规范，即须说"天道"服从另一规范，则"天道"之意义全失。由此再推一步，即必须说"阴阳运行"原有其"本性"——即其"理"，但实际运行有"阴阳变合之差"，故即不能完全实现其"本性"或"理"；此即"理"与"事"之二界域之分，正"本性论"之基本设定也。而此处之"差"字，正标示"事"与"理"二界之不合一；然此种"不合一"却与"天道观"不相容，因"天道观"之特色正在于将世界视作"天道"所生，因此，"理外无事"，"事外无理"也。

倘恃"事""理"分界之说，而立"本性即理"之断定，则"善恶"问题即全收入"本性之实现"问题说。此处"实现"与"未实现"分别指向"善"与"恶"之意义，可避免前述之语言困难。此种"本性论"模型之哲学，在中国哲学史上，即以伊川、朱熹之说为代表，所谓"程朱之学"是也。程朱之学自另有困难，此处不及备论。所应在此处指出者，是船山解释"善恶"之说，表面上与程朱不同，实则须预认"本性论"之基本断定然后方成为可通也。

"善恶"问题，原属道德哲学，非属形上学者。孟子以来，言性言心，总是欲建立一道德语言。船山原以《易经》为所宗，而不知《易》作为卜筮之书，原假定常识意义之吉凶善恶之分；因此，释《易》之理论转入某种形上学时，亦常未反省及"善恶"本身之意义如何成立之问题；盖依《易经》中之常识层之态度看，此问题从未出现也。由此，船山虽亦知言"人道"则必须认定有"自我"或"自由意志"，但因循《易经》传统而运思立说，始终不知离开"道德之二元性"（ethical duality），则无法谈道德生活，而"道德之二元性"之唯一归宿只在此"自由意志"观念上；由此，其所谓"得位"或"合乎正"等说法，皆对"善恶"之可能全无解释效力，而船山自己亦从未能面对此问题也。

评船山道德理论至此,有一应加注意之理论问题应顺便稍说数语。凡由"万有"在存有义上之"根源"推向道德问题之理论或说法,皆常须面对一颇为怪异之问题。此即万有之根源既是决定一切者,则"人"之有"自由"(意志自由或主体自由)是否亦是"被决定为如此"。始于希伯来而盛于欧洲之基督教义,立"神"为创世者,则万有(包括"人")皆为神所生出;落在道德生活上,人必须视为能负行为责任者,因之即为具有"自由意志"者,但"人"既为"神"所造,则"人"之"自由"似亦由"神"所决定。此遂道生一"被决定之自由"之怪异观念矣。言"天道"时,"天道"生万有,而万有中之"人"至少是可能违"天道"者,则说"人"之此种能力不由"天道"而生既不可,若说由"天道"而生,则又生出类似之怪异观念。船山欲就运行上分"善恶",以为万有本身皆表"天道"之"善",而其运行(或"动")可有"不善",实则"运行"(不论就"阴阳"或人物说)亦是其体性之显现。毕竟"天道"所生之万有,何以能在运行中违离天道,仍属不可解也。且船山以为阴阳之相继运行,即是"道",而又说此种运行自身有"变合之差",则似说"天道"本身可以有不"正"之运行,倘如此则除非完全取消以"天道"说"善"之根源之基本立场,否则一面说"天道"无"不善",另一面又说"天道"之运行可有"差",可有"不善",分明自身不能成立。如必欲循此以求出路,则势必将分"天道自身"与"天道之实际运行"为二,此即上文所说转向"本性论"模型也。

倘以此中困难与基督教义中言"神人关系"之困难相比,则又可触进更深一层之哲学问题。此即基督教之"神"本身乃有意志之主体,故对此类困难,又可通过"神"之自由意志以求种种解释,而"天道"之运行,则如船山所说是"化之无心而不齐",因此不能有此方便。故基督教之"神"在严格理性观的反省下,可化为一"绝对主体性";此虽离其教义,但在哲学上可成为一出路。而在"天道观"本身言,则不能直接如此转化,而必须另立一模型以收摄"天道观"本身所处理之问题,此模型必须以"主体性"为第一义,换言之,即立"心"以统天是也。此又可通至中国哲学史上之"心性论"矣。

以上因评船山而重论"天道观"之内在困难,及其与"本性论""心性论"间之理论分合线索,大意实与总论宋明儒学一段之说法相同。因船山之学说易使人生误解,故在此重说此类根本理论问题,学者若对此类根本问题实有所见,则船山之得失即不难评定。

船山之学原为"天道观"下之一支,其立论敷陈虽繁,大旨不外《易传》与横渠之观念,故其病亦可由其根本模型看出。此种种观念原非创自船山,学者不可以为船山真能为"六经"开"生面"也。然除形上理论及道德理论外,船山之政治思想及对历史之看法,则又颇有异于前人者。以下再述其大略。

(四)船山之政治思想

昔人以顾黄王并称,每误以为三人学虽有异,而政治思想则相近;实则,除崇古一点以外,在政治思想上,船山有与亭林、梨洲大不相同者。兹以《黄书》为主要资料,一述船山思想之要点,并以其史论参证之。

船山政治思想最显著之特色有三:

(1)民族主义之倾向。

(2)传统主义之倾向。

(3)对"权力均衡"及"社会平等"之反对。

此三者以后二点最常为人所忽略。下文当析论之。

1. 船山之民族主义

人之关心民族之独立,本是情理之常;明末儒者因中国为异族所统治,对民族之不幸尤皆有痛切之感,故若一般言之,则明末清初不甘臣服于异族之知识分子,皆持某种民族主义之立场,非独船山为然。但若就船山谈民族问题之理论看,则又另有其特色。此即以其形上学观念为基础而将所谓"夷夏之辨"视为一恒常之理是也。

《黄书》第一章以"原极"为题,即将万物之殊异视为一形上之必然,以作为其屏拒异族之根据。其言云:

> 夫观初始于天地者,岂不大哉?洋洋乎金以铣之,木以干之,土以敦之,火炟风挠水裹以烝化之,彼滋此孕以繁之,脉脉门门泮涣抟翕以离合之,故盛德行于无疆而不知其届也。然而清其族,绝其畛,建其位,各归其屏者,则函舆之功所以为虑至防以切,是故山禽趾疏,泽禽趾幂,乘禽力横,耕禽力纵,水耕宜南,霜耕宜北;是非忍于其泮散而使析其大宗也,亦势之不能相救而绝其祸也。①

案此先以其形上观念及宇宙论观念说"天地"之生万物,必有殊别性,有殊别性即当有某种隔离而不可乱;由是,必提出"畛""绝"与"三维"诸观念。其言云:

> 是故圣人审物之皆然而自畛其类,尸天下而为之君长,区其灵冥,湔其疑似,乘其蛊坏,峻其墉廓,所以绝其祸而使之相救,故曰圣人与天地合德者,岂虚获哉!夫人之于物,阴阳均也,食息均也,而不能绝乎物;华夏(二字旧缺)之于夷狄(二字旧缺),骸窍均也,聚析均也,而不能绝乎夷狄(二字旧缺);所以然者何也?人不自畛以绝物,则天维裂矣;华夏(二字旧缺)不自畛以绝夷(此字旧缺),则地维裂矣。天地制人以畛,人不能自畛以绝其党,则人维裂矣。是故三维者,三极之大司也。②

案此所谓"三维",即指人与禽兽之分、华夏与夷狄之分、君子与小人

---

① 《船山全集》,《黄书》,《原极第一》。
② 《船山全集》,《黄书》,《原极第一》。又案此中缺字皆因避清廷之忌讳而故缺者,兹按文意并参考他处未缺之文而补之。

之分也。此三种分别，船山在其史论中亦屡屡言之，故其旨甚明。然其理论效力大可怀疑。此处暂不详论，但视船山此类言论代表其强调民族观念之立场即可不失其意。船山以为"天道"即必然使此种殊别性常存，故人亦应坚保此种殊别而"自畛"，而"绝"物、夷狄及小人。而此中最强调者又为绝夷狄一项，且以为此即孔子作《春秋》所持之态度。故云：

> ……作《春秋》，明王道，内中夏，外夷狄；疑号者正其辜而终徕之，外会者斥其贱而等摈之。①

此盖承释《春秋》之旧说而为"夷夏之辨"寻传统根据。依此则不使异族侵入是第一大事，朝代之兴亡转不重要。故后文又云：

> ……故圣人先号百姓而示之以独贵，保其所贵，匡其终乱，施于孙子，须于后圣；可禅可继可革，而不可使异（此字旧缺）类间之。②

此即直谓摈拒外族是恒常之理。朝代改易，政权移换，则非所必争也。船山此说，似属前人罕言者。以民族之独立为重，而以政权之掌有为轻，原亦是正大之论。但此处须注意者是，船山之强调民族独立，并非以"民族平等"之观念为基础，而实以民族之"优劣"分别为假定；换言之，即以自己之民族为"独贵"者，而视其他民族为"贱"，故将"华夏"与"夷狄"之关系比于"人"与"物"（案指禽兽言）之关系、"君子"与"小人"之关系也。此点在理论上自有大病，然船山确持此立场以讲其民族观念，则后世亦不能强为之讳饰也。

《黄书》他篇亦多发挥上述之论旨。如《古仪第二》，谓"天命去留，即彼舍此之际，无庸置心，要以衣冠舄带之伦自相统役……"云

---

① 《船山全集》，《黄书》，《原极第一》。
② 《船山全集》，《黄书》，《原极第一》。

云,即发挥拒异族为重,易朝代为轻之意也。① 其下又论秦废封建为不当,唐之府兵制乃速亡之法,以及宋之削节镇,乃亡于异族之主因等等,皆反对中央集权之说。而其所以反对中央集权者,又因认为地方无权则不足以御异族,故船山所谓"孤秦陋宋"之说,仍只是其民族主义思想之注脚而已。倘从政治理论观点看,则中央集权亦可有种种形式,未必即不利于御外侮,然此则是另一问题。船山论政之见,客观上大半不能成立;今述其说原只以了解船山思想为目的,非主张接受其说也。

《黄书》中其他类似之言论,不再赘引。兹再引船山史论方面之资料,以作参证。

船山史论以《读通鉴论》《宋论》为主要著作。此外其《噩梦》一卷,六十四岁所作,内容以评明政之弊为主;虽在体裁上与二论稍异,实质上亦属史论一类。船山之史论,通常人视之为其"历史哲学",究竟船山是否有所谓"历史哲学",或在何意义上可说为有,留俟下节论船山之"史论及史观"时再作评析。本节则专取其中有关政治思想之言论,以助学者对船山所持"民族主义"与"传统主义"之了解。

就"民族主义"而言,则船山在史论中虽广论前史之得失,而其主要论点大半即以"夷夏之防"为主。凡能拒外族者,皆赞许之,凡引进外族者,皆痛斥之。兹举数例如下:

第一,《读通鉴论》中对东晋以后之篡位成风,固深加叹恨,然于刘裕之不待朝命,自伐南燕,则以为合于"《春秋》之义"。其言云:

> 有一人之正义,有一时之大义,有古今之通义。轻重之衡,公私之辨,三者不可不察也。②

---

① 《船山全集》,《黄书》,《古仪第二》。
② 《船山全集》,《读通鉴论》,卷十四。

案船山先立此三种"义"之观念,而即以"夷夏之防"为"古今之通义",高于君臣之义等其他价值标准。故下文云:

> 为天下所共奉之君,君令而臣共,义也。而夷夏(两字旧缺)者,义之尤严者也。五帝三王,劳其神明,殚其智勇,为天分气,为地分理,以绝夷于夏,即以绝禽于人,万世守之而不可易,义之确乎不拔而无可徙者也。《春秋》者,精义以立极者也。诸侯不奉王命而擅兴师则贬之。齐桓公次陉之师,晋文公城濮之战,非奉王命,则序其绩而予之。乃至楚子伐陆浑之戎,犹书爵以进之。郑伯奉惠王之命抚以从楚,则书逃归以贱之,不以一时之君臣,废古今夷夏之通义也。①

以上点明"夷夏"乃古今之通义,而以为是《春秋》所肯定之标准,此通义高于"君臣之义",于是其下乃论刘裕云:

> 刘裕抗表以伐南燕。南燕,鲜卑也。慕容氏世载凶德以乱中夏,晋之君臣弗能问,而裕始有事。暗主不足与谋,具臣不足与议,裕无所可奉也。论者亦援温以责裕,一时之义伸而古今之义屈矣。如裕者,以《春秋》之义予之可也。②

盖刘裕不顾晋室之主张而自伐南燕,后世比之于桓温;船山则力辩刘裕伐鲜卑,乃合于《春秋》夷夏之义者,认为不可持"君臣之义"之标准而责之。其特别重视"夷夏之防",可以见矣。

前文曾指出船山"三维"之说,对应于"人禽"之分、"夷夏"之分、"君子与小人"之分;前二者在《黄书》中论之甚明,关于"君子与小人"之分与"夷夏之分"并论之资料,则在史论中较为详明。船山于《读通

---

① 《船山全集》,《读通鉴论》,卷十四。
② 《船山全集》,《读通鉴论》,卷十四。

鉴论》中评苻坚之抑商贾云：

> 天下之大防二，华夏夷狄（四字旧缺）也，君子小人也。非本末有别，而先王强为之防也。夷狄之与华夏，所生异地；其地异，其气异矣；气异而习异，习异而所知所行蔑不异焉。乃于其中亦自有其贵贱焉。特地界分，天气殊，而不可乱，乱则人极毁。华夏之生民亦受其吞噬而憔悴。防之于早，所以定人极而保人之生，因乎天也。君子之与小人，所生异种，其质异也；质异而习异，习异而所知所行蔑不异焉。乃于其中自有其巧拙焉。特所产殊类，所尚殊方，而不可乱，乱则人理悖。贫弱之民亦受其吞噬而憔悴。防之于滥，所以存人理而裕人之生，因乎天也。①

案此段最足代表船山分"夷夏"及"君子小人"之观点。船山以为不同之民族由于"地异"而"气异"，因之一切所知所行皆异，此就民族文化风俗之不同，固非不可说；然船山即据此而推出一"防"观念，认为各民族间无所谓文化交流，亦无所谓共同理想，则其见至陋，绝不能与人类文化之进展相配合矣。船山又以为"君子"与"小人"亦属"所生异种"，则直将君子小人皆视为天生不同之两种人，此又大悖于儒学之教化观念。而此二种分法又以"因乎天"一语作为总依据，可知船山固以其形上学及宇宙论之构想为基础，而造成此种极端封闭之思想。就前者言，乃成为民族间彼此永远隔绝之主张；就后世言，则成为将人分为先天等级之主张。二者皆不仅在理论上为荒谬之见，且落在历史之实际上看，亦皆属不可通、不可持之陋说也。此处尚有应再说明者，即船山所谓"君子"与"小人"，又似竟据职业以划分之。上引文中即云：

---

① 《船山全集》，《读通鉴论》，卷十四。

> 小人之巧拙，自以类分。拙者安拙而以自困，巧者炫巧而以贼人。拙者，农圃也，自困而害未及人者也。……商贾者，于小人之类为巧，而蔑人之性、贼人之生为已亟者也。[①]

依此，则所谓"小人"者即农商，农圃商贾为何不能在德行上作"君子"？船山未作说明。其意似直以农商二职业为人所不应从事者。然则，一社会中无农无商，谁从事于生产？一毫无生产之社会如何能存在？此理固不待辩也。

案"小人"一词，在先秦原有指"平民"之义，故孟子说"大人之事""小人之事"时，乃就社会分工言；然在此类语脉中，即不含价值判断。孟子固认为"大人"乃"劳心"而领导社会（"治天下"）者，但并非认为作农工乃一坏事。此与其他语脉中以德行高低或正负言"君子"与"小人"者不同，盖孔孟时此两词正衍分为两种词义，故《论》《孟》中言"君子"与"小人"之文，常有不同意涵。后世则日偏重于德行义，故"小人"乃成为一恶名。船山则有意混乱两种词义，一面就职业说，而将农商皆视为"小人"，另一面即将价值判断牵入；于是，农商似不仅在职业上为"小人"，且在德行上亦是"小人"。此种偏执之论断，实船山之大病，论述其学说者无法强为之辩也。

船山在同段中，又谓商贾之"气"与"质"皆与"夷狄"相取相得云云。其说愈不可通。然其意盖谓"小人"易亲"夷狄"，于是其论旨又回至"夷夏之防"上，故此段仍可作为了解船山之"民族主义"之资料也。

船山以明末遗民，痛心时事，故在情绪上最反对外族；实则反对外族之侵略及统治，固是正理；然若因此而构造一虚妄之说，以为一切民族间无文化交流之必要，甚至以为一切外族皆属"贱"种，则是一

[①]《船山全集》，《读通鉴论》，卷十四。

思想上之大锢蔽。而船山之"民族主义"思想,正得此结局。实为可叹。

船山心目中外族之统治即代表文化之亡,于《宋论》中特别强调此意,盖宋亦亡于外族者也。船山在《宋论》卷十五之末曾谓:

> 汉唐之亡,皆自亡也。宋亡则举黄帝尧舜以来道法相传之天下而亡之也。①

此即指文化传统之亡而言;其下则探究其衰亡之故,总以为宋之削藩镇乃亡于外族之主因;此点得失如何,未易有定论。然船山对民族间之优劣形势问题,仅以此一措施作为唯一之因素,则不免皮相之讥;盖就国际政治而言,强弱成败,因素甚多,绝不能如此简单。船山之所以持此论调,则又与船山在基本政治思想上主张"封建"之古制有关。至此,乃可转入下节对其"传统主义倾向"之讨论。

2. 船山之传统主义

在析论船山之"传统主义"倾向前,有数点应先作说明。

首先应说明者,就哲学思想而言,船山原有某一意义之"发展观"。自表面言之,持"发展观"者似不应同时倾向于"传统主义"。然若依此以论船山思想,则必失实,盖船山之"发展观"只在一定理论层面上成立,而另有一套视为不变之肯定,立于上一层面;而此一层面上之肯定,即正以船山眼中之文化传统为内容,故虽有"发展观",未曾放弃"传统主义"也。

其次,船山一面持"发展观",另一面持"传统主义";若只就一般意义看,则此种立"常"与"变"两面之思路,原属大多数哲学理论之共同点。但欲解船山而不失实,则必须进一步对其所肯定之"常"与

---

① 《船山全集》,《宋论》,卷十五。

"变"之确定意义作一了解,然后方能定其主从。故徒取船山一二语为据,以为船山只重视历史之发展演变,正与忽略船山有"发展观"同为未确也。

最后,如专就政治思想而论,则由于船山强调"气"与"质"之殊异性,故不唯不同民族间由其"气"之不同,而须互相隔绝,且就一民族而论,其"气"既定,则在政治传统上似亦有一"定格"为其"气"所涵。故在此意义下,"常"观念之力量遂远高于其"变"观念,而"发展观"只能成为"传统主义"之附庸矣。

由于中国传统史学,原以政治史为主,故船山论史之见解与其政治思想亦常互通。兹论其"传统主义"一面,虽就政治思想而言,实亦可通至船山论史之基本观点。船山既由于强调"气"之特殊性,则在政治与历史两面,皆不能不持"传统主义",亦显而易见者。以下先略引船山论"变"与"常",及其他涉及发展观之说,再观有关其"传统主义"之资料。

船山论"变"与"常"之说,以《俟解》中一段言论最为重要。此段就庄子"参万岁而一成纯"一语发挥,其言云:

> 庄生云,参万岁而一成纯。言万岁亦荒远矣,虽圣人有所不知,而何以参之?乃数千年以内见闻不及者,天运之变,物理之不齐,升降污隆治乱之数,质文风尚之殊,自当参其变而知其常,以立一成纯之局,而酌所以自处者;历乎无穷之险阻,而皆不丧其所依,则不为世所颠倒而可与立矣。①

案此谓一切事象虽变,然人当"参其变而知其常",以立"自处"之道。然此所谓"常"者,又非指历史演进之某种规律,而是指"变"之外之

---

① 《船山全集》,《俟解》。

"不变";故下文先举不同之历史环境及不同之遭遇作为"变",而认为人自另有所持以应此无穷之变而不随此万变而流转。其言云:

> 使我而生乎三代,将何如?使我而生乎汉唐宋之盛,将何如?使我而生乎秦隋,将何如?使我而生乎南北朝五代,将何如?使我而生乎契丹金元之世,将何如?则我生乎今日而将何如?岂在彼在此遂可沉与俱沉,浮与俱浮耶?参之而成纯之一,审矣。极吾一生数十年之内,使我而为王侯卿相,将何如?使我而饥寒不能免,将何如?使我而蹈乎刀锯鼎镬之下,将何如?使我而名满天下功盖当世,将何如?使我而槁项黄馘没没以死于绳枢瓮牖之中,将何如?使我不劳不辱,终天年于闾巷田畴,将何如?岂如此如彼遂可骄可移可屈邪?参之而成纯之一,又审矣。变者,岁也;不变者,一也。变者,用也;不变者,体也。岁之寒暄晴雨异,而天之左旋、七曜之右转也一。手所持之物、足所履之地,或动或止异,而手之可以持、足之可以行也一。唯其一也,是以可参于万世。①

案船山意谓历史环境虽不同,人亦不能随外境而浮沉,一生遭遇虽有万变,人亦不能失其持守。以"变"为用,以"不变"为体,即持常以应变之意。此非言"变"中之"常",而言"应变"之"常",故不可误以为船山意指某种"历史规律"。船山之"常"本非此意也。

只言"应变"之"常",故"常"在变之外,而"变"之领域自当限于某一层面。此层面毕竟何指,乃首先须作决定者。此点在旧日作解者每多误会,盖船山说及"变"时,每每喜作泛辞,如《宋论》中议文天祥不应乞和云:

> 时异而势异,势异而理亦异。②

---

① 《船山全集》,《俟解》。
② 《船山全集》,《宋论》,卷十五,恭宗端宗祥兴帝一段。

此似泛说"势"与"理"皆可变矣。又如《续春秋左氏传博议》评昭公七年士文伯论日食,而云:

有即事以穷理,无立理以限事。①

此又似说"事"之"变"不可以"理"限之矣。此类话头,常为人所引用,以证船山之重视历史发展,乍观之亦似不谬。然若细审其所指,则可知此类表示"发展观"之说法,虽在表面上似肯定"事""势",甚至"理"之"变",实则此所谓"变"只在极小范围中成立。即就以上两段常为人引用之言,细察其意,亦可知其肯定之"变",仅在具体行动或事象一层面,既未触及政治生活之基本规范问题,亦未能进入制度内部之观念基础问题。如《宋论》言"势异而理亦异"一段,不过谓南宋朝廷乞和为无益,不能仿勾践之事吴,因时势有异而已。此处所谓"理"不过指"忍辱求和"一具体行动是否得当,因此种行动有时可取,有时不可取,故说"理异",非真涉及价值规范自身之演变发展也。又如所谓"无立理以限事"之语,其实际所指,不过谓天象自有其"物理",人不应执"人定胜天"之理,而欲强限"日食之理";此则涉及经验知识与自觉意志活动之范围问题,其言固自有可取之处,但并非谓"理"本身亦在"变"中也。学者对船山此类言论之原意,若能一一以严格态度了解之,则可知通常以为船山重视历史文化之发展,乃一朦胧观念。船山思想基本上重点在于"常"之肯定,所谓"变"乃置于二三序以下之观念。而落在政治及历史观点看,则其"常"观念即在"传统"上落实,生出对传统之种种肯定或坚持;至所谓"变"观念则不过立于具体行动或事象层面上。是故船山之"传统主义",就其本身思想讲,原属其形上思想之理论产物,不足为怪;世人过度强调其"发展观",方生出

---

① 《船山全集》,《续春秋左氏传博议》,卷下,"士文伯论日食"条。

种种疑问也。

船山之"变"观念与"常"观念,大意已如上说。兹即一论船山政治思想中代表其"传统主义"之言论主张。

展示船山之"传统主义",最简易之入手处,应是对其批评历史政治之意见作直接观察。盖一人对历史得失之批评中,在何种层面上言其"失",即可确定显出其接受及反对传统之限度何在也。船山生当明末衰乱之世,其论政论史自多兴亡之感;然其论往史之"失"时,从未致疑于中国政治制度基本上之有缺陷,亦未深究君主制度内部结构有无问题,但就特殊行动立论。因此,船山虽抨击"孤秦陋宋",又痛论明代政治之弊,然始终未反省中国传统政治之基本问题;观其种种言论,亦实未尝发觉有此一层面之问题。甚至,就君主政治制度内部而言,船山所屡屡言及者,仍限于君相之德行及识见问题,从未议及此种制度之结构。盖船山基本上对此二层面上之"传统",皆不作反省观察而接受;此种接受传统之态度,即本节所言之"传统主义"也。

以下举其要者为例以表明此点。

首先,就"君权"而论,船山不唯对"君权"之成立从未有所疑,且以为君主乃必要者。《读通鉴论》卷十九论隋唐之统一时,即云:

> 圣人之大宝曰位,非但承天以理民之谓也。天下之民非特此而无以生。圣人之所甚贵者,民之生也。故曰大宝也。①

此所谓民必恃有"君"方能"生"也。其下续说隋炀帝末年天下之乱,使民无以为生,而极言民之需要有帝王。其言云:

> 至大业十二年,而后林士弘始称帝于江南。窦建德、李密踵之,

---

① 《船山全集》,《读通鉴论》,卷十九。

> 自命为王公，署官僚，置守令，虽胥盗也，民且依之以延喘息。而将采既刘，萌蘖稍息，唐乃起而收之；人始知得主之为安，而天下以渐而定矣。①

依此而言，人民必须"得主"方能安其生；纵使盗贼僭称帝王，亦胜于无帝王。于是最后再加发挥云：

> 宝也者，保也，人之所自保也。天下有道，保以其德；天下无道，保以其名。故陈胜起而六王立，汉室沦而孙曹僭，祸自为之衰减。人不可一日而无君。天佑下民，作之君，作之师。伪者愈于无，况崛起于厌乱之余以乂安四海者哉！②

明说"人不可一日而无君"，更引"作之君，作之师"之语，以申明"君"为必要，而"君"之领导权亦为必要。此是对君主制度全面承认其合理矣。

由于船山肯定君主制度，又主张君权，故以为权不可"下移"，否则即致危乱。此点在史论中亦屡言之。如云：

> 封建废而权下移，天子之下，至于庶人，无堂陛之差也。于是庶人可凌躐乎天子而盗贼起。③

案此是论汉末之盗贼之文，而其说乃以为"权下移"以致"庶人"可作乱，则其主张君权不可下移，固甚明显。然船山虽强调"君权"，又与韩非之只为"人主"一人设想不同；盖船山心目中常在一"治人者"与"被治者"之二分观点——即前文所言"君子"与"小人"之分，故虽尊君之权与位，仍主张"君"与"士大夫"应合为一体，但与"庶人"则应分

---

① 《船山全集》，《读通鉴论》，卷十九。
② 《船山全集》，《读通鉴论》，卷十九。
③ 《船山全集》，《读通鉴论》，卷八。

而不相混。故又云：

> 古之天子，虽极尊也，而与公侯卿大夫士受秩于天者均，故车服礼秩有所增加而无所殊异。天子之独备者，大裘玉辂、八佾宫县而已。其余且下而与大夫士同，昭其为一体也。故贵士大夫以自贵，尊士大夫以自尊；统士大夫而上有同于天子，重天之秩而国纪以昭。秦汉以下，卿士大夫车服礼秩绝于天子矣，而犹不使之绝也。举之以行，进之以言，叙之以功；时复有束帛安车之征，访之以道。上下有其大辨，君子小人有其大闲；以为居此位者，非其人而不可觊，抑且使天下徼幸之徒望崖而返。卿大夫士且有巍然不可扳跻之等，临其上以为天子者，其峻如天，而莫之敢陵。①

案此段原论桓灵之卖官，故重在说天子不应使士大夫失其尊严地位，然更应注意者则是船山作此种议论时背后所预认之观念。此即"上下有其大辨"而"君子小人有其大闲"也。此种"大辨""大闲"被船山视为一定之理，故"下"不可以干"上"，"小人"不可以乱"君子"，总之是一分人为"贵贱"两种之观念。此点在他处船山亦常言之。即如论晋宋末篡夺之风云：

> 晋宋之末，天子之易为而人思为之，其贱曾不如有道之世一命试为邑宰者，何足谓为大宝哉？……呜呼，至于此而天下犹为贵贱之等差哉？②

此所谓"贵贱之等差"，即指"君子小人"之别；一方面有天子及士大夫构成一集团，另一方面农商平民构成一集团，前者"贵"而后者"贱"也。而此种分别据船山自己说法，则又由于天生人之"质"不同而然，

---

① 《船山全集》，《读通鉴论》，卷八。
② 《船山全集》，《读通鉴论》，卷十五。

则不仅说事实如此,且说是一必然之理矣。

船山此种观点,源自汉代儒学之纲常观念;实儒学流弊之产物,大悖孔孟之旨。船山既承此种恶劣观念,遂不得不曲解孟子以合己意,盖孟子明言"民为贵""君为轻",且以为"君"如不能尽其理分则可推翻,皆与船山主张相反也。《读四书大全说》中,论及孟子此类主张时,乃云:

> 变置诸侯,必有变置之者。假令邱民得以变置之,天下岂复有纲纪?乱亦何日而息邪?孟子谓,贵戚之卿反复谏其君而不听,则易位。到易位时,固必因方伯以告之天子,而非卿之所敢擅。今此言变置者,必方伯廉察其恶,贵戚与闻其议,而实自天子制之。知此,则知孟子所云,民为贵,社稷次之,君为轻者,以天子之驭诸侯而言也。①

船山欲维持其不以"下"干"上"之说,故如此解孟子民贵君轻之语。而以为诸侯之易位仍由天子之命,则"君为轻"非指天子而言,故此段末又云:

> 故曰君为轻者,非天子之谓也。②

然孟子不只谓诸侯可"易位",且明言武王伐纣为合理,又谓"得乎丘民而为天子"。船山如此曲解,实亦不能掩盖孟子本意,适足以表现其不能上承孟子之政治智慧而已。

船山肯定君权之"传统",故说为"传统主义"。然此"传统"又非儒学内部之"传统"。实则,孔孟之立说,汉代以后多失其"传";后世之自称儒学者,亦极少代表孔孟之"学统"也。

---

① 《船山全集》,《读四书大全说》,卷十。
② 《船山全集》,《读四书大全说》,卷十。

以上已说明船山在政治思想上如何接受传统君主政治，而配以其形上学观念，作进一步之肯定。此乃船山政治思想之本来面目。学者观此亦可知船山在政治思想上实为一迷信传统之保守派人物，而对中国传统文化中此一方面之缺陷，绝无反省智慧。其说于理既不可成立，于历史文化之进展更不能配合也。

此处尚有应作补充者，即论者如偏袒船山而强为之解，谓船山尊君权乃时代所限定，不应深责，则亦难成立。因即以船山时代而言，长于船山十岁之梨洲，固已能反"家天下"，而承孟子民贵君轻之说，则不可谓船山之时代中只能有此种绝对尊君之思想。学者试取《待访录》与船山政治言论比观，则可知船山此种保守思想，固由其形上学观念生出，而非时代之必然产物也。

其次，就"人"与"法"轻重问题而论，船山始终认为"有治人，无治法"。此则可视为儒学传统观念，盖此意原始自荀子也。船山虽别"上下"及"贵贱"而反对任何程度之"民权"，然亦未尝不承认为政应重视"民"之安乐，但认为此只是在上位者之道德责任，而未触及制度问题。由此，船山在其"重民"之言论中，仍持"君子"应"作之君，作之师"以治民教民；换言之，即强调"圣君贤相"之政治理想，而无客观法制之肯定，此所以重"人"而不重"法"。兹举有关重要资料于下，以见其大意；至于种种重复言论，则不备引。

船山对"民"之理论，当以《尚书引义》中论"天视自我民视，天听自我民听"一段最有代表性。此二语孟子曾引之，故无论今传之《泰誓》是否伪作，此二语古已有之，则无可疑。而二语之意固甚明显，盖由上古之天命信仰渐转至民意观念之标识也。船山则执上下贵贱之辨，而不主"民权"，故于此二语亦曲为之解，以维持自身之理论立场。其说甚长，兹节引数段如下：

> 尊无与尚，道弗能逾，人不得违者，惟天而已。曰：天视自我民视，天听自我民听。举天而属之民，其重民也至矣。虽然，言民而系之天，其用民也尤慎矣。善读书者，绎其言而展转反侧以绎之，道乃尽，古人之辞乃以无疵。①

船山亦知此二语不能谓非"重民"之说，然深恐由此引出以民为主之观念，故必别作解释，此即所谓"绎其言"也。然则船山如何解法？船山首先将此二语之意逆转而另立一说以配之。其言云：

> 故可推广而言之，曰：天视听自民视听；以极乎道之所察。固可推本而言之，曰：民视听自天视听；以定乎理之所存。二说者，其归一也，而用之者不一。展转以绎之，道存乎其间矣。②

船山另出一"民视听自天视听"以配原二语，而认为二说同归，但各强调一面，故"用之者不一"。以为必如此补上一说，方可无病。其理由盖在于船山原只注意"民意"内容上之是非，故认为民意不可信赖，而必须另立理以约束之。于是不仅认为徒以民之视听为准乃极危险之事，且认为"民"常在昏迷堕落中，必须受"君子"之领导方能合理合天。对于此二语原意之涉及民意之"形式意义"，船山则全不解也。故其言云：

> 由乎人之不知重民者，则即民以见天，而莫畏匪民矣。由乎人之不能审于民者，则援天以观民，而民之情伪不可不深知而慎用之矣。③

船山在"即民以见天"外，另立"援天以观民"一义，而所谓"援天"

---

① 《船山全集》，《尚书引义》，卷四，《泰誓中》。
② 《船山全集》，《尚书引义》，卷四，《泰誓中》。
③ 《船山全集》，《尚书引义》，卷四，《泰誓中》。

者即"援理"之意。盖船山以为"民"之好恶——或赞成与反对——皆未必合于理,故"为人上者"固不能不重视民意之向背,然必须依理以断民意之是非,而不可只以"民"之视听为标准。此即注目于民意在内容上之是非问题,而未进至国家权力之理论基础问题之明证也。于是船山云:

> 天者,理而已矣。有目而能视,有耳而能听,孰使之能然?天之理也。有视听而有聪明,有聪明而有好恶,有好恶而有德怨,情所必逮,事所必兴矣,莫不有理存焉。①

此仍是顺其形上观念说;人得天之气而生,故所具能力皆出于天,依此而说"天之理"。其下再说不应"舍民而言天"或"舍天而言民",然后谓以民意代表天意,是"俾为人上者之知所畏也",可知船山对"民意"本身之重要性并未肯定,而只肯定此说之某种作用;此仍因船山根本不明国家及政治生活之本性问题也。其下,船山遂亟言民意之不可靠云:

> 唐虞之于变时雍,成周之遍为尔德,今不知其风化之何如也。意者民之视听审,好恶贞,聪明著,德怨清,为奉天者所可循以罔忽乎?然而古之圣人亦未尝以无心而任物,无择而固执也。垂及后世,教衰风替,固难言之矣。司马温公入觐,而拥舆缘屋以争一见矣;李纲陷天子于孤城以就俘,而欢呼者亦数万人矣。董卓掠子女,杀丁壮,而民乐其然跻矣;子产定田畴,教子弟,而民亦歌欲杀矣。故曰,教已衰,风已替,而固难言之也。舜之戒禹曰:无稽之言勿听。民之视听,非能有所稽者也。盘庚之诰曰:而胥动以浮言。民之视听,一动而浮游不已者也。然唐虞三代之民,固已难言之,而况后

---

① 《船山全集》,《尚书引义》,卷四,《泰誓中》。

世乎?①

此则将"崇古"观念混入而言之,意谓古代之民意已不可信赖,后世"教衰风替",自更不可信赖,如此立论,自更不能了解民权之说;盖言民权则正须假定政治制度之进步、民智之提高、国家发展之成熟,皆与"崇古"态度相反也。

其下又重申其"贵贱"之观点,认为"民"须受领导方能不失其"天",故必须"奉天以观民";此则将民意在政治上之主动作用完全撤消矣。其言云:

> 圣人体其化裁,成其声色,以尽民之性。君子凝其神,审其声色,以立民之则。而万有不齐之民未得与焉。于是不度之声,不正之色,物变杂生,以摇动其耳目,而移易其初秉之灵;于是眈眈之视,愦愦之听,物气之薰蒸渐渍其耳目,而遗忘其固有之精,则虽民也,而化于物矣。夫物之视听亦未尝非天之察也,而固非民之天也。非民之天,则视眩而听荧,曹好而党恶,忘大德,思小怨;一夫倡之,万人和之,不崇朝而喧阗流沔,溢于四海;旦喜夕怒,莫能诘其所终。若此者,非奉天以观民,孰与定其权衡?而可惟流风之披靡以诡随哉?故曰:天视听自民视听,而不可忽也;民视听抑必自天视听,而不可不慎也。②

"民"作为"人",自是得秀灵之气者。但唯有"圣人"与"君子"方能定立规范,使"民"能尽其性,而"民"自身则不能领导自身。"民"如不获领导,则丧失其本具之性,而有种种错误。故民之视听必须据"天"或"理"为权衡使之得正,而此种领导又似正是"为人上者"之事。如此,

---

① 《船山全集》,《尚书引义》,卷四,《泰誓中》。
② 《船山全集》,《尚书引义》,卷四,《泰誓中》。

则纵有"民意",亦是由领导所铸造引生者;"民"自身之好恶取舍,皆不足作为政治之依据。至此,船山之说遂可通往任何极权主义,盖认为领导者代表"真理",而"民意"应先符合此种"真理",正是一切极权主义之共同点所在也。此点足见船山政治思想之危险性,此处姑不详论。兹仍回至船山之本文。船山如此表明"民意"之不可信赖后,实已将《泰誓》此二句之原意大加窜改。船山自身亦未尝不觉察,故文末直谓此二语本身即有病,更标明反对"民权"。其言云:

> ……虽然,武王于此重言民而犹有所未慎也。既曰民之视听即天矣,则今日亿万人之倒戈以北者,惟民也;他日多士多方之交作不典者,亦惟民也。民权畸重则民志不宁。其流既决,挽之劳而交受其伤,将焉及哉。①

"武王"不应如此"重言民",而"民权"之重是一坏事,此即船山之结论。则船山之反对"民权",不解"民意"在政治上之重要,皆无可辩。后世滥推船山之思想,而说其为主张民权者,皆不得实也。

以上论船山对"民意"之观念,目的正在于表明船山不重"法"而重"人"之思想之根源。盖所谓"重法",原非指韩非一路为人主立"法"以保威权之说,而指对客观法制有所肯定言。船山基本上只以圣人君子之领导,为其政治理想,则自不能"重法",而此种政治思想,即"作之君,作之师"之传统观念,正可由其论"民意"之说见之也。

以下再酌引有关论"人"与"法"之言论。

由于船山只由在上位者之领导以观政治生活,故船山眼中之"法",并非决定政府权力运行方式,及确定人民之权利义务之大法,而仅指临事措施之规章,故认为一切规章皆须依赖得"人"方能有良

---

① 《船山全集》,《尚书引义》,卷四,《泰誓中》。

好效果,于是遂重"人"而轻"法",且以为重"法"者即属"申韩之术"。《读通鉴论》评曹魏之重"法"云:

> 任人任法,皆言治也。而言治者曰,任法不如任人。虽然,任而废法,则下以合离为毁誉,上以好恶为取舍,废职业,徇虚名,逞私意,皆其弊也。于是,任法者起而摘之曰,是治道之蠹也,非法而何以齐之?故申韩之说与王道而争胜。乃以法言之,周官之法亦密矣,然皆使服其官者习其事,未尝悬黜陟以拟其后。盖择人而授以法,使之遵焉;非立法以课人,必使与科条应,应非是者罚也。①

案此谓任人原有弊,故有任法之说起。但船山所了解之"任法",即是重赏罚、立科条之谓,故以为此是"立法以课人",不如"择人而授以法"。其下则论"任法"之弊,大意以为规章之内容有限,人事有种种歧异变化,非规章所能笼罩,故徒立规章而重赏罚,则有种种弊端。兹不赘引。

如只以具体规章为"法",则自然可推出一论点,即必须有适当之贤才方能建立适当之规章,且一切规章必须得人方能有效。于是遂将谓"治人"重于"治法"。船山在他处即屡说此意。如论"用人与行政"一段云:

> 用人与行政,两者相扶以治。举一废一而害必生焉。魏晋其验已。……是用人行政交相扶以图治,失其一则一之仅存者不足以救,古今乱亡之轨,所以相寻而不舍也。以要言之,用人其尤亟乎。人而苟为治人也,则治法因之以建,而苛刻纵弛之患两亡矣。②

此段中船山原比较魏晋之用人,以为魏较多贤才,故胜于晋,其议论

---

① 《船山全集》,《读通鉴论》,卷十。
② 《船山全集》,《读通鉴论》,卷十一。

殊嫌无据,故节去不录。然其主张,则可在此段所引之文中看出。有"治人",则"治法因之以建",故"用人尤亟";换言之,即认为"人才"重于"规章"也。

谓规章不可恃,本是常理,但船山所以如此看"法",正因船山心目中无客观大法;再溯其源,则又在于船山对政治生活全持传统观念,而不见其客观领域。故观船山对"人"与"法"之议论,亦可知船山在政治思想上固持极强之传统主义观点也。

关于船山之"传统主义"倾向,本尚可有其他论点可说。以上但举"君权"与"法"观念为列,已足见其大要,此外即不再一一析述。学者于此倘有意穷究,则可依上列各点进一步搜罗其资料,此亦非难事也。

以下再专就船山对"权力"均衡及"平等"二观念所持之反对态度,稍加补充,即结束船山政治思想之讨论。

3. 对"权力均衡"及"社会平等"之态度

本节所论,原可视为上述各节之补充,但因此二观念另有应加重视之理由,故特立一节以作讨论。

先就"权力均衡"说,上文已表明船山如何由其形上观念而肯定传统君权,又极力反对"民权",但此处所谓"权力均衡"则又属另一理论层次;盖主张君权者仍可以对"权力均衡"一问题,持不同态度。而就中国传统政治而言,此点尤为重要。中国传统君主制度,自始即含有要求"权力均衡"之某种设计;虽降至明清,君权事实上愈来愈强,然"权力均衡"观念对二千年来之君主政治之影响,仍属中国传统政治之特色所在。此固与是否提倡"民权"非同一层次之问题,然专就君主政治内部讲,则环绕此观念之种种制度沿革及其所涵之理论后果,正是了解中国传统政治之一主要关键;而学者对此问题之态度,亦可映现其对传统政治之得失了解到何等程度。兹论船山政治思想,亦应就此问题作一勘察,以期能形成更确定之判断。

其次,所谓"社会平等",指君主所对之"被治者"彼此间之"平等"而言。纵使倡绝对君权者,亦可以认为应有"社会平等",则反对君权者,亦可以反对"社会平等"。前者之例,如韩非主张"人主"以外皆应同样守"法"是也。后者之例,如近代主张"阶级专政"之马列主义是也。因此,可知是否肯定"社会平等",亦是与"君权"或"民权"之争不同层次之问题。中国传统政治下之"社会平等"问题,亦自有一发展演变之过程。此点对于了解或评估中国传统政治,亦甚为重要。而船山对此问题所持之态度,亦可看作其政治思想之另一具体表现,故应特加说明。

船山对"权力均衡"之意见,简言之,即与汉以来之传统观点相反;故就此一层次看,则船山又似非"传统主义者"(此所以本节不能附于"船山之传统主义"下也)。盖自汉代建立大一统之中央政府后,中国政治传统中一直强调建立某种"权力均衡",以防君主之滥用权力;而船山则对此种传统之意义全不了解,反而时加抨击。

具体言之,传统政治中对君权之平衡,主要寄于两种设施。其一为外朝与内朝之分,即以相权制衡君权;其二为言官之独立,即以谏权制衡君权。相权立于汉,而武帝以后,内朝权力日增;其后步步演变,六朝之相,已成为篡夺之先声;唐之三省则降为君主之僚属。迨明太祖厉行君主专制,相权遂完全消灭。此"相权"演变之大略。"相权"在实际上虽仅在汉初有之,然此一观念仍表示中国传统政治中制衡君权之特色,此黄梨洲所以于反绝对君权时提倡"相权"也。谏权来源虽颇早,然大盛于唐宋,至明清犹未全衰。此盖是"相权"衰后唯一制衡君权之制度性设施。故儒者论政论史,大抵皆重视谏诤,因正赖有"谏权"方可使君主不致过度妄为也。

然船山于此两种有关"权力均衡"之制度,皆不了解其意义。兹分述其言论于下。

就"相权"而论，船山对此问题似无确实了解。其于《读通鉴论》中论"宰相之任"云：

> 宰相之任，唐虞之百揆合于一，周之三公分于三；其致治者，非分合之为之。君正于上而任得其人也。其合也，位次于天子；其分也，职别于专司。然而虽分必有统之者以合其分，要因乎上所重而天下之权归之。天子孚以一心，而躬亲重任，唯待赞襄则一也。①

观此可知船山对于"内朝"与"外朝"之分，以及"相权"在政治制度上之特殊意义皆茫然不知。汉代之"相"，作为"外朝"之首领，有管理政府之全权；而皇帝则不直接管理政府，而只有择"相"或罢"相"之权。此所以对"外朝"而言，皇帝只是一"产主"身份，拥有"所有权"而不能行使管理权。皇帝所直接管理者限于"内朝"，由此，君权侵相权时，即以扩大"内朝"势力为其途径。船山对此一有关中国传统政治之大问题，全无了解；只凭常识作论断，以为天子总是"躬亲重任"，而"相"只是有"赞襄"之作用，则大误矣。

船山既不解"相权"之意义，又不知内外朝之分，故其论"宰相"地位之演变，亦全不得要。其言云：

> 两汉置丞相而无实，权移于大将军……东汉立三公而无实，权移于尚书……两汉之异，丞相合而三公分，然其权之上移于将军，下移于尚书，同也。晋之中书监，犹尚书也。唐之三省，犹三公也。宋以参知分宰相之权。南宋立左右相而分权于平章。永乐以降，名为分任九卿而权归内阁。②

---

① 《船山全集》，《读通鉴论》，卷七。
② 《船山全集》，《读通鉴论》，卷七。

案两汉开国立"相权"制度,岂得谓"无实"？武帝侵相权而培养"内朝"之势力,故有"大将军"之专政。东汉及晋,尚书、中书秉实权,亦皆属于"内朝";而"内朝"所以揽权,正因天子欲夺"相权",故破坏此一"权力均衡"之制度也。船山对此大关目不能了解,故虽熟读史书而其论断乃全不能涉及此中之真问题,而只能谈表面之"分合"。

船山不解"相权"之意义,对"内朝"与"外朝"之分似无所知。此是考史不足。更可注意者是船山主张天子自己管理一切政务,故其论"宰相"地位之演变后,即云：

> 若其所以或治或乱者,非此也(案指"分合"而言)。人不择则望轻,心不孚则事碍。天子不躬亲,而旁挠之者,非外戚则宦寺也。使大将军而以德选,则任大将军可矣;使尚书中书而以德进,则任两省可矣。丞相三公,其名也,唐虞殷周不相师也。惩权奸而分任于参知,下移于内阁,恶在参知内阁之不足以擅权而怀奸也。上移于大将军而仅以宠外戚,下移于内阁而实以授宦寺。岂其名之去之哉？实去之耳。天子不躬亲,而日与居者婢妾之与奄腐;不此之防,徒以虚名争崇卑分合之得失,亦末矣。①

船山只知重人之"德",而根本未注意制度问题。且以为一切弊端总由"天子不躬亲"而起。可知船山不仅在了解传统政治一面,不知此一有关"权力均衡"之大问题,且在主张上亦从未了解"权力均衡"之重要;反以为君权愈能彻底强化,则愈好。此又可为船山之崇尚君权再增一旁证矣。

关于"相权",因船山未详考古制及其演变,故未尝直接面对此一制度而作评论。就"谏权"而言,情况则不同。"谏权"之存在及发展历时甚久,不似"相权"虽代表一种制度上之理念而实际上仅存在于

---

① 《船山全集》,《读通鉴论》,卷七。

汉初,故船山对"谏权"乃有许多正面评论。其主要意见则是否定"谏权"之意义,盖船山心目中既无"权力均衡"之问题,遂以为谏官所为仅有造成朋党,或破坏君相威信之作用矣。此类言论在其史论中屡屡出现。兹选录数节,以见其大意。

船山非谓人君全不应受谏,但总不了解"谏权"之制度意义,故其论"谏"时,全当作个人行为看。如将谏诤当作个人行为,则自然可说进谏者必须具有极高德性成就及智慧,然后其谏言方有益;而如此要求谏者先成为"圣贤"方承认其"谏"之意义,则结果自将谓大多数之谏者皆非圣贤,而其谏言亦皆无意义,甚至有反面作用矣。故船山论"谏"云:

> 凡能极言以谏者,大抵其气胜者也,自信其是,而矜物以莫及,物莫能移者也。其气胜则其情浮,自矜而物莫能移则其理窒。上以事君,下以莅众,中以交于僚友,可其所可而否其所否,坚于独行而不乐物之我违。唯如是也,乃以轻宠辱,忘死生,而言之无忌。其贤者有察理未精、达情未适之过,而执之也坚。其次则气动而不收,言发而不止,攻异己而不遗余力,以堕于媚忮而伤物已甚。则人主且窥其中藏,谓是哓哓者之但求利己也;其言不可夺而心固不为之感,奚望转石移山于片语乎?惟虚则公,公则直;惟明则诚,诚则动。能自受谏者所以虚其心而广其明也。谏者之能此者鲜矣。①

观船山之论"谏",纯就谏者个人之心志状态看,而认为谏者必须能具虚公明诚之德方能有意义。此段原评唐太宗"未能受谏,安能谏人"之语,故落在"能自受谏"上说;但其要点则在于不从制度意义上看"谏权"之功能,而只从道德行为层面上说"谏者"应具有之个人条件,故以为"谏者之能此者鲜矣"。既然谏者多数不满足此种条件,故一

---

① 《船山全集》,《读通鉴论》,卷二十。

般所谓直谏反常引起不良后果。故最后谓：

> 婞直予智，持一理以与当宁争得失，自非舜禹之荛茏之道待之，其不以启朋党而坏国是也，难矣哉！①

"持一理以与当宁争得失"，正是"谏权"意义所在；承认并尊重谏权，正是中国传统政治中保持"权力均衡"之重要方法。船山对此中正面意义竟无了解，反以为足以"启朋党而坏国是"。然船山之不解"谏权"，又仍由于不知"权力均衡"之重要，一味崇尚君权也。

船山以为谏官制度有害无益，由此再推广一步，即认为社会舆论皆不足重视；而在上者不应开放舆论，亦不应鼓励士民提出其言论。此点在船山之《宋论》中发挥最多，盖宋仁宗鼓励臣庶献言，向为后世所赞美，而船山独不以为然。其论仁宗云：

> 仁宗之称盛治，至于今而闻者美之。……夷考宋政之乱自神宗始。神宗之以兴怨于天下，贻讥于后世者，非有奢淫暴虐之行；唯上之求治也亟，下之言治者已烦。乃俞其臣下之烦言，以启上之佚志，则自仁宗开之。而朝不能靖，民不能莫，在仁宗之时而已然矣。②

此即谓仁宗不应鼓励言事之条陈，认为日后神宗时变法党争种种问题皆由仁宗启之。然仁宗所以广纳条陈，目的正在于接受舆论意见以改革政务。船山既反对仁宗此种开放言论之作风，自亦须对仁宗求改革之根本主张有所批评。船山于此乃提出其极端保守之意见，认为变法根本为不必要，谓"任得其人而法无不可用"③；并申其说云：

> 宋自建隆开国至仁宗亲政之年，七十余岁矣。太祖太宗之法，

---

① 《船山全集》，《读通鉴论》，卷二十。
② 《船山全集》，《宋论》，卷四。
③ 《船山全集》，《宋论》，卷四。

敝且乘之而生者,自然之数也。夫岂唯宋祖无文武之至德,议道之公辅无周召之弘猷乎?即以成周治教之隆,至于穆昭之世,蝻蠹亦生于简策,固不足以为文武周召病也。法之必敝矣,非鼎革之时,愈改之则弊愈丛生。苟循其故常,吏虽贪冒,无政法之可乘,不能托名逾分以巧为吹索。士虽浮靡,无意旨之可窥,不能逢迎揣摩以利其诡遇。民虽强可凌弱,无以启之,则无讦讼之兴以两俱受毙,俾富者贫而贫者死。兵虽名在实亡,无以乱之,则无游惰之民以枭张而起,进则为兵而退则为盗。唯求治者汲汲而忧之,言治者哗哗而争之。诵一先生之言,古今异势而欲施之当时,且其所施抑非先王之精意;见一乡保之利,风土殊理而欲行之九州,且其所行者抑非一邑之乐从。神宗君臣所夜思昼作,聚讼盈廷,飞符遍野,以使下无法守,开章惇、蔡京燔乱以亡之渐者,其风已自仁宗始矣。①

船山此种议论,表面上亦似甚辩。然其论点实不过谓除朝代更改时可变法外,凡要求改革法制者皆必召乱。此则于理不可通。且政制之必求不断改进,乃为政之大轨道所在;盖法制之功用至一定阶段必有穷,因此必须有所改革。此点船山亦不能完全否认。船山固承认法之"敝"是"自然之数"矣,然船山仍以为法虽"敝"而不应改,改则弊愈多;此则为不可解之怪说。船山所言变法之种种弊端,事实上固皆属可能有者,亦是历史上实有者,然此种种弊端并非与变法一要求本身有何必然关系。法制之不能不步步改进,乃历史文化进展之大原则,岂可因有可能之流弊而主张人守已"敝"之法而不改,使历史走入死路乎?船山原亦承认法制有变改,故夏商周之法不同②,然又以为必须改换朝代之时方能变法。此又是一不可解之执著。且船山所谓

---

① 《船山全集》,《宋论》,卷四。
② 《船山全集》,《读通鉴论》,卷末,《叙论四》。

"鼎革",实皆指政权由暴力而转移言——中国朝代之改易不外篡夺与征诛,皆依暴力;则推其说,将谓法制必待暴力破坏后方可有改变,为政者只能守"敝法"以待暴力兴起。此理究何在乎?

船山既认为法制不可改进,则广纳言论自即失去其主要意义,盖自由言论之价值,正在于能促进法制之改革也。既视开放言论为无意义之举,于是船山眼中遂只见言论之害;且对一切提出言论、寻求改革者,皆以小人之心度之;于是论仁宗云:

> ……至若王曾等者,非名节之不矜也,非勤劳之不夙也,以术闲道,以气矜刚,而仁宗当受谏之美名,慕恤下之仁闻,欣然举国以无择于听;迨及季年,天章开,条陈进,惟日不给,以取纲维而移易之,吏无恒守,士无恒学,民无恒遵,兵无恒调,所赖有进言者无坚僻之心而持之不固,不然,其为害于天下,岂待熙丰哉?知治道者,不能不为仁宗惜矣。①

此直接抨击仁宗开天章阁、纳条陈为破坏"纲维",且谓仁宗早年接纳王曾等之直谏,亦为不当。其理则不可解也。其下论及受仁宗广纳言论之影响而兴起之知识分子,则悉以恶意推之,其言云:

> 迹其(指仁宗)造士,则闻风而起者,苏氏父子掉仪秦之舌;揣摩而前者,王安石之徒习申商之术。后此之挠乱天下者,皆此日之竞争于大廷,故曰,神宗之兴怨于天下,贻讥于后世者,皆仁宗启之也。②

苏氏父子之言论,皆文人议论,随意设想,固无多可取,然亦与"仪秦"不相类,反与船山自己之史论属同一模型。至王安石则有确定理想、

---

① 《船山全集》,《宋论》,卷四。
② 《船山全集》,《宋论》,卷四。

确定改革方案,无论其得失如何,岂可以"揣摩"目之? 船山此种评断皆至为不公也。然船山如此立论,总由于欲否定言论之价值而来。而所以欲否定言论之价值者,又由于船山只尊在上位者之意见,而轻视民意。至于所以轻视民意者,乃由于船山先将人划为"贵贱"两类,则前文已详论之。

船山既否定言论之价值,遂以为执政者皆不应作公开言论;同卷后一节又反复说此意。兹节引一段于后。

船山论大臣不应条陈时政,其言云:

> 明道以后,宰执诸公皆代天工以临群动者也。天下之事,唯君与我坐而论之,事至而行之。可兴则兴之已耳,可革则革之已耳。惟道之从,惟志之伸,定命以辰告,不崇朝而遍天下,将何求而不得,奚待烦言以耸众听?……在昔李太初、王子明以实心体国,奠七十余年社稷生民于阜安者,一变而为尚口纷呶之朝廷,摇四海于三寸之管,谁尸其咎? 岂非倡之者在堂皇,和之者尽士类,其所由来者渐乎?①

案吕夷简以后,大臣就职时每每条陈时政,宣布自己之政见,不仅供人君采纳,且公诸社会以待舆论之批评,此正宋代政风开明之表现;盖君主专制之政体下,最患人君与二三大臣专断一切,不问民意,此种开明政风正是一补救之道也。而船山乃认为由此而有"尚口纷呶"之病,则君与大臣不顾民意而专断一切,反为合船山之"治道"矣。

船山在理论上全未了解"权力均衡"之重要性,亦未深究君主制度之理论基础问题;因此,对"相权"既无所知,对"谏权"则持仇视态度;总之,船山心目中只肯定君权。其政治思想只停留在"圣君贤相"

---

① 《船山全集》,《宋论》,卷四。

之理想上,至于"君权"是否合理,政治制度本身之理性化程度如何,则皆全未察及。且船山所最执著者乃其"贵贱"之分一观念,故不唯反对民权,亦轻视民意及一切言论。由是,船山之思想,与"民主""自由""法治""人权"等观念皆绝不能相容。学者倘平心观船山之学说著作,必得此结论,而知旧日推崇船山政治思想者语多失实也。

最后再略述船山反对"社会平等"之说以结束本节。

关于"社会平等"之意义,前已略言之。船山立三维之说,倡贵贱之别,则其反对平等观念,原似不待再加论析;然本书论船山政治思想,以此为最后论题,则又有一确定理由。此意当稍作说明。

主张君权或其他形式之专制,固必将人君或最高统治者置于整个社会之上,因之根本上否定平等;然专就被统治之社会而言,则并非必然否定此社会内部之平等;盖将最高统治者除外,余人彼此间是否保持某种"平等",乃另一理论层次上之问题也。故当某一学说或教义,立一最高权威之观念后,对于承受此权威之整个社会内部有无平等,仍可有不同之主张。譬如,基督教义首立一与人隔绝之"上帝"(所谓"隔绝"指人不能成为"上帝"言),此是绝对最高权威;然依旧教教义,则不仅"上帝"与人间无所谓"平等",人类中又有自耶稣至教会之权威系列;人必须通过教会以皈神,于是在与"上帝"对别之人类社会中亦无平等。若依新教教义,则"上帝"仍为最高权威,但人人可以直接面对"上帝";于是人类社会中,各分子彼此间即有"在上帝面前平等"之肯定。此是历史上两种基督教义之大殊别所在[①],然两种教义皆在根本上立神人间之不平等观念也。

与此相类,在政治思想上亦有此两层"平等"问题。如韩非以人

[①] 案此自指传统之旧教教义言。近数十年,天主教本身教义殊多改变,亦有承认人类社会内部之"平等"之趋向。此非本书所能详及。

主为最高权威，立于社会之上，其"法"则是对其他人所立之"法"。对"法"而言，人主以外之贵戚大臣以至平民，皆应同样遵守，于是人主与余人间根本上不平等，然人主以外，余人彼此间又有"在法下平等"一义可立。此即主张专制君权而同时肯定社会内部之平等也。

中国传统政治，自秦汉以下，"家天下"之观念已定型，于是以"君臣"为"三纲"之一（即视为不可变易者）。则"君"与"臣民"间基本上不平等。但是否社会内部亦否定平等，则各时代之制度、各家之学说，对此问题常有不同态度。若作评论，须另有专书。兹专就船山之时代言，则当时思想界之主要派别不外承程朱之说、承阳明之说及立三教合一之混合信仰三者。混合信仰因取佛教观念为基础，故必肯定"众生平等"之义，兹不具论。若承阳明及承程朱二派，则对平等之肯定有程度上之不同。如黄梨洲承阳明、蕺山之思想，则由其心即理之大肯定，而必衍生一人人可成圣人之说；而落在政治思想上，梨洲遂根本视"家天下"为一错误观念，而认为君臣间亦有基本意义之平等——即为君为臣皆为天下之民而工作，仅有职分之殊；至于社会内部之平等，更不待言。在此意义上，梨洲实持一反传统之平等观念。而此种观念，就理论脉络看，则亦陆王心性论应有之论果也。①若承程朱之学者，如陆桴亭、谢约斋等，则由于立理气之分而主理，故亦至少由理之普遍性推至人人在"理"前平等之肯定。此诸儒者固未必如梨洲之能否认君臣间之不平等，然皆不能不承认社会内部之平等也。独船山立教以气为主。而就"气"而言，则只见其殊异性，而难立普遍性；由此，船山先由"人"与"物"之气不同，而言"人"贵"物"贱；再由人之生地不同而说"地异而气亦异"，将"人"分为不同民族，又以己族为

---

① 案实际上讲陆王心性论之儒者，不必人人皆推绎出此种政治观念或主张，但就理论意义看，则肯定人人皆有主宰性时，即含有此种平等观念。学者于此中分寸，不可看混。

贵,他族为贱;然后则在自己民族中又言"君子"与"小人"之"质异",而再分贵贱。如此层层划分,反平等之意向已极显明。而此种种划分,船山又皆系之于其阴阳五行之理论之下,于是此种种殊别,在船山看来,皆属"先天"定有者,再进而落在政治思想上,不仅君臣间无平等,社会内部亦"不应"有平等可说矣。

若就中国传统政治下之制度设施而言,则自汉代选举至后世开科取士,皆有保持某一程度之社会平等之功能。古代封建制度下之不平等,随历史进展而逐渐消除。唐以后更无六朝门阀之风,至明则社会各阶层间流动性益大;故社会内部之平等,不论是否为思想界所重视,在事实上亦有日渐增强之趋势。此则是客观史实可见者也。

然船山既在理论上确定其不平等之观点,于是论史论政时亦常反对此种社会平等。此处最明显之资料,可用船山评北魏之论作代表。盖北魏重世族,乃其反社会平等一面,船山极力称赞之;而北魏许吏民告守令之失,乃其鼓励社会平等一面,船山则极力抨击之。故此两段资料可充足表明船山反社会平等之态度。兹引述于下。

船山论拓拔氏之举逸民云:

> 拓拔氏诏举逸民,而所征皆世胄,民望属焉。其时之风尚然也。江左则王谢何庾之族显,北方则崔卢李郑之姓著,虽天子莫能抑焉,虽边远之主莫能易也。士大夫之流品与帝王之统绪并行,而自为兴废风尚所沿,其犹三代之遗乎?夫以族姓用人者,其途隘。舍此而博求之,其道广。然而古之帝王终不以广易隘者,人心之所趋,即天叙天秩之所显也。①

船山非不知用人限于族性,则其途隘,但仍认为有所谓"天叙""天

---

① 《船山全集》,《读通鉴论》,卷十五。

秩"，而维持此种不平等方是"三代"之遗风。其下更谓汉代之许平民参政为不当，而六朝门阀合于"古道"。最后则叹息明代社会平等之加强为使"小人"乱"君子"。其言云：

> ……以迄于今，科举孤行，门阀不择；于是而市井锥刀、公门粪除之子弟，雕（原误作"彫"，今正）虫诡遇，且与天子坐论而礼绝百僚。呜呼，君子之于小人，犹华夏之于夷狄（此中"华夏""夷狄"四字原阙，今补）。其分也，天也，非人之故别之也。一乱而无不可乱矣。六代固尝以夷狄主中国矣，而小人终不杂于君子，彼废而此不废焉。至于两俱废而后人道之不灭者无几矣。①

船山之偏执"不平等"，视其为先天必有而不可变者，在此段议论中表露无遗。而将"君子小人之分"与"夷夏之分"并论，正可见其说皆本于"三维"之观念，正如本书所析示也。

船山既以为社会内部亦不应有平等，则对于平民之干预政治，又必深恶痛绝，故论吏民告守令一条云：

> 吏民得告守令，拓拔氏之制也。拓拔焘自谓恤弱民而惩贪虐，以伸其气，自以为快。而无知者亦将快之。要为夷狄驵戾之情，横行不顾，以乱纲纪，坏人心，奈之何世主不择而效之也？②

许吏民向朝廷大吏投诉守令之违法贪虐，明是一善政；而船山以为"乱纲纪，坏人心"，后世不应效之，此是原则上反对保护平民之制度矣。船山在下文举其流弊，然后自己亦认为此种流弊尚属次要，主要是一原则问题，故云：

> ……而君子所甚恶者，尤不在此。逆大伦，裂大分也。奖浇薄

---

① 《船山全集》，《读通鉴论》，卷十五。
② 《船山全集》，《读通鉴论》，卷十五。

而导悖乱也。①

何以揭发守令之恶行,便是"逆大伦,裂大分"?此于理全无可通。而船山公然言之,其理据仍在于先天贵贱之分而已。船山政治思想,至此成为一完全封闭之理论。一切论点皆指向此种贵贱之分,不唯反民权,轻民意,且反对社会内部之平等,以为应将人永远划为不同之阶级。此种种主张,在稍具理性思考能力者,一望而知其非;然不可不注意者,是此种政治思想正以其形上理论为据。倘学者觉船山此种政治思想实无可取,则必当溯其源,反其本而重新评估其形上理论也。

(五)船山之史观及史论

上文论船山之政治思想,取其史论资料甚多。本节只对船山之史观及史论,作一简说,以作补充。

近世论船山思想者,于船山论史之言,每多过誉,或且夸大其辞,谓船山有一系统性之"历史哲学"。实则,船山之史论,绝未含有一理论系统,是否可称为"历史哲学",则须看评者用"历史哲学"一词时,所具之指涉为何。若谓,"历史哲学"当涉及"历史规律""历史知识""历史之意义"等观念,而有所论断,有所析陈,则此指较严格意义之"历史哲学"。而依此标准,则船山论史之言,即难称为"历史哲学"。盖船山既未论断"历史规律"之有无,亦未深究"历史知识"之特性及其成立条件,甚至对"历史之意义"究竟应如何陈述,亦未有明确说法,全不合上所举之标准也。然若取一较广泛之意义谈"历史哲学",则可将任何论及历史演变之特殊性质之意见,皆视为属于"历史哲学"者。如此,则船山之史论中亦时时表现此类意见,即可依此广义

---

① 参阅《船山全集》,《宋论》,卷十五,恭宗端宗祥兴帝一段。

标准而说船山有某种"历史哲学"矣。

船山之史论——包括《读通鉴论》《宋论》及《黄书》《噩梦》之一部分,大半皆未离开中国传统论史之模型。自唐宋以降,文人如所谓八大家者,大半皆有此种作品。其中尤以三苏为最喜论史者。其文颇多可喜,故后世亦尝传诵之。但此类文字,按其实则大抵依于臆测,随意发挥,既无史学价值,亦与哲学无干,只可算是文人对往史抒感之作。船山史论中此类文字在在可见。此一部分只能划归文人议论之列,不足作为"历史哲学"之资料。

其次,传统史论另有一种,即以其所持之价值理论应用于史事,而作价值判断之论著。此如朱熹之纲目、司马光之《资治通鉴》皆是。盖中国经生向有以《春秋》为孔子评史之作之一派,此派传播一种对史事作价值判断之风气。而据此种态度以著史论者,即自谓承《春秋》之学统矣。船山史论中另一部分,即属于此种议论。此类作品虽在其他角度看,或亦另有其重要性,然只是价值理论或道德理论之应用,固非有任何独立性之历史哲学;则船山史论中此一部分,亦不可视为其"历史哲学"之资料。

故即使取较广泛意义谈"历史哲学",船山史论中属于此一方向之资料亦不甚多。除涉及政治思想者已见上节外,兹可举出下列数点略加陈述:

第一,船山之"势"观念。

历史哲学通常皆提供一种史观;船山虽无系统明确之史观可说,但亦尝在其言论中提出某种颇具理论性之概念,而表示其对历史演变中某种特性之了解者。此中又以"势"观念为最重要。

船山论"势",在其史论中大抵与"时"观念相连,即所谓"时势"也。故《宋论》中有"时异而势异,势异而理亦异"之语,而《读通鉴论·叙论》中又有"因其时,度其势"之说①。此皆是就古今时势不同而立说,尚无深意。但船山另有一极可注意之论点,即认为历史中常有一种"势",为超乎人之自觉以外者,而能推进历史。此点在其论秦之改封建为郡县一段提出。其言云:

> 郡县之制垂二千年而弗能改矣。合古今上下皆安之,势之所趋,岂非理而能然哉?②

此谓郡县制度之成立,实依"势"而来,而此"势"本身即有一种"理"。其下再论封建制之破坏,及郡县制之兴起云:

> 古者诸侯世国,而后大夫缘之以世官,势所必滥也。士之子恒为士,农之子恒为农。而天之生才也无择,则士有顽而农有秀。秀不能终屈于顽,而相乘以兴,又势所必激也。封建毁而选举行,守令席诸侯之权,刺史牧督司方伯之任,虽有元德显功而无所庇其不令之子孙,势相激而理随以易。意者其天乎。③

案船山原以为人有贵贱之分,故对于门阀亦表赞成;此在前文曾详论之。然船山此处论点又似不同,盖船山论史每每随事发挥,固多不一致之处;此亦了解船山思想时所应注意者也。此处重在论"势",故不就其"三维"观念立说,而只就封建制之有穷说。封建制下有世及之成法。然由于人才之不齐,此制遂有必滥必坏之"势",而"势相激而理随以易",即谓在客观之"势"之要求下,历史之方向即有改变也。而此种变归之于"天",意即非人之自觉所能控制者也。

历史之演变既常由此种"势"决定,则历史演变似不能必与人之道德要求相合矣;然船山于此又另加入一颇有神秘色彩之观念,而认

---

① 《船山全集》,《读通鉴论》,卷末,《叙论二》。
② 《船山全集》,《读通鉴论》,卷一。
③ 《船山全集》,《读通鉴论》,卷一。

为此种变化背后仍受一天意推动,故演变结果仍合于某种价值标准,但非人所能控制耳。故云:

> 故秦汉以降,天子孤立无补。祚不永于商周。而若东迁以后,交兵毒民,异政殊俗,横敛繁刑,艾削其民;迄之数百年而不息者,亦革焉。则后世生民之祸亦轻矣。郡县者,非天子之利也。国祚所以不长也。而为天下计利害,不如封建之滋也多矣。呜呼,秦以私天下之心而罢侯置守,而天假其私以行其大公,存乎神者之不测有如是。①

此段语意甚杂。然其主旨在谓,秦之废封建,本非出于为天下计之公心,但其结果则于天下有益。然后谓此乃天意所推动云云。此种说法如作为对古史之评论看,则自不符史实。但由此以观船山论"势"之观点,则可见其旨要。船山本认为封建世及之制为有理,然此处则承认历史中有客观之"势",而由此涉及另一种"理"。而客观之"势"对人而言,虽为人所不能控制,却仍为天意所推动,因之仍符合某种价值标准。此处之"天"则俨然为一"人格神",亦船山他处每每透露之一种信仰也。

船山此类言论,所涉及之理论问题,当以此所谓"理"者何指为最宜注意。因此种随"势"而变之"理",显然非其所肯定之形上之理,亦非自觉心中之规范,而应别有意义。此一问题虽在船山学说中无准确解答,然他处有较详之论说,亦可引以参证。

案船山之《尚书引义》,亦实为史论之一种,盖《尚书》虽在习惯上被视为"经",实则是一组古史文献也。船山于《尚书引义》中论《武成》篇亦论及"势"与"理"之问题。其言云:

---

① 《船山全集》,《读通鉴论》,卷一。

> 势者,事之所因;事者,势之所就。故离事无理,离理无势。势之难易,理之顺逆为之也。理顺斯势顺矣,理逆斯势逆矣。君臣之分,上下轻重先后缓急之权衡,其顺其逆,不易之理也。守天下者,辨上下,定民志,致远而必服,垂久而必信。理之顺即势之顺也。攻以此攻,守以此守。无二理也。无二势也。势处于不顺,则事虽易而必难;事之已难,则不能豫持后势而立可久之法,以昭大信于天下,所必然矣。①

案此处又似立一"不易之理",然后观"势"之是否"顺"乎"理"而言"势"之难易。此"不易之理"一观念,显然与"势相激而理随以易"一语中之"理"互相冲突。盖船山论"理"及"势"时,实涉及两种问题,而自己未能有明确表述,故直观其说,则其立论总似在可解不可解之间也。兹试作一清理,以探其意。

首先应加注意者,是"理"之两种意义问题。前文述船山论"变"与"常"之义时,即已指出船山全盘思想仍以"常"为中心,而只在极有限之理论层面上说"变"。兹涉及船山言"理"之两种意义,情况亦类似。盖船山基本上重在立"形上之理",而又由此"理"引生其宇宙论,再下落至人生领域,而构成其封闭系统。此"形上之理"本身自是"常",亦即是"不易"者,而且由此引生之种种有关宇宙及人生之概念,在船山亦皆视为先天所立,不可改变,此所以对"君臣之分"等亦皆认为是"不易之理"。倘只说此一意义之"理",则所谓"势"者不过是事实之偶然,即无所谓"理随以易"矣。然船山心目中又另有一"事势之理",此"理"之确定涵义,在船山从未能有明确陈述,但就其各处言论所见者合看,则大抵指事实界中某种客观必然性说。此种客观必然性实非形上之理,亦非形式之理,而只在一定事实与其续随事实

---

① 《船山全集》,《尚书引义》,卷四。

间之关系上成立（倘由此深究，则必须归至事实界本身之一定形式问题，此则船山思想所不能触及者，兹不详论）。即以上举郡县制之兴起为例。船山以为封建制必敝坏，而其后即"必"有郡县制兴起。此所谓"必"诚指一种客观意义之"必然"，然此种"必然"只在如此之历史阶段上成立，故若称之为"理"，则此"理"只在如此之"势"下成立，故可说此"理"依此"势"而有；逆言之，即是"势相激而理随以易"也。倘如此将"形上之理"与"事势之理"分开，则船山混用二义之种种议论，亦不难随处疏理。此种工夫当属专解船山著作者之事，本书不能详及。但依此以观船山论"势"之主旨所在，则亦可用数语简括之。

船山于"形上之理"外，承认有"事势之理"；每言及后者，即强调"异""易"等说。但船山中心思想在于对前者之肯定，故虽在言"势"时，仍常常涉及"形上之理"——"不易之理"。上引论《武成》之言，即强调此"不易之理"。而据之以说"势"有顺逆。此非指特殊意义之"事势之理"。论船山者不可一概认作船山论"势"之"理"之资料，而无所分别也。

倘吾人对船山言及"理"与"势"之资料作较严格之划分，则可知船山专论"事势之理"之言论，亦不甚多。至于进一步将事势之客观演变又系归于天意，则亦只有零星议论（除上文所引者外，在各种史论中尚有数处。如《宋论》开端论赵氏之"受命"，即完全构想一拟人化之"天"而为说，充满原始宗教色彩。而其论旨即是谓"天"假借本不当君天下之赵氏以佑下民云云。此类资料不及备引）。但船山之有"事势之理"之观念，又有将不合常理之"势"仍系归于"天意"之说，则是其史观方面一特色。故首论及之。

第二，船山之"统"观念。

船山有双重"统"观念，或称为"治统"与"道统"，或称为"帝王之统"与"儒者之统"。总之，是对历史中某种"常"之肯定。但就历史事实说,此二种"统"皆难言有"常",于是船山之论"统"又在不知不觉中由"实然义"转向"应然义";换言之,即认为二"统"不应被"窃"是也。但船山此类议论本旨虽不难明,在具体论点上则常自相矛盾,盖船山于此虽有强烈之主张,并无严格之理论也。兹引主要资料二段于下,作一比观。

船山于《读通鉴论》中论北朝外族君子之模仿中国文化时,举二"统"以立论云:

> 天下所极重而不可窃者二:天子之位也,是谓治统;圣人之教也,是谓道统。治统之乱,夷狄窃之,盗贼窃之。夷狄窃之,不可以永世而全身。其幸而数传者,则必有日月失轨、五星逆行、冬雷夏雪、山崩地坼、霾飞水溢、草木为妖、禽虫为蠥之异。天地不能保其清宁,人民不能全其寿命,以应之不爽。①

船山虽立二统,但首先不能不承认事实上"夷狄盗贼"皆可以作帝王,于是只好视之为不应有,而必受"天"之罚者。此处所说,既无理据,亦不合史实,可谓幼稚迷信之说,不必多论。其下再论"道统"之被"窃",则云:

> 道统之窃,沐猴而冠,教猱而升木;尸名以徼利,为夷狄盗贼之羽翼,以文致之为圣贤,而恣为妖妄,方且施施然谓守先王之道以化成天下,而受罚于天,不旋踵而亡。呜呼,至于窃圣人之教以宠夷狄,而祸乱极矣。论者不察,犹侈言之,谓盗贼为君子之事,君子不得不予之。②

船山所谓"窃道统",竟指教外族以中国文化而言,而认为又必"受罚

---

① 《船山全集》,《读通鉴论》,卷十三。
② 《船山全集》,《读通鉴论》,卷十三。

于天"。此若就船山个人心理看,自不难解,盖船山深恶清初儒者之纷纷降于异族而又自夸能传圣贤之学也。但就理论本身看,则此说之主旨在说不应将中国文化之成绩传与异族,则殊不可通。船山认为石勒、拓拔弘等之汉化,皆属不应有者,而教以汉化之儒者亦属"败类"。异族之汉化及教异族汉化皆为背"天意",乃云:

> ……败类之儒,鬻道统以教之窃,而君臣皆自绝于天。故勒之子姓骈戮于冉闵,元氏之苗裔至高齐而无噍类,天之不可欺也,如是其赫赫哉!①

文化之消灭与保存,与政治上之兴衰,本非一事。中国每当在政治上被外族压制时,辄能保存其文化,而又使外族受其影响;此正是中国历史上之光明面,亦中国民族之优点,而船山乃表深恶痛绝之意,尤不知何理。且倘顺船山之主张说,则当外族侵入而建立其统治时,是否即不应再宣扬本有之文化?是否当"治统"被"窃"时,"道统"即不应再发挥作用?倘果如此,则政治上一败于外族,文化命脉便将断绝,而无复兴之望。此岂船山所愿见者乎?

船山于此种困难亦有所察觉,故另一处又别提一说云:

> 儒者之统与帝王之统并行于天下,而互为兴替。其合也,天下以道而治,道以天子而明。及其衰而帝王之统绝,儒者犹保其道,以孤行而无所待。以人存道,而道可不亡。②

案此段前数语仍属政教合一之传统观念,其后数语则可视为前引之说之补充。船山虽以为教外族学中国文化,乃不应有之坏事,但不能主张"道统"不自求延续。由此,而谓"帝王之统绝"时,儒者应自保其

---

① 《船山全集》,《读通鉴论》,卷十三。
② 《船山全集》,《读通鉴论》,卷十五。

道,孤行而无所待,以便使道不亡。有此一段补充,前说较为可通。然儒者在外族统治下保其道统时,如何能禁止外族学习此种文化成绩?此则难有善说。船山此段后文论北方儒者在外族统治下能自保其道而又不借此以求荣,极赞其伟大;然所谓北方之儒日后正影响北魏之汉化,船山于此即难作一贯之评断。盖既赞其能存圣人之教,则岂能又责其不应对外族发生影响乎?于是船山遂云:

> ……北方之儒,较醇正焉。流风所被,施于上下,拓拔氏乃革面而袭先王之文物,宇文氏承之。而隋以一天下。苏绰、李谔定隋之治具,关朗、王通开唐之文教,皆自此昉也。①

此又似不以拓拔氏及宇文氏之汉化为非矣。倘隋唐时中国文化之复兴,正有赖于北朝外族之汉化,则所谓"窃圣人之教以宠夷狄"者,岂非正是有功于存"道统"者乎?

船山议论之分寸不明,每每如是。今若代为之解,则可说,船山反对儒者使"圣人之教"为异族所用,但又认为儒者当"治统"绝时,应自保"道统",以使道不亡,因此强调"孤行而无待"一语。但何以保存"道统"者不许在文化上转变外族,则终无一可通之说也。

就"统"观念而言,船山之言论虽缺乏理论效力,然仍表示其对历史之某种观点。盖不论取"实然义"或"应然义","统"既被肯定,则历史中即有确定之"常"在。于此,益可知船山虽屡在较低理论层面上谈"变",其重视者仍在"常",即在史观方面亦未尝不如此也。

第三,人在历史中之"被动性"。

此点牵涉理论问题甚多。此处只能略说大意。

船山思想自始即不能建立"主体性"或"主体自由"之观念。其论

---

① 《船山全集》,《读通鉴论》,卷十五。

形上问题,先将"道""理"等观念拖下至"器"与"气"之层面。于是将其形上学封入于其宇宙论中,然后再据此以谈道德、文化、政治、历史等问题。此际船山突然插入一"人或继天或不继天"之说,而不知此处涉及"主体自由"一严重问题;于是在由"天道"说"人道"时,将最重要之理论关键略去。从此,船山思想遂处处皆似有不可解之谜在矣。就历史而言,船山所重者在"气"之殊别性,因此与其政治思想上"三维"之假定直通。如此言一切贵贱之别,皆与自觉心无关,而作为外在之事实。于是,"人"受此种"气之殊别性"之限定,乃基本上成一被动者,不仅对"天"而言居"被动"地位。甚至其论"势"、论"统",亦莫不上溯于"天"。故就船山眼中之历史言,"人"应是并无真主宰性者,盖对"天"而言,对"气"而言,对"势"而言,人皆为被动者。若扩而言之,则船山整个哲学思想系统中,"人道"始终乃一虚立之词,因"主体自由"一义始终不立,"人"只作为一经验层面之存在,则何能有主宰可言?此处所涉及哲学之大问题,船山似根本未有所见也。

船山史论中屡屡评议前人之得失,而不知此类评论若有意义,则首先须肯定人有"自由意志",人能对其行为负责。于是船山一面极力将"人"封于一被动地位中,而不显其主宰性,另一面又似时时假定人可有主宰行为之能力。此不只是船山史观中之大病,亦整个系统中之根本问题也。

近人述船山之学,每喜强调其能肯定"客观精神",然析辨欠明,贤者不免。① 其实,所谓"客观精神"乃依"主体性"一观念而立。"主体之客观化"乃显"客观精神"。若根本不见"主体性",一味在形器世界上流转,正是常识中之想法,何能称为"客观精神"? 此点就纯哲学

---

① 如唐君毅先生立说之广大精微,而其《中国哲学原论》中每论及船山,总只作推崇语。至《原教篇》于船山之能肯定"客观精神",尤三致意焉。于其说之种种缺漏偏执,从不置评也。

意义看，或非一般人所能确解。然若就政治思想看，则船山既不能见客观之政治轨道，又不能离开"人治"观念，已足证其缺乏"客观精神"之肯定。何况立贵贱之分，尊君而轻民，较孟子之民本说更退一步乎？即以史观而论，二统之说已充足表现其理论之封闭性，更不可与黑格尔之史观相比也。

船山之史论，每就事立说。此际自又似强调人之行为之须得"正"或合"理"。然细观其立论之层次，则可知船山在论人应如何如何，或议某人某事之得失时，乃只在道德层面上说；在历史层面上，则船山固时时假定一不可测之天意，作为决定历史之力量。在此意义上，人在"历史"中之处于被动地位，固甚明显。船山此种议论，散见于史论及其他著作中。学者读船山书自可处处察觉此点。兹但以《读通鉴论》及《黄书》中论"离合"之语为例，略引其言，以供学者参考。

《读通鉴论》之《叙论》，开始即论"正统"问题，而以为言"统"必指"合"而言，而历史中治乱循环故离合循环，则不可强言"正统"。此处最可注意者，即其言"离合"与"治乱"，皆视为天意或人所不能控制之必然。故云：

> 正不正，人也；一治一乱，天也。犹日之有昼夜，月之有朔弦望晦也。①

以日月之自然运行，喻治乱之相继，则一治一乱之循环显视为一种必然性矣。《黄书》中则以"合"为"自然"，"离"为"不得已"。二语表面不同，实则皆指某种必然性而言。其言云：

> 中区之合，自然之合也。天地之气辅其自然，而循其不得已。

---

① 《船山全集》，《读通鉴论》，卷末，《叙论一》。

> 辅其自然故合,循其不得已故离。是故,知天地之昼夜者,可与语离合之故矣。行其不得已,知其有离;不得已者,抑自然之所出也。①

"合"固是"自然","离"之为"不得已",亦"自然之所出";然一切"离合",以及"治乱",总皆是如"天地之昼夜",为必然之运行。则对此种"必然"而言,人之处于被动地位更不待言矣。

知"命"之"必然"而自守其"义"之所在,此原是孔子立教之旨;故船山此种观念原符合儒学观点,但对所谓"必然"一面,则依后世之形上学及宇宙论图像说之,以为真理在是,则又承宋儒之通病,而大异孔子之态度矣。

关于船山之史观及史论,析述至此为止。

⁂　　⁂　　⁂　　⁂　　⁂

船山学说之大要,已论述如上。案船山见理虽未精,立论则颇为繁富。著作既多,前后不一致之论点亦时时可见。本书非研究船山之专著,不能一一清理。以上所述而大抵为船山之主要论点。学者倘循此以求,则对船山思想在中国哲学史上之地位即可达成一较为确定之了解。至于近代论者种种夸饰之辞,则或由于一时风气所趋,或由于个人兴趣之偏向,皆不必深论矣。

船山之形上学,封闭意味甚重,因此,其政治思想、文化理论,皆受其影响。此点若详为析评,则须涉及"哲学语言"之大段理论,亦非此处所能容纳。兹但以此语结束船山学说之论述,供学者之参考而已。

---

① 《船山全集》,《黄书》,《离合第七》。

第四节
颜李学派及其他

上文已分述清初三家之思想大要。本节对清初其他涉及哲学之学派学人,再作一简述,以结束本章。

清初学人,在当时以著述有闻于世者,为数殊不少。除三家之外,如孙夏峰(奇逢)、李二曲(颙)之宗陆王,陆桴亭(世仪)、张杨园(履祥)之宗程朱,皆为当世所崇。此外,张蒿庵(尔岐)之研礼、应潜斋(㧑谦)之博考制度,亦皆卓然名家。至若谢约斋程山讲学,有"六君子"之称;三魏招隐于宁都,有"易堂九子"之号,亦皆各成风气,倾动士流。而博野颜习斋(元)则别立一说,以实用为宗旨,而薄宋明,崇古学,尤为后世所注意。颜弟子李塨,世称恕谷,复传其学,故有"颜李学派"之称。本节即先略述颜李宗旨,然后对其他重要学者略记数语,各明其立说特色所在。虽不能详,亦可供学者检索之便耳。

一、颜李学派略述

颜元,字易直,又改字浑然;后以倡力行之学,取《论语》中"学而时习之"一语之意,自号习斋。生卒年代为公元1635—1704年。

习斋少时原曾一度致力于周张程朱之学,其后以为高谈性命为空虚,遂以"古学"标榜,自立一说,以实行实用为主。而其治学则以"六艺"为先,以为如此方可以治国平天下也。习斋幼年,父被掠至辽东,母改嫁他人,而养于蠡县朱氏。后自知身世,乃归宗,复本姓。曾出关寻父,遇父在辽东续娶所生之女,始知父殁已十余年,乃招魂奉主以归云。习斋生长于穷乡僻壤,与当世名家大儒皆无交接;所学所见,未免隘陋,然持之颇坚。五十七岁,南游河南,与耿极定、张灿然等论学,而信心益强。又曾访张起庵(沐)于上蔡,论格物之义。起庵之学固宗阳明而兼取程朱者,自与习斋宗旨不合,然起庵讲学亦重力行,对于习斋之论亦未尝深辩其得失。故习斋生平亦未尝得诤友以严格讨论其主张也。南游以后,习斋益反程朱之学,故有《朱子语类评》及《四书正误》之作,而其论旨则仍不外尊古学、重力行而已。于二程以来诸儒所探究之哲学问题,习斋固未尝有深切了解,其评语大抵皆属"隔壁议论"也。

习斋于清康熙四十三年(1704年)逝世,年七十矣。其弟子李塨,号恕谷,先学于习斋,后又从毛西河游;足迹遍南北,颇能宣扬习斋之说,故后世合称"颜李",而自成一学派。事实上,恕谷之后,亦罕有言习斋之学者,盖恕谷卒于清雍正十一年(1733年),其时训诂考证之学风已逐渐形成,清代思想已转入另一阶段矣。

颜习斋之著作,以《四存编》为主,即《存治》《存性》《存学》《存人》四者。兹即据此略说习斋之思想。

《存治编》,作于二十四岁时,可说是习斋最早之著作。原名《王道论》,盖以论政为主。而其尊古之态度、复古之主张,皆可于此书中见其端倪。虽属少年之作,盖已代表习斋平生思想之方向。故论习斋之学说,亦当自此编始。

《存治编》所论,大致皆以谈古制为主,理论甚少。然亦有应加注意者如下:

第一,在此编中,习斋自称为"思古人",即此已足表明习斋此时已确定其"复古"态度。此一态度事实上贯串其日后之思想。

第二,编中论"学校"一节,透露其论学之基本主张,大致亦与日后立场相同。其言云:

> ……故古之小学,教以洒扫应对进退之节,大学教以格致诚正之功、修齐治平之务。民舍是无以学,师舍是无以教,君相舍是无以

治也。迄于魏晋，学政不修。唐宋诗文是尚，其毒流至今日。国家之取士者，文字而已。贤宰师之劝课者，文字而已。父兄之提示，朋友之切磋，亦文字而已。……求天下之治，又乌可得哉？有国者诚痛洗数代之陋，用奋帝王之献，俾家有塾，党有庠，州有序，国有学；浮文是戒，实行是崇；使天下群知所向，则人材辈出而大法行，而天下平矣。①

案此所谓"浮文是戒，实行是崇"即习斋论学之基本宗旨。至其谈及历史处，皆似是而非，亦是习斋平生常犯之病，于此少年著作中皆已表现甚明。此外，"学"以治国平天下为目的，又是其言"实行"时之确定意指所在也。

若谓科举之制，自唐以下，皆重文字，而文字之才未必能有治平之用，则亦未尝不然。但问题在于如何治学，方能供治平之用？此在习斋则喜引"六艺"为说。"六艺"指"礼乐射御书数"而言。然则何以如此即能治国平天下？"六艺"在何意义下为有用？《存治编》中皆未详说，当在下文述其《存学编》时再作讨论。此处唯举其文以证其所持之态度而已。

习斋既以治平为"学"之目的，又以复古为治平之道，故遂对井田、封建，甚至宫刑等，莫不主张复古制。然其立论，大抵皆粗疏无当。如其论"井田"云：

……夫言不宜者，类谓亟夺富民田，或谓人众而地寡耳。岂不思天地间田，宜天地间人共享之。若顺彼富民之心，即尽万人之产而给一人，所不厌也。王道之顺人情，固如是乎？况一人而数十百顷，或数十百人而不一顷；为父母者，使一子富而诸子贫可乎？又或者谓画田生乱，无论至公服人，情自辑也；即以势论之，国朝之圈占

---

① 《四存编·存治编·学校》。

几半京辅,谁与为乱者?①

习斋以贫富不均为忧,此原是正理,但以清之"圈占"为例,说明"井田"制度之不难行,则甚为怪异;谓"井田"难行者,正认为强收人民土地为一不合理之事,而习斋乃以异族统治者之侵害行为未有人民能反对为据,以说其可行;则习斋心目中固无人民权益不可侵犯之观念,即认为执政者可效法异族统治者之残民矣。

又如论"宫刑"云:

> 吾所谓复古刑者,第以宫壶之不可无妇寺,势也,即理也。倘复封建则天下之君所需妇寺愈多,而皆以无罪之人当之,胡忍哉?且汉之除宫刑,仁而愚者也。汉能除妇寺哉?能除万世之妇寺哉?不能除妇寺而除宫刑,是不忍宫有罪之人,而忍宫无罪之人矣。②

习斋此种论调可谓颠倒问题;"宫刑"本来是一恶劣之弊政,宦官制度本身又是另一弊政。此二者之当革除,稍有识见者不难知之。而习斋乃以一弊肯定另一弊,而其论据则总归之于拥护"封建制"而已。

习斋论政,即以复行封建为中心论点,凡封建所需者皆肯定之。其思想之陈腐闭塞,虽在当世学人亦不能不觉其不可行。李塨乃习斋最重要之门人,对习斋此种思想亦不能苟同,故作《存治编》之书后云:

> 井田则开创后,土旷人稀之地,招流区画为易;而人安口繁,各有定业时,行之难。意可井者井,难则均田,又难则限田。……惟封建以为不必复古。因封建之旧而封建,无变乱;今因郡县之旧而封

---

① 《四存编·存治编·井田》。
② 《四存编·存治编·宫刑》。

建,启纷扰,一……①

案恕谷原文于此下共举七点,兹但引其"一",略去余六项,盖所论皆属常理。封建之不可复,不待深辩始知;恕谷以议及师说,故列举七项理由,实则皆无特殊理论意义也。而习斋生前对恕谷此种平实之说仍不能接受,故书后末云:

> 商榷者数年,于兹未及合一。先生倏已作古矣。于戏,此系位育万物、参赞天地之事,非可求异,亦非可强同也。②

可知恕谷始终不以习斋之复封建井田为然也。习斋倡"实行",实则其所极力主张者乃根本不可行,盖习斋思想简陋,又寡见闻,种种议论,难免闭户造车之讥也。就政治思想言是如此,就其论学、论性之说看,其病亦大致相类。以下即略论其《存学编》之说。

《存学编》作于习斋三十五岁时(即公元1669年),是年,先已有《存性编》。兹先观"存学",再略谈"存性",因前者代表习斋之理论立场,析论亦须较详也。

《存学编》共分四卷,大抵皆讥宋儒,而自标宗旨,体例甚杂。中有寄孙夏峰、陆桴亭二书;又有"学辩"二段,则记其与王法乾之对话。此外则皆评宋儒之语,称为"性理评"。然其主旨则在"由道""明亲"二节也。以下即撮举其大要。

"由道"一词,依"民可使由之"一语而来,盖习斋以为"由"即实行之意也。其言云:

> 圣人学教治皆一致也。民可使由之,不可使知之,是孔子明言

---

① 《四存编·存治编·书后》。
② 《四存编·存治编·书后》。

> 千圣百王持世成法,守之则易简而有功,失之徒繁难而寡效。①

习斋劈头即标出"守"古之"成法"一观念,其"复古"之立场甚明。习斋所以主张"复古",则由于其对文化知识之发展全无了解,而以古之制度等为最高理想所在。依此种观点看,则所谓"学",即不能是有所推进、有所创造之自觉努力,而只是依循成法以实践而已。于是习斋乃对建立学说、析理求真等活动皆持反对,故云:

> 当时及门皆望孔子以言,孔子惟率之以下学而上达,非吝也,学教之成法固如是也。道不可以言传也。言传者,有先于言者也。②

此谓孔子不重理论之建立,而重实行,以为是所谓"成法"云云。如此了解孔子,自与史实不合,盖孔子正因有一定观念系统,方能创立儒学也。此处有可注意者,即习斋对于"言"之看法。习斋以为道不可以言传,而又云"言传者,有先于言者也",其意盖以为必先有行,然后方能有意;换言之,习斋眼中,一切理论皆无创导作用,而只能为某种"行"之解说。以世界文化思想之历史证之,此说固又违于史实。盖理论学说之兴起,固常有某种先在之客观事实为其发生因素,然此种客观事实不属于人之自觉活动,与习斋所言之行无关,而就人类之自觉活动言,则知识之扩张、技术之进展、制度风气之变易,未有不以观念之引导为动力者,即主动应客观之历史需要,亦一观念也。习斋于此种根本问题皆似未深究,于是其下文遂谓《中庸》之作,"已近太泻",而对宋儒之穷究义理、建立学说则以为是掺杂佛道之说,而"徒令异端轻视吾道";更论之云:

> 若是者何也?以程朱失尧舜以来学教之成法也。何不观精一

---

① 《四存编·存学编·由道》。
② 《四存编·存学编·由道》。

之旨惟尧禹得闻，天下所可见者，命九官十二牧所为而已。阴阳秘旨，文周寄之于《易》；天下所可见者，王政制礼作乐而已。一贯之道，惟曾赐得闻，及门与天下所可见者，《诗》《书》六艺而已。乌得以天道性命尝举诸口而人人语之哉？①

此即谓哲学理论之研究不可以为教。其下再讥程朱，以为二程及朱门后学皆近禅云云。此则是门外汉语，不待详论。而其正面主张，则以为昌大儒学，摈斥异端，应放弃理论而以实效为主。其言云：

> 然则如之何？曰：彼以其虚，我以其实；程朱当远宗孔子，近师安定；以六德六行六艺及兵农钱谷、水火工虞之类教其门人，成就数十百通儒。朝廷大政，天下所不能办，吾门人皆办之。险重繁难，天下所不敢任，吾门人皆任之。吾道自尊显，释老自消亡矣。②

此虽似针对佛道而言，然亦即习斋论学之主旨所在。此种主张在总论诸儒讲学一节中再加发挥，而拈出一"习"字以标明其宗旨。其言云：

> 仆妄谓性命之理，不可讲也；虽讲，人亦不能听也；虽听，人亦不能醒也；虽醒，人亦不能行也。所可得而共讲之、共醒之、共行之者，性命之作用，如《诗》《书》六艺而已。即《诗》《书》六艺亦非徒列坐讲听，要惟一讲即教习，习至难处来问，方再与讲。讲之功有限，习之功无已。③

其下谓宋明儒只以讲学为事，固可使人因此而尊慕孔孟，但不能有实效，然后自述其主张云：

---

① 《四存编·存学编·由道》。
② 《四存编·存学编·由道》。
③ 《四存编·存学编·总论诸儒讲学》。

仆气魄小,志气卑;自揣在中人以下,不足与于斯道。惟愿主盟儒坛者,远溯孔孟之功如彼,近察诸儒之效如此,而垂意于习之一字,使为学为教用力于讲读者一二,加功于习行者八九,则生民幸甚,吾道幸甚。仆受诸儒生成覆载之恩,非敢入室操戈也。但以岁月精神有限,诵说中度一日,便习行中错一日;纸墨上多一分,便身世上少一分。①

习斋宗旨,至此大致已明;然如细按之,则其主张虽明白,其理据则茫不可见,而其所拟议之教法学法尤大为可疑。兹略加评析如下:

第一,习斋反对儒者纯以讲学著作为事,此固系针对明末以降之时弊而发,然以为儒者只应从事实际政治、经济甚至军事活动,而不应讲学,则实是欲将学术理论研究之专业化予以否定。此大悖于社会发展之原理。盖知识之保存累积、学术思想之进展,乃社会发展之必要条件。倘一社会中全无专门从事于学术思想研究之社群,则一切新观念、新制度无由产生,社会无发展,文化亦无发展矣。由此可知,习斋立说之最根本之基础,实是一文化之静态观;盖习斋随传统信仰而认为古代文化尽善尽美,故只言复古不求发展。此较一般儒者之崇古或理想化古代之态度尤见偏执。一般儒者虽有将古代理想化之恶习,然其主张大抵认为古代文化之某种方向最有价值,因之应恢复此方向,但归向古代文化之方向后,仍可有在此方向下之新努力及新发展,如亭林、梨洲即皆是持此种态度者。即船山之偏执传统,亦仍承认历史可有进展,文化社会之前途不能真正回至古代状态也。习斋则根本无发展观念,其复古主张不仅落在肯定古代文化之方向上,且落在具体内容上,于是其主张乃以完全归向古代为目标矣。此种复古主义不唯在理论上难通,且亦无法"实行",正与习斋强调之

---

① 《四存编·存学编·总论诸儒讲学》。

"实行"观念相反也。

第二,从另一角度看,习斋反对宋明儒谈"天人性命",而认为不合实用——即所谓"效"之问题;因此,后世论者即据此而谓习斋反对形上学,而具有科学精神云云。此说就习斋原著看,亦殊不合。如习斋寄陆桴亭书,即云:

> 某闻气机消长否泰,天地有不能自主,理数使然也。方其消极而长,否极而泰,天地必生一人以主之,亦理数使然也。①

此所谓"理数",岂能谓非形上学观念乎?且此种论调固已预认"天人"之某种关系,习斋非不谈"天人"问题也。至于"性命"亦正是习斋《存性编》之论题。于上引寄桴亭书中即自谓:

> 著《存性》一编,大旨明理气俱是天道,性形俱是天命。人之性命、气质虽各有差等,而俱是此善。气质正性命之作用,而不可谓有恶。其所谓恶者,乃引蔽习染四字为之祟也。②

此即习斋《存性编》之主旨,正是对"性命""善恶"等传统问题之一种意见,非真不谈"性命"也。

由此可知,习斋论"学"时,虽反对以形上理论教人,但自身并非不谈形上问题,则不可谓为反形上学也。

至于"科学精神",则与习斋思想正相反;盖科学精神重在创发性之活动,而必以不拘"成法"为假定;习斋论学,则处处强调"成法"。只此一端,已可知其与"科学精神"不合。若论及科学知识之内部结构,则更非习斋所知,尚不如同时之方密之父子能提出"质测"观念而观察"物理"也。

---

① 《四存编·存学编》,卷一,《上太仓陆桴亭先生书》。
② 《四存编·存学编》,卷一,《上太仓陆桴亭先生书》。

第三，若就习斋对教与学之具体主张看，则其蔽尤不难见。习斋可谓"蔽于古"者，其所谓六艺皆古代社会之事；谓应承其精神则可，谓须全套搬来，以之教人，则至为可笑。就古代而论，礼乐已不能不随时变革损益，何况千百年后？书数御射，则更受时代之限制。李恕谷传习斋之说，即不免为时人所讥。至于御射则在后世更属无用。习斋于此"执"而成"迷"，结果，虽标实用为宗旨，其教人之法则既不见其"实"，亦不知何"用"也。

习斋思想最为人重视者，在于其论学之主张，故以上特作析评，以解世人之惑。至于《存性编》中之论性命理气，则殊无新义可说。以下只略述数语。

习斋不甚读晚近之书，又寡交游，故于明末至清初间他人之理论皆所知极少。《存性编》中之主要论点，其实皆早为他人论及，而习斋不知也。例如，习斋主要论点之一，是反对以"气质之性"为"恶"。其实此说在程朱自有其一定理论意义，习斋固未能解。而就反对程朱此论者看，则前有蕺山，后有船山；一从"心性"着眼，一从"存有"着眼。二者取径不同，而于反对分"性"为二之义，各有发挥，几无余蕴。习斋以简陋之言，再谈此问题，则殊不见其重要性何在矣。

又如，习斋喜言"习染"，如"棉桃喻性"一节，言之甚明，然此正不外船山之意。而"习染"须先假定有"受习受染"之可能，则属船山未能正视之问题，在习斋亦更未有所说也。习斋评朱熹之语最多，而其大关键只在于以程朱之学为杂于佛老。然《易传》《中庸》为宋明儒言形上学之根据，此二书固均与佛教全无关系，至于古代南方之形上学观念与先秦儒家之学不同，固是事实，然若依此广泛意义说后世儒家形上学受"老"或"道家"影响，则当以《易传》为此种文献之代表；然习斋固仍误以为《易传》是孔子所作，则又不能视承《易传》者为杂于佛老矣。凡此种种关键性观念，在习斋言论中无一明确者。后世推崇

"颜李学派",以为此派真有一独立之哲学思想,实则未深察问题,亦未详参其说之内容耳。

本书对《存性编》不再深论。至于《存人编》,则作于四十八岁时,内容以劝僧道改变其信仰为主。立论浅而俗,殊未见其可传者何在。大抵习斋自身虽颇有宗教狂热,然对佛道之教义则未有基本了解,兹不具论。

李塨初学于习斋,后又从毛西河习音律之学,因而受西河影响,益反朱熹之说。盖反朱乃西河与习斋相同之处也。然西河宗"古本《大学》",其言心性颇近王门之说(西河为人则全属狂士一流,但此是另一问题);恕谷则始终持习斋之主张,对程朱陆王皆反对。故恕谷虽亦以师礼事西河,其基本思想仍承习斋。此所以世称"颜李学派"。

恕谷字刚主,其生卒年代为公元1659—1733年,出生于清顺治十六年,死时已为清雍正十一年,生平恰经康熙一代,固清朝统治渐趋稳定之时期也。就学风而论,清初诸家并起之局面,至习斋已是尾声,恕谷则仍承其余绪。而恕谷晚年,清代之新学风已渐形成,故恕谷之说虽较习斋为详备,已不能倾动当世;盖此时遗民已渐尽,后起一代已无对传统文化作沉痛反省之心态。顾黄之学说,亦均渐为新学风吸收一部分,至其开创精神则被遗忘,船山之学更属不得传人,颜李一派亦不能再有发展,此所谓时代之限制也。

恕谷由于遍游南北,又广交当世儒者,故其注经论史,皆颇有非习斋所及者。然其著作虽不少,宗旨则不离习斋复古之说,故依哲学史之标准看,可论者无多。兹略述数点,以供学者参考。

第一,恕谷本身已非遗民,而习斋亦未尝特重民族问题,故就政治思想而言,恕谷平生立说,亦不见有民族主义倾向。其著作中有《拟太平策》七卷,大抵以《周礼》为据,而欲恢复古制于当世者。其观念基础自是习斋之复古思想,但在内容上则较习斋《存治编》为通达,如反对恢复封建,而主张加强郡县制下之地方权力,即最显著之实例;盖恕谷较能了解古今之变,虽仍主张复古,而不似习斋之泥执也。除《拟太平策》外,恕谷又有《平书订》十四卷,盖其友王源先有《平书》之作,恕谷取其书订正之也。恕谷之政治思想,大致见于此二著作中。除"复古"之大原则外,较可注意之主张为所谓四"合"之说,即"仕与学合,文与武合,官与吏合,兵与民合"是也。此中最可注意者乃"仕与学合""兵与民合"二点。前者与恕谷对"学"之观念有关。后者则是反对"职业兵"之说,较有实用意义。①

第二,恕谷论"学",则仍承习斋之说,以为《周礼》中《大司徒》篇所谓"以乡三物教万民"为立教之原则。所谓"三物",即指"六德、六行、六艺"而言;其中"六德"指内在修养,"六行"指人伦践履,"六艺"则指知识技能;故就"学"而言,"六艺"尤重要,盖即习斋所谓"实学"也。

恕谷与习斋所以如此强执《周礼》为标准而论"学",其原因可由两面说明。其一就历史标准说,颜李皆未能考订古籍之时代真伪,不知《周礼》乃战国人所拟想之制度方案,而以为真正代表所谓"三代"之古制,故信之不疑。其二就理论标准说,颜李皆不了解学术思想之独立性对文化发展之意义,故总以为宋明讲学之风是一大弊,于是以为知识分子皆应致力于"六艺"(此指"礼乐射御书数"而言),方是有"实用";不知社会进展中,分工原则为不可少者,而分工原则下学术思想之成为专门之业亦属必要也。

由于恕谷承习斋说,以为"三物"乃立教之本,故于《大学》中"格物"之义亦取"三物"释之。于此可转入第三点。

第三,恕谷著有《大学辨业》四卷,反对程朱之说,以为古本《大

---

① 学者可参阅《颜李丛书》中《平书订》及《拟太平策》。

学》无阙，朱氏《补传》不当；然其取古本《大学》，又与阳明一派宗旨全异，而只以"格物""诚意""明德""亲民"为主要观念。其所谓"格物"，即"格"此"三物"，而以"明德"及"亲民"为教"士"之目的。又以"诚意"统"明德"及"亲民"，谓"意"即欲为正修齐治平之事，"诚"即"实其意而定于必为"。① 如此，一方面否认朱氏使人人明其明德之说，另一方面否定"格物"即"穷理"之主张。于是，既不合《大学》本文之意，又将程朱解《大学》时所提出之哲学理论排去，而代之以常识观点，可谓在历史标准及理论标准两面皆无可取矣。

颜李之解《大学》，可视为其说经之一例。恕谷颇用心于诸经之疏注，然其宗旨大抵类此也。

至于以为宋明儒学使天下之学归于无用，而认为明末之衰乱，皆由于此，亦是颜李坚持之观点。② 恕谷晚年与方望溪等争论程朱之得失，仍持此说也。

颜李宗旨，至此已述其大略。总之，就儒学内部言，颜李之说，不唯反宋明儒学，且实亦不合孔孟之旨；习斋自以为能承孔孟，实则未见孔孟立说之要义也。若从理论角度看，则颜李之说总以复古为中心观念；于是其所谓"实用"，乃建立于一文化社会之静态观之假定上。此一假定既不符于历史之实际进程，所谓"实"者乃全变为"虚"，所谓"用"者亦成为幻想矣。近世有谓颜李能开启科学精神者，实大违事实，学者不可不辨也。至于清代乾嘉学风下所谓"实学"，又是另一事，不可仅看一"实"字便误以为颜李与此种学风有何密切关系。此点在下章论乾嘉学风时当再及之。

---

① 涉及恕谷解《大学》各点，学者可参阅《大学传注问》及《大学辨业》，皆见《颜李丛书》。
② 关于恕谷此类议论，学者可参阅《文集》中《寄方灵皋书》。其他类似资料尚多，不及备举。

清初思想除三大家及颜李外,尚颇有可述者。本书限于篇幅不能详言。下节只举其重要者略记数语,以供治清初思想者之参考。

二、其他儒者

明亡以后,讲学之儒者甚多;大别之可分为陆王之传、程朱之传及经世之学三类。兹各举数人于下。

就传陆王之学者说,除梨洲已列专节外,当以孙夏峰为最重要,其次则李二曲也。余如毛西河之宗古本《大学》,作《大学知本图》,张起庵之作《学道六书》,皆大体依于王门之学。此清初陆王一派之代表人物也。

孙奇逢,字启泰,又字钟元,生于明万历十二年,卒于清康熙十四年;以公元推之,其生卒年代为公元1584—1675年,寿逾九十。孙氏在明亡时,年已六十,故在清初群儒中行辈最高;因隐居苏门山,结庐夏峰,故世称夏峰先生。孙氏讲学最久,门人众多,著作亦不少。其中以《理学宗传》《读易大旨》《四书近指》等较为重要。

孙氏之学,以阳明为宗,而有意调和陆王与程朱二派。其《理学宗传》录濂溪以下十一人以为道统所在,不仅并收程朱陆王,且以顾宪成为最后一人;盖东林学派之调和态度,正与孙氏宗旨合也。

夏峰为人宽和。门下趋向不一,夏峰亦不甚在意,盖夏峰虽有调和二派之意,实未能提出一综合理论,只能在个别观念上疏通双方,故可说无确定系统思想可循。弟子既多,亦各自寻一出路而已。观《四书近指》,夏峰在践履方面固亦常有种种体悟,然即就工夫论而言,亦未尝自立一说。总之,夏峰之长在践履不在著述,其立论之界限亦欠严明。如《理学宗传》一书,梨洲即颇议其轻重不当矣。至于

《语录》中答门人问,亦每每宗旨不明,如论及"本天""本心"之说,竟以为"本心"乃佛教义。此与阳明一派宗旨大悖,然夏峰平生固宗阳明者也。① 夏峰当时虽称尊宿,然后世儒者罕宗其说,亦夏峰立说太宽泛之故也。

李二曲则不同。二曲名颙,字中孚,陕西盩厔人,讲学于关中,故称"二曲先生"。生于明天启六年冬,卒于清康熙四十四年;以公元推之,生卒年代为公元1627—1705年。

二曲幼孤而家贫,苦学有成,中年时已名满关中,后复至江南讲学。其学承陆王而不废程朱,盖以为学者当先明心性以立其本,然后取诸儒之长以助践履也。二曲少年颇事博览,亦常论及时事及政治。② 晚年则以为此类著作皆无甚重要,只取《四书反身录》为教人之用,盖二曲确承"成德之学"之传统,所重在自我之超升,故轻视见闻记诵之事。顾亭林至关中,与二曲交往甚多,然二曲总以为亭林之学偏重外在知识,于"自己身心"无甚关系,亭林亦无以折之也。二曲中年以后,极重践履工夫,故特重"悔过"一义,盖深知人之进德成德皆是一步步向上之过程,所重者不在原先是否有过,而在于能否努力改过也。著有《悔过自新说》专明此义。读此文可知二曲在工夫上之切实体会,实与谈玄说妙者不同也。

二曲属于朴实一路,不喜炫露才气。同时喜谈阳明之学而与二曲气质相反者,则为毛奇龄。

毛奇龄,字大可,世称西河先生,生卒年代为公元1623—1716年。早年原以遗民自居,与反清势力颇有交往;后忽变节,于清康熙十八年应博学鸿词试,遂充《明史》纂修官。非如亭林、二曲之以高节

---

① 参看《夏峰语录》,"孔伯问"一条。
② 李二曲四十岁前著有《时务急策》《经世蠡测》等,又有《十三经纠谬》《二十一史纠谬》等;晚年皆不以示人。

自持也。

西河为人,属狂士一流,少时绝慧,成人后才气亦高。其治学甚广博,然立论多浮泛。平生最喜争辩,然争胜之意强,未必皆为理而争也。

西河博考经史,能知图书解《易》一派非儒学正传,著《太极图说遗议》《河图洛书原舛编》等,证宋儒混取纬书及道教之说而解《易》为一大病。其说虽未完备,然亦为考儒学史者所不可忽视之文献也。但西河自身立说,引证亦常不确,又有以臆说欺人之习,故颇为后人所议。

关于心性之学,西河有《大学知本图》《知本后图》及《图说》等,自谓得"高笠先生"所授,而出自关东贺凌台云云。贺凌台乃贺医闾之孙,而医闾见于黄氏《明儒学案》卷六,为白沙门下;其学固无甚过人处,不知西河何以托其学于贺氏也。《知本图说》大旨不外以"本末"及"先后"言"格物""致知",而谓"格"后乃"知"所谓"修身为本"。此则与淮南格物之说大致相同。又谓"修身以诚意为本",而以"慎独"说"诚意",此则不外蕺山之说也。《知本后图》及《图说》则以《大学》之"心、意、知"与《中庸》之"性、道、教"相比而为言,以《大学》之"明德新民"配《中庸》之"成己成物"。凡此种种,皆未见有何创意。然西河之反朱学,则于此可见,盖其所取之说,大抵皆出于王门也。

此外如《析客辨学文》力主阳明良知之说①,《辨圣学非道学文》力言宋儒杂取道教之说混于儒学,皆足见西河亲陆王而反程朱之思想倾向。至西河之缺乏践履工夫,则又是另一事也。

西河治学原已非以哲学研究为主,但其为王学申辩,则立场明确,故论清初言陆王之学者,亦不能遗西河而不论。至西河解经力反

---

① 可参阅《西河文集》《西河合集》。《遗议》及《原舛》均载《合集》。

朱说,亦人所熟知,然于程朱之学固未能作系统评论,即对宋儒之误信伪书,亦不能作客观批评。譬如古文《尚书》之伪,阎若璩之考证大致已成定案,故梨洲序阎氏之书,即依此而直指宋儒之误。西河则反为古文《尚书》强辩①,又与其平日立场不同。盖西河虽反图书解《易》之传统,然于汉以来经籍之混乱问题实未作全盘观察,故对宋儒治学在历史方面之错误亦未能确知也。

清初言阳明之学者,尚有张起庵(沐)。起庵受夏峰影响颇大,然其立说,专重"求放心"之义,盖深契于孟子至阳明之心性论者。起庵早年著《道一录》,欲据阳明评朱之说以摄朱于王,后知其不妥,乃告学者不必看此书。又作《学道六书》极力发挥"心学"。晚年则兼取程朱"穷理"之说,而立所谓工夫次第之论,然亦只以"穷理"为"存养"之一事,可视为对王门工夫论之扩充,而非真承伊川、晦翁之旨也。②

清初承明末反王学风气,传陆王宗旨者实不多,以上已举其最重要之代表人物。兹再对传程朱之学者稍作叙述。

传程朱之学者,为数甚多。第一代表人物,当推陆桴亭。陆氏名世仪,字道威,号刚斋,晚号桴亭。原为明诸生,明亡后即隐居讲学。著作甚多,当时刊行者已有《性善图说》《庚子东林讲义》《论学酬答》《宗祭礼》《月道疏》等,后世刊行者有唐受祺汇印之遗书二十一种。然最能代表桴亭思想之作,则为《思辨录辑要》,盖取桴亭多年来读书笔录编成者。其书广论儒学、佛道及诸子之说,且旁及于天文地理、政治制度等,桴亭之学力识度,皆可由此见之。

桴亭以程朱之学为宗,故极强调居敬穷理之工夫理论;其倡"力

---

① 参阅毛著《古文尚书冤词》及《寄阎潜丘〈古文尚书冤词〉书》《与阎潜丘论〈尚书疏证〉书》等,俱见《文集》。
② 参阅张起庵《游梁书院讲语》,见《溯流史学钞》。此书合《语录》《文集》为一,体裁殊为特别。起庵思想大略皆见于此书。

行",亦即不离此种工夫践履说,非颜李所谓"行"也。但桴亭虽以居敬穷理为圣贤入门正法,于陆王之说亦不全以为非,但以为每有不妥处而已。大抵桴亭立说,颇为和平,即以评议诸家之语而论,亦无攻讦之词。此则其气象过人处。

桴亭因承程朱之说,故其论儒学中种种哲学问题,亦罕有新见,且常谓儒者不应各自立一宗旨,而蹈矜炫之病;盖桴亭于明末门户之习深为不满,故其论学,总以门户之纷歧为"学"之败坏之征也。[1]

桴亭亦实有经世之志,故其治学亦务广博,于制度之沿革得失尤常留意。此似近于顾亭林。然有大不同者,则是亭林全无哲学兴趣,轻视天人心性之说,桴亭则以其哲学兴趣支持其经世之学,而认为种种有关经世之知识,皆属穷理之事也。

桴亭讲学,颇重"性善"之义,自谓先后数转方有定说,然其归宿仍不外将天道观与理气之说合为一理论结构,回头再以之说孔孟宗旨。细微处虽常另有说法,大体仍是朱熹之路数,对"主体性"之悟解亦似未明透。此所以桴亭虽心胸广阔,且无门户之见,其学终只能视为程朱一派之传,而非一更高之综合系统也。

桴亭以次,专主程朱宗旨者有张杨园(履祥)、陆三鱼(陇其)、张敬庵(伯行)等,皆力排阳明之学。此外又有熊赐履、李光地诸人,皆属出仕于清廷者,挟其位势而提倡程朱之学,于是一时风靡。清康熙、雍正间,学者遂罕言陆王矣。

自明代科举取士专重朱注,程朱之学本已成为官学。阳明之后,风气稍变,然程朱说之官学地位,并未完全动摇。明亡而满人统治中国,一时遗民讲学,各立宗旨,思想界本有求变之趋势。然至康熙时,言程朱者纷纷立于朝,于是程朱之学又重获其稳定地位,真成为"明

---

[1] 参阅《思辨录辑要·大学类》。

清官学"矣。

程朱之学说,本身自有确定价值,亦有明显理论困难。然一旦成为官学,则其得失长短,皆转不为人所注意;盖世俗知识分子大抵易受官学影响,未必真于此种学说有所体认也。汤潜庵(斌)答陆陇其书,即痛说此意,盖程朱之学经政府当道者之提倡而大盛时,从风之人虽多,大抵皆附和趋时而已。此辈于程朱之学亦大抵并未深究,故潜庵深表慨叹,而极恶时人之以谩骂陆王之学为能也。[①]

总之,清初程朱之学表面极盛,然其原因主要在于在朝者之提倡。结果则人人言程朱,而此一学说本身并未由之而昌明;自清乾隆以后,学风又另有转向。于是居官学地位之程朱之说,反见其日晦矣。

除程朱及陆王二派外,清初儒者另有特重经世之一派。顾亭林及颜习斋亦皆以此为主要倾向,已见前各节。兹再对此一派之重要人物稍补数语。

宗程朱之儒者,如陆桴亭、张蒿庵(尔岐),皆亦治经世之学。桴亭已见上文;蒿庵则穷二十年之力以研礼,其旨趣固在于考订制度备经世之用。故所谓经世之学原非完全独立于程朱、陆王二派者,但此外亦确有专谈经世致用,而于心性理气之论全不留意之儒者,此即应加补述者也。

清初有所谓"易堂九子",即指宁都三魏及其友人而言,而易堂学风即专重经世也。宁都三魏即魏祥(伯子)、魏禧(叔子)及魏礼(季子)。明亡后,魏氏兄弟隐居于距宁都四十里之翠微峰,其后友人多有移居峰中者。其中有彭士望(躬庵)、林时益(确斋,原名朱议霶,明之宗室,明亡变姓名)、李腾蛟(咸斋)、邱维屏(邦士)、彭任(中叔)、曾

---

① 参阅《汤子遗书》,《文集》,《答陆稼书书》。

灿(青藜)等人,与三魏合称为"易堂九子",盖属于民间抗清之势力。

易堂之讲论,以魏叔子为主,其宗旨则一面提倡古文,一面提倡实学,所谓"实学"即经世致用之学也。

魏叔子论经世之学,有一最大特色,即虽研求古代已有之制度,而决不拘守成法是也。叔子答曾君有书,即由论兵法之万变不穷,进行言"天下实无一定之法";而述其志趣所向,则谓"禧尝欲集诸同学志当世之务者,各因其所已知,而讨古论今,以成其说"云云①;可知其意欲从事建立理论及制度之工作,非颜李之专言复古可比也。

易堂九子中讲学自各有偏重处。如彭躬庵虽究心经世之学,亦谈阳明、念庵;邱邦士虽治经史,而独用心于西方之数学;曾青藜则以诗赋见长,彭中叔则治《礼记》,皆不全相同。然易堂自以经世致用为其共同宗旨。叔子寄程山谢约斋(文洊)书,即言"程山易堂大抵于礼用中各有专致"②;盖"程山六君子"自谢氏以下,皆讲程朱之学,故叔子指为"立体"之学,以别于易堂之"致用"也。

此种求"致用"之思想方向,既与纯哲学之研究不同,亦与日后清代考订训诂之学风不同。盖易堂诸子原怀有设计制度、改革政治之目的,故其所谓"实学",实作为一种政治运动之准备。然此种运动未能形成,故其所谓"学"亦不为人所注意。后世谈及魏叔子,每视之为古文名家而已。

༄ ༄ ༄ ༄ ༄

以上已述清初思想之大略,本章至此结束。下章略论乾嘉学风,并对戴震之思想作一简述,即结束本书。

---

① 参阅《魏叔子文集·答曾君有书》。
② 《魏叔子文集·复谢约斋书》。

第八章 乾嘉学风与戴震之哲学思想

清初儒者,趋向繁异,已如上章所述。清康熙末年,诸儒先后谢世,此后清代学风即有一转向。此种学风盛于清乾隆时,至嘉庆时犹未改变,通常称之为"乾嘉学风"。就中国传统思想之演变言,"乾嘉学风"实代表最后一阶段,盖再后至于道光、咸丰时,则西方势力来侵,整个中国文化思想皆进入一面临新挑战之阶段,即进入所谓"近代史"时期矣。在"近代史时期",中国文化思想——包括纯哲学之研论,皆须在一新配景下,合中外而观之,故与此前之情况迥异。中国哲学史原以传统中国之哲学思想为课题,故即应在进入"近代史"时结束。至于近代至现代之中国哲学思想,则应另有专书析论。因此,本书即以本章结束全文。

乾嘉学风下,哲学思想被学人有意忽视,故此时期中可供评述之正面理论甚少。然休宁戴震,虽为乾嘉巨子,自身则另有涉及哲学问题之意见,故本章除对乾嘉学风作一概说外,即对戴氏之说作一析论。盖在乾嘉学人中,戴氏实是唯一曾提出哲学观点者也。

至于乾嘉学风本非从事哲学研究者,何以本书论述及之?则其理亦甚易明。凡直接作哲学问题之正面探究者，固应为哲学史论述之对象，对哲学探究持某种否定态度者，亦实涉及对整个哲学之某种观点或意见；此在另一意义层面上，仍属哲学问题也。此义阅下文自明。

第一节
论乾嘉学风

本节论所谓"乾嘉学风"，分为以下数点：

第一，"乾嘉学风"原非突然出现，其形成自有一历史过程。另一面，虽就历史过程看，乾嘉之学风在步步形成中亦有自身之演变，然其演变结果遂成为定型。就定型阶段而言，则遂可说"乾嘉学风"之确定特色。由此，下文先论"乾嘉学风之形成及特色"，盖兼就动静两义说之，演变乃"动"一面之事，定型则"静"一面之事也。

第二，说明"乾嘉学风"之形成及特色后，便进一步就哲学史角度观此种学风在主观方面之要求及在客观方面之影响；盖在一种学风下，学人之自觉要求何在是一事，而客观上生出何种后果又是另一事。二者常非完全相合。通常哲学史所注重者，大抵偏于立说学人之志趣、宗旨及精神方向，此皆属于自觉要求一面。本书原亦不离此常轨。但"乾嘉学风"本身非纯属哲学思想范围内之学风，其重要性正在于对一时代之哲学研究有某种客观影响，而此种影响大体上原非代表此学风之诸学人自觉所及者。由此，论此一学风在哲学史上之意义时，反不得不偏重其客观影响矣。学者知立说者之自觉要求，与其说之客观影响之不同，则许多观念上之纠结皆可自解，而对此代表清代思想之"乾嘉学风"之真面目亦不难有平正之衡定矣。

辨明"乾嘉学风在哲学史上之意义"后，大体上论旨已尽，第三步即对此学风下之重要学人作一简介,即以"学人识略"为题。此中固以正面代表人物为主,其另有新趋向之同时代人物亦附及之。唯戴震(东原)另列专节,不在识略之列。

一、乾嘉学风之形成与特色

就"乾嘉学风"之形成过程看,此一学风之观念根源自当溯至清初所谓"经世致用"之说,但二者间之关系乃一演变过程,而非直承关系。此所以标出"形成"一词,盖所谓"乾嘉学风"绝不同于"经世致用"之学风,不过此后起之学风由其前之学风步步变化而成,此处所论者不过此一变化过程之大线索所在而已。

王国维论清初之学与乾嘉之学,以所谓"经世之学"与"经史之学"分称之①,然于前者如何演变为后者,则未作说明。梁启超《清代学术概论》中,则以"启蒙期""全盛期""蜕分期""衰落期"四阶段论"清代学术"②,此盖将"清代学术"作为一整体而观之。其实梁氏所谓四期之学术思想,彼此间歧异颇大,虽在时间方面看,同属于清代,未必即可视为一整体也。然梁氏此说又基于另一观点,即认为所谓清代思想或思潮,虽各期不同,而有一共同方向——即所谓反宋明理学而以"复古"为职志云云。③ 由此可知,梁氏之整体观念固非以时代之划分为基础,而确认定其所论之四期思想,乃一同方向之思潮之不同阶段,乃就此共同方向而视之为整体也。此一观点较重发展变化之意义,似有为观堂所未及论者。然梁氏以清初经世之学为"启蒙期",而以乾嘉之学为"全盛期",则竟视此二者为先后直承之二段,则殊未得要;盖由清初至乾嘉间,学术思想虽确有一演变过程,然非"启蒙"

---

① 见王国维《观堂集林·沈乙庵先生七十寿序》。
② 见梁启超《清代学术概论》,一。
③ 梁启超《清代学术概论》,二。

与"全盛"之关系——若幼童至成人之生长过程然。清初之学并非乾嘉之学之幼年期,并非自然发展为乾嘉之学。其间变化另有关键。梁氏于此,尚不免为习惯所拘,未能作严格理论考察也。

经世致用,乃清初思想之特征。此点自无问题。然此一以治平为宗旨之学风何以变为考证训诂、音韵文字之学,而终与天下治乱若不相干,则其中自有演变关键,不可忽而不论。学者似无理由遽谓经世之学必"成长"而变为与世无关之学也。然则旨在治平,而言致用,何故竟变为纯粹追寻客观知识之乾嘉学风?此则必须由言致用诸儒思想内部寻求解答矣。

以顾炎武为例,顾氏以反清为志,半生从事反清运动,则就其自觉主张言,断非提倡闭门考索之学者。然顾氏之言"经世"与"致用",另有一预认之观念为基础;此即言"致用"必须"通经","经世"之道必须求之于"六经"是也。此一观念,就历史渊源看,虽是多年来儒者之习惯信仰,然在理论上则与"经世"之目的原无必然关系。倘真以治平为宗旨,则六经以及诸家学说,皆只能以是否对"治平"有"用"为断,不应反将治平之道限于六经也。但顾氏有此观念上之颠倒,于是所谓"致用",即先转为"通经致用"之主张矣。①

"通经致用",自汉儒已言之,然与顾氏思想又稍有不同处。汉儒以治经为本业,为说明治经之意义,而再言"通经致用",其重在"经"。顾氏本以治平为宗旨,但因信仰所趋,而认为欲达成治平之大用,必须求其道于六经,故是因"用"而言"经"。换言之,汉儒以"通经"为目的,而以"致用"为其效果;顾氏则以"致用"为目的,而视"通经"为其基础条件。说经义可以有用,是一事;说一切有用者必求之于经,则是另一事。此中轻重之别,亦正标示由清初至乾嘉间,学风演变之一

---

① 关于亭林思想,已见前章。此处所言乃亭林之基本主张,集中处处可见,即不另作引证。

关键也。

顾氏既言"通经致用",则从事治平之努力,遂当以研究经籍为基本工作。"致用"之学遂变为治经之学。是故,顾氏反宋明理学时,其主张亦是以"经学"代"理学";盖顾氏之见,以为外而治平,内而成德,皆须求其道于六经。此固即梁启超所谓"复古"之意,亦表明此种经世之学自始即不代表一创发精神,而有极浓之保守主义色彩也。

"致用"必恃"通经"为基础,然则"通经"之工作要点何在?此处显然首先涉及一严重问题,即所谓"经"者本身之内容及解释有无定准;此问题倘无明确答复,则经本身尚无定解,如何能据之以求治平之用乎?于是由"通经"乃须转往"考古"。此是第二关键。

"致用"本不必然依于"通经",因所求之"用"不必为古经所必有,更不必为古经所独有。此所以上文谓此二者间原无理论间之必然关系。亭林及其同时同调人物所以求"致用"而以为必归于"通经"者,乃因通过一传统主义之信仰而然,而此信仰本身之成立在亭林或其同调之论著中并未提出理据。盖只是一预认之态度而已。故就由"致用"转至"通经"而言,此处可谓无客观之必要根据,而只有主观信仰上之根据;今再进至由"通经"至"考古"之转变,则情况不同。由于中国经籍本身之内部问题,凡真欲"通经"者,不能不先致力于考订工作;因此,就历史之实际言,由"通经"转至"考古"乃有确定客观根据或客观必要。

此点凡稍通经学及古史者皆当能了解。治经之事,自汉始有之。而经籍本身之种种问题,亦自此时形成。盖秦火之后,百家之书皆在被禁之列,及汉兴而恢复古学,则今古文之争旋起。汉代官学皆用今文,然其中已杂取五行谶纬;另一面古文之学在东汉末即日盛于民间。马郑皆治古文,而未尝不取图书谶纬以解经。其后王肃虽颇诋郑氏,然所治固亦是古文之学,且自造伪书(如《家语》),其影响益为恶劣。而降及隋唐，则孔颖达等之《五经正义》，大抵皆用古文家之说。更后之《十三经注疏》仍承此路向，所存今文之说，不过何休之《公羊》注而已。此今古文盛衰之大概也。

汉儒解经，不仅有今古文二派之异，即今文一派内部亦有所谓师传家法之不同，故解经早无定说。更严重者则是资料之真伪及观念之混合问题。战国时托古之风已大盛，秦汉之际，伪书尤多。挟书成禁之后，学说之传授已不公开；另一面南北一统，不同根源之种种观念思想亦日趋混合。于是自汉代立博士以治经时起，种种伪书杂说，纷然并陈；至隋唐时则几成久假不归之势。即以今本《易经》而论，其组成至为复杂；隋唐官学全不加以考订，而统依旧日传说，言伏羲、言文王、言孔子，不知此种传说绝不合于历史之实际也。至将伪古文《尚书》信为孔壁之旧，尤属人所熟知。其他更不待枚举。总之，秦汉以下，经籍资料真伪混杂，观念来源混乱，而隋唐官学但顺俗说而全盘接受。于是至宋儒为复兴儒学而讲诸经时，其所据资料皆此种真伪不分、时代不明、观念混杂之经籍也。宋儒理论兴趣较高，于是又据其所见之"义理"另解诸经。倘视为借经立论，则各家之说固极多可取者，但若真言治经，则不辨真伪，不考时代，亦不能客观探究古史及古代语文，其说之不能符于经籍原文原意，自属当然矣。

亭林一流学人反宋明儒学自言义理之风，而欲归于古经以求经世之道，则其面临之工作，首先自即为对经籍本身之清理考订。此是客观情况之决定，"通经"不得不又归于"考古"也。

然"考古"乃客观知识之寻求，距所谓"致用"愈远。且寻求客观知识时，须重客观方法、客观求真之态度等，而必须抛开后果观念。此又非亭林与其同时人物所能完全接受者，故亭林等人虽已因求"通经"而注意考古，然于有关伪书或托古之作等大问题，皆未能真正用力。如辨古文《尚书》之伪者以阎若璩为代表，而阎氏固梨洲之后学，已属于下一代;至于更臻严密之考订训诂,则更属迟出。

顾黄一辈固皆重"通经",且因之不能不"考古",然考订训诂之成为独立之学问,则乃乾嘉时代之事。以顾氏本人而言,其旨趣终在于"致用",而非作客观研究。但顾氏所从事之实际工作,又有对考订训诂大有助力者,即古音古训之研究是也。顾氏著《音学五书》,自谓与治平宗旨有关,此见其个人之不忘"致用"。然就此种研究成绩本身而言,则开出对古代语言作深入客观研究之风。此反是其工作之确定意义所在。而此种工作之承继发扬,即乾嘉学人之事矣。

由"通经"之要求,进至古文字及古音之研究,此乃一更趋客观之研究态度。盖顾氏一辈人所谓"通经"或"经学",原不过求之于汉至唐之注疏。然自汉以来,早有门户家法之争,隋唐注疏更不外承袭旧说。若汉人解经本身之缺点,及各家之得失,则不能于注疏之研习中求得解决。例如,汉人训诂,总以"字"为主,于是对古之成语合辞皆不得其解,王国维论之甚确。[①] 此种弊病,若欲纠正,断不能乞助于注疏本身,而必须另求客观标准,而古文字之研究即可提供此种标准矣。古文字之学在乾嘉固未大盛,盖金文之整理,已在乾嘉巨子之后。甲骨文之发现更晚至清末,然《说文》《尔雅》之研究,则固戴、段、二王所倡导也。由文字音韵本身之研究,以建立训诂标准,于是,治经者不唯研习已有之注疏,且进而可正注疏之误。乾嘉学风主要贡献正在于此,而亭林之研究古音,已启之矣。

总之,由"致用"而"通经",由"通经"而"考古",再进至建立客观标准,以训释古籍,此即由清初学风至乾嘉学风之演变过程。而当客观训诂标准建立时,乾嘉学风即正式形成矣。

至此,乃可说乾嘉学风之特色。

---

① 参阅《观堂集林·与友人论诗书中成语书》。

合而言之，乾嘉学风之特色，即在于提倡客观研究，追寻客观知识，其研究范围则以古籍为对象。古籍中虽以经为重，但其研究态度只在于了解古代文化制度之实况，于是就所获知识之性质看，实是一种史学知识。故乾嘉之学可说是一种广义之史学，经籍之研究，亦化为此种史学研究之一部分。亭林欲以"经学"代"理学"，然学风演变之结果乃为以"史学"摄"经学"，此亦清代学术演变之一要点也。

清初诸儒虽有极重史学者——如梨洲及其门下，然其治史与通经相辅，皆以"致用"为归宿。乾嘉学风则以追寻客观知识为宗旨，而建立广义之史学，以收摄一切经史子集之研究。此中乙部资料自亦是研究对象，然所重者非与"经学"分立之"史学"，而是统摄意义、方法意义之"史学"，即所谓"广义之史学"也。依此，则观堂直以"经史之学"一词描述乾嘉学风，尚未免皮相之病。乾嘉以下诸学人考补史籍之作虽至富，然所谓乾嘉学风之特色，不在具体工作成果上，而在统摄此一切研究工作之原则性观点上，此观点即上所说之广义史学观点也。

以上是合论，倘分论其特色之表现，则有三点可说：

第一，乾嘉学风不拘家法，与株守注疏者不同。

此点涉及俗传所谓"汉学"问题，应稍加说明。乾嘉时有惠士奇及惠栋父子，倡所谓"汉学"，因反对宋明而主张以古义说经，故世人每以为此派之说与戴、段、二王之学皆属于所谓"乾嘉之学"。而惠栋门下江声、余萧客诸人，皆益坚持此种门户之见。余萧客弟子江藩又作《国朝汉学师承记》，于是"汉学"与"宋学"对立，而另一面又与"乾嘉学风"相混。实则惠氏一派之学，与戴、段、二王之学大异。戴、段、二王之学，在理论立场上，可溯于清初之黄白山（生）①；其特色在于追

---

① 案黄生，号白山，原为明诸生，而独治文字训诂之学。所著《字诂》一卷、《义府》二卷，后皆由戴东原献于清廷，收入《四库》。其人与江、戴、段、王虽无直接渊源，然其思想方向，则最重客观知识之寻求者也。学者可参阅《清儒学案》（徐世昌编），卷二十四。

寻客观知识,建立客观训诂标准,故为乾嘉学风之代表。惠氏之学则以株守汉人成说为主,全无客观是非标准,只是乾嘉时期出现之另一保守盲从之学派,与"乾嘉学风"不可相混也。

乾嘉之学,欲建立客观标准以考正一切旧说,自不能接受惠派专守汉人之说之态度。故王引之即讥惠栋"不论是非"而只从旧说。① 其实汉人本分门户,其成说亦互有冲突。于是,惠栋在涉及汉人彼此冲突之说时,又不能不否定一部分汉人成说。如其解《易》,以"箕子"为"荄兹",取孟喜说而否定施雠及梁丘贺之说,遂致其专尊汉人成说之立场亦不能维持②,当时代表宋学之方东树即取此类惠氏言论以讥其自身不能有一致之说③。实则,株守家法,而不问真伪是非,乃必不可行者,固不待枚举其特殊论点而后知也。

乾嘉之学不拘于成说,而一意求真,此乃其学风最可贵之处,与所谓"汉学"比观则益显著。故即以此点作为其第一特色。

第二,乾嘉之学虽不拘成说,然亦不凭臆断以解经籍,此则见其学风与宋明儒之不同。

宋明儒重义理而疏于考证训诂。即以朱熹之广注群经,又曾注意辨伪问题,亦终不能严格审定经籍之时代,复不能以批评眼光清理传统,以观古史;以致释经文时,常离开客观标准而极力以经文配合某种预立之理论系统。由此,凡经籍之文或说经之语中与自己系统相容者,不论其是真是伪,皆一律接受。此在乾嘉学人眼中,即全属臆断之说也。

案此处涉及一理论问题,即纯理论研究与涉及历史之研究间之差异问题。若纯作理论之探究,则本不需依赖前人之说,而种种论点

---

① 参阅《焦氏丛书》,卷首,《王引之手札》。
② 参阅惠栋《周易述》,卷五。
③ 方东树著《汉学商兑》一书,攻惠派甚烈。学者可参阅之。

亦无需合乎经籍原意,但如此立论时,便应自觉到自身所涉及之理论范围,而不应勉强对自己之论点与某种历史意义之问题相连。否则,即成为妄谈矣。宋儒各大家之立说,作为理论看,不论得失如何,皆总有一定意义或重要性;然不幸宋儒自始即怀一涉及历史之"道统"观念,于是各家立论,虽实不能与古经古说密合,却自谓所说乃经籍原旨。由是,此类学说遂皆蹈一妄言假托之大病矣。

清人之宗汉儒说经者,每以为宋儒立说不合汉儒家法。其实此处又有一最为有趣之事实,而常为人所忽略者,此即宋儒除自立某种理论外,其涉及经籍及古史之知识,大抵皆承汉以来之成说。而此中种种谬误,宋儒皆不作考辨而盲从不疑,则正是宋儒学说中涉及哲学史观念或问题一部分所以千疮百孔之故。清人之争汉宋门户者于此种重要事实反未深察,亦至可怪也。

例如,宋儒立说,大抵皆宗《易传》及《礼记》中之《大学》《中庸》及《乐记》等。然以《易传》为孔子所作,司马迁言之,正汉人之说也。《礼记》为汉人所编,其各篇来源不明,而谓《中庸》为子思所作,亦汉人之说也。其他如据伪古文《尚书》而言"道心"与"人心",混纬书中之图书之说而解《易》等,皆出于汉人之传。盖汉魏以下之经生议论,至隋唐而成为官学,士人读书,大抵皆取材于此,因是,此种种可疑甚至荒谬之说,竟成为一种常识。宋儒即凭此种常识为资料,而另作理论思考以建立系统。就其系统言,皆有匠心独造之意味,但就其资料言,则皆未经考辨之常识及传说也。故宋儒之病,不在于不能承汉儒(如惠氏父子所论),正在于不能作客观研究以纠正汉以来之种种成说耳。

总之,宋儒学说本可分两面看。就理论标准看,则宋儒建立种种系统,自非汉儒可比。宋儒自命为"义理之学"而轻视汉儒"章句之学",亦即是从此一角度说自身之立场。但若就历史标准看,则宋儒据不出于孔孟之经籍而谈孔孟，据伪书及传说而塑造"道统"，又盲从汉以来之成说以释经，则无一处可以自立。宋代亦有如北宋欧阳修、南宋陆九渊之不信《易传》出于孔子者，然在当时皆被视为怪诞之说，则宋儒之不能考史不待辩矣。

倘宋儒只建立哲学理论，而不诉于孔孟，不言及道统，则可以不受历史标准之裁判。但宋儒既自以为所讲乃孔孟之学，又依传说及常识塑造道统。此二者皆涉及历史，却不能置历史标准于不问矣。故若有重客观研究之学兴起，而只取宋儒学说在历史标准下之种种缺点为批评对象，则将只见宋儒一无是处，而不见其理论方面之意义。此即乾嘉学人所以皆力排宋学也。

乾嘉学人自身又有一识见上之限制，即不能了解除历史标准外尚有理论标准，亦不能知所谓纯哲学理论另有一意义领域。于是，以其广义史学立场批评宋儒时，即只用一历史标准。结果，宋儒在乾嘉学人眼中，遂成为凭臆断以解经、执意见为正理之说。后一点涉及纯理论上关于"理"之解释问题，乾嘉学人于此实未能窥宋儒诸说之义蕴，此点下文论戴震思想时再作析评。兹专就前一点言，则在历史标准下，宋儒之解经确有此病，而乾嘉之学重客观知识及客观标准之特色。由此相映而亦益显矣。

第三，若就清初学风与乾嘉相比，则乾嘉之学又有另一特色，此即不以"效用"混"真伪问题"是也。

如前所述，由清初求"致用"之学至乾嘉追寻客观知识之学，固有一演变过程——即由"致用"而"通经"，由"通经"而"考古"，再因"考古"所需而有文字音韵、名物制度之客观研究。但此演变之结果所形成之"乾嘉之学"，则与"致用之学"又有一极大殊异。盖演变过程之两端固常可有互相反对之处也。

清初言"致用"，即以治平为主要宗旨，其间虽亦有就"成德"说

"用"者——如李二曲,然非此思潮主流所在。乾嘉学人在个人方面固亦有常言"致用"之意者①,但就整个"乾嘉学风"看,则此学风下之学术成绩,大致皆属于对古代之客观知识。此种知识是否能称为"有用",则是乾嘉学人所未尝重视之问题。而当时学风下之一般观点,似亦直认此类客观知识本身为有极高价值者,而不复求其效用也。

梁启超谓乾嘉之学风乃"为学问而学问"②,盖即指此诸学人不以"致用"为宗旨而言。此固无甚不妥。然梁氏即由此而谓乾嘉学风代表"科学精神"③,则所涉问题较多。此处即顺便作一讨论,以结束对"乾嘉学风之特色"之陈述。

就上文所分举之三特色看,则不拘家法即不盲从权威或传统,不凭臆断即不依赖个人信念或爱好,不杂效果即不视知识为工具,三者似皆合于通常所谓"科学精神"。更就其全面言之,则乾嘉之学是追寻"客观知识",亦正与科学研究旨趣相合。故到此为止,谓乾嘉学风代表"科学精神",似亦是一自然结论。然尚有进一步之问题不可忽视者。

今试就乾嘉之学之总方向看,此学风下之研究成果范围显然限于对古代之了解。然则,此范围由何种因素决定?此绝不可归之于"科学精神",盖"科学精神"不能与"古代"有何意义上之联系也。故乾嘉之学,在研究态度及方法上,可谓合乎广泛意义之科学精神,然此种研究自始即受另一与科学精神无关之因素所约制。而此因素简言之,即对传统之信仰是也,此种信仰亦即所谓"崇古"之观念。其主要内容在于坚信古代之学术知识之完美。此与通常所谓对文化成绩

---

① 如戴东原即屡屡有此类说法,盖东原虽创导乾嘉之学风,其兴趣颇为复杂,与此派其他学人颇为不同也。
② 见《清代学术概论》,十三。
③ 见《清代学术概论》,十七。

之尊重又有不同。盖尊重文化成绩,乃基于对文化之整体性之自觉,知今古不能分立对敌,则承受成绩不碍创发活动;此是一开放态度,有理性根据。而坚信古代之完美,则基于将古代理想化之情习,以为真理及价值皆须求之于古,乃不能有真创发;此是一封闭态度,亦属非理性者。乾嘉学风虽重客观知识,然其研究大抵皆预认此种"崇古观念"为动力。故乾嘉学人终不能使中国之科学研究兴起。且在清道光以后,西方压力日增时,国人欲振兴科技者转以乾嘉学风为一障碍矣。

若对乾嘉之学之特色作一更准确之描写,则仍当合"科学"与"史学"二观念以说之。如前所论,乾嘉之学原是一种广义之"史学",而其研究态度则颇符合科学研究之态度;合而言之,可说乾嘉学风乃依科学态度,对古代文化要求建立客观知识之学风。简言之,即要求建立科学性之史学之学风也。因其重客观知识,故有科学研究之意味,而与汉儒之重家法,宋明之重理论系统皆不同。另一面则因此派学人仍共持一崇古之观念,故其研究止于了解古代,此其所以仅能在史学一面作科学研究也。依此分寸以了解乾嘉学风之特色,则可知清末以降,史学之科学化趋势固承乾嘉之流风而来。论乾嘉之学在近代中国学术思想中之重要性,当以此为公平论定也。

乾嘉之学之特色,至此叙述已毕。若专就哲学史而言,此一学风在自觉要求及客观影响两面,应得何种评估,则又是另一问题。下节论之。

二、乾嘉之学在哲学史上之意义

从哲学史观点看乾嘉之学,则首须讨论此类学人自觉要求何在?与哲学问题之研究有何关系?次须观察此学风对哲学研究有何实际影响?盖自觉要求与客观影响实属两事,不可混淆而引生不必要之困难也。

先就自觉要求说。前文谓乾嘉之学非直接求"致用"者,故承认客观知识本身之价值;而专就此点说,亦可谓有"为学问而学问"之倾向——如梁启超所言。但若对乾嘉学风作全面观察,则可见此学风背后实有崇古之信仰为指向力,由此而决定乾嘉之学之活动范围。现承此种了解以论乾嘉学人在自觉要求上趋向如何,则首先须指出者是,不直接求"致用"是一事,肯定所治之学有某种确定重要性,又是另一事。乾嘉学人虽非直接求治平之效,但对其所治之学之重要性,实有一自觉认定,而此认定又实由其崇古之信仰推绎而生出。

此一认定,简言之,即认为恢复古籍之本来面目乃治学之唯一大事是也。此"大事"之所以为重要,又由于此类学人深信今日经籍之杂乱乃学术思想衰落之主因,倘能恢复诸经及孔孟之书之本来面目,则即可以"明道"。[①] 故此种认定显然由崇古之信仰而来。

乾嘉学人既有如此之自觉认定,故即以其考证训诂之学为"明道"之事;"明道"虽与"致用"不同,仍是其求客观知识时预认之目的也。

明乎乾嘉学人之治学,乃以复古籍之真面目而明道为其自觉要求,则此种学风在哲学史上之意义即不难明。此又可分正反两面说之。

先就正面看,则乾嘉之学本身虽只是广义之史学而非哲学,但对哲学思想之发展言,诚有确定之推进作用;尤其对今日欲致力于中国哲学之新生者而言,更有不可否认之重要性。

盖哲学思想之发展,一面自须恃某种创发工作,另一面亦必须吸

---

① 读者可参阅《戴震文集》,卷九,《与是仲明论学书》《与方希原书》等。戴氏之说最足以代表此种主张也。

收融化已有之成绩;因严格言之,不通过已有之成绩而更上升,则不足保证其为一"发展"也。此意与墨守成规之传统主义不同。传统主义以已有者限制新生者,而凡言通过已有成绩以求发展者,则是运用已有者以助新生也。此即上文所提及之"封闭"与"开放"两种态度之异。一切文化成绩,如理论制度之类,当其具体形成时,必受特殊因素之限定(此如历史因素、社会因素等),故必有其封闭性。此种封闭性即使此理论或制度在某一历史阶段中丧失其功能。然一学说或一制度之真实价值常落在其所含之较普遍或较恒常之因素上,此种因素若从其封闭因素之限定中抽出,则可以与新因素会合而重新形成另一学说或制度,而发挥其新功能。此即所谓"发展"之真意义。人若持传统主义立场,而拘守已失功能之学说或制度,则其病在于不知封闭性,因之即必不能达成学说制度之发展。盖就文化成绩言,有两种成分。其中之封闭成分,乃只具有限功能者,故在历史文化之进展中,至某一时期必失效而必被扬弃,但其开放成分,则可以越出特殊限制而被肯定。后者方是所谓文化传统之价值所在。就学人而言,则亦有两种态度。不辨文化成绩中之封闭成分及开放成分,而一味欲全面接受传统,便成一"封闭态度";在此态度下,断不能促进文化之发展。若欲真正推进文化之发展,则必须能扬弃已有成绩中之封闭成分,而吸收其开放成分,再纳之于新观念中以创生新成绩;此即是学人之"开放态度"也。学说制度本身有封闭与开放两种成分,学人亦有封闭与开放两种态度。二者虽息息相关,又非一事。此研求文化学术之发展者所必须了解之根本问题也。此问题详论则所涉甚多。此处因论乾嘉学风在哲学史上之意义,而顺及数语,以助学者了解本节之论旨而已。其全面析论须俟专文也。

倘知学说制度之发展必恃于对文化成绩有一定之扬弃及吸收,则求儒学或中国哲学之发展时,自亦不能外于此理。如此,则欲求发展,须先面对儒学或中国哲学之成绩而有所辨别,而作此种辨别时自又须先有客观之了解。专就儒学而言,其所含之开放成分毕竟何在?此乃言复兴儒学或发展儒学者所必须面对之问题。倘据以了解儒学之经籍文献中充满伪托之作、混杂之观念、谬误之训释,而学人于此不加清理,即遽依之以建立学说,即成为依虚妄而立说矣。儒学倘只是一套虚妄混杂之资料上所建立之图像,则言发扬或发展儒学时,其发扬或发展者果何事乎?倘在此种伪作及混杂谬误之外,确有一儒学系统可作为发扬或发展之对象,则此即所谓儒学之本来面目所在;而了解此本来面目,又是扬弃吸收等工作之先决条件也。

至此,可知寻求客观了解、恢复经籍之本来面目等工作,本身虽不属于哲学之创发建立活动,然对儒学之发展言,实是一必要条件。而乾嘉之学即从事于此种清理工作者也。

就崇古之信仰言,乾嘉学人之态度亦有封闭意味,然就其追寻客观知识言,则不受此种封闭性之影响。学人倘自取一开放态度以研究儒学,而致力于扬弃及承继发扬两面工作,则先亦须采纳此种求客观了解之态度,以排除种种混杂谬妄之成分,而观儒学之真面目,否则扬弃与承继发扬皆无从说起矣。

由以上所论,可知乾嘉之学对于发展儒学言,亦有其正面意义。简言之,即排除虚妄,达成客观了解,方能求真正发展也。

推而言之,对其他派别之中国哲学,其理亦同。乾嘉之学虽以儒家经籍为研究对象,但流风所及,后遂有同样方法整理诸子者,其工作之性质及意义固相类也。

恢复经籍之本来面目,作为乾嘉学人之自觉要求看,在哲学史上有上述之正面意义,但此外亦有其反面意义。此亦断不可忽视者。

所谓反面意义,即指妨害哲学思想之发展说。析论此点,仍当从历史标准与理论标准之划分着眼。

上文谓乾嘉之学,以其能排除有关经籍之种种伪托谬解,故为发展儒学之必要条件,而有正面意义,然不谓此种研究能作为发展儒学之充足条件。其所以如此,即因儒学之研究必涉及历史标准与理论标准两面,而乾嘉之学本身只是广义史学研究,不能满足理论标准一面之要求也。

对此点作进一步之阐释,则可就训诂之功能着手。乾嘉学人之治学虽似甚繁博,然其重点则落在对经籍之正确训释上;盖古史之考索、文字音韵之研求,以及校勘辑佚种种工作,最后目的终在于能对经籍之文作最可靠之解释,即求得训诂上之成功是也。然则,所谓训诂之学功能如何?性质如何?此又须先有确定了解。

训诂之事,虽可有不同之重点,然总而言之,则可说是一种对译工作。以当前通行之语言译出古代文字,乃训诂之最后成果。一切考证诠释,最后皆为完成此一"译文"而已。故专就语文说,则不外以雅俗古今之对译为训诂,此所以中国最早之训诂参考书名为"尔雅"也。① 然若取一理论文献为研究对象,则此种对译工作能否使读者对此文献达成确定了解,则大有疑问;盖理论内容所涉及之问题,并不全等于语文问题。倘使今有一人,全用通行语言谈一物理学问题,听者若全无物理学知识,则虽无语文上之困难,仍将不能了解。语文隔阂之解除,并不能保证所谈理论知识能为听者、读者所全解也。此处如再作进一步之观察,则不仅对听者、读者言,语文问题不等于理论内容问题,且就作训释者说,亦有此种问题。如所训之文献只涉及常识,则训释者但能译其文献为通行语文,即可了解文献之内容。若文献涉及一艰深复杂之理论,则训释者若不具备其理论所涉之知识,则

---

① 案"尔"即"迩"之借字,与"远"相对;"雅"则与"俗"相对。"远近"即"古今"也。王国维论《尔雅》曾发此义,惟言之未详。实则古今语或雅俗语之对译,即训诂之本旨也。"尔雅"一名,固当如此解释。后世所谓"温文尔雅"之类,则又是另一用法矣。

纯就语文作训，亦将终不能通晓其义也。

此尚是就一般训诂问题而言。倘专就乾嘉学人训释古代哲学文献言，则尚有更进一步之问题，此即日常语言与特殊语言之分别问题是也。

譬如，为《孟子》作训，乾嘉学人之方法不外详考孟子时代之日常语言，而通过此一标准，将《孟子》原文译为当代之通行语。然此中有一大问题，即孟子立说时，所用语言未必皆符合当时之日常语言用法。此因一哲学家常发现某种理论问题，事实上为常人所未道及甚至未想到者，而此哲学家既不能随时另创一套语言以表其意，则唯有使用已有之语言，而赋以新义。此时，此哲学家只能对其所用之特殊词语另作许多解释，以表明此种词语之新得意义，结果遂形成一种特殊语言。在哲学史上，每有一位重要哲学家出而立说，大致皆多少有建立此类特殊语言之趋向。而当学者了解此种哲学理论文献时，倘以为此文献中的一切词语必与当时日常语言中之用法相同，则大误矣。

就中国而论，哲学史中此种实例比比皆是。如孟子所用之"性"字、老庄所用之"生"字，甚至初译佛教经典时所用之"空"字，皆与当时之日常语言意义不等。学者欲通晓此种特殊语言，则必须对其所涉理论问题作内部之了解，不然，徒致力于古代语文之考索，终难知前人立论之原意也。

乾嘉学人原重"历史标准"，故其研究经籍，以能得原意为目的。然如上所论，即就了解原意讲，此中亦涉及训诂以外之理论知识及训练问题。换言之，纵使只讲"历史标准"，哲学史之研究亦不能不需要哲学理论之知识；否则，虽通语文，亦未必能知经籍中哲学理论之原意也。倘再进一步，专就理论标准讲，则一理论之"确定性"(certainty)或"有效性"(validity)，更非事实问题。哲学思想之发展既必兼有扬弃及吸收两面,则对古人之学说,不能不作理论之整理及评估。评估固非依一理论标准不可。即就整理而言,亦不能不依靠建构理论之某种形式知识。此类形式知识本身又属于另一种理论训练,非可用考证训诂取代者也。

至此,可知乾嘉之学只欲凭史料及语文之研究而治学,至少对哲学思想之发展言,乃不能有直接助力者。而当学人坚持此为"唯一"治学之道时,即反而对哲学思想之发展成一阻碍矣。

总而言之,乾嘉学人之自觉要求,在于恢复经籍以及一切古代文献之本来面目,建立对古代文化学术之客观知识。此原有一定意义。从哲学史观点看,则由于中国古书伪托及混乱处极多,故此种客观知识之寻求,亦属必要。然此种广义史学研究,本身与哲学思想无直接关系,其功用只是可使学者在了解古人学说时不陷入传统之种种虚妄中,此只是预备阶段之事。如就哲学研究本身而言,则学者乍一面对哲学问题,即涉及哲学理论之内部知识或哲学思考之训练。此处即不能乞助于广义史学之助力矣。乾嘉学人于此中理论分寸,似不甚了解,故总以为此广义史学可代替哲学。于此,遂可说对哲学思想之发展有一反面作用。实则,考证、训诂、文字、音韵之学,倘不要求取代哲学研究,则此种学问本亦有对哲学思想之发展提供间接助力之作用;且在预备阶段中,哲学研究者亦须承认获得此种知识乃求正式发展之必要条件。然乾嘉学人确自觉要求以其学代替所谓"义理之学",则此一逾范之要求,即生出所谓反面作用矣。

以上专就自觉要求讲。倘说及客观影响,则又是另一问题。以下略论之。

༄ ༄ ༄ ༄ ༄

所谓"客观影响"乃指事实意义之后果而言。上文论"自觉要求"，乃就乾嘉学人治学之目的及观点说，无论在哲学史上之意义为正为反，总属自觉一面。兹所论之"客观影响"，则指此学风下实际出现之后果，大致皆非此类学人自觉所及。其中一部分且显然与此类学人之旨趣相违，盖一种运动或风气一旦成为客观存在，其衍生之种种影响每有非人所能预先控制者也。

乾嘉学风以反宋明理学而恢复古学为号召，就提出此种号召之学人言，绝无反对希圣希贤之儒学传统之意向。此无论在江、戴、段、王或其次诸人之言论中，皆有确据。然事实上在以考证训诂之事为唯一"实学"之风气下，其明显影响即表现于知识分子对德性问题之态度日益浮浅。此中涉及一理论问题，不可不稍作解释。

人言及"德性"时，自然必与个别行为相连，盖德性原在实践中成立，从常识层面或任何理论层面看，此皆是一无可疑之通义。但就德性能力本身说，其强弱则依自觉之明暗而定。此乃所谓心性内部之事，与外在表现实不能混为一谈。通常人总以为纯就某人之外在行为观察即可判定某人德性之高下，实则行为之不当固可溯源于其人德性能力之弱——或说道德自觉之晦暗，然外表行为似无可议时，仍未必足证其人内在自觉果极明极强；盖人可以纯依习惯而不失规矩，亦可以勉力模仿以求外在表现之似乎得正，甚至亦可有心作伪以欺世人。此种种情况之不同，每非外在观察可以判定，所谓"冷暖自知"是也。而儒学所言"成德"之义，就其效果说，自不离行为，但就工夫及境界看，则所重者正在他人未必能知而自己独知之处。此种内在工夫及境界之动力，虽可借经验契机而发——如学说及师友之影响等，但根源上只在自觉心之体悟。此种体悟本身即由理性意志之最高自由而来，非经验条件所决定者也。故成德或成圣之学之真命脉，即在此种超经验之自觉体悟，此处亦正是德性与智性之分界所在也。

乾嘉学人并无自觉反对成德者，但既以治所谓"实学"教人，则在此方向下,更不复言体悟之事。于是,学者虽依习惯及其他因素而在行为上可守某种规矩,其心思意念固日日外投于经验事物上,而无内省反照之功。因此,在主张上虽不反对成德之学,然在实际活动中,则自我只作智性活动,于德性之自觉自行割断;再进一步,自我遂停驻于经验主体之层面,更不见德性之意义,甚且于不知不觉中已将德性视为智性之附庸。演变至此,则成德之学纵使名存而实则已亡矣。

宋明之学,不论就天道观、本性论或心性论之模型看,基本要求总在于达成德性自觉之明朗(其具体理论之得失属另一层面之问题)。乾嘉之学既以反宋明为号召,于是视一切有关自我工夫及境界之学说为虚诞,或直指为佛老之学而排之,遂至使学者皆只在知识一面用力,而将德性问题付诸本能习惯等而不再注意。此风历数十年,而知识分子遂皆与成德成圣之儒学隔断,虽口言圣贤之事,实则其精神状态皆堕至常识层面而不能上拔矣。

此自是就大势之趋向说。个别人物自亦有不同者。且乾嘉学风虽一时俨居中国学术思想之主流地位,毕竟并非为人人所崇信,故乾嘉以下,代代皆有不少言宋明之学者,但此是乾嘉学风以外之事。现只论乾嘉学风之影响,固非谓此时代之知识分子日日皆受其影响也。

总之,观乾嘉学风之影响时,首先须指出者,即此种学风使成德之学大衰,引生混淆德智之观念。其弊至近百年犹未除也。

其次,专就乾嘉学风内部看,则另一影响即为"学问之游戏化"。乾嘉之学初兴时,重要人物如戴震等,尚未忘学问对人生及世界之"实际指涉"(real reference);然此种学风大盛后,从风之学人大抵只以追求此种知识所带来之荣誉为治学之目标。盖在此种风气下,凡精于考订或在文字训诂一面有某种研究成绩者,即为当世所推崇。至于所治之学之确切意义或重要性所在,则人不追问,自己亦不再关心。久之,内而身心性命,外而家国天下,皆置诸不问,唯与二三同好闭门作"智力之游戏"而已。乾嘉学风此种影响,遂使治学最初之目的暗暗失落。注疏考证,补史释文,其成绩虽大有可观,然内不涉德性,外不关治乱,纯成为书斋中之游戏矣。

以上所述,非谓此种广义之史学必成为游戏,而是陈述实际上此种治学风气所生之后果。清道光时,内忧外患日益紧逼,而此种"游戏式"之学问,遂为有心人所不取。因之,有龚魏之流,重倡"经世之学"。此即此种学问与世相离之另一明证。盖乾嘉之学倘果如戴震所设想而有助于治平,则人何必另倡"经世之学"乎?龚自珍及魏源皆未尝不习乾嘉之学也。

总之,乾嘉学风之另一影响即在于使学问丧失客观上之实际指涉,而成为"游戏"。其后种种"经世之学"或"新学",又皆为对此学风之反动。本书之范围至乾嘉为止,故不能论及。然若有另著近代思想史者,则当留意此中之历史脉络也。

论乾嘉学风在哲学史上之意义,至此可作一结束。以下当对乾嘉之学之代表人物,各识数语,然后再转至对戴震思想之单独讨论。

三、学人识略

乾嘉学人为数至夥,兹但举有代表性之人物,述其贡献,以供学者参考。原无穷举详搜之意,亦无所谓挂一漏万之疑矣。

乾嘉之学自以戴震(东原)为第一代表人物,然因其别有哲学理论,故另列专节。此处不赘及。戴氏以外,数乾嘉之学之代表人物,当自戴氏之前辈江永开始,再及于段玉裁、王念孙、王引之诸人。盖戴、段、二王即乾嘉之学之中坚,而江永又其先道也。此外,如钱大昕、朱筠兄弟等,或治学态度与戴、段相合,或对学风有倡导作用,则又列之于后节。至于偏重史学如全祖望、章学诚,或守惠氏家法之"汉学派",则不能于此备论矣。

江永号慎修。其治学时，惠氏之"汉学"始兴，故时人常误以为江氏所治亦属"汉学"。实则江氏非株守家法一流，故能赏识戴东原，东原亦以师礼事之，江氏研礼甚精，方苞、吴绂等皆以此推之。然其影响最大者则在于音韵之学。著作中有《古韵标准》《切韵表》《音学辨微》三书，皆能超迈前人；其评亭林之《音学五书》，虽认为其学在毛西河、毛稚黄等人之上，然亦知顾氏只长于考证而于音韵之理本身未能深解，故谓顾氏"考古之功多，审音之功浅"也。① 所谓"审音"即指音理之研究说。就"考古"而论，亭林之取先秦文献中之韵语以考古韵，实是后世所共许之方法，然就音理之了解言，则江、戴较亭林远胜。而所谓古韵之研究，自江、戴后遂通往音韵本身之研究。此是音韵学之一大进步，对训诂之影响尤为重要。故论江氏之学，亦当首重此点也。江氏对音理之研究，以《音学辨微》为代表之作。而其《引言》中则谓："乡曲里言，亦有至是；中原文献，亦有习非；不止为占毕之用已也。"② 观此可知江氏固已视音韵研究为一独立学科，非仅视为考古训诂之事矣。除音韵外，江氏亦致力于历算之学，颇能补正梅勿庵之说，盖颇取西法也。

江氏之学，表面上亦属考古为主，故粗视之似与亭林之学，甚至惠氏之学皆相近。然有极不相近者，则是江氏治学之态度重在客观知识之寻求，而不求复古，亦不拘所谓家法。如在论古韵时评及亭林恢复古音之说，即大不谓然，而云："譬犹窑器既兴，则不宜于笾豆；壶斝既便，则不宜于尊罍。今之孜孜考古音者，亦第告之曰，古人本用笾豆尊罍，非若今日之窑器壶斝耳；又示之曰，古人笾豆尊罍之制度

---

① 江氏在《古韵标准例言》中云："细考《音学五书》，亦多渗漏……古音表分十部，离合处尚有未精，其分配入声多未当。此亦考古之功多，审音之功浅。每与东原叹惜之。"盖江、戴之所见相近，皆能精于审音也。
② 见《音学辨微引言》。

本如此，后之摹仿为之者或失其真耳。若废今人之所日用者，而强易之以古人之器，天下其谁从之？"此所谓告之以古今不同之事实，示之以古代事物之本来面目，皆属寻求客观知识之事。故最后考古韵之作"皆考古存古之书，非能使之复古也"①。不以求"复古"为目的，而只以获得对古代之客观知识为目的，正是乾嘉学风之主要精神方向或特色，而江氏如此明言之。则江氏之应作为乾嘉学风之代表人物，由其治学态度中已可得确据，不待诉之于江、戴渊源也。

戴东原于前辈中最相得者为江氏，而其后辈中则以段玉裁、王念孙最能光大其学。王念孙之子王引之更承父学而多所建树，故后世以戴、段、二王并称，作为乾嘉之学之代表。以下略述段玉裁之学。

段玉裁，字若膺，号懋堂，师事东原。屡任学官县官，中年后居吴门，不问世事。卒于嘉庆二十年，年已八十有二，盖乾嘉学人中讲学著述极久者，非如东原五十五岁即弃世也。

段氏之学，以文字音韵为主，其考订诸经，亦皆以文字学为基础，所谓"略于义说，文字是详。正晋唐之妄改，存周汉之驳文"是也。②段氏治《说文》数十年，成《说文解字注》三十卷，盖集大成之作，至今言《说文》者，不能不读其书。段氏考古韵，则有《六书音韵表》五卷，定古韵为十七部，盖又较江氏为密，而与东原之说亦不同。③ 段氏不唯无汉学派拘守家法之陋习，即对师说亦不肯苟同。此正代表乾嘉学人求客观是非之精神也。

懋堂罕作议论，故其治学精神只可于其著作中见之。除古音《说

---

① 均见《古韵标准例言》。
② 参阅段玉裁《古文尚书撰异序》。
③ 案东原论古韵分部，与段氏之不同，可参阅《戴震文集》，卷四，《答段若膺论韵》。此书作于东原逝世前一年（乾隆四十一年，丙申），与次年所作之《声类表》，皆可代表东原之最后主张。

文》之研究外,又清理汉注,立三例,分别"拟其音""易其字""改其字"之类,依次定为"比方""变化"及"救正"之词。如此,汉代之经注乃易读①,注易明而经亦易解矣。以上三方面为段氏治学之重点。其表现求客观知识之精神亦限于此,不另立理论也。

段氏可谓标准乾嘉学人。此学风之长短,亦可由此种治学态度见其大略。

王氏父子则于训诂贡献最大。

王念孙字怀祖,号石臞,受学于东原。其学自文字音韵而至训诂校勘,成绩甚丰。就古韵而言,段氏有十七部之分,而江有诰则有二十一部之分,王氏亦持二十一部之分,与江有诰说大致相合,而固有进于段氏者。文字方面,则王氏于《说文》之外,又重《尔雅》及《广雅》之研究,著有《广雅疏证》,借张揖之书以广考古音古义,订正旧说之误,而奠立训诂之新基础。自谓"就古音以求古义"而"不限形体",盖其重视"语言"胜于"文字"也。② 由于特重音义之关系,故王氏立假借之通例,取戴、段之说而益光大之,于是训诂之学得一大发展。王氏为段氏《说文解字注》作叙,说此意甚明。其赞段氏能于正义借义观其会通,使训诂之道大明;又以十七部之远近分合解"形声""读若",使声音之道大明。于是谓"训诂声音明而小学明,小学明而经学明"③,此即王氏治学之宗旨也。自东原强调"由字以通其辞,由辞以通其道"④,客观训诂之学方向已定,然其实际成绩则至王氏父子而始臻丰备,此二王所以与戴、段并为乾嘉之学之巨子也。

王氏著作以《读书杂志》为代表。此书共八十二卷,包含对古代

---

① 参阅段玉裁《周礼汉读考序》。
② 参阅王念孙《广雅疏证序》。
③ 参阅王念孙《段若膺说文解字注叙》。
④ 见《戴震文集》,卷九,《与是仲明论学书》。

史籍及诸子书之考辨训释,王氏治学方法可以从此书见之;此书与其子王引之所著《经义述闻》《经传释词》,皆乾嘉训诂之经典作品。

王念孙之治训诂,虽强调"小学明而经学明"之义,然《读书杂志》中反不以经为训释对象,而旁取史、子。其说经之议论,则大抵载于王引之著《经义述闻》中。所谓"述闻",即述其闻于其父者。故引之书虽常附己见,实以念孙说经之言为主也。案引之于《序文》中云:

> 大人曰:诂训之旨,存乎声音。字之声同声近者,经传往往假借。学者以声求义,破其假借之字而读以本字,则涣然冰释;如其假借之字而强为之解,则诘籀为病矣。①

此即立假借之通例以训古籍之原则也。又云:

> 大人又曰:说经者期于得经意而已。前人传注不皆合于经,则择其合经者从之。其皆不合,则以己意逆经意而参之他经,证以成训;虽别为之说,亦无不可。②

此则见乾嘉学人之能破除旧说之障,而求客观知识之精神,盖王氏此论即已确认传统说法外之客观是非标准,正乾嘉学风之主要精神所在也。王氏父子此处虽是就经学讲,扩而言之,后世一切清理古史、考订古籍之工作,亦实皆以此种精神为基础也。

念孙之学不同于所谓"汉学",引之亦明言之。上引《序文》中云:

> 故大人之治经也,诸说并列,则求其是;字有假借,则改其读;盖熟于汉学之门户,而不囿于汉学之藩篱者也。

门户家法,乃惠氏一派所执守。二王与戴、段之方向,则只重客观知识,无此拘守之陋习也。后人动辄将"乾嘉之学"与"汉学"一派混为

---

① 见王引之《经义述闻序》。
② 见王引之《经义述闻序》。

一谈,失实甚矣。

王引之又作《经传释词》,以纠正汉以来注经者以实义释助语之误。其说仍依假借之例,不过专以所谓"虚字"(或"词")为对象耳。然其序文中,提出一训诂之原则云:"揆之本文而协,验之他卷而通;虽旧说所无,可以心知其意者也。"①此说在原文中虽指《释词》而言,实则可视为一普遍原则,盖取"贯通性"为标准而立训诂之规矩。于是,摆脱传统之限制,面对客观之是非,此一学风之方向确立,规模亦渐大定矣。后世论者只知称《释词》一书足补《尔雅》《说文》《方言》之阙,尚属皮相之论也。

乾嘉之学,创于江、戴,而大成于段、王,故举此数人已足代表其精神方向。此外尚有应提及者,则二朱及钱大昕是也。此中二朱乃提倡及促进此学风之人。钱氏则治学成绩甚富,虽与戴氏同时而不属于戴门,其精神方向固大致相类也。

除戴、段、二王之外,朱筠、朱珪皆以在朝之身份力倡所谓实学。朱筠,字竹君,号笥河,曾督安徽学政,以文字训诂教士,谓读书必先识字。其论《说文》,则力尊旧本之说。对亭林之议许书,亦皆不谓然,盖朱筠只属好古一流,非真能依客观标准以求知识者也。朱筠又重视金石文字,虽未有专著创见,搜集颇富。其据《永乐大典》作古书之辑佚亦颇有贡献。然合而言之,朱氏之学终不能成家,但提倡奖掖则对一时学风大有影响。

乾嘉之学初兴时,世人大抵不能分辨"汉学派"与乾嘉主流之差异。朱筠亦未能免俗,其论学于惠、戴兼推之,盖于拘守家法之弊,与追寻客观知识之独立精神皆不甚了解也。其弟朱珪,字石君,官至大学士,且曾为嘉庆师傅,盖在显贵之列。其治学兴趣较广,虽提倡所

---

① 见王引之《经传释词序》。

谓实学，亦不废宋儒性道之论；又因屡操政柄，故亦究心治术。其著作以《知足斋文集》为主，可略见其思想。

朱石君极重人才，故历次取士皆能得人。汪中、孙星衍等皆出其门下。即以嘉庆己未典会试而论，所取有王引之、张惠言、陈寿祺、郝懿行等，皆为乾嘉名学人。因此，士林视之为主持风气之人物。其实朱石君个人旨趣颇与乾嘉学风不同。如与孙星衍论学，即以为考据就词章言则非上乘，而文学本身即四科之一，即不可轻视。此即可见朱石君固非专讲一"广义史学"者。然其人无系统著作以表示其治学宗旨，另一面因奖拔人才故，对于推动当时所谓实学或朴学之研究风气，确在事实上发生极大影响，因此人称二朱，即视之为提倡乾嘉学风之人。倘真比较朱氏兄弟之著作言论，则应说竹君可谓立于惠氏及戴氏两派之间而从事文字训诂者，石君则与此种学风只有一种外在关系而已。至于名家多出其门下，亦只是官式之师生关系，非私人受业之比也。

钱大昕则与朱氏兄弟不同。当江苏有惠氏之学，安徽有江、戴之学兴起时，浙江有钱氏独立治学，盖别树一帜者也。钱大昕字晓征，又字辛楣，号竹汀。乾隆十九年成进士，官至少詹事。乾隆四十年后不再出仕，嘉庆九年卒，年七十七，盖致仕后尚家居著述二十九年也。

钱氏博学，于训诂音韵、典章制度、舆地历算，无不用心，尤重金石文字。所著《金石文目录》八卷、《金石文跋尾》二十卷、《金石文附识》一卷，皆足见考据之功。而其学与惠、戴均不同者，则是对考史之重视。惠氏只讲汉儒注疏，固不待说。即东原之博学，亦以治经为主，对汉以下之史籍殊未留意。钱氏则穷多年心力，作《廿二史考异》一百卷，为清代史学之名著。此书初编于乾隆三十二年，归田以后，再作整补，盖有意纠正当时重经而不治历代史籍之风气。其自序中谓实事求是,不作矜夸之议论。① 盖其精神方向,仍属追寻客观知识,正与乾嘉主流相合,不过扩大其研究范围而已。

钱氏著作浩繁,人若只取其一面观之,即可对其治学宗旨有不同解释。如江藩以惠派后学,著所谓《汉学师承记》亦收钱氏,而隐谓钱氏优于戴氏。② 在江藩之见,固以为乾嘉之学皆属"汉学",此固不值一笑;然江藩所以崇钱而抑戴,则又因江藩只见钱氏之博通,而不能观其精神方向也。

钱氏虽亦重客观知识,然其立论,亦颇有拘滞之处。例如,江永评梅文鼎历算之失,而取西法,否认所谓"消长"之说。其论虽未能全合于科学标准,然较梅说有进。而钱氏致书戴东原痛斥江说,以为江氏受西人之愚弄。③ 则足见钱氏尚未能虚心以观理也。

钱氏虽重史学,其治学精神仍与戴、段相合,与章学诚等又不同,故于此并及之。

乾嘉之学既大盛,一时学人极多;本节只举数人作代表,不能详及。观以上所记,已大致可知此学风下主要人物之精神方向。识略即至此为止。以下当另以专节述戴东原之思想,以结束本章。

第二节
戴震之哲学思想

如前所屡言,戴东原乃乾嘉学风之真正奠基人,其治学甚博而方法甚严。治经以外,文字音韵、历算舆地等皆有论著。然本章所论述

---

① 参阅钱大昕《廿二史考异自序》。
② 案《汉学师承记》卷三,钱传中述东原以钱氏为"当代学者"之"第二人"之语,而评谓东原"不读汉以后书",而钱氏"学究天人,博综群籍"云云。则其崇钱抑戴之意甚明。
③ 参阅《潜研堂文集·与戴东原书》。

者,只以其涉及哲学思想之言论为主,其他皆不详及。

一、总说

戴震,字东原,安徽休宁人;少年即治《说文》,兼考《尔雅》《方言》及汉人传注,故考证训诂之学,早有基础。且立志由考古释文以研经明道。其晚年寄段玉裁书,曾谓:

> 仆自十七岁时,有志闻道,谓非求之六经孔孟不得,非从事于字义、制度、名物,无由以通其语言。宋儒讥训诂之学,轻语言文字,是犹渡江河而弃舟楫,欲登高而无阶梯也。为之三十余年,灼然知古今治乱之源在是。①

此乃东原晚年自述之言,其中至少有两点可以注意:

第一,东原标揭重训诂考证之宗旨。此即其平生用力所在,亦即乾嘉学人所承袭者。

第二,东原明谓其治学乃以明道为目的,且欲求古今治乱之源,则在东原个人心目中,其学固非只为知识而求知识。此则与清初"通经致用"之意相连,而非一般乾嘉学人所共承者。

故戴氏在历史影响方面,虽奠定求客观知识之学风,然其本人之旨趣,则固仍重在由知识以通经明道也。

戴氏二十二岁时,成《筹算》一卷,后更名为《策算》。此为其最早所作之算学作品。二十三岁成《六书论》,其书未刻,然其《序文》则存《文集》中。其议论之重大特色,在于以"互训"释"转注",曾于寄江永书中说其大旨。② 此盖戴氏论文字学之最早著作也。

---

① 此书见《戴东原戴子高手札真迹》,即所谓《与段玉裁论理欲书》。亦见段著《戴东原先生年谱》,"乾隆四年乙未"条所引,盖作于五十五岁时,距其逝世仅数月也。
② 寄江永书见段著《年谱》,"乾隆十年乙丑"条下引;亦见《戴震文集》,卷三。

二十四岁成《考工记图注》，则是释经之最早著作。二十七、八岁又有《尔雅文字考》。三十一岁有《毛诗补传》。此后著作日繁，兹不备举。但就其有关哲学思想之论著言，则四十一岁以前作《原善》上、中、下三篇。段玉裁于是年曾抄写之。又另有《原善》三卷，即扩大此三篇而成，大约成于四十四岁时。此后另著《绪言》及《孟子字义疏证》，以发挥其思想。四十七岁所作《绪言》大致为戴氏立说之大纲；《孟子字义疏证》则由解《孟子》文而自立一说，以反对程朱一派之形上学。《疏证》据段氏《年谱》谓亦成于四十四岁时，然段氏是年并未见此书，只因东原告以"近日做得讲理学一书"，故谓即指《疏证》而言。然此语亦可能指《原善》三卷说，故《疏证》未必是年已成。① 然五十五岁时有与彭绍升书，讨论《疏证》之说，盖其前东原寄《疏证》及《原善》与彭氏，故有函札议论，则此书或成于此一两年中也。

《疏证》一书，最能代表戴氏之理论立场。戴氏本人亦极重视此书，故在逝世前一月寄段氏书中曾云：

> 仆生平著述最大者，为《孟子字义疏证》一书。此正人心之要。今人无论正邪，尽以意见误名之曰理，而祸斯民，故《疏证》不得不作。②

所谓误以"意见"为"理"之问题，即戴氏立说之中心论点之一，下文当再析述。此处所须注意者是，戴氏在时人眼中，其重要著作在于考训一面，然戴氏自以为最大之著述反是《疏证》一书；盖东原固终身治所谓乾嘉之学，但本人另有哲学兴趣。晚年此种倾向益强。王昶作《墓志铭》谓戴氏"晚窥性与天道之传，于老庄释氏之说，辞而辟之，使与

---

① 可参看《年谱》，"乾隆三十一年丙戌"条下第四段。
② 此书亦见《年谱》，"乾隆四十二年丁酉"条下段氏所记。亦见《戴东原戴子高手札真迹》。

六经孔孟之书截然不可以相乱"①。固非无据也。

然戴氏之有哲学兴趣——或对"义理之学"之兴趣是一事,其如何了解哲学问题,如何讲"义理"则另是一事。若专就兴趣言,则如上所说,戴氏本以明道或闻道为治学之目的,自少年时已然,不仅"晚窥性与天道之传"。不过其涉及哲学问题或"义理"之著作皆成于四十岁以后,此是工作先后问题,非晚年别有此旨趣上之转变也。若就其立说之内容说,则戴氏之理论与程朱、陆王皆相违,究竟可视为何种学说之"传",则亦大可讨论。此则王昶所未能深辨者矣。

戴氏谈义理之作,不为同时学人所喜。戴氏以段懋堂相知最深,故屡在寄段各书中述其重义理之意。段氏亦颇体此意,故在寄程瑶田书中言及逝世前一月一函,乃云:

> 此札有郑重相付之微意焉。②

而其跋语则谓:

> 此二札者,圣人之道在是;殆以为玉裁为可语此,而传之也。③

所谓"二札",即指《论理欲书》及言《疏证》一书。戴氏在此二书中所标揭之宗旨,即其哲学言论之中心观念所在,而不为并世学人所解者也。

戴氏论义理之作,除门人如段玉裁、洪榜等极力推重外,颇受时人讥议。如《原善》诸篇,朱筠、钱大昕皆以为不必作。章学诚谓"群惜其有用精神耗于无用之地",盖亦纪实之语。④ 又如寄彭绍升书,乃戴氏与彭氏辨析其哲学论旨之重要文献,而朱筠乃以为东原之可传

---

① 王铭见《春融堂集》,亦见《戴震文集·附录》。
② 见《经韵楼文集》,卷七,《答程易田丈书》。
③ 见《经韵楼文集》,卷七,《东原先生札册跋》。
④ 见《章氏遗书逸篇·答邵二云书》。

者不在此,励洪榜不载之于所撰《行状》中。① 洪榜答书力争之,而引朱竹君之语谓:"性与天道,不可得闻。何图更于程朱之外复有论说乎?"则朱筠直以谈义理而异于程朱者为无聊之论说矣。此亦可与章学诚之言互证。总之,戴氏之学,在同时人眼中,只以其考证训诂为重,而在戴氏本人则以为其治学实以明道为目的。然则,戴氏所明之"道"为何?依戴氏寄段诸函,可知至少戴氏自己认为《孟子字义疏证》一书可作代表。故下文即以《疏证》为主,辅以《原善》《绪言》等作,一观戴氏论道之语。此亦即其哲学思想所在也。

二、哲学思想述要

戴东原之哲学思想,虽以《疏证》为代表作,然就其发展次序看,则《原善》最先出,次则《绪言》,最后方有《疏证》。兹欲清理东原一家之说,仍当依次析论其《原善》《绪言》之理论要点,然后再归于《疏证》。此处有两点应先加说明:

第一,东原思想内容原不甚深奥,其所接触之哲学问题亦先后大致皆同,并无层层转进之理路可说。故各作品虽颇有立论殊异之处,然大半论点皆先后相近。重复之处既多,析论时即必须有所省略。然此等省略处当随时交代明白,学者不可视为遗漏也。

第二,东原诸作中,《绪言》之性质最不确定。段玉裁作《年谱》曾谓:

《孟子字义疏证》原稿名《绪言》,有壬辰菊月写本……②

然《疏证》之原稿何以能名为《绪言》?此已大有可疑。且观《绪言》之

---

① 参阅《汉学师承记》,卷六。
② 见段著《年谱》,"乾隆三十七年"条末行所记。

内容,则先论《易传》中形上形下、道器阴阳等观念,转与《原善》三卷相似。而《疏证》则先有辨"理"之十五条,其立论次序独殊,则懋堂此说恐未得实。若就《绪言》本身看,则此文似是一理论之大纲,虽其文用问答体,与《疏证》相似,恐非《疏证》之"原稿"。或东原初意不欲专作一疏证之书,而欲作一纯理论之书,故列其主要观念称之为"绪言"耳。案东原于逝世前数月(乾隆丁酉年正月十四日)寄段玉裁书,除自述其治学宗旨一节,上文已引外,另有一段言及其著述计划。书中自谓不久拟南旋就医,不欲复出,而于日后之计划则云:

> 竭数年之力,勒成一书,明孔孟之道,余力整其从前所订于字学、经学者。①

依此,则东原此时虽应已完成《疏证》(或至少大部完成),然仍欲另著一书"明孔孟之道",亦即仍拟写一纯理论著作也。东原极可能在四十七岁时即拟作此一理论专著,故先作《绪言》。其后虽另出《疏证》一书,然固未放弃此理论专著之计划也。以上之推测虽大致不悖于理,然终属推测。治学既不应以推测代证立,则今论《绪言》,亦只能视为一独立作品。故本节析述《原善》后,即另述《绪言》之特色,而不与《疏证》合观。盖《绪言》不应为《疏证》原稿,其本身即是证据也。

以下即先观《原善》之大旨。

(一)《原善》三卷大旨

案东原四十岁前已有《原善》三篇之作,其后(约在四十四岁时)又广其意作《原善》三卷。卷首自加案语云:

> 余始为《原善》之书三章,惧学者蔽以异趣也,复援据经言疏通证明之,而以三章者分为建首,次成上中下卷。比类合义,灿然端委

---

① 见《戴东原戴子高手札真迹》。

毕著矣。①

戴氏所谓"三章",即指"三篇"而言。今案"三卷"于"三篇"之文大致全已收之,而加"疏通证明"。其文虽稍有改易,读"三卷"即不至于"三篇"之论旨有所遗漏,故兹即以"三卷"为析述之资料,不另列"三篇"。

东原由于其思路乃依训诂而说义理,故立论总以解字为主,不仅《疏证》是如此写法,《原善》三篇及三卷亦皆是如此。

卷上先释"善""道""德""性""命"等观念,其言先后颇有骈叠,盖东原立说,于逻辑次序固不甚留意也。以下大致顺其文而述其旨。

原文云:

> 善,曰仁,曰礼,曰义。斯三者,天下之大衡也。上之见乎天道,是谓顺;实之昭为明德,是谓信;循之而得其分理,是谓常。②

此文以"原善"为题,本即应以析论"善"之意义为主,然戴氏一开始以"仁""礼""义"说"善",则似只举其所指言之,而于"善"是何意义,则全未置答。此即使《原善》之文缺一根本论点矣。"天下之大衡"在三篇中原作"天下之大本",改"本"字为"衡",可说是由存有意改为规范意义,然其下转至"天道""明德""分理",而举"顺""信""常"三字,则仍以存有语言释规范语言也。既举"顺""信""常"三字,即复以此三观念再说"善",故云:

> 善,言乎知常、体信、达顺也。③

合而观之,可说戴氏未界定"善"字本身之意义,而只列举"善"在"天

---

① 《原善》,见《戴氏遗书》,第九(微波榭本),亦见《孟子字义疏证》(中华本)附载。
② 《原善》,卷上。
③ 《原善》,卷上。

道""明德""分理"三面之表现。如"善"表现于"天道",即称为"顺"云云。依此而论,则戴氏应是以"天道"之"顺"、"明德"之"信"、"分理"之"常"三者为"善"之内容,但下又以"知常"等为"善"。此处理论层次颇乱,盖如只以"知常"等三者为"善",则此所谓"善"乃对于"知者"之描述,而严格取此意义用"善"字,则即不能又以"常"等为"善",盖"常"本身不能"知常","善"如用以表示"知常",则此描述知者之词语,不能同时又描述被知者也。譬如说"通数学为有智慧",则"有智慧"一词描述能"通数学"者,即不能同时说"数学"本身为"有智慧"也。故戴氏前后两次说"善",理论已呈混乱,盖戴氏固不善于作理论思考,故只一味发挥自己某种想法,而全不能顾及理论之严格性也。

然若放宽理论标准,只将戴氏此种说法当作普通谈论意见之语看,则其意似亦非难明。盖戴氏取一种粗浅常识观点,以为"顺""信""常"等皆是一种"善"(此是将"善"当作一种存有之属性或状态看),然后遂说于此三者有所成就(如知"常"、体"信"、达"顺"皆表某种成就)皆是"善",而不知如此说时,"善"之意义已分涉两层次,而其中有大病也。

戴氏言"善"既从"天道"等说之,则其理论模型已明属于以"存有"释"价值"一路。由《易传》至宋之周、张皆属此路数,则戴氏虽在较低理论层次上反宋儒,其根本思想固难谓有何创新之地位也。

《原善》文中,最可注意者乃其对于"性"与"理"二观念之看法。盖戴氏对于涉及"善"及"道"等基本概念之说法,大抵皆无确切意义,不出持"天道观"者之旧说范围,但其对"性""理"之看法,则有明显倾向;此不独在《原善》中为然,在整个戴氏哲学思想中亦然。此处先就《原善》之文略作析述。

戴氏论"性",先云:

性,言乎本天地之化,分而为品物者也。①

又云:

限于所分曰命,成其气类曰性。②

此处最显著者为"分"字、"类"字。宋儒以来,用"性"字本有"共同义"及"殊别义",前者为持"天道观"者所重,后者则"本性论"一支之基本观念也。③ 今戴氏本接受许多"天道观"一支之假定,但其论"性"则特别倾向于"殊别义"。此固可归之于戴氏对宋明诸说及其中理论界限缺乏了解,然实亦正透露戴氏立说之真正旨趣所在。此应再作解释。

所谓"分而为品物",即指万物各有其品类而言。故下文即又就"成其气类"说"性"。依戴氏之意,"天地之化"即是所谓"道"。故曾谓"道,言乎化之不已也"④,又云:"一阴一阳,盖言天地之化不已也,道也。"⑤而万物皆分有"天地之化"以成其品类,换言之,即由"道"分别显现于各"类"事物以成"性"也。如此,则"性"是"类"之"性",取殊别义。至于共同义之"性",应专就"道"说,因唯有"道"乃真正为万有所共者。至此,戴氏之说,似亦同时肯定"天道"与"本性"二观念。而其所谓"本五行阴阳以成性"⑥,亦与周、张以下宋儒之说并无不同也。然有大不同者,则在于"性"字之用法。宋儒中如伊川、朱熹,言"本性义"之"性",故万有一方面皆有其"本性";另一方面其实际存在状态则不必然皆合于"本性",故"性"不取实然意义。就人而论,则"义理之性"为"本性","气质之性"即以指实然一面。戴氏则直以实然历程

---

① 《原善》,卷上。
② 《原善》,卷上。
③ 可参阅《新编中国哲学史》卷三上第三、第四各章。
④ 《原善》,卷上。
⑤ 《原善》,卷上。
⑥ 《原善》,卷上。

中最早之内容为"性",而无明确"本性"观念。此所以戴氏与宋儒之理论终不同也。

戴氏乃据《易传》中"道、善、性"三观念立说,而其论"性"则有如下之解释:

> 有天地然后有人物。有人物而辨其资始曰性。①

此所谓"资始",即是"实然本有"之意。盖戴氏以为,人物各成其类,类则有"性",此是实然中人或物具有之能力。而所谓"善",则不由"性"说——故与以"本性之充足实现"说"善"之"本性论"立场有异。盖戴氏言"善"时,仍承"天道观"立场,以为人之活动合乎天道为"善";此中之理论困难,从未触及,故亦不知"本性论"乃对价值或"善"之进一步解释也。此点在《原善》一文中亦说之甚明。其言云:

> 善以言乎天下之大共也,性言乎成于人人之举凡自为。性,其本也。所谓善,无他焉;天地之化,性之事能,可以知善矣。君子之教也,以天下之大共正人之所自为,性之事能,合之则中正,违之则邪僻。以天地之常,俾人咸知由其常也。②

案以"善"为"天下之大共",即依共同义之"道"而言。以"性"为人之所"自为",此处即留下一大漏洞或理论缺口,盖必假定人之"自为"可以不合"天下之大共";此方是真正哲学问题所在,亦"天道观"之困难所在,而戴氏竟全未察及,匆匆跳过此一关键问题,于是其他理论皆成无根之意见矣。然顺其意说,则其论旨不过以为人之"自为",据人之"性"而发;"性"表人之实然能力,故以"事能"说之。而如此"自为"之活动,不必能合乎"天下之大共",故"君子之教"即以"大共"正"自

---

① 《原善》,卷上。
② 《原善》,卷上。

为";而人之自为"合"此"大共"或违此"大共",即成正邪之分——亦即善恶之分。而此所谓"大共"又说为"天地之常",此涉及戴氏另一组特殊用语。戴氏于此段前曾云:

> 言乎自然之谓顺,言乎必然之谓常,言乎本然之谓德。天下之道尽于顺,天下之教一于常,天下之性同之于德。①

案此处所标出之"自然""必然""本然"三词语,乃戴氏理论之重要观念,盖戴氏既依《易传》立论,又欲与《中庸》之"性、道、教"之论合说,遂提出此三词语。此中"必然"一词,乃其价值理论之中心观念:所谓"必然"即"常",所谓"常"即"天地之常",即"天下之大共",亦即天道之规范也。至"自然""本然"二词,则涵义尚不明确,以下再随时析论之。"必然"在戴氏说中表天道规范,则无可疑;立此"常"或"必然",然后又以为人之活动可以不合此"必然"或"常",遂以为"教"皆依"常"而立——所谓"一于常"。然则,此不过是汉儒"以人合天"之陈旧论调,又何能合于孔孟之学乎?故戴氏之论"性"及"善",可谓重蹈宇宙论及天道观之覆辙,未见其克服前人困难之表现也。

戴氏立说之根本缺点,在于未能深究价值论之基本问题,而但以常识态度凭空说"善"。其言德性,如仁、礼、义,皆先视之为存有之性质或状态,于是先立"天地"之"德",而以人之合天释人之道德问题。此是以"存有语言"与"道德语言"相混,固宋儒之通病也。东原自以为能反宋儒之说,实则在价值论之基本观点上,混合汉儒宋儒之病,而不自知也。以上顺评数语。兹再回至《原善》之文。

《原善》大抵以发挥《易传》之意为主,故其论天地之化,屡言"生生",而即顺此以说"仁""礼""义""智"等,其言云:

---

① 《原善》,卷上。

> 生生者,仁乎。生生而条理者,礼与义乎。何谓礼? 条理之秩然有序,其著也。何谓义? 条理之截然不可乱,其著也。得乎生生者谓之仁,得乎条理者谓之智。至仁必易,大智必简。仁智而道义出于斯矣。是故生生者仁,条理者礼,断决者义,藏主者智。仁智中和曰圣人。①

案此处混天道与人道而言之。所谓"仁""礼""义",原皆就天道或天地之化说,但言"得乎条理"为"智",则此只能就人或人心说,于是转而言"圣人"矣。此种理论之内部混乱,姑不多论。此处应注意者则是,"智"观念似为戴氏论人道之最重要观念,盖生生、条理等,皆属之天道,而人之能合天道,必依赖此能知天道之能力,此即"智"也。故戴氏云:

> 观于生生,可以知仁;观于其条理,可以知礼;失条理而能生生者,未之有也,是故可以知义。礼也,义也,胥仁之显乎? 若夫条理得于心,其心渊然而条理,是为智。智也者,其仁之藏乎!②

此处透露一极重要之论点,即"仁""礼""义"三者,在戴氏皆可以宇宙论或形上学之观点,说为天地所具之德,然独"智"必须就"条理得于心"说,即为人心所独具之德,则"天人"之相通处,即当落在"智"上矣。有"智"而能"观"能"知","仁""礼""义"在戴氏皆为"知"与"观"之对象。唯有"智"则属此能"知"能"观"之心。于是"智"与"性"之关系如何,乃必须解答之问题,而由此又可再回至其论"性"之说。

戴氏论"性",虽重殊别义而言类性,然亦分就人物所同及相异处说之(戴氏所谓"物"皆指"生物"讲,此又与濂溪相同者,亦承《易传》而来)。其言云:

----

① 《原善》,卷上。
② 《原善》,卷上。

> 人与物同有欲；欲也者，性之事也。人与物同有觉；觉也者，性之能也。①

此就人物所同之性而言。性之功能或"事能"，分为欲与觉，即分指感受与认知而言。人物皆由其实然之性而具感受能力及认知能力。然此二种能力，戴氏又以为与仁智二德性相应，故云：

> 欲不失之私，则仁；觉不失之蔽，则智。仁且智，非有所加于事能也，性之德也。②

戴氏亦知"仁"当训为"公心"，故以不"私"言之，但又以"不蔽"说"智"，则大为勉强，盖"智"之正面作用，未能以"不蔽"一词尽之；然中国经籍中对"智"之解说殊少，故戴氏除借用荀子意而以"不蔽"说"知"外，只能由孟子语而寻得"不凿"一词。《原善》卷上末乃云：

> 仁者无私……智者不凿……③

此可与上引文相补充。戴氏如此说"仁""智"，以为可就"性"中之"欲"与"觉"二能力释之。而谓"非有所加于事能"，则显出一理论上之大谬误，盖"欲"作为一能力看，本身不能保证其"不失之私"；欲使"欲不失之私"，则必有另一能力加于"欲"上方能节制之。"觉"作为一能力看，本身亦不能保证其"不失之蔽"；欲使"觉不使之蔽"，则亦必有另一能力加于"觉"上而引导之。故一说"欲"加上"不私"方为"仁"，则此"不私"如何而可能，始是问题关键所在。使欲"不私"之能力，纵说为一纯形式之能力，亦不能与"欲"等同，且不能只由欲生出。此理稍推即明。戴氏于此未能详辨，于是日后学说，愈演变愈不可

---

① 《原善》，卷上。
② 《原善》，卷上。
③ 《原善》，卷上。

通，审其病皆缘此种基本观念之混乱也。

戴氏又论人性与物性之异，则就所谓"曲全"而说之，盖既不能见质之殊异，遂思就量之殊异为说。其言云：

> 天道，五行阴阳而已矣，分而有之以成性。由其所分，限于一曲，惟人得之也全。曲与全之数，制之于生初。人虽得乎全，其间则有明暗厚薄，亦往往限于一曲，而其曲可全。此人性之与物性异也。①

此处所最可注意者，为"其曲可全"一语。戴氏欲以"曲全"分人物之性，但亦知人未尝不有气质之偏，遂亦承认"明暗厚薄"之不同；但又认为人虽有"限于一曲"之偏至性，而终可以超越此偏至性，故说"其曲可全"；而物则无此能力，故"人性"与"物性"之异即由此超越之可能说。然此说如成立，则显然人除有其"限于一曲"之气质外，另有能超越此限制之能力，岂非即宋儒所谓"义理之性"乎？此又戴氏全力反对之说也。倘无所谓"义理之性"与"气质之性"之分立，则"其曲可全"毕竟如何可能？此又成一理论两难之局矣。

总之，《原善》之主旨，在以为人合天道则"善"，而对"善"本身之意义不能界定，遂似将一价值词语化为一"存有关系"之词语。此正汉儒之旧病，于理不可通者也。其次，戴氏论"性"，原重殊别品类之性，故必肯定人性与物性不同；然因戴氏始终对于"主宰义""自由义"之纯意志不能了解，故欲言人性之特殊，亦只能归于禀赋之量意义而言之，遂有曲全之说。但其说自身仍涉及严重困难，即不能说明人何能使"其曲可全"也。

至于以"欲"与"觉"为"性"之事能，本亦未尝不可，然此乃人物所

---

① 《原善》，卷上。

同之"性",无关于"人之异于禽兽者";于是遂据"欲觉"以说"仁智",而不知此处又非另肯定一形式能力不可。于是,在此较早作品中,戴氏哲学思想之大病皆已形成矣。

《原善》卷中偏重于说孟子。其中颇有可注意者。如引孟子指出"理""义"为"心之所同然"一段后,而云:

> 当孟子时,天下不知理义之为性,害道之言纷出以乱先王之法,是以孟子起而明之。人物之生,类至殊也。类也者,性之大别也。孟子曰:凡同类者举相似也。何独至于人而疑之?圣人与我同类者。诘告子"生之谓性",则曰:犬之性犹牛之性,牛之性犹人之性与?盖孟子道性善,非言性于同也。①

案此段强调孟子以"理义"为"性"。又指出孟子所言之"性"乃人之"类"之"性",而其与告子之辩则表明其"道性善"非就人物所同者言。皆甚确当。若顺此以析论孟子之论旨,应可知孟子所用之"性"字,取"本性"义,而人自有与物同及与物不同之两类能力矣。然戴氏在此处又踟蹰不前,不能面对此"本性"观念,而不能明"性即理"之义,故下文云:

> 由孟子而后,求其说而不得,则举性之名而曰:理也。是又不可。②

所谓"求其说而不得"指何"说"而言,殊不可解,盖若指上节所说而言,则伊川之言"性即理"正是承此"说"也。戴氏既引孟子此说,又谓不可言"性即理",其故何在乎?

此当自"性之名"三字着眼。戴氏所谓"性之名"即指"性"作为一

---

① 《原善》,卷中。
② 《原善》,卷中。

"名言"说。换言之,"性"作为一名言或一语言符号看,戴氏以为不可与"理"字混。盖戴氏所未自觉说出之原则,实即是以常用语义为解释名言之标准。此盖与其治训诂之立场有关。旧日治训诂以说经之学者,大抵皆先考求某字某语在古代之常用语义,然后据以释经籍;此一方法若以之处理一般古代文献,则确属最合科学标准之方法。但当吾人面对某一特殊哲学理论时,则即不能忽略此处有"特殊语言"与"常用语言"之分别问题;盖立一理论时,此论者常因所言之理非常人所已言及者,故不得不予旧有之语言以新意义,因而构成其特殊语言。在此种情况下,学者只能据其立论之内部语脉以了解其特殊语言,而不可再拘于常用语言中某字之意义,而强以之释此理论也。孟子论"性",正属此类特殊语言。戴氏原已能知孟子就类之不同而言人与物之性不同,但终不能了解此为一特殊语言,仍执常用语义以说之,故以为"性"不可谓为"理"。在常用语言中,"性"自指生而具有者言,"理"则指"文理""条理"而言;此亦戴氏所力持之说也。

戴氏既于"本性论"之理路有所阻滞而不能入,故依此以立之各种价值论亦皆不能解,而只能通过"智"以说价值问题。而说"性"与"理义"时,只能就人之"才"说人之性有"理义",而不能了解"性即理"一命题之真意义正在奠定一价值论之基础也。戴氏在卷上已据《礼记》而以"血气心知"合言人之"性",而在卷中则更作发挥,由"心知者天地之神"①之说,转而标出"智"以"择善"之说。其言云:

> 有血气,夫然后有心知。有心知,于是有怀生畏死之情,因而趋利避害。其精爽之限之虽明昧相远,不出乎怀生畏死者,血气之伦尽然。故人莫大乎智足以择善也。择善则心之精爽进于神明,于是

---

① 见《原善》,卷上,论"血气心知"一段。

乎在。①

案戴氏既将人与动物相同之能力及其与动物相异之能力,合而视为人之"性",则其所谓"性"非人所独具之性,即非"本性"义。又在此意义下,"性"表人之本能之全部,于是戴氏亦非专取动物性为人之"性",故与孟荀之说皆异。此点下文当再论之。现须指出者则是,戴氏虽以为"理义,性也",同时又以"血气"为"性",但并非将"理义"与"血气"看作平行关系;而实以为"血气"先于"心知",而人之能知"理义",又全赖"心知"。故依戴氏之说,人基本上仍与动物大体相同——皆"血气之伦",但人之"才"与动物不同,即禀赋不同,由此人多一"心知"之能力。此能力即使人能有"智",用"智"以"择善"即人所能而其他动物所不能者也。

于此倘再作进一步剖析,则可见此中涉及以下问题:

第一,戴氏所谓"性",指本能之全部,而又以为"性至不同,各呈乎才"②,故其"性"观念实偏重于"才性"意义。与孟子不同处在于其所谓"性"非专指人所异于禽兽之能力,与荀子不同处在于其所谓"性"亦包含"理义",非如荀子以"理义"为"伪"而与"性"对。

第二,戴氏所言之"性",既指本能,故纯是自然意义、事实意义。戴氏虽以为人之本能中含有"心知",因此能"择善",或能知"理义",但依此一语言之性质看,所谓"善""理义"等亦皆成为事实意义之描述语;于是"规范性""主宰性"等皆不能在此语言中安立,戴氏之价值论遂亦失去其最基本之功能,而化为一套描述生理及心理事实之语言矣。

第三,戴氏如此观"性"及"善"二概念,故"性"既成为本能,"善"

---

① 《原善》,卷中。
② 《原善》,卷中。

亦化归利害。戴氏明言"怀生畏死""趋利避害"等为生物（即所谓"血气之伦"）之共同目的，则人不过多一种"智巧"[①]，能有较有利之选择。于此而言"择善"，则有关道德意义之普遍性，与此所谓"善"全不相应。此不唯在理论之一般标准下看，成为一与道德问题无关之说，且就戴氏自身理论言，此种意义之"善"，亦与其所谓"天地之常"等词语不能通协；盖一面取形上学观点，将"善"视为存有义，作超经验之肯定，另一面又将"善"解为经验中之利害意义，只作经验事实之描述。此中"普遍"与"特殊"、"规范"与"事实"等冲突皆无法消融。其说不唯不能成立，且在严格意义上实不可解矣。

究竟道德价值在于人之"合天"乎，抑在于人能作有利之"择"乎？此问题乃戴氏说中死结所在也。

钱穆先生著《中国近三百年学术史》，于论戴氏之学时，引《孟子字义疏证》之语，指出东原如此以生物本能说"性"，以明智之选择说"善"，大有病在，而以为戴氏此种思路实近于荀子。其言云：

> 若专从人类个己怀生畏死、饮食男女之情以求其不爽失，求其知限而不逾，则所得即无异于荀子之所谓理义，所谓性恶矣。何者？因其全由私人怀生畏死、饮食男女之情仔细打算得来，若人类天性不复有一种通人我、泯己物之心情故也。[②]

案"仔细打算"即利害之考虑也。利害考虑与道德判断各属于不同意义领域，东原于此种根本问题全无了解，故有此混乱。钱氏虽未用"混乱"字眼，但有"打并归一"之说；其论戴说不合孟子之旨云：

> 在孟子所分别言之者，在东原均打并归一，是东原之所指为性

[①] 戴氏在《原善》卷上亦曾明言"性之微于巧智……"云云，可与卷中论"择善"语参看。
[②] 见钱穆《中国近三百年学术史》，第八章，"东原思想之渊源"一节。

者,实与荀卿为近。①

又云:

> 《孟子》书中亦明明分说两种境界,而东原必归之于一;又不归之于仁义,而必归之于食色,是东原之言近于荀子之性恶,断然矣。②

所谓"打并归一""归之于一"即"意义之混乱"也。钱氏之评,大致可谓公允,但屡谓戴氏言"性",近于荀卿性恶之说,则此中又稍有应加清理之问题。

若就戴氏本身之议论看,则戴氏在《原善》《绪言》及《疏证》中皆屡屡言荀子不知"理义"或"礼义"皆属"性",以为非是。在《原善》卷中且以荀、告相比而论,而最后云:

> 荀子二理义于性之事能,儒者之未闻道也。告子贵性而外理义,异说之害道者也。③

则戴氏固决不谓已说近于荀说。其所以有此意见,盖如前文所说,戴氏以为"性"即本能之全体,而认为荀子所谓之"伪"亦皆属于此本能,故说荀子"二理义于性之事能"为其"未闻道"之证据。戴氏固自以为是承孟而反荀也。

然若就理论本身看,则戴氏虽谓"理义"属"性",然其释"理义"则步步化归于"利害"观念,而又以为"有血气夫然后有心知",则所谓"性"中之"理义",并非道德意志或自觉之谓。"理义"不过是人由"心知"或"智"所认知之事实性质及规律,此种性质或规律本身原无善恶

---

① 见钱穆《中国近三百年学术史》,第八章,"东原思想之渊源"一节。
② 见钱穆《中国近三百年学术史》,第八章,"东原思想之渊源"一节。
③ 《原善》,卷中。

可说;而所谓"善"者,即系归于本能之要求——如怀生畏死、饮食男女之类,则在戴氏眼中,人之行为在方向上说,皆只顺动物性之本能欲求而动,"智"不过有利于本能欲求之满足;如此,则戴氏虽反荀子,其眼中之人"性"基本上只属动物本能——但多一智巧而已。此则又与荀子眼中之"性"相近,如钱氏所言矣。

以上偏重于"性"说。若再进一步问,戴氏之说是否可看作一种"性恶论",则此又是另一事。盖依戴氏所用之语言看,所谓"恶"并非指意志方向言,而只指行为效果言。戴氏确以为人之意志及行为之方向,均是求本能欲求之满足,但在戴氏自己之语言中,此种方向不称为"恶"。戴氏既以"不爽失""不逾其限"等语说"善"一面,则其所谓"恶"自即通过"爽失""逾限"等义定其意义;如此,则戴氏之说终非"性恶论"。荀子原以种种动物性本能要求为"恶",而又以此为"性"之内容,故说"性恶";戴氏则未尝以本能之欲为"恶",故与荀子不同。此细观戴说所应有之结论也。

戴氏于《原善》卷中,又屡屡强调"心之所同然"一语,盖以此释"理"字,以为得孟子意。此点在谈《疏证》中思想时,当更及之。《原善》卷下,则涉及工夫问题。此中论"私"及"欲"之语,亦为戴氏思想之要点。以下略作析述,即可进至《绪言》及《疏证》之讨论。

《原善》卷下开端即云:

> 人之不尽其才,患二:曰私,曰蔽。私也者,生于其心为溺,发于政为党,成于行为愿,见于事为悖为欺,其究为私己。蔽也者,其生于心也为惑,发于政为偏,成于行为谬,见于事为凿为愚,其究为蔽之以己。①

---

① 《原善》,卷下。

案此处所标出之"私"与"蔽"二字,承卷上"欲不失之私则仁""觉不失之蔽则智"二语而来;然卷上重在通过本能义之"性"以说仁智,此处则重在解释"不善"或"恶"如何生出。故续云:

> 私者之安若固然为自暴,蔽者之不求牖于明为自弃。自暴自弃,夫然后难与言善,是以卒之为不善,非才之罪也。①

案戴氏此等说法,在字面上常似依孟子而来,盖用语多承孟子之书,然其基本观点则与孟子全异。盖戴氏既以本能之全部为"性",又以为"性"与"材质"不可分,于是戴氏心目中只有形躯意义之"人";而又以"欲"与"觉"为"性"之"事能",则其道德概念皆已预认本能(生物意义)为基础。于是现欲解释人何以有恶,遂陷入一理论困难。因若以"欲"为人之意志定向力,而就"欲"以言"善",则凡合乎欲求者皆当为"善"矣。今又别立"私"与"蔽"一对观念,以说"不善"之由来,则此二观念与"欲"之理论关系即大成问题。

试想,若以"欲"为"善",则"私"或"不私"当仍以能否合乎"欲"之要求而断为"善"或"不善"。换言之,"善"之意义既通过"欲"说,则"不私"未必是"善",因"不私"未必能满足"欲",且常与"欲"之要求冲突也。"不私"之意义不能解为形躯血气之"欲"之一种,因形躯只有特殊感受,其为"私"乃当然如此。今若谓"欲"须加上"不私"一条件方为"善",则"善"之意义转而在"不私"上成立,因有"私"即生出"不善",戴氏已明言之矣。如此,则善不善当视"不私"或"私"为断,然此所谓"不私",根本不能由形躯血气中寻得根据,于是必须转向某一不属于"欲"之概念,则此岂非正指向宋儒所谓"理欲之分"乎?然戴氏固力反"理欲"之说,则其所谓"不私"毕竟由何种能力而可能?戴氏

---

① 《原善》,卷下。

竟不能自圆其说矣。

关于"私"有如此之根本理论问题。关于"蔽",戴氏之说亦有类似困难。戴氏由荀子处得一"蔽"字,遂欲据此以建立其对"学"之肯定;然荀子言"解蔽",乃专就思考能否遍及各种理论问题而言,故言某家"蔽"于某而"不知"某,即谓其思考遗漏某一面之重要问题也。戴氏之"心知"依于"血气",与荀子之"心"为一独立于"性"之能力者大异。而戴氏之"觉"既属于本能义之"性",则只指经验中之认知而言。经验认知本受经验条件限定,自简单感觉至复杂经验判断或构想,莫不有一定之限度,然则如何能就此立一"解蔽"之义,则又成问题矣。

总之,儒学通过自觉义之道德理性观念,方能言"公私";通过形式义之思辨理性观念,方能言"蔽"或"不蔽";此二种"理性"观念皆非生物义之本能——因不能化归形躯血气以说之。戴氏一面以生物本能说"性",另一面又欲假借此种种含普遍规范性之词语以立说,则其陷入困难乃属当然之事。

但戴氏本人根本对此中一切理论分界皆未有所见,而仍以为立"私""蔽"二观念即可以释"善恶",于是进而提出其在工夫方面之主张,而云:

> 去私莫如强恕,解蔽莫如学。得所主莫大乎忠信,得所止莫大乎明善。①

案此即戴氏工夫论之纲要也。戴氏提出一"恕"字,此即后文所谓由"遂己之欲"推至"遂人之欲"之意,然不知此一"推"正是形躯血气之"性"所不能,亦不知"遂人之欲"一决定,本身即不能以"欲"之满足为

---

① 《原善》,卷下。

动力;盖"遂人之欲"时每每不利于己之欲求,若要人能"遂人之欲",则正须克制己欲诉于某一意义之理性方可也。至言"解蔽莫如学",自是袭取荀子之意。但其所谓"蔽",原与"智"观念相对而言,故戴氏论"仁"与"智"云:

> 仁且智者,不私不蔽者也。得乎生生者仁,反是而害于仁之谓私;得乎条理者智,隔于是而病智之谓蔽。①

案此以"得乎生生""得乎条理"二语,分释"仁""智"。其意似较明确。然如何能有此"得",方是工夫问题。戴氏则更未深入讨论。不过,戴氏议论发挥至此种关节上,亦觉察有"普遍"与"特性"之冲突,且亦明白若言"不私不蔽"等价值问题,则必须超越"特殊"而走向"普遍",故又提出"克己"一义。其言云:

> ……故君子克己之为贵也。独而不咸之谓己;以己蔽之者隔于善,隔于善隔于天下矣。无隔于善者,仁至,义尽,知天。是故一物有其条理,一行有其至当。征之古训,协于时中,充然明诸心而后得所止。②

"独"即指"特殊性","咸"即指"普遍性";以只有特殊性之形躯自我为"己",而以为蔽于"己"即隔于"善",此实已承认生理意义之形躯血气以至心理意义之材质等之外,尚另有普遍性之自我;又标出"克己"为工夫,则此是儒学超越形躯以立德成德之通义,故戴氏此类议论又与一般儒生文章大致相类,不见其特有之观点矣。然即在此种议论中,仍可看出戴氏对基本工夫问题全未触及。盖言"事"有"条理","行"有"至当",此宋儒以来人人道及者,但就工夫而言,则问题在于如何

---

① 《原善》,卷下。
② 《原善》,卷下。

能使"人"或此"心"能观"条理",如何能使人之意志趋于"至当"。此方是成德之学之实践关目所在。戴氏则似全未见此中问题。戴氏本人于成德工夫之欠缺体会,于此等处可谓透露甚明矣。

戴氏又强调"习"之重要,而谓:

> 君子慎习而贵学。①

此亦与荀子旧说相类,而于解答戴氏理论中之基本困难无补。戴氏亦注意到宋明儒所常谈之"已发""未发"工夫问题,而认为在"事物未至"时,应有工夫,否则"事至而动",即"往往失其中正"②云云。此又似承认某种内在意志磨炼,然其所谓"中正",如何能成为意志之方向,则与其以"欲"解念不能调和。此类议论亦终无实义矣。

《原善》卷下尚有另一点应注意者,即戴氏由其道德理论又进至政治理论是也。儒家传统原以为政治生活乃道德生活之延长,戴氏立场在此一方面全承传统旧说。其论五伦以及《尚书》中之"三德""六德"等观念后,进而论政道。其说大抵以得人为主,未触及制度层面之大问题。其言云:

> 《论语》曰:君子怀德,小人怀土;君子怀刑,小人怀惠。其君子,喻其道德,嘉其典刑;其小人,咸安其土,被其惠泽。斯四者,得士治民之大端也。③

此处引《论语》四句,而以为是"得士治民"之道,其实此段原意亦无关政本;盖戴氏论政时,心目中只有一"治人"问题,而无"治法"观念,故为此论也。其下杂引《中庸》《易》《书》《孟子》之语,要旨不外以顺民之欲为主,因即谓:

---

① 《原善》,卷下。
② 《原善》,卷下。("中正"旧误为"中至"。兹依中华本校改。)
③ 《原善》,卷下。

> 明乎怀土怀惠,则为政必有道矣。①

可知戴氏论政,先求能得士以治民,而治民之道又以顺民之欲为主;其特重怀土怀惠者,即因此说表示对民之欲求之了解也。

由于戴氏只以顺民之欲为政道,故对严刑聚敛最为痛恶。此或与其对时政之弊所感有关。其论"小人"云:

> 所为似谨似忠者二端:曰刑罚,曰货利。议过则亟疾苛察,莫之能免。征敛则无遗锱铢,多取者不减,寡取者必增,已废者复举,暂举者不废。民以益困而国随以亡。②

此即力斥严刑厚敛,以为乃败亡之道也。再进而言之,又以为社会风气之败坏,亦皆因在位者欺背贪暴影响民众心理所致。其言云:

> 在位者多凉德而善欺背,以为民害,则民亦相欺而罔极矣。在位者行暴虐而竞强用力,则民巧为避而回遹矣。在位者肆其贪,不异寇取,则民愁苦而动摇不定矣。凡此,非民性然也,职由于贪暴以贼其民所致。乱之本鲜不成于上,然后民受转移于下,莫之或觉也。乃曰:民之所为不善。用是而仇民,亦大惑矣。③

此处特标出"乱之本"常"成于上"一义,则社会之堕落亦是执政者之责任;盖戴氏仍持政教合一之观点,认为执政者须领导社会,故所求甚严也。

若将戴氏之道德理论与其政治思想合观,则此中有一极可注意之特色。传统儒学,大抵将"成德之学"之原则扩大应用于政治生活上,故对政治生活之特性不明,而几于以求人作圣贤为政治理想。此

---

① 《原善》,卷下。
② 《原善》,卷下。
③ 《原善》,卷下。

中病痛甚大,其最著者则不重民众之需要及要求是也。是故依此路向以为政,绝不能奠立民主政治之基础。今戴氏则反其道而行之,其论德性亦以"欲"为主要观念。此即将政治上"尊重人民之需要"一原则,逆溯而施于道德理论上,其结果是道德理论不能成立,然开启政治思想上一新趋向。章炳麟曾论戴说云:

> 夫言欲不可绝,欲当即为理者,斯固莅政之言,非饬身之典矣。①

此评颇有见地,盖已知"道德原理"与"政治原理"之不同,故谓戴氏之说,只能用于政治生活一面,不能用于道德生活一面也。然戴氏思想在此意义上与传统儒学成一鲜明对照,则方是谈戴说者所宜特加注意之事,章氏则未详及耳。

《原善》大旨如上。戴氏思想之大规模,事实上至此已略定;其后之《绪言》《疏证》虽各有特点,然就戴氏全盘思想言,则后出之作,大抵皆承《原善》之宗旨而发挥而已。故本书论《原善》亦稍详。

以下即观《绪言》之特色。

(二)《绪言》之特色

《绪言》内容多有大段与《疏证》同者,亦有与《原善》极相类之语,盖戴氏心目中有一套哲学问题,每著一论便串讲一次。故此三种著作虽详略不同,常见重复之处,但《绪言》本身亦有一定特色可说。以下即析述此种特色,对于重复议论即不备及之。

《绪言》之特色有二:

第一,《绪言》之作,明显运用考证训诂之研究以支持其论点;此乃《原善》所无者。

---

① 见《太炎文录》,卷一,《释戴》。

第二,《原善》立论虽偏于汉儒之说,然对宋儒理论亦未加抨击。《绪言》中则开始批评程朱,且认为周张以下诸儒皆受老释之影响。此种论调在《疏证》中更作发挥,然在《绪言》中皆已初步定型。

以上二点,后一点为人所熟知,第未有人作严格评论而已。前一点则言者不多。兹分论之。

(1)就戴氏在《绪言》中运用考证训诂而论,其释"一阴一阳之谓道"与"形而上者谓之道"一段,乃最明显之实例。

戴氏于此,先对"之谓"与"谓之"作语法上之分别,而云:

> 古人言辞,之谓,谓之,有异。凡曰之谓,以上所称解下。如《中庸》:天命之谓性,率性之谓道,修道之谓教;此为性、道、教言之。若曰:性也者天命之谓也,道也者率性之谓也,教也者修道之谓也。《易》:一阴一阳之谓道,则为天道言之。若曰:道也者一阴一阳之谓也。
>
> 凡曰谓之者,以下所称解上。如《中庸》:自诚明谓之性,自明诚谓之教。此非为性、教言之,以性、教区别自诚明、自明诚二者耳。《易》:形而上者谓之道,形而下者谓之器,亦非为道器言之,以道器区别其形而上形而下耳。①

案戴氏此处先立出"之谓"与"谓之"两种文例,而提出一语法上之说明;谓言"之谓"时乃"以上所称解下",言"谓之"时乃"以下所称解上"。此纯是一训诂论点,而戴氏即据此训诂论点以提出其对"道"观念之种种哲学论断,以反宋儒太极理气之说。

在进而观戴氏所提出之哲学论断以前,对此训诂论点,应先稍作评估。

戴氏对"之谓"及"谓之"所作之文例分别,是否能确定成立,实视

---

① 见《绪言》,卷上。

所谓"以上解下""以下解上"二语之确义何在而定。案戴氏之意,可作如下之剖析:

设有一"A",具"P1、P2"等性质,则当人说"P1、P2 之谓 A"时,乃以"P1、P2"解释"A"。此所谓"以上释下"。

若说"P1、P2 谓之 A",则戴氏以为此是"以下释上",即以"A"作为"P1、P2"之标识。

依此,则"以下释上"即以"下"作为"上"之标识,而"以上释下"则是以"上"说明"下"。就"标识"而言,则只涉及符号之用法;就"说明"而言,则涉及被说明者之实际内容矣。

此种分别,严格言之,在逻辑上似无大意义。但从知识活动之程序看,则二者确有不同。盖言"一阴一阳之谓道"时,乃增加吾人对"道"之了解;而言"形而上者谓之道"时,则增加吾人对"形而上"一词之了解。此即戴氏所意指之划分也。

然则,接受"之谓"与"谓之"二语之不同后,如何能以之支持戴氏对太极理气之观点?此则亦不难明。盖戴氏所欲建立之论点,主要有二。其一是"阴阳"之外无"道",反对"太极"即"理"之说;其二是以"气"为"形而上"者。合而言之,即否定宋儒"理气之分"之说是也。故戴氏既立以上之文例分别,即据"一阴一阳之谓道"一语,而说"道"即以"阴阳"为内容,且明谓"气"属"形而上"。其言云:

> 形谓已成形质。形而上犹曰形以前,形而下犹曰形以后(原有注,从略)。阴阳之未成形质,是谓形而上者也,非形而下明矣。器言乎一成而不变,道言乎体物而不可遗。不徒阴阳非形而下,如五行水火木金土,有质可见,固形而下也,器也。其五行之气,人物之所禀受,则形而上者也。[①]

[①]《绪言》,卷上。

此即兼说"阴阳"即"道"与"气"属"形而上"两点。其前又云：

> 大致在天地则气化流行,生生不息,是谓道;在人物则人伦日用,凡生生所有事,亦如气化之不可已,是谓道。故《易》曰:一阴一阳之谓道。此言天道也。《中庸》曰:率性之谓道。此言人道也。①

戴氏如此立说,遂以为"理气之分"不当,而云：

> 六经孔孟之书,不闻理气之分,而宋儒创言之。又以道属之理,实失道之名义也。②

此谓"理气之分"非先秦儒学所有,又谓以"道"为"理",亦不合于"道"字本来之词义,皆是依考训立场以立论也。

顺是再进一步,遂对"太极"另作一训释。其言云：

> 孔子以太极指气化之阴阳,承上文明于天之道言之,即所云:一阴一阳之谓道。万品之流行莫不会归于此。极有会归之义,太者无以加乎其上之称,以两仪、四象、八卦指易画。后世儒者以两仪为阴阳,而求太极于阴阳之所由生。岂孔子之言乎?谓气生于理,岂其然乎?③

案若谓"太极"生"阴阳"非孔子之言,则应知整个《易传》本不出于孔子;此正是戴氏所重视之考证问题,而戴氏仍承旧说之误,何也?至谓"太极"只是一虚称,非能生阴阳之实体,则近船山一路。此在理论上尽可从容辨析,然殊无证据可见其属于"孔子之言"也。

谓宋儒所持之理论,多与孔孟之说不合,此原可成立,且由哲学史角度看,亦极关重要;然此是属于"历史标准"一面之论断,其成立

---

① 《绪言》,卷上。
② 《绪言》,卷上。
③ 《绪言》,卷上。

与否须全诉之于考释之根据,而不可又诉之于"理论标准"。盖程朱学说是否与孔孟同,纯是历史事实问题,不关其说在理论上之得失正误也。另一面,理论之得失正误,又自有其标准,亦不可决之于历史标准。此种分际,戴氏殊未能严守。即以上引之文而言,谓"理气之分"乃后出之说,是矣;然由此而以为"理"生"气"或"气生于理"之说有误,则由历史标准转向理论标准而不自觉,于是思路大乱;盖孔孟虽不言"气生于理",然此命题是否在理论上可成立,则是另一事也。且若专就历史标准看,则戴氏所谓"气化",亦非孔孟之言。今倘取"气化之阴阳"以释"太极",其根据必求之于某种理论标准,但若如此,则宋儒"理气之分",虽非孔孟之言,应亦可依某种理论标准而成立矣。

戴氏既以为讲儒学须严守历史标准,而应合于孔孟之言,则对于伪托之作不应不辨。然戴氏固以为《易传》为孔子所作矣。此或可说是受考证成绩之限制(实则自宋以来,已多有言《易传》非孔子所作者,欧阳修、陆九渊皆是也),但此外,戴氏又喜取《大戴礼记》以证其说"道""性"之语,岂以为《大戴礼记》出于孔孟耶?此又是戴氏立论分寸不明之另一表现矣。总之,戴氏在《绪言》中,已强调历史标准之重要,但就其自身立论看,则内部问题极多。盖戴氏本无作严格思考之习惯,又不解形上学思路,故其论议自始即不能自圆也。

关于戴氏评宋儒时所涉之理论问题,下文另作析论;此处尚有应作补充者,即戴氏在《绪言》中,对训诂经籍,尚提出另一重要意见,即字义虚实之辨是也。其言云:

> 学者体会古圣贤之言,宜先辨其字之虚实。今人谓之字,古人谓之名。……以字定名,有指其实体实事之名,有称夫纯美精好之名。如曰人,曰言,曰行,指其实体实事之名也;曰圣,曰贤,称夫纯

美精好之名也;曰道,曰性,亦指其实体实事之名也……曰善,曰理,亦称夫纯美精好之名也;曰中,曰命,在形象,在言语,指其实体实事之名也;在心思之审察,能见于不可易、不可逾,亦称夫纯美精好之名也。①

案戴氏此一划分,涉及广泛之训诂原则,亦涉及理论问题。关于涉及理论问题部分,下文比观戴氏说与宋儒理论时再作讨论。关于训诂一面,则字义虚实之分,确属重要,然戴氏自身所立之界说、所举之例,亦大有可疑。兹稍作析论。

首先应指出者,是戴氏先举"虚"与"实"二观念,然后则以"指其实体实事"与"称夫纯美精好"二语分别说之,似以前者表"实",后者表"虚"。然所谓"实",如此解释,尚可成立;所谓"虚",以"称夫纯美精好"说之,则大成问题。所谓"称夫纯美精好"者,显属于价值评估意义,且只表正面肯定之评估。则依戴氏之说,所谓"虚"字者,即表正面评估之价值词语,如"圣""善""理"等,与"指其实体实事"之"实"字对别。然则非表价值评估而又不指实体实事之词语,岂非成为"虚实"之外另一种词语乎?"虚实"应互相穷尽,而价值词语、实物词语不能互相穷尽也。譬如黑白、大小、相等不相等、有无、显隐等等,既非指实体实事,又非表价值评估,则应属于何种词语乎?在语言中,此种表性质关系之字或词语最多,戴氏之划分中何以对此一大部分词语视若不存在,则实不可解。倘视为存在,而归之于"不虚不实",则尤不可解。盖"虚"与"实"二义明属互相穷尽,且依戴氏对"实"之解释看,则此种种表性质关系之词语,似皆应作为"虚"说也。

戴氏立此分别,原以训释古人语言为目的,然古人语言中并非只有"指其实体实事"及"称夫纯美精好"两种词语,则如此分别,显然将

---

① 《绪言》,卷上。

漏去解释古籍所面临之大部分问题,岂得为训诂之规矩乎?

再进而言之,戴氏只以"称夫纯美精好"解"虚"字之用,则甚至表价值否定之词语——如"恶""愚"等,原应与"善""圣"等词语同属一类者,在戴说中亦无法安顿,因此等词语固不指"实体实事",亦非称其"纯美精好"也。此点似不待多辩。

就训诂而言,分别词语之用法原是一基本工作,但如戴氏所作之分别,则不唯无益于了解古籍,且反生出种种阻碍,则戴氏此说虽接触一重要训诂问题,其解答则全无可取也。

以上乃纯取客观批评态度立论。倘于此代戴氏求解,则似可就"实体实事"一语着手,以进一步表明戴氏之意向。

戴氏所谓"实体实事",扩大其可能意涵看,则似可说,所谓"实"者,不限于"实物",而可包括一切可观察之性质。凡"可观察"者皆谓之"实",如此则一切描述词语将皆成为"实"字,所余者只有表价值评估之词语——即为"虚"字。此即接近西方各种经验论之说法。但此解仍与戴氏之说不能全合。盖一则反面之价值词语,依戴说又不属于"虚"字;二则一切作为思考对象之形式概念,在经验论者各说中总另有安排,在戴说中则不知如何安顿。故试作此解,仍不能补成戴说,但由此一推进,吾人乃可确知戴氏之基本理论立场所在。此立场,简言之,即感觉主义及极原始之素朴实在论立场是也。盖戴氏所谓"实体实事",即常识中可见可闻可触可感之对象;在此领域外,戴氏不知有所谓纯思考之对象。另一面戴氏知有表赞美之价值词语,然对于此等词语之意义根源,亦只划归生物本能以解释之。戴氏思想始终停在此一层面上,显然即在知识问题一面取"感觉主义",在存有问题一面取"素朴实在论"之立场矣。但戴氏思想又时时混有汉儒之宇宙论观念,故又言"天道",言人之合天;此又与其素朴实在论立场不合。然此只表示戴氏思想内部混乱,不能作为戴氏别有立场之证据。

至此,可知戴氏虽运用考训以支持其哲学论点,然实则有关此一部分之考训,亦殊无客观成就,不似其他方面之考训工作能表客观知识之寻求。盖戴氏之哲学论点自始即先受感觉主义及素朴实在论倾向之限定,反影响此一方面之考训工作矣。至于戴氏所持哲学论点在理论标准下意义如何,则可于下文述戴氏评宋儒学说时再论之,盖与宋儒某种论点比观,则戴氏论点之得失即易显出矣。

(2)就戴氏对宋儒之批评言,又可分两层说。第一层乃对宋儒立说之方向之笼统意见,第二层则涉及对确定哲学问题之争议。再就所争之哲学问题言,又以"理气之分"与"理欲之分"为中心。前者属于形上学问题,后者属于道德问题或工夫论问题。故以下即分三点述戴氏之意并比观其理论得失:第一为"方向问题",第二为"理气问题",第三为"理欲问题"。

第一,方向问题。

就戴氏对宋儒思想方向之批评说,一言以蔽之,即认为宋儒受佛道二家影响而已。此意在《绪言》卷下反复说之,因卷下以论诸说与孔孟之异为主,而除开始数节辨荀、告与孟子之异外,以下大抵皆评宋儒。其批评涉及个别论点者,当在下文分论;其涉及一般方向者,则不外指宋儒之轻视形躯为受老释之影响。其中最后一段可视为结论。兹引于下:

> 孔子之后,异说纷起。能发明孔子之道者,孟子也。卓然异于老聃、庄周、告子而为圣人之徒者,荀子也。释氏之说盛行,才质过人者无不受其惑;能卓然知宗信孟子而折彼为非者,韩子也。尝求之老释,能卓然觉寤其非者,程子、张子、朱子也;然先入于彼,故其言道为气之主宰枢纽,如彼以神为气之主宰枢纽也;以理能生气,如

彼以神能生气也；以理堕在形气之中，变化气质则复其初，如彼以神受形气而生，不以形气物欲累之，则复其初也。皆致其所谓神识者以指理，故言儒者以理为不生不灭，岂圣贤之言哉！天地之初理生气，岂其然哉！①

案《绪言》卷中，虽曾辨宋儒言"性"、言"才"，皆不合于孟子，尚未直说其由于老释之影响。②此则明谓宋儒将"道"与"理"立为超形气之观念，皆由于老释之影响。虽亦承认宋儒如张子及程朱皆非佛道，然终以为其说取资于佛道。至对周濂溪作批评时，更直谓：

> 周子之学，得于老氏者深，而其言浑然与孔孟相比附，后儒莫能辨也。朱子以周子为二程子所师，故信之笃，考其实则不然。③

此又认为濂溪之说出于道家，较张程朱更远于孔孟也。戴氏此种观点在其答彭绍升书中，表示更为明确。曾云：

> 宋以前，孔孟自孔孟，老释自老释。谈老释者高妙其言，不依附孔孟。宋以来，孔孟之书尽失其解，儒者杂袭老释之言以解之。④

所谓"杂袭老释之言"以解孔孟，即戴氏对宋儒思想方向之总批评也。

关于宋明儒学与佛道之关系如何一问题，本书前章总论宋明儒学时已详作解说，此处不必重述。然戴氏之说本身牵涉问题甚多，兹当逐点作一论断。

首先，戴氏以为"道"作为一形上观念，非孔孟之说。此点诚然，盖孔孟用"道"字皆指"正当途径"或"正当路向"而言，乃由常用义加上一价值义而成，未尝以之指形上之实体。而以"道"为形上实体，亦

---

① 《绪言》，卷下。
② 可参阅《绪言》，卷中，"宋儒之异于前人者"一段，及下接四、五段。
③ 《绪言》，卷下。
④ 《答彭进士允初书》，《孟子字义疏证》附载。

确出于《老子》。《老子》书中亦自谓"有物混成,先天地生"而强称之为"道",即明谓如此用"道"字属于其特殊语言也。但此种源自古中国南方文化之形上学观念,侵入儒家典籍,实早在战国末年至秦汉之际期间已然。而其结果则是《礼记》中一部分文献,及《易传》等之出现。此中尤以《易传》为显含形上学理论者,却托于孔子,以致为后世儒者所崇信。今戴氏欲排除来自《老子》之形上学观念,乃又据《易传》以立说,反谓宋儒方袭老释之言以解孔孟云云,而不知《易传》正属儒道观念之混合品也。

再就汉代而言,则扬雄思想即已混合儒道观念。汉以后则魏晋清谈之士,更常混儒道以立论。如王弼"圣人体无"之说,乃最显著之实例,亦不得谓宋以后方有此问题。

故戴氏对先秦以下,儒学思想之演变,实不深知,故其立论大悖史实。且戴氏虽讥宋儒不合孔孟,其自身立论则不唯宗《易传》《中庸》,且常取阴阳五行之说;而不知"水火金木土"之观念,不唯不出于孔孟,且亦不出于道家,而实源于燕齐之士。且用此五行观念以解《易》,又是道教思想之特色,与"纬书"有关,与孔孟则更无关也。

凡此类问题,皆由于戴氏对史实缺乏了解所致。戴氏平日治学,以寻求客观知识为其重要主张,然一涉及此类著作,即见其疏异谬误如此,亦可怪也。

其次,戴氏指宋儒袭老释之说之另一重要论据,乃在于对形体血气之看法。戴氏以为宋儒贬形躯而取超越意义之心性,乃袭老释之说。此则涉及历史标准以外之理论问题。宋儒所讲基本上乃一"成德之学",故在理论上其说必须合乎道德语言之基本条件。凡道德语言,若不成为不可解,则必依于"自由意志""责任""规范"等意义之认定。不然,则无所谓"道德问题",而道德语言亦将全化为一套心理语言而失其功能。故宋儒立说,必在某一意义上肯定超越形躯之自我观念,乃道德语言本身之要求,未必须求之于老释。且即就孟子而论,亦明有"志"与"气"之分,未尝以为"一切皆气"也。戴氏解孟子,强以其朴素实在论观点加于孟子,致处处牵强难通。此点下文论《疏证》时再加讨论。兹应指出者,则是孟子亦已有超形躯义之自我观念,不能谓宋儒有此观念即是违孔孟而取老释也。

最后,就宋儒之思想大方向言,宋儒之价值肯定在于成己成物之化成世界;此既非老子之思想方向,亦非佛教之思想方向。此义在本书前各章已屡有陈述,兹不赘论。然学者倘在此大关目有确定了解,则戴氏之说之不得实,即不须细辩矣。

总之,宋明儒之种种形上学理论,皆为支持其成德之学而设。故吾人但能知此种"成德"观念,本非佛道所有,则宋明儒之思想方向,即基本上异于佛道二家。至某种思辨方式或工夫过程上之近于佛道者,则不足为宋儒袭老释之证据;至于儒佛道三家所同者(如对超形躯之自我之某种肯定),则更不可误认为老释所有而儒学所无也。

以下再就戴氏反宋儒时所涉及之特殊哲学问题作一析述。

第二,理气问题。

戴氏反对宋儒"理气"之说,要旨不外两点。其一是反对"理气之分",亦即反对"理"乃"气"以外之"实有",故以为"儒者以理为不生不灭"(朱熹语)非"圣贤之言"。其二则反对"理生气"。戴氏之反对理由则有时就历史标准说,有时就理论标准说,而以前者为重。盖认为"理气"之说不合孔孟,而出于老释,乃其基本论调也。上文已就历史问题略作辨正,此处则纯就理论立场剖析所涉之哲学问题。

先就"理气之分"讲。

所谓"理",在宋儒原兼有"规律义"及"规范义"。言"理气"时,重"规律义";言"理欲"时,则重"规范义"。以哲学词语表之,则前者所涉为"必然问题",后者所涉为"应然问题"也。宋儒立说对此两种意义领域亦常相混。但此是另一问题。此处先就"规律义"之"理"一探"理气之分"之根据。

试就经验中事物而论,事物常呈现某种性质及关系,于此乃见事物皆有某种规律可言。此点戴氏不唯不否认,且亦时时肯定之,如所谓"不易之则""必然"等语,皆指此种事物规律而言也。但戴氏以为此种"规律"乃依于"实物"而存在者,故反对"气"外有"理",因而反对"理气之分"。然此是戴氏自身对所谓"有"之了解问题。盖戴氏取感觉主义立场,以为必须呈现于感觉经验中方能为"有",然此非言"理"之"有"者之意也。

此义若就事物之创作看,则实不难明。譬如,在古代发明"车"时,"车"作为一物看,尚未存在,然造"车"所用之木料已存在。现面对此木料而欲造成一"车",则必须对木料作种种处理以试验之,其中有一情况(如削木为轮)乃可使"车"造成。试问,当作此种试验时,所欲发现者为何？显然,此即涉及"如何处理此木料"一问题；换言之,人所欲知者,乃"使木料可成为车之方式"；倘此方式根本"无",则结果应是"车"不能造成。倘此"方式"可由所用之木料决定,则应是随意处理木料皆可成"车"。今必须依一定方式处理木料方能造"车",则此"一定方式"本身必不能是"无",又不能存于木料中,而只能视为木料以外之一种"有"；而此离木料而"有"之"一定方式",只表木料成为"车"之规律,而非木料之规律——因木料如不造"车"即不需服从此规律。故此"一定方式"或"规律",乃"车"之所以能造出之"理",即可称为"车之理"。而此"车之理"之"有",乃"车"(作为一物)能生出之条件,则显然必先"有"此"车之理"而后有"车"也。此"车之理"不唯不是木料,且亦非与木料同类之存在；今如将"木料"视为"气",则"车"乃"车之理"与"木料"合成,而"车之理"乃"木料"外之"有"；推言之,即"理"为"气"外之"有"也。

此理在亚里士多德所立之"形式"与"质料"之说中，表述最为明白。"车"之"质料"即是木料，然木料成为"车"时，必接受一定"形式"，而此"形式"方表"车之所以为车"——即"车"之"本性"。"车"之"形式"乃"车"生成之先在条件，故不能说因"车"其物方"有"一"车之理"也。事物皆可析为"形式"与"质料"，而就创生过程看，则"形式"之为"有"乃事物之"有"之条件；则扩而言之，即"理"之"有"先于事物矣。宋儒如朱熹所言之"气"，与亚里士多德所言之"质料"，并不等同，但此处借用"形式""质料"之说，则可助人了解何以宋儒必在"气"外肯定"理"之"有"。此"有"非谓"理"亦是一"物"，而是说"物"之生成必"有"所依之规律，且此规律在理论次序上必"先"于"物"而"有"。以"理"表"形式"，以"气"表服从此"形式"之"质料"，则"理气之分"乃属当然。此是一形上学论证。戴氏似根本未能了解也。

戴氏虽未提出确定论证，然其意实以为只有"气"为存在，而"理"则为"气之理"，此与船山相近。但凡如此立说者，皆忽略创生问题。试就当前宇宙言，日月大地，以及一切人物，皆为一有限之存在。其生成之前，皆属于"无"，然由"无"至"有"时，何以成为如此如此之"有"？则不能不说乃由于某种形式或规律而然。但无日月之"形式"固不能"有"日月，徒有"形式"亦不能有此"物"，故"形式"之外，必有接受此"形式"之"质料"。由于"质料"在"形式"之外，故"质料"不可说为"某形式之质料"；反之，某一"形式"与"质料"合可生出某"物"，但亦非只有此"形式"能与"质料"合；故"形式"可说为"某物之形式"，而不可说为"质料"之"形式"。此所以宋儒依此形上学思路，而说"一物一理"，不说"理是气之理"。否则，解释一切创生问题，皆无法下手。

以上所陈之形上学观点，自可有另一批评途径，然与戴氏之说无关，故不再说。总之，明乎事物必依一定规律而创生，则即知"理气"

当分,"理"当视为先物而"有"。

然"理"先"物"而为"有"是一事,"理"是否先于"气"而生"气",又是另一事。语至此,即涉及戴氏之第二点意见。

戴氏反对"理"生"气"之说,亦未提明确论证,但谓宋儒言先在之"理",取于老释之所谓"神"而已。① 兹仍当就此问题作一理论说明,以资比较。

此处有一极关重要之问题,必须先说明者,即朱熹之"气"观念与上举之"质料"观念之异同问题。宋儒论"理"与"气"本亦有不同之说,戴氏所攻者主要为朱说,故现亦只就朱说讨论。

案朱熹用"理""气"二字,皆有"共同"及"殊别"二义。就殊别意义看,则一物有一物之"气",亦有一物之"理";由于朱熹以"气"为"理"之实现之条件,故"气"非全属被动者,已与亚氏之"质料"不全同;然倘就所涉之理论问题看,则由亚氏之说表明"形式"之自为实有,仍有助于人了解朱熹之"理"与"气"当"分",盖朱熹虽在论"理气"之运行时,说"不见其始之合"又"不见其终之离"②,但朱氏屡说"理"为自存之"实有"之意,则不待引证也。上文借亚氏"形式"与"质料"之说以表明"理"何以能不依"气"而"有",又先于"物"而"有"。在此一限度上,此种解释可无大病,足以助人了解"理气"之当"分"。但若进一步问朱熹何以不仅分理气,而又确认"理生气",则不能通过亚氏之说以了解,因此正涉及朱说与亚氏说之不同处。

依亚氏说,"质料"与"形式"层层结合而成万物,但最初之"质料"则全无形式,亦即全无属性可说;且"质料"与"形式"之结合,其动力绝不来自"质料"一面,故有"动力因""目的因"之设立。朱氏之"气",

---

① 参阅《绪言》,卷下,"释氏言空是性者"一段。
② 此是朱氏注《太极图说》语。

则大不同。朱氏以阴阳为"气"，又重流行之义，故"气"自始即有属性。阴阳动静皆是属性，流行或"化"亦是属性。而更可注意者是，朱氏言及"殊别之气"时，认为不同之"气"只能实现不同之"理"。则其对于"理之实现"之看法，乃诉之于"气"者，亦与亚氏之说不同。如此，则解释"理生气"之说，即不能方便借用"形式""质料"等观念直说之，最多只能相比而见其特色而已。至其正解，则须求之于朱氏原说。

朱氏何以谓"理生气"？此又可由"气"之本有属性言之；气有"流行"之属性，有"阴阳动静"之属性，故据每一属性又可言一"理"。朱氏固常说及"生生之理"或"气化流行之理"也。倘能"流行"之"气"，乃据一"流行之理"而"有"，则"流行之理"即"气之理"（此就共同义之"气"说），如此，朱氏遂可谓"气之理"生出"气"，亦犹"车之理"生出"车"也。

于此可知，朱氏"理生气"之说，非谓"原始质料"由"形式"生出，盖"气"本非如"原始质料"之无属性。朱说如套入亚氏系统看，则将产生一难题，此即"气"若有属性，则"气"本身已是"气之形式"与"气之质料"之结合，然则此"气之质料"如何？又是否能说是由"形式"或"理"生出？此问题则非朱氏说中所有，亦不能于其说中求解答也。

故从纯理论观点看，"理生气"之说，乃朱说中之一特殊论点。此论点亦确牵涉许多理论困难（如朱氏本人所谓"理管他〔指气〕不得"之类，皆见其有困难），然非戴氏批评所及。

戴氏以为言"理生气"，即同于老释，不知朱熹之说正本于《易传》。言"理生气"，而以"生生"之"理"为据，既与佛教"识变"之说全异，亦与老子立论态度不同。朱氏所持之形上义之"理"，与佛教之"识"，根本有主体客体之殊；而老子虽立一形上义之"道"，亦并未有与"气"相当之观念。三者实距离甚远也。

若就历史标准看，《易传》中明言"易有太极，是生两仪"，故朱氏以"太极"为"理"，而以"阴阳"为"气"时，即自然有"理生气"之说。戴氏谓仪象皆指作易而言，换言之，乃对占卜之解释；此自有可取处。但由之而强谓"太极"在原文中指"气化之阴阳"，则不见有何理据。盖从客观考训立场看，《易传》之文本以说占卜为主，然其中含有某种形上学及宇宙论观念，为后人所取，据以立说，则是另一事。戴氏倘取严格考训立场，则可以否认《易传》中有后人之理论系统，然不能代之以自己另撰之说。谓"太极"为"理"，固是宋儒之言；谓"太极"指"气化之阴阳"，于原文亦无据也。

戴氏力攻"理生气"之说，然吾人稍加比较，则不见戴说之胜处何在。至于戴氏反"理气之分"，则更无理论根据；对方之坚强理据，戴氏似未见及，更无论作正式批评矣。

第三，理欲问题。

言"理气"时，所涉乃形上学、宇宙论方面之存有问题。言"理欲"时，则所涉乃道德价值问题。而由于儒学向以"成德"为主旨，故其有关道德之学说，又非重在语言意义一面之清理，而重在实践之要求；此即所谓"工夫论"是也。

宋明诸儒在所持之哲学理论上，至少有三种不同立场，相应于"天道观""本性论""心性论"三种模型。此在本书前各章已详言之。就工夫理论而言，宋儒各家亦自互有歧异。但另一面未尝无所谓"通义"——或共同主张，而"理欲"之辨即各家之通义也。

宋儒言"理欲"，其要义在于意志方向问题，而不在意志内容问题。若就意志内容言，则其内容自不离此事实世界，而"欲"亦是一心理事实或生理事实，故似无由排除。但在方向一层说，则另是一事。内容一面所涉乃"有无问题"，方向一面所涉则是"主从问题"也。故"理欲之辨"乃"理作主"或"欲作主"之辨，因所取乃方向义，非内容义。

此点如求更亲切易解之说明,则可就"工夫之归宿"与"工夫之入手"分说之。

若就"工夫之归宿"言,则至最高境界时,其道德生活不过表现为"事事如理";然此所谓"事"者,自即是在此事实世界中之一切活动,则生理意义之饮食男女之事,心理意义之喜怒哀乐之事,亦皆包括在内。故圣人非无喜怒哀乐,非无饮食男女,所不同于凡俗邪恶之人者,只在圣人能以"理"御情欲,故"事事如理"而已。换言之,在意志内容上,圣人非"无"情欲,但在意志方向上,圣人意志以"理"为"主";即所谓"主从"之义,有别于"有无"之义也。但如何能使"理"为"主"?此是工夫上最吃紧之问题,亦圣凡之别所在。而工夫之入手问题,亦即在此显出。盖仅言归宿,则只属于对境界之描述;若不能建立达此境界之途径,则所说即无实践意义,亦即不成为工夫理论矣。

就"工夫之入手"言,则关键在于意志能自情欲中跃升而自肯定其主宰性,此可称为"理性意志"之显现。有此"跃升"或"显现",然后方有达"事事如理"境界之可能(说"可能"不说"完成",因此后尚有磨炼过程也)。故此种理性意志之显现,乃工夫之真正入手处。

就此入手处说,则理性意志必须排除情欲本能等之限制而显现其自身,自觉肯定其主宰性,故此处必须立"理欲之辨";盖无所辨即不能显现理性意志,则更说不到回头以理御情欲之"事事如理"境界也。

此义如明,则知工夫归宿处自并不废情欲,但工夫入手处则全仗意志能"离欲"(广义之"欲",包括一切情欲本能等)而"向理"。因此,倘不立"理欲之辨",则工夫永不能真正开始,此乃成德之学一大要诀。于此见得分明,则许多意见纠缠皆可自消;于此见得不分明,则种种病痛由此生起。而戴氏之所以坚持即"欲"言"理",正因在此大关键上无所见也。

兹再就戴说一面讲。

戴氏要点有二：其一为"自然"观念，其二为"重知"观念。其说则分见于《原善》《绪言》及《疏证》中；此处因就理论问题作清理，故不限于《绪言》，兼取其《疏证》中之说。此点先应于此申明。

所谓"自然"观念，即戴氏之"性"观念。盖如上节所说，戴氏以生物本能说"性"，而将所谓"理义"则视之为本能之一部分。其论"理"与"情"，则以"情"之"不爽失"为"理"；其论"理"与"欲"即以"欲"之"节而不过"为"理"，而因以本能义看"性"，看"理义"，遂以为人之能求"不爽失"，能有"节"，似皆为"自然"。此则于理论不可通，于事实不相合，大谬之说也。

试想，人之有本能之情欲，是自然状态矣。在此状态中，人之意志即取情欲要求之方向。此方向戴氏亦不认为合于"理"，盖必有"节"，或得乎"中正"，或"不爽失"方能合于"理"。然所谓"节"等之意义，皆非情欲本能所自有；"情"不能自使其"不爽失"，"欲"亦不能自"节"也。则所谓"节"或"不爽失"必有赖于另一种能力而成立，此即宋儒所谓"义理之性"也。戴氏责荀子"二理义于性之事能"时，固亦认为"理义"在"性之事能"中，即以"理义"为本能之一部分是也。然戴氏依此观点进而认定此种"理义"之本能自然发用，则顺此言之，"欲"应常有"节"，"情"应常"不爽失"，一切"恶"——如戴氏所谓"私"与"蔽"何由可能乎？此所以说"理义"为本能而自然发用，在理论上不可通。盖若如此"自然"，则恶无由发生矣。

若就事实一面看，则"自然"之说亦大悖事实。盖人在实际生活中，固常经验到"情欲"之无"节"，绝非自然受所谓"理义"之本能之范制。此点不待多说。

由此可知，就"情欲"之有"节"或"不爽失"言"理"，亦不能视之为

"自然";盖此能"节"、能致"不爽失"之能力,并非"自然"显现,且事实上常不能越情欲而显现也。

戴氏于此,遂转至其"智"或"知"之观念。戴氏以为"性"包含"血气心知"(据《大戴礼记》而言),情欲归之"血气",而"心知"则是智性。其言"节"、言"不爽失"、言"中正"等,皆诉之于此智性;于是德性皆视为由智性决定者,故以"知之极其量也"一语说"圣人"①。依此"重知"观念,则所谓"理义"之能力("性之本能")或本能,又即是能察见某种条理之智性;戴氏以为人凭此智性即可"成德"。

此处可知戴氏对"意志"问题全无了解。意志之定向并非由智性或"知"所能充足决定者,盖"知"本身并不含有"方向义"。人之行为及意志,在内容上自受"知"决定,然其方向则相对而言,永在另一层面上决定。以浅显之言说之,即行为之目的并不由同层之知识决定是也。就每一行为而言,其内容自是由"知"而来,然其方向必在此一"知"以外决定;由此层层推之,即见意志行为之"方向",永不能由"知"决定。此是就理论说。若举实例,则人"知"某"理"时,并非即必能在意志定向或行为上依循此"理",又是人人所经验到之常事,亦不待更为辩议也。

总之,不言"成德"则已,若言"成德",则其入手关头在于理性意志之自觉;此自觉非纯靠智性所立,更非自然状态所有。是以,此处必以意志之跃升为枢纽,而"理欲之辨"在此跃升处乃断断必要者。不然,则意志永在情欲本能之支配下,不能与理性合,自无"理性意志"可说矣。至于智性,则当情欲本能决定意志方向时,一切智性所得,皆只能供情欲本能所用,绝不能自己生出一意志方向。此在对认

---

① 此语见《绪言》,卷上。又本节作理论析评,所引戴氏说法,贯串前后诸作,故不一一注明。

知活动稍有了解者皆知之,亦不需详说也。

至此,吾人可以数语结束对戴氏评宋儒语之析述。就历史标准而言,宋儒之说虽确有不合孔孟处,然非如戴氏所言。且戴氏以《礼记》《易传》为据以说孔孟之学,基本上其误与宋儒同。在此一方面,戴氏在考训上之功力,亦未见得用。就理论标准看,则宋儒"理气"之说,自有一定论据。虽在其他角度看,自可批评,然戴氏则尚未见及此类理论之根据所在,故所议皆不中肯。"理欲"之说,则在成德工夫一面有其必要性,此亦非戴氏所见及者。戴氏固似全未知成德工夫之入手关键何在也。

至如以为宋儒皆近老释,则由于戴氏对三家之特性皆不确知,故有此论。就历史标准看,尚有一两点或可通过某种修改而成立(如形上观念在先秦原出自道家,宋儒所依据之《中庸》《易传》皆是已吸收此种古南方观念之作品,故尚可说老子对宋儒之形上学有某种历史关系。然戴氏本人固不知《中庸》《易传》已受道家影响,此则戴说须大加修改处矣)。就理论标准言,则儒、道、佛三家各有不同精神方向、不同价值意识;戴氏之评,纯属皮相语而已。

《绪言》之特点已如上述。实则戴氏思想之大要,在以上析论中亦已大体可见。下文观《疏证》之要旨时,只系补充前说所未尽之处。盖戴氏著作虽以《疏证》为代表,实则其内容大半已见于上所析论之《原善》及《绪言》中矣。

(三)《疏证》之要旨

《孟子字义疏证》一书,观其名即可知是以解孟子为主。然书中所论,大半皆见于旧作。但有两点可注意者。其一是书中对"理"之解说较详,以前许多意见皆综合于此。其二是书中除重复旧说反"理欲之辨"外,更申说其用心所在。兹即就此两点略作引述,并附简评。

1. 释"理"之说

《疏证》中释"理"者凡十五条,释"性"者九条,于全书四十四条已占大半,可知此书之重点所在。但其论"性"各条,大致皆与《绪言》同。如《疏证》卷中论孟荀两大段,与《绪言》卷中开始两段,不仅意同,文亦全同。① 此外许多段亦只有前后分合之异,内容则无大差别也。《疏证》中论"理"各条,亦非别出新解,论旨皆略见于《原善》及《绪言》中。② 但《疏证》所言,较为详备,较为确定,可代表戴氏最后所持意见。

戴氏于《疏证》中先释"理"字之原义云:

> 理者,察之而几微必区以别之名也。是故谓之分理。在物之质,曰肌理,曰腠理,曰文理(原有注,略)。得其分则有条不紊,谓之条理。③

案此举"理"字在古代日常语言中之用法,而又另以"几微必区以别"说之。由此而谓宋儒之所谓"理"与古语原义或用法不同,故云:

> 古人所谓理,未有如后儒之所谓理者矣。④

此即前文所指出之"常用语言"与"特殊语言"之分别问题,宋儒就形上学意义言"理",自非古语日常用法。戴氏此种批评,不能作为否定宋儒理论之根据也。

但戴氏如此释"理"字,对树立自身之理论则有一定作用,盖所谓"理",如只是事物之"分理""条理",则"理"本身无独立存在性,而必

---

① 学者参阅《疏证》及《绪言》本文即可知。
② 案钱穆先生在《中国近三百年学术史》第八章,论戴氏之《疏证》时,以为就"情"与"欲"言"理",乃《疏证》之特色。其实《原善》卷中、卷下,皆已透露此意,但未详明耳。
③ 《疏证》,卷上(论"理")。
④ 《疏证》,卷上(论"理")。

附于事物。此就存有论一面看,则涉及"理气"问题,在道德理论一面则涉及"理"与"情欲"之关系。戴氏在《疏证》中偏重后者,故接上文释"理"之语后,即设为"天理"及"情理"之问,而答云:

> 理也者,情之不爽失也。未有情不得而理得者也。①

案此是说"理"依"情"而存在,即"情"之"不爽失"之状态。然此是描述"理"之存在性之语,原与实践或道德意义之"循理""如理"无涉;然戴氏思路颇乱,顺此忽言及实践问题,而云:

> 凡有所施于人,反躬而静思之:人以此施于我,能受之乎?凡有所责于人,反躬而静思之:人以此责于我,能尽之乎?以我絜之人,则理明。天理云者,言乎自然之分理也。自然之分理,以我之情絜人之情,而无不得其平,是也。②

案此不过取"恕"或"己所不欲,勿施于人"之意,而用"絜矩"之"絜"字说之,以为如此则能使"理明"。案此说不唯将"理"与"理在行为中之实现"相混,且即就实践言,亦不可通。盖倘有"得理"或"不得理"之问题,则此问题不是只成立于人己之间,就在己一面说,不涉他人时亦有"是否得理"之问题。曾子解一贯必言"忠恕",而不能只言一"恕"。倘如戴氏之说,则只一"恕"字可以尽"理"之意义,则当不涉及他人时,一己之心意活动岂非将无所谓"得理"或"不得理"乎?倘就在己而言,竟无"理"可立,则道德生活全化为外在人己关系之表现,而"德性"之根本义转消失不见矣。

戴氏对"德性"之内在意义似无了解,故全顺外在生活而言"理"之实践在于"以我之情絜人之情";但如此说时,似乎"情"外无"理",

---

① 《疏证》,卷上(论"理")。
② 《疏证》,卷上(论"理")。

戴氏亦觉不妥,故又设"情理"之问而答之云:

> 在己与人皆谓之情。无过情无不及情之谓理。①

此仍是承上文之意,但多出一"过"与"不及"之判定问题。戴氏就此遂引《诗经》"有物有则"之语解之,而云:

> ……以秉持为经常曰则,以各如其区分曰理,以实之于言行曰懿德。物者,事也。语其事,不出乎日用饮食而已矣。舍是而言理,非古圣贤所谓理也。②

案戴氏此种说法,亦见于其他作品中。如《绪言》中即谓宋儒以为理在气先,则是将"有物必有则"转为"有则始有物"云云。③ 然在考训及义理两面皆有严重问题。

就考训言,《诗经》之"天生烝民,有物有则",原不可如宋儒所解,以为指"有一物必有一理"而言;盖此"物"字如《左传》中"不轨不物"等语之用法,乃指文化传统而言,非"事物"之意。盖"物"字原意为"杂色牛",后转为民族之标识,再进而用以指文化传统;凡言"旧物""轨物"等皆取此词义,亦正是《诗经》二语中"物"字之正解。盖《诗经》此二语即谓"天生烝民",各有其文化传统乃各有其生活规律也。"物"与"则"皆指"烝民"言,否则,"物"如解为"事物",则上下文不相连矣。④ 至孟子解《诗经》此段,则语意不甚确定;盖"有物必有则"一语中之"物"字,虽可如后世儒者解为"事物",亦未尝不可依原意解之也。戴氏力反宋儒之说,自谓能通古训,然于宋儒此种训诂错误反不能纠正,且盲从其误说,亦可怪矣。

―――――――
① 《疏证》,卷上(论"理")。
② 《疏证》,卷上(论"理")。
③ 见《绪言》,卷下。
④ 关于"物"字之古义,傅孟真曾有专文考之。学者可参阅傅氏之论文集。

故就考训言,《诗经》此段不能作为宋儒"一物一理"之说之据,更不能为戴氏"物"先而"理"后之论据,尤不能借以支持"理"不离"日用饮食"之说。

若就义理或哲学问题一面看,则倘以"经常"之"则"解释"过"与"不及"之意义,则所谓"经常",所谓"则",较之"过""不及"等语,更为需要解释。因所谓"过"与"不及",皆就"量"言,尚可立某种相对性之判定,而"经常"之意义则更难判定也。

戴氏本身则以为此种"则"或"理"之"经常性"为其所谓之"必然",至于如何能确定此"必然",则戴氏又以"心之所同然"解之。此处涉及之理论问题益为严重。而戴氏所提出之"理"与"意见"之区分,亦由此引出。兹先引其言,再略作评析。

戴氏之言云:

> 心之所同然始谓之理,谓之义。则未至于同然,存乎其人之意见,非理也,非义也。凡一人以为然,天下万世皆曰是不可易也,此之谓同然。①

其下又云:

> 人莫患乎蔽而自智,任其意见,执之为理义。吾惧求理义者以意见当之,孰知民受其祸之所终极也哉?②

案此中最后一句,即可通至本节所将讨论之第二点,涉及《疏证》卷下之理论,此见后文。现须清理者乃戴氏此说在理论上所引生之问题。

首先当探究者,乃戴氏所谓之"心之所同然"究有何实义?此语虽引自《孟子》,然《孟子》原意乃指道德意识而言。此就《孟子》内部

---

① 《疏证》,卷上(论"理")。
② 《疏证》,卷上(论"理")。

语脉可以测定者,而断不能合乎戴氏之说也。

今试假定所谓"同然"者取事实义。此与戴氏所谓"一人以为然,天下万世皆曰是不可易"之意,亦似相合;盖戴氏如是云云,显然乃就事实上之"同"讲。但取此义说"同然",则此种"同然"乃完全无法决定者。因"事实上"是否人人皆有某一相同之想法或感受,纵使只就某时某地讲,亦无法确知;因此种统计已难进行,而统计进行中之变化,则永逸出于此统计活动之外也。此点至为明显,似不必赘论。而就有限之时空范围言尚有此不可越过之困难,况如戴氏所谓"天下万世"乎?

正由于此一理由,凡作某种"普遍"之肯定者,例不取事实义。戴氏之"同然"亦当另求解释。

戴氏既言"心之所同然",然则是否指某一普遍性之能力及其活动规律而言?兹即试循此义求解。

若言"心之所同然",指人人之"心"皆具有某种能力,而此种能力又在人人皆"相同",则问题即在于"相同"之解释上。盖"人"属于一"类"——此亦戴氏所常强调者,则自有某种能力为人人所皆具有,如感觉、记忆、思考等皆是,然所谓"相同"不能只就"同具某能力"讲;因若只如此说"同",则此种能力在各个人之活动中可以完全不同——譬如,人皆有说话之能力,而语音彼此全不同。则对戴氏欲建立之"理"言,此一层次之"同"全无功用也。故若就能力说"同",则此"同"必落在能力活动之某种规律上,譬如人之推理能力,可以逻辑规律说其活动之"同",此近于戴氏所谓之"心之所同然"。但此处须注意者,是推理活动之某种形式规律虽"同",其具体活动之情况仍不能知其必"同",故人人虽皆能推理,然其深浅精粗不"同",甚至正误不"同"。故逻辑理论亦有种种歧异、争执或演变,欲求如戴氏所说之"天下万世皆曰是不可易"者,则虽就逻辑思考言,亦不能得也。

戴氏谓"以情絜情"而得"理",而此"理"为"心之所同然",则似以为人之"情"皆"同"。此则似近常识,实则万万不然。如人皆饮食,而所嗜彼此绝不常同,故若就"好恶"言,我之好恶之内容与每一人之好恶之内容,皆无法保证其同。儒者之言"恕"道,原是就立公心之工夫过程讲;推己及人以使此心不为特殊形躯之情欲苦乐所限,是"恕"在实践工夫上之作用。今戴氏取"恕"以说"理",但诉于一内容上"同然"之观念,则所谓"以情絜情"非意志方向问题(如儒者之工夫义),而变为判断之内容问题,则其结果实为难言。盖如就具体之"情"之内容讲,若假定"我之情"与"人之情"皆同,由此而建立一判断谓"我所好者,人亦好之",则自己好食辣,则将求人人食辣,此岂非正是以一己之"意见"为"理"乎?戴氏亦绝不能取此说也。

倘就"情"而求"同然",依戴氏意,似须将此"情"之特殊内容尽量抽去,而只留一形式;例如,由我有"所嗜之味",推往人亦有"所嗜之味",然后即就此说"以我之情絜人之情",似可避免上文所述之恶劣后果,然此处问题仍未解决。盖即就"人嗜其所嗜"说,虽已抽去所嗜之特殊内容,其"嗜"之强弱仍可以人人不同。譬如,我虽有所嗜,但不重视饮食,则觉无绝不可食之味;此时若以"我之情"推于"人之情",岂非将以为他人亦无绝不可食之味乎?此则仍遭遇上述之同一困难矣。

以上之析论,使吾人觉戴氏所谓"心之所同然"者不知究有何实义。然此中之根本问题仍在于戴氏对"理"之误解。戴氏不知凡"情"皆有特殊性,故一言规范,必诉之于"理","理"方能有普遍性也。人之意志方向,倘受特殊之"情"之决定,则即为"私",即为"意见";欲排除"以意见为理"之误,则正须将欲求好恶等特殊因素层层摆脱,以显现"理性"方可。戴氏则以为离"情"言"理"反属"意见",乃思想上一大颠倒也。

至戴氏言"智",而强调心之能"思",似以为"思"或以"智"察物为"心之所同然",则似较上引语中指"以情絜情"为得"理"——"心之所同然"——稍胜。然此中另有困难。

戴氏以为"思"乃所谓"心之精爽"①,而谓人由学而增益其"思"之能力以进于"智",则可以"于事靡不得理"。此是假定人对事物可有一种完整知识,以尽知"事物之理",此则极难成立。表面言之,宋儒似亦假定一种完整知识,但其重点在"形上之理"。今戴氏不言"形上之理"而言"事物之理",又欲在此一层面上获得完整知识,则是昧于经验知识之性质,作不可能之假定矣。

其次,若严格清理戴氏此种以"智"说"理"之论点,则应可分为以下数项:

第一,人心有"思"之能力,充足发展即成为"智"。此是人"心之所同然"。

第二,人以"智"观事物之"理",则不是"意见"。

第三,人心之"智"不足,则有"蔽",由"蔽"生"意见"。

第四,人能以"智"观"理",则行为即自能得理。

以上是离开"以情欲说理"一面讲,倘将此一部分收入以上之说法,则可再加一条。

第五,人之"智"所观之"事物",主要即为人之"情"与"欲"。故"事物之理"即指"情欲之理"言。

以上五条,可包括戴说之大旨;其表面有异者,只在于戴氏有时欲避开"理"字而又无适当之字以代替,故其说每有不必要之繁乱,非如上列五条之简明。其意则无异。

对此五条,吾人亦可看出戴说之困难所在。

---

① 《疏证》,卷上(论"理")。

就第一条说，戴氏虽云解《孟子》，实则立说与《孟子》本文大异。戴氏实以能见事物之理之能力为"心之所同然"，非孟子以"理义"本身为"心之所同然"。此即"心能生理"与"心只能照见外存之理"二说之分歧，是孟荀之别，亦哲学史上对"理"之两种不同思路也。

就第二条及第三条说，问题在于"蔽"之正面根源何在？智不足乃消极条件，非正面根源。倘于此追究，则恐不能不落在"情欲"上。盖智性之力量不足时，人遂受情绪私念之影响而始有"蔽"也。但此与戴氏对"情欲"之态度冲突。

就第四条言，戴氏不知意志能力与认知能力并非自然合一，此是一大误。然上节谈戴氏对宋儒之批评时已言之，兹不赘论。

就第五条言，情欲皆经验事实，人倘欲求得"情欲之理"，亦应是一无穷过程，与求对自然事物之理时情况相类。故如依此而言道德实践，则实践无从开始。

总之，知识或智性所见所察，乃无穷无尽者；道德生活重点在意志方向，而非其所相应之知识内容。知识内容永远可能有误，亦无所谓完整——对情欲之知识亦不例外。另一面，行为之道德性本非受知识内容决定者。此皆是哲学中之粗浅问题。戴氏之误，则在于其对此类粗浅问题之缺乏了解，故其攻宋儒全不得要，其立说更属千疮百孔也。

最后当略说戴氏反宋儒之用心所在。

2. 反"理欲说"之外缘旨趣

所谓"外缘旨趣"，指其在哲学问题领域之外说。戴氏反宋儒"理欲之辨"，而在《疏证》中特明谓：

> ……谓不出于理则出于欲，不出于欲则出于理，不可也。①

---

① 《疏证》，卷上（论"理"）。

此一主张，就哲学问题内部言，则全不能成立，已如上各节所论。然若离开哲学理论之正误得失看，则戴氏立此说实亦另有其用心所在，此即本节所谈之"外缘旨趣"。

戴氏对宋儒理论内部结构实不深知，但其所了解之"理欲说"，则是抑制人之欲求、轻视人之苦乐等主张。此种主张作为成德工夫之内在磨炼程序看，原亦无可议，此在前文论工夫之入手问题时亦已言之。但若落在外在之政治生活上看，则显然大有问题。因就政治生活说，其原则本不是一宗教或道德之原则。为政之道，不在于使人民成为圣贤，而在于能解决此一共同生活之领域中人民所遭遇之困难，能使人民之需要获得满足。换言之，即以人民生活之丰足、安全、公平为目的，而非以使人民达成伟大价值为目的。此非谓人民不应成为圣贤，或不应达成伟大价值，而是说政治制度及措施不能对此类问题正面负责也。但中国传统思想中，政治生活之独立领域迄未为人所了解，因之，政治生活常被视为道德生活之延长。此已是一大病。而更有甚者，执政之人每误以道德生活之标准作为其政治主张之依据。于是，当人民陷于艰苦生活中，执政者视若无睹。此虽非常见之事，亦非罕有也。戴氏时，程朱之学已成官学，科甲出身之官员，盖无有不读程朱之书者。此辈未必能真有作圣贤之高志，然皆能以程朱理论为自身解嘲。戴氏大约有见于此，故认为贬低人之欲求，乃使执政者不关心人民之苦乐，而其立说以反"理欲说"者，主旨即在于强调"遂民之欲"也。故也《疏证》中，一则云：

> 道德之盛，使人之欲无不遂，人之情无不达，斯已矣。①

再则曰：

---

① 《疏证》，卷下（论"才"）。

> 今既截然分理欲为二，治己以不出于欲为理，治人亦必以不出于欲为理。举凡民之饥寒愁怨、饮食男女、常情隐曲之感，咸视为人欲之甚轻者矣。轻其所轻，乃吾重天理也，公义也。言虽美，而用之治人，则祸其人。①

此外类似之言尚多。总之，皆就政治生活之原则一面看，而认为"理欲说"使执政者不顾人民疾苦也。吾人观此一面，可知戴氏之用心所在。然若就理论言，则戴氏如此立说，实无补于其重视"遂民之欲"之旨趣。盖此问题之发生，正由于中国旧有之学说未能正视政治领域之"理"，非可由化"理"归"欲"以求解决。故戴氏此种思想虽有透显中国传统哲学之阙漏之作用，然非真正提供一新方向。以道德生活之原则作为政治生活之原则，固是一误；反之，以政治生活之原则作为道德生活之原则，亦是一误也。

因戴氏之哲学理论疏谬至多，然其用心则非无可取，故在析评其哲学思想之后，一谈此"外缘旨趣"问题。对戴氏之论述，亦即在此结束。

☙　　☙　　☙　　☙　　☙

如本章开始时所申明，本章所述之"乾嘉学风"实代表传统中国哲学思想最后一阶段，盖再后则进入中国面临西方文化压力而作反应之历史阶段，整个背景不同，亦不适于纳入"中国哲学史"中矣。外来文化影响中国之例，久已有之。即就西方文化而言，明代西方教士东来，固已开始输入西方观念，然此与"鸦片战争"后之情势大异。简言之，西方文化形成一"压力"乃始于此时，而此"压力"之反应即为中国传统文化之逐步解体。因此，若欲论乾嘉以后，清末至民初之思想

---

① 《疏证》，卷下（论"权"）。

演变——包括哲学一面,则其背景必须兼取中西两方,不能再以中国传统为主。此所以本书作为"中国哲学史",即亦在评述乾嘉思想后结束也。

此种划分自亦以作者所持观点为根据,然其中涉及一判断,亦学者所宜注意者。此即受西方压力后之中国,在哲学思想方面——亦如在其他方面,皆已进入一以超传统外之世界情境为其历史背景之阶段。由此推之,现在及未来之中国哲学思想亦必须在此新背景下重建其自身。传统之中国一去不能返矣,未来之中国必是一"世界中之中国"。哲学思想亦然。愿即以此语总结本书,并告学者。

——全书完

后记

人事真是难以预料。当我写完《中国哲学史》第二卷的时候，怎样也不会想到第三卷到现在才脱稿。算起来前后将近十年了。

第三卷所以会拖了这样久方能付印，主要原因之一是，全稿几乎有十分之八经过一再修改，其中有一半根本是完全重写的。这当然与我自己前后想法的改变有关。

当我最初将第一卷付印的时候，我原只想将自己的讲稿印出来，以便减少讲课的麻烦，所以根本不曾特别用力去补充内容，大体上只是将已有的讲稿略加整理就付印了。稍后，到出版第二卷，我的态度基本上仍然无大改变，不过已经多少下了一点工夫清理佛教思想一部分，但结果也只是稍稍扩大了原有的这一部分讲稿而已。那时，事实上我手边已经有宋明及清初思想的讲稿。倘若我的想法不改变，第三卷原可以接着在第二卷之后出版，不用等这许多年。

可是我在1971与1972年，心情一度很阴暗，身体也忽然大不如前，于是我对这部未完之作也有了一种新的想法。我自己原有计划另写几本书，这时突然觉得未必真能完成，于是就转而注意到这本第三卷哲学史。我不想再用讲稿来付印,而决意另写一本。我打算借这一本书,将我对中国哲学研究的几个重要观点表述清楚,以供研究者参考,而不再从讲课一面考虑。于是,我对这本书的设计也完全不同了。现在,这本书长达五十几万字,根本是讲课时无法讲完的;若与第一、二卷的长度比较,也可以说是"不成比例"。但读者如明白我这本第三卷,本来是依另一种标准来写的,则也就不会感到奇怪了。

这本书全文虽然已经太长,以致付印时要分为上下卷,但在我自己看,内容仍然不算很完备,可以加进去的资料还是很多,可以更详细析论的地方也不少。但我觉得不能再加长,因为,如果再增补下去,可能转眼又是几年,结果也仍然会觉得不是真正完备。则徒然使自己悬心于一部未完之书,耽误其他工作,未必有什么意义。

从1970年前后开始,我对哲学上的基本问题已渐渐形成一些确定看法。事实上,近几年我的注意力可说只有一半落在中国哲学上。另一半注意力则落在那些哲学问题上。现在这部中国哲学史算是完卷了,下一步我会写几部纯理论性的书,借以整理我近年思悟所得。当然,这些书的完成,又会是几年后的事。好在我的心情已与几年前不同,身体虽坏,也已经习而安之。晚年以著作自娱,本是中国知识分子的通例,则也不必忧虑来不及写了。

以上主要是交代一下第三卷所以会延至今日才出版的原因。此外,关于这本书的内容,也还有些应加说明的地方。

第一,这本书在格式上与前两卷有个不同处,就是用了各章后附注文的形式,而不像前两卷是随文作注。这虽然是无关重要的事,但不免使读者有各卷格式不同之感。本来我之所以这样做,也没有什么确定理由,不过因为开始写时,顺手将注文写在另一张纸上,于是就这样写下去。后来自然不想再改了。其实,在我看来,这两种注法既都能记明引用资料的来源,则在研究方面的功能应该并无多大差异。一时风气如何,又是另一回事。那么,这种格式上的不同也就不必重视了。(编按:为方便读者检阅,此次出版全书改为当页注。)

第二,由于这本书是"中国哲学史",所以重点在于展示中国哲学思想的演变过程,而不在于其中某一支、某一派。因此,一切评述只能顺着一条主脉进行。许多在一般思想史中可以详加讨论的问题,或者在特殊学派的研究中应作详细析述的问题,在这本哲学史中则只能涉及其大略,甚至根本略而不谈。这是理论范围及工作范围的限制。倘若离开这种限制,则一本书就很可能失去主题而轻重倒置了。例如,明代末叶流行的混合信仰,在思想史上可能是一个极可注意的论题。但就哲学史看,则这种信仰从未有一个比较可取的理论来支持它,因此,在哲学标准下,讲"三教合一"或"儒佛合一"等说法,就不能看作"哲学思想",因之也就不能成为哲学史论述的对象。我在第三卷后半虽用了不少篇幅讲"明末清初"的"哲学思想",却并未特别叙述混合信仰,理由即在此。

又如佛教思想甚为复杂,倘若写一本"佛教思想史",则有许多地方都应该详加考辨。但在"中国哲学史"中,则只能讲到几个基本问题,因为只是这些地方与中国哲学的演变有关。不能为了夸耀博学而弄得轻重不明,这也是治学者应该了解的。有些研究佛教文献的人,曾经对我的哲学史第二卷表示过一种意见,认为我叙述印度空有二宗,似乎太简略。我想,这就是由于以"佛教思想史"的标准来看"中国哲学史",而忘记佛教教义与中国哲学只有一定限度内的关联;而一本"中国哲学史"中,只能有一小部分涉及佛教。不然,就会如我上面所说的那样轻重倒置了。

第三,近些年来,有些关心中国文化传统的学人,每每因为想强调中国文化的优越可贵处,因此就在论及中国哲学思想的时候,一味只称赞古人,而不重理论得失的客观评定。这些先生们的用心,自然是不难了解的。可是,我写《中国哲学史》却不能取这种态度。我大致上是以客观了解与批评为主要工作。于是,书中所论,就自然不能与上述的那些学人们的论调相合了。特别是关于宋明儒学的评估析论,我相信许多人看了我的讲法,很可能觉得与传统旧说或时贤新说,都大不相同,或许会认为我有意作翻案文章。但我愿意在这里特别申明,我向无故意作翻案文章的兴趣。我这种讲法确是我自己所学所思的结果。读我的书的人,可以就"历史标准"与"理论标准"两面下手,客观地评其得失,却不可以离开理论本身,去做题外文章。

说到这里,我特别怀念逝世不久的唐君毅先生。唐先生最后一次和我晤谈的时候,我由于谈"五行"观念,又谈到宋明儒学说中某些封闭语言的问题。唐先生正属于强调古人长处而避免深切批评其短处的学人——而且可说是最有代表地位的人物,但他对我的议论仍和平时一样平心以听,未表示任何反感。当然,我明白他内心中对我的论调不能契合,也是一向如此。可是,他很显然知道我并非故立异说,也就不强求其同。于是,我们间这种谈论,也和往日一样,数语即过,下面就转到别的话题上去了。那时,我这本第三卷哲学史已将脱稿,以为成书以后,自有与他详加商论的机会。谁知唐先生忽捐馆舍。现在这本书出版,而唐先生逝世已经两年。这本书,唐先生竟不及见了。世事茫茫,真不可料。

我对中国哲学的前途的看法,是中国哲学必须经过一番提炼淘洗,在世界哲学的配景中重新建构,排去那些封闭成分而显现其普遍意义。这个观点却是唐先生屡屡印可的。我在全书结尾,曾经强调这个看法,现在仍然提出这一点来结束这篇短短的"后记"。要补充的是,就这个重建中国哲学的大目标说,写中国哲学史至多只是一种预备性的工作。不过,我所以会写《中国哲学史》,却正因为我自己在面对着这个大目标想做一点努力。如果读者对这一点有所了解,则看我的理论时,便可以消除根本的隔阂了。

一九八〇年,三月

校后记

我的《中国哲学史》,最近由台北三民书局出台湾版。我将全稿亲校一遍,竟然发现仍有许多港版清校时未改正的错字,足见昔人所谓"校书如扫落叶",或"校书如扫尘",确是大有道理的。

许多年前,《中国哲学史》第一卷由崇基学院出版的时候,我自己也看过校稿,可是,结果排印方面的错误,多得出人意料之外。错字之多固然不待说,甚至讲"老子"的一段中,有一整页与另一页先后颠倒。弄得几乎"不可读"了。此外,另有将已删去的附注之文,误留下几个字,然后又误入正文的;可谓错得千奇百怪,令人气结。记得第一卷出版后不久,有一天中文系的龙宇纯先生和我谈到书中一处误印的地方,我告诉他原稿是如何如何的,他就开玩笑说:"这可以算是校勘上的新问题了。"我们相向大笑。

第一卷这些古怪错误,在再版时有部分的改正,但某些脱漏,由于主事者要利用原纸型,仍然未能改妥。其时,第二卷也已经出版。第二卷比第一卷排印稍好,至少没有整页颠倒的大错,可是,错字仍然很多。我记得谈《易传》的一段中,"彖"字与"象"字就错了好几处,结果又是使读者难以明白文意了。总之,第一、二卷的排印特别差,初版尤甚。

至于第三卷,由友联公司出版,校对方面比前两卷是好得多了。我自己看清校稿,也特别用心,希望能尽量不要弄出错字。然而现在再看三民书局的台湾版校稿,仍然发现不少应加改正的地方。这就使我有如扫落叶之感了。

从前研究版本和从事校勘工作的学人或文人,总是重视"原版初刻";谈到古籍,便以"宋元版本"为贵。这一方面固然与崇拜古代的风气有关,另一方面也有历史事实的根据。举例说,明朝的书商就最喜欢改编古书,或者给古书换名字。甚至将某甲之作冒认为某乙之作。这样,弄得资料大乱。顾炎武在《日知录》中便有"改书"一条,痛论这种恶劣作风(见《日知录》,卷十八)。清人杭世骏也在他的《欣托斋藏书记》中历数许多"明人妄行改窜"的实例(见《道古堂集》,卷十八)。而黄廷鉴在《校书说二》中,就下断语说:"妄改之病,唐宋以前谨守师法,未闻有此。其端肇自明人,而盛于启祯之代。"(见《第六弦溪文钞》,卷一)他们都特别注意明代人这种擅改古书的作风,因之,很自然地,就重视早出的版本了。

但明代改书,造成混乱,固然是事实。明代以前的版本,却也并非一定可靠。即以宋本而论,精粗优劣,彼此相去甚远。凡稍知版本的人,大约都知道"麻沙本"的恶劣。南宋陆游就曾经记述有关"麻沙本"的笑话。《老学庵笔记》有一段说:"三舍法行时,有教官出《易》义题云,乾为金,坤又为金,何也?诸生乃怀监本《易》至帘前请云……先生恐是看了麻沙本,若监本,则坤为釜也。"(见《老学庵笔记》,卷七)案这是"说卦"第十一章之文。"麻沙本"竟然将坤为"釜"误印为"金"字,以致不大读书的教官据此出题。真是可笑了。

而"麻沙本"这类的谬误,并不完全由于"手民之误",一部分实在也是由乱改而来。顾千里就曾经说:"南宋时,建阳各坊,刻书最多。惟每刻一书,必请雇不知谁何之人任意增删改易、标立新奇名目,冀以衒價,而古书多失其真。"(见《思适斋集》,卷十,《重刻古今说海序》)可知宋人刻书,也已经有"妄改"之病。顾炎武、杭世骏等人专责明人改书,可说是未得其实了。

倘若我们明白任何一时代的版本,都有优劣之分,就不必对"原版初刻"看得太重。这还是就古书说。如果就现代著作讲,恐怕愈是多经原作者校阅过的重版书,愈少脱误;因为原作者本人改正的地方才最能代表原文的本意,而作者的校阅也每每是不免先有遗漏,以后才发觉。即以我自己校这本哲学史而言,港版一、二卷的"初刻",错误最多,再版稍好一些,现在台湾版又有更多改正之处。第三卷的港版,我虽然注意校阅过,可是现在看台湾版校稿,又发觉有不少应改正的地方。还是那句话:"校书如扫落叶。"每多扫一次,就会多一些发现错误的机会。我因此悟到"原版初刻"之不可信,对于现代著作说,尤其是如此。

本来像《中国哲学史》这种书,只能供治学者的参考,该归入冷门书一类,不料听说在台湾也有人盗印翻版。或许这是台湾"读书风气好"的表现。但是,这些翻版书据说都是用港版来摄影的,这就不免"聪明反被聪明误",因为港版的讹误在这些翻版书中就一定不可能改正了。现在三民书局的台湾版,则正式由我出让版权;在许多方面,虽然似乎不如翻版者占得便宜,可是,由我亲自校改一遍,在书的内容上却又有不少改进,非翻版书可及了。足见人事总是利弊互见,天下没有占尽便宜的事。这是我校毕台湾版全文后的一点感想,附记于此。

思光　庚申年除夕于沙田中大

答友人书——论中国哲学研究之态度

××先生：

来函收到时正是假期，应闲而反忙碌，因此今天才作覆。迟迟作覆的另一个原因是，你信中谈到有关中国哲学的研究问题，触发我不少感想；我不愿匆匆说几句敷衍话，而想乘此机会告诉你近年我自己的观点，于是就不能随手写几句了事了。

近些年来，国外谈中国哲学或思想的外国朋友真不少。1969至1970年，我在美东和中部接谈过的就不止五十人。他们之中，也颇有能作专精研究的哲学之士。不过，若问有否与我旨趣投合的人，则我只能说尚无一人。原因是我的工作和他们的研究根本上有层面及角度的不同。

大体说来，欧美学人研究中国哲学思想，多半只是从事一种了解事实的工作。有的人甚至完全取民俗学的观点在进行了解。在这个层面上着眼，他们并不关心中国哲学思想中哪些部分"有价值"或"有意义"，也不想考虑某些学说是否能成立，而只是把这些资料当作中国人的"民俗"的一部分来作"描述的分析"（descriptive analysis）。

换言之，他们只想对于"中国人有些什么想法""中国人怎样会那样想"，以及"这些想法发生过什么影响"等多一些了解，并不将中国哲学思想当成一种理论或主张，而衡量其长短得失。例外的反是那些偏重宗教旨趣的人。如在波士顿的史密斯（Huston Smith），在当年所写《人类的宗教》一书中，就采取了三支观点来析论西方、中国及印度的宗教思想；对于中国儒道二家的理论，都很用心求解，想找出其中的价值与意义所在。他后来发表的著作，也是持这种态度。他算是对"中国智慧"最有体会的西方学人之一，可是，基本上他将中国哲学思想的主流都当宗教看，是否承认"中国哲学"的存在，都颇成问题了。

至于另一些青年，对神秘体悟特别有兴趣的，或者学禅宗的"参禅"，或者捧着普林斯顿译本的《易经》占卜，倒是很有"实践"意味；但这些人根本不重视理论，虽然对"中国智慧"有某种亲切感，却很难说与哲学研究有什么关系。

这样，正如你所说，中国哲学的研究，在欧美始终未获"独立"的地位。谈论中国哲学思想的人虽不少，但或者当作古史研究，或者当作民俗研究，或者当作宗教研究；总之，并不当作"哲学"来研究。于是在美国就只看见史学家、社会学家、宗教学家等在谈中国儒道思想，而哲学系中便很少有"中国哲学"这一科目。这或许就是你"颇多感慨"的原因了。

其实，我们也不能说以上所举的种种研究态度，有什么"错误"。研究者原可以自己选定他研究的角度或注目的层面，这原没有正误可说。问题只在于所研究的对象是否有重要意义而由此遗漏。我们所以不愿意接受以上种种研究中国哲学思想的态度，只因为我们觉察到中国哲学思想最重要的意义，不能由此类研究接触到而已。你念念不忘中国哲学的"独立"的研究，理由想不外此。

但当我们想将"中国哲学"当作"哲学"来研究的时候,我们自己必须对于自己的主张所依的理据有一定程度的自觉,究竟我们主张怎样研究中国哲学呢?为什么要持这样的主张呢?回答这些问题,就牵涉到我们对哲学的功能如何了解的问题,也牵涉到我们对"哲学"这个词语如何使用的问题。

"哲学功能"的问题和"哲学定义"的问题相像而又不同。相像处是对"哲学功能"或"哲学定义"问题每提出一种答复,实际上本身便表示一种哲学观点,因此,对这两种问题我们都不能作什么客观决定。另一方面,"功能问题"与"定义问题"又有一个极不相同的地方,即是"哲学定义"的问题,如取"本质定义"的意义,则可以不谈(因为可以代之以"实指定义"),但"哲学功能"的问题,却是不能不谈的。无论持什么理论立场谈哲学,总不能不对"哲学能做什么"一问题作某种决定;尽管如上面所说,这种决定本身每每正是某种哲学观点的表露,而不是所谓客观描述。

我近年对于哲学功能的看法,渐渐有了比较确定的结论。我认为哲学常常包含两部分:一部分属于"强迫性的知识"一面,另一部分则属于"主张"。如果只包含前一部分,则它就与科学知识的模型极相近,但若涉及后一部分,则它就要求一种对人生有指引作用的功能。而就人类的哲学思想的发展过程看,则这种涉及主张的成分,正是历代各传统下的各种哲学思想的共同特色所在。尽管少数的哲学家或哲学理论可以极度地偏向于"强迫性知识"一面,但就哲学问题说,则它们原不能拘于这一个范围,而必定涉及"主张"成分。这个问题现在或许不能说得很明白,但大意也不难了解。我的意见是,哲学不仅提供一种知识,而且常常提供一种人生态度;虽然有些哲学家想以某种科学为模型而建立哲学理论,因之特别强调知识一面,但就人类关心的哲学问题说,却总是涉及人生态度的一面。这样,我眼中的哲学，便应有两种功能：其一是知识一面的，其二则是属于主张一面。

谈到中国哲学，只要我们面对历史来讲话，我想谁也不能有好理由否认中国哲学一向偏重人生态度一面。尽管当某个哲学家提出某种人生态度的时候，自然必须举出一些理据——因此就涉及知识，但基本上中国哲学是一种以"主张"为重的哲学。这可称作"philosophy as proposal"。当然支持"主张"的理论仍然会有，不过那并不表示只有这些理论方属于中国哲学；反之，这些理论正是依于那个主张而获得意义的。

我们这样来了解哲学的功能，以及中国哲学的性质之后，不难引出某些观点，而对中国哲学的研究态度有所判定。当然这又是另一层面上的主张了。

我并不反对别人从不同角度来研究中国的哲学思想，但作为一个哲学工作者，我自己对研究中国哲学的态度自然有一定的主张。简单说，这可以包括以下几点：

第一点，中国哲学以"主张"为重，因此，我们应该在这一方面定出一个有关"理论效力"的标准，来衡量这些主张的得失。通常人们一谈到"理论效力"，就会想到"解释的效力"；这自然不足为奇，因为大家讲"科学的哲学"时，本来是依这种意义来谈"理论效力"的。不过，我现在所谓"理论效力"，却是取一种比较广义的用法。我认为"解释"与"指引"都是理论的功能。因此一个理论或学说的理论效力，可以分别由这两面测定。"explanatory power"以外，另有"orientative power"的问题。而当我们衡量一种"主张"的时候，就应注目这种实践意义的"指引效力"，由此来确定所谓"长短得失"的意义。

第二点，中国哲学的主要学派如儒道学说，原本以指引人生为主，或说以"自我的转化"为主。在这个目标下，许多哲人又提出各种主张,而支持主张的又有一套套的理论。我们研究这些理论或主张时,可以处处测定其"理论效力"。即如宋明儒有种种工夫论,其中皆包括确定主张以及支持主张的理论。我们如果弄清楚这些主张落在实践生活上会指引人去怎样生活,然后即可立出一些设准,来衡度它们的理论效力。这样不仅可以在评判前人学说时,可以使我们的判断意义明确,而不陷入门户意气之争,并且也可以由此遥遥显出这种哲学思想对人生问题的普遍意义。

第三点,说到"普遍的意义",我就要提到我近年的一个主要论点,这涉及对传统文化成绩的处理原则。我曾经用"开放"与"封闭"一对字眼来表述我的看法。其实,也可以用其他类似的字眼来表述。我的主要意思是强调一切理论的效力的变化问题。一个理论如是接触到人生的真问题的,则它必含有一些有普遍意义的成分;另一面,这个理论既成为一个具体理论,也就一定有某些受特殊约制的成分。有普遍意义(或者谨慎点说,称为"较普遍意义")的成分,有较长久的功能,又可以在不同的特殊条件下有不同的呈现方式,因此可称作"开放成分";另一面受特殊的历史、社会、心理等条件约制的成分,则其功能在特殊条件变化时即不能保持,这即可称为"封闭成分"。一个理论的"封闭成分"最容易失效,因此,历代抨击前人学说的论辩,大半都落在这种"封闭成分"上。可是,一个理论的某些部分失效是一事,它是否含有某种具普遍意义的成分又是另一事。我们如果能认真区别一理论的"开放成分"及"封闭成分",也就不至于只晓得去攻击前人理论的失效部分,而不会承受那些有普遍意义的成绩了。

第四点,也是这里要说的最后一点,是关于对中国哲学的了解问题。了解中国哲学有一个最大的障碍,就是中国哲学中某些词语的指涉,每每是日常生活中所无,而只在工夫过程中呈现的;因此,如果一个治哲学的人自己根本未致力于任何工夫过程,则他很容易觉得找不到那些词语的指涉何在。倘若他就此止步,而断言中国哲学中这些词语无意义可说,则他就不能了解中国哲学了。

总之,我觉得今天我们中国的学人若是想认真研究中国哲学本身,则至少应注意到以上所说的各点。否则,维护传统固然不能给中国哲学带来新生机,一味否定传统也徒然抛弃先人的智慧成果。此外,不求甚解或强作解人,也都只会使中国哲学研究风气日趋败坏;比起外国学人只作发生的研究或外缘的研究,反而有更多恶果了。

我去年写完了《中国哲学史》,后来与友人们谈论过几次有关中国哲学研究的问题,颇多感想;恰好你来信提到中国哲学的"独立"研究的问题,因此,顺便谈谈我近年形成的想法。T君在某报发行的刊物上评论中国哲学研究者那段谈话,我也看过。正如你所说,他对我讲中国哲学时所持的批评态度,似乎颇加称许。可惜我已经好几年不见他了,不曾告诉他以上所说的这些意见;不然,他或许会了解更多一点,进一步知道我对中国哲学研究工作的正面主张……

光启　一九八一年二月

索引

A

阿含 （二）191,192,195,200,248,307,308,320,361

阿赖耶识 （二）216—224,264,283,293,346,349—352

阿黎耶识 （二）292,293,296

阿摩罗识 （二）219,220,222,282,284,285

《阿毗达摩大乘经》 （二）217

爱 （二）202；（三）245,286,469,471

安澄 （二）249—255,261,362

安民 （一）89

安身 （三）320,467—476,562,656

安世高 （二）244,245,299,332

安心 （二）333,334；（三）469—472,474,476,562

安玄 （二）245

《奥义书》 （二）190,201

B

八不中道 （二）209,258

八卦 （一）41,42,83,86,87；（二）94,102；（三）95,96,129,152,157—161,163,262,672

八识 （二）215—219,221,264,282—284,335,346,347,350,351,362

八条目 （二）52；（三）468

八姓 （一）31,32,34,43,57,68

巴门尼德 （三）48

《巴门尼德》 （一）305

《白虎通》 （二）144；（三）618

《白鹿洞书院讲义》 （三）371

白马非马 （一）302,303,305,310,337,371—373

《百法明门论》 （二）211,214—216,345,361

柏克莱 （一）256

柏拉图 （一）3,117,160,305,371,

388,389;(二)39,68;(三)271,274,283

班固 (一)197,364,397;(二)43,83,115

《般若经》 (二)205,206,245

《般若无知论》(二)257,259,362

般若 (一)234;(二)203—205,207,210,211,225,230,239,241,244—248,250,251,253—258,260—263,266—272,280,282,287,290,292,299—301,303,306—308,312,320,323,324,331,335,336,338,339,342,348,349,361;(三)19—21,79,299,300

般若宗 (二)203,207,261,271,332;(三)303

宝亮 (二)280,363

《宝林传》 (二)306,333,343,344,363

保身 (三)467—473,476,528

报身 (二)237

《抱朴子》 (一)210;(三)16,17,135,141

《北史》 (二)154

背反 (三)55,70,82,83,88,89,305

本末 (一)110;(二)49,51,52,55,57,82,309,310;(三)216,235,236,320,387,453,466,467,535—538,708,764

本然理序 (一)189,195

《本事经》 (二)198,361

本体论解释 (二)98

本心 (二)228,341;(三)72,259,347,363—366,368,377,378,389—391,395,423,424,460,476,478,549,592,600,614—616,689,763

本性论 (二)71,101;(三)30,57,77,84—87,104,150,176,179,194,196,197,211,224,227,253,257,280,281,298,312—314,333,360,361,368,389,477,479,495,524,526,531,535,586,682,689,700—703,789

本性 (一)160—163,177,234,236,332,335,343,344;(二)22,38,68—72,101,139,145—149,183—185,249,251,309,341,352;(三)33,43,44,53,55—61,84,86,88,108,112,180,197,201—203,218,219,225—227,230,232,233,235,237,247,270,273,276,280,291,299,312—314,358,366,376,387,410,411,450,466,520,534,564,577,585,596—598,600,662,680,701,720

本 (一)234,329;(二)48,50,51,131,163,178;(三)99,101,142,246,247,368,390,467,468,475,535,537

本质问题 (一)75

本质意义 (一)91,104

比量 (一)316

必然性 (一)81,139,149,391,392;(二)39,216;(三)59,70,181,314,607,741,747

毕沅 (一)206,207,211

变化 (一)86;(二)19,118,184;(三)95,164,254,793

《辨中边论》(二)211

《辩宗论》（二）276,278
表象 （一）256,388；（二）309；（三）174,175,210
《别录》（一）210,364
别名 （一）189,336；（二）188；（三）449,581,584
并列组合 （一）372
卜筮 （二）15,17,18,22,24,25,28,84；（三）352,701
不动心 （一）165,166
不相容性 （二）108
不真空 （二）252,257,258
《不真空论》（二）257,259,362
不争 （一）224,229,236—239,244,328；（二）32,33；（三）683

C

才性 （二）5,22,128,143,144,149,150,154—160,162—168；（三）9,11,26,76,112,115,116,183,228,229,233,388,695
才性派 （二）152,154,157
才 （一）162,163；（二）48,143,148；（三）121,224,228—231,373,511—514
蔡沈 （三）157,263
《参同契发挥》（三）130
《参同契考异》（三）129,308
《参同契》（三）17,128,129,133,134,136—141,308,656
曹立之 （三）346
曹学佺 （三）16
曹月川 （三）281,550
察识 （三）293,317,320—323,330,331

禅定 （二）200,247,254,266,299,331,332,339—341
禅悟 （二）331,332,339,341；（三）459,644
《禅源诸诠集》（三）18,132
禅宗五家 （二）337
禅宗 （一）389；（二）189,225,276,279,300,302,304,306,307,311,319,321,331—333,335—337,340,341,343,344；（三）15,18,19,21,22,33,37,51,52,74,127,133,192,214,215,299—301,303—305,355,356,370,389,445,486,487,508,552,575,656
《昌黎先生集》（三）23—27
常理 （一）23,54,82,197,205,210,258；（三）139,163,339,724,742,753
常 （一）229,233；（二）118,232,237,238,259；（三）710—714,741—743,745
超离境界 （一）74
超验 （一）244,261；（二）100,170；（三）289,304,314,347,357—359,365,366,368,372,373,378,607
超越主体性 （三）306,453
陈白沙 （三）40,381
陈傅良 （三）260,333,334,335,337—340,342—345,496,505,506
陈建 （三）643,644
陈亮（龙川） （三）194,258,260,261,311,333—335,337,339,506,637
陈寿 （二）159
陈同甫 （三）334,338—340,342—

869

345,355

陈抟（希夷）（三）64,123—128,132,134,137,140,141,144,153,156,192,308,353

陈献章 （三）361

陈渊 （三）260

陈真晟 （三）40

谶纬 （一）106,361；（二）2,4,18,28,29,62,123,130,131,134,136,138,149,178；（三）22,63,148,773

成德 （一）3,128,146,157,160,165—168,170,278,333,334；（二）4,40,41,45—47,49,53,92,106—108,126,127,147；（三）28,115—117,184—187,189,204,205,207,217,222,229,230,233,234,256,257,281,287,288,290,299,314,315,335,347,368,370,372,373,392,405,406,408,414,415,433,458,459,470,471,474,475,481,482,489,490,505,506,518,524,532,533,538,540,544,554,555,568,605,621,632,636—638,647,648,652,655—657,686,689,763,773,779,788,789

成己 （三）217,298,436,438,764

《成实论》（二）256,262,323

成实宗 （二）261,262

《成唯识论》（二）189,211,221,287,290,342,345,349

成物 （三）217,298,436,438,764

诚意 （二）53—55；（三）195,237,309,382,393,407,408,410—419,425,427,428,447,467,468,470,493,494,535,555—559,561—564,566—568,570,571,573,581,587,592,605,608,632,648,761,764

程颢 （三）123,152,195

程颐（伊川）（一）169；（二）79,101,113；（三）5,42—45,48,49,53,56,57,61,65,72,86,102,123,145,148,149,152,154,155,171—173,188,189,193,194,196,197,203,204,207,211,213,218—261,263,270,277,285,286,291,293—295,304,307,312—314,322,330,333,362,366,367,372,375—377,389,390,448,453,476,512,513,539,543,586,591,596,616,648,682,689,692,693,701,765

程朱 （二）49；（三）8,10,36,40—42,50,61,66,77,84,118,176,195,249,368,381,383,385,388,395,453,466,475—477,507,513,526,532,535—537,545,547,549,557,565,590,591,633,634,643,645—648,665,687—689,701,734,749,750,754,755,758—768

澄观 （二）318,319,363

蚩尤 （一）27—30,37,57

充足实现 （二）66,69,70,107,210；（三）56,108,245,283,284,393,406,411,534

重卦 （一）83—87；（二）95,132,133；（三）157,159—161

崇古 （二）121；（三）10,611,703,721,749,756,780—782,784

《崇宁五注》（一）197

酬恩 （一）138,140—142

《出三藏记集》（二）298,362
《楚辞》（一）44,48,223；（三）262
《传法正宗记》（二）306,344,363
传统主义（二）342；（三）654,703,706,710,711,713,714,717,724,725,773,783
《传习录》（三）384,386,387,397,417,419,428—431,488,572,600
《船山全集》（三）659,663—665,667—681,683,685,686,690—699,704—717,719—723,726—732,735—737,739—741,743—745,747,748
《春秋繁露》（二）34,37,38,40,144,360
《春秋三传》（一）79,397
《春秋纬》（二）28
《春秋》（一）109,155,171,198,200,208,361；（二）20,26,27,35,36,125；（三）25,62,64,163,259,309,644,650,655,705—707,738
纯化（一）128,129,146,149,244；（二）54,55；（三）393,399,401,411,414—416,427,428,474,531,568,570,571,573,648
《从道论》（三）28,34,47
崔东壁（二）57
崔述（一）206,397
崔铣（后渠）（三）535
《粹言》（三）221,226,227,230,234,241,242,245,248,253
存养（一）165,167,169,170,356；（三）117,241,242,295,317,320,322,326,328,330,331,377,455,539,557,559—563,589—591,765

《存疑杂著》（三）556,557,587,588,595,598,601
存有地位（三）56,58—61,68—70,247
存有论（三）53,80,81,83,84,88,373,678,680
存有性（一）82；（二）217；（三）29,48,213,266,268,286,542,543
存有（一）87,118,149,187,259,262；（二）38,39,70,98—101,105,112,176,201,217；（三）3,5,29,43,44,52—56,58—61,65,67—71,80,83,88,89,97,98,103,116,118,142,165,177,190,197,198,201,264,286,304,329,357,373,374,376,380,402,433,443,479,485,486,488,545,579,589,592,599,600,602—605,613—615,663,665,666,668,669,675,683,684,687—689,698,699,702,758

D

达摩（二）331—336；（三）18,20,300
《答顾东桥书》（三）406,417,423—426
《大般涅槃经》（二）225,228—239
大乘（二）6,191,200,201,203,204,210,211,221,225,227,235,244—246,248,256,257,261—264,266—268,272,281,287,288,301,306,308,317,320,321,323,332,334,336,338,352,362；（三）18—21,51,78,215,301,378,480
《大乘起信论》（二）222,263,281,

283,286—288,290—297,300,317,321,362,363;(三)132,230

《大戴礼记》 (一)31,37;(二)42,44

《大涅槃经》 (二)204,270,280,303,342,363;(三)304

《大学辨业》 (三)760,761

《大学》 (二)4,14,42,44—47,49—57,82,359;(三)24,28,32,65,66,77,218,219,234—237,263,296,298,299,309,356,359,368,376,382,383,386,405,408,414,416,420,421,434,436,466—468,470,472,475,495,508,524,534—538,555,556,558,564,566,567,578,596,654,759—762,764,778

《大学问》 (三)401,406—413,416,417,434,435

《大学知本图》 (三)762,764

大一统 (一)22,43;(二)37;(三)359,480,725

《大智度论》 (二)204,256,303,310;(三)486

戴德 (二)42—44

戴铣 (三)263

戴震(东原) (三)606,621,768,769,771,776,779,780,789,790—793

《戴震文集》 (三)782,792,793

当机立教 (一)149;(三)374

道安 (二)5,246—251,255—257,261,265—267,269,271,280

《道藏》 (一)397;(三)17,64,128—130,134,139,158,160,163—167

道宠 (二)263,264

《道德经考异》 (一)207

《道德经》 (一)198,205,209,213,214,219,221,223—229,231,235,241,246,267,381;(二)31,126;141,307

《道德经注》 (三)134

道德实践 (一)157,382;(二)106—108;(三)54,55,82—85,264,281,443,493,695

道德形上学 (一)389;(三)89

道德主体 (一)3,81,154,157,163,327;(三)407,438,474,478,503—505,695

道家 (一)74,81,100,136,166,195,197,198,201,203—205,211,217—223,227,229,243,245—247,252,254,259,261,265,267,269,270,272—276,278,279,281,296,300—302,309,317—319,327,331—333,339,344,345,347,356—358,365,367,382,383,389—392;(二)2,4,13—15,19—21,28—33,60,61,73,78,115—123,131,132,134,140,142,149—152,154,157,158,164,171,178,179,183,190,250,254—256,278,300,301;(三)15,17,32,78—82,99,101,105,106,111,121—123,128,131,133,136,139,141—148,168,173,175,176,190,192,214,300,305,308,357,359,502,504,576,758

道教 (一)93—96,235,272,275,278;(二)20,30,31,121,131,145,

299;（三）15—18, 22, 37, 63, 74, 93, 94, 96, 100, 122, 123, 127, 134, 135, 139—141, 143—146, 168, 192, 214, 251, 305, 307, 308, 315, 358, 359, 385, 388, 390, 576, 764

《道枢》（三）136

道通为一 （一）263, 264

道统 （一）156；（三）23, 25, 47, 63, 66, 67, 173, 261—263, 305, 307—309, 311, 315, 342, 374, 390, 391, 550, 614, 686, 742—745, 762, 778, 779

道问学 （三）386, 646—648, 652

道心 （二）136, 241；（三）287, 291, 437, 541, 548, 577, 587, 588, 600, 602, 613—615, 692, 693, 778

道宣 （二）298, 331—335, 362, 363

道学 （二）21；（三）40, 44, 47, 91, 124, 145, 148, 152, 168, 169, 195, 220, 260, 262, 263, 341, 348, 528, 632—634, 636, 645, 764

道 （一）81, 117, 128—130, 151, 214, 221, 230—237, 241, 243, 244, 258, 264, 357, 381；（二）48, 61—63, 65, 66, 69, 71, 96, 99—101, 105, 116, 117, 119, 122, 131, 146, 154, 157, 169—174, 177, 195—197, 199；（三）23, 24, 31, 79—82, 111, 142, 165, 166, 176, 177, 179, 181, 183, 191, 197, 198, 211—213, 219, 225, 226, 250, 265, 304, 329, 332, 377, 385, 459, 556, 602, 636, 641, 662, 663, 665—667, 669, 670, 672—674, 676, 682—684, 686, 693, 702, 746

得位 （三）697—701

德性我 （一）145, 147, 148, 150, 167—170, 204, 240—244, 267, 269, 270, 273, 277, 332；（二）31, 143, 156

德性 （一）73, 74, 123, 125, 132, 143, 145—149, 153, 159, 160, 171, 177, 185, 191—193, 241, 244, 272, 278, 282, 293, 296, 343, 344, 347, 350, 360；（二）19, 21, 22, 25, 30, 31, 38—41, 45, 47, 49—53, 55—57, 61, 67, 70—72, 76, 78, 82, 98, 99, 101, 105, 106, 108, 128, 130, 156, 158, 162, 168, 170, 182, 234, 301, 302, 311, 353；（三）3, 5, 6, 26, 31, 105, 108, 117, 118, 121, 185, 187, 189, 204—206, 225, 238, 240, 244—247, 388, 393, 395—397, 405, 406, 437, 469—472, 479, 501, 512, 520, 565, 587, 588, 602, 636, 638, 647, 648, 652, 653, 728, 788—790

德 （一）71—73, 93, 113, 240—242, 244, 251, 252, 267, 270；（二）48, 85, 90, 92, 98, 101, 163；（三）82, 111, 179, 342, 373, 727

德治 （一）123, 171, 176, 177, 332；（二）129, 130；（三）310, 311

邓陵子 （一）298

邓析 （一）201, 365, 366

笛卡尔 （一）117；（三）81

地论 （二）211, 221, 222, 261—264, 282, 283, 285—287, 306, 316, 335, 345

帝喾 （一）31, 41, 43—50, 54, 55,

58—60

《帝王世纪》 （一）46

帝 （一）41,44,91—94；（三）203

丁宽 （二）26

丁山 （一）47

定慧不二 （二）339,340

《定性书》 （三）49,196,203,207,209,210,226,230

定 （一）304；（二）97,200,236,303,339,340；（三）208,459

定义 （一）96—98,189,191—193,309,312,316,335,336,367,370,377；（二）151,196,299,358；（三）212,490

《东廓文集》 （三）448—451,463

《东林会约》 （三）508,518

东林学派 （三）483,484,491,507,526,529,547,563,762

《东铭》 （三）171

东夷 （一）23,24,26—30,34—37,39—43,53,54,56,57,63,66,68,69,71

董仲舒 （一）361；（二）4,14,19,22,29,34—40,118,119,148,360；（三）117,150,257,335,337,636

动察 （三）548,560,590,591

动静 （一）167；（二）64,94,97,119,258,259；（三）32,99,100,130,158,159,174,208,232,272,275,291,293—295,318,322,330,375,387,449,451,453,459,463,464,488,559,563,567,579,587,588,590—592,671,672,677,770

独化 （二）181

独体 （三）556,557,559,561—563,581,584,586,587,590,592,607

《独证篇》 （三）556,563,564,581,588,595

《读书杂志》 （三）793,794

《读四书大全说》 （三）659,664,675,676,678,679,690—693,695—699,717

《读通鉴论》 （三）659,661,706—709,714—716,723,726—730,735,736,738—740,743—745,747

《读易图说》 （三）599,600,602—604,613

杜顺 （二）316,317,363

段玉裁（懋堂） （二）90；（三）790,792,793

顿悟 （二）271,275,276,278,279；（三）18,33,370

E

鹅湖之会 （三）346,347

《噩梦》 （三）659,706,738

《尔雅》 （一）212,312；（二）4；（三）775,785,793,795

二柄 （一）344,356,358,383,384

《二程文集》 （三）49,149,153,172,196,207,208,221,223

二难推论 （一）371

《二曲文集》 （三）656

二系说 （三）40,41,45

二元性 （二）101；（三）54,229,287,393,410,411,569,686,701

F

发生过程 （一）75；（三）73,76,131

发生历程 （一）156—158,393,394

发生研究法 （一）6，8—10，16
发生意义 （一）76，91，104；（三）73
发用 （一）118，190，247，259，338；（二）223，296，340，351—353；（三）29，241，242，244，275，279，298，304，320，323，329，331，401，410，437，439，440，447，453—458，464，465，483，485，487，491—494，498，501，506，543，569，575，578，593
法古 （一）288，294，295，348，367；（二）16，58
《法华经》 （二）204，225—227，237，238，256，273，303，304，309，317，322，323，342；（三）300
《法华文句记》 （二）304，309
《法华玄义》 （二）304，306，307，309，363
法家 （一）74，175，236，319，320，331—333，339—342，344，345，347—350，352，357—359，361，362，366，383，384；（二）3，16，18，20，32，116，123，126，149，157，158，163；（三）121
法界 （二）238—240，242，290，294，300，307，310，313，317—319，321，324，325，352，363；（三）19，21
法界缘起 （二）324，326，328
法身 （二）219，220，237，238，257，271，273，277，285，286，294
法性 （二）214，241，250，258，259，267，268，290，292，297，313，321，336；（三）498，626
《法言》 （二）15，123—132，361
法 （一）331，343，347，349，355；（二）126，163，208，214，223，288，328，345；（三）367，477，503，623，625—627，718，722—725，734
法制 （一）340；（二）8，9，37，165；（三）498，499，718，722，730，731
法治 （一）177，332；（三）626，627，733
反 （一）231—234，236，237，239，240，244，321；（二）38，136，185；（三）88，121，122，183
范寿康 （一）4；（二）1；（三）128，131
范晔 （二）135
方苞(望溪) （三）761，791
方东树 （三）777
方密之 （三）757
方士 （一）74，82；（二）61，131，179；（三）15—17，134，135，140，141，148，504
方孝孺 （三）548
非攻 （一）40，282，290—293
非乐 （一）282，287，290，296
非儒 （一）166，194，241，281，288，290，293—295；（二）19，24，34，61，137；（三）24，168，251，313，363，445，635，717，764
吠檀多 （三）52
吠陀 （二）190
费长房 （二）286，298
分离问题 （一）388
封闭成分 （三）783
封建 （一）122，359；（二）8，15；（三）626，706，710，715，735，739，740，742，751—753，760
封土建君 （一）64—66，73，103，359；（二）8

875

冯友兰 （一）1,3,4,20,206,211,223,304,306,310,317,387,388,397；（二）1,140,172,173,258,259,357,361；（三）2,157,211,214,235,269,271,283,368,380

佛教 （一）169,234,269,270,272,333,361,389,390；（二）1,2,4—7,12,33,187—191,193,194,196—206,210,211,216—218,220—222,225—228,230,231,234,237,239,242—248,255—257,260,261,263—269,271,272,274,275,279,280,287,289,291,295,296,298—303,306—308,310,311,319,329,331,335,336,338,342,343,345,352,355,361；（三）1—5,8,15,16,18,21—25,27,30—37,46—53,77—79,89,131,133,143,175,176,191,192,206,214—218,230,260,264,277,299—305,332,358,359,374,375,377—381,389—391,437,445,457,465,473,476,480,481,486—488,490,495,496,504,539,579,607,608,616,632,648,698,734,758,763,786

佛教哲学 （二）150,188—190,361；（三）4

佛无净土 （二）271,273

佛性 （二）204,228—233,235—237,242,270—273,275—278,300,307,311,315,321,362；（三）19—21,133,200,304,440,480

《佛祖统纪》 （二）303,305,306,318,363

伏生 （二）27,28

伏羲 （一）24,41,42；（三）307,774

符号逻辑 （一）10

复古 （一）36；（二）58；（三）120,617,650,750—752,754,756,759—761,768,771,773,782,788,791,792

《复性书》 （三）28,34,47

复 （一）233；（三）364,372,373,420,442,461,462

复义 （一）77；（二）222；（三）367

傅孟真 （一）23,52

傅子渊 （三）370,383

G

概念 （一）87,137—139,161,260—262,270,301,303—306,336,337,369,371,373,375,380,388；（二）53,62,74,107,108,164,180,200,207,215,283,290,312,328,330,331；（三）53—55,59,119,271,403,417,474,545,548,599,738,741

《感知己赋》 （三）36

刚柔 （二）97,102；（三）112—116,158—160,178

高本汉 （一）225,226

高攀龙 （三）507,524,529,557,563

《高僧传》 （二）248,250,253,267,270,271,298,362

高堂生 （二）43

高诱 （一）29,372；（二）115

《高子遗书》 （三）524,530—534,536—546

告子 （一）107,129,130,158,160—169,171,186,295,321；（二）19,

22,45,146,147;(三)153,200,
227,424,510,690

格物 (二)52—55;(三)8,32,188,
233—240,258,264,288,293—
299,326,347,348,376,382,385,
387,388,392,393,401,407,408,
416—419,425,426,428,429,435,
436,443,455,458,459,461,463—
467,475,477,493,518,519,524,
525,530,535—538,545,560,570,
590,592,597,613,632,652,749,
760,761,764

格义 (二)247,248,255,260,265,
278;(三)203,300

葛洪 (三)16,135—137,141

隔断 (二)40;(三)420,422,
424,789

个别自我 (二)197—200,202,217,
218,224,225,257,347,350,352

工夫 (一)128,130,131,135,157,
160,165,168,170,325,388;(二)
40,41,49,53—55,57,69,137,
186,197,200,202,203,235,236,
279,295,297,304,314,332,334,
339—341,356;(三)8,30—33,40,
49,107,108,111,116,117,171,
183,184,186—189,204—207,
209,222,227,229,233—235,237,
240—242,248,257,260,264,281,
287,290,291,293—299,303,309,
314,316—326,328—331,343,
347—349,359,364,365,368—
370,372,373,376,377,383,386,
388,392,393,400,405—409,
411—419,421—425,427,428,

430,431,433,435,436,439—445,
447—459,461,463—465,468,
472,474—476,479,483,484,491,
493,494,499,517,520—522,
524—526,529—534,538,540—
548,550,551,553—564,566,567,
570—576,586,587,589—593,
600,603,605,608,612,615,636,
647,648,679,686,689,698,699,
742,762—766,788,789

公平 (一)8,123,126,127;(二)
149;(三)61,187,189,310,781

公私 (一)163,164;(三)217,370,
378,620,621,706

公 (三)117,187,244,245,247,
620,626

《公孙龙形名发微》(一)380,398

公孙龙 (一)202,297,299,301—
307,309—311,363—366,369,
371—380,382—384;(二)126,158

《公孙龙子》 (一)299,302,309,
363,364,366—368,370,371,373,
378,383,397

公孙尼子 (二)44,146

公心 (一)118—120,133;(三)57,
187,188,203—210,215,216,244,
245,247,248,371,372,434,435,
620,740

《公羊》 (一)106;(三)774

功利 (一)74,293,328,360;(二)
29;(三)375,382

功利主义 (一)12,282,284,286,
290,293,296,297,329,342,
346,359

龚自珍 (三)790

共和 （三）638
共名 （一）336
共同之理 （三）43,86,165,237—239,274,280,283,284,296,298,299,312—314,365—367,688
共主制 （一）40
构型 （三）58,59
古希腊哲学 （三）274
《穀梁》 （一）106
顾宪成(泾阳) （三）507,508,526,528,530,533,544,547,550,762
顾炎武 （一）170,398；（三）8,10,610,639—657,703,756,763,766,767,772—776,791
顾允成 （三）526,528,529,634
卦辞 （一）84,87；（二）83—88,92,93
《卦气图》 （三）161
卦象 （一）84
卦 （一）71,79,80,83—87,90,225,398；（二）14,83—85,89—92,94,95,102,103,106,109,171,176；（三）62,96,107,129,152,157,158,160—162,262,307,603,664,672,673
《关尹子》 （一）209
观念论 （一）8,117,256,261,327；（二）204；（三）141
《观所缘缘论》 （二）211
《观堂集林》 （一）45；（三）640,771,775
观物 （三）152,156—160,163—167,240
《管子》 （一）339,384；（三）652
贯通 （三）204,237—240,294—298,328,422,424,425,427,433,559,592,684,795
《广弘明集》 （二）267,269,271,278,298,362；（三）17
《广雅疏证》 （三）793
归寂 （三）440,449,450,453,454,456—458,461,463,464,477,559,560,590
鬼神 （一）70,74,94,99,112,137；（二）137；（三）30,40,94,167,169,331,602
鬼 （一）93,94
贵贱 （一）366,383；（二）97,142,143,148；（三）708,716,718,721,732,733,735,737,739,746,747
郭象 （二）154,168,170,178,179,187,361
郭忠孝 （三）258
《国策》 （一）210,212,216
《国语》 （一）24—26,31—33,35—38,41,42,44,47,51—53,58,60,73,95,97,210,226

H

涵养 （三）234,241—243,251,293,294,320,321,327,331,340,351,354,372,386,453,456,531,543,591
韩非 （一）74,205,208—210,213,215,219,221,223,236,245,278,281,331—333,340—352,356—359,363,366,380,383,384；（二）2,3,16,19,32,115,122,125,126,131,157；（三）121,715,722,725,733

《韩非子》 （一）198,201,228,298,339,340,345,372,397；（二）33

韩愈 （二）6；（三）4,22,23,27,28,36,47,63,228,375,480

《汉上易解》 （三）123,124

《汉书》 （一）30,52,101,209,339,340,345,364,378,397；（二）17,24—27,34—37,42,83,114,115,360,361

《汉魏两晋南北朝佛教史》 （二）251,259,335,336,362

《汉学商兑》 （三）777

《汉学师承记》 （三）776

汉学 （一）135；（二）152；（三）776,777,790—792,794

浩然之气 （一）168；（三）230,231,242,452,528,529

合理 （一）47,113,125—127,159,182,286,291,294；（二）153；（三）24,78,79,233,256,291,335,336,346,497—499,502,613,618,676,693,715,717,719,733,752

合一观 （三）549,556,557,559,563,586,588—590,592—594,597—599,602—605,613,615,632

何心隐 （三）473,643,644

何晏 （一）397；（二）153,154,168—171；（三）643

河间献王 （二）42—44

《河南程氏遗书》 （三）57,145,154,155,167,196,198—200,202—206,211—220,224—226,228—232,234—255,262,377

河上公 （三）134,137

《河上章句》 （一）197

《河图洛书原舛编》 （三）764

河图 （三）17,63,96,100,123,147,152,155,168,307,308

赫尔 （三）403

黑格尔 （一）8,117,127,185；（三）497,661,747

《弘明集》 （二）298

弘忍 （二）336,337

《洪范》 （二）27,139

侯果 （三）95

后仓 （二）43

《后汉书》 （一）33,62,206；（二）135,244,361,362

后稷 （一）50,54,59—61,69,180；（二）148

后天 （一）177；（二）262,304；（三）30,442,460,462,603,695,696,698,699

胡安国 （三）42,258,259,316,332

胡柏泉 （三）208

胡宏 （三）42,106,112,124,125,259,261,286,287,316,317,326,327,329—331,333

胡敬斋 （三）453,550

胡适 （一）1,2,20,102,141,206,211,223,297,298,316,378,387,397；（二）1,344,363

胡渭 （三）307

胡瑗 （三）47,64,220,221

湖湘学派 （三）259,260,293,315,316,318—321,326

华夏 （一）23,24,26—28,30,34,35,39—42,44,52,54,56,57,66,68,69；（三）704,705,708,736

华严 （二）189,210,225,226,239,

879

240,242,246,263,264,267,300,
302,304—307,311,314,316—
326,328—331,336,343,349,363;
（三）18,21,22,51,132,299

《华严经》（二）204,210,221,225,
239—242,266,307,308,316—
319,321,328

《华严义海百门》（二）317,325,363

化成 （一）14,142,143,157,166,
170,234—236,239,252,269,270,
272,273,276,277,297,323,324,
335;（二）31,301;（三）32,52,73,
76,79,81,146,217,218,255,256,
302,304,378—380,407,437,446,
480,481,488—490,502,528,554,
743,745,780,781,783

化 （二）129,146,268;（三）178,
179,580,697,698,700

化念 （三）573—576,580

化身 （二）237

化性起伪 （一）324;（二）148

淮南格物 （三）466,535,536,764

《淮南王书》（一）42;（二）15,34,
60,63,114,115

皇甫谧 （一）25,41,46

《皇极经世》（三）152,158,160,
162—168

《皇览》（一）30

《皇明道统录》（三）550

黄白山 （三）776

黄百家 （三）133,612

黄帝 （一）24,26—28,30,34,35,
37,38,44,53,54,57,69;（二）24,
132,140;（三）135,710

黄榦 （三）262,263

黄宏纲 （三）454

黄晦木 （三）133—135,137,139,
140

黄侃 （三）641,644

黄老 （一）217,340,344,345,384;
（二）20,32,33,115,117,131,140,
244;（三）24

《黄梨洲学谱》（三）638,655

《黄氏日钞》（三）645

《黄书》（三）658,659,703—707,
738,747,748

黄绾（久庵）（三）476,477,484

黄宗羲（梨洲）（一）2;（二）360;
（三）8,10,39,42,258,259,391—
393,439,440,447,453,465,469,
472,473,482,488,489,491,507,
528,531,547—549,552,553,597,
610,611,725,734

《悔过自新说》（三）763

惠栋 （三）776,777

惠施 （一）200,201,275,297,299,
301,302,363—367,369,382—384

惠士奇 （三）776

慧观 （二）279,362

慧光 （二）263,264

慧皎 （二）298,362

慧恺 （二）281

慧可 （二）333—336,344

慧睿 （二）269,276—278,362

慧思 （二）303,304,317

慧文 （二）303

慧远 （二）221,248,254,256,257,
261—269,271,280,285,306,362

慧苑 （二）317,318

慧 （二）200,303,339,340

活动性 （三）48,49
霍布斯 （一）289

J

机遇论 （一）352
基督教 （一）93；（三）702,733
基源问题研究法 （一）6,14,15,17,20,21；（二）356,357
基源问题 （一）15—17,19,282,320,341,345,360；（二）38,40,190,191,355—357；（三）215
吉藏 （二）249—255,261,262,264,286,362
吉凶 （一）72,84—87,94；（二）24,25,94—97,99,101—106,109,133,145；（三）30,32,94—96,105,233,462,701
极权主义 （一）346,356,359；（三）722
集义 （一）168；（三）242,543
几 （三）107,109,110,591
季本(彭山) （三）440
既济 （一）62,83；（二）88；（三）162
祭礼 （一）44,52,53,58,71；（三）765
祭祀 （一）35,60,94,137；（二）44,89,244
寂感 （三）456,459,461,463
寂然不动 （三）29,32,109,110,319,322,323,405,448,454—456,462,581
家天下 （三）537,625,631,638,718,734
价值判断 （一）87,118,125,126,128,139,192；（二）65,68,79,144；（三）54,56,60,69,78,79,81,104,108,142,187,188,192,226,227,343,345,382,394,401,402,419—422,491,709,738
假名 （二）204—206,251,258,308；（三）19
坚白 （一）298,299,301—303,305,306,308—311,313,367,369,371,374—376
兼爱 （一）198,282—286,290,293,299,318,345,346；（三）172,510
见性成佛 （二）338,339；（三）303,304
渐悟 （二）275,278
《渐悟论》 （二）279
谏权 （三）73,75,628,725,727—729,732
江藩 （三）776
江声 （三）776
焦竑 （一）224
《焦氏笔乘》 （一）224
焦延寿 （二）26
教化 （一）122,124,125,132,150,322,343；（二）29,36,46,62,129,146,147,235,307；（三）30,31,63,115,119—121,336,344,378,379,436,708
教 （一）124,148；（二）48,59,60,69,146,279；（三）654
《解深密经》 （二）210—214,216,220,283,284,306,320,349
《解深密经疏》 （二）220,284,362
解脱 （一）136,360；（二）196,199,200,202,211,219—224,234—236,301,339,342,351；（三）19,

881

20,215,378,480

解析研究法 （一）6,10,11

解析 （一）2,10—13,15,17—19,21,77,117,149,258,260,283,308,313,394;（二）19,50,78,111,136,155,156,192,219,228,356;（三）98,116,245,268,293,350,367

戒 （二）162,200

戒慎恐惧 （三）440,447—451,453,559

戒贤 （二）345,348

今古文之争 （二）17;（三）773

《金刚经》（二）281,319;（三）300

《金狮子章》（二）317,326,327,363

尽心 （一）174,184—186,190,192—194,202,280;（二）45;（三）318,327,328,365,373,436,437,541,693

尽性 （二）62,63,66—70;（三）30,32,53,171,180,181,183—185,190,195,234,235,290,406,501

《近思录》（三）262,544,545

京房 （二）26

《泾皋藏稿》（三）508,516,517,524,527

《经传释词》（三）794,795

经世 （一）156;（三）10,25,76,123,157,162,379,539,640,651,762,763,766—768,771—774,790

经学 （二）1,3,17,18;（三）2,123,638,640,644—646,649,650,773,775,776,793,794

经验 （一）87,136,139—141,162,163,191,229—231,233—237,239,244,255,256,259,263—265,269,270,273,316,367,391;（二）30,38,78,97,98,100,110,128,132,142,149,155,156,158,165,169,170,185,196,197,199,201,202,205,212,213,215,229,240,257,273,274,276,290,291,324,331,341,351;（三）5,48,55,56,58—60,85—87,155,163,166,175,185,186,209,210,238,240,245,247—249,251,253,276,277,285,288,293,297,301,304,305,323,326—328,347,357—359,364—366,369,370,372,377,379,380,401—403,405,407,415,424,442,452,457,460—462,475,478,479,487,492,493,524,531,533,534,545,565,566,569—579,581—584,590,592,607,663,668,713,746,788,789

经验主义 （一）117,337,338;（三）395

《经义述闻》（三）794

井田 （三）751—753

净土宗 （二）242,266,269,299,332

净源 （二）319

敬 （三）234,241—243,293—295,298,321,322,440,448,469,471,531,543,558,648

静存 （三）548,560,590,591

静 （一）64,166,170,206,233,234,237,269,270,326,327,345,347,357,358;（二）6,20,32,51,70,77—79,82,93,100,115,119,122,160,177,259,301,337;（三）18,

32,54,94,99,105,106,116,131,139,142,158,159,174,188,189,198,207,208,221,229,230,242,243,269,275,282,285,317,322,346,347,361,362,375,377,378,387,390,405,431—433,442—445,450,459,463—465,488,489,525,533,550,556,560,561,565,572,579,587,588,590,676—678,756,761,770

静坐 （三）300,385,386,388,444,454,532

境域 （一）278；（二）56,202,288；（三）478,481,500—502,505,506,572

鸠摩罗什 （二）5,206,247,248,255,256,266,269,299,316,361,362；（三）300

《九谛》 （三）484

《九解》 （三）484

九征 （二）160,161

救世 （三）74,505,506,526—529,640—642,650—653,655,657

救亡 （三）74

居敬 （三）262,264,288,293,320,326,347,376,765,766

居中 （一）48,85,262,326；（二）265；（三）187,195,504,789

具体理分 （一）126—128

《决定藏论》 （二）219,220,282—284,362

决定论 （二）104,105,143,165,225,234

觉贤 （二）239,266

觉 （一）256；（二）199,200,219,232,272,274,282,290,293—296,352；（三）30,132,133,258,377,457,606

绝地天通 （一）31,35—38,41,57,95

君臣 （一）22,113,114,122,134,186,200；（二）125；（三）217,239,382,436,622,624,664,707,730,734,735,741,744

君权 （一）331,344,351,359；（二）8—10；（三）618—620,628,629,631,638,714,715,717,718,724—727,729,732—734

君 （一）29,33,65—67,70,84,88,89,108,121,122,124,128,153,161,164,166,167,174,175,177,178,198,208,209,279,282—284,288,292,319—321,325,326,328,330—332,339—341,343,346,347,350,351,355,356,369,373,380,381；（二）8—10,35,36,50,51,53,56,82,84,138,139；（三）16,17,24,36,64,92,119,120,140,256,258,298,310,311,335,343,344,381,382,395,396,407,423,425,428—430,469,524,527,528,617—631,635,704,707,714,715,717,718,722,724—726,728,732—734,742,747,750,752,768

君子 （一）85,98,112—114,116,121,123,124,129,134,135,140,141,144—146,148,151,152,165—167,185,186,191,201,206,277,284,286,291,293,294,296,324,332,334；（二）48,54,56,67,

71,75,76,84,86,89,92,99,105,122,124—126,130—132;（三）34,36,94,111,182,192,202,207,221,224,254,255,322,327,332,338,345,363,371,380,444,446,509,523,527,542,558,562,563,566,567,637,642,644,647,649,650,681,696,704,705,707—709,715,716,718,719,721,722,735,736,743,749,768

K

开放成分 （三）783,784
康德 （一）8,9,11,12,117,196,389,395；（三）55,60,70,271,493,573
康僧会 （二）245
《考亭渊源录》（三）508
科举 （二）9—11；（三）371,736,751,766
科学精神 （三）308,649,650,654,757,761,780
克己 （一）119
客观化 （一）153,185,320；（二）55；（三）67,75,248,298,336,481,483,494—506,554,605,606,608,621,746
客观精神 （三）497,746,747
客观限定 （一）97,98
客体性 （一）135,234,389,390；（二）111—113,203,296,302,311,325,341；（三）48,147
空 （二）204—207,211,212,229,249,252—254,257—259,268,290—292,294,313；（三）252,301,303,786
《孔丛子》（一）373；57
《孔孟合璧》（三）555
孔融 （二）153
孔颖达 （二）42,44,360；（三）774
《孔子家语》（一）208
孔子 （一）74,75,77,79,81,94,96—103,105—111,113—157,164,171,172,174,177,188,192,195,198,199,205—213,215—222,234,251—254,256,267,281,294,295,318,320,329,339,348,360,361,364,366,378,380,381,383,384,391—393；（二）4,8,13,14,19,23,36,37,43,45,49,53,57,58,62,71—73,80,83,95,113,124,125,127,130—132,143,146—148,152,153,157,170,278,358；（三）23—25,31,47,62,63,66,147,148,156,168,181,185,205,229,246—248,255,256,264,307,309,310,330,335,342,354,355,358,362,367,374,376,377,382,390,396,502,503,505,508,513,546,547,617—619,632,636,637,642,643,651,654,657,696,705,738,748,753—755,758,774,778,779
寇谦之 （三）16
狂禅 （三）444
窥基 （二）349,363
坤 （一）83,84,87；（二）23,85,92—94,96—98,100,102；（三）64,75,94—96,101,131,158,161,162,171,205,277,605,672—675,

690,697

《困学记》（三）531—534

L

老聃 （一）199，202，206—211，215—223，227，228，251，275；（二）142；（三）16

《老子衍》（三）658，659

老子 （一）74，100，197，198，203—213，215，216，218，219，221—247，256，265，267，270，272，274，277，278，340，344，345，378，380—384，389；（二）20，30—32，115，116，118，121，122，125，126，133，134，152—154，169—178，180，183—185，244，249—251，361；（三）17，24，79，111，112，141—143，146，190，299，305—307，353，355—357，359

《老子原始》（一）226

《乐学歌》（三）473

乐 （一）185，296；（二）73—77，79—82，192，193，238；（三）118—121，473—475

《楞伽经》（二）216，282，334，335，361

《离骚》（一）41

《礼记》（一）44，46，47，53，81，107，152，188，206—208，216—218，221，223，391，392；（二）4，14，34，42—44，46—48，50，53，54，57，58，62，74—80，83，95，113，114，149，302，359，360；（三）28，54，63—66，77，103，105—107，119，147，198，229，263，309，315，374—377，390，434，504，659，768，778

礼乐 （一）121，151，152，293，360；（二）74，76，77，79，80，121，122；（三）31，73，118，119，146，436，655，663，751，758，760

礼 （一）28，55，70，73，74，90，95，102—105，107，108，110，111，114—116，119—121，124，125，128，131，132，137，141—143，152—154，156，158，161，185，186，200，205—209，216—223，241，242，293，295，296，318，320—325，328—330，332—335，359，360，364，366，373，382，384；（二）17，19，26，30，31，42—44，70，72，74—77，79，80，82，84，85，124—126，135，165，209，280，317，319；（三）25，26，30，31，105，119，120，146，149，154，169，185，204，220—222，225，246，247，255，262，334，339，340，438，439，452，503，510，512，542，546，557，581，582，584，594，626，628，630，634，635，649，650，652，653，664，680，683，690，692，694，716，736，749，755，759，767，768，791

礼之本 （一）110，111，114—116；（三）31

李翱 （二）6；（三）4，22，27，36，47，63

李材(见罗) （三）72，151，378，389，390，391，439，476，484，530—532，536，538

李鼎祚 （三）95

李侗(延平) （三）260，317，318，522

885

李方子 （三）263

李塨（恕谷） （三）610,749,750,752,753,758—761

李光地 （三）766

李默 （三）263

李斯 （一）319,340,341；（二）15—17；（三）643

《李文公集》（三）27—36

李颙（二曲） （三）656,657,749,762,763,780

李贽（卓吾） （三）643,644

李之才 （三）156

理不可分 （二）275

理分 （一）114,118,125—128,134,142,143,153,270；（二）8,51—53,55,80,107—109；（三）90,172,222,236,587,618,619,624,653,717

《理窟》 （三）169,170,184—189

理论标准 （二）136,186,318；（三）46,49—51,53,61,62,143,147,151,173,302,305,311,374,391,468,477,478,482,614,637,650,760,761,778,779,784—787

理论程序 （一）119,120

理论的还原 （一）15；（二）356,357

理论设准 （一）14,389

理论效力 （三）41,46,51,56,61,62,67,77,479,705,745

理念 （一）107,136,305,306,330,371；（二）39；（三）271,272,727

理气 （三）86,88,265,268,269,274,279,280,314,351,432,600,602,604,662,665,667—671,673,676,677,757,758,766,767

理气之分 （三）734

理性 （一）168—170,248,249,251；（二）65,77,155,167,279,340；（三）112,152,165,185,186,188,224,231,335,342,354,410,411,452,475,476,493,497,499—502,505,520,521,529,580,618,619,621,628,702,733,737,781

理性意志 （二）111,340；（三）493,788

理性主义 （一）117；（三）395,404

《理学类编》（三）40

理学 （一）4；（二）42,190；（三）40,41,63,521,524,530,613—615,632—636,644—646,649,652,773,776,785

《理学宗传》（三）616,762

理 （一）82,92,98,114,116,270,324,326,327；（二）75,79,102,157,158,164,165,167,177,207,212—214,279,314,324,333；（三）7,41,43—45,50,55—61,63,65,68,78—89,98—100,103,104,110,119,165,166,173,177,181,196,197,202—204,210,211,213,218,219,224—227,229—234,238—240,247,249,250,253—256,264—270,273—276,278—284,288—292,296,299,301—303,312—314,324,325,327,330,336,341,342,344,351,357,358,365—367,376,378,380,395,396,399,400,402,403,417,418,423,424,444,452,453,466,471,489,502,513,514,520,523,533,534,

537—540,542,545,556,591,592,
596,600,601,613—616,637,662,
665,667—670,673,676,677,
687—689,692—694,701,713,
721,734,739—742,746,747,779

理一分殊 （三）43,44,171,172

理义 （一）164;（三）528,531,542

理欲 （一）145;（三）117,183,259,
290,333,375,388,689

力 （二）309;（三）7,122

《历代三宝记》 （二）286,298

历史标准 （三）46,51,61,62,71,
143,147,151,173,305,311,327,
374,391,468,477,482,614,650,
760,761,778,779,784—786

历史哲学 （三）662,706,737,738

立本 （二）65;（三）369,376,467,
468,470,472,473,475,536,560

立命 （一）186,192—194,293;（三）
320,451,656

利 （一）112,113,118,164,282,
291,327,328,346,349;（三）370,
372,379,654

良知 （二）45,111;（三）5,65,151,
204,240,383,385,387—395,
400—406,408,412—422,424—
429,432—434,436,439—442,
445—451,453—458,460—465,
468,471,473,474,476,483—486,
488—494,504,508,509,511—
516,518—520,523—525,530,
535,546,550,552—554,556,557,
561,563—571,573,575,592,605,
613,656,682,689,764

梁启超 （一）206,211,212,224;
（二）286;（三）638,640,660,661,
771,773,780,782

梁丘贺 （二）26;（三）777

《梁书》 （三）135

两仪 （二）94;（三）94,95,157,
160,178,276,672,690

廖平 （三）2

《列仙传》 （一）206,209,210

列子 （一）276;（二）182;（三）299

《列子》 （一）202,204,237;169,
170,179,361;（三）306,307,363

《临川集》 （三）64

临济宗 （二）337,344

灵魂 （一）94,356;（二）119,120,
197—200,202,217,218,257,350

灵润 （二）285

刘安 （二）114

刘牧 （三）64,123,124,168

刘劭 （二）159—168,361

刘向 （一）197,210,364;（二）22,
43,115

刘歆 （一）364

刘遗民 （二）266,268,269,362

刘汋 （三）549

《刘子全书》 （三）548—569,571—
579,581—589,592—595,600—
606,608,612,613,616,671

刘宗周（蕺山） （三）8,9,11,208,
391—393,427,447,451,452,483,
491,493,494,531,547,548,550,
551,557—600,602—613,615,
616,621,632,638,639,648,657,
662,671,734,758,764

流行 （一）6,12,44,80,89,101,
104,170,194,195,222,281,288,

301,316,336;(二)4,5,33,59,60,81,140,177,180,191,197,244,245,261,280,299,300,307,344,357,358;(三)40,49,52,99,100,150,163,177,217,282,290,294,295,319,321,323,419,445,448,451,454,455,459,481,521,534,577,578,582,583,597,672,673,675,676,686

六即　(二)314,316

六家七宗　(二)247—249,252,255

《六卷泥洹》　(二)270,275

六相圆融　(二)328

六爻　(一)83,85,86;(二)86—88,91—93;(三)161,602

六艺　(二)37,42,360;(三)221,222,641,649,655,749,751,755,758,760

《龙川文集》　(三)338,340,341,344

龙树　(二)191,203,204,206,209,210,239,244,245,256,257,298,303,316,361

《龙溪全集》　(三)441,442,444—446,460,461

娄谅(一斋)　(三)385,388

鲁胜　(一)297,384

陆德明　(二)179

陆九龄　(三)345,347

陆九韶(子美、梭山)　(三)98,349—353,381,382

陆九渊(象山)　(二)114;(三)5,40—42,50,65,97,127,143,151,186,194,261,290,345—349,351—354,361—365,367,369—378,380—384,386,387,390,395,478,480,481,495,504,521,522,549,592,643,645,779

陆三鱼　(三)766

陆世仪(桴亭)　(三)734,749,753,757,765—767

陆王　(一)389;(三)8,10,41,42,45,50,61,71,72,77,151,395,477—480,507,521,522,535,545,549,550,557,591,615,643,645—648,688,689,734,749,759,762—767

陆修静　(三)16

吕本中　(三)149,260

吕大临　(三)169,260

《吕氏春秋》　(一)40,202,203,209,210,216,281;(三)147

吕晚村　(三)611

吕希哲　(三)49,149,220

吕祖谦(伯恭、东莱)　(二)57;(三)326,328,334,339,340,346,347,349

轮回　(二)197—200,202;(三)19,379,380

《论衡》　(二)15,63,134—149,361

《论语》　(一)102,107,109,111,114,117,121,123,129—133,141,143,144,148—152,195,223,226,234,320,380,397;(二)14,23,123,134,154,171,172,361;(三)62—64,66,168,186,205,246,248,258,262,307,345,368,371,374,377,390,445,546,613,614,749

罗从彦(豫章)　(三)260

罗洪先(念庵)　(三)384,439,441,

442,447,454,477,484,768
罗近溪 （三）484,551,643
罗懋忠(止庵) （三）530,531
罗钦顺 （三）387,644
罗素 （一）8,12
逻辑解析 （一）10,19,333
逻辑 （一）11,15,18,117,119,122,171,218,260,297,300,306,307,310,312,313,315,317,321,333,335,363,365—373,377—380,383,385,390;（二）157,158,180;（三）59,60,115,271,314,433,490
洛书 （三）17,63,123,147,152,155,168,307,308
洛学 （三）259,316
《洛阳伽蓝记》 （二）333

M

马鸣 （二）286,288,298,363
马融 （一）29;（二）43,44
马叙伦 （一）206,245
毛奇龄(西河) （一）166;（三）127,128,139,147,655,657,750,759,762—765,791
蒙文通 （一）23
孟喜 （二）25,26;（三）777
孟子 （一）53,63,77,81,92,98,118,135,140,153—196,198,199,201—205,224,225,245,279—281,295,318—327,329,332,343,344,360,361,381,383,390,392;（二）8,11,14,19,21—24,40,41,45—52,58,61—63,65,66,71,72,78,122,124,125,128,129,146,147,318,360;（三）23—27,33,47,50,63,65,105,122,147,153,179,181,199,204—206,223—225,227,242,254,262,290,306,310,328,331,344,355,357—359,362—364,368,374—376,378,381—383,391,401,412,434,452,478,480,481,495,496,503—505,508—511,513,516,519,525,529,534,541,543,575,583,587,614,615,617—619,621,622,631,638,643,647,648,652,653,678,679,682,684,686,693,695,696,701,709,717,718,747,765,786
《孟子》 （一）53,88,154,155,158,160,165,166,168,170,177,178,187—190,194—196,198,201,202,223,225,226,280,281,344,397;14,23,45,50,60,360;（三）62—64,66,186,224,262,363,375,377,390,452,534,632,678,690,699,786
弥勒 （二）203,299
《弥邻陀问经》 （二）198,361
《密严经》 （二）210
苗蛮 （一）23,24,27,30,31,34,40—42,57,68;（二）4
妙有 （二）203,210—212,219,240,262,263,280,331,345;（三）52,299,603
民本 （一）87,89,90,99,171,172,174,176,185,189,191,192;（二）8;（三）382,618,631,747
民权 （三）382,618,625,626,628,631,638,718,721,722,724,725,733,737,752

889

民神杂糅 （一）36,37,95
民主 （三）638,733
民族混合 （一）34,54,57,61
民族主义 （一）103；（三）658,703,706,709,710,759
闽学 （三）316
名分 （一）121,125,200,366,380,381；（二）158
名家 （一）74,200,258,274,275,281,299—302,307,309—311,317,318,333,363—368,377—380,383—385,389,390,392；（二）116,125,126,157,158,359；（三）749,768
名教 （三）168,473,652—654
名理 （二）136,154,157,158,168,178,187,314,334；（三）93
名色 （二）200—203
名实 （一）215,305,316,317,335,365,366,376—378,380—384；（二）122,157,158
名学 （一）363,366,370,378,379,385
名 （一）121,122,126,308,312,317,335,336,349,365,366,378—384；（二）157,158,170,172；（三）653,654
《明代思想史》 （三）394,477,518
《明道编》 （三）476,477
明道 （一）169,231,251,266,269,273；（二）59,114；（三）5,42—45,49,53,54,57,145,148,149,153—156,160,167,195—221,224,226,227,230,231,234—236,240,244,246,248,257—261,285,286,312,317,330—333,350,355,377,397,429,453,459,527,530,532,551,634,640,650,732,782

明德 （一）36,65,146；（二）135,302；（三）41,434—438,455,536,538,606,761,764
明明德 （二）51,52；（三）24,219,287,382,434—438,467,606
《明儒学案》 （一）2；（二）52,360；（三）39,40,72,151,389—392,439,440,442,443,447,451—453,456,459,464,465,469,470,484,488—490,492,507,508,528,536,548,571,611,612,616,632,764
《明史》 （三）40,384,611,622,633,763
明 （一）31,233,259—262,352,355,382；（二）58,69,164,165；（三）30,81,117,180,187,191,296,299,314,330,541,641
《明夷待访录》 （三）10,611,612,616,619,620,622—627,629—631,638
命定论 （一）183,184；（二）143；（三）163,254
《命解》 （三）28,35
命 （一）27,36,90,96—99,133—136,138—140,185—187,191—193,234,252,253,335,391；（二）142—145；（三）165,181,225,226,253,254,256,636,679,680,748
摩尔 （三）403
《摩诃止观》 （二）304,309,314,363
末那识 （二）216—219,346,347,351,352

《墨辩发微》（一）380

墨辩 （一）280,297,298,300,317,363,369,374,376,378,383,384

墨家 （一）74,258,281,297,299,300,302,309—311,317—319,327,332,345,365,390;（二）19,33,137,149

《墨经易解》（一）380

墨翟 （一）155,198—201,280,281,348;（二）19

《墨子》（一）40,223,281,286,287,293—295,297,299,300,329,397

牟宗三 （一）4

穆修 （三）123—125,134

N

纳甲 （三）129,308

南北文化传统 （一）21,57,58,68,69,74;（三）148

《南华经》（一）198,245,246

《南雷文定》（三）507,597,613—615,632—635,637

《南史》（二）154

《南轩集》（三）323,324

内丹 （三）15,17,22,37,134—141,307,308

内涵 （一）127,137,326;（二）53,70;（三）305,402,487

内圣 （三）152,296,299,605,606,608,661

内在解析 （二）13,18,19,29

能所 （二）284,285,336,338,343;（三）13,491,576,621

《拟太平策》（三）759,760

念 （二）297,299;（三）391,393,548,563,566,569—573,575—577,579,580,583,586,594

聂豹（双江）（三）439—441,449,450,453—465,476,477,484,559,560,590

涅槃 （二）196,199,210,218,226,228—230,236—238,240—242,262—264,268,270,272,278—280,300,301,306,307,316,335,348;（三）19,21,52,79,480

涅槃宗 （二）257,261,263,270,277—280

O

欧阳德（南野）（三）454—459,464,508,558

欧阳修 （一）398;（二）57;（三）64,147,307,390,779

P

潘铭 （三）92,106,124,125,354

判教 （二）306,308,318,320,323,349

裴徽 （二）153

彭蒙 （一）199,274

彭任 （三）767

彭士望 （三）767

彭晓 （三）129,137

毗昙宗 （二）261

平等 （一）181,182;（二）57,227,239—241,290,294,310;（三）2,19,21,703,705,724,725,733—737

《平书订》（三）760

平天下 （一）282;（二）50,52,55,56;（三）32,119,195,254,298,

299,309,383,435,444,466,468,636,749,751
《菩萨藏经》（二）210
普济 （二）344,363
《曝书亭集》（三）139,315

Q

《七略》（一）364
七情 （三）26,221,222,292,322,581,582,584,593,594
齐家 （二）52—55；（三）382,468,567
《齐书》（三）16
齐物 （一）255,257,259,260,263—265,302,378,382,383；（二）180,181,184
气禀 （二）128,147；（三）198,201,219,228,282,299,332,333,354,688,689,696—698
气化 （二）165；（三）135,176,249,250,277,692
气象 （一）152；（三）223,317,327,347,532,766
气质 （三）65,75,102,103,113—115,169,182—185,219,226,228,230,233,257,280,282,285,287,289,314,351,355,384,450—452,533,542,543,555,556,587,588,600,689,757,763
气质之性 （三）84,112,182—184,192,229,284,451,452,543,556,689,758
契嵩 （二）344,363
《前汉书补注》（一）30
钱大昕 （三）790

钱德洪（绪山） （三）384,388,419,428,430,440,484
钱穆 （三）281,352
乾嘉学风 （三）11—14,612,761,768—772,775—777,780—783,788—790,792,794
乾嘉 （一）116；（三）2,8,11—14,612,638,640,651,657,769—772,775—777,779—782,784—790,792—794
乾坤并建 （三）671,673,674
乾 （一）83,84,87；（二）23,84,85,90—98,100,102,109,177；（三）64,75,94—96,101,105—108,124,131,142,158,160—162,171,173,190—192,196,205,212,277,316,317,319,362,426,449,583,605,672—675,677,681,690,697,753,767,769,792
亲民 （二）51,52；（三）434—438,467,606,761
《清代学术概论》（三）638,661,771,780
《清儒学案》（三）655,656,776
情 （一）161；（二）74,75,148,160,166,268；（三）25,27—29,33,103,209,222,225,229—231,245,285—288,290—292,299,325—327,329,330,365,373,451—453,511—514,580—585,593,594,672
情意我 （一）145,147,167,168,204,229,239—241,243—245,247,248,257,267,270,272,273,276,358；（二）20,21,29—31,33,116,156,157,182

穷理 （三）8,30,180,188,190,195,218,231,233—241,258,259,262,264,288,293,295—299,314,326,348,366,376,388,525,535—537,558,562,591,612,614,634,713,761,765,766

邱维屏 （三）767

求放心 （三）555,615,647,648,765

《去佛斋》 （三）34,35

权分 （一）121,122,124,125,156,366

权分哲学 （一）127

权力 （一）104,127,153,279,289,329,330,350,356,358;（二）8,56,193;（三）75,342,471,498,520,617,618,625,628,629,631,703,720,722,724,725,727—729,732,760

权利 （一）121,122,179,293;（二）80;（三）722

权威主义 （一）282,284—286,288,290,319,327—329,331—333,344,346,358,359;（二）342

全祖望 （三）42,49,149,170,258,333,612,790

确定性 （一）23,301,367;（三）4,45,59,102,466,471,786

R

人副天数 （二）39

人格天 （一）80—82,90—94,97—99,192,195,391—393;（二）113,142

《人极图》 （三）600,603

《人谱》 （三）555,599,600,603

《人物志》 （二）159—167,361

仁 （一）38,63,74,110—112,114,116—120,128—131,133,141,144—148,150,152—154,156,158,161,164,166,169—172,174,176,177,185,186,198,205,208,221,224,225,241,242,277,286,291,294,296,318,324,329,346,349,355,360,381,382;（二）19,31,36,38,39,51,53,56,80,84,99,100,118,121,122,125,175,267,305,306,334;（三）23—27,36,57,82,94,105,117,118,125,142,146,188,189,204—207,217,218,221,222,224,225,244—248,267,279,290,298,310,322,327,329,330,337,358,363—366,368,374,377,379,382,384,395,396,407,434—436,452,453,459,469,503,509—513,521,523,525,539,542,581,582,584,587,594,602,642,661,678,680,683,690,692,694,695,731,752

仁者无敌 （一）170,175,176

仁政 （一）171,174—178,184,318,333,346,347,358;（二）51,129,130;（三）222,310

认知我 （一）145—147,168,204,233,240—244,247,255,256,258,265,267,269,272;（二）31,156

认知主体 （二）202,260;（三）166,167

《日知录》 （一）170,398;（三）641,644,647,649—654

荣肇祖 （三）394,477,518

893

容庚 （一）47

如来藏 （二）204,221,225,263,264,283,285,292,293,313,314,321,326;（三）21

儒家 （一）74,77,81,121,156,192,194,195,217,288,319,333,334,343,345,352,355,365,386,391,392;（二）4,7,10,14,29,36,37,46,73,113,123—125,131,137,149,154;（三）25,32,40,81,142,144,147,168,176,245,251,380,472,494,617,618,681,758,778,784

儒林 （二）25,26,83,360;（三）42,123,334,362,632—634,636

芮逸夫 （一）24,42

S

三乘 （二）226—228,279,306,308,322,326,335,362

三代 （一）47,50,61,155,172,212,272;（二）34;（三）255,311,341,342,355,515,617,625,626,633,635,636,712,720,735,736,760

三谛圆融 （二）313,314

三法印 （二）192,194,203,301

三纲领 （二）52;（三）219

《三国志》 （二）152,153,159,168,171,361

三教合一 （三）734

三教 （三）18—20,446

《三礼》 （一）79

三命 （二）144,145

三年之丧 （一）141,173,208

三时 （一）50;（二）2,306,349

三维 （三）704,707,733,736,739,746

《三五至精图》 （三）128,131,138

三系说 （三）40—42,45,61

三玄 （二）154

三自性 （二）212,214

僧伽提婆 （二）266,269,361

僧祐 （二）298,362

僧肇 （二）251,252,257—261,267,269,271,279,362

《沙门不敬王者论》 （二）267,268,362

《山海经》 （一）31,35,38,46

善恶混 （二）22,127,128;（三）26,183

善恶 （一）139,140,159,160,163,344;（二）37,38,65,78,79,101,128,142—146,148,223,235,346,351;（三）20,26,42,54,56,69,94,97,102—104,109,110,112—116,181,184,187,191,197—199,203,204,219,227,228,230,231,233,281,282,285,287—290,312,325,327,331—333,335,375,376,392,393,401,404,405,410—414,426—428,431,433,456,483,486—493,497,500,546,565,567—575,591,596,621,653,681,682,684,686—689,691,693—695,698,699,701,702,757

善 （一）158,161,322,343;（二）21,38,48,78,99,100,128,146—148,274;（三）53—55,69,70,83,112—115,182,184,198,199,203,228,230,232,282,283,288,332,

376,403,404,415,431—433,485—490,492,508,510,513,514,516,569,603,682—684,686—691,696,699—702

《商子》 （一）340

《上蔡语录》 （三）248,258

《上方大洞真元妙经品》 （三）128,130

《上仁宗皇帝书》 （三）221,222

《尚书古文疏证》 （三）613

《尚书》 （一）27,31,33,35,41,51,64—66,70,72,79,93—96,226,391；（二）4,27,28,134；（三）168,309,315,374,577,614,615,642,654,693,740,765,774,778

《尚书引义》 （三）680,681,718—722,740,741

尚同 （一）282,284,287—290,329,332,346,347

少典 （一）24—26

少昊 （一）27,28,30,35

邵伯温 （三）166

邵雍(康节) （三）64,91,101,123,152—156,163,165—168,194,252,253,278,279,306,307

舍离 （一）136,234—236,269,270,272,273；（二）6,228,234,295,301,343；（三）4,6,8,25,36,52,79,89,191,217,299,301—304,378,379,437,445,446,481,488

设准 （一）15—17,20,22,23,145,240,327,389；（二）352；（三）70,257

社会分工 （一）178—182；（三）709

《摄大乘论》 （二）211,213,281,282,361

摄礼归仁 （一）120；（三）503

摄礼归义 （一）111,114,116,120；（三）503

摄论 （二）211,219,221,222,264,280,282,283,285—287,293,345,348

《摄论》 （二）213,216,217,219,220,223,224,264,265,282,284,285,287,297,307,335,348,349

申不害 （一）340

《申子》 （一）340

身 （二）50,51,118,236；（三）410,466,467,469—473,475,535,538,595,597—599,606

神化 （一）210；（二）131；（三）63,178,179,189,544,668

神会 （二）336,344,363；（三）18

神秘主义 （一）91,390；（二）61,131,149

神权 （一）37,57,69,70,73,92,95—97,103,104,136,137,140,143,347,359

《神仙传》 （三）16,137

神秀 （二）336,340,341；（三）19—21

神 （一）36,37,41,90,91,93—96,137；（二）120,121,257,268；（三）178,179,212,667,702

慎到 （一）199—201,274,344,345

慎独 （二）55；（三）447,449,450,463,548,556—563,571,589,590,605,607,632,764

生灭 （一）83；（二）209,234,258,287—290, 292—294, 296, 297,

320,327,347;(三)162,176,252

生命我 (一)167,168,203,204,229,239

生生不息 (三)53,55,70,250,251

生 (一)160,161,203,233,243,244,250,271,272,278;(二)30,141,200,202,268;(三)44,54,55,70,82,83,86,87,89,131,190,200,219,313,679,714,786

胜物 (一)268—270

圣人 (一)156,164,186,199,232,236,238,260,261,266,267,272,274,276,277,280,282,286,323—325,330,333,336,349,357;(二)36,46,67,70—72,100,130—132,153,160—162,168,170,175,181—183;(三)28—31,33,35,40,72,94,97,103,105,108—110,113—118,120,142,150,153,154,165,166,168,169,179,185,186,191,203,207—210,216,220—223,225,228,232,245,252,254,273,286,287,290,294,329,344,350,362,369,376,377,385,389,402,404,406,429—431,436,437,441—443,446,457,476,525,538,539,544,546,552,573,580,622,634,642,643,647,653,655—657,665,694,697,699,704,705,711,714,720—722,734,743,745,753

《圣学宗要》 (三)555,581

圣言量 (一)316

省察 (三)234,293,294,322,323,392,456,491,557—563,589—591,647,679,685

师法 (一)319,321,322,324,325,332,342,344,347;(二)41,46,62,126,127,263,342,343

《诗古韵表》 (一)213,398

《诗经》 (一)49,56,59,61,62,76,79—82,90,91,96,97,226,397;(二)53,58,361;(三)213,231,353,535,601

《诗》 (一)79,80,91—93,102,103,155,200,320,334,335,373;(二)17,28,53,98,124;(三)25,32,62,64,163,185,213,221,222,262,309,546,601,649,650,755

施雠 (二)26;(三)777

《十地经论》 (二)211,221,263,280,282,316,328,345,362

十二因缘 (二)200—203,230

十二子 (一)199—201,280,320,332,364,368,380;(三)147

十界 (二)310

《十三经注疏》 (三)774

十玄门 (二)317,326,328

十翼 (一)81,82,109;(二)4,14,83,90,92,94,95,176;(三)62,66,147

时 (一)250;(二)48,49,307,320;(三)254—256,697,738

识 (二)200,202,203,216,218,219,283,284,345—347;(三)122,331,608

《识仁篇》 (三)204,205

识仁 (三)204,206,207,210,317,330,331,377,453

识心见性 (三)303

实践程序 (一)119,120;(二)

51,57
实践理性 （二）111,340;（三）573
《实践理性批判》（三）493
实理 （一）392;（三）120,294,301,303,314,337
实然 （一）158,160,321,322;（二）38,39,110,136,177;（三）25,69,70,102,104,302,471,472,475,636,743,745
实体 （一）80,82,188—190,193,195,243,373,374,376;（二）99,120,309;（三）147,274,355,390,433,515,516,763
实行 （一）65,284;（二）9,10;（三）634,635,643,749,751,753,754,756,757
实学 （二）262;（三）156,635,640,641,760,761,768,788
实 （一）114,161,317,373,377,381,382,384;（二）291;（三）176,416,417,674,758,761
实义难陀 （二）239,286,317,362
实用主义 （一）296
实有 （一）32,46,64,91,127,128,140,239,240,243,340,342,388;（二）10,14,29,65,66,70,71,94,100,132,161,170—173,190,199,205—209,212,213,216,254,256—259,271,290,291,303,338,357;（三）5,36,48,53,70,71,84—86,88,134,137,165,174,175,198,210,213,258,266,288,290,353,357—359,365,367,374,376—378,380,417,427,443,490,599,636,663,666,695,703,730,766,782
实在论 （一）261;（二）252,254;（三）660—664,671
实证论 （一）338
《史记》 （一）22,37,43,44,47,57,59,69,106,154,155,197,205—211,215—218,220—222,245,247,281,319,320,340,344,397;（二）23,32,116
世界观 （二）142;（三）81,162,167,189,190,249,251—253
世界图像 （三）190,251,264,274,279,281,674
世亲 （二）191,203,213,214,216—218,221,263,264,280—284,316,345—347,350,352,361,362
《世说新语》 （二）253,254,362
事功学派 （三）315,333,334
事功 （一）35,71,102,156;（二）168;（三）9,76,252,258,260,315,333—336,338—342,344,345,472,481,496,505,506,633,636—639
事象 （一）139,159,163,193,230,233,234,239,244,251—253,260,262,263,269,270,283;（二）20,38,74—76,96—98,143,258,260;（三）56,58—60,86,247,253,254,284,405,407,499,711,713
事 （一）92,169,170,355;（二）52;（三）56,80,114,210,211,213,254,256,265,274,281,312,407,464,466,534,701,713
《释门正统》 （二）305,363
守柔 （一）229,236—239,244;（二）

30,32,33

《首楞严经》（二）256

《书经》（一）59，76，79，87，89—91，102，397；（二）20，24，27，34；（三）307

《书》（一）79，80，91—93，103，155，200，334，335，397；（二）17，24，124；（三）25，34，62，143，163，221，222，438，537，546，562，649，650，755

殊别之理（三）203，231，232，235，238，280，283，284，292，296，298，299，312—314，330，366，367，688

《蜀中广记》（三）16

恕（一）130，131；（二）56，163，166；244，248，473，589

《双江集》（三）454—458，460—463

《水火匡廓图》（三）128，131，138

《水经注》（一）51，52

舜（一）22，33，36，40，41，44，46，47，49，50，52—55，58，89，93，95，96，105，147，155，156，161，172—174，180，324，348，353，354；（二）56，71，124，132，186；（三）24，223，224，315，327，342，369，374，441，613，617，642，656，693，710，720，729，754

说卦（一）225；（二）23，83，94，95，109；（三）97，106，157，158，160，161，234，235

《说文解字注》（三）792，793

《说文》（一）35，45，50，167；（二）89，98，360；（三）775，792，793，795

司马光（三）152，154，220，738

司马迁（一）22，37，43，48，49，59，60，197，205，207，211，213，215，218，220—222，281，319，362，397；（二）32，83，116；（三）340，632，778

司马谈（一）364—366，368，384；（二）115，116

司马贞（一）206

私（三）217，379，626

私欲（一）119，329；（三）118，396，404，405，411，414，420，422，424，435，473—475，688，697

《思辨录辑要》（三）765

思辨形上学（一）363，368，383，389

《思问录》（三）660，673，674，677—679，691，694，695

斯宾诺莎（一）117

《四存编》（三）750—757

四德（二）84，85，89，95，109；（三）581—583，586，593，594，596，690

四谛（二）194，196，200，203，205，301，308

四端（一）157—160，162，165，167，177，191，318，321，322，326，381；（二）19，40，41，45，78；（三）105，142，229，363，364，413，510，512—514，582，583，655，695

《四分律疏》（二）285，363

四句教（三）332，388，391—393，401，428—434，484—486，489，491，493，508，563，566，568，570，572，592

《四库全书总目提要》（三）40

四情（三）583，585，586，593，596，607

四时（一）201，254，357；（二）71，100，119，138；（三）30，94，95，

582—584,604,607,676
《四书反身录》（三）763
《四书释地续补》（一）208
四无教 （三）428—431,484,546
四象 （二）94；（三）95,96,129,157,160,672
《俟解》（三）659,691,711,712
宋端仪 （三）508
宋濂 （一）206
《宋论》（三）659,661,706,710,712,713,729—732,737,738,742
宋明理学 （一）3,120,389；（二）2,113；（三）8,771,773,788
《宋儒学案》（一）2
《宋史》（三）40,42,47,64,91,123,148,152,153,168,169,195,220,260,262,263,310,334,362,632,633
《宋元学案》（三）39,42,49,133—135,140,149,150,152,155,156,167,170,171,208,258,259,319—322,334,349,350,612,616
苏格拉底 （一）107,146,147,150
苏元朗 （三）17,135,136,140,308
隋唐佛学 （一）3；（二）2,188,359
孙复 （三）47,64
孙奇逢(夏峰、钟元) （三）749,753,762,763,765,（三）616
孙星衍 （一）300；（三）95,96
孙诒让 （一）281,284,307,315,397
所缘 （一）337；（二）284,285

T

太和 （二）177；（三）123,173—178,190,192,583,667,671,674

太极 （二）94；（三）92—104,106,116,124—128,131,133—135,139,140,142,147,160,167,178,222,262,264,269—276,278—284,289,298,312,346,349—351,353—358,463,512,515,542,548,556,572,587,602—605,671—675,677,690
《太极图》（三）17,92,93,106,107,123—128,130,131,133,134,138—141,143,145,149,277,278,308,346,349,353,357,358
《太极图说解》（三）97,99,101,103,271,289
《太极图说》（三）44,47,64,92,93,97,99,100,104,105,112,125,127,140,210,221,222,308,349,376,515,604
《太极图说遗议》（三）128—130,764
《太极先天之图》（三）128,130,134,139
太虚 （二）254,286；（三）173—178,189,190,249,462,668,675
《太玄》（二）15,123,131—134,361
泰州学派 （三）465,473,536
《坛经》（二）337—344,363；（三）445,446,486
昙济 （二）248—250
昙林 （二）333,334
昙鸾 （二）299,363
昙迁 （二）264,282,335
昙无谶 （二）270,362
谭戒甫 （一）378,380,398
谭嗣同 （三）2,638,660,661

899

汤潜庵 （三）767
汤用彤 （二）251,259,280,335,362
《汤子遗书》（三）767
唐君毅 （三）661,679,746
唐兰 （一）206
陶弘景 （三）135
陶望龄(石篑) （三）551—553,643,644
陶奭龄(石梁) （三）551—555
提婆 （二）203,266,269
体无 （一）106,247;（二）111,153,278,291;（三）392,430,488
体性关系 （一）374—376;（三）426
体 （一）167,374;（二）195,285,290,309,325;（三）133,142,178,205,244,275,323,390,409,413,418,433,448,449,454,455,461—463,485,491,494,511,516,542,577—579,595—599,675
体用 （二）64,235,339,340;175,178,179,294,306,320,323,326,329,330,435,438,448,451,455,456,463,464,492,510,511,513,553,556,577,594—599,656,671,672,675,676
天道观 （一）80;（三）53,54,56,61,67—72,77,83—86,88,110,117,118,142,147,150,151,176,179,181,182,184,196,197,201,211,213,218,224,226,227,233,253,257,280,281,312—314,333,336,360,361,375—377,389—391,477,479,495,515,516,524,526,531,604,676,677,682,685,687,694,700—703,766,789

天道 （一）80—82,111,116,186,188,219—221;（二）19,35,36,38,49,67,70,98,105,133,140,141,182,183;（三）53,54,56,65,69—72,80—83,88,97,108,110,117,118,142,146,147,150,178,180—184,190,191,197,201,202,210—214,219,226,231,235,253,280,312—314,333,377,378,514—516,525,542,582,583,602,604,641,642,674—679,681,682,685,687,689,693—695,698—702,705,746,755,757
天官 （一）338
天理 （一）271;（二）77—79,82,182;（三）54,71,82,85,92,110,187,188,199,202,203,231,232,242,243,258,282,285—287,294,311,320,325,332,333,341,342,344,375,386,387,389,393,396—404,417,427,452,453,488,493,536,538,539,541,587,613,621,682,693
天命 （一）40,49,71,72,91,96,97,135,136,140,172—174,188—190,192—194,327;（二）58,59,62;（三）74,99,171,172,181,200,232,254,290,319,412,434,525,537,601,625,678—682,686,692,699,705,718,757
天泉证道 （三）388,488,516,551,556
天然 （二）180;（三）525,534,539
天人关系 （二）24,29,35,37,39,138,140,141,149;（三）117,678

天人相应 （一）361；（二）4,19,22,34—37,118,121,138,142

天台 （二）189,225,262,280,300,302—312,314,316—320,325,328,331,336,343,349；（三）19,22,51,299

天意 （一）40,70,71,80,82,87,88,92,173,195,285,286；（二）36,37；（三）338,618,720,740,742,744,747

天志 （一）136,282,284—288,290,299,327,346,347,360

天 （一）25,26,38,49,77,80—82,87,91—94,96—98,111,136,143,172,173,183,185—192,194,195,261,262,286,327,328,386,390—393；（二）19,22,35,39,41,72,73,113,118,119,130,131,133,140—142,146；（三）3,45,50,72,106,118,122,142,150,163,164,166,170,173,176—179,181,182,203,365,376,381,390,441,573,601,602,618,676,679,680,682—684,692,693,696,721,739,740,742,743,746

田何 （二）25

田骈 （一）199—201,274,344

田王孙 （二）26

条理 （三）222,236,383,408,409,600,612

《亭林文集》 （三）641—643,645,646,650,651,653

通变 （一）307,367,376,377；（二）100；（三）300,334

通经致用 （三）640,651,772,773

《通书》 （三）44,47,64,92,93,105—126,141,142,145,146,272,312,349,354,356

同异 （一）191,267,298,299,301,302,308—310,313,337,338,365,366,383；（二）45,85,118,119,135,190,286,302,329,330,334；（三）3,47,51,77,123,146,151,340,525,526,569,621,682

《图书集成》 （三）136

图腾崇拜 （一）38—40

彖辞 （二）92—94,177,178；（三）232,254

托古改制 （一）6

托古 （一）6,17,36,57,96,197；（二）149,303；（三）13,308,495,617,774

W

外王 （三）152,296,299,661

外延 （一）336,337,377

万斯大（充宗） （三）597,613,634

万斯同 （三）611

汪应辰 （三）149

汪中 （一）206,210—213,297,320

王安石 （三）74,731

王弼 （一）397；（二）152—154,168,170—172,175—179,187,278,361；（三）64,190,643

王充 （二）14,15,22,34,63,114,134—150,361

王道 （一）74,171,174—176,184；220,（三）222,310,381,646,705,723,750,751

王栋（一庵） （三）571

王夫之(船山) （三）8,9,11,506, 600,606,610,657—687,689—720,722—748,756,758,759

王艮(心斋) （二）52;（三）236, 439,440,465—476,484,535,536, 551,562

王国维(观堂) （一）22,45—47,48, 62;（三）640,655,771,775,785

王畿(龙溪) （三）388,428—430, 439,440—442,444—446,460,461

王懋竑 （三）107,263,352

王念孙 （一）206;（三）790, 792—794

王守仁(阳明、姚江) （一）4;（三）5,6,8—11,40,41,46,50,65,72, 75—77,89,151,240,290,297, 332,346,361,362,378,381,383—385,387,389—441,443—447, 451—455,457,458,461,464—468,470,471,474—478,481—496,504,505,507—509,511,513, 515,516,518,521—526,530,531, 535,536,542,544—553,555,556, 558,563—573,575,587,592,596, 604—606,608,609,611,613,616, 621,632,638,643,644,648,656, 662,682,734,750,761—766,768

王肃 （三）95,773

《王文成公全书》 （三）384—387, 395—402,405—413,416—421, 423—431,434—438,452

王先谦 （一）30,397

《王心斋先生遗集》 （三）466—469, 473

王学 （三）6,10,75,389,439,456, 461,465,482,507,511,514,516, 521—523,526,547,549,551,553, 556,563,643—645,764,765

《王阳明全集》 （三）40,41

王引之 （三）777,790,792,794,795

王应麟 （三）96

王源 （三）760

韦昭 （一）31,53

唯识论 （一）4;（二）191,199,211, 222,281,283,307,349,363

《唯识三十论》 （二）211,213,214, 216,218,220,221,264,283,345—348,361

唯物论 （一）342;（二）141

《维摩经》 （二）245,246,256,271—274,276,362

卫聚贤 （一）226

卫琪 （三）139

未定项 （三）85,86,88,90,102—104,110,112,117,176,182,184, 280,281,312,313

未发 （一）52,388;（二）61,63,64, 231,356;（三）221,292—294, 317—326,329—331,405,418, 429,433,440,448—450,452, 454—457,460,461,463,541,543, 548,555,556,558—560,580—588,591—593,648

未济 （一）62,83;（二）88;（三）239

伪作 （一）17,22,79,82,202,207, 217,219,221,222,227,228,295, 340;（二）3,4,37,279,344;（三）614,615,642,654,718,784

位 （一）377;（二）66;（三）697

纬书 （二）28;（三）17,63,100,

168,307,315,764,778

谓词 （一）314,315,373；（二）110, 111,209；（三）69,432

魏伯阳 （三）17,128,134,136—139,308

魏晋清谈 （一）3；（二）4,30,154, 168；（三）74

魏晋玄学 （二）2,151,168,178, 187,359,361

魏了翁 （三）263

《魏书》 （三）135

魏叔子 （三）768

《魏叔子文集》 （三）768

魏禧 （三）767

魏校(庄渠) （三）453

魏源 （一）397；（三）790

温清 （三）397—400,404

文化否定论 （一）244,276,277；（二）31,121,174

文化环境 （一）21

文化活力 （三）7,8,10

文化精神 （一）76—78,109,154, 157,245,333,341,342,359—362；（二）20；（三）10

文化境界 （一）10

《文选》 （一）206,294；（三）16,128

《文言》 （一）210,226,270；（二）83—85,90—94,109；（三）105, 107,108,356,558,627

文中子 （三）334

《文子》 （一）237

我执 （二）217

坐权 （一）69,70

无常 （一）199,230,232,239,243, 301,328,348；（二）174,192,193, 220,229,232,237,238,355；（三）175,254,300,343,344,551

无待 （一）188,364；（二）160, 181—183,186；25,745

无覆无记 （二）221,222,224,346, 347,351

无极 （二）181,245；（三）94,97—101,127,131,135,139,141,142, 147,264,273,274,281,346,349—351,353—358,556,572,587,602, 603,671

《无极图》 （三）128,134,139

无记 （一）216；（二）223,347

《无量寿经》 （二）246,299

无漏 （一）234；（二）220,222—225,235,283,290,291,320,347, 352；（三）18,133

无名 （一）205,230,235,276,378, 381,382；（二）157,158,169,170, 172,260,279；（三）129

无明 （一）104,270,275；（二）6, 99,104,105,134,151,163,199—202,229,230,235,269,294—297, 315,327；（三）2,19,36,78,89, 107,122,230,273,303,389,444, 598,621,646,773

无念 （二）285,297,341,342；（三）20,446,573—575

无善无恶 （三）392,428—433, 483—492,494,507—509,515, 516,526,530,551,563,569,572

无为 （一）136,177,206,227,229, 232—236,238—240,244,249, 270,275,277,313,331,345,351, 353,356—358,360,382,384；（二）

20,32,140,142,164,174—176,182—186,214,215,274,333,334；（三）20,32,79,80,109,110,112,142,306,510

无我　（二）192,193,196,229,237,238,241,257,272,334；（三）79,179,694,695

无相　（一）37,95,231,283；（二）216,223,262,297,325,341；（三）20

无住　（二）341；（三）251

无著　（一）301,341；（二）191,203,213,216,217,280,282,361；（三）21,196

无　（一）262；（二）38,110,153,171,172,178,180,181,205—207,209,230,249,251,253,256,258,274,341；（三）97,99,101,105,106,142,175,176,355,358,663,664,667

吴绂　（三）791

吴与弼（康斋）（三）40,361,385,453

五德终始　（二）24,25；（三）618

五德转移　（二）23,24

《五灯会元》（二）344,363

五教十宗　（二）320

五经　（二）17,28,124,125；（三）62,578,644

《五经正义》（三）774

五时八教　（二）306

五行　（一）74,201；（二）4,15,18,20—29,34,35,37,39,41,116,118,119,123,134,138,149,160,178；（三）3,17,22,63,64,94—97,99—104,112,115,116,130,140,142,147,148,150,163,164,168,210,221,222,267,270—273,275—280,284,289,312,391,504,515,604,681,690—693,735,773

五性　（三）94,97,102—104,112,115,182,221,222,245,312,354,690

五阴　（二）234,235,250,297,310

五蕴　（二）199,234

《五子连珠》（三）555

武内义雄　（一）226；（三）128,131,132

武王伐纣　（一）63,64,173；（三）717

《物不迁论》（二）257—259,362

物极必反　（一）84—86；（二）134

物理　（一）139,248,249,251,273,391；（二）65,138,155；（三）152,236,239,423,424,487,598,711,713,757,785

物性　（一）138,301,322—324；（二）81,128,148,156,158；（三）298,519,520

物　（一）182,203,233,234,248,264,312,369,370,377；（二）52,68,73,77,141；（三）102,166,213,238,239,265,266,268,283,284,313,351,407,409,416,424,443,466,525,535,593—597,605,691,700,705,734

悟入　（二）348,352；（三）388,428,443,444,476

悟修并重　（三）517—519

X

《西方哲学史》（一）8
《西河文集》（三）128，655，764
《西河文选》（三）128—130，147
《西铭》（三）64，169，171—173，205，206，350
习染（三）757，758
系辞（一）41，42；（二）14，23，82，83，93—105，110，133；（三）44，95—97，100，107，109，147，156，161，168，179，183，190，211，212，353，354，390，663，665，671—675，682，683，685，686
系统内的约定性（一）117
系统性（一）7，14，16，19，100，183；（三）315，737
系统研究法（一）6—8，10
夏侯建（二）27
夏侯胜（二）27，360
夏侯始昌（二）27，360
夏炘（一）213，398
先秦诸子（一）2，3，6，17，79，117，214，333，347，388；（二）2，129；（三）617
《先天图》（三）123，124，134，138，153，156，157，160，161，168，307
先天（一）230；（二）172，173，180，337；（三）30，130，134，157—161，163，440，442—444，460，462，603，696，698，699，708，735—737，741
先天之学（三）156，167，460
先验综合（三）60
贤首（二）239，302，316—326，328，331，336，362，363

现成良知（三）441，459，460，462，551
现量（一）316
现行（二）224，225，260，346，347
相反相成（一）231，244，261；134，184，185
相里勤（一）298
相权（二）8，9；（三）75，627—629，631，725—727，732
向秀（二）178，179，361
象辞（一）225；（二）23，91，92，106；（三）664
《象山全集》（三）41，347，348，351，356，364—376，379—383，390
象数（二）133，176，178；（三）63，64，153—155，167，168，178，192，258，307
逍遥（一）74，273，276，278，382；（二）20，179，181—183，185，186，301；（三）79，81，146
《小辨斋札记》（三）526
小国寡民（一）229，236，239，240，244
《小心斋札记》（三）508—515，517—527
孝弟（三）205，246，247，421
《孝经》（三）247，262
孝（一）141，142，174，175，206，210，241，282，283；（二）17，43，53，56，135，246；（三）147，238，240，247，262，310，395—400，404，419，420，423，481，552，626，664
絜矩之道（二）56
谢国桢（三）638，655
谢良佐(上蔡)（三）42，155，258—

905

261,316,329,377,645,749
谢灵运 （二）267,276,278,362
谢约斋 （三）734,749,768
心法 （二）212,215,251,289
心即理 （三）50,61,363—368,395,396,400,403,424,488,513,542,543,545,592,692,734
心灵语言 （三）599
心所 （一）81,135,158,172,176,265,271,302；（二）215,221,240,258,296,297,313,325,346,347；（三）291,337,425,513,520,558,582,588,593,615
心体 （二）254,294；（三）385,386,388,392,418,428,430,440,442—444,451,452,454—456,464,476,481,483,484,486—492,494,507—509,515,516,521,529,577,578,597,601,603,682,732
心统性情 （三）209,291,330,587,593,594
心外无理 （三）40,71,432,522,562,693
心性论 （一）153,157,160,165,171,177,184—189,195,196,318,319,321,329,333,341,389,392；（二）5,14,19—23,29,37,38,40,41,46,52,57,61,62,65,66,71,73,109,112—114,130,142,146,150,176,289,300,343；（三）3—6,10,11,25,26,47—51,61,65—72,75—77,80,87,89,147,150,151,173,181,184,186,189,194,211,226,305,310,333,359—361,365,367,374,375,377,378,380,381,384,385,388—390,476—482,495,496,504,505,507,515,524,526,531,547,549,557,565,591,604,606,607,609,696,700,703,734,765,789
心性 （一）186,187,190,194,329,332,334；（二）4,5,19,21,25,29,38,41,49—51,54,55,61,64,66,72,78,127,128,143,150,154,156,188,234,290,335；（三）8,10,11,18,20,21,26,45,61,65,70—72,76,112,115,117,147,167,226,321,329,330,335,359,376,388,390,411,487,495,504,514,516,528,529,531,538—540,542,587,612,639,656,677,681,682,692,758,759,763,767,788,789
心性之学 （一）4,390；（二）128；（三）8,10,11,173,610,611,621,634,639—642,657,764
心学 （三）40,41,363,378,513,521,522,524,530,633,634,646,652,765
《心学图》 （三）40
心 （一）166—168,186,187,189—191,325—329,338；（二）48,49,64,65,74,78,81,148,178,232,233,236,283,287—289,294—297,314,321,325；（三）5,41,44,45,51,61,65,103,109—112,117,133,176,177,180,184,196,203,208—210,216,219,225,226,230,245,258,259,264,288—293,297—299,301,303—305,311,314,321,322,325—331,333,347,

357—359,363—370,372,373, 377,378,380,381,390,391,395—400,402,403,410,418,423,426, 427,436,442,452,453,457,469, 471,476,513,514,516,523,530, 533,535,538—543,545,549,550, 557,562,563,566,575—579,585, 586,591,593—598,600—605, 607,613—616,648,662,681, 687—689,691—696,703

心之本体 （三）288,291,402,405, 410,412,415,420,426,442, 452,592

心知 （三）795

新道家 （二）152

《新理学》（一）3

新儒学 （二）2；（三）2,3,15,41, 47,61,122,143,146,168,395

新实在论 （一）3,388,390

《新唐书》（三）22,23,27

《新唯识论》（一）4

信 （二）48,137,275,276；（三）52, 309,583

信古 （一）142；（三）650,651,654, 780,781

刑昺 （二）171,361

刑名 （一）287,297,340,344,378, 380,383,384；（二）32,116,117, 130,131

行 （一）134,253,264；（二）105, 131,193,199,200,202,333；（三） 118,419—422,424,427,503,524, 754,766

形而上 （一）3,265；（二）96；（三） 99,211,212,216,264,265,268, 271,275,353,354,356,584,663—665,669,674

形而下 （二）96；（三）177,211, 212,249,264,265,268,271,275, 276,540,542,584,663—665, 669,674

形名 （一）380,383,384,398；（二） 157,158

形躯我 （一）145,146,167,170, 240—244,247,248,251,254—256,267,275,278；（二）21,29, 31,154

形上天 （一）80—82,90,92,93,99, 194,195,391,392；（二）113

形上学 （一）74,80,82,188—190, 193—196,260,310,365—368, 370—374,376,380,382,383,385, 388,389,391,392；（二）14,22,39, 61,62,65—67,71,72,96,98,101, 105,109,110,112—114,117,132, 154,157,158,168,170—172, 174—176,178,180,184,188,190, 250,253,255,256,267,325；（三） 5,44,47—51,56,60,63—65,68, 72,76,80,83,84,89,93,97,100, 102,105,106,116,118,127,133, 139,141,147,148,150,151,155, 156,170,172,173,176,179,186, 189,190,194,201,202,210,211, 226,249,256,257,264,274,280—282,301,304—307,310,315, 357—359,365,374,377,378,380, 381,384,453,466,477,479,480, 495,504,507,524,538,547,604, 659—662,701,704,708,718,746,

748,757,758

形式 （一）83,92,119,122,147,153,159,233,236,260,265；（二）39,40,76,94,107,215,357,358；（三）12,13,43,44,53,54,58—60,155,160,199,238,242,247,256,264,270,273,278,280,411,434,448,493,499—502,518,519,536,593,594,607,627,669,670,697,706,719,733,741,742,787

形 （一）203,250,303,383,384；（二）120,121,160；（三）183,249,353,556,665,670

性恶 （一）236,319,321—325,328,332,342,344,345,347；（二）19,48,63,128,145—148;26,614

性即理 （三）5,42,45,48,49,56,60,84,170,196,197,203,204,224,227,233,270,328—330,367,423,512,513,538,539,600,688

性空唯名 （二）204,258

性命 （一）189,277；（二）119,143—145,177,182；（三）31,40,70,108,112,152,200,235,251,291,354,527,544,637,642,668,678,749,755,757,758

性善论 （一）154,157,160,322；（二）21

性 （一）117,160—162,185—192,272,309,321,322,324—327,329,374,381；（二）22,37,41,48,63,69,78,79,127—129,142—149,155,156,160,166,183,207,309；（三）5,25—30,43—45,50,56—61,65,82,83,86,101,103,112—116,147,165,174,176,177,179—184,192,196—204,208,209,219,222,224—233,235,245,247,259,270,274,278,280,284,286,288—292,299,303,304,312,313,324,327—330,332,333,365,373,410,426,451—453,510—516,533,538—540,542,581,582,584—586,588,593,594,613,679—684,686—689,691—694,758,786

性有定体 （三）510,512,514

熊赐履 （三）766

熊十力 （一）4

修身 （一）186,193,331；（二）50—55,60,124,128,236；（三）296,299,309,382,383,407—410,418,466—468,470—472,475,476,530,531,535—538,562,566,567,652,656,764

虚静 （一）233,234,259,260,271,327,332,347,356—358；（二）32,33；（三）242,243,306

虚君制度 （二）8

虚名论 （一）335；（三）600

虚实 （二）260;190

徐爱 （三）386,387,395—399,407,419—421

徐世昌 （三）655,776

徐旭生 （一）23,35,41,55

徐中舒 （一）24,47,63

许孚远(敬庵) （三）484,549,557

许行 （一）178—182

《续春秋左氏传博议》 （三）713

《续高僧传》 （二）285,298,303,304,331—336,344,363

玄高 （二）332

玄理派 （二）152

玄学 （二）4,151,152,154,157,158,178;（三）504

玄奘 （二）189,211,217,218,221,222,225,271,286,345,348—350,353,354,361,362

选举制度 （二）9,11

薛季宣 （三）258,260,333

薛侃 （三）387,427,431,488,572

薛应旂 （三）508

《学蔀通辩》 （三）643

《学道六书》 （三）762,765

《学记》 （二）44—49,51

学统 （二）3,13,115;25,63,348,374,377,391,496,656,657,717,738

学校 （一）127;（二）9;（三）617,626,631,750,751

《学言》 （三）549,550,559,560,564—568,571—573,581—583,585,588,589,592—597,600,601,605,612,613,616,671

学 （一）148—150,220,321,333—335;（二）45—49,59,60,126,127,129,151,158,162,163;（三）116,125,184,185,188,222,290,291,368,438,445,474,475,503,517,520,632,638,639,647,648,686,751,754,757,760,766,768

血气 （二）72,119,160;（三）528

熏习 （二）223,224,287,352,353;（三）698

《荀子》 （一）48,51,58,198—201,320,333,336,364,366,368,397;（二）50,360;（三）62

荀子 （一）4,48,160,182,200,201,236,287,296,317—338,344,361,366,378,380,383,391,392;（二）19,22,25,45—47,49—51,60,62,71,78,125—129,147,148,152,157;（三）25,26,147,503,505,613,614,718

循理 （一）118,119,322;（二）54;（三）57,203—207,209,210,213,219,227—230,233,241,286,287,290,292,326,387,415,427,428,431,433,488,489,501,502,687,688

训诂 （一）18,27,116,390;（二）14,17,18;（三）11—13,93,192,213,246,263,318,434,447,523,534,535,550,582,612,636,640,655,684,750,768,772,775—777,782,785—789,791,793—795

Y

亚里士多德 （一）160,321,335,367,374;（二）68;（三）43,84,197,264,270,274,280

炎帝 （一）24,26,27,29,38

阎若璩(百诗) （一）208,209;（三）613,615,765,774

颜回 （一）146,149,152,256,267;（二）45

《颜李丛书》 （三）760,761

颜李学派 （三）483,610,749,759

颜山农 （三）473,551,643,644

《颜氏家训》 （二）154

颜元(习斋) （三）345,600,606,

909

610,749—761,767

《颜子所好何学论》 （三）44，148，221

扬雄 （二）14，15，22，34，114，123—134，150，152，361；23，331

《阳明文粹》 （三）522

杨简 （三）362，363，383

杨时（龟山） （三）42，172，173，221，248，258—261，316，318，332

杨朱 （一）155，198—205，229，279，281，318；118

养气 （一）157，165，168，170，318；（二）41；（三）242，452，534，543，555

养生 （一）175，204，219，227，251，270—273，275；（二）30，119—121；（三）385

爻辞 （一）62，71，79，80，83—87，90，102，225，398；（二）14，83—93，95，105，106，109，133，171，176；（三）62，105，339

爻 （一）71，83—87；（二）91，92，95，102，103，105，134，176；（三）62，96，105，129，137，161，603，672，673

尧 （一）22，37，40，41，48—50，53—55，59，60，93，105，135，155，156，161，172—174，180，320，324，327，348，349，352—354；（二）56，71，124，132，170，186；（三）24，134，152—155，162，167，202，223，224，315，327，342，369，374，441，613，617，642，656，710，754，755

业 （二）98，197—199

叶适 （一）206；（三）194，258，260，333

《一庵遗集》 （三）571

一阐提 （二）225，228，231，233，270，275，277，301，302，343

一乘 （一）208；（二）226—228，241，275，289，303，306，317，320—323，326，328—332，334—336，343，362，363

一贯性 （三）186，407，408，417—419，425，428，463，493，570，573，616

一念三千 （二）302，309，311，314，325

一系说 （三）40，41，45—47，50，51，61，62，395

一心二门 （二）287，289

一心三观 （二）303，311—313

一以贯之 （一）128—130，132；（三）647

《仪礼》 （二）42；（三）63，262

夷夏东西说 （一）23

夷夏之辨 （三）658，704，705

移义 （一）77

已发 （一）1，125；（三）308，317—323，325—327，329，330，418，448—450，452，457，461，493，548，555，559，581—586，588，591—593，606，607，648

以人应天 （二）37，39

义理 （一）168，169，193，252；（二）165，248；（三）41，51，102，184—188，192，237，301，302，308，310，315，335—337，340，343，345，393，526，528，529，556，587，588，632—636，638—640，656，754，774，777，

778,787
义理之性 （二）111；（三）84,229,
451,556,600,689
义利之辨 （一）157,159—165；（三）
370,371
义命分立 （一）133,153,192；（三）
181,335
义命合一 （三）181
义天 （二）319
义务 （一）121,122,126,138,141,
179；（三）722
异端 （三）203,377,446,692,693,
754,755
异熟 （二）218,346
《易传》 （一）194,195；（二）14,34,
49,83,84,90,95,99,101,103—
106, 108—110, 112—114, 132—
134,149,171,176—178,302,359；
（三）9,29—31,36,44,47,53,63—
67, 71, 72, 77, 82, 93, 105—107,
123, 124, 140, 141, 143, 146—148,
150, 151, 173, 176, 179, 183, 186,
189, 190, 192, 210, 211, 218, 221,
232, 252, 254, 261, 264, 265, 305,
315, 359, 374—377, 380, 390, 495,
504, 596, 642, 654, 662, 664, 668,
669, 682, 684, 685, 703, 758,
778,779
《易经》 （一）62,79,82,86,87；（二）
5, 25—27, 83, 90—93, 95—97,
99—105, 109, 133, 158, 168, 177,
360；（三）17, 47, 62, 63, 65, 93,
105, 160, 168, 170, 186, 190, 192,
255, 307, 308, 315, 604, 659, 697,
701,774

《易数钩隐图》 （三）64,124
《易说》 （三）64, 93, 125, 169,
170,192
易堂九子 （三）749,767,768
《易图明辨》 （三）307
《易纬》 （二）28
《易学启蒙》 （三）155—157,307,352
《易》 （一）41, 42, 71, 79—84, 86,
90, 102, 109, 200, 225, 361, 398；
（二）4,14,23,25,26,34,82—84,
90,96,98,99,101,103—106,109,
112, 124, 131—134, 154, 171,
176—178, 355, 361；（三）17, 25,
30, 32, 44, 63—66, 93, 95, 100,
101, 105—107, 109, 123—125,
147, 156, 160, 161, 163, 167—169,
174, 179, 183, 190, 207, 211, 212,
219, 220, 233, 243, 255, 262, 306—
309, 353, 355, 390, 582, 596, 603,
649, 671, 697, 701, 755, 764, 765,
777,778
《逸周书》 （一）27,30,42,63,66,
68,70,73
意 （二）216,296；（三）391—393,
414—416, 425—428, 442, 443,
447, 471, 493, 548, 556, 557, 559,
562—573, 575—580, 583, 585,
586, 592—598, 605, 607, 608,
662,761
意根 （三）564,567,607,608
意念 （一）108,153；（二）213,217,
331；（三） 401, 405, 410—420,
425—427,429,444,448,456,457,
487, 488, 491—494, 513, 521, 561,
562,564,565,569—572,574,576,

911

583,789

意义标准 （一）10

意志 （一）72,81,93,96—98,119,128—131,135,136,139,146,147,149,150,163,164,182,184,325,349；（二）22,54,55,80,104,139—141,175,199,200,202,304,332,334,340,341；（三）8,70,85,109,110,185,188,227—229,231,233,234,241—243,294,295,317,320—323,331,393,397—401,404,408—411,413—416,420—422,424—428,442,445,450,474,492—494,498,499,501,520,524,531,565,570,571,573,574,604,647,648,687,702,713

因 （二）193,195,206,309,329,346

因陀罗网 （二）242,311,325—327

因缘 （二）193—195,201,205—207,209,210,212,213,226,227,231—233,235,252,257,268,287,288,296,308,311,312,321,329,340；（三）303,495

阴阳家 （一）333,361；（二）14,18,19,24,61,62；（三）148,151

阴阳 （一）74,86,106,200；（二）15,18,20—29,34—39,41,43,94,99,100,116,118,119,123,132,134,138,146,148,149,160,178,180,261；（三）3,17,22,29,63,64,94,96,97,99—102,104,116,118,119,126,130,140,142,148,158,160,168,171,177—179,210,212,216,267,269—273,275—278,280,289,312,353—356,391,504,515,603—605,668,670—676,683—685,687,689—691,697—702,704,735,755

《音学辨微》 （三）791

《音学五书》 （三）641,775,791

音韵 （三）655,772,775,779,785,787,791—793

殷周民族 （一）21—24,43,58

尹和靖 （三）258

尹文 （一）199,274,378

隐显 （二）326,327；（三）665,667,668

印度佛教 （一）361；（二）4,30,150,189—191,211,225,226,242,243,265,300,301,316,343,350；（三）3,47,504

印顺 （二）204,222,258,287,288,362

应潜斋 （三）749

应然 （一）133,159,167,325；（二）19,38,65,70,110,112,137,177,218；（三）67,69,70,191,264,302,397,471,472,475,478,636,743,745

永嘉学派 （三）260,333

《永乐大典》 （一）197

勇 （一）112,113,144,145,147,148,166,277,350；（二）77,160；（三）170,340,528,695,707

用 （一）238；（二）195；（三）111,205,275,323,448,454,455,457,485,491,511,578,579,595,597,639,665—667,675,676,681,683,686,758,761,772,773,780

游酢 （三）42,260,304

有情 （二）77，161，197，198，217，225，320，350，351；（三）29，229，594
《祐录》 （二）246，270，271，298，362
于道邃 （二）255
于吉 （一）84；（三）16
余萧客 （三）776
俞琰 （三）130，168
俞樾 （一）237，309
《渔樵问答》 （三）166，167
《瑜伽师地论》 （二）211，219，320
虞翻 （三）95
《与湖南诸公论中和》（三）320
宇宙论 （一）80，82，83，87，91，140，188，195，341，389，392；（二）4，14，19—25，29，34，36—38，40，41，66，72，81，82，96，98，100，105，109，110，112，113，118，120，130，131，133，134，138，142，149，158—160，169，171，174，176，181，184，199；（三）3—5，9，11，44，47—50，56，61，63，65，72，76，80，93，96，97，100—102，104，105，115，116，118，127，133，139，141，149—151，155，156，163，165，168，170，172，173，186，189，201，205，210，211，222，233，239，240，249，257，260，264，274，278—281，310，315，357—359，374，378，380，384，403，477，479，480，495，504，515，524，600，602，604，607，618，660—662，671，678，704，708，741，746，748
宇宙秩序 （一）82—84，86，87，90，99；（二）95
禹 （一）28，36，40，41，44，49—53，57，58，69，89，105，155，173，180，198，199，324，325，332；（三）24，327，613，720，729，755
语法解析 （一）10
语脉意义 （二）48
语意学 （一）10
欲 （一）285；（二）77，199；（三）82，103，110，116—118，264，281，282，285，286，410
《喻疑论》 （二）276，277，362
《乐记》 （一）73；（二）42—44，73，74，76，79—82；（三）31，54，65，103，105，119，121，198，229，282，375，376，390，403，778
元 （二）85，90；（三）162，279
《元和郡县图志》 （一）32
元康 （二）249，251，254，362
袁溉 （三）258，260，261，333
袁燮 （三）362，383
《原臣》 （三）617，623—625，627，629
《原道》 （三）24，25，556，602
《原法》 （三）617，623，625—627
《原君》 （三）617，619，620，622，623，625，627
《原人论》 （三）128，131，133
《原善》 （三）799—823，839，841，842
原始观念 （一）76—80，87，90，95—99；（三）3，61，174，176，618
原始史料 （一）22，23
原始信仰 （一）74，76，90，92，93，104，105，111，116，135—137，153，193，194，391，393；（二）4，62，137，190

913

《原性》 （三）25—27,556

圆测 （二）220,283—285,349,362

圆教 （二）306,308,314,318,320—323

《圆觉经大疏》 （三）21

缘 （二）193,206,233,235,236,309,329,330

《乐记》 （一）73；（二）42—44,73,74,76,79—82；（三）31,54,65,103,105,119,121,198,229,282,375,376,390,403,778

Z

杂家 （一）201—203；（二）15,60,114—118,150

灾异 （一）361；（二）4,20,24—29,34—37,139,141,176,178

造化 （二）118；（三）97,126,140,146,250,252,294,604

责任 （一）105,112,114,126,134,140,142,148,156,164；（二）80,108,112；（三）7,8,73,145,254,261,379,527,702,718

曾灿 （三）768

曾慥 （三）136

曾子 （一）128,130,151,152,157,206—208,216—218,220,221,332；（二）4,14,42,44；（三）31,66,153,309,382,522,654

《斋仪》 （三）16

占卜 （一）64,65,70,71,83,84,86,94；（二）25,27,95,96,99,101—106,133,176；（三）96,162

湛然 （二）257,304,318,363；（三）229,230,552

湛若水（甘泉） （三）361,385—387,484,548

张道陵 （一）278；（二）30

张蒿庵 （三）749,767

张角 （三）16

张敬庵 （三）766

张九韶 （三）40

张君劢 （三）395

张起庵 （三）749,762,765

张栻（南轩） （三）42,107,149,150,259,316—326,328,329,332,346,440,456

张寿林 （一）225

张杨园 （三）749,766

张载（横渠） （三）5,9,47,49,64,65,91,123,152,168—176,178,184,186,189,190,192—194,196,205,207—212,229,235,249,250,257,260,264,291,304,311,312,459,610,662,667—669,674,682,693,703

《张子全书》 （三）169,171,172,184—189

章炳麟 （一）206

章学诚 （三）790

昭王南征 （一）67—69

赵宾 （二）26

《肇论》 （二）249,251,252,254,258—260,269,275,278,362

哲学解析 （一）10,19；（三）403

《哲学问题源流论》 （一）389；（二）357,358

《哲学问题源流》 （一）240

贞 （二）85,88,89,106,109

真常心 （二）191,204,298；（三）79

真常　（一）234；（二）6，204，225，226，234，237，238，240—242，262，264，271，276，283，287，292，297，300，303，307，316，321，331，335，336，343，353；（三）19，21，52，132，133，299，300，480

真谛　（二）216，219，220，222，265，280—287，297，361，362

真如　（二）194，214，220，240，258，264，284，285，288—293，295，297，315，321，323—325，335；（三）18，101，410

真实性　（一）8，14—16，21，104，149；（三）118

真我　（一）244，255；（二）142，182，196，199，229—231，234，236，238，257，272，276，277，283，287，291—293；（三）79，306，696

真元　（三）128，130，250，251，528

正当　（一）19，111—115，118—120，122，128，133，136，139，140，284，290，360，377；（二）184；（三）72，579，586，625—627，636

《正蒙》　（三）64，169—186，189—192，660，662，667，669，670，678

《正蒙注》　（三）667—670，678

正名　（一）120—122，125，153，177，317，321，325，333—337，364，366，377，378，380，381，383，384；（二）8，157；（三）310，382

正始玄风　（二）152

正心　（一）169，170；（二）53—55；（三）24，195，237，309—311，382，407，418，467，468，470，566，578，592

正义　（一）51，97，98，166，397；（二）42，171，224，289，360，361；（三）706，793

郑景望　（三）334

郑康成　（一）206，207，216；（三）95

支谶　（二）244，245

支道林　（二）251，252

支愍度　（二）253，254

支谦　（二）245，299

芝诺　（三）48

《知本后图》　（三）764

《知本图说》　（三）764

知本　（一）278；（二）51，55，230，292；（三）32，51，368—370，379，466，535—538，564，567，573

知觉　（一）145，258，303，305，306，311，337，338，373—376；（二）77，110—112，156，240；（三）177，285，289，291—293，320，321，431，455，464，614，691—694

知礼　（一）107，110，116；（二）121，304，305；（三）169

知命　（一）135，140，143，186；（三）656

知人　（一）89，140，141，147，188，201，269，323；（三）30，165，169，173，763

知善知恶　（三）391，392，394，401，403，412—415，419，425，427—429，456，473，483，485，491—494，513，565—570，572，592，596

知行合一　（三）383，385，388，407，411，419，421—425，427，428，474，493，524

知行　（三）419—425，427，428，523，

915

524,587

知行之本体 （三）385

《知言》 （三）259,316,326,327,
329—332

知言 （一）168,171；（三）327,
534,701

《知言疑义》 （三）326—332

知 （一）137,144—147,188,190,
233,260,324；（二）55,98,104；
（三）51,166,184,185,236,240,
296,297,347,368,383,385,390,
393—395,400—403,412,414,
415,419—422,424—427,455,
466,485,492—494,511—514,
524,525,536—538,567,569,572,
575,591—598,605,649,764

知止 （一）214,271；（二）51；（三）
195,240,391,476,535—538

直 （一）125—128,231

职分 （一）122,126,366,381；（二）
108,157；（三）527,617—619,
622—624,734

止观 （二）303,304,311—317,363；
（三）36

止修 （三）72,151,389,390,439,
476,532,536

《止斋文集》 （三）343

指物 （一）367,369—371,374；
（二）141

至人 （一）219,268,276；（二）183,
185,186；（三）734,741

至善 （二）51,52；（三）108,188,
219,240,272,395,399,431—434,
438,442,485,486,490,491,508,
509,515,516,536—538,560,564,
575,590,603

志磐 （二）303,305,363

质具 （一）324,325

质料 （一）83,87,136；（二）94；
（三）84,171,264,280,543

治国 （一）181,242,340；（二）10,
50,55,56,128；（三）254,298,309,
383,444,468,749,751

治统 （三）742—745

致良知 （三）40,50,75,361,387,
389,402,405—407,412—414,
416,422,424,427,428,434,438,
447,449,450,462,491,493,511,
525,536,550,555,563,564,566,
568,570,572,592,689

致用 （三）649,650,655,657,675,
767,768,771—776,779,780,782

致知 （二）53—55；32,188,195,
218,233—241,243,259,264,288,
293—299,314,321,330,347,376,
382,383,385,393,405—408,
411—419,425,428,435,436,442,
443,455—458,460,461,463—
466,475,477,493,508,511,525,
535—538,566,567,570,573,587,
588,591,592,632,764

智炬 （二）343,363

智俨 （二）316,317,363

智顗 （二）262,264,303,304,363

智 （一）147,242,260,345；（二）
20；（三）383

《置相》 （三）617,628—631

中边 （二）257,281,284

中道 （二）67,206,229,230,308,
312—314；（三）89,169

916

《中观论疏》（二）249—255,362

中观 （一）82,394,395;（二）191,
203,204,207,210,228,312,313;
（三）2,20,264

《中国古史的传说时代》（一）23,
35,55

《中国近三百年学术史》（三）814,
815,842

《中国思想史》（三）128

中国哲学史 （一）1—5,17—20,76,
79,98,100,101,106,188,204,
223,297,300,304,342,362,378,
379,386—390,393,395,397;
（二）1,4,13,38,41,140,157,172,
173,225,258,300,354,355,357—
359,361;（三）2,14,51,63,64,66,
77,79,80,107,123,157,211,264,
269,271,283,304,361,368,380,
434,482,486,488,496,504,506,
521,590,641,662,701,703,
748,769

中国哲学特性 （一）4,19

《中国哲学原论》（三）661,679,746

中和 （二）61—66;（三）294,316—
319,321,322,330,448,449,452,
458,459,463,514,548,556,557,
580,581,583,585,586,605

《中和旧说》（三）317,319,320

《中华大藏经》（三）18—21,132,133

中节 （二）61,63,65,66;（三）113,
292,318,324,325,452,455,460,
580,582

《中论》（二）204—210,230,248,
252,256—260,280,303,312,320,
361;（三）301,303,359

《中论疏记》（二）249—255,362

《中说》（三）334,541

中庸 （二）58—64,66,67,69—72,
161,162,164,360;（三）64,115,
262,267,291

《中庸》（一）81,187—189,193—
195,391,392;（二）4,14,42,44,
57,58,60—73,82,112—114,145,
359;（三）28,30—33,36,47,53,
63—67,71,72,77,107,115,118,
143,146—148,150,151,168,169,
171,173,179,180,186,189,210,
218,261,263,264,294,305,309,
315,317,318,321,323,327,346,
359,376,377,380,390,495,504,
534,537,538,555,556,558,580—
582,591,593,601,637,654,664,
675,679,682,754,758,764,778

中原文化 （一）41,69,74

中 （一）85,86;（二）63—65,256,
313;（三）105,112—116,294,323,
324,353—356,449,458,564,580,
582,583,585,586,591,596

忠恕 （一）128,130,131;（三）248,
249

忠 （一）36,113,130,131,142,149,
174,241,314,322,350;（二）15;
（三）126,195,248,395—397,423,
507,530,546,611,623,658,664

种放 （一）70;（二）31;（三）123—
125,134

种姓 （二）225,227,289,301,302

种子 （一）159,220;（二）199,212,
216—218,222—225,230,283,
284,346—348,350,352,353;（三）

36,133,698

周惇颐(濂溪) （三）5,17,42,44,45,47,49,53,54,64,66,91,92,93,99,104,106,107,112,115,122,123—127,132,134,135,139—146,148—153,170,173,176,177,182,188,189,192,194,196,210,211,218,221,222,243,257,264,269,273,274,276,280,284,308,311,312,335,349,350,353—359,375,376,380,495,504,515,521,555,591,604,672,677,682,693,762

周公东征 （一）64—68

周公 （一）64—66,70,72,103,155,157,198,199,207；（二）4,42,44,127；（三）24,126,334,342

《周礼》（一）61;（二）42;（三）63,213,759,760,793

《周濂溪集》（三）92—94,99,101,105—107,110—112,115,117,140,143,144,272,289,349,350

周汝登(海门) （三）39,484,551—553,616,644

《周易本义》（一）397;（三）307,352

《周易参同契分章通真义》（三）129

《周易集解》（三）95,96

《周易内传》（三）659,664,665,671—674,676,677,686

《周易述》（三）777

《周易外传》（三）658,659,663,671,675,678,682,683,685,686

朱筠 （三）790

朱陆异同 （三）345,368,380,386,508

朱陆之争 （三）127,315,333,345,346,357,359,376,495

朱士行 （二）245,246

朱松 （三）260,263

《朱文公文集》（三）49,124—127,156,161

朱熹(晦翁、紫阳) （一）397;（二）14,44,52,56,114,360;（三）5,8,35,42—45,49,51,53,61,65,66,72,93,97—103,105,106,109—112,114—117,122—127,129,140,141,143—151,155—157,159—161,168,171,173—178,180,194—196,207,209,219,220,223,237,240,257—264,267,274,281,287,291,296,299,305,308,309,311,315—317,329,333,334,359,361,366,367,371,374,375,377,381,383,385,386,390,391,416,417,424,432,434,440,453,456,468,495,496,504,506,507,513,515,518,521,530—532,535,540—544,546,549,556—559,564,581,584,586,591,593,607,613,614,637,640,643—646,648,652,666,672,678,682,689,701,738,758,759,765,766,777

朱彝尊 （三）139,222,315

朱震 （三）123—127,140,156,353

《朱子及其哲学》（三）128

《朱子年谱》（三）107,263,310,352

《朱子全书》（三）300

朱子晚年定论 （三）346,386,643,644

《朱子文集》（三）97,98,100,106,

265—267,270,274,279,280,290,291,294,304,307,308,310,316—325,327—332,334,335,338—340,342—346,349—353,356

《朱子新学案》（三）281,352

《朱子语类》（三）265—280,282—289,291,292,294,295,297,298,301,302,306,307,327,337,377,390

诸子出于王官 （一）102

《竹书纪年》（一）62,67

竺道生 （二）257,263,269—276,279,280,302,362

竺法护 （二）246,299

竺法深 （二）250

竺法汰 （二）248,250,253,269

竺法温 （二）254

竺朔佛 （二）245

主词 （一）373

主敬 （三）40,447,450,453,558,591

主静 （三）94,99,105,142,243,449,459,463,464,530,533,555,573,591

主权 （一）350,356；（三）382

主体性 （一）3,82,153,184,185,188,190—192,195,234,253,302,325—327,388—390；（二）5,66,72,112,113,160,190,203,204,207,209,214,217,222,223,227,228,230,234—237,241,242,255,260,263,271—274,276,283,288—296,300—302,314,321,325,328,338,339,341,343；（三）5,6,45,48—51,61,67,68,70,71,75,77,86,87,112,115,147,167,170,181,186,205,208,209,226,248,298,304—306,328,333,347,348,351,358,359,366,367,369,370,372—374,377,378,381,384—386,388,390,391,407,412—415,420,427,428,440,443,446,453,460,461,464,465,476,478—481,485—488,490,491,496,497,499—505,516,530,543,545,549,554,558,559,568,576—580,587,592,606,607,615,616,687,689,694,702,703,745,746,766

主体 （一）153,160,189,190,234—236,240,248,251—255,261,263,264,269,270,278,320,325；（二）6,21,40,112,156,174—176,183,184,196,197,199,201—203,205—207,210,212,214,217,225,228—231,236,238,240—242,253,257,259,260,263,267,268,271—275,283—285,287,290—297,301,311,312,314,338—341,343,347,351—353；（三）5,44,52—54,60,61,65,70,87—89,133,147,167,180,225,233,289,298,304,323,347,357—359,365,369,373,374,378—380,391,403—405,415,427,433,435,445,446,461,462,474,485,486,493,497,500—502,515,542,559,579,581,582,590,592,598,605,606,615,621,679,688,689,695,702,745,746,789

主一 （三）242,243,295,448

主宰性 （一）91,117,118,133,135,136,140,153,184,189—191,253,268—270；（二）77,78,155,162,165,178,225；（三）87,88,167,254,314,400,448,465,471,559,562,568—570,607,689,734,746

专制 （一）122；（二）8；（三）630,631,725,732—734

颛顼 （一）31,32,34—41,53,54,57,68,69,95,96

转识成智 （二）212,222,223,282,284,351

《庄子》 （一）41,42,198,199,201,202,204,207—210,217—219,221,225—228,243,245—247,267,268,271,275,280,297,301,302,313,364,368,369,382,397；（二）30,120,175,178—186,268,361；（三）306,307,363,659

《资治通鉴》 （三）738

子弓 （一）320,332

子思 （一）81,154,157,194,201,228,246,282,290,300,332,344—346,348,391,392；（二）4,14,42,44,57,125；（三）30,31,66,141,147,148,153,264,309,390,525,587,654,778

子夏 （一）151,152,207,320,332,351；（二）82,130,144

子学 （一）151,248,282,284,293,321,329,344,346；（二）1,185；（三）2,153

子游 （一）151,332；（二）130

子张 （一）113,151,152,332,348

自我境界 （一）109,144,145,147,233,240,241,243,273,358；（二）154,175,176,178,179,181,185,235,310；（三）558,568,648

自我转化 （二）107,108,196；（三）568

自性 （一）244,320；（二）206—209,213,214,226,251,262,264,295,313,325—327,338,339,342,349,352；（三）29,175,270,304,446,487,510

自由 （一）139,140,143,153,234—236,252,269,270,278；（二）6,20,79,154,170,175,176,182,196,199,201,210,228,229,231,236,242,260,273,293,294,297,301,302,311,314,338,341,343,352,353；（三）52,54,79,81,82,112,146,313,378—380,391,445,474,502,529,615,679,687,689,695,702,731,733,745,746

自由意志 （二）105,112,143,154—156；（三）54,314,501,689,694,701,702,746

宗法 （一）103,359

宗鉴 （二）305,363

宗教改革 （一）38—40,57

宗密 （二）318,319,335；（三）18—22,128,131—133

综合史料 （一）22,23,41

邹守益 （三）384,387,447

邹元标 （三）528

驺奭 （二）24

驺衍 （二）23—25

最高自由 （二）196,199,228—230,

238,240,241,275,301;（三）87,88,90,229,252,306,358,369,415,478,479,486,487,490,491,788

尊德性　（三）386,646—648,652

尊古　（一）156,157;（二）58;（三）256,617,636,650,750

尊经　（二）307;（三）10,518,519,650,651,654

尊贤　（一）89,152,176,346,347,349,352,355,358;（二）36

《左传》　（一）28,29,31—34,38,39,42,46—48,51,55,58,60,65—68,73,97,107,110,111,116,216,225,226;（二）84,85,90,95,109

对于如何理解中国哲学之探讨及建议①

一、前言

现在我倘若说要帮助西方思想家及学人了解中国哲学,或许有点傲慢的味道。我写本文的目的,不过是要表述我对于有关了解中国哲学时所涉基本问题的省察,并提出对这类问题的可能解答。我想这应该是可接受的。

然则究竟什么是中国哲学?或者说,作为一种学问,中国哲学的特性究竟是什么呢?要答复这个问题,我们会发现一开端就有严重困难,因为只要谈到一种"中国哲学",便需要提出理由,并澄清其词义。就现代中文来说,所谓"哲学"这个词语原是英文的"Philosophy"的译名。但在传统中国语文中并未曾有过"哲学"这个名词。中国旧日学

---

① 原题为"On Understanding Chinese Philosophy: An Inquiry and a Proposal"。载英国牛津大学出版论集:*Understanding the Chinese Mind*,1989年。

人,包括那些我们所谓的古代的"哲学家"事实上对"哲学"这个词语并无所知。直到19世纪,中国的翻译家选出"哲学"一词来对译"Philosophy"这个英文名词,中文中方有"哲学"一词出现①。然则,我们是否有良好理由来选出某些中国人的著作,来作为代表中国哲学的呢?也许有人会说,可以根据著作内容而知道哪些作品代表中国哲学,可是,真正的困难正在这里出现。在有代表性的中国哲学典籍中,如孟子学说或王阳明学说,我们几乎不能发现有什么与欧美传统哲学作品相同之处。这些中国典籍的基本旨趣、表达方式及意义标准都完全不同。

当然,在日常生活中,很少会觉察到这个问题的存在。我们走入图书馆或书店,总会发现某些书架上的书籍标明为"哲学部门",而中国哲学的书就摆在那里。似乎不难认出什么是哲学书或中国哲学的书。可是,这不过依照某种约定俗成的方式加标签或命名而已。标签理论也许能解释弗雷格(Frege)所说的专名(Proper Names)②,但对于特性的描述并无作用。

既然并无已成的理论能帮助我们,而诉于日常经验又显然无用,我们便不能不将这个问题看作任何涉及了解中国哲学之谈论中首先有待澄清的一点。在我看来,对这个问题的解答,即唤起我们对哲学概念本身的重新考虑。只有在一个经过扩展的概念下,对中国哲学方可能有不做歪曲的了解。

---

① 虽然最早是谁由日文译语引进"哲学"这个译名无法确定知道,但在20世纪初,北京的"京师大学堂"确已设立以"哲学"为名的课程;这表示当时这个译名已被正式接受。其前这个译名应早已有人使用,故最初使用应在19世纪末年。
② 弗雷格自己自然不曾用标签理论来解释"专名",但他所谓"专名"与个别事物的概念非常接近。而标签理论本只能用于个别事物的定名。

二、论哲学概念

我特意谈哲学概念,而不谈哲学定义。这因为,依我的了解,在这里亚里士多德式的"本质定义"(Essential Definition)是不可能建立的。不过,即就这种不可能性寻求解释,也还是可以为我们掌握哲学思考特征提供某种线索。让我们先问下面的问题。

问题 A:为何哲学不可能有定义?

答复:我们找不到那样一个逻辑的类差(Differentia),足以涵盖所有的哲学思考的题材,而同时又能有提供知识的作用。举例说,我们试取一般人的观点,认为哲学是要去发现"终极原理"(Ultimate Principles)的学问。虽然这在某些人听来似乎很合理,稍做细密考察即显见这样一个定义不能提供多少关于哲学是什么的知识。它也不能涵盖一切称为哲学性的检讨。首先,所谓"终极原理"属于一般性的描述语,缺乏确定内容。听者可以追问:"是什么东西的原理?"这个问题若尚未答复,则说"哲学是研究终极原理的学问"并不能给我们一个哲学概念。不论怎样说,即使专就西方哲学稍做观察,显然在过去许多世纪中,哲学探讨的对象也有极大的变化。古希腊的宇宙论者,自以为他们是力求发现世界构造的终极原理,但从康德的观点看,这些宇宙论者只是造成了严重的错误。而康德力持的主张,是认为哲学应是对知识及德性之超验原则的寻求;但英国传统的经验主义者却会说,康德这种研究计划根本不可能成立。所有这些学人都被称作哲学家。而且他们都自称在寻求某种终极原则,但这些原理所关注的对象却属于完全不同的领域或向度。

其次,如果我们转而看现代哲学家,则会发现这种陈义似乎甚高的词语,如"终极原理"或"终极实有",根本被排于他们所用的语汇之外。卡尔纳普主张哲学应从事一个谦退的工作,即是对科学语言提出系统性的解析。晚期的维特根斯坦则宣说哲学只是一种医疗性的活动。对于这些解析哲学家来说，一个终极原理的概念对他们的研讨并无意义。

寻求哲学的本质定义的努力不能有结果，还可以更说得详细些。不过，姑且说到这里为止。就本文的目的看，我们应转向另一个问题。

问题B：有无另外的途径，去界定或解释哲学？

在这里，首先会想到的另一选择，是实指定义（Ostensive Definition）。实际上，这差不多就是我们在日常谈话中惯用的解释哲学的方式。设想有一个小孩问我们哲学是什么，在这种情况下，我们通常会指着架上或案头的哲学书籍说："哲学就是指这些书。"换一个情况看，当你发现你的小弟弟在读柏拉图的《对话集》或者一本卡尔纳普的著作的时候，你会说："你在搞哲学呀。"这一切证据都明显表示我们是很习惯于用哲学的实指定义的。可是，这是否可作为对哲学定义问题的最后解答，却尚有待决定。显然，以指向那些被称为哲学作品的书籍来解释什么是哲学，只不过是将"哲学"一词当作标签，用于一众已写成的文件而已。我们在前面已经说过，标签理论并不能解答我们的问题。当然，实指定义若是加以某种运用方式作为补充，可能对于某些目标甚为有用，但对于本文这个推进对中国哲学之了解的目标却不能有什么作用①。

可是，从另一个角度来看，这里也可以透露某种引向解答的线索。当我们指着一众书籍或作品，来解释哲学的意义的时候，我们可

---

① 在我早年所写的《哲学浅说》里面，我事实上是给了"哲学"一个实指定义。我的做法，是将各部门的哲学列成一表，然后对各部门分别做一描述，而将"哲学"一词当作这些部门的共名。我当时有意这样做，是因为那本书原是为初学者写的，我就是要帮助读者尽可能早些摆脱这个麻烦问题。那个目的与本文要做的工作大不相同。

能只是在顺着习俗说话；换句话说，可能只因为那些作品已被过去或现在的一些人看作哲学作品。但是为何恰恰是这些作品被加以"哲学"的标签，本身又可以成为一个研讨的对象。是不是此中可发现某种共同成素呢？若是有这种成素，则我们将发现理据何在了。

就这一点说，我必须冒险做以下的断定：首先，哲学纵使通过一个实指定义来了解，也不能是由于人们随意地如此使用。我可以认为，我之所以称某些书为"哲学的"，只是依照语言的成例，但这个成例本身是一种累积的理解结果，而不是一个选定标签的活动的结果。当人们将亚里士多德或笛卡尔的某一篇论著称为哲学作品的时候，他们必是指涉论著内容的某些面相，而做出这个决定。虽然在做这种决定中，毕竟什么成素有最重要的作用，甚至在每一情况中是否有严格相同的成素出现，都尚欠明确，一个这样的决定若并无此类基本成素作基础，总是不可能的。所谓成例只在做这种决定后方能形成。

进一步说，如果我们考虑一个事实，即永远会有新作品被归入哲学作品一类，则我们不能依靠语言成例来解释这种归类怎样会做出来。一个涉及现有作品的语言成例不能自动地扩大使用到未来的作品。至少我们得先将新作品的内容与那些依成例已被称为哲学的作品的内容做一比较，然后方能将这些作品与哲学作品放在一起，视为同类。这就不可避免地会涉及对不同的哲学间某些共同特性的指认。真正的问题是我们应该如何了解这些特性，而不是这种特性是否存在。这就引到我要做的第二个断定了。

第二断定是，哲学可以通过哲学思考的特性（即使它与其他思考不同的那种特性）来表明，而并不通过其题材来界定。

为什么要决定哲学的本质定义时，我们总会面对不可逾越的困难呢？简单地说，第一，由于本质的定义必涉及题材；第二，由于哲学研究的题材永远在变动中。这在欧洲哲学方面特别显得真实。从"世界质料"之寻求，到知识、意义及语言之探讨，哲学研究的题材已有巨大变化。如果我们心目中只有这个哲学传统，而又要依一种明确意义来使用"哲学"这个词语，则我们很自然地会诉之于维特根斯坦的"家族类似性"（Family Resemblance）的观念①。但那并不是我要表明哲学思考的共同特性时所想的事。就我的意见说，澄清哲学概念的唯一有希望的途径，是就哲学思考来考虑，而不就哲学研究的结果来考虑。尽管从一面看，哲学研究可以涉及远不相同的论题，但从另一面看，哲学思考却总是带有它自身的特性，即是那种反省的性质。对这两点我想稍做解释。

说哲学思考基本上是反省自身的，并不是新说法。当苏格拉底借用德尔斐神庙的格言"认识你自己"作为口号的时候，他便已提出这个想法。然而，近代与现代哲学中的经验主义倾向是如此强盛，以致大多数哲学家都力求完全避免谈及反省的思考。在这一点上，我相信我们大概得持旧式一点的态度，以便我们的新努力能够起步。

让我们先问："在什么时候，我们是在做哲学思考？"不是在我们报告外在世界中的事实，或者对我们所观察到的东西拟定经验的解释的时候，只在我们反省自己的活动的时候，方是做哲学思考。这在知识论及道德理论研究方面甚为明显。形上学与宇宙论，则由于要在世界的经验图像上加以某种统一性，也就有反省思考的性质。甚至解析家在考察语言及意义时，实在也都是在从事反省思考，尽管他们并不喜欢这个词语。怀疑这个对哲学特性之表述的人可能有两种

---

① 所谓"家族类似性"只指一种特殊的关系意义的共同特点。因此，具这种类似性的对象构成一定次序的系列，而系列中的某一分子只与紧接的在先或在后的分子间有共同特性。这并不保证这系列中最早的分子与最后的分子间有共同特性。这个想法显然并不能有助于我们如本文所要求的那样表述哲学特性。

反对意见。第一个是,反省思考是否单独属于哲学领域。他们可以指出数学家及科学家常常会做类似的反省思考。但这并不是一个难答的问题。当我们说,哲学思考是反省性的,或反省思考基本上是哲学活动的时候,我们并不只指专业意义的哲学家说。人人都可以在某些时候从事反省思考,而在那一瞬间,他即进入哲学思考的领域。一个数学家以反省态度思考数学基础问题,由之而从事数理哲学的探讨,并不是什么令人惊异的事。这也可以应用到科学家或一般不是学者的人们身上。不过,将从事反省思考作为专业,只使哲学家与其他人有所分别而已。反省思考,亦即哲学思考,可以在人人身上发现,只是它常常未成熟到足以生出一个哲学理论。第二个反对意见是,由于许多支经验性学问都源出于古代哲学,至少在古代,经验思考必已包括于哲学思考中,因此认为哲学思考是否必是反省性的,颇为可疑。这个问题牵涉到历史事实与内含本性的理论区分(Theoretical Distinction)。当我们判定哲学思考在本性上是反省性的,我们并不是说,历史上的哲学家实际上都使他们的思考保持纯粹反省性。确曾将这两类混而为一的古代哲学家,可以根本未觉察到此中的差异。不论如何说,某些哲学家误将经验思考看成哲学思考只是一个事实,而这个事实并不抵触哲学思考在严格意义上应是反省思考这一个观点。历史是一个成长历程,而哲学由不纯粹状态发展到纯粹状态,也是很自然的事。

可是人们还可能争辩说:这样一种特性表述并不能提供知识,实际上与说"哲学是对终极原理的研究"之类的空调定义相像。这却构成一个重要问题。要澄清这个问题,我须转到第三个断定:

我以上所做的哲学特性的表述,可引向一个开放的哲学概念,而由此可使不同哲学传统下的人们能彼此沟通。

将哲学思考表述为反省思考,用意不在于给哲学一个定义。它要满足双重的目的,即一方面确定哲学论说的一般范围,另一方面留下哲学思考的开放的向度。这个特性表述必须补以哲学功能的数计,方能去造成一个特殊的哲学概念。为了更明确一点,让我将我的论旨表述为下列的形式:

哲学思考是对于(a,b,c……)的反省思考。

这里(a,b,c……)代表哲学的功能。由于哲学在不同的历史阶段中具有不同的功能(即是要做不同的事),这里的"a,b,c……"便具有一种变值项的性质。不过,在一个特定的历史阶段,变值项可被赋予一些特殊的值,由之而使哲学概念亦成为特殊的。值得注意的是,这些特殊的哲学绝不等同于共同意义的哲学或哲学自身;它们不过是哲学思考在某些特定范围中运行的成果。在每一个历史阶段中,人们(就或大或小的地区说)常面对一种特定的哲学研究范围,因而得到一个特殊的哲学概念,具有一定内容。他们很容易会认为这个哲学概念是唯一可以接受的,而忘记有共同意义的哲学。一个特殊的哲学可以有一个足以提供知识的定义,但那样一个定义常涵有一个封闭性的哲学概念;它会引申出现代与古典哲学间,尤其一哲学传统与另一哲学传统间之误解与冲突。就每一个别阶段说,一个有确定内容而具封闭性的哲学概念很自然地会出现。我们无法避免这种情况。但我们若是了解封闭概念的特殊性,而同时对共同的开放性哲学概念达成一种察识,则这种特殊哲学概念也并无大害。开放性哲学概念则不仅可扩大我们的哲学视景,而且有助于哲学之沟通。

以上是对我的三点断定的解释,也述及我对于一个新的哲学概念的想法。姑不再详论。现在,我要提出一个建议,并讨论其含义,由此以显示我们如何能达成对中国哲学之良好理解。事实上,这方是本文的真正主题。

三、建议及其含义

下面要提的建议,目的是要陈示一种哲学观。作为一个建议看,它自然不能要求真,但可在有助于不同哲学传统间沟通之改进,以及有助于对哲学思想史达成较好的了解等意义上,成为有用。再进一步说,它也可以使我们在要求哲学研究发展的同时,能保有我们对哲学思考的连续的意识。为求简明,我将这个建议分为下面几点陈述出来,再加解说:

(a)哲学思考之特性表述为反省思考,意指对我们自身活动的思考。

(b)反省思考之题材,从一阶段到另一阶段,可有巨大变化。哲学这种学问的各部门因此出现。题材的歧异性并不与哲学思考的原始特性相冲突,而只表示有许多特殊哲学存在。每一种特殊哲学代表反省思考在我们自身活动的某一范围上的运行。

(c)在某一时点上,我们常可以数出反省思考已运行到的那些范围,而能说出那些研究已被收归在"哲学"这个共名之下。然而,随着历史的发展,新范围永远是可能有的。换言之,不可能得到对于哲学思考之题的完整的表,也不必做此要求。这样,如此建议的哲学概念,即是一个开放概念。

(d)当反省思考运行于某种题材上的时候,它要解答某些问题,而由此生出哲学理论或特殊的哲学。这种努力的重要性,全依所关问题的重要性而定。如果我们要检定某个问题是否值得对它做反省思考,则我们便得回到实际人生来看。在这种情况中,答案或正或反,便会决定我们对于某一特殊哲学的态度。但这并不能用于共同意义的哲学或反省思考本身。追问反省思考本身有无重要性,是并无意义的,正如我们不能问人是否需要有理解和知识①。

(e)要了解一个特殊哲学,我们必须从它所处理的问题下手。唯一可以否定某特殊哲学的理据是有证据表明这种哲学所处理的问题,与真实人生全无关联。若不能发现这种证据,则此一事实(即对某学说无关人生并无证据可得这个事实)本身即须纳入哲学,作为研讨之一部分。

现在,让我对以上提到的一些论点做一点解说。首先最需要澄清的是所提的哲学概念的开放性质。

在哲学史上,我们发现某些大哲学家,被人称作对哲学思考或研究有划时代的贡献。说"划时代"时,我们意思是说这位哲学家选定了一种新题材,提出了一种新方法,建构了一个新系统等等,总之是给了我们一个新的哲学概念。但我们如果对这种事更密切地观察,则我们常会发现,在每一个属于这一类的情况中,这位哲学家总是主张他所做的哲学研究,是唯一合理的一种哲学。其他哲学则被看成无大意义或远离目标。他虽然可以承认哲学思考在未来将会有发展,但常会将这种发展视为在他的原则下的细节研究。简单说,这位哲学家提供了一个封闭的哲学概念,宣称为某种最后真理。然而,只看这种情况并不止一次,事实便充分表明历史与他们的要求并不相符合。对于哲学思考研究的各种封闭概念,一个跟一个在台上出现,但无一能代表什么最后的东西。

在哲学史上处处可见证据。不待说的是,如柏拉图或亚里士多德的那种形上学系统,宣称是对"实有"(Reality)的"真知",带来哲学或哲学思考的封闭概念。而这种模型在中古时期一直为人所依循,

---

① 怀疑论者或中国道家哲人虽似乎鄙视知识,但实则将他们的理论当作一种高级序的知识在宣说。

而且延至近代欧洲哲学的初期。真正的变化到康德的批评哲学兴起方正式出现。纯就理论意义讲，可能有某种对康德方法论的诠释，会给批评哲学一种开放性。可是，就康德自己讲，那并不是他的意向所在。这在康德《关于费希特科学论的公开信》中，表示得很清楚。他说：

> 在这里我必须说明，认为我只是意在发表一个走向超验哲学的教法，而并非实际的超验哲学系统，对我来说，是全不可解的。这样一个意向是我从未有过的，因为我将纯粹理性批判中纯粹哲学的完整性看作我的著作的真实性之最佳标识①。

所以，康德并非只给我们一个观点或一个方法，而是给我们一个完整系统。这个系统，如在《纯粹理性批判》所陈示，到了《原则分析》那一部分，即确实成为一个封闭的系统了②。

依照我在本文中所取的判准，一个人若声称哲学只能做这一个或那一个有确定内容的工作，则即是给我们一个哲学的封闭概念。将这个判准用到20世纪各种哲学上，我们将发现某些享盛名的大哲学家，尽管反对系统哲学或古典型的哲学思考，他们却仍给了我们一些封闭的哲学概念。试取维特根斯坦与海德格尔为例。

维特根斯坦，甚至在他写《逻辑哲学论》的时候，便已将哲学思考看成一种治疗性的训练③。在他的《哲学研究》中，这个观点更成为主要的想法。是否像波格曼所说，这表示他的哲学工作的"可怜

---

① 参阅：《康德哲学信札，1759—1799》，第254页。Arnulf Zweig 编译，美国芝加哥大学出版，1967年。
② 参阅：Kant, *Critique of Pure Reason*, p.188. 当康德宣称要"完整而有系统地展示理解使用之一切超验原则"的时候，他的系统很清楚地封闭了。
③ 当维特根斯坦劝诫人们对形上学问题应保持缄默的时候，他所持的信念是，有了他的图画意义论，"形上学病"即可以避免；尽管在简论中，他仍保留哲学思考之建设功能。

的失败"①，不是我们现在关心的事。我现在要提的论点只是，虽然这个哲学概念与任何古典概念全不相似，这个对哲学思考或哲学的概念，既排斥哲学思考所有的其他功能，便仍是封闭的。由于维特根斯坦的观点是现在大家所熟知的，我相信不必再引用原文了。

海德格尔的情况则较为微妙。他的哲学著作出名地难解，以致所有诠释这个哲学理论的人都会在某些地方显得不可信赖；然而他的哲学概念本身却与我们的了解并非远隔。在《哲学是什么》一文中，他颇为明确地表达出他的观点。他认为"哲学在本性上即是希腊的"，而说"Philosophy is the philosophia"②。将涉及"各存有之存有"那一部分摆开不谈，他对哲学的希腊本性之强调，即足够表明他的哲学概念封闭在欧洲传统中③。

在这里，我必须补上一句话，以防止可能的误解。我并不以为选出某种封闭概念是过失，而只是要指出我所建议的哲学的开放概念基本上是另一件事，而且在已经成立的各种理论中都并无这样的概念。

对于开放概念的解释又到此为止。现在，我要转到我的第二点解释。

这是涉及哲学功能观念的。依前面所提的哲学概念说，有对哲学思考特性的一般性表述，另有特殊的哲学，作为反省思考在特定题材上运行的成果。这两部分合起来，即构成哲学的开放概念。倘若我们有特殊的哲学，则我们将只有哲学的封闭概念，常会引致沟通的

---

① 参阅：Gustav Bergmann,"The Glory and Misery of Ludwig Wittgenstein,"*Essays on Wittgenstein's Tractatus*, London: Routledge & Kegan Paul Ltd., 1966, pp.343—358。
② 参阅：Martin Heidegger, *What is Philosophy*, William Kluback and Jean T. Wilde 英译，New York: Twayne Publishers, Inc., 1958。
③ 传说有谓海德格尔曾表示赞赏中国道家观念，但我不以为这些传说可信。

困难。然而,专就哲学的功能说,则只有在每一个特殊哲学中,我们对于一些重要的问题方能寻得答案。这些问题即是"哲学应该做什么"或"哲学本来要做什么"或"我们应当怎样从事哲学研究"等。实际上,每一个特殊哲学处理一组特殊问题,而由此展示一种特定的功能。这种功能常涵有一种哲学观点,作为这一个特殊哲学内部研究的指导原则。我曾借库恩论科学研究时所用的"范式"一词,而称这种指导原则为"近似的范式"。这种原则与范式至少在一点上近似,即它们都有一种封闭性。这种近似的范式,当在历史的某阶段中获得支配地位的时候,即被视为哲学的正当看法。虽然依我们上述的了解,我们确知每一个近似的范式只代表一个特殊哲学中的封闭性哲学概念,但特殊哲学及其封闭性哲学概念本身并不是应受责怨的。在哲学思考的演进历程中,一个个特殊哲学相继出现。它们构成哲学研究的内容或成果。唯一不好的后果是在这样的歧异的特殊者之间的沟通问题上。

对某一哲学要达成良好理解,便得进入那个封闭的概念世界,而清晰公平地看它的功能、它的论题及其理论旨趣。倘若我们先已有另一种封闭的哲学概念自限,则这种理解就是不可能的。在另一方面,倘若我们只有封闭的哲学概念和特殊哲学,则当我们说要先不受别的封闭哲学概念的限制方能了解某一哲学时,事实上即将意味着要人不具有任何哲学训练而去理解一种哲学(因为已假定特殊哲学之外无哲学可说)。这却又断不像是能成立的。于是,这里就出现了一个两难之局。当我们研究哲学史时,这个问题特别显著。我们常会在做那种研究时,将自己所熟悉的某一特殊哲学强加于另一特殊哲学,而严重地歪曲后者,甚至使它变为无聊的废话或古怪的信仰。这是哲学沟通方面的一个可悲的事实。

如果我们已见到这个哲学沟通的问题,则哲学的开放概念的优点即甚为明显。第一,它使我们了解一个重要事实,即一种特殊哲学只能显示一种实有的面相,所提供的只是一个封闭的哲学概念。这样一个概念不能成为对其他哲学的判准。于是,这即可除去我们了解其他传统的哲学的障碍。换句话说,它也能很自然地脱出上述的两难之局,因为我们可以超越特殊哲学返归反省思考本身而转入其他特殊哲学之理解。第二,我们有对共同意义的哲学之普遍表述,决定我们所对的问题是否属于哲学领域,亦无困难。举例说,如果我们看那些对外在对象的经验研究,便可不踌躇地断定它不是哲学。第三,在我们了解某一特殊哲学的努力中,又可有哲学的功能观念作为指针。由于每一个特殊哲学之所以成为如此的哲学,只因为它有某一种功能(就所涉的题材及问题而言),理解它的关键永远是它的功能。当然,做这种努力时,研究者总须在解析技巧与文件研究方面有一定训练,但在那个层面上并无真正难题。

我现在要说最后一个论点,即是哲学思考,作为反省思考看,在文化活动的世界中,可有认知功能或引导功能。这一功能的区分即使哲学分为两大类。一个哲学传统常常只是偏于一面的。换句话讲,某一传统中的特殊哲学,虽在另一意义层面上尽可互异,但常在原则上同属认知的或引导的哲学。当两个不同的哲学传统,各取一面,而互相面对时,沟通问题常显得有不可逾越的困难。如果我们需要一个具体的例子,则其他传统下的人对中国哲学的理解的问题,便是最适当的选择。现在,我将进入本文最后一段;在这一段中,我将表明我对这个问题的看法。

四、如何理解中国哲学

这里的困难是很明显的。尝试与失败都已经很多。到今天为止,坦白地说,西方哲学家中仍少有对中国哲学的真切了解。甚至中国哲学家,在要与西方学生或听众谈儒家或道家而寻求沟通时,也会时时被这种难题所困扰。可是,工艺已经使世界各部分日益接近,我们须寻觅途径克服沟通问题,也差不多成为当然之事。作为一个中国哲学家,我的注意力必须集中在哲学沟通问题上。

有了我对哲学的开放概念,我希望能通过下面的几个论点来改善这种情况。

中国哲学作为一整体看,基本性格是引导的哲学。中国传统中有许多哲学学派,但除了极少数例外,他们的学说全是引导的哲学。为了弄得更清楚一点,我想先对这里"引导的"(Orientative)一词的用法稍做解释,然后再举历史上的实例为证。

当我们说某一哲学是引导性的,我们的意思是说这个哲学要在自我世界方面造成某些变化。为了方便,我们可以提出两个词语,即"自我转化"与"世界转化"。这两个词语可涵盖中国传统中哲学的基本功能。

哲学理论或学说的本根在于哲学家的关怀或旨趣。有了某种特殊关怀或旨趣,一个哲学家便选定一个原始问题,并大致确定他的题材。然后,他会取一种探索途径,做成某些论点,作为对他的原始问题的解释及解答。这些论点即构成他的哲学理论。这是哲学理论形成的一般次序。但当我们要去了解一个理论时,我们却得取相反的程序步步前进。理论是摆在我们眼前的。我们要首先抽取其主要论点,再返溯到它的原始问题及题材。这种探讨有时非常费力。只有将这一切都弄明白之后,我们方能真正理解一种特殊哲学的功能。而当我们确知这个哲学本意要做什么,以及它做成些什么的时候,我们的了解便差不多完成了。

现在,我要从中国的道家与儒家中各举一人的学说,作为中国传统的引导性哲学的典型例子,即庄子与孟子。

（一）庄子之原始学说

我们今天所见的《庄子》一书，在汉代初年形成。它包括三部分。只有第一部分——所谓"内篇"——代表原始学说。

《庄子》这本书，乍看使人难解，而且全不像一个理论作品。书中只有充满神话情调的片断故事和一些含有论点或论证的孤立的段落文字。可是，我们若了解其意向所在，则尽管文字比较难懂，这个特殊哲学仍绝非不可解。

庄子哲学的主题是要表明人应做什么和不应做什么。换言之，他给我们一个目的，同时提出一些论证反对其他目的。但所谓"做"这个动词，以及"目的"这个名词，必须依庄子所取的特殊意义来了解。至于这个目的之具体内容则更远离常识，尤其需要做精确解释。为了澄清这些问题，我们必须分析这个学说的基本结构。

让我们从目的理论的一般性格着手。宣示一个目的常要有三个步骤：

（a）选定一个目的，而且将它作为智能之正当目标。

（b）对以上决定给予理据。

（c）提出实践规条，表明这个目的如何达成。

这样，一个目的理论之内容，常可通过对以下三个问题的想法而看出来，即"目的是什么""其理据何在""达成这个目的之规条为何"。依这个探索方式来看庄子哲学，我针对三个问题做以下的展示。

1. 目的

庄子之目的见于今本《庄子》第一篇中。这一篇原文只有传统意味的短故事和一些评论，并无明确陈述或论证。然而，标题即直接提出其原始观念。标题为《逍遥游》，"逍遥"意谓无负担亦无限制的自由，而"游"字在日常语言中，是漫步往来之意，但在此则指心灵之自然运行。庄子给我们的目的是达成心灵或自我之"逍遥"。将这个目的用哲学词语表示,可称为"超离的自由"。它是超离的,因为这种自由并不假定要对客观事业或客观世界发挥任何主动性的影响。

这个自由观念实即代表原始道家之基本立场或原则(与后世道家学说有别),而必须通过整个理论配景来了解。为解释便利,我要取老子的"无为"观念来帮助阐释。"无为"在字面意义上即指"不去做"或"不主动地做",但在老子思想中,它也指这种超离的自由,不过说得更为直接。老子曾说"为无为",即谓"去达成无为"。这明显表示不去做的自由是被当作一个目的,要由自觉努力而达成①。这正与庄子的"逍遥"的含义相符。

然而,了解庄子的真困难也正在这里冒现。"逍遥"的解释自然地会引出下列问题:"无所做的确切意义是什么","我们为何要将超离自由当作目的","为何他所说的自由应是超离的"。总之,这是一个理据问题。这就引入下节对庄子有关自我及自由之学说的主旨的考察。

2. 道家之目的之理据

提出庄子哲学中目的之理据,必须由准确描述道家之世界观开始。世界观可以有两种解释。第一,在定立目的前,可有一世界观。第二,在目的达成后亦可有一世界观。换言之,庄子必先如此如此地看世界或理解世界,方能有理由宣说"逍遥"或"超离的自由"。另一面,达成这种自由后,他又会从已开悟的心灵所见而陈示一个世界图像。现在,就理据问题而论,只涉及前一意义的世界观。庄子对世界的看法,原文中有不同的地方皆有所陈述,但其焦点则在一"化"概

---

① "为无为"一语见于《道德经》第三章。因王弼后曾有不同版本出现,在某些版本中无此三字(王弼本有)。注释者如高亨及刘殿爵有所怀疑,认为这个短句可能由抄写错误而来。我则不觉得此说有何坚强根据。毕竟此语并未引生解释上之困难,而保留此语较删除此语更具理论根据。

念。这个概念在原书的第六章特加强调。"化"概念在庄子语言中有特殊的所指。它不是指涉现象界的事象,而是指一切存有的基本存有原理。由"化"这个概念,他又引出"造化"这一概念。字面上"造化"即指造成变化,实则当成一个名词使用,指"造成变化之原理"①。这个原理本身亦是一种力量。它支配一切存有,包括物理的、心理的甚至文化的单体。这样一个变化观,原也不算特别,古希腊的赫拉克利特以及原始佛教的经典都曾宣说过。可是,当这个看法用到决定人的身体或形躯的自我之存有地位时,即引出庄子学说中一个重要的哲学论点。这里须引原文作证。在《大宗师》(《内篇》第六章)中,有下面一段有名的文字:

> 子祀、子舆、子犁、子来四人相与语曰:"孰能以无为首,以生为脊,以死为尻,孰知生死存亡之一体者,吾与之友矣。"四人相视而笑,莫逆于心,遂相与为友。俄而子舆有病,子祀往问之。……子祀曰:"汝恶之乎?"曰:"亡,予何恶?浸假而化予之左臂以为鸡,予因以求时夜;浸假而化予之右臂以为弹,予因以求鸮炙;浸假而化予之尻以为轮,以神为马,予因以乘之,岂更驾哉?……"俄而子来有病,喘喘然将死,其妻子环而泣之。子犁往问之,曰:"叱,避,无怛化。"倚其户与之语曰:"伟哉,造物又将奚以汝为?将奚以汝适?以汝为鼠肝乎?以汝为虫臂乎?"子来曰:"父母于子,东西南北,唯命之从。阴阳于人,不翅于父母。……夫大块载我以形,劳我以生,佚我以老,息我以死。故善吾生者,乃所以善吾死也。"②

这一段的主要论题是要表明一点重要真相,即形躯的自我只是虚幻

---

① "造化",原属哲学词语,后来成为中国日常语言中指宇宙力量的词语(或人格化或非人格化)。汉以后的中国诗文中,这个词语常常出现,作为宇宙之别称。多数人已忘记它出自道家了。
② 参阅:《庄子·大宗师》。

的。而这也正是庄子学说中由变化概念导生的一个最重要的论点。由对化的了解,我们可以看出一个简单的真实情况,即每一个经验的存在都与其他经验存在处于相互转化的关系中。构成我身体的成素,曾构成同一时空结构或经验世界中其他事物,也将会在未来如此。所以,身体不过是物质成素的集合,偶然由宇宙力量或造化原理造成,而身体亦将解散,而其成素将去构成其他事物。由此,显然无理由将身体看成自我。所谓自我在定义上即应与非我的外物分开。

于是,常识中将身体当作自我的看法,即贬视为愚蠢的幻觉。然则,真自我是什么?它不是一个对象或一个特殊层面上的存在。它不能以经验的谓词来描述。我们只能说,自我是"自由的",因为自我不仅超越形躯,而且超越一切存有。自我无负担,无限制,除非自己限制自己,堕入存有领域中,成为一个经验心。不过,经验心亦可以回归到真实自我,只要它通过自觉努力,摆脱自限的倾向即可。

对庄子之自我观点说到这里,突然显出的是,自由作为目的,有自成之理据,不需要另有理由。目的永远是一自我之目的。如自我不做自相矛盾的活动,则它只会走向自由[①]。但这只能在反省思考中显现,而不能以对象界的语言来描述推证。

现在,还需要澄清的是自我何以应停驻于超离自由。现成的线索即是上面提到的"自限"这个字眼。为了便于说明,可取费希特之"自我"观念做一对比。费希特也认为自我是自由的,但却要通过一种自限以做发展。换言之,费希特认为自我转至非我乃一正当活动,因为它要展开自身,以创造一个精神价值的世界。但他的论断依靠一个乐观的假定,即在现象界创造价值是基本上可能的。现在,庄子

[①] 这里的理论假定是,目的不能离开心灵或自觉而存在。这自然与亚里士多德所说的内在于具体事物的目的性不同。庄子也有一个自然秩序的观念,但那个秩序以造化之力量为根,只在事物中显现,而并非内在于事物。

取相反的观点。庄子从不接受这种可能性。他倒认为,在物质世界中,并无什么有价值的事可做;宇宙原理在物质世界中运行,万物各循其自然道路而生灭。所谓文化价值只对怀成见的心灵方有意义。从另一方向来看,我们也可以说,心灵从事认知及道德的努力,只是在寻求不可能的东西,造成自身及世界的种种烦扰。这也就是老子与庄子对人类文化与知识所持的基本态度。《庄子》书中,以论证及譬喻,反对知识之可信性及道德规范之功能,极力要建立这种态度。下面引一段原文,可证这个观点:

> 道恶乎隐而有真伪？言恶乎隐而有是非？道恶乎往而不存？言恶乎存而不可？道隐于小成,言隐于荣华①,故有儒墨之是非,以是其所非,而非其所是。欲是其所非而非其所是,则莫若以明。物无非彼,物无非是,自彼则不见,自知则知之。故曰：彼出于是,是亦因彼,彼是方生之说也。虽然,方生方死,方死方生；方可方不可,方不可方可；因是因非,因非因是。是以圣人不由,而照之以天,亦因是也。是亦彼也,彼亦是也。彼亦一是非,此亦一是非。果且有彼是乎哉？果且无彼是乎哉？彼是莫得其偶,谓之道枢。枢始得其环中,以应无穷。是亦一无穷,非亦一无穷也。故曰：莫若以明。②

《齐物论》中这一大段文字,代表庄子否定知识及道德标准的意义的主要论证。论旨并不像文字上那样难解。他指出,每一个理论或一个知识系统都不可免地是封闭的,而由此即不能触及实有。真理标准总是相对于所关系统而成立。对每一个系统讲,总会有一个相反的系统。它们彼此排斥,同时又互相依赖。以这种"小成"为基础的

---

① 在此诸句中,"隐"释为"遮蔽"。有些学者以为"隐"可能是"凭依"之意。但此解不符全文语脉意义。仍以现解为妥。
② 参阅:《庄子·齐物论》。

争执永无休止。不论我们研究辩论到什么时候,总不能说已经达到真理。换言之,寻求知识及价值标准的努力,一定不能有成果。简单说,他这种观点也见于其后学批评同时的哲学家惠施时所做的譬喻。原文说:

> 惠施不能以此自宁,散于万物而不厌,卒以善辩为名。惜乎,惠施之才,骀荡而不得,逐万物而不反,是穷响以声,形与影竞走也。悲夫!①

这个譬喻恰便是庄子对认知活动及经验知识所要说的话。写这一段的人一定是庄子的忠实信徒。

现在,将庄子的论证及后学的譬喻放在一起,即可看出结论所在。如果寻求知识,或为外在世界、经验世界建立价值规范,都是无意义的,则庄子之自我必须定立在其自身之自由中。不像费希特的自我要进入外在世界以完成价值,庄子的自我只保持其超离的自由。就庄子哲学说,这也是人们应追求的唯一的价值。他的学说由此而有引导性。他真正要做的事,是将人们引向这种自由或开悟。

在我们下面转而用儒学作为中国传统的引导哲学的另一实例来阐解引导哲学之前,还要加几句话,减低庄子哲学的难解程度。第一点要补充的涉及人在达成超离自由后如何行动的问题。这也就是开悟后的世界观问题。自然,一个有真智慧的人仍将在这个世界中生活。然则,他对世界的态度是怎样的呢? 简单的答复是,他将不在这个世界中有所寻求,而只静观事象变化,享受一种美学意义的观察。万有万物,包括人的形躯,循自然之道而往来消长,心灵不须做什么,因为本无值得做的事。这个观点指向精神活动的艺术向度,而且实

---

① 参阅:《庄子·天下篇》。此篇原属庄子门人所作后序。古书皆有此例,常于后序中包括作者小传及内容评解。

际上影响了后世的中国艺术。第二点补充则涉及后来道家传统的演变。事实上,在庄子后不久,古中国的各地区中,对老庄哲学的不同解释即已出现。有人将其中某些旁支论点抽出来,配成一种特殊的宗教信仰,于是有道教的兴起。另有人将整个学说曲解,而从原文中取出某几个观念,构造出另一种政治哲学。在汉魏时期,所谓"道家"这个名衔,有三派不同的人在使用,每一派都自称上承老庄,实则无一能承继其真正精神传统。所以,对于老庄原始学说与后世所谓道家著作必须小心分别。其详本文不及论列。

实践的规条方面,庄子并未提出与上面几点相应的理论。达成开悟后,即可达成自我之自由,但如何能开悟则是一个未答的问题。庄子似乎信赖正当的世界观及自我了解,作为必要条件,但并未表明这亦是开悟的充足条件。所以,在这个目的哲学中,这可算是一个空白。

(二)孟子:儒家引导性哲学之实例

孟子有一个明晰而整洁的哲学理论。说它整洁,因为它并不依靠形上意义的玄想来建立其论题。说它明晰,因为它并不牵涉语言方面不必要的诡巧表达方式。然而孟子的哲学的重要性却又全无可疑;尤其就其对于日后中国心态及知识传统的形成所发挥的影响看,更是如此。

孟子哲学也是一个目的哲学。现在仍依上文所举的三问题,分三步展示这个哲学学说。

1. 孟子哲学之目的

孟子虽然自己要承担他的特殊历史使命,却完全以承继孔子自居[①]。因此,他的哲学的目的,基本上包含在孔子的教义中。如众所

[①] 孟子直说:"乃所愿,则学孔子也。"(见《孟子·公孙丑上》)

熟知,孔子立说,意在建立个人生活及社会两方面的秩序。他步步发展他的哲学,直到晚年完成其学说。在今日从《论语》所见的孔子学说中,孔子立出三个基本概念:礼、义、仁。礼指秩序;义指正当性;仁则指求正当的意志。儒学于是与道家思想形成强烈对比;儒学自始即坚持在世界中创造文化秩序是人生的恒常目标。这事实上意味着对自然世界的一种转化。而这种转化又靠人的自觉努力。由此,通过教育以达成人格转化便成为一个起点。孔子因此被看成道德生活的导师。但事实上,孔子教义的中心是在转化原则。正像任何哲学传统中的开创人物一样,孔子仅就原则及导向上施教,而不及于细节。他留待继起者来提供系统解释及理论根据。现在,孟子正是这个继起者。孟子承孔子,认定最重要的事是达成转化,而不是空谈转化。但他深信他自己的历史任务是建立一个哲学系统,因为有邪见邪说须做清除①。结果,他真成为儒家传统中第一个系统建立者。从这个角度看,我们也可以说,孟子的哲学主要是阐明儒家所定目的之合理的学说。这就引到下节对这个哲学的概述了。

2. 理据的说明

孟子哲学也颇为复杂,但就有关本文目的之主要论点,则可归为三点;此即心灵之转化、社会之转化、实践之指示。现在分别做一简述。

第一部分即称为孟子之"心性论"。"心"与"性"这两个观念实际亦是孟子这一部分理论的关键。这里当先做一点解说,然后再引原文。孟子基本意向是要解答孔子关于道德转化理论中所留的基本问题,即如"人如何能成就一道德秩序","为何我们要去求正当或要有

---

① 参阅:《孟子·滕文公下》。孟子在此节中答"夫子好辩"之问,而谓自己之历史使命是与邪说淫词作战。

道德","为何我们要为社会建立一个文化秩序"等等。他的解答是提出一个关于人类心灵特有的本性的学说。他首先指出,一切道德价值甚至文化价值之根源,是在人类心灵的一种特有的能力上。这种能力属于人之本性,因为并非由经验习得。它是人所特有的,因为这个能力恰是人与其他生物之差异所在。换言之,人如果要作为人而生活,他们便必须依循并发展这种内在本有的能力。假如去怀疑人为何要作为人而生活并无大意义,则孟子学说在此亦有一个自成的理据。其次,这个能力或心灵本性,自动地运行。只当它被那些源于躯体的动物性欲望所阻时,它方会停止运行。所以,我们不必忧虑如何方能依循生活中道德之路;唯一要做的事是保持心灵对躯体的主宰力量。在这一点上,很容易看出,孟子的心灵与庄子的自我,在理论地位上相近似,尽管在功能上则大大不同。孟子和庄子一样,认为形躯不是真的自我,但认为道德心并不超离世界。相反地,道德心正是世界正当秩序之根源。孟子的"性"在一个意义上可与亚里士多德的"本性"(Essence)观念相比:两者都指某一类存在的各分子所共有的属性,而同时又是他类存在所无。然而,整个脉络却大不相同。"性"不是以存有论为基础的概念,如亚里士多德的"本性"那样,而是通过对心灵本身之反省思考直接建立。就内在能力的概念说,"性"又可与乔姆斯基的"语言能力"概念相比,但也有一个重大差异:孟子不会给"性"一个生物学的解释,像乔姆斯基对"语言能力"那样。

以上的比较,可表明孟子的心性学说并不是特别难接受的理论。现在我们再引原文,以证上述的那些论点确是孟子之意。

*人之异于禽兽者几希。庶民去之,君子存之。*①

---

① 参阅:《孟子·离娄下》。

这是指人类心灵的特有能力。

> 口之于味也,有同耆焉;耳之于声也,有同听焉;目之于色也,有同美焉。至于心,独无所同然乎?心之所同然者何也?谓理也,义也。圣人先得我心之所同然耳。故理义之悦我心,犹刍豢之悦我口。①

这一段表明,性或道德能力是人类一切分子所共有。更重要也更有名的,是关于"四端"的一段。孟子说:

> 人皆有不忍人之心。……所以谓人皆有不忍人之心者,今人乍见孺子将入于井,皆有怵惕恻隐之心;非所以内交于孺子之父母也,非所以要誉于乡党朋友也,非恶其声而然也。由是观之,无恻隐之心非人也,无羞恶之心非人也,无辞让之心非人也,无是非之心非人也。恻隐之心,仁之端也;羞恶之心,义之端也;辞让之心,礼之端也;是非之心,智之端也。人之有是四端也,犹其有四体也。有是四端而自谓不能者,自贼者也。②

孟子在此指出道德意识之四种先验模式,亦即内在道德能力的四种具体呈现。

依这个观点,为个人及社会去达成道德文化价值是很自然的事。罪恶会发生,只因为人有时从欲而不能维持其性。要发展这种内在本有的能力,即需要教育。不过这些细节本文不再详说。现在应转到孟子的政治思想方面,看他对社会道德秩序的观念。

虽然孟子似乎不重视人的形躯,这并不表示他不关心实际的社会。相反地,儒学的基本目标之一正是要为实际世界创造一个文化

---

① 参阅:《孟子·告子上》。
② 参阅:《孟子·公孙丑上》。

道德秩序。不像道家讲"无为",孔孟在谈社会道德哲学时,都强调义务观念,即是强调我们应努力而为的事。我们现在可取孟子学说中的两点,来说明他的引导哲学在这方面的基本看法。

第一点是他对"正当"政府的理论。儒学既要求人们做正当的事,或以"义"为标准,政治事务自不例外。但早期社会中,这却离常识甚远。古代社会中,人类也依循"森林的法律"。统治者由暴力获得权力,然后即以这种权力来统治。人民在统治者之统治下生活工作,将被统治当作一个事实来接受。他们不觉得统治者的地位及权力需要有合理根据。另一面,统治者则诉于某种神秘权威,作其统治地位的合理根据。在中国历史上,孔子是第一个人,提出统治者应满足的明确道德要求,作为他的义务理论的引申部分。有名的格言"君君",意思是说统治者必须完成统治者的义务。孟子发展这个理论,宣称政府的真实基础在于人民,而非由于天命。他对古代权力及统治地位移转的历史故事,做一种新解释①。这些资料主要见于《孟子·万章》。然后,他更进一步说:

民为贵,社稷次之,君为轻。②

人民为何对国家最重要?因为人民意志决定统治者的成败。孟子说:

桀纣之失天下也,失其民也;失其民者,失其心也。得天下有道,得其民,斯得天下矣;得其民有道,得其心,斯得民矣。③

持这种观点来看统治者地位的合理根据,孟子便认为由革命来推翻一个不能完成其义务的统治者,是完全无可反对的。这与他的时代

---

① 这种故事一部分只是传说。孟子用这些故事来表明他的论点,并非做客观的历史陈述。
② 参阅:《孟子·尽心下》。
③ 参阅:《孟子·离娄上》。

中流行的忠君观念直接冲突。但这却是他的政府理论的自然结果。孟子并不曾讲到现代或西方意义的民主政治，但他将义观念应用到政治生活上，而使德性及合理性进入一个新的向度。他的学说是儒家政治理论的典型。

此外，理论意义较少而实用意义较多的，是现在要谈的第二点，即孟子对政策的看法。

政府依靠人民意志而存在，故政策原则必以人民为重。孟子强调两件事，即经济福利与教育。经济政策在此视为优先，因为人民若不能不忧衣食，便不能期望他们成就什么文化价值。在这一点上，显然孟子对自我转化与社会转化有不同标准。为了自我转化，我们可以教导每个人做圣人，但我们不能有一个全是圣人的社会。关于这些论点的资料甚多，此处不再多引。本文原非介绍孟子之作，只是举庄子孟子为例以说明对中国的引导哲学的理解。我们对这一点，只说到这里为止。

3. 实践规条问题

对实践规条，孟子之说颇为复杂，现在只能略举其主要观念。首先要指出的是，孟子讲实践完全在自身之转化。社会转化须靠领导。理由也很明白，他既不能期望所有的人都成为圣人，便只能寄望于伟大领袖。这种领袖人物自身有某程度的自我转化，而能知道对人民应做何事。这样，他就有一个"圣君"观念。不过实际上他只强调君主的道德教育，并非真要君主成为圣人。

社会转化虽只能通过良好统治者而达成，自我转化却可由开悟过程而得。由于他将道德能力看成内在本有的，他并不觉得这个过程中有什么大困难。他认为只要发展原有的道德能力，即可达成自我转化。真正阻碍只在于误将欲望置于主宰地位，以致道德能力不能发挥引导功能。若不让物欲得主宰地位，道德能力会自然发展。

所以,透彻地说,孟子的实践理论甚为简单,即意志之纯化而已。如果我们了解康德说纯粹意志即理性意志那句话的意思,则孟子想法不难了解。

现在可以结束这一大段了。孟庄学说,作为中国的引导性哲学看,形成有趣的对照,但其共同性仍很清楚。了解这种哲学本身并非难事。但如果我们将它放到认知性哲学的范畴里来看,则即难于理解。由上面的两个实例看,我们将这种哲学也看成反省思考的成果,不过所涉题材是"我们应往何处去",而不是"这是什么"。我们也可以清楚地看出庄子和孟子在做什么。但若取认知哲学的标准,则将发现这种哲学一开始即不能满足所需的要件。

五、结　论

现在作结论,我仍要回到本文的基本目的,再稍做解释。许多年来,我对不同传统下之哲学群间的沟通问题深感关切。我屡经失望及顿挫,然后方发现真问题不在于语言或意识形态之限制,而在于哲学概念本身。西方哲学家在笛卡尔之后,许多年来总认为哲学应像数学或一般科学一样地提供强迫性知识。定立哲学知识的领域,曾成为他们的注意力的焦点。只在最近几十年,我们方发现某些例外情况。依照这种哲学概念看,哲学思考的功能便只能是认知的——不论要取哪一种认知活动。当一个人将这个标准用到中国或印度哲学上,很自然会认为那些学说根本不是哲学。这些学说的主要功能原不是认知,虽然可以含有涉及认知问题的论点。这样,在一种相当严重的意义下,中国哲学即被排斥于哲学研究的领域之外。对这种看法本身,我也并无大反感。毕竟谁不是在一种传统脉络下思考和言说呢?将"哲学"一词依成俗使用有什么错处呢? 不过,若是一个人要了解其他哲学传统,则这就是一种障碍了。移除这种障碍,便须修改或扩大哲学概念。这里其实并无理论困难。正如依成俗使用一个字原则上无可反对，提议对这个字做另一种用法，以便某种重要目的能够达成，也同样是无可反对的。这是本文主题的基据。简单说，我们如果要不同哲学传统下的人们彼此间有较好的沟通，则采用哲学的开放概念是有益的。

我的建议并未涉及诡巧的论证或深奥的学问。它离常识并不遥远。但我们如同意说哲学沟通对现代世界是重要的，则我深信，这个建议作为一种有引导功能的想法仍有确定意义。

（摘自《"中央研究院"中国文哲研究集刊》创刊号，1991年3月）